ISBN 978-0-260-92465-0
PIBN 10988261

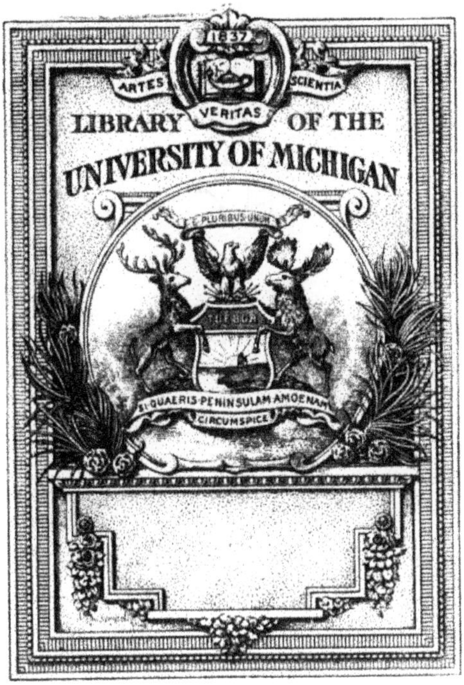
1837
ARTES
VERITAS
SCIENTIA
LIBRARY OF THE
UNIVERSITY OF MICHIGAN
E PLURIBUS UNUM
TUEBOR
SI QUAERIS PENINSULAM AMOENAM
CIRCUMSPICE

Verzeichniß

der

Bücher, Landkarten ꝛc.,

welche vom

Juli bis zum Dezember 1885

neu erschienen oder neu aufgelegt worden sind,

mit

Angabe der Seitenzahl, der Verleger, der Preise, literarischen Nachweisungen

und

einer wissenschaftlichen Uebersicht.

Herausgegeben und verlegt

von der

J. C. Hinrichs'schen Buchhandlung

in Leipzig.

Hundertfünfundsiebenzigste Fortsetzung 1885.

Bei der Herausgabe dieses, nun in sein 88. Jahr tretenden Verzeichnisses ist es stets unser Streben gewesen, auf möglichste Vervollkommnung und Vollständigkeit desselben hinzuarbeiten und dadurch unser Scherflein zur Verbreitung der Literatur beizutragen.

Neben diesem Verzeichniß geben wir noch heraus:

Allgemeine Bibliographie für Deutschland. Ein wöchentliches Verzeichniß aller neuen Erscheinungen im Felde der Literatur. Wissenschaftlich geordnet. Lex.-8. 52 Nummern. (à ½—1 B.) n. 6 M.

Monatliche Uebersicht der bedeutenderen Erscheinungen des deutschen Buchhandels. 8. Jährlich 13 Bogen. Jährlich n. 2. —

Wissenschaftliche Uebersicht der bedeutenderen Erscheinungen des deutschen Buchhandels. Folio. Jährlich 13 Bogen. Jährlich n. 1 50.

Vierteljahrs-Catalog aller neuen Erscheinungen im Felde der Literatur in Deutschland. Wissenschaftlich geordnet. Mit alphabetischem Register. Lex.-8. (ca. 35 Bog.) n. 7 M. 20 Pf.

Fünfjähriger Bücher-Catalog. Verzeichniss der in der zweiten Hälfte des 19. Jahrh. im deutschen Buchhandel erschienenen Bücher und Landkarten. I—V. Bd. 4. 285 Bogen.

I. Bd. 1851—1855. Bearb. von A. Kirchhoff, ist vergriffen.

II. Bd. 1856—1860. Bearb. von A. Kirchhoff. n. 13 M. 50 Pf.; geb. n.n. 15 M.

III. Bd. 1861—1865. Bearb. von A. Büchting u. G. Herre. n. 15 M. 60 Pf. geb. n.n. 17 M. 10 Pf.

IV. Bd. 1866—1870. Bearb. von A. Büchting. n. 18 M.; geb. n. 19 M. 50 Pf.

V. Bd. 1871—1875. Bearb. von R. Haupt. n. 27 M.; geb. n. 29 M.

VI. Bd. 1876—1880. Bearb. von R. Haupt. n. 33 M.; geb. n. 35 M.

Hinrichs' fünfzehnjähriger Bücher-Catalog 1851—1865. 4. 126 Bogen. n. 40 M.; geb. n. 42 M.

Hinrichs' Repertorium über die nach den halbjährlichen Verzeichnissen 1871—1875 erschienenen Bücher, Landkarten ꝛc., bearb. v. E. Baldamus. 8. 43 Bogen. n. 16. —; geb. n. 17. 50.

—— dasselbe 1876—1880. Bearb. v. E. Baldamus. 53 Bogen. n. 20. — geb. n. 22. —

Die Herren Verleger ersuchen wir wiederholt in ihrem eigenen Interesse, uns **alle Neuigkeiten, Fortsetzungen und neuen Auflagen, sogleich nach Erscheinen, unverlangt** zur Aufnahme in die Cataloge einzusenden.

J. C. Hinrichs'sche Buchhandlung.

Reihenfolge der wissenschaftlichen Uebersicht.

I. **Encyklopädien. Sammelwerke. Literaturwissenschaft.**

II. **Theologie.**

1. Allgemeines. Encyklopädie. Geschichte. Bibliographie. Gesammelte Werke und Abhandlungen.
2. Exegetische Theologie. (Ausgaben u. Uebersetzungen der Bibel und ihrer Theile. Biblische Philologie. Concordanzen. Kritik. Hermeneutik. Biblische Geschichte, Theologie, Archäologie.)
3. Historische Theologie. (Ausgaben der Kirchenväter. Kirchen- u. Dogmengeschichte. Kirchliche Kunst u. Kunst-Archäologie. Ordenswesen u. Heiligengeschichte. Statistik. Biographien, Briefwechsel, Memoiren. Geschichte der Gegenwart. Berichte über Versammlungen und Vereine.)
4. Systematische Theologie. (Dogmatik, Ethik, Apologetik. Religionsphilosophie. Symbolik. Polemik. Irenik.)
5. Praktische Theologie.
   a. Im Allgemeinen. Liturgik. Homiletik. Katechetik. Kirchenverfassung und Kirchenpolitik. (Kirchenrecht siehe III. 1.)
   b. Predigten. c. Erbauungsschriften. d. Innere u. äußere Mission.
6. Jüdische Theologie.

III. **Staats- und Rechtswissenschaft.**

1. Rechts- 2. Staatswissenschaft. 3. Politik. 4. Statistik. 5. Gesetzeskunde. 6. Verkehrswesen.

IV. **Heilwissenschaft.**

1. Allgemeines. Medic. Naturwissensch. Geographie, Statistik u. Geschichte.
2. Anatomie u. Physiologie.
3. Pharmakologie und Toxikologie. Hydrologie, Balneologie, Curorte.
4. Pathologie und Therapie.
5. Gynäkologie und Geburtshülfe. Kinderkrankheiten.
6. Chirurgie und Orthopädik. Augen-, Ohren-, Sprach- u. Zahnheilkunde.
7. Psychiatrik. Staatsarzneikunde. Militairsanitätswesen.
8. Homöopathie. 9. Thierheilkunde.

V. **Naturwissenschaften.**

1. Allgemeines. Geschichte. Hülfsmittel.
2. Physik und Meteorologie.
3. Geologie, Geognosie, Mineralogie, Krystallographie u. Palaeontologie.
4. Botanik. 5. Zoologie. 6. Chemie u. Pharmacie.

VI. **Philosophie.**

VII. a. **Erziehung und Unterricht.**

1. Erziehung und Unterricht. Allgemeines. Schulwesen.
2. Gymnastik.
3. Unterrichts- und Schulbücher.
   a. Religion.
   b. Deutsche Sprache. Literaturgeschichte und Deklamirbücher.
   c. Mathematik. Naturkunde.
   d. Geschichte. Erdbeschreibung.
   e. Gesang. Zeichnen, Schreiben und weibliche Arbeiten.

VII. b. **Jugendschriften.**

VII. c. **Bildungsschriften für das weibliche Geschlecht.**

VIII. **Classische u. oriental. Sprachen u. Literatur. Sprachenkunde.**

1. Allgemeine und vergleichende Sprachenkunde. Literaturgeschichte. Grammatik. Schul- u. Unterrichtsbücher. Wörterbücher.
2. Griechische u. römische Schriftsteller. Erläuterungsschriften.
3. Orientalische Sprachen.

IX. **Neuere Sprachen.**

1. Germanische Sprachen.
2. Romanische Sprachen.
3. Slavische und die übrigen neueren Sprachen, nebst Polyglotten und vergleichender Sprachkunde.

X. **Geschichte. Hülfswissenschaften.**

1. Culturgeschichte.
2. Allgemeine und spezielle Geschichte.
3. Biographien. Memoiren. Briefwechsel.

XI. **Erdbeschreibung. Völkerkunde.**

XII. **Mathematik u. Astronomie.**

XIII. **Kriegswissenschaft. Pferdekunde.**

XIV. **Handelswissenschaft u. Gewerbskunde.**

XV. **Architektonische u. montanistische Wissenschaften. Technik der Verkehrsanstalten. Maschinenwesen.**

XVI. **Forst- und Jagdwissenschaft.**

XVII. **Haus- und Landwirthschaft. Gartenbau.**

XVIII. **Schöne Literatur.**

1. Im Allgemeinen.
2. Gedichte. 3. Theater.
4. Romane. Novellen. Erzählungen.

XIX. **Kunstliteratur und Kunstwerke. Malerei. Musik. Vorlagen. Stenographie.**

XX. **Volksschriften.**

1. Allgemeines und Erzählungen.
2. Kalender u. Jahrbücher.

XXI. **Freimaurerei.**

XXII. **Vermischte Schriften.**

1. Adreßbücher.
2. Allgemeines.

Wissenschaftliche Uebersicht.

Die unter II. 1—6. und VII. a—c. mit † bezeichneten Werke sind von katholischen Verfassern.

Die Zeit- u. periodischen Schriften stehen am Schlusse einer jeden Wissenschaft.

I. Encyklopädien. Sammelwerke. Literaturwissenschaft.

II. Theologie.

1. Allgemeines.

(Encyklopädie. Geschichte der theolog. Wissenschaften. Bibliographie. Gesammelte Werke und Abhandlungen.)

2. Exegetische Theologie.

(Ausgaben u. Uebersetzungen der Bibel und ihrer Theile. Biblische Philologie. Concordanzen. Kritik. Hermeneutik. Biblische Geschichte; biblische Theologie; biblische Archäologie.)

3. Historische Theologie.

(Ausgaben der Kirchenväter. Kirchen- u. Dogmengeschichte. Kirchliche Kunst u. Kunst-Archäologie. Ordenswesen u. Heiligengeschichte. Statistik. Biographien, Briefwechsel, Memoiren. Geschichte der Gegenwart. Berichte über Versammlungen und Vereine.)

4. Systematische Theologie.

(Dogmatik und Ethik. Apologetik. Religionsphilosophie. Symbolik. Polemik. Irenik.)

5. Praktische Theologie.

a. Im Allgemeinen. Liturgik. Homiletik. Katechetik. Kirchenverfassung und Kirchenpolitik.

(Kirchenrecht siehe III. 1.)

b. Predigten.

c. Erbauungsschriften.

d. Innere und äußere Mission.

6. Jüdische Theologie.

III. Staats- und Rechtswissenschaft.

1. Rechtswissenschaft.

2. Staatswissenschaft.

---

3. Politik.

4. Statistik.

5. Gesetzeskunde.

6. Verkehrswesen.

IV. Heilwissenschaft.

☛ Die populär-medicin. Schriften sind mit * bezeichnet.

1. Allgemeines. Medicinische Naturwissenschaften. Geographie, Statistik und Geschichte.

2. Anatomie und Physiologie.

3. Pharmakologie und Toxikologie. Hydrologie. Balneologie. Curorte.

---

4. Pathologie u. Therapie.

5. Gynäkologie und Geburtshülfe. Kinderkrankheiten.

6. Chirurgie und Orthopädik. Augen-, Ohren-, Sprach- und Zahnheilkunde.

7. Psychiatrie. Staatsarzneikunde. Militairsanitätswesen.

8. Homöopathie.

9. Thierheilkunde.

V. Naturwissenschaften.

1. Allgemeines. Geschichte. Hülfsmittel.

2. Physik und Meteorologie.

3. Geologie, Geognosie, Mineralogie, Krystallographie und Paläontologie.

4. Botanik.

---

2. Physik und Meteorologie.

3. Geologie, Geognosie, Mineralogie, Krystallographie und Paläontologie.

4. Botanik.

5. Zoologie.

6. Chemie und Pharmacie.

VI. Philosophie.

VIIa. Erziehungs- und Unterrichtswissenschaft. Deutsche Schulbücher. Gymnastik.

1. Erziehung und Unterricht. Allgemeines. Schulwesen. Gymnasialwesen, Seminarwesen. Schulgesetzkunde. Schulreden.

2. Gymnastik.

3. Unterrichts- und Schulbücher.

a. Religion.

2. Gymnastik.

3. Unterrichts- und Schulbücher.

a. Religion.

c. Mathematik. Naturkunde.

d. Geschichte. Erdbeschreibung.

---

e. Gesang. Zeichnen, Schreiben und weibliche Arbeiten.

VIIb. Jugendschriften.

1. Für das Alter bis 7 Jahren.

2. Für das Alter von 8—11 Jahren.

3. Für das Alter von 11—15 Jahren.

VIIe. Bildungsschriften für das weibliche Geschlecht.

VIII. Altclassische und oriental. Sprachen. Alterthumswissenschaft und Mythologie.

1. Allgemeine und vergleichende Sprachenkunde. Literaturgeschichte. Grammatik. Schul- und Unterrichtsbücher. Wörterbücher.

2. Griechische und römische Schriftsteller. Erläuterungsschriften.

2. Griechische und römische Schriftsteller. Erläuterungsschriften.

3. Orientalische Sprachen.

IX. Neuere Sprachen.

(Mit Einschluß d r altdeutschen Litteratur.)

1. Germanische Sprachen.

2. Romanische Sprachen.

---

3. Slavische u. die übrigen neueren Sprachen, nebst Polyglotten und vergleichender Sprachkunde.

X. Geschichte mit ihren Hülfswissenschaften.

1. Culturgeschichte.

2. Allgemeine u. spezielle Geschichte.

3. Biographien. Memoiren. Briefwechsel.

XI. Erdbeschreibung. Länder- und Völkerkunde.

XII. Mathematik und Astronomie.

1. Mathematik.

---

2. Astronomie.

XII. Mathematik und Astronomie.

1. Mathematik.

2. Astronomie.

XIII. Kriegswissenschaft. Pferdekunde.

XIV. Handelswissenschaft und Gewerbskunde.

1. Handelswissenschaft.

2. Gewerbskunde.

XV. Architektonische und montanistische Wissenschaften. Technik der Verkehrsanstalten. Maschinenwesen.

1. Bauwissenschaft.

---

2. Bergbau und Hüttenkunde.

3. Eisenbahn-, Telegraphen- und Schifffahrtskunde.

4. Maschinenwesen.

XVI. Forst- und Jagdwissenschaft.

1. Forstwissenschaft.

2. Jagdwissenschaft.

XVII. Haus- und Landwirthschaft. Gartenbau.

1. Hauswirthschaft.

2. Landwirthschaft.

3. Gartenbau.

XVIII. Schöne Literatur.

1. Im Allgemeinen.

2. Gedichte.

3. Theater.

4. Romane. Novellen. Erzählgn.

XIX. Kunstliteratur und Kunstwerke. Malerei. Musik. Vorlagen zum Schreiben, Zeichnen und Sticken ꝛc. Stenographie.

1. Kunst und Kunstgeschichte, Kunstwerke. Malerei.

2. Musik.

3. Vorlagen zum Schreiben, Zeichnen und Sticken.

4. Stenographie.

XX. Volksschriften.

1. Allgemeines und Erzählungen.

2. Kalender und Jahrbücher.

XXI. Freimaurerei.

XXII. Vermischte Schriften.

1. Adreßbücher.

2. Allgemeines.

Erklärung der Zeichen.

Die Bruchzahlen vor den Titeln zeigen auf die früheren Jahrgänge dieses Verzeichnisses hin, woselbst man genaue Auskunft über bereits erschienene Theile ꝛc. findet, z. B. ($^{85}/_{1}$) = 1885 Januar—Juni.

Die mit n. vorgezeichneten Preise der Verleger müssen im Auslande zum Theil erhöht werden.

ABC, das **goldene**, der Landwirthschaft od. Rathschläge f. e. zweckmäßige Fütterung u. Düngung m. besond. Berücksicht. v. erläuternden Tabellen. 8. (192 S.) Osnabrück 1884, (Wehberg). cart. baar n. n. 1. 50

—— das **lustige**. Lex.-8. (6 Chromolith. m. eingedr. Text.) Leipzig, Kracht in Comm. baar n. — 50

—— das **lustige**, in Reim u. Bild. 8. (8 Chromolith. m. Text.) Wesel, Düms. — 10

—— das, d. **Skatspiels**, zur Ergötzung u. Förderung spielfroher Germanen in Reime gebracht v. e. Thüring'schen Schulmeister. 16. (27 S.) Büdingen, Heller'sche Hofbuchdr. n. 1. —

ABC-Buch m. lehrreichen Fragen u. Antworten f. artige Kinder jeglichen Alters. gr. 4. (10 Chromolith. m. 12 S. Text.) Fürth, Schaller & Kirn. geb. baar 4. —

ABC-Leinwand-Bilderbuch. 8. (8 Chromolith.) Wesel, Düms. geb. — 40

Abdruck, wörtlicher, urkundlicher Gedenkschriften aus dem 1. Halbjahrhundert [1785—1835] d. Bestehens der herzogl. Hauptschule, d. jetzigen Gymnasiums zu Dessau. Zur 100jähr. Jubelfeier dieser Anstalt am 5. Oktbr. 1885. gr. 8. (VII, 192 S.) Dessau, Neubürger. n. n. 1. 50

Abegg, Dr. Frdr., Zeugnisspflicht u. Zeugnisszwang nach den deutschen Reichs-Prozess-Ordnungen. gr. 8. (39 S.) Strassburg, Heitz. n. 1. —

($^{85}/_{1}$) **Abel**, Dr. Carl, Einleitung in e. ägyptisch-semitisch-indoeuropäisches Wurzelwörterbuch. 2. Hft. 1. Hälfte. gr. 8. (S. 113—168.) Leipzig, Friedrich. n. 10. — (I. u. II., 1.: n. 30. —)

Abel, Karl, e. Beitrag zur Statistik der Mortalität nach Hasenschartenoperationen, nach den auf der Göttinger chirurg. Klinik in den letzten 10 Jahren operirten Fällen. Inaugural-Dissertation. gr. 8. (26 S.) Göttingen, (Vandenhoeck & Ruprecht). baar n. — 60

Abela, Cant. Gesanglehr. Carl, Sammlung zwei-, drei- u. vierstimm. Lieder zum Gebrauche beim Gesangunterrichte in Schulen. Zunächst f. die Schulen in Francke's Stiftgn. hrsg. 1. Hft. 13., unveränd. Aufl. [Ster.-Ausg.] qu. 4. (IV, 120 S.) Leipzig, Wartig. 1. 25

($^{84}/_{1}$) **Abendglocken**. 5. Jahrg. 1885. 52 Nrn. (1½ B. m. eingedr. Holzschn. u. 2 Holzschntaf.) gr. 4. Leipzig-Reudnitz, Payne. Vierteljährlich baar n. 1. 30

Abfuhrwesen u. Tonnensystem, das, der Stadt Emden m. Statistik der Betriebsergebnisse u. Rentabilitätsberechnung. In Veranlassg. der v. dem deutschen Landwirthschaftsrath veranstalteten Enquête üb. städt. Reinhaltg. bearb. u. auf Anregg. d. landwirthschaftl. Hauptvereins f. Ostfriesland hrsg. Mit e. Vorwort d. Hrn. Prof. Dr. Alex. Müller in Berlin u. 1 lith. Taf. u. zeichnerischen Darstellgn. v. Hrn. Stadt-Baumstr. Wiggers zu Emden. gr. 8. (VIII, 68 S.) Emden, Haynel. n. 2. —

($^{84}/_{2}$) **Abhandlungen** der königl. Akademie der Wissenschaften zu Berlin. Aus d. J. 1884. gr. 4. (XXXIX, 795 S. m. 19 Taf.) Berlin, (Dümmler's Verl.). cart. n. 45. —; Anhang: Abhandlungen nicht zur Akademie gehör. Gelehrten, ap. (292 S. m. 8 Taf.) cart. n. 13. 50

Hieraus einzeln:

—— philosophische u. historische. gr. 4. (215 S. m. 4 Taf.) Ebd. cart. n. 15. —

—— physikalische. gr. 4. (272 S. m. 7 Taf.) Ebd. cart. n. 17. —

($^{85}/_{1}$) —— der philosophisch-philologischen Classe der königl. bayerischen Akademie der Wissenschaften. 17. Bd. 2. Abth. [In der Reihe der Denkschriften der 59. Bd.] gr. 4. (S. 265—512.) München, Franz' Verl. in Comm. (à) n. n. 7. —

($^{83}/_{2}$) —— des archäologisch-epigraphischen Seminars der Universität Wien, hrsg. v. O. Benndorf u. O. Hirschfeld. V. gr. 8. Wien, Gerold's Sohn. n. 5. —

Inhalt: Die Fahnen im römischen Heere von Alfr. v. Domaszewsky. Mit 100 Abbildgn. (80 S.)

—— der grossherzogl. hessischen geologischen Landesanstalt zu Darmstadt. 1. Bd. 1. u. 2. Hft. Lex.-8. Darmstadt, Bergsträsser in Comm. n. n. 12. 50

Inhalt: 1. Chronologische Uebersicht der geologischen u. mineralogischen Literatur üb. das Grossherzogth. Hessen. Zusammengestellt v. C. Chelius. (XVI, 59 S.) 1884. n.n. 2. 50. — 2. Die Fauna der Kalke v. Waldgirmes bei Giessen. Von Frdr. Maurer. Mit e. Atlas v. 11 lith. Taf. u. 11 Bl. Erklärgn. (S. 61—340.) n.n. 10. —

($^{85}/_{1}$) —— zur geologischen Specialkarte v. Preussen u. den Thüringischen Staaten. 5. Bd. 3. Hft. Lex.-8. Berlin 1884, Parey in Comm. n. 6. —

Inhalt: Die Werder'schen Weinberge. Eine Studie zur Kenntniss d. märk. Bodens v. Dr. Ernst Laufer. Hrsg. v. der königl. preuss. geolog. Landesanstalt. Mit 1 Titelbilde (in Lichtdruck), 1 Zinkogr. u. 2 Holzschn. im Text. Im Anh.: Bodenkarte v. den Werder'schen Weinbergen, 1:12,500. Chromolith. (VIII, 110 S.)

($^{85}/_{1}$) —— dasselbe. 6. Bd. 2. Hft. u. 7. Bd. 1. Hft. Lex.-8. Berlin, Schropp in Comm. n. n. 12. —

Inhalt: VI, 2. Die Trias am Nordrande der Eifel zwischen Commern, Zülpich u. dem Roerthale. Von Max Blanckenhorn. Mit 1 geognost. Karte, 1 Profil- u. 1 Petrefakten-Taf. (IV, 136 S.) n.n. 7. —. — VII, 1. Die Quartärbildungen der Umgegend v. Magdeburg, m. besond. Berücksicht. der Börde. Von Dr. Felix Wahnschaffe. Mit 1 Karte in Buntdr. u. 8 Zinkogr. im Text. (XI, 104 S.) n.n. 5. —

($^{85}/_{1}$) —— germanistische, hrsg. v. Karl Weinhold. V. gr. 8. Breslau, Koebner. n. 5. —

Inhalt: Der Infinitiv in den Epen Hartmanns v. Aue. Von Dr. Sylvius v. Monsterberg-Münckenau. (VI, 175 S.)

($^{84}/_{2}$) —— der naturforschenden Gesellschaft zu Halle. Orig.-Aufsätze aus dem Gebiete der gesammten Naturwissenschaften. 16. Bd. 3. Hft. gr. 4. (S. 257—391 m. 3 Steintaf.) Halle, Niemeyer. n. 7. — (1—3.: n. 20. —)

($^{84}/_{2}$) —— hrsg. vom naturwissenschaftlichen Vereine zu Bremen. 9. Bd. 2. Hft. Mit 6 (lith.) Taf. gr. 8. (S. 81—256 u. 20. Jahresbericht 28 S.) Bremen, Müller. n. 6. — (1. u. 2.: n. 8. 40)

($^{85}/_{1}$) —— palaeontologische. Hrsg. v. W. Dames u. E. Kayser. 2. Bd. 5. Hft. u. 3. Bd. 1. Hft. gr. 4. Berlin, G. Reimer. n. 27. — (I—III, 1.: n. 119. —)

Inhalt: II, 5. Lethaea erratica od. Aufzählung u. Beschreibg. der in der norddeutschen Ebene vorkomm. Diluvial-Geschiebe nord. Sedimentär-Gesteine. Von Ferd. Römer. Mit 11 (lith.) Taf. u. 3 (eingedr.) Holzschn. (XII, 173 S. m. 11 Bl. Erklärgn.) n. 20. —. — III, 1. Ueber die innere Organisation einiger silurischer Cephalopoden. Von Gerh. Holm. Mit 5 Taf. u. 1 Holzschn. (28 S. m. 5 Bl. Erklärgn.) n. 7. —

Ablässe, die, d. fünffachen Skapuliers. Nach authent. Quellen zusammengestellt, m. e. kurzgefaßten Unterricht. 16. (32 S.) Paderborn, Bonifacius-Druckerei. — 15

About, E., der Mann m. dem abgebrochenen Ohre, s.: Universal-Bibliothek Nr. 2037 u. 2038.

Abrie, Willy [Bruno Walter], u. Gust. Kötter, in Moll u. Dur. Ernstes u. Heiteres. 8. (78 S.) Ribnitz, Biscamp. — 75

Abriß, kurzer, der Geschichte d. Preußischen Staates (bis zur Gründung d. deutschen Kaiserreichs]. Für Regimentsschulen. 3. Aufl. 8. (IV, 44 S.) Hannover 1886, Helwing's Verl. n. — 36

—— der deutschen Grammatik v. den Fachlehrern der kgl. Kreisrealschule in München. [Als Mskr. gedr.] 1. Tl. gr. 8. (20 S.) Würzburg 1886, Stuber's Verl. n. — 40

Abromeit, Dr. J., Berichtigung d. Sanio'schen Aufsatzes üb. die Zahlenverhältnisse der Flora Preussens. [Aus: „Schriften d. phys.-ökonom. Gesellsch. zu Königsberg".] gr. 4. (25 S.) Königsberg 1884. (Berlin, Friedländer & Sohn.) n. 1. —

Abschätzungs-Grundsätze der Schlesischen Landschaft de 1883. Amtlicher Abdr. gr. 8. (55 S.) Breslau 1883, (Korn). baar n. — 60

(85/1) Acta historica res gestas Poloniae illustrantia. Tom. VIII. vol. 1. Lex.-8. Krakau, (Friedlein). n. 24. — (I—VIII, 1.: n. 208. —)

Inhalt: Legum, privilegiorum statutorumque civitatis Cracoviensis tomi I vol. 1. [1507—1586.] (XXXVII, 624 S.)

(85/1) —— mathematica. Zeitschrift, hrsg. v. G. Mittag-Leffler. 7. Bd. 4 Hfte. gr. 4. (1. Hft. 104 S.) Stockholm. Berlin, Mayer & Müller in Comm. baar n. 12. —

(84/2) —— pontificum romanorum inedita. II. Urkunden der Päpste vom J. c. 97 bis zum J. 1197, gesammelt u. hrsg. von Prof. Dr. J. v. Pflugk-Harttung. 2. Bd. 2. Abth. Indices. Lex.-8. (S. 407—492.) Stuttgart, Kohlhammer. n. 4. 50 (I. u. II.: n. 42. 50)

(85/1) —— Sanctae Sedis, in compendium opportune redacta et illustrata studio et cura Jos. Pennacchi et Vict. Piazzesi. Vol. XVIII. 12 Fascc. gr. 8. (1. Fasc. 64 S.) Romae. (Regensburg, Pustet.) n. n. 12. —

l'Acte général de la Conférence Africaine de Berlin jugé par la ligue internationale de la paix et de la liberté. Rapport présenté par le comité central à l'assemblée, tenue à Genève le 13 septembre 1885. Publié avec l'autorisation du comité central. gr. 8. (24 S.) Basel, Bernheim. n. — 60

—— général de la conférence de Berlin suivi des traités des puissances signataires avec l'Association du Congo. En langue originale et en allemand par Dr. H. Robolsky. gr. 4. (59 S.) Leipzig, Renger. n. 4. —

Adam, Rekt., Verzeichniss der Wortsigel, Monogramme u. derjenigen deutschen Wörter, deren Abstammung zweifelhaft od. verdunkelt ist, sowie sämmtlicher Affixe aus Stolze's Lehrgang der deutschen Stenographie. 15. Aufl. 8. (16 autogr. S.) Breslau 1884. (Hannover u. Celle, Schulbuchh.) — 50

Adam, Dr. Alb. Eug., Frhr. Karl Eberhard Friedrich Varnbüler v. u. zu Hemmingen 1776—1832. Ein Beitrag zur Geschichte seiner Zeit. gr. 8. (99 S.) Stuttgart 1886, Metzler's Verl. n. 3. —

(85/1) Adam, Paul, systematisches Lehr- u. Handbuch der Buchbinderei u. der damit zusammenhängenden Fächer in Theorie u. Praxis. Unter Mitwirkg. namhafter Fachgenossen, sowie m. Benutzg. v. Notizen d. † Frz. Wunder-Wien bearb. u. hrsg. 16—21. (Schluß-) Lfg. Lex.-8. (S. 721—999 m. eingedr. Fig. u. 2 Taf.) Dresden-Blasewitz, Loewenstein. baar à n. — 80

Adam, R., der Rechenkünstler. Systematische Anleitg. zu e. schnellen u. sicheren Kopf- u. Tafelrechnen. Mit steter Rücksichtnahme auf Vorteile,

Abkürzgn. u. Kunstgriffe zum Selbstunterricht f. Lehrer u. Geschäftsleute bearb. (In 10 Lfgn.) 1. Lfg. gr. 8. (48 S.) Berlin 1886, Th. Hofmann. n. — 35

Adam, Landesschulinsp. V., Bruchstücke aus der mathematischen Geographie m. besond. Berücksicht. einiger Beleuchtungsverhältnisse. gr. 8. (50 S. m. 3 Tab.) Wien, Bermann & Altmann in Comm. baar n. n. 1. —

Adam, Sem.-Lehr. W., 100 algebraische Aufgaben m. vollständig ausgeführten elementaren Lösungen. Für Freunde d. Denkrechnens bearb. gr. 8. (62 S.) Berlin 1886, Th. Hofmann. n. — 70

Adamkiewicz, Prof. Dr. Alb., die Nervenkörperchen. Ein neuer, bisher unbekannter morpholog. Bestandtheil der peripher. Nerven. [Mit 1 (chromolith.) Taf.] [Aus: „Sitzungsber. d. k. Akad. d. Wiss."] Lex.-8. (11 S.) Wien, (Gerold's Sohn). n. — 60

Adams, Pfr. Fr. W., Unsere Liebe Frau v. der immerwährenden Hülfe. Vollständiges Gebet- u. Bruderschaftsbüchlein f. ihre Verehrer. 2. Aufl. 16. (120 S. m. 1 Chromolith.) Paderborn, Bonifacius-Druckerei. — 30

Adamy, Heinr., Schlesien, nach seinen physischen, topographischen u. statistischen Verhältnissen dargestellt. Mit 1 Karte. 6. verm. u. verb. Aufl. 8. (VI, 217 S.) Breslau, Trewendt. n. 1. 60; geb. n. 2. —

Adelmann, Heinr. Graf, kurze praktische Anleitung zum Obstbau f. den Landmann u. Obstzüchter in Württemberg. 4. Aufl. Mit Abbildgn. 8. (V, 17 S.) Stuttgart, Metzler's Verl. n. — 20

Adler, Dr. Geo., die Geschichte der ersten sozialpolitischen Arbeiterbewegung in Deutschland m. besond. Rücksicht auf die einwirkenden Theorieen. Ein Beitrag zur Entwickelungsgeschichte der sozialen Frage. gr. 8. (VIII, 347 S.) Breslau, Trewendt. n. 9. —

Adolph, Gymn.-Oberlehr. Dr. E., die Dipterenflügel, ihr Schema u. ihre Ableitung. Mit 4 (lith.) Taf. [Aus: „Nova Acta d. ksl. Leop.-Carol. deutschen Akad. d. Naturforscher".] gr. 4. (46 S.) Halle. Leipzig, Engelmann in Comm. n. 5. —

Adolph, Past. H., wie hat sich die Kirche gegen die Verächter der Taufe u. Trauung zu verhalten? Vortrag, geh. auf der Insp.-Synode in Lehre. 8. (29 S.) Braunschweig, Wollermann. n. — 30

Adonis, J., zu schön, s.: Plouvien, E.

Adreßbuch der Stadt Beuthen O.-S. u. der ländlichen Ortschaften d. Kreises Beuthen. 4. Jahrg. Hrsg. u. bearb. durch Hauptkassen-Rend. Rob. Laube. gr. 8. (III, 156 u. 84 S.) Beuthen, Freund. cart. baar n. 4. —

—— der Stadt Bonn. 1885. 8. (IV, 328 S.) Bonn, Neusser. cart. baar n. n. 3. —; m. Plan n. n. 3. 50

(85/1) —— der freien Hansestadt Bremen. 1885. Nachtrag. Geschlossen am 1. Juni 1885. gr. 8. (34 S.) Bremen, Heinsius. n. 1. 25

—— neues, v. Brünn 1885. Specieller Wohnungs-Anzeiger, nebst Handels- u. Gewerbe-Adreßbuch der Landeshauptstadt v. Mähren. gr. 8. (XXIV, 313 S.) Brünn, Winkler. geb. n. 5. 20

—— für den Buch-, Kunst-, Musikalienhandel u. verwandte Geschäftszweige der österreichisch-ungarischen Monarchie, m. e. Anh.: Oesterr.-ungar. Zeitungs-Adressbuch. Hrsg. v. Mor. Perles. 1885. XX. Jahrg. Mit dem (lith.) Bildnisse v. Thdr. Demuth. gr. 8. (VIII, 224 S.) Wien, Perles. geb. baar n. n. 4. —; brosch. ohne Portr. n. n. 3. 40

—— von Erlangen. Gefertigt 1885 vom Stadtmagistrate Erlangen. 8. (208 S. m. 1 lith. Wappentaf.) Erlangen, (Merkel). cart. baar n. n. 2. —

(84/2) —— deutscher Export-Firmen. Auf Anregg. d. königl. preuss. Handelsministeriums im Auftrage d. Centralverbandes deutscher Industrieller u. d. deutschen Handelstages hrsg. v. Konsul z. D. Gen.-Sekr. W. Annecke,

Reg.-R. a. D. Gen.-Sekr. F. Beutner, Gen.-Sekr. H. Bueck, Gen.-Sekr. Dr. H. Rentzsch. 4. Bd. Nr. 2552—3200. (Text in deutscher, engl., franz. u. span., beziehentlich russ., schwed. Sprache.) gr. 4. (VIII, 304 u. Register 80 S.) Leipzig, Spamer. baar n. 16. —; geb. n. 20. —; Register ap. n. 10. — (cplt.: n. 82. 50; geb. n. 98. 50)

Adreßbuch der Residenzstadt Gotha. 1885/86. 8. (237 S.) Gotha, Engelhard-Reyher'sche Hofbuchdr. geb. baar n. n. 2. —

—— allgemeines, f. Göttingen. 1885. gr. 8. (IV, 104 S.) Göttingen, Vandenhoeck & Ruprecht's Verl. baar n. n. 2. —

—— der Stadt u. d. Kreises Gumbinnen. Hrsg. v. Alb. Gelleszun. 1885. gr. 8. (IV, 81 S. m. 1 autogr. Plan.) Gumbinnen, (Sterzel). baar n. 2. —

—— der Stadt Minden, der Neustadt u. der Feldmarken pro 1885. gr. 8. (68 S.) Minden, (Hufeland). cart. baar n.n. 2. 50

—— u. Wohnungs-Anzeiger f. Mühlhausen in Thüringen, red. u. hrsg. v. Pol.-Insp. B. Block u. Pol.-Secr. W. Dönhardt. gr. 8. (168 S.) Mühlhausen i/Th., (Heinrichshofen). geb. baar n.n. 2. 50

—— der Stadt Offenbach a. Main. Hrsg. v. Meldeamts-Vorst. Heinr. Huhn. Mit e. geometr. Plan v. Offenbach v. Geom. Alex. Franz. gr. 8. (VIII, 312 S.) Offenbach, Heß. cart. baar n. 5. —

—— der Residenzstadt Oldenburg f. 1885/86. Im Auftrage d. Stadtmagistrats nach amtl. Quellen bearb. 8. (172 S.) Oldenburg, Schulze. baar n. 2. —; geb. n. 2. 75

—— kaufmännisches, f. die Rheinprovinz. 1. u. 2. Bd. Nach amtl. Quellen bearb. u. hrsg. v. H. Wiese. gr. 8. Köln 1884, (Theissing). geb. n. 5. —
Inhalt: 1. Reg.-Bez. Köln. (XVI, 416 S.) n. 3. —. — 2. Reg.-Bez. Düsseldorf. (254 S.) n. 2. —

—— neuestes, deutscher Weinhändler, Weinstubenbesitzer, Wein-Agenten u. Wein-Commissionäre. 2. vollständig neu bearb. Aufl. nach Orig.- u. amtl. Aufnahmen. 12. (III, 223 S.) Mainz, Diemer. geb. n. 6. —

—— der Stadt Wiesbaden f. d. J. 1885/86. Hrsg. v. Standesbeamten Wilh. Joost. 26. Jahrg. 8. (IV, 664 S.) Wiesbaden, (Moritz & Münzel). cart. baar n.n. 5. 50

—— der Stadt Wittenberg nebst Vorstädten pro 1885. Mit 1 (lith.) Plan v. Wittenberg. 8. (152 S.) Wittenberg, Herrosé Verl. in Comm. geb. baar n. 1. 35

—— der Kreisstadt Zwickau f. 1885/86, nebst Geschäfts-Anzeiger. Mit Uebersicht der Behörden, der Steinkohlen- u. Hüttenwerke, der Kohleneisenbahnen, der Fabriken, Brauereien, Coaksbereitungsanstalten u. Dampfmühlenwerke, sowie der Vereine in den Ortschaften Bockwa, Cainsdorf, Eckersbach, Marienthal, Oberhohndorf, Planitz, Pöhlau, Pölbitz, Reinsdorf, Schedewitz, Weißenborn, Wilkau. 13. Ausg. Unterstützt durch officielle Angaben v. Behörden, u. Gesellschaften. gr. 8. (VIII, 322 S.) Zwickau, Thost. baar n.n. 5. 50; geb. n.n. 6. —

Adressen der Lehrer u. Lehrerinnen an den Breslauer Volksschulen f. 1885/86, nebst Anciennetätslisten u. Übersicht der Schulen. Hrsg. v. Wilh. Vogt. Neue Folge, 1. Jahrg. 16. (80 S.) Breslau, Priebatsch. baar n. — 60

Adressen- u. Wohnungs-Anzeiger, Budapester. Auf Grund der officiellen Daten d. hauptstädt. Meldungs-Amtes. 4. Jahrg. 1885—1886. Mit e. Plane v. Budapest. (Ungarisch u. deutsch.) Lex.-8. (XIII, 780 S.) Budapest. (Leipzig, Haessel.) baar n. 10. —

Adreß- u. Bürger-Handbuch der Stadt Elberfeld f. 1885/86. Nachtrag. Bearb. auf Grund e. vollständig neuen Aufnahme. gr. 8. (68 S.) Elberfeld, Loewenstein's Verl. n. — 75

Adreß- u. Geschäftshandbuch der Residenzstadt Greiz f. 1885. Nach amtl. Unterlagen zusammengestellt v. Raths-Copisten Jul. Klemm u. Otto Poetzsch. gr. 8. (192 S.) Greiz, Schlemm. cart. baar n. 4. —
—— —— der Stadt Ratibor f. d. J. 1885. Hrsg. v. Pol.-Commiss. Henke. 3. Jahrg. 8. (250 S.) Ratibor, Lindner. n. 2. 50
Advocaten-Ordnung, die, vom 6. Juli 1868, sammt dem Disciplinarstatute, der Geschäftsordnung der niederösterreich. Advocatenkammer, den Statuten. d. jurid. Doctoren-Collegiums u. der damit verbundenen Witwen- u. Waisensocietät u. den im Advocatenstand betr. Stiftgn. Hrsg. auf Veranlassg. d. Ausschusses der niederösterreich. Advocatenkammer unter Benützg. der v. demselben beigestellten ämtl. Quellen. 8. (169 S. m. 1 Tab.) Wien, Manz. n. 1. 50
Affolter, Joh. Alb., die Actio ad exhibendum u. ihre Bedeutung f. das heutige Prozeßrecht. Inaugural-Dissertation. 8. (47 S.) Zürich 1880. (Leipzig, Fock.) baar n. — 80
Afh, Frdr., Vorlagen f. Korbflechter, Muster v. Geflechten, Korb-Modellen u. Körben. Zum Gebrauche f. Korbflechter u. als Lehrbehelf f. Korbflecht-Schulen bei dem Fachzeichnen hrsg. 2. wohlfeilere Aufl. 40 (lith.) Taf. gr. 4. (1 Bl. Text.) Weimar 1886, B. F. Voigt. 3. —
Ah, wie schön! 6 Sorten. 8. (à 4 Chromolith. m. Text.) Wesel, Düms. à — 5
Ahles, Pfr. A., Lehrplan f. den evangel. Religionsunterricht in den Volksschulen Badens. 8. (25 S.) Emmendingen, Dölter. — 30
(83/2) **Ahlfeld**, F., Berichte u. Arbeiten aus der geburtshilflich-gynaekologischen Klinik zu Marburg 1883—1884. Mit 7 lith. Taf. u. 4 Holzschn. 2. Bd. gr. 8. (VII, 239 S.) Leipzig, Grunow. (à) n. 10. —
Ahlfeld, Dr. Frdr., Morgenandachten, aus den Predigten hrsg. v. Pfr. Heinr. Ahlfeld. 2. Aufl. gr. 8. (VII, 449 S.) Halle, Mühlmann. n. 4. —; geb. n. 5. —; m. Goldschn. n. 5. 50
Ahlfeld, D. **Friedrich**, weiland Pastor zu St. Nicolai in Leipzig. Ein Lebensbild. Mit (Lichtdr.-)Portr. gr. 8. (IV, 199 u. Anh. v. Gedichten 58 S.) Halle, Mühlmann. n. 4. 50; geb. n. 5. 50
Ahlfeld, Pfr. Heinr., lasset uns bleiben in der Gemeinschaft d. Evangeliums. Abschiedspredigt üb. 1. Corinther 15, 1—10, am XI. Sonntag nach Trinitatis den 16. Aug. 1885 geh. in der luther. Kirche zu Cassel. 2. Aufl. 12. (15 S.) Cassel, Buchh. im Ev. Vereinshaus. baar n. — 20
Ahlwardt, W., kurzes Verzeichniss der Landberg'schen Sammlung arabischer Handschriften auf der königl. Bibliothek zu Berlin. gr. 8. (XII, 107 S.) Berlin, (Asher & Co.). baar n. 3. —
Ahn, Dr. F., praktischer Lehrgang zur schnellen u. leichten Erlernung der englischen Sprache. 1. Kurs. 30. Aufl. 8. (IV, 126 S.) Köln, Du Mont-Schauberg. — 90
—— praktischer Lehrgang zur schnellen u. leichten Erlernung der französischen Sprache. 1. Curs. 207. u. 208. Aufl. 8. (XVI, 126 S.) Ebd. — 75
—— praktischer Lehrgang zur schnellen u. leichten Erlernung der italienischen Sprache. 1. u. 2. Kurs. 8. Ebd. à — 90
1. 14. Aufl. (III, 88 S.) — 2. 8. Aufl. (VI, 100 S.)
—— nouvelle méthode pratique et facile pour apprendre la langue allemande. 2. et 3. cours. 8. Leipzig, Brockhaus. n. 1. 80
2. 49. éd. (IV, 118 S.) n. 1. —. — 3. Renfermant des morceaux choisis de littérature allemande, faciles et gradués, et accompagnés de notes explicatives. 38. éd. (IV, 91 S.) n. — 80.
—— nouvelle méthode pratique et facile pour apprendre la langue anglaise. 1. cours. 51. et 52. éd. Revue et corrigée. 8. (VII, 123 S.) Köln, Du Mont-Schauberg. — 90

Ahn, F. H., grammaire théorique et pratique de la langue anglaise. Clef des versions, des thèmes et des morceaux suivis. A l'usage des professeurs. 2. éd. revue et corrigée. 8. (104 S.) Köln, Du Mont-Schauberg. 3. —

Ahrendts, die Ventilation der bewohnten Räume, — die Zentral-Heizungen der Wohnhäuser, öffentlichen Gebäude etc., } s.: Taschenbibliothek, deutsche bautechnische.

Aiblinger, Ludw., Katechismus der Musik. Eine kurzgefasste Darstellg. der Entwickelg. der abendländ. Musik. gr. 8. (IV, 123 S.) Regensburg 1886, Coppenrath. n. 1. 50

Aich-Ordnung, die, f. das Deutsche Reich vom 27. Dezbr. 1884, nebst Aichgebühren-Taxe vom 28. Dezbr. 1884. [Aus: „Die bayer. Kanzlei".] gr. 8. (71 S.) Kempten, Kösel. — 75

Aktenstücke betr. die Afrikanische Konferenz. 1. General-Akte der Berliner Konferenz vom 26. Febr. 1885. 2. Die Protokolle der Berliner Konferenz. [Aus: „Deutsches Handels-Archiv".] gr. 4. (123 S.) Berlin, Mittler & Sohn. n. 3. —

— zur Frage der Erbfolge im Herzogth. Braunschweig. gr. 8. (68 S.) Hannover, Weichelt. n. — 50; feine Ausg. n. 1. —

Albert, C., Fräulein Shylock, s.: Theater-Repertoir, Wiener.

($^{85}/_{1}$) **Albert**, Prof. Dr. Ed., Lehrbuch der Chirurgie u. Operationslehre. Vorlesungen f. prakt. Aerzte u. Studirende. 4. Bd. gr. 8. Wien, Urban & Schwarzenberg (à) n. 10. —; geb. (à) n. 12. —

Inhalt: Die chirurgischen Krankheiten d. Beckens u. der unteren Gliedmasse. Mit 230 Holzschn. 3. umgearb. u. verm. Aufl. (IV, 607 S.)

Albert's, Ludw., englisch-amerikanischer Dolmetscher. Anleitung, die engl. Sprache in kurzer Zeit ohne Lehrer zu lernen. Mit e. Wörterbuche der engl. u. deutschen Sprache, nebst Aussprache der engl. Wörter m. durchgäng. Betonungsbezeichng. u. e. Anh.: Briefe u. Formulare f. Rechngn., Quittgn., Contracte zc. enth. 21., umgearb. u. stark verm. Aufl. v. Carl Schmidt. 12. (VI, 298 S.) Leipzig, O. Wigand. cart. 1. 50

— der italienische Dolmetscher. Theoretisch-prakt. Anleitg., die italien. Sprache leicht u. schnell ohne Lehrer zu erlernen. Mit e. italienisch-deutschen u. deutsch-italien. Wörterbuche. Zunächst f. Reisende u. Geschäftsleute. Nebst e. Anh., Briefe u. Formulare f. Rechngn., Quittgn., Contracte zc. enth. 8. stark verm. Aufl. v. B. de Renier. 12. (VIII, 271 S.) Ebd. cart. 1. 50

Albertini, Franc., opusculum de mirabilibus novae urbis Romae. Hrsg. v. Aug. Schmarsow. 8. (XXIII, 77 S.) Heilbronn 1886, Henninger. n. 2. —; auf Büttenpap. n. 4. —

Albertus, J., die englisch-russische Frage u. die deutsche Kolonialpolitik. gr. 8. (111 S.) Innsbruck, F. Rauch. n. 1. 60

Albrecht's, Aug., englischer Dolmetscher od. gründl. Belehrg., die engl. Sprache nach e. leichtfaßl. u. schnellen Methode ohne Lehrer zu erlernen. Ein Hilfsbuch f. Auswanderer nach Amerika u. Australien. 22. Aufl. m. neu rev. Aussprache v. James Dix. 12. (188 S.) Leipzig, Matthes. cart. 1. 50

— vocabulaire systématique français et allemand contenant des mots rares et importants, avec beaucoup de néologismes, un choix de mots étrangers, d'argot parisien etc., suivi de germanismes, gallicismes et de proverbes. 8. (VI, 202 S.) Leipzig, Strauch. n. 2. 25

Albrecht, Frz. Ant., Übungen u. Gesänge zu e. methodischen Gesangunterrichte in Volks-, Töchter- u. Mittelschulen. Für die Hand der Schüler bearb. 2. u. 3. Stufe. Ausg. A. f. erweit. Volksschulen, Töchter- u. Mittelschulen. 12. Freiburg i/Br., Herder. à n. — 60; Cartonnage à n. n. — 5

2. 5. verb. Aufl. (XVI, 120 S.) — 3. 3. Aufl. (IV, 103 S.)

Albrecht, Frdr., Glaube, Hoffnung, Liebe. Ein Glaubensbekenntniß in 3 Sonettenkränzen. 2. Aufl. 16. (54 S.) Wiesbaden 1886, Limbarth. geb. m. Goldschn. n. 1. 50

Albrecht, G., Geschichte der Elektricität m. Berücksicht. ihrer Anwendungen, s.: Bibliothek, elektro-technische.

Albrecht, Dr. Jul., der Anwalt in Strafsachen f. das deutsche Volk in Beispielen. Mit Anmerkgn. u. Erläutergn. 8. (VIII, 108 S.) Neuwied, Heuser's Verl. n. 1. 60

—— die deutsche Straf-Prozeßordnung in Beispielen. Mit Anmerkgn. u. Erläutergn. 8. (VIII, 108 S.) Ebd. n. 1. 60

Albrecht, Dr. Karl, Lehrbuch der Gabelsbergerschen Stenographie. Für Schul-, Privat- u. Selbstunterricht. 1. Kurs.: Vollständiger prakt. Lehrgang in stufenweis geordneten Regeln und Aufgaben nach der kalkulier. Methode Ahns. 44. Aufl. 8. (X, 96 S.) Hamburg, Haendcke & Lehmkuhl. n. 1. 50; geb. n. 1. 90

Album in Bild u. Schrift. Hrsg. v. der Genossenschaft der bild. Künstler Wiens. Mit 12 Radirgn. u. 18 m. Randzeichngn. verzierten (autogr.) Textblättern. Fol. Wien, Lachner's Sort. In Leinw.-Mappe. n. 40. —; Ausg. m. Remarquen vor der Schrift, in Ldr.-Mappe. baar n. 80. —

—— von Elberfeld. qu. 16. (12 Photogr.-Imitationen.) Elberfeld, Loewenstein's Verl. In Leinw.-Decke. n. 2. —

—— de l'exposition de l'art ancien au pays de Liège, 1. partie. Orfèvrerie religieuse. 1. livr. Fol. (9 Lichtdr.- u. 1 chromolith. Taf. m. 10 Bl. Text.) Berlin 1884, Claesen & Co. Subscr.-Pr. n. 14. —

(83/2) —— für Liebhaber-Bühnen. Nr. 208—235. 8. Berlin, Kühling & Güttner. à — 75

Inhalt: 208. Ein Frühschoppen. Lustspiel in 1 Akt von Emil Stein. (16 S.) — 209. Ein stilles Haus. Posse m. Gesang in 1 Akt v. Gust. Höppner. Musik v. A. Kentsch. (24 S.) — 210. Höllenqualen. Posse in 1 Akt v. Otto Bernhard. (30 S.) — 211. In der Falle. Schwank in 1 Akt v. Ernst Moser. (24 S.) — 212. Meine Frau in spe. Schwank in 1 Akt v. Leop. Ely. (24 S.) — 213. Suse, die Dorfhexe. Liederspiel in 1 Akt v. C. A. Paul. Musik v. Rich. Thiele. (19 S.) — 214. Der kluge August. Schwank in 1 Akt v. Thdr. Kolbe. (24 S.) — 215. Im Mondschein. Charakterbild in 1 Akt v. Wilh. Kläger. (22 S.) — 216. Wallenstein in Mottenburg. Posse mit Gesang in 1 Akt v. Edm. Braune. Musik v. Rich. Thiele. (27 S.) — 217. Vetter Hans. Schwank in 1 Akt v. Leop. Ely. (20 S.) — 218. Der Ehrenpokal od. die Deputation. Posse in 1 Akt [nach e. vorhandenen Stoff] v. Heinr. Kläger. (20 S.) — 219. Der Erduntergang. Schwank in 1 Akt v. Ernst Moser. (16 S.) — 220. Ein probates Hausmittel. Lustspiel in 1 Akt v. Siegfr. Staack. (18 S.) — 221. Flötenknopf's Liebes-Lust u. Leid. Schwank in 1 Aufzuge v. C. A. Paul. (20 S.) — 222. Der Bombardier im Feuer. Posse m. Gesang in 1 Akt [m. theilweiser Benutzg. e. vorhandenen Scene] v. F. A. Sauer. Musik v. Rich. Thiele. (31 S.) — 223. Der Gehilfe d. Teufels. Orig.-Lustspiel in 1 Akt v. Siegfr. Staack. (31 S.) — 224. Die kleine Bombe. Schwank in 1 Akt v. Leop. Ely. (19 S.) — 225. Die Angströhre. Posse in 1 Aufzuge, nach e. älteren französ. Stoffe bearb. v. Rob. Linderer. (18 S.) — 226. Der Herzenswechsel. Posse in 1 Akt v. Siegfr. Staack. (19 S.) — 227. Eine Liebeserklärung. Plauderei in 1 Auftritt v. Dr. Rob. Philippson. (11 S.) — 228. Heimliche Liebe. Schwank in 1 Akt v. Edm. Braune. (28 S.) — 229. Dichtung u. Wahrheit. Schwank in 1 Aufzug v. Dr. Rob. Philippson. (14 S.) — 230. In der Löwengrube! Schwank in 1 Akt v. Siegfr. Staack. (23 S.) — 231. Dos-à-dos. Lustspiel in 1 Akt, nach Roger de Beauvoir f. die deutsche Bühne bearb. v. Julian Olden. (17 S.) — 232. Eine alltägliche Geschichte. Orig.-Posse in 1 Akt v. Siegfr. Staack. (24 S.) — 233. Der Blumenstrauß. Singspiel in 1 Akt v. Heinr. Kläger. Musik v. Rich. Thiele. (26 S.) — 234. Das böse „Sch"! Posse m. Gesang in 1 Akt v. Leop. Ely. Musik v. R. Thiele. (20 S.) — 235. Eine gründliche Kur. Schwank in 1 Akt v. Gg. Schaumberg. (22 S.)

(83/2) s.: Kühling's, A., Album f. Liebhaber-Bühnen.

—— von Osnabrück. qu. 16. (17 Ansichten auf 16 Taf. in Photogr.-Imitation.) Osnabrück, Veith. cart. baar n. 1. —

(83/2) **Album** f. Solo-Scenen. Nr. 41—49. 8. Berlin, Kühling & Güttner. à — 75

Inhalt: 41. Der weibliche Detectiv. Solovortrag v. Leop. Ely. (8 S.) — 42. Amors Pfeile. Solo-Scene m. Gesang v. Leop. Ely. Musik v. F. Brandt. (8 S.) — 43. Onkel will heirathen! Soloscene. Nach e. älteren Stoffe bearb. v. Leop. Ely. (8 S.) — 44. Professor Spickmann. Soloscherz m. Gesang v. Eug. Leuenberg. Musik v. Gust. Steffens. (8 S.) — 45. O, diese Mädchen! Soloscene m. Gesang f. 1 Herrn v. Leop. Ely. (8 S.) — 46. Der blonde Hugo od. Ehestandsansichten. Solo-Scene m. Gesang v. Leop. Ely. Musik v. G. Steffens. (8 S.) — 47. Er geht. Soloscherz f. 1 Dame v. R. J. Anders. (10 S.) — 48. Spielereien. Soloscherz f. 1 Dame v. R. J. Anders. (10 S.) — 49. A! E! I! O! U! Soloscene m. Gesang v. Leop. Ely. Musik v. Gust. Steffens. (8 S.)

(83/2) s.: Kühling's, A., Album f. Solo-Scenen.

(84/2) **Alemannia.** Zeitschrift f. Sprache, Litteratur u. Volkskunde d. Elsaszes, Oberrheins u. Schwabens, hrsg. v. Prof. Dr. Ant. Birlinger. 13. Jahrg. 3 Hfte. gr. 8. (1. Hft. 96 S.) Bonn, A. Marcus. n. 6. —

Alexander, Mrs., a second life, s.: Collection of british authors.

Alge, Lehr. S., stenographisches Lesebuch. Zum Gebrauche neben dem „Lehrbuch der Stolze'schen Stenographie", sowie selbständig in Vereinsübgn. gr. 8. (VIII, 48 autogr. S.) Wetzikon. (Leipzig, Robolsky.) n. 1. —

Algier, J. J., neuestes Rätseltaschenbuch m. 1650 Rätseln, Charaden, Logogryphen, Anagrammen, Calembours, Rätselfragen u. Rechnungsrätseln. 8. Aufl. 16. (288 S.) Reutlingen, Fleischhauer & Spohn. cart. — 75

Alice, Grand Duchess of Hesse, letters to Her Majesty the Queen, s.: Collection of british authors.

Allard, Dir. Alph., die wirthschaftliche Krisis. Aus dem Franz. 8. (47 S. m. 1 Tab.) Berlin, Walther & Apolant. n. — 50

Allerlei f. Kinder. Papp-Bilderbuch. kl. 4. (6 Chromolith.) Chemnitz, Brückner. geb. — 25

—— sächsisches. Unparteiisch-friedl., harmlos-gemüthl. Wochenblatt f. Sachsen u. die sächsisch-thüring. Lande. Red.: Frz. Götze. 13. Jahrg. 1885. 52 Nrn. (B. m. Illustr.) gr. 8. Chemnitz, Wiede. Vierteljährlich n. — 65

—— für Deutschlands Turner. Unter Mitwirkg. v. Ob.-Turnwart Dr. Ed. Angerstein, Dir. Dr. Thdr. Bach, Prof. Boethke etc. hrsg. v. Arth. Scholem. 8. (119 S.) Berlin, R. Schmidt in Comm. n. 1. —; geb. n. 1. 60

Allianz, die allgemeine israelitische. Bericht d. Central-Comités üb. die ersten 25 Jahre 1860—1885. 2. deutsche Ausg. [nach dem Orig.-Berichte]. Mit 1 Schulkarte der Allianz. gr. 8. (76 S.) Berlin, Frankfurt a/M., Kauffmann in Comm. baar n. — 50

(84/2) **Almanach** der kaiserl. Akademie der Wissenschaften. 35. Jahrg. 1885. gr. 8. (251 S.) Wien, Gerold's Sohn in Comm. n. 2. 60

—— kleiner, für jedermann auf d. J. 1886. 19. Jahrg. 16. (60 S.) Garding, Lühr & Dircks. — 15

—— Königsberger. 2. Jahrg. 1885/86. 16. (91 S.) Königsberg, Hartung. n. — 50

—— des missions évangéliques pour 1886. 6. année. 16. (64 S. m. eingedr. Holzschn. u. 1 Chromolith.) Basel, Missionsbuchh. n. — 25

—— pharmaceutischer. Kalender f. Apotheker, Militär-Medicamenten-Beamte, Studirende der Pharmacie etc. Hrsg. v. Dr. Hans Heger. Neue Folge. 11. Jahrg. 1886. 16. (189 u. 189 S.) Wien, Perles. geb. in Leinw. n. 3. —; in Ldr. n. 4. —

Aloysius-Büchlein. Gebete u. Betrachtgn. f. die 6 Sonntage zu Ehren d. engl. Jünglings u. Vorbildes der Jugend d. hl. Aloysius. Für den gemeinschaftl., öffentl. u. f. den Privat-Gebrauch. Vom Verf. der Mai-Andacht. 6., stark verm. u. m. e. neuntäg. Andacht zum hl. Aloysius verseh. Aufl. 16. (208 S. m. 1 Stahlst.) Dülmen, Laumann. n. — 50; geb. n. — 75

Alps, the maritime, and their seaboard, s.: Collection of british authors.
Altenberg, A., deutsche Auswanderungsgesetzgebung, s.: Beiträge zur Förderung der Bestrebungen d. Deutschen Kolonialvereins.
Altenburg, Past. prim. Kreis-Schulinsp. C., Luthers kleiner Katechismus, nebst e. Spruchbuch, zum Gebrauch im Schul- und Confirmandenunterricht hrsg. 3., umgearb. Aufl. 8. (83 S.) Grünberg, Weiß Nachf. n. — 35
—— Pensenverteilungspläne f. die Ober- u. Unterklasse der geteilten einklassigen Volksschule (Halbtagsschule). 4 Blatt. qu. gr. Fol. Breslau, F. Hirt. à n. — 40
Altes u. Neues aus der Briefmappe. 8. (III, 61 S.) Altona. (Hamburg, Gräfe.) n. 1. —; geb. n. 1. 50
Althaus, Gymn.-Lehr. Dr. Carl, warum erlernt man die alten Sprachen? Eine Zeitfrage, erörtert. gr. 8. (20 S.) Spandau, Neugebauer. n. — 40
Altner, Eug., üb. die Chastïements in den altfranzösischen Chansons de geste. Inaugural-Dissertation. gr. 8. (86 S.) Leipzig, (Fock). baar n. 1. 60
Alvensleben, Polterabend-Scherze zum Vortrage sowohl f. einzelne Damen u. Herren, als auch f. zwei u. mehrere Personen, sowie zur Aufführg. größerer Polterabend-Scenen. Nebst Glückwünschen zu silbernen Hochzeiten u. Gedichten zu Geburtsfest-Aufführgn. 8. verb. Aufl. 8. (VIII, 176 S.) Quedlinburg, Ernst. 1. 50
Aly, Gymn.-Lehr. Dr. Frdr., zur Quellenkritik d. älteren Plinius. gr. 4. (21 S.) Marburg, Elwert's Verl. in Comm. n. — 80
Amand, Charles, Tante's Gäste. Lustspiel in 1 Akt. 8. (24 S.) Zabern, Mallinckrodt in Comm. n. 1. —
Ambros, Jos., Methodik d. Schreibunterrichtes, s.: Handbuch d. speciellen Methodik.
—— die Rundschrift. Übungshefte f. Volks- u. Bürgerschulen, Mittelschulen etc. 4 Hfte. qu. 4. (à 11 S.) Wien, Pichler's Wwe. & Sohn. n. — 50
1. 36—45. Tausend. n. — 15. — 2. 28—37. Tausend. n. — 15. — 3. 57—76. Tausend. n. — 10. — 4. 19—23. Tausend. n. — 10.
—— Schreib-Lese-Fibel. Ausg. B. Mit Bildern. Neue m. verb. Schriftformen verseh. Aufl. 8. (80 S.) Ebd. geb. n. — 40
—— u. Frz. Kopetzky, Rechenbuch [Aufgabensammlung] f. Bürgerschulen. 1—3. Classe. 8. Ebd. n. 1. 54
1. 4. Aufl. (75 S.) 1886. n. — 40. — 2. 3. Aufl. (127 S.) n. — 64. — 3. 2. Aufl. (83 S.) n. — 50.
—— —— Rechenbuch f. allgemeine Volksschulen. 2., 4. u. 5. Hft. 8. Ebd. à n. — 30
2. 5. 4. Aufl. (56 u. 52 S.) — 4. 5. Aufl. (62 S.) 1886.
Ameisen-Kalender, königl. sächsischer, auf d. J. 1886. Nebst deutschem Disteli-Kalender. 4. (89 S. m. eingedr. Illustr. u. 1 Chromolith.) Leipzig, F. Geißler. n. — 50
—— königl. sächsischer kleiner, auf d. J. 1886. 4. (32 S. m. Illustr.) Ebd. n. — 20
Ammon, Dr. Ludw. v., üb. Homoeosaurus Maximiliani. [Mit 2 Taf.] [Aus: „Abhandlgn. d. k. b. Akad. d. Wiss."] gr. 4. (32 S.) München, Franz' Verl. in Comm. n. n. 1. —
Amor. Ein deutsches Prachtblatt f. das Reich der Liebe. Red.: Rob. v. Salamon. 1. Jahrg. 1885/86. 24 Nrn. m. 12 Kunstbeilagen. (1½ B.) hoch 4. München, Verl. der Deutschen Vereinszeitg. Vierteljährlich baar n. 3. —
(83/1) Aemter-Verzeichniß f. die Verwaltung der Zölle, Reichssteuern u. Uebergangsabgaben. 2. Thl. Fol. Berlin, v. Decker. baar n. 6. —
Inhalt: Verzeichniß der Zoll- u. Steuerstellen, welchen Abfertigungs- u. Hebebefugnisse hinsichtlich der Uebergangsabgaben u. bezüglich Badens u. Elsaß-Lothringens der inneren Abgaben v. eingehendem vereinsländischen Wein belegt sind. Hrsg. im Reichsschatzamt. Mai 1885. (III, 228 S.)
—— dasselbe. Berichtigungen zum 1. Thl. Fol. (S. 181—205.) Ebd. baar — 75
(1. u. 2. m. Berichtiggn. zum 1. Thl.: n. n. 14. 75)

Amtskalender f. Geistliche auf d. J. 1886. 13. Jahrg. In 2 Tln. Hrsg. v. Pfr. R. Schneider. 1. Tl.: Schreibkalender. Mit 1 Eisenbahnkarte v. Mittel-Europa. 16. (232 S.) Bielefeld, Velhagen & Klasing. geb. n. 1. 50
—— königl. sächsischer, f. Gemeindebeamte, insbesondere Bürgermeister, Gemeindevorstände, Gutsvorsteher, Standesbeamte, Ortskassenverwalter etc. auf d. J. 1886. Hrsg. v. e. höheren Verwaltungsbeamten. gr. 16. (VI, 178 S.) Leipzig, Roßberg. geb. n. 1. 50
—— für Gutsvorsteher, Gemeindevorstände u. Standesbeamte im Königr. Sachsen f. 1886. Hrsg. v. J. Wolke u. O. Ludwig. gr. 16. (XXII, 172 S.) Freiberg, Engelhardt in Comm. geb. n. 1. 50

Anciennetäts-Liste, vollständige, der Offiziere d. deutschen Reichs-Heeres u. der kaiserl. Marine, m. Angabe d. Datums der Ernenng. zu den früheren Chargen, sowie Formation und Dislocation der Armee etc., nach den verschiedenen Waffengattgn. zusammengestellt u. hrsg. v. Major z. D. G. W. In 3 Abthlgn. I. Die königl. preuß. Offiziere u. die Offiziere der kaiserl. Marine. 28. Jahrg. II. Die königl. sächs., königl. württemberg. u. herzogl braunschweig. Offiziere. 17. Jahrg. III. Die königl. bayer. Offiziere. 17. Jahrg. 4. (314 S.) Burg, Hopfer. n. 5. 50; geb. n. 6. 50; m. Anh.: Verzeichniß der activen Sanitäts-Offiziere (40 S.) n. 6. —; geb. n. 7. —; Anh. ap. n. 1. —
Hieraus einzeln: 1. Abth. (217 S.) n. 4. —; geb. n. 5. —; m. Anh. (40 S.) n. 4. 50; geb. n. 5. 50. — 2. Abth. (37 S.) n. 1. 25. — 3. Abth. (44 S.) n. 1. 25.

Andacht zum hl. Vater Franciscus um Erlangung seiner seraphischen Tugenden. Hrsg. v. e. Ordensgeistlichen. 16. (16 S.) Dülmen, Laumann. n. — 6
—— neuntägige, zu Ehren der allerseligsten Jungfrau Maria, wie man durch ihre Fürbitte in allerlei Nöthen Hülfe und Rettung erhalten kann. 2. Aufl. 16. (39 S.) Paderborn 1884, Gutheim. n. — 20
—— die sechssonntägige, zur Ehre d. hl. Aloysius f. den Gebrauch der christlichen Jugend m. e. Anh. der übl. Gebete. 16. (75 S.) Brünn. (Aachen, A. Jacobi & Co.) n. — 30

Andachtsbuch der Bruderschaft Corporis Christi u. der ewigen Anbetung unseres Herrn. Vollständiges Gebetbuch besonders f. gemeinsame Meß- u. Nachmittags-Andachten. 8. verb. Aufl. Mit 1 Titelkpfr. 12. (VIII, 644 S.) Rottenburg a/N., Bader. n. 1. 20

Andenken an die heil. Firmung. 16. (4 S.) Dülmen, Laumann. n. — 2
—— an die heilige Mission. Ansprache e. Pfarrers d. Bisth. Mainz an seine Gemeinde, welcher das Glück e. heil. Mission zu Theil geworden war. 12. (15 S.) Mainz, Frey. n. — 10
—— an die Wallfahrt zur Trösterin der Betrübten in Kevelaer. Mit 4 Holzschn. 8. (38 S.) Köln, Theissing. n. — 20

Anderegg, Generalsecr. Prof. F., die schweizerische Landwirthschaft in ihrem intensiver'n Betriebe, s.: Wie kann die schweizerische Landwirthschaft im Allgemeinen intensiver betrieben werden etc.
—— die Obstverwerthung in der Schweiz. Winke, Anreggn., Vorschläge u. Belehrgn. f. e. rationelle u. industrielle Obstverwerthg. in der Schweiz, m. besond. Berücksicht. d. amerikan. Systems. gr. 8. (80 S. m. 2 Steintaf.) Aarau 1884, Christen. n. — 80

Anders, Superint. a. D. Past. Ed., Geschichte der evangelischen Kirche Schlesiens. Mit dem (Lichtdr.-) Bildniß v. Johs. Heß. 2. Aufl. gr. 8. (IV, 266 S.) Breslau 1886, Max & Co. n. 2. —

Anders, N. J., er geht, s.: Album f. Solo-Scenen.
—— Kladderadatsch im Frack! Neue humorist. Vorträge, Tisch- u. Narrenreden, Couplets, Parodien etc. zum Vortrage bei Gelegenheiten u. Fest-

lichkeiten. 1. u. 2. Bd. 14. Aufl. 8. (à 128 S.) Berlin, Mode's Verlag. à n. 1. —
Anders, R. J., Spielereien, s.: Album f. Solo-Scenen.
Andersen, H. C., Bilderbuch ohne Bilder. Einzige vom Verf. besorgte deutsche Ausg. 19. Aufl. gr. 16. (94 S.) Leipzig 1886, Wartig's Verl. cart. 1. 50; geb. m. Goldschn. n. 2. 50
—— ausgewählte Märchen f. die Jugend. Einzige vom Verf. besorgte deutsche Ausg. Mit 4 Bildern in Oelfarbendr. nach Orig.-Zeichngn. v. L. Hutschenreuter, sowie zahlreichen, in den Text gedr. Holzschn. 9. Aufl. gr. 8. (236 S.) Ebd. cart. n. 2. 40
—— dasselbe. Deutsch v. Jul. Reuscher. Illustr. v. Ludw. Richter, Paul Thumann, Thdr. Hosemann, Graf Pocci u. Osk. Pletsch. Mit 55 in den Text gedr. Holzschn.-Illustr., 3 Tonbildern u. 1 Buntdr.-Bild. 17. verm. Aufl. 8. (III, 224 S.) Leipzig, Abel. cart. n. 1. 60
—— neue Märchen u. Geschichten. Deutsch v. Wilh. Reinhardt. 3. (Titel-) Aufl. 8. (VII, 166 S.) Norden (1876), Fischer Nachf. n. 2. —
Aenderung, vorläufige, d. amtlichen Waarenverzeichnisses zum Zolltarife f. die Zeit vom 1. Juli 1885 ab. gr. 8. (175 S.) Berlin, v. Decker in Comm. baar n.n. 1. 30
—— vorläufige, d. statistischen Waarenverzeichnisses, sowie d. Verzeichnisses der Massengüter, auf welche die Bestimmung in § 11 Absatz 2 Ziffer 3 d. Gesetzes vom 20. Juli 1879, betr. die Statistik d. Waarenverkehrs, Anwendung findet. Für die Zeit vom 1. Juli 1885 ab. gr. 8. (83 S.) Ebd. baar n. — 60
Andés, Louis Edgar, die Fabrikation der Siegel- u. Flaschenlacke. Enth.: Die Anleitg. zur Erzeugg. v. Siegel- u. Flaschenlacken, die eingeh. Darstellg. der Rohmaterialien, Utensilien u. maschinellen Vorrichtgn. Mit e. Anh.: Die Fabrikation d. Brauer-, Wachs-, Schuhmacher- u. Bürstenpeches. Mit 21 Abbildgn. 8. (216 S.) Wien, Hartleben. n. 3. —
Andrä, J. C., Erzählungen aus der deutschen Geschichte. Ein Lehr- u. Lesebuch f. Volksschulen. Ausg. A. Für evangel. Schulen. 9., durchgeseh. Aufl. 8. (IV, 208 S.) Kreuznach, Voigtländer's Verl. cart. n. 1. —
—— dasselbe. Ausg. B. Für konfessionell gemischte Schulen. 4., durchgeseh. Aufl. 8. (IV, 192 S.) Ebd. cart. n. 1. —
—— die vaterländische Geschichte f. Elementarschulen. Nach den Bestimmgn. d. königl. preuß. Ministers der geistl., Unterrichts- u. Medizinalangelegenheiten vom 15. Oktbr. 1872 üb. das Volksschulwesen bearb. 3. Aufl. 8. (IV, 100 S.) Ebd. cart. n.n. — 50
Andreae, F., Eva. Eine Kindergeschichte aus dem Leben. 12. (40 S.) Basel, Spittler. n.n. — 25
—— ein Geschwisterpaar, s.: Immergrün.
(75/1) **Andresen-Wessely's** Handbuch f. Kupferstichsammler. Ergänzungsheft, enth. die seit 1873 erschienenen hervorrag. Blätter nebst zahlreichen Nachträgen zum Hauptwerke. Bearb. v. J. E. Wessely. gr. 8. (120 S.) Leipzig, T. O. Weigel. n. 3. — (Hauptwerk u. Ergänzungshft.: n. 39. —)
Andresen, Past. D., Festpredigt bei der Thurmweihe der St. Nicolai-Kirche zu Moorfleth, am 2. Aug. 1885. geh. gr. 8. (15 S.) Hamburg, Boysen. — 30
Anekdoten-Bibliothek. 1001 lust. Geschichten, Anekdoten, Scherze, Pikanterien, Witzworte ꝛc., Charakterzüge berühmter Personen, Reise-, Jagd- u. Soldaten-Abenteuer ꝛc. Ein humorist. Hausschatz f. Haus u. Familie, f. Jung u. Alt. Mit 24 Illustr. 3 Thle. in 1 Bd. 2. Aufl. gr. 8. (352, 352 und 441 S.) Wien, Hartleben. geb. n. 6. —
Anfangsgründe der katholischen Religion. Einleitung zu dem Katechismus f. die Volksschulen im Bist. Augsburg. Auf hohe oberhirtl. Anordng. 13. Aufl. 12. (72 S.) Augsburg, Schmid's Verl. n. — 16; geb. n. — 24

Anforderungen, die, der Schule an Landkarten. Hrsg. vom Verein f. Erdkunde in Kassel. 2. Aufl. der pädagogisch-geograph. Vorarbeit: Welche Grundsätze sollen bei Herstellg. v. Schul-Landkarten maßgebend sein? gr. 8. (40 S.) Braunschweig, Westermann. — 75

Angaryd, Dirig. E. H., Fortschritte u. Verbesserungen der Wollen-Stückfärberei seit 1877. Ein prakt. Hilfs- u. Lehrbuch f. Färbereitechniker, Tuch-, Flanells-, Plüsch-, Filz- u. Wollwaarenfabrikanten u. solche, die es werden wollen. Unter Mitwirkg. mehrerer Freunde hrsg. Im Anschlusse u. als Fortsetzg. zu H. Prüfer, „Die Wollen- u. Halbwollenstückfärberei in ihrem ganzen Umfange". Mit gegen 120 Farbmustern. (In 5 Lfgn.) 1. u. 2. Lfg. gr. 8. (IV u. S. 1—96.) Leipzig 1886, G. Weigel. baar à 2. 50

Angerer, Dr. Joh., üb. Socialismus im Allgemeinen u. die Socialreform in Oesterreich. Vorträge, geh. im constitutionellen Verein zu Innsbruck. 1. Thl.: Rückblick auf die Geschichte der Proletarier. 8. (75 S.) Bozen. (Innsbruck, Wagner.) n. 1. —

Anhaltspunkte f. die Werthschätzung d. zu Eisenbahnbauten abzutretenden Bodens u. der m. solcher Abtretung verbundenen Nachtheile. Den Vereinsgenossen gewidmet v. e. Mitgliede d. westfäl. Bauernvereins. 3. Aufl., verm. durch e. Nachtrag üb. die Entschädiggn. bei Chausseebauten u. beim Bau schiffbarer Kanäle. gr. 8. (111 S.) Lingen, van Acken. n. 1. —

Anhang zur Gewerbe-Ordnung betr. die Durchführungsverordnungen zum VI. Hauptstück der Gewerbe-Ordnung, nebst einigen neuen Gesetzen, Verordngn. u. sonst. Vorschriften, welche auf das Gewerbewesen Bezug nehmen. [Aus: „Reichsgesetz-Blatt".] gr. 8. (31 S.) Graz, Leykam. n. — 40

Anlagen [I. K. L.] zu den Grundsätzen f. die Besetzung der Subaltern- u. Unterbeamtenstellen bei den Reichs- und Staatsbehörden m. Militäranwärtern. 8. (16 S.) Berlin, v. Decker. n. — 40

—— zum Haupt-Berichte der preussischen Schlagwetter-Commission. 1. u. 2. Bd. Lex.-8. Berlin, Ernst & Korn. n. 14. —
1. (VII, 191 S.) n. 6. —. — 2. (VII, 230 S.) n. 8. —

Anleitung zur Anfertigung der im Geschäftsverkehr der Reichs-Post- u. Telegraphenanstalten vorkommenden Berichte, Verhandlungen u. Schreiben, sowie zur Anfertigung der schriftlichen Arbeiten f. die erste Post- u. Telegraphen-Prüfung [die Sekretärprüfung]. Ein Leitfaden f. jüngere Post- und Telegraphenbeamte. 2., verm. Aufl. gr. 8. (VIII, 289 S.) Berlin 1880, v. Decker. n. 3. 20

—— zu e. guten General-Beicht. 17. Aufl. 8. (32 S.) Dülmen, Laumann. n. — 10

—— zum abwechslungsreichen u. regelrechten Kegelschieben m. Beschreibung v. 26 verschiedenen Partien. Zusammengestellt vom Kegel-Club „Giri-Gari" in Graz. 8. (48 S.) Graz, Leykam. n. — 60

(85/1) Annalen d. historischen Vereins f. den Niederrhein, insbesondere die alte Erzdiöcese Köln. 43. Hft. gr. 8. (III, 223 S.) Köln, Boisserée. n. 3. 60

—— für die medizinisch-hygienischen Interessen der Ostseebäder u. besonders der Kinderhospize an der Ostsee, hrsg. in Verbindg. m. Mehreren v. Geh. Med.-R. Leibarzt Dr. C. Mettenheimer. 1. Hft. 8. Rostock, Werther. n. 1. 20
Inhalt: Das Seebad Groß-Müritz an der Ostsee u. das Friedrich-Franz-Hospiz [Kinderasyl] daselbst. In Verbindung m. Ob.-Forstmstr. Garthe u. Dr. Wagner beschrieben v. Geh. Med.-R. Leibarzt Dr. C. Mettenheimer. Nebst e. Kärtchen der Gegend v. Groß-Müritz u. e. kleinen Situationsplan d. Friedrich-Franz-Asyls. (VIII, 60 S.)

Annuaire de Roumanie — Anuariul romaniei — Adress-Buch v. Rumänien 1885. Par M. Frédéric Damé. 11. année. gr. 8. (377 u. 124 S.) Bucarist. Wien, Perles in Comm. baar n. 8. —

Anschauungs-Unterricht, erster, f. die Jugend. 30 Bildertaf. in Farbendr. auf kartonniert Papier m. Abbildgn. verschiedenart. Gegenstände. Ein Bilderbuch f. Kinder von 1 bis 8 Jahren. 6. Aufl. Fol. Eßlingen, Schreiber. geb. n. 6. 50

Anschütz, A., u. Frhr. v. Völderndorff, Kommentar zum allgemeinen Deutschen Handelsgesetzbuche, s.: Gesetzgebung, die, d. Königr. Bayern seit Maximilian II. m. Erläuterungen.

Ansichten aus den bayerischen Bergen. qu. 4. (6 Taf. in Autotypie.) München, Arnold & Kreyssig. In Couvert. n. 2. —

Anstett, Prof. Dr. J. Phpp., Anleitung zur Erlernung der portugiesischen Sprache. Für den Schul- u. Privatunterricht. 3., durch e. alphabet. Sachregister verm. Aufl. 8. (X, 683 S.) Frankfurt a/M., Jügel. cart. 5. —; Schlüssel (164 S.) 1. 20

Anthaller, Prof. Doc. Geistl.-R. Frz., die Geschichte der Rupertus-Frage u. deren Lösung. gr. 8. (200 S.) Salzburg, Oberer's sel. Wwe. n. 3. 20

Anton, H., Lehrbuch der Geometrie, s.: Sonndorfer, R.

Antwort auf Die Schweiz im Kriegsfalle, s.: (83/1) Zeit- u. Streitfragen.

Anweisung zur Ausführung d. Gesetzes vom 15. Juni 1883, betr. die Krankenversicherung der Arbeiter. 4. (16 S.) Köln 1883. (Wiesbaden, Bechtold & Co.) baar — 25

—— [I.], vom 31. März 1877 f. das Verfahren bei der Fortschreibung der Grundsteuerbücher u. Karten in den Provinzen Ostpreußen, Westpreußen, Brandenburg, Pommern, Posen, Schlesien, Sachsen, Schleswig-Holstein, Hannover u. Hessen-Nassau. 2. Ausg., vervollständigt durch die nachträglich ergangenen abänd. u. ergänz. Bestimmgn. gr. 8. (154 S.) Berlin, (v. Decker). n. 2. —

Anzeiger f. deutsche Armenbehörden. Auszug. Hrsg.: Stadtr. Ludwig Wolf. Jahrg. 1885. 26 Nrn. (¼ B.) gr. 8. Leipzig, Roßberg in Comm. Vierteljährlich baar n. — 20

(84/2) —— bibliographischer, f. romanische Sprachen u. Literaturen, hrsg. v. Dr. Emil Ebering. 3. Bd. 1885. 6 Hfte. gr. 8. (1. u. 2. Hft. 80 S.) Leipzig, E. Twietmeyer. n. 12. —

Aeolsharfenkalender, der, f. 1886. Hrsg. im Auftrage d. Allgemeinen deutschen Reimvereins von Hunold Müller v. der Havel, Redakteur der Aeolsharfe. Mit Beiträgen v. Florentine Böttcher, Heinr. Janke, Thdr. Janzen 2c. Mit chromolith. Titelbild u. 3 großen Holzschn. 1—3. Aufl. 8. (88 S. m. 1 Tab.) Berlin, Haack. n. 1. —

Apologie der orthodoxen griechisch-orientalischen Kirche der Bukowina. gr. 4. (24 S.) Czernowitz, (Pardini). baar n. 1. —

Apothekerkalender, schweizerischer, 1886. Hrsg. v. Otto Kaspar. 1. Jahrg. 16. (166 S.) Schaffhausen, Stötzner. geb. n. 3. —

Apping, Geo., Untersuchungen üb. die Trehalamanna. Inaugural-Dissertation. gr. 8. (54 S.) Dorpat, (Schnakenburg). baar 1. 20

Appleton, John L., M. A., neue praktische Methode, die englische Sprache in kurzer Zeit lesen, schreiben u. sprechen zu lernen. Mit Angabe der engl. Aussprache u. Betong. 30 Aufl. 8. (588 S. m. 1 lith. Schrifttaf.) Philadelphia, Schäfer & Koradi. geb. baar 4. 50

Appuhn, Wilh., Erinnerungen aus seinem Leben, s.: Walther, L.

(85/1) **Arago**, François, notices biographiques choisies [écloges]. 3. Bd. Fresnel. Malus. Erklärt v. Dir. Dr. A. Dronke u. Oberlehr. F. W. Röhr. gr. 8. (IV, 96 S.) Berlin, Weidmann. n. 1. — (1—3: n. 3. 10)

(84/1) **Arbeiten** d. botanischen Instituts in Würzburg, hrsg. v. Prof. Dr. Jul. Sachs. 3. Bd. 2. Hft. gr. 8. (S. 189—314 m. 48 eingedr. Holzschn. u. 1 Steintaf.) Leipzig, Engelmann. n. 4. — (1—III, 2.: n. 42. 40)

Arbeiten aus dem kaiserl. Gesundheitsamte. [Beihefte zu den Veröffentlichungen d. kaiserl. Gesundheitsamtes.] 1. Bd. 1. u. 2. Hft. Lex.-8. (139 S. m. 7 Taf.) Berlin, Springer. n. 6. —
($^{84}/_{2}$) —— aus dem zoologisch-zootomischen Institut in Würzburg. Hrsg. v. Prof. Dr. Carl Semper. 7. Bd. 3. Hft. gr. 8. (III u. S. 231—368 m. 7 Steintaf.) Wiesbaden, Kreidel. n. 13. 40 (7. Bd. cplt.: n. 39. 40)
($^{84}/_{1}$) **Arbeiter-Freund**, der. Zeitschrift f. die Arbeiterfrage. Organ d. Central-Vereins f. das Wohl der arbeit. Klassen. Hrsg. v. Prof. Dr. Vict. Böhmert in Verbindg. m. Prof. Dr. Rud. Gneist. 23. Jahrg. 1885. 4 Hfte. gr. 8. (1. Hft. 128 S.) Berlin, Simion. n. 10. —
—— der illustrirte. Vertritt die Sache d. blauen Kreuzes. 1. Jahrg. Juli—Decbr. 1885. 6 Nrn. (B. m. Illustr.) Fol. Vevey. (Leipzig, Buchh. d. Vereinshauses.) baar n.n. — 50
($^{84}/_{1}$) **Arbeiterwohl**. Organ d. Verbandes kathol. Industrieller u. Arbeiterfreunde. Red. vom Gen.-Secr. Frz. Hitze. 5. Jahrg. 1885. 4 Hfte. gr. 8. (1. Hft. 108 S.) Köln, Bachem in Comm. baar n. 3.—
Arbes, J., einige Versuche üb. totale Reflexion u. anomale Dispersion, s.: Mach, E.
($^{84}/_{1}$) **Architecture** moderne de Vienne. Série A. Architecture privée. 3. vol. Publié par Archit. Ludw. Tischler. 1. et 2. livr. Fol. (à 8 Kpfrtaf.) Wien, A. Lehmann. à n. 8. —
Architektur, die, der Renaissance in Toscana, nach den Meistern geordnet. Dargestellt in den hervorragendsten Kirchen, Palästen, Villen u. Monumenten v. der Gesellschaft San Giorgio in Florenz. Hrsg. u. weitergeführt von Baron H. v. Geymüller u. A. Widmann. Mit ausführl. illustr. Text von Archit. Baron Heinr. v. Geymüller. Mit e. Einführg. von Dir. Dr. Carl v. Stegmann. Allgemeine Ausg. (In ca. 30 Lfgn.) 1. Lfg. gr. Fol. (5 Lichtdr.- u. 5 Kpfrtaf. m. 8 Bl. Text.) München, Verlagsanstalt f. Kunst u. Wissenschaft. In Mappe. n. 50. —; Protektor-Ausg. n. 80. —
($^{85}/_{1}$) **Archiv** f. mikroskopische Anatomie, hrsg. von v. la Valette St. George u. W. Waldeyer. Fortsetzung v. Max Schultze's Archiv. 25. Bd. 2—4. Hft. gr. 8. (IV. u. S. 137—620 m. 1 Holzschn. u. 20 Steintaf.) Bonn, Cohen & Sohn. n. 31. — (25. Bd. cplt.: n. 40. —)
—— dasselbe. 26. Bd. 1. Hft. gr. 8. (XXXII, 128 S. m. 1 Taf.) Ebd. n. 9. —
($^{85}/_{1}$) —— für pathologische Anatomie u. Physiologie u. f. klinische Medicin. Hrsg. v. Rud. Virchow. 101 u. 102. Bd. od. 10. Folge 1. u. 2. Bd. à 3 Hfte. gr. 8. (101. Bd. 1. Hft. 200 S. m. 1 Kpfrtaf.) Berlin, G. Reimer. à Bd. n. 11. —
($^{85}/_{1}$) —— für Anatomie u. Physiologie. Fortsetzung d. v. Reil, Reil u. Autenrieth, J. F. Meckel, Joh. Müller, Reichert u. Du Bois-Reymond hrsg. Archives. Hrsg. v. Proff. DD. Wilh. His u. Wilh. Braune, u. Emil Du Bois-Reymond. Jahrg. 1885. Physiolog. Abth. Suppl.-Bd. gr. 8. (V, 265 S. m. 10 Holzschn. u. 11 Taf.) Leipzig, Veit & Co. n. 11. —
($^{85}/_{1}$) —— für Anthropologie. Zeitschrift f. Naturgeschichte u. Urgeschichte d. Menschen. Organ der deutschen Gesellschaft f. Anthropologie, Ethnologie u. Urgeschichte. Unter Mitwirkg. v. A. Bastian, O. Fraas, F. v. Hellwald etc. hrsg. u. red. v. A. Ecker, L. Lindenschmit u. J. Ranke. 16. Bd. 1. u. 2. Vierteljahrshft. gr. 4. (247 u. Correspondenzblatt 1885: 64 S. m. eingedr. Holzst. u. 1 Steintaf.) Braunschweig, Vieweg & Sohn. n. 21. —
—— für Bracteatenkunde. Hrsg. von Rud. v. Höfken. 1. Bd. 1. Hft. gr. 8. (30 S. m. 1 Steintaf.) Wien, (Frick). baar n. n. 5. —
($^{85}/_{1}$) —— für klinische Chirurgie. Hrsg. von Wirkl. Geh.-R. Prof. Dr. B. v. Langenbeck. Red. v. Proff. DD. Billroth u. Gurlt. 32. Bd. 1—3. Hft. gr. 8. (S. 1—62 m. eingedr. Holzschn. u. 10 Steintaf.) Berlin, Hirschwald. n. 27. —

(85/1) Archiv f. die civilistische Praxis. Hrsg. v. Proff. Degenkolb, Franklin, Hartmann, Mandry. 69. Bd. [Neue Folge. 19. Bd.] 3 Hfte. gr. 8. (1. Hft. 149 S.) Freiburg i/Br., Mohr. n. 9. —

(84/2) —— für das Civil- u. Criminal-Recht der königl. preuß. Rheinprovinz. 76. Bd. od. Neue Folge. 69. Bd. 5 Hfte. gr. 8. (1. Hft. 82 S.) Köln, P. Schmitz. n. 7. —

(85/1) —— für Eisenbahnwesen. Hrsg. im Ministerium der öffentl. Arbeiten. Jahrg. 1885. Beilagehft. zu Hft. 5. gr. 8. Berlin, C. Heymann's Verl. n. 2. 50; Einzelpr. n. 3. —

Inhalt: Die allgemeinen Tarifvorschriften nebst Güterklassifikation. Thl. I. Abschn. B d. deutschen Eisenbahngütertarifs. Erläutert v. Ob.-Reg.-R. Heinsius. (114 S.)

(84/2) —— des Vereins f. die Geschichte d. Herzogth. Lauenburg. 1. Bd. 2. Hft. gr. 8. (S. 101—208.) Mölln. Ratzeburg, Schmidt in Comm. baar (à) n. 2. —

(84/1) —— oberbayerisches, f. vaterländische Geschichte. Hrsg. v. dem histor. Vereine f. Oberbayern. 42. Bd. gr. 8. (III, 340 S.) München, (Franz' Verl.). baar n. 3. —

(85/1) —— für österreichische Geschichte. Hrsg. v. der zur Pflege vaterländ. Geschichte aufgestellten Commission der kaiserl. Akademie der Wissenschaften. 67. Bd. 1. Hälfte. Lex.-8. (189 S.) Wien, Gerold's Sohn in Comm. n. 2.60

(84/2) —— neues, der Gesellschaft f. ältere deutsche Geschichtskunde zur Beförderung e. Gesammtausgabe der Quellenschriften deutscher Geschichten d. Mittelalters. 11. Bd. gr. 8. (1 Hft. 215 S.) Hannover, Hahn. n. 12. —

(83/2) —— für öffentliche Gesundheitspflege in Elsass-Lothringen. Hrsg. vom ärztlich-hygien. Verein. Red. v. Min.-R. Oberstabsarzt Dr. Herm. Wasserfuhr. 9. u. 10. Bd. gr. 8. Strassburg, Schmidt. n. 26. —

Inhalt: 9. (IV, 243 S.) 1884. n. 6. —. — 10. Topographie der Stadt Strassburg, nach ärztlich-hygien. Gesichtspunkten bearb. Hrsg. v. dem elsass-lothring. ärztlich-hygien. Vereine als Festschrift f. die diesjähr., in Strassburg tag. Versammlg. deutscher Naturforscher u. Aerzte. Red. v. Reg.-R. Dr. J. Krieger. Mit 5 Karten, 2 Taf. m. Querprofilen, e. Fcsm. u. e. graph. Darstellg., sowie m. 24 in den Text eingedr. Fig. (XII, 496 S.) n. 20. —

(85/1) —— für Gynaekologie. Hrsg. v. F. Birnbaum, C. v. Braun, G. Braun etc. Red. v. Credé u. Gusserow. 26. Bd. gr. 8. (IV, 488 S. m. eingedr. Holzschn. u. 6 Steintaf.) Berlin, Hirschwald. n. 15. —

—— dasselbe. 27. Bd. 1. Hft. gr. 8. (170 S. m. 7 Holzschn. u. 5 Steintaf.) Ebd. n. 9. —

(85/1) —— für Kinderheilkunde, hrsg. v. Privatdocenten DD. A. Baginsky, M. Herz, Prof. Dr. A. Monti. 7. Bd. 6 Hfte. gr. 8. (1. Hft. 80 S.) Stuttgart, Enke. n. 12. —

(85/1) —— des Vereins f. siebenbürgische Landeskunde. Hrsg. vom Vereins-Ausschuß. Neue Folge. 20. Bd. 1. Hft. gr. 8. (202 S.) Hermannstadt, Michaelis in Comm. n. 1. 40

—— für Litteratur- u. Kirchengeschichte d. Mittelalters. Hrsg. v. P. Heinr. Denifle O. P. u. Frz. Ehrle S. J. 1. Bd. 4 Hfte. gr. 8. (1. Hft. 164 S.) Berlin, Weidmann. baar n. 20. —; einzelne Hfte. à n. 6. —

(84/1) —— der Mathematik u. Physik, m. besond. Rücksicht auf die Bedürfnisse der Lehrer an höheren Unterrichtsanstalten. Gegründet v. J. A. Grunert, fortgesetzt v. R. Hoppe. 2. Reihe. 3. u. 4. Tl. à 4 Hfte. (ca. 8 B. m. Steintaf.) gr. 8. Leipzig, C. A. Koch. à Tl. n. 10. 50

(84/2) —— deutsches, f. klinische Medicin. Hrsg. v. Proff. Ackermann, Bauer, Bäumler etc. Red. von Proff. DD. H. v. Ziemssen u. F. A. Zenker. 37. u. 38. Bd. à 6 Hfte. gr. 8. (37. Bd. 1. u. 2. Hft. 192 S. m. 6 eingedr. Holzschn. u. 2 Steintaf.) Leipzig, F. C. W. Vogel. à Bd. n. 16. —

($^{84}/_{1}$) **Archiv** f. **Naturgeschichte**. Gegründet v. A. F. A. Wiegmann, fortgesetzt v. W. F. Erichson u. F. H. Troschel. Hrsg. von Prof. Dr. Ed. v. **Martens**. 49. Jahrg. 1883. 6. Hft. gr. 8. (2. Bd. IV u. S. 623—814.) Berlin, Nicolai's Verl. n. 9. — (49 Jahrg. cplt.: n. 54. —)

($^{85}/_{1}$) —— dasselbe. 50. Jahrg. 1884. 5. Hft. gr. 8. (2. Bd. S. 267—614.) Ebd. n. 12. — (1—5.: n. 47. —)

—— dasselbe. 51. Jahrg. 1885. 1. u. 2. Hft. gr. 8. (S. 1—200 m. 10 Steintaf.) Ebd. à n. 7. —

($^{85}/_{1}$) —— für die gesammte **Physiologie** d. Menschen u. der Thiere. Hrsg. v. Prof. Dir. Dr. E. F. W. **Pflüger**. 37. Bd. gr. 8. (1. u. 2. Hft. 106 S. m. 4 Holzschn. u. 4 Steintaf.) Bonn, Strauss. n. 20. —

($^{85}/_{1}$) —— für **Psychiatrie** u. Nervenkrankheiten. Hrsg. von Proff. DD. B. v. **Gudden**, L. **Meyer**, Th. **Meynert**, C. **Westphal**. Red. v. C. **Westphal**. 16. Bd. 2. u. 3. Hft. gr. 8. (VII u. S. 289—866 m. 6 Steintaf.) Berlin, Hirschwald. n. 17. — (16. Bd. cplt.: n. 26. —)

($^{84}/_{1}$) —— für **Strafrecht**. Begründet durch Ob.-Trib.-R. Dr. Goltdammer. Fortgesetzt von mehreren Criminalisten. 33. Bd. 6 Hfte. gr. 8. (1. u. 2. Hft. 136 S.) Berlin, v. Decker. n. 12. —

($^{85}/_{1}$) —— für wissenschaftliche u. praktische **Thierheilkunde**. Hrsg. v. Geh. Med.-R. Dir. Prof. Dr. F. **Roloff**. Red. v. Proff. C. F. **Müller** u. Dr. J. W. **Schütz**. 11. Bd. Suppl.-Hft. gr. 8. Berlin, Hirschwald. n. 1. 20
Inhalt: 9. Jahresbericht der königl. technischen Deputation f. das Veterinärwesen üb. die Verbreitung ansteckender Thierkrankheiten in Preussen. Berichtsjahr vom 1. Apr. 1884 bis 31. März 1885. (126 S.)

($^{85}/_{1}$) —— für **Verwaltungsrecht**, gesammelt u. bearb. v. Dr. Herm. **Stolp**. 11. Bd. [1. Halbjahrg.] gr. 8. (160 S.) Berlin, Exped. der „deutschen Gemeinde-Zeitg." n. 4. —

Arent, Wilh., moderne Dichter-Charaktere. Mit Einleitgn. v. Herm. **Conradi** u. Karl **Henckell**. gr. 8. (VIII, 304 u. Anh. 16 S.) Berlin, Kamlah in Comm. n. 5. —

Aristoteles' Werke. 11—13. Lfg. 8. Berlin, Langenscheidt. à n. — 35
Inhalt: Politik. Deutsch v. Prof. Dr. Karl **Stahr** u. Adf. **Stahr**. 3—5. Lfg. 2. Aufl. (1. Bd. S. 97—240.)

—— ars rhetorica. Cum nova codicis Ac et vetustae translationis collatione ed. Adph. **Roemer**. 8. (XXXVI, 237 S.) Leipzig, Teubner. 2. 10

Arkövy, Doc. Dr. Jos., Diagnostik der Zahnkrankheiten u. der durch Zahnleiden bedingten Kiefererkrankungen. Nebst e. Anh. üb. die Differentialdiagnose v. Zahn- u. Augen- als auch Ohrenkrankheiten. Mit 24 Holzschn. gr. 8. (XII, 404 S.) Stuttgart, Enke. n. 9. —

Armbrust, Organ. Carl F., die neue Orgel der St. Petri-Kirche in Hamburg, erbaut v. den Orgelbaumeistern E. F. Walker u. Comp. in Ludwigsburg, u. die Gründe ihrer Entstehung. gr. 8. (19 S.) Hamburg, Nolte. n. — 30

Armbrust, L., die territoriale Politik der Päpste von 500 bis 800 m. besond. Berücksicht. der römischen Beamtenverhältnisse. Inaugural-Dissertation. gr. 8. (114 S.) Göttingen, (Vandenhoeck & Ruprecht). baar n. 2. 60

Armee-Eintheilung, neueste. Vollständige Uebersicht der gesammten deutschen Reichs-Armee m. Angabe ihrer Standquartiere u. der Corps-, Divisions-, Brigade- u. Regiments-Commandeure. Nach amtl. Quellen. Für die Mannschaften. 61. Ausg. 8. (56 S.) Potsdam 1886, Döring. baar — 30

Armee-Kalender, deutscher, 1886. 7. Jahrg. 8. (189 S.) Minden, Theine. n. — 50

($^{84}/_{1}$) **Armen- u. Kranken-Freund**, der, e. Zeitschrift f. die Diakonie der evangel. Kirche, namentlich f. die Armen-, Kranken-, Kinder- u. Gefangenen-Pflege, zugleich e. Organ f. den rheinisch-westfäl. Diakonissen-Verein. Unter Mitwirkg. v. Past. H. Bungeroth hrsg. v. Past. Geo. Fliedner. 37. Jahrg. 1885. 6 Hfte. (2 B.) gr. 8. Kaiserswerth, Buchh. der Diakonissen-Anstalt. baar n.n. 1. 20

Armstroff, Stadtschulinsp. W., Schule u. Haus in ihrem Verhältnis zu einander beim Werke der Jugenderziehung. 2. Aufl. gr. 8. (32 S.) Langensalza, Beyer & Söhne. n. — 40

—— der Unterrichtsstoff in der Erziehungsschule. 2. Aufl. gr. 8. (VIII, 256 S.) Ebd.. 1. 50

Arndt, Prof. Dir. Dr. Rud., die Neurasthenie [Nervenschwäche], ihr Wesen, ihre Bedeutung u. Behandlung, vom anatomisch-physiolog. Standpunkte f. Aerzte u. Studirende bearb. gr. 8. (VII, 264 S.) Wien, Urban & Schwarzenberg. n. 6. —; geb. n. 7. 50

Arndt, Dr. Thdr., die Elemente der lateinischen Formenlehre. Für den Gebrauch in den unteren u. mittleren Klassen höherer Lehranstalten bearb. 2. verb. Aufl. gr. 8. (VI, 76 S.) Leipzig, Teubner. cart. n. 1. —

Arnefeldt, F., der Väter Schuld, s.: Eisenbahn-Unterhaltungen.

Arneth, Alfr. Ritter v., Graf Philipp Cobenzl u. seine Memoiren. [Aus: „Archiv f. österr. Geschichte".] Lex.-8. (181 S.) Wien, Gerold's Sohn in Comm. n. 2. 80

Arnold, Frdr., die Papageien. Eine Anleitg. zur Pflege, Behandlg., Abrichtg. u. Zucht dieser Vögel, insbesondere d. Graupapagei, der Amazonen, der Sittiche, d. Wellensittichs u. der Kakadus. 8. (93 S.) Köln, Püttmann. 1. 20

Arnold, Hans, fünf neue Novellen. 8. (VII, 315 S.) Stuttgart, Bonz & Co. n. 4. —; geb. n. 5. —

Aronis, Christos, *Χρύσιππος Γραμμάτικος*. Dissertatio philologica. gr. 8. (38 S.) Jena, (Pohle). baar n. 1. —

Arriani Nicomediensis scripta minora, Rud. Hercher iterum recognovit, edenda curavit Alfr. Eberhard. 8. (LXXVI, 156 S.) Leipzig, Teubner. 1. —

—— Werke. Übers. u. erläutert v. Ob.-Studienr. Dr. C. Cleß. 3. Lfg. 8. Berlin, Langenscheidt. (à) n. — 35

Inhalt: Anabasis od. Feldzüge Alexanders. 3. Lfg. 2. Aufl. (S. 97—144.)

Artopé, Ernst, Beitrag zur Lehre v. der Rachitis. Inaugural-Dissertation. gr. 8. (15 S.) Göttingen 1884, (Vandenhoeck & Ruprecht). baar n. — 60

Artus, Dr. Wilib., Hand-Atlas sämmtlicher medicinisch-pharmaceutischer Gewächse od. naturgetreue Abbildgn. nebst Beschreibgn. in botan., pharmacognost. u. pharmacolog. Hinsicht zu sämmtl. neuen Hand- u. Lehrbüchern der Pharmacognosie u. Arzneimittellehre, m. Berücksicht. der neuesten deutschen, österreich., russ. u. schweizer Pharmacopoeen. Zum Gebrauche f. Studirende, Apotheker, Aerzte u. Droguisten. 7. Aufl., nach dem Tode d. Verf. gänzlich umgearb. von Dr. Gust. v. Hayek. 54 Lfgn. 8. (XVI, 533 S. m. 216 color. Kpfrtaf.) Jena, Mauke. à n. — 60

Arvisenet, Canon. Gen.-Vic. Claudius, memoriale vitae sacerdotalis cum precibus ante et post missam. Ed. Passaviensis III. 12. (VI, 376 S.) Passau, Waldbauer. n. 2. 20

Aschenberg, Th. v., der Banquier. Roman. 8. (195 S.) Berlin, Engelmann. n. 2. 40

Ascheraden, M. v., Numa. Eine Geschichte aus altgriechisch-ital. Sagenzeit. 8. (IV, 347 S.) Leipzig 1886, Böhme. n. 4. —; geb. n. 5. —

Ascherfeld, Priest. P. Leo, S. J., Grundsätze u. Regeln der Katechetik. Ein Leitfaden f. Seminaristen u. junge Geistliche beim katechet. Amte. 16. (IV, 192 S.) Regensburg, Pustet. n. — 80

(85/1) **Asher's** collection of english authors, british and american. Vol. 154. 8. Hamburg, Grädener & Richter. à 1. 50
Inhalt: The works of William Shakespeare, ed. with critical notes and introductory notices by W. Wagner and L. Proescholdt. Vol. 6. (343 S.)

Asmus, Geo., amerikanisches Skizzebüchelche. 2 Episteln in Versen. Deutsche Orig.-Ausg. 4. unveränd. Ster.-Abdr. 8. (95 u. 127 S.) Köln, Mayer. n. 2. 80; geb. n. 4. —

Asmus, M., cours abrégé de la littérature française depuis son origine jusqu'à nos jours. Ouvrage rédigé d'après Bougeault, Paris, Albert, Demogeot. gr. 8. (VII, 162 S.) Leipzig, Brockhaus. n. 1. 80

Aßfahl, K., kurzgefaßte deutsche Grammatik, s.: Glöckler, J. P.

Assmann, Dr. Rich., die Gewitter in Mitteldeutschland. Nach den Beobachtgn. d. Vereines f. landwirthschaftl. Wetterkunde bearb. gr. 8. (74 S. m. 9 Tab. u. Taf.) Halle, Tausch & Grosse. n. 3. 60

Aster, Theater-Dir. C., die Dilettanten-Bühne u. die Kunst d. Schminkens. Ein prakt. Rathgeber. gr. 8. (VI, 31 S.) Landsberg a/W., Volger & Klein. 1. 50

Athenstaedt, Oberstlieut. L., die ersten 25 Jahre d. 5. Ostpreuß. Infanterie-Regiments Nr. 41. Im Auftrage d. Regiments dargestellt. gr. 8. (IV, 159 u. Anlagen 102 S. m. 4 Karten.) Breslau. (Königsberg, Nürmberger's Buchh.) baar n. 6. 75

Atilii Fortunatiani de metris libri, s.: Caesius Bassus.

Auböck, Jos., Geschäfts-Tabellen. 2. Aufl. gr. 8. (7 Tab.) Wien, (C. A. Müller). geb. baar n. 2. 40

Auf der rechtsseitigen Thunerseestrasse von Thun nach Interlaken u. Touristenpfade abseits der Heerstrasse. Reich illustrirt. 8. (106 S.) Bern, Schmid, Francke & Co. n. 1. —

Auf! Auf! zum Jahrmarkt! Drei perspektiv. (chromolith.) Bilder m. bewegl. Fig. u. pass. Versen zur Ergötzg. u. Freude der lieben Jugend. Imp.-4. (5 Bl. Text.) Fürth, Schaller & Kirn. geb. baar 6. —

Auffenberg, Präses Jos., Handwerker-Talisman. Taschenbüchlein f. Handwerker, auch nützlich f. andere Leute. Mit e. Vorworte v. Gen.-Präses S. Schäffer. 12. (VI, 160 S.) Paderborn, F. Schöningh. n. — 60; cart. n. — 80

Auff'm-Ort, Oberförster P., die Lupinen-Kiefern-Kultur. gr. 8. (10 S.) Oppeln, Franck. n. — 50

Aufgaben, die, d. deutschen Offizier-Corps. Eine Studie von v. F. gr. 8. (32 S.) Hannover, Helwing's Verl. n. — 80

—— zum schriftlichen Rechnen. Hrsg. v. e. Vereine v. Lehrern. 4 Hfte. 8. Potsdam, Rentel's Verl. n. 1. 30
1. 21. Aufl. (21 S.) n. — 20. — 2. 22. Aufl. (25 S.) n. — 20. — 3. 13. Aufl. (40 S.) n. — 40. — 4. 9. Aufl. (52 S.) n. — 50.

(85/1) —— strategisch-taktische, nebst Lösungen. 6. Hft. gr. 8. (S. 209—239.) Hannover, Helwing's Verl. n. 1. 20 (1—6.: n. 8. 80)

Aufgang, der, u. der Niedergang. Eine Novelle. [Aus: „Vaterland".] 12. (39 S.) Luzern, (Räber). — 30

Aufstand, der, im Sudan in seiner Entwickelung u. seinem bisherigen Verlauf. Von e. deutschen Officier. Mit Orientirungskarten (1 Steintaf.). gr. 8. (III, 31 S.) Frankfurt a/O., Trowitzsch & Sohn. n. 1. 20

Augier, É., et J. **Sandeau**, le gendre de M. Poirier, s.: Théâtre français.

(84/2) **Augusti**, Brigitte, an deutschem Herd. Kulturgeschichtliche Erzählgn. aus alter u. neuer Zeit m. besond. Berücksicht. d. Lebens der deutschen Frauen. Für das reifere Mädchenalter. II. gr. 8. Leipzig 1886, Hirt & Sohn. (à) 4. 50; geb. (à) 6. —
Inhalt: Im Banne der freien Reichsstadt. Kulturgeschichtliche Erzählg. aus dem 15. Jahrh. Mit vielen Illustr. v. Prof. Wold. Friedrich. (222 S.)

Aulinger, Assist. Ed., üb. das Verhältniss der Weber'schen Theorie der Elektrodynamik zu dem v. Hertz aufgestellten Princip der Einheit der elektr. Kräfte. [Mit 2 (eingedr.) Holzschn.] [Aus: „Sitzungsber. d. k. Akad. d. Wiss."] Lex.-8. (14 S.) Wien, (Gerold's Sohn). n.n. — 30

Aus dem Eheleben e. Bischofs. Erinnerungen an die „schönste Frau zweier Jahrhunderte". Von *.* Mit Portr. Volks-Ausg. 8. (III, 156 S.) Leipzig, G. Wolf. n. 3. —

— den Frühlingstagen d. deutschen Vaterlandes. Eine schles. Geschichte von G. v. R.-T. 8. (III, 286 S.) Augsburg, Preyß. n. 3. —

— dem heiligen Land. Bilder, gezeichnet v. W. Webb, u. Geschichten erzählt v. Dr. J. Paulus. 4 Hfte. 4. (19, 17, 19 u. 19 S. m. eingedr. Holzschn.) Basel, Spittler. cart. à n. — 40; cplt. in 1 Bd. geb. n. 2. 40

— dá Hoamát. Eine Sammlg. ausgewählter oberösterreich. Dialectdichtungen. Hrsg. v. Dr. H. Zötl, Dr. A. Matosch u. H. Commenda. Mit e. musikal. Anh., red. v. Hans Schnopfhagen. gr. 8. (XIX, 370 u. Anh. 58 S. m. 1 Holzschntaf.) Linz, (Fink). geb. n. 5. 40

— Theodor Körner's Nachlaß. Lieder- u. Liebesgrüße an Antonie Adamberger. Zum erstenmal vollständig u. getreu nach der eigenhänd. Sammlg. d. Dichters hrsg. v. Frdr. Latendorf. Mit dem Portr. v. Antonie Adamberger in Stahlst. 2. Aufl. 8. (XIV, 159 S.) Leipzig, Elischer. n. 3. —; geb. m. Goldschn. n. 4. 50

— Krieg u. Frieden. Illustrirtes Unterhaltungsblatt f. deutsche Soldaten. Hrsg.: F. Metzler. 1. Jahrg. 1885. 26 Nrn. (2 B.) 4. Offenbach. (Dresden, Merkel.) Halbjährlich baar n. 1. 40

(85/1) — dem Leben u. f. das Leben. Neue Volks- u. Jugendschriften. Hrsg. v. Onkel Ludwig. 1. Abtlg.. Für die reifere Jugend u. f. das Volk. 2. u. 3. Lfg. 12. Donauwörth, Auer. cart. à n. 1. —

Inhalt: 2. Franzi, die Hauserin. Eine Erzählg. aus dem Volksleben. Hrsg. v. Onkel Ludwig. Mit e. kolor. Umschlagbilde u. 4 Illustr. (108 S.) — 3. Schwäbische Volksmärchen. Erzählt v. Onkel Ludwig. Mit e. kolor. Umschlagbilde u. 7 Illustr. (VIII, 118 S.)

— dem Leben e. reformierten Pastors. (Von Dr. th. A. Zahn.) 2. unveränd. Aufl. gr. 8. (V, 293 S.) Barmen, Klein. n. 5. —

— dem täglichen Leben. Erzählungen v. J. Aus dem Dän. v. E. Karstens. 8. (228 S.) Norden, Soltau. n. 2. 40

(84/1) — deutschen Lesebüchern. Epische, lyr. u. dramat. Dichtungen, erläutert f. die Oberklassen höherer Schulen u. f. das deutsche Haus. Hrsg. v. Dir. Dr. O. Frick u. Kreisschulinsp. Frdr. Polack. 25—28. Lfg. gr. 8. (4. Bd. Epische u. lyr. Dichtgn. S. 1—256.) Berlin, Th. Hofmann. à n. — 50

— der Londoner Gesellschaft v. e. Heimischgewordenen. Aus dem Engl. Autoris. deutsche Ausg. 1. u. 2. Aufl. 8. (VIII, 334 S.) Leipzig, F. Duncker. n. 3. —

(84/2) — dem Archiv der Deutschen Seewarte. V. Jahrg.: 1882. Hrsg. v. der Direktion der Seewarte. gr. 4. (IV, 152 S. m. eingedr. Fig. u. 21 Taf.) Hamburg 1884, (Friederichsen & Co.). n.n. 15. —

— dem Tierleben. Leinwand-Bilderbuch. gr. 8. (12 Chromolith.) Wesel, Düms. geb. 1. —

Ausbildung, die, d. deutschen Buchhandlungslehrlings. [Aus: „Deutsche Buchhändler-Akademie".] gr. 8. (31 S.) Weimar, Weißbach. baar n.n. — 40; für's Personal n.n. — 30

— die kriegsgemäße, v. Unterführern u. Mannschaften der Infanterie u. Einführung v. Infanterie-Uebungslagern. gr. 8. (IV, 46 S.) Hannover 1886, Helwing's Verl. n. 1. 25

(85/1) **Ausgaben u. Abhandlungen** aus dem Gebiete der romanischen Philologie. Veröffentlicht v. E. Stengel. XXXVIII. gr. 8. Marburg, Elwert's Verl. n. 1. 20

Inhalt: Versuch e. Dialektbestimmung d. Lai du corn u. d. Fabliau du mantel mautaillié. Von Paul Richter. (44 S.)

Autolyci de sphaera quae movetur liber, de ortibus et occasibus libri duo, una cum scholiis antiquis e libris manu scriptis ed., latina interpretatione et commentariis instruxit Frdr. Hultsch. 8. (LXIV, 231 S.) Leipzig, Teubner. 3. 60

Autoren- u. Sachregister zu Bd. 1—40 [Jahrg. 1844—1883] der Verhandlungen d. naturhistorischen Vereins der preussischen Rheinlande u. Westphalens, d. Correspondenzblattes desselben Vereins u. der Sitzungsberichte der niederrheinischen Gesellschaft f. Natur- u. Heilkunde zu Bonn. gr. 8. (210 S.) Bonn, (Cohen & Sohn). baar n. 2. —

Avancirten-Vortrag, der, enth. die schwierigeren dienstl. Kapitel, wie: Der Unteroffizier als Vorgesetzter, als Untergebener, als Lehrer, als Korporalschaftsführer 2c., m. Dispositionen. Ein Leitfaden f. Lehrer u. Schüler, bearb. v. W. 8. (47 S.) Berlin 1886, Liebel. n. — 75

Averdieck, Elise, lasset die Kindlein zu mir kommen. Erzählungen u. Kinderpredigten. 20 Hfte. 8. (à 16 S.) Hamburg, Ev. Buchhandlung. à n. — 5

($^{85}/_{1}$) **Avesta.** Die heil. Bücher der Parsen, im Auftrag der kaiserl. Akademie der Wissenschaften in Wien hrsg. v. Karl F. Geldner. I. Yasna. 2. Lfg. Imp.-4. (S. 81—160.) Stuttgart, Kohlhammer. (à) n. 8. —

($^{85}/_{1}$) —— The sacred books of the Parsis, edited by Karl F. Geldner. I. Yasna. Fasc. 2. Imp.-4. (S. 81—160.) Ebd. (à) n. 12. 50

Ayala, de, el tanto por ciento, s.: Coleccion de autores españoles.

Baas, J. H., die Augenkrankheiten, s.: Hausbücher, medicinische.

Baebler, Prof. Dr. J. J., Beiträge zu e. Geschichte der lateinischen Grammatik im Mittelalter. gr. 8. (VII, 206 S.) Halle, Buchh. d. Waisenhauses. n. 3. 60

Babo, Dir. Frhr. A. v., u. Dir. E. Mach, Handbuch d. Weinbaues u. der Kellerwirthschaft. 2. Bd. Kellerwirthschaft. 2., neu bearb. Aufl. Mit 214 in den Text gedr. Holzschn. gr. 8. (XX, 881 S.) Berlin, Parey. geb. n. 20. —

Bach, weil. Gymn.-Prof. Convictsregens Alois, die Grafsch. Glatz unter dem Gouvernement d. Generals Heinrich August Freiherrn de la Motte Fouqué 1742—60. Hrsg. v. Sem.-Dir. Dr. Volkmer. gr. 8. (VIII, 90 S.) Habelschwerdt, Franke. n. 1. —

Bach, C., e. stolzes Herz, s.: Bachem's Roman-Sammlung.

Bach, J., deutsche Grammatik. Ein Leitfaden f. den Unterricht in der deutschen Sprache. Bearb. u. m. zahlreichen Übungsaufgaben versehen. gr. 8. (VIII, 175 S.) Riga, Jonck & Poliewsky. cart. n. 1. 80

Bach, Hauptlehr. L., 15 Tafeln zum Gebrauch beim Unterricht in der Naturkunde. Für Elementarschulen. gr. Fol. Mit Text. gr. 8. (8 S.) Bernburg, Bacmeister. n. 4. 50

($^{85}/_{1}$) **Bach**, Max, die Renaissance im Kunstgewerbe. Sammlung ausgeführter Gegenstände d. XVI. u. XVII. Jahrh. 1. Serie. 4. Lfg. F. (6 Chromolith. m. 1 Bl. Text.) Stuttgart, G. Weise. (à) n. 2. 50

($^{85}/_{1}$) **Bachem's** Roman-Sammlung. 4—6. Bd. 8. Köln, Bachem. geb. baar à n. 2. —

Inhalt: 4. Ein stolzes Herz. Roman v. Cuno Bach. Die Wüstenräuber. Erlebnisse e. Afrika-Expedition durch die Sahara v. Dr. Karl May. (408 S.) — 5. Die Hexe v. Scharnrode. Roman v. Herm. Hirschfeld. Prinzessin Irrlicht. Roman von M. v. Pelzeln. (397 S.) — 6. Die Osteringen-Haldenstein. Roman v. Paula Nied. In Treue fest. Eine Hochlands-Geschichte v. Th. Messerer. (404 S.)

Bacher, Prof. Dr. Wilh., Leben u. Werke d. Abulwalîd Merwân Ibn Ganâḥ [R. Jona] u. die Quellen seiner Schrifterklärg. gr. 8. (IV, 108 S.) Leipzig, O. Schulze. n. 4. —

Bacher, Prof. Dr. Wilh., die hebräisch-neuhebräische u. hebräisch-aramäische Sprachvergleichung d. Abulwalid Merwân Ibn Ganâḥ. [Aus: „Sitzungsber. d. k. Akad. d. Wiss."] Lex.-8. (40 S.) Wien, Gerold's Sohn in Comm. n. — 60

Baehl, J., gründliche Anleitung zur Laubsägerei, sowie üb. Lackiren, Politiren u. Bronziren, Weich- u. Hartlöthen in Metall. 8. (41 S.) Wien, (Engel). n. — 40

Bächli, Turnlehr. Herm., Geschichte d. Stadtturnvereins Schaffhausen. Im Auftrage d. Vorstandes bearb. bei Anlaß d. 50jähr. Jubiläums 1885. 8. (73 S.) Schaffhausen, Schoch in Comm. n. — 80

Bachmann, Hans, das Leben Eduard Bachmann's, weiland k. Decan in Münchberg, dargestellt aus dem Nachlasse d. Verewigten. Mit dem (autotyp.) Bilde Bachmann's nach dem Orig.-Gemälde in der Stadtkirche zu Münchberg. gr. 8. (165 S.) Nürnberg, Löhe. n. 2. —

Bachmann, J., die Innere Mission vor 40 Jahren u. heut, s.: Flugschriften f. Innere Mission.

Bachmann, weil. Ob.-Konsist.-R. Pfr. D. J. F., Dr. Martin Luthers kleiner Katechismus, als Handbüchlein f. Konfirmanden bearb. 61. Aufl. gr. 8. (96 S.) Berlin, W. Schultze. n. — 40

Bachmann, Lehr. Wilh., zur Nationalfeier! Festrede, geh. bei der Nationalfeier am 2. Septbr. 1885 im großen Rathhaussaale zu Nürnberg. gr. 8. (12 S.) Nürnberg, Raw. n. — 20

Bachofner-Buxtorf, Anna, unter Einem Dach. Eine Erzählg. f. die Jugend. Mit 1 Bild in Farbendr. 2. Aufl. 12. (55 S.) Basel, Spittler. n.n. — 50

—— die Liebe suchet nicht das Ihre. Eine Erzählg. f. die Jugend. Mit e. Bild in Farbendr. 2. Aufl. 12. (42 S.) Ebd. n.n. — 50

Baechtold, Jak., deutsches Lesebuch f. höhere Lehranstalten der Schweiz. 1. u. 2. Bd. 2. gänzlich umgearb. Aufl. gr. 8. Frauenfeld, Huber. cart. n. 5. —
1. Untere Stufe. (VIII, 322 S.) n. 2. 40. — 2. Mittlere Stufe. (VII, 448 S.) n. 2. 60.

—— dasselbe. Erläuterungen dazu, s.: Haug, E.

Bäcker- u. Konditor-Zeitung, allgemeine. Hrsg. unter Mitwirkg. intelligenter Fachgenossen v. Udo Beckert. 5. Jahrg. 1885. 52 Nrn. (3 B.) Fol. Stuttgart, Expedition. Vierteljährlich baar n. 2. —

Bäcker-, Conditor- u. Müller-Zeitung, schweizerische. 3. Jahrg. 1885. 52 Nrn. (B.) Fol. Nebst Unterhaltungs-Blatt. (½ B.) gr. 4. Weinfelden, Gleditsch. n. 5. —

Bacmeister, Herm., Erlebtes u. Erdachtes. 8. (153 S.) Reutlingen 1886, Kocher. n. 1. —

Bädeker, K., Belgien u. Holland, nebst den wichtigsten Routen durch Luxemburg. Handbuch f. Reisende. Mit 12 Karten, 20 Stadtplänen u. mehreren Grundrissen. 17. verb. Aufl. 8. (XXXVIII, 368 S.) Leipzig, Bädeker. geb. n. 6. —

—— Belgique et Hollande. Manuel du voyageur. 12. éd. revue et corrigée. Avec 12 cartes, 19 plans de villes et plusieurs plans de musées. 8. (XXXVI, 317 S.) Ebd. geb. n. 6. —

—— Belgium and Holland. Handbook for travellers. With 12 maps and 20 plans. 8. ed., revised and augmented. 8. (LXII, 342 S.) Ebd. geb. n. 6. —

—— Berlin u. Umgebungen. Handbuch f. Reisende. Mit 2 Karten, 3 Plänen u. mehreren Grundrissen. 4. Aufl. 8. (153 S.) Ebd. geb. n. 2. 50

—— London and its environs, including excursions to Brighton, the isle of Wight, etc. Handbook for travellers. With 4 maps and 15 plans. 5. revised ed. 8. (X, 368 u. 45 S.) Ebd. geb. n. 6. —

—— Mittel- u. Nord-Deutschland westlich bis zum Rhein. Handbuch f. Reisende. Mit 36 Karten, 42 Plänen u. mehreren Grundrissen. 21. Aufl. 8. (XXX, 510 S.) Ebd. geb. n. 7. —

Bädeker, K., Norway and Sweden. Handbook for travellers. With 21 maps and 11 plans. 3. revised ed. 8. (LXXX, 42 : S.) Leipzig, Bädeker. geb. n. 9. —

—— Schweden u. Norwegen, nebst den wichtigsten Reiserouten durch Dänemark. Handbuch f. Reisende. Mit 12 Plänen u. 25 Karten. 3. verb. Aufl. 8. (XC, 425 u. 40 S.) Ebd. geb. n. 9. —

—— die Schweiz, nebst den angrenzenden Theilen v. Oberitalien, Savoyen u. Tirol. Handbuch f. Reisende. 21. Aufl. Mit 35 Karten, 9 Stadtplänen u. 9 Panoramen. 8. (XXVIII, 472 S.) Ebd. geb. n. 7. —

—— la Suisse et les parties limitrophes de l'Italie, de la Savoie et du Tyrol. Manuel du voyageur. 15. éd. revue et corrigée. Avec 35 cartes, 9 plans et 9 panoramas. 8. (XXVIII, 504 S.) Ebd. geb. n. 7. —

—— Switzerland, and the adjacent portions of Italy, Savoy, and the Tyrol. Handbook for travellers. With 35 maps, 9 plans, and 9 panoramas. 11 remodelled ed. 8. (XXVIII, 464 S.) Ebd. geb. n. 7. —

(85/1) **Baden**, das Großherzogt., in geographischer, naturwissenschaftlicher, geschichtlicher, wirtschaftlicher u. staatlicher Hinsicht dargestellt. Nebst vollständ. Ortsverzeichnis. Nach amtl. Material bearb. Mit 7 in Farbendr. ausgeführten u. 3 schwarzen Karten, sowie 4 graph. Darstellgn. 10—13. (Schluß-)Lfg. gr. 8. (XV u. S. 721—1000.) Karlsruhe, Bielefeld's Verl. à n. 1. — (cplt.: n. 16. 50; geb. m. besond. Kartenmappe: n. 20. —)

Bagensky, Prem.-Lieut. v., Offizier-Stammliste d. königl. preußischen 4. Garde-Regiments zu Fuß 1860—1885. Im Auftrage d. Regiments bearb. Mit e. graph. Darstellg. der Dienstzeiten der Offiziere im Regiment. gr. 8. (VIII, 222 S.) Berlin, Mittler & Sohn. n. 9. —

Baginsky, Dr. Adf., das Leben d. Weibes. Diätetische Briefe. 3. Aufl. 8. (VII, 159 S.) Stuttgart, Enke. n. 3. —; geb. n. 4. —

—— die Pflege d. gesunden u. kranken Kindes. 3. umgearb. Aufl. v. „Wohl u. Leid d. Kindes". Mit 15 in den Text gedr. Holzschn. 8. (VII, 212 S.) Ebd. n. 3. —; geb. n. 4. —

Bahnordnung f. deutsche Eisenbahnen untergeordneter Bedeutung. 8. Aufl. 8. (20 S. m. 1 Grundriß.) Berlin, C. Heymann's Verl. n. n. — 50

Bahr, Herm., die Einsichtslosigkeit d. Herrn Schäffle. Drei Briefe an e. Volksmann als Antwort auf „Die Aussichtslosigkeit der Sozialdemokratie". gr. 8. (95 S.) Zürich, Verlags-Magazin. n. 1. 20

Bähr, Reichsger.-R. a. D. Dr. O., der deutsche Civilprozeß in praktischer Bethätigung. [Aus: „Jhering's Jahrbb. f. d. Dogmatik d. heut. röm. u. deutschen Privatrechts".] gr. 8. (96 S.) Jena, Fischer. n. 1. 80

Baehr, Paul, Bad Oeynhausen u. seine Umgegend. Ein Führer f. Badegäste u. Touristen. gr. 16. (123 S.) Oeynhausen, Ibershoff. cart. n. 1. —

Bail, Prof. Oberlehr. Dr., methodischer Leitfaden f. den Unterricht in der Naturgeschichte, in engem Anschlusse an die neuen Lehrpläne der höheren Schulen Preußens bearb. Zoologie. 2 Hfte. [6 Kurse.]. Unter Mitwirkg. v. Lehr. Dr. Fricke. Mit zahlreichen in den Text gedr. Holzschn. gr. 8. Leipzig, Fues. geb. à n. n. 1. 50
1. [Kurs. I—III.] 3. verb. Aufl. (VI, 194 S.) — 2. [Kurs. IV—VI.] (VI, 210 S.)

Bajohr, B., drei Operndichtungen. [Alroy. Der Schmied v. Gretna-Green. Meerkönigs Tochter.] 8. (126 S.) Jena, Pohle. n. 2. —

Balck, Geh. Finanzr. C. W. A., die Krankenversicherung der Arbeiter, nach Gesetz u. Praxis dargestellt. gr. 8. (IV, 105 S.) Wismar, Hinstorff's Verl. in Comm. n. 2. —

(81/1) **Baldamus**, Ed., die Erscheinungen der deutschen Literatur auf dem Gebiete der katholischen Theologie. 1880—1884. Systematisch geordnet u. m. alphabet. Register versehen. gr. 8. (II, 101 S.) Leipzig, Hinrich's Verl. baar n. 3. —; m. der protestant. Theologie zusammen n. 7. —

(8¹/₁) **Baldamus**, Ed., die Erscheinungen der deutschen Literatur auf dem Gebiete der protestantischen Theologie. 1880—1881. Systematisch geordnet u. m. e. alphabet. Register versehen. gr. 8. (III, 194 S.) Leipzig, Hinrichs' Verl. baar n. 5. —; m. der kathol. Theologie zusammen n. 7. —

Baldur, J., s.: Geschichte, die, v. den Troglodyten.

Ballestrem, Eufemia Gräfin [Frau v. Adlersfeld], die Augen der Assunta u. andere Novellen. 8. (281 S.) Dresden 1886, Pierson. n. 4. —; geb. n. 5. 50

Balling, Prof. Carl A. M., die Metallhüttenkunde. Gewinnung der Metalle u. Darstellg. ihrer Verbindgn. auf den Hüttenwerken. Mit 371 in den Text gedr. Holzschn. gr. 8. (XX, 627 S.) Berlin, Springer. n. 16. —

Balmer-Rinck, Dr. J., die Gesundheit. Ein Wort an Gesunde u. Kranke. Von e. bewährten Arzte geprüft u. zur Beherzigg. empfohlen. 8. (36 S.) Basel, Riehm. n. — 40

Balthasar, Rittmstr., Leitfaden bei der Instruktion der Rekruten u. der älteren Mannschaften der Kavallerie. Nach den neuesten Verordngn. bearb. 13. Aufl. Mit 35 Abbildgn. im Text. 16. (VIII, 328 S.) Berlin, Liebel. baar n. — 60

Baltzer, Prof. Dr. Rich., die Elemente der Mathematik. 1. Bd. Gemeine Arithmetik, allgemeine Arithmetik, Algebra. Mit 7 in den Text eingedr. Holzschn. 7. verb. Aufl. gr. 8. (VI, 340 S.) Leipzig, Hirzel. n. 4. —

Baelz, E., E. **Burow**, P. G. **Unna**, A. **Wolff**, Leprastudien, s.: Monatshefte f. praktische Dermatologie.

Bamberg, Ob.-Schulr. Gymn.-Dir. Dr. Alb. v., griechische Schulgrammatik. 3. Tl. gr. 8. Berlin, Springer. n. — 40

Inhalt: Homerische Formen. 5., durchgeseh. Aufl. (X, 37 S.)

Bandow, Prof. Dir. Dr. K., Charakterbilder aus der Geschichte der englischen Litteratur. Materialien zum Übersetzen aus dem Deutschen ins Englische. 3. Aufl. 8. (VII, 147 S.) Berlin 1886, Simion. n. 1. 50

Banga, J. J., Johann Rittos Jugendjahre. Eine wahre Geschichte, erzählt f. die Jugend. 2. Aufl. 8. (36 S.) Basel, Spittler. n. — 20

—— der Pfarrerssohn v. Dübendorf. Eine wahre Geschichte, f. die Jugend erzählt. 2. Aufl. Mit 3 (Holzschn.-)Bildern. 12. (54 S.) Ebd. n. — 20

Baenitz, Dr. C., Lehrbuch der Physik in populärer Darstellung. Nach method. Grundsätzen f. gehobene Lehranstalten, sowie zum Selbstunterrichte bearb. Mit 482 Abbildgn. auf 418 in den Text gedr. Holzschn. u. 1 Farbentaf. 9., verm. u. verb. Aufl. gr. 8. (VII, 258 S.) Berlin, Stubenrauch. geb. n. 2. 50

—— Leitfaden f. den Unterricht in der Physik. Nach method. Grundsätzen bearb. Mit 269 Abbildgn. auf 236 in den Text gedr. Holzschn. u. 1 Farbentaf. 2., verm. u. verb. Aufl. gr. 8. (IV, 148 S.) Ebd. geb. n. 1. 50

Baer, Dr. O., éléments d'algèbre à l'usage des classes moyennes du collège royal français. gr. 8. (IV, 108 S.) Berlin, G. Reimer. geb. n. 2. 50

Barante, M. de, histoire de Jeanne Darc, s.: Schulbibliothek, französische u. englische.

Bardeleben, C. v., Taschen-Lexikon der Eröffnungen, s.: Bibliothek f. Schachfreunde.

Bardey, Dr. E., methodisch geordnete Aufgabensammlung, mehr als 8000 Aufgaben enth. üb. alle Teile der Elementar-Arithmetik, vorzugsweise f. Gymnasien, Realgymnasien u. Oberrealschulen. 12. Aufl. gr. 8. (XIII, 330 S.) Leipzig, Teubner. 2. 70

Barfuß, Frdr. Wilh., die Kunst d. Böttchers od. Küfers in der Werkstatt wie im Keller, enth. e. vollständ. Anweisg., den Inhalt aller Arten v. Gefäßen teils durch Berechng., teils durch Visierstäbe zu finden u. jedes Gefäß nach verlangtem Gehalt zu verfertigen, sowie e. vollständ. Angabe aller Mittel, Vorteile u. Werkzeuge, welche man bei Ausarbeitg. der Dauben u. Fertigg. der Fässer, Bottiche, Bütten, Wannen, Eimer rc. anwendet, auch Tabellen üb. den Kubikinhalt d. Rundholzes, Flüssigkeits- u. Längenmaße, Stich- u. Grundverhältnis, Visiermaß u. Stemmmaß, nebst Anweisg., diese Maße selbst anzufertigen. Nebst e. Abhandlg. üb. die Verrichtgn. d. Küfers im Bier- u. Weinkeller. 8., verb. u. verm. Aufl. v. Böttchermstr. Aug. Lange. Mit e. Atlas v. 14 (lith.) Foliotaf., enth. 273 Abbildgn. 8. (XVIII, 532 S.) Weimar, B. F. Voigt. 6. —

(85/1) **Bargen**, H. R. v., Don Juan Rebando, der Stierkämpfer u. Abenteurer. Erzählung. 21—56. Hft. gr. 8. (1. Bd. S. 481—650 u. 2. Bd. S. 1—504 m. je 1 Chromolith.) Neusalza, Oeser. baar à — 10

Barnabas, Pönitenziar P., F. M. O., Portiuncula od. Geschichte Unserer lieben Frau v. den Engeln, übers. aus der 2. französ. Aufl. 8. (308 S. m. 2 Grundrissen.) Rixheim 1884. (Amberg, Habbel.) n. 1. 30

Barnes, Vic. R. H., u. Maj. C. E. Brown, Charles George Gordon. Eine Skizze. Deutsche Ausg. v. Hans Tharau. 8. (IX, 68 S.) Gotha, F. A. Perthes. n. 1. 20

Barnikol, Eck u. Motschmann, Lehrer, Rechenbuch f. Stadt- u. Landschulen zum Handgebrauch f. die Schüler. 2. u. 3. Hft. 8. Hildburghausen, Gadow & Sohn. à n. — 20
2. 9. Aufl. (40 S.) — 3. 8. Aufl. (60 S.)

Baron, M., s.: Muttersprache, die.

—— Th. Junghanns u. H. Schindler, deutsche Sprachschule. Orthographie, Grammatik u. Stil in konzentr. Kreisen. Ausg. . In 7 Hftn. u. e. Litteraturheft. 1., 2., 4—6. u. Litteraturheft. 8. Leipzig, Klinkhardt. n. 1. 30
1. 45. Aufl. (40 S.) n. — 20. — 2. 50. Aufl. (48 S.) n. — 20. — 4. 38. Aufl. (64 S.) n. — 20. — 5. 30. Aufl. (64 S.) n. — 20. — 6. 22. Aufl. (82 S.) n. — 25. — Litteraturheft. 7. Aufl. (80 S.) n. — 25.

—— —— —— dasselbe. Für preuß. Schulen besorgt durch Sem.-Dir. Dr. W. Jütting. Ausg. A. [in 7 Heften.] 2., 4., 5. u. 7. Hft. 8. Ebd. n. 1. 5
2. 6. Aufl. (56 S.) n. — 20. — 4. 5. 5. Aufl. (76 u. 80. S.) à n. — 25. — 7. 4. Aufl. (112 S.) n. — 25.

—— —— —— dasselbe. Ausg. B. In 4 Hftn. u. e. Litteraturheft. 4 Hfte. 8. Ebd. n. — 85
1. 2. 23. Aufl. (40 u. 60 S.) à n. — 20. — 3. 19. Aufl. (64 S.) n. — 20. — 4. 14. Aufl. (80 S.) n. — 25.

—— —— —— dasselbe. Für die bayr. Volksschule bearb. v. Oberlehr. Fr. Gärtner. Ausg. B. 3 Hfte. 8. Ebd. n. — 80
1. 23. Aufl. (52 S.) n. — 20. — 2. 20. Aufl. (96 S.) n. — 30. — 3. 14. Aufl. (88 S.) n. — 30.

—— —— —— dasselbe. Für preuß. Schulen besorgt durch Sem.-Dir. Dr. W. Jütting. Ausg. B. [in 4 Hftn.]. 2. u. 3. Hft. 8. Ebd. n. — 45
2. 24. Aufl. (64 S.) n. — 20. — 3. 16. Aufl. (72 S.) n. — 25.

—— —— —— dasselbe. Für einfache Landschulen nach der neuen Orthogr. bearb. v. Sem.-Dir. Dr. W. Jütting. Ausg. C. 2. Hfte. 8. Ebd. n. — 45
1. 5. Aufl. (64 S.) n. — 20. — 2. 4. Aufl. (88 S.) n. — 25.

—— —— —— dasselbe. Ausg. H. Für die Braunschweiger Schulen bearb. v. Schuldir. G. Schaarschmidt. 1. u. 5. Hft. 8. Ebd. n. — 45
1. 3. Aufl. (20 S.) n. — 20. — 5. 2. verb. Aufl. (73 S.) n. — 25.

Baron, R., Erzählungen, } s.: Trewendt's Jugendbibliothek.
—— Fiorita, das Räubermädchen, }

Barsch, Paul, auf Straßen und Stegen. Lieder. Mit e. Vorwort v. Rich. Schmidt-Cabanis. Hrsg. von Karl v. Klarenthal. 16. (XX, 86 S.) Großenhain, Baumert & Ronge. n. 1. 50; geb. n. 2. —

Bartels, Jul., zwei Fälle v. Elephantiasis Arabum. Inaugural-Dissertation. gr. 8. (21 S.) Göttingen, (Vandenhoeck & Ruprecht). baar n. — 60

Barth, Carl, Porcellan-Marken u. Monogramme. 6. rev. u. verm. Aufl. Steintaf. Fol. Dresden, Tittel Nachf. In Leinw.-Futteral. n. 2. —
Barth, J., Beiträge zur Erklärung d. Jesaia. gr. 8. (28 S.) Karlsruhe, Reuther. n. 1. 50
Barth, Kirchenr. Oberpfr. L., Predigt bei der Einweihungsfeier der St. Johanniskirche in Gera, am 18. Sept. 1885 geh. gr. 8. (13 S.) Gera, Griesbach's Verl. — 30
—— Trost- u. Lebensworte an Trauerstätten. Eine Sammlg. v. Leichen- u. Grabreden. 6. verm. Aufl. gr. 8. (VII, 290 S.) Ebd. 1886. n. 4. —
Barth, Th., s.: Beiträge, kritische, zur herrschenden Wirthschaftspolitik.
Bärthold, A., die Wendung zur Wahrheit in der modernen Kulturentwicklung. 8. (80 S.) Gütersloh, Bertelsmann. n. 1. —
Bartholomäus, die Mittelschule u. das praktische Leben, s.: Schriften d. liberalen Schulvereins Rheinlands u. Westfalens.
Bartl, Hans, Adam u. Eva od. die Verlobung im Paradies. Komisches Singspiel. 8. (16 S.) Wien, Neidl. n. — 40
—— Eberhard u. Adelgunde od. das Trauerspiel der Dorf-Komödianten. Burleske Scene. 8. (16 S.) Ebd. n. — 40
—— der Eifersüchtige im Wurstelprater. Posse m. Gesang. 8. (15 S.) Ebd. n. — 40
—— G'winnst-Fatalitäten od. Nudelwalker u. Nudelbrett. Orig.-Posse. 8. (16 S.) Ebd. n. — 40
—— die Leich' vor'm Sterben. Duo-Szene m. Gesang. 8. (14 S.) Ebd. n. — 40
—— unter dem Messer. Komische Duoscene. 8. (14 S.) Ebd. n. — 40
—— das Talent im Bodenzimmer. Duoscene m. Gesang. 8. (14 S.) Ebd. n. — 40
—— ein Vater seiner Mutter. Orig.-Posse. 8. (16 S.) Ebd. n. — 40
—— die verlorene Wette. Orig.-Posse. 8. (15 S.) Ebd. n. — 40
—— der Wirrwarr vor'm Greißlerladen. Posse m. Gesang. 8. (15 S.) Ebd. n. — 40
Bartolomäus, Ger.-Assess., die Abfassung der Strafurteile in Preußen. 8. (31 S.) Berlin, Parrisius. n. — 50
Bartsch, Emil, Hamburgs Geschichte von der Gründung bis zur Gegenwart. Für Schule u. Haus dargestellt. 8. (IV, 44 S.) Hamburg, Boysen's Verl. n. — 50
Bärwinkel, Pfr. Dr., die Restauration der Regler Kirche in Erfurt u. die Geschichte ihrer Gemeinde in den letzten 25 Jahren seit der Restauration der Kirche. Eine Festschrift zum 25jähr. Jubiläum der Restauration u. zum 750jähr. Jubiläum d. Bestehens der Regler Kirche, nebst e. Anh., e. kurzen Abriß der Geschichte der Gemeinde v. ihren ersten Anfängen an enth., verf. v. Diak. Dr. Lorenz. gr. 8. (83 S.) Erfurt, Villaret in Comm. n. — 60
Bary, Prof. A. de, Vorlesungen üb. Bacterien. Mit 18 Fig. in Holzschn. gr. 8. (VI, 146 S.) Leipzig, Engelmann. n. 3. —
Basch, Prof. Dr. v., die Entfettungscur in Marienbad. Ein Beitrag zur Therapie der Kreislaufstörgn. [Aus: „Centralbl. f. d. gesammte Therapie."] gr. 8. (22 S.) Wien, Perles. n. 1. —
Basche, Pred. F., die Arbeit der Tractat-Gesellschaft, e. Zeugniß v. Christo. Apostel-Gesch. 1, 8. Predigt am 6. Jahresfest der Deutschen Evangel. Buch- u. Tractat-Gesellschaft geh. am Himmelfahrtstage, den 14. Mai 1885 Abends 6 Uhr in der Dankeskirche zu Berlin. 8. (11 S.) Berlin, Deutsche evangel. Buch- u. Tractat-Gesellschaft. n. — 10
Bassermann, Prof. D. Heinr., Handbuch der geistlichen Beredsamkeit. gr. 8. (X, 638 S.) Stuttgart, Cotta. n. 10. —
Bastian, Prof. Dr. A., Afrika's Osten m. dort eröffneten Ausblicken. 1. Hft. gr. 8. (64 S.) Berlin, Dümmler's Verl. n. 1. 20
(34/2) —— Indonesien od. die Inseln d. malayischen Archipel. 2. Lfg. Timor

u. umliegende Inseln. Reise-Ergebnisse u. Studien. Mit 2 (Lichtdr.-)Taf. gr. 8. (LXXIV, 116 S.) Berlin, Dümmler's Verl. n. 6. — (1. u. 2.: n. 11. —)

Baethgen, Frdr., Evangelien-Fragmente. Der griech. Text d. Cureton'schen Syrers, wiederhergestellt. gr. 8. (96 u. 92 S.) Leipzig 1886, Hinrichs' Verl. n. 10. —

Batsch' Leitfaden f. den theoretischen Unterricht d. Kanoniers der Feld-Artillerie. Nach den neuesten Verordngn. bearb. v. Hauptm. Gottschalk. 16. Aufl. 16. (XII, 356 S. m. Illustr.) Berlin, Liebel. baar n. — 75

Bauausführungen, die, auf der Eisenbahnstrecke Berlin-Blankenheim. Mit 7 Kpfrtaf. [Aus: „Zeitschr. f. Bauwesen".] Fol. (17 S. m. Fig.) Berlin 1883, Ernst & Korn. cart. n. 10. —

(54/2) **Baudenkmale**, die, in der Pfalz, gesammelt u. hrsg. v. der Pfälzischen Kreisgesellschaft d. bayer. Architecten- u. Ingenieur-Vereins. 2. Lfg. hoch 4. (S. 17—62 m. eingedr. Illustr. u. Lichtdr.-Taf.) Ludwigshafen, (Lauterborn). baar (à) n. 2. —

(81/1) **Baudenkmäler**, die, der Prov. Pommern. Hrsg. v. der Gesellschaft f. pommersche Geschichte u. Alterthumskunde. 1. Thl. Der Reg.-Bez. Stralsund. Bearb. von Stadtbaumstr. E. v. Haselberg. 2. Hft. Der Kreis Greifswald. gr. 8. (S. 63—192 m. eingedr. Holzschn.) Stettin, Saunier in Comm. n. 4. — (1. u. 2.: n. 6. —)

Bauer, E., u. A. Tschiedel, Methodik d. Unterrichts in der Geometrie u. im geometrischen Zeichnen, s.: Handbuch der speciellen Methodik.

Bauer, Schulr. L., u. Rekt. G. N. **Marschall**, deutsches Lesebuch f. die Oberklassen der Volksschulen. 1. Hälfte. 5. Schulj. 2. Aufl. gr. 8. (XII, 258 S.) München 1884, Exped. d. kgl. Zentral-Schulbücher-Verlags. n.n. 1. 20; Einbd. n. — 40

Bauer, Mart., unter Rosen. Roman. 8. (260 S.) Breslau, Schottländer. n. 4. —; geb. n. 5. —

Bauer, Prof. Rekt. Dr. Wolfg., Übungsbuch zum Übersetzen aus dem Deutschen ins Griechische. 2. Tl.: Syntax. 5. Aufl. gr. 8. (VI, 237 S.) Bamberg, Buchner. n. 2. 60

Bauernfeind, Carl Max v., Johann Georg v. Soldner u. sein System der bayerischen Landesvermessung. Vortrag, geh. bei der Jahresschlussfeier der königl. Techn. Hochschule in München am 27. Juli 1885. Mit J. G. Soldner's (Lichtdr.-)Bildnis. gr. 4. (23 S.) München, Franz' Verl. in Comm. n. 1. 50

Bauern-Kalender, allgemeiner, f. d. J. 1886. gr. 8. (76 S. m. Illustr.) Essen, Silbermann. n. — 50

—— allgemeiner, auf d. J. 1886. Illustrirtes Jahrbuch f. Jedermann, u. e. besonders wohlmein., unterhalt. Hausfreund u. Rathgeber f. den Landwirth, Oekonomen, Kleingrundbesitzer etc. 4. (148 S.) Winterberg, Steinbrener. baar n. — 70

—— großer, m. Bildern auf d. J. 1886. Hrsg.: Frz. Schlinkert. gr. 8. (127 S.) Wien, Fromme. baar — 80

—— illustrirter österreichischer, f. d. J. 1886. 8. (47 S.) Wien, Sallmayer in Comm. baar n.n. — 24

—— westfälischer, auf d. J. 1886. Dem westfäl. Bauern-Verein gewidmet v. e. Mitgliede desselben. 6. Jahrg. 8. (139 S. m. Illustr.) Lingen, van Acken. n. — 40

(85/1) **Bauindustrie-Zeitung**, Wiener. Praktisch-bauindustrielles Organ f. Architekten, Bau-Ingenieure, Baumeister etc., wie überhaupt f. alle Bau-Interessenten. Mit besond. Rücksicht auf die gesammten baugeschäftl. Interessen sowie neue Erfindgn. u. Verbessergn. auf bautechn. u. baugewerbl. Gebiete unter Mitwirkg. bekannter Fachschriftsteller u. Specialisten d. Baufaches red. u. hrsg. v. Ingen. M. Grebner. Nebst Beilage: Wiener Bauten-Album, e. Sammlg. v. interessanten Fotogr.-(Lichtdr.-)Beilagen schöner, hervorrag. Bauten v. Wien u. Umgebg. etc. nach speciellen fotogr. Aufnahmen. 3. Jahrg. Octbr. 1885—Septbr. 1886. 52 Nrn. (à 1½—2 B. m. Illustr.) gr. 4. Wien, Administration. baar n. 24. —; halbjährlich n. 13. —

Baukalender, deutscher. Bearb. v. den Herausgebern der Deutschen Bauzeitung. 19. Jahrg. 1886. Nebst e. besond. Beigabe. gr. 16. (XLVIII, 213 u. 343 S. m. eingedr. Fig. u. 1 Eisenbahnkarte.) Berlin, Toeche in Comm. geb. u. geh. baar n. 3.50; in Brieftaschenform m. Schloss n. 4. —

—— österreichisch-ungarischer, f. d. J. 1886. Bearb. unter Mitwirkg. v. Fachgenossen v. Civ.-Ingen. Gewerbe-Insp. M. Kulka. 5. Jahrg. gr. 16. (242 u. 130 S.) Wien, Perles. geb. n. 3. 40

Baumann, Assist. Dr. Ant., Tafeln zur Gasometrie. Zum Gebrauch in chem. u. physikal. Laboratorien, sowie an hygien. Instituten. 8. (VII, 194 S.) München, Rieger. cart. n. 3. —

Baumann, G., Berechnungen üb. das Gewindeschneiden nach allen vorkommenden Massen u. Drehbankkonstruktionen. Ein prakt. Handbuch f. Metalldreher. Geprüft u. empfohlen v. gew. Dir. Frdr. Autenheimer. 4. Aufl. 8. (158 S.) Leipzig, Klötzsch in Comm. n. 1. 80

Baumann, Sem.-Dir. Schulinsp. J., Hilfsbüchlein zum Katechismus-Unterricht in der Volksschule. Für die Hand der Schüler hrsg. gr. 8. (55 S.) Breslau, F. Hirt. n. — 30

—— Vorbereitungen auf den Katechismus-Unterricht in der Volksschule. 2. durchgeseh. Aufl. gr. 8. (94 S.) Ebd. n. 1 —

Baumann, Jak. Konr., Dämon Alkohol. Votiv-Tafeln. 8. (V, 44 S.) Frauenfeld, Huber. n. — 80

Baumbach, R., s.: Beiträge, kritische, zur herrschenden Wirthschaftspolitik.

—— der Normal-Arbeitstag, s.: Zeitfragen, volkswirthschaftliche.

Baumbach, Rud., Erzählungen u. Märchen. gr. 16. (V, 188 S.) Leipzig, Liebeskind. n. 2. —; Einbd. in Leinw. n.n. — 75; in Kalbldr. n.n. 2. —

(85/1) **Baume**, Dr. Rob., Lehrbuch der Zahnheilkunde. 2. umgearb. Aufl. 2. u. 3. Lfg. Mit 109 Holzschn. im Text. gr. 8. (S. 193—576.) Leipzig, Felix. à n. 6. 50

Baumeister, R., der evangelische Kirchenbau, s.: Sammlung v. Vorträgen.

Bäumer, Dr. Wilh., der kleine Haussekretair od. prakt. Anweisg. zur Abfassg. aller Arten v. Briefen, Eingaben, Verträgen, Reklamationen, Vollmachten u. sonst. Aufsätzen d. geschäftl. u. häusl. Lebens. 3. Aufl. 8. (160 S.) Oberhausen, Spaarmann. cart. 1. —

Baumgart, Dr. Max, Grundsätze u. Bedingungen zur Erlangung der Doctorwürde bei allen Facultäten der Universitäten d. deutschen Reichs, nebst e. Anh., enth. die Promotionsordngn. der übrigen Universitäten m. deutscher Unterrichtssprache: Basel, Bern, Zürich, Dorpat, Czernowitz, Graz, Innsbruck, Prag u. Wien. Nach amtl. Quellen zusammengestellt u. hrsg. 2. rev. u. verm. Aufl. gr. 8. (XVI, 316 S.) Berlin, v. Decker. n. 3. —

Baumgart, Dr. Osw., üb. das quadratische Reciprocitätsgesetz. Eine vergleich. Darstellg. der Beweise d. Fundamentaltheoremes in der Theorie der quadrat. Reste u. der denselben zu Grunde lieg. Principien. gr. 8. (104 S.) Leipzig, Teubner. n. 2. 40

Baumgarten, Dr. J., Elementar-Grammatik der französischen Sprache. Mit besond. Berücksicht. der Aussprache u. der Einführg. in die Lektüre, auf Grundlage v. Bernh. Beumelburg's prakt. Lehrgange. 4. umgearb. u. bedeutend erweit. Aufl. 8. (VIII, 292 S.) Berlin, Hempel. n. 1. 60; Ausg. f. Lehrer (XXIV, 292 S.) n. 1. 60

Baumgartner, Doc. Dr. Adf., Dr. M. Lauer u. das 2. Buch d. Moses Chorenazi. gr. 8. (24 S.) Leipzig, Stauffer in Comm. baar n. 1. 50

Baumgartner, Alex., S. J., Göthe. Sein Leben u. seine Werke. 1. Bd. Jugend, Lehr- u. Wanderjahre. [Von 1749 bis 1790.] 2., verm. u. verb. Aufl. gr. 8. (XXVIII, 676 S.) Freiburg i/Br., Herder. n, 7. —; geb. n. 8. 50

Baumgartner, Sem.-Dir. Heinr., Leitfaden der Erziehungslehre, besonders f. Lehrer u. die es werden wollen. 2., verm. u. verb. Aufl. gr. 8. (XVI, 208 S.) Freiburg i/Br., Herder. n. 1. 60

—— Leitfaden der Seelenlehre od. Psychologie, besonders f. Lehrer u. Erzieher. 2., verb. Aufl. gr. 8. (VIII, 96 S.) Ebd. n. 1. —

(85/1) **Baumhauer**, Lehr. Dr. H., Leitfaden der Chemie insbesondere zum Gebrauch an landwirtschaftlichen Lehranstalten. 2. Tl. Organische Chemie, m. besond. Berücksicht. der landwirtschaftlich-techn. Nebengewerbe. Mit 16 in den Text gedr. Abbildgn. gr. 8. (VII, 78 S.) Freiburg i/Br., Herder. n. — 80 (cplt.: n. 2. 30)

Baunack, Johs., u. Thdr. **Baunack**, die Inschrift v. Gortyn. Mit 1 Taf. gr. 8. (VIII, 167 S.) Leipzig, Hirzel. n. 4. —

Baur, D. Aug., Zwinglis Theologie, ihr Werden u. ihr System. 1. Bd. gr. 8. (VIII, 543 S.) Halle, Niemeyer. n. 12. —

Baur, Gen.-Superint. D. Wilh., singet dem Herrn e. neues Lied. Predigt üb. Jesaia 42, 10, zum Abendgottesdienst bei dem IV. deutsch-evangel. Kirchengesangvereinsfest am 16. Septbr. 1885 geh. gr. 8. (13 S.) Nürnberg, Raw. n. — 20

Bausch, Past. E., wie kommt man zur Gewißheit seiner Hoffnung auf die ewige Seligkeit? Predigt zum Sonntag vor Pfingsten 1885 üb. 2. Korinther 1, 21. 22. gr. 8. (15 S.) Barmen, (Wiemann). n. — 20

(84/2) **Bauschinger**, Prof. J., Mittheilungen aus dem mechanisch-technischen Laboratorium der k. technischen Hochschule in München. 12. Hft. gr. 4. München, Th. Ackermann. n. 10 — (1—12.: n. 41. 20)

Inhalt: Mittheilung XIII: Über das Verhalten gusseiserner, schmiedeiserner u. steinerner Säulen im Feuer u. bei rascher Abkühlung (Anspritzen). Mit 3 Bl. Abbildgn. Mittheilung XIV: Vergleichende Versuche üb. die Schweissbarkeit d. Fluss- u. Schweisseisens. Mit 2 grösseren Tab. u. 2 Fig. im Text. (41 S.)

Bautischler, der praktische. Eine Sammlg. aller beim innern Ausbau der Neuzeit vorkomm. Bautischler- u. Glaserarbeiten m. Berücksicht. der Beschlagtheile, enth. Fenster, Getäfer, Glasabschlüsse, Thore, Thüren etc. m. Details in vergrössertem Maassstabe, zum Gebrauch f. Bautischler, Glaser, Schlosser, Architekten, Werkmeister u. Hochbautechniker, sowie als Vorlagen f. Gewerbeschulen hrsg. unter Mitwirkg. hervorrag. Fachmänner v. Archit. Wilh. Kick u. Otto Seubert. 1. Serie. 10 Lfgn. Fol. (à 6 Steintaf.) Stuttgart, Wittwer's Verl. à 2. 50

Bauunternehmer, der deutsche. Organ d. Central-Vereins deutscher Bauunternehmer. Zeitschrift f. das deutsche Bauwesen. Red.: Th. Weber. 1. Jahrg. 1885. 52 Nrn. (B.) gr. 4. Frankfurt a/M., (Detloff). Vierteljährlich baar n. 2. 50

Bayberger, Frz., die Burghalde bei Kempten. Eine geolog.-geograph. Skizze. gr. 8. (16 S. m. 1 Taf.) Kempten, Dannheimer. n. — 50

Bayer, Jos., aus Italien. Kultur- u. kunstgeschichtliche Bilder u. Studien. gr. 8. (VIII, 365 S.) Leipzig, Elischer. n. 6. —; geb. n. 7. —

Bayern's, F., Untersuchungen üb. die ältesten Gräber- u. Schatzfunde in Kaukasien, s.: (85/1) Zeitschrift f. Ethnologie.

Bayr, E., u. M. **Wunderlich**, Lehrer, Formensammlung f. das Freihandzeichnen an Volks- u. Bürgerschulen. Nach method. Grundsätzen u. m. Rücksicht

auf die gesetzl. Bestimmgn. zusammengestellt. 2—4. Hft. 2. Aufl. 8. Wien, Hölder n. 1. 92
2. Für die 3. Klasse. (16 Steintaf.) n. — 56. — 3. Für die 4. Classe. (20 Steintaf.) n. — 64. — 4. Für die 5. Classe. (24 Steintaf.) n. — 72.

Beau, Dr. Otto, analytische Untersuchungen im Gebiete der trigonometrischen Reihen u. der Fourier'schen Integrale. 2. verb. u. verm. Aufl. gr. 4. (VIII, 101 S.) Halle, Nebert. n. 5. 50

Bebber, Dr. W. J. van, Handbuch der ausübenden Witterungskunde. Geschichte u. gegenwärt. Zustand der Wetterprognose. [2 Thle.] 1. Thl.: Geschichte der Wetterprognose. Mit 12 Holzschn. gr. 8. (X, 392 S.) Stuttgart, Enke. n. 8. —

Bebel, A., u. sein Evangelium. Sozialpolitische Skizze v. C. A. L. gr. 8. (IV, 61 S.) Düsseldorf, Schwann. n. 1. —

Bechstein, Ludw., Thüringer Sagenbuch. 2 Bde. 2. Aufl. 8. (VIII, 272 u. 311 S.) Leipzig, C. A. Koch. n. 3. —

Bechtel, Adf., französische Sprachlehre f. Bürgerschulen. 1—3. Stufe. Dem Lehrplan v. 1884 angepaßt. gr. 8. Wien, Hölder. n. 2. 12
1. 3. u. 4., verb. Aufl. (VIII, 60 S.) n. — 60. — 2. 2., verb. Aufl. (IV, 84 S.) n. — 72. — 3. 2., verb. Aufl. (VI, 92 S.) n. — 80.

Bechtel, F., s.: Sammlung der griechischen Dialekt-Inschriften.

Beck, Pfr. Herm., die Arbeit der inneren Mission im Lichte d. göttlichen Worts. Predigt üb. Röm. 12, 13—16, geh. bei der Konferenz f. innere Mission zu Nürnberg am 15. Septbr. 1885. gr. 8. (16 S.) Nürnberg, Raw. n. — 20

Beck, Gen.-Superint. Präl. Frühpred. Karl, Handbuch f. evangelische Prediger zu zwei vollständigen Jahrgängen v. Evangelien u. Episteln. Des Repertoriums u. der Fingerzeige 2. umgearb. Aufl. (In 12 Lfgn.) 1. Lfg. gr. 8. (96 S.) Stuttgart 1886, Gundert. n. 1. —

Beck, Mart. Eug., soli Deo! Ein Wort zu Nutz u. Ehren der evangel. Paramentik. gr. 8. (II, 15 S.) Leipzig, Drescher. n. — 30

(85/1) **Beckendorf,** Marie v., Malvorlagen. 3. u. 4. Lfg. Fol. (à 4 Chromolith. Leipzig, Baldamus in Comm. à n. 6, —; einzelne Blätter baar à 2. 25

(85/1) **Becker's** Weltgeschichte. Neu bearb. u. bis auf die Gegenwart fortgeführt v. Prof. Wilh. Müller. Mit zahlreichen Illustr. u. Karten. 26—34. Lfg. gr. 8. (4. Bd. VI u. S. 305—371; 5. Bd. V, 288 S. u. 6. Bd. S. 1—176.) Stuttgart, Kröner. baar à — 40

Becker, Dr. C., die Erziehung der Mutter. Zwölf Briefe an die deutschen Frauen. 2. Bdchn. 16. (VIII, 72 S. m. 1 Portr.) Wiesbaden, (Rodrian). n. 1. —
Das 1. Bdchn. ist nicht im Handel.

Becker, C. A., zwei Naseweise auf der Ferienreise. Eine Tertianergeschichte. Mit 35 Text-Abbildgn. u. 2 Tonbildern. gr. 8. (VIII, 148 S.) Leipzig 1886, Spamer. n. 2. 50; cart. n. 3. —

Becker, Frdr., Heilung der Cholera, d. Typhus u. Nervenfiebers auf physiologischer Basis. gr. 16. (16 S.) Berlin, Muskalla. n. — 15

Becker, Heinr., Cinghala u. die Cinghalesen, Land u. Volk d. alten Paradieses. Dazu 1 Taf. in Lichtdr. m. den hervorrag. Personen aus Hrn. Hagenbeck's Cinghalesen-Truppe, nebst deren Orig.-Namenzügen. gr. 8. (32 S.) Frankfurt a/M. (Stuttgart, Metzler's Sort.) baar n. — 60

Becker, J., s.: Geschichte d. 2. Ostpreußischen Grenadier-Regiments Nr. 3.

Becker, Sem.- u. Musiklehr. Karl, Bergmanns-Lieder, f. „Männerchor" leicht bearb. u. komponiert. qu. 8. (III, 15 S.) Neuwied, Heuser's Verl. — 30

(82/2) —— deutscher Männer-Chor. Eine reichhalt. Sammlg. alter u. neuer vierstimm. Männerlieder. Zum Gebrauch f. Lehrer-Seminarien, Oberklassen der Gymnasien, Kadetten- u. Realschulen hrsg. 13. u. 14. Hft. [Suppl.-Hft. I u. II.] qu. 8. (S. 293—370.) Ebd. à n. — 50

· **Becker**, Loth., die Fabrikation d. Tabaks in der alten u. neuen Welt. Unter Berücksicht. der allgemein gehörten Behauptg.: Der Gebrauch d. Tabaks sei der alten Welt vor 1492 unbekannt gewesen. 2. (Titel-)Aufl. gr. 8. (187 S.) Norden (1878) 1883, Fischer Nachf. n. 6. —

Beckerath, Mor. v., die Zwickelfiguren im Lichthof der königl. Technischen Hochschule zu Berlin, darstellend die verschiedenen Disciplinen. Fol. (15 Lichtdr.: u. 1 chromolith. Taf. m. 1 Bl. Text) Berlin, Wasmuth. In Mappe. n. 16. —

Beckert, Dir. Ingen. Th., Leitfaden zur Eisenhüttenkunde. Ein Lehrbuch f. den Unterricht an techn. Lehranstalten, sowie f. Meister u. Unterbeamte auf Hüttenwerken. Mit 155 in den Text gedr. Holzschn. u. 3 lith. Taf. gr. 8. (VIII, 416 S.) Berlin, Springer. n. 9. —; geb. n. 10. —

Beckmann, Oberlehr. Dr. E., Anleitung zu französischen Arbeiten. Für Schule u. Privatstudium. 2., verb. u. verm. Aufl. gr. 8. (IV, 68 S.) Berlin 1886, Friedberg & Mode. n. 1. 20

Becks, J., Wahl macht Qual, s.: Theater, kleines.

Beecher-Stowe, Harriet, Onkel Tom's Hütte. Nach dem engl. Originale neu bearb. 8. (IV, 320 S.) Berlin, Janke. n. 2. —

Beer, Rud., Spicilegium Juvenalianum. Accessit libri Pithoeani simulacrum (photolith.). gr. 8. (82 S.) Leipzig, Teubner. n. 2. 80

Begrich, Pfr. F., Missionsgedanken aus den altkirchlichen evangelischen Perikopen auf alle Sonn- u. Festtage d. Kirchenjahres. Mit e. Vorwort v. D. G. Warneck. gr. 8. (IV, 115 S.) Gütersloh, Bertelsmann. n. 1. 80

Behrend, Prof. Dr. Paul, kurzgefaßte Anleitung zum praktischen Brennereibetrieb. Mit 28 Holzschn. gr. 8. (V, 139 S.) Stuttgart, Ulmer. n. 2. 20

Behrend, S., der Kanonier in der Tonne, } s.: Volksbibliothek d. Lahrer
—— ein Karnevalscherz, } Hinkenden Boten.

Behrendsen, Gymn.-Lehr. Otto, Grundzüge der Botanik. Zum Gebrauche f. den Unterricht an höheren Lehranstalten. Mit zahlreichen Holzschn. gr. 8. (VIII, 196 S.) Halle, Niemeyer. n. 2. —

Behrendt, Wilh., meine Lesefrüchte. Eine Sammlg. lehrreicher Aussprüche, den Nachdenkenden gewidmet. 12. (, 78 S.) Zanesville, O. 1884. (Philadelphia, Schäfer & Koradi.) gebVIII baar n. 1. 25

Behrens, Lehr. Th. H., Leitfaden e. erleichterten Unterrichts in der deutschen Stenographie [besonders f. grössere Kurse] m. Schreib- u. Lese-Hülfe. Nach „Stolze's Anleitg." verf. gr. 8. (24 autogr. S.) Hamburg, Boysen. n. — 60

Behrens, Dr. Wilh. Jul., methodisches Lehrbuch der allgemeinen Botanik f. höhere Lehranstalten. Nach dem neuesten Standpunkte der Wissenschaft. 3., durchgeseh. Aufl. Mit 4 analyt. Tabellen u. zahlreichen Orig.-Abbildgn. in 411 Fig., vom Verf. nach der Natur auf Holz gezeichnet. gr. 8. (X, 350 S.) Braunschweig, H. Bruhn. n. 3. 60

—— der naturhistorische u. geographische Unterricht auf den höheren Lehranstalten. Mit 14 in den Text gedr. Holzschn. gr. 8. (59 S.) Ebd. 1879. n. 1. 40

Beicht-Büchlein f. Schulkinder. Von e. Priester der Diöcese Mainz. 16. (16 S.) Mainz, Frey. n. — 10

Beicht-Gebete f. Kinder im Anschlusse an die „Anfangsgründe der kathol. Religion". [Kleiner Katechismus der Diözese Augsburg.] 2. Aufl. 12. (8 S.) Augsburg, Schmid's Verl. n.n. — 5

($^{85}/_{1}$) **Beiheft** zum Militär-Wochenblatt. Hrsg. von Oberst z. D. v. Löbell. Jahrg. 1885. 5—10. Hft. gr. 8. Berlin, Mittler & Sohn. n. 5. 25

Inhalt: 5. 6. Das Regiment zu Fuß Alt-Württemberg im kaiserl. Dienst auf Sicilien in den J. 1719—1720 v. Maj. Pfister. (S. 157—268.) n. 2. —. — 7. Beitrag zur Geschichte unserer Heeresverfassung. Von Maj. Abth.-Chef v. Goßler. (S. 269—296.) Soldatenhandel u. Subsidienverträge. Von A. v. Boguslawski. (S. 297—

301.) n. — 75. — 8—10. Geschichte d. Berliner Invalidenhauses von 1748 bis 1884. Von General v. Olleck. Mit 2 Plänen auf e. Blatte. (S. 307—435.) n. 2. 50.
(85/1) **Beilstein**, Prof. Dr. F., Handbuch der organischen Chemie. 2., gänzlich umgearb. Aufl. 6—9. Lfg. gr. 8. (S. 401—720.) Hamburg, Voss. à n. 1. 80
Beissel, Steph., S. J., Geldwerth u. Arbeitslohn im Mittelalter. Eine culturgeschichtl. Studie im Anschluß an die Baurechngn. der Kirche d. hl. Victor zu Xanten. Mit 1 (eingedr.) Illustr. u. vielen statist. Tabellen. [Ergänzungshefte zu den „Stimmen aus Maria-Laach" 27.] gr. 8. (VIII, 190 S.) Freiburg i/Br. 1884, Herder. n. 2. 50
Beitrag zur Beantwortung der Frage: Sind wir noch Christen? Aus den Lebenserfahrgn. u. dem Bekenntniß e. Laien. gr. 8. (17 S.) Kassel, Kleinenhagen. n. — 50
(85/1) **Beiträge** zur Anatomie u. Physiologie v. C. Eckhard. 11. Bd. 4. (III, 222 S.) Giessen, Roth. n. 12. —
—— zur klinischen Chirurgie, s.: (85/1) Mittheilungen aus der chirurgischen Klinik zu Tübingen.
—— mecklenburgischer Aerzte zur Lehre v. der Echinococcen-Krankheit. Im Auftrage d. allgemeinen mecklenburg. Aerztevereins hrsg. v. Prof. Dr. Otto W. Madelung. Mit 8 Holzschn., e. lith. Taf. u. 1 (chromolith.) Landkarte. gr. 8. (VII, 219 S.) Stuttgart, Enke. n. 9. —
(85/1) —— zur Forststatistik v. Elsaß-Lothringen. 2. Hft. gr. 8. (IV, 52 S.) Straßburg, Schultz & Co. Verl. in Comm. n. 2. — (1. u. 2: n. 5. —)
(84/2) —— zur geologischen Karte der Schweiz. Hrsg. v. der geolog. Commission der schweiz. naturforsch. Gesellschaft auf Kosten der Eidgenossenschaft. 18. Lfg. gr. 4. Bern, Schmid, Francke & Co. in Comm. n. 21. 80
Inhalt: Description géologique des territoires de Vaud, Fribourg et Berne compris dans la feuille XII entre le lac de Neuchâtel et la Crête du Niesen par V. Gilliéron. (VIII, 532 S. m. Atlas v. 13 Taf., 10 S. Text u. 1. Tab.)
—— dasselbe. Blatt 14, zur Lfg. 25 u. Blatt 18, zur Lfg. 21 gehörig. Chromolith. Imp.-Fol. Ebd. baar à n. 13. —
(82/1) —— zur Geschichte d. Basler Münsters, hrsg. vom Basler Münsterbauverein. III. gr. 8. Basel, Schwabe. n. 1. 20 (I—III.: n. 2. 80)
Inhalt: Das Münster vor u. nach dem Erdbeben. Von Pfr. E. LaRoche. Mit 10 (photolith.) Taf. Abbildgn. (56 S.)
(84/2) —— zur Geschichte der deutschen Sprache u. Literatur. Hrsg. v. Herm. Paul u. Wilh. Braune. 11. Bd. gr. 8. (1. Hft. 204 S. m. 1 Tab.) Halle, Niemeyer. n. 15. —
(84/1) —— zur Hydrographie d. Grossherzogth. Baden. Hrsg. v. dem Centralbureau f. Meteorologie u. Hydrographie. 2. Hft. Die Niederschlagsverhältnisse d. Grossherzogth. Baden. gr. 4. (99 S. m. 18 Steintaf.) Karlsruhe, Braun. (à) n. 6. —
(84/2) —— zur kunde der indogermanischen sprachen, hrsg. v. Dr. Adb. Bezzenberger. 10. bd. 4 hfte. gr. 8. (1. u. 2. Hft. 204 S.) Göttingen, Vandenhoeck & Ruprecht's Verl. baar n. 10. —
(84/1) —— zur sächsischen Kirchengeschichte, hrsg. im Auftrage der „Gesellschaft f. sächs. Kirchengeschichte" v. Konsist.-R. Superint. D. Frz. Dibelius u. Geh. Kirchenr. Prof. D. Ghard. Lechler. 3. Hft. gr. 8. (III, 150 S.) Leipzig, Barth. n. 2. 50 (1—3.: n. 11. 50)
(84/2) —— zur Förderung der Bestrebungen d. deutschen Kolonialvereins. 4. Hft. gr. 8. Berlin, Verlag d. deutschen Kolonialvereins. baar n. — 50
Inhalt: Deutsche Auswanderungsgesetzgebung. Uebersicht üb. die gegenwärtig im Reich u. in den Einzelstaaten besteh. auf das Auswanderungswesen bezügl. Gesetze u. Verordngn. Auf Veranlassg. d. Deutschen Kolonialvereins u. auf Grund d. seitens der Regiergn. der Bundesstaaten hierzu zur Verfügg. gestellten Materials bearb. v. A. Altenberg. [Aus: „Deutsche Kolonialzeitg."] (39 S.)
Nr. 1—3 s.: (84/2) Vorträge zur Förderung der Bestrebung d. Deutschen Kolonialvereins.

($^{84}/_2$) **Beiträge** zur Kunstgeschichte. Neue Folge I. gr. 8. Leipzig, Seemann. n. 4. —
Inhalt: Barock u. Rococo. Studien zur Baugeschichte d. 18. Jahrh. m. besond. Bezug auf Dresden v. Dr. Paul Schumann. Mit 11 Abbildgn. im Text. (VII, 133 S.)

($^{84}/_2$) —— zur Landeskunde Bayerns. Zusammengestellt v. der Subkommission f. wissenschaftl. Landeskunde Bayerns der Geograph. Gesellschaft in München. 2. Folge. gr. 8. (VI, 80 S.) München, Th. Ackermann's Verl. n. 1. 20 (1. u. 2.: n. 4. 20)

($^{84}/_2$) —— zur allgemeinen Nerven- u. Muskelphysiologie. [Aus dem deutschen physiolog. Institute zu Prag.] 17. u. 18. Mittheilg. [Aus: „Sitzungsber. d. k. Akad. d. Wiss."] Lex.-8. Wien, (Gerold's Sohn). n. 3. —
Inhalt: 17. Über die elektrische Erregung d. Schliessmuskels v. Anodonta. Von Prof. Assist. Dr. Wilh. Biedermann. [Mit 2 (lith.) Taf.] (66 S.) n. 2. —. — 18. Ueber Hemmungserscheinungen bei elektrischer Reizung quergestreifter Muskeln u. üb. positive kathodische Polarisation. Von Prof. Assist. Dr. Wilh. Biedermann. [Mit 1 (lith.) Taf.] (41 S.) n. 1. —

($^{84}/_1$) —— zur Statistik d. Königr. Bayern. 48. Hft. Lex.-8. München, Th. Ackermann's Sort. n. 4. —
Inhalt: Die Ergebnisse der Berufszählung im Königr. Bayern vom 5. Juni 1882. I. Thl. Die bayer. Bevölkerg. nach ihrer Berufsthätigkeit. Hrsg. vom königl. statist. Bureau m. e. Einleitg. v. Reg.-Assess. Carl Rasp. (XLIX, 260 S.)

($^{77}/_1$) —— zur Statistik d. Herzogth. Braunschweig. Hrsg. vom statist. Büreau d. herzogl. Staatsministeriums. 4. Hft. gr. 4. (169 S.) Braunschweig (Schulbuchh.). cart. n.n. 2. 50 (1—4.: n.n. 10. —)

($^{85}/_1$) —— zur Statistik d. Grossherzogth. Hessen. Hrsg. v. der grossherzogl. Centralstelle f. die Landesstatistik. 25. Bd. 2. Hft. gr. 4. (XIX, 52 S.) Darmstadt, Jonghaus. n. 1. 50 (1. u. 2.: n. 2. 50)

—— kritische, zur herrschenden Wirthschaftspolitik. Von Alex. Meyer, Max Broemel, Karl Baumbach, Karl Schrader, Theodor Barth. [Aus: „Die Nation".] gr. 8. (IV, 64 S.) Berlin, H. S. Hermann. n. 1. —

($^{84}/_2$) —— zoologische. Hrsg. v. Prof. Dir. Dr. Ant. Schneider. 1. Bd. 3. Hft. gr. 8. (IV u. S. 145 — 303 m. 2 Holzschn. u. 15 Steintaf.) Breslau, Kern's Verl. n. 24. — (1. Bd. cplt.: n. 51. —)

Bekannte, gute, aus dem Tierreiche. gr. 8. (12 Chromolith.) Wesel, Düms. cart. — 50

Bekenntnisse u. **Prophezeiungen**. Das Testament e. kathol. Priesters. gr. 8. (16 S.) Nürnberg, Küll. n. — 25

Belehrung, gemeinfaßliche, üb. die zweckmäßige Anlegung v. Blitzableitern. Hrsg. im Auftrage d. königl. sächs. Ministeriums d. Innern v. der königl. techn. Deputation 1884. 8. (73 S m. eingedr. Holzschn.) Dresden, (Warnatz & Lehmann). baar n. — 30

—— über die Vieh-Einfuhr in den Grenzbezirken v. Niederbayern. Eine faßl. Darstellg., welche f. den Landmann, der Vieh aus Oesterreich in Bayern einführen will, alles Wissenswerthe enthält. Hrsg. v. B. 16. (34 S.) Passau, Bucher. n. — 30

Bell's, King, Festdelegation. Humoristische Festdichtg. zum Vortrag bei Festlichkeiten in Stenografenvereinen. Hrsg. v. der Vereinigg. Gabelsberger Stenografen zu Elberfeld. gr. 8. (8 S.) Elberfeld, Faßbender. n. — 40

Belle-Croix, Baron de la, Enthüllungen u. Erinnerungen e. französischen Generalstabsoffiziers aus den Unglückstagen v. Metz u. Sedan. Aus den hinterlassenen Papieren. 1—7. Aufl. 8. (IV, 210 S.) Hannover, Helwing's Verl. n. 3. —

Bellermann, L., s.: ($^{85}/_1$) Lesebuch, deutsches, f. höhere Lehranstalten.

Belly, G., Monsieur Herkules, s.: Bloch's, E., Theater-Correspondenz.

Below, Erich, de hiatu Plautino quaestionum I. pars, qua agitur de hiatu qui fit in thesi. gr. 8. (94 S.) Berlin, Weidmann. n. 2. 40

Belsheim, J., das Evangelium d. Marcus nach dem griechischen Codex Theodorae Imperatricis purpureus Petropolitanus aus dem 9. Jahrh. Zum ersten Mal hrsg. [Mit 1 Fcsm.] Nebst e. Vergleichg. der übrigen 3 Evangelien in demselben Codex m. dem Textus receptus. [Aus: „Christiania Videnskabs-Selskabs Forhandlinger".] gr. 8. (51 S.) Christiania, Dybwad in Comm. n. 2. —

Bender, Auguste, mein Bruder. Ein Bild aus der Wirklichkeit. Novelle. 8. (109 S.) Philadelphia 1884, (Schäfer & Koradi). baar n. 1. —

Bender, Dr. Eug., üb. stehende Schwingungen e. Flüssigkeit, welche auf e. feste Kugel ausgebreitet ist. gr. 8. (27 S.) Kiel, Lipsius & Tischer. n. 1. —

Bender, Jul., Reichs-Civilprozeß- u. Konkurs-Ordnung m. den einschlagenden Bestimmungen d. Gerichts-Verfassungsgesetzes, in Anlehnung an das System d. gemeinrechtl. Prozesses. Repetitorium u. Examinatorium. 6. Aufl. 8. (VIII, 206 S.) Kassel 1886, Wigand. n. 3. —

—— Repetitorium u. Examinatorium d. gesammten gemeinen Rechts f. Studirende u. Prüfungskandidaten. 8 Tle. in 2 Bdn. 6. Aufl. 8. (VII, 72; VIII, 172; 58; VII, 109; VI, 109; VIII, 178; VII, 160 u. VIII, 206 S.) Ebd. 1886. n. 15. —

Bender, Wilh., das Wesen der Religion u. die Grundgesetze der Kirchenbildung. gr. 8. (VII, 337 S.) Bonn 1886, Cohen & Sohn. n. 6. —

Bendisch, Jul., die Anwendung der Zahlen von 1 bis 100 in 600 Aufgaben. Eine Handreichg. f. den Rechenunterricht auf der Unterstufe. 8. (III, 52 S.) Langensalza, Schulbuchh. — 50

—— Rechenfibel. Zahlenraum von 1 bis 100. Für Schüler der Unterstufe bearb. 8. (28 S.) Ebd. — 15

Benecke, Dir. Alb., englisches Vokabular. Mit Bezeichng. der Aussprache [Sep.-Abdr. aus der 4. Aufl. v. English Vocabulary and English Pronunciation.] 5. veränd. u. verm. Aufl. 8. (XII, 159 S.) Potsdam, Stein. n. 1. 20

Benecke, Prof. Dr. Berthold, die Teichwirtschaft. Praktische Anleitg. zur Anlage v. Teichen u. deren Nutzg. durch Fisch- u. Krebszucht. Mit 80 in den Text gedr. Abbildgn. 8. (VIII, 126 S.) Berlin, Parey. cart. n. 1. 75

Benedix, Roderich, der mündliche Vortrag. Ein Lehrbuch f. Schulen u. zum Selbstunterricht. 1. Tl.: Die reine u. deutl. Aussprache d. Hochdeutschen. 5., durchgeseh. Aufl. gr. 8. (XIII, 72 S.) Leipzig, Weber. n. 1. —

Benndorf, Otto, üb. die jüngsten geschichtlichen Wirkungen der Antike. Vortrag, geh. in der feierl. Sitzg. der kaiserl. Akademie der Wissenschaften am 21. Mai 1885. 8. (27 S.) Wien, Gerold's Sohn in Comm. n.n. — 50

Bente, Lehr. Dr. F., die künstlichen Düngemittel u. ihre Anwendung. gr. 16. (36 S.) Soltau. (Uelzen, Starcke.) baar n.n. — 50

Benthien, W., die schriftlichen Arbeiten d. täglichen Lebens. Ein kurzgefaßtes Handbuch zum Selbstunterricht f. Gewerbetreibende, Kaufleute, Beamte, Militärpersonen, Militäranwärter, wie überhaupt f. solche, die sich im mündl. u. schriftl. Gebrauch der deutschen Sprache vervollkommenen wollen. In 3 Abtlgn.: I. Orthographischer Ratgeber. II. Grammatikalischer Ratgeber. III. Schriftliche Arbeiten. gr. 8. (VI, 206 S.) Bernburg, Bacmeister. n. 1. 20

Bentley's, Rich., Biographie, s.: Jebb, R. C.

Benzinger, M., geistliche Lieder m. Melodien, s.: Dölker, Ch.

(8½) **Beobachtungen** der meteorologischen Stationen im Königr. Bayern unter Berüksicht. der Gewittererscheingn. im Königr. Württemberg u. Grossherzogth. Baden hrsg. v. der königl. meteorolog. Central-Station durch Dir. Prof. Dr. Wilh. v. Bezold u. Adjunct Privatdoc. Dr. Carl Lang. 7. Jahrg. 1885. 4 Hfte. gr. 4. (1. Hft. (42 S.) München, Th. Ackermann's Verl. baar n. 18. —

Berchter, G. A., das Evangelium d. Alten Bundes. Betrachtungen üb. Jesaias 40—66. 8. (282 S.) Mülheim, Buchh. d. Evangel. Vereinshauses. n. 1. 80

Berendsen, Geo., die Esmarch'sche Methode der Hasenschartenoperation. Inaugural-Dissertation. gr. 8. (13 S.) Kiel 1883, Lipsius & Tischer. baar n. 1. —

Berg, Amon, die Dame m. der seidenen Maske. Orig.-Posse. 8. (15 S.) Wien, Reidl. n. — 40

Berg, Egon, das Buch der Bücher. Aphorismen der Welt-Literatur, gesammelt. u. geordnet. 2 Bde. 6. Aufl. gr. 8. Teschen, Prochaska. geb. à n. 10. —; m. Goldschn. à n. 11. —

Inhalt: 1. Geist u. Welt. (XVIII, 830 S.) — 2. Herz und Natur. (XVIII, 911 S.)

Berg, Gust. Frhr. v., die Zoll-Novelle vom März 1885 u. ihre Bedeutung f. die Landwirthschaft Ungarns. Bericht an den Oedenburger landwirthschaftl. Verein. gr. 8. (57 S.) Wien, Frick. n. 1. 20

Berg, Maria vom, der Burgunderzug. Ein Idyll aus St. Gallens Vergangenheit. 3. Aufl. 12. (X, 192 S.) Frauenfeld, Huber. cart. n. 4. —

Bergen Arth. v., neuester Briefsteller f. Liebende. Ueber 120 Musterbriefe f. alle erdenkl. Fälle d. Liebeslebens, nebst e. kurzgefaßten Liebes- u. Ehestands-Brevier u. zahlreichen Liedern der Liebe, Stammbuchversen, Akrostícha 2c. 6. Aufl. 8. (176 S.) Oberhausen, Spaarmann. 1. —

Berger, Prof. J., Einführung in die Handelswissenschaft. Für die untern Classen der Handelsschulen. gr. 8. (IV, 64 S.) Wien, Pichler's Wwe. & Sohn. n. — 80

Berger, Johanna, verloren u. wiedergefunden. Roman. 8. (252 S.) Leipzig, Schulze & Co. n. 4. —

Berger, Dr. Paul, die Nervenschwäche [Neurasthenie]. Ihr Wesen, ihre Ursachen u. Behandlg. Gemeinverständlich dargestellt. 1—3. verb. Aufl. gr. 8. (56 S.) Berlin, Steinitz & Fischer. n. 1. 50

Berger, Wilh., Knurrhase. Humoristische Erzählung. 8. (123 S.) Berlin, Goldschmidt. n. — 50

Berggesetz f. Bosnien u. die Hercegovina. [Genehmigt m. Allerh. Entschliessg. vom 14. Mai 1881.] Hrsg. v. der Landesregierg. f. Bosnien u. die Hercegovina, m. Verordng. [Deutsch u. bosnisch.] gr. 4. (78 S.) Sarajevo 1882. (Wien, Hof- u. Staatsdruckerei.) n. 1. —

Berg- u. Hütten-Kalender f. d. J. 1886. 31. Jahrg. [Mit 1 Steindr.-Taf., 1 Eisenbahnkärtchen v. Mitteleuropa u. 1 Schreibtischkalender.] gr. 16. (VIII, 184 u. 116 S.) Essen, Bädeker. geb. n. 3. 50

Bergmann, Prof. Dr. Frdr., Jonah [e. alttestamentliche Parabel], aus dem urtext übers. u. erklärt. 8. (IV, 110 S.) Strassburg, Treuttel & Würtz. n. n. 3. 20

Bergmann, Kapl. Priest. P. Jos., vom Sprudel her. Gedichte, 2., verm. Aufl. 12. (132 S.) Karlsbad, Knauer. n. 1. 20

Bergner, Rud., in der Marmaros. Ungarische Culturbilder. Mit e. (lith.) Karte. 8. (VIII, 280 S.) München, Franz' Verl. n. 4. 50

—— das Wächterhaus v. Suliguli u. andere Karpathengeschichten. 8. (184 S.) Ebd. n. 3. —

Bericht üb. die 22. Versammlung d. preussischen botanischen Vereins zu Marienburg in Westpr. am 9. Octbr. 1883. Vom Vorstande. [Aus: „Schriften d. phys.-ökonom. Gesellsch. zu Königsberg".] gr. 4. (67 S.) Königsberg 1884. (Berlin, Friedländer & Sohn.) n. 2. 50

Bericht üb. die Verhandlungen der deutschen Gesellschaft f. Chirurgie, XIV. Kongress, abgeh. vom 8—11. April 1885. [Beilage zum Centralbl. f. Chir.] gr. 8. (112 S.) Leipzig, Breitkopf & Härtel. n. 2. 80

—— 14., d. königl. Conservatoriums f. Musik in Dresden. 29. Studienjahr 1884/85. gr. 8. (48 S.) Dresden, Tamme in Comm. baar n. — 20

(85/1) —— über die internationale elektrische Ausstellung. Wien 1883, unter Mitwirkg. hervorrag. Fachmänner hrsg. vom niederösterr. Gewerbe-Vereine. Red.: Ingen. Frz. Klein. Mit 345 Illustr. im Texte. 8. u. 9. (Schluss.-) Lfg. gr. 8. (VI u. S. 497—581.) Wien, Seidel & Sohn. à n. 1. 20

—— über die deutschen Feriencolonien f. arme u. schwächliche Schulkinder der Stadt Prag im J. 1884. gr. 8. (23 S.) Prag, (Dominicus). n. — 40

(84/1) —— über die XIII. Versammlung deutscher Forstmänner zu Frankfurt am Main vom 16. bis 20. Septbr. 1884. gr. 8. (XX, 191 S.) Frankfurt a/M., Sauerländer. n. 3. 60

—— über die Geburten u. Sterbefälle in München während d. J. 1884 m. Rückblicken auf die Vorjahre. Veröffentlicht vom statist. Bureau der Stadt München. Mit 4 gezeichneten Taf. gr. 4. (54 S.) München, Lindauer. baar n. 2. —

—— über den Handel u. die Industrie v. Berlin im J. 1884, nebst e. Übersicht üb. die Wirksamkeit d. Ältesten-Kollegiums vom Mai 1884 bis Mai 1885, erstattet v. den Ältesten der Kaufmannschaft v. Berlin. Fol. (IV, 186 S.) Berlin, (Puttkammer & Mühlbrecht). baar n. 5. —

—— über Handel u. Industrie der Schweiz im J. 1884. Erstattet vom Vorort d. schweizer. Handels- u. Industrie-Vereins. 4. (206 S.) Zürich, (Meyer & Zeller). baar n. 2. 70

—— über die christlichen Jahresfeste in Basel 29. Juni bis 3. Juli 1885. 8. (84 S.) Basel, Missionsbuchh. n. — 80

—— der Kantonsregierungen üb. die Ausführung d. Bundesgesetzes betr. die Arbeit in den Fabriken 1883 u. 1884. gr. 8. (III, 136 S.) Aarau, Sauerländer. n. 1. 80

—— der Commission f. die Vorarbeiten zur Errichtung e. öffentlichen Lagerhauses f. den Getreidehandel in Riga. Mit 5 Steintaf. [Aus: „Rigasche Industrie-Zeitg."] gr. 4. (38 S.) Riga, Kymmel's Sort. n. 2. —

—— über den Betrieb d. Ludwigs-Spitals Charlottenhilfe in Stuttgart im J. 1884. gr. 8. (IV, 73 S.) Stuttgart, (Kohlhammer). cart. n. 1. 50

—— über die Verhandlungen d. IV. Kongresses f. innere Medicin, abgeh. vom 8—11. Apr. 1885 zu Wiesbaden. [Beilage zum Centralbl. f. klin. Med.] gr. 8. (68 S.) Leipzig, Breitkopf & Härtel. n. 1. 60

(85/1) —— über die wissenschaftlichen Leistungen in der Naturgeschichte der niederen Thiere während der J. 1882—1883. Von DD. M. Braun, v. Linstow u. Th. Studer. 1. Thl. gr. 8. (III, 192 S.) Berlin, Nicolai's Verl. n. 9. —

(84/1) —— über die Leistungen in der Naturgeschichte der Vögel während d. J. 1883. v. Ant. Reichenow. gr. 8. (72 S.) Ebd. n. 3. —

—— über die am 17. u. 18. Juni 1885 in Erlangen abgeh. XV. allgemeine Pastoral-Konferenz evangelisch-lutherischer Geistlichen Bayerns. gr. 8. Erlangen, Deichert. n. — 70

Inhalt: Vortrag (v. Senior Stadtpfr. Lic. Dr. Wiener) u. Verhandlungen üb. die Revision der Luther'schen Bibel-Uebersetzung. (84 S.)

—— über die außerordentliche General-Versammlung d. Heidelberger Schloßvereins am 30. Juli 1885, das Project e. Drahtseilbahn nach Schloß u. Molkenkur betr. [Hrsg. v. dem Ausschuß d. Schloßvereins.] gr. 8. (35 S.) Heidelberg, K. Groos. — 30

—— über die Schwurgerichtsverhandlung vom 29. Juni bis 1 Juli 1885 gegen Julius Lieske, angeklagt d. Mordes an dem Kgl. Polizeirath

Dr. Rumpff am 13. Jan. 1885 zu Frankfurt a/M. gr. 8. (40 S.) Heppenheim a/B. (Leipzig, Milde.) — 20

(85/1) **Bericht**, statistischer, üb. den Betrieb der unter königl. sächsischer Staatsverwaltung stehenden Staats- u. Privat-Eisenbahnen, m. Nachrichten üb. Eisenbahn-Neubau im J. 1884. [Hierzu e. (lith. u. color.) Uebersichtskarte vom Bahnnetz u. 6 (chromolith.) graph. Darstellgn.] Nebst Nachweisg. der am Schlusse d. J. 1884 vorhandenen Transportmittel, mit Angabe ihrer Konstruktionsverhältnisse, Anschaffungs- u. Reparaturkosten, sowie Leistgn. u. Verbrauch an Heizmaterial. Hrsg. vom königl. sächs. Finanz-Ministerium. gr. 4. (VIII, 360 u. 73 S.) Dresden, (Warnatz & Lehmann). baar n.n. 21. —

—— über den Prozeß Stöcker contra Freie Zeitung. Tendenzfreie Ausg. gr. 8. (36 S.) Berlin, Issleib. — 20

(84/2) —— über das Veterinärwesen im Königr. Sachsen f. d. J. 1884. Hrsg. v. der königl. Commission f. das Veterinärwesen. 29. Jahrg. gr. 8. (195 S. m. 2 Steintaf.) Dresden, Schönfeld. n. 3. 50

(85/1) **Berichte** üb. die Verhandlungen der königl. sächsischen Gesellschaft der Wissenschaften zu Leipzig. Mathematisch-phys. Classe. 1885. I. u. II. Mit 2 Taf. u. 15 Holzschn. gr. 8. (290 S.) Leipzig, Hirzel. n. 2. —

—— dasselbe. Philologisch-hist. Classe. 37. Bd. 1885. I—III. gr. 8. (318 S.) Ebd. n. 3. —

—— der naturforschenden Gesellschaft zu Freiburg i. B. 1. Bd. [1886.] gr. 8. (1. Hft. 29 S. m. Illustr.) Freiburg i/B., Mohr. n. 10. —

(84/2) —— über die Verhandlungen der naturforschenden Gesellschaft zu Freiburg i. B. Red. vom Secretär der Gesellschaft: F. Himstedt. 8. Bd. 2. Hft. Mit 4 Taf. gr. 8. (S. 129—287.) Freiburg i/Br. 1884, (Stoll & Bader). baar n. 3. — (1. u. 2.: n. 5. —)

(84/1) —— des naturwissenschaftlich-medizinischen Vereines in Innsbruck. 14. Jahrg. 1883/84. gr. 8. (XXXVIII, 55 S.) Innsbruck 1884, Wagner. n. 1. 50

—— stenographische, üb. die Verhandlungen der durch die Allerhöchste Verordnung vom 3. Jan. 1885 einberufenen beiden Häuser d. Landtages der Monarchie. Herrenhaus. 2 Bde. Fol. (VII, 330 u. VI, 450 S.) Berlin, (v. Decker). baar n. 5. 35

Béringuier, R., Stammbäume der Mitglieder der französischen Colonie in Berlin, s.: Schriften d. Vereins f. die Geschichte Berlins.

Berkmüller, Dek. Pfr. Joh. Baptist, Festpredigt zum 50jährigen Priesterjubiläum d. hochwürd. hochwohlgeborenen Herrn Joseph Martin, b. geistl. Rates, Dekans u. Stadtpfrs, Landrats 2c., geh. am 21. Septbr. 1885 in der Stadtpfarrkirche zu Landsberg. gr. 8. (14 S.) Landsberg a/L., Verza. baar n. — 20

Berlepsch, G. v., ledige Leute. Zwei Novellen. 8. (248 S.) Leipzig 1886, Friedrich. n. 3. —

Berlepsch, H. A., die Alpen, in Natur- u. Lebensbildern dargestellt. Mit 18 Illustr. nach Orig.-Zeichngn. v. Emil Rittmeyer. 5., sehr verm. u. verb. Aufl. 2. wohlf. Volksausg. Umgearb., verm. u. ergänzt vom Sohne d. Verf. H. E. v. Berlepsch. gr. 8. (X, 570 S.) Jena, Costenoble. n. 6. —; geb. n. 7. 50

Berlet, Weltgeschichte in Biographien, s.: Spieß, M.

Berlin-Guide, the new english illustrated. A complete handbook for american, british and colonial travellers, tourists and visitors to the city of Berlin, capital of the german empire and of Prussia. Handsomely illustrated by eminent artists. With map of city and suburbs. Printed and published by the American Exchange in Europe. 1. ed. 1885. 8. (VIII, 197 S.) Berlin, (Speyer & Peters). geb. n. 2. —

Bermann, E. D., astronomische [mathematische] Geographie, s.: Jaenicke, H., Lehrbuch der Geographie.

Bermann, Mor., illustrirter Führer durch Wien u. Umgebungen. Mit 84 Illustr. u. 4 Orientirungskarten. 4., verm. u. neu bearb. Aufl. 12. (XXXII, 232 S.) Wien, Hartleben. geb. n. 3. 60

Bermpohl, A., englisches Lesebuch, sowie englisch-deutsches seemännisches Wörterbuch, nebst kurzgefasster Formenlehre. Zum Gebrauche auf Navigationsschulen u. zum Selbstunterricht f. Steuerleute. 3. verb. Aufl. gr. 8. (V, 287 S.) Bremen, Heinsius. n. 4. —; geb. n. 5. —

Bern, M., deutsche Lyrik seit Goethe's Tode, s.: Universal-Bibliothek Nr. 951—955.

(⁸⁴/₂) **Bernard's**, Dr. J., Repetitorium der Chemie f. studierende Mediziner u. Pharmazenten, sowie zum Gebrauch bei Vorlesgn. 2. Tl.: Chemie der Kohlenstoffverbindgn. [organ. Chemie]. Nach dem neuesten Standpunkte der Wissenschaft bearb. v. Oberlehr. Jos. Spennrath. 8. (IV, 236 S.) Aachen, Mayer. n. 3. 20 (1. u. 2.: n. 6. —)

Bernardi, sancti, abbatis Clarae-Vallensis, de consideratione libri V et tractatus de moribus et officio episcoporum, s.: Patrum, sanctorum, opuscula selecta.

Bernards, Sem.- u. Musiklehr. Jos., katholische Kirchenlieder f. den Gebrauch beim öffentlichen Gottesdienste, sowie auch f. den Schulunterricht gesammelt u. hrsg. 12. (64 S.) Paderborn, F. Schöningh. n. — 50

—— Singfibel. Nach der Solmisations-Methode f. die Hand d. Volksschülers bearb. 8. (35 S.) Aachen, A. Jacobi & Co. n. — 30

—— Singschule f. den Gebrauch an höheren Unterrichtsanstalten, sowie auch f. die oberen Klassen gehobener Volksschulen. Nach der Solmisations-Methode bearb. 8. (76 S.) Ebd. n. — 60

(⁸⁴/₂) **Bernatzik**, Reg.-R. em. Prof. Dr. W., u. Prof. Dr. A. E. Vogl, Lehrbuch der Arzneimittellehre. Mit gleichmäss. Berücksicht. der österreich. u. deutschen Pharmacopoe bearb. 2. Hälfte. 1. Abth. gr. 8. (S. 289—560.) Wien, Urban & Schwarzenberg. n. 6. — (I. u. II, 1.: n. 12. —)

Berneck, E. G. v., s.: Gufeck, B. v.

Bernhard, Past. M. Frz. Jul., bibl. Concordanz od. dreifaches Register üb. Sprüche im Allgemeinen, üb. Textstellen f. besondere Fälle u. üb. Sachen, Namen u. Worte der v. Dr. M. Luther übersetzten heil. Schrift, darin der ganze Reichthum der letzteren dargelegt und den Suchenden mit Leichtigkeit zugänglich gemacht ist. 2 Thle. in 1 Bd. 5. u. 6. Abdr. der durchaus verm. u. verb. Ster.-Aufl. 12 Lfgn. Lex.-8. (X, 306 u. 680 S.) Dresden, Dieckmann. à n. 1. —

Bernhard, Max, Beitrag zur Lehre v. den Schussverletzungen der Arterien. Inaugural-Dissertation. gr. 8. (38 S.) Breslau, (Köhler). baar n. 1. —

Bernhard, O., Höllenqualen, s.: Album f. Liebhaber-Bühnen.

Bernhardi, Oberlehr. a. D. Handelsk.-Secr. Ernst, Beiträge zur Währungsfrage. Auf Veranlassg. der Handelskammer zu Dortmund hrsg. [Aus: „Jahresbericht d. Handelskammer".] 8. (84 S.) Dortmund, Köppen. n. 1. 50

Berns, Gymn.-Lehr. Dr., zu Ciceros Ansicht v. der Geschichte. 4. (25 S.) Attendorn 1880. (Leipzig, Fock.) baar n. 1. —

Bernthsen, Aug., Studien in der Methylenblaugruppe. [Aus: „Verhandlgn. d. naturhist.-med. Vereins zu Heidelberg".] gr. 8. (134 S.) Heidelberg, C. Winter. baar n. 4. 40

Berryer, Erinnerungen an ihn, s.: Janzé, Mme. la Vtesse A. de.

Bersier, Pfr. Eugène, Coligny vor den Religionskriegen. Vom Verf. autoris. deutsche Übersetzg. Mit e. Vorwort v. Konsist.-R. Dr. A. Ebrard. gr. 8. (XX, 280 S.) Basel, Riehm. n. 4. 80

Bersu, Dr. Phpp., die Gutturalen u. ihre Verbindung mit *v* im Lateinischen. Ein Beitrag zur Orthographie u. Lautlehre. Gekrönte Preisschrift. gr. 8. (VI, 234 S.) Berlin, Weidmann. n. 5. —

Berthelt, A., s.: Muttersprache, die.

— J. Jäkel, K. Petermann, größeres Handbuch f. Schüler zum Gebrauche bei dem Unterrichte in Bürgerschulen u. höheren Unterrichtsanstalten. 15., verm. u. wesentlich verb. Aufl. gr. 8. (IV, 220 S.) Leipzig, Klinkhardt. n. 1. —; geb. n.n. 1. 30

— — — L. Thomas, biblische Geschichten f. Mittel- u. Unterklassen deutscher Volksschulen. 28. Aufl. 8. (127 S.) Ebd. n. — 35; geb. n. — 50

— — — — Lebensbilder I. u. III. 8. Ebd. n. 1.55; geb. n. 2. 10

Inhalt: I. Lese- u. Schreib-Fibel f. Elementarklassen. Nach der analytisch-synthet. Lesemethode. 70. Aufl. (94 S. m Illustr.) n. — 35; geb. n. — 50. — III. Lesebuch f. Oberklassen deutscher Volksschulen. 39. Aufl. (X, 446 u. Anh. 8 S.) n. 1. 20 geb. n. 1. 60.

— — — — erstes Lesebuch nach der Schreiblesemethode. 21. Aufl. 8. (80 S.) Ebd. n. — 33; geb. n. — 50

— — — — Rechenschule. Methodisch geordnete Aufgaben zum Kopfrechnen. 1. Tl. Die Anfangsgründe bis zur Regeldetri ohne Brüche. 8. verb. Aufl. gr. 8. (IV, 128 S.) Ebd. 1. 50

— u. K. Petermann, Aufgaben zum Tafelrechnen. Ausg. B in 4 Hftn. Für die Volksschule bearb. 3. Hft. 10. Aufl. 8. (40 S.) Ebd. n. — 15

— — dasselbe. Fazitbuch m. method. Andeutgn. zum 3. u. 4. Hft. Ausg. B. 8. (79 S.) Ebd. n. — 80

— — Rechenschule. Methodisch geordnete Aufgaben zum Tafelrechnen. Neue Bearbeitg. Ausg. A in 8 Hftn. 1—7. Hft. gr. 8. (à 32 S.) Ebd. à n. — 15

1. 95. Aufl. — 2. 96. Aufl. — 3. 4. 82. Aufl. — 5. 68. Aufl. — 6. 44. Aufl. — 7. 27. Aufl.

Berthold, Thdr., lose Blätter aus dem Münsterlande u. v. der Nordsee. Mit Illustr. 8. (184 S.) Einsiedeln, Benziger. cart. 2. —; geb. 2. 80

— Soldatenleben im Felde, s.: Familien-Bibliothek.

Bertram, Oberlehr. W., questionnaire grammatical. Les règles renfermées dans la grammaire de Ploetz rédigées par demandes et par réponses. gr. 8. (VIII, 203 S.) Bremen 1886, Heinsius. n. 1. 60

— grammatisches u. stilistisches Übungsbuch f. den Unterricht in der französischen Sprache. Im Anschluss an die Schulgrammatik v. Ploetz bearb. 2. Hft. [Enth. Übgn. üb. die Lektionen 24—57.] 6., verb. Aufl. gr. 8. (IV, 244 S.) Ebd. n. 1. 60; Einbd. n.n. — 30; corrigé des thèmes (100 S.) n. 2. 40

— dasselbe. Corrigé des thèmes du III° cahier, rédigé sur le texte de la IV° éd. gr. 8. (114 S.) Ebd. n. 2. 80

Bertram, Past. W., Flora v. Braunschweig. Verzeichniss der in der weiteren Umgegend v. Braunschweig wildwachs. u. häufig cultivirten Gefässpflanzen, nebst Tabellen zum leichten u. sichern Bestimmen derselben. Mit e. Anh., enth. e. Verzeichniss der in den angrenz. Gebieten wildwachs. Pflanzen. 3., durch e. Nachtrag verm. Ausg. 8. (XII, 355 S.) Braunschweig, Vieweg & Sohn. n. 3. —

Beschlüsse, die, der Freien Vereinigung katholischer Socialpolitiker üb. die Sonntagsheiligung, die internationale Arbeitsschutzgesetzgebung u. den Versicherungszwang m. Erläutergn. hrsg. v. e. deutschen Mitgliede der Freien Vereinigg. kathol. Socialpolitiker. gr. 8. (34 S.) Frankfurt a/M., Foesser Nachf. n. — 50

Beschorner, Fin.-Prokur. Hofr. Rechtsanw. J. H., aus e. 50jährigen Anwaltspraxis. Erfahrungen u. Rathschläge, aphoristisch zusammengestellt u. seinen Berufsgenossen, insbesondere den jüngeren als e. Vermächtnis gewidmet. gr. 8. (47 S.) Dresden, W. Baensch. n. 1. —

Beschreibung d. östlichen Theiles der Grafsch. Glatz [Landeck u. Umgegend], nebst Touren u. Ausflügen. Neuester Führer f. Fremde u. Touristen, hrsg. v. der Landecker Section d. Glatzer Gebirgsvereins. 2. verm. u. verb. Aufl. 8. (IV, 125 S.) Landeck, Bernhard. baar n. — 75
—— der Harburg, nebst e. Nachtrage betr. die Anlagen zur Verschönerung daselbst. 8. (10 S.) Wernigerode, Angerstein. n. — 50
—— der Construction d. Potsdamer Kachel-Ofens. Für Baumeister, Töpfer u. Bauherren. gr. 8. (6 S. m. 1 Taf.) Potsdam 1884, Döring. baar n. — 50
—— des Oberamtes Backnang. Hrsg. v. dem k. statistisch-topograph. Bureau. Mit 1 Kärtchen u. 1 Ansicht. [Aus: „Das Königr. Württemberg".] gr. 8. (12 S.) Stuttgart, Kohlhammer. baar — 30
—— dasselbe d. Oberamts Besigheim. Mit 1 Kärtchen u. 4 Ansichten. gr. 8. (16 S.) Ebd. baar — 40
—— dasselbe d. Oberamts Böblingen. Mit 1 Kärtchen u. 2 Ansichten. gr. 8. (12 S.) Ebd. baar — 30
—— dasselbe d. Oberamts Brackenheim. Mit 1 Kärtchen u. 1 Ansicht. gr. 8. (16 S.) Ebd. baar — 40
—— dasselbe d. Oberamts Cannstadt. Mit 1 Kärtchen u. 2 Ansichten. gr. 8. (19 S.) Ebd. baar — 40
—— dasselbe d. Oberamts Eßlingen. Mit 1 Kärtchen u. 1 Ansicht. gr. 8. (16 S.) Ebd. baar — 40
—— dasselbe d. Oberamts Heilbronn. Mit 1 Kärtchen u. 2 Ansichten. gr. 8. (20 S.) Ebd. baar — 40
—— dasselbe d. Oberamts Leonberg. Mit 1 Kärtchen u. 3 Ansichten. gr. 8. (16 S.) Ebd. baar — 40
—— dasselbe d. Oberamts Marbach. Mit 1 Kärtchen u. 3 Ansichten. gr. 8. (16 S.) Ebd. baar — 40

Beseler, Dr. Geo., System d. gemeinen deutschen Privatrechts. 2 Abthlgn. 4. verm. u. verb. Aufl. gr. 8. (XIX, 1258 S.) Berlin, Weidmann. n. 20. —

Besser, weil. Kirchenr. Past. Dr. W. Frdr., Predigten u. Predigtauszüge. Aus Nachschriften gesammelt, m. e. kurzen Lebensabriß d. sel. Verf. gr. 8. (IV, 200 S.) Breslau, Dülfer. n. 2. 50

Beßler, Reallehr. J. G., Geschichte der Bienenzucht. Ein Beitrag zur Kulturgeschichte. Mit e. Gedenkblatt hervorrag. Bienenfreunde (in Lichtdr.). gr. 8. (VI, 275 S.) Ludwigsburg. Nördlingen, Beck in Comm. n. 3. —

Beste, Past.-Collabor. Paul, Gedächtnis-Predigt f. den verewigten Pastor Moshagen, am Sonntag Misericordias domini in der St. Andreaskirche zu Braunschweig geh. 8. (13 S.) Braunschweig, Wollermann. n. n. — 25

Bestimmungen üb. die Dienstverhältnisse u. Dienstfunktionen d. Feuerwerks- u. Zeugpersonals bei den Werften u. Artilleriedepots der kaiserl. Marine. [Auszug aus den Organisator. Bestimmgn. f. die kaiserl. Marine.] gr. 8. (32 S.) Berlin, Mittler & Sohn. baar n. 1. —
—— in Betreff der Forstdienstprüfungen. Kgl. Verordng. vom 20. Oktbr. 1882. [Reg. Bl. 1882, S. 312 ff.]. 8. (8 S.) Tübingen, Fues. n. — 40
—— über den Geschäftsbetrieb der im § 35 Absatz 2 u. 3 in der Reichsgewerbe-Ordnung verzeichneten Gewerbetreibenden. 4. (3 S.) Wiesbaden, Bechtold & Co. baar — 25; gesetzl. Formulare zur Buchführg. solcher Geschäfte pro Buch — 60
—— organisatorische, f. die kaiserl. Marine. gr. 8. (VIII, 299 S.) Berlin, Mittler & Sohn. n. 2. 80; geb. n. 3. 50
—— gesetzliche, üb. das Physikatsexamen. Kgl. Verordng., betr. die Prüfg. f. den ärztl. Staatsdienst od. f. die öffentl. Anstellg. als Gerichtswundarzt vom 17. Juli 1876 u. vom 4. März 1878. gr. 8. (8 S.) Tübingen, Fues. n. — 40
—— über die Anwendung gleichmässiger Signaturen f. topographische u. geometrische Karten, Pläne u. Risse. Laut Beschluss d. Centraldirektoriums

der Vermessgn. im Preuss. Staate vom 20. Dezbr. 1879, m. Berücksicht. der durch die Beschlüsse vom 16. Dezbr. 1882 u. 12. Dezbr. 1884 herbeigeführten Aendergn. 2. Aufl. gr. 8. (17 S. m. 8 z. Thl. farb. Steintaf.). Berlin, v. Decker. cart. baar n. n. 2. 50

Bestimmungen, allgemeine, betr. die Vergebung v. Leistungen u. Lieferungen, sowie allgemeine Vertragsbedingungen f. die Ausführung v. Hochbauten. [Aus: „Eisenbahn-Verordnungsbl."] 4. (19 S.) Berlin, C. Heymann's Verl. n. — 60

—— über Zusammensetzung, Ergänzung u. Beförderung ɪc. d. Maschinen-Ingenieurkorps der kaiserl. Marine. [Auszug aus den Organisator. Bestimmgn. f. die kaiserl. Marine.] gr. 8. (4 S.) Ebd. baar — 15

—— dasselbe, d. Torpederpersonals der kaiserl. Marine. gr. 8. (18 S.) Ebd. baar n. — 55

Besuch, e., in Trakehnen im Sommer. Eine Reise-Erinnerg. v. P. A. H. Mit e. Plan d. Gestüts u. einigen Abbildgn. 8. (III, 46 S.) Stuttgart, Schickhardt & Ebner. n. 1. —

Bethke, Archit. Herm., städtische Geschäfts- u. Wohnhäuser. Deutsche Renaissance-Façaden m. entsprech. Grundrissen, f. prakt. Ausführg. entworfen u. gezeichnet. (In 10 Lfgn.) 1—3. Lfg. Fol. (à 4 farb. u. 2 schwarz. Steintaf.) Stuttgart, Wittwer. à n. 6. —

Betrachtungen u. **Abhandlung**, militärisch-politische, üb. die Heeres-Dislocirung, das Mobilisiren u. Centralisiren v. e. älteren österreich. Offizier u. loyalen Staatsbürger. gr. 8. (197 S.) Agram, Hartman's akadem. Buchh. in Comm. n. 2. 40

Betriebs-Reglement der 1. k. k. priv. Donau-Dampfschiffahrts-Gesellschaft vom J. 1876 u. 1883. In Faulmann'scher Stenographie ausgeführt v. Emil Kramsall. Photolith. gr. Fol. Wien, (Bermann & Altmann). baar n. n. 1. 20.

Better, Fr., das erste Blatt der Bibel. [Aus: „Der Christenbote".] 8. (56 S.) Stuttgart, J. F. Steinkopf. n. — 30

Beurle, Dr. Karl, die Zolleinigung zwischen Oesterreich u. Deutschland. Oeffentlicher Vortrag, geh. in der Zollversammlg. d. Deutsch-nationalen Vereines in Wien am 6. Mai 1885. [Aus: „Unverfälschte deutsche Worte".] 8. (24 S.) Wien, (Kubasta & Voigt). n. — 20

Beurteilungen v. Jugend- u. Volksschriften. Hrsg. vom Prüfungs-Ausschuß d. Anhalt. Lehrervereins. 1. Hft. gr. 8. (VII, 63 S.) Zerbst, Zeidler in Comm. n. — 75

Beyrodt, Lehr. Ed., Stoffe f. den Unterricht im Stil f. Volksschulen u. die unteren Klassen höherer Schulen. gr. 8. (VII, 196 S.) Berlin, G. Windelmann's Filiale). n. 1. 50; geb. n. n. 1. 90

Beyschlag, Willib., das Leben Jesu. 1., untersuch. Thl. gr. 8. (VII, 451 S.) Halle, Strien. n. 9. —

—— dasselbe. 2., darstell. Thl. (In 5—6 Lfgn.) 1. Lfg. gr. 8. (80 S.) Ebd. n. 1. 50

Bezold, Doz. Dr. Frdr., Erklärungsversuch zum Verhalten der Luft- u. Knochenleitung beim Rinne'schen Versuch, m. e. Obductionsfall. Vortrag, geh. in der VII. Versammlg. süddeutscher u. Schweizer Ohrenärzte in München. [Aus: „Aerztl. Intelligenzbl."] gr. 8. (16 S.) München, J. A. Finsterlin. n. 1. —

—— Schuluntersuchungen üb. das kindliche Gehörorgan. Mit 4 Curventaf. u. 3 Holzschn. gr. 8. (III, 94 S.) Wiesbaden, Bergmann. n. 3. 60

Bibel, die. Das ist: Sämmtliche Bücher der Heiligen Schrift d. Alten u. Neuen Testamentes. Nach der in Zürich kirchlich eingeführten Uebersetzg. aufs Neue aus dem Grundtext berichtigt. Mit Genehmigg. der Zürcher

Synode. gr. 8. (IV, 948; 228; 292 u. Familienchronik 16 S. m. 1 Stahlst.) Zürich 1882, Dépôt der evangel. Gesellschaft. geb. baar n. 2. 70
n. 6. —; n. 7. 30 u. n. 18. —

Bibelkunde f. Volksschulen. 4. Aufl. 8. (32 S.) Herborn, Buchh. d. Nassauischen Colportagevereins. n. — 15

Bibelsprüche, 191, nach der Heilsordnung. 16. (32 S.) Gebweiler, Boltze. geb. n. — 30

(85/1) **Bibelstunden**, alttestamentliche, zur Einführung der Gemeinde in das Verständnis der Heilsgeschichte. Hrsg. v. Consist.-R. W. Grashoff. 3. Bd. 8. Bremen, Müller. (à) n. 2. 40; geb. (à) n.n. 3. 20
Inhalt: Das 3., 4. u. 5. Buch Mose. Von Consist.-R. W. Grashoff. (VII, 251 S.)

Bibelwerk, theologisch-homiletisches. Die Heilige Schrift Alten u. Neuen Testaments, m. Rücksicht auf das theologisch-homilet. Bedürfnis d. pastoralen Amtes in Verbindg. m. namhaften evangel. Theologen bearb. u. hrsg. v. J. P. Lange. Des Neuen Testaments 15. Tl. gr. 8. Bielefeld, Velhagen & Klasing. n. 2. —
Inhalt: Die drei Briefe d. Apostels Johannes. Theologisch-homiletisch bearb. v. weil. Geh. Konsist.-R. Gen.-Superint. D. Karl Braune. 3. Aufl., besorgt v. Stiftspfr. Dr. Arnold Braune. (VI, 184 S.)

(84/2) **Biblioteca italiana**. Für den Unterricht im Italienischen m. Anmerkgn. in deutscher, französ. u. engl. Sprache hrsg. v. A. Scartazzini. 4. Bdchn. gr. 8. Davos, Richter. n. 1. 30
Inhalt: Adelchi. Tragedia in 5 atti di A. Manzoni [1785—1873]. (110 S.)

—— d'autore italiani. Tomo 9. 8. Leipzig, Brockhaus. n. 3. 50; geb. n.n. 4. 50
Inhalt: Le mie prigioni e poesie scelte di Silvio Pellico. Nuova ed. (V, 440 S.)

(85/1) **Bibliotheca historico-naturalis**, physico-chemica et mathematica od. systematisch geordnete Uebersicht der in Deutschland u. dem Auslande auf dem Gebiete der gesammten Naturwissenschaften u. der Mathematik neu erschienenen Bücher, hrsg. von Dr. R. v. Hanstein. 34. Jahrg. 2. Hft. Juli—Decbr. 1884. gr. 8. (S. 141—330.) Göttingen, Vandenhoeck & Ruprecht's Verl. n. 1. 80

—— juridica. Systematisches Verzeichniß der neueren u. gebräuchlicheren, auf dem Gebiete der Staats- u. Rechtswissenschaft erschienenen Lehrbücher, Compendien, Gesetzbücher, Commentare etc. 2. Aufl. Mit Autoren- u. Sachregister. 8. (IX, 63 S.) Leipzig 1886, Roßberg. — 30

—— juridica. Verzeichniss der vorzüglichsten Werke aus allen Zweigen der Rechts- u. Staatswissenschaft. 8., sehr verm., m. e. Namen-Register verseh. Ausg. [Geschlossen m. Ende Aug. 1884.] gr. 8. (III, 176 S.) Wien, Manz. n. 2.—; cart. n. 2. 40

(85/1) —— medico-chirurgica, pharmaceutico-chemica et veterinaria od. geordnete Uebersicht aller in Deutschland u. im Auslande neu erschienenen medicin, pharmaceutisch-chem. u. veterinär-wissenschaftl. Bücher. Hrsg. v. Gust. Ruprecht. 38. Jahrg. 2. Hft. Juli—Decbr. 1884. gr. 8. (S. 75—194.) Göttingen, Vandenhoeck & Ruprecht's Verl. n. 1. 20

(80/1) —— normannica. Denkmäler normann. Literatur u. Sprache, hrsg. v. Herm. Suchier. III. gr. 8. Halle, Niemeyer. n. 10. — (1—3.: n. 18. 50)
Inhalt: Die Lais der Marie de France, hrsg. v. Karl Warnke. Mit vergleich. Anmerkgn. v. Rhold. Köhler. (VII, CVIII, 276 S.)

(85/1) —— philologica od. geordnete Uebersicht aller auf dem Gebiete der class. Alterthumswissenschaft wie der älteren u. neueren Sprachwissenschaft in Deutschland u. dem Ausland neu erschienenen Bücher. Hrsg. v. Dr. Max Heyse. 37. Jahrg. 2. Hft. Juli—Decbr. 1884. gr. 8. (S. 171—400.) Göttingen, Vandenhoeck & Ruprecht's Verl. n. 2. 20

(34/2) **Bibliotheca** philologica classica. Verzeichniss der auf dem Gebiete der class. Alterthumswissenschaft erschienen Bücher, Zeitschriften, Dissertationen, Programm-Abhandlgn., Aufsätze in Zeitschriften u. Recensionen. Beiblatt zum Jahresbericht üb. die Fortschritte der class. Alterthumswissenschaft. 12. Jahrg. 1885. 4 Hfte gr. 8. (1. Hft. 114 S.) Berlin, Calvary & Co. n. 6. —

(95/1) —— samaritana. 2. Lfg. gr. 8. Leipzig O., Schulze. (à) n. 3. 50
Inhalt: Die samaritanische Liturgie [e. Auswahl der wichtigsten Texte], in der hebr. Quadratschrift aus den Handschriften d. brit. Museums u. anderen Bibliotheken hrsg. u. m. Einleitg., Beilagen, Übersetzgn. der schwierigsten Texte u. Scholien versehen v. Dr. M. Heidenheim. 1. Hft. (XLVIII, 56 S.)

(85/1) —— theologica od. systematisch geordnete Uebersicht aller auf dem Gebiete der evangelischen Theologie in Deutschland neu erschienenen Bücher. Hrsg. v. G. Ruprecht. 37. Jahrg. 2. Hft. Juli—Decbr. 1884. gr. 8. (S. 55—96). Göttingen, Vandenhoeck & Ruprecht's Verl. n. — 60

(85/1) **Bibliothek**, altenglische, hrsg. v. Eug. Kölbing. 3. Bd. 8. Heilbronn, Henninger. n. 4. 50
Inhalt: Octavian. Zwei mittelengl. Bearbeitgn. der Sage, hrsg. v. Greg. Sarrazin. (XLV, 191 S.)

(84/1) —— assyriologische, hrsg. v. Frdr. Delitzsch u. Paul Haupt. 4. Bd. 5. Lfg. u. 6. Bd. gr. 4. Leipzig, Hinrichs' Verl. n. 54. — (I, 1—4. II, III, 1. IV, 1—5. V. u. VI.: n. 254. —)
Inhalt: IV. Alphabetisches Verzeichniss der assyrischen u. akkadischen Wörter im 2. Bde. der „Cuneiform inscriptions of Western Asia", sowie mehrerer anderer meist unveröffentlichter Inschriften. Mit zahlreichen Ergänzungen u. Verbessergn. der Texte nach den Thontafeln d. Brit. Museums v. J. N. Strassmaier, S. J., 5. Lfg. (S. 769—960.) n. 24. —. — VI. Babylonische Busspsalmen, umschrieben, übers. u. erklärt v. Dr. Heinr. Zimmern. (X, 119 S.) n. 30. —

—— der ältesten deutschen Litteratur-Denkmäler. 1. Bd. gr. 8. Paderborn, F. Schöningh. n. 5. —
Inhalt: Frdr. Ludw. Stamm's Ulfilas od. die uns erhaltenen Denkmäler der goth. Sprache. Text, Wörterbuch u. Grammatik. Neu hrsg. v. Prof. Dr. Mor. Heyne. 8. Aufl. (XII, 432 S.)

(85/1) —— elektro-technische. 28. Bd. 8. Wien, Hartleben. n. 3. —; geb. n. 4. —
Inhalt: Geschichte der Elektricität m. Berücksicht. ihrer Anwendungen. Von Dr. Gust. Albrecht. Mit 67 Abbildgn. (XVI, 336 S.)

(83/2) —— interessanter Erzählungen. Nr. 143—151. 8. (à 80 S.) Mülheim, Bagel. à n. — 50
Inhalt: 143. Kacholi, der tapfere Dakota-Häuptling. Eine Erzählg. aus dem Indianerleben v. G. Werner. — 144. Rolf Tyndall, der Sträfling. Eine Erzählg. v. Frz. Pistorius.[— 145—147. Die schönsten Sagen d. Rheins. Gesammelt u. hrsg. v. Otto Lehmann u. a. 3 Bdchn. — 148. Onkel Toms Hütte. Eine Erzählg. aus dem Sklavenleben v. W. Frey. 2. Aufl. (79 S.) — 149. Die beiden Kapitäne. Eine Erzählg. v. Frz. Pistorius. (79 S.) — 150. Hiwa, die Insulanerin. Eine Erzählg. v. Frz. Pistorius. (79 S.) — 151. Der Mann m. der eisernen Maske. Eine histor. Erzählg. v. Karl Zastrow. 2. Aufl. (80 S.)

(84/2) —— indogermanischer Grammatiken, bearb. v. F. Bücheler, H. Hübschmann, A. Leskien etc. 2. Bd. 2. Anh. gr. 8. Leipzig, Breitkopf & Härtel. n. 6. —; geb. n. 7. 50
Inhalt: Die Wurzeln, Verbalformen u. primären Stämme der Sanskrit.-Sprache. Ein Anh. zu seiner indischen Grammatik v. Prof. Will. Dwight Whitney. Aus dem Engl. übers. v. Heinr. Zimmer. (XV, 252 S.)

(35/1) —— gediegener klassischer Werke der italienischen Litteratur. Für Schule u. Haus ausgewählt u. ausgestattet v. Dr. Ant. Goebel. 10. Bdchn. 16. Münster, Aschendorff. n. — 80
Inhalt: Silvio Pellico, le mie prigioni. (VI, 269 S.)

(35/1) —— der Kirchenväter. Auswahl der vorzüglichsten patrist. Werke

in deutscher Uebersetzg., hrsg. unter der Oberleitg. v. Dombek. Prof. Dr. Valentin Thalhofer. 403—406. Bdchn. 12. Kempten, Kösel. à n. — 40
Inhalt: 403. 404. Chrysostomus' ausgewählte Schriften. (10. Bd. S. 385—512.) Die Lehre der 12 Apostel. (27 S.) — 405. 406. General-Register. (160 S.)

(85/2) Bibliothek ausführlicher Lehr- u. Lesebücher der modernen Sprachen u. Literaturen nach Robertson's Methode. Unter Mitwirkg. nationaler Gelehrten hrsg. v. Dir. Dr. F. Booch-Árkossy. 6. Bd. 2. Curs. u. gr. 8. Leipzig, Breitkopf & Härtel. cart. n. 5 —
Inhalt: 2. Ausführliches Lehr- u. Lesebuch zum fertigen Sprechen u. Schreiben der polnischen Sprache. Für höhere Lehranstalten u. zum Selbstunterricht Gebildeter unter Mitwirkg. mehrerer poln. Gelehrten bearb. u. hrsg. v. Dir. Dr. Fr. Booch-Arkossy. Mit vollständ. Umschreibg. der poln. Aussprache durch deutsche Buchstaben 2. Curs. (VIII, 267 S.) n. 3. —. — Suppl. (IV, 90 S.) n. 2. —

(85/1) —— für Ost u. West. Zusammengestellt v. Alfr. Friedmann. 16. u. 17. Bd. 8. Wien, Engel. à n. — 80; geb. à n. 1. —
Inhalt: Der Alchymist. Ein deutscher Roman aus der Wende d. 15. Jahrh. Von Fritz Lemmermayer. 1. u. 2. Buch. (XII, 180 u. 175 S.)

(85/1) —— pädagogische, hrsg. v. prakt. Schulmännern. Orig.-Aufsätze, Abhandlgn. u. Studien aus dem Gebiete der gesamten Unterrichtswissenschaften zur Fortbildg. d. Lehrers im Amte u. als Grundlage zu Konferenz- u. Prüfungsarbeiten. 3. Bdchn. gr. 8. (160 S.) Langensalza, Schulbuchh. (à) n. 1. —

—— phonetische, hrsg. v. Wilh. Vietor. (1. Hft.) 8. Heilbronn 1886, Henninger. n. 1. 20
Inhalt: Chrph. Frdr. Hellwag, dissertatio de formatione loquelae [1781]. Neudruck, besorgt v. Wilh. Vietor. (IV, 60 S.)

(85/1) —— für Schachfreunde. Hrsg. v. den ersten Meistern d. Schachspiels. 4. Bdchn. 16. Leipzig, Roegner. n. 1. — (1—4.: n. 5. 50)
Inhalt: Taschen-Lexikon der Eröffnungen. Ein Hilfsbuch f. Turnierspiel etc. in tabellar. Zügeordng., hrsg. von Curt v. Bardeleben. Nebst e. Anh.: Lopez-Neuerungen. (VIII, 61 S.)

(85/1) —— spanische, m. deutschen Anmerkgn. f. Anfänger v. Prof. J. Fesenmair. 3. u. 4. Bdchn. gr. 16. München, Lindauer. à n. 1. —
Inhalt: 3. La independencia. Comedia en 4 actos y en prosa por D. Manuel Breton de los Herreros. (120 S.) — 4. Biographien berühmter Spanier. Del Marques de Santillana v. Pulgar. Vida del Cid y de Cervantes v. Quintana. (106 S.)

—— spanischer Schriftsteller, hrsg. v. Dr. Adf. Kressner. 1. Bd. 8. Leipzig 1886, Renger. n. 1. 20
Inhalt: Novelas ejemplares de Cervantes. Mit erklär. Anmerkgn. v. Dr. Adf. Kressner. 1. Tl. Las dos doncellas. La señora Cornelia. (X, 87 S.)

—— illustrirte, f. Gabelsberger'sche Stenographen. Stenographische Übertragg. u. Autographie v. Heinr. Kettner. 1. Jahrg. 1886. 6 Hfte. gr. 8. (1. Hft. 27 autogr. S. m. 2 Bildern.) Budweis. Leipzig, Robolsky in Comm. n. 4. 80

(84/1) —— Gabelsberger stenographische. Nr. 11, 1. u. 2. Lfg. 12. Wien. Ebd. à n. — 50
Inhalt: Eine Orientreise. Beschrieben vom Kronprinzen Rudolf v. Oesterreich. Stenographische Ausg. in photolithograph. Reproduction hrsg. v. Vinc. Zwierzina u. L. Steckler. 1. u. 2. Lfg. (64 S.)

—— stenographische, d. allgemeinen schweizerischen Stenographenvereins. 1. u. 2. Bd. gr. 8. Wetzikon b. Zürich. Ebd. baar n.n. 2. 40
Inhalt: 1. Das Fähnlein der sieben Aufrechten. Novelle v. Dr. Gfr. Keller. (70 autogr. S. m. lith. Portr.) n.n. 1. —. — 2. Schwefeldavid. Eine Geschichte aus der helvet. Revolution v. Dr. J. Kübler. (95 autogr. S. m. lith. Titel u. Portr. d. Verf.) n.n. 1. 40.

(84/2) —— der Unterhaltung u. d. Wissens. Mit Orig.-Beiträgen der hervorragendsten Schriftsteller u. Gelehrten. Jahrg. 1886. 13 Bde. 12. (1. Bd. 256 S.) Stuttgart, Schönlein. geb. baar à Bd. n. — 75

(85/1) **Bibliothek** f. moderne Völkerkunde. 24—35. Lfg. gr. 8. Leipzig, F. Duncker. n. 7. 50
Inhalt: 24—26. Oesterreich-Ungarn. Nach eigenen Beobachtgn. geschildert v. H. Neelmeyer-Vukassowitsch. 14—16. (Schluss-)Lfg. (VIII u. S. 833—1099.) à n. 1. — — 27—35. 3. Bd. Grossbritannien u. Irland. Nach eigenen Beobachtgn. geschildert v. H. Neelmeyer-Vukassowitsch. 1—9. Lfg. (S. 1—576.) à n. — 50

(85/1) —— Cotta'sche, der Weltlitteratur. 106—116. Bd. 8. Stuttgart, Cotta. geb. baar à n. 1. —
Inhalt: 106. 107. 109. 110. 112. 113. 115. Goethe's sämtliche Werke. Neu durchgeseh. u. ergänzte Ausg. in 36 Bdn. Mit Einleitgn. v. Karl Goedeke. 30—36. Bd. (400, 276, 244, 296, 372, 344 u. 198 S.) — 108. 111. 114. Lessing's sämtliche Werke in 20 Bdn. Hrsg. u. m. Einleitgn. versehen v. Hugo Göring. 18—20. Bd. (320, 232 u. 240 S.) — 116. Wilh. Hauff's sämtliche Werke in 6 Bdn. Mit biograph. Einleitg. v. Herm. Fischer. 1. Bd. (272 S. m. Holzschn.-Portr.)

Bibliothèque choisie de la littérature française en prose par Dr. R. Schwalb. Tome 1 et 2. gr. 8. Essen, Bädeker. n. 1. 60
Inhalt: 1. Discours sur l'histoire de la révolution d'Angleterre par M. Guizot. 3. éd. (88 S.) n. — 60. — 2. Histoire de Charles I. depuis son avénement jusqu' à sa mort par M. Guizot. 4. éd. (152 S.) n. 1. —

Biechele, Dr. Max, die chemischen Gleichungen der wichtigsten anorganischen u. organischen Stoffe. Mit besond. Berücksicht. der deutschen u. österreich. Pharmacopoe, sowie der massanalyt. Untersuchgn. der Arzneistoffe. Nach den neuesten chem. Anschaugn. bearb. gr. 8. (1. Hälfte IV, 400 S.) Eichstätt, Stillkrauth. n. 13. 80

(84/2) **Biedermann,** Prof. Dr. Alois Eman., christliche Dogmatik. 2. Bd.: Der positive Theil. 2., erweit. Aufl. gr. 8. (VIII, 675 S.) Berlin, G. Reimer. n. 11. — (cplt.: n. 17. —)

—— ausgewählte Vorträge u. Aufsätze, m. e. biograph. Einleitg. v. J. Kradolfer. Mit Biedermann's (Stahlst.-)Bildniss. gr. 8. (VIII, 57 u. 457 S.) Ebd. n. 10. —

Biedermann, Studienlehr. Geo., geographischer Leitfaden. 3. Aufl. 8. (XVI, 327 S.) Regensburg, Manz. n. 2. 30; geb. n. 2. 50

—— lateinisches Übungsbuch f. die 2. Klasse. der Lateinschule. 3. Aufl. gr. 8. (V, 183 S.) München, Th. Ackermann's Verl. n. 1. 60

Biedermann, Prof. Dr. Karl, der Geschichtsunterricht auf Schulen nach kulturgeschichtlicher Methode. gr. 8. (45 S.) Wiesbaden, Bergmann. n. — 80

—— deutsche Volks- u. Kulturgeschichte f. Schule u. Haus. 3 Tle. gr. 8. Ebd. n. 6. —; geb. n. 7. 50
Inhalt: 1. Die Urzeit. Das Frankenreich unter den Merovingern u. Karolingern. (VIII, 112 S.) n. 1. 40. — 2. Von der Entstehung e. selbständigen deutschen Reichs bis zu Karl V. [843—1519]. (IV, 182 S.) n. 1. 80. — 3. Von Karl V. bis zur Aufrichtung d. neuen deutschen Kaisertums [1519—1871]. (IV, 252 S.) 1886. n. 2. 80

Biedermann, W., üb. die elektrische Erregung d. Schliessmuskels v. Anodonta, } s.: Beiträge zur allgemeinen Nerven- u. Muskelphysiologie.
—— über Hemmungserscheinungen bei elektrischer Reizung quergestreifter Muskeln u. üb. positive kathodische Polarisation, } s.: Beiträge zur allgemeinen Nerven- u. Muskelphysiologie.

Bieler, Dr. Alb., das System $\left(\frac{x^2}{a^2}+\frac{y^2}{b^2}-1\right)\left(\frac{x^2}{b^2}+\frac{y^2}{a^2}-1\right)=0$. Eine Untersuchg. in der analyt. Geometrie. gr. 8. (8 S. m. 1 Taf.) Marburg, Sipmann. n. — 80

Bieler, Pfr. Gust., das Symbolum apostolicum. Ein historisch-krit. Versuch. gr. 8. (32 S.) Strassburg, (Treuttel & Würtz). baar n. — 80

Bielz, Rat Schulinsp. i. P. E. Alb., Siebenbürgen. Ein Handbuch f. Reisende, nach eigenen zahlreichen Reisen und Ausflügen in diesem Lande verf. 2. ergänzte u. sehr erweit. Aufl. Mit 1 Karte Siebenbürgens, Städteplänen u. Umgebungs-Kärtchen. 8. (VIII, 415 S.) Wien, Graeser. geb. n. 5. —

Biene, die. Ein Kalender u. Notizbuch f. Bienenzüchter auf d. J. 1886. Hrsg. auf Veranlassg. der Section Heppenheim d. Starkenburger Bienenzüchter-Vereins v. Geo. Allendorf. gr. 16. (114 S. m. 1 Portr.) Heppenheim. (Leipzig, Werther.) geb. baar n. — 50

Bienengräber, Oberpfr. Dr. Alfr., im Sonntagsfrieden. Ein Erbauungsbuch f. die Sonn- u. Festtage e. Kirchenjahres zum Vorlesen in Haus u. Kirche. (In 9 Lfgn.) 1. Lfg. gr. 8. (48 S.) Meerane, Brodbeck. n. — 50

Bienen-Kalender, bayerischer, f. d. J. 1886. 3. Jahrg. In Gemeinschaft m. e. Anzahl hervorrag. Imker u. Bienenschriftsteller bearb. v. Lehr. Joh. Witzgall. 12. (111 S. m. 1 Bildniß.) Rothenburg o/T. (Stuttgart, Metzler's Sort.) cart. baar n. — 80

Bierbaum, Prof. Dr. Jul., die Reform d. fremdsprachlichen Unterrichts. gr. 8. (136 S.) Kassel 1886, Kay. n. 1. 60

Biercomment, Tübinger. Nebst e. Anh.: Bierspiele. 8. (52 S.) Tübingen 1886, Fues. cart. n. — 80

Bieri, gew. Sek.-Lehr. S. S., Liederkranz. Eine Auswahl v. 66 drei- u. vierstimm. Liedern f. ungebrochene Stimmen. Zum Gebrauch f. Sekundar- (Real-) u. Oberschulen, wie f. Frauenchöre. 5. verb. Aufl. qu. gr. 8. (IV, 88 S.) Bern, Wyß. n. — 60

Bierling, Prof. Dr. Ernst Rud., die konfessionelle Schule in Preußen u. ihr Recht. Zwei Abhandlgn. gr. 8. (VI, 202 S.) Gotha, F. A. Perthes. n. 4. —

Bierprozeß, ein. Verhandlung vor der Strafkammer Mannheim am 29. Mai 1885. 8. (37 S.) Mannheim, (Bensheimer's Verl). n. — 50

Bilder u. **Reime** aus dem Kinderleben. hoch 4. (8 Chromolith. m. Text.) Wesel, Düms. cart. n. — 50

(85/1) **Bilderatlas,** kulturhistorischer. I. Altertum, bearb. v. Dr. Thdr. Schreiber. 100 Taf. m. erklär. Text. 5—10. (Schluss-)Lfg. Fol. (60 Holzschntaf. m. IV, 12 S. Text.) Leipzig, Seemann. à n. 1. — (cplt. geb. n. 12. 50)

(85/1) —— der Wissenschaften, Künste u. Gewerbe. Volksausg. 444 Bildertaf. in Stahlst., Holzschn. u. Chromolith. 27—62. Lfg. qu. gr. 4. (194 Taf.) Leipzig, Brockhaus. à — 50

(85/1) **Bilderbogen,** architektonische. Unter Mitwirkg. bewährter Fachmänner hrsg. v. Wilh. Wicke. 4—6. Hft. Fol. (à 10 Taf. in Lichtdr.) Groß-Lichterfelde, Wicke. baar à 2. —

—— kunsthistorische. Handausg. I. Die Kunst d. Altertums. 34 (Holzschn.-) Taf. m. 381 Abbildgn. Zusammengestellt v. Dr. R. Menge. qu. Fol. (3 S. Text.) Leipzig 1886, Seemann. n. 2. 50; in 4. geb. n. 3. 50

(84/2) —— Münchener. 37. Buch. gr. Fol. (24 Holzschntaf.) München, Braun & Schneider. 2. 40; color. n. 4. 20; schwarz cart. n. 3. 40; color. cart. n.n. 5. 20

Bilder-Kalender, katholischer, f. den Bürger u. Landmann auf d. J. 1886. 4. (54 S.) Würzburg, Stahel. n. — 30

—— der lustige, f. d. J. 1886. 24. Jahrg. 4. (46 S. m. eingedr. Illustr.) Würzburg, Etlinger. n. — 30

(85/1) **Bildermappen** zu Schorers Familienblatt. 2. Sammlg. 1. Lfg. [Der ganzen Folge 13. Lfg.] 1. u. 2. Tausend. Fol. (3 Holzschntaf. m. 3 S. Text.) Berlin, Schorer. n. — 80

Bilderschau, große. Fol. (24 color. Steintaf.) Berlin, Winckelmann & Söhne. geb. n. 5. —

Bilek, pens. Gymn.-Dir. Thom., Beiträge zur Geschichte Waldstein's. gr. 8. (IV, 364 S.) Prag 1886, Rziwnatz in Comm. n. 8. —

Biller, E., die Höhlen d. Radhost, s.: Volks- u. Jugend-Bibliothek.

Billroth, Thdr., u. Alex v. **Winiwarter**, Proff. DD., die allgemeine chirurgische Pathologie u. Therapie in 50 Vorlesungen. Ein Handbuch f. Studirende u. Aerzte. 12. Aufl. gr. 8. (XVI, 970 S.) Berlin, G. Reimer. n. 14. —; Einbd. n.n. 2. —

Binder, Oberlehr. S., Sprachbilder. Aus Goethe's Werken gesammelt. Für den deutschen Sprachunterricht an Volksschulen methodisch geordnet. gr. 8. (VIII, 60 S.) Wien, Perles in Comm. n. 1. 20

Binding, K., Handbuch d. Strafrechts, s.: Handbuch, systematisches, der deutschen Rechtswissenschaft.

Binz, Prof. Carl, Doctor Johann Weyer, e. rheinischer Arzt, der erste Bekämpfer d. Hexenwahns. Ein Beitrag zur deutschen Kulturgeschichte d. 16. Jahrh. Mit den Bildnissen Weyers u. seines Lehrers Agrippa. gr. 8. (VII, 167 S.) Bonn, A. Marcus. n. 3. —

(83/1) **Biographie**, allgemeine deutsche. Auf Veranlassg. Sr. Maj. d. Königs v. Bayern hrsg. durch die histor. Commission bei der königl. Akademie der Wissenschaften zu München. 102—106. Lfg. gr. 8. (21. Bd. 797 S. u. 22. Bd. S. 1—160.) Leipzig, Duncker & Humblot. à n. 2. 40

Bion, s.: Theokritos.

(84/2) **Birch-Hirschfeld**, Prof. Dr. F. V., Lehrbuch der pathologischen Anatomie. 2. völlig umgearb. Aufl. 2. Bd. Specieller Thl. 3. [Schluss-] Lfg. Mit 46 Abbildgn. im Text. gr. 8. (XII u. S. 593—967.) Leipzig, F. C. W. Vogel. n. 8. — (cplt.: n. 28. —)

Birckenstaedt, Hauptpast. H., die vier Temperamente in der erziehenden Hand d. Herrn, an vier apostol. Vorbildern dargestellt. 3. Aufl. gr. 8. (70 S.) Flensburg, Westphalen. n. 1. —

Birk, Ingen. Alfr., die feuerlose Locomotive, in ihrer Theorie u. Anwendg. dargestellt. Mit 1 Taf. u. 15 Text-Abbildgn. Lex.-8. (47 S.) Wien 1883, Ungár & Co. baar n. 3. —

Birnbaum, Dir. Dr. Ed., der Landwirthschafts-Lehrling. Ein wohlmein. Rathgeber beim ersten Eintritt in den prakt. Wirthschaftsbetrieb f. Oekonomie-Lehrlinge, deren Angehörige u. die Lehrherrn, nebst e. kurzgefaßten Anweisg. zur Erlerng. der Landwirthschaft. gr. 8. (VIII, 336 S.) Breslau, Korn. n. 4. —

Birnbaum, Ger.-Assess. Dr. H., der Check. Vortrag, geh. im kaufmänn. Verein zu Köln. gr. 8. (38 S.) Köln, Du Mont-Schauberg. n. — 80

Birt, Thdr., de fide christiana quantum Stilichonis aetate in aula imperatoria occidentali valuerit. gr. 4. (28 S.) Marburg, Elwert's Verl. n. 1. —

Bischof, M., Saalfeld, Rudolstadt, Coburg, s.: Renaissance, deutsche.

Bischoff, Lehrerin Amanda, guide épistolaire des dames et des demoiselles. Eine Anleitg. zur französ. Korrespondenz, f. den Privat- u. Schulgebrauch praktisch bearb. 8. (IV, 111 S.) Leipzig, C. A. Koch. n. 1. 50

—— the lady's letter-writer. Eine Anleitg. zur engl. Korrespondenz, f. den Privat- u. Schulgebrauch praktisch bearb. 8. (IV, 140 S.) Ebd. n. 1. 80

(84/2) **Bismarck**, Prince de, les discours, avec sommaires et notes, table chronologique et index alphabétique. Vol. XII. gr. 8. (651 S.) Berlin, Wilhelmi. n. 15. — (I—XII.: n. 85. —)

—— parlamentarische Reden, s.: Collection Spemann.

Bismarck-Kalender f. d. J. 1886. 19. Jahrg. 8. (238 S. m. Illustr. u. 1 Wandkalender.) Minden, Köhler. n. 1. —

Bissinger, K., Verzeichnis der Trümmer- u. Fundstätten aus römischer Zeit im Großherzogt. Baden. Für die XVI. allgemeine Versammlg. der Deutschen anthropolog. Gesellschaft neuabgedruckt m. Verbessergn., Ergänzgn. u. beigefügtem Register. gr. 8. (21 S. m. 1 Karte.) Karlsruhe, J. Bielefeld's Verl. n. — 60

Bitterling, Rob., die Zwillinge aus Kamerun. Schwank in 1 Act. gr. 8. (31 S.) Neumünster i/H., Brumby. n. 1. —
Bitzius, A., s.: Gotthelf, J.
Black, W., the wise women of Inverness, s.: Collection of British authors.
Blanckenhorn, M., die Trias am Nordrande der Eifel, s.: Abhandlungen zur geologischen Specialkarte v. Preussen u. den Thüringischen Staaten.
Blanckmeister, F., Justus Möser, der deutsche Patriot, als Apologet d. Christentums, s.: Sammlung v. Vorträgen.
Blankenburg, E., Ekbert v. Braunschweig. Tragödie in 5 Akten. gr. 8. (V. 67 S.) Oldenburg, Schulze. n. 1. 60
Blaschek, Jos., das Ziel der heutigen Genossenschafts-Bewegung. [Aus: „Oesterr. Monatsschr. f. christl. Social-Reform".] gr. 8. (24 S.) Wien, (Vetter). n. — 20
Blass, Prof. Dr. Frdr., die socialen Zustände Athens im 4. Jahrh. v. Chr. Rede zur Feier d. Geburtstages Sr. Maj. d. deutschen Kaisers Königs v. Preussen Wilhelm I., geh. an der Christian-Albrechts-Universität am 21. März 1885. gr. 8. (20 S.) Kiel, Universitäts-Buchh. n. 1. —
(84/1) Blatt, das neue. Ein illustr. Familien-Journal. (15.) Jahrg. 1885. 52 Nrn. (2 B. m. eingedr. Holzschn.) gr. 4. Leipzig-Reudnitz, Payne. Viertel-jährlich baar n. 1. 60
Blätter, demokratische. Begründet v. Dr. A. Phillips u. Jul. Lenzmann. Red.: Geo. Ledebour. 2. Jahrg. 1885. 52 Nrn. (B.) gr. 4. Berlin, H. S. Hermann. Vierteljährlich 2. —
(84/1) —— neue, aus Süddeutschland f. Erziehung u. Unterricht. [Zugleich Ergänzungshefte zum württemberg. Schulwochenblatt.] Hrsg. v. Ob.-Konsist.-R. Dr. C. Burk u. Sem.-Rekt. G. Pfisterer. 14. Jahrg. 1885. 4 Hfte. (ca. 5 B.) gr. 8. Stuttgart, Belser. n. 4. 50
(85/1) —— des badischen Frauenvereines. Hrsg. v. dem Centralkomite. Red.: Geh.-R. Sachs. 10. Jahrg. Oktbr. 1885—Septbr. 1886. 24 Nrn. (1/2 B.) gr. 8. Karlsruhe, Braun. n. 1. 20
(85/1) —— für Gefängnisskunde. Organ d. Vereins der deutschen Strafanstaltsbeamten. Red. v. G. Ekert. 19. Bd. 5. Hft. gr. 8. (IV u. S. 301—398.) Heidelberg, Weiss' Verl. n. 1. 50 (19. Bd. cplt.: n. 6. —)
(84/1) —— katechetische. Zeitschrift f. Religionslehrer. Zugleich Korrespondenzblatt d. Canisius-Katechetenvereines. Red.: Frz. v. Sal. Walk. 11. Jahrg. 1885. 24 Nrn. (B.) 4. Kempten, Kösel. Halbjährlich n. 1. 20
(84/2) —— technische. Vierteljahrsschrift d. deutschen polytechn. Vereines in Böhmen. Red. v. Prof. Eman. Czuber unter Mitwirkg. der Mitglieder d. Redactions-Comités. 17. Jahrg. 1885. 4 Hfte. gr. 8. (1. Hft. 64 S. m. eingedr. Fig. u. 1 Taf.) Prag, Calve in Comm. baar n. 12. —
(77/1) —— neue, f. die Volksschule der Herzogtümer Bremen u. Verden u. d. Landes Hadeln. Hrsg. v. Sem.-Lehr. H. Rack, Organ., H. A. Habeler Lehr. A. Wölber, Sem.-Lehr. A. Peters. 23. Jahrg. 1885. 4 Hfte. (5 B.) 8. Stade, Schaumburg in Comm. n. 2. 50
Blaul, F., Aza, s.: Familien-Bibliothek für's deutsche Volk.
Blech, E., Ph. Melanchthon am Rhein, s.: Für die Feste u. Freunde d. Gustav-Adolf-Vereins.
Blech, Pred. fr. Relig.-Lehr. Dr. Ph. W., das Reich Gottes auf Erden in Geschichten d. alten u. neuen Testaments. Mit kurzen Anmerkgn. u. e. Anh. hrsg. 5., v. neuem durchgeseh. u. verm. Aufl. 8. (IV, 203 S.) Danzig, Saunier. n. — 80; geb. n.n. 1. —
Bleibe in Jesu. Gedanken üb. das sel. Leben der Gemeinschaft m. dem Sohne Gottes. Nach dem Engl. v. A. M. 2. Aufl. 8. (206 S.) Basel, Spittler. n. 1. 20

Bleibtreu, H., neuester Schnellrechner od. Faulenzer u. Rechnenknecht in Reichsmünze nach Mark u. Pfg. von 1/5—1000 Stück in Kilo, Meter, Liter, Pfund u. s. w. Sofortige Antwort auf jede beliebige Frage. Ein zuverläss. Ausrechner beim Ein- u. Verkauf f. Jedermann. Nebst Vergleichstabelle der alten Maaße u. Gewichte m. den neuen, u. Zinstabellen. gr. 8. (34 S.) Bremen, Haake. n. — 60

Bleibtreu, Karl, schlechte Gesellschaft. Realistische Novellen. 8. (X, 496 S.) Leipzig, Friedrich. n. 6. —; geb. n. 7. —

—— Lieder aus Tirol. 12. (56 S.) Berlin, Steinitz & Fischer. n. 1. —

—— deutsche Waffen in Spanien. 8. (VIII, 307 S.) Berlin, Eisenschmidt. n. 4. —

Blenck, Geh. Reg.-R. Dir. E., das königl. statistische Bureau in Berlin beim Eintritte in sein 9. Jahrzehnt. [Aus: „Ztschr. d. k. preuss. statist. Bureaus".] gr. 8. (V, 190 S.) Berlin, Verl. d. k. statist. Bureaus. n. 4. —

—— Genealogie der europäischen Regentenhäuser f. 1885. Unter Benutzg. amtl. Quellen hrsg. Neue Folge. 14. Jahrg. gr. 8. (37 S.) Ebd. n.n. 1. 50

—— Verzeichniss der im J. 1886 im Königr. Preussen abzuhaltenden Märkte u. Messen, nebst e. Uebersicht der wichtigeren Märkte u. Messen der anderen Staaten d. Deutschen Reiches u. Zollgebietes. Unter Benutzg. amtl. Quellen hrsg. Neue Folge. 14. Jahrg. gr. 8. (VII, 179 S.) Ebd. n.n. 6. —

Blessig, Ernst, e. morphologische Untersuchung üb. die Halswirbelsäule der Lacerta vivipara Jacq. Inaugural-Dissertation. Lex.-8. (25 S. m. 1 Steintaf.) Dorpat, (Karow). baar n. 1. 50

(84/2) **Bloch's**, Ed., Dilettanten-Bühne. Nr. 225—229. 8. Berlin, Lassar. à n. — 90

Inhalt: 225. Der Frühschoppen. Dramatischer Scherz in 1 Akt v. Marie Wilhelm. (16 S.) — 226. Ihr Tänzer. Dramatischer Scherz in 1 Akt v. C. A. Paul. (12 S.) — 227. Heiraths-Candidaten. Dramatische Kleinigkeit in 1 Akt v. Wilh. Köhler. (12 S.) — 228. Ein ander Städtchen, e. ander Mädchen. Schwank in 1 Akt v. C. A. Paul. (19 S.) — 229. Das Ehe-Pantöffelchen. Dramatischer Scherz in 1 Akt v. Carl Schoch. (11 S.)

—— dasselbe. Nr. 178. 8. Ebd. n. — 90

Inhalt: Die Afrikanerin in Kalau. Parodistische Posse m. Gesang in 1 Akt v. H. Salingré. Musik v. A. Conradi. 2. Aufl. (11 S.)

(85/1) —— Theater-Correspondenz. Nr. 189—192. 8. Ebd. à n. 2. —

Inhalt: 189. Spottvogel in der Schlinge. Lustspiel in 1 Akt v. P. van Griesholm. (36 S.) — 190. Lorenz u. seine Schwester. Posse m. Gesang in 1 Akt v. W. Friedrich. 9. Aufl. (46 S.) — 191. Die kleine Schlange. Schwank m. Gesang in 1 Akt v. Ed. Jacobson. (32 S.) — 192. Mondscheingeschichten. Lustspiel in 1 Akt v. A. M. B. Ramann. (32 S.)

—— dasselbe. Nr. 15 u. 44. 8. Ebd. à n. 2. —

Inhalt: 15. Monsieur Herkules. Posse in 1 Akt v. G. Belly. 21. Aufl. (38 S.). — 44. Der einzige junge Mann im Dorfe. Komische Solo-Scene m. Gesang v. O. Mylius. 2. Aufl. (13 S.)

(84/1) —— Theater-Gartenlaube. Nr. 157—159. gr. 8. Ebd. à n. 1. —

Inhalt: 157. Der neue Bursche. Dramatisches Genrebild in 1 Akt von Auguste v. Reichenau. (14 S.) — 158. Rosenketten. Dramatisches Genrebild in 1 Akt von Auguste v. Reichenau. (14 S.) — 159. Gastfreundschaft. Dramatisches Genrebild in 1 Akt von Auguste v. Reichenau. (12 S.)

—— dasselbe. Nr. 11. gr. 8. Ebd. n. 1. —

Inhalt: Im Wein ist Wahrheit! Liederspiel in 1 Akt v. C. A. Paul. Musik v. R. Thiele. (16 S.)

(83/1) —— Volks-Theater. Nr. 57. gr. 8. Ebd. n. 4. —

Inhalt: Der Schriftstellertag. Lustspiel in 3 Akten v. Heinr. Heinemann. (80 S.)

Block, Amtsr. Albr., Mittheilungen landwirthschaftlicher Erfahrungen, Ansichten u. Grundsätze im Gebiete der Veranschlagung u. Rechnungsführung. Ein Handbuch f. Landwirthe u. Verwaltungsbeamte. In 4. Aufl. bearb. v. Prof. Dr. Karl Birnbaum. [In 3 Bdn.] Mit (Lichtdr.-)Bildniß u. Biographie v. A. Block. 1. Bd. Ueber Veranschlaggn. u. Rechnungsführg. im Allgemeinen. gr. 8. (XX, 379 S.) Breslau, Korn. n. 6. —

Block, Rect. F. A., Geschichte d. städtischen Schulwesens zu Merseburg. Zur Einweihg. der neuen Mädchenschule zusammengestellt. gr. 8. (115 S.) Merseburg, Stollberg. n. 1. 20

Blondeau, klassische Schriften in 24 Blättern f. Zeichner, Architekten, Decorationsmaler, Goldarbeiter, Graveure u. Lithographen. 9. verb. Aufl. qu. schmal gr. 8. Köln, Mayer. 2. 25

Bloński, J., Strafgesetz üb. Gefällsübertretungen, s.: (85/1) Gesetze, österreichische.

Blösch, E., der Leutpriester Diebold Baselwind, s.: (85/1) Volksschriften, Berner.

Blum, Hans, Herzog Bernhard. Eine Geschichte vom Oberrhein aus den J. 1638, 1639. 8. (X, 260 S.) Leipzig, C. F. Winter. n. 5. —

—— aus dem alten Pitaval. Französische Rechts- u. Culturbilder aus den Tagen Ludwig's XIII., XIV. u. XV. Ausgewählt u. erläutert. 1. u. 2. Bd. 8. (XXIII, 296 u. V, 335 S.) Ebd. à n. 5. —

Blumauer's, Alois, sämmtliche Werke u. handschriftlicher Nachlaß. 1., vollständ. Gesammt-Ausg. m Vorwort, Einleitg. u. Anmerkgn., dem Portr. d. Dichters u. 16 Orig.-Federzeichngn. 16 Hfte. 12. (1. Bd. XXI, 256; 2. Bd. 195, 3. Bd. 304 u. 4. Bd. 274 S.) Wien 1884, M. Stern. à n. — 40

Blumauer, Dr. K., der Possenreißer. Neueste Schnurren u. Schwänke f. fidele Brüder. 5. Aufl. 8. (80 S.) Oberhausen, Spaarmann. n. n. — 50

(83/2) **Blume,** E., Quellensätze zur Geschichte unseres Volkes. 2. Bd. Von der Zeit Konrads I. bis zum Ende d. Zwischenreiches. 2 Abtlgn. gr. 8. (V, 111 u. 374 S.) Köthen 1886, Schulze. n. 6. 50 (1. u. 2.: n. 12. —)

(85/1) **Blümel,** Jak., Geschichte der Entwickelung der Wiener-Vorstädte, nach authent. Quellen bearb. Mit zahlreichen Illustr. 7—14. Lfg. gr. 8. (2. Bd. S. 73—328.) Wien, Vetter. baar à — 50

Blumenau, Lehr. Pred. S., Gott u. der Mensch. In Aussprüchen der Bibel alten u. neuen Testaments, d. Talmud u. d. Koran, systematisch in Parallelen dargestellt. Lex.-8. (VIII, 272 S.) Bielefeld, Helmich in Comm. n. 6. —; Einbd. n. n. 1. 25

Blumenthal, Osk., die große Glocke. Lustspiel in 4 Akten. 8. (III, 124 S.) Berlin, Freund & Jeckel. n. 2. —

Bluntschli, J. C., Lehre vom modernen Staat. 2. Thl. A. u. d. T.: Allgemeines Staatsrecht. 6. Aufl. Durchgesehen v. E. Loening. gr. 8. (VIII, 690 S.) Stuttgart, Cotta. n. 10. —

Blüthgen, Vict., Lebensfrühling. Erzählungen f. die Jugend. Mit 6 Bildern in Farbendr. v. Alex. Zick. 8. (303 S.) Stuttgart, Kröner. geb. 4. 50

—— Weinsegen, s.: Volksbibliothek d. Lahrer Hinkenden Boten.

Bobek, Privatdoc. Karl, üb. gewisse eindeutige involutorische Transformationen der Ebene. [Aus: „Sitzungsber. d. k. Akad. d. Wiss."] Lex.-8. (43 S.) Wien, (Gerold's Sohn). n. n. — 70

Bobrik, R., Horaz. Entdeckungen u. Forschungen. 1. Tl. hoch 4. (VI, 498 S.) Leipzig, Teubner in Comm. n. 28. —

Boccaccio's, Giovanni, Dekameron od. die 100 Erzählungen. Deutsch v. D. W. Soltau. 17—20. Tausend. 8. (XII, 626 S.) Berlin, Jacobsthal. 2. 50

Bochenek, Johs., Canon aller menschlichen Gestalten u. der Thiere. Erfunden u. ausführlich dargestellt v. J. B. Mit e. Vorwort v. Prof. Dr. C. Jessen. Mit 74 Abbildgn. Fol. (VII, 83 S.) Berlin, Polytechn. Buchh. cart. n. 18. —

Bock, Carl, im Reiche d. weißen Elephanten. Vierzehn Monate im Lande u. am Hofe d. Königs v. Siam. Deutsche Ausg., besorgt durch Dr. F. M. Schröter. Autoris. Ausg. Mit vielen Holzschn. im Text, 1 Farbendr. u. Karte. gr. 8. (326 S.) Leipzig, Hirt & Sohn. n. 8. —; geb. n. 10. —

Bock, E. J., Aeneas auf der Flucht aus Troja. Die ersten sechs Gesänge der Aeneis Virgils, zur Veranschaulichg. der poet. Kunst d. Dichters übers. 8. (IV, 139 S.) Berlin, Ißleib. n. 1. 50

Bock, Geh. Reg.- u. Schulr. Ed., methodische Anleitung zum Schreib- u. Lese-Unterricht. Unter Mitwirkg. prakt. Schulmänner bearb. Im Anschluß an E. Bocks Schreib- u. Lese-Fibel in deren verschiedenen Ausgaben, wie an die nach der Schreib- u. Lese-Methode bearb. Fibeln überhaupt. 4., vielseitig verb. u. erweit. Aufl. Mit in den Text gedr. Anschauungsbildern nach Orig.-Zeichngn. gr. 8. (47 S.) Breslau, F. Hirt. n. — 50

—— deutsches Lesebuch. Für die Bedürfnisse d. Volksschulunterrichts in entsprech. Stufenfolge u. 3 Ausgaben [A. B. C.] bearb. Kleinere Ausg. [A.] f. einfache Schulverhältnisse. In 2 Tln. 8. Ebd. n. 1. 60; Einbde. n. n. — 37

Inhalt: I. Besondere Ausg. in 2 Abtlgn. 1. Abtlg.: Deutsche Fibel, als Grundlage f. Lese-, Schreib-, Anschauungs-, Sprach- u. Zeichen-Übgn. Mit Anschauungsbildern f. Sprechübgn. u. Übgn. im Zeichnen. 24. Ster.-Aufl. (IV, 60 S.) n. —. 20; Einbd. n.n. —. 9. — 2. Abtlg. Lesebuch f. die untere Stufe. Mit naturgeschichtl. Abbildgn. u. Anschauungsbildern zu den 4 Jahreszeiten. 23. Ster.-Aufl. (IV, 84 S.) n. — 30; Einbd. n.n. — 9; 1. Tl. in 1 Bd. 25. Ster.-Aufl. n. — 40; Einbd. n.n. — 12. — II. Deutsches Lesebuch f. die mittlere u. obere Stufe der ein- u. zweiklassigen Volksschule, wie einfacher Schulverhältnisse überhaupt. Mit erläut. Abbildgn. aus den Gebieten der Naturkunde, der Gewerbe, der Erd- u. Völkerkunde, der Geschichte, wie aus den Tagen deutscher Erhebg.: 1870 u. 1871. 24. [Ster.-]Aufl. (XVI, 451 S.) n. 1. 20; Einbd. n.n. — 25.

—— dasselbe. Größere Ausg. [B.] f. mehrklass. Schulen. In 4 Tln. 1—3. Tl. u. 4. Tl. 1. Abtlg. 8. Ebd. n. 3. 70; Einbde. n. n. — 74

Inhalt: 1. Schreib- u. Lese-Fibel. Neue, erweit. Bearbeitg. der deutschen Fibel. Mit 64 Abbildgn. nach Zeichngn. namhafter Künstler. Unter gleichzeit. Berücksicht. der Bedürfnisse utraquist. Schulen f. leichtes Erlernen d. Lesens u. Verstehens der deutschen Sprache. 8. Ster.-Aufl. (XI, 100 S.) n. — 40; Einbd. n.n. — 12. — 2. Lesebuch f. das erste Kindesalter. Mit 56 Abbildgn. nach Zeichngn. namhafter Künstler. Unter gleichzeit. Berücksicht. der Bedürfnisse utraquist. Schulen f. leichtes Erlernen d. Lesens u. Verstehens der deutschen Sprache. 9. Ster.-Aufl. VIII, 128 S.) n. — 50; Einbd. n.n. — 12. — 3. Lesebuch f. die mittlere Stufe. In 2 Abtlgn. 1. Abtlg.: Mit vielen erläut. Abbildgn. 10. Ster.-Aufl. (VI, 152 S.) n. — 60; Einbd. n.n. — 12. — 2. Abtlg. Mit vielen erläut. Abbildgn. 9. Ster.-Aufl. (VI, 200 S.) n. — 80; Einbd. n.n. — 16; in 1 Bd. cplt. n. 1. 40; Einbd. n.n. — 25. — 4. Lesebuch f. die obere Stufe. In 2 Abtlgn. 1. Abtlg. Mit vielen erläut. Abbildgn. 7. Ster.-Aufl. (XV, 352 S.) n. 1. 40; Einbd. n.n. — 25.

—— dasselbe. Besondere Ausg. [C.] f. deutsche u. utraquist. Schulen beider Konfessionen. In 3 Tln. 8. Ebd. n. 2. 10; Einbde. n. n. — 49

Inhalt: 1. Neue Schreib- u. Lese-Fibel. Mit 64 Abbildgn. nach Zeichngn. namhafter Künstler. Unter gleichzeit. Berücksicht. der Bedürfnisse utraquist. Schulen f. leichtes Erlernen d. Lesens u. Verstehens der deutschen Sprache. 8. Ster.-Aufl. (XI, 100 S.) n. — 40; Einbd. n.n. — 12. — 2. Lesebuch f. das erste Kindesalter. Mit 56 Abbildgn. nach Zeichngn. namhafter Künstler. Unter gleichzeit. Berücksicht. der Bedürfnisse utraquist. Schulen f. leichtes Erlernen d. Lesens u. Verstehens der deutschen Sprache. 8. Ster.-Aufl. (VIII, 128 S.) n. — 50; Einbd. n.n. — 12. — 3. Lesebuch f. die mittlere u. obere Stufe. Illustriert durch erläut. Abbildgn. aus den Gebieten der Natur-, Erd- u. Völkerkunde, der Geschichte, wie m. geschichtl. Charakterköpfen u. Bildnissen deutscher Dichter. 6. Ster.-Aufl. (XXIII, 320 S.) n. 1. 20; Einbd. n.n. — 25.

—— s.: Lesestoffe, die, in E. B.'s Volksschullesebüchern.

Bock, Hauptm. Mor., der Ausbau der Eisenbahnbrücke üb. die Save bei Brod 1882—1884. Im Auftrage d. k. k. Reichs-Kriegs-Ministeriums beschrieben. Mit 7 Taf., 1 photogr. Lichtdr. u. 1 Fig. im Texte. [Aus: „Mittheilgn. üb. Gegenstände d. Artillerie- u. Geniewesens".] gr. 8. (72 S.) Wien, v. Waldheim in Comm. n. 4. —

Boeck, C. v. d. [C. B. Derboeck], Prinz Heinrich in Central-Amerika. Orig.-Erzählg. f. die Jugend. Mit (5) Farbendr.-Illustr. nach Orig.-Aquarellen v. O. Woite. 8. (III, 220 S.) Berlin, Drewitz. geb. n. 2. —

Böck, Jos., die Papier-Stereotypie. Ein Lehr- u. Nachschlagebuch. Unter Mitwirkg. erster Fachmänner u. Benützg. der besten Quellen hrsg. Anh.: Die Celluloid-Stereotypie. Mit 47 Abbildgn. 8. (XI, 147 S.) Leipzig 1886, M. Schäfer. n. 4. —

Böckel, Dr. Otto, deutsche Volkslieder aus Oberhessen. Gesammelt u. m. kulturhistorisch-ethnograph. Einleitg. hrsg. gr. 8. (IV, CLXXXVIII, 128 S.) Marburg, Elwert's Verl. n. 4. —

Boeckeler, Chordir. H., processionale sive ordo in processionibus cum ss. sacramento servandus necnon cantiones cantandae, quas collegit et scripsit H. B. Ed. III. Fasc. II. Cantiones IV vocibus imparibus concinendae. gr. 8. (44 S.) Aachen, A. Jacobi & Co. n. — 50

Bode, F., Westentaschenbuch, s.: Stühlen's Ingenieur-Kalender f. Maschinen- u. Hüttentechniker.

Bode, Dr. Wilh., Bilderlese aus kleineren Gemäldesammlungen in Deutschland u. Oesterreich. Mit Text v. W. B. Jahrg. 1885. 6 Hfte. Fol. (à 2 Bog. Text m. eingedr. Illustr. u. 4 Radirgn.) Wien, Gesellschaft f. vervielfältigende Kunst. à n. 5. —; Prachtausg. à n. 15. —

Bodemann, Ed., von u. üb. Albrecht v. Haller. Ungedruckte Briefe Hallers, sowie ungedruckte Briefe u. Notizen üb. denselben. gr. 8. (XV, 223 S.) Hannover, Meyer. n. 4. 50

Bodemer, Dr. Jac., Wohin sollen wir morgen wandern? Gemüthvolle Spaziergänge in die Wiesbadener Umgebgn. 8. (IV, 76 S. m. 2 Kärtchen.) Wiesbaden, Feller & Gecks. n. 1. —

Bodensee, der, u. seine Umgebungen. Ein Führer f. Fremde u. Einheimische. 3., neubearb. Aufl. Mit Karte u. Uebersichtskärtchen. 12. (VIII, 200 S.) Lindau, Stettner. cart. n. 2. —

Bodenstedt, Frdr., die Lieder d. Mirza-Schaffy, m. e. Prolog. 118. Aufl. (Volks-Ausgabe.) gr. 16. (XXIV, 216 S.) Berlin, v. Decker. cart. n. 1. 50; geb. n. 2. —

—— dasselbe. 119. Aufl. (Min.-Ausg.) gr. 16. (XXIV, 216 S.) Ebd. 1886. 3. —; geb. m. Goldschn. 4. 50

Boguslawski, A. v., Soldatenhandel u. Subsidienverträge, s.: Beiheft zum Militär-Wochenblatt.

Bohm, C., französische Sprachschule. Auf Grundlage der Aussprache u. Grammatik nach dem Prinzip der Anschaug. bearb. 1. Tl. 2., neu bearb. Aufl. 8. (XVI, 235 S.) Braunschweig, Wreden. n. 1. 35; geb. n. 1. 60

Böhm, Sec.-Lieut. C., Geschichte d. Westfälischen Dragoner-Regiments Nr. 7 von seiner Formirung bis zum Schluß d. J. 1884. Auf Befehl zusammengestellt. Mit 1 Portr., 1 Uniformbild, 1 Skizze u. 3 Karten. gr. 8. (VII, 107 S.) Berlin, Mittler & Sohn. n. 3. 60

Böhm Lehr. Frz., Ilias u. Nibelungenlied. Eine Parallele. gr. 8. (84 S.) Znaim, (Fournier & Haberler). n. 1. 60

Böhm, Dr. Frdr., das Kind im ersten Lebensjahre, dessen Pflege u. Krankheiten. Ein Leitfaden f. Mütter. 3. verm. u. verb. Aufl. 8. (44 S.) Schweinfurt, (Giegler). baar n.n. 1. —

Boehm, Geo., üb. südalpine Kreideablagerungen. Vortrag. [Aus: „Zeitschr. d. deutschen geolog. Gesellsch."] gr. 8. (5 S.) Berlin, (Dobberke & Schleiermacher). baar n. — 20

Böhm, Jul., Etiquetten f. Mineralien-Sammlungen. gr. 8. (10 Taf.) Wien, Lechner's Sort. 1. 50

Böhme, Jakob. Sein Leben u. seine theosophischen Werke in geordnetem Auszuge m. Einleitungen u. Erläuterungen. Allen Christgläubigen dargeboten durch Johs. Claassen. [In 3 Bdn.] 1. u. 2. Bd. 8. Stuttgart, J. F. Steinkopf. n. 7. 50
Inhalt: 1. Einführung in Jakob Böhme. (LXVIII, 256 S.) n. 3. —. — 2. Das große Liebegeheimnis Gottes u. seines Reiches in Jesu Christo u. der ewigen Weisheit. Ein geordneter Auszug sämtl. Werke Jakob Böhmes. 1. Tl.: Vom ewigen Ungrunde bis zur Fleischwerdg. d. WOrtes. (XVI, 474 S.) n. 4. 50.

Böhmert, V., die Ergebnisse der sächsischen Viehzählung vom 10. Jan. 1883, s.: Zeitschrift d. k. sächsischen statistischen Bureaus.

Bohn, Prof. Dr. C., die Landmessung. Ein Lehr- u. Handbuch. Mit 370 in den Text gedr. Holzschn. u. 2 lith. Taf. 1. Hälfte. gr. 8. (436 S.) Berlin, Springer. n. 12. —

Böhne, Herm. Wold., das Informationswerk Ernst d. Frommen v. Gotha. Inaugural-Dissertation. gr. 8. (64 S.) Leipzig, (Fock). baar n. 1. —

Bohnenberger, J. G. F., die Berechnung der trigonometrischen Vermessungen m. Rücksicht auf die sphäroidische Gestalt der Erde. Deutsche Bearbeitg. der Abhandlg. „De computandis etc." v. Prof. E. Hammer. Mit 13 Fig. im Text. gr. 8. (VIII, 65 S.) Stuttgart, Metzler's Verl. n. 1. 80

Bohnenblusch, Ph., Friede auf Erden. Eine Stimme aus dem Volk üb. Glaube, Religion u. Geistlichkeit. Beitrag zur Beseitigg. der religiösen Streitigkeiten u. Anleitg. zur Erziehg. besserer Menschen überhaupt. gr. 8. (42 S.) Homburg-Pfalz 1886. (Zürich, Verlags-Magazin.) baar — 60

Bohny's, Nik., neues Bilderbuch. Anleitung zum Anschauen, Denken, Rechnen u. Sprechen f. Kinder von 2½—7 Jahren. Zum Gebrauche in Familien, Kleinkinderschulen, Taubstummenanstalten u. auf der ersten Stufe d. Elementar-Unterrichts. Mit mehr als 400 Abbildgn. auf 36 Farbendr.-Taf. 12. gänzlich neu gezeichnete Aufl. qu. gr. 4. (6 S. Text.) Eßlingen, Schreiber. geb. n. 6. —

(85/1) **Böhtlingk,** Otto, Sanskrit-Wörterbuch in kürzerer Fassung. 6. Thl. 1. Lfg. Imp.-4. (160 S.) St. Petersburg. Leipzig, Voss' Sort. n. 4. 20 (I—VI, 1.: n. 46. 50)

Boileau, l'art poétique, s. Schäfer, J.

Bolanden, Conr. v., die Kreuzfahrer. Historische Erzählgn. 1. Bd. A. u. d. T.: Wie man Kreuzfahrer wird. 8. (348 S.) Mainz, Kirchheim. 3. —

Boldt, Heinr., de liberiore linguae graecae et latinae collocatione verborum capita selecta. Dissertatio philologica. gr. 8. (195 S.) Göttingen 1884, (Deuerlich). n. 2. 40

Bölsche, Wilh., Paulus. Roman aus der Zeit d. Kaisers Marcus Aurelius. 2 Bde. 8. (252 u. 250 S.) Leipzig, Reißner. n. 7. —; geb. n. 8. —

Bondi, Dir. E., Leitfaden zum Religionsunterrichte der israel. Volks- u. Bürgerschuljugend. 3. verb. Aufl. 2 Thle. gr. 8. Brünn, Epstein. cart. n. 1. 40
1. (44 S.) n. — 60. — 2. (88 S.) n. — 80.

Bone, Prof. Gymn.-Dir. Heinr., deutsches Lesebuch f. höhere Lehranstalten. 1. Thl. Zunächst f. die unteren u. mittleren Klassen der Gymnasien, m. Rücksicht auf schriftl. Arbeiten der Schüler. 55. Aufl. gr. 8. (XXXII, 368 S.) Köln, Du Mont-Schauberg. n. 2. 50

Bonifacius, Guardian P., Philagia od. zehntägige Exerzitien f. e. nach Heiligkeit strebende Seele. Nach P. Paul de Barry, S. J., neu bearb. gr. 8. (VIII, 392 S.) Mainz, Kirchheim. 3. —

Bonn, Frz., Theater-Bilderbuch. 4 Scenen f. das Kinderherz m. ganz neuen Decorationen u. Text in Versen. 3. verb. Aufl. gr. 4. Eßlingen, Schreiber. geb. n. 5. —

Bonnet, J., der Fabeldichter Wilhelm Hey, e. Freund unserer Kinder. Ein Lebensbild. 8. (186 S.) Gotha, F. A. Perthes. geb. n. 4. —

Bonwetsch, Prof. D. G. Nathanael, Cyrill u. Methodius, die Lehrer der Slaven. Festvortrag, in der Aula der Universität Dorpat zur Gedächtnisfeier d. 1000jähr. Todestages d. Methodius am 6. [18.] Apr. 1885 geh. gr. 8. (22 S.) Erlangen, Deichert. — 50

Booch-Árkossy, Dir. Dr. F., ausführliches Lehr- u. Lesebuch zum fertigen Sprechen u. Schreiben der polnischen Sprache, s.: Bibliothek ausführlicher Lehr- u. Lesebücher der modernen Sprachen u. Literaturen nach Robertson's Methode.

—— u. Adam **Frey**, Hand-Wörterbuch der russischen u. deutschen Sprache. Zum Hand u. Schulgebrauch nach den neuesten u. besten Quellen bearb. (1. Bd.) Deutsch-russ. Wörterbuch. 4. Aufl. gr. 8. (IV, 716 S.) Leipzig, Haessel. n. 6. —; geb. n. 8. —

Boer, L. R. de, deutsches Lesebuch, } s. Wesing, C.
—— Sprachschule f. den deutschen Unterricht, } s. Wesing, C.

($^{84}/_{1}$) **Borchardt**, Dr. Osc., die geltenden Handelsgesetze d. Erdballs, gesammelt u. in das Deutsche übertr., sowie m. Einleitg., Anmerkgn. u. Generalregister versehen. 3. Bd. Lex.-8. Berlin, v. Decker. n. 25.— (1—3.: n. 63. 25)
Inhalt: Die Handelsgesetzbücher v. Honduras, Italien, Liechtenstein, Mexiko. Monaco, Nicaragua, den Niederlanden m. den Kolonien Curaçao, Indien u. Surinam, Oesterreich-Ungarn m. Bosnien u. der Hercegovina, u. Paraguay, sowie Anh., betr. Japan. (IX, 1134 S.)

Börckel, Alfr., der Philosoph v. Sanssouci. Schauspiel in 5 Akten. gr. 8. (IV, 64 S.) Mainz, v. Zabern. n. 1. —

—— Strandlieder. 8. (VIII, 63 S.) Ebd. n. 1. —; geb. m. Goldschn. n. 1. 70

Borée, Dr. Willy, Heinrich VIII. v. England u. die Curie in den J. 1528—1529. gr. 8. (56 S.) Göttingen, Akadem. Buchh. n. 1. 20

Borggreve, Ob.-Forstmstr. Dir. Prof. Dr. Bernard, die Holzzucht. Ein Grundriß f. Unterricht u. Wirthschaft. Mit Textabbildgn. u. 6 lith. Taf. gr. 8. (XII, 195 S.) Berlin, Parey. n. 6. —

Borkum, Nordseebad. Kleines Taschenbuch f. Badegäste m. mancherlei Ratschlägen nebst Taxen, Fahrplänen, Flut-Tabelle, Verhaltungsmassregeln, Ausflügen etc., e. Orts-Plan, e. Strassen-Verzeichnis, sowie e. alphabetisch geordneten Verzeichnis der Eingesessenen der Gemeinde. 3. Jahrg. 1885. 32. (VI, 103 u. 22 S.) Emden, Haynel. n. — 50

Bormann, Edwin, i nu heern Se mal! Allerleehand nachdenkliche Stammdisch-Geschichden aus Kleen-Paris. Mit Illustr. v. M. Adamo u. A. Oberländer. 8. (78 S.) München, Braun & Schneider. geb. 2. 50

Borne, Rittergutsbes. Max v. dem, die Fischzucht. 3., neu bearb. Aufl. Mit 111 in den Text gedr. Holzschn. 8. (IV, 207 S.) Berlin, Parey. geb. n. 2. 50

—— Handbuch der Fischzucht u. Fischerei. Unter Mitwirkg. v. Prof. Dr. B. Benecke u. Oberfischmstr. E. Dallmer hrsg. Mit 581 in den Text gedr. Abbildgn. gr. 8. (XIII, 701 S.) Ebd. 1886. n. 20. —

Börne, Ludwig, üb. den Antisemitismus. Ein Mahnruf aus vergangenen Tagen. gr. 8. (67 S.) Wien, O. Frank in Comm. n. 1. —

Bornemann, Kreisschulinsp. W., Lehrpläne f. 1—6-klassige Volksschulen. 8. (100 S.) Kreuznach, Voigtländer's Verl. cart. n. 1. 20

Börner's, Dr. Paul, Reichs-Medicinal-Kalender f. Deutschland auf d. J. 1886. 2 Thle. gr. 16. u. 12. (1. Thl. VIII, 388 u. 73 S.) Cassel, Fischer. Ausg. A: Normal-Kalender geb. n. 5. —; Ausg. B: 1. Thl. durchschossen n. 5. 50; Ausg. C: in Etui m. broch. Abtheilgn. zum Einhängen n. n. 7. —; Ausg. D: in Etui m. broch. Abtheilgn. zum Einhängen u. m. Instrumententasche n. n. 7. 50; Ausg. E: 1. Thl. in broch. Hftn., 2. Thl. geb. n. 4. —

Borſchitzky, Fanni, f. das gute Recht. Ein Beitrag zur Lehrerinnenfrage. gr. 8. (24 S.) Wien, Sallmayer in Comm. baar n.n. — 40

Börsen-Adressbuch, Hamburger. Enth. Firma, Inhaber derselben, Bank-Conto, Fernsprecher, Telegramm-Adresse, Mitglieder der Handelskammer, Mitglieder „Eines Ehrbaren Kaufmannes", Comptoire u. Geschäftsbranche der Börsenbesucher, nebst e. Plan der Börse. Hrsg.: Castellan Hinr. Quast. gr. 8. (IV, 348 S.) Hamburg, (Jenichen). geb. baar n.n. 3. —

Bosko, Carlo, der unübertroffene Zauberer u. Hexenmeister. 101 auserlesene u. überrasch. Taschenspieler-Künste u. Scherzaufgaben. 5. Aufl. 12. (64 S.) Oberhausen, Spaarmann. — 40

Bosse, Amtshauptm. v., königl. sächsische revidirte Landgemeindeordnung vom 24. Apr. 1873. 6. verm. Aufl. 8. (VII, 177 S.) Leipzig 1886, Roßberg. n. 1. 50; Einbd. n.n. — 30

Bosse, Frdr., die Verbreitung der Juden im Deutschen Reiche auf Grundlage der Volkszählung vom 1. Dezbr. 1880. Nach amtl. Materialien zusammengestellt. gr. 8. (136 S. m. 1 Karte.) Berlin, Puttkammer & Mühlbrecht. n. 3. —

Botaniker-Kalender 1886. Hrsg. v. P. Sydow u. C. Mylius. 2 Thle. 1. Jahrg. 16. (XII, 202 u. 112 S.) Berlin, Springer. geb. in Leinw. u. geh. n. 3. —; in Ldr. u. geh. n. 3. 50

Bote, der. Volkskalender f. alle Stände auf d. J. 1886. 52. Jahrg. Mit 8 Bildern v. Th. Blätterbauer, F. Defregger, H. Kauffmann, J. Scholtz u. A. 8. (226 S.) Glogau, Flemming. n. 1. —

—— Arnsberger hinkende, f. d. J. 1886. 16. (64 S. m. Illustr.) Werl, Stein. — 15

—— der flinke, f. d. J. 1886. Mit 1 (chromolith.) Titelbilde u. zahlreichen Illustr. 12. (160 S.) Landsberg a/W., Volger & Klein. n. — 50

—— der deutsche hinkende, auf d. Gemeinj. 1886. 11. Jahrg. Hrsg. v. Jos. Hubertus. Mit Illustr. 16. (64 S.) Aachen, Schweitzer. — 10

—— Kärntner, f. 1886. Volkskalender f. Haus u. Familie. 13. Jahrg. 4. (120, XXVII S. m. eingedr. Holzschn. u. 1 Chromolith.) Klagenfurt, Heyn. cart. n.n. — 84

—— der Kölner, Illustrirter Familien-Kalender f. 1886. 4. Jahrg. 16. (94 S.) Köln, Theissing. — 20

—— der kleine Kölner hinkende, auf d. J. 1886. Mit 8 Bildern. 16. (62 S.) Ebd. — 10

—— rheinisch-westfälischer hinkender, auf d. J. 1886. 16. (56 S. m. Illustr.) Düsseldorf, F. Bagel. — 10

—— der Wiener. Illustrirter Kalender f. Stadt- u. Landleute auf d. J. 1886 v. Carl Elmar. 17. Jahrg. gr. 8. (XXXII, 176 S.) Wien, v. Waldheim. — 75; geb. 1. 50

Böttcher, Karl, Brunnengeister. Marienbader Saisonbilder. 8. (141 S.) Karlsbad, Feller. n. 3. —; geb. n. 4. —

Böttcher, Karl, vier neue Capitel zur pädagogischen Carrière der Gegenwart. Kritische Plaudereien. 8. (61 S.) Leipzig, Frohberg. n. 1. —

Böttcher, Past. Vikt., das Buch Hiob nach Luther u. der Probebibel, aus dem Grundtext bearb. u. m. Bemerkgn. versehen. gr. 8. (IV, 72 S.) Leipzig, Lehmann. n. 1. 20

Böttger, C. A., die Arbeiten d. Schlossers, s.: (85/1) Graef sen., A., u. M. Graef jun.

Boettger, Dr. O., Liste v. Reptilien u. Batrachiern aus Paraguay. [Aus: „Ztschr. f. Naturwiss."] gr. 8. (36 S.) Halle, Tausch & Grosse. n. 1. —

(85/1) **Botticelli**, Sandro, Zeichnungen zu Dante's Göttlicher Komödie, nach den Originalen im k. Kupferstichkabinet zu Berlin hrsg. im Auftrage der

Generalverwaltg. der k. Museen v. Frdr. Lippmann. 2. Abth. qu. gr. Fol. (29 Lichtdr.-Taf.) Berlin, Grote. In Leinw.-Mappe. (à) n. 90. —

Boetticher, Adf., Olympia, das Fest u. seine Stätte. Nach den Berichten der Alten u. den Ergebnissen der deutschen Ausgrabgn. Mit 95 Holzschn. u. 21 Taf. in Kpfr.-Radirg., Lichtdr., Lith. etc. 2. durchgeseh. u. erweit. Aufl. Lex.-8. (XII, 420 S.) Berlin 1886, Springer. geb. in Leinw. n. 20. —; in Liebhaberhalbfrzbd. n. 25. —

Boettner, Handelsgärtner Johs., Lehre der Obstkultur u. Obstverwertung. Nach prakt. Erfahrgn. bearb. [In 3 Tln.] 1. u. 2. Tl. gr. 8. Oranienburg, Freyhoff. n. 6. 50; geb. n. 8. 50

Inhalt: 1. Die Obstkultur. Anleitung zur Pflege u. Zucht der Obstbäume, zur zweckmäß. Einrichtg. v. Obst- u. Baumgärten, sowie Mitteilg. v. Kulturverfahren, welche bei verhältnismäßig geringen Kosten den höchsten Ertrag an wertvollen Früchten erzielen. Auswahl der besten u. empfehlenswertesten Obstsorten f. die verschiedensten Verhältnisse. Nebst e. Anh.: Die Topfobstbaumzucht. Nach prakt. Erfahrgn. f. Obstzüchter, Landwirte, Gärtner u. Freunde e. rationellen Obstkultur bearb. Mit 71 Abbildgn. u. 3 Gartenplänen. (VIII, 263 S.) n. 3. 50; geb. n. 4. 50. — 2. Die Obstverwertung. Gründliche Unterweisg. in der Behandlg., Aufbewahrg. u. Benutzg. v. Kern- u. Steinobst, wie Aepfel, Birnen, Quitten. Zwetschen, Kirschen 2c., Anleitg. zur Einrichtg. v. Fabriken f. Bereitg. v. Dörrobst, Obstpasten, Obstkonserven, Gelees, Obstwein 2c., Herstellg. u. Gebrauch v. Obstprodukten f. Küche u. Haushaltg. Nebst Ratschlägen zur Organisation u. Hebg. d. deutschen Obsthandels. Mit 63 Abbildgn. (VIII, 251 S.) n. 3. —; geb. n. 4 —

Boue, Louise, le livre d'or I. Abécédaire français illustré pour les petits enfants. Nouvelle methode de lecture propre à développer l'intelligence et la mémoire des enfants et à les instruire tout en les amusant. Avec préface de l'ancien Dir. Dr. Ch. Vogel et Dr. F. Flügel. 7. éd., augmentée et corrigée. Ornée de 300 jolies gravures, d'un frontispice, etc. Avec un supplément: La boite typographique. 8. (VI, 112 S.) Leipzig, Spamer. n. 1. 50; geb. n. 2. —

Bouché, Garteninsp. J., der Gemüsebau. Eine prakt. Anleitg. zur Erziehg. u. Cultur sämmtl. Gemüse u. Küchengewächse. 2. durchgeseh. u. verb. Aufl. gr. 8. (VII, 167 S.) Leipzig, H. Voigt. n. 2. 40

Boudon, Archidiacon D. Heinr. Maria, die Heilskraft d. Kreuzes. Worte der Belehrg. u. d. Trostes in Leiden, insbesondere in den Prüfgn. u. Versuchgn. d. inneren Lebens. In deutscher Sprache m. Zusätzen hrsg. v. e. Curatpriester. 8. (VIII, 205 S.) Mainz, Kirchheim. 1. 50

Bouffier, Zeichenlehr. Herm., Anleitung zum Porzellanmalen u. Einbrennen der Malereien f. Dilettanten. 8. (33 S. m. Illustr.) Wiesbaden 1886, Limbarth. n. 1. —

Bouilly, M. J. N., l'abbé de l' Épée, s.: Théâtre français.

Bourdon, Mathilde, die arme Verwandte. Aus dem Franz. übers. von H. v. G. 8. (172 S.) Freiburg i/Br., Herder. 1. 40

Boutauld, P. Mich., S. J., der innere Verkehr m. Gott u. der gute Gebrauch der Zeit nebst e. Anh. üb. das Gebet. 3. Aufl. Aus dem Franz. 16. (128 S.) Mainz, Kirchheim. — 50

Boveri, Thdr., Beiträge zur Kenntnis der Nervenfasern. Mit 2 (chromolith.) Taf. [Aus dem histiolog. Laboratorium zu München.] [Aus: „Abhandlgn. d. k. b. Akad. d. Wiss."] gr. 4. (75 S.) München, Franz' Verl. in Comm. n.n. 2. 50

Boy, J., d. Orgelmanns Kind, s.: Hausfreund, Hamburger.

—— vergiß deinen Stand nicht, s.: Schillingsbücher.

Boyesen, H. H., Novellen, s.: Engelhorn's allgemeine Roman-Bibliothek.

Brachmann, Frdr., quaestiones Pseudo-Diogenianeae. [Aus: „Jahrbb. f. class. Philol., 14. Suppl.-Bd."] gr. 8. (78 S.) Leipzig, Teubner. n. 1. 60

Braddon, M. E., Wyllard's weird, s.: Collection of British authors.

Brahm, Otto, Heinrich v. Kleist. Gekrönt m. dem ersten Preise d. Vereins f. deutsche Literatur. 2. Aufl. gr. 8. (VII, 391 S. m. 1 Holzschn.-Bildniß.) Berlin, Allgemeiner Verein f. deutsche Literatur. n. 5. —; geb. baar n. 6. —

Brainin, Dr. S., der Riga'sche Strand. Aerztlicher Führer an demselben. 8. (IV, 108 S.) Riga, (Bruhns). n. 1. 75

Braitmaier, Herm., Geschichte der Kirche Christi in übersichtlicher Darstellung. Ein Hilfsbuch bei der Fortbildg. evangel. Lehrer. (In 7—8 Hftn.) 1—5. Hft. gr. 8. (VIII u. S. 1—290.) Minden, Hufeland. à n. — 60

Brandeis, E., die Türken vor Wien, s.: Volks- u. Jugend-Bibliothek.

Brandes, Wegebaumstr., Ilsenburg als Sommer-Aufenthalt. 266 Mtr. üb. der Ostsee. Ein Führer durch Ilsenburg u. Umgegend, nebst e. (lith. u. color.) Special-Karte m. Angabe der näheren Spaziergänge. Mit e. geschichtl. Uebersicht vom Archivr. Dr. **Jacobs**. 2. Aufl. 8. (36 S. m. 4 Taf.) Wernigerode, Angerstein. n. 1. —

Brandes, Geo., Ludwig Holberg u. seine Zeitgenossen. Mit dem Bildnisse Ludw. Holberg's in Holzst. 8. (V, 254 S.) Berlin, Oppenheim. n. 4. 50; geb. n. 5. 50

Brandes, P. Karl, O. S. B., der heilige Meinrad u. die Wallfahrt v. Einsiedeln, die Gnadencapelle, ihre Wunder u. ihre Pilger. Mit 1 Farbendr. u. 8 Tondr.-Bildern. 3. verb. u. verm. Aufl. 16. (159 S.) Einsiedeln, Benziger. cart. 1. 20; geb. in Leinw. m. Goldschn. 1. 80

Französische Ausg. zu gleichen Preisen.

Brandis-Zelion, Emma v., Gesühnt. Orig.-Roman. 8. (260 S.) Paderborn, Junfermann. n. 3. —; geb. n. 4. 50

Brandt, weil. Kirchenr. Pfr. Chrn. Phpp. Heinr., u. weil. Del. Pfr. Chrph. Karl **Hornung**, Lese-Leichen. Betrachtungen u. Gebete zum Vorlesen bei Begräbnissen u. zur häusl. Erbaug., gesammelt u. hrsg. 3., verm. Aufl. gr. 8. (408 S.) Stuttgart, J. F. Steinkopf. n. 3. 60

Brandt, Schuldir. M. G. W., liturgische Christ-Feier in Schriftworten u. Liedern. Für Schule u. Familie. 7. überarb. Aufl., in Typendr. die 4. gr. 8. (IV, 75 S.) Barmen, Klein. geb. n. 1. 50

—— Ehrenzeugnisse. Ein Buch fürs christl. Haus. Mit Orig.-Beiträgen v. E. Blaul, A. Buhle, W. Canz &c. hrsg. 2. billige Volks- (Titel-)Ausg. 8. (XI, 293 S.) Ebd. (1877). n. 2. 50

Brandt, Prof. Dr. Sam., Verzeichniss der in dem Codex 169 v. Orléans vereinigten Fragmente v. Handschriften lateinischer Kirchenschriftsteller. [Aus: „Sitzungsber. d. k. Akad. d. Wiss."] Lex.-8. (10 S.) Wien, Gerold's Sohn in Comm. n.n. — 30

(84/1) **Branntweinbrenner**, der. Populäre Zeitschrift f. das gesammte Brennerei-Gewerbe. Offizielles Organ der Vereine schles. u. märk. Brennerei-Verwalter. Red.: G. M. **Richter**. 5. Jahrg. Juli 1885 — Juni 1886. 24 Nrn. (B.) gr. 4. Bunzlau, (Kreuschmer). Halbjährlich baar n.n. 2. 50

(85/2) **Brasch**, Dr. Mor., die Klassiker der Philosophie. Von den frühesten griech. Denkern bis auf die Gegenwart. Eine gemeinfaßl. histor. Darstellg. ihrer Weltanschaug., nebst e. Auswahl aus ihren Schriften. Mit Porträts (eingedr. Holzschn.). 36—57. (Schluß-)Lfg. gr. 8. (VIII u. S. 1665—2720.) Leipzig, Greßner & Schramm. baar à n. — 50

Brass, Dr. Arnold, Chromatin, Zellsubstanz u. Kern. Zugleich e. vorläuf. Antwort auf O. Hertwig's Beleuchtg. u. Widerlegg. meiner biolog. Studien. gr. 8. (42 S.) Marburg, Elwert's Verl. n. — 80

—— kurzes Lehrbuch der normalen Histologie d. Menschen u. typischer Thierformen zum Gebrauch f. Aerzte, Studirende der Medicin u. Naturwissenschaften etc. 1. Lfg. gr. 8. (IV, 80 S.) Cassel, Th. Fischer. n. 2. —

Brassey, Lady Annie, e. Familienreise v. 14000 Meilen in die Tropen u. durch die Regionen der Passate, ausgeführt u. geschildert. Frei übers. durch Anna Helms. Autoris. Ausg. Mit 290 Illustr. u. 7 Karten. gr. 8. (345 S.) Leipzig, Hirt & Sohn. n. 6. 60; geb. n. 8. 50

—— in the trades, the tropics, and the roaring forties, s.: Collection of British authors.

Brauchitsch, M. v., die neuen preußischen Verwaltungsgesetze. Zusammengestellt u. erläutert. Neue Aufl., vollständig umgearb. u. bis auf die Gegenwart fortgeführt v. Reg.-Präs. Studt u. Geh. Ob.-Reg.-R. u. vortrag. Rath Braunbehrens. 3. Bd. 7. Gesammt-Aufl. d. „Supplementbandes". gr. 8. (IX, 453 S.) Berlin, C. Heymann's Verl. geb. n. 8. —

Brauer, Past. A., Professor Dieckhoffs Lehre v. der Bekehrung u. die Konkordienformel. Eine Erwiderg. auf dessen Schrift: „Der missourische Prädestinatianismus u. die Konkordienformel". gr. 8. (30 S.) Dresden, H. J. Naumann. n. — 50

Brauer, Prof. Dr. Frdr., systematisch-zoologische Studien. [Mit 1 (lith.) Taf.] [Aus: „Sitzungsber. d. k. Akad. d. Wiss."] Lex.-8. (177 S.) Wien, (Gerold's Sohn). n. 3. —

Braun & Heider, zur Orientirung üb. die Frage der elektrischen Beleuchtung. 2. unveränd. Aufl. gr. 8. (11 S.) Wien, O. Frank. n. — 60

Braun, Emilie, durchs Leben. Erinnerungen u. Winke e. Mutter u. Erzieherin. 8. (VIII, 220 S.) Stuttgart 1886, Kitzinger. n. 2. 40; geb. n. 3. —

Braun, Hofkapl. Dr. Frdr., Glaubenskämpfe u. Friedenswerke. Bilder u. Skizzen. 8. (VII, 310 S.) Stuttgart, Krabbe. n. 3. —; geb. baar n. 4. —

Braun, Geo., Märchenkranz. Eine Auswahl der beliebtesten u. volkstümlichsten Märchen in Bearbeitgn. f. die Jugend v. u. nach den besten Erzählern. Mit 8 Farbendr.-Bildern u. zahlreichen Holzschn. nach Originalen v. M. Block. 2. Aufl. gr. 8. (300 S.) Leipzig, Oehmigke. geb. n. 3. —

(83/2) **Braun**, Jul. W., Schiller u. Göthe im Urtheile ihrer Zeitgenossen. Zeitungskritiken, Berichte u. Notizen, Schiller u. Göthe u. deren Werke betr. aus den J. 1773—1812, gesammelt u. hrsg. Eine Ergänzg. zu allen Ausgaben der Werke dieser Dichter. 2. Abth.: Göthe. 3. Bd. 1802—1812. gr. 8. (XX, 311 S.) Berlin, Luckhardt. (à) n. 7. 50; geb. (à) n. 9. —

Braun, L., Haupt-Register, s.: Finanz-Ministerialblatt f. das Königr. Bayern.

Braun, M., s.: Bericht üb. die wissenschaftlichen Leistungen in der Naturgeschichte der niederen Thiere.

Braun, Margarethe, od. Vertrauen auf Gott. Aus dem Engl. 3. Aufl. 8. (103 S.) Berlin, Deutsche Evangel. Buch- u. Tractat-Gesellschaft. n. — 75

Braun, Dr. Rhold., Beiträge zur Statistik d. Sprachgebrauchs Sallusts im Catilina u. Jugurtha. gr. 8. (68 S.) Düsseldorf. (Berlin, Weidmann.) n. 1. —

Braun, Gen.-Superint. Pfr. Th., die Bekehrung der Pastoren u. deren Bedeutung f. die Amtswirksamkeit. 8. (32 S.) Berlin, Wiegandt & Grieben. n. — 40

(85/1) **Braun**, Reallehr. Dr. Wilh., Rechenbuch f. die unteren Klassen v. Mittelschulen. 2. Tl. Das Rechnen m. gemeinen Brüchen. 8. (90 S.) Augsburg 1886, Rieger in Comm. (à) n. — 90

Braune, Sem.-Lehr. A., Rechenbuch als Grundlage f. das Kopfrechnen in Seminarien. 3 Tle. in 1. Bd. gr. 8. (VI, 152 S.) Breslau, Dülfer. n. 2. —

Braune, Dir. Alb., Lehrbuch der Handelswissenschaft f. Schulen u. zum Selbstunterrichte. 4., umgearb. u. verm. Aufl. gr. 8. (X, 325 S.) Leipzig, O. Wigand. n. 3. —

Braune, E., die erste Damen-Gesellschaft, s.: Kühling's, A., Theater-Specialität.
—— heimliche Liebe, s.: Album f. Liebhaber-Bühnen.
—— der Marder im Taubenschlag, s.: Kühling's, A., Theater-Specialität.
—— Vergißmeinnicht, s.: Theater-Mappe.
—— Wallenstein in Mottenburg, s.: Album f. Liebhaber-Bühnen.
Braune, K., die drei Briefe d. Apostels Johannes, s.: Bibelwerk, theologisch-homiletisches.
Braune, Wilh., u. Otto **Fischer** die bei der Untersuchung v. Gelenkbewegungen anzuwendende Methode, erläutert am Gelenkmechanismus d. Vorderarmes beim Menschen. Mit 4 (graph. Stein-) Taf. [Aus: „Abhandlgn. d. mathemat. phys. Classe d. k. sächs. Gesellschaft d. Wissensch."] Lex.-8. (24 S.) Leipzig, Hirzel. n. 2. —
Bredichin, Th., sur les oscillations des jets d'émission dans les comètes. gr. 8. (26 S. m. 1 Steintaf.) Moscou. (Leipzig, Voss' Sort.) n. 1. 20
—— révision des valeurs numériques de la force répulsive. gr. 8. (36 S.) Ebd. n. 1. 20
Breidenbach, E. v., Natur- u. Lebensbilder. 8. (III, 91 S.) Berlin, Ißleib. n. 1. 50; geb. n. 2. 50
(85/1) **Breiteneicher**, Geistl.-R. ehem. Dompred. Dr. Mich., Kanzelvorträge auf alle Sonn- u. Festtage d. Kirchenjahres. Im Auftrage d. Verf. nach dem Ableben desselben hrsg. v. Sem.-Präf. Simon Spannbrucker. 4. (Schluß-) Lfg. gr. 8. (S. 609—818.) Dülmen, Laumann. (à) 1. 50 (cplt.: n. 6. —; geb. n. 7. —)
Breithaupt, Frau verw. Oberstabsarzt Adolphine, die Feldküche nach neuer Reform. Ein Handbuch f. den deutschen Soldaten im Quartier, Bivouak u. Felde, sowie f. Garçons, Touristen u. Jäger. Nebst e. Anh. üb. Gesundheitspflege, unter Benutzg. d. Nachlasses d. Oberstabs- u. Regts.-Arztes Dr. Breithaupt bearb. 8. (XVI, 157 S.) Berlin 1884, Stahn. In Leinw. cart. n. 2. —
Breitinger, Prof. H., die Grundzüge der französischen Litteratur- u. Sprachgeschichte. Mit Anmerkgn. zum Übersetzen ins Französische. 5. durchgeseh. Aufl. gr. 8. (VII, 108 S.) Zürich, Schulthess. n. 1. 20
—— Studium u. Unterricht d. Französischen. Ein encyklopäd. Leitfaden. 2. verm. Aufl. gr. 8. (210 S.) Ebd. n. 3. —
Breitsprecher, Oberlehr. Dr. Karl, der erste Unterricht in der Geometrie. Für die Quinten aller höheren Lehranstalten bearb. 1. u. 2. Hft. 4. Breslau, F. Hirt. n. 1. 40
Inhalt: 1. Die Strecke als Element geometrischer Konstruktionen. (IV, 40 lith. S.) n. — 60. — 2. Der Winkel als Element geometrischer Konstruktionen. (56 lith. S.) n. — 80.
Breitung, Assist.-Arzt Dr. Max, üb. tötliche Hirnverletzungen in forensischer Hinsicht, s.: Sonderabdrücke der Deutschen Medizinal-Zeitung.
—— Taschen-Lexikon f. Sanitätsoffiziere d. activen Dienst- u. d. Beurlaubtenstandes. 12. (III, 181 S.) Berlin, Mittler & Sohn. n. 2. —; geb. n. 2. 50
Bremen. Führer durch die freie Hansestadt Bremen. Mit Titelbild, e. Plane der Stadt u. e. Skizze der Umgebg. 8. (64 S.) Bremen, Rocco. n. 1. —
Bremer, Prof. Dr. F. P., Franz v. Sickingens Fehde gegen Trier u. e. Gutachten Claudius Cantiunculas üb. die Rechtsansprüche des Sickingenschen Erben. Lex.-8. (116 u. 28 S.) Strassburg, Heitz. n. 4. 50
Bremscheid, Priest. P. Matthias v., die christliche Familie. Worte der Unterweisg. u. Ermahng. f. das christl. Volk. 16. (VI, 246 S.) Mainz, Kirchheim. 1. 50
Brennecke, Adf., im Wechsel der Tage. Unsere Jahreszeiten im Schmuck v. Kunst u. Dichtg. Eine Auswahl aus den Werken unserer besten vaterländ. Dichter. Mit zahlreichen Holzschn. nach Zeichngn. hervorrag. Künstler u.

(4) Heliogravüren nach den Originalen v. F. A. Kaulbach, E. Nięzky, Th. v. der Beek u. Rud. Epp. 3., gänzlich umgearb. Aufl. hoch 4. (176 S.) Leipzig, Hirt & Sohn. geb. m. Goldschn. n. 10. —
Brenner, G., Th. Lautz u. A. Schmidt, Zeichen-Schule. 3. Hft. 18 (lith.) Bl. schattirter Ornamente. 2. verb. Aufl. gr. 8. Wiesbaden, Limbarth. In Mappe. n. 4. —
(84/2) **Brenning**, Dr. Emil, Geschichte der deutschen Litteratur. 7—9. Lfg. Lex.-8. (S. 481 — 720 m. eingedr. Holzschn.) Lahr, Schauenburg. à n. 1.—
—— Graf Adolf Friedrich v. Schack. Ein litterar. Essay. 8. (47 S.) Bremen Rocco. n. 1.50
——! der Selbstmord in der Literatur. Vortrag, geh. in der literar. Gesellschaft d. Bremer Künstlervereins. 8. (18 S.) Ebd. n. — 60
Brentano, F., Durchlaucht haben geruht, s.: Volks-Schaubühne.
Breslau's Bauten sowie kunstgewerbliche u. technische Anstalten. Hrsg. vom Architekten- u. Ingenieur-Verein zu Breslau. 8. (32 S.) Breslau, Trewendt. n. — 60
Breslauer, chemische Untersuchung der Luft f. hygienische Zwecke s.: Sonderabdrücke der Deutschen Medizinal-Zeitung.
Brestrich, Schulvorst. A., ‚Rechenfibel od. Uebungen in Zahlenkreise von 1—100. 35. Ster.-Aufl. 8. (32 S.) Berlin, Oehmigke's Verl. n. — 30
Bret Harte, F., Maruja, s.: Collection of British authors.
—— Maruja, s.: Engelhorn's allgemeine Roman-Bibliothek.
—— by shore and sedge, s.: Collection of British authors.
Berton de los Herreros, M., la independencia, s.: Bibliothek, spanische.
Bretschneider, Realschuloberlehr. H., Franco-Anglia. Sammlung französ. u. engl. Dichtgn. in deutschen Versen, als method. Hilfsbuch beim Sprachunterricht hrsg. 8. (X, 194 S.) Rochlitz, Pretzsch. n. 2. —
Brevier, kleines, zu Ehren d. hl. Herzens Jesu. Tagzeiten f. jeden Tag der Woche u. e. Meßandacht. Auszüge aus dem Leben u. den Werken der sel. Margareta Maria. Autoris. Übersetzg. aus dem Franz. v. E. Britz 3. Aufl. 16. (XVI, 160 S. m. Stahlst.) Paderborn, Bonifacius-Druckerei. n. — 35
Breymann, Prof. Dr. Herm., Wünsche u. Hoffnungen, betr. das Studium der neueren Sprachen an Schule u. Universität. gr. 8. (VII, 52 S.) München, Oldenbourg. n. 1. 20
Brezina, Dr. Aristides, die Meteoritensammlung d. k. k. mineralogischen Hofkabinetes in Wien am 1. Mai 1885. Mit 4 Taf. Lex.-8. (VI, 126 S.) Wien, Hölder. n. 9. —
Bricka, Geo. St., Regeln f. den Geflügelhof. Praktische Anleitg. f. jeden Geflügelzüchter. Aus dem Dän. übertr. v. Cl. Andresen. gr. 16. (56 S.) Kiel, Biernatzki. n.n. — 50
Briefe August Bemmchens in Kamerun an die Redaction d. „Dresdener Stadtblatt“, hrsg. v. Mikado. 2. Aufl. 8. (55 S.) Berlin, Eckstein Nachf. n. — 60
(83/2) —— moderner Dunkelmänner. Hrsg. v. Eckart Warner. 2. Thl. gr. 8. (XIV, 140 S.) Leipzig, O. Wigand. (à) n. 2. —
—— aus dem Himmel. 4. Aufl. 8. (216 S.) Bremen, Müller. n. 2. 80; geb. n.n. 3. 80
—— sechs, üb. die kirchlich-religiösen Zustände im Abendlande u. die ökumenische Kirche vom Standpunkte e. morgenländ. Christen. Bevorwortet v. Herm. Dalton. 8. (VII, 61 S.) Bremen, Müller. n. 1. 20
Brieftasche, technische, f. Bau-Ingenieure. In 2. verb. u. verm. Aufl. bearb. v. Ingen. Prof. Frdr. Steiner. 2. unveränd. Ausg. m. Kalender 1886. gr. 16. (XVI, 177 S. m. Fig.) Wien, Spielhagen & Schurich. In Leder-Portefeuille geb. baar n. 6. —

Brieftaschen-Kalender f. d. J. 1886. 16. (14 S.) Berlin, Trowitzsch & Sohn. geb. m. Goldschn. — 30
—— für 1886. 16. (16 S.) Breslau, Trewendt. baar n. — 20
—— für 1886. 32. (14 S.) Düsseldorf, F. Bagel. — 30
—— Wiener, f. d. J. 1886. 17. Jahrg. 16. (IV, 16 S.) Wien, Perles. n. — 40; geb. n. — 80

Briefwechsel zwischen Dobrowsky u. Kopitar (1808—1828). Hrsg. v. V. Jagić. Mit e. (photolith.) Portr. u. 2 lith. Beilagen. gr. 8. (CVII, 751 S.) St. Petersburg. Berlin, Weidmann in Comm. baar n.n. 9.—
—— zwischen Jac. Grimm u. J. H. Albertsma, hrsg. v. Prof. Dr. B. Sijmons. [Aus „Ztschr. f. deutsche Philol."] gr. 8. (36 S.) Halle, Buchh. d. Waisenh. n. — 80

Brieger, Adf., König Humbert in Neapel. Ein Gedicht. 8. (VIII, 89 S.) Leipzig, Reissner. n. 1. 50; geb. n. 2. 50

Brieger, Prof. Assist. Dr. L., weitere Untersuchungen üb. Ptomaine. gr. 8. (83 S.) Berlin, Hirschwald. n. 2. —

Brinckmann, Osc., üb. die Bewegung e. materiellen Punktes auf e. Rotations-Paraboloid, wenn derselbe von e. auf der Rotations-Axe gelegenen festen Centrum nach dem Newton'schen Gesetze angezogen wird. Inaugural-Dissertation. gr. 8. (54 S. m. 1 Steintaf.) Jena, (Neuenhahn). baar n. 2. —

Brinckmeier, Hofr. Dr. Ed., leicht faßliche u. sichere Methode, ohne Lehrer die spanische Sprache nicht nur lesen u. verstehen, sondern auch ohne große Mühe u. in kurzer Zeit richtig, fließend u. elegant sprechen u. schreiben zu lernen. Nach 50jähr. eigner Erfahrg. u. intimem Verkehr m. Spaniern bearb. 8. (VIII, 200 S.) Ilmenau, Schröter's Verl. cart. n. 3. —

Brinz, Alois v., zum Begriff u. Wesen der römischen Provinz. Festrede zur Vorfeier d. Allerhöchsten Geburts- u. Namensfestes Sr. Maj. d. Königs Ludwig II., geh. in der öffentl. Sitzg. d. k. Akademie der Wissenschaften zu München am 25 Juli 1885. gr. 4. (24 S.) München, (Franz' Verl.). n.n. — 60

Brockes, B. H., irdisches Vergnügen in Gott, s.: Universal-Bibliothek Nr. 2015.

Brodbeck, Doz. Dr. Adf., Münzen aus der römischen Kaiserzeit, nach den Orginalen im brit. Museum abgebildet v. der Londoner Autotype-Company u. m. erläut. Text versehen. qu. Fol. (1. Taf. m. 2. S. Text.) Stuttgart, Metzler's Verl. n. 1. 50

Brodkorb, Kirchner. W., zur Wahrung d. kirchlichen Rechts u. der kirchlichen Verwendung d. Braunschweigischen Klosterfonds. Eine an die IV. braunschweig. Landessynode gerichtete Vorstellg. u. Bitte um Beleuchtg. d. üb. dieselbe erstatteten Commissions-Berichts. gr. 8. (24 S.) Braunschweig, Wollermann. in Comm. n. — 50

Broemel, M., s.: Beiträge, kritische, zur herrschenden Wirthschaftspolitik.

(85/1) **Bronn's**, Dr. H. G., Klassen u. Ordnungen d. Thier-Reichs, wissenschaftlich dargestellt in Wort u. Bild. 2. Bd. Mit auf Stein gezeichneten Abbildgn. 8—11. Lfg. Lex.-8. Leipzig, C. F. Winter. à n. 1. 50
Porifera. Neu bearb. v. Dr. G. C. J. Vosmaer. (S. 225—368 m. 7 Bl. Erklärgn.)

(85/1) —— dasselbe. 6. Bd. 3. Abth. 44—47. Lfg. gr. 8. Ebd. à n. 1. 50
Inhalt: Reptilien. Fortgesetzt v. Prof. Dr. C. K. Hoffmann. 44—47. Lfg. (S. 1425—1520 m. 10 Bl. Erklärgn.)

—— dasselbe 6. Bd. 5. Abth. 28. Lfg. Lex.- 8. Ebd. (à) n. 1. 50
Inhalt: Säugethiere: Mammalia. Fortgesetzt v. Prof. Dr. W. Leche. 28. Lfg. (S. 593—624 m. 1 Bl. Erklärgn.)

Bronner, Frz. Jos., Parallelismus der Flußsysteme Europas, Asiens, Afrikas u. Amerikas. Vergleichungen der wichtigsten Ströme dieser Erdteile. Beitrag zur Methodik d. geograph. Unterrichts. gr. 8. (64 S.) München, Kellerer's Hofbuchh. n. 1. —

(85/1) **Broschüren**, Frankfurter zeitgemäße. Neue Folge, hrsg. v. Dr. Paul Haffner. 6. Bd. 8—12. Hft. gr 8. Frankfurt a/M., Foesser Nachf. | à n. — 50
Inhalt: 8. J. J. Rousseau u. das Evangelium der Revolution. Von Dr. Paul Haffner. (24 S.) — 9. Papst Gregor VII. Seine Zeit, sein Leben u. Wirken. Von Benedict Nuber. (32 S.) — 10. Die Kunst im katholischen Gotteshause. Von Ant. Walter. (38 S.) — 11. Das Alter d. Menschen u. die Wissenschaft. Von Johs. Weber. (39 S.) — 12. Walther v. der Vogelweide. Von. Alb. Foesser. (22 S. m. 1 Illustr.)

—— dasselbe. 7. Bd. 1. Hft. gr. 8. Ebd. pro 12 Hfte. n. 3. —; Einzelpr. n. — 50
Inhalt: Die Bacillen d. socialen Körpers. Ein historisch-polit. Versuch. Von Dr. Paul Haffner. (30 S.)

Broesel, Wilh., der Charakter der Senta u. seine ideale Darstellung. Ein Beitrag zum Verständnisse der Oper v. Rich. Wagner „Der fliegende Holländer". gr. 8. (XVII, 65 S. m. 1 Lichtdr.-Portr.) Leipzig, E. W. Fritzsch. n. 1. 80

Brosien, H., Karl der Große, s.: Wissen, das, der Gegenwart.

Brosius, Masch.-Insp. J., u. Eisenb.-Insp. R. **Koch**, das Locomotivführer-Examen, e. Fragebuch aus der Verf. Handbuche: Die „Schule d. Locomotivführers". Mit e. Vorwort üb. die „Ausbildung d. Maschinenpersonales". 5. verm. Aufl. 8. (49 S.) Wiesbaden, Bergmann. cart. n. — 80

—— —— die Schule f. den äußeren Eisenbahn-Betrieb. Handbuch f. Eisenbahnbeamte u. Studirende techn. Anstalten. In Ergänzg. ihrer „Schule d. Locomotivführers" gemeinfaßlich bearb. 1. Thl.: Zeichnenkunde, Mathematik, Physik, Mechanik. Mechanische Hilfsmittel der Eisenbahnen. Locomotiven, Locomotivbetrieb, Locomotivmaterialien. Mit 352 Holzschn. u. 2 lith. Taf. 2. verb. Aufl. 8. (XII, 368 S.) Ebd. n. 4. 40

—— —— die Schule d. Locomotivführers. Handbuch f. Eisenbahnbeamte u. Studirende techn. Anstalten. Gemeinfaßlich bearb. Mit e. Vorwort von Edm. Heusinger v. Waldegg. 2. Abth.: Die Maschine u. der Wagen. Mit 410 Holzschn. u. 1 lith. Taf. 5. verm. u. verb. Aufl. 8. (S. 171—520.) Ebd. n. 3. 60

Brown, C., das allgemeine deutsche Handelsgesetzbuch in seiner durch das Gesetz vom 18. Juli 1884 betr. die Kommanditgesellschaften auf Aktien u. die Aktiengesellschaften veränderten Gestalt. Mit vielen erläut. Anmerkgn. nach den Entscheidgn. d. Reichsoberhandelsgerichts u. d. Reichsgerichts, sowie unter Benutzg. der hervorragendsten Kommentatoren bearb. 12. (VII, 215 S.) Neuwied, Heuser's Verl. cart. 1. 80

Brown, C. E., Charles George Gordon, s.: Barnes, R. H.

Brozler, A., der Obstbau. Kurzgefaßte Darlegg. der wichtigsten Regeln f. die landwirtschaftl. Obstkultur auf dem Felde u. an Straßen u. f. die Obstzucht im Garten. Hierzu als Beilage: Verzeichniß der zu empfehl. Obstsorten f. Feld, Straße u. Garten, zusammengestellt unter Mitwirkg. v. Gen.-Setr. J. J. Wagner u. J. Beck. gr. 8. (II, 58 S. m. eingedr. Fig. u. 2 Tab.) Straßburg, Schmidt in Comm. n. 2. —

Bruchmann, Karl, de Apolline et graeca Minerva deis medicis. Dissertatio inauguralis philologica. gr. 8. (79 S.) Breslau, (Köhler). baar n. 1. —

Brücke, Ernst, Vorlesungen üb. Physiologie. Unter dessen Aufsicht nach stenograph. Aufzeichngn. hrsg. 1. Bd. Wintersemester 1884—1885. Physiologie d. Kreislaufs, der Ernährg., der Absonderg., der Respiration u. der Bewegungserscheingn. 4. verm. u. verb. Aufl. Mit 89 Holzschn. gr. 8. (VI, 359 S.) Wien, Braumüller. n. 15. —

(85/1) **Bruckmüller**, weil. Reg.-R. Prof. Dr. A., Lehrbuch der Physiologie f. Thierärzte, hrsg. v. Prof. Dr. St. Polansky. 2. Hälfte. gr. 8. (XII u. S. 257—499.) Wien, Braumüller. (à) n. 5. —

Bruckner, Dr. Th., homöopathischer Hausarzt. Anleitung zur Selbstbehandlung nach den Grundsätzen der Lehre Hahnemann's. Mit besond. Berücksicht. der neuesten homöopath. Literatur Nordamerikas. 6., verm. u. wesentlich verb. Aufl. 8. (VIII, 346 S.) Leipzig, Dr. W. Schwabe. n. 2. 40; geb. n. 3. —

Brueckner, Gg. G., Amerika. Führer f. Auswanderer. Nach eigenen langjähr. Erfahrgn. u. Berichten hervorrag. Deutscher dargestellt. Mit in den Text gedr. Abbildgn. gr. 8. (VIII, 172 S.) Berlin. (Leipzig, R. Schmidt.) baar 1. —

Brüder, die spanischen. Eine Erzählg. aus dem 16. Jahrh. v. dem Verf. v. ‚The dark year of Dundee'. Aus dem Engl. übers. von Luise Gräfin v. Kanitz. Mit e. Vorwort v. Hofpred. Garnis.-Pfr. Dr. Emil Frommel. Einzige autoris. deutsche Ausg. 2. Aufl. gr. 8. (VI, 396 S.) Anklam 1886. (Leipzig, Buchh. d. Vereinshauses.) n. 6.—; geb. n. 7. 20; m. Goldschn. n. 8. —

(84/2) **Bruderliebe**, evangelische. Vorträge üb. die Aufgaben u. Arbeiten d. evangel. Vereins der Gustav-Adolf-Stiftg., hrsg. v. Konsist.-R. Pfr. A. Natorp. 6. Bd. 2. Hft. 8. Barmen, Klein. n. — 75
Inhalt: Unterm Krummstab. Die Vertreibung der Salzburger Protestanten 1732. Von Pfr. Dr. Rich. Weitbrecht. (59 S.)

(66/1) **Brugsch**, Henri, et J. **Dümichen**, recueil de monuments égyptiens. 5. partie. 4. Leipzig, Hinrichs' Verl. cart. baar n.n. 60. — (1—5.: n.n. 230. —)
Inhalt: Geographische Inschriften altägyptischer Denkmäler, an Ort u. Stelle gesammelt u. m. Übersetzg. u. Erläutergn. hrsg. v. Johs. Dümichen. 3. Abth. 96 einfache u. 2 (autogr.) Doppeltaf. (12 S.)

Bruhns, A., A. **Frühwirth** u. R. **Thomas**, die Sprachübungen in der österreichischen Bürgerschule. 3 Hfte. 3., nach den neuen Lehrplänen umgearb. Aufl. 8. Wien, Hölder. n. 1. 72
1. 2. [Für die 1. u. 2. Classe.] (104 u. 86 S.) à n. — 56. — 3. [Für die 3. Classe.] (96 S.) n. — 60.

Brümmer, F., Lexikon der deutschen Dichter u. Prosaisten d. 19. Jahrh., s.: Universal-Bibliothek Nr. 1981—1990.

Brunier, Ludw., e. mecklenburgische Fürstentochter [Helene, Herzogin v. Orleans]. Mit dem (lith.) Portr. der Herzogin Helene v. Orleans. 3. (Titel-) Ausg. gr. 8. (X, 249 S.) Norden (1879) 1884, Fischer Nachf. n. 4. —; geb. m. Goldschn. n. 5. 50

—— die Perle im deutschen Städtekranze. 2. (Titel-)Ausg. gr. 8. (VIII, 313 S.) Ebd. (1879) 1884. n. 4. —; geb. m. Goldschn. n. 5. 50

—— Elisa v. der Recke. 3. (Titel-)Ausg. gr. 8. (VIII, 338 S.) Ebd. (1879). n. 4. —

Brüning, Ob.-Bürgermstr. H., das preußische Gesetz betr. die Pensionirung der Lehrer u. Lehrerinnen an den öffentlichen Volksschulen vom 6. Juli 1885. Mit Erläutergn. nach den Landtags-Verhandlgn. u. m. e. Zusammenstellg. der früheren Pensionsbestimmgn. gr. 8. (31 S.) Hannover, Meyer. n. — 50

—— die neue Verwaltungsgesetzgebung f. die Prov. Hannover. Nach e. Vortrage d. Hrn. B. gr. 8. (16 S.) Osnabrück, (Meinders). baar — 30

Brunn, Dr. v., Kurmittel u. Indicationen v. Bad Lippspringe. 4., verm. Aufl. 8. (59 S.) Cöthen, Schulze. n. 1. —

Brunn, Hauptm. v., die Ausbildung der Infanterie im Schießen, im Anschluß an die Schießinstruktion 1884 u. m. besond. Berücksicht. der Ausbildg. im Schulschießen, Gefechts- u. Belehrungsschießen, der Verwendg. der Waffe, im Entfernungsschätzen u. in der Anlage u. Verwendg. der Schützengräben. Aus der Praxis f. Offiziere, Portepeefähnriche, Vizefeldwebel 2c. der Linie u. der Reserve bearb. 2., stark verm. Aufl. Mit 7 Fig. u. 3 Fig.-Taf. im Text. gr. 8. (VIII, 182 S.) Berlin, Liebel. n. 3. —

(85/1) **Brunn**, Kuratus E., Postille od. vollkommene Auslegung der 52 Sonn- u. Festtags-Evangelien d. Jahres. Aus u. nach alten approbirten Predigtwerken, besonders der letzten vier Jahrhunderte. 6.u.7. Lfg. gr. 8. (2. Bd. S. 1—320.) Regensburg, Manz. à 1. 50

Brunner, Ph., Erzählbuch f. den Kindergarten, das Haus u. die Schule, s.: Fischer, A. S.

(85/1) **Brunner**, Seb., Hau- u. Bau-Steine zu e. Literatur-Geschichte der Deutschen. Wahrheit u. keine Dichtg. 3—6. Hft. 8. Wien, Kirsch. à n. 1. —
Inhalt: 3. Drei Stichproben aus der Goethe-Literatur. (128 S.) — 4. Voß u. Dichter-Bataillen. (124 S.) — 5. 6. Der Himmel voller Geigen zu Weimar. (256 S.)

—— Joseph II. Charakteristik seines Lebens, seiner Regierg. u. seiner Kirchenreform. Mit Benutzg. archival. Quellen. 5., mehrfach umgearb. Aufl. 8. (XX, 252 S.) Freiburg i. Br., Herder. n. 2. —; Einbd. n.n. — 40

Brunold, F., Lust und Leid im Liebe, s.: Dohm, H.

Bruns, Vic. A., die Psalmen der Vespern an Sonn- und Feiertagen, wie auch der Complet, zur Erleichterg. d. gemeinsamen Gesanges den Psalmtönen in anschaul. Weise angepaßt. 2. verb. Aufl. 16. (32 S.) Aachen, A. Jacobi & Co. n. — 20

Brunstein, Hof- u. Ger.-Adv. Dr. Jos. Ludw., zur Reform d. Erfinderrechtes. Vortrag, geh. im niederösterreich. Gewerbevereine am 10. Apr. 1885. gr. 8. (34 S.) Wien, Manz. n. 1. —

(84/2) **Buch**, das, f. Alle. Illustrirte Familien-Zeitg. zur Unterhaltg. u. Belehrg. Chronik der Gegenwart. Jahrg. 1886. 26. Hfte. (6 B. m. eingedr. Holzschn.) Fol. Stuttgart, Schönlein. baar à Hft. — 30

(85/1) —— der Erfindungen, Gewerbe u. Industrien. Neue, 8. Pracht-Ausg. hrsg. unter Oberleitg. v. Geh. Reg.-R. Prof. F. Reuleaux. 48—69. Lfg. gr. 8. (4. Bd. VIII u. S. 41—622 u. 5. Bd. S. 1—280 m. eingedr. Holzschn.) Leipzig, Spamer. à n. — 50

—— das goldene. 6 bewegl. (chromolith.) Bilder m. pass. (angedr.) Versen f. artige Kinder gr. 4. Fürth, Schaller & Kirn. geb. baar 3. —

—— das, der Patiencen. 19 Patience-Spiele m. eingedr. Abbildgn. zur Veranschaulichg. der Lage der Karten. 12. (69 S.) Hannover 1886, Helwig's Verl. n. — 80

(84/1) —— illustrirtes, der Patiencen. Neue Folge. Noch 60 Patience-Spiele m. Abbildgn. zur Veranschaulichg. der Lage der Karten. 8. (VIII, 131 S.) Breslau, Kern's Verl. geb. (à) n. 5. —

—— das tolle, v. Jul. Lohmeyer u. A., illustrirt v. R. A. Jaumann. gr. 4. (48 Chromolith. m. eingedr. Texte.) Leipzig, Meißner & Buch. geb. n. 4. 50

Buchal, Stations-Assist. G., Stations-Güter-Tarif f. den Eil- u. Frachtgut-Verkehr zwischen Magdeburg [Centralbahnhof, Elbebahnhof, Fischerufer. Friedrichstadt, Unterwelt u. Wilhelmsgarten], sowie den Vorstädten Sudenburg, Buckau, Neue u. Alte Neustadt einerseits u. allen deutschen u. holländischen Güter-Stationen andererseits, unter Berücksicht. gleich- od. ähnlich laut. Stationsnamen, nebst Anh., enth. Tarifsätze nach dän. Stationen. 2., bedeutend verm. u. bis zum 15. Juli 1885 bericht. Ausg. Lex.-8. (IV, 148 S.) Magdeburg, Heinrichshofen's Verl. n. 4. —

Bücheler, F., u. E. **Zitelmann**, das Recht v. Gortyn, hrsg. u. erläutert, s.: Museum, rheinisches, f. Philologie.

Bücheler, Rekt. Dr. K., deutsches Lese- u. Sprachbuch f. die unteren Klassen höherer Lehranstalten. 2. Aufl. gr. 8. (XVI, 396 S.) Stuttgart, Metzler's Verl. n. 1. 50

—— deutsches Sprachbuch f. die unteren u. mittleren Klassen höherer Lehranstalten. 2. Aufl. gr. 8. (VIII, 92 S.) Ebd. n. — 60

Buchenau, Prof. Dr. Frz., Flora v. Bremen. Zum Gebrauch in Schulen u. auf Excursionen bearb. Mit 45 in den Text gedr. Abbildgn. 3. verm. u. bericht. Aufl. 8. (VII, 321 S.) Bremen, Heinsius. n.n. 3. —

Bucher, A., die schweizerische Landwirthschaft in ihrem intensiver'n Betriebe, s.: Wie kann die schweizerische Landwirthschaft im Allgemeinen intensiver betrieben werden rc.

(85/1) **Bucher**, Bruno, Geschichte der technischen Künste. Im Verein m. Just. Brinckmann, Alb. Ilg, Jul. Lessing, Fr. Lippmann, Herm. Rollett hrsg. 17. Lfg. Lex.-8. (2. Bd. VIII u. S. 385—425 m. Illustr.) Stuttgart, Spemann. baar (à) n. 2. —

Bücher f. das gottselige Leben. Hrsg. v. mehreren Geistlichen. I. 12. Würzburg, Bucher. 1. 20
Inhalt: Der geistliche Kampf. Von P. Laurentius Scupoli. (XXIV, 282 S.)

—— die 24, der heil. Schrift. Nach dem masoret. Texte. Unter der Red. v. Dr. Zunz übers. v. H. Arnheim, DD. Jul. Fürst, M. Sachs. 11. Aufl. gr. 8. (VIII, 819 S.) Frankfurt a/M., Kauffmann. baar n. 3. —; Einbd. n.n. — 60

(85/1) **Bücherei**, deutsche. [In zwanglosen Hftn.] 38. Hft. gr. 8. Breslau, Schottländer. n. — 60
Inhalt: Die Russen in Turkestan. Von Wilh. Geiger. (44 S.)

Buchführungs-Kalender f. alle Stände. Von Jul. Hönig. 1866. Fol. (207 S.) Wien, Perles. cart. n. 2. 40

(84/2) **Buchholz**, E., die homerischen Realien. 3. Bd.: Die religiöse u. sittl. Weltanschaug. der homer. Griechen. 2. [Schluss-] Abth. A. u. d. T.: Die homerische Psychologie u. Ethik. Unter steter Zugrundelegg. der homer. Dichtgn. systematisch dargestellt. gr. 8. (XVI, 410 S.) Leipzig, Engelmann. 6. — (cplt.: 35. —)

Buchholz, Lehr. Dr. Paul, Hilfsbücher zur Belebung d. geographischen Unterrichts. I. 8. Leipzig, Hinrichs' Verl. geb. n. 1. 20
Inhalt: Pflanzen-Geographie. Mit 6 Charakterbildern, gez. v. H. Leutemann. (XVI, 128 S.)

Buchholzer, Lehr. A., u. Pred. Lehr. M. Will, Liederstrauß f. Volks-, Bürger-, Real- u. Untergymnasialschulen. Enth.: 1-, 2- u. 3stimm. Lieder, sowie das Wichtigste aus der Theorie d. Gesanges. (In 8 Hftn.) 1—6. Hft. 2., verm. u. verb. Aufl. 8. Kronstadt, Zeidner. n. 1. 28
1. 2. (44 S.) n. — 30. — 3. (32. S.) n. — 20. — 4. 5. (à 36 S.) à n. — 24. — 6. (44 S.) n. — 30.

Buchka, Landger.-Dir. Dr. Gerh., das mecklenburgische Ehescheidungsrecht in seinem Verhältnis zur protestantischen Eherechtswissenschaft u. zur Judikatur d. Reichsgerichts. gr. 8. (129 u. Beilagen 96 S.) Wismar, Hinstorff's Verl. n. 3. —

Buchner, Prof. Dr. Otto, aus Gießens Vergangenheit. Culturhistorische Bilder aus verschiedenen Jahrhunderten. 1—3. Hft. 8. (192 S.) Gießen, Roth. à n. — 50

Buchner, Dir. Dr. W., deutsche Dichtung. Die Lehre v. den Formen u. Gattgn. derselben. Ein Leitfaden f. Realschulen, höhere Bürger- u. Töchterschulen. 6. Aufl. 8. (VI, 78 S.) Essen, Bädeker. n. — 80

Büchner's, M. Gfr., biblische Real- u. Verbal-Hand-Concordanz, od. exegetisch-homiletisches Lexikon, worin die verschiedenen Bedeutgn. der Worte u. Redensarten angezeigt werden rc. Durchgesehen u. verb. v. Dr. Heinr. Leonh. Heubner. 17. Aufl. gr. 8. (XVI, 1148 S.) Braunschweig, Schwetschke & Sohn. n. 12. —

Büchner, Prof. Dr. Ludw., Liebe u. Liebes-Leben in der Thierwelt. 2., sehr verm. Aufl. gr. 8. (VIII, 400 S.) Leipzig, Thomas. geb. n. 5. —

(83/1) **Büchsel**, Dr., Erinnerungen aus dem Leben e. Landgeistlichen. 4. Bd. Erinnerungen aus meinem Berliner Amtsleben. 8. (IV, 196 S.) Berlin, Wiegandt & Grieben. n. 1. 60 (1—4.: n. 8. 10)

Buchwald, Dr. Gust. v., deutsches Gesellschaftsleben im endenden Mittelalter. 1. Bd. A. u. d. T.: Zur deutschen Bildungsgeschichte im endenden Mittelalter. 10 Vorträge. 8. (XII, 223 S.) Kiel, Homann. n. 4. —

Bücking, M., u. D. **Wiese**, Lehrer, das Rechnen auf den unteren Stufen. [1. bis 4. Schuljahr.] In Übereinstimmg. m. den preuß. Unterrichtsbestimmgn. vom 15. Oktbr. 1872 bearb. 12., durchgeseh. Aufl. 8. (VI, 120 S.) Oldenburg, (Stalling's Sort.). n. — 60

Budapest, s.: ($^{85}/_{1}$) Wanderbilder, europäische.

Buddensieg, Rud., Johann Wiclif u. seine Zeit. Zum 500jähr. Wiclifjubiläum. [31. Dezbr. 1884.] 8. Tausend. gr. 8. (VI, 214 S.) Gotha, F. A. Perthes. n. 3. —

—— dasselbe, s.: Schriften d. Vereins f. Reformationsgeschichte.

Buffon, morceaux choisies ou recueil de ce que ses écrits ont de plus parfait sous le rapport du style et de l'éloquence. 8. (204 S.) Bremen, Heinsius. n. 1. —; Einbd. n.n. — 25; Supplément [notes explicatives] (V, 48 S.) n. — 60

Bugenhagen's, Johs., Kirchenordnung f. die Stadt Braunschweig, nach dem niederdeutschen Drucke v. 1528 m. histor. Einleitg., den Lesarten der hochdeutschen Bearbeitgn. u. e. Glossar. Im Auftrage der Stadtbehörden hrsg. v. Ludw. Hänselmann. 8. (LXXXIII, 393 S.) Wolfenbüttel, Zwißler. n. 10. —

—— Kirchenordnung f. die Stadt Hamburg vom J. 1529. Im Auftrage der Bürgermeister Kellinghusen's Stiftg. hrsg. v. D. Carl Bertheau. gr. 8. (XLII, 186 S.) Hamburg, Gräfe in Comm. n. 4. —

—— sechs Predigten, aufgefunden u. mitgeteilt v. Lic. Dr. Geo. Buchwald, veröffentlicht v. Prof. D. Herm. Hering. gr. 8. (31 S.) Halle, Niemeyer. baar n. — 60

Bühler, A., der Wald in der Culturgeschichte, s.: Vorträge, öffentliche, geh. in der Shweiz.

($^{77}/_{2}$) **Bühlmann**, Prof. Archit. J., die Architektur d. classischen Alterthums u. der Renaissance. 3. Abth.: Die architekton. Entwicklg. u. Decoration der Räume. (In 9 Lfgn.) 1. Lfg. Fol. (3 Taf. in Stahlst. u. Steindr. m. Holzschn.-Titelbl.) Stuttgart, Ebner u. Seubert. n. 2. —

Bühne, deutsche. Zeitschrift f. Theater u. Musik. Hrsg. v. Frdr. Zipf. 2. Jahrg. Octbr. 1885—Septbr. 1886. 24 Nrn. (B.) gr. 4. Berlin, Zipf. Vierteljährlich baar n. 3. —

($^{81}/_{2}$) **Bühnendichtungen**, klassische, der Spanier, hrsg. u. erklärt v. Max Krenkel. II. gr. 8. Leipzig, Barth. n. 5. 40 (I. u. II.: n. 9. 90)
Inhalt: Calderon. Der wundertätige Zauberer. (XX, 348 S.)

Buisseret, B. Gräfin de, Johann v. Parthenay, s.: Novellenkranz.

Buley, Turnlehr. Wilh., Liederreigen f. das Schulturnen. Mit 236 Fig. 2. verm. u. verb. Aufl. gr. 8. (IV, 238 S.) Wien, Pichler's Wwe. & Sohn. n. 3. —

—— u. Prof. Karl **Vogt**, das Turnen in der Volks- u. Bürgerschule, sowie in den Unterclassen der Mittelschulen. Mit Berücksicht. der Lehrpläne sämmtl. Volksschulen insbesondere f. Lehrer u. Lehrerinnen an den Volks- u. Bürgerschulen Österreichs, sowie zum Gebrauche f. Turnlehrer an Mittelschulen u. ähnl. Anstalten. 1. Thl. Das Turnen in den ersten 5 Schuljahren der Volksschule. Mit 59 Fig. gr. 8. (IV, 108 S.) Ebd. n. 1. 20

($^{84}/_{1}$) **Bulletin** de l'académie impériale des sciences de St.-Pétersbourg. Tome XXX. Imp.-4. (Nr. 1. 152 Sp.) St.-Pétersbourg. Leipzig. Voss' Sort. n. 9. —

Bülow v. Dennewitz, Gertrud Gräfin, üb. die Möglichkeit d. Fortlebens der Thierseele nach dem Tode. 8. (34 S.) Dresden, v. Zahn & Jaensch in Comm. n. — 50

Bülow, Geh. Hofr. Prof. Dr. Osk., Gesetz u. Richteramt. gr. 8. (XIII, 48 S.) Leipzig, Duncker & Humblot. n. 1. —

Bumbke, O., kleine deutsche Sprachlehre m. Aufgaben zur schriftlichen Übung u. Material f. die neue deutsche Rechtschreibung. 3. verb. Aufl. 8. (64 S.) Breslau, Goerlich. n. — 30

Bumm, Assist.-Arzt Dr. Ernst, der Mikro-Organismus der gonorrhoischen Schleimhaut-Erkrankungen „Gonococcus — Neisser". Nach Untersuchgn. beim Weibe u. an der Conjunctiva der Neugeborenen dargestellt. Mit 4 (lith.) Taf. gr. 8. (VII, 146 S.) Wiesbaden, Bergmann. n. 6. —

Bund, Ludw., Gedichte. Mit (Holzschn.-) Portr. 8. (VIII, 237 S.) Iserlohn, Bädeker. geb. m. Goldschn. n. 6. —

Bundeskalender f. die evangelischen Männer- u. Jünglings-Vereine, e. Jahrbuch f. das christl. Haus auf d. J. 1886. Hrsg. vom evangel. Männer- u. Jünglings-Verein zu Cöthen [Anhalt]. 8. (145 S. m. eingedr. Holzschn. u. 1 Chromolith.) Berlin, Buchh. der Berliner Stadtmission. — 50

Bungener, F., Erinnerungen aus dem Leben Paul Rabauts, s.: Familien-Bibliothek für's deutsche Volk.

Buengner, Otto, die Schussverletzungen der Arteria subclavia infraclavicularis u. der Arteria axillaris. Inaugural-Dissertation. gr. 8. (123 S.) Dorpat. (Karow). baar n. 2. —

Bunsen's, Freifrau v., Lebensbild, s.: Hare, A. J. C.

Bunsen, Amtsrichter Fr., die Lehre v. der Zwangsvollstreckung, auf Grundlage der deutschen Reichsjustizgesetze systematisch dargestellt. gr. 8. (VI, 187 S.) Wismar, Hinstorff's Verl. n. 3. —

Bunzel, Dr. E., Bad Gastein. Nach den neuesten Hilfsquellen bearb. 4. durchaus verb. u. vielfach verm. Aufl. Mit 1 (chromolith.) Karte d. Gasteiner Thales. 8. (III, 112 S.) Wien, Braumüller. n. 2. —

Buob, Min.-Kanzlist Adf., Grundbuch der evangelischen Schulstellen u. Schuldiener in Württemberg. gr. 8. (XIV, 60 u. 163 S.) Stuttgart, (Metzler's Sort.). cart. baar n.n. 5. 50

(85/1) **Buonaventura,** Prof. Giambattista, u. Dr. Alb. **Schmidt,** Unterrichts-Briefe f. das Selbst-Studium der italienischen Sprache nach der Methode Toussaint-Langenscheidt. 5. Aufl. 4—23. Brief. gr. 8. (S. 51—370.) Leipzig, Morgenstern. baar à n. — 50 (1. Curs. cplt. in Carton: n. 10. —)

Burckel, G., les plantes indigènes de l'Alsace propres à l'ornamentation des parcs et jardins, s.: Koenig, Ch.

(84/2) **Burckhard,** Dr., System d. österreichischen Privatrechtes. 3. Thl. Die einzelnen Privatrechtsverhältnisse. 1. Abth. 1. Hft. [Besitz.] gr. 8. (170 S.) Wien, Manz. n. 2. 40 (I—III, 1, I.: n. 12. —)

Burckhardt, Dr. H., das Buch der jungen Frau. Ratschläge f. Schwangerschaft, Geburt u. Wochenbett. 2., verb. Aufl. 8. (XII, 168 S.) Leipzig, Weber. n. 2. —; geb. n.n. 3. —

Burckhardt, Jac., die Cultur der Renaissance in Italien. Ein Versuch. 4., durchgeseh. Aufl., besorgt v. Ludw. Geiger. 2 Bde. gr. 8. (XII, 326 u. X, 335 S.) Leipzig, Seemann. In Leinw. cart. n. 11. —; geb. in Halbfrz. n. 14. —

Burgarz, B., Geographie f. Elementarschulen. 21. Aufl. 8. (64 S.) Düsseldorf, Schwann. n. — 25

Bürgermeister, der illustrirte. Kalender f. Stadt u. Land 1886. 8. (189 S. m. eingedr. Holzschn.) Minden, Theine. n. — 50

Bürgerschul-Kalender f. d. J. 1886. Hrsg. vom Verein „Bürgerschule", red. v. Dir. Frz. Kopetzky. 16. (95 u. 120 S.) Wien, Sallmayer in Comm. geb. baar n. 2. 40

—— österreichischer, f. d. J. 1886. Bearb. v. Phpp. Brunner. 7. Jahrg. 16. (III, 194 u. 132 S.) Wien, Perles. geb. in Leinw. n. 3. —; in Ldr. n. 4. —

Burgtorf, Dir. F., Wiesen- u. Weidenbau. Praktische Anleitg. zur Auswahl

u. Kultur der Wiesen- u. Weidenpflanzen, nebst Berechng. der erforderl. Samenmengen. 3., durchgeseh. Aufl. Mit 54 in den Text gedr. Holzschn. 8. (VIII, 163 S.) Berlin, Parey. geb. n. 2. 50

Buri, M. v., die Causalität u. ihre strafrechtlichen Beziehungen, s.: Gerichtssaal. Beilageheft zum 37. Bd.

Burkhardt, Ob.-Archivar Dr. C. A. H., Stammtafeln der Ernestinischen Linien d. Hauses Sachsen. Quellenmässig bearb. Festgabe zur Eröffng. d. Archivgebäudes am Karl-Alexanderplatze am 18. Mai 1885. qu. Fol. (IV, 28 S.) Weimar, (Thelemann). n. 1. 50

Burkhardt, K., Führer durch Kahla u. Umgegend. Zugleich e. Heimatbild f. Einheimische. Mit vielen Illustr. u. 1 (lith.) Spezialkarte. 12. (IV, 89 S.) Kahla, Heyl. n. 1. —

Bürklin, A., der Rundreise-Hut; Kannst du schweigen, Margarete?, s.: Volksbibliothek d. Lahrer Hinkenden Boten.

Burmeister, Dir. Dr. H., neue Beobachtungen an Macrauchenia patachonica. Mit 2 (chromolith.) Taf. [Aus: „Nova Acta d. ksl. Leop.-Carol. deutschen Akademie der Naturforscher".] gr. 4. (31 S.) Halle. Leipzig, Engelmann in Comm. n. 3. 50

Burmester, Heinr., Hans Höltig. 'ne Geschicht ut plattdütschen Lann'. 8. (VI, 241 S.) Berlin, Rentzel. n. 3. —; geb. n. 4. —

Burnet's, John, Principien der Malerkunst. Erläutert durch Beispiele nach den grössten Meistern der italien., niederländ. u. andern Schulen. Aus dem Engl. v. Adph. Görling. Mit e. Vorwort v. Fr. Pecht. 2. Aufl. (In 10 Lfgn.) 1—4. Lfg. gr. 4. (S. 1—32 m. je 3 Taf.) Reudnitz-Leipzig, Payne. à 1. 50

Burow, E., Leprastudien, s.: Baelz, E.

Burow, Julie [Frau Pfannenschmidt], Früchte aus dem Garten d. Lebens. Ihren jungen Freundinnen gewidmet. 2. Aufl. 8. (VII, 157 S.) Davos, Richter. geb. m. Goldschn. 4. —

Buerstenbinder, Oekon.-R. Gen.-Sekr. Lehr. Dr. R., Urbarmachung u. Verbesserung d. Bodens. Anleitung f. den prakt. Landwirt zur Vergrößerg. der Ertragsfähigkeit u. d. Kapitalwertes seiner Grundstücke. 8. (V, 160 S.) Berlin 1886, Parey. geb. n. 2. 50

Busch, Amtsrichter C., die Quadratur u. Rectification d. Kreises, auf elementar geometr. Wege dargestellt. gr. 8. (16 S. m. 1 autogr. Taf.) Ohrdruf, (Bornebusch). n. — 35

Busch, Prof. H., lateinisches Übungsbuch, nebst e. Vokabularium u. kurzem Abriß d. grammatischen Lernstoffs. 1. u. 2. Tl. gr. 8. Berlin, Weidmann. geb. n. 3. 40

1. Für Sexta. 3. verb. Aufl. v. Dr. W. Fries. (IV, 108 S.) n. 1. 40. — 2. Für Quinta. 2. verb. Aufl. v. Dr. W. Fries. (IV, 192 S.) n. 2. —

(85/1) **Wilhelm Busch-Album**. Humoristischer Hausschatz. Sammlung der beliebtesten Schriften m. 1500 Bildern v. Wilh. Busch. Mit dem Portr. d. Verf. 11—22. (Schluß-) Lfg. gr. 4. (à 2 B.) München, Bassermann. à n. — 80

Büscher, 1. Sem.-Lehr. P. J., Fibel od. erstes Lesebuch für Elementarschulen. 1. u. 2. Abtlg. Seit dem Tode d. Verf. hrsg. v. Kreis-Schulinsp. J. Mundt. 8. Düsseldorf 1886, Schwann. geb. n.n. — 50

1. 200. Aufl. (40 S.) n.n. — 30. — 2. 86. Aufl. (S. 43—80) n.n. — 20.

—— dasselbe 1. Abtlg. Ausg. m. Schreibschrift. 39. Aufl. 8. (40 S.) Ebd. geb. n.n. — 25

Buschmann, Gymn.-Dir. Dr. J., Leitfaden f. den Unterricht in der deutschen Sprachlehre f. die unteren u. mittleren Klassen höherer Lehranstalten. 5. Aufl. gr. 8. (III, 99 S.) Trier, Lintz. cart. n. 1. —

—— deutsches Lesebuch f. die Oberklassen höherer Lehranstalten. 1. u. 2. Abtlg. 3. Aufl. gr. 8. Ebd. n. 4. 20

Inhalt: 1. Deutsche Dichtung im Mittelalter. (V, 179 S.) n. 1. 20. — 2. Deutsche Dichtung in der Neuzeit. [Nebst e. Abriß der Poetik.] (VIII, 416 S.) n. 3. —

Buschor, Valentin, der Früh- u. Spatregen in Israel, e. Vorbild der Ausgießung d. heil. Geistes auf die Kirche. Ein öffentl. Vortrag, geh. in der katholisch-apostol. Kapelle in Hürben am Pfingstmontag 1885. 8. (26 S.) Augsburg, Preyß. n. — 25

(85/1) **Busemann**, Lehr. L., naturkundliche Volksbücher. Allen Freunden der Natur gewidmet. In 2 Bdn. Mit zahlreichen Holzst. 2—8. Lfg. gr. 8. (1. Bd. S. 65—512.) Braunschweig, Vieweg & Sohn. à n. — 60

(85/1) **Busl**, ehem. Dech. Stadtpfr. Greg., katechetische Predigten. Hrsg. v. Karl Neumann. 1. Bd. Vom Glauben. 5—11. Lfg. gr. 8. (S. 321—880.) Amberg, Habbel. à — 75

Busolt, G., griechische Geschichte bis zur Schlacht v. Chaironeia, s.: Handbücher der alten Geschichte.

Buss, E., Glarnerland u. Walensee, s.: Wanderbilder, europäische.

Bussler, Ludw., praktische Harmonielehre in 54 Aufgaben m. zahlreichen, ausschliesslich in den Text gedruckten Muster-, Uebungs- u. Erläuterungs-Beispielen, sowie Anführgn. aus den Meisterwerken der Tonkunst, f. den Unterricht an öffentl. Lehr-Anstalten, den Privat- u. Selbst-Unterricht systematisch-methodisch dargestellt. 2. verb. u. verm. Aufl. gr. 8. (X, 224 S.) Berlin, Habel. n. 4. —

Busson, Dr. Arnold, der Kreuzer. [Aus: „Berliner Münz-Blätter".] gr. 8. (12 S.) Berlin, Weyl. — 75

Butsch, A. F., Ludwig Hohenwang kein Ulmer, sondern e. Augsburger Buchdrucker. Mit 1 Taf. Lex.-8. (16 S.) München, Hirth. 1. —

Büttgen, P., Monogrammbuch. qu. 4. (30 Steintaf.) Weimar, B. F. Voigt. 2. —

Buttlar, Minka v., Allerlei f. Kinder. hoch 4. (24 S. m. eingedr. Chromolith.) Leipzig, Leipziger-Lehrmittelanstalt v. Dr. Osk. Schneider. cart. n. 3. 50

—— Märchen. qu. 4. (61 S. m. eingedr. Chromolith) Ebd. cart. n. 3. —

Büttner, Sem.-Lehr. A., Hand-Fibel. Bearb. m. gleichmäß. Berücksicht. der Schreiblese- u. Lautier-Methode. 177. Aufl. 2 Abtlgn. in 1 Bd. gr. 8. Berlin 1884, Stubenrauch. n. — 40

Inhalt: 1. Elementarübungen. (48 S.) Einzelpr. n. — 15. — 2. Lesestücke. (96 S.) Einzelpr. n. — 30.

—— deutsches Lesebuch. Ausg. A. Unter Mitwirkg. d. Prov.-Schulr. F. Wetzel bearb. u. hrsg. Mit zahlreichen Abbildgn. 1. Tl.: Für die mittleren Stufen mehrklass. Schulen. 16. Aufl. gr. 8. (VIII, 296 S.) Ebd. n. — 75

—— dasselbe. Ausg. A. Unterstufe. [Zugleich als Büttner, Handfibel 2. Tl.] 176. Aufl. gr. 8. (96 S.) Ebd. n. — 30

Büttner, C. G., Ackerbau u. Viehzucht in Süd-West-Afrika, s.: Colonialgebiete, die deutschen.

Büttner, Past. D. J. S., das Henriettenstift u. seine Arbeitsgebiete. Jubelbüchlein, zu dessen 25. Jahresfeste den Gliedern u. Freunden desselben dargeboten. gr. 8. (72 S. m. Illustr.) Hannover, Wolff & Hohorst in Comm. baar n.n. 1. —

(81/1) **Büttner**, Dir. Paul, die reglementarischen Bestimmungen f. die königl. preußischen Strafanstalten. Nachtrag. 4. (XVI, 91 S.) Anclam, Krüger in Comm. n. 4. — (Hauptwerk u. Nachtrag: n. 12. —)

Byron's, Lord, Werke, s.: Collection Spemann.

—— Childe Harold's pilgrimage. A romaunt. Erklärt v. Aug. Mommsen. gr. 8. (XXXVI, 367 S.) Berlin, Weidmann. 3. —

Calberla, Dr. G., die landwirthschaftliche Nothlage. Vorschläge zu ihrer Beseitigg. gr. 8. (III, 49 S.) Dresden, Schönfeld. n. 1. —

Calderon, der wundertätige Zauberer, s.: Bühnendichtungen, klassische, der Spanier.

Calligraphie. 4. verb. Aufl. qu. gr. 4. (30 z. Thl. farb. Taf.) Köln, Mayer. n. 5. —

Calm, Marie, die Sitten der guten Gesellschaft. Ein Ratgeber f. das Leben in u. außer dem Hause. Mit Illustr. v. A. Langhammer. 8. (IV, 393 S.) Stuttgart 1886, Engelhorn. geb. n. 5. 50; m. Goldschn. n. 6. —

Calpurnii et Nemesiani Bucolica, rec. Henr. Schenkl. gr. 8. (LXXII, 130 S.) Prag, Tempsky. — Leipzig, Freytag. n. 6. —

(83/1) **Calvary's** philologische u. archaeologische Bibliothek. 71—73., 81. u. 82. Bd. 8. Berlin, Calvary & Co. Subscr.-Pr. baar à 1. 50; Einzelpr. à n. 2. —

Inhalt: 71. Bd. u. 72. Bd. 1. Hälfte. Erziehung u. Jugendunterricht bei den Griechen u. Römern. Von Prof. J. L. Ussing. Neue Bearbeitg. (179 S.) n. 3. —. — 72. Bd. 2. Hälfte u. 73. Bd. Der attische Process. 4 Bücher. Eine gekrönte Preisschrift v. M. H. E. Meier u. G. Fr. Schömann. Neu bearb. v. J. H. Lipsius. 7. Lfg. u. 8. Lfg. 1. Hälfte. (2. Bd. S. 757—884.) n. 3. — — 81. 82. Griechische Geschichte von ihrem Ursprunge bis zum Untergange der Selbständigkeit d. griechischen Volkes v. Adf. Holm. (4 Bde. in ca. 20 Lfgn.) 1. Bd. Geschichte Griechenlands bis zum Ausgange d. 6. Jahrh. v. Ch. 1. u. 2. Lfg. (192 S.)

Calvini, J., opera, s.: Corpus reformatorum.

Camões, Luiz de, os Lusiadas. Edição critica-commemorativa do terceiro centenario da morte do grande poeta. Publicada por Emilio Biel. (Prachtausg.) Imp.-4. (LVI, 375 u. 124 S. m. Taf. in. Holzschn., Kpfrst. u. Chromolith.) Leipzig, Giesecke & Devrient. baar n. 100. —; geb. n. 120. —

Campe's, G. W., Briefsteller od. Anweisung, Briefe u. Geschäftsaufsätze aller Art nach den besten Regeln der Orthographie u. d. guten Styls schreiben u. einrichten zu lernen, m. 230 Briefmustern zu Freundschafts-, Erinnerungs-, Bittschreiben ꝛc., wie auch Liebesbriefe, Auftrags-, Bestellungs- u. Handlungsbriefe, nebst 100 Formularen zu Eingaben, Gesuchen u. Klageschriften an Behörden, Kauf-, Mieth-, Pacht-, Bau-, Lehrcontracten, Vollmachten u. Wechseln. 30. durch L. Fort verb. Aufl. 8. (VI, 293 S.) Quedlinburg 1886, Ernst. 1. 50

Campo, Lehr. Dr. G. del, il perfetto Italiano. Der perfekte Italiener, Eine Anleitg., in 14 Tagen Italienisch richtig lesen, schreiben u. sprechen zu lernen. Mit beigefügter vollständ. Aussprache-Bezeichng. 16. (182 S.) Berlin, Berliner Verlagsanstalt. — 75

Campoamor, R. de, obras escogidas, s.: Coleccion de autores españoles.

Camprodon, flor de un Dia, s.: Coleccion de autores españoles.

(84/2) **Canstein**, Prof. Dr. R. Frhr. v., Compendium d. österreichischen Civilprozessrechts, unter besond. Berücksicht. der Rechtssprechg. d. obersten Gehofes systematisch dargestellt. 2. Hälfte. gr. 8. (XVIII u. S. 265 — 708.) Berlin, C. Heymann's Verl. geb. n. 8. — (cplt.: n. 14. —)

(84/2) **Cantu's**, Cäs., allgemeine Weltgeschichte. Fortgesetzt v. Prof. Dr. Jos. Fehr. 17. Bd. 6. u. 7. Abth. (Schluß.) gr. 8. Regensburg, Manz. 11. — (cplt.: 185. 10)

Inhalt: Allgemeine Geschichte d. 19. Jahrh. Von Prof. Dr. Jos. Fehr. 4. Thl. [1866—1878.] 6. u. 7. Abth. (XI u. S. 4023—5196.)

Capeinick, Jean, farbige Blumen. Kunststudien. 12 Chromotaf. Prachtausg. (In 4 Lfgn.) 1. Lfg. gr. Fol. (3 Bl.) Berlin, Claesen & Co. In Mappe. baar 15. —; einzelne Taf. à 6. —

—— dasselbe. Gewöhnliche Ausg. 1. Lfg. Fol. (3 Bl.) Ebd. In Mappe. baar 12. —; einzelne Taf. à n. 3. 50

Capesius, Hof- u. Ger.-Adv. Dr. Vict., Rechtsschutz im Miethverhältniß. Sep.-Abdr. e. Abschnittes aus der in den „Jahrbüchern f. die Dogmatik d. heut. röm. u. deutschen Privatrechts" Bd. XXIII S. 155 flg. erschienenen Abhandlg.: „Rechtsschutz gegen injuriöse Rechtsverletzungen" von Dr. Rud. v. Ihering, m. Zustimmg. d. Verf. u. Verlegers veranstaltet v. V. C. gr. 8. (53 S.) Jena, Fischer. n. 1. 50

(85/1) Capesius, Hof- u. Ger.-Adv. Dr. Vict., erlaubte nächtliche Ruhestörung. Ein Rechtsfall, mitgetheilt auf Grund erflossener Entscheidgn. d. h. k. k. Obersten Gerichtshofes u. d. hohen k. k. Ministeriums d. Innern. 2. Thl. Das Verfahren vor dem h. k. k. Verwaltungsgerichtshofe u. die Entscheidg. d. letzteren. gr. 8. (VI, 26 S.) Wien, Rosner. (à) n. — 60

Cardinal v. Widdern, Maj. Dir. Geo., Handbuch f. Truppenführung u. Stabsdienst. 4. Thl. Etappen-Instruction, Etappendienst u. Etappenkrieg. Mit 2 Kartenbeilagen. 3., verm. u. verb. Aufl. gr. 8. (XI, 148 S.) Gera, Reisewitz. Verl. n. 4. —

Caritas, s.: Ruth.

Carl, Rechtsanw. H., kaiserliche Postkreditbanken. Ein volkswirthschaftl. Organisationsvorschlag, in gedrängter Kürze bearb. u. allen warmen Verehrern d. deutschen Einigungswerks gewidmet. gr. 8. (59 S.) Meiningen, Keyßner. n. 2. —

Carl, Oberlehr. Louis, kurze Entdeckungsgeschichte der Erdteile. Bearb. nach der 5. Aufl. d. Lehrbuches der Geographie v. Guthe-Wagner. 8. (39 S.) Hannover, Hahn. geb. n. — 80

Carrière, die theologische, der Gegenwart. Praktische Rathschläge u. lehrreiche Beispiele v. e. Wohlbekannten. 3. Aufl. 8. (79 S.) Leipzig 1886, Unflad. n. 1. —

Carrionis, Lud., in A. Gellii Noctium Atticarum libros commentarios qui exstant castigationum et notarum specimen ex ed. princ. a Mart. Hertz depromptum. 4. (17 S.) Breslau, (Köhler). baar n. 1. —

Carstensen, Pred. N. F., das Leben nach dem Tode. Deutsch v. Emil Jonas. [Vom Verf. durchgeseh. Ausg.] gr. 8. (VII, 224 S.) Leipzig, Friedrich. n. 3. —

Carus, Oberhofpred. Gen.-Superint. D., Predigt zur Krönungsfeier in der Schloßkirche zu Königsberg i/Pr. am 18. Jan. 1885 als am 2. Sonntage nach Epiphanias geh. [Aus: „Pastoralbibliothek".] gr. 8. (15 S.) Gotha, Schloeßmann. n. — 40

Carus, Dr. Paul, aus dem Exil. Allerhand Mittheilgn. 8. (82 S.) Dresden 1884, v. Grumbkow. n. 2. —

Carve's, Th., Itinerarium, s.: Materialien zur neueren Geschichte.

Cäsar's, Gaius Julius, Werke. 6. Lfg. 8. Berlin, Langenscheidt. (à) n. — 35
Inhalt: Memoiren üb. den Gallischen Krieg. [De bello Gallico.] Deutsch v. H. Köchly u. W. Rüstow. 6. Lfg. 2. Aufl. (S. 225—256.)

(84/1) —— commentarii de bello gallico. Für den Schulgebrauch erklärt v. Rud. Menge. 3. Bdchn. Buch VII u. VIII. Ausg. A. Kommentar unterm Text. gr. 8. (S. 241—349.) Gotha, F. A. Perthes. (à) 1. 30; Ausg. B. Text u. Kommentar getrennt in 2 Hftn. (S. 111—172 u. 127—171.) (à) 1. 30

—— Commentarien vom gallischen Kriege, Schulwörterbuch dazu, s.: Eichert, O.

Caesii Bassi, Atilii Fortunatiani de metris libri, ad fidem codicis Neapolitani rec. Henr. Keil. gr. 4. (VII, 44 S.) Halis Sax. (Leipzig, Teubner.) n. 1. 60

(85/1) Caspar, Archit. Ludw., deutsche Kunst- u. Prachtmöbel neuester Zeit. Eine Sammlg. ausgeführter Orig.-Arbeiten aus den hervorragendsten deutschen Möbelfabriken. Photographisch aufgenommen u. in Lichtdr. ausgeführt. 6. (Schluß-) Lfg. Fol. (6 Taf. m. 2 Bl. Text.) Frankfurt a/M., Keller. (à) n. 6. —

Caspar, Wilh., Auge um Auge, od. die Macht der christl. Liebe. Erzählung aus der Zeit der ind. Freiheitskämpfe. [Aus: „Die hl. Stadt Gottes".] 8. (172 S.) Steyl, Missionsdruckerei. geb. n. 1. —

Caspari, weil. Pfr. Karl Heinr., Geistliches u. Weltliches zu e. volkstümlichen Auslegung d. kleinen Katechismus Lutheri in Kirche, Schule u. Haus. 13. Aufl. 8. (XII, 496 S.) Erlangen, Deichert. n. 3. —

Cassel, Dr. D., Leitfaden f. den Unterricht in der jüdischen Geschichte u. Literatur. Nebst e. kurzen Darstellg. der bibl. Geschichte u. e. Uebersicht der Geographie Palästina's. 7. Aufl. gr. 8. (VIII, 146 S.) Frankfurt a/M., Kauffmann. geb. baar n.n. 1. 30

Cassel, Prof. Pred. D. Paulus, Hallelujah! 188 geistl. Lieder. 2. verm. Ausg. gr. 8. (116 S.) Berlin 1886, Fr. Schulze's Verl. n. 1. —

—— aus Literatur u. Geschichte. Abhandlungen. gr. 8. (III, 347 u. XIV, 74 S.) Leipzig, Friedrich. n. 10 —

—— kritische Sendschreiben üb. die Probebibel. I. u. II. gr. 8. Berlin, F. Schulze's Verl. à n. 1. 50

Inhalt: 1. Mit e. wissenschaftl. Anmerkg. üb. Hellenismen in den Psalmen. (III, 96 S.) — 2. Messianische Stellen d. alten Testaments. Angehängt sind Anmerkgn. üb. Megillath Taanith. (IV, 120 S.)

Castelnuovo, E., ausgewählte Novellen, s.: Universal-Bibliothek Nr. 2011.

Castres, Prof. G. H. F. de, spanisch-deutsches u. deutsch-spanisches Handbuch der kaufmännischen Correspondenz, nebst e. Wörterbuche der gebräuchlichsten Ausdrücke der Handelssprache. 3. Ausg., verm. u. verb. durch vorm. Prof. G. C. Korbgien. gr. 8. (VIII, 186 S.) Iserlohn, Bädeker. cart. n. 2. 80

(85/1) **Casualpredigten**, in Beiträgen namhafter Geistlichen der evangelisch-lu-Kirche Deutschlands hrsg. v. Pfr. Lic. Gust. Leonhardi. 2. Sammlg. 8. u. 9. Hft. gr. 8. Leipzig, Teubner. à n. 1. —

Inhalt: 8. Gottes Wort bleibet in Ewigkeit. Bibelfestpredigten. (VI, 84 S.) — 9. Der Tod ist verschlungen in den Sieg. Todtenfestpredigten. (VI, 80 S.)

Catalogue of the paintings in the Old Pinakothek Munich. With a historical indroduction by Dr. Frz. v. Reber. Translated by Jos. Thacher Clarke. Illustrated, unabridged official edition. 8. (XXVIII, 303 S. m. 50 Lichtdr.-Taf.) München, Verlagsanstalt f. Kunst u. Wissenschaft. geb. n. 10. —

Catalogus FF. ordinis minorum S. P. Francisci Capucinorum provinciae helveticae pro anno 1886. gr. 8. (39 S.) Solothurn, (Schwendimann). n.n—25

Catéchisme à l'usage du diocèse de Bâle. Nouvelle éd. seule autorisée par S. G. Mgr. l'évêque de Bâle. 8. (226 S. m. eingedr. Holzschn.) Einsiedeln, Benziger. cart. n.n. — 65

Cathrein, Vict., S. J., die Sittenlehre d. Darwinismus. Eine Kritik der Ethik Herbert Spencers. [Ergänzungshefte zu den „Stimmen aus Maria-Laach" 29.] gr. 8. (X, 146 S.) Freiburg i/Br., Herder. n. 2. —

(76/1) **Catulli** Veronensis liber. Recensuit et interpretatus est Aemilius Baehrens. Vol. II commentarium continentis fasc. 1 et 2. gr. 8. (XVI, 619 S.) Leipzig, Teubner. n. 12. 40 (cplt.: n. 16. 40)

—— ausgewählte Gedichte. Verdeutscht in den Versweisen der Urschrift v. Dr. Frdr. Pressel. 3 Lfgn. 2. vollständig umgearb. Aufl. 8. (VIII, 116 S.) Berlin, Langenscheidt. à n. — 35

—— **Tibulli, Propertii** carmina a Maur. Hauptio recognita. Ed. V. ab Joh. Vahleno curata. 16. (372 S. m. Titelbl. in Stahlst.) Leipzig, Hirzel. n. 2. 50; geb. m. Goldschn. 3. 75

Cauchy, Augustin Louis, algebraische Analysis. Deutsch hrsg. v. Carl Itzigsohn. gr. 8. (XII, 398 S.) Berlin, Springer. n. 9. —

Cauer, weil. Stadtschulr. Dr. Ed., Geschichtstabellen zum Gebrauch auf höheren Schulen, m. e. Übersicht üb. die brandenburgisch-preuss. Geschichte u. m. Geschlechtstafeln u. anderen Anhängen. 28. Aufl., besorgt v. Gymn.-Oberlehr. Dr. Paul Cauer. gr. 8. (80 S.) Breslau, Trewendt. n. — 60

Cauer, Gymn.-Oberlehr. Dr. Paul, zum [illegible]
d. Vergil. 4. (28 S.) Kiel, (Lipsius & Tischer). [illegible]

Cech, Dr. C. O., Russlands Industrie auf der [illegible] kau 1882. Kritische Betrachtgn. üb. [illegible] lands. Generalbericht an das kaiserl. königl. [illegible] gr. 8. (X, 382 S.) Moskau, [illegible]

(84/1) Centralblatt f. praktische Augenheilkunde. Hrsg. [illegible] Hirschberg. Suppl. zum Jahrg. [illegible] Leipzig, Veit & Co.

(85/1) —— für allgemeine Gesundheitspflege. [illegible] eins f. öffentl. Gesundheitspflege. Hrsg. v. [illegible] Dr. Lent u. Privatdoc. Dr. W[illegible] [illegible] (Schluss-)Hft. gr. 8. Bonn, Strauss. Inhalt: Forschungen üb. [illegible] Dr. J. Prior. (IV u. S. [illegible]

(84/2) —— internationales, f. Laryngologie. [illegible] Wissenschaften. Unter ständ. [illegible] Fränkel etc. hrsg. v. Felix Semon. [illegible] (à 1—2 B.) gr. 8. Berlin. Hirschwald.

(84/2) —— für Rechtswissenschaft [illegible] Achilles, Proff. Afzelius, v. Bierling [illegible] heim. 5. Bd. 12 Hfte. [illegible] gr. 8. Stuttgart. Enke. [illegible]

(85/1) —— technisches. Allgemeines Repertorium [illegible] Technik. Red. v. Dr. Ch. Heinzerling [illegible] 12 Hfte. (3 B. m. [illegible]) gr. 4. Halle, Knapp. [illegible]

(84/2) —— für das gewerbliche Unterrichtswesen in Oesterreich. [illegible] trage d. k. k. Ministeriums f. Cultus u. Unterricht [illegible] Dr. Frz. Ritter v. Haymerle. 4. Bd. 4 Hfte. gr. 8. [illegible] Wien, Hölder.

(85/1) —— dasselbe. [illegible] Ebd.

Central-Zeitung u. Anzeiger f. [illegible] wandten Geschäftszweige. [illegible] Lißner. 1. Jahrg. 1885. [illegible]

Cervantes, novelas ejemplares [illegible]

(85/1) Chaignon, P., S. J., Betrachtungen [illegible] durch die Übung d. [illegible] der 9. Aufl. [illegible] ren. Aufl. 3. u. 4. Bd. gr. 8. [illegible]

Chamisso, Adb. v., Frauen-Liebe u. [illegible] Thumann. 12. Aufl. gr. 4. [illegible] Holzschn. u. Titelbild in [illegible]

—— Peter Schlemihl's wundersame [illegible] f. Stolze'sche Stenographen.

(84/1) Charité-Annalen. Hrsg. v. der Direction [illegible] hauses in Berlin. Red. v. Geh. [illegible] sen. 10. Jahrg. Mit 1 lith. Taf. u. Tabellen. gr. 8. [illegible] Hirschwald.

Chelius, C., chronologische Uebersicht der [illegible] Literatur üb. das Grossherzogth. [illegible] herzogl. geolog. Landesanstalt zu Darmstadt.

Chemiker u. Drogist, der. [illegible] treibende, Maschinenfabrikanten. [illegible]

Caspari, weil. Pfr. Karl Heinr., Geistliches u. Weltliches zu e. volkstümlichen Auslegung d. kleinen Katechismus Lutheri in Kirche, Schule u. Haus. 13. Aufl. 8. (XII, 496 S.) Erlangen, Deichert. n. 3. —

Cassel, Dr. D., Leitfaden f. den Unterricht in der jüdischen Geschichte u. Literatur. Nebst e. kurzen Darstellg. der bibl. Geschichte u. e. Uebersicht der Geographie Palästina's. 7. Aufl. gr. 8. (VIII, 146 S.) Frankfurt a/M., Kauffmann. geb. baar n.n. 1. 30

Cassel, Prof. Pred. D. Paulus, Halleluja! 188 geistl. Lieder. 2. verm. Ausg. gr. 8. (116 S.) Berlin 1886, Fr. Schulze's Verl. n. 1. —

—— aus Literatur u. Geschichte. Abhandlungen. gr. 8. (III, 347 u. XIV, 74 S.) Leipzig, Friedrich. n. 10 —

—— kritische Sendschreiben üb. die Probebibel. I. u. II. gr. 8. Berlin, F. Schulze's Verl. à n. 1. 50

Inhalt: 1. Mit e. wissenschaftl. Anmerkg. üb. Hellenismen in den Psalmen. (III, 96 S.) — 2. Messianische Stellen d. alten Testaments. Angehängt sind Anmerkgn. üb. Megillath Taanith. (IV, 120 S.)

Castelnuovo, E., ausgewählte Novellen, s.: Universal-Bibliothek Nr. 2011.

Castres, Prof. G. H. F. de, spanisch-deutsches u. deutsch-spanisches Handbuch der kaufmännischen Correspondenz, nebst e. Wörterbuche der gebräuchlichsten Ausdrücke der Handelssprache. 3. Ausg., verm. u. verb. durch vorm. Prof. G. C. Kordgien. gr. 8. (VIII, 186 S.) Iserlohn, Bädeker. cart. n. 2. 80

($^{85}/_{1}$) **Casualpredigten**, in Beiträgen namhafter Geistlichen der evangelisch-lu- Kirche Deutschlands hrsg. v. Pfr. Lic. Gust. Leonhardi. 2. Sammlg. 8. u. 9. Hft. gr. 8. Leipzig, Teubner. à n. 1. —

Inhalt: 8. Gottes Wort bleibet in Ewigkeit. Bibelfestpredigten. (VI, 84 S.) — 9. Der Tod ist verschlungen in den Sieg. Todtenfestpredigten. (VI, 80 S.)

Catalogue of the paintings in the Old Pinakothek Munich. With a historical indroduction by Dr. Frz. v. Reber. Translated by Jos. Thacher Clarke. Illustrated, unabridged official edition. 8. (XXVIII, 303 S. m. 50 Lichtdr.-Taf.) München, Verlagsanstalt f. Kunst u. Wissenschaft. geb. n. 10. —

Catalogus FF. ordinis minorum S. P. Francisci Capucinorum provinciae helveticae pro anno 1886. gr. 8. (39 S.) Solothurn, (Schwendimann). n.n—25

Catéchisme à l'usage du diocèse de Bâle. Nouvelle éd. seule autorisée par S. G. Mgr. l'évêque de Bâle. 8. (226 S. m. eingedr. Holzschn.) Einsiedeln, Benziger. cart. n.n. — 65

Cathrein, Vict., S. J., die Sittenlehre d. Darwinismus. Eine Kritik der Ethik Herbert Spencers. [Ergänzungshefte zu den „Stimmen aus Maria-Laach“ 29.] gr. 8. (X, 146 S.) Freiburg i/Br., Herder. n. 2. —

($^{76}/_{1}$) **Catulli** Veronensis liber. Recensuit et interpretatus est Aemilius Baehrens. Vol. II commentarium continentis fasc. 1 et 2. gr. 8. (XVI, 619 S.) Leipzig, Teubner. n. 12. 40 (cplt.: n. 16. 40)

—— ausgewählte Gedichte. Verdeutscht in den Versweisen der Urschrift v. Dr. Frdr. Pressel. 3 Lfgn. 2. vollständig umgearb. Aufl. 8. (VIII, 116 S.) Berlin, Langenscheidt. à n. — 35

—— **Tibulli, Propertii** carmina a Maur. Hauptio recognita. Ed. V. ab Joh. Vahleno curata. 16. (372 S. m. Titelbl. in Stahlst.) Leipzig, Hirzel. n. 2. 50; geb. m. Goldschn. 3. 75

Cauchy, Augustin Louis, algebraische Analysis. Deutsch hrsg. v. Carl Itzigsohn. gr. 8. (XII, 398 S.) Berlin, Springer. n. 9. —

Cauer, weil. Stadtschulr. Dr. Ed., Geschichtstabellen zum Gebrauch auf höheren Schulen, m. e. Übersicht üb. die brandenburgisch-preuss. Geschichte u. m. Geschlechtstafeln u. anderen Anhängen. 28. Aufl., besorgt v. Gymn.-Oberlehr. Dr. Paul Cauer. gr. 8. (80 S.) Breslau, Trewendt. n. — 60

Cauer, Gymn.-Oberlehr. Dr. Paul, zum Verständnis der nachahmenden Kunst d. Vergil. 4. (26 S.) Kiel, (Lipsius & Tischer). n. 1. —

Cech, Dr. C. O., Russlands Industrie auf der nationalen Ausstellung in Moskau 1882. Kritische Betrachtgn. üb. die wichtigsten Industriezweige Russlands. Generalbericht an das kaiserl. königl. österreich. Handelsministerium. gr. 8. (X, 382 S.) Moskau, Grossmann & Knöbel. n. 6. —

(84/1) **Centralblatt** f. praktische Augenheilkunde. Hrsg. v. Prof. Dr. J. Hirschberg. Suppl. zum Jahrg. 1884. gr. 8. (XXX u. S. 385—708.) Leipzig, Veit & Co. n. 6. —

(85/1) —— für allgemeine Gesundheitspflege. Organ d. niederrhein. Vereins f. öffentl. Gesundheitspflege. Hrsg. v. Prof. Dr. Finkelnburg, San.-R. Dr. Lent u. Privatdoc. Dr. Wolffberg. Ergänzungshefte. 1. Bd. 5. u. 6. (Schluss-) Hft. gr. 8. Bonn, Strauss. Einzelpr. n. 8. —

Inhalt: Forschungen üb. Cholerabakterien. Von Prof. Dr. D. Finkler u. Doc. Dr. J. Prior. (IV u. S. 279—445 m. 8 eingedr. Holzschn. u. 7 Taf. in Farbendr.)

(84/2) —— internationales, f. Laryngologie, Rhinologie u. verwandte Wissenschaften. Unter ständ. Mitarbeiterschaft v. L. Bayer, O. Chiari, B. Fränkel etc. hrsg. v. Felix Semon. 2. Jahrg. Juli 1885—Juni 1886. 12 Nrn. (à 1—2 B.) gr. 8. Berlin, Hirschwald. n. 9. —

(84/2) —— für Rechtswissenschaft. Unter Mitwirkg. v. Oberlandesger.-R. Achilles, Proff. Afzelius, D. Bierling etc. hrsg. von Doz. Dr. v. Kirchenheim. 5. Bd. 12 Hfte. (2½ B.) gr. 8. Stuttgart, Enke. n. 12. —

(85/1) —— technisches. Allgemeines Repertorium f. mechan. u. chem. Technik. Red. v. Dr. Ch. Heinzerling. 4. Bd. Oktbr. 1885 — Septbr. 1886. 12 Hfte. (3 B. m. Illustr.) gr. 4. Halle, Knapp. à Hft. n. 1. —

(84/2) —— für das gewerbliche Unterrichtswesen in Oesterreich. Im Auftrage d. k. k. Ministeriums f. Cultus u. Unterricht red. von Min.-Vice-Secr. Dr. Frz. Ritter v. Haymerle. 4. Bd. 4 Hfte. gr. 8. (1—3. Hft. 248 S.) Wien, Hölder. n. 8. —

(85/1) —— dasselbe. Supplement. 3. Bd. 4 Hfte. gr. 8. (1. u. 2. Hft. 55 S.) Ebd. n. 4. 80; f. die Abonnenten d. Centralblattes n. 2. 40

Central-Zeitung u. Anzeiger f. den deutschen Buchhandel u. die m. ihm verwandten Geschäftszweige. Organ f. die Praxis. Hrsg. u. Red.: Th. Lißner. 1. Jahrg. 1885. 52 Nrn. (B.) gr. 4. Leipzig, Lißner. Vierteljährlich n.n. 1. —

Cervantes, novelas ejemplares, s.: Bibliothek spanischer Schriftsteller.

(85/1) **Chaignon**, P., S. J., Betrachtungen f. Priester od. der Priester geheiligt durch die Übung d. Gebetes. Mit Autoris. d. Verf. aus dem Franz. nach der 9. Aufl. v. regul. Chorhrn. Geistl.-R. Dr J. C. Mitterrutzner. 3. genau rev. Aufl. 3. u. 4. Bd. gr. 8. (330 u. 350 S.) Brixen, Weger. à n. 2. 40

Chamisso, Adb. v., Frauen-Liebe u. Leben. Lieder-Cyclus. Illustrirt v. Paul Thumann. 12. Aufl. gr. 4. (9 Lichtdr.-Taf. u. 9 Bl. Text m. eingedr. Holzschn. u. Titelbild in Holzschn.) Leipzig, Titze. geb. m. Goldschn. n. 20. —

—— Peter Schlemihl's wundersame Geschichte, s.: Haus-Bibliothek f. Stolze'sche Stenographen.

(84/1) **Charité-Annalen**. Hrsg. v. der Direction d. königl. Charité-Krankenhauses in Berlin. Red. v. Geh. Ob.-Med.-R. Gen.-Arzt à la s. Dir. Dr. Mehlhausen. 10. Jahrg. Mit 1 lith. Taf. u. Tabellen. gr. 8. (IV, 755 S.) Berlin, Hirschwald. n. 20. —

Chelius, C., chronologische Uebersicht der geologischen u. mineralogischen Literatur üb. das Grossherzogth. Hessen, s.: Abhandlungen der grossherzogl. geolog. Landesanstalt zu Darmstadt.

Chemiker u. Drogist, der. Haupt-Organ f. Chemiker, Drogisten, Gewerbetreibende, Maschinenfabrikanten, Techniker u. Laboranten. Central-Insertions-Organ der gesammten chem. Industrie u. deren Nebenzweige. Mit der Gratis-Beilage: Handelsblatt d. „Chemiker u. Drogist". Hrsg. u. Red.: Herm. Krätzer. Jahrg. 1885/86. 24 Nrn. (3 B). Fol. Leipzig, Klötzsch. Vierteljährlich n. 3. —

Chemiker-Kalender 1886. Ein Hülfsbuch f. Cemiker, Physiker, Mineralogen etc. Von Dr. Rud. Biedermann. 7. Jahrg. Mit e. Beilage. gr. 16. (XII, 385 u. 138 S. m. 1 chromolith. Eisenbahnkarte.) Berlin, Springer. geb. in Leinw. u. geh. n. 3. —; in Ldr. n. 3. 50

Chemnitz, systematisches Conchylien-Cabinet, s.: Martini.

Chesterfield, Lord, Quintessenz der Lebensweisheit u. Weltkunst. Nach den Briefen an seinen Sohn frei bearb. v. Dr. Karl Munding. 8. (XVI, 230 S.) Stuttgart, Levy & Müller. n. 3. 60; geb. n. 5. —

Chiari, Prof. Dr. H., üb. die topographischen Verhältnisse d. Genitales e. inter partum verstorbenen Primipara. Nach e. Gefrierschnitte geschildert. Mit 5 chemilith., nach der Natur gezeichneten Taf. u. 4 Holzschn. im Texte. gr. 4. (14 S.) Wien, Toeplitz & Deuticke. cart. n. 6. —

(85/1) **Chirurgie**, deutsche. Mit zahlreichen Holzschn. u. lith. Taf. Bearb. v. Proff. DD. Bandl, Bardenheuer, v. Bergmann etc. Hrsg. v. Proff. DD. Billroth u. Luecke. 18. Lfg., 32. Lfg. 2. Hälfte, 54—56. Lfg. gr. 8. Stuttgart, Enke. n. 37. 80

Inhalt: 18. Blutung, Blutstillung, Transfusion, nebst Lufteintritt u. Infusion. Bearb. v. Prof. Dr. W. Heineke. Mit 14 in den Text gedr. Holzschn. (XXXV, 158 S.) n. 4. 80. — 32. Die chirurgischen Krankheiten d. Ohres v. Dir. Prof. Dr. Herm. Schwartze. Mit 129 Holzschn. 2. Hälfte. (XL u. S. 241—411.) n. 5. — (cplt.: n. 11. —.) — 54. Untersuchung der weiblichen Genitalien u. allgemeine gynäkologische Therapie. Von Prof. Dr. R. Chrobak. Mit 104 Holzschn. (XXVI, 278 S.) n. 8. — 55. Die Sterilität der Ehe. Entwicklungsfehler d. Uterus. Von Prof. Dr. P. Müller. Mit 50 Holzschn. (XXII, 300 S.) n. 8. —. — 56. Die Lageveränderungen u. die Entzündungen der Gebärmutter v. Med.-R. Prof. Dir. Dr. Heinr. Fritsch. Mit 194 Holzschn. (XXXIV, 443 S.) n. 12. —

(84/2) **Chodowiecki**. Auswahl aus d. Künstlers schönsten Kupferstichen. 135 Stiche auf 30 Carton-Blättern. Nach den zum Theil sehr seltenen Originalen in Lichtdr. ausgeführt v. A. Frisch, Berlin. Neue Folge. Fol. Berlin, Mitscher & Röstell. In Leinw.-Mappe. (à) n. 20. —

Cholera, die. Ihre Verhütg. u. Heilg. Von e. erfahrenen Ärzte. 2. Aufl. der Schrift: „Der Choleralärm in Europa 1884." 8. (VIII, 168 S.) Hannover, Schmorl & v. Seefeld. n. 1. —

Choralmelodieen-Buch zum evangelischen Gesangbuch f. Ost- u. Westpreußen. Hrsg. v. der Kommission zur Ausarbeitg. e. einheitl. Choralbuchs f. Ost- u. Westpreußen. 8. (100 S.) Königsberg, Gräfe & Unzer. baar n. — 80

Chöre, 20 kirchliche dreistimmige, u. die Liturgie f. die Festzeiten d. Kirchenjahres. Hrsg. v. der Osterwiecker Diözesan-Lehrer-Conferenz-Gesellschaft. 12. (71 S.) Osterwieck, Zickfeldt. n. — 25

Chorgesang, der. Zeitschrift f. die gesamten Interessen der Sangeskunst m. besond. Berücksicht. der gemischten Chöre, Männer- u. Frauen-Gesangvereine. Hrsg. unter Mitwirkg. hervorrag. Komponisten f. Chorgesang, Musikdirektoren, Chor-Dirigenten u. berühmter Musikschriftsteller v. Hoforgan. Lehr. A. W. Gottschalg. 1. Jahrg. 1885/86. 24 Nrn. (B. m. Musikbeilagen.) Lex.-8. Leipzig, Licht & Meyer. Vierteljährlich n. 2. —

Chotzen, Assist.-Arzt Mart., Resultate v. 33 Operationen d. Genu valgum nach Ogston. [Aus der kgl. chirurg. Klinik zu Breslau.] Inaugural-Dissertation. gr. 8. (42 S.) Breslau 1884, (Köhler). baar n. 1. —

Christ, W., platonische Studien. [Aus: „Abhandlgn. d. k. b. Akad. d. Wiss."] gr. 4. (60 S.) München, Franz' Verl. in Comm. n.n. 1. 80

Christensen, Jens L., gegen unsere Kolonialpolitik. Ein ruh. Wort in bewegter Zeit. gr. 8. (33 S.) Zürich, Verlags-Magazin. n. — 70
Christenfreude in Lied u. Bild. Die schönsten geistl. Lieder m. Holzschn. nach Orig.-Zeichngn. v. Ludw. Richter, Jul. Schnorr v. Carolsfeld, Jos. Ritter v. Führich, Osc. Pletsch, A. Strähuber u. C. Andreae. 10. Aufl. gr. 8. (VIII, 112 S.) Leipzig, A. Dürr. geb. m. Goldschn. n. 4. 50
Christiani, Prof. Dr. Arth., zur Physiologie d. Gehirnes. Mit 2 Taf. gr. 8 (VIII, 176 S.) Berlin, O. Enslin. n. 6. —
Christophorus, der Stelzfuß. Kalender f. Jedermann auf d. J. 1886 v. Past. Hafermann. 12. Jahrg. (156 S. m. Illustr.) Norden, Soltau. n. — 50
(84/2) **Christoterpe,** neue. Ein Jahrbuch, hrsg. v. Rud. Kögel, Wilh. Baur u. Emil Frommel, unter Mitwirkg. v. Nic. Fries, Emil u. Max Frommel ꝛc. (7. Jahrg. 1886.) 8. (V, 387 S.) Bremen, Müller. n. 4. —; geb. n.n. 5. —; m. Goldschn. n.n. 5. 20; Liebhaberausg. in Halbfrzbd. n. 12. —
Christus patiens. Tragoedia christiana, quae inscribi solet Χριστὸς πάσχων Gregorio Nazianzeno falso attributa. Rec. Dr. J. G. Brambs. 8. (172 S.) Leipzig, Teubner. 2. 25
Chrobak, R., Untersuchung der weiblichen Genitalien u. allgemeine gynäkologische Therapie, s.: Chirurgie, deutsche.
—— dasselbe, s.: Handbuch der Frauenkrankheiten.
(85/1) **Chronica** provinciae helveticae ordinis s. patris n. Francisci Capucinorum ex annalibus ejusdem provinciae manuscriptis excerpta. Fasc. 2 et 3. Fol. (S. 81—240.) Solothurn, Schwendimann. à n. 3. —
Chronik der Universität Kiel f. d. J. 5. März 1884/5. gr. 8. (79 S. m. 1 Taf.) Kiel, Universitäts-Buchh. n. 1. —
(84/2) —— illustrirte, der Zeit. Jahrbuch der Ereignisse. Blätter zur Unterhaltg. Jahrg. 1886. 26 Hfte. (4 B. m. eingedr. Holzschn.) gr. 4. Stuttgart, Schönlein. baar à Hft. — 25
(84/2) **Chrysologus.** Eine Monatsschrift f. kathol. Kanzelberedsamkeit. In Verbindg. m. mehreren Geistlichen hrsg. v. Oberpfr. Heinr. Nagelschmitt. Mit e. Zugabe: Abhandlungen u. Aufsätze aus dem Gebiete der Homiletik u. Katechetik. 26. Jahrg. 1886. 12 Hfte. (6 B.) gr. 8. Paderborn, F. Schöningh. n. 5. 70
Chrysostomus' ausgewählte Schriften, s.: Bibliothek der Kirchenväter.
Chun, Prof. Carl, Katechismus der Mikroskopie. Mit 97 in den Text gedr. Abbildgn. 8. (VIII, 138 S.) Leipzig, Weber. geb. n. 2. —
Ciceronis, M. Tullii, scripta, quae manserunt omnia. Recognovit C. F. W. Mueller. Partis II vol. II. 8. (CXXXIV, 541 S.) Leipzig, Teubner. 2. 10
—— dasselbe. Einzelausg. Nr. 10—14. 8. Ebd. 2. 85
Inhalt: 10. Orationes pro M. Tullio, pro M. Fonteio, pro A. Caecina de imperio Cn. Pompeii [pro lege Manilia]. (99 S.) — 45. — 11. Orationes pro A. Cluentio Avito, de lege agraria tres, pro C. Rabirio perduellionis reo. (S. 100—247.) — 75. — 12. Orationes in L. Catilinam IV, pro L. Murena. (S. 248—338.) — 60. — 13. Orationes pro P. Sulla, pro A. Licinio Archia poëta, pro L. Flacco. (S. 339—428.) — 45. — 14. Orationes post reditum in senatu et post reditum ad Quirites habitae, de domo sua, de haruspicum responso. (S. 429—541.) — 60.
—— Werke. 1. 6—9, 137 u. 138. Lfg. 8. Berlin, Langenscheidt. à n. — 35
Inhalt: 1. 6—9. Sämtliche Briefe, übers. v. Sem.-Prof. K. L. F. Mezger. 1. 6—9. Lfg. 2. Aufl. (1. Bdchn. VIII u. S. 1—32 u. 2. Bdchn. S. 1—166.) — 137. 138. Rede f. Titus Annius Milo. Deutsch v. Prof. Dr. H. Köchly. 1. u. 2. Lfg. 2. Aufl. (XXVIII u. S. 1—64.)
—— dasselbe, s.: Prosaiker, römische, in neuen Übersetzungen.
—— ausgewählte Briefe. Erklärt v. Frdr. Hofmann. 2. Bdchn. Bearb. v. Geo. Andresen. 2. Aufl. gr. 8. (VI, 227 S.) Berlin, Weidmann. 2. 10
—— Brutus de claris oratoribus. Rec. Th. Stangl. 8. (XXVI, 98 S.) Leipzig 1886, Freytag. n. — 80

Ciceronis, M. Tulli, libri qui ad rem publicam et ad philosophiam spectant, scholarum in usum ed. Thdr. Schiche. Vol. X. De officiis libri III. 8. (XII, 119 S.) Leipzig, Freytag. n. — 80
—— orator ad M. Brutum. Rec. Th. Stangl. 8. (XIV, 68 S.) Ebd. n. — 60
—— 2. Rede gegen Gaius Verres. 4. Abtlg.: Von den Bildwerken. [De signis.] Wortgetreu nach H. R. Mecklenburg's Grundsätzen aus dem Lat. übers. vom Oberlehr. G. N. 1. u. 2. Hft. 32. (S. 1—96.) Berlin, H. R. Mecklenburg. à n. — 25
—— dasselbe. 5. Abtlg.: Ueber die Leibes- u. Lebensstrafen. [De suppliciis.] Wortgetreu nach H. R. Mecklenburg's Grundsätzen aus dem Lat. übers. vom Oberlehr. G. N. 1. Hft. 32. (32 S.) Ebd. n. — 25
—— Rede f. L. Murena. Für den Schulgebrauch hrsg. v. Herm. Adf. Koch. In 2. Aufl. umgearb. v. Dr. G. Landgraf. gr. 8. (IV, 79 S.) Leipzig, Teubner. — 90
—— Rede f. P. Sulla. Für den Schulgebrauch hrsg. v. Fr. Richter. In 2. Aufl. neu bearb. v. Dr. G. Landgraf. gr. 8. (IV, 72 S.) Ebd. — 75
—— ausgewählte Reden, erklärt v. Karl Halm. 5. Bd. gr. 8. Berlin, Weidmann. 1. 20
Inhalt: Die Reden f. T. Annius Milo, f. Q. Ligarius u. f. den König Deiotarus. 9., verb. Aufl., besorgt v. G. Laubmann. (VI, 144 S.)
($^{83}/_{1}$) —— Tusculanarum disputationum libri V. Für den Schulgebrauch erklärt v. Gymn.-Dir. Dr. L. W. Hasper. 2. Bdchn. Buch III bis V. Ausg. A. Kommentar unterm Text. gr. 8. Gotha, F. A. Perthes. (à) 1. 20; Ausg. B. Text u. Kommentar in 2 Hftn. (93 u. 65 S.) (à) 1. 20
Ciliojanus-Kalender 1886. Dichtung v. Frdr. Goedecker. gr. 4. (32 S. m. Ornamenten u. Fig.) Berlin. (Leipzig, Mylius.) n. — 80
($^{75}/_{1}$) **Civilingenieur.** Hrsg. v. Reg.-R. Prof. Dr. E. Hartig. General-Register zum 21—30. Bd. [1875—1884]. Bearb. v. Lehr. Dr. G. H. Judenfeind-Hülsse. hoch 4. (11 S.) Leipzig, Felix. n.n. 1. 50
Clark-Steiniger, Frederic, die Lehre d. einheitlichen Kunstmittels beim Clavierspiel. Eine Kritik der Claviermethoden. Mit 24 Abbildgn. gr. 8. (49 S.) Berlin, Raabe & Plothow. n. 2. 50
Clasen, Dr. F. C., die Haut u. das Haar. Ihre Pflege u. ihre kosmet. Erkrankgn. 8. (IV, 366 S.) Stuttgart 1886, Gundert. n. 4. —; geb. n. 5. —
Classen, Prof. Dr. Alex., quantitative chemische Analyse durch Electrolyse. Nach eigenen Methoden. 2. gänzlich umgearb. u. verm. Aufl. Mit 41 Holzschn. u. 1 lith. Taf. gr. 8. (IX, 180 S.) Berlin, Springer. n. 5. —
—— Handbuch der analytischen Chemie. 3. verb. u. verm. Aufl. 2. Thl. Quantitative Analyse. Mit 73 in den Text gedr. Holzschn. gr. 8. (X, 411 S.) Stuttgart, Enke. n. 8. —
Clauren, H., Mimili, s.: Universal-Bibliothek Nr. 2055.
($^{83}/_{1}$) **Claus**, Dr. Adf., stenographisches Lesebuch f. Anfänger in der Stolze'schen Kurzschrift zum Gebrauch in Fortbildungskursen u. beim Selbstunterricht. 1. Tl.: Unterstufe. Für Anfänger jugendl. Alters [insbesondere Schüler höherer Lehranstalten]. 2. Lfg. gr. 8. (S. 25—48.) Breslau, Kelsch. (à) n. — 60
Clausius, R., üb. die Energievorräthe der Natur u. ihre Verwerthung zum Nutzen der Menschheit. gr. 8. (26 S.) Bonn, Cohen & Sohn. n. 1. —
Claußen, Sem.-Lehr. A. P. L., methodische Anleitung zum Unterricht im Rechnen. Für Lehrer u. Seminaristen bearb. gr. 8. (304 S.) Potsdam, Stein. n. 3. —
Clemen, Past. A., für's Haus. Tägliche Andachten. 1. Thl. Festzeit. 2. überarb. Aufl. Lex.-8. (VI, 417 S.) Wolfenbüttel, Zwißler. 3. —; geb. m. Goldschn. n. 4. 50

Clemens, Priest. P. K., O. Red., das Kindlein v. Bethlehem. Ausführliche Betrachtgn. üb. die Menschwerdg. d. ewigen Wortes u. üb. die heil. Geheimnisse der Kindheit unseres Herrn u. Heilandes Jesu Christi. 8. (XVI, 832 S.) Mainz, Kirchheim. 6. —; geb. n. 7. —

Clery. M., die Gefangenschaft König Ludwig's XVI. v. Frankreich im Temple, f.: Familien-Bibliothek.

Clüver, Past. J., die Bendersche Lutherrede u. ihre Gegner. gr. 8. (104 S.) Bonn, Cohen & Sohn. n. 1. 40

Cochem, P. Martin v., Erklärung d. heil. Meßopfers. Nebst 4 Meßandachten, Beicht- u. Communion-Gebeten aus andern Erbauungsbüchern desselben Verf. In neuer Bearbeitg. v. Pfr. L. Grubenbecher. 10. Aufl. Wohlf. Ster.-Ausg. Mit 1 Titelbild in Stahlst. 8. (XXIV, 715 S.) Köln, Bachem. 2. —

(84/2) **Codex** Theresianus, der, u. seine Umarbeitungen. Hrsg. u. m. Anmerkgn. versehen von Dr. Phpp. Harras Ritter v. Harrasowsky. 4. Bd. Die Umarbeitgn. 1. Bd. Entwurf Horten's. gr. 8. (557 S.) Wien 1886, Gerold's Sohn. n. 13. 50 (1—4.: n. 45. 80)

—— Vindobonensis membranaceus purpureus literis argenteis aureisque scriptus. Antiquissimae evangeliorum Lucae et Marci translationis latinae Fragmenta. Ed. J. Belsheim. Cum tabula (chromophotogr.). gr. 8. (VII, 71 S.) Leipzig, T. O. Weigel. n. 3. —

Cohen, Prof. Herm., Kants Theorie der Erfahrung. 2. neubearb. Aufl. gr. 8. (XXIV, 616 S.) Berlin, Dümmler's Verl. n. 12. —

Cohn, Prof. Gust., System der Nationalökonomie. Ein Lesebuch f. Studirende. 1. Bd. Grundlegung. gr. 8. (X, 649 S.) Stuttgart, Enke. n. 12. —

Cohn, Lehr. Raph., deutsche Schreib-Lese-Fibel nach der analytisch-synthetischen Lesemethode. 1. Fibelstoff. 2. Lesestücke. Ausg. A. [Tl. I.] 8. (IV, 72 S. m. Illustr.) Berlin, Stuhr. cart. n. — 60

Cohnstaedt, Ludw., die neue Geschäfts- u. Börsensteuer in der Praxis. Erläuterungen. Sep.-Abdr. aus der „Frankfurter Zeitg.", vervollständigt u. theilweise umgearb. unter Benützg. der inzwischen durch den Bundesrath erlassenen Instruktionen etc., nebst dem Wortlaut d. ganzen Gesetzes, der Ausführungs-Vorschriften u. der Instruktionen d. Bundesraths. 8. (171 S.) Frankfurt a/M., (Rommel). baar n. 1. 50

(85/1) **Coleccion** de autores españoles. Tomos 24, 44 y 45. 8. Leipzig, Brockhaus. à n. 3. 50; geb. à n.n. 4. 50

Inhalt: 24. Teatro moderno español. [El tanto por ciento, por de Ayala. Flor de un Dia! por Camprodon. La cruz del matrimonio, por de Eguilaz.] (Nueva ed.) (V, 245 S.) — 44. 45. Obras escogidas de D. Ramon de Campoamor. Tomos I y II. (XV, 344 u. XIX, 266 S.)

(85/1) **Collection** of british authors. Copyright ed. Vol. 2328—2370. 12. Leipzig, B. Tauchnitz. à n. 1. 60

Inhalt: 2328. A history of the four Georges. By Justin Mc Carthy, M. P. Vol. 1. (358 S.) — 2329—2331. Wyllard's weird. A novel. By M. E. Braddon. 3 vols. (295, 279 u. 287 S.) — 2332. Society in London. By a foreign resident. (272 S.) — 2333. A maiden all forlorn and other stories. By the author of „Molly Bann". (288 S.) — 2334. A little tour in France. By Henry James. (279 S.) — 2335. Zoroaster. By F. Marion Crawford. (288 S.) — 2336. 2337. The maritime Alps and their seaboard. By the author of „Vèra" etc. 2 vols. (à 279 S.) — 2338. Helen Whitney's wedding and other tales. By Johnny Ludlow [Mrs. Henry Wood]. (272 S.) — 2339. The wise women of Inverness. A tale and other miscellanies. By Will. Black. (279 S.) — 2340. By shore and sedge. By Bret Harte. (272 S.) — 2341. Madame de Presnel. By E. Frances Poynter. (303 S.) — 2342. In the east country with Sir Thomas Browne, Kt., physician and philosopher of the city of Norwich. By Emma Marshall. (319 S.) — 2343. 2344. Cara Roma. By Miss Grant. 2 vols. (287 u. 303 S.) — 2345. Corisande, and other tales. By Mrs. Forrester. (279 S.) — 2346. 2347. Ramona. A story. By Helen Jackson [H. H.]. 2 vols. (279 u.

271 S.) — 2348. 2349. Alice, Grand Duchess of Hesse, Princess of Great Britain and Ireland. Letters to Her Majesty the Queen. With a memoir by H. R. H. Princess Christian. 2 vols. With portrait (steel-engraving). (271 u. 270 S.) — 2350. 2351. In the trades, the tropics, and the roaring forties. By Lady Brassey. 2 vols. (311 u. 272 S.) — 2352. 2353. The two sides of the shield. By Charlotte M. Yonge. 2 vols. (286 u. 287 S.) — 2354. A passive crime, and other stories. By the author of „Molly Bawn". (288 S.) — 2355. 2356. The journals of Major-Gen. C. G. Gordon, C. B., at Kartoum. Printed from the original mss. Introduction and notes by A. Egmont Hake. 2 vols. With 18 illustrations after sketches by General Gordon. (311 u. 288 S.) — 2357. 2358. A family affair. A novel. By Hugh Conway [F. J. Fargus]. 2 vols. (271 u. 270 S.) — 2359. 2360. Colonel Enderby's wife. A novel. By Lucas Malet. 2 vols. (296 u. 287 S.) — 2361. The story of Dorothy Grape, and other tales. By Johnny Ludlow [Mrs. Henry Wood]. (279 S.) — 2362—2364. A second life. A novel. By Mrs. Alexander. 3 vols. (262, 264 u. 287 S.) — 2365. Maruja. By Bret Harte. (255 S.) — 2366. 2367. Andromeda. By George Fleming. 2 vols. (286 u. 254 S.) — 2368. Murder or manslaughter. A novel. By Helen Mathers [Mrs. Henry Reeves]. (264 S.) — 2369. 2370. A Girton girl. By Mrs. Annie Edwardes. 2 vols. (296 u. 295 S.)

(85/1) **Collection Sabouroff, la.** Monuments de l'art grec. Publiés par Adolphe Furtwaengler. 11. et 12. livr. Fol. (à 10 Taf. in Heliogr., Lith. u. Chromolith. m. 10 Bl. Text.) Berlin, Asher & Co. In Mappe. baar à n.n. 25. —

((85/1) —— Spemann. Deutsche Hand- u. Hausbibliothek. 82—91. Bd. 8. Stuttgart, Spemann. geb. baar à n. 1. —

Inhalt: 82. Genfer Novellen v. Rud. Töpffer. Uebers. u. m. e. Einleitg. versehen v. Heinr. Zschokke. (195 S.) — 83. Fürst Bismarck als Redner. Vollständige Sammlg. der parlamentar. Reden Bismarcks seit dem J. 1847. Sachlich u. chronologisch geordnet, m. Einleitgn. u. Erläutergn. versehen v. Wilh. Böhm. 2. Bd. Der Ministerpräsident v. Bismarck-Schönhausen 1862—1866. (263 S.) — 84. Erniedrigte u. Beleidigte. Roman v. Thdr. Dostojewski. Aus dem Russ. übers. u. m. e. Einleitg. versehen v. Konst. Jürgens. (226 S.) — 85. 86. Der abenteuerliche Simplicius Simplicissimus von Hans Jac. Christoffel v. Grimmelshausen. Ins Neuhochdeutsche übertr. u. m. e. Einleitg. versehen. (467 S.) — 87. Der kleine Adam. Sascha u. Saschka. Von L. v. Sacher-Masoch. (177 S.) — 88. Atalanta van der Hege. Roman v. Gabr. Strand. (194 S.) — 89. Sylvester Bonnard u. sein Verbrechen. Roman in Tagebuchform v. Anatole France. Uebers. u. eingeleitet v. E. Alsberg. (183 S.) — 90. 91. Uli der Knecht v. Jerem. Gotthelf [Alb. Bitzius]. (404 S.)

—— dasselbe. 126. Bd. 8. Ebd. geb. baar (à) n. 1. —

Inhalt: Plato's Werke. 2. Bd. Der Staat. Uebers., m. Einleitg. u. Anmerkgn. versehen v. G. Heß. 1. Bd. (197 S.)

—— dasselbe. 173. Bd. 8. Ebd. geb. baar (à) n. 1. —

Inhalt: Byron's Werke. 2. Bd. Don Juan. Uebers., m. Einleitg. u. Anmerkgn. versehen v. Dr. Adb. Schroeter. (178 S.)

—— dasselbe. 220. Bd. 8. Ebd. geb. baar (à) n. 1. —

Inhalt: Memoiren d. Herzogs v. Saint-Simon. Uebers. u. m. erklär. Noten versehen. 2. Bd. (221 S.)

Collins, Wilkie, Herz u. Wissen. Erzählung aus der Gegenwart. Aus dem Engl. Autoris. Ausg. 3 Bde. 8. (240, 271 u. 251 S.) Berlin 1886, Janke. n. 10. —

Collitz, Herm., die Verwantschaftsverhältnisse der griechischen Dialekte m. besond. Rücksicht auf die thessalische Mundart. gr. 8. (16 S.) Göttingen, Vandenhoeck & Ruprecht's Verl. n. — 60

Colombi, Marchesa, e. Ideal, s.: Engelhorn's allgemeine Romanbibliothek.

(85/1) **Colonialgebiete,** die deutschen. Nr. 3—5. gr. 8. Leipzig, Schloemp. à n. 1. —

Inhalt: 3. Ackerbau u. Viehzucht in Süd-West-Afrika. [Damara- u. Gr. Namaqualand.] Mit 1 (eingedr.) Karte u. Illustr. Von fr. Miss. C. G. Büttner. (60 S.) — 4. Kamerun, Land, Volk u. Handel, geschildert nach den neuesten Quellen v. Carl Hager. Mit 1 Karte u. 4 Illustr. (IV, 60 S.) — 5. Das deutsch-ostafrikanische

Gebiet. Mit Benutzg. der neuesten Quellen v. M. Lindner. Mit 1 Karte u. 5. Illustr. (64 S.)

Communionbüchlein f. alle Gott liebenden Seelen. Enth. die Gebete am Vorabende u. f. die Communion-Tage, als Morgen-, Abend- u. Meßgebete, verschiedene Communion-Andachten, nebst Nachmittags-Andachten. Min.-Ausg. 28. Aufl. 16. (198 S. m. 1 Holzschn.) Dülmen, Laumann. n. — 50; geb. n. — 75

Comptoir-Handbuch u. Geschäfts-Kalender f. d. J. 1886. 20. Jahrg. schmal-Fol. (IV, 200 S.) Wien, v. Waldheim. cart. n. 2. —

Comptoir- u. Cabinets-Kalender f. Geschäftsleute aller Klassen auf d. J. 1886. 35. Jahrg. schmal Fol. (142 S.) Bern, Fiala. cart. n. 1. 20

Concordanz zum Kirchen-Gesangbuch f. ev.-luth. Gemeinden ungeänderter Augsburgischer Confession. 8. (294 S.) St. Louis, Mo. (Dresden, H. J. Naumann.) geb. baar n. 4. 50

Concurrenz, die engere, f. das naturhistorische Museum in Hamburg. Fol. (21 Lichtdr.-Taf. m. 4 S. Text.) Hamburg, Strumper & Co. cart. baar 12. —

Conducteur, Schweizer. Sommerfahrplan der Eisenbahnen, Posten u. Dampfboote in der Schweiz. 1885. 12. (245 S.) Bern, (Jenni). n. — 50

Conferenz zur Erörterung der Cholerafrage. [2. Jahr.] [Berliner klin. Wochenschr. 1885, Nr. 37 a. u. b.] gr. 4. (78 S.) Berlin, Hirschwald. baar n. 2. —

Confession, die Augsburgische. gr. 8. (40 S.) Nürnberg, Raw in Comm. n. — 21; Ausg. in 8. (56 S.) n. — 21

Congrès, troisième, international d'Otologie, Bâle, du 1 au 4 septembre 1884. Comptes-rendus et mémoires, publiés par Alb. Burckhardt-Merian. Avec le concours de MM. les secrétaires et MM. les membres du comité de rédaction. 49 figures dans le texte et 3 tableaux. gr. 8. (XVI, 343 S.) Basel, Schwabe. n. 10. —

Conin, Eug., die Gesundheitspflege d. jungen Mädchens. Ein Buch f. Mütter heranwachs. Töchter. Aus dem Franz. d. Dr. A. Coriveaud frei bearb. 2. Aufl. 8. (VIII, 199 S.) Leipzig, Denicke. n. 2. 50; geb. n. 3. 50

Conrad, Dr. M. G., Erziehung d. Volkes zur Freiheit. Eine Serie social-pädagog. Briefe zur Aufklärg. u. Mahng. f. das Volk u. seine Freunde. 3. Aufl. 8. (VIII, 66 S.) München, Heinrichs. n. 1. 20

Conradi, Baur. C., Auswahl v. Entwürfen ausgeführter Wohnhäuser u. Villen, Façaden, Grundrisse, Schnitte etc. m. Details, zum Theil in natürl. Grösse. 6 Lfgn. Fol. (à 6 Steintaf. m. 1 Bl. Text.) Karlsruhe 1874, Veith. In Mappe. à 4. —

Consentius, Rud. Otto, Usus est tyrannus od. die Hinfälligkeit der Beweise f. die Rückläufigkeit d. Raumes. gr. 8. (24 S.) Karlsruhe, Reiff. n. — 80

Consignation der Staatshengste, welche in den im Reichsrathe vertretenen Königreichen u. Ländern während der Beschälperiode 1885 in den Beschälstationen, in Privatpflege u. in Miethe aufgestellt sind. gr. 4. (38 S.) Wien, F. Beck in Comm. n. 1. —

(⁸⁵/₁) **Conversations-Lexikon**. Allgemeine deutsche Real-Encyklopädie. 13 vollständig umgearb. Aufl. Mit (Holzschn.-)Abbildgn. u. (chromolith.) Karten auf 400 Taf. u. im Texte. 155—179. Hft. Lex.-8. (11. Bd. S. 257—956 u. 12. Bd. S. 1—896.) Leipzig, Brockhaus. à — 50

Conway, H., a family affair, s.: Collection of British authors.

—— dunkle Tage, s.: Engelhorn's allgemeine Roman-Bibliothek.

Conz, E., württembergische Gedenkblätter aus der Franzosenzeit. 8. (68 S.) Cannstatt, Bisheuyer. n. — 80

Cooper's Lederstrumpf-Erzählungen. Für die Jugend bearb. v. Fr. Hoffmann. Mit (5) farb. Illustr. nach Orig.-Zeichngn. v. C. Koch. 8. (III, 219 S.) Berlin, Drewitz. geb. n. 2. —

Coppieters, G., e. lustig Todtentänzlein in 5 Bildern (in Photogr.). Dichtung v. Rich. Schmidt-Cabanis. gr. 4. (5 Bl. Text.) Leipzig 1879, Titze. In Mappe. n. 6. —

Cordatus, Dr. Conr., Tagebuch üb. Dr. Martin Luther, geführt 1537. Zum 1. Male hrsg. v. Gymn.-Oberlehr. Dr. H. Wrampelmeyer. gr. 8. (521 S.) Halle, Niemeyer. n. 14. —

Corleis, F., doppelter Kampf. Ein Schauspiel in 4 Aufzügen. 8. (108 S.) Altona 1884, Uflacker's Sort. n. 1. 50

Cornaz-Vulliet, C., anciens tirs des Suisses et tactique militaire de nos ancêtres. Quelques pages d' histoire nationale. Rapide aperçu sur les tirs fédéraux depuis leur institution en 1824 jusqu' à nos jours, avec notice sur l' enthousiasme de la Suisse pour la cause de Neuchatel en 1856, les tirs fédéraux de Berne en 1830 et 1857, les tirs de Brême en 1860 et 1865, le tir de Frankfort s/M., en 1862 et celui de Macon en 1871. Documents recueillis et que termine une conclusion patriotique. 8. 72 S.) Bern, Nydegger & Baumgart in Comm. n. 1. —

Corneille, Horace, } s.: Théâtre français.
— Polyeucte, }

Corneli, René, Antwerpen u. die Weltausstellung 1885. Deutsche Ausg. v. Adf. Liederwald u. Conr. Gramms. (In ca 20 Lfgn.) 1. u. 2. Lfg. Fol. (36 S. m. eingedr. Holzschn. u. Autotypien.) Leipzig, Pfau. à n. 2. —

Cornelius Nepos, erklärt v. Karl Nipperdey. 9. Aufl. v. Oberlehr. Bernh. Lupus. gr. 8. (190 S.) Berlin, Weidmann. 1. 20

— vitae, ed. Gust. Gemss. 8. (111 S.) Paderborn, F. Schöningh. — 40; Einbd. n.n. — 25

— hrsg. v. G. Andresen, Schulwörterbuch dazu, s.: Jahr, K.

Cornelius, A., das Kind, wie es weint u. lacht. Illustriert v. R. Tönsmann. hoch 4. (8 Chromolith. m. Text.) Wesel, Düms. cart. n. — 50

($^{84}/_{2}$) **Corpus** reformatorum. Vol. 57. gr. 4. Braunschweig, Schwetschke & Sohn. (à) n. 12. —

Inhalt: Joa. Calvini opera quae supersunt omnia. Edd. Guil. Baum, Ed. Cunitz, Ed. Reuss. Vol. 29. (738 Sp.)

Corpusculum poesis epicae graecae ludibundae. Fasc. II. Sillographorum graecorum reliquiae, recognovit et enarravit Curtius Wachsmuth. Praecedit commentatio de Timone, Phliasio ceterisque sillographis. 8. (214 S.) Leipzig, Teubner. 3. —

Fasc. I. erscheint später.

($^{85}/_{1}$) **Correspondenz**, politische, Friedrich's d. Grossen. 13. Bd. gr. 8. (619 S.) Berlin, A. Duncker. n. 14. —; Quart-Ausg. n. 20. — (1—13.: n. 162. —; Quart-Ausg. n. 230. —)

($^{84}/_{1}$) **Correspondenz-Blatt** d. naturwissenschaftlichen Vereines in Regensburg. Red.: Dr. Herrich-Schäffer. 39. Jahrg. 1885. 12 Nrn. (B.) gr. 8. Regensburg, Manz in Comm. n. 4. —

Correus, Realgymn.-Lehr. H., der Mensch. Leitfaden der Anthropologie, nebst Berücksicht. der Diätetik [Hygiene] u. Pathologie. Mit vielen in den Text eingedr. Abbildgn. Nach method. Grundsätzen bearb. gr. 8. (55 S.) Berlin, Dehmigke's Verl. n. — 40

Corssen, Petrus, epistula ad Galatas, ad fidem optimorum codicum vulgatae recognovit, prolegomenis instruxit, vulgatam cum antiquioribus versionibus comparavit P. C. gr. 8. (55 S.) Berlin, Weidmann. n. 1. 60

Corvin, historische Hauspostille. Kurzgefaßte Weltgeschichte f. das Volk. (In 2 Bdn.) 1. Bd. gr. 8. (III, 475 S. m. Holzschn.-Bildnissen.) Leipzig, Reißner. 3. —; geb. 4. —

— Pfaffenspiegel. Historische Denkmale d. Fanatismus in der römisch-kathol. Kirche. 5. Aufl. 8. (XXIV, 440 S.) Rudolstadt, Bock. baar 4. —; geb. 5. —

Corvus, M., Charakter-Studien. Vier Novellen. [Die Mutter. Der rechte Platz. Der Professor. Um e. Kindes willen.] 8. (256 S.) Breslau 1886, Schottländer. n. 4. —; geb. n. 5. —

Cosack, Privatdoz. Dr. Konr., die Eidhelfer d. Beklagten nach ältestem deutschem Recht. gr. 8. (95 S.) Stuttgart, Enke. n. 3. —

Costa-Rossetti, Priest. Jul., S. J., Katechismus der Andacht zum göttlichen Herzen Jesu f. Erwachsene u. f. die reifere Jugend. Verb. Sep.-Abdr. aus dem Sendboten d. göttl. Herzens Jesu v. 1872, m. der Litanei als Anh. 16. (39 S.) Innsbruck, F. Rauch. 12 Explre. n. 1. 20

Coste, D., Lese- u. Lehrbuch der französischen Sprache, s.: Mangold, W.

Courvoisier, Doc. Dr. L. G., die Neurome. Eine klin. Monographie. gr. 8. (210 S.) Basel 1886, Schwabe. n. 4. —

Crailsheim, Krafft Frhr. v., die neuesten Erfahrungen üb. das Einmachen v. Grünfutter in Silos u. dessen Verwendung zur Winterfütterung. Allen Freunden der Landwirthschaft gewidmet. gr. 8. (23 S.) Ansbach, Brügel & Sohn. — 30

(85/1) **Cramer**, Geh. Bergr. Ob.-Bergr. H., Beiträge zur Geschichte d. Bergbaues in der Provinz Brandenburg. 9. Hft. gr. 8. Halle, Buchh. d. Waisenhauses. n. 2. — (1—9.: n. 30. 50)

Inhalt: Die Kreise Westhavelland, Osthavelland, Zauch-Belzig u. Jüterbogk-Buckenwalde. (V, 90 S.)

Cramer, Weihbisch., der große Tag ist da! Oder: Heilige Uebgn. f. die letzten 8 Tage vor der ersten hl. Communion, wie auch f. den Communiontag, auch Gebete u. Litanei f. die Zeit d. Communion-Unterrichts u. f. den Schluß d. Schullebens, u. insbesondere mehrere Gebete zur hl. Jungfrau u. zum hl. Aloysius. 12. Aufl. 8. (32 S.) Dülmen, Laumann. n. — 10

Cramer, Wilh., Tatiana Tumanowna. Drama in 5 Aufzügen. gr. 8. (77 S.) Gebweiler, Boltze. n. 1. 50

Craemer, J. L., der deutsche Selbst-Anwalt. Ein Handbuch f. Jedermann, der sich vor den Amtsgerichten selbst vertreten will. Praktische Darstellg. d. deutschen „Civil- u. Strafprozeß-Verfahrens", soweit dasselbe vor die Amtsgerichte competirt, m. Erläutergn. u. A. üb. Klagen, Gesuche, Mieth- u. Kaufverträge, Schuldverschreibgn., die Verjährgn., die Viehgewährschaft, die Kündiggn., Wechsel 2c., dann e. Anh. v. neueren Gesetzen, Formularen u. Tabellen üb. das Kosten- u. Gebührenwesen. 3., verb. u. verm. Aufl. Sep.-Ausg. d. „bayer. Selbst-Anwalts". gr. 8. (280 S.) Kempten, Wenger's Verl. n. 3. —

Crawford, F. M., Zoroaster, s.: Collection of British authors.

(84/2) **Cremer**, Prof. Pfr. D. Herm., biblisch-theologisches Wörterbuch der neutestamentlichen Gräcität. 4. verm. u. verb. Aufl. 3—9. Lfg. gr. 8. (S. 129—576.) Gotha, F. A. Perthes. à n. 1. 20

Creutz, Alb., einige seltene Fälle v. Bindehauterkrankungen. Inaugural-Dissertation. gr. 8. (36 S.) Würzburg 1884. (Wiesbaden, Bergmann.) baar n.n. 1. 20

Crime, a passive, and other stories by the author of „Molly Bawn", s.: Collection of British authors.

(84/2) **Criminal-Bibliothek**, Wiener. Hrsg.: Adf. Loria. 2. u. 3. Hft. 8. Wien, Engel. n. 1. 30 (1—3.: n. 1. 80)

Inhalt: 2. Proceß Kuffler-Amschler. Verhandelt vor dem Wiener Schwurgerichtshofe vom 18. bis 22. Septbr. 1885. Nach stenographisch getreuen Aufzeichngn. bearb. v. Fachjournalisten. Mit Illustr. (110 S.) n. — 50. — 3. Proceß der englischen Gasgesellschaft gegen Dr. Ignaz Mandl. Verhandelt vor dem Bezirksgerichte Alsergrund. Nach stenographisch getreuen Aufzeichngn. (166 S.) n. — 80.

(84/2) **Criminal-Zeitung**, allgemeine deutsche. Hrsg. u. Red.: Floboard v. Biedermann. 9. Bd. Jahrg. 1885/86. 60 Nrn. (2 B.) gr. 4. Leipzig, Biedermann. Vierteljährlich baar 1. 50; in 22 Hftn. à — 30

Crome-Schwiening, C., Hammelsprünge. Parlamentarische Indiskretionen. 3. Aufl. 8. (VII, 55 S.) Leipzig, Licht & Meyer. n. — 80
(84/2) —— Humoresken aus dem Soldatenleben im Frieden. 3. Bd. 12. (155 S.) Leipzig, Verlags-Magazin. (à) n. 1. —
—— Kaiser's Geburtstag, s.: Dilettanten-Mappe.
—— Krieg im Frieden. Humoristischer Roman aus dem modernen Garnisonleben. Mit 20 Orig.-Zeichngn. v. G. Sundblad. 3. Aufl. 8. (253 S.) Leipzig, Licht & Meyer. n. 4. —
Cron, Clara, das Glückskind. Eine Erzählg. f. junge Mädchen. 8. (III, 213 S.) Leipzig, Bredow. n. 4. —; geb. n. 5. —
Cronau, Rud., Geschichte der Solinger Klingenindustrie. Mit Illustr. vom Verf. Fol. (VII, 52 S.) Stuttgart. (Leipzig, Cronau.) geb. m. Goldschn. baar n. 10. —
(85/1) —— von Wunderland zu Wunderland. Landschafts- u. Lebensbilder aus den Staaten u. Territorien der Union. Mit Erläutergn. in Poesie u. Prosa v. Frdr. Bodenstedt, Longfellow, Bret Harte etc. 2—5. Lfg. Fol. (20 Lichtdr.-Taf. m. 20 Bl. Text.) Leipzig, T. O. Weigel. à n. 4. — (1. Bd. geb.: n. 30. —)
Crüger, Dr. Johs., Hülfsbuch zum kleinen Katechismus Dr. M. Luthers. (Aus: „Katechismuslehre".] 8. (48 S.) Leipzig, G. W. Körner's Verl. n. — 30
Cruse, L. W., e. Beitrag zur Casuistik der Harn-Sarcine. Inaugural-Dissertation. gr. 8. (70 S.) Jena, (Pohle). baar 1. 50
Crusius, Heinr., die technischen Gewerbe in der Landwirthschaft. Inaugural-Dissertation. gr. 8. (67 S.) Leipzig, (Fock). baar n. 2. —
Cuningham, Gen.-Arzt Dr. J. M., die Cholera, was kann der Staat thun, sie zu verhüten? Mit e. Vorwort von Geh.-R. Prof. Dr. Max v. Pettenkofer. gr. 8. (XXI, 127 S. m. 16 Tab.) Braunschweig, Vieweg & Sohn. n. 4. —
Culturbilder aus Württemberg v. e. Norddeutschen. 2. Aufl. 8. (III, 110 S.) Leipzig 1886, Unflad. n. 1. 60
Cuno, Reg.- u. Baur. Herm., die Erbauung in den Jünglingsvereinen. Vortrag, geh. auf der Generalversammlg. d. Norddeutschen Jünglingsbundes zu Hamburg am 4. Juni 1885. 8. (24 S.) Berlin, Deutsche Evangel. Buch- u. Tractat-Gesellschaft. n. — 20
Cüppers, Ad. Jos., Edeltrude. Dichtung. 12. (III, 188 S.) Mainz, Kirchheim. n. 3. —; geb. n. 4. 80
Cueppers, Frz. Jos., de octavo Thucydidis libro non perpolito. Commentatio philologica. gr. 8. (67 S.) Monasterii Guestf. 1884. (Leipzig, Fock.) baar n. 1. 50
Cur- u. Fremden-Liste vom Wörthersee. Saison 1885. 4. (Nr. 1: 1½ B.) Klagenfurt, Heyn. n. 1. 60
Curti, Eug., der Staatsvertrag zwischen der Schweiz u. Frankreich betr. den Gerichtsstand u. die Urtheilsvollziehung vom 15. Juni 1869. Inaugural-Dissertation. gr. 8. (VIII, 184 S.) Zürich 1879, (Schulthess). baar n. 2. —
Curti, Thdr., die Alkohol-Vorlage. Ein Wort zur Volksabstimmg. vom 25. Oktbr. 1885. [Aus: „Züricher Post".] gr. 8. (16 S.) Zürich, Verlags-Magazin. baar — 10
—— Geschichte der schweizerischen Volksgesetzgebung. [Zugleich e. Geschichte der schweizer. Demokratie.] 2. Aufl. 8. (XVI, 294 S. m. 1 Tab.) Zürich, Schröter. geb. n. 4. —
Curti Rufi, Q., historiarum Alexandri Magni Macedonis libri qui supersunt. Für den Schulgebrauch erklärt v. Thdr. Vogel. 1. Bdchn. Buch III—V. 3. Aufl. gr. 8. (VI, 229 S.) Leipzig, Teubner. 2. 10
—— von den Thaten Alexanders d. Großen. Verdeutscht v. Johs. Siebelis. 4. Lfg. 3. Aufl. 8. (S. 145—182.) Berlin, Langenscheidt. (à) n. — 35

Cybulka, Dr. W., Johann Schroth's diätetische Heil-Methode u. ihre ausgezeichneten Erfolge. Sicherste Heilg. v. chron. Leiden, Fieber, Entzündungs- u. Kinderkrankheiten, Verwundgn. u. Syphilis. Nach eigener Erfahrg. u. langer Beobachtg. zum Wohle der leid. Menschheit getreu dargestellt. Neu bearb. v. Dr. M. K. 5. Aufl. 8. (VIII, 87 S.) Leipzig, Matthes. n. 1. 50

Czekelius, F., e. Bild aus der Zeit der Gegenreformation in Siebenbürgen, s.: Sammlung gemeinverständlicher wissenschaftlicher Vorträge.

Czermak, Paul, u. Rich. **Hiecke**, Pendelversuche. [Arbeit aus dem physikal. Institute der Universität Graz.] [Mit 6 (lith.) Taf.] [Aus: Sitzungsber. d. k. Akad. d. Wiss."] Lex.-8. (11 S.) Wien, (Gerold's Sohn). n. 2. 40

Czibulka, Oberstlieut. Hub. Ritter v., Einiges üb. die tactische Verwendung der fahrenden u. reitenden Artillerie. Vortrag, geh. im militär-wissenschaftl. Vereine zu Wien am 16. Jan. 1885. [Aus: „Organ d. militär-wissenschaftl. Vereine".] gr. 8. (16 S.) Wien, Seidel & Sohn in Comm. n. — 80

Czyrniański, Prof. Dr. Emil, chemisch-physische Theorie, aus der Anziehung u. Rotation der Uratome abgeleitet. gr. 8. (48 S.) Krakau. (Wien, Frick.) baar n. 1. 20

Dabel, Graf Adalmar, aus stürmischer Zeit. 8. (335 S.) Dresden 1886, Minden. n. 4. —; geb. n.n. 5. —

Däbritz, Lehr. G. A., Anleitung zur Anfertigung v. schriftlichen Arbeiten aus dem Geschäftsleben d. kleinen Landwirtes u. Handwerkers. Ein Leitfaden f. Lehrer u. Schüler an ländl. Fortbildungsschulen. gr. 8. (48 S.) Dresden, Huhle. n. — 35

Dächsel, Past. Aug., die Bibel od. die ganze Heilige Schrift Alten u. Neuen Testaments, nach der deutschen Uebersetzg. Dr. Martin Luthers, m. in den Text eingeschalteter Auslegg., ausführl. Inhaltsangabe zu jedem Abschnitt u. den zur weiteren Vertiefg. in das Gelesene nöthigsten Fingerzeigen, meist in Aussprüchen der bedeutendsten Gottesgelehrten aus allen Zeitaltern der Kirche. Nebst Holzschn. u. color. Karten. Zunächst f. Schullehrer u. Hausväter, doch m. steter Rücksicht auf das besondere Bedürfniß der Geistlichen u. Theologie-Studirenden hrsg. Mit e. Vorwort v. weil. Prof. Gen.-Superint. Dr. Aug. Hahn. 5. u. 6. Bd. A. u. d. T.: Das Neue Testam. 1. Hälfte: Geschichtsbücher. 1. u. 2. Abth. 2. Aufl. Lex.-8. Leipzig, J. Naumann. n. 19. —

Inhalt: 5. Die Evangelien St. Matthäi, S. Marci u. St. Lucä. Mit 26 Holzschn. u. 4 color. Karten. (888 S.) 1884. n. 10. —. — 6. Das Evangelium St. Johannis u. die Apostelgeschichte. Nebst e. Anh.: Chronologische Zusammenstellg. d. Lebens Jesu u. Fortsetzg. der Geschichte d. apostol. Zeitalters. Mit 5 Holzschn. (666 u. 176 S.) n. 9. —

Dafert, Assist. Dr. F. W., kleines Lehrbuch der Bodenkunde. 8. (VII, 277 S. m. eingedr. Fig.) Bonn, Strauss. geb. n. 3. 20

Daheim-Kalender f. das Deutsche Reich auf d. Gemeinj. 1886. Hrsg. v. der Red. d. Daheim. 8. (IV, 292 S.) Bielefeld, Velhagen & Klasing. cart. n. 1. 50

Dahlfeld, Carl, der Werth der Jequirityophthalmie f. die Behandlung d. Trachoms. Inaugural-Dissertation. gr. 8. (98 S.) Dorpat, (Schnakenburg). baar 1. 20

Dahlmann, F. Chr., Gedächtnissrede auf ihn, s.: Waitz, G.

—— Rede üb. ihn, s.: Nasse, E.

Dahn, Felix, Harald u. Theano. Eine Dichtg. in 5 Gesängen. Illustrirt v. Johs. Gehrts. gr. 4. (111 S. m. eingedr. Illustr. u. 9 Lichtdr.-Taf.) Leipzig, Titze. geb. m. Goldschn. baar n. 20. —

(94/1) **Dahn**, Felix, kleine Romane aus der Völkerwanderung. 3. Bd. 8. Leipzig, Breitkopf & Härtel. n. 9. —; geb. n. 10. — (1—3.: n. 22. —; geb. n. 25. —)

Inhalt: Gelimer. Historischer Roman aus der Völkerwanderung [a. 534 n. Chr.] 1—3. Aufl. (III, 630 S.)

—— Urgeschichte der germanischen u. romanischen Völker, s.: Geschichte, allgemeine, in Einzeldarstellungen.

Daisenberger, Lyc.-Prof. Mich., Volks-Schulen der 2. Hälfte d. Mittelalters in der Diöcese Augsburg. gr. 8. (IV, 79 S.) Dillingen., (Blättermann). n. — 80

Dalen's, C. van, Kalender f. Freimaurer auf d. J. 1886. Fortgesetzt u. bearb. v. Karl Paul. 26. Jahrg. 16. (VIII, 350 S.) Leipzig, Findel. geb. n. 2. 50

Dalen, Prof. Doz. Dr. C. van, Henry **Lloyd**, G. **Langenscheidt**, Proff., brieflicher Sprach- u. Sprech-Unterricht f. das Selbststudium Erwachsener. Englisch. 33. Aufl. 36 Briefe, 4 Beilagen u. Register. gr. 8. (849 S.) Berlin, Langenscheidt. In Leinw.-Decke u. Futteral. baar 27. —

Dalton, Herm., Ferienreise e. evangelischen Predigers. Zeitgeschichtliche Studien. 8. (XIII, 400 S.) Bremen 1886, Müller. n. 6. —

Dame, die junge, im Verhältnisse zum Manne. Ein Ratgeber f. Mädchen, um sich liebenswürdig zu machen u. v. heiratslust. Männern nicht übersehen zu werden, u. auf diese Weise bald in den Besitz e. Mannes zu gelangen. 3. Aufl. 16. (31 S.) Wien, Winkler. n. — 32

Damen-Almanach. Notiz- u. Schreibkalender f. d. J. 1886. Mit 1 Illustr. in Farbendr. v. Th. Laudien. 20. Jahrg. 32. (263 S.) Berlin, Haude & Spener. geb. m. Goldschn. 2. —

—— dasselbe f. d. J. 1886. Mit 1 Illustr. in Farbendr. 20. Jahrg. 32. (272 S.) Wien, Perles. geb. m. Goldschn. n. 2. 50

Damen-Kalender auf 1886. Mit Gedichten u. 1 Stahlst. 32. (176 S.) Berlin, Trowitzsch & Sohn. geb. m. Goldschn. n. 1. 50

—— 1886. 32. (110 S.) Köln, Hassel. geb. in Ldr. m. Goldschn. n. 1. 20; in Kalbldr. n. 1. 50; in Goldbecken n. 2. 75

Damen-Paletots u. **Jaquettes**. II. Serie 1885/86. Ein Moden-Tableau m. 20 Fig., nebst den entsprech. Schnittmustern auf 3 Taf. u. 1 Reduktions-Schema. Fol. Dresden, Exped. der Europ. Modenzeitg. n. 3. —

Damen-Taschen-Kalender f. 1886. 128. (44 S.) Düsseldorf, F. Bagel. cart. m. Goldschn. — 25

Dammann, Dr., der Kurort Lippspringe, seine Heilmittel u. Heilwirkungen. 4., verb. Aufl. 8. (84 S.) Paderborn, F. Schöningh. n. 1. —

Dammann, Pfr. Jul., das erste u. letzte Blatt der Bibel, od. Schöpfung u. Erlösung. 3. Aufl. 8. (68 S.) Herborn, Buchh. d. Nassauischen Colportagevereins. n. — 45; geb. n. — 80

Dammer, Dr. Otto, chemisches Handwörterbuch zum Gebrauche f. Chemiker, Techniker, Aerzte, Pharmaceuten, Landwirte, Lehrer u. f. Freunde der Naturwissenschaft. 2. verb. Aufl. (In 12 Lfgn.) 1. Lfg. gr. 8. (64 S.) Stuttgart 1886, Spemann. n. 1. —

—— illustriertes Lexikon der Verfälschungen u. Verunreinigungen der Nahrungs- u. Genußmittel, der Kolonialwaren- u. Manufakte, der Droguen, Chemikalien u. Farbwaren, gewerbl. u. landwirtschaftl. Produkte, Dokumente u. Wertzeichen. Mit Berücksicht. d. Gesetzes vom 14. Mai 1879, betr. den Verkehr m. Nahrungsmitteln, Genußmitteln u. Gebrauchsgegenständen, sowie aller Verordngn. u. Vereinbargn. Unter Mitwirkg. v. Fachgelehrten u. Sachverständigen hrsg. (In 5 Lfgn.) 1. u. 2. Lfg. gr. 8. (S. 1—320.) Leipzig, Weber. à n. 5. —

—— der Naturfreund. Anleitung zur naturwissenschaftl. Beschäftigg. im Hause u. im Garten, f. Freunde der Naturwissenschaft, besonders auch für die reifere Jugend hrsg. (1. Jahrg.) gr. 8. (XII, 394 S.) Stuttgart, Spemann. geb. n. 6. 75

Damsté, P. H., adversaria critica ad C. Valerii Flacci Argonautica. Specimen literarum inaugurale. gr. 8. (55 S.) Lugduni Batavorum. (Leipzig, Fock.) baar n. 2. —

Dangers, Sekr. G., die Milch als Nahrungsmittel f. Kinder u. Erwachsene. Vortrag. Hrsg. vom Verein f. öffentl. Gesundheitspflege in Hamburg. 8. (22 S.) Berlin. (Hamburg, Kriebel.) baar n. — 50

Danhelovsky, Güter-Dir. Adf., Handbuch üb. die Erzeugung u. Berechnung d. deutschen Fassholzes f. Forstmänner, Holzhändler u. Fassbinder. Mit nach der Natur aufgenommenen Bildern u. Zeichngn. 3. verm. u. verb. metr. Aufl. 8. (II, 212 S.) Essek 1884. (Wien, Frick.) n. 5. —

Danitsch, Demeter, conforme Abbildung d. elliptischen Paraboloids auf die Ebene. Inaugural-Dissertation. gr. 8. (42 S.) Belgrad. (Jena, Deistung.) baar n. 1. —

Dannehl, Gust., Anthologie jungvlamischer Dichtung. gr. 16. (XVIII, 136 S.) Wolfenbüttel, Zwißler. n. 2. —

Dante Alighieri's Paradies. Dritte Abth. der Göttlichen Komödie. Genau nach dem Versmaße d. Orig. in deutsche Reime übertragen u. m. Anmerkgn. versehen v. Jul. Francke. gr. 8. (VIII, 218 S.) Leipzig, Breitkopf & Härtel. n. 5. —; geb. n. 6. 50

Dargun, Prof. Dr. Loth., sociologische Studien. 1. Hft. A. u. d. T.: Egoismus u. Altruismus in der Nationalökonomie. gr. 8. (VII, 107 S.) Leipzig, Duncker & Humblot. n. 2. 60

($^{85}/_{1}$) **Darstellung**, beschreibende, der älteren Bau- u. Kunstdenkmäler der Prov. Sachsen u. angrenzender Gebiete. Hrsg. v. der histor. Commission der Prov. Sachsen. 10. Hft. Lex.-8. Halle, Hendel. 2. 50 (1—10.: 32. —)
Inhalt: Der Kreis Calbe. Unter Mitwirkg. v. Gymn.-Lehr. Dr. Gust. Hertel bearb. v. Bauinsp. a. D. Gust. Sommer. (V, 94 S. m. eingedr. Fig.)

—— dasselbe. Neue Folge. 1. Bd. 5—7. Lfg. Lex.-8. Ebd. à 1. 50
Inhalt: Die Stadt Halle u. der Saalkreis, bearb. v. Archit. Gust. Schönermark. 5—7. Lfg. (S. 193—368.)

—— kurze, der Geschichte d. 6. ostpreußischen Infanterie-Regiments Nr. 43 1860—1885. Auf Befehl d. Regimentskommandeurs bearb. f. Unteroffiziere u. Mannschaften zur 25jähr. Jubelfeier. Mit 1 (Lichtdr.-) Portr. u. 3 Skizzen im Text. 8. (VI, 78 S.) Berlin, Mittler & Sohn. n. — 80

Darwin's, Ch., gesammelte Werke. Auswahl in 6 Bdn. 2. Aufl. Mit 156 Holzschn., 7 Photogr. u. dem Portr. d. Verf. Aus dem Engl. übers. v. J. Vict. Carus. (In 60 Lfgn.) 1—18. Lfg. gr. 8. (1. Bd. XII, 596 u. 2. Bd. 578 S.) Stuttgart, Schweizerbart. à n. 1. —

—— gesammelte kleinere Schriften. Ein Supplement zu seinen grösseren Werken. Hrsg. n. m. e. biograph. Einleitg. versehen v. Dr. Ernst Krause. 1. Bd. [Biographischer Tl.] gr. 8. Leipzig, E. Günther. n. 5. —
Inhalt: Charles Darwin u. sein Verhältnis zu Deutschland. Von Dr. Ernst Krause. Mit zahlreichen, bisher ungedr. Briefen Darwins, 2 Porträts, Handschriftprobe etc. in Lichtdr. (VII, 236 S.)

—— über den Instinkt, s.: Romanes, G. J., die geistige Entwicklung im Tierreich.

Daubenspeck, Oberlandesger.-R., Beiträge zur Lehre vom Bergschaden. 8. (VIII, 139 S.) Berlin, Vahlen. n. 2. 50

—— Referat, Votum u. Urtheil. Eine Anleitg. f. prakt. Juristen im Vorbereitungsdienst. 2. verm. u. verb. Aufl. gr. 8. (VIII, 190 S.) Ebd. cart. n. 3. —

Daude, Staatsanw. Dr. P., das Strafgesetzbuch f. das Deutsche Reich vom 15. Mai 1871. Mit den Entscheidgn. d. Reichsgerichts. 2., verm. Aufl. 8. (VII, 372 S.) Berlin, H. W. Müller. geb. n. 2. 20

Daudet, Alphonse, aus dem Leben. Erzählungen u. Skizzen. Deutsch v. Dr. Adf. Gerstmann. Einzig autoris. Uebersetzg. m. dem (Holzschn.-)Portr. Daudet's. 1. u. 2. Aufl. 8. (242 S.) Dresden 1886, Minden. n. 3. 50; geb. n.n. 4. 50
Daum, H., Stanleys Forschungsreise quer durch Afrika, s.: Universal-Bibliothek, geographische.
David, Max, üb. e. geometrische Verwandtschaft 2. Grades u. deren Anwendung auf Curven 4. Ordnung m. 3 Doppelpunkten. Inaugural-Dissertation. gr. 8. (53 S. m. 1 Fig.) Breslau 1884, (Köhler). baar n. 1. —
De exercitio salamandri v. Prof. Dr. Adam Jos. Uhrig. 8. (III, 142 S.) Würzburg, (Hertz). n. 1. 30
Debus, 1. Sem.-Lehr. Johs., e. Beitrag zur Schulchronik d. Hunsrückens. [Aus: „Rhein. Schulmann".] gr. 8. (34 S.) Neuwied, Heuser's Verl. — 60
Dechen, wirkl. Geh.-R. Ob.-Berghauptm. a. D. Dr. H. v., das älteste deutsche Bergwerksbuch. [Aus: „Ztschr. f. Bergrecht".] gr. 8. (58 S.) Bonn, Marcus. n. 2. —
— geognostischer Führer zu der Vulkanreihe der Vorder-Eifel. Nebst e. Anh. üb. die vulkan. Erscheingn. der Hohen-Eifel. 2., verb. Aufl. Mit 1 Karte. 8. (VIII, 323 S.) Bonn 1886, Cohen & Sohn. n. 8. —
Decker's, Paul, fürstlicher Baumeister, in 57 Taf. neu hrsg., m. e. Einleitg. v. R. Dohme. Fol. (4 S. Text.) Berlin, Wasmuth. geb. n. 50. —
Dedekind, Oberlandesger.-R. Dr. Adf., Betrachtungen zur Braunschweigischen Thronerbfolge. 1. Hft. gr. 8. (38 S.) Braunschweig, Sattler. baar — 50
Dedenroth, E. H. v., das Erbe der Wolfenstein, s.: Eisenbahn-Unterhaltungen.
Dehlen, A., die Theorie d. Aristoteles u. die Tragödie der antiken, christlichen, naturwissenschaftlichen Weltanschauung. gr. 8. (III, 124 S.) Göttingen, Vandenhoeck & Ruprecht's Verl. n. 2. —
Deiker, C. F., Waidmanns-Lust. Festgeschenk f. Freunde der Jagd. 20 Orig.-Zeichngn., durch Lichtdr. vervielfältigt durch Römmler & Jonas in Dresden. 2. Aufl. gr. Fol. Köln, Heyn. In Leinw.-Mappe. 45. —
Deinhardstein, J. L., Garrick in Bristol, s.: National-Bibliothek, deutsch-österreichische.
Delacroix', E., Biographie, s.: Rosenberg, A.
Delavigne, le diplomate, s.: Scribe.
— les enfants d'Édouard, s.: Théâtre français.
Delitzsch, F., die Bibel u. der Wein, } s.: Schriften d. Institutum judaicum
— der Messias als Versöhner, } in Leipzig.
Delitzsch, Prof. Dr. Frdr., assyrische Lesestücke, nach den Originalen theils revidirt, theils zum ersten Male hrsg., nebst Paradigmen, Schrifttafel, Textanalyse u. kleinem Wörterbuch zum Selbstunterricht wie zum akadem. Gebrauch. 3. durchaus neu bearb. Aufl. Fol. (XVI, 148 S., wovon 136 autogr.) Leipzig, Hinrichs' Verl. cart. baar n.n. 30. —
Delpit, A., e. Mutterherz, s.: Engelhorn's allgemeine Romanbibliothek.
Demanet, Reg.-Bergingen. Grubendir. Ch., der Betrieb der Steinkohlenbergwerke. Übers. u. m. einzelnen Anmerkgn. versehen v. Bergassess. Bergwerks-Dir. C. Leybold. Mit 475 Holzst. gr. 8. (XXVII, 625 S.) Braunschweig, Vieweg & Sohn. n. 28. —
Demattio, Dr. Fortunato, grammatica della lingua italiana ad uso delle scuole reali, commerciali e magistrali. Parte 2. Sintassi. 3. ed. diligentemente riveduta dall' autore e migliorata. gr. 8. (VI, 139 S.) Innsbruck, Wagner. n. 1. 20
Demmer, Pfr. Ed., Geschichte der Reformation am Niederrhein u. der Entwickelung der evangelischen Kirche daselbst bis zur Gegenwart. gr. 8. (XI, 209 u. Nachtrag 11 S.) Aachen, M. Jacobi. n. 3. —

Demmer, Lehr. P., Anleitung nebst Vorlage zur schnellen u. guten Erlernung der Rundschrift. Ein Führer u. Rathgeber f. Lehrer u. zum Selbstunterricht. 4. (11 S.) Bonn, Hauptmann. n. — 60

Demmin, Aug., die Kriegswaffen in ihrer historischen Entwickelung von den ältesten Zeiten bis auf die Gegenwart. 2. verm. u. verb. Aufl. Mit vielen Abbildgn. 1. Hälfte. 8. (IV, 400 S.) Leipzig, Seemann. n. 5. —

Demokratisch. Eine amerikan. Novelle. Ins Deutsche übertr. v. Th. M. Hagen. 5. Aufl. 8. (259 S.) Frankfurt a/M., Koenitzer. baar 1. —

Demosthenis orationes ex recensione Guil. Dindorfii. Vol. I. Orationes I—XIX. Ed. IV. correctior curante Frid. Blass. Ed. maior. 8. (CLXXVI, 444 S.) Leipzig, Teubner. 2. 40

—— dasselbe. Vol. I. Ed. minor. 8. (III, 444 S.) Ebd. 1. 50

—— dasselbe. Vol. I. Ed. minor. 2 partes. 8. Ebd. à — 75
1. Orationes I—XVII. (S. 49—242.) — 2. Orationes XVIII—XIX. (S. 243—441.)

—— ausgewählte Reden, erklärt v. C. Rehdantz. 1. Tl.: Die 9 philipp. Reden. 1. Hft. I—III: Olynthische Reden. IV: Erste Rede gegen Philippos. 7. verb. Aufl., besorgt v. F. Blass. gr. 8. (VIII, 178 S.) Ebd. 1884. 1. 20

—— ausgewählte Reden. Erklärt v. Ant. Westermann. 2. Bdchn.: Reden vom Kranze u. gegen Leptines. 6. verm. Aufl. Besorgt v. Emil Rosenberg. gr. 8. (272 S.) Berlin, Weidmann. 3. 40

Denifle, Unterarchivar P. Heinr., die Universitäten d. Mittelalters bis 1400. 1. Bd. A. u. d. T.: Die Entstehg. der Universitäten d. Mittelalters bis 1400. gr. 8. (XLV, 814 S.) Berlin, Weidmann. n. 24. —

Denk's Kreuzstich-Monogramme. 12 Hfte. qu. 8. (à 4 Taf.) Wien, Schroll & Co. n. 5. —; Einzelpr. à n. — 50

Denl, B. M. Otto, die Verwelschung der deutschen Sprache. Ein mahn. Wort an das deutsche Volk u. die deutsche Schule. 8. (42 S.) Gütersloh, Bertelsmann. n. — 60

($^{85}/_{1}$) **Denkschriften** der kaiserl. Akademie der Wissenschaften. Mathematisch-naturwissenschaftl. Classe. 49. Bd. Mit 24 Taf. Imp.-4. (V, 212 u. 297 S.) Wien, Gerold's Sohn in Comm. n. 38. —

($^{84}/_{2}$) —— dasselbe. Philosophisch-histor. Classe. 35. Bd. Mit 5 Taf. u. 1 Abbildg. im Text. Imp.-4. (III, 498 S.) Ebd. n. 30. —

($^{84}/_{2}$) —— neue, der allgemeinen schweizerischen Gesellschaft f. die gesammten Naturwissenschaften. — Nouveaux mémoires de la société helvétique des sciences naturelles. 29. Bd. 2. Abth. gr. 4. (VIII, 234 u. 63 S.) Zürich. Basel, Georg in Comm. (à) n.n. 10. —

Deny, Ed., die rationelle Heizung u. Lüftung. Preisgekrönte Schrift. Deutsche Ausg. m. e. Anh. üb. die Vervollkommng. der Heiz- u. Lüftungs-Anlagen v. E. Haesecke. Mit 41 Holzschn. gr. 8. (VII, 114 S.) Berlin, Ernst & Korn. n. 5. —

Derboeck, C. W., Prinz Heinrich's Reise um die Welt. Orig.-Erzählg. f. die Jugend. Mit (5) Farbendr.-Illustr. nach Orig.-Zeichngn. v. W. Schäfer. 8. (III, 220 S.) Berlin, Drewitz. geb. n. 2. —

Dernburg, Frdr., Berliner Geschichten. 8. (232 S.) Berlin 1886, Springer. n. 3. —

Dernburg, Prof. Dr. Heinr., die königl. Friedrich-Wilhelms-Universität Berlin in ihrem Personalbestande seit ihrer Errichtung Michaelis 1810 bis Michaelis 1885. gr. 4. (IV, 48 S.) Berlin, Weidmann. n. 1. 20

($^{83}/_{1}$) —— Pandekten. 1. Bd. 5—7. (Schluß-) Lfg. gr. 8. (XXIV u. S. 449—719.) Berlin, H. W. Müller. n. 5. 50 (1. Bd. cplt.: n. 13. 50)

Detmer, Osc. Alex., Antritts-Predigt, bei seiner Ordination u. Einführg. in das Pastorat zu St. Georg in Hamburg am 12. Novbr. 1885 geh. gr. 8. (22 S.) Hamburg, Seippel. n. — 50

Detzel, Heinr., e. Kunstreise durch das Frankenland. gr. 8. (III, 133 S.) Würzburg, Woerl. n. 1. 70

Deutlich, J., s.: Gereimtes u. Ungereimtes.

Deutsch, Herm., die Sprüche Salomo's, nach der Auffassung im Talmud u. Midrasch dargestellt u. kritisch untersucht. 1. Thl.: Einleitendes. [Aus: Mag. f. d. Wissensch. d. Judenth."] gr. 8. (108 S.) Berlin, Mampe. n. 1. 50

Deutsch, Ingen. J., der commercielle Werth amerikanischer Canäle. Vortrag, geh. am 24. März 1885 im Donau-Vereine. Lex.-8. (32 S. m. 6 Taf.) Wien, Seidel & Sohn. n. 2. —

Deutsch-Freisinnigen, die. Aus den Mittheilgn. e. Parlamentariers. Allen Wählern gewidmet. gr. 8. (28 S.) Leipzig, Bredow. n. — 60

Deutschland, das humoristische. Eine Monatsschrift. Hrsg. v. Jul. Stettenheim. 1. Jahrg. 1885/86. 12 Hfte. Lex.-8. (1. Hft. 66 S.) Stuttgart, Spemann. à Hft. n. 1. —

Deutschthum, das, u. der katholische Clerus in Oesterreich. Von e. Katholiken in Deutsch-Oesterreich. 8. (42 S.) Leipzig, O. Wigand. — 60

—— das, in Oesterreich u. Ungarn einst, v. Treumund. Hrsg. v. Karl Pröll. gr. 8. (32 S.) Berlin. (Leipzig, Gracklauer.) baar n.n. — 30

—— dasselbe, jetzt. gr. 8. (28 S.) Ebd. baar n.n. — 30

Deventer, Dr. Ludw., homöopathischer Rathgeber f. Nichtärzte od. Anweisung, sich selbst in vielen Krankheitsfällen homöopathisch zu behandeln. 6. Aufl. gr. 8. (XV, 594 S.) Berlin, Janke. n. 6. —

(85/1) **Deville**, J., Möbel u. Decoration in allen Stylen vom Alterthum bis zur Jetztzeit. Vorlagen f. Tapezierer u. Möbel-Fabrikanten, gezeichnet v. Creuzet. 124 (lith. u.) color. Taf. Zugleich als 2. Aufl. d. Atlas zum „Dictionnaire du tapissier". 7. u. 8. (Schluss-) Lfg. hoch 4. (à 16 Taf.) Berlin, Claesen & Co. baar à n. 8. — (cplt. in Mappe: n. 65. —)

Dewall, Johs. van, Kadettengeschichten. Erinnerungen aus meinen Kadettenjahren. Mit 69 Illustr. v. Othello. 2. Aufl. 8. (VIII, 239 S.) Stuttgart, Deutsche Verlags-Anstalt. n. 3. —

—— eine Mesalliance. Erzählung. 8. (132 S.) Berlin, Janke. n. 1. —

—— der Sklavenhändler. Erzählung. 8. (124 S.) Ebd. n. 1. —

Dewitz, Kreis-Sekr. Ed., Geschichte d. Kreises Bunzlau. Lex.-8. (VI, VII, 699 S. m. 11 Steintaf.) Bunzlau, (Kreuschmer). n.n. 12. 50

Dichtergrüße an Friederike Kempner v. Methusalem. 8. (X, 51 S.) Berlin, Eckstein Nachf. n. — 50; geb. n. 1. —

(84/2) **Dichterheim**, deutsches. Organ f. Dichtkunst u. Kritik. 6. Jahrg. [Der „Deutschen Dichterhalle" 15. Bd.] 1885/86. 24 Nrn. (à 1—1½ B.) gr. 8. Dresden-Striesen, Heinze. Halbjährlich baar n. 5. —

Dickens, Charles, David Copperfield, s.: Unterhaltungs-Bibliothek.

(85/1) —— das Heimchen am Herde. Eine Haus-Feengeschichte. Wortgetreu nach H. R. Mecklenburg's Grundsätzen aus dem Engl. übers. v. Dr. R. T. 4. (Schluß-) Hft. 32. (S. 161—232.) Berlin, H. R. Mecklenburg. (à) n. — 25

(84/2) —— ausgewählte Romane. Aus dem Engl. 11—14. Bd. 8. Halle, Gesenius. à n. 1. 60 (1—14.: n. 25. 30)

Inhalt: Die Pickwickier. Mit Benutzg. der Übertragg. v. H. Roberts durchweg neu überarb. u. ergänzt v. A. Scheibe. 4. Bde. (VI, 221; 216; VI, 197 u. VI, 191 S.) m. 16 Illustr. in 2 Bdn. geb. n. 9. —; Illustr. apart. baar n. 1. 20.

—— fünf Weihnachtsgeschichten. Uebers. v. W. Wackernagel u. Mor. Weyermann, m. e. Einleitg.: Biographische Skizze v. Boz-Dickens nach Forster v. Mor. Weyermann. 6 Bdchn. 8. Elberfeld, Bädeker. In 1 Bd. geb. n. 3. —; geb. n. 4. —; einzeln à n. — 50; geb. à n. 1. —

Inhalt: 1. Charles Dickens [Boz]. Eine biograph. Skizze nach Forster v. Mor. Weyermann. (64 S.) — 2. Das Heimchen auf dem Heerde. 3. Aufl. (93 S.) — 3. Ein Weihnachtslied in Prosa. 3. Aufl. (88 S.) — 4. Das Glockenspiel. Eine spukhafte Geschichte v. gewissen Glocken, welche e. altes Jahr aus- u. e. neues Jahr einläuteten. 2. Aufl. (91 S.) — 5. Der Kampf des Lebens. 2. Aufl. (87 S.) — 6. Der Doppelgänger od. der Pakt m. dem Geiste. (96 S.)

Dickens, Charles, Vortrag üb. ihn, s.: Masing, E.

Dicks, en as Rosen. Komédésteck an èngem Ackt [nom Fransëschen.] 8. (35 S.) Luxemburg, Schamburger. baar n.n. — 70

Dictionnaire abrégé de six langues slaves [russe, vieux-slave, bulgare. serbe, tchèque et polonais] ainsi que français et allemand, rédigé par le Prof. F. Miklosich. gr. 8. (955 S.) Wien, Braumüller. n. 30. —

Dieckerhoff, Prof. W., Lehrbuch der speciellen Pathologie u. Therapie f. Thierärzte. Nach klin. Erfahrgn. bearb. (In 2 Bdn. à 8 Lfgn.) 1. Bd. Die Krankheiten d. Pferdes. 1. Lfg. gr. 8. (304 S.) Berlin, Hirschwald. n. 6. —

Diefenbach, Lehr. Carl, Beschreibung d. Reg.-Bez. Düsseldorf, s.: Form, G.

—— der Reg.-Bez. Wiesbaden [Nassau] in seinen geographischen u. geschichtlichen Elementen. Methodisch bearb. Mit e. dem Text zugrunde gelegten (chromolith.) Karte d. Regierungsbezirks. 11. verb. Aufl. der „Elemente e. Heimatskunde ec." 8. (IV, 36 S.) Frankfurt a/M., Jaeger. n. — 40

Dieffenbach, Oberpfr. D. G. Chr., die Evangelien d. Kirchenjahrs, ausgelegt in kurzen Predigten zur häusl. Erbaug. f. die Gemeinde. gr. 8. (XII, 410 S.) Herborn, Buchh. d. Nassauischen Colportage-Vereins. n. 1. 60; geb. in Leinw. baar n. 2. —; m. Goldschn. baar n. 3. —

—— s.: Flinzer, F., glückliche Kinderzeit.

Diekamp, W., Verzeichnis der in Wigands Archiv u. in der westf. Zeitschrift bis 1885 veröffentlichten Aufsätze u. Mittheilungen, s.: Zeitschrift f. vaterländische Geschichte u. Alterthumskunde.

Dielitz, Gymn.-Prof. Dr. Th., Geschichtstabellen f. Gymnasien u. Realschulen. gr. 8. (IV, 68 S.) Altenburg, Pierer. n. — 55

—— amerikanische Reisebilder, f. die Jugend bearb. 4. Aufl. Mit 8 feinen Farbendr.-Bildern nach Th. Hosemann. 8. (IV, 299 S.) Berlin, Winckelmann & Söhne. geb. 4. 50

Diels, H., üb. die Berliner Fragmente der Ἀθηναίων πολιτεία d. Aristoteles. Mit 2 (lith.) Taf. [Aus: „Abhandlgn. d. k. preuss. Akad. d. Wiss. zu Berlin".] gr. 4. (57 S.) Berlin, (Dümmler's Verl.). cart. n. 4. —

Dienstboten-Kalender, kleiner, f. d. J. 1886. 8. Jahrg. 16. (96 S. m. Illustr.) Donauwörth, Auer. n. — 20

Dienst-Notiz-Buch f. den Kompagnie-Chef f. d. Dienstj. 1885/86. 8. Jahrg. 16. (93 S. m. 4 Anlageheften 96, 104, 88 u. 72 lith. S.) Potsdam, Döring. geb. baar n. 4. —

Dienst-Ordnung f. die königl. Kriegsschulen. 2. Aufl. 8. (16 S.) Berlin, v. Decker. — 30

Dienst-Unterricht d. Ersatz-Reservisten der Infanterie. Auf Grund v. Weißhun, „Dienst-Unterricht d. Infanterie-Gemeinen" bearb. 8. (76 S. m. eingedr. Holzschn.) Potsdam, Döring. baar n.n. — 25

Dienstvorschrift f. die Einrichtung der Betriebs-, der Oberbau- u. der Baumaterialien-Verwaltung, sowie f. das Buch- u. Rechnungswesen derselben, nebst den dazu ergangenen Aendergn. [Aus: „Eisenbahn-Verordnungsbl."] 2. Aufl. 4. (85 S.) Berlin, C. Heymann's Verl. baar n. 1. 60

Diepenbrock, weil. Gymn.-Lehr. Pfr. Landdech. Dr. J. B., Geschichte d. vormaligen münsterschen Amtes Meppen od. d. jetzigen hannoverschen Herzogth. Arenberg-Meppen, m. besond. Berücksicht. der früheren Völkersitze u. Alterthümer zwischen der Ems u. Hase, der Einführg. d. Christenthums, d. Religionswechsels zur Zeit der Reformation, der Leistgn. der Jesuiten: erstens, als Missionäre im Emslande, Saterlande, Ostfriesland, den Grafschaften Bentheim u. Lingen, dann als Stifter u. Lehrer d. Gymnasiums zu Meppen ꝛc. Auf Wunsch d. Verstorbenen unverändert in 2. Aufl. hrsg. (In 5 Lfgn.) 1. u. 2. Lfg. 8. (S. 1—320.) Lingen, van Acken. Subscr.-Pr. à n. 1. —

Dierkes, Gen.-Maj. A., militärische Gelegenheits-Reden [Toaste]. gr. 8. (32 S.) Wien, Seidel & Sohn in Comm. n. — 40

(8½) **Dietel,** Pfr. R. W., Missionsstunden. 2. Hft. 8. (III, 148 S.) Leipzig, Lehmann. (à) n. 1. 20

Dieter, Dr. Ferd., üb. sprache u. mundart der ältesten englischen denkmäler, der Epinaler u. Cambridger glossen, m. berücksicht. d. Erfurter glossars. Studien zur altengl. grammatik u. dialektologie. gr. 8. (98 S.) Göttingen, Akadem. Buchh. v. G. Calvör. n. 2. 40

Dietlein, Rekt. Rud., deutsche Fibel. Gemeinsame Unterlagen f. den vereinigten Anschauungs-, Sprech-, Schreib- u. Lese-Unterricht nach der kombinierten Schreiblese- u. Normalwörter-Methode. Ausg. A [in 1 Hfte.]. [Schreiblesefibel.] 9. Aufl. gr. 8. (96 S. m. Illustr.) Berlin, Th. Hofmann. n. — 40; Einbd. n.n. — 12

—— dasselbe. Ausg. B [in 2 Hftn.]. 1. Hft. [Schreiblesefibel.] 62. Aufl. gr. 8. (64 S. m. Illustr.) Ebd. n. — 30; Einbd. n.n. — 10

—— dasselbe. Ausg. B. u. C. 2. Hft. 49. Aufl. gr. 8. (72 S. m. Illustr.) Ebd. n. — 30; Einbd. n.n. — 10

—— u. Wold. **Dietlein,** deutsches Lesebuch f. mehrklassige Bürger- u. Volks-Schulen. Ausg. in 3 Bdn. gr. 8. Ebd. n. 3. 25; Einbd. n.n. — 63
1. Unterstufe. 13. Aufl. (160 S.) n. — 75; Einbd n.n. — 18. — 2. Mittelstufe. 11. Aufl. (XVI, 288 S.) n 1. 10; Einbd. n.n. — 20. — 3. Oberstufe. 8. Aufl. (XVI, 416 S.) n. 1. 40; Einbd. n.n. — 25.

—— —— deutsches Volksschul-Lesebuch. Ausg. C. in 2 gesonderten Bdn. gr. 8. Ebd. n. 1. 70; Einbd. n.n. — 45
1. Mittelstufe. 7. Aufl. (XV, 216 S.) n. — 70; Einbd. n.n. — 20. — 2. Oberstufe. 5. Aufl. (XV, 368 S.) n. 1. —; Einbd. n.n. — 25.

Dietlein, W., die Poesie in der Schule. Auswahl deutscher Dichtgn. f. die Jugend. [Ein Anh. zu jedem Lesebuche.] 9. Aufl. gr. 8. (126 S.) Berlin, Th. Hofmann. n. — 50; Einbd. n.n. — 10

(85/1) **Dietrich's,** Dr. Dav., Forst-Flora. Beschreibung u. Abbildg. der f. den Forstmann wichtigeren wildwachs. Bäume u. Sträucher, sowie der nützl. u. schädl. Kräuter, Gräser u. Sporenpflanzen. Mit 300 color. Kpfrtaf. 1. Bd. Bäume u. Sträucher. Mit 173 color. Kpfrtaf. 6. umgearb. Aufl. von Felix v. Thümen. 11—28. Lfg. hoch 4. (S. 81—192 m. 90 Taf.) Dresden, Baensch. à 1. 50

Dietrich, Prof. E., die Baumaterialien der Steinstrassen. Beschaffenheit, Vorkommen u. Gewinng. derselben. Mit zahlreichen Abbildgn. Preisschrift d. Vereins zur Beförderg. d. Gewerbfleisses. Lex.-8. (VIII, 289 S.) Berlin, Bohne. n. 16. —

Dietrich, F., s.: Lesebuch, deutsches, f. Stadt- u. Landschulen.

—— u. Fr. **Dürr,** biblische Geschichten alten u. neuen Testaments. Nebst Ergänzgn. aus der Weltgeschichte, Anmerkgn. u. e. Anh., enth.: Zeittafel f. die bibl. Geschichte u. die Kirchengeschichte. Im Auftrage der städt. Schuldeputation zu Breslau unter Mitwirkg. e. Lehrerkommission bearb. 5. Aufl. gr. 8. (VIII, 140 S.) Breslau, Korn. n. — 55

(85/1) **Dietterlin,** Wendel, das Buch der Architectur. Eintheilung, Symmetrie u. Verhältnisse der 5 Säulen-Ordngn. in ihrer Anwendg. bei Kunst-Arbeiten. 2. Aufl. In Fcsm.-Druck nach der 1598 erschienenen Orig.-Ausg. 8—14. Lfg. Fol. (à 10 Taf.) Berlin, Claesen & Co. baar à n. 6. —

Dietzel, vorm. Gymn.-Prof. Dr. C. F., Leitfaden f. den Unterricht im technischen Zeichnen an Real-, Gewerbe-, Handwerker- u. Baugewerkenschulen. 2. Hft. Die Elemente der Schattenkonstruktion. 4. verb. Aufl. Mit 60 Holzschn. 8. (71 S.) Leipzig, Gebhardt. n. — 80

Dilettanten-Mappe. Hrsg. v. Frdr. Zipf. Nr. 1—17. 8. Berlin, Zipf. à n. 1. —

Inhalt: 1. Er hat Schulden. Schwank in 1 Aufzuge v. C. F. Zipf. (32 S.) — 2. Kaiser's Geburtstag. Lustspiel in 1 Aufzuge v. C. Crome-Schwiening. (20 S.) — 3. Lang', lang' ist's her. Liederspiel in 1 Akt v. Thdr. Kolbe. (22 S.) — 4. Doch. Lustspiel in 1 Aufzuge v. F. L. Reimar. (24 S.) — 5. Der Säbel d. Herrn Majors. Schwank in 1 Akt v. Frdr. Zipf. (31 S.) — 6. Meine Nachbarin zur Rechten. Lustspiel in 2 Akten v. H. Palmé-Paysen. (28 S.) — 7. Monsieur Lafaire. Lustspiel in 1 Akt v. H. Palmé-Paysen. (23 S.) — 8. Die Duellanten. Lustspiel in 1 Akt v. W. Radmacher. (14 S.) — 9. Der Strohmann. Lustspiel in 1 Aufzug v. Anatole Rembe. (50 S.) — 10. Pillen. Lustspiel in 1 Aufzug. v. Anatole Rembe. (24 S.) — 11. Reinhold Lenz. Charakterbild in 1 Akt v. Arth. Paullóva. (31 S.) — 12. Der letzte Antrag. Lustspiel in 1 Akt v. Gust. Kirchner. (42 S.) — 13. Mein Freund in Alexandrien. Schwank in 1 Aufzuge v. Heinr. Grans. (35 S.) — 14. Im hohen Norden. Scene v. den Nordseeinseln nach e. Erzählg. v. H. Pichler. Für die Bühne bearb. v. Rhold. Gerling. (12. S.) — 15. Eine Judith. Causerie in 1 Akt v. Rhold. Gerling. (18 S.) — 16. In Feindesland! Schwank in 1 Aufzuge v. Gebh. Schätzler. (20 S.) — 17. Der Pack-Esel. Schwank in 1 Akt v. Leop. Ely. (22 S.)

Dillmann, Aug., Gedächtnissrede auf Karl Richard Lepsius. [Aus: „Abhandlgn. d. k. preuss. Akad. d. Wiss. zu Berlin".] gr. 4. (25 S.) Berlin, (Dümmler's Verl.). n. 1. —

Dillmont, Th. de, album de broderies au point de croix. gr. 4. (32 Taf. m. 19 S. Text.) Dornach, Dillmont. n. 1. 20

Dilloo, Prof. Lic. F. W. J., das Wunder an den Stufen d. Ahas. Eine exeget. Studie. 8. (43 S.) Amsterdam, Höveker & Zoon. n. — 70

Dilthey, Maj. a. D., militärischer Dienst-Unterricht f. einjährig Freiwillige, Reserve-Offizier-Aspiranten u. Offiziere d. Beurlaubtenstandes der deutschen Infanterie. 16., neu durchgearb. u. m. ausführl. Sachregister verseh. Aufl. Mit vielen Abbildgn. im Text u. 4 Taf. in Steindr. gr. 8. (XI, 383 S.) Berlin, Mittler & Sohn. n. 3. 25; geb. n.n. 3. 75

Dingeldey, Frdr., üb. die Erzeugung v. Curven 4. Ordnung durch Bewegungsmechanismen. Inaugural-Dissertation. Mit 6 lith. Taf. gr. 8. (VIII, 61 S.) Leipzig, (Teubner). n. 2. —

Dingler, Herm., die Flachsprosse der Phanerogamen. Vergleichend-morphologisch-anatom. Studien. 1. Hft. Phyllanthus sect. Xylophylla. Mit 3 lith. Taf. gr. 8. (V, 153 S.) München, Th. Ackermann's Verl. n. 4. 80

(84/1) **Diöcesan-Archiv,** Freiburger. Organ d. kirchlich-histor. Vereins f. Geschichte, Alterthumskunde u. christl. Kunst der Erzdiöcese Freiburg m. Berücksicht. der angrenz. Diöcesen. 17. Bd. gr. 8. (XVI, 306 S.) Freiburg i/Br., Herder. n. 4. —

Diöcesan-Kalender, Limburger, f. d. J. 1886. 1. Jahrg. gr. 8. (52 S. m. 2 eingedr. Bildnissen.) Mainz, Frey. n. — 30

Dionysi Halicarnasensis antiquitatum romanarum quae supersunt, ed. Carol. Jacoby. Vol. I. 8. (VIII, 403 S.) Leipzig, Teubner. 3. 60

Dircks, J., u. Gemeindevorst. Deert **Jacobs,** unser Prozeß wegen angeblicher Beschimpfung kirchlicher Einrichtungen. Nach den Akten dargestellt. gr. 8. (60 S.) Garding, Lühr & Dircks. n. — 75

Dirichlet, Reichstagsmitgl. Abgeordn. Walter Lejeune, das verdammte Geld! Nach dem Franz. d. Bastiat f. die deutsche Gegenwart bearb. 1. u. 2. Aufl. gr. 8. (24 S.) Berlin, Walther & Apolant. n. — 50

Diringer, Balletmstr. Lehr. A., die Tanz-Kunst. Kulturhistorische Skizze. Die Tänze der einzelnen Völker u. die prakt. Lehre der modernen Salon-Tänze, nebst e. illustr. Cotillon. Mit 50 Illustr. u. 1 Titelbild. 8. (125 S.) München 1886, Fritsch. n. 2. —

Dirksen, Marine-Unterarzt Dr. Ed., üb. Doppel-Fracturen der langen Knochen. Abhandlung. Mit 1 Tab. gr. 8. (104 S.) Berlin, Fischer's medicin. Buchh. baar n. 2. 40

Disciplinar-Satzungen f. die Schüler der Studien-Anstalten d. Königr. Bayern. [Ministerial-Ausschreiben vom 24. Septbr. 1874.] 7. Aufl. 8. (8 S.) Kempten, Kösel. n. — 10
Dislocations-Tabelle der k. k. österreichischen Artillerie. qu. gr. Fol. Wien, Seidel & Sohn. baar n. — 40
Disselhoff, Archidiak. A., der Feuerprozeß d. heiligen Geistes. Predigt. 2. Aufl. 8. (14 S.) Berlin, Deutsche Evangel. Buch- u. Tractat-Gesellschaft. n. — 15
—— über die Geschichte d. Teufels. Vortrag. 4. Aufl. 8. (28 S.) Ebd. n. — 40
—— das Glaubensbekenntniß d. Petrus u. seine modernen Leugner. Zeitpredigt, am Sonntage Estomihi 1873 geh. 2. Aufl. 8. (16 S.) Ebd. n. — 15
—— vier nothwendige Stücke zur Verbesserung unserer Häuser. 3. Aufl. 8. (15 S.) Ebd. n. — 15
—— die Umkehrung der Welt. Reformationspredigt. 2. Aufl. 8. (16 S.) Ebd. n. — 15
(83/1) **Dissertationes** philologicae Argentoratenses selectae. Vol. VIII et IX. gr. 8. Strassburg, Trübner. n. 13. — (I—IX.: n. 59. —)
VIII. (300 S.) n. 6. —. — IX. (III, 196 S.) n. 7. —
Dittborn, Karl, mein Sommer in Liebes-Liedern. VI. 8. (40 S.) Nürnberg, Kühl. n. — 50
Dittmar, Max, Beiträge zur Geschichte der Stadt Magdeburg in den ersten Jahren nach ihrer Zerstörung 1631. I. Thl. Magdeburg unter kaiserl. Herrschaft, vom 10. Mai 1631 bis 8. Jan. 1632. gr. 8. (XII, 420 S.) Halle, Niemeyer. n. 10. —
Dittrich, Max, neuer Führer durch Meißen, die Albrechtsburg, den Dom u. die kgl. Porzellan-Manufactur. gr. 16. (VII, 36 S. m. 1 Steintaf.) Meißen, (Mosche). baar n. — 25
Dobler, Alfr., vollständige Sammlung alter u. neuer Schriften, in anerkannt vorschriftsmäßiger Ausführung bearb. f. Lithografen, Kalligrafen, Maler, Bildhauer, Graveure u. verwandte Geschäfte. Nebst genauer Anleitg. zur Erlerng. derselben. qu. Fol. (14 Bl.) München, Wenger. n. 3. —
Dobrowsky, s.: Briefwechsel zwischen D. u. Kopitar.
Dodel-Port, Prof. Dr. Arnold, biologische Fragmente. Beiträge zur Entwicklungsgeschichte der Pflanzen. [I. Thl. Cystosira barbata, e. Beitrag zur Entwicklungsgeschichte der Fucaceen, m. 10 chromolith. Orig.-Taf. — II. Die Excretionen der sexuellen Plasmamassen vor u. während der Befruchtg. im Pflanzen- u. Thierreich, mit 24 in den Text gedr. Illustr. nach Handzeichnungn. d. Verf.] Fol. (104 S.) Kassel, Fischer. cart. n. 36. —
(80/1) —— u. Carolina **Dodel-Port**, anatomisch-physiologischer Atlas der Botanik f. Hoch- u. Mittelschulen. 4—7. (Schluss-)Lfg. Imp.-Fol. (à 6 Chromolith.) Mit Text. gr. 4. (104 S.) Esslingen 1881—84, Schreiber. à n. 15. —
Döderlein, L., Beiträge zur Kenntniss der Fische Japan's, s.: Steindachner, F.
Dohm, Hedwig, u. F. Brunold, Lust u. Leid im Liebe. Neuere deutsche Lyrik, ausgewählt. 5. wohlf. Aufl. Hrsg. v. F. Brunold. 8. (XII, 164 S.) Erfurt, Bartholomäus. geb. m. Goldschn. n. 2. 50
(85/1) **Dohme**, Rob., Barock- u. Rococo-Architektur. 3. Lfg. Fol. (20 Lichtdr.-Taf.) Berlin, Wasmuth. In Mappe. baar (à) n. 20. —
Döhnel, Turnlehr. Fritz, Vorturnerübungen. Ein Handbuch f. Turnlehrer, Turnwarte u. Vorturner zum Gebrauche in Turnvereinen u. Schulen. Mit üb. 200 in den Text gedr. Holzschn. Der Einheit der deutschen Turnsprache wegen durchgesehen v. Dr. Karl Wassmannsdorff. 2. verb. u. verm. Aufl. gr. 8. (XVI, 145 S.) Gera, Burow. geb. n. 2. —
Dolberg, L. L. Ludw., e. Küstenwanderung von der Warnow bis Wustrow durch die Rostocker Haide, Graal, Müritz, Dändorf u. Dierhagen wie das

Fischland. Nebst e. Tafel noch nicht veröffentlichter Hausmarken. 8. (III, 210 S.) Ribnitz, Biscamp. n. 2. —

Dolch, Oberlehr. Dr. Osk., Elementarbuch der französischen Sprache. gr. 8. (VI, 86 S.) Leipzig, Teubner. cart. n. 1. 20

—— Schulgrammatik der französischen Sprache. 1. Tl.: Formenlehre. gr. 8. (VIII, 219 S.) Ebd. n. 2. —

Dölker, Schullehr. Chrph., u. Rekt. M. **Benzinger**, geistliche Lieder m. Melodien zu gemeinschaftlicher Erbauung. Gesammelt u. f. gemischten Chor eingerichtet. 8., verm. Aufl. 8. (IV, 284 S.) Stuttgart, Buchh. der Evang. Gesellschaft. n. 1. 40; geb. n. 2. —; m. Goldschn. n. 2. 80

Doll, Prälat Dr. K. W., Predigt, bei dem ersten feierlichen Kirchgang der Neuvermählten, Ihrer königl. Hoheiten d. Erbgroßherzogs u. der Erbgroßherzogin v. Baden in der Schloßkirche zu Karlsruhe am Sonntag den 27. Septbr. 1885 geh. gr. 8. (9 S.) Karlsruhe, Braun. n. — 20

Dom, der, zu Lübeck. 12 Bl. Abbildgn. (in Lichtdr.) nach Aufnahmen d. Archit. F. **Münzenberger** u. d. Photogr. Johs. **Nöhring**. Text v. Dr. Thdr. **Hach**. Hrsg. vom Vereine v. Kunstfreunden u. vom Vereine f. lübeck. Geschichte u. Alterthumskunde. Fol. (IV, 35 S.) Lübeck, (Schmersahl). In Mappe. n. 24. —

Domaszewsky, A. v., die Fahnen im römischen Heere, s.: **Abhandlungen** d. archäologisch-epigraphischen Seminars der Universität Wien.

Dombrowski, Raoul Ritter v., der Wildpark, seine Einrichtung u. Administration, m. 16 Taf., Orig.-Entwürfe techn. Objecte u. Situationspläne. Lex.-8. (IV, 192 S.) Wien, Gerold's Sohn. n. 9. —

Dommer, A. v., Mittheilungen aus der Stadtbibliothek zu Hamburg, s.: **Eyssenhardt**, F.

Donner v. Richter, Otto, üb. Technisches in der Malerei der Alten, insbesondere in deren Enkaustik. [Aus: „Praktisch- u. chemisch-techn. Mitteilgn. f. Malerei ⁊c."] 8. (71 S.) München. (Leipzig, Scholtze.) n. 1. 20

Dorenwell, Karl, häusliche Erquickstunden. Ein Erbauungsbuch f. die Sonn- u. Festtage d. Kirchenjahres. gr. 8. (400 S.) Hannover 1886, Meyer. n. 3. 80; geb. n. 5. 80; m. Goldschn. n. 6. —

—— das deutsche Haus im Schmucke der Poesie u. Kunst. Eingeführt v. Jul. **Sturm**. Mit 12 Bildern zum Texte u. e. Widmungsblatt in Lichtdr. nach Originalen v. Th. **Schütz**. Große Ausg. 2. Aufl. (VIII, 432 u. Gedenkblätter 12 S.) gr. 4. Wolfenbüttel, Zwißler. n. 15. —; geb. m. Goldschn. n. 20. —

—— dasselbe. Kleine Ausg. gr. 4. (III, 172 u. Gedenkblätter 12 S.) Ebd. n. 8. —; geb. m. Goldschn. n. 10. —

—— orthographisches Übungsbuch. Methodisch geordnete Beispiele, Lehrsätze u. Übungsstoffe. 2. verb. Aufl. gr. 8. (III, 111 S.) Paderborn, F. Schöningh. n. — 50

—— u. J. **Hendel**, Muster u. Aufgaben zu deutschen Aufsätzen in Volks- u. Bürgerschulen. Ein Handbuch f. Lehrer. gr. 8. (VIII, 264 S.) Hannover, Meyer. n. 3. —

Dorer, Edm., Beiträge zur Calderon-Literatur. 2 Hfte. gr. 8. Dresden 1884, v. Zahn & Jaensch in Comm. n. 1. 20

Inhalt: 1. Die Calderon-Literatur in Deutschland 1881—1884. (47 S.). — 2. Ueber „Das Leben e. Traum". (22 S.)

—— Luiz de Camoens. Ein Gedicht. gr. 8. (12 S.) Ebd. n. — 50

—— Fastnachtsspiele. Nr. 1—14. gr. 8. Ebd. à n. — 30

Inhalt: 1. Der Advokat im Himmel. Ein dramat. Schwank. (17 S.) 1884. — 2. Doktor Alaraba. Nach e. Anekdote. (20 S.) 1884. — 3. Albertus Magnus. Ein Zauberspiel. (15 S.) 1884. — 4. Ärgert Euch nicht. Nach Cervantes. (19 S.) 1884. — 5. Ein gutes Beispiel. Nach Le Sage. (17 S.) — 6. Circe u. Ulysses. Schauspiel in e. Akte. Frei nach dem Franz. u. noch freier nach Homer bearb. (23 S.) 1884.

— 7. Die Götter d. Nordens. Ein Traumgesicht. (12 S.) 1884. — 8. Der tote Hund. Eine Burleske. (20 S.) — 9. Die Katzen u. der Pantoffel. Eine Phantasmagorie. (18 S.) — 10. Das Orakel zu Dodona. Nach Le Sage. (19 S.) 1884. — 11. Die Raupen. Ein Streithandel. (16 S.) — 12. Frau Wahrheit. Eine Schnurre. (18 S.) — 13. Die tolle Welt. Nach Ramon de la Cruz. (20 S.) — 14. Das Wunderwasser. Nach Ramon de la Cruz. (21 S.)

Dorer, Edm., die Lope de Vega-Literatur in Deutschland. Bibliographische Uebersicht. Fortgesetzt bis 1885. gr. 8. (24 S.) Zürich. Dresden, v. Zahn & Jaensch in Comm. n. 1. —

Dorfeld, Carl, üb. die Function d. Präfixes ge- [got. ga-] in der Composition m. Verben. 1. Tl.: Das Präfix bei Ulfilas u. Tatian. Inaugural-Dissertation. gr. 8. (47 S.) Giessen. (Halle, Niemeyer.) baar n. 1. 50

Dörffel, O., Rathschläge f. Auswanderer nach Südbrasilien, s.: Koseritz, C. v.

Dorfkalender, der schweizerische, auf d. J. 1886. 29. Jahrg. 4. (69 S. m. Illustr.) Bern, Jenni. baar n. — 40

Dorfmeister's, A., — **Mausberger's** Privat-Geschäfts- u. Auskunfts-Kalender f. d. J. 1886. Nebst e. Anh. enth.: Österreichisches Volks-Jahrbuch. 4. (208 S. m. Illustr.) Wien, Sallmayer in Comm. cart. n. — 96

Dorn, A., u. J. **Riedel**, die Webe-Arbeit m. Hand-Apparat, s.: Musterbücher f. weibliche Handarbeit.

Dorn, Kreis-Schulinsp. J., Lesebuch f. Oberklassen katholischer Stadt- u. Landschulen. 5. Aufl. 8. (VII, 524 S.) Breslau, Goerlich. n. 1. 40; Einbd. n.n. — 30

—— Lesebuch f. Unterklassen der Volksschulen. 2. Tl.: Lesebuch f. das 2. Schulj. 3. Aufl. 8. (68 S.) Ebd. n. — 25; Einbd. n.n. — 10

Dorner, D. J. A., System der christlichen Sittenlehre. Hrsg. v. D. A. Dorner. gr. 8. (XI, 516 S.) Berlin, Hertz. n. 9. —; geb. n. 10. 50

Dorneth, J. v., die Letten unter den Deutschen. gr. 8. (VI, 127 S.) Berlin, Deubner. n. 2. —

Dornewass, Otto, les Lanciers [Quadrille anglaise]. 32. (8 S.) Wiesbaden, (Moritz & Münzel). baar n. — 20

—— Quadrille française. 32. (8 S.) Ebd. baar n. — 20

Dorschel, Lehr. C., Rechen-Aufgaben f. den Elementar-Unterricht. Auflösungen zu Hft. 1—7. 8. Bernburg, Bacmeister. n. 1. 20

1—5. (43 S.) n. — 80. — 6. 7. 6. Aufl. (17 S.) n. — 40.

Doß, Priest. P. Adph. v., S. J., Gedanken u. Rathschläge, gebildeten Jünglingen zur Beherzigung. 5. Aufl. m. 1 Titelbild (in Stahlst.). 12. (III, 576 S.) Freiburg i/Br., Herder. n. 3. —; geb. n. 4. 20

—— die Standeswahl, im Lichte d. Glaubens u. der Vernunft betrachtet. Aphorismen, Erwäggn., Rathschläge, der gebildeten Jugend zur Beherzigg. 2. Aufl. 16. (VII, 111 S.) Mainz, Kirchheim. cart. n. — 80

Dossow's, v., Dienst-Unterricht f. den Infanteristen d. deutschen Heeres. Bearb. von Maj. Paul v. Schmidt. 26. verm. u. verb. Aufl. Mit 58 Abbildgn. u. 3 Fig.-Taf. im Text. 8. (163 S.) Berlin 1886, Liebel. baar n.n. — 50; cart. n.n. — 60

Dostojewski, Th., Erniedrigte u. Beleidigte, s.: Collection Spemann.

Drachman, Dr. Bernard, die Stellung u. Bedeutung d. Jehuda Hajjug in der Geschichte der hebräischen Grammatik. gr. 8. (VII, 79 S.) Breslau, Preuss & Jünger. baar n. 3. —

Drasche, Dr. Rich. v., Beiträge zur feineren Anatomie der Polychaeten. 1. Hft. Anatomie v. Spinther miniaceus Grube. gr. 8. (14 S. m. 2 Steintaf. u. 2 Bl. Erklärgn.) Wien, Gerold's Sohn in Comm. n. 3. —

(84/1) —— Beiträge zur Entwickelung der Polychaeten. 2. Hft. gr. 8. Ebd. n. 4. — (1. u. 2.: n. 7. —)

Inhalt: Entwickelung v. Sabellaria spinulosa Lkt., Hermione hystrix Sav. u. e. Phyllodocide. (23 S. m. 5 Steintaf. u. 5 Bl. Erklärgn.)

Drath, Musikdir. Thdr., Schul-Liederbuch, enth. 160 Melodieen m. mehr als 200 Texten, zum 1-, 2-, 3-, u. 4stimm. Gebrauch beim Gesangunterricht nach dem Gehör u. nach Noten, sowie zur Benutzg. beim Violin- u. Klavier-Unterricht. Bearb. u. in 3 Hftn. hrsg. 3. Hft. 70 Melodieen u. mehr als 90 Texte f. die Oberstufe. 5. Aufl. gr. 8. (83 S.) Berlin, Stubenrauch. n. — 50

Drechsl, weil. Prof. Alex. Wilh., katholische Glaubenslehre m. Berücksicht. der Liturgie f. die unteren Classen der Mittelschulen. 2. unveränd. Aufl. gr. 8. (V, 112 S.) Wien, Kirsch. n. 1. 20

Dreesen's Vorschule d. Zeichnens u. der Formenlehre f. den ersten Unterricht. 1. u. 3. Hft. 4. (à 12 Bl.) Flensburg, Westphalen. à n. — 20
1. 11. Aufl. — 3. 10. Aufl.

Dreher, Prem.-Lieut., Geschichte d. 2. Pommerschen Ulanen-Regiments Nr. 9 von seiner Formation 1860—1885, nach e. älteren Manuskript bearb. u. vervollständigt. Mit 2 (Lichtdr.-)Portraits u. 1. Karte in Steindr. 8. (108 S.) Berlin, Mittler & Sohn. n. 1. 25

(84/2) **Dreher,** Oberlehr. Dr. Thdr., Leitfaden der katholischen Religionslehre f. höhere Lehranstalten. II. Die Sittenlehre. 8. (IV, 52 S.) Sigmaringen, Liehner. n. — 50 (I—IV.: n. 1. 40)

Dreising, Pfr. a. D. A., Reise in Schweden. Altes u. Neues. gr. 8. (IV, 110 S.) Merseburg, Stollberg in Comm. n. 1. —

Dreves, Guido Maria, S. J., o Christ hie merk! Ein Gesangbüchlein geistl. Lieder. 12. (X, 167 S.) Freiburg i/Br., Herder. n. — 60; Einbd. n.n. — 20; m. Gebets-Anh. (XI, 167 u. 48 S.) n. — 70; Einbd. n.n. — 20

Dreydorff, Past. D. Joh. Geo., in alle Wahrheit. Predigt am Pfingstfest d. J. 1885. 8. (15 S.) Leipzig, Dürr'sche Buchh. n. — 40

Dreyer, Ludw., Geistliches u. Weltliches. Gedichte. 8. (79 S.) Pinneberg. (Altona, Harder.) baar n. 1. —

Dreymann, Justiz-Hauptkassenrend. A., alphabetisches Ortschafts-Verzeichniß f. den Oberlandesger.-Bez. Hamm. I. Die Prov. Westfalen. II. Aus der Rheinprovinz die zum Oberlandesgerichtsbez. Hamm. gehör. Orte aus den Kreisen Duisburg, Essen, Mülheim a. d. Ruhr u. Rees d. Reg.-Bez. Düsseldorf. Nach amtl. Quellen zusammengestellt. (2. Ausg.) gr. 8. (172 S.) Hamm, Grote. n. 2. —

Droege, Gust., der Krieg in Neuseeland. Mit 1 Kriegskarte. 2. (Titel-)Ausg. 8. (IV, 97 S.) Norden (1869), Fischer Nachf. n. 1. 20

Drogisten-Kalender, deutscher. Ein Hilfs- u. Nachschlagebuch f. Drogen- u. Farbwaaren-Händler. Hrsg. v. Dirig. Dr. Ed. Freise. 6. Jahrg. gr. 16. (281 S.) Braunschweig, J. H. Meyer. geb. n. 2. 50

(84/1) **Droste-Hülshoff,** Freiin Annette Elisabeth v., gesammelte Werke, hrsg. von Elisabeth Freiin v. Droste-Hülshoff. Nach dem handschriftl. Nachlaß verglichen u. ergänzt, m. Biographie, Einleitgn. u. Anmerkgn. versehen v. Wilh. Kreiten. 2. u. 3. Bd. 8. Paderborn, F. Schöningh. à n. 4. 50
Inhalt: 2. Die größeren erzählenden Gedichte u. Balladen. (VIII, 540 S. m. 1 Autotypie.) — 3. Die kleineren Gedichte. (XXXVI, 472 S. m. 1 autotyp. Taf. u. 1 Plan.)
1. Bd. 1. Hälfte erscheint im Frühjahr 1886.

Droysen, G., Bernhard v. Weimar. 2 Bde. gr. 8. (VIII, 444 u. VI, 575 S.) Leipzig, Duncker & Humblot. n. 18. —

Droysen, Hans, Untersuchungen üb. Alexander d. Grossen Heerwesen u. Kriegführung. gr. 8. (78 S.) Freiburg i/Br., Mohr. n. 2. —

Droz, Bundesr. Numa, die Opfer der Arbeit u. die obligatorische Unfall-Versicherung. gr. 8. (50 S.) Bern, Wyss. n. — 80

($^{84}/_{2}$) **Drucke** d. Vereins f. niederdeutsche Sprachforschung. II. 8. Norden, Soltau. (à) n. 2. —
Inhalt: Niederdeutsches Reimbüchlein. Eine Spruchsammlg. d. 16. Jahrh., hrsg. v. W. Seelmann. (XXVIII, 122 S.)

Drucker, Frz., Briefsteller f. Liebes- u. Heirathsangelegenheiten. Eine Sammlg. v. Muster-Briefen f. alle Fälle u. Verhältnisse, welche bei Liebenden eintreten können. 4. Aufl. 8. (48 S. m. 2 Chromolith.) Landsberg a/W., Volger & Klein. — 50

—— die besten u. schönsten Zimmermannssprüche u. Kranzreden. Gesammel u. hrsg. 3. Aufl. 8. (63 S.) Ebd. — 60

($^{83}/_{1}$) **Druckschriften** d. 15. bis 18. Jahrh. in getreuen Nachbildungen, hrsg. v. der Direction der Reichsdruckerei unter Mitwirkg. v. DD. F. Lippmann u. R. Dohme. 3—5. Hft. Ausg. A.: m. Text in Schwabacher. Fol. (à 10 Photolith.) Berlin. Leipzig, Brockhaus in Comm. à n. 10. —; Ausg. B.: m. Text in Antiqua à n. 10. —

($^{84}/_{1}$) **Druffel**, Aug. v., Monumenta Tridentina. Beiträge zur Geschichte d. Concils v. Trient. 2. Hft. Juni—Decbr. 1545. [Aus: „Abhandlgn. d. k. k. Akad. d. Wiss."] gr. 4. (S. 113—268.) München, (Franz' Verl.). n.n. 4. 50
(1. u. 2.: n.n. 8. —)

Duboc, Dr. Jul., die Tragik vom Standpunkte d. Optimismus, m. Bezugnahme auf die moderne Tragödie. gr. 8. (XI, 140 S.) Hamburg 1886, Grüning. 3. —; geb. m. Goldschn. baar 4. 50

Du Bois, Alb., Dom Bosco u. die fromme Gesellschaft der Salesianer. Nach dem Franz. 8. (VIII, 319 S.) Mainz, Kirchheim. n. 3. —

Du Bois-Reymond, Emil, Reden. 1. Folge. Litteratur. Philosophie Zeitgeschichte. gr. 8. (VIII, 550 S.) Leipzig, Veit & Co. n. 8. —; geb. n. 10. —

Du Chaillu, Paul B., im Lande der Mitternachtssonne. Sommer u. Winterreisen durch Norwegen u. Schweden, Lappland u. Nord-Finnland. Frei übers. v. A. Helms. 2. Aufl. Kleine Ausg.: Ein Auszug aus dem Hauptwerke, m. e. einleit. Kapitel üb. das Reisen u. die hauptsächlichsten Reiserouten in Schweden u. Norwegen v. Dr. Yngvar Nielsen. Mit zahlreichen Holzschn. im Text, e. Ansicht v. Stockholm u. e. ausführl. Karte. gr. 8. (608 S.) Leipzig, Hirt & Sohn. n. 8. —; geb. n. 10. —

Duchenne, G. B., Physiologie der Bewegungen nach electrischen Versuchen u. klinischen Beobachtungen m. Anwendungen auf das Studium der Lähmungen u. Entstellungen. Aus dem Franz. übers. v. Dr. C. Wernicke. Mit 100 Abbildgn. gr. 8. (XXVII, 603 S.) Kassel, Fischer. n. 12. —

Ducotterd, X., u. W. **Mardner**, Lehrer, Lehrgang der französischen Sprache, auf Grund der Anschaug. u. m. besond. Berücksicht. d. mündl. u. schriftl. freien Gedankenausdrucks bearb. 1. Tl. Mit 5 Bildern. gr. 8. (V, 202 S.) Frankfurt a/M., Jügel. n. 2. 20; geb. n. 2. 40

Duelle u. Paukereien od. der „geadelte Mord". v. e. „alten Herrn". gr. 8. (23 S.) Leipzig, Bredow. n. — 80

Düring, Dr. E., die Judenfrage als Frage der Racenschädlichkeit f. Existenz, Sitte u. Cultur der Völker. Mit e. weltgeschichtl. Antwort. 3. verb. Aufl. gr. 8. (VIII, 159 S.) Karlsruhe 1886, Reuther. n. 3. —

—— die Parteien in der Judenfrage. [Aus: „Schmeitzner's internationale Monatsschr."] gr. 8. (43 S.) Chemnitz 1882. Leipzig, Th. Fritsch. 1. —

—— der Weg zur höheren Berufsbildung der Frauen u. die Lehrweise der Universitäten. 2., verb. u. m. Gesichtspunkten f. Selbstausbildg. u. Selbststudium erweit. Aufl. gr. 8. (V, 107 S.) Leipzig, Fues. n. 2. —

Dühring, Heinr., neue Entwürfe f. Tapezierer u. Decorateure. 2. Lfg. 20 Taf. in Lichtdr. Fol. Wien, Spielhagen & Schurich. In Mappe. (à) n. 20. —

Dullo, Stadtsynd., weg m. den Postsparkassen. 1. u. 2. Aufl. gr. 8. (20 S.) Brandenburg, Lunitz. n. — 60

Dumas, A., Mademoiselle de Belle-Isle, s.: Théâtre français.
— die drei Musketiere, s.: Universal-Bibliothek Nr. 2021—2026.
Dumas Sohn, Alex., die Dame m. den Camelien. Roman. 5. Aufl. 8. (240 S.) Wien, Hartleben. n. 2. 25
(85/1) **Dumek**, Hanna, österreichische Küche, enth. 2000 Recepte m. specieller Berücksicht. aller in den Kronländern der österreich. Monarchie heim. Nationalspeisen. 6—9. Lfg. gr. 8. (S. 241—432.) Pilsen, Steinhauser. baar à — 40
Dümichen, J., geographische Inschriften altägyptischer Denkmäler, s.: Brugsch, H., et J. Dümichen, recueil de monuments égyptiens.
Düms, vorm. Zeichenlehr. W., Aquarell-Album. 6 Aquarell-Vorlagen in feinstem Buntdr. u. 6 Bl. Contourzeichngn. gr. 4. Wesel, Düms. In Mappe. 2.—
Duncker, C., Inhalts-Verzeichniss, s.: Organ der militär-wissenschaftlichen Vereine.
Duncker, D., so zwitschern die Jungen. Märchen u. Erzählgn. Illustriert v. E. Elias 4. (V, 64 S. m. eingedr. Illustr. u. 16 Chromolith.) Berlin, A. Duncker. cart. n. 6. —
(85/1) **Düntzer**, Heinr., Abhandlungen zu Goethes Leben u. Werken. 2. Bd. gr. 8. (III, 412 S.) Leipzig, Wartig's Verl. n. 10. — (cplt.: n. 18. —)
— Erläuterungen zu den deutschen Klassikern. 33., 48. u. 49. Bdchn. 12. Ebd. à n. 1. —
Inhalt: 33. Lessings Emilia Galotti. 3., neu durchgeseh. u. verm. Aufl. (174 S.) — 48. 49. Schillers Maria Stuart. 3., durchgeseh. u. erweit. Aufl. (260 S.)
— Goethes Beziehungen zu Köln. [Aus: „Abhandlgn. zu Goethes Leben u. Werken".] gr. 8. (140 S.) Ebd. n. 3. —
— Goethes Verehrung der Kaiserin v. Oesterreich, Maria Ludovica Beatrix v. Este. Mit dem Bildnisse der Kaiserin. 8. (XV, 107 S.) Köln 1886, A. Ahn. n. 1. 60
Durchbruch, der, der Badergasse in Dresden, wird er der Stadt zur Verschönerung dienen? Ein Mahnruf in letzter Stunde v. e. alten Bürger. [Dr. F. L.] 8. (16 S.) Dresden, Pierson in Comm. n. — 25
Dürer, Stiche u. Radirungen, s.: Schongauer.
(85/1) **Dürigen**, Bruno, die Geflügelzucht nach ihrem jetzigen rationellen Standpunkt. Unter Mitwirkg. v. Dir. Dr. Bodinus, Rath Bruskay, L. Ehlers ꝛc. bearb. Mit 80 Raffetaf. (in Holzschn.) u. zahlreichen in den Text gedr. Holzschn. 3—20. (Schluß-) Lfg. Lex.-8 (XIV u. S. 113—880.) Berlin, Parey. à n. 1. —
Durm, J., die Baukunst der Etrusker u. der Römer, s.: Handbuch der Architektur.
Dürr, San.-R. Dr., Bericht üb. die ophthalmologische Thätigkeit in den J. 1881 bis 1884 u. üb. weitere 100 Staar-Extractionen nach v. Gräfe's Methode, nebst e. kurzen Mittheilg. üb. die Blindenanstalt in Hannover u. e. Zusammenstellg. der Erblindungsursachen der Jetz. Zöglinge. gr. 8. (25 S.) Hannover, Schmorl & v. Seefeld. n. — 50
Dürr, F., biblische Geschichten, s.: Dietrich, F.
(85/1) **Dürre**, Prof. Dr. Ernst Frdr., die Anlage u. der Betrieb der Eisenhütten. Ausführliche Zusammenstellg. neuerer u. bewährter Constructionen aus dem Bereiche der gesammten Eisen- u. Stahl-Fabrikation. Unter Berücksicht. aller Betriebs-Verhältnisse bearb. 24. u. 25. Lfg. gr. 4. (3. Bd. S. 33—144 m. 4 photolith. Taf.) Leipzig, Baumgärtner. à n. 6. —
(85/1) **Duruy**, fr. Unterr.-Min. Vict., Geschichte d. römischen Kaiserreichs von der Schlacht bei Actium u. der Eroberung Aegyptens bis zu dem Einbruche der Barbaren. Aus dem Franz. übers. v. Prof. Dr. Gust. Hertzberg. Mit ca. 2000 Illustr. in Holzschn. u. e. Anzahl Taf. in Farbendr. 14—24. Lfg. hoch 4. (1. Bd. S. 417—768.) Leipzig, Schmidt & Günther. à n. — 80 (1. Bd. geb.: n. 20. —)

Dusenddahler, Nord. En snaksch Geschich ut Karlsbad. 8. (108 S.) Hameln, Fuendeling. n. 1. 50; geb. n. 2. 25
Dusmann, Silvester, zur Krippen-Feier. Dramatische Dichtgn. f. Jugendbühnen. Mit e. Anh. v. verschiedenen Gelegenheits-Gedichten desselben Verf. 8. (96 S.) Amberg 1886, Habbel. cart. n. 1. —
Duveyrier, die schöne Müllerin. s.: Melesville.
Dvořák, Privatdoc. Dr. Rud., üb. die Fremdwörter im Korân. [Aus: „Sitzungsber. d. k. Akad. d. Wiss."] Lex.-8. (84 S.) Wien, Gerold's Sohn in Comm. n.n. 1. 30
Dyes, Oberstabsarzt Dr. Aug., der Rheumatismus. Dessen Entstehg., Wesen u. gründl. Heilg. gr. 8. (24 S.) Neuwied 1886, Heuser's Verl. n. 1. —
—— die Trichinose u. deren Therapie. gr. 8. (34 S.) Ebd. 1886. n. 1. —
Dygasinski, auf dem Edelhofe, s.: Universal-Bibliothek Nr. 2018.

Ebel, Pfr. Heinr. Rhold. Hilf., Petition um Zulassung der Erwachsenentaufe. Einer hochwürdigsten II. ordentl. Generalsynode der Preuß. Evangel. Landeskirche f. 1885 vertrauensvoll u. gehorsamst überreicht. 8. (16 S.) Königsberg, (Akadem. Buchh. v. Schubert & Seidel). n. — 50
Ebeling, Elisabeth, 24 Fabeln u. Gedichte f. Kinder. Illustriert v. Jean Bungartz. 4. (24 Bl. m. eingedr. Text.) Leipzig, E. Twietmeyer cart. n. 3. —
Eben, Dr. H., kleiner Schwarzwaldführer f. Tübinger, Stuttgarter, Heidelberger u. Strassburger Touristen. Mit 2 Wegkarten. 2., durch die XII. Route verm. Aufl. 8. (VI, 98 S.) Tübingen 1884, Fues. cart. n. 1. 60
Eberhard, Vict., üb. e. räumlich involutorische Verwandtschaft 7. Grades u. ihre Kernfläche 4. Ordnung. Inaugural-Dissertation. gr. 8. (61 S.) Breslau, (Köhler). baar n. 1. —
Eberhardt-Bürck, A., Maria, die Kleidermacherin, s.: Jugend- u. Volksbibliothek, deutsche.
Ebermayer, Prof. Dr. Ernst, die Beschaffenheit der Waldluft u. die Bedeutung der atmosphärischen Kohlensäure f. die Waldvegetation. Zugleich e. übersichtl. Darstellg. d. gegenwärt. Standes der Kohlensäurefrage. Aus dem chemisch-bodenkundl. Laboratorium der königl. bayer. forstl. Versuchsanstalt. gr. 8. (IV, 68 S.) Stuttgart, Enke. n. 2. —
Ebers, Geo., Richard Lepsius. Ein Lebensbild. Mit 1 Lichtdr. u. 1. Holzschn. 8. (XI, 390 S.) Leipzig, Engelmann. n. 5. —; Einbd. n.n. 1. 25
Ebert, C. E. R. v., ausgewählte poetische Erzählungen, } s.: National-Bibliothek,
—— das Kloster, } deutsch-österreichische.
Ebhardt's, Frz., Cliché-Katalog. 1—4. Hft. hoch 4. Berlin, Ebhardt. n. 3. 50
Inhalt: 1. 310 Abbildgn. Fächer, Schmuck, Blumen u. Schuhwerk. (33 S.) n. 1. —. — 2. 650 Abbildgn. Wäsche-Gegenstände f. Damen u. Herren, Mädchen u. Knaben. (78 S.) n. 1. 50. — 3. 100 Abbildgn. Gewebte, gestrickte u. gehäkelte Wollgegenstände. (S. 79—88.) n. — 50. — 4. 90 Abbildgn. Spitzen, Spitzengarnituren, Fichus, Kragen, Chemisetts u. Aehnliches. (10 S.) n. — 50.
(85/1) —— Moden-Album. Hrsg. v. Brigitta Hochfelden. 13. Hft. Herbst- u. Wintermoden 1885/86. Mit mehr als 300 Orig.-Illustr. gr. 4. (96 S.) Ebd. baar 2. —
—— der gute Ton in allen Lebenslagen. Ein Handbuch f. den Verkehr in der Familie, in der Gesellschaft u. im öffentl. Leben. Unter Mitwirkg. erfahrener Freunde hrsg. 9. [Ster.-] Aufl. 8. (XVI, 802 S.) Leipzig, Klinckhardt. n. 8. —; geb. baar n. 10. —
Ebner, Prof. Dr. H., die Vermittlung geographischer Begriffe u. Vorstellungen. gr. 8. (16 S.) Graz 1886, Goll. n. — 40
Ebner-Eschenbach, Marie v., zwei Comtessen. 8. (177 S.) Berlin, Ebhardt. n. 4. —

(84/2) **Ebner**, V. v., die Lösungsflächen d. Kalkspathes u. d. Aragonites. II. Die Aetzfiguren d. Kalkspathes. III. Die Lösungsflächen d. Aragonites. [Mit 6 (lith.) Taf.] [Aus: „Sitzungsber. d. k. Akad. d. Wiss."] Lex.-8. (76 S.) Wien, (Gerold's Sohn). n. 4. — (cplt.: n. 7. 20)
Ebrard, Konsist.-R. Past. Dr. Aug., Christian Ernst v. Brandenburg-Baireuth. Die Aufnahme reformirter Flüchtlingsgemeinden in e. luther. Land 1686—1712. Eine kirchengeschichtl. Studie, zugleich als Festschrift zum 200jähr. Bestehen der reformirten Gemeinden in Franken. Mit 1 (Holzschn.-) Bildnis. gr. 8. (VIII, 180 S.) Gütersloh, Bertelsmann. n. 3. —
— Predigt zur 200jährigen Gedenkfeier der Aufhebung d. Ediktes v. Nantes, geh. den 11. Oktbr. 1885. gr. 8. (16 S.) Erlangen, Deichert. n.—20
Eckermann, J. P., Gespräche m. Goethe in den letzten Jahren seines Lebens, s.: Universal-Bibliothek Nr. 2005—2010.
Eckert, Gen.-Secr. Herm., die Frau d. Landwirths u. ihre Arbeit im Hauswesen. gr. 8. (VII, 201 S.) Leipzig, H. Voigt. geb. n. 2. 80
Eckleben, Dr. Selmar, die älteste Schilderung vom Fegefeuer d. heil. Patricius. Eine litterar. Untersuchg. gr. 8. (61 S.) Halle, Niemeyer. n. 1. 60
Eckstein, Ernst, Aphrodite. Roman aus Alt-Hellas. 8. (309 S.) Leipzig 1886, Reißner. baar 6. —; geb. n. 7. —
Eclogae latinae e Mureti, Ernestii, Ruhnkenii aliorumque recentiorum operibus a C. T. Zumptio descriptae, quartum retractatae ac suppletae cura H. H. Wolffii. 8. (XIV, 263 S.) Leipzig, Wartig's Verl. n. 3. —
Edelsteine aus dem Gnadenschatze der Kirche. Eine Sammlg. v. Ablaßgebeten u. frommen, m. Ablässen begnadigten Übgn. f. heilsbedachte Seelen. Zusammengestellt v. e. Priester der Diöcese Regensburg. 16. (240 S. m. 1 Stahlst.) Amberg, Habbel. n. — 50
(85/1) **Eder**, Prof. Doc. Dr. Jos. Maria, ausführliches Handbuch der Photographie. 9—11. Hft. [3. Thl. 1—3. Hft.] gr. 8. Halle, Knapp. à n. 2. 40 (1—11.: n. 27. —)
Inhalt: Die Photographie m. Bromsilber-Gelatine u. Chlorsilber-Gelatine. Mit vielen Holzschn. u. 1. Taf. 3. verm. u. verb. Aufl. (X, 345 S.)
— die orthochromatische Photopgrahie. Mit 3 Beilagen. [Aus: „Die graph. Künste".] Fol. (4 S. m. 4 eingedr. Fig.) Wien, Gesellschaft f. vervielfältigende Kunst. n. 6. —
— spectrographische Untersuchung v. Normal-Lichtquellen u. die Brauchbarkeit der letzteren zu photochemischen Messungen der Lichtempfindlichkeit. [Mit 1 (eingedr.) Holzschn.] [Aus: „Sitzungsber. d. k. Akad. d. Wiss."] Lex.-8. (6 S.) Wien, (Gerold's Sohn). n. — 20
Edinger, Dr. Ludw., zehn Vorlesungen üb. den Bau der nervösen Centralorgane. Für Aerzte u. Studirende. Mit 120 Abbildgn. gr. 8. (VII, 138 S.) Leipzig, F. C. W. Vogel. n. 6. —
Edler, Karl Erdm., der letzte Jude. Roman. 8. (405 S.) Leipzig, Elischer. n. 6. —; geb. n. 7. 50
Edlinger, Aug., kleines etymologisch-geographisches Lexikon. 8. (IV, 99 S.) München, L. Finsterlin's Verl. n. 2. —
Edwardes, A., a Girton girl, s.: Collection of British authors.
Effertz, Otto, Encyclopädie u. Methodologie der politischen Oekonomik. 1. Thl.: Objekt der polit. Oekonomik. 8. (63 S.) Stuttgart, Dietz. n. 1. —
(85/1) **Egelhaaf**, Gymn.-Prof. Dr. Glob., Grundzüge der Geschichte. 3. Tl. Die Neuzeit. 1493—1885. Mit 2 Zeittaf. gr. 8. (VIII, 236 S.) Heilbronn, Henninger. n. 2. 25 (cplt.: n. 5. 75)
Egg, Sec.-Lehr. J. J., der zürcher. Cantonal-Turnverein in geschichtlichen Bildern als Festgabe zur Feier d. 25jährigen Bestandes 1885. Bearb. im Auftrage d. Vorstandes. gr. 8. (IV, 170 S.) Thalweil, Brennwald. n. 2.—
Eggeling, Past. D., Festrede, bei der vom Bürger-Vereine zu Braunschweig

veranstalteten Bugenhagen-Feier geh. [Aus: „Evangel. Gemeindebl."] gr. 8. (12 S.) Braunschweig, Hafferburg. n.n. — 25

Egger, Alois, deutsches Lehr- u. Lesebuch f. höhere Lehranstalten. 1. Thl.: Einleitung in die Literaturkunde. 8. verb. Aufl. gr. 8. (X, 382 S.) Wien, Hölder. n. 3. —

Egger, Chorhr. Berthold A., St. Leopold. Ein Lebensbild u. Andachtsbuch. Festgabe zum 400. Jahrestage der Heiligsprechg. d. frommen Markgrafen Leopold. 16. (XIV, 316 S. m. Illustr.) Wien, (Frick). geb. baar n. 6. —

Egger, Dr. E., 1. u. 2. Rechenschaftsbericht d. chemischen Untersuchungsamtes f. die Prov. Rheinhessen nebst Beiträgen zu e. Hydrologie f. die Prov. Rheinhessen gr. 8. (61 u. 69 S. m. 2 Taf.) Mainz 1884 u. 85, v. Zabern in Comm. à n. 1. 50

Eggers, K., Klaus Groth u. die plattdeutsche Dichtung, s.: Zeit- u. Streit-Fragen, deutsche.

Eguilaz, de, la cruz del matrimonio, s.: Coleccion de autores españoles.

Ehntholt, Schulvorst. J. A., kleine bremische Heimatkunde, nebst den Flußgebieten der Weser, Elbe u. Ems. Ein Leitfaden f. Lehrer u. Schüler. 8. (56 S.) Bremen, v. Halem. cart. — 60

Ehrenberg, Prof. Dr. Vict., Heinrich Thöl. Seine Bedeutg. f. die Rechtswissenschaft. [Aus: „Zeitschr. f. d. ges. Handelsrecht".] gr. 8. (27 S.) Stuttgart, Enke. n. 6. —

Ehrenbüchlein, hessisches. Kurzer Abriß der Landeskunde u. Geschichte. 8. (III, 64 S.) Kassel, Klaunig. n. — 80

d'Ehrenfels, Baronne Clotilde, philosophie de la femme chrétienne, dédiée à sa fille. 2. éd. revue et corrigée. 8. (VII, 166 S.) Freiburg i/Br., Herder. n. 1. —; geb. n. 1. 20

Ehrenwerth, Prof. Jos. v., das Eisenhüttenwesen Schwedens. Mit 12 lith. Taf. u. 3 Tab. gr. 8. (VII, 128 S.) Leipzig, Felix. n. 8. 50

Ehret, Amtsrevident Heinr., Tarife zur Berechnung der Entschädigungen auf Grund d. Reichsgesetzes vom 6. Juli 1884 üb. die Unfallversicherung u. zwar der zu gewährenden Entschädigungen an: a) Krankengeld, b) Beerdigungskostenersatz, c) Rente f. Wittwe u. Kinder e. Getödteten, d) Abfindung der Wittwe e. Getödteten im Falle ihrer Wiederverheirathung, e) Rente der Verletzten bei völliger u. theilweiser Erwerbsunfähigkeit, zum prakt. Gebrauche f. Behörden u. Beamte der Berufsgenossenschaften, der Krankenkassen, der Reichspost etc. Mit Vordruck d. Reichsgesetzes vom 6. Juli 1884 sammt Nachträgen. gr. 4. (III, 91 S.) Weinheim, Ackermann. n. 2. 80

Ehrhardt, C., Ausflüge in das sächsische Erzgebirge u. angrenzende Landstriche, besonders in das Mulden- u. Zschopauthal. Mit 1 (lith.) Specialkarte. 12. (VI, 59 S.) Chemnitz, Troitzsch. cart. n. 1. —

—— Führer durch Chemnitz u. nähere Umgebung. Mit 1 Plane der Stadt Chemnitz. 12. (35 S.) Ebd. cart. n. — 60

Ehrlich, H., Lebenskunst u. Kunstleben. 2. Aufl. 8. (IV, 322 S.) Berlin 1886, Allgemeiner Verein f. deutsche Literatur. geb. baar n. 6. —

Eichhorn, Herm., neue Quellen. Dichtungen Unbekannter. Gesammelt u. hrsg. 8. (216 S.) Grossenhain, Baumert & Ronge. n. 4. —

Eichelsheim, Turnlehr. M., Leitfaden f. den Turn-Unterricht in Volks- u. Mittelschulen. Mit 157 in den Text gedr. Holzschn. 8. (VIII, 219 S.) Düsseldorf, Schwann. n. 1. 50

Eichendorff, Jos. Frhr. v., aus dem Leben e. Taugenichts. Novelle. Mit 38 Heliogravüren nach Originalen v. Phpp. Grot Johann u. Prof. Edm. Kanoldt. gr. 4. (87 S.) Leipzig 1886, Amelang. geb. m. Goldschn. n. 25. —; feine Ausg., Vollbilder auf chines. Papier, in Ldrbd. m. Goldschn. n. 35 —

Eichert, Dr. Otto, Schulwörterbuch zu den Commentarien d. Caius Julius Caesar vom gallischen Kriege. Mit 1 Karte v. Gallien zur Zeit Cäsars. 6., rev. Aufl. gr. 8. (292 Sp.) Breslau, Kern's Verl. 1. 20; Einbd. n.n. — 15

Eichhorn, Landrichter G., das Testament. Musterbuch f. letztwill. Verfüggn. nach dem allgemeinen Landrecht, sowie nach märk. Recht. 8. (VII, 280 S.) Berlin, Vahlen. n. 4. —; geb. n. 5. —

([85/1]) **Eichhorst**, Prof. Dir. Dr. Herm., Handbuch der speciellen Pathologie u. Therapie f. praktische Aerzte u. Studirende. 3. Bd. Krankheiten der Nerven, Muskeln u. Haut. Mit 157 Holzschn. 2. umgearb. u. verm. Aufl. gr. 8. (VIII, 608 S.) Wien, Urban & Schwarzenberg. (à) n. 10. —

Eichler, A. W., zur Entwickelungsgeschichte der Palmenblätter Mit 5 (lith.) Taf. [Aus: „Abhandlgn. d. k. preuss. Akad. d. Wiss."] gr. 4. (28 S.) Berlin, (Dümmler's Verl.). cart. n. 4. —

Eichwald, Bruno, ach wer es doch auch so gut haben könnte! Eine Erzählg. f. kleine u. große Kinder. 8. (76 S. m. 2 Taf.) Linz 1884, (Fink). geb. n. 1. 20

Eickelboom u. **Esser**, neue Fibel nach der analytisch-synthetischen Lesemethode. 1. Tl. Ausg. A. [In 1 Abtlg..] 7. Aufl. 8. (IV, 68 S. m. Illustr.) Düsseldorf, Schwann. geb. n.n. — 40

Eigenthum, das. Hrsg. vom österr. Volksschriften-Verein. 8. (40 S.) Wien, (Amonesta). n. — 40

Ein mal Eins, das lustige, in Reim u. Bild. 8. (8 Chromolith. m. Text.) Wesel, Düms. — 10

Einer v. der Post. Eine Postlebensgeschichte in lust. Versen v. C. A. S. 8. (63 S.) Frankfurt a/M., Mahlau & Waldschmidt. n. 2. —

Einert, Prof. E., die Zeiten d. grossen Brandes, e. Bild aus Arnstadts Vergangenheit. [Aus: „Ztschr. d. Vereins f. thüring. Geschichte".] gr. 8. (IV, 113 S.) Jena, Fischer. n. 2. —

Einschreib-Kalender, Fromme's täglicher, f. Comtoir, Geschäft u. Haus. 1886. 8. Jahrg. gr. 8. (80 S.) Wien, Fromme. cart. baar — 80

Einsiedler-Kalender f. d. J. 1886. 46. Jahrg. 4. (80 S. m. Illustr. u. 1 Wandkalender.) Einsiedeln, Benziger. — 35; Ausg. m. 1 Chromolith. — 40

Eisele, Prof. Dr. Fridolin, das deutsche Civilgesetzbuch u. das künftige Privatrechts-Studium in Deutschland. 8. (IV, 31 S.) Freiburg i/Br., Mohr. n. 1. —

Eisenbahn- Post- u. Telegraphen-Kursbuch f. Elsaß-Lothringen, bearb. nach amtl. Materialien. Mit e. (lith.) Karte v. Elsaß-Lothringen u. 1 Eisenbahn-Uebersichtskarte v. Mittel-Europa. Jahrg. 1885. 2 Nrn. 12. (Nr. 1. II, 122 S.) Straßburg, Schultz & Co. Verl. à n. — 60

([82/1]) **Eisenbahn-Unterhaltungen**. Nr. 137 — 141. 8. Berlin 1882, Behrend. n. 4. 50

Inhalt: 137. Im Sturm der Leidenschaft. Novelle v. Wilh. Grothe. (139 S.) n. — 50. — 138. Verhängnisvolles Erbe. Kriminal-Erzählung v. Lionheart. (182 S.) n. 1. —. — 139. Das Erbe der Wolfenstein. Historischer Roman von E. H. v. Dedenroth. (215 S.) n. 1. —. — 140. Der Väter Schuld. Erzählung v. F. Arnefeldt. (208 S.) n. 1. —. — 141. Russische Rebellen. Historischer Roman v. Wilh. Grothe. (216 S.) n. 1. —

Eisenbahn-Verkehr, der wichtigste, f. Franzensbad-Carlsbad-Marienbad-Teplitz im Sommer 1885. Zusammengestellt v. Bernh. Knauer. 8. (32 S.) Carlsbad, Knauer. n. — 40

Eisen- u. Metall-Giesser- Kalender pro 1886. Hrsg. v. Carl Pataky etc. Mit vielfach verm. Text. Reich illustrirt. gr. 16. (VIII, 112 u. 80 S.) Berlin, Pataky. geb. in Leinw. baar n. 2. —; in Ldr. n. 2. 50

Eisenmann, select specimens of german literature, s.: Gruner.

Eisler, Jul., Gedichte. 8. (IV, 71 S.) Prag, Dominicus. n. 2. 40

Eibe, A. v. d., Brausejahre. Bilder aus Weimars Blüthezeit. Roman. 2 Bde. 8. (VI, 256 u. 244 S.) Leipzig, Keil's Nachf. 6. —; geb. in 1 Bd. 7. —

Eibinger, Th., u. J. B. **Sartorius**, Führer durch Hersbruck u. Umgegend. Für den Verschönerungs-Verein Hersbruck bearb. Mit 1 Karte, 1 Panorama, 2 Orientirungs-Kärtchen, 2 geolog. Profilen, 1 Taf. gnognost. Abbildgn. u. 5 Ansichten. 8. (VII, 264 S.) Hersbruck. (Nürnberg, Korn.) geb. baar n. 2. 70

Electro-Techniker, der. Erstes österreichisch-ungar. Fachjournal. Organ f. angewandte Electricität m. besond. Rüksichtnahme auf Telegraphie, Telephonie, electr. Beleuchtg., Kraftübertragg. u. verwandte Zweige. Hrsg.: Dr. G. Ad. Ungár-Szentmiklósy. 4. Jahrg. Mai 1885 — Apr. 1886. 24 Nrn. (B. m. Illustr.) Lex.-8. Wien, (Perles). n. 12. —

($^{84}/_{1}$) **Ellenberger**, Prof. Dr. W., Lehrbuch der allgemeinen Therapie der Haussäugethiere. Unter Mitwirkg. v. Proff. DD. Schütz u. Siedamgrotzky. hrsg. 2. Thl. gr. 8. (XIII u. S. 347—724.) Berlin, Hirschwald. n. 9. — (cplt.: n. 17. —

Eller, Rob., das Buch der Toaste. Tischreden u. Trinksprüche. Ein Ratgeber u. Helfer bei festl. Gelegenheiten, als: vaterländische Gedenk- u. Jubeltage, Gemeinde- u. Vereinsfeste, Familienfeste, Jubiläen rc. 5. verm. Aufl. 8. (197 S.) Oberhausen, Spaarmann. 1. 50

($^{85}/_{1}$) **Ellerholz**, P., Handbuch d. Grundbesitzes im Deutschen Reiche. Mit Angabe sämmtl. Güter, ihrer Qualität, ihrer Grösse [in Culturart]; ihres Grundsteuer-Reinertrags; ihrer Besitzer, Pächter, Administratoren etc.; der Industriezweige; Poststationen; Züchtgn. specieller Viehracen, Verwerthg. d. Viehstandes etc. Nach amtl. u. authent. Quellen bearb. I. Das Königr. Preussen. 5. Lfg. 2. verb. Aufl. gr. 8. Berlin, Nicolai's Verl. n. 10.—(1—5.: n. 40.—)
Inhalt: Prov. Sachsen. (XIV, 498 S.)

Ellinger, Geo., Alceste in der modernen Litteratur. 8. (57 S.) Halle, Buchh. d. Weisenhauses. n. — 80

Ellis, Bernard, aus England. Aphoristische Skizzen üb. Land u. Leute. 8. (III, 131 S.) Hannover, Hahn. n. 2. 40

Elmendorf, Alfr., das Zauberwort. Schwank in 1 Aufzuge. 8. (24 S.) Dresden, Pierson. n. — 60

Elpis Melena, Garibaldi. Mittheilungen aus seinem Leben. Nebst Briefen d. Generals an die Verf. 2. Aufl. 2 Thle. in 1 Bde. 8. (VIII, 236 u. 203 S. m. 2 Lichtdr.-Taf.) Hannover 1886, Schmorl & v. Seefeld. cart. n. 3. —

Elsener, P. Honorius, O. Cap., Regel-Büchlein f. die in der Welt lebenden Mitglieder d. 3. Ordens d. seraphischen Vaters Franciscus. 7. Aufl., nach den neuesten Verordgn. Sr. Heil., Papst Leo XIII., vollständig umgearb. u. verm. v. Priest. P. Leonardus a Clivia. 24. (636 S.) Einsiedeln, Benziger. 1. 20; geb. in Leinw. n. 1. 40; in Ldr. n. 1. 80

Elsner, Dr. Fritz, unsere Nahrungs- u. Genussmittel aus dem Pflanzenreiche, sowie deren Surrogate u. Verfälschungsmittel. Mikroskopisch dargestellt m. textl. Erläutergn. 149 Mikrophotogr. auf 10 Taf. in Lichtdr. qu. gr. 4. (17 Bl. Text.) Halle, Knapp. n. 12. —

($^{85}/_{1}$) —— die Praxis d. Nahrungsmittel-Chemikers. Anleitung zur Untersuchg. v. Nahrungsmitteln u. Gebrauchsgegenständen, sowie f. hygiein. Zwecke. Für Apotheker, Chemiker u. Gesundheitsbeamte. 3., umgearb. u. verm. Aufl. Mit 108 in den Text gedr. Holzschn. 2—4. (Schluss-) Lfg. gr. 8. (VIII u. S. 81—360.) Hamburg, Voss. à n. 1. 25 (cplt.: n. 5. —; geb. n. 6. —)

Elsner, O., gute Zeugnisse, s.: Mallachow, C.

Elster, Dr. Ernst, Beiträge zur Kritik d. Lohengrin. [Aus: „Beiträge zur Geschichte der deutschen Sprache u. Literatur".] gr. 8. (III, 114 S.) Halle 1884, Niemeyer. n. 3. —

Elster, D., wessen Schuld? Roman. 8. (269 S.) Breslau 1886, Schottländer. n. 4. —; geb. n. 5. —

Elterich, Sem.-Dir. J. G., Handbuch f. den Unterricht in der Volksschulpädagogik. Zum Gebrauch in Lehrer-Seminaren u. zum Selbstunterricht bearb. gr. 8. (VIII, 232 S.) Leipzig, Brandstetter. n. 2. 60

Ely, L., A! E! I! O! U! s.: Album f. Solo-Scenen.

—— Alles durch die Feuerwehr, s.: Kühling's, A., Theater-Specialität.

—— Amor's Pfeile, s: Album f. Solo-Scenen.

—— die kleine Bombe, s.: Album f. Liebhaber-Bühnen.

—— der weibliche Detectiv, s.: Album f. Solo-Scenen.

—— seine Frau in spe, } s.: Album f. Liebhaber-Bühnen.
—— Vetter Hans, }

—— der blonde Hugo, }
—— o, diese Mädchen!, } s.: Album f. Solo-Scenen.
—— Onkel will heirathen!, }

—— der Pack-Esel, s.: Dilettanten-Mappe.

—— das böse „Sch", s.: Album f. Liebhaber-Bühnen.

Elze, Prof. Dr. Karl, a letter to C. M. Ingleby, Esq., M. A., L L. D., V. P. R. S. L., containing notes, and conjectural emandations on Shakespeares „Cymbeline". gr. 8. (37 S.) Halle, Niemeyer. n. 1. 20; geb. n. 1. 80

Emerson, Ralph Waldo, üb. Bücher. Ein Essay. Aus dem Engl. v. Selma Mohnicke. [Aus: „Gesellschaft u. Einsamkeit".] 2. (Titel-) Aufl. 12. (61 S.) Norden (1875), Fischer Nachf. n. 1. —

—— über häusliches Leben. Ein Essay. Aus dem Engl. v. Selma Mohnicke [Aus: „Gesellschaft u. Einsamkeit".] 2. (Titel-) Aufl. 12. (58 S.) Ebd. (1876) n. 1. —

Emil, W., die Braut d. Prairie-Räubers, }
—— Diggborn, der Trapper u. Karawanenführer, }
—— Tom Floyd, der Halbindianer, } s.: Volksbücher, Reutlinger.
—— die Indianer in Neufundland, }
—— Verrat u. Rache, }

Emmer, J. E., Feldmarschall Erzherzog Albrecht, s.: Helden, unsere.

Emmerling, Cant. Gymn.-Gesanglehr. Geo., Singbüchlein f. die Schule. 5. Aufl. hrsg. v. Lehr. A. Wunderlich. 8. (62 S.) Nürnberg, Korn. geb. n.n. — 60

(34/1) l'Émulation. Publication mensuelle de la société centrale d'architecture de Belgique. 10. année 1885. 12 nrs. Fol. (Nr. 1. 4 S. m. eingedr. Illustr. u. 4 Taf.) Liège. Berlin, Claesen & Co. n. 24. —

(85/1) Encyklopädie, deutsche. Ein neues Universallexikon f. alle Gebiete d. Wissens. 2—6. Lfg. Lex.-8. (1. Bd. S. 81—480 m. eingedr. Holzschn.) Leipzig, Grunow. à — 60

(84/2) —— des gesammten Erziehungs u. Unterrichtswesens, bearb. v. e. Anzahl Schulmännern u. Gelehrten, hrsg. unter Mitwirkg. der DD. Palmer, Wildermuth, Hauber v. Präl. Gymn.-Rect. a. D. Dr. K. A. Schmid. 6. Bd. 3. Abth. u. 7. Bd. 1. Abth. 2. verb. Aufl. gr. 8. Leipzig, Fues. à n. 6. — (I—VII. 1.: n. 112. —)

VI, 3. (IV u. S. 641—960.) 1884. — VII, 1. Fortgeführt v. Geh. Reg.-R. D. Wilh. Schrader. (320 S.)

(85/1) —— der neueren Geschichte. In Verbindg. m. namhaften deutschen u. außerdeutschen Historikern begründet v. weil. Prof. Dir. D. Wilh. Herbst. 24—26. Lfg. gr. 8. (3. Bd. S. 241—480.) Gotha, F. A. Perthes. Subscr.-Pr. à n. 1. —

(85/1) **Encyklopädie** der Naturwissenschaften. Hrsg. v. Proff. DD. W. Förster, A. Kenngott, Ladenburg etc. 1. Abth. 43. u. 44. Lfg. gr. 8. Breslau, Trewendt. à n. 3.—
Inhalt: Handwörterbuch der Zoologie, Anthropologie u. Ethnologie. 15. u. 16. Lfg. (4. Bd. S. 129—384.)

(85/1) —— dasselbe. 2. Abth. 30—32. Lfg. gr. 8. Ebd. à n. 3. —
Inhalt: 30. Handwörterbuch der Mineralogie, Geologie u. Paläontologie. 10. Lfg. (3. Bd. S. 129—256.) — 31. 32. Handwörterbuch der Chemie. 14. u. 15. Lfg. (3. Bd. S. 369—624.)

(85/1) —— der gesammten Thierheilkunde u. Thierzucht m. Inbegriff aller einschlägigen Disciplinen u. der speciellen Etymologie. Handwörterbuch f. prakt. Thierärzte, Thierzüchter, Landwirthe u. Thierbesitzer überhaupt. Unter Mitwirkg. v. Stabsveter. Ableitner, Proff. DD. Anacker, Azary etc. hrsg. v. Veter.-Arzt Alois Koch. Mit zahlreichen Illustr. 13—17. Lfg. gr. 8. (2. Bd. S. 129—448) Wien, Perles. à n. 1. 80

Endemann, Prof. Dr. W., die Haftpflicht der Eisenbahnen, Bergwerke rc. f. die bei deren Betriebe herbeigeführten Tödtungen u. Körperverletzungen. Erläuterungen d. Reichsgesetzes vom 7. Juni 1871. 3. Aufl. gr. 8. (IX, 225 S.) Berlin, Guttentag. n. 4. 50

Engelhardt, Arved v., Casuistik der Verletzungen der Arteriae tibiales u. der Arteria peronea, nebst e. Studie üb. die Blutung als Primaersymptom bei den Schussverletzungen dieser Arterien. Inaugural-Dissertation. gr. 4. (135 S.) Dorpat, (Karow). baar n. 3.—

(85/1) **Engelhardt**, F., Rechenbuch f. Volksschulen. 2. Hft. Der Zahlenkreis von 1—100. 8. (88 S.) Hildesheim, Borgmeyer. n. — 25; geb. n. — 35 (1. u. 2.: n. — 45)

Engelhardt, L. v., Ferdinand v. Wrangel u. seine Reise längs der Nordküste v. Sibirien u. auf dem Eismeere. Mit e. Vorworte von A. E. Frhrn. v. Nordenskiöld, e. (Lichtdr-) Portr. F. v. Wrangel's u. e. (lith.) Karte. gr. 8. (XII, 212 S.) Leipzig, Duncker & Humblot. n. 5. —

(85/1) **Engelhorn's** allgemeine Romanbibliothek. Eine Auswahl der besten modernen Romane aller Völker. 1. Jahrg. 20—26. Bd. 8. Stuttgart, Engelhorn. baar à n. — 50; geb. à n. — 75
Inhalt: 20. Schiffer Worse. Erzählung v. Alex. Kielland. Autoris. Uebersetzg. aus dem Norweg. (158 S.) — 21. Ein Ideal. [Il tramonto di un ideale.] Roman v. Marchesa Colombi. Autoris. Bearbeitg. nach dem Ital. v. Isolde Kurz. (131 S.) — 22. Dunkle Tage. Roman v. Hugh Conway [F. J. Fargus]. Autoris. Uebersetzg. aus dem Engl. von Elaire v. Glümer. (158 S.) — 23. Novellen v. Hjalmar Hjorth Boyesen. Glitzer-Brita. Einer, der seinen Namen verlor. Deutsch v. Frdr. Spielhagen. Ein Ritter vom Dannebrog. Deutsch v. *,* (141 S.) — 24. Die Heimkehr der Prinzessin. Roman v. Jacques Vincent. Autoris. Uebersetzg. aus dem Franz. v. L. Barack. (152 S.) — 25. 26. Ein Mutterherz. [Solange de Croix-Saint-Luc.] Roman in 2 Bdn. v. A. Delpit. Autoris. Uebersetzg. aus dem Franz. v. Natalie Rümelin. (151 u. 156 S.)

—— dasselbe. 2. Jahrg. 1—7. Bd. 8. Ebd. baar à n. — 50; geb. à n. — 75
Inhalt: 1. 2. Der Steinbruch. Roman in 2 Bdn. v. Georges Ohnet. Autoris. Uebersetzg. aus dem Franz. v. J. Linden. (168 u. 160. S. m. Holzschn.-Portr.) — 3. Helene Jung. Erzählung v. Paul Lindau. (142 S.) — 4. Maruja. Roman v. Francis Bret Harte. Autoris. Uebersetzg. aus dem Engl. v. Auguste Scheibe. (144 S. m. Portr. d. Verf. in Holzschn.) — 5. Die Sozialisten. [The Bread-Winners.] Autoris. Uebersetzg. aus dem Engl. v. Karl Horn. (200 S.) — 6. Criquette. Roman v. Ludovic Halévy. Autoris. Bearbeitg. nach dem Franz. v. Natalie Rümelin. (142 S.) — 7. Der Wille zum Leben. Untrennbar. Novellen v. Adf. Wilbrandt. (160 S. m. Portr. d. Verf.)

Engelhorn, E., die Pflege der Irren sonst u. jetzt, s.: Sammlung gemeinverständlicher wissenschaftlicher Vorträge.

Engelien, A., Leitfaden f. den deutschen Sprachunterricht. 1. Tl. Für die Unterklassen. 73. u. 74. Aufl. gr. 8. (78 S.) Berlin, W. Schultze. n. — 50

—— Sammlung v. Musteraufsätzen f. die Volksschulen u. die Mittelklassen höherer Knaben- u. Mädchenschulen. 6., verm. u. verb. Aufl. gr. 8. (IV, 236 S.) Berlin, W. Schultze. n. 2. —; Einbd. n. — 40

Engelien, A., u. H. Fechner, deutsches Lesebuch. Aus den Quellen zusammengestellt. Ausg. A. [In 5 Tln.] 1. Tl. 15. Aufl. gr. 8. (VIII, 152 S.) Berlin, W. Schultze. n. — 80

—— —— dasselbe. Ausg. B. [In 3 Tln.] 1. u. 2. Tl. gr. 8. Ebd. n. 1. 20
1. 42. Aufl. (XI, 116 S.) n. — 40. — 2. 34. Aufl. (XV, 240 S.) n. — 80.

Engelmann's Kalender f. Eisenbahn-Verwaltungs-Beamte d. Deutschen Reichs f. d. J. 1886. 4. Jahrg. Unter Redaction fachmänn., activer Kräfte. 2 Thle. gr. 16. (230 u. 74 S. m. 1 chromolith. Eisenbahnkarte.) Berlin, Engelmann. geb. u. geh. baar n. 3. —

Engelmann, Landrichter A., das preußische Privatrecht, in Anknüpfung an das gemeine Recht systematisch dargestellt. 2., verm. u. verb. Aufl. gr. 8. (XVI, 501 S.) Breslau, Koebner. n. 5. 40; geb. n. 6. 20

Engelmann, J., die deutsche Gewerbeordnung in der Fassung vom 1. Juli 1883, nebst späteren Zusätzen u. den Vollzugsvorschriften d. Reiches, erläutert, s.: Gesetzgebung d. Deutschen Reiches m. Erläuterungen.

Engeln, Priest. Jos., Geschichte d. göttlichen Reiches auf Erden, welche lehrt, wie gnädig der dreieinige Gott, der Vater, der Sohn u. der heil. Geist von Anfang der Welt an bis auf unsere Tage dafür gesorgt hat, den Menschen durch Erkenntnis, Verehrg. u. Liebe Gottes zu ihrem Heile zu verhelfen. Zur Belehrg. u. Erbaug. besonders f. Lehrer, größere Schüler u. Hausväter. Unter Zugrundelegg. der bibl. Geschichte d. sel. Lehr. B. Overberg bearb. 7. Aufl. 8. (XXIV, 514 S.) Osnabrück, Wehberg. n. 1. —; geb. n.n. 1. 40

Engl, Inst.-Dir. Joh. Ev., Marie Mösner [Gräfin Spaur]. Einer Künstlerin Erdenwallen. [Aus: „4. Jahresbericht der Internationalen Stiftg. Mozarteum".] gr. 8. (11 S. m. 1 Lichtdr.-Portr.) Salzburg, (Dieter). baar n. 1. 20

Englmann, L., Anthologie aus Ovid, Tibull u. Phädrus. Mit Anmerkgn. u. Wörterbuch. 5. Aufl. gr. 8. (IV, 122 S.) Bamberg, Buchner. n. 1. 60

—— Grammatik der lateinischen Sprache. 12. Aufl., bearb. v. Studienlehr. Karl Melzhofer. gr. 8. (VIII, 323 S.) Ebd. 1886. n. 3. —

Engwiller, S., die Reform der Versicherungsanstalten auf den Todesfall in der Schweiz. Ein Privatgutachten. gr. 8. (108 S.) St. Gallen, Huber & Co. n. 1. 40

Ennodi, M. F., opera, s.: Monumenta Germaniae historica.

(85/1) **Entscheidungen** der Gerichte u. Verwaltungsbehörden aus dem Gebiete d. auf reichsgesetzlichen u. gemeinrechtlichen Bestimmungen beruhenden Verwaltungs- u. Polizeistrafrechts. Hrsg. v. Bezirksamts-Assess. A. Reger. 6. Bd. 4 Hfte. gr. 8. (1. Hft. 152 S.) Nördlingen, Beck. n. 8. —

(83/1) —— des Ober-Seeamts u. der Seeämter d. Deutschen Reichs. Hrsg. im Reichsamt d. Innern. 5. Bd. Register. gr. 8. (XXXVII S.) Hamburg 1884, Friederichsen & Co. n. — 50 (5. Bd. cplt.: n. 11. 90)

—— dasselbe. 6. Bd. 1. u 2. Hft. gr. 8. (257 S.) Ebd. n. 3. 80

(84/2) —— des königl. Oberverwaltungsgerichts. Hrsg. v. Gen.-Präs. Jebens, Ob.-Verwaltgs.-Ger.-Räthen v. Meyeren u. Jacobi. 11. Bd. gr. 8. (XIII, 456 S.) Berlin, C. Heymann's Verl. baar n.n. 7. —; geb. n.n. 8. —

(85/1) —— des Reichsgerichts. Hrsg. v. den Mitgliedern d. Gerichtshofes. Entscheidungen in Civilsachen. 12. Bd. gr. 8. (X, 470 S.) Leipzig, Veit & Co. (à) n. 4. —; geb. (à) n. 5. —

(84/1) —— dasselbe. Entscheidungen in Strafsachen. 11. u. 12. Bd. gr. 8. (12. Bd. 1. Hft. 160 S.) Ebd. à n. 4. —; geb. à n. 5. —

Entwurf e. Gesetzes betr. Aenderungen u. Ergänzungen d. Gerichtsverfassungsgesetzes u. der Strafprozeßordnung. Vorgelegt dem Deutschen Reichstage in der 1. Session der 6. Legislatur-Periode. Fol. (35 S.) Berlin, C. Heymann's Verl. baar n. 2. —

—— eines Nachtrags zum neuen Gesangbuch. Zusammengestellt v. einigen liberalen Predigern der schlesw.-holst. Landeskirche. 2. verm. u. durchgeseh. Aufl. gr. 8. (VIII, 55 S.) Garding, Lühr & Dircks in Comm. n. — 50

Entwürfe, die preisgekrönten, der Concurrenz zu e. Eidg. Parlaments- u. Verwaltungs-Gebäude in Bern. [Aus: „Schweizer. Bauzeitg."] gr. 4. (13 S. m. 15 Taf. in Holzschn. u. Lichtdr.) Zürich, (Meyer & Zeller). In Mappe. n.n. 8. —

Hochschule zu München. Jahrg. 1884. 6 Hfte. Fol. (à 10 autogr. Taf.) München, (Buchholz & Werner). n. 15. —; einzelne Hfte. à n. 3. —

—— dasselbe. Jahrg. 1885. 6 Hfte. (à 10 autogr. Taf.) Fol. Ebd. Subscr.-Pr. à n. 2. 50; Ladenpr. à n. 3. —

(85/1) **Ephemeris** epigraphica, corporis inscriptionum latinarum supplementum, edita jussu instituti archaeologici romani cura G. Henzeni, Th. Mommseni, I. B. Rossii. Vol. VI. gr. 8. Berlin, G. Reimer. n. 8. —
Inhalt: Glandes plumbeae, editae ab Carolo Zangemeister. Accedunt tabulae heliotypicae XIII. (XLVI, 143 S.)

Ephraim, Alfr., zur physiologischen Acetonurie. Inaugural-Dissertation. gr. 8. (54 S.) Breslau, (Köhler). baar n. 1. —

Epiktet's Handbüchlein der Moral, s.: Universal-Bibliothek Nr. 2001.

Eras, Kammer-Synd. Stadtverordn. Dr. Wolfg., Einrichtungen f. die Binnen-Schifffahrt an deutschen u. holländischen Handelsplätzen. Bericht üb. e. im Auftrage der Handelskammer unternommene Informationsreise. Mit 3 kartograph. Skizzen. gr. 8. (49 S.) Breslau, Schottländer. n. 1. 50

Erbe, K., kurzgefaßte deutsche Grammatik, s.: Stöller, J. P.

Erck, Rechenbuch, s.: Barnikol.

Erdmann, weil. Prof. Dr. Otto Linné, Grundriss der allgemeinen Warenkunde f. Handels- u. Gewerbeschulen, sowie zum Selbstunterrichte. 11., neu bearb. u. verm. Aufl. v. Prof. Dr. Chr. Rud. König. Mit 44 Holzschn. u. 1 Taf. m. mikroskop. Abbildgn. gr. 8. (1. Hälfte IV, 288 S.) Leipzig, Barth. n. 6. 75

Erfurth, C., Haustelegraphie, Telephonie u. Blitzableiter in Theorie u. Praxis. Mit alleiniger Berücksicht. der Bedürfnisse Derjenigen, die sich m. Einrichtg. solcher Anlagen beschäftigen wollen, zusammengestellt u. m. 186 Abbildgn. ausgestattet. gr. 8. (VII, 207 S.) Berlin, (Kühl). n. 3. 50

(85/1) **Ergänzungen** u. **Erläuterungen** d. allgemeinen Landrechts f. die Preußischen Staaten durch Gesetzgebung u. Wissenschaft. Unter Benutzg. der Justizministerialakten u. der Gesetzrevisionsarbeiten. 7. Ausg., neu bearb. von App.-Ger.-Vicepräs. a. D. Dr. Ludw. v. Rönne. 2. Bd. 2. Lfg. gr. 4. (S. 201—400.) Berlin, v. Decker. (à) n. 5. —

—— dasselbe. 4. Bd. 1. u. 2. Lfg. gr. 4. (S. 1—400.) Ebd. à n. 5. —

(84/2) **Ergebnisse** der baltischen Volkszählung vom 29. Decbr. 1881. 1. Thl. Ergebnisse der livländ. Volkszählg. 3. Bd. Die Zählg. auf dem flachen Lande. Bearb. u. hrsg. auf Veranstaltg. d. livländ. Landraths-Collegiums von Fr. v. Jung-Stilling u. W. Anders. 2. Lfg. gr. 4. (XX u. S. 124—187 m. Tab.) Riga, (Jonck & Poliewsky). (à) n.n. 5. —

Ergenzinger, H., die schweizerische Landwirthschaft, wie sie ist u. wie sie sein könnte, s.: Wie kann die schweizerische Landwirthschaft im Allgemeinen intensiver betrieben werden ꝛc.

Erhard, Emile, das Meerweibchen. Roman. 8. (296 S.) Stuttgart 1886, Deutsche Verlags-Anstalt. n. 5. —

Erich, Prem.-Lieut., Geschichte d. 7. Ostpreußischen Infanterie-Regiments Nr. 44 von 1860—1885. Die sämmtl. Anlagen sind bearb. v. Sek.-Lieut. Toeppen. Mit 1 (photogr.) Titelbild, 4 Skizzen im Text u. 3 Plänen. gr. 8. (VII, 339 u. 220 S.) Berlin, Mittler & Sohn. n. 10. —

Erinnerung an Dresden. qu. gr. 16. (15 Chromolith.). Dresden, Warnatz & Lehmann. geb. n. 1. —

Erinnerungs-Blatt an Se. königl. Hoheit Prinz Friedrich Carl v. Preussen, Generalfeldmarschall. Fol. (3 S. m. Portr.) Leipzig, Milde. — 25

Erk, Ludw., Schul-Choralbuch f. die Prov. Brandenburg. [In 2 Hftn.] Text nach dem neuen Berliner Gesangbuche. 1. Hft. 46 Choräle f. die Unter- u. Mittelklasse. 24. Aufl. 8. (24 S.) Berlin 1886, Th. Ch. F. Enslin. baar n. — 15

—— Frdr. Erk u. W. Greef, Sängerhain. Sammlung heiterer u. ernster Gesänge f. Gymnasien, Real- u. Bürgerschulen. 2. Hft. 66 vierstimm. Gesänge f. gemischten Chor. 40. Aufl. qu. gr. 8. (II, 70 S.) Essen, Bädeker. n. — 60

—— u. Wilh. Greef, Auswahl ein-, zwei- u. dreistimmiger Lieder f. Volksschulen. In 3 Hftn. hrsg. 1. Hft. 64 Lieder f. die Unterklasse. 29. Aufl. 8. (32 S.) Ebd. n. — 20

—— —— Singvögelein. Sammlung ein-, zwei- u. dreistimm. Lieder f. Schule, Haus u. Leben. 1. Hft. 41 Lieder. 59. Aufl. 8. (24 S.) Ebd. n. — 15

Erles, Hauptlehr. Johs., der Unsterblichkeitsglaube, belegt m. geschichtl., philosoph. u. bibl. Zeugnissen. Den Lehrern der Volksschule sowie den Freunden der Wahrheit u. höherer Erkenntnis gewidmet. gr. 8. (96 S.) Karlsruhe, Reiff. n. — 60

(83/1) Erman, Prof.. Dr. Adf., Aegypten u. ägyptisches Leben im Altertum, geschildert. Mit üb. 300 Abbildgn. im Text u. 10 Vollbildern. 5—8. Lfg. Lex.-8. (1. Bd. XVI u. S. 177—350.) Tübingen, Laupp. à n. 1. —

Erman, Dr. Wilh., üb. die v. der Central-Commission f. wissenschaftliche Landeskunde v. Deutschland unternommenen bibliographischen Arbeiten. [Aus: „Verhandlgn. der Gesellsch. f. Erdkde. zu Berlin".] gr. 8. (20 S.) Berlin, D. Reimer. n. — 40

Ermann, M., neues Buch f. Mädchen. Erzählungen f. junge Mädchen von 10—12 Jahren. Mit 4 Bildern in Farbendr. gr. 8. (190 S.) Stuttgart, Schmidt & Spring. geb. 3. 75

Erni, Nat.-R. Jos., u. Pfr. Jost Jos. Suter, Festreden an der Schlachtfeier in Sempach am 6. Juli 1885. gr. 8. (31 S.) Luzern, (Räber). baar n. — 40

Ernst, Reg.-R., v. Bergwerksmünzen. Ein Vortrag. [Mit 3 (phototyp.) Taf. Münzabbildgn.] [Aus: „Oesterr. Ztschr. f. Berg- u. Hüttenwesen".] gr. 8. (VI, 97 S.) Wien, Manz in Comm. n. 3. —

Ernst, A., Verfahren u. Vorrichtung zur Gewinnung d. Flugstaubes in den Rauchkanälen u. Condensationsräumen v. Hüttenwerken etc., s.: Schlösser, E.

Ernst, Clara, im Brautstande. Das richtige u. taktvolle Benehmen vor u. nach der Verlobg., nebst dazu paff. briefl. Mitteilgn. 16. (127 S.) Mülheim, Bagel. geb. 1. —

—— der Liebesbote. Briefsteller f. Herzensangelegenheiten. 16. (127 S.) Ebd. geb. 1. —

—— der feine Ton im gesellschaftlichen u. öffentlichen Leben. 16. (127 S.) Ebd. geb. 1. —

Ernstes u. Heiteres aus Leben u. Schriften v. Sr. Kaif. Kgl. Hoh., dem deutschen Kronprinzen, Allmers, C. Franklin Arnold, Beecher-Stowe 2c. 8. (VII, 332 S.) Bremen, Heinsius. 4. 50; geb. n. 6. —

Erras', W., traveller's guide through Frankfurt on the Main and environs, with exact plan of the town. 2. ed. 12. (III, 52 S.) Frankfurt a/M., Erras. n. 1. —

Erzählungen u. **Bilder**, biblische. Leitfaden f. den Religionsunterricht an zürcher. Ergänzungs- u. Sekundarschulen, hrsg. v. einigen zürcher. Geistlichen. 1. Tl.: Altes Testament. 1. u. 2., unveränd. Aufl. 8. (IV, 80 S. m. 1 chromolith. Karte.) Winterthur, Kieschke. cart. n. — 60

Erziehungsrat, bleibender internationaler. [Niederlande.] Erläuterung zum Reglement d. Vereins „Pax humanitate". Uebersetzung. 8. (11 S.) Bonn, Selbstverl. v. H. Molkenboer. n. — 20

Esch, Thdr., das Seefräulein v. Brest. Novelle. 2. Aufl. 8. (216 S.) Luxemburg, Brück. 1. 20

(84/1) **Eschweiler**, Oberlandesger.-R. C., rheinische Gesetz-Sammlung, enth. die wichtigsten der in der Preuß. Rheinprovinz [Bezirk d. frühern Apellationsgerichtshofes zu Köln] gelt. Gesetze u. Verordngn. Chronologisch zusammengestellt. 2. Aufl. Suppl.-Hft. III. [Zugleich Suppl.-Hft. VI der 1. Aufl.] 20. Juli 1883—29. Juli 1885. gr. 8. (III, 132 S.) Köln, Du Mont-Schauberg. n. 2. — (1—3.: n. 6. —)

Esmarch, Geh. Med.-R. Gen.-Arzt Prof. Dir. Dr. Frdr., die Axen u. Ebenen d. Körpers. gr. 8. (1 Taf. m. 1 S. Text.) Kiel 1884, Lipsius & Tischer. baar n. — 20

—— klinisches Fragebuch zur Unterstützung d. Gedächtnisses bei Abfassung der Krankengeschichten f. die chirurgische Klinik. Hiezu 12 Schemata zum Einzeichnen der Percussions-Ergebnisse. gr. 8. (8 S.) Ebd. 1884. n. — 40

—— Handbuch der kriegschirurgischen Technik. Eine gekrönte Preisschrift. 1. Thl. Verbandlehre. Mit 289 Holzschn. 3. Aufl. 8. (XIV, 166 S.) Ebd. geb. n. 6. —

—— Regeln f. die Chloroformnarkose. gr. 8. (4 S. m. 5 Fig.) Ebd. 1884. n. — 20

—— die Regionen der Körperfläche. Mit 2 lith. Taf. gr. 8. (2 S.) Ebd. 1884. baar n. — 40

—— Schema zur Physiologie der Harnentleerung. Mit e. Farbendr.-Taf. gr. 8. (4 S.) Ebd. 1884. n. — 40

—— u. Dr. D. **Kulenkampff**, die elephantiastischen Formen. Eine umfass. Darstellg. der angeborenen u. erworbenen Elephantiasis, sowie aller verwandten Leiden. gr. 4. (X, 291 S. m. eingedr. Fig. u. 29 Taf.) Hamburg, J. F. Richter. geb. n.n. 60. —

Eß, Dr. Leander v., Zeugnisse der Kirchenväter f. das Lesen der heil. Schrift. 2. Aufl. 8. (16 S.) Basel, Spittler. n. — 8

Esselborn, Lehr. Jac., Kenntnis d. Nötigsten üb. Bau u. Pflege d. menschlichen Körpers. Unter Mitwirkg. e. prakt. Arztes bearb. Mit 26 Abbildgn. 8. (54 S.) Ludwigshafen. (Neustadt a/d. Hdt., Otto.) n. — 40

Esser, Sem.-Lehr. P., neue Fibel, s.: Eickelboom.

—— der erste Lese- u. Schreibunterricht nach der Normalwörtermethode in der Seminarschule zu Kempen a. Rh. 1. u. 2. durchgeseh. Aufl. gr. 8. (67 S.) Düsseldorf, Schwann. n. — 75

Essler, C., de clavibus aedium. s.: Hirthe.

d'Esterre-Keeling, Elsa, drei Schwestern. Skizzen aus dem Leben e. hochoriginellen Familie. Autoris. deutsche Ausg. 8. (VI, 279 S.) Berlin, H. W. Müller. n. 3. —; geb. n. 3. 60

(78/1) **Ettingshausen**, Reg.-R. Prof. Dr. Const. Frhr. v., die fossile Flora v. Sagor in Krain. III. Thl. u. Schluss. [Enthaltend Nachträge u. die allgemeinen Resultate.] [Mit 5 (lith.) Taf.] [Aus: „Denkschr. d. k. Akad. d. Wiss."] Imp.-4. (56 S.) Wien, Gerold's Sohn in Comm. n. 4. 80 (cplt.: n. 20. 80)

Eucken, Prof. Rud., Beiträge zur Geschichte der neuern Philosophie, vornehmlich der deutschen. Gesammelte Abhandlgn. 8. (III, 184 S.) Heidelberg 1886, Weiß' Verl. n. 3. 20

(84/2) **Euclidis** opera omnia. Edd. I. L. Heiberg et H. Menge. (Vol. IV.) Elementa. Ed. et latine interpretatus est Dr. I. L. Heiberg. Vol. IV. Libros XI—XIII continens. 8. (VI, 423 S. m. eingedr. Fig.) Leipzig, Teubner. 4. 50 (I. II. et IV.: 12. 60)

Vol. III. erscheint später.

Euler, Prof. Unterr.-Dirig. Dr. C., Friedrich Friesen. gr. 8. (60 S.) Berlin, R. Schmidt. n. — 60

Eupel's, Joh. Christ., illustrierter Konditor, od. gründl. Anweisg. zur Zubereitg. aller Arten Zuckerwaaren, Mehlspeisen u. Puddings, Gelees, Marmeladen, Kompotts, der Fabrikation der Schokolade 2c., sowie auch zum Einmachen, Glasieren u. Kandieren der Früchte, nebst Abhandlgn. vom Zucker, den Graden bei dem Zuckerkochen u. v. den zur Konditorei nöt. Gerätschaften, ingleichen erprobte Rezepte zu allen Gattgn. der Kunstbäckerei; ferner zur Bereitg. d. Gefrornen, der Sorbets, Gramolaten u. Cremes, sowie zu den beliebtesten Arten künstl. Getränke u. Schokoladen. 11. verm. u. verb. Aufl. v. Louis Jost. Mit e. Atlas v. 14 (lith.) Foliotaf. 8. (XX, 341 S.) Weimar 1886, B. F. Voigt. 5. —

Euripidis Hippolytus, scholarum in usum ed. Th. Barthold. [Metra rec. W. Christ.] 8. (77 S.) Prag, Tempsky. — Leipzig, Freytag. n. — 50

(79/2) —— ausgewählte Tragödien. Für den Schulgebrauch erklärt v. N. Wecklein. 4. Bdchn.: Hippolytos. gr. 8. (129 S. m. 1 Taf.) Leipzig, Teubner. 1. 50 (1—4.: 6. 30)

(85/1) **Europe**, illustrated. Nr. 17. 27. 28. 60 and 61. 8. Zürich, Orell, Füssli & Co. Verl. à n. — 50

Inhalt: 17. Schaffhausen and the fall of the Rhine. With 18 illustrations by H. Metzger and J. Weber and 1 map. (38 S.) — 27. 28. Freiburg [Baden] and its environs. By L. Neumann. With 31 illustrations by J. Weber. (40 S.) — 60. 61. Heidelberg. By Karl Pfaff. With 34 illustrations by J. Weber and 1 map. (80 S.)

(85/1) **l'Europe** illustrée. Nr. 64—73. 8. Zürich, Orell, Füssli & Co. Verl. à n. — 50

Inhalt: 64. 65. A travers l'Arlberg. Par Louis v. Hörmann. Avec 26 illustrations et 1 carte. (41 S.) — 66—68. Budapest. Avec 44 illustrations et 1 plan de la ville. Avec un appendice concernant l'exposition nationale hongroise à Budapest en 1885 avec plan de situation de l'exposition et 5 illustrations. (102 S.) —69. 70. Heidelberg. Par Charles Pfaff. Avec 34 illustrations par J. Weber et 1 carte. (84 S.) — 71—73. Locarno et ses vallées. Par J. Hardmeyer. Traduit par J. A. Avec 58 illustrations par J. Weber et 2 cartes. (120 S.)

Euting, Jul., nabatäische Inschriften aus Arabien. Hrsg. m. Unterstützg. der königl. preuss. Akademie der Wissenschaften. gr. 4. (97 S. m. 29 Lichtdr.-Taf.) Berlin, G. Reimer. cart. n. 24. —

Evangelium Matthaei, das, griechisch, m. kurzem Commentar nach Dr. W. M. L. de Wette. [Aus: „Das Neue Testament etc."] gr. 8. (IV, 177 S.) Halle, Anton. n. 3. 60

Ewald, Lehr. Jos., theoretisch-praktische Anleitung zur Behandlung d. Kirchenliedes in der katholischen Volksschule. 8. (IV, 76 S.) Paderborn, F. Schöningh. n. — 60

Ewald, Karl, Tabaksteuer od. Monopol? Unpolitischer Beitrag zum Verständniß der Monopolfrage. gr. 8. (19 S.) Berlin, Puttkammer & Mühlbrecht. n. — 60

(85/1) **Ewerbeck**, Prof. Frz., die Renaissance in Belgien u. Holland. Eine Sammlg. v. Gegenständen der Arckitektur u. Kunstgewerbe in Orig.-Aufnahmen, gezeichnet u. hrsg. v. F. E. unter Mitwirkg. v. Architekten Alb. Neumeister u. Emil Mouris. 11. u. 12. Hft. [2. Bd. 3. u. 4. Hft.] Fol. (24 Steintaf. m. 2 Bl. Text.) Leipzig, Seemann. à n. 4. —

Exel, Hilfsämter-Oberdir. Bibliotheksleiter Thdr., das Verfahren vor dem k. k. Verwaltungsgerichtshofe. Sammlung der auf das Verfahren u. die Zuständigkeit nach dem Gesetze vom 22. Oktbr. 1875, R. G. B. Nr. 36 ex 1876 bezügl. Entscheidgn. d. k. k. Verwaltungsgerichtshofes. gr. 8. (IV, 344 S.) Wien, Manz. n. 5. 60

Exner, Prof. Dr. Adf., Grundriß zu Vorlesungen üb. Geschichte u. Institutionen d. römischen Rechts. 2. Ausg. gr. 8. (VIII, 172 S.) Wien, Manz. n. 4. —

Exner, Prof. Frz., üb. e. neue Methode zur Bestimmung der Grösse der Moleküle. [Aus: „Sitzungsber. d. k. Akad. d. Wiss."] Lex.-8. (30 S.) Wien, (Gerold's Sohn). n.n. — 45

Eysoldt, Wolf, e. Beitrag zur Frage der Fettresorption. [Aus dem Kieler physiolog. Institut.] Inaugural-Dissertation. Mit 1 lith. Taf. gr. 8. (16 S.) Kiel, Lipsius & Tischer. baar n. 1. —

Eyssenhardt, F., aus dem geselligen Leben d. 17. Jahrh., s.: **Sammlung** gemeinverständlicher wissenschaftlicher Vorträge.

(84/1) —— u. A. v. **Dommer,** Mittheilungen aus der Stadtbibliothek zu Hamburg. II. gr. 8. (99 S.) Hamburg, (Nolte). baar n.n. 1. 20 (I. u. II.: n.n. 2. 20)

Eyth, Max, Mönch u. Landsknecht. Erzählung aus dem Bauernkrig. 2. Aufl. 8. (223 S.) Heidelberg 1886, C. Winter. n. 3. —; geb. n. 4. —

— Wanderbuch e. Ingenieurs. In Briefen. 2. Ausg. (In 6 Bdn.) 1. Bd. Europa, Afrika u. Asien. 8. (VIII, 360 S.) Ebd. 1886. n. 4. —; geb. n. 5. —

Fabel-Buch, kleines. Eine Sammlg. kindl. Fabeln f. die liebe Jugend. 4. (7 Chromolith. m. 12 S. Text.) Eßlingen, Schreiber. geb. n. — 70

Fabeln u. Lehren der Thiere. Unterhaltendes Bilderbuch f. artige Kinder, enth. 6 bewegl. (chromolith.) Tableaux. qu. 4. (6 Bl. Text.) Fürth, Schaller & Kirn. geb. baar 2. —; m. Goldpressg. 2. 50

Fabricius, Dr., Gattin u. Mutter im Heidentum, Judentum u. Christentum. gr. 8. (61 S.) Bonn, Hauptmann. n. — 60

Fachzeitung f. den **Colportage-Buchhandel** u. verwandte Geschäftszweige: Buch- u. Kunsthandel, Buchbindereien. Organ d. Vereins deutscher Colportage-Buchhändler zu Berlin. Red.: C. **Schultze.** 1. Jahrg. 1885. 24 Nrn. (B.) gr. 4. Berlin, Baum. Vierteljährlich n.n. — 75

—— illustrirte, f. **Wind- u. Wassermüller.** Allgemeines Vereinsblatt der Müllerei-Berufs-Genossenschaft u. der Müller-Vereine Deutschlands u. der Nachbarländer. 1. Jahrg. 1885/86. 52 Nrn. (B.) hoch 4. Leipzig, M. Schäfer. Halbjährlich n. 1. 50

Fagiewicz, Kanzlei-R. F., alphabetisches Ortschafts-Verzeichniß f. den Oberlandesgerichtsbezirk Frankfurt a. M., nebst e. Zusammenstellg. der bei den Gerichten zugelassenen Rechtsanwälte u. der im Oberlandesgerichtsbezirke functionir. Gerichtsvollzieher. Nach amtl. Quellen zusammengestellt. 2. Aufl. 4. (64 S.) Frankfurt a/M. 1879. (Wiesbaden, Bechtold & Co.) baar n. 1. —

—— der Selbst-Anwalt bei den deutschen Amtsgerichten in Civil-Prozeßsachen, Strafsachen u. im Konkursverfahren, nebst Tabellen u. Erläutergn. üb. das Gerichtskostengesetz, die Gebührenordng. f. Gerichtsvollzieher u. die Gebührenordng. f. Zeugen u. Sachverständige. Ein prakt. Handbuch f. Jedermann, der vor den Amts- u. Schöffen-Gerichten sich selbst vertreten u. die erforderlichen Klagen, Erklärgn. u. Anträge selbst anfertigen will od. muß. In leicht faßl. Weise bearb. 53. Aufl. gr. 8. (203 S.) Leipzig, Roßberg. n. 1. 20; cart. n. 1. 50

Fahrmüller, Kasp., „mei Plag." Gedichte in altbayer. Mundart. 8. (IV, 107 S.) Landshut, Krüll. cart. n. 1. 20

Fahrten, lustige, d. Grafen v. u. zu Dattenberg. Für Freunde d. Humors erzählt v. Walther vom Berge. gr. 8. (VIII, 160 S. m. autotyp. Portr.) Berlin, Cronbach. 2. 50

Fahrzeitung, deutsche. Organ f. die Interessen d. Fahrwesens, sowie der verschiedensten Sports. Red. v. A. Hoffmann. 1. Jahrg. 1885. 52 Nrn. (1½ B.) Fol. Berlin, Harrwitz' Nachf. Vierteljährlich n. 1. 25

Falcke, A., Leitfaden der Geometrie. Hrsg. v. e. Vereine v. Lehrern. Mit 185 Fig. 7. verm. u. verb. Aufl. 8. (80 S.) Potsdam, Rentel's Verl. n. — 40; geb. n. — 50

Falconi, Dr. Cte. Luigi, metrica classica o metrica barbara? L'esametro latino e il verso sillabico italiano. Due saggi critici. gr. 8. (VIII, 82 S.) Wien, Frick. n. 3. —

Falk, Priest. Dr. Frz., heilige Kinder d. hochwürdigsten Sakraments d. Altares. 21. Aufl. 16. (64 S. m. 1 Farbendr.) Amberg, Habbel. n. — 20

(85/1) **Familien-Bibel** d. Neuen Testamentes. 3. Bd. Die Briefe u. die Offenbarg. d. Johannes, übers. u. erklärt v. Adf. Schmitthenner, Albr. Thoma, Emil Beesenmeyer u. Emil Zittel. 5—10. (Schluß-)Lfg. gr. 8. (1. Hälfte VIII u. S. 193—208 u. 2. Hälfte IV, 212 S.) Karlsruhe, Braun. à n. — 80

(84/2) **Familien-Bibliothek**. Ausgewählte Erzählgn. u. Geschichtsbilder. 4. Serie. Nr. 21—25. [Nr. 96—100 der ganzen Sammlg.] 8. Einsiedeln, Benziger. geb. à — 80

Inhalt: 21. Soldatenleben im Felde. Harmlose Erinnergn. aus dem Feldzuge der preuß. Main-Armee. Von Thdr. Berthold. (108 S.) — 22. Durch die Zeitung. Sonderbarkeiten aus e. Menschen Lebenslauf, mitgetheilt von Walther v. Münich. Vetter Karl. Dem Engl. nacherzählt von A. v. Oppeln. (131 S.) — 23. Im Erlenthal. Sittenbilder aus Irland. Von Alice Salzbrunn. (104 S.) — 24. Im Saracenenthurm. Novellette v. Dr. K. Th. Zingeler. Des Sohnes Sühne. Erzählung aus dem Leben. Von Johanna Auguste Freiin Groß v. Trockau. (121 S.) — 25. Die Gefangenschaft König Ludwig's XVI. v. Frankreich im Temple. Nach dem Tagebuch d. kgl. Kammerdieners M. Clery frei übertr. v. Schulinsp. J. Betschart. Mit 9 Illustr. (146 S.)

—— Calwer. 1—4. Bd. 8. Calw 1886, Vereinsbuchh. à n. 1. 50; geb. à n. 2. —

Inhalt: 1. Chr. Gottlob Barth's Leben u. Wirken. Von Wilh. Kopp. Mit Bildnis. (304 S.) — 2. Seelenkämpfe e. armen Landmädchens. Eine Erzählg. aus dem ostpreuß. Volksleben. Von Marie Regenborn. (240 S.) — 3. Onkel Toms Hütte od. Negerleben in den Sklavenstaaten v. Nordamerika. Von H. Beecher-Stowe. Neue Ausg. (336 S.) — 4. General Gordon. Ein christl. Held. Für das Volk geschildert v. Fr. Märbter. Mit 4 Bildern u. 1 Kartenskizze. (256 S.)

(84/2) —— für's deutsche Volk. Nr. 77—86. 12. Barmen, Klein. cart. à n. — 50

Inhalt: 77. Der Nothelfer od. wie man bei plötzlichen Unglücksfällen Hilfe bringt. Volksverständlich dargestellt v. Pfr. A. Fauth. (IV, 76 S.) — 78. Erinnerungen aus dem Leben Paul Rabauts. Ein ernstes Blatt aus dem Frankreich d. vor. Jahrh. Frei nach Fr. Bungener. (50 S.) — 79. Lebensschicksale e. Mark. Von ihr selbst erzählt. Von Alb. Landenberger. (66 S.) — 80. 81. Der Kopf d. Apostels. Eine Altertümer-Geschichte v. Rich. Weitbrecht. (110 S.) — 82. Ich habe dich je u. je geliebt: darum habe ich dich zu mir gezogen aus lauter Güte. Von J. Wilhelmi. (91 S.) — 83. 84. Aja. Eine Peruaner-Geschichte v. Frdr. Blaul. 2. Aufl. (123 S.) — 85. Aus den Tagen d. Reformators Brenz. Von Alb. Landenberger. (80 S.) — 86. Die Fahne d. 61. Regiments. Von A. v. Liliencron, geb. Freiin v. Wrangel. (69 S.)

—— dasselbe. Nr. 18. 12. Ebd. cart. n. — 50

Inhalt: In den Schwachen mächtig. Erzählung v. Hauptpast. N. Fries. 2. Aufl. (60 S.)

Familien-Chronik. 16. Aufl. gr. 8. (15 S.) Barmen, Wiemann. baar — 30

(85/1) **Familienfreund**. Unterhaltungs-Bibliothek in Romanen u. Erzählgn. f. Jung u. Alt. 22—25. Bd. 8. Einsiedeln, Benziger. cart. à 1. 20

Inhalt: 22. Das Erbe v. Montligné. Von M. Maryan. (141 S.) — 23. An e. Alpensee. Erzählung v. Th. Messerer. (122 S.) — 24. Die schimpfenden Dioskuren. Eine bescheidene Studentengeschichte v. Paulus Publicus. (116 S.) — 25. Bewegte Tage. 1812—1814. Jugend-Erinnergn. e. alten Frau. Mündlichen Mittheilgn. nacherzählt v. Thdr. Berthold. Mit 3 Illustr. (162 S.)

Familien-Kalender, hannoverscher, f. Stadt u. Land. 11. Jahrg. 1886. Red.: Geheimr. G. Spieker. 4. (76 S. m. Illustr., 1 Chromolith. u. 1 Wandkalender.) Hannover, Lindemann. — 50

—— für Haushalt u. Küche, f. Haus u. Geschäft. Hrsg. v, der Red. d. Schweizer. Familien-Wochenblattes. 1. Jahrg. 1886. 4. (57 S. m. Illustr.) Zürich, Schröter. n. — 40

(84/2) Familien-Wochenblatt, schweizerisches, f. Haushalt u. Küche, f. unsere Frauen u. Töchter. Red.: Th. Schröter-Zuberbühler. 5. Jahrg. Juli 1885 — Juni 1886. 52 Nrn. (B. m. Holzschn.) gr. 4. Mit Gratisbeilage: Kochschule. 26 Nrn. (½ B.) gr. 8. Zürich, Schröter. Vierteljährlich n. 1. 25

Fargus, F. J., s.: Conway, H.

Farina, Salvatore, der Schatz Donnina's, s.: Universal-Bibliothek Nr. 2047—2049.

—— Corporal Sylvester. Scheidung. 2 Novellen. Deutsch v. Ernst Dohm u. Hans Hoffmann. 8. (XII, 179 S.) Berlin, Paetel. n. 4. —; geb. n.n. 5. 50

(85/1) Fasbender, fr. Dir. Frz., die mechanische Technologie der Bierbrauerei u. Malzfabrikation. Bearb. unter Mitwirkg. erfahrener Fachleute u. tücht. Ingenieure. 18. u. 19. Lfg. gr. 4. (2. Bd. S. 513—648 m. eingedr. Holzschn. u. 2 color. Taf.) Leipzig, Gebhardt. à n. 3. —

Faßbender, Sem.-Lehr. Ph., Anleitung zur Erteilung d. Rechenunterrichtes u. d. Unterrichtes in der Raumlehre in der Volksschule. Ein method. Handbuch f. Seminaristen u. Lehrer. gr. 8. (V, 187 S.) Kempen, Heesen & Kaiser. n. 2. —

Fastenrath, Johs., granadinische Elegien. 8. (IV, 112 S.) Leipzig, Reißner. n. 2. —; geb. n. 3. —

Fauck, A., Fortschritte in der Erdbohrtechnik. Zugleich Suppl. der Anleitg. zum Gebrauch d. Erdbohrers. Mit 5 lith. Taf. gr. 8. (36 S.) Leipzig, Felix. n. 2. —

Faulmann, Prof. Karl, stenographische Anthologie. Lesebuch zur Einübg. der stenograph. Schrift f. Mittelschulen. 6., unveränd. Aufl. gr. 8. (IV, 72 S.) Wien 1886, Bermann & Altmann. n. 2. —

—— Gabelsberger's stenographisches Lehrgebäude. Für Schulen bearb. 29. [Ster.-]Aufl. 8. (31 S.) Ebd. 1886. n. — 60

Faust-Kalender, illustrirter. f. d. J. 1886. Jahrbuch zur Unterhaltg. u. Belehrg. aller Stände. 31. Jahrg. gr. 8. (170 S. m. Illustr. u. 1 Stahlst.) Wien, Perles. n. 1. 60

Faustmann, Pfr. Domin., Herz-Jesu-Büchlein od. Betrachtungen u. Gebete zur Verehrung d. heiligsten Herzens Jesu. 16. (244 S. m. 1 Stahlst.) Würzburg, Bucher. n. — 50

Fauth, Pfr. Adf., hüte dich vor der Mischehe! Ein Wort der Warng. u. Mahng. an die Evangel. Christenheit Deutschlands. Eine Preisschrift, gekrönt u. hrsg. vom Evangel. Preßverein in Schlesien. 2. Aufl. 12. (28 S.) Breslau, Dülfer in Comm. n. — 10

—— der Nothelfer, s.: Familien-Bibliothek für's deutsche Volk.

Fechenbach-Laudenbach, Frhr. v., noch einmal: „Die Partei Bismarck sans phrase". Beleuchtung u. Würdigg. meiner gegnerischen Kritiker u. ihrer Kritiken, nebst Vergleich der Declaranten der 1850er m. denjenigen der 1870er Jahre. gr. 8. (66 S.) Augsburg, Literar. Institut v. Dr. M. Huttler. n.n. 1. —

Fechner, H., deutsches Lesebuch, s.: Engelien, A.

Fechner, Dr. Wilh., die Anwendung der Elektrizität in der Medizin bei Nervenleiden, Gehirn- u. Rückenmarks-Krankheiten. Populäre Darstellg. m. Holzschn. 1. u. 2. Aufl. gr. 8. (52 S.) Berlin, Steinitz & Fischer. n. 1. 50

Fedderſen, Maler Mart., Kritiken. Die Hamburger Gemälde-Sammlg. Die Ausſtellg. d. Hamburger Kunſtvereins 1884. Einige Kunſtwerke. gr. 8. (68 S.) Altona. (Hamburg, Boyſen.) n. 1. —

Fehn, Univ.-Fechtmstr. W., das kommentmässige Fechten m. dem deutschen Haurappier. Rechts u. links. Der deutschen studir. Jugend gewidmet. Mit 24 Bildern, nach Photographien gezeichnet. gr. 8. (28 S.) Strassburg, Schultz & Co. Verl. n. 2. —

—— die Fechtkunſt m. dem krummen Säbel. Praktiſche Anleitg. zum Militär-Fechten [Hieb und Stich] u. zum deutſchen kommentmäß. Studentenfechten. Mit 22 Bildern nach Photographien. gr. 8. (26 S.) Ebd. n. 2. —

Feichtinger, G., die chemiſche Technologie der Mörtelmaterialien, ſ.: Handbuch der chemiſchen Technologie.

Feier zum Gedächtnis der Aufhebung d. Ediktes v. Nantes u. der Entſtehung der reformierten Gemeine Stuttgart-Cannſtatt 1685 am 29. Oktbr. 1885 in Stuttgart. 8. (48 S.) Stuttgart, Metzler's Verl. baar n.n. — 30

Feige, L., u. C. **Marggraff**, die Smyrna-Arbeit, ſ.: Muſterbücher f. weibl. Handarbeit.

Feit, Dr. P., das deutſche Märchen. Ein Vortrag zum Beſten d. Denkmals der Brüder Grimm aus Hanau. 4. (16 S.) Lübeck, (Gläſer). baar n. — 50

Feldmann, Maj. Joſ., Leitfaden zum Unterrichte im Stock-, Rapier-, Säbel- u. Bajonnett-Fechten. (2. Aufl.) Lex.-8. (VI, 116 S. m. Taf.) Wien 1886, Seidel & Sohn. n. 1. 80

Feld- u. Forſtpolizei-Geſetz, das, vom 1. Apr. 1880. Geſetz betr. den Forſtdiebſtahl vom 15. Apr. 1878. 10—12. Aufl. gr. 8. (32 S.) Berlin, Burmeſter & Stempell. — 25

—— daſſelbe. Mit Sachregiſter. 2. Aufl. 12. (31 S.) Breslau, Kern's Verl. — 30

($^{83}/_{2}$) **Feldzüge** d. Prinzen Eugen v. Savoyen. [Geschichte der Kämpfe Österreichs.] Hrsg. v. der Abtheilg. f. Kriegsgeschichte d. k. k. Kriegs-Archivs. 10. Bd. [2. Serie. 1. Bd.] Lex.-8. Wien, Gerold's Sohn in Comm. n. 30. — (1—10.: n. 280. —)

Inhalt: Spanischer Successions-Krieg. Feldzug 1708. Nach den Feld-Acten u. anderen authent. Quellen bearb. in der Abtheilg. f. Kriegsgeschichte v. Maj. Alex. Kirchhammer. (XVIII, 561 u. Suppl.-Hft.: Militäriſche Correſpondenz d. Prinzen 1708, 417 S. m. 7 Kartenbeilagen.)

Felke, Paſt. E., Salomo's Unterricht vom böſen Mann u. fremden Weib. Sprüche Salomo's 2, 12—22. Abſchiedspredigt, geh. am Sonntag Misericordias Domini 1885 in der Kirche zu Beeck. gr. 8. (15 S.) Ruhrort. (Bonn, Schergens.) n. — 30

Felkin, Dr. Rob. W., üb. Lage u. Stellung der Frau bei der Geburt auf Grund eigener Beobachtungen bei den Neger-Völkern der oberen Nil-Gegenden. gr. 8. (32 S. m. 2 Taf.) Marburg, Ehrhardt. n. 1. —

Fellner, Dir. Al., Fibel, ſ.: Frühwirth, A.

—— u. Lehr. Fr. **Steigl**, Schule d. Freihandzeichnens. Auf Grund der gesetzl. Bestimmgn. f. österreich. Schulen in concentr. Kreisen bearb. 8 Hfte. gr. 8. u. (8. Hft.) qu. gr. 4. Wien, Pichler's Wwe. & Sohn. n. 17. —

1. (XII, 36 lith. S.) n. 1. 20. — 2. 3. (XII, 42 u. XII, 43 lith. S.) à n. 1. 40. — 4. 5. (à XVI, 46 lith. S.) à n. 1. 60. — 6. 7. (XX, 76 u. XX, 62 lith. S.) à n. 2. 40. — 8. (8 S. m. 28 z. Thl. farb. Steintaf. in 4.) In Mappe. n. 5. —

Felten, Wilh., die Bulle Ne pretereat u. die Reconciliations-Verhandlungen Ludwigs d. Bayers m. dem Papſte Johann XXII. Ein Beitrag zur Geſchichte d. 14. Jahrh. Mit e. Anh. v. Urkunden aus Trier, Koblenz u. dem Vatican. Archive. 1. Tl. gr. 8. (IX, 79 S.) Trier, Paulinus-Druckerei. 1. 20

Fernheim, E. v., zwiſchen Elbe u. Weichſel. Eine hiſtor. Erzählg. aus der Reformationszeit 1548—1578. gr. 8. (VII, 320 S.) Anklam 1886. (Leipzig, Buchh. d. Vereinshauſes.) n. 5. —; geb. n. 6. —

Fernow, Dr. Hans, the three Lords and three Ladies of London. By R[obert] W[ilson]. London 1590. Ein Beitrag zur Geschichte d. engl. Dramas. gr. 4. (29 S.) Hamburg, (Nolte). baar n.n. 1. 50

Ferrette, Jul., Ulysses Panhellen, poema heroicum, graecas radices universas, ut 3150 censas, jucundissime discendas in versibus 617 continens. Omnium gratia graecae linguae studiosorum Mirandum Gyrodi perfecit artificium J. F. gr. 8. (XII, 92 S.) Leipzig 1886, Matthes. n. 2. —

Ferry, G., Costal, der Indianer, s.: Novellenkranz.

Fert, J., Grundzüge der Heeres-Administration, s.: Reich, A.

Festblatt f. das 2. österreichische Bundes-Schießen 1885. Red.: Engelbert Heim. gr. 4. (Nr. 1—9: 64 S.) Innsbruck, Wagner. baar n. 4. 60

Festgruss, Strassburger, an Anton Springer zum 4. Mai 1885. gr. 8. (Mit eingedr. Autotypien.) Stuttgart, Spemann. n. 3. —
Inhalt: Zwei Studien zur Geschichte der carolingischen Malerei v. Hub. Janitschek. (30 S.) — Michelangelos Leda u. ihr antikes Vorbild v. Ad. Michaelis. (S. 31—43.)

Festkalender in Bildern u. Liedern, geistlich u. weltlich, von Fr. Graf v. Pocci, G. Görres u. ihren Freunden. Neue Ausg. gr. 4. (VIII, 78 S.) Freiburg i/Br., Herder. n. 3. —; geb. in Halbleinw. n. 4. —; in Leinw. n. 5. —

Festprogramm u. Festreglement d. eidg. Schützenfest in Bern 1885. 19. bis 28. Juli. 8. (15 S.) Bern, (Jenni). n. — 30

Festschrift der naturwissenschaftlichen Gesellschaft Isis in Dresden zur Feier ihres 50jährigen Bestehens am 14. Mai 1885. Mit 4 Taf. gr. 8. (VII, 178 S.) Dresden, Warnatz & Lehmann in Comm. baar n. n. 6. —

—— zur 50jährigen Jubelfeier d. Provinzial-Landwirtschafts-Vereines zu Bremervörde [Reg.-Bez. Stade]. gr. 8. (XIX, 584 S. m. 23 Tab. u. 8 Taf. u. Karten.) Stade, Pockwitz in Comm. n. 6. —; geb. n. 8. —

—— für das VI. deutsche Turnfest zu Dresden 19—23. Juli 1885. Hrsg. vom Press-Ausschusse. 12. (112 S. m. 1 eingedr. Grundriß u. 1 chromolith. Plan.) Dresden, Lehmann'sche Buchdr. geb. baar 1. —

Festi breviarium rerum gestarum populi romani. Ed. Carl Wagener. 8. (XIV, 23 S.) Prag 1886, Tempsky. — Leipzig, Freytag. n. — 50

Festzeitung, offizielle, f. das eidg. Schützenfest 1885 in Bern. 15 Nrn. gr. 4. (Nr. 1. u. 2.: 2½ B.) Bern, Nydegger & Baumgart. n.n. 4. —

—— für das 6. deutsche Turnfest 1885. Organ der Festleitg., hrsg. vom Preß-Ausschuß unter Red. v. DD. Th. A. Herrmann u. Koppel-Ellfeld. 12 Nrn. gr. 4. (Nr. 1—3: 36 S.) Dresden, Lehmann'sche Buchdr. baar n. 2. —

Fetscher, M., Aufgaben f. den Rechenunterricht, s.: Stockmayer, H.

Fett, Lehr. W. A., der erweiterte Amtskreis d. Lehrers. Winke u. Ratschläge f. die neben- u. außeramtl. Beschäftigg. d. Lehrers. Zusammengestellt unter Zugrundelegg. der einschläg. gesetzl. Bestimmgn. u. behördl. Verordngn. 2. sehr verm. Aufl. gr. 8. (VIII, 324 S.) Langensalza, Schulbuchh. 2. 70

—— die Lehrprobe in der Volksschule. Bilder aus der Unterrichtspraxis sämmtl. Disciplinen der Volkschule. 2. Bd. 2. verm. u. verb. Aufl. gr. 8. (VIII, 364 S.) Ebd. 3. 30

Feuerleitung, die, im Gefecht. gr. 16. (8 S.) Aarau, Sauerländer. baar n. — 20

Feurstein, Dr. F. C., der Curort Gmunden u. seine reizende Umgebung, m. Rücksicht auf dessen Clima, Badeanstalten u. Curmittel. Ein Wegweiser u. Rathgeber f. Curgäste. Mit 1 Karte der Umgebg. 6. verm. u. verb. Aufl. 8. (X, 100 S.) Gmunden, Mänhardt in Comm. n. 1. 40

Féval, P., das geheimnißvolle Schloß, s.: Novellenkranz.

Fibel, Essener, hrsg. zum Besten der Essen-Werden-Mülheimer Lehrer-Unterstützungs-Kasse. Bearb. nach der analytisch-synthet. Methode. 2 Abtlgn. 8. Essen, Bädeker in Comm. baar à n. — 30; geb. à n.n. — 45
Inhalt: 1. Der Schreib-Lese-Unterricht f. die Unterklasse der Volksschule. 50. Aufl. (60 S. m. Illustr.) — 2. Lesebüchlein f. die Unterklasse der Volksschule. 33. Aufl. (76 S.)

—— lustige, Mit (eingedr. kolor.) Bildern v. Thdr. Hosemann. 10. Aufl. 4. (16 S.) Frankfurt a/M., Literar. Anstalt, Rütten & Loening. cart. — 90

Fick, A., mechanische Untersuchung der Wärmestarre d. Muskels. Mit 1 lith. Taf. [Aus: „Verhandlgn. d. phys.-med. Gesellsch. zu Würzburg".] gr. 8. (12 S.) Würzburg, Stahel. n. 1. 20

—— Versuche üb. Wärmeentwicklung im Muskel bei verschiedenen Temperaturen. [Aus: „Verhandlgn. d. phys.-med. Gesellsch. zu Würzburg".] gr. 8. (12 S.) Ebd. n. — 80

Fick, Adf., der Konkurs der Kollektiv-Gesellschaft. Eine jurist. Abhandlg. gr. 8. (VIII, 81 S.) Zürich, Schultheß. n. 1. 40

Fick, Aug., die homerische Ilias, nach ihrer entstehg. betrachtet u. in der ursprüngl. sprachform wiederhergestellt. 1. Hälfte. gr. 8. (XXXVI, 288 S.) Göttingen, Vandenhoeck & Ruprecht's Verl. n. 10. —

—— s.: Sammlung der griechischen Dialekt-Inschriften.

Fick, weil. Prof. Dr. Ludw., Phantom d. Menschenhirns. Als Supplement zu jedem anatom. Atlas. 5. vollständig umgearb., verm. u. m. Text verseh. Aufl. 8. (2 Chromolith. m. 16 S. Text.) Marburg, Elwert's Verl. n. 1. 60

Fick, Dr. Wilh., zum mittelenglischen Gedicht v. der Perle. Eine Lautuntersuchg. gr. 8. (42 S.) Kiel, Lipsius & Tischer. n. 1. 20

(84/2) **Fidelitas**. Organ f. gesell. Vereine u. Privatkreise, m. dem Beiblatt: Der Unterhaltungs-Abend. Red.: G. A. Bourset. 4. Jahrg. Oktbr. 1885—Septbr. 1886. 24 Nrn. (2 B.) gr. 4. Hamburg, Kramer. pro 6 Nrn. baar 1. 50

(83/2) **Fiedler**, Dr. Wilh., die darstellende Geometrie in organischer Verbindung m. der Geometrie der Lage. 3. erweit. Aufl. 2. Thl. A. u. d. T.: Die darstell. Geometrie der krummen Linien u. Flächen. Für Vorlesgn. u. zum Selbststudium. gr. 8. (XXXIII, 560 S.) Leipzig, Teubner. n. 14. — (1. u. 2.: n. 22. 40)

(84/1) **Fieweger**, Rekt. J., Unterrichtsbriefe f. das Selbst-Studium der Schleyer'schen Weltsprache. 2—10. (Schluss-)Brief. 8. (VIII u. S. 17—160.) Breslau, Aderholz. baar à n. — 50

Filek v. Wittinghausen, Prof. Dr. E., französische Chrestomathie f. höhere Lehranstalten. Mit sprachl. u. sachl. Bemerkgn. u. e. vollständ. Wörterbuche. 4. Aufl. gr. 8. (XI, 376 S.) Wien, Hölder. n. 3. —

—— Elementarbuch der französischen Sprache. 3. verb. Aufl. gr. 8. (X, 206 S.) Ebd. n. 1. 60

—— französisches Lesebuch f. Bürgerschulen. Mit sprachl. Bemerkgn. u. e. vollständ. Wörterbuche. gr. 8. (VIII, 95 S.) Ebd. n. — 96

(85/1) **Finanz-Archiv**. Zeitschrift f. das gesamte Finanzwesen. Hrsg. v. Prof. Dr. Geo. Schanz. 2. Jahrg. 1. Hft. gr. 8. (IV, 588 S.) Stuttgart, Cotta. n. 12. —

Finanz-Ministerialblatt f. das Königr. Bayern. Haupt-Register zu den Jahrgängen 1865—1884 v. Finanzkand. Ludw. Braun. gr. 8. (131 S.) München, Franz' Verl. baar n. 3. —

(83/2) **Findel's**, J. G., Schriften üb. Freimaurerei. 6. Bd. Die moderne Weltanschauung u. die Freimaurerei. gr. 8. (IX, 192 S.) Leipzig, Findel. n. 3. —

(85/1) **Finger**, Prof. Doc. Dr. Jos., Elemente der reinen Mechanik, als Vorstudium f. die analyt. u. angewandte Mechanik u. f. die mathemat. Physik an

Universitäten u. techn. Hochschulen, sowie zum Selbstunterricht. 5. Lfg. gr. 8. (S. 513—640 m. eingedr. Fig.) Wien, Hölder. n. 3. 20 (1—5.: n. 16. 40)

Finis Poloniae? Von F..... Verantw.: [D. Fränkl, München.] gr. 8. (11 S.) München, (Schweitzer). n. — 60

Finkelnburg, C., das Gesetz betr. den Verkehr m. Nahrungsmitteln &c., s.: Meyer, F.

Finkler, D., u. J. **Prior**, Forschungen üb. Cholerabacterien, s.: Centralblatt f. allgemeine Gesundheitspflege.

Finney, Rev Charles G., üb. geistliche Erweckungen. Aus seinen Reden, nebst e. kurzen Abriß seines Lebens. Von Pfr. F. Hahn. 8. (VIII, 159 S.) Basel, Spittler. n. 1. 20

Finsterbusch, Cant. Musikdir. Gesanglehr. Rhold., geistliche u. weltliche Gesänge, f. Realschulen, Mittelschulen, Lehrerinnenseminare, höhere Töchterschulen, sowie f. Oberklassen der Bürgerschulen u. dgl. dreistimmig bearb. u. hrsg. 8. (VI, 171 S.) Wittenberg, Herrosé Verl. n. 1. —

Firmungs-Büchlein. Unterricht u. Gebete f. Firmlinge. Hrsg. v. e. Seelsorgsgeistlichen. 16. (48 S.) Dülmen, Laumann. n. — 15

Firnhaber, Geh. Reg.-R. a. D. Dr. C. G., der Nassauische Centralstudienfonds nach seiner Entstehung, Zusammensetzung u. Verpflichtung aktenmäßig dargestellt. Ein Nachtrag zu d. Verf. Schrift.: Die Nassauische Simultanvolksschule. gr. 8. (33 S.) Wiesbaden, Kunze's Nachf. n. — 60

Fischer, A. S., u. Ph. **Brunner**, Erzählbuch f. den Kindergarten, das Haus u. die Schule. gr. 8. (X, 158 S.) Wien 1886, Hölder. n. 1. 60; geb. n. 1. 92

Fischer, Adf., praktischer Führer durch Metz u. seine Umgebungen m. besond. Berücksicht. der Schlachtfelder. Mit 1 Plane der Stadt u. der Schlachtfelder, sowie mehreren Holzschn. 12. (VIII, 106 S.) Metz, Müller. In Leinw. cart. 1. 50

Fischer, Assist. Dr. Bernh., Lehrbuch der Chemie f. Pharmaceuten. Mit besond. Berücksicht. der Vorbereitg. zum Gehülfen-Examen. Mit 94 in den Text gedr. Holzschn. gr. 8. (XIV, 710 S.) Stuttgart 1886, Enke. n. 13. —

Fischer, Past. Carl, prediget das Evangelium! Predigt, geh. zum Jahresfest d. Tractatvereins in Bernburg in der St. Stephanskirche zu Waldau-Bernburg am 4. Mai 1885. 8. (10 S.) Berlin, Deutsche Evangel. Buch- u. Tractat-Gesellschaft. n. — 10

Fischer, Prof. Dr. Ernst, Geschichte u. Behandlung der seitlichen Rückgratsverkrümmung [Skoliose]. Ein neues Verfahren zu ihrer Heilg. Mit 125 in den Text eingeschalteten Abbildgn. gr. 8. (VIII, 165 S.) Strassburg, Schmidt. n. 5. —

Fischer, ehem. Lehr. Ernst, gratulierende Kinder. Eine Sammlg. Gelegenheits-Gedichte f. Geburtstag, Neujahr, Weihnacht, Polterabend u. Hochzeit &c. Auf's Neue hrsg. v. Carl Lindau. Mit Beiträgen v. A. Waldow, O. Merres, C. Ney &c. 4. verm. Aufl. 8. (VII, 303 S.) Erfurt, Bartholomäus. n. 2. —

Fischer, Prof. F., Leitfaden d. rationellen Klavierspiels. Ein unentbehrl. Hilfsbuch zur Förderg. d. Denkens beim Spielen u. zur Vermeidg. d. mechan. Spiels. gr. 8. (IV, 63 S.) Berlin, Issleib. geb. n. 1. 50

Fischer, Reallehr. F., Schulordnung, Disziplinarsatzungen u. Verzeichnis der gebilligten Lehrmittel f. die Realschulen Bayerns. Hrsg. u. m. Nachträgen versehen. 12. (IV, 60 S.) Miltenberg, Halbig. n. — 30

Fischer, weil. Prof. Dr. Frz., die Ceremonien der katholischen Kirche. Für Volks- u. Bürgerschulen dargestellt. 11. Aufl. 8. (III, 106 S.) Wien, Mayer & Co. n. — 60

—— Geschichte der göttlichen Offenbarung d. Neuen Bundes f. Gymnasien u. andere höhere Lehranstalten. 5., durchgeseh. u. zum Theil verb. Aufl. Mit 2 lith. Karten. gr. 8. (VII, 171 S.) Ebd. n. 2. —

Fischer, weil. Relig.-Prof. Dr. Frz., katholische Religionslehre f. höhere Lehranstalten. 13., m. der 12. gleichlaut. Aufl. gr. 8. (VI, 122 S.) Wien, Mayer & Co. n. 1. —

Fischer, H., üb. paranephritische Abscesse, s.: ($^{85}/_{1}$) Sammlung klinischer Vorträge.

Fischer-Hinnen, Heinr., Erinnerung an das Eidgen. Schützenfest in Bern 1885. 12. (12 autogr. Taf. m. eingedr. Text.) Bern, Nydegger & Baumgart in Comm. n.n. — 50

Fischer, Johs. [d' Artagnan], e. Fideikommiß der Arbeiter. Ein Beitrag zur Lösg. der socialen Frage. 1. u. 2. Thl. gr. 8. Berlin, Selbstverlag, SW., Neuenburger Str. 9, II. n 4. —

1. 2. Aufl. (19 S.) Prag 1884. n. 1. —. — 2. Das Existenzminimum, nach amtl. Quellen bearb. Eine statist. Beweisführg. (82 S. m. 2. lith. u. color. Tab.) n. 3. —

Fischer, M., der Schulgarten, s.: Handbuch der speciellen Methodik.

Fischer, Kant. Gesanglehr. Oswald, Musik-Beispiele zu e. vollständigen Gesangs-Kursus nach Noten. Für höhere Schulen u. Sing-Vereine zusammengestellt. 3., m. Übgn. f. den Sängerchor verm. Aufl. gr. 8. (40 S.) Jauer, Schultze. n. 1. —

Fischer, Geh. Reg.-R. Rob., Katechismus d. deutschen Handelsrechts nach dem allgemeinen deutschen Handelsgesetzbuche. 3., umgearb. Aufl. 8. (VIII, 174 S.) Leipzig, Weber. geb. n. 1. 50

—— theoretisch-praktischer Lehrgang der Gabelsbergerschen Stenographie. 27., durchaus veränd. u. verb. Aufl. gr. 8. (120 S., wovon 48 autogr.) Altenburg, Pierer. n. 1. 20

Fischer, Hauptm. Thom., Leitfaden f. den Unterricht in der Heeresorganisation an der königl. Kriegsschule. Bearb. auf Befehl der Inspektion der Militär-Bildungs-Anstalten. 4. (IV, 68 S.) München 1886, Th. Ackermann's Verl. n. 2. 40

Fischer, Wilh., Manteuffel in Elsaß-Lothringen u. seine Verdeutschungspolitik. Politische Betrachtgn. gr. 8. (50 S.) Basel, Bernheim. n. 1. —

Fischer, Wilh., du sollst nicht stehlen. Hand um Hand. 2 Erzählgn. Mit 1 Bilde v. L. Bechstein. Neue Ster.-Ausg. 8. (111 S.) Reutlingen, Enßlin & Laiblin. cart. n. — 50

Fix, Sem.-Dir. W., Aufgaben zum Kopf- u. Zifferrechnen. Abgekürzte, f. einfache Schulverhältnisse bestimmte Ausg. d. Rechenbuches f. Volksschulen. 3. Hft. 3. Aufl. 8. (56 S.) Paderborn, F. Schöningh. n. — 24

Flach, vorm. Prof. Dr. Johs., Musarion. Eine academ. Novelle. 8. (82 S.) Leipzig, Unflad. n. 1. —

—— Peisistratos u. seine litterarische Thätigkeit. gr. 8. (42 S.) Tübingen, Fues. n. 1. 20

—— der deutsche Professor der Gegenwart. 2. Aufl. 8. (VIII, 259 S. m. autotyp. Portr. d. Verf.) Leipzig 1886, Unflad. n. 4. 50

($^{85}/_{1}$) **Flach-Ornamente.** Ein Musterbuch f. Dessinateure, Fabrikanten v. Tapeten, Geweben, Teppichen u. A. 25. (Schluss-)Lfg. Fol. (6 Taf., wovon 2 in Farbendr.) Stuttgart, Engelhorn. baar (à) n. 1. —

Flechsig, Geh. Hofr. Dr. Rob., die Frauenkrankheiten. Ihre Erkenng. u. Heilg. 3., vielfach veränd. Aufl. Mit 32 in den Text gedr. Abbildgn. 8. (XVI, 254 S.) Leipzig, Weber. n. 2. —; geb. n.n. 3. —

Flegel, Ed., Rob., lose Blätter aus dem Tagebuche meiner Haussa-Freunde u. Reisegefährten, übers., eingeleitet, m. allgemeinen Schildergn. d. Volkscharakters u. der socialen Verhältnisse der Haussa's, sowie m. kurzer Lebensgeschichte d. Mai gasin baki versehen. Mit e. (Lichtdr.-) Portr. Flegel's u. seiner beiden Haussa-Freunde. gr. 8. (47 S.) Hamburg, Friederichsen & Co. n. 1. 60

Fleischer, Dr. E., gesunde Luft. Eine Abhandlg. üb. die Feuchtigkeit der Luft als wichtigen Factor unseres Wohlbefindens. Nebst e. Vorwort üb. den Luftprüfer. gr. 8. (X, 27 S.) Göttingen, Vandenhoeck & Ruprecht's Verl. n. — 80

Fleischer, Prof. Dr. H. L., kleinere Schriften. Gesammelt, durchgesehen u. verm. 1. Bd. 2 Thle. gr. 8. (IV, 844 S.) Leipzig, Hirzel. n. 24. —

Fleischer, Dirig. Dr. M., die Entphosphorung d. Eisens durch den Thomas-Prozeß u. ihre Bedeutung f. die Landwirthschaft. [Aus: deutsche landw. Presse".] gr. 8. (39 S.) Berlin, Parey. n. 1. —

Fleischer-Zeitung, allgemeine. Unabhängiges Organ f. die Interessenten der Fleischerei u. Wurstfabrikation rc. Red.: Heinr. Horwitz. 2. Jahrg. Oktbr. 1884—Septbr. 1885. 52 Nrn. (2 B.) Fol. Berlin, Harrwitz' Nachf. Vierteljährlich n. 1. —

Fleischmann, Prof. Dr. Wilh., der Zentrifugenbetrieb in der Milchwirtschaft, Beobachtungen u. Fragen üb. denselben. Mit 9 Abbildgn. (4 Taf.) gr. 8. (III, 68 S.) Bremen, Heinsius. n. 1. 60

Fleming, s.: National-Litteratur, deutsche.

Fleming, G., Andromeda, s.: Collection of British authors.

Fleuriot, Zenaide, in den Ferien. Aus dem Franz. übers. v. Phpp. Laicus. Mit 61 Illustr. v. A. Marie. 2. Aufl. 8. (VI, 211 S.) Freiburg i/Br., Herder. 1. 80; geb. 2. 50

—— Windstille u. Wirbelsturm. Aus dem Franz. übers. v. Phpp. Laicus. Autoris. Uebersetzg. Mit 45 Illustr. v. A. Ferdinandus. 8. (V, 263 S.) Ebd. 1. 80; geb. 2. 50

Fliegende-Blätter-Kalender, Münchener, f. 1886. 3. Jahrg. 8. (112 S.) München, Braun & Schneider. n. 1. —

Flinzer, Fedor, glückliche Kinderzeit. Ein Bilderbuch f. Mädchen u. Knaben im Alter von 6 bis 9 Jahren. 36 (lith. u. chromolith.) Bilder. Mit 50 Liedern u. Reimen v. G. Chr. Dieffenbach. 2. Aufl., verm. durch 17 neue Orig.-Melodieen v. Carl Aug. Kern. gr. 4. (48 S.) Bremen, Heinsius. cart. n. 5. —; Kern's Melodieen ap. (8 S.) n. 1. —

Florin, Lehr. A., die Methodik der Gesamtschule. gr. 8. (77 S.) Zürich, Schulthess. n. 1. —

Floris, and **Blauncheflur,** s.: (85/1) Sammlung englischer Denkmäler.

Flückiger, F. A., der pharmaceutische Unterricht in Deutschland. [Aus: „Archiv d. Pharmacie".] gr. 8. (III, 65 S.) Halle, Buchh. d. Waisenhauses. n. 1. 60

—— u. **A. Tschirch,** Grundlagen der Pharmacognosie. Einleitung in das Studium der Rohstoffe d. Pflanzenreiches. 2., gänzlich umgearb. Aufl. Mit 186 in den Text gedr. Holzschn. gr. 8. (VIII, 257 S.) Berlin, Springer. n. 8. —; geb. n. 9. —

Flügel, O., das Ich u. die sittlichen Ideen im Leben der Völker. gr. 8. (V, 254 S.) Langensalza, Beyer & Söhne. n. 3. —

Flügge, Landesschulinsp. Sem.-Dir. Heinr. Frdr., erstes Lesebuch. 17. Aufl. 8. (120 S. m. Holzschn.) Hannover, Meyer. n. — 40; geb. n. — 60

—— zweites Lesebuch f. Volksschulen. 36. u. 37. Aufl. Mit 97 Bildern v. Prof. Bürkner u. a. gr. 8. (VIII, 444 S.) Ebd. n.n. 1. 25; geb. n.n. 1. 60

Flugschrift, 2., der Vereinigung zur Bekämpfung d. Trinkgeldwesens im Gastwirthschaftsfache. gr. 8. (67 S.) Karlsruhe, Gutsch in Comm. n. — 60

Flugschriften f. Innere Mission, hrsg. vom Mecklenb. Landes-Ausschuß f. J. M. Nr. 1—4. gr. 8. Rostock, Stiller in Comm. à n. — 30

Inhalt: 1. Das heilige Programm aller Mission. Predigt, bei dem Festgottesdienste f. Innere Mission am 9. Juni 1885 in der St. Marien-Kirche zu Rostock geh. v. Kichenr. Superint. D. Just. Ruperti. (19 S.) — 2. Die Innere Mission vor 40 Jahren u. heut. Eröffnungsansprache bei der öffentl. Versammlg. d. Mecklenb.

Landes-Ausschusses f. Innere Mission zu Rostock. am 9. Juni 1885 im Fürstensaale d. Rathhauses geh. v. Consist.-R. Prof. Univ.-Pred. D. Johs. Bachmann. (18 S.) — 3. Die Fürsorge f. die Lehrlinge. 2 Referate f. die Versammlg. d. Mecklenb. Landes-Ausschusses f. J. M. zu Rostock am 9. Juni 1885 vom Bürgermstr. Baron v. Hammerstein-Gnoien u. Past. Goetze-Wismar. (18 S.) — 4. Die kirchliche Gemeinepflege. Vortrag, bei der 6. Versammlg. der kirchl. Landes-Conferenz zu Rostock am 10. Juni 1885 im Fürstensaale d. Rathhauses geh. v. Past. Dr. Joh. Krabbe. (21 S.)

Fluhr, Lehr. A., Turnspiele f. die Volksschule. Ausgewählt u. entworfen. 12. (24 S.) Neustadt a/H. (Kaiserslautern, Tascher.) n. — 40

Flürscheim, M., das Staatsmonopol d. Grundpfandrechts als Weg zur Reform unserer wirthschaftlichen Verhältnisse, s.: (85/1) Zeitfragen, soziale.

Flut-Tabelle f. die Saison 1885. [15. Juni bis 30. Septbr.], nebst Ortsbeschreibg. u. den offiziellen Taxen u. Nachweisen f. das königl. Seebad Norderney. Mit Angabe der besten Badezeit, Fahrplänen, Reiserouten, Postenzeiger, Ausflügen u. e. (lith. u.) kolor. Plane d. Bades. 27. Jahrg. 64. (176 S.) Norden, Braams. n. — 50

Focken, Th., Analyse d. Gedankenganges in Pestalozzis: „Abendstunde e. Einsiedlers“,
—— Begriff u. Wesen der Apperception u. ihre Wichtigkeit f. den unterrichtenden Lehrer,
} s.: Lehrer-Prüfungs- u. Informations-Arbeiten.

Fog, F. M., Nula, der unglückliche Zuluhäuptling, s.: Volksbibliothek d. Lahrer Hinkenden Boten.

Foglar, A., die Griechin, s.: National-Bibliothek, deutsch-österreichische.

Fogolari, weil. Lehr. Angelo de, italienisches Konversations- u. Taschenwörterbuch. Durch zahlreiche Noten u. Zusätze, sowie e. kurzen Abriß der italien. Grammatik erweitert u. hrsg. v. Lehr. Herm. Mondschein. 16. (VI, 442 S.) Leipzig 1886, Fock. cart. n. 2. 50; geb. n. 3. —

Fogowitz, A. H., Adlerflügel, der Häuptling der Abenakis, s.: Volks- u. Jugend-Erzählungen.
—— Ulrich Hauser, der Gemsenjäger,
—— Ben Hortons merkwürdige Schicksale,
—— das Truglicht,
—— zwei Welten,
—— Zaubervogel,
} s.: Volks-Erzählungen, kleine.

Föhner, Fachlehr. Jos., geographisches Taschenbuch. Nach den besten Quellen zusammengestellt. 8. (XV, 260 S. m. 3 Tab.) Olmütz 1884, (Hölzel). n. 2. —; geb. n. 2. 40

Folkrats, R., die Brautfahrt e. deutschen Husaren. Eine Soldatengeschichte aus dem Kriegsjahre 1871. 8. (56 S.) Reutlingen, Enßlin & Laiblin. — 20

Fontaine, Juge de paix Ed. de la, Vianden et ses environs. 8. (41 S.) Luxemburg, Schamburger. baar n.n. 1. —

Fontane, Thdr., unterm Birnbaum. 8. (156 S.) Berlin, Grote. cart. n. 3. —; geb. n. 4. —

Forbes, Henry O., F. R. G. S., Wanderungen e. Naturforschers im Malayischen Archipel von 1878 bis 1883. Autoris. deutsche Ausg. Aus dem Engl. v. Dr. Rhold. Teuscher. Mit sehr zahlreichen Abbildgn. nach den Skizzen d. Verf., e. Farbendr.-Taf. u. 3 Karten. 1. Bd. gr. 8. (XV, 300 S.) Jena 1886, Costenoble. n. 8. —; geb. n. 10. —

(85/1) **Forcellini,** Aegid., totius latinitatis lexicon. Pars altera sive onomasticon totius latinitatis, opera et studio Dr. Vinc. De-Vit lucubratum. Distr. 27. gr. 4. (3. Bd. S. 473—552.) Prati. (Leipzig, Brockhaus' Sort.) (à) n. 2. 50

Forel, Prof. Dr. Aug., das Gedächtniss u. seine Abnormitäten. Rathhausvortrag, geh. am 11. Dezbr. 1884. gr. 8. (45 S.) Zürich, Orell, Füssli & Co. Verl. n. 2. —

Form, G., u. C. Diefenbach, Beschreibung d. Reg.-Bez. Düsseldorf. Für den Schulgebrauch eingerichtet u. methodisch bearb. Mit 1 dem Text zugrunde gelegten (chromolith.) Karte d. Regierungsbezirks. 3. Aufl. 8. (64 S.) Düsseldorf 1886, A. Bagel. — 40

Formularbuch f. alle gerichtlichen u. außergerichtlichen Geschäfte als: Klagen, Eingaben, Formulare aus dem Wechsel- u. Handelsrecht, Verträge, Testamente, Vollmachten ꝛc., nebst. e. ausführl. Darstellg. d. Prozeß-Verfahrens nach der neuen Civilprozeß-Ordnung f. das deutsche Reich m. einschläg. Formularen. 13. Aufl. gr. 8. (VIII, 148 S.) Berlin, Burmester & Stempell. geb. n. 1. 50

Forrester, Mrs., Corisande, and other tales, s.: Collection of British authors.

(85/1) **Forschungen** auf dem Gebiete der Agrikulturphysik. Unter Mitwirkg. v. Dr. J. van Bebber, Proff. DD. A. Blomeyer, J. Böhm etc. Hrsg. v. Prof. Dr. E. Wollny. 8. Bd. 1. u. 2. Hft. gr. 8. (175 S. m. 3 Holzschn. u. 4 Taf.) Heidelberg, C. Winter. n. 9. —

(85/1) —— zur deutschen Landes- u. Volkskunde, im Auftrage der Centralkommission f. wissenschaftl. Landeskunde v. Deutschland hrsg. v. Prof. Dr. Rich. Lehmann. 1. Bd. 3. u. 4. Hft. gr. 8. Stuttgart, Engelhorn. n. 3. 60 (1—4.: n. 6. 40)

Inhalt: 3. Die Städte der norddeutschen Tiefebene in ihrer Beziehung zur Bodengestaltung. Von Prof. Dr. F. G. Hahn. (S. 93—168) n. 2. — 4. Das Münchener Becken. Ein Beitrag zur physikal. Geographie Südbayerns v. Chr. Gruber. Mit 1 Kartenskizze u. 2 Profilen. (S. 169—214.) n. 1. 60.

(85/1) —— staats- u. socialwissenschaftliche. Hrsg. v. Gust. Schmoller. 5. Bd. 4. Hft. u. 6. Bd. 1. Hft. gr. 8. Leipzig 1886, Duncker & Humblot. n. 12. 80

Inhalt: V, 4. Das englische Armenwesen in seiner historischen Entwicklung u. in seiner heutigen Gestalt. Von Ger.-Assess. Dr. P. F. Aschrott. (XXI, 450 S.) n. 10. —. — VI, 1. Das Manufakturhaus auf dem Tabor in Wien. Ein Beitrag zur österreich. Wirthschaftsgeschichte d. 17. Jahrh. v. Hans J. Hatschek. Mit 2 Plänen u. 1 Abbildg. d. Manufakturhauses. (VIII, 89 S.) n. 2. 80.

(84/1) —— auf dem Gebiete der Viehhaltung u. ihrer Erzeugnisse. [Beilage zur Milch-Zeitg., Organ f. die gesamte Viehhaltg. u. das Molkereiwesen.] Hrsg. v. Oekonom.-R. C. Petersen u. Dr. P. Petersen. 16. Hft. gr. 8. (3. Bd. VIII u. S. 349—395.) Bremen, Heinsius. (à) n. 1. —

Forsell, K. B. J., Beiträge zur Kenntniss der Anatomie u. Systematik der Gloeolichenen. [Aus: „Nova acta reg. soc. sc. Ups."] 4. (III, 118 S.) Stockholm. (Berlin, Friedländer & Sohn.) baar n. 5. —

Forst, O., Führer durch Antwerpen, unter Benutzg. v. Baedekers Belgien u. Holland hrsg. Mit e. (chromolith.) Stadtplan. 8. (IV, 96 S.) Antwerpen, Forst. cart. baar 1. 20

Forster, Rittmstr. Alfr., Studien zur Entwicklungsgeschichte d. Sonnensystems. Mit 5 Fig. gr. 8. (VII, 60 S.) Stuttgart, Metzler's Verl. n. 2. 60

(84/1) **Förster**, Amtsrichter Dr. A., die Civilprozeßordnung f. das Deutsche Reich, nebst Einführungsgesetz. Unter besond. Berücksicht. d. preuß. allgemeinen Landrechts erläutert. 2. Abth. gr. 8. (1. Bd. S. 337—697.) Grünberg, Weiß Nachf. (à) n. 6. —

Foerster, Carl, die Kunst d. Sparens. gr. 16. (94 S.) Köln, Bachem. cart. — 75

(85/1) **Förster's**, Carl Frdr., Handbuch der Cacteenkunde in ihrem ganzen Umfange, nach dem gegenwärt. Stande der Wissenschaft bearb. u. durch die seit 1846 begründeten Gattgn. u. neu eingeführten Arten verm. v. Gen.-Sekr. Thdr. Rümpler. Durch 150 Holzschn. illustr. 2. gänzlich umgearb. Aufl. 5—14. Lfg. gr. 8. (S. 257—896.) Leipzig, Wöller. à n. 2. —

Förster, Sem.-Dir. E., die allgemeinen Bestimmungen vom 15. Octbr. 1872, betr. das Volksschulwesen in Preußen. In Dispositionen u. Umrissen erläutert. 2. verm. u. verb. Aufl. 8. (IV, 134 S.) Berlin, Wohlgemuth. geb. n. 2. 20

(85/1) **Förster**, F., Deutschlands Kriegs- u. Friedenshelden. Geschichte der Einigungskriege 1864, 1866, 1870/71. Mit vielen Schlachtplänen u. Uebersichtskarten, zahlreichen Portraits v. Feldherren, Staatsmännern u. verschiedenen anderen Abbildgn. 8—16. Lfg. gr. 8. (1. Bd. XII u. S. 289—462 u. 2. Bd. S. 1—160.) Berlin, Hempel. à n. — 50

Förster, Bürgermstr. a. D. Osk., Rechte u. Pflichten der Betriebsunternehmer u. deren Beamten- u. Arbeiterpersonals gegenüber den Berufsgenossenschaften. 2. Aufl. gr. 8. (115 S.) Düsseldorf, Schwann. n. 2. 20

Foerster, Prof. Dir. Dr. W., populäre Mittheilungen zum astronomischen Theile d. königl. preussischen Normalkalenders f. 1886. Auf Veranlassg. d. königl. statist. Bureau's hrsg. gr. 8. (9 S.) Berlin, Verl. d. k. statist. Bureaus. n. 1. —

—— u. Astron. P. **Lehmann**, die veränderlichen Tafeln d. astronomischen u. chronologischen Theiles d. königl. preussischen Normalkalenders f. 1886. gr. 8. (V, 119 S.) Ebd. n.n. 5. —

Forst-Kalender, Fromme's österreichischer, f. d. J. 1886. 14. Jahrg. Red. v. Ingen. Karl Petraschek. gr. 16. (VIII, 307 S.) Wien, Fromme. geb. in Leinw. baar 3. 20; in Ldr. 4. 20; in Ldr. als Brieftasche 7. —

Forst- u. Jagd-Kalender 1886. 14. Jahrg. [36. Jahrg. d. Schneider u. Behm'schen Kalenders u. 14. Jahrg. d. Judeich'schen Kalenders.] Hrsg. v. Geh. Oberforstr. Dir. Dr. F. Judeich u. Geh. Rechnungsr. H. Behm. In 2 Thln. 1. Thl. Ausg. A. 7 Tage auf der linken Seite, die rechte Seite frei. gr. 16. (319 S.) Berlin, Springer. geb. in Leinw. n. 2. —; in Ldr. n. 2. 50; Ausg. B. auf jeder Seite nur 2 Tage. geb. in Leinw. n. 2. 20; in Ldr. n. 2. 70

—— —— für d. J. 1886. Hrsg. vom böhm. Forstvereine. Red. v. Forstmstr. Jos. Zencker. 28. Jahrg. gr. 16. (VIII, 336 S.) Prag, André in Comm. geb. n. 2. 80

(80/2) **Forstwesen**, das, in Bayern. 4. Lfg. 8. Würzburg, Stahel. — 50 (1—4.: 2. 30)

Inhalt: Die Organisation der Staatsforst-Verwaltung. Königl. Allerhöchste Verordng. vom 19. Febr. 1885. (48 S.)

(84/2) **Fortschritte**, die, der Botanik. Nr. 6. 1884. [Aus: „Revue d. Naturwissenschaften".] 8. (153 S.) Köln, Mayer. n. 2. 40

(84/2) —— die, der Chemie. Nr. 6. 1884—85. [Aus: „Revue d. Naturwissenschaften".] 8. (214 S.) Ebd. n. 3. 60

(84/2) —— die, der Geologie. Nr. 8. 1883—84. [Aus: „Revue d. Naturwissenschaften".] 8. (164 S.) Ebd. 1886. n. 2. 60

(83/2) —— die, der Urgeschichte. Nr. 9. 1883—84. [Aus: „Revue d. Naturwissenschaften".] 8. (120 S.) Ebd. n. 2. —

Fossel, Bez.-Arzt San.-R. Dr. Vict., Volksmedicin u. medicinischer Aberglaube in Steiermark. Ein Beitrag zur Landeskunde. gr. 8. (VI, 172 S.) Graz, Leuschner & Lubensky. n. 3. 60

Foesser, A., Walther v. der Vogelweide, s.: Broschüren, Frankfurter zeitgemäße.

Fouqué, Frdr. Baron de la Motte, Undine. Eine Erzählg. 25. Aufl. 16. (105 S. m. 1 Holzschn.) Berlin, Dümmler's Verl. cart. n. — 50; geh. ohne Bild — 30

Fournier, Aug., historische Studien u. Skizzen. gr. 8. (VII, 360 S.) Prag, Tempsky. — Leipzig, Freytag. n. 8. —

Frädrich, D., u. P. **Zauleck**, Pastoren, Leitfaden f. den Katechumenen- u. Konfirmanden-Unterricht. 8. (IV, 128 S.) Bremen, Heinsius. n. — 80

Fragstein, Ingen. A. v., die Berufswahl unserer Töchter. Ein Ratgeber f. die Wahl d. weibl. Lebensberufs. Für Eltern, Vormünder, Lehrer u. Freunde gemeinnütz. Bestrebgn. gr. 8. (VIII, 343 S.) Wittenberg, Herrosé Verl. n. 2. 50

—— „was soll der Junge werden?" Ein Ratgeber bei der Wahl d. Lebensberufs auf dem gewerbl. Gebiete. Für Eltern, Vormünder, Lehrer u. Freunde v. d. Volkes Wohl hrsg. Preisgekrönt durch den „Verein f. das Wohl der aus der Schule entlassenen Jugend" u. das Kuratorium der „Diesterweg-Stiftung". 2. (Titel-) Aufl. gr. 8. (308 S.) Berlin (1885) 1886, Oehmigke's Verl. n. 2. —

Frahm, Ludw., u. Frdr. **Sundermann,** Klaus Störtebeker in Sang u. Sage. gr. 8. (56 S.) Reinfeld. (Hamburg, Nolte.) n. 1. —

France, A., Sylvester Bonnard u. sein Verbrechen, s.: Collection Spemann.

Francillon, R. E., Königin Kophetua. Autoris. deutsche Ausg. 3 Bde. 8. (271, 223 u. 346 S.) Berlin, Burmester & Stempell. n. 8. —

Francke's, A. H., pädagogische Schriften. Nebst der Darstellg. seines Lebens u. seiner Stiftgn. hrsg. v. Geh. Reg.-R. D. G. Kramer. 2., durchgeseh. u. vervollständ. Ausg. gr. 8. (XII, 85 u. 456 S.) Langensalza, Beyer & Söhne. n. 4. —; geb. n. 5. —

(95/1) **Francke,** Oberlandesger.-R. Dr. Bernh., die Gesetzgebung d. Königr. Sachsen seit dem Erscheinen der Gesetzsammlung im J. 1818 bis zur Gegenwart. Verzeichniß der sämmtl. in der Gesetzsammlg., der Sammlg. der Gesetze u. Verordngn. u. dem Gesetz- u. Verordnungsblatte f. das Königr. Sachsen enthaltenen Erlasse, unter Abdruck der jetzt noch gült. Bestimmgn. nebst Verweisgn., auf die einschlag. späteren landes- u. reichsgesetzl. Vorschriften. 11. u. 12. Lfg. gr. 8. (2. Bd. S. 433—688.) Leipzig, Roßberg. à n. 2. 40

Francotte, Assist. Dr. X., die Diphtherie. Ihre Ursachen, ihre Natur u. Behandlg. Gekrönte Preisschrift. Unter Mitwirkg. d. Verf. nach der 2. Aufl. übers. v. Dr. M. Spengler. Mit 10 Abbildgn. im Text u. 3 (lith.) Taf. gr. 8. (VIII, 308 S.) Leipzig, Veit & Co. n. 6. —

Frank, Geh.-R. Prof. Dr. Fr. H. R., System der christlichen Wahrheit. 1. Hälfte. 2. verb. Aufl. gr. 8. (X, 525 S.) Erlangen, Deichert. n. 8. —

Frank, Paul, kleines Tonkünstlerlexikon. Enth. kurze Biographieen der Tonkünstler früherer u. neuerer Zeit. Für Musiker u. Freunde der Tonkunst hrsg. 8., vollständig umgearb. Aufl. 12. (IV, 295 S.) Leipzig 1886, Merseburger. n. 1. —

Franke, Carl, Aug., Handbuch der Buchdruckerkunst. Nach eignen Erfahrgn. u. denen anderer namhafter Buchdrucker bearb. 5. Aufl. in vollständ. Neubearbeitg., hrsg. v. R. Wagner. gr. 8. (X, 261 S.) Weimar 1886, B. F. Voigt. 4. —

(84/2) **Franke,** Emil, neue Initialen. 3. u. 4. Hft. qu. gr. 8. (à 12 z. Thl. farb. Steintaf.) Zürich, Orell, Füßli & Co. Verl. à 1. 50

—— das neue Monogramm. qu. gr. 8. (20 Taf.) Ebd. n. 2. —

Franke, Geh. expeb. Sekr. Kalkul. H., die deutschen Zoll- u. Steuerstellen. Alphabetisches Verzeichniß sämmtl. Zoll- u. Steuerstellen d. deutschen Zollgebiets [einschließlich Luxemburgs], m. Angabe der denselben hinsichtlich der Zölle, Reichssteuern u. Uebergangsabgaben beigelegten Abfertigungsbefugnisse, soweit letztere nicht lediglich f. den betreff. Hauptamtsbezirk v. Bedeutg. sind. Auf Grund amtl. Materials hrsg. gr. 4. (VIII, 118 S.) Berlin, Selbstverlag, W., Wilhelmsplatz 1. baar n. 5. —

Franke, Johs., üb. Lotze's Lehre v. der Phänomenalität d. Raumes. Inaugural-Dissertation. gr. 8. (54 S.) Erfurt 1884. (Leipzig, Fock.) baar n. 1. 20

Franke, Gymn.-Oberlehr. Dr. Otto, Geschichte der herzogl. Hauptschule zu Dessau. 1785—1856. Nebst e. Anh.: I. Zur Geschichte der Anstalt von 1856—1885. II. Verzeichniss der seit dem J. 1785 veröffentlichten Programm-Abhandlgn., Schulordngn., Reden u. dergl. Mit 2 Abbildgn. [Festschrift d. herzogl. Gymnasiums u. Realgymnasiums zu Dessau 1885.] gr. 8. (V, 129 S.) Dessau, Baumann in Comm. baar n. 2. —

Frankl, L. A., Don Juan de Austria, s.: National-Bibliothek, deutsch-österreichische.

Frantz, Superint. D. A., die Inspiration, insonderheit die Verbalinspiration der heiligen Schrift. gr. 8. (IV, 181 S.) Bernburg, Bacmeister. n. 2. 40

Franzos, Karl Emil, die Hexe, s.: (85/1) Universal-Bibliothek Nr. 1280.

—— Moschko v. Parma. Erzählung. 2. rev. Aufl. 8. (303 S.) Stuttgart, Bonz & Co. n. 5. —; geb. n. 6. 40

Franzose, der geschickte, od. die Kunst, ohne Lehrer in 10 Lektionen französisch lesen, schreiben u. sprechen zu lernen. Von e. prakt. Schulmanne. 14. Aufl. 12. (63 S.) Köln, Mayer. n. — 50

Frauenberger, Leonh., Chronik d. Turnvereins zu Hildburghausen. Zur Erinnerg. an die Feier d. 25jähr. Jubiläums am 9. u. 10. Mai 1885. bearb. 8. (70 S.) Hildburghausen, Gadow & Sohn. n. — 50

Frauenbild, e. deutsches, s.: Novellenkranz.

(85/1) **Frauenheim**. Eine Wochenschrift f. deutsche Frauen. Zur Unterhaltg. u. Belehrg. Red. v. Frau Dr. Hochheim-Schwahn. 2. Jahrg. Oktbr. 1885—Septbr. 1886. 52 Nrn. (B.) gr. 4. Löbau Wpr., Skrzeczek. Vierteljährlich baar n. 1. —

Frauen-Kalender, deutscher. 29. Jahrg. 1886. 16. (169 S.) Berlin, Parey. geb. n. 3. —

—— deutscher, f. 1886. Hrsg. v. dem Erlanger Zweigverein d. bayer. Frauenvereins. 16. (X, 218 u. 110 S.) Erlangen, Deichert. cart. n. 1. 20; geb. n. 1. 40

—— landwirthschaftlicher. 29. Jahrg. 1886. 16. (185 S.) Berlin, Parey geb. n. 3. —

Frederking, Hugo, der Born der Liebe! Eine hess. Sage. Dichtung in 10 Gesängen. 8. (IX, 291 S.) Bromberg, Mittler. n. 3. —; geb. n. 4. —

Free, Heinr., die Lehre Herbarts v. der menschlichen Seele, m. Herbarts eigenen Worten zusammengestellt. gr. 8. (VIII, 74 S.) Bernburg, Bacmeister. n. 1. 20

(80/2) **Freese**, Ernst, Zeichnungen f. Korbmacher u. Korbmöbelfabrikanten. 592 Abbildgn. auf 11 (lith.) Taf. m. erläut., die genaue Maßangabe in Metern enthalt. Text, nebst Anweisg. üb. Beizen, Lackiren, Bronciren u. Vergolden. 5. Hft. Fol. (29 S.) Kiel, Homann. n. 5. — (1—5.: n. 20. 50)

Freimund. Evangelisch-lutherischer Haus-Kalender auf d. J. 1886. Besorgt v. Abt. II. der Gesellschaft f. innere Mission im Sinn der luther. Kirche. 4. (48 S. m. Illustr.) Nördlingen, Beck. n. — 20; m. Pap. durchsch. n. — 30

Fremdenliste f. das königl. Seebad Norderney. 7. Jahrg. 1885. gr. 4. (Nr. 1: 1 B.) Norderney, Braams. n. 3. —

Fremdwörterbuch f. Volks- u. Fortbildungsschulen. Mit Angabe der Schreibg., Aussprache u. Bedeutg. der wichtigsten Fremdwörter u. einiger seltner vorkomm. deutschen Wörter. 2., der amtlich eingeführten Rechtschreibg. angepaßte Aufl. 16. (III, 61 S.) Erlangen Deichert. n. — 20

Frensberg, Schlaf u. Traum, s.: Sammlung gemeinverständlicher wissenschaftlicher Vorträge.

Frenzel, Fritz, Album-Blätter aus Auerbachs-Keller. Mit Illustr. 8. (VI, 183 S.) Leipzig, Peterson. cart. baar 2. —

Frenzel, Karl, die Kunst u. das Strafgesetz. 1—4. Aufl. gr. 8. (13 S.) Berlin, Walther & Apolant. n. — 50

Fresenius, A., Vollblut, s.: Theater-Repertoir, Wiener.
Freuden u. Leiden e. Commis Voyageur. Schilderungen voll Witz u. Humor (v. Heribert Rau). Mit Illustr. (Neuer Abdr.) 12. (VII, 253 S.) Stuttgart, Conradi. 1. 50
(83/2) Freudenberg, W., german grammar. Key. 8. (III, 179 S.) Heidelberg, C. Winter. cart. n. 2. — (Hauptwerk u. Key: n. 8. —)
Freudenstein, Dr. Gust., die hannoversche Welfenpartei, ihre Existenzberechtigung u. wahren Ziele, sowie die Vereinbarkeit d. behaupteten Rechtsanspruchs d. Herzogs v. Cumberland auf Hannover m. der Thronerbfolge in Braunschweig, staats- u. völkerrechtlich beleuchtet. Ein offenes Wort an Frhrn. Langwerth v. Simmern u. die deutsch-hannoverschen Legitimisten. gr. 8. (VII, 108 S.) Minden, Bruns. n. 1. 50
Freund, Dr. Leonh., Einiges üb. Eduard Lasker. Geschrieben bei Gelegenheit v. krit. Randglossen zu e. überflüss. Note. 8. (IV, 63 S.) Leipzig, (Pfau). n. 1. 60
Freund, W., Maria hilft, s.: Novellenkranz.
Freund, W. A., s.: Klinik, gynäkologische.
Freund's, Wilh., Schüler-Bibliothek. 1. Abth.: Präparationen zu den griech. u. röm. Schulklassikern. Zum Gebrauch f. die Schule u. den Privatunterricht. Präparation zu Cicero's Werken. 1. Hft. 5. Aufl. u. 53. Hft. — Herodot's Geschichte. 6., 8. u. 12. Hft. 2. Aufl. — Horaz' Werken. 1. Hft. 5. Aufl. 8. Hft. 3. Aufl. — Livius' röm. Geschichte. 11. Hft. 4. Aufl. u. 33. Hft. — Plato's Werken. 3. Hft. 3. Aufl. — Xenophon's Anabasis. 4. Hft. 7. Aufl. 12. (à ca. 80 S.) Leipzig, Violet. à n. — 50
—— Trienniumphilologicum od. Grundzüge der philologischen Wissenschaften, f. Jünger der Philologie zur Wiederholg. u. Selbstprüfg. bearb. VI. Semester-Abth. 2. verb. Aufl. gr. 8. (III, 300 S.) Leipzig, Violet. n. 4. —; geb. n. 5. —
—— wie studirt man Philologie? Eine Hodegetik f. Jünger dieser Wissenschaft. 5. verb. u. verm. Aufl. gr. 8. (170 S.) Ebd. n. 1. 50; geb. n. 2. —
—— u. Marx' Präparationen zum Alten Testament. 1. Abth. Präparation zum Pentateuch. Zum Gebrauch f. die Schule u. den Privatunterricht. 3. Aufl. 1. Hft. 12. (96 S.) Ebd. — 75
(74/2) —— —— dasselbe. 4. Abth., 1. Thl. Präparation zum Buch der Richter. Zum Gebrauch f. die Schule u. den Privatunterricht. 1. Hft. 12. (94 S.) Ebd. — 75
Freunthaler, Oberlehr. Ed. Ig., Panorama vom Hochkohr [1799 Meter]. 2 Blatt. Lith. qu. Fol. Waidhofen a/Ybbs, Lex. n. 1. 60
Frey, Bernh., Führer von Wien nach Genf. Unter Mitwirkg. namhafter Touristen Oesterreichs u. der Schweiz hrsg. 8. (XI, 367 S. m. Ansichten, Plänen u. Karten.) Weinfelden. (Leipzig, Heitmann.) geb. n. 3. —
Frey, H. M., Erzählungen, s.: Jugendschatz, deutscher.
—— „unserer Töchter Schaffen u. Wirken." 3 Novellen f. junge Mädchen von 14—18 Jahren. 8. (232 S. m. Illustr.) Kattowitz, Siwinna. geb. n. 3. —
Frey, Prof. Heinr., Grundzüge der Histologie zur Einleitung in das Studium derselben. 24 Vorlesgn. 3. Aufl. Mit 227 Holzschn. gr. 8. (VII, 311 S.) Leipzig, Engelmann. n. 6. 75; Einbd. n.n. 1. —
Frey, Osc., die Feuerwerkskunst. Kurzes Lehrbuch zur Anfertigg. v. Land-, Wasser-, Theater- u. Salon-Feuerwerken. Insbesondere f. Liebhaber u. Anfänger bearb. Mit 108 Abbildgn. auf 16 Taf. 2. rev. u. durch e. Anh. bedeutend verm. Aufl. gr. 8. (VIII, 154 S.) Erfurt, Bartholomäus. n. 4. —

Frey, W., unter den Maron-Negern, — der sausende Speer, — Taubenfeder, die Tochter d. Sioux-Häuptlings, } s.: Volks-Erzählungen, kleine.

—— Onkel Toms Hütte, s.: Bibliothek interessanter Erzählungen.

—— neue Volksbücher. Nr. 300 u. 301. 12. (à 64 S.) Leipzig, Rasch & Co. à — 25

Inhalt: 300. In der Prairie. Eine Erzählg. — 301. Der Gefangene unter Indianern. Eine Erzählg. nach wahrer Begebenheit. 2. Aufl.

—— auf den Wogen der Südsee, s.: Volks-Erzählungen, kleine.

Freydeck, F. L., Gebühren-Ordnung f. Zeugen u. Sachverständige vom 30. Juni 1878, nebst den besondern Taxvorschriften f. gewisse Arten v. Sachverständigen, sowie den einschläg. Bestimmgn. üb. Tagegelder u. Reisekosten der preuß. Staatsbeamten u. der Reichsbeamten. Eine Zusammenstellg. der bezügl. Gesetze, Verordngn., Reskripte, Entscheidgn. höchster Gerichtshöfe 2c. m. Kommentar in Anmerkgn. sowie Tabellen, betr. die Tagegelder u. Reisekostensätze sämmtl. Beamtenkategorien, zum prakt. Gebrauch f. Justiz- u. Verwaltungsbeamte, nach amtl. Quellen hrsg. gr. 8. (VI, 98 S.) Köln, Du Mont-Schauberg. cart. n. 2. —

Freydorf, Alberta v., Ring, Kranz u. Schleier. Ein Märchen als Brautwillkomm. 12. (103 S.) Karlsruhe, Braun. n. 2. —

—— Waldprinzeßchen. Ein Märchen. Mit 6 Illustr. v. Prof. Ferd. Keller. 4. (19 S.) Berlin, A. Duncker. cart. n. 3. —; m. color. Bildern n. 5. —

Freyja. Musenhalle deutscher Frauen. Centralorgan zur Hebg. u. Förderg. weibl. Geistesarbeit auf dem Gebiete der Poesie u. Literatur. 1. Jahrg. 1885. 24 Nrn. (1½ B.) gr. 8. Berlin, Föllen. n. 2. 25

Freytag, Gust., die Ahnen. Roman. 2. u. 6. Abth. 8. Leipzig, Hirzel. à 6. —.

Inhalt: 2. Das Nest der Zaunkönige. 12. Aufl. (446 S.) — 6. Aus e. kleinen Stadt. 5. Aufl. (400 S.)

—— Bilder aus der deutschen Vergangenheit. 2. Bd. 1. u. 2. Abth. 15. Aufl gr. 8. Ebd. 9. 75

Inhalt: 1. Vom Mittelalter zur Neuzeit. (VIII, 466 S.) 5. 25 — 2. Aus dem Jahrhundert der Reformation. [1500—1600.] (381 S.) 4. 50.

—— Soll u. Haben. Roman in 6 Büchern. 30. Aufl. [Neue Ster.-Ausg.] 2 Bde. 8. (IV, 577 u. 410 S.) Ebd. n. 5. —

Fricke, A., u. A. **Lohmann**, Schreib-Lese-Fibel. 15. Aufl. [13. Ster.-Druck.] 8. (80 S.) Braunschweig, Bruhn's Verl. n. — 30; geb. n. — 50

Fricke, Wilh., der Teutoburgerwald, das Wesergebirge u. die Stadt Bielefeld. Ein Führer durch das nordöstl. Westfalen, umfassend die Gebiete zwischen Bielefeld, Osnabrück, Höxter, u. Minden, Strinhuder-Meer u. Hannover. 3. Aufl. Mit 1 Ansicht der Sparrenburg (in Lichtdr.). 8. (IV, 144 S.) Bielefeld, Helmich. cart. n. 1. —; m. Touristenkarte n. 1. 40; m. Karte u. Plan v. Bielefeld n. 1. 70

—— Wupperthaler Novellen od. geschichtliche Erzählungen aus der Vorzeit Elberfelds u. Barmens. 1. Bd. 8. Barmen, Steinborn & Co. n. 1. 50

Inhalt: Der Schulmeister u. sein Sohn. Die Schwärmer. (177 S.)

Fricken, Reg.- u. Schulr. Dr. Wilh. v., Naturgeschichte der in Deutschland einheimischen Käfer, nebst analyt. Tabellen zum Selbstbestimmen. Für Lehrer u. Studierende u. alle Freunde wissenschaftl. Entomologie. Mit zahlreichen in den Text gedr. Holzschn. 4. verb. Aufl. 8. (VII, 510 S.) Werl, Stein. n. 4. 80; geb. n. 5. 60

Fridrich, F., kurzgefaßte Anleitung zur raschen Erlernung d. richtigen Lesens in 15 Sprachen, Deutsch, Englisch, Holländisch, Schwedisch, Dänisch, Französisch, Italienisch, Spanisch, Portugiesisch, Rumänisch, Russisch, Böhmisch,

Polnisch, Ungarisch u. Neugriechisch, m. Anwendg. der mnemon. Methode beim griech. u. russ. Alphabet, nebst e. Hinweis auf die Vortheile e. phonet. Orthographie u. die Nothwendigkeit e. internationalen Alphabets. gr. 8. (IV, 76 S. m. 4 Steintaf.) Prag, (André). n. 1. 80

Fridrich, F., populäre Anleitung, auf mnemonischem Wege binnen 3 Tagen die Kenntnis der Lautbedeutung sämmtlicher hebräischer Quadrat-, jüdisch-deutscher Druck- u. jüdisch-deutscher Current-Buchstaben sich anzueignen. gr. 8. (37 S.) Prag, André. n. — 80

Friedberg, Geh. Hofr. Prof. Dr. Emil, die geltenden Verfassungs-Gesetze der evangelischen deutschen Landeskirchen. Hrsg. u. geschichtlich eingeleitet. Lex.-8. (XXXV, 1185 S.) Freiburg i/Br., Mohr. n. 28. —

Friedberger, Frz., u. Dr. Eug. **Fröhner**, Proff., Lehrbuch der speciellen Pathologie u. Therapie der Hausthiere. Für Thierärzte, Aerzte u. Studirende. [2 Bde.] (In ca. 12 Lfgn.) 1—4. Lfg. gr. 8. (1. Bd. S. 1—544.) Stuttgart, Enke. à n. 3. —

(85/1) **Friedeburg**, Oswald, Tannhäuser u. der Sängerkrieg auf der Wartburg od. die Hexe vom Venusberg. 29—62. Hft. gr. 8. (S. 897—1984 m. je 1 Chromolith.) Leipzig, Bergmann. baar à — 10

Friedemann, E., die Kranken-Versicherung, s.: (85/1) Zeitfragen, soziale.

Friedemann, Edm., Catilina. Roman in 2 Bdn. 8. (VIII, 330 u. 347 S.) Dresden 1886, Minden. n. 8. —; geb. n.n. 10. —

Friedemann, Oberlehr. Hugo, kleine Schulgeographie v. Deutschland f. die Hand der Kinder in Bürger- u. Volksschulen m. 1 (chromolith.) Karte u. 1 Holzschn. 12. durchgeseh. Aufl. Nach der neuen Rechtschreibg. u. der Volkszählg. v. 1880. gr. 8. (32 S.) Dresden, Huhle. baar n. — 40

—— kleine Schulgeographie v. Europa f. die Hand der Kinder in Bürger- u. Volksschulen. 4. rev. Aufl. gr. 8. (56 S.) Ebd. 1884. baar n. — 40

—— kleine Schulgeographie v. Sachsen f. die Haud der Kinder in Bürger- u. Volksschulen, m. e. kurzen Übersicht der sächs. Geschichte u. 1 (chromolith.) Karte. 21. verb. Aufl. Nach der Berufszählg. vom 5. Juni 1882. gr. 8. (32 S.) Ebd. baar n. — 30

Friedenfels, Eug. v., Joseph Bedeus v. Scharberg. Beiträge zur Zeitgeschichte Siebenbürgens im 19. Jahrh. 2 Thle. Neue (Titel-)Ausg. gr. 8. (XII, 417 u. X, 499 S. m. 1 Portr. u. 1 Fcsm.) Wien (1876/77), Graeser. n. 20. —

Friedensburg, F., Schlesiens Münzen u. Münzwesen vor dem J. 1220. Mit 2 Taf. Abbildgn. gr. 8. (VIII, 107 S.) Berlin 1886, F. & P. Lehmann. n. 6. —

Friedensburg, W., Landgraf Hermann II. der Gelehrte v. Hessen u. Erzbischof Adolf I. v. Mainz. s.: Zeitschrift d. Vereins f. hessische Geschichte u. Landeskunde.

Friedens-Geldverpflegungs-Reglement der Marine. gr. 8. (XII, 313 S.) Berlin, Mittler & Sohn. n. 3. 20; geb. n.n. 4. —

Friederichs, Carl, die Gipsabgüsse antiker Bildwerke der königl. Museen zu Berlin, in histor. Folge erklärt. Bausteine zur Geschichte der griechisch-röm. Plastik. Neu bearb. v. Paul Wolters. gr. 8. (X, 850 S.) Berlin, Spemann. n. 12. —

Friedheim, Walther, in der besten der Welten. Naturalistisch-soziales Lebensbild aus unseren Tagen. gr. 8. (55 S.) Zürich 1886, Verlags-Magazin. n. — 80

Friedl, Unter-Intend. Frz., u. Hauptm. Carl **Hoffmann**, die Heeres Organisation. Sep.-Abdr. aus der Militär-Handbibliothek [I. Thl., 3. Hft.] f. Officiere, Cadeten u. Einjährig-Freiwillige. gr. 8. (101 S.) Wien, Seidel & Sohn. n. 1. 40

Friedlaender, Jul., Repertorium zur antiken Numismatik, im Anschluss an Mionnets description des médailles antiques zusammengestellt, aus seinem Nachlass hrsg. v. Rud. Weil. gr. 8. (XI, 440 S.) Berlin, G. Reimer. n. 10. —

Friedmann, Fritz [Erich Hohenziel], auf der Wahlstatt d. Lebens. Roman. 8. (256 S.) Leipzig, Friedrich. n. 5. —

Friedrich's d. Großen pädagogische Schriften u. Äußerungen. Mit e. Abhandlg. üb. Friedrich's d. Großen Schulregiment, nebst e. Sammlg der hauptsächlichsten Schul-Reglements, Reskripte u. Erlasse, übers. u. hrsg. v. Prof. Dr. Jürgen Bona Meyer. gr. 8. (XX, 344 S.) Langensalza, Beyer & Söhne. n. 3. —; geb. n. 4. —

Friedrich's Taschenbuch üb. einfache Theorie u. Praxis der Baumwollenspinnerei u. deren Betrieb. Für Spinn- u. Krempelmeister, Aufseher u. alle Diejenigen, welche sich bei dieser Fabrikation f. das Meisterfach ausbilden wollen. 2., vollständig umgearb. u. verm. Aufl. v. Prof. Ingen. Theobald Demuth u. Dir. Adf. Just. Mit 17 in den Text gedr. Abbildgn. 12. (VI, 104 S.) Reichenberg, Schöpfer's Verl. geb. n. 2. —

Friedrich, Chef-Ingen. Adf., die Boden-Meliorationen in Bayern u. Hannover. Reisebericht, erstattet an den hohen mähr. Landes-Ausschuss. Mit 25 Taf. Hrsg. vom mähr. Landes-Ausschusse. gr. 4. (VIII, 155 S.) Wien, Spielhagen & Schurich. n. 10. —

Friedrich, vorm. Inst.-Vorst. Geo., deutsche Aufsätze [Abhandlungen] in ausführlichem Entwurfe f. die oberste Bildungsstufe der Gymnasien. 2. verm. Aufl. 8. (IV, 152 S.) München 1886, Friedrich. n. 1. 60

—— die Krankheiten d. Willens, vom Standpunkte der Psychologie aus betrachtet, im Anschlusse an die Untersuchg. d. normalen [gesunden] Willens in Bezug auf Entwicklungsstufen, Ziele u. Merkmale. 8. (IV, 55 S.) Ebd. n. 1. —

Friedrich, P., Zusammenstellung der, die Landeskunde d. Lübeckischen Staatsgebietes betr. Litteratur, s.: Mitteilungen der Geographischen Gesellschaft in Lübeck.

Friedrich, Cand. Paul, die hebräischen Conditionalsätze. Inaugural-Dissertation. gr. 8. (VIII, 109 S.) Königsberg 1884. (Leipzig, Fock.) baar n. 1. 50

Friedrich, W., Lorenz u. seine Schwester, s.: Bloch's, E., Theater-Correspondenz.

Friedrich, Prof. Wold., Goethe's Leben. Nach der Biographie v. G. H. Lewes in Tuschzeichngn. gr. 4. (17 Lichtdr.-Taf. m. 18 Bl. Text.) München, F. A. Ackermann. geb. m. Goldschn. baar 30. —

Friedrichs, H., Ant. **Klusmann** u. F. **Logemann**, Lehrer, Rechenbuch f. Unterklassen. 17. Aufl., bearb. v. H. Friedrichs u. C. Krüder. 8. (IV, 100 S.) Oldenburg, Stalling's Verl. n. — 60

Friedrichs, Herm., Gedichte. 12. (IV, 205 S.) Leipzig, Friedrich. geb. m. Goldschn. n. 5. —

Fries, Mart., die wichtigsten flüssigen Nahrungsmittel, deren Zubereitung u. Verwendung. gr. 8. (VIII, 170 S.) Cannstatt, Stehn. n. 2. —

Fries, Hauptpast. N., Bilderbuch zum heiligen Vater Unser. 9 Erzählgn. 10. Aufl. gr. 8. (IV, 341 S.) Itzehoe, Nusser. n. 3. —; geb. n.n. 4. —; m. Goldschn. n. 4. 50

(80/1) —— allerlei Lichter. 6. Hft. Weihnachts-Lichter. 8. (82 S.) Ebd. (à) n. — 60

—— St. Laurentii Altartuch. Historische Erzählg. 8. (84 S.) Ebd. n. 1. 50; geb. n. 2. 20

—— in den Schwachen mächtig, s.: Familien-Bibliothek für's deutsche Volk.

Friesen, Caroline Freifrau v., Wirthschaftsbuch der deutschen Hausfrau.

4. Jahrg. Nebst Koch-Recept-Buch. 4. (VI, 298 u. 85 S.) Düsseldorf, F. Bagel. geb. u. geb. n. 4. —

Friesen's, Frdr., Biographie, s.: Euler, C.

Friesenhof, Frhr. Greg., können Grubengas-Katastrofen verhütet werden? Zusammenhang der Grubengasexplosionen m. den Vorgängen in der Atmosfäre, u. Möglichkeit die Gefahr solcher Explosionen rechtzeitig vorauszuerkennen. Auf Basis der Fluththeorie besprochen. gr. 8. (16 S.) Nedanócz. (Wien, Schworella & Heick.) baar — 60

(84/1) —— Wetterlehre od. praktische Meteorologie. 3. Lfg. 3. Tl.: Die Wetterbeobachtg. u. die Wetterprognose. 2. wesentlich verm. u. verb. Aufl. gr. 8. (XXXII u. S. 681—895 m. 5 Taf.) Nedanócz. (Wien, Frick.) n. 2. 40 (cplt.: n. 12. —)

—— ist die Wirkung der Fluthkraft wirklich entscheidend bei Grubengas-Katastrofen? gr. 8. (28 S.) Nedanócz. (Wien, Schworella & Heick.) baar n. — 80

Frigell, Andr., prolegomena in T. Livii librum XXIII. gr. 8. (72 S.) Gotha, F. A. Perthes. n. 1. 20

Friis, Prof. J. A., lexicon lapponicum cum interpretatione latina et norvegica, adjuncta brevi grammaticae lapponicae adumbratione. (In 5 fascc.) Fasc. 1 et 2. Lex.-8. (S. 1—320.) Christiania. (Leipzig, Brockhaus' Sort.) à n. 4. —

Frimmel, Dr. Th., die Apokalypse in den Bilderhandschriften d. Mittelalters. Eine kunstgeschichtl. Untersuchg. gr. 8. (VIII, 70 S.) Wien, Gerold's Sohn. n. 1. 60

Frincken, Past. Frz. Ab., geistlicher Pilgerstab f. das Alter. Katholisches Gebet- u. Andachtsbuch. 16. (424 S. m. Farbentitel u. 1 Stahlst.) Köln, Bachem. n. 1. 20

Frisch, F., die Geschichte e. Braven, } s.: Volks- u. Jugend-Bibliothek.
—— verschiedene Lebenswege, }
—— Unglück versöhnt, }

Frisch, Amtm. Frdr., Zusammenstellung der Gesetze u. Vollzugsvorschriften üb. die sächlichen Leistungen f. das Heerwesen im Krieg u. Frieden. Mit Erläutergn. u. e. alphabet. Sachregister. Zum prakt. Gebrauche f. Militär- u. Zivilbehörden, insbesondere f. die Gemeindebehörden, sowie f. Private bearb. gr. 8. (VI, 286 S.) Stuttgart, Metzler's Verl. n. 3. 20

Fritsch, Med.-R. Prof. Dir. Dr. Heinr., die Lageveränderungen u. Entzündungen der Gebärmutter, s.: Chirurgie, deutsche.

—— dasselbe, s.: Handbuch der Frauenkrankheiten.

(84/2) —— tabulae gynaecologicae. Gynaekologische Wandtafeln zum Unterricht. 3. u. 4. Fasc. à 5 Taf. Lith. u. color. Imp.-Fol. Mit deutschem, französ. u. engl. Text. 4. (19 S.) Braunschweig, Wreden. n.n. 30. — (1—4: n.n. 60. —)

(85/1) **Fritsch**, K. E. O., Denkmäler deutscher Renaissance. 7. Lfg. Fol. (25 Lichtdr.-Taf.) Berlin, Wasmuth. In Mappe. (à) n. 25. —

Fritsche, H., e. Beitrag zur Geographie u. Lehre vom Erdmagnetismus Asiens u. Europas, s.: Petermann's, A., Mitteilungen aus J. Perthes' geographischer Anstalt.

Fritz, J. A., christkatholische Katechesen. Zum Gebrauch f. Katecheten, Lehrer, Eltern etc. ausgearb. 4. verb. Aufl., durchgesehen v. Pfr. Aloys Müller. 2 Bdchn. 8. (VIII, 184 u. VI, 190 S.) Tübingen, Laupp. n. 4. —

Fritz, Dr. Johs., das Territorium d. Bisth. Strassburg um die Mitte d. XIV. Jahrh. u. seine Geschichte. Mit 1 (lith. u. color.) Specialkarte. Ein Beitrag zur deutschen Territorialgeschichte. gr. 8. (XVI, 221 S.) Köthen. (Strassburg, Heitz.) baar n.n. 6. 50

Fritz, Sekr. Pet., Gesetz-Artikel VI vom J. 1885 betr. die Aenderung u. Ergänzung d. Ges.-Art. XX vom J. 1877 üb. die Regelung der Vormundschafts- u. Curatel-Angelegenheiten. Mit Erläutergn., Anmerkgn. u. Parallelstellen bearb. gr. 8. (10 S.) Budapest, Náth. n. — 40

—— dasselbe. Nebst: Geschäftsordnung f. die Waisenstühle. Circular-Verordng. d. k. ung. Ministers d. Innern vom 11. Novbr. 1877, Zahl 48,046, an alle Municipien, hinsichtlich der Einführg. d. G.-A. XX v. J. 1877. Justizministerial-Verordng. [1. Nov. 1881] betr. das in Angelegenheit der Verlängerg. der Minderjährigkeit, Aufhebg. der Ausübg. der väterl. Gewalt u. der Bestellg. der Curatel zu beobacht. gerichtl. Verfahren. gr. 8. (10,48 u. 16 S.) Ebd. n. 1. 60

—— XI. Gesetz-Artikel vom J. 1885 üb. die Pensionirung der staatl. Beamten, Unterbeamten u. Diener. Mit Erläutergn., Anmerkgn. u. Parallelstellen bearb. gr. 8. (35 S.) Ebd. n. 1. —

Fröbel's, Friedr., Leben u. Lehre, s.: (85/1) Reinecke, H.

(85/1) **Frohberg**, Sem.-Oberlehr. W., Handbuch f. Turnlehrer u. Vorturner. 2. Tl., enth. 300 Übungsbeispiele aus dem Gebiete d. Gerätturnens. 8. (XII, 191 S.) Leipzig, Strauch. (à) n. 1. —

Den 1. Tl bildet: (85/1) Frohberg, W., Übungsbeispiele aus dem Gebiete der Frei-, Ordnungs-, Hantel- u. Stabübgn.

Fröhlich, Schulinsp. Dr. Gust., die wissenschaftliche Pädagogik Herbart — Ziller — Stoys, in ihren Grundlehren gemeinfaßlich dargestellt u. an Beispielen erläutert. Für Erzieher, Leiter u. Lehrer niederer u. höherer Schulen. Gekrönte Preisschrift. 2. verb. u. verm. Aufl. gr. 8. (XII, 197 S.) Wien, Pichler's Wwe. & Sohn. n. 2. 50

—— Dr. Karl Volkmar Stoys Leben, Lehre u. Wirken. Mit dem Bildnisse Stoys. gr. 8. (116 S. m. 1 Holzschntaf.) Dresden, Bleyl & Kaemmerer. n. 2. —

Fröhner, E., Lehrbuch der speciellen Pathologie u. Therapie der Hausthiere, s.: Friedberger, F.

Frohnmeyer, Sem.-Prof. J., Leitfaden der Geschichte f. die unteren u. mittleren Klassen höherer Lehranstalten. gr. 8. (VIII, 192 S.) Stuttgart 1886, Krabbe. n. 1. 50; geb. n.n. 1. 80

Frohschammer, Prof. J., üb. die Organisation u. Cultur der menschlichen Gesellschaft. Philosophische Untersuchgn. üb. Recht u. Staat, sociales Leben u. Erziehg. gr. 8. (XIV, 461 S.) München, A. Ackermann's Nachf. n. 8. —

Frohwein, Bergr. Ernst, Beschreibung d. Bergreviers Dillenburg. Bearb. im Auftrage d. königl. Oberbergamts zu Bonn. Mit 1 Übersichtskarte u. 4 Skizzenblättern in Farbendr. gr. 8. (III, 144 S.) Bonn, Marcus. n. 4. —

Frölich, Herm., das Kloster Bebenhausen, nach seiner Vergangenheit u. Gegenwart geschildert. Mit e. photogr. Ansicht. Neue (Titel-)Ausg. 8. (58 S.) Tübingen (1873), Fues. n. — 80

—— der Kaltwasser- u. Luftkurort Herrenalb u. seine Umgegend. Mit 1 Karte. Neue (Titel-)Ausg. 8. (72 S.) Ebd. (1874). n. — 80

Froelich, Jules, Strosburjer Holzhauerfawle m. (heliogr.) Titelkpfr. un 20 Bildle fum Jos. Lindebluest. 8. (VII, 73 S.) Nancy, Berger-Levrault & Co. n.n. 6. —; auf japanes. Pap. n.n. 16. —

Fromm, weil. Prof. Dr. A. H., kleine Schulgrammatik der lateinischen Sprache m. e. Lexikon f. die in der Syntax vorkommenden Sätze. 13. Aufl. gr. 8. (VIII, 206 S.) Gütersloh 1884, Bertelsmann. geb. n. 2. 40

—— Übungsbuch zum Übersetzen aus dem deutschen in das Lateinische f. mittlere Klassen der Gymnasien u. Realschulen. 1. Tl. Für Quarta. 8. Aufl. 8. (111 S.) Ebd. geb. n. 1. 20

Fromm, Geh. San.-R. Dr. B., üb. die Bedeutung und Gebrauchsweise der Seebäder in chronischen Krankheiten. Nebst e. Skizzirg. der hauptsächlichsten

Seebadeorte, m. besond. Rücksicht auf das Nordseebad Norderney u. die in den letzten 17 Jahren daselbst erzielten Heilresultate. 4. Aufl. 8. (VIII, 124 S.) Norden, Braams. n. 1. 50; geb. n. 2. —

(83/1) **Frommel**, Hofpred. Garnis.-Pfr. D. Emil, gesammelte Schriften. Erzählungen f. das Volk. Aufsätze u. Vorträge mannigfachen Inhalts in e. fortlauf. Reihe v. Bändchen. 9. Bdchn. 8. Berlin 1886, Wiegandt & Grieben. n. 2. —

Inhalt: Aus allen vier Winden. (XI, 179 S.)

—— die zehn Gebote Gottes in Predigten. 5. verb. Aufl. 8. (VII, 213 S.) Barmen, Klein. n. 3. —; geb. n. 4. —

—— treue Herzen. Drei Erzählgn. 2. Aufl. 12. (IV, 142 S.) Ebd. n. 1. 50

—— Mutterliebe, s.: Hausfreund, Hamburger.

—— o Straßburg, du wunderschöne Stadt, s.: Jugend- u. Volksbibliothek, deutsche.

Frommel, Gen.-Superint. Consist.-R. D. Max, Charakterbilder zur Charakterbildung. Altes u. Neues. 2., verm. Aufl. 8. (213 S.) Bremen, Müller. n. 2. 80; geb. n.n. 4. —

*—— der Tod u. der Fürst d. Lebens. Predigt üb. Lucas 7, 11—17: Der Jüngling zu Nain. 3. Aufl. 12. (14 S.) Cassel, Buchh. im Ev. Vereinshaus. baar n. — 10

—— die Verklärung e. Christenhauses nach der Haustafel. Predigt üb. Colosser 3, 18—4, 1. 12. (15 S.) Ebd. baar n. — 10

Froreich, Prem.-Lieut. v., Rangliste der Offiziere u. Sanitäts-Offiziere sowie Quartierliste d. 7. Brandenburgischen Infanterie-Regiments Nr. 60 von 1860 bis 1885. Im Auftrage d. Regiments zusammengestellt. gr. 8. (44 S. m. 1 Lichtdr.-Portr.) Berlin, Mittler & Sohn. n.n. 1. 50

(85/1) **Frühling**, R., u. J. **Schulz**, DD., Anleitung zur Untersuchung der f. die Zucker-Industrie in Betracht kommenden Rohmaterialien, Producte, Nebenproducte u. Hülfssubstanzen. Zum Gebrauche zunächst f. die Laboratorien der Zuckerfabriken, ferner f. Chemiker, Fabrikanten, Landwirthe u. Steuerbeamte, sowie f. landwirthschaftl. u. Gewerbeschulen. Mit zahlreichen in den Text eingedr. Holzst. 3. verm. u. verb. Aufl. 3. (Schluss-) Lfg. gr. 8. (XV u. S. 209—370.) Braunschweig, Vieweg & Sohn. n. 5. 70 (cplt.: n. 11. —)

Frühwald, Dr. Karl, Sammlung v. Formularien zum Verfahren außer Streitsachen nach dem kaiserl. Patente vom 9. Aug. 1854, Nr. 208 R. G. B., u. nach dem allgemeinen bürgerl. Gesetzbuche, sowie zu den Verfahren bei Todeserklärgn. u. bei Amortisirg. v. Staatspapieren u. anderen Urkunden. 2., verm. Aufl. gr. 8. (VII, 184 S.) Wien, Manz. n. 2. 40

—— u. Dr. W. **Mozzisch**, die Amortisirung v. Urkunden u. die Todeserklärung nach dem gegenwärtigen Stande der österreichischen Gesetzgebung. Zum Gebrauche f. Richter, Rechtsfreunde u. Parteien. 2. Aufl. Mit Berücksicht. der Rechtsprechg. d. k. k. obersten Gerichtshofes bearb. gr. 8. (VIII, 85 S.) Ebd. n. 2. —

Fruhwirth, C., Mariazell, s.: Touristen-Führer.

Frühwirth, Dir. Ant., die Sprechübungen in der österreichischen Bürgerschule, s.: Bruhns, A.

—— u. Dir. Alois **Fellner**, Fibel nach der analytisch-synthetischen Lesemethode. 61. u. 62. Aufl. 8. (62 S. m. Illustr.) Wien, Pichler's Wwe. & Sohn. cart. n. — 40

Fry, George, die Einsüßung der Futtermittel. Theorie u. Praxis der süßen Ensilage nach G. F. gr. 8. (IX, 41 S.) Berlin, Parey. n. 1. —

Fuchs, A., Wegweiser durch Dessau, Umgegend u. den herzogl. Garten zu Wörlitz. Mit 3 Plänen u. 1 Specialkarte. 4., bericht. Aufl. 8. (VIII, 52 S.) Dessau, Reissner. cart. n. 1. 20

Fuchs, Sem.-Musiklehr. Dr. Carl, die Freiheit d. musikalischen Vortrages im Einklange m. H. Rielmann's Phrasirungslehre. Nebst e. Kritik der Grundlagen poet. Metrik u. d. Buches „le Rythme" v. Mathis Lussy. Mit 183 in den Text gedr. Notenbeispielen u. e. Notenbeilage: Beethoven Op. 126 No. 3 in phrasirter Ausgabe. gr. 8. (XII, 168 S.) Danzig, Kafemann. n. 3. —

Fuchs, Dr. Max, die geographische Verbreitung d. Kaffeebaumes. Eine pflanzengeograph. Studie. gr. 8. (IV, 72 S.) Leipzig, 1886, Veit & Co. n. 1. 80

Fuchs-Nordhoff, R. Frhr. v., e. anonyme Korrespondenz, s.: Universal-Bibliothek Nr. 2003.

Fuchs, Rhold., Gedichte. [1878—1885.] 8. (III, 176 S.) Dresden-Striesen, Heinze. n. 3. —; geb. n. 3. 60

Fuchs, Ger.-Accessist Thdr., der Vertheidiger als prozeßrechtliche Person nach geltendem deutschen Recht. Inaugural-Dissertation. gr. 8. (V, 53 S.) Darmstadt, Bergstraeßer. n. — 80

(84/2) **Fuchsberger**, Landger.-R. Otto, die Entscheidungen d. deutschen Reichsoberhandels- u. Reichsgerichts in 1 Bde. 6. Bd. gr. 8. Gießen, Roth. n. 5. 50; geb. in Leinw. n. 6. 50; in Halbfrz. n. 6. 70 (1—6. Bd. u. 1. Suppl.-Bd.: n. 55. 50; geb. in Leinw. n. 63. 20; in Halbfrz. n. 66. —)

Inhalt: Die Gesetze üb. Urheberrecht an Schriftwerken, Abbildungen, musikalischen Compositionen, dramatischen Werken u. an Werken der bildenden Künste, das Photographien-Muster- u. Markenschutzgesetz, sowie das Patentgesetz. Enthält sämmtl. Entscheidgn. d. R.-O.-H.- u. R.-G. in ausführl. Darstellg. u. systemat. Ordng., m. Register, Gesetzestexten, Verordngn., Staatsverträgen rc. (VI, 321 S.)

Fugger, Eberh., u. Karl **Kastner**, naturwissenschaftliche Studien u. Beobachtungen aus u. üb. Salzburg. gr. 8. Salzburg, Kerber. n. 3. 60

Inhalt: Geologie der Stadt Salzburg. Spuren der Eiszeit im Lande Salzburg. Die Steinbrüche v. Bergheim u. Muntigl. Der Glasenbach bei Salzburg. Geologische Wanderung üb. Grubbach ins Lammerthal. Die Petrefacten d. Untersberges. Bodentemperatur im Leopoldskronmoor. Mit 12 Textillustr. u. 2 Taf. (III, 132 S.)

Führer, illustrirter, im österreichischen Alpen-Gebiet. Mit besond. Berücksicht. der Eisenbahnlinien u. der von ihnen aus durchzuführ. Hochtouren. Mit 130 Illustr. u. 13 Karten. 8. (XX, 323 S.) Wien, Hartleben. geb. n. 3. 60

—— offizieller illustrirter, der internationalen Ausstellung v. Arbeiten aus edlen Metallen u. Legirungen in Nürnberg 1885. 8. (82 S. m. eingedr. Autotypien.) München, Verlagsanstalt f. Kunst & Wissenschaft. n. 1. —

—— durch das bergische Land u. dessen nächste Umgebung. Mit 12 Routen-Karten. 12. (VIII, 176 S.) Barmen, Inderau. n. 1. 20

—— im Bober-Katzbach-Gebirge, verf. v. der Sektion Schönau d. Riesengebirgs-Vereins. Mit 1 Karte. 2. verb. u. verm. Aufl. 8. (VI, 49 S.) Warmbrunn. (Hirschberg, Kuh.) n. — 50

—— praktischer, f. das Nordseebad Borkum. Mit Fahrplänen, Fluthtabelle, Nachweisen, Taxen u. 1 Plane d. Bades. 3. Jahrg. 12. (VIII, 31 S.) Emden, Schwalbe. n. — 50

—— neuer, durch die Haupt- u. Residenzstadt Breslau u. Umgegend. Mit color. Plane der Stadt u. Angabe beliebter Tages-Parthien u. Ausflüge. 4. verm. u. verb. Aufl. 8. (20 S.) Breslau, Max & Co. — 75

—— durch Brünn u. seine Umgebung. Mit 5 Ansichten, 1 Stadtplan, 1 Theatersitzplan, Eisenbahn-Fahrplänen u. 1 Karte der Umgebg. Brünns. 12. (VIII, 55 S.) Brünn, Winkler. geb. n. 1. 20

—— durch das See-, Sool- u. Moorbad Colberg. Mit Plan v. Colberg u. Umgebg. 5. Aufl. Mit e. Vorwort zur 4. Aufl. v. weil. San.-R. Dr. Hirschfeld. 12. (XII, 131 S.) Colberg, Post. cart. n. 1. —

Führer, kleiner, durch den Gerichtsbez. Feldkirchen in Kärnten. 16. (29 S.) Klagenfurt, (Heyn). n. — 30
—— kleiner, durch Görlitz u. seine nächste Umgegend. Nebst 1 (lith.) Plane der Stadt. gr. 16. (30 S.) Görlitz, Vierling. n. — 40
—— durch die Gewerbe- u. Industrie-Ausstellung in Görlitz 1885. Mit 1 Plan der Stadt u. der Ausstellg. 8. (35 S.) Görlitz. (Leipzig, Stauffer.) baar n. — 50
—— illustrierter, durch die Haupt- u. Residenzstadt Karlsruhe. Mit 43 Bildern, 1 Totalansicht u. 1 Stadtplan. 2. Aufl. 8. (VIII, 87 S.) Karlsruhe, Bielefeld's Verl. geb. n. 1. —
—— durch Liebenstein u. seine Umgebungen. Mit (lith.) Wegkarte. 7. verm. Aufl. 12. (28 S.) Meiningen, Brückner & Renner. n. — 60
—— durch die Residenzstadt Meiningen u. ihre Umgebungen, nebst 1 Stadtplan. 12. (16 S.) Ebd. n. — 60
—— durch Schwarzburg u. dessen Umgebung, die Perle Thüringens. Mit Berücksicht. aller sehenswerten, v. den Reisehandbüchern vernachlässigten Punkte. 8. (18 S.) Rudolstadt, Hofbuchdruckerei. n. — 50
—— illustrirter, auf den Linien der k. k. österreichischen Staatsbahnen südlich der Donau [Alpenbahnen]. 2. Aufl., neu bearb. v. Dr. Heinr. Noë. Mit vielen Illustr., Textkarten, Plänen u. e. Uebersichtskarte. Lex.-8. (V, 212 S.) Wien, Steyrermühl. n. 2. —
—— durch die königl. Haupt- u. Residenz-Stadt Stuttgart u. deren Umgebungen. Hrsg. v. dem Verein zur Hebg. d. Fremdenverkehrs. 8. (III, 51 S. m. 12 Photolith. u. 1 chromolith. Plan.) Stuttgart, (Metzler's Sort.). baar n. — 20
—— der, im Bade Wildungen. 9. Aufl. 8. (50 S. m. Illustr.) Wildungen. Arolsen, Speyer in Comm. n. — 50

Fuld, Rechtsanw. Dr. Ludw., zur Reform d. deutschen Strafverfahrens. gr. 8. (VI, 43 S.) Leipzig, Roßberg. n. 1. —

Fülek v. Wittinghausen-Szatmárvár, Oberst Heinr., über Streif-Kommanden. Beleuchtet durch Beispiele aus der Kriegs-Geschichte. Mit 11 (eingedr. Holzschn.-) Zeichngn. gr. 8. (67 S.) Wien, (Seidel & Sohn). n. 1. 60

Funck, Frdr., Anleitung zur Erlernung der spanischen Sprache. Für den Schul- u. Privatunterricht. Vielfach verb. u. umgearb. v. Dr. Bernh. Lehmann. 8., sorgfältig rev. Aufl. 8. (XI, 480 u. 259 S.) Frankfurt a/M., Jügel. cart. 6 —; Schlüssel (206 S.) 2. 10

Funck-Brentano, Prof. Th., les principes de la découverte. Réponses à une question de l'académie des sciences de Berlin. gr. 8. (VI, 267 S.) Luxembourg. Leipzig, Duncker & Humblot. n. 3. —

Funck, Z., das Buch deutscher Parodien u. Travestien. Neu hrsg. v. Z. F. 2., in 1 Bde. vereinigte u. durch neue Beiträge verm. Aufl. 8. (VII, 167 S.) Regensburg, Coppenrath. n. 1. 50

Funcke, Oberlehr. Dr. Heinr., die analytische u. die projektivische Geometrie der Ebene, die Kegelschnitte auch nach den Methoden der darstellenden u. der elementar-synthetischen Geometrie, m. Übungsaufgaben, f. höhere Lehr-Anstalten u. f. den Selbstunterricht bearb. gr. 8. (108 S. m. eingedr. Holzschn.) Potsdam, Stein. n. 1. 40

Funcke, Past. Otto, tägliche Andachten. 4., verb. u. durch e. ausführl. Sach-register verm. Aufl. Mit dem (Lichtdr.-) Portr. d. Verf. 2 Bde. 8. (VIII, 488 u. 444 S.) Bremen, Müller. n. 6. —
—— der geadelte Mord od. das Duell. [Aus: „Die Welt d. Glaubens u. die Alltagswelt".] 8. (15 S.) Ebd. — 20
—— Reisebilder u. Heimathklänge. 2. Reihe. 6. Aufl. 8. (XVI, 266 S.) Ebd. 1886. n. 3. —; geb. n.n. 4. —; m. Goldschn. n.n. 4. 20

Funcke, Past. Otto, die Welt d. Glaubens u. die Alltagswelt. Dargelegt nach den Fußtapfen Abrahams. 1—4. Aufl. 8. (XVI, 411 S.) Bremen, Müller. n. 3. —; geb. n.n. 4. —; m. Goldschn. n.n. 4. 20

Fünfstück, M., s.: Naturgeschichte d. Pflanzen-Reichs.

Funk, weil. Dek. Stadtpfr. Dr. Wilh., d. Christen Glaube u. Wandel. Predigten auf die Sonn- u. Festtage d. Kirchenjahres. Nach dessen Tode gesammelt u. hrsg. f. seine Zuhörer u. Freunde zur Erinnerg. 2. wohlf. (Titel-)Ausg. 2—6. (Schluß-)Lfg. gr. 8. (IV u. S. 81—419) Würzburg (1878), Stuber's Verl. baar à — 50

Funke, Sem.-Dir. Dr. C. A., Handbüchlein der Geschichte der Pädagogik. Nach dem Überblick der Geschichte der Erziehg. u. d. Unterrichts v. Kehrein-Kayser zusammengestellt. 8. (160 S.) Paderborn, F. Schöningh. n. 1. —

Für Alt u. Jung. Schlesische Mark-Bibliothek. Mit Beiträgen der hervorragendsten schles. Schriftsteller u. Schulmänner hrsg. v. A. Stanislas. 1. Jahrg. 4 Bdchn. gr. 8. (1 Bdchn. III, 96 S.) Wüstegiersdorf, Jacob. cart. à n. 1. —; geb. à n. 1. 50

—— edle Frauen. Blätter f. die echte u. wahre Emanzipation d. Weibes. Hrsg. u. red. v. *** u. Adf. Hinrichsen. 1. Jahrg. 1885/86. 24 Hfte. Lex.-8. (1. Hft. 60 S.) Berlin, Friedrich Nachf. Vierteljährlich baar n. 3. —

(84/2) —— die Feste u. Freunde d. Gustav-Adolf-Vereins. Nr. 4—18. 12. Barmen, Klein. à n. — 10

Inhalt: 4. Spanien u. die Reformation. Von Konsist.-R. D. H. Krummacher. (39 S.) — 5. Friedrich Wilhelm III., König v. Preußen. Von Divis.-Pfr. D. Hermens. (26 S.) — 6. Die evangelischen Deutschen im nördlichen Lothringen. Vortrag, geh. am 11. Septbr. 1884 in der freien Vereinigg. auf dem Neroberge bei Wiesbaden [im Anschluß an die 38. Hauptversammlg. d. Gustav-Adolf-Vereins] v. Divis.-Pfr. A. Carsted. (22 S.) — 7. Hartmut v. Kronberg. Der Freund Luthers u. tapfere Streiter f. evangel. Wahrheit. Von Stadtpfr. Frdr. Ritsert. (24 S.) — 8. Über die Beteiligung am Gustav-Adolf-Verein u. die Bedeutung desselben f. die evangelische Kirche. (29 S.) — 9. Paul Speratus, e. Herold d. Evangeliums in Mähren u. Reformator d. Herzogt. Preußen. Von Hofpred. D. B. Rogge. (15 S.) — 10. Die Madiais. (24 S.) — 11. Der Kirchenstreit der dreißiger Jahre. (34 S.) — 12. Die Frauenvereine der Gustav-Adolf-Stiftung. (40 S.) — 13. Johannes Wiclif. (18 S.) — 14. Nordböhmen u. die Reformation. Von R. Wolkan. (27 S.) — 15. Rundschau auf dem Arbeitsfelde d. Gustav-Adolf-Vereins. Von Past. R. Schütze. (34 S.) — 16. Philipp Melanchthon am Rhein. Ein Bild aus der rhein. Reformationsgeschichte. Von Superint. Carl Blech. (50 S.) — 17. Die Bartholomäusnacht. Von Prof. D. Thdr. Schott. (24 S.) — 18. Hermann Tast. Ein Bild aus der Reformationszeit Schleswig-Holsteins. Von Prof. Dr. O. Kallsen. (26 S.)

—— die liebe Kinderwelt. 2 Sorten. 4. (à 6 Chromolith. m. 8 S. Text.) Wesel, Düms. à — 30

—— das Plaudermäulchen. 2 Sorten. 8. (à 4 Chromolith. m. 12 S. Text.) Ebd. à — 10

(85/1) **Für's Haus.** Praktisches Wochenblatt f. alle Hausfrauen. Hrsg. u. zusammengestellt von Clara v. Studnitz. 4. Jahrg. Oktbr. 1885—Septbr. 1886. 52 Nrn. (B. m. eingedr. Holzschn.) hoch 4. Dresden, Exped. Vierteljährlich baar 1. —

Fürbringer's, M., biblische Geschichten. 3 Abtlgn. Besorgt v. Stadtschulr. H. Bertram. 8. Berlin, Prausnitz. geb. n. n. 2. 45

1. Für die Unter-Klassen. 33. Aufl. (IV, 80 S.) n.n. — 50. — 2. Für die Mittel-Klassen. 41. Aufl. (X, 181 S.) n.n. — 75. — 3. Für die Ober-Klassen. 19. Aufl. (XII, 388 S.) n.n. 1. 20.

(85/1) **Furrer, A.**, Volkswirthschafts-Lexikon der Schweiz. [Urproduction, Handel, Industrie, Verkehr etc.] Hrsg. u. red. unter Mitwirkg. v. Fachkundigen in u. ausser der Bundesverwaltg. 2—4. Lfg. gr. 8. (1. Bd. S. 81—320.) Bern, Schmid, Francke & Co. à n. 1. 60

Fürst, Doc. Dr. Camillo, die Antisepsis bei Schwangeren, Gebärenden und Wöchnerinnen. Mit e. Anh. üb. den Gebrauch v. Quecksilberchlorid als

Desinfectionsmittel in der Geburtshilfe. gr. 8. (III, 64 S.) Wien, Toeplitz & Deuticke. n. 1. 80

Fürst, Reg.- u. Forstr. Dir. Herm., Plänterwald od. schlagweiser Hochwald. Eine forstl. Tagesfrage. besprochen. gr. 8. (85 S.) Berlin, Parey. n. 2. 50

Fürstnow, Lehr. Rhard., ist Kartenspiel Sünde? 1. u. 2. Aufl. 16. (16 S.) Berlin 1884 u. 85, Deutsche Evangel. Buch- u. Tractat-Gesellschaft. n. — 4

Furtwängler, Adf., Beschreibung der Vasensammlung im Antiquarium der königl. Museen zu Berlin. 2 Bde. Mit 7 Taf. gr. 8. (XXX, 1105 S.) Berlin, Spemann. n. 20. —

Gabe, e. bunte, den Kleinen zur Labe. Unzerreißbares Bilderbuch. 4. (8 Chromolith. m. eingedr. Text.) Stuttgart, G. Weise. geb. 1. 80

(84/2) **Gaben,** mancherlei, u. Ein Geist. Eine homilet. Vierteljahrsschrift f. das evangel. Deutschland. Unter besond. Mitwirkg. vieler namhafter Prediger hrsg. v. Dek. W. Stöckicht. 25. Jahrg. 1886. 4 Hfte. Lex.-8. (1. Hft. 184 S.) Wiesbaden, Riedner. n. 8. —

Gabriel, Theo., Ableitung d. Ursprungs der Gottesidee aus dem Bedürfnisse der Menschenseele, sofern Gedanke, Wille u. Gefühl in ihr lebt, od. sofern auch nur Eins v. den Dreien in ihr lebt. gr. 8. (24 S.) Hamburg 1886, Stefański. n. 1. —

Gaedeke, Prof. Dr. Arnold, Wallensteins Verhandlungen m. den Schweden u. Sachsen 1631—1634 m. Akten u. Urkunden aus dem kgl. sächs. Hauptstaatsarchiv zu Dresden. gr. 8. (XII, 346 S.) Frankfurt a/M., Literar. Anstalt. n. 7. —; Einbd. n.n. — 60

Gaedertz, Dr. Thdr., Rathsherr Thomas Friedenhagen u. der v. ihm gestiftete Hochaltar an der St. Marienkirche zu Lübeck. [Aus: „Mittheilgn. d. Vereins f. Lübeck. Geschichte 2c."] gr. 8. (8 S.) Lübeck, (Dittmer). baar — 30

Gantter, Prof. Ludw., study and recreation. Englische Chrestomathie f. den Schul- u. Privat-Unterricht. 1. Kurs. 16. Aufl. gr. 8. (VIII, 306 S.) Stuttgart, Metzler's Verl. n. 2. 30

Ganjeshâyagân, Andarze Âtrepât Mâráspandân, Mádigâne Chatrang, and Andarze Khus, roe Kavâtân. The original Péhlvi text; the same transliterated in Zend characters and translated into the Gujarati and english languages; a commentary and a glossary of select words. By Peshutan Dastur Behramji Sanjana. gr. 8. (VII, 71; XXIII, 57 u. 120 S.) Bombay. Leipzig, Harrassowitz in Comm. geb. baar n. 20 —

Garbs, Konrekt. F. A., Streiflichter auf dem Gebiete sittlicher Erziehung. gr. 8. (86 S.) Hannover, Meyer. n. 1. 20

Gaerdt, Gartenbaudir. H., die Winterblumen. Anleitung f. Gärtner u. Gartenliebhaber zur Winterkultur der f. den Schmuck der Wohnräume u. Glashäuser, f. Bouquets, Vasen u. andere Arrangements geeigneten einheim. u. ausländ. Blumen- u. Blattpflanzen. Mit 9 Farbendr.-Taf. Neue (Titel-) Ausg. Lex.-8. (XVI, 735 S.) Berlin (1884), Parey. geb. n. 10. —

Garibaldi, Mittheilungen aus seinem Leben, s.: Elpis Melena.

Garten-Kalender, deutscher. 13. Jahrg. 1886. Hrsg. unter Mitwirkg. d. deutschen Gärtner-Verbandes in Erfurt. [Ausg. m. 1/2 S. weiss Pap. pro Tag.] gr. 16. (XXIV, 182 u. 146 S.) Berlin, Parey, geb. in Leinw. n. 2. —; Ausg. m. 1 S. weiss Pap. pro Tag, geb. in Ldr. n. 3. —

—— Fromme's österreichisch-ungarischer f. d. J. 1886. 11. Jahrg. Red. v. Jos. Bermann. gr. 16. (VIII, 209 S.) Wien, Fromme. geb. baar 3. 20

Gartenlaube-Kalender f. d. J. 1886. 8. (251 S. m. eingedr. Holzschn.) Leipzig, Keil's Nachf. geb. n. 1. 50

Gartenlauben-Kalender, illustrirter, f. d. J. 1886. Mit e. Chromobild u. e. Wandkalender. 1. Jahrg. 4. (77 S. m. eingedr. Illustr.) Leipzig, F. E. Fischer. —. 50

Gärtner, Diedr., an das Licht, od.: Wer ist der Mörder? Novelle. 8. (55 S.) Bremen, Haake. n. —. 50

Gärtner, Tanzlehr. Emil, Contredanse u. Quadrille à la cour. Zum Ausrufen eingerichtet. 8. Aufl. 16. (8 S.) Landsberg a/W., Volger & Klein. — 25

Gastein. Eine medicinisch-historisch-topograph. Skizze m. Beiträgen von Dr. Aug. Frhr. v. Härdtl, Prof. Dr. Ed. Richter, Bez.-Comm. J. Stöckl, N. Huber u. A. 8. (88 S.) Salzburg, Dieter. n. 1. 80

Gastineau, O., die Ballschuhe, s.: Universal-Bibliothek Nr. 2029.

Gatt, Dr. A., Briefsteller f. Liebende. Eine Sammlg. der besten u. schönsten Liebesbriefe. Nebst e. Anh., enth.: Kleine sinnreiche Liebesgedichte, e. reichhalt. Blumensprache u. vermischte Gedichte zu Namens-, Geburtstags-, Neujahrs-, Verlobungs- u. Hochzeitsfesten. 9. Aufl. 8. (XVI, 202 S.) Leipzig, G. Weigel. cart. n. 1. 25

—— vollständiger Geschäfts- u. Familien-Briefsteller f. alle Fälle d. menschlichen Lebens. Eine leichtfaßl. Anweisg. zur Abfassg. v. Briefen aller Art, Aufsätzen, Urkunden, Kontrakten, Eingaben, Gesuchen u. Beschwerden an Verwaltungs-Behörden ꝛc. Geheimschriften. Ein unentbehrl. Hilfsbuch f. Personen jeden Standes. 10. Aufl. 8. (VIII, 368 S.) Ebd. n. 1. 50; geb. n. 1. 80

Gattermann, Ludw., üb. einige Derivate d. m-Nitro-p-Toluidins. Inaugural-Dissertation. gr. 8. (43 S.) Göttingen, (Vandenhoeck & Ruprecht). baar n. 1. 20

Gaudy, F. v., drei venetianische Novellen, s.: Haus-Bibliothek f. Stolze'sche Stenographen.

Gaulke, H., s.: Verzeichnis der Berliner Gemeinde-Lehrer u. Lehrerinnen.

Gaulke, Rekt. L., Glückwünsche u. Lieder. Sammlung v. Weihnachtswünschen, Weihnachts-Liedern, Neujahrs- u. Geburtstagswünschen. Mit eigenen Dichtgn. verm. u. hrsg. 2. Aufl. 12. (128 S.) Berlin, S. Schwarz. n. — 50

Gaupp u. Holzer, Materialien zur Einübung der griechischen Grammatik. Griechische Übersetzg. der schwierigeren Übungsbeispiele der syntakt. Abteilg. 2. Aufl., hrsg. v. E. C. Holzer. gr. 8. (IV, 36 S.) Stuttgart, Metzler's Verl. n. 1. 20

Gauß, Gymn.-Prof. A. F. G. Th., die Hauptsätze der Elementar-Mathematik. Zum Gebrauch an höheren Lehranstalten. 2 Tle. 2. verb. Aufl. gr. 8. Bunzlau, Kreuschmer. n. 4. 15

Inhalt: 1. Arithmetik u. Planimetrie. Mit 130 in den Text eingedr. Holzschn. (VIII, 163 S.) n. 2. 75. — 2. Stereometrie u. Trigonometrie. Mit 53 in den Text eingedr. Holzschn. (IV, 67 S.) n. 1. 40.

Gauss, F. G., fünfstellige vollständige logarithmische u. trigonometrische Tafeln. Zum Gebrauche f. Schule u. Praxis bearb. Ster.-Druck. 23. Aufl. gr. 8. 197 S.) Halle, Strien. n. 2. —

Gebauer, H., Dresden u. die sächsisch-böhmische Schweiz, s.: Städtebilder u. Landschaften aus aller Welt.

Geber, F., Dilettantenkomödie, s.: Zwei-Akter.

—— eine große Gesellschaft, s.: Theater-Mappe.

Gebert, C. F., Münzgeschichtliches zu den Burgmilchling'schen Ausprägungen, s.: Meyer, A., die Münzen der Freiherren Schutzbar, genannt Milchling.

Gebetbuch, liturgisches. Nebst e. Liederbuche als Anh. gr. 16. (VI, 272 u. Liederbuch 245 S.) Mannheim, Löffler. n.n. 2. —; geb. in Leinw. n.n. 2. 50; in Halbfrz. n.n. 3. 20; in Maroquinldr. n.n. 3. 50

Gebetbüchlein f. Schule u. Haus m. dem kleinen Katechismus Luthers als

Anhang. Hrsg. v. e. Lehrer-Konferenz. 16. (VIII, 60 S.) Neumünster, Buchh. d. Schleswig-Holsteinischen Schriften-Vereins cart. baar n. — 25

Gebete, einige, f. Kinder während der Vorbereitungszeit auf die erste heilige Kommunion v. e. Priester der Diöcese Hildesheim. 16. (16 S.) Hildesheim, Borgmeyer. n. — 10

—— u. **Gesänge** bei der heiligen Firmung. Vollständiger Auszug aus dem Diözesan-Andachtsbuche „Laudate". 8. (20 S.) Augsburg, Schmid's Verl. n. — 10

Gebhard, Studienlehr. Dr. Frdr., Übungsstücke zum Übersetzen aus dem Deutschen ins Lateinische f. die 3. Lateinklasse [Quarta], nebst e. größeren Anzahl zusammenfass. Repetitionsstücke üb. den Stoff der 2. Lateinklasse [Quinta]. gr. 8. (IV, 97 S.) Amberg, E. Pohl's Verl. n. 1. 30

Gebhardt, Walther, e. ästhetischer Kommentar zu den lyrischen Dichtungen d. Horaz. Essays. gr. 8. (VIII, 335 S.) Paderborn, F. Schöningh. n. 4. —; geb. n. 5. —

Gebhardt, Dr. Bruno, Geschichtswerk u. Kunstwerk. Eine Frage aus der Historik. gr. 8. (16 S.) Breslau, Preuss & Jünger. n. — 50

Gebote, die elf, der Ehe. Eine Erzschelmerei, m. Schrift u. Stift aufgezeichnet v Angelo Dämon. 8. (61 S.) Oberhausen, Spaarmann. n. 1. —

Gebser, Kant. F. O., 45 Choräle nach dem sächs. Landeschoralbuche u. 12 geistliche Chorgesänge in 3stimmigem Satze [2 Kinderstimmen u. 1 Männerstimme], zum Gebrauche in Schule u. Kirche bearb u. hrsg. 8. (48 S.) Meißen, Schlimpert. n. n. — 25

—— Vorstufe zum Liederkranz. 46 Kinderlieder f. die unteren Klassen der Volksschule. Im Auftrage der Liederkranzcommission d. Bezirkslehrervereins Auerbach hrsg. 8. (32 S.) Ebd. — 15

Gebser, Th., die Sagen vom Bodfeld bei Elbingerode. 8. (30 S. m. 3 Taf.) Wernigerode, Angerstein. — 75

Geburtstagsfeier, die. gr. 4. (6 Chromolith. m. Text.) Fürth, Schaller & Kirn. geb. baar 1. 50; m. Goldpressg. u. innerem Titelbild 2. —

Gedanken üb. e. Studie von v. P.-R., das Exerzir-Reglement der Kavallerie. [Aus: „Militär-Zeitg. f. Reserve- u. Landwehr-Offiziere".] gr. 8. (22 S.) Berlin, Eisenschmidt. n. — 50

—— des 19. Jahrhunderts zur unausbleiblichen Lösung der sozialen, politischen u. religiösen Frage v. e. Juden, seiner Geburt u. orthodoxen Erziehg. nach, m. e. Vorwort v. Lehr. G. S. Schäfer. gr. 8. (VII, 158 S.) Berlin, Rubenow. baar 2. —

—— politische, aus Lettland. Aus dem Lett. übers. gr. 8. (110 S.) Leipzig, O. Wiegand. n. 2. —

Gedankensplitter. Gesammelt aus den „Fliegenden Blättern". gr. 16. (IV, 292 S.) München, Braun & Schneider. geb. m. Goldschn. n. 3. 40

Gedenkbüchlein, christliches, od. kein Tag ohne Gottes Wort. 4. Aufl. 64. (191 S.) Stuttgart, Belser. geb. m. Goldschn. n. 1. 20

Gedenkschrift zur Eröffnung d. Vesalianum, der neu errichteten Anstalt f. Anatomie u. Physiologie in Basel 28. Mai 1885. gr. 8. (III, 110 S. m. 3 Taf.) Leipzig, Veit & Co. baar n. 6. —

Gedichte, ausgewählte, f. den Geschichts-Unterricht. Von den Verfassern der Schuljahre. gr. 8. (164 S.) Dresden 1886, Bleyl & Kaemmerer. n. 1. 35

—— zum Auswendiglernen aus G. Wirths Lesebuch f. höhere Töchterschulen. 8. (III, 81 S.) Leipzig, Teubner. cart. — 75

Gefahren, die, d. Ultramontanismus in Deutschland. Politisch, kirchlich u. national. Von e. deutschen Katholiken. [Mit e. schemat. Völkerkarte v. Europa.] gr. 8. (62 S.) Freiburg i/Br., Trömer. baar n. — 80

Gefecht, das, v. Weissenburg. Eine taktisch-kriegsgeschichtl. Studie von S. v. B. gr. 8. (III, 108 S.) Berlin, Liebel. n. 2. 50

Geflügelzucht-Kalender f. d. J. 1886. Red. unter Mitwirkg. bewährter Fachmänner v. Claus Andresen. 4. Jahrg. gr. 16. (128 S.) Kiel, Biernatzki. n. — 60

Gegenbauer, Prof. Leop., üb. die Darstellung der ganzen Zahlen durch binäre quadratische Formen m. negativer Discriminante. [Aus: „Sitzungsber. d. k. Akad. d. Wiss."] Lex.-8. (30 S.) Wien, Gerold's Sohn in Comm. n.n. — 50

—— über den grössten gemeinschaftlichen Divisor. [Aus: „Sitzungsber. d. k. Akad. d. Wiss."] Lex.-8. (11 S.) Ebd. n.n. — 25

—— über die Divisoren der ganzen Zahlen. [Aus: „Sitzungsber. d. k. Akad. d. Wiss."] Lex.-8. (22 S.) Ebd. n.n. — 45

—— asymptotische Gesetze der Zahlentheorie. [Aus: „Denkschr. d. k. Akad. d. Wiss."] Imp.-4. (44 S.) Ebd. n. 2. 40

—— arithmetische Notiz. [Aus: „Sitzungsber. d. k. Akad. d. Wiss."] Lex.-8. (8 S.) Ebd. n. — 20

—— zur Theorie der Determinanten höheren Ranges. [Aus: „Denkschr. d. k. Akad. d. Wiss."] Imp.-4. (8 S.) Ebd. n. — 60

—— zur Theorie der aus den vierten Einheitswurzeln gebildeten complexen Zahlen. [Aus: „Denkschr. d. k. Akad. d. Wiss."] Imp.-4. (32 S.) Ebd. n. 1. 70

—— über die ganzen complexen Zahlen v. der Form a + bi. [Aus: „Sitzungsber. d. k. Akad. d. Wiss."] Lex.-8. (12 S.) Ebd. n.n. — 25

Gegenbaur, Prof. Dir. C., Lehrbuch der Anatomie d. Menschen. 2. verb. Aufl. gr. 8. (1. Hälfte VII, 464 S. m. 325 eingedr. Holzschn.) Leipzig, Engelmann. n. 24. —

Gehe & Co., Handels-Bericht. Septbr. 1885. gr. 8. (46 S.) Dresden, (v. Zahn & Jaensch Verl.) n. 1. 60

Gehet zu Joseph. Ein Büchlein f. alle Verehrer d. hl. Joseph. Von A. H. Dasselbe enthält die Andacht der 7 Sonntage, Meßandacht, Novene u. Litanei zu Ehren d. hl. Joseph, nebst e. kurzen Notiz üb. die wunderbare Kraft d. St. Josephs-Gürtels u. die vom hl. Vater Pius IX. approbirte Bruderschaft desselben. 16. (76 S.) Brünn 1884. (Aachen, A. Jacobi & Co. n. — 20

Gehlen, O., deutsches Lesebuch, s.: Neumann, A.

Geibel's, Eman., Briefe an Karl Frhrn. v. der Malsburg u. Mitglieder seiner Familie. Hrsg. v. Alb. Duncker. 8. (VIII, 111 S.) Berlin, Paetel. n. 3. —; geb. n.n. 4. 50

Geigenmüller, Lehr. Rob., Elemente der höheren Mathematik, zugleich als Sammlg. v. Beispielen u. Aufgaben aus der analyt. Geometrie, Differential- u. Integralrechng. Für techn. Lehranstalten u. zum Selbststudium. II. Differentialrechnung enth. gr. 8. (101 S.) Mittweida, Polytechn. Buchh. n. 2. —
Der 1. Thl. ist autographirt im Selbstverlag d. Verf. erschienen.

Geiger, Prof. Ludw., Firlifimini u. andere Curiosa. Hrsg. v. L. G. 8. (V, 168 S.) Berlin, Oppenheim. n. 4. —

Geiger, W., die Russen in Turkestan, s.: Bücherei, deutsche.

(84/2) Geinitz-Rostock, Prof. Dr. Frz. Eug., VII. Beitrag zur Geologie Mecklenburgs. Mit 1 (lith.) Doppel-Taf. [Aus: „Archiv d. Vereins f. Freunde d. Naturgeschichte in Mecklenb."] gr. 8. (80 S.) Güstrow, Opitz & Co. in Comm. n. 2. —

—— Uebersicht üb. die Geologie Mecklenburgs. Nebst geolog. Karte der Flötzformationen Mecklenburgs. gr. 4. (30 S.) Ebd. 1884. n. 2. 50

Geisberg, H., Merkwürdigkeiten der Stadt Münster. 8., verb. u. verm. Aufl. Mit 14 Holzschn. u. 1 Plane der Stadt. 8. (VI, 71 S.) Münster, Regensberg. cart. n. 1. —

Geißler, Rob., Frauenzauber. 8. (59 S.) Berlin, (Speyer & Peters). geb. m. Goldschn. n. 3. —

Geißler, Rud., gold'ne Jahre. 16 (chromolith.) Orig.-Zeichngn., m. (eingedr.) Versen v. Johs. Trojan. gr. 4. Nürnberg, Amersdorffer. geb. n. 3. 60

Geistbeck, Dr. Alois, die Seen der deutschen Alpen. Eine geograph. Monographie. Mit 128 Fig., geolog. u. geograph. Profilen, Tiefenschichtenkarten u. Diagrammen (auf 8 Taf.). Hrsg. v. dem Verein f. Erdkunde zu Leipzig. [Aus: „Mittheilgn. d. Vereins etc."] Fol. (47 S.) Leipzig, Duncker & Humblot. cart. n. 10. —

Geistbeck, Dr. Mich., Grundzüge der Geographie f. Mittelschulen sowie zum Selbstunterricht. gr. 8. (IV, 296 S.) München, Exped. d. kgl. Zentral-Schulbücher-Verlags. geb. n. 2. 80

—— Leitfaden der Geographie f. Mittelschulen. 1. Tl. Geographische Grundbegriffe. Übersicht üb. die Erdoberfläche. Das Königr. Bayern. 5., verb. Aufl. 8. (74 S. m. Illustr.) Ebd. cart. n.n. — 50

—— Leitfaden der mathematisch-physikalischen Geographie f. Mittelschulen u. Lehrerbildungs-Anstalten. 6., verb. Aufl., m. vielen Illustr. gr. 8. (VIII, 157 S.) Freiburg i/Br., Herder. n. 1. 50; Einbd. n.n. — 40

Geisthirt, J. C., historia Schmalcaldica, s.: Zeitschrift d. Vereins f. Hennebergische Geschichte u. Landeskunde zu Schmalkalden.

Geller, Dr. Leo., österreichische Gesetze m. Erläuterungen aus der Rechtsprechung. 1. Abth. Oesterreichische Justizgesetze. Mit Erläutergn. aus der Rechtsprechg. u. Einleitgn. 1. Bd. 8. Wien 1886, Perles. n. 8. 80
Inhalt: Verfassungs- u. Staatsgrundgesetze. Allgemeines bürgerliches Gesetzbuch sammt einschlägigen Novellen. 3., gänzlich neu bearb. u. erheblich verm. Aufl. (VIII, 1023 S.)

Gellert, Chrn. Fürchtegott, geistliche Lieder. Mit Zeichngn. v. K. G. Winkler. 2. Ausg. hoch 4. (VIII, 112 S.) Leipzig, Arnold. geb. m. Goldschn. n. 4. 20

Gellert, Simon vom, Kriegsruf im stillen Dorfe. Patriotisches Festspiel f. die Volksschule. Zur Belebg. der Sedanfeier u. der patriot. Gedenktage. 8. (15 S.) Moers, Spaarmann. n. — 10

—— Dr. Martin Luther. Ein Festspiel zur Reformationsfeier. 8. (23 S.) Ebd. — 15

(83/2) **Gellii,** A., noctium atticarum libri XX ex recensione et cum apparatu critico Martini Hertz. Vol. II. gr. 8. (CLI, 534 S.) Berlin, Hertz. n. 15. — (cplt.: n. 25. —)

(80/2) **Gelzer,** Heinr., Sextus Julius Africanus u. die byzantinische Chronographie. 2. Thl. 1. Abth.: Die Nachfolger d. Julius Africanus. gr. 8. (VIII, 425 S.) Leipzig, Teubner. n. 12. 80 (I. u. II, 1.: n. 20. 80)

Gemeinde-Ordnung, die, u. die Gemeinde-Wahlordnung f. das Königr. Böhmen vom 16. Apr. 1864, ergänzt durch die Abänderungsgesetze. Sammt dem Gemeindegesetze vom 5. März 1862 u. den wichtigsten einschläg. Gesetzen u. Verordngn. Commentirt v. e. prakt. Juristen. Mit e. ausführl. alphabet. Materien-Register. 5. Aufl. 8. (198 S.) Prag, Mercy. n. 1. 60

Gemminger, Priesterhausdir. Ludw., armen Seelen Vergißmeinnicht. Ein Gebet- u. Betrachtungsbuch zum Troste der armen Seelen. [Ausg. m. großem Drucke.] gr. 16. (558 S. m. 1 Stahlst.) Regensburg 1886, Pustet. n. — 90; geb. in Leinw. n. 1. 40; in Ldr. m. Goldschn. n. 2. —; in Chagrin n. 2. 60

—— Trauungsreden. 2. verm. Aufl. gr. 8. (IV, 178 S.) Wien, Mayer & Co. n. 2. —

(85/1) **Genau,** Sem.-Lehr. A., u. Lehr. J. Pieper, Rechenbuch f. Volksschulen. 2. u. 3. Tl.: [Ausg. f. den Lehrer.] gr. 8. Werl, Stein. n. 3. 40 (cplt.: n. 4. 20)
Inhalt: 2. Das Rechnen auf der Mittelstufe. (144 S.) n. 1. 40. — 3. Das Rechnen auf der Oberstufe. (215 S.) n. 2. —

(85/1) —— —— dasselbe. 2. u. 3. Tl. [Ausg. f. die Schüler.] 8. Ebd. n.n. — 75 (cplt.: n.n. — 90)
2. (72 S.) n.n. — 30. — 3. (96 S.) n. — 45.

Gengel, A., Asylrecht u. Fürstenmord. Ein Beitrag zum Abschluß der Asylfrage. Als Anh.: Der ewige Friede. 8. (IV, 98 S.) Frauenfeld, Huber. — 75

Gengnagel, Lehr. Dr. Karl, praktische Einführung in die englische Grammatik u. Konversation. Nach e. neuen Methode. 8. (VI, 64 S.) Halle 1886, Kaemmerer & Co. n. — 80

Genth, Geh. San.-R. Dr. Ad., der Ueberfall in Schlangenbad im J. 1709 u. der Schultheiß Johann Georg Hoffmann zu Rauenthal. Eine histor. Skizze, den Bewohnern u. Besuchern Schlangenbads u. Rauenthals dargebracht. 8. (46 S.) Wiesbaden, Bergmann. n. 1. —

Geoffroy, Lehr. Pankraz, Elementar-Uebungen im Rechnen. Kombinierbare Rechentabellen. Eine nützl. Beigabe zu jedem Rechenbuche f. die Volksschulen. 4. (4 S.) München, Kellerer. n.n. — 5

— dasselbe. Erläuterungen u. Combinationen dazu. gr. 8. (24 S.) Ebd. n. — 40

Georg, C., s.: Othmer's Vademecum d. Sortimenters.

Georgens' Schulen der weiblichen Handarbeit. Musterschatz aus alter u. neuer Zeit. 3. Das Stricken. Mit e. Ornamentik aus 3 Jahrhunderten. [In 4 Hftn.] Unter Mitwirkg. v. Marie u. Florentine Sturm. 3. vollständig neue Aufl. 4. Hft. Imp.-4. (S. 85—114 m. eingedr. farb. Fig.) Leipzig, Leipziger Lehrmittel-Anstalt v. Dr. O. Schneider. (à) n. 2. 50 (cplt. geb.: n.n. 10. —)

Georges, Herm., Merkbuch f. Geburts- u. Namenstage. Mit Denksprüchen f. alle Tage d. Jahres aus Goethe's u. Schiller's Werken. Mit e. Zueigng. u. 4 Blättern in Farbendr. 2. verb. Aufl. 12. (V, 286 S.) Leipzig, Arnold. geb. n. 8. —

Geppert, Assist. Dr. J., die Gasanalyse u. ihre physiologische Anwendung nach verbesserten Methoden. Mit 1 lith. Taf. u. 13 Holzschn. gr. 8. (V, 129 u. 4 S.) Berlin, Hirschwald. n. 4. —

Gerber, F., Allerlei f. einfache Leute. 2. Aufl. 8. (X, 168 S.) Basel, Spittler. n. 1. —

($^{85}/_{1}$) **Gerber**, Gust., die Sprache als Kunst. 2. Aufl. 9. u. 10. (Schluss-)Lfg. gr. 8. (2. Bd. IV u. S. 337—526.) Berlin, Gaertner. à n. 2. —

Gercke, Dr. Alfr., Chrysippea. [Aus: „Jahrbb. f. class. Philol., 14. Suppl.-Bd."] gr. 8. (91 S.) Leipzig, Teubner. n. 2. —

Gerdts, Sprecharzt A. E., die Ursachen d. Stotterübels u. dessen naturgemässe Heilung, f. Aerzte, Erzieher u. Sprachleidende. gr. 8. (15 S.) Bingen. (Frankfurt a/M., Jügel's Nachf.) baar n. 1. —

Gereimtes u. **Ungereimtes**. Skizzen u. Epigramme v. Jeremias Deutlich. 8. (VII, 151 S.) Berlin, Freund & Jeckel. n. 2. —

Geres, C., Erzählungen, s.: Volksbibliothek d. Lahrer Hinkenden Boten.

Gerhard, Dr. Carl, Kant's Lehre v. der Freiheit. Ein Beitrag zur Lösg. d. Problems der Willensfreiheit. gr. 8. (V, 84 S.) Heidelberg, Weiss' Verl. n. 2. —

Gerhard, Past. Rob., die christliche Versöhnungslehre nach ihren verschiedenen Auffassungen. Von der objektivsten bis zur subjektivsten dargelegt. gr. 8. (III, 74 S.) Breslau 1886, Max & Co. in Comm. n. — 80

Gerhardt, Dr. Adph. v., Handbuch der Homöopathie. Mit Benutzg. fremder u. eigener Erfahrgn. nach dem neuesten Standpunkte der Wissenschaft bearb. 4., vollständig umgearb. Aufl. 8. (X, 822 S.) Leipzig, Dr. W. Schwabe. n. 5. —; geb. n. 6. —

Gerhardt, Lehr. Jul., Flora v. Liegnitz, zugleich Exkursionsflora v. Schlesien, umfassend die Beschreibg. aller wildwachs., eingebürgerten u. häufig kultivierten Gefässpflanzen d. Stadt- u. Landkreises Liegnitz u. der angrenz. Kreise, sowie in kürzerer Fassg. die d. gesamten übr. Schlesien unter Aufnahme zahlreicher Bestimmungstabellen m. e. allgemeinen Ueberblick üb.

die Gefässpflanzen u. ihre Funktionen. Für Freunde u. Jünger der Botanik, wie f. Schüler höherer Lehranstalten, Seminaristen u. Präparanden bearb. u. hrsg. gr. 8. (VI, 368 S.) Liegnitz, Reisner in Comm. baar n. 4. 50

Gerhart, Lehr. Eman., Vorlagen f. das Fachzeichnen der Schuhmacher an gewerblichen Fortbildungsschulen u. verwandten Anstalten. Auf Veranlassg. u. m. Unterstützg. d. k. k. Ministeriums f. Cultus u. Unterricht hrsg. Die Darstellg. d Baues d. menschl. Fusses, nach den Angaben d. Hofr. Prof. Dr. Karl Langer R. v. Edenberg gezeichnet v. Assist. Leop. Schauer. 26 Steintaf. gr. Fol. Mit Text. gr. 8. (34 S.) Reichenberg, Schöpfer's Verl. n. 12. —; Text ap. n. — 40

Géricault's, Th., Biographie, s.: Rosenberg, A.

(85/1) **Gerichtssaal**, der. Zeitschrift f. Strafrecht, Strafprozeß, gerichtl. Medizin, Gefängnißkunde u. ausländ. Literatur. Unter ständ. Mitwirkg. von den Proff. DD. L. v. Bar, Alb. Berner, Hugo Hälschner ꝛc. hrsg. von wirkl. Geh.-R. Gen.-Staatsanw. a. D. Dr. Fr. O. v. Schwarze. 38. Bd. 6 Hfte. gr. 8. (1. u. 2. Hft. 160 S.) Stuttgart, Enke. n. 12. —

— dasselbe. Beilageheft zum 37. Bd. gr. 8. Ebd. n. 4. —

Inhalt: Die Causalität u. ihre strafrechtlichen Beziehungen. Von Reichsger.-R. Dr. M. v. Buri. (III, 155 S.)

Gerichtsvollzieherordnung. Abänderung der Geschäftsanweisung f. die Gerichtsvollzieher. 8. (27 S.) Berlin, Nauck & Co. n. — 40

Gerlach, Dr. G. Th., üb. Alkohol u. Gemische aus Alkohol u. Wasser. Mit 1 lith. Taf. [Aus: „Ztschr. f. analyt. Chemie".] gr. 8. (47 S.) Wiesbaden, Kreidel. n. 1. —

Gerland, E., das Thermometer, s.: Sammlung gemeinverständlicher wissenschaftlicher Vorträge.

Gerland, Senator Pol.-Dirig. Dr. Otto, das Recht der Polizei-Verordnungen in der Preußischen Monarchie. Zum Gebrauche f. Polizei-Behörden u. Gerichte nach den neueren Verwaltungsgesetzen zusammengestellt. gr. 8. (VII, 55 S.) Hannover, Norddeutsche Verlagsanstalt. n. 1. 20

Gerling, R., e. Judith, } s.: Dilettanten-Mappe.
— im hohen Norden, }

Gerok, Gust., himmelan! Ein Jahrgang Evangelienpredigten. In Verbindg. m. vielen Geistlichen hrsg. 2. Aufl. gr. 8. (VIII, 545 S.) Stuttgart, Krabbe. n. 3. —; geb. baar n. 4. 20

Gerold, Geh. Hofr. Prof. Dr. Hugo, Studien üb. die Bäder zu Teplitz in Böhmen. 8. (VIII, 72 S.) Wien 1886, Braumüller. n. 1. 60

Gerson, Kanzler Johs., Betrachtungen üb. das Leiden u. Sterben unseres Herrn Jesu Christi. Nach e. Uebersetzg. aus dem Franz. neu in verbesserter Form hrsg. v. Pfr. Domin. Faustmann. 16. (IV, 44 S.) Würzburg, Bucher. n. — 20

Gerstäcker, Frdr., neue Reisen durch die Vereinigten Staaten, Mexiko, Ecuador, Westindien u. Venezuela. 4. Aufl. 8. (665 S.) Jena, Costenoble. n. 4. —

— aus zwei Welttheilen. Gesammelte Erzählgn. 3. Aufl. — Aus Nord- u. Südamerika. Erzählungen. 4. Aufl. 8. (607 S.) Ebd. n. 4. —; geb. n. 4. 60

Gertscher, Dr. Abb., das englische Concursrecht nach dem Gesetze vom 25. Aug. 1883. [Aus: „Allg. österr. Gerichtsztg."] gr. 8. (IV, 71 S.) Wien, Manz. n. 2. —

Gerzabek, A. v., die Geschwister v. Eschenweiler, s.: Jugendschatz, deutscher.

(85/1) **Gesammt-Verlags-Katalog** d. deutschen Buchhandels u. d. m. ihm im direkten Verkehr stehenden Auslandes. 12. Bd. 1. u. 2. Lfg. Lex.-8. Münster, Russell. n. 1. 20

Inhalt: Die Länder der österreich-ungarischen Krone. Agram — Wels. (Sp. 1—480.)

Gesangbuch f. die evangelisch-lutherischen Gemeinden d. Herzogth. Oldenburg. 14. unveränd. Aufl. 8. (464 S.) Oldenburg, Stalling's Verl. baar — 75

— für die evangelische Landeskirche im Großherzogt. Sachsen. 8. Aufl. 8. (IV, 475 S.) Weimar, Böhlau. baar n. 1. 20

— für evangelische Gemeinden, besonders in Schlesien. Mit Genehmigg. der Landes- u. Provinzial-Kirchen-Behörde. (Jauersches Gesangbuch.) 10. Aufl. gr. 8. (XII, 650 u. Anh. 170 S.) Breslau, Korn. baar n.n. 2. 20

— für evangelische Gemeinden Schlesiens. Nach den Beschlüssen der Provinzial-Synode vom J. 1878 m. Genehmigg. d. Evangel. Ober-Kirchenraths hrsg. vom königl. Consistorium. (Petit-Ausg. 14. Aufl.) 8. (VII, 439 u. Anh. 80 S.) Ebd. baar n.n. 1. 20

— für die evangelischen Schulen Schleswig-Holsteins. Mit Genehmigg. d. königl. Ministeriums der geistl., Unterrichts- u. Medizinal-Angelegenheiten. Nach Vereinbarg. m. dem könig. Konsistorium zu Kiel hrsg. im Auftrage d. königl. Provinzial-Schul-Kollegiums. 7. Aufl. 12. (VIII, 80 S.) Schleswig, Bergas. cart. n.n. — 40

— für Schulen. Hrsg. vom Lehrervereine zu Köln. 2. Hft. Für die oberen Klassen. 19. verb. Aufl. 8. (IV, 124 S.) Köln, Du Mont-Schauberg. cart. n. — 60

— für den Schulgebrauch. 3. Aufl. 8. (24 S.) Löwenberg i/Schl., Köhler. n.n. — 25

Gesang- u. Gebetbuch f. die katholische Jugend. Mit Anh. v. Choralgesängen. Von e. Priester der Erzdiöcese Freiburg. Neue Aufl. 12. (300 S.) Freiburg i/Br., Herder. n.n. — 35

Gesangbüchlein f. die Volksschule, enth. method. Übgn., Lieder u. Gesänge. Nach den Bestimmgn. der königl. Regierg. zusammengestellt u. hrsg. v. Düsseldorfer Lehrern. 8. (III, 180 S.) Düsseldorf, Michels. n. — 50

Gesänge, die geistlichen, d. Normal-Lehrplans f. die katholischen Schulen in Elsaß-Lothringen. Im Auftrage d. hochw. Hrn. Bischofs v. Straßburg u. m. Genehmigung d. Oberschulrates v. Elsaß-Lothringen hrsg. 3. Aufl. 12. (IV, 48 S.) Freiburg i/Br., Herder. n.n. — 30

Gesangs-Komiker, der. Ausgewählte Couplets, Einlagen, Quodlibets m. Melodien u. Pianoforte-Begleitg. Nach gedruckten u. handschriftl. Quellen berühmter Komiker hrsg. v. K. W. Leipold u. A. 1. u. 3. Bd. 8. (à 80 S.) Leipzig, C. A. Koch. à n. 1. —

1. 4. Aufl. — 3. 3. Aufl.

s. a.: Leuenberg, E.

Geschäftsfrau, die, u. die Gehilfinnen im Geschäft. Ein Lehrbuch d. Wissenswürdigsten aus den Handelsfächern. Für Frauen u. Töchter, welche im Geschäftsleben stehen od. in dasselbe eintreten wollen. Bearb. von der Red. d. Maier-Rothschild. 17 Hfte. 1—13. Hft. gr. 8. (VIII, 527 S.) Stuttgart 1886, Maier. à — 30

Geschäfts-Kalender f. d. J. 1886. Mit e. Anh. f. geschäftl. Notizen in verschiedenen Abtheilgn., durch Farben bezeichnet. gr. 16. (256 S.) Düsseldorf, F. Bagel. geb. n. 1. 50

— vollständiger, auf d. J. 1886. Neue Folge: 47. Jahrg. Mit Abbildgn. u. 1 Karte. gr. 4. (167 S.) Sulzbach, v. Seidel. n. 1. —; auf feinem Pap. n. 1. 30

Geschäfts- u. Schreibkalender f. Geistliche der hannoverschen Landeskirche auf d. J. 1886. 9. Jahrg. Bearb. v. Past. B. Raven. gr. 16. (151 S. m. 1 Eisenbahnkarte.) Hannover, Feesche. geb. n. 1. 60

Geschäfts-Notiz-Kalender, Fromme's, f. d. J. 1886. 20. Jahrg. 16. (80 u. 192 S.) Wien, Fromme. geb. in Leinw. baar 2. 40; in Ldr. 4. 40

Geschäfts-Taschenbuch f. die Großherzogthümer Mecklenburg auf d. J. 1886. 22. Jahrg. 8. (VI, 146 u. 82 S. m. 1 Eisenbahnkarte.) Wismar, Hinstorff's Verl. geb. in Leinw. n. 1. —; in Ldr. n. 1. 50

Geschäfts-Vormerk-Blätter f. d. J. 1886. 14. Jahrg. Lex.-8. (94 S.) Wien, Hof- u. Staatsdruckerei. — 60
(85/1) Geschichte, allgemeine, in Einzeldarstellungen. Unter Mitwirkg. v. Fel. Bamberg, F. v. Bezold, Alex. Brückner rc. hrsg. v. Wilh. Oncken. 96—104. Abth. Lex.-8. Berlin, Grote. Subscr.-Pr. à 3. —
Inhalt: Geschichte d. alten Indiens. Von S. Lefmann. (S. 401—528 m. eingedr. Holzschn. u. 5 Taf.) — Das Zeitalter der Revolution, d. Kaiserreiches u. der Befreiungskriege. Von Wilh. Oncken. (1. Bd. S. 465—752 m. eingedr. Holzschn. u. 15 Taf.) — Der Islam im Morgen- u. Abendland. Von A. Müller. (1. Bd. VII, 646 S. m. eingedr. Holzschn., 11 Taf. u. 1 Fcsm.) — Staatengeschichte d. Abendlandes im Mittelalter. Von Hans Prutz. (1. Bd. S. 161—320 m. eingedr. Holzschn., 1 Fcsm. u. 1 Karte.) — Urgeschichte der germanischen u. romanischen Völker. Von Fel. Dahn. (3. Bd. S. 481—640 m. 4 Taf.)
(85/1) —— der europäischen Staaten. Hrsg. v. A. H. L. Heeren, F. A. Ukert u. W. v. Giesebrecht. 46. Lfg. 1. Abtlg. gr. 8. Gotha, F. A. Perthes. Subscr.-Pr. n. 10. — (1—46, I.: n. 695. 90)
Inhalt: Geschichte Österreichs. Von Alf. Huber. 2. Bd. (XVIII, 539 S.) (1. u. 2.: n. 21. —)
—— des 2. Ostpreußischen Grenadier-Regiments Nr. 3. 2 Thle. Im Auftrage d. Regiments verf. Mit vielen (13) Kunstbeilagen (in Chromolith. u. Lichtdr.) gr. 8. Berlin, Mittler & Sohn. n.n. 30. —
1. Von Prem.-Lieut. J. Becker. (XII, 424 S.) — 2. Von Hauptm. a. D. E. Pauly. (XV, 693 S.)
—— des 6. Pommerschen Infanterie-Regiments Nr. 49. 1860—1885. Auf Veranlassg. d. Regiments dargestellt f. die Unteroffiziere u. Mannschaften. Mit 1 (Lichtdr.-)Portr. u. 7 Skizzen im Text. 8. (IV, 75 S.) Ebd. n. — 80
(85/1) —— der deutschen Kunst. I. Die Baukunst v. Dr. Rob. Dohme. II. Die Plastik v. Dr. Wilh. Bode. III. Die Malerei v. Prof. Dr. Hub. Janitschek. IV. Der Kupferstich u. Holzschn. v. Dr. Frdr. Lippmann. V. Das Kunstgewerbe v. Prof. Dr. Jul. Lessing. Mit zahlreichen Illustr. im Text, Taf. u. Farbendr. 2—6. Lfg. hoch 4. (1. Bd. S. 1—144, 2. Bd. S. 65—112 u. 3. Bd. S. 1—48.) Berlin, Grote. (à) n. 2. —
(83/1) —— der Pfarreien der Erzdiöcese Köln. Hrsg. v. Domcapitul. Dr. Karl Thdr. Dumont. Nach den einzelnen Dekanaten geordnet. XXIV. gr. 8. Köln, Bachem. (à) n. 5. —
Inhalt: Dekanat Hersel. Von Pfr. German Hub. Chrn. Maaßen. (XVI, 405 S.)
(83/1) s.: Dumont, K. Th.
—— die, v. den Troglodyten. Nach zuverläss. Quellen erforscht u. erzählt v. Immanuel Baldur. 8. (VII, 101 S.) Leipzig, Renger. n. 2. —
—— des Turnwesens in Bonn seit dem J. 1816, insbesondere d. Bonner Turnvereins. Eine Festgabe zum 25. Stiftungsfest d. Bonner Turnvereins, hrsg. vom Vorstande desselben. 8. (79 S.) Bonn, (Habicht). baar n. 1. —
(85/1) —— der Wissenschaften in Deutschland. Neuere Zeit. Auf Veranlassg. Sr. Maj. d. Königs v. Bayern hrsg. durch die histor. Kommission bei der königl. Akademie der Wissenschaften. 20. Bd. gr. 8. München, Oldenbourg. Subscr.-Pr. n. 12. —; Ladenpr. n. 14. —
Inhalt: Geschichte der deutschen Historiographie seit dem Auftreten d. Humanismus. Von Dr. Frz. X. v. Wegele. (X, 1093 S.)
Geschichten, biblische, aus dem alten u. neuen Testamente. Hrsg. v. e. Vereine v. Lehrern. 35. Aufl. 8. (96 S.) Potsdam, Rentel's Verl. n. — 25; geb. n. — 32; m. 1 kolor. Karte v. Palästina n. — 30; geb. n. — 38
(84/1) Geschichts- u. Unterhaltungs-Bibliothek, vaterländische. 13—15. Bd. 8. Breslau, Woywod. cart. à n. 1. 50; geb. à n. 2. —
Inhalt: 13. Märkisch Blut. Vaterländische Erzählg. aus der Regierungszeit Kurfürst Friedrichs I. v. Brandenburg, d. Ahnherrn d. preuß Königshauses. Der deutschen

Jugend gewidmet v. Osk. Höcker. (217 S.) — 14. Der Kommandant v. Spandau. Erzählung aus dem Frühjahr d. J. 1813 v. G. Wunschmann. (203 S.) — 15. Kurbrandenburg in Afrika. Eine Erzählg. aus der Zeit d. Großen Kurfürsten v. Herm. Jahnke. (223 S.)

(84/2) **Geschichtsblätter.** Bilder u. Mittheilgn. aus dem Leben der Deutschen in Amerika. Hrsg. v. Carl Schurz. 2. Bd. 8. New York, Steiger & Co. 3. —; geb. 4. — (1. u. 2.: 5. 50; geb. 8. —)

Inhalt: Bilder aus der deutsch-pennsylvanischen Geschichte. Von Oswald Seidensticker. (VIII, 276 S.)

(85/1) **Geschichtschreiber,** die, der deutschen Vorzeit in deutscher Bearbeitung, hrsg. v. G. H. Pertz, J. Grimm, K. Lachmann, L. Ranke, K. Ritter. Fortgesetzt v. W. Wattenbach. 75—77. Lfg. 8. Leipzig, F. Duncker. n. 14. 20

Inhalt: 75. Die Fortsetzungen d. Cosmas v. Prag. Nach der Ausgabe der Monumenta Germaniae übers. v. Geo. Grandaur. (XVI, 238 S.) n. 4. 20. — 76. Prokop, Gothenkrieg. Nebst Auszügen aus Agathias, sowie Fragmenten d. Anonymus Valesianus u. d. Johannes v. Antiochia. Übers. v. Dr. D. Coste. (XI, 398 S.) n. 7. —. 77. Kaiser Karls IV. Jugendleben, v. ihm selbst erzählt. Übers. v. Ludw. Oelsner. (XXXII, 124 S.) n. 3. —

(85/1) —— dasselbe. 2. Gesammtausg. 7. Bd. 8. Ebd. n. 7. —

Inhalt: Prokop, Gothenkrieg. Nebst Auszügen aus Agathias, sowie Fragmenten d. Anonymus Valesianus u. d. Johannes v. Antiochia. Übers. v. Dr. D. Coste. (XI, 398 S.)

(84/2) **Geschichtsfreund,** der. Mittheilungen d. histor. Vereins der fünf Orte Luzern, Uri, Schwyz, Unterwalden u. Zug. 40. Bd. [Mit 2 artist. Beilagen.] gr. 8. (XX, 403 S.) Einsiedeln, Benziger. n. 6. —

Geschichtslügen. Eine Widerlegg. landläuf. Entstellgn. auf dem Gebiete der Geschichte m. besond. Berücksicht. der Kirchengeschichte. Aufs Neue bearb. v. drei Freunden der Wahrheit. 4. u. 5. Aufl. 8. (XIV, 636 S.) Paderborn, F. Schöningh. n. 4. 50; geb. n. 5. 50

(83/2) **Geschichtsquellen** der Grafsch. Glatz. Hrsg. v. Sem.-Dir. Dr. Volkmer u. Sem.- u. Relig.-Lehr. Dr. Hohaus. 3. Bd. gr. 8. Habelschwerdt 1884, Franke in Comm. n. 3. —

Inhalt: Constitutiones Synodi Comitatus Glacensis in causis religionibus, 1559. Die Dekanatsbücher d. Christophorus Neaetius, 1560, u. d. Hieronymus Keck, 1631. (VIII, 222 S.)

Der 2. Bd. erscheint später.

—— der Stadt Rostock. I. gr. 8. Rostock, Werther. n. 2. 40

Inhalt: Johann Tölners Handlungsbuch von 1345—1350. Hrsg. v. Stadtarchivar Karl Koppmann. (XXXVI, 72 S.)

(84/2) —— der Prov. Sachsen u. angrenzender Gebiete. Hrsg. v. der histor. Commission der Prov. Sachsen. 17. Bd. 2. Hälfte. gr. 8. Halle, Hendel. (à) n. 10. —

Inhalt: Der Briefwechsel d. Justus Jonas. Gesammelt u. bearb. v. Prof. geistl. Insp. D. Gust. Kawerau. 2. Hälfte. Mit Portr. u. Fcsm. (in Lichtdr.). (LVIII, 413 S.)

Geschichtszahlen, 300, zum Auswendiglernen zusammengestellt v. Lehrern d. Johanneums zu Lüneburg. 3. Aufl. 8. (15 S.) Lüneburg, Herold & Wahlstab. — 15

Geschke, Sem.-Übungslehr. B., vollständige Präparationen f. den Anschauungsunterricht in Stoff u. Katechesen. 8. (IV, 160 S.) Braunsberg 1884, (Huye). cart. n. 1. 20

Gesellhofen, Jul., die Jungfrau vom Kynast. Ein Sang aus Schlesiens Bergen. 3. Aufl. 8. (VII, 201 S.) Breslau, Max & Co. geb. n. 2. —

—— Junker Hans v. Schweinichen. Fahrten u. Lieder e. fröhlichen Gesellen. 2. Aufl. 8. (167 S.) Ebd. geb. n. 2. —

Gesellschafter, der. Ein nützl. u. unterhalt. Volkskalender auf d. J. 1886. Mit vielen Illustr. 46. Jahrg. Mit der Zugabe e. Notiz-Taschenbuches. 8. (208 u. 16 S.) Oldenburg, Stalling's Verl. n. — 40

Gesenius, Dr. F. W., Lehrbuch der englischen Sprache. 1. Tl. Elementarbuch der engl. Sprache, nebst Lese- u. Übungsstücken. 12. Aufl. gr. 8. (IX, 300 S.) Halle, Gesenius. n. 1. 80

—— englisches Übungsbuch. Sammlung v. Sätzen u. zusammenhäng. Übersetzungsstücken zur Einübg. der Syntax. gr. 8. (VIII, 276 S.) Ebd. n. 2. 40

Gesetz üb. die Ausdehnung der Unfall- u. Krankenversicherung. Vom 28. Mai 1885. gr. 8. (4 S.) Berlin, v. Decker. — 15

—— das, betr. die Dotation der katholischen Seelsorger [Congrua] vom 19. Apr. 1885, sammt Durchführungs-Verordng. vom 2. Juli 1885. Mit e. ausführl. alphabet. Sachregister. 8. (32 S.) Prag, Mercy. n. — 48

—— betr. Ergänzung u. Abänderung einiger Bestimmungen üb. Erhebung der auf das Einkommen gelegten direkten Kommunalabgaben. Vom 27. Juli 1885. 8. (8 S.) Berlin, v. Decker. — 15

—— betr. die Erhebung v. Reichsstempelabgaben. Gesetz vom 1. Juli 1881, vervollständigt in Gemäßheit der im Gesetz vom 29. Mai 1885 [Bekanntmachg. vom 3. Juni 1885, Reichs-Gesetzblatt Nr. 21 pro 1885 S. 171] enthaltenen Abändergn. 8. (18 S.) Ebd. — 30

—— dasselbe, nebst Ausführungsvorschriften u. Bestimmgn. üb. die Erhebg. u. Verrechng. der zu entricht. Reichsstempelabgaben, sowie den dazu gehör. Mustern. 8. (71 S.) Ebd. cart. n. 1. —

—— dasselbe. Mit den vom Bundesrath erlassenen Ausführungsbestimmgn. 4. (61 S.) Berlin, C. Heymann's Verl. n. 1. 50

—— betr. die Krankenversicherung der Arbeiter vom 15. Juni 1883 u. Gesetz üb. die Ausdehnung der Unfall- u. Krankenversicherung vom 28. Mai 1885, nebst Ausführungsanweisgn. u. Statutenentwürfen. 2. Aufl. 8. (VIII, 181 S.) Ebd. cart. n. 2. —

—— betr. die Pensionirung der Lehrer u. Lehrerinnen an den öffentlichen Volksschulen. Vom 6. Juli 1885. [Gesetz-Samml. S. 298.] 8. (8 S.) Berlin, v. Decker. n. — 20

—— dasselbe. gr. 16. (14 S.) Berlin, S. Schwartz. — 15

—— dasselbe. 16. (15 S.) Brieg, Kroschel. n. — 10

—— dasselbe. 8. (11 S.) Landsberg a/W., Schaeffer & Co. baar — 15

—— dasselbe. gr. 8. (12 S.) Schleswig, Bergas. baar n. — 20

—— dasselbe, nebst e. Vorwort u. erläut. Anmerkgn. Hrsg. v. e. Schulaufsichtsbeamten. 8. (18 S.) Dortmund, W. Crüwell. — 30

—— über die Veräußerung u. hypothekarische Belastung v. Grundstücken im Geltungsbereich d. Rheinischen Rechts. Textausg. m. sämmtl. Materialien [Entwurf der Regierg., Begründg. desselben, Berichte der Kommissionen d. Abgeordnetenhauses u. d. Herrenhauses]. 8. (40 S.) Elberfeld, Lucas. n. — 60

—— dasselbe vom 20. Mai 1885, nebst der zur Ausführung dieses Gesetzes ergangenen allgemeinen Verfügg. d. Justizministers vom 12. Juni 1885. Durch viele Anmerkgn. erläutert. 8. (19 S.) Neuwied 1886, Heuser's Verl. cart. — 30

—— betr. wegepolizeiliche Vorschriften f. die Prov. Schleswig-Holstein m. Ausnahme d. Kreises Herzogth. Lauenburg. Vom 15. Juni 1885. gr. 8. (15 S.) Schleswig, Bergas. n. — 20

—— betr. den Zolltarif d. deutschen Zollgebietes u. den Ertrag der Zölle u. der Tabacksteuer vom 15. Juli 1879, nebst Aendergn. bis zum 22. Mai 1885. 4. (31 S.) Straßburg, Schultz & Co. Verl. n. — 80

—— betr. die Zusammenlegung der Grundstücke im Geltungsgebiet d. Rheinischen Rechts vom 24. Mai 1885. Commentirte Ausg. vom Verf. d. Rhein.-Preuß. Haus-Advokaten. 8. (33 S.) Mülheim, Bagel. n. — 50

(85/1) **Gesetze** f. das Königr. **Böhmen.** Taschen-Ausg. Nr. 2 u. 188. 8. Prag, Mercy. n. 3. 20

Inhalt: 2. Die Bau-Ordnung f. das Königr. Böhmen vom 11. Mai 1864 sammt allen bezugnehmenden Gesetzen u. Verordnungen m. Formularien f. die in Bauangelegenheiten vorkommenden Fälle, ergänzt durch die einschläg. Bestimmgn. d. a. b. G. B., d. Strafgesetzes, der Gewerbe- u. Feuerpolizei-Ordng. ꝛc. Commentirt u. erläutert m. Benützg. v. Entscheidgn. der obersten Behörden v. e. prakt. Juristen. Mit e. ausführl. alphabet. Sachregister. 5. Aufl. (180 S.) 1886. n. 2. —. — 188. Lehrpläne f. allgemeine Volksschulen in Böhmen nach dem Erlasse d. k. k. Landesschulrathes vom 18. Juli 1885. (131 S.) n. 1. 20.

(85/1) —— österreichische. Taschenausg. 6. Bd. 2. Abth., 8. u. 25. Bd. 8. Wien, Manz. n. 10. —

Inhalt: 6. II. Die allgemeine Gerichtsordnung, die Gesetze üb. die besonderen Verfahrensarten in Streitsachen, darunter Bagatell- u. Mahnverfahren, sammt allen darauf bezügl. Verordngn. u. den grundsätzl. Entscheidgn. d. obersten Gerichtshofes. 10 verm. u. ergänzte Aufl. (XII, 468 S.) n. 3. —. — 8. Gesetze betr. das Forstwesen u. den Feldschutz, nebst allen ergänz. u. erläut. Verordngn. m. Hinweisg. auf die einschläg. aus den Entscheidgn. d. Verwaltungsgerichtshofes ersichtl. Rechtsgrundsätze. (XIV, 668 S.) n. 4. —. — 25. Gesetze betr. Jagd, Vogelschutz u. Fischerei, nebst alldn ergänz. u. erläut. Verordngn. m. Hinweisg. auf die einschläg. aus den Entscheidgn. d. Verwaltungsgerichtshofes ersichtl. Rechtsgrundsätze. (VIII, 423 S.) n. 3. —

—— u. **Verordnungen**, betr. die Ausübung der Jagd im Königr. Sachsen. Mit Einleitg., Erläutergn. u. Sachregister. 8. (2. Aufl.) (IV, 52 S.) Dresden, Meinhold & Söhne. cart. — 75

—— —— österreichische. Handausg. 4., 63. u. 78a. Hft. 8. Wien, Hof- u. Staatsdruckerei. n. 2. 60

Inhalt: 4. Confessionelle Gesetze sammt den neueren hierzu erlassenen Verordnungen u. Erlässen. Mit e. Anh.: Vorschriften üb. die Dotation der kathol. Seelsorgegeistlichkeit. 5. Aufl. (X, 164 S.) n. 1. 20. — 63. Vorschriften üb. den eigentlichen Hausirhandel u. üb. die dem Hausirhandel verwandten Beschäftigungen. (V, 93 S.). n. 1. —. — 78a. Bestimmungen d. 6. Hauptstückes der Gewerbeordnung üb. das gewerbliche Hilfspersonale nach dem durch das Gesetz vom 8. März 1885 [R. G. Bl. Nr. 22] festgestellten neuen Wortlaute u. die Vorschriften üb. die Arbeitsbücher, [die tägl. Arbeitsdauer, die Arbeitspausen, die Sonntags- u. Feiertags-Ruhe u. -Arbeit], die Nachtarbeit jugendl. Hilfsarbeiter u. der Frauenspersonen. (VIII, 59 S.) n. —. 40.

—— —— die neuen, auf dem Gebiete der Volksschule in Steiermark. 5., 11. u. 18. Hft. 2. Aufl. 8. Graz, Leuschner & Lubensky. n. 1. 47

5. (102 S.) n. 75. — 11. (39 S.) n. — 24 — 18. (72 S.) n. — 48..

—— —— über das Wasserrecht f. Böhmen. Mit den einschläg. Entscheidgn. d. Reichsgerichtes, d. obersten Gerichtshofes, d. Verwaltungsgerichtshofes u. der Ministerien. 8. (V, 150 S. m. 1 Taf.) Wien, Manz. n. 1. 60

Gesetzes-Sammlung, enth. die seit dem J. 1869 bis Septbr. 1884 in Wirksamkeit getretenen Gesetze u. Verordnungen civilrechtlichen Inhaltes. 12. (537 S.) Böhm.-Leipa, Künstner. baar n. 4. 50

(85/1) **Gesetzgebung**, die, d. Königr. Bayern seit Maximilian II. m. Erläuterungen. In Verbindg. m. DD. L. v. Arndts, H. v. Bayer, J. C. Bluntschli u. A. begründet von Dr. Carl Frdr. v. Dollmann, fortgesetzt von Dr. J. v. Pölzl u. nach dessen Tode hrsg. v. Dr. Ernst Bezold. 1. Thl. Gesetze privatrechtlichen Inhalts. 3. Beilagenhft. zum 6. Bd. gr. 8. Erlangen, Palm & Enke. n. 6. —

Inhalt: Kommentar zum Allgemeinen Deutschen Handelsgesetzbuche m. Ausschluß d. Seerechtes v. Prof. Dr. Aug. Anschütz u. -Rath Dr. Frhr. v. Völderndorff. Art. 217—270, nach dem heut. Gesetzesstand umgearb. (IV u. S. 617—955.) (cplt.: n. 15. 40)

(85/1) —— die, d. Deutschen Reiches von der Gründung d. Norddeutschen Bundes bis auf die Gegenwart. Mit Erläutergn. u. Registern hrsg. v. Geh. Reg.-R. B. Gaupp, Landrichter A. Hellweg, Geh. Ob.-Finanz.-R. R. Koch, Ob.-Landesger.-R. W. Neubauer, Ob.-Korpsaud. W. L. Solms, Geh. Postr. R. Sydow, Kammerger.-R. W. Turnau, Reg.-R. F. Vierhaus. 21—26. Lfg. gr. 8. (4. Bd. S. 1—960.) Berlin, Guttentag. à n. 1. 50

(85/1) **Gesetzgebung**, die, d. Deutschen Reichs m. Erläuterungen. In Verbindg. m. Proff. DD. Endemann, v. Holtzendorff, Reichsger.-R. Dr. Bucheli etc. hrsg. v. Dr. Ernst Bezold. 1. Thl. Bürgerliches Recht. 4. Bd. 3. Hft. gr. 8. Erlangen, Palm & Enke. n. 5. 80 (cplt.: n. 15. —)
Inhalt: Das Reichsgesetz betr. die Kommanditgesellschaften auf Aktien u. die Aktiengesellschaften vom 18. Juli 1884. Erläutert von Min.-R. Dr. Otto Frhrn v. Völdernodorff. 3. (Schluß-) Hft. (VI u. S. 529—833.)

—— dasselbe. 2. Bd. Beilagenheft. gr. 8. Ebd. n. 3. 20
Inhalt: Das Reichsgesetz, betr. die Anfechtung v. Rechtshandlungen e. Schuldners außerhalb d. Konkursverfahrens vom 21. Juli 1879. Erläutert von Min.-R. Dr. Otto Frhr. v. Völdernodorff. (172 S.)

(85/1) —— dasselbe, 2. Thl. Staats- u. Verwaltungsrecht. 2. Bd. 1. Hft. gr. 8. Ebd. n. 8. —
Inhalt: Die deutsche Gewerbeordnung in der Fassung vom 1. Juli 1883, nebst späteren Zusätzen u. Vollzugsvorschriften d. Reiches. Erläutert v. Dr. Jul. Engelmann. (314 u. 91 S.)

—— dasselbe. 3. Thl. Strafrecht u. Strafprozeß. 1. Bd. 1. Hft. gr. 8. Ebd. n. 4. —
Inhalt: Das Reichs-Preßgesetz vom 7. Mai 1874. Erläutert von wirkl. Geh.-R. Generalstaatsanw. Dr. Frdr. Osk. v. Schwarze. 2. Aufl. (XVIII, 206 S.)

—— die, betr. die Erwerbs- u. Wirthschafts-Genossenschaften, sowie die privatrechtliche Stellung der Vereine. Sammlung aller hierauf bezügl. Reichs- u. bayer. Landesgesetze, Verordngn. u. Bekanntmachgn., zusammengestellt v. der Red. v. „Bayerns Gesetze u. Gesetzbücher". 8. (III, 79 S.) Bamberg, Buchner. n. 1. 50

(85/1) **Gesetz-Sammlung** f. die königl. Preußischen Staaten. Hauptregister zum Jahrg. 1806—1883. 2 Halbbde. 4. (1880 S.) Berlin, (Puttkammer & Mühlbrecht). baar n. 10. —

Gesinde-Ordnung f. sämmtliche Provinzen der Preußischen Monarchie. Gültig vom 8. Novbr. 1870. Unentbehrlich f. Jedermann. 12. u. 13. Aufl. gr. 8. (24 S.) Berlin, Burmester & Stempell. — 25

Gespräch, e., üb. die soziale Frage. Unsern Arbeitern gewidmet. gr. 8. (31 S.) Leipzig, Grunow. — 30

Gesprächbüchlein, russisches, u. Wörtersammlung f. Reisende. [Mit Aussprache.] (Russisch, französisch u. deutsch.) 16. (367 S.) Leipzig 1886, Kasprowicz. cart. n. 2. —

Gespräche Friedrichs d. Großen m. H. de Catt u. dem Marchese Lucchesini. Kritisch festgestellte Auswahl, in deutscher Uebersetzg. Hrsg. v. Dr. Fritz Bischoff. gr. 8. (VIII, 276 S.) Leipzig, Hirzel. n. 3. —; geb. n.n. 5. 25

Geß, Gen.-Superint. D. Wolfg. Frdr., Bibelstunden üb. den Brief d. Apostels Paulus an die Römer. Cap. 1—8. 8. (XII, 367 S.) Basel 1886, Detloff. n. 4. —

Gessler, Privatdoc. Assist. Dr. Herm., die motorische Endplatte u. ihre Bedeutung f. die periphere Lähmung. Eine experimentelle Studie nach anatom., physiolog. u. klin. Gesichtspunkten. Mit 4 (chromolith.) Taf. gr. 8. (48 S.) Leipzig, F. C. W. Vogel. n. 5. —

(84/1) **Gestüts-Buch**, officielles, f. Oesterreich-Ungarn. 3. Suppl. zu Vol. II. Hrsg. v. der Gestüts-Buch-Commission d. Jockey-Club f. Oesterreich. Bearb. v. C. Wackerow. gr. 8. (XV, 112 S.) Wien 1884, F. Beck. geb. baar n. 4. — (I. m. Suppl. 1. u. 2, II. m. Suppl. 1—3: n. 44. —)

Gewerbe- u. Handels-Adressbuch der Schweiz. (Nach Berufsarten geordnet.) gr. 8. (XVIII, 1040 S.) Basel, Birkhäuser. cart. n. 16. —

Gewerbe-Ordnung, die, nach den Gesetzen vom 15. März 1883 u. 8. März 1885, dann den Durchführungs-Verordnungen vom 12. u. 27. Mai 1885 zum VI. Hauptstücke, umfassend Rechtsverhältnisse d. gewerbl. Hilfspersonales m. Einbeziehg. der Bestimmgn. üb. den Arbeitstag u. die Sonntagsruhe. Mit allen nachträgl. Verordngn. hinsichtlich einzelner Gewerbe, als: Apotheker, Materialisten, Pfandleiher, Trödler 2c., sämmtl. Normalstatuten u. den einschläg. Gesetzen üb. Gewerbegerichte, Gewerbeinspectoren, Handelskammern, Hausirhandel, Marken- u. Musterschutz, Kunstwein, Schanksteuer 2c. u. e. Auszuge aus dem allgemeinen Strafgesetze. Mit e. ausführl. chronolog. u. alphab. Sachregister. 2. Aufl. 8. (X, 364 S.) Prag, Mercy. n. 2. 60; geb. n. 3. —

(84/1) Geyer, Prof. Dr. Aug., Grundriß zu Vorlesungen üb. gemeines deutsches Strafrecht. 2. Hälfte. Besonderer Thl. gr. 8. (VII, 216 S.) München, Th. Ackermann's Verl. (à) n. 3. 50

(85/1) Geyer, Lehr. G. B., Schul-Liederbuch. Bearb. im Anschluß an „die Muttersprache" u. einige andere der gebräuchlichsten Schul-Lesebücher. 2. u. 3. Hft. 8. Langensalza, Schulbuchh. n. 1. 45 (cplt.: n. 1. 80)
2. Mittelstufe. 4—6. Schuljahr. (IV, 52 S.) — 45. — 3. Oberstufe. 7—8. Schuljahr. (136 S.) n. 1. —

Geyer, Joh., das Nöthigste aus dem Gebiete der Wechselkunde, in kaufmänn. Beziehg., auf Grundlage der österreich. u. allgemeinen deutschen Wechselordng., theoretisch-praktisch dargestellt. 12., verm. Aufl., bearb. v. Doc. Dr. Otto Gesselbauer. qu. gr. 8. (IV, 203 S.) Wien 1886, Gerold's Sohn. geb. n. 5. 20

Geyger, G., 72 Choralmelodien m. Texten aus dem neuen Berliner Gesangbuche, f. die Schulen der Prov. Brandenburg in 2 Hftn. hrsg. 1. Hft. Choräle f. die Unter- u. Mittelklassen. 2. Aufl. 8. (20 S.) Berlin, Stubenrauch. n. — 20

Geymüller, Baron H. v., s.: Architektur, die, der Renaissance in Toscana.

Geyser, weil. Past. P., das Glück Jerusalems. Eine Erklärg. d. VIII. Capitels d. Römerbriefes in 8 Predigten. 2. Aufl. gr. 8. (109 S.) Elberfeld, Fridrichs. n. 1. —

Gfeller, Jules, voies et moyens du développement industriel et commercial. gr. 8. (219 S.) Bern, (Jenni). baar n. 3. —

Giannella, B., regolamento di procedura penale, s.: Raccolta di leggi ed ordinanze della monarchia austriaca.

(85/1) Giaxa, Dr. Vincenzo de, piccola enciclopedia di medicina ed igiene ad uso delle famiglie. Fasc. 17—20. gr. 8. (2. Bd. S. 337—526.) Triest, Dase. à n. — 60

Gibbon, Charles, aus Mangel an Geld. Roman. Aus dem Engl. v. Otto Löling. Einzige autoris. deutsche Ausg. 2. (Titel-)Aufl. 2 Bde. 8. (350 u. 363 S.) Norden (1878), Fischer Nachf. n. 8. —

Giebe, Reg.- u. Schulr., Verordnungen betr. das gesamte Volksschulwesen in Preußen. Kleine Ausg., zum Handgebrauch f. Lehrer u. Schulvorsteher zusammengestellt. gr. 8. (IV, 249 S.) Düsseldorf 1886, Schwann. n. 3. 50

—— das Volksschullehrer-Pensionsgesetz in Preußen vom 6. Juli 1885. Mit Angabe der bisher. Bestimmgn. u. m. erläut. Bemerkgn. f. den prakt. Gebrauch hrsg. 8. (60 S.) Osnabrück, Wehberg. baar n. — 50

Gierke, Prof. Dr. Hans, Färberei zu mikroskopischen Zwecken. gr. 8. (VII, 243 S.) Braunschweig, H. Bruhn. n. 10. —

Giesebrecht, Ludw., ausgewählte Gedichte. Hrsg. v. Konr. Telmann. 12. (314 S.) Stettin, Saunier. n. 4. —; geb. m. Goldschn. n. 5. —

Gietmann, Gerh., S. J., klassische Dichter u. Dichtungen. 1. Thl. Das Problem d. menschl. Lebens in dichterischer Lösg.: Dante, Parzival u. Faust, nebst einigen verwandten Dichtgn. 1. Hälfte. 8. Freiburg i/Br., Herder. n. 4. 50
Inhalt: Die göttliche Komödie u. ihr Dichter Dante Alighieri. (XII, 426 S.)

Gietmann, Gerh., S. J., die Göttliche Komödie u. ihr Dichter Dante Alighieri. [Ergänzungshefte zu den „Stimmen aus Maria-Laach" 30 u. 31.] gr. 8. (III, 152 u. III, 154 S.) Freiburg i/Br., Herder. n. 4. —

($^{82}/_{2}$) **Gilardone**, Frz., Handbuch d. Theater-Lösch- u. Rettungswesens f. Staats- u. Gemeinde-Behörden, Theater-Administrationen, Baumeister, Fabrikanten u. Feuerwehrmänner. Mit vielen Abbildgn., Plänen u. Text-Illustr. Ergänzungs-Bd. [3. Bd.] gr. 8. (117 S.) Hagenau 1884. (Straßburg, Bensheimer's Sort.) baar n. 4. — (1—3.: n. 14. —)

($^{81}/_{2}$) **Gilbert**, Gust., Handbuch der griechischen Staatsalterthümer. 2. (Schluss-)Bd. gr. 8. (VIII, 426 S.) Leipzig, Teubner. (à) n. 5. 60

Gild, Lehr. A., Liederborn. 376 Volks- u. volkstüml. Lieder f. Schule, Haus u. Leben. Inhaltlich geordnet u. f. die Unter-, Mittel- u. Oberstufe der Volksschule zusammengestellt. Ausg. A ohne Noten in 1 Hft. 2. Aufl. 8. (XV, 126 S.) Kassel, Keßler. n. — 50

Gildemeister, Dr. J., die Heilkraft d. See- u. Höhen-Klimas. Ein ärztl. Wink zur hygien. Verwerthg. der Schulferien. 2., erweit. Aufl. 8. (IV, 31 S.) Langensalza, Beyer & Söhne. n. — 50

Gilhofer, Jos., das Büchlein v. der Geige. Geschichte u. Charakteristik der Violine. Nebst e. gründl. Anweisg., wie sich jeder Spieler selbst sein Instrument verbessern u. in gutem Zustande erhalten könne. 16. (31 S.) Wien, Neidl. n. — 40

Gilles, Ferd., Arbeitsrecht u. Bodenreform. Eine Auseinandersetzg. m. meinen Kritikern. gr. 8. (III, 48 S.) Leipzig, F. Duncker. n. — 75

Gilliéron, V., description géologique des territoires de Vaud, Fribourg et Berne, s.: Beiträge zur geologischen Karte der Schweiz.

Gindely, Ant., Lehrb. der Geschichte f. Bürgerschulen. Ausg. f. Knabenschulen. 3 Thle. Mit mehreren Abbildgn. gr. 8. Prag, Tempsky. à n. — 96; Einbd. à n.n. — 20

1. 7. Aufl. (V, 120 S. m. 7 chromolith. Karten.) — 2. 3. 6., rev. Aufl. (IV, 127 u. IV, 135 S. m. 7 resp. 6 chromolith. Karten.)

— dasselbe. Ausg. f. Mädchenschulen. 3 Thle. Mit mehreren Abbildgn. gr. 8. Ebd. à n. — 96; Einbd. à n.n. — 20

1. 8. Aufl. (IV, 116 S. m. 7 chromolith. Karten.) — 2. 3. 7. Aufl. (IV, 128 u. IV, 130 S. m. 7 resp. 6 chromolith. Karten.)

— Lehrbuch der allgemeinen Geschichte f. die oberen Classen der Mittelschulen. 2. Bd.: Das Mittelalter. 6. verb. Aufl. Mit 77 Abbildgn. u. 8 Karten in Farbendr. gr. 8. (XI, 263 S.) Ebd. n. 2. 80; Einbd. n.n. — 40

— dasselbe f. die unteren Classen der Mittelschulen. 3 Thle. gr. 8. Ebd. à n. 1. 60; Einbd. à n.n. — 25

Inhalt: 1. Das Alterthum. Mit 30 in den Text gedr. Abbildgn. u. 6 Karten in Farbendr. 7. u. 8. umgearb. Aufl. (VI, 144 S.) — 2. Das Mittelalter. Mit 25 Abbildgn. u. 8 Karten in Farbendr. 7. umgearb. Aufl. (VII, 107 S.) — 3. Die Neuzeit. Mit 16 Abbildgn. u. 9 Karten in Farbendr. 7. u. 8. umgearb. Aufl. (VI, 118 S.)

— Gust. **Schimmer** u. Ant. **Steinhauser**, österreichische Vaterlandskunde f. die 8. Classe der Gymnasien. Mit 17 Karten in Farbendr. gr. 8. (VI, 177 S.) Ebd. 1886. n. 3. 60; Einbd. n.n. — 40

Girardin, E. v., die Schuld e. Frau, s.: Universal-Bibliothek Nr. 2036.

Girardin, Mme. É. de, la joie fait peur, s.: Théâtre français.

Girgensohn, Dr. Jos., Bemerkungen üb. die Erforschung der livländischen Vorgeschichte. gr. 8. (19 S.) Riga, Kymmel's Verl. n. — 60

Girndt, Otto, das Reich d. Glücks. Geschichtliches Trauerspiel in 5 Akten. gr. 8. (V, 103 S.) Oldenburg, Schulze. n. 2. —

— mit Vergnügen, s.: ($^{85}/_{1}$) Moser, G. v., Lustspiele.

($^{85}/_{1}$) **Gitlbauer** Prof. Dr. Mich., Philologische Streifzüge. 4. Lfg. gr. 8. (S 241—320.) Freiburg i/Br., Herder. (à) n. 1. 60

Glackemeyer, Dr., der deutsche Wechselverkehr. Ein Rathgeber f. Kaufleute,

Bankiers, Gewerbtreibende u. Handwerker, insbesondere f. Vorstände u. Mitglieder v. Vorschuß- u. Creditvereinen. gr 8. (IV, 169 S.) Hannover 1886, Helwing's Verl. n. 1. 25

Glaser, Adf., das Fräulein v. Villecour. Roman. 2 Bde. 8. (187 u. 223 S) Dresden 1886, Pierson. n. 6. —; geb. n. 7. —

Glaser, Dr. Jul., strafprocessuale Studien. [Aus: „Allg. österreich. Gerichts-Zeitung".] gr. 8. (36 S.) Wien, Manz. n. 1. 20

(84/2) —— Dr. Jos. Unger u. Jos. v. Walther, Sammlung v. civilrechtlichen Entscheidungen d. k. k. Obersten Gerichtshofes. 20. Bd. [Mit dem Verzeichnisse der Gesetzesstellen u. dem systemat. Register f. Bd. 20.] gr. 8. (620 S.) Wien, Gerold's Sohn in Comm. n. 12. —

Glaser, Prof. Dr. K., A. Vaníček. Biographische Skizze. Mit dem (zinkotyp.) Portr. Vaníček's gr. 8. (IV, 66 S.) Wien, Konegen in Comm. n. 1. 60

Glaser, Prof. Dr. L., zur Etymologie u. Nomenclatur der Eulen [Noctuae]. [Aus: „Entomolog. Nachrichten".] gr. 8. (34 S.) Berlin, Friedländer & Sohn. baar n. 1. —

—— Taschenwörterbuch f. Botaniker u. alle Freunde der Botanik, enth. die botan. Nomenklatur, Terminologie u. Litteratur, nebst e. alphabet. Verzeichnisse aller wicht. Zier-, Treibhaus- u. Kulturpflanzen, sowie derjenigen der heim. Flora. 8. (VIII, 485 S.) Leipzig, T. O. Weigel geb. n. 5. —

Glasmacher, Sem.-Oberlehr. J., u. Sem.-Dir. J. Schmitz, Lebensfrühling. Den Kleinen im vorschulpflicht. Alter zur Lust u. Lehre. gr. 8. (VIII, 131 S. m. Fig.) Metz, Gebr. Even. geb. in Halbleinw. n. 2. —; in Leinw. m. 1 Chromolith. n. 2. 50

—— —— Rechenbuch. 5. Hft. [7. u. 8. Schulj.] 3. Aufl. 8. (103 S.) Straßburg, Heitz. geb. n.n. — 80

—— —— dasselbe. Ausg. A. 1. u. 3. Hft. 8. Aufl. 8. Ebd. geb. n.n. — 75
1. (44 S.) n.n. — 35. — 3. (56 S.) n.n. — 40.

Glatz, Rich., nach Süden! Empfindsame Reise durch die Schweiz u. Süd-Frankreich. 2. (Titel-) Ausg. 8. (V, 354 S.) Leipzig (1875), Fock. n. 1. 50

—— Wein-Lexikon. Für Weinbauer, Weinhändler u. Weinfreunde hrsg. 8. (VII, 226 S.) Berlin, Parey. geb. n. 5. —

Glaßbrenner, Adf., die Insel Marzipan. Ein Kindermärchen. Mit (eingedr. u. 6 chromolith.) Illustr. v. Thdr. Hosemann. 4. Aufl. 4. (40 S.) Frankfurt a/M., Literar. Anstalt, Rütten & Loening. cart. 1. 80

(84/2) Glaube, der evangelische, nach dem Zeugnis der Geschichte. 3., 7. u. 8. Hft. 8. Halle, Niemeyer. à — 30
Inhalt: 3. Die evangelischen Salzburger u. ihre Vertreibung 1731—1732. Von Superint. Oberpfr. D. Th. Förster. (29 S.) — 7. Der veltliner Mord. Von Pred. G. A. Tischer. (21 S.) — 8. Das Blutgericht in Calabrien. Ein Geschichtsbild aus dem 16. Jahrh. Von Pfr. Dr. Rich. Weitbrecht. (24 S.)

Gleim, Dir. Dr. englische Gedichte, f. den Schulgebrauch zusammengestellt u. m. Wörterbuch versehen. 4. Aufl. 8. (VIII, 315 S.) Leipzig, Mendelssohn. 2. —; geb. n. 2. 35

Gleim, Dr. Ferd., Elementargrammatik der französischen Sprache. 6. Aufl. gr. 8. (XII, 344 S.) Breslau, Trewendt. n. 3. —

Gleisberg Lehr. Ewald, die Historienbibel [Merzdorfs I.] u. ihr Verhältnis zur rudolfinischen u. thüringischen Weltchronik. Inaugural-Dissertation. gr. 8. (50 S.) Gera. (Leipzig, Fock.) baar n. 1. 20

Glock, Pfr. J. Ph., die Gesetzesfrage im Leben Jesu u. in der Lehre d. Paulus. Eine biblisch-krit. Untersuchg. m. besond. Berücksicht. der Einwendgn. Ed. v. Hartmanns u. der Prätensionen der Wortführer d. modernen Judenthums. gr. 8. (XII, 159 S.) Karlsruhe, Reuter. n. 2. —

Glock, M., Flut u. Ebbe, s.: Volks- u. Jugend-Bibliothek.

Glockenstreit, der Rheinbrohler, u. die Selbstverwaltung der Gemeinden. Von A. Juder. 8. (24 S.) Trier, Paulinus-Druckerei. — 20

Glöckleins-Kalender f. die Terziaren d. hl. Vaters Franciscus, hrsg. v. der Red. d. St. Francisci-Glöcklein. 3. Jahrg. 1886. gr. 8. (107 S. m. Illustr.) Innsbruck, F. Rauch. n.n. — 30
Gloeckner's Lehrbuch der deutschen Handelskorrespondenz. 2. Aufl. Hrsg. unter Mitwirkg. v. weil. Handelsschullehr. Aug. Schmidt u. Dir. Gust. Wagner. gr. 8. (XII, 388 S. m. 1 Tab.) Leipzig, Gloeckner. n. 3. —; geb. n.n. 3. 75
Gloël, Insp. Johs., Hollands kirchliches Leben. Bericht üb. e. im Auftrage d. königl. Domkandidatenstiftes zu Berlin unternommene Studienreise nach Holland. gr. 8. (VII, 133 S.) Wittenberg, Herrosé's Verl. n. 2. —
Glogau, Prof. Dr. Gust., üb. politische Freiheit. Vortrag, geh. im konservativen Verein f. Kiel u. Umgegend am 20. Apr. 1885. gr. 8. (17 S.) Kiel, Lipsius & Tischer. n. — 60
Glöckler, J. P., K. **Atzfahl,** Hauptlehrer, u. Gymn.-Lehr. K. **Erbe,** kurzgefaßte deutsche Grammatik m. Übungsaufgaben. Für Latein- u. Realschulen bearb. gr. 8. (160 S.) Stuttgart, Bonz & Co. n. 1. 60
Glück auf! Essener Taschen-Kalender f. d. J. 1886. 16. (77 S. m. Illustr.) Essen, Fredebeul & Koenen. n. — 20
Gmelin Prof. Leop., die Elemente der Gefässbildnerei m. besond. Berücksicht. der Keramik. Darlegung der Stilgesetze der Gefässbildnerei u. Begründg. derselben an der Hand der geschichtl. Entwicklg. sowie der zweckl. u. techn. Bedinggn., m. üb. 100 (eingedr.) Abbildgn. Ein Wegweiser f. den prakt. Keramiker. Mit e. Atlas v. 12 (lith.) Taf. (in gr. Fol.), gr. 8. (VI, 66 S.) München, (Buchholz & Werner). baar n.n. 18. —
Gmunden, der Curort, u. seine Umgebung. Ein Führer f. Curgäste u. Touristen. Mit 1 Ansicht u. 1 Plane. 12. (45 S.) Gmunden, Mänhardt. n. 1. 20
Gobat, Priest. Abbé, Liebesopfer f. die armen Seelen im Fegfeuer. Sammlung leicht gewinnbarer Ablässe. 16. (112 S.) Paderborn, F. Schöningh. n. — 40
Goebel, Ferd., Rübezahl, der Herr d. Riesengebirges. Der Jugend von 8—14 Jahren neu erzählt. Mit 8 Farbendr.-Bildern. 8. (95 S.) Wesel, Düms. geb. — 75
Goebel, Vereinsgeistl. Reisepred. P. Herm., Beiträge zum Verständnisse der Inneren Mission u. ihrer Aufgaben. 4 Vorträge. 2. Aufl. gr. 8. (72 S.) Breslau, Dülfer. n. — 60
Gobi, Ch., üb. den Tubercularia persicina, Ditm. genannten Pilz, s.: Mémoires de l'académie impériale des sciences de St.-Pétersbourg.
(84/2) **Goedeke,** Karl, Grundrisz zur Geschichte der deutschen Dichtung aus den Quellen. 3. u. 4. Hft. 2., gänzlich neubearb. Aufl. gr. 8. (2. Bd. S. 1—416.) Dresden, Ehlermann. n. 7. 80 (1—4.: n. 17. 40)
Goeders, Dr. Chrn., zur Analogiebildung im Mittel- u. Neuenglischen, e. Beitrag zur Kenntniss der Sprachgeschichte. gr. 8. (40 S.) Kiel 1884, Lipsius & Tischer. n. 1. 20
Godin, A., Mutter u. Sohn, s.: Romanbibliothek der Gartenlaube.
Goldammer, Herm., der Kindergarten. Handbuch der Fröbel'schen Erziehungsmethode, Spielgaben u. Beschäftiggn. Nach Fröbels Schriften u. den Schriften der Frau B. v. Marenholtz-Bülow bearb. Mit Beiträgen von B. v. Marenholtz-Bülow. 2. Thl. gr. 8. Berlin, Habel. n. 4. 20; Einbd. n.n. 1. 40
Inhalt: Fr. Fröbel's Beschäftigungen f. das vorschulpflichtige Alter. 4. verb. Aufl. Mit 60 Taf. Abbildgn. (VII, 197 S.)
Goldenberg, Basil, Untersuchungen üb. die Grössenverhältnisse der Muskelfasern d. normalen sowie d. atrophischen u. d. hypertrophischen Herzens d. Menschen. Inaugural-Dissertation. gr. 8. (61 S.) Dorpat, (Schnakenburg). baar 1. 20

Göldi, Dr. Emil A., Studien üb. die Blutlaus [Schizoneura lanigera Hausm.; Myzoxylus mali] [Puceron lanigère]. Mit 3 lith. Farbentaf. Subventionirt durch Beschluss vom h. Regierungsrathe d. Kantons Schaffhausen [31. Juli 1884]. gr. 4. (28 S.) Schaffhausen, Rothermel. n. 3. —

Goldschmidt, Paul, Geschichts-Tabellen zum Gebrauch in höheren Schulen. gr. 8. (43 S.) Berlin 1879, Springer. n. — 75

(84/2) **Goldsmith**, Oliver, der Landprediger v. Wakefield. Eine Erzählg. Wortgetreu nach H. R. Mecklenburg's Grundsätzen aus dem Engl. übers. v. Dr. R. T. 2. Hft. 32. (S. 65—128.) Berlin, H. R. Mecklenburg. (à) n. — 25

Goldstern, Israel. Ein Bild aus der neuesten Juden-Mission. Hrsg. vom rheinisch-westfäl. Verein f. Israel in Köln am Rhein. 2. Aufl. gr. 8. (77 S.) Köln, Roemke & Co. in Comm. n. 1. —

Goliner, Dr., f. junge Mütter. Gemeinverständliche Belehrgn. üb. die ersten Mutterpflichten. 8. (III, 114 S.) Mülheim, Bagel. cart. 1. 20; geb. 1. 50

Golotusow, F., Leitfaden zum ersten Unterricht in der russischen Sprache f. Deutsche. 18. erweit. u. f. die Schreib-Lese-Methode eingerichtete Aufl. gr. 8. (208 S.) Reval, Kluge. cart. n. 1. 50

Goltermann, Heinr., Bremer Volks- u. Sittenbilder. Plattdeutsch in Poesie u. Prosa. 8. (176 S.) Bremen, (Kühtmann's Sort.). geb. baar n. 2. 50

Goltz, Herm. Frhr. v. d., J. A. Dorner u. E. Herrmann. Eine Gedächtnisrede. gr. 8. (18 S.) Gotha, F. A. Perthes. n. — 40

Goltz, Dir. Prof. Dr. Thdr. Frhr. v. der, Handbuch der landwirtschaftlichen Betriebslehre. gr. 8. (VIII, 598 S.) Berlin 1886, Parey. n. 12. —

Goltze, Lehrerin Marie, praktische Anleitung zur gründlichen Selbst-Erlernung der Plätterei. Ein nützl. Handbuch f. Hausfrauen u. solche, die es werden wollen. 2., verb. u. verm. Aufl. gr. 8. (34 S.) Langensalza, Beyer & Söhne. cart. n. — 60

— praktische Anleitung zur gründlichen Selbst-Erlernung der Weiß- u. Buntwäscherei. Ein nützl. Handbuch f. Hausfrauen u. solche, die es werden wollen. 8. (28 S.) Ebd. cart. n. — 60

Gönner, A., die puerperale Eklampsie nach den neueren Publicationen, s.: Sonderabdrücke der Deutschen-Medizinal-Zeitung.

Gontscharow, J. A., Oblomow. Roman. Aus dem Russ. v. Gust. Keuchel. Mit e. Vorworte v. Eug. Zabel. 2 Thle. in 1 Bd. 8. (XII, 324 u. 213 S.) Berlin, Deubner. n. 5. —

(85/1) **Gonzalez**, Erzbisch. vorm. Prof. Frz. Zephyrinus, die Philosophie d. hl. Thomas v. Aquin. Mit Autoris. d. Verf. aus dem Span. übers. v. Pfr. C. J. Nolte. 3. Bd. gr. 8. (429 S.) Regensburg, Manz. (à) n. 6. —

Göpel's, K., illustrirte Kunstgeschichte. Wanderungen durch das Reich der bild. Künste auf den Wegen ihrer Entwickelg. Für die reifere Jugend. In 2. Aufl. ergänzt u. neu bearb. v. Phpp. Stein. Mit 200 Text-Abbildgn. u. 2 Tonbildern. gr. 8. (X, 292 S.) Leipzig 1886, Spamer. n. 3. —; geb. n. 4. —

Göpfert, Realgymn.-Oberlehr. Dr. E., üb. den Unterricht in der Heimatkunde. Ein Vortrag. 2. Aufl. Nebst 2 (lith.) Orientierungs-Kärtchen. gr. 8. (38 S.) Annaberg 1886, Rudolph & Dieterici. n. — 90

Göppert, Geh. Med.-R. Prof. Dr. H. R., der Hausschwamm, seine Entwicklung u. seine Bekämpfung. Nach dessen Tode hrsg. u. verm. v. Prof. Dr. Th. Poleck. Mit Holzschn. u. 3 farb. u. 1 Lichtdr.-Taf. gr. 8. (V, 56 S.) Breslau, Kern's Verl. n. 3. 50

Görcke, weil. Past. M., wiedergeboren od. ewig verloren! Predigt üb. das Evang. Joh. 3, 1—15, am Sonntage Trinitatis, den 15. Juni 1851, in der Bethlehemskirche zu Berlin geh. 3. Aufl. 16. (28 S.) Berlin, Deutsche Evangel. Buch- u. Tractat-Gesellschaft. n. — 7

Gordan's, Dr. Paul, Vorlesungen üb. Invariantentheorie. Hrsg. v. Dr. Geo. Kerschensteiner. 1. Bd.: Determinanten. gr. 8. (XI, 201 S.) Leipzig, Teubner. n. 6. 40

Gordon, C. G., Journals, s.: Collection of British authors.

Gordon, der Held v. Khartum. Ein Lebensbild nach Orig.-Quellen. Mit (Lichtdr.-)Bildnis u. (2) Karten. gr. 8. (VII, 345 S.) Frankfurt a/M., Schriften-Niederlage d. Evangel. Vereins. In Leinw. cart. n. 6. —

—— Lebensskizze, s.: Barnes, R. H., u. C. E. Brown.

Görges, W., u. H. **Günther**, geographisehe Tabellen. 2. Aufl. 8. (34 S.) Lüneburg, Herold & Wahlstab. n. — 50

Görlitz, Carl, das todte Haus. Roman. 12. (123 S.) Berlin, Goldschmidt. n. — 50

Goerth, Dir. A., die Lehrkunst. Ein Führer f. Lehrer u. Lehrerinnen, welche sich in ihrem Berufe zur Meisterschaft ausbilden wollen. gr. 8. (IX, 355 S.) Leipzig, Klinkhardt. n. 4. 50

Gorup-Besanez' Lehrbuch der Chemie f. den Unterricht auf Universitäten, technischen Lehranstalten u. f. das Selbststudium. [In 3 Bdn.] 1. Bd. gr. 8. Braunschweig, Vieweg & Sohn. n. 12. —

Inhalt: Lehrbuch der anorganischen Chemie m. Einschluss der experimentellen Technik, bearb. v. Albr. Rau. 7. vollständig neu bearb. Aufl. Mit zahlreichen eingedr. Holzst. u. e. farb. Spectraltaf. (XXII, 770 S.)

($^{84}/_{1}$) **Görz**, J., Handel u. Statistik d. Zuckers m. besond. Berücksicht. der Absatzgebiete f. deutschen Zucker. Ergänzungsbd. Lex.-8. (VI, 270 S.) Berlin, Springer. n. 8. — (Hauptwerk u. Ergänzungsbd.: n. 18. —)

Goßler, v., Beitrag zur Geschichte unserer Heeresverfassung, s.: Beiheft zum Militär-Wochenblatt.

Göthe, Lehr. E., Gesangschule. Sammlung v. Liedern, Chorälen u. Tonübgn. Nach 8 Schuljahren methodisch geordnet. 1—6. Hft. 8. Dresden, Huhle. n. 1. 25

1—3. 5. Aufl. (32, 28 u. 36 S.) à n. — 20. — 4. 5. 4. Aufl. (à 40 S.) à n. — 20. — 6. 4. Aufl. (48 S.) n. — 25.

—— kleine Gesangschule. Sammlung v. Liedern, Chorälen u. Tonübgn. f. kleinere Stadt- u. Landschulen. In 2 Hftn. methodisch geordnet. 8. Ebd. à n. — 20

1. 8. verb. Aufl. (40 S.) — 2. 9. verb. Aufl. (60 S.)

Goethe's, J. W. v., sämmtliche Werke, s.: Bibliothek, Cotta'sche, der Weltlitteratur.

—— Werke. Hrsg. v. Ludw. Geiger. Neue Ausg. 10 Bde. 8. (CXVII 565; XXX, 634; XXXII, 486; LXXIII, 545; LXX, 603; XXXI, 583; XL, 577; XVI, 618; XXXVIII, 461 u. XIII, 510 S.) Berlin, Grote. geb. in Callico. n. 20. —; in Halbfrz. n. 25. —

($^{85}/_{1}$) —— dasselbe. Illustrirt v. ersten deutschen Künstlern. Hrsg. v. Heinr. Düntzer. 2. Aufl. 64—80 Lfg. Lex.-8. (4. Bd. X u. S. 265—472 u. 5. Bd. S. 1—248 m. eingedr. Holzschn.) Stuttgart, Deutsche Verlags-Anstalt. baar à n. — 50

($^{82}/_{2}$) —— Briefe an Frau v. Stein. Hrsg. v. Adf. Schöll. 2. vervollständ. Aufl., bearb. v. Wilh. Fielitz. 2. (Schluß-) Bd. gr. 8. (XII, 729 S. m. 2 Silhouetten-Fcsms.) Frankfurt a/M., Literar. Anstalt. (à) n. 8. 40; geb. in Leinw. (à) n.n. 9.—; in Halbfrz. (à) n. 11. 40

—— Egmont, s.: Hausbibliothek f. Stolze'sche Stenographen.

—— Faust. Mit Einleitg. u. fortlauf. Erklärg. hrsg. v. K. J. Schröer. 1. Thl. 2., durchaus rev. Aufl. gr. 8. (XCIX, 305 S.) Heilbronn 1886, Henninger. n. 3. 75; geb. n. 5. —

—— Hermann u. Dorothea. Mit ausführl. Erläuterungen f. den Schulgebrauch u. das Privatstudium v. Sem.-Dir. Dr. A. Funke. 4. verb. Aufl. 8. (148 S.) Paderborn, F. Schöningh. n. 1. —

Goethe, J. W. v., Hermann u. Dorothea, s.: Schulausgaben deutscher Klassiker.

—— die Vögel. In der ursprüngl. Gestalt hrsg. v. Wilh. Arndt. 8. (XXXVI, 59 S.) Leipzig 1886, Veit & Co. n. 2. —

Goethe, Dir. i. R. Hermann, die Rebenveredlung. Ein Leitfaden f. Alle, welche das Veredeln der Reben lehren od. lernen wollen, nebst e. Anh. üb. Wiederherstellg. unserer Weingärten zum Schutz gegen die Phylloxera. Mit 28 Abbildgn. auf 10 zum Thl. color. (Stein-) Taf. v. Lehr. Jos. Ketz. Lex.-8. (48 S.) Wien 1886, Perles. n. 2. 40

Gótsch, Jos., Tages-Zinsen-Tabellen von 4% bis 9%. gr. 8. (XIII, 177 S.) Kecskemét 1884, Gallia. n. 4. —

(82/2) **Gottgetreu**, Prof. Archit. Rud., Lehrbuch der Hochbau-Konstruktion. 3. Thl. Eisen-Konstruktion. Mit e. Atlas v. 35 (Kpfr.-) Taf. in Fol. (u. Mappe), sowie 2 Texttaf. u. 569 in den Text eingedr. Holzschn. gr. 8. (XX, 408 S.) Berlin, Ernst & Kom. n. 36. — (1—3.: n. 88. —)

Gotthelf's, Jerem., ausgewählte Werke. 10 Bde. Neue Ster.-Ausg. 8. Berlin, Springer. à n. 1. —; in 5 Bde. geb. n. 12. 50

Inhalt: 1. Käthi, die Großmutter. Eine Erzählg. (IV, 256 S.) geb. n. 1. 50. — 2. Geld u. Geist od. die Versöhnung. Eine Erzählg. 2 Thle. in 1 Bd. (166 u. 146 S.) geb. n. 1. 50. — 3. Uli, der Knecht. Eine Erzählg. (IV, 318 S.) — 4. Uli, der Pächter. (IV, 352 S.) (Knecht u. Pächter in 1 Bd. geb. n. 2. 50.) — 5. 6. Erzählungen. 2 Bde. (294 u. 266 S.) In 1 Bd. geb. n. 2. 50. — 7. 8. Leiden u. Freuden e. Schulmeisters. 2 Bde. (IV, 214 u. IV, 250 S.) In 1 Bd. geb. n. 2. 50. — 9. 10. Wie Anne Bäbi Jowäger haushaltet u. wie es ihm m. dem Doktern geht. 2 Bde. (IV, 356 u. IV, 349 S.) In 1 Bd. geb. n. 2. 50.

—— Uli der Knecht, s.: Collection Spemann.

Gottlieb, A. H., Kinderbibel f. die 3 ersten Schuljahre. Mit 40 Abbildgn. gr. 8. (60 S.) Köln, Theissing. geb. n. — 40

Gottlieb, E., unsere Sprache u. unsere Schrift. Eine Mahng., dem deutschen Geist zur Beherzigg. gewidmet. 8. (III, 110 S.) Leipzig, Pfau. n. 1. 60

Gottschall, Rud. v., Schulröschen. Erzählung. 8. (221 S.) Breslau 1886, Trewendt. n. 4.50; geb. n. 5. 50

Gottsche, Privatdoc. Dr. C., die Sedimentär-Geschiebe der Prov. Schleswig-Holstein. Mit 2 Karten. Lex.-8. (V, 66 S.) Tokio 1883. (Kiel, Lipsius & Tischer.) n. 4. —

Götz, Gymn.-Gesanglehr. A., Cantate. Gesänge zur heil. Messe zunächst f. Gymnasien u. höhere Lehranstalten. gr. 16. (VII, 112 S.) Mainz, Frey. n. — 80; geb. n. 1. 10

Goetz, Ferd., Aufsätze u. Gedichte. Eine Sammlg., eingeleitet v. Rud. Lion. Zur 25jähr. Jubelfeier der deutschen Turnerschaft hrsg. Mit e. (autotyp.) Bildnis d. Verf. gr. 8. (XVI, 166 S.) Hof, Lion. n. 1 50

Goetz, Geo, meletemata Festina. gr. 4. (8 S.) Jena, (Neuenhahn). baar n. — 50

(84/1) **Götz**, Prof. Dir. Herm., Zeichnungen u. kunstgewerbliche Entwürfe. Lichtdr. v. J. Schober in Karlsruhe. 3—10. Lfg. gr. Fol. (à 2 Bl. m. 2 Bl. Text.) Stuttgart, Neff. à n. 4. —

Goetz, W., die Nialssaga e. Epos u. das germanische Heidenthum in seinen Ausklängen im Norden, s.: (85/1) Sammlung gemeinverständlicher wissenschaftlicher Vorträge.

Goetze, die Fürsorge f. die Lehrlinge, s.: Flugschriften f. Innere Mission.

Götze, Hauptlehr. Heinr., Liedersammlung, nebst e. Übungskursus f. den Gesangunterricht, f. mehrklass. Schulen nach Jahreskursen geordnet. 9. verb. u. verm. Aufl. 8. (IV, 176 S.) Hamburg, Nolte. geb. n. 1. —

Goetze, P. v., Albert Suerbeer, Erzbischof v. Preußen, Livland u. Ehstland. Geschichtliche Darstellg. Lex.-8. (VI, 224 S. m. 4 Kpfrtaf.) St. Petersburg 1854. (Riga, Kymmel's Verl.) n. 6. —

Gowers, Prof. Dr. W. R., Diagnostik der Rückenmarkskrankheiten. 3. Aufl. Aus dem Engl. übers. v. DD. K. Bettelheim u. M. Scheimpflug. Mit 14 Abbildgn. u. 1 (photolith.) Taf. gr. 8. (VI, 101 S.) Wien, Braumüller. n. 2. 40
Grabe, Frz., die beiden Peter. Singspiel in 1 Akt. Text u. Musik v. F. G. 8. (23 S.) Celle, (Schulze'sche Buchh.). baar n. — 30
—— das Müller-Klärchen. Singspiel in 1 Akt. Text u. Musik v. F. G. 8. (32 S.) Ebd. baar n. — 30
—— Fritz Reuter. Schwank in 1 Akt. Mit Benutzg. e. Thatsache. 8. (31 S.) Ebd. baar n. — 30
Graber, V., üb. die Helligkeits- u. Farbenempfindlichkeit einiger Meerthiere. [Aus: „Sitzungsber. d. k. Akad. d. Wiss."] Lex.-8. (22 S.) Wien, (Gerold's Sohn). n.n. — 45
—— die äußeren mechanischen Werkzeuge der Tiere, s.: Wissen, das, der Gegenwart.
Gräbner, A. L., Johann Sebastian Bach. 8. (160 S. m. 1 Lichtdr.-Portr.) Milwaukee, Wis. (Dresden, H. J. Naumann.) baar n. 2. —; geb. n. 3 —
—— die synergistisch-rationalisierende Stellung der Theologischen Fakultät zu Rostock gegenüber der Lehre der Konkordienformel v. Bekehrung u. Gnadenwahl. gr. 8. (96 S.) Ebd. baar n. 1. 50
Grabowski, Stanisl. Graf, lebendig begraben. Novelle. 8. (120 S.) Berlin, Goldschmidt. n. — 50
Graef, A., s.: Sammlung moderner Ladenvorbaue u. Hausthüren.
Graef, C., das Unfallversicherungs-Gesetz, s.: Reichsgesetzgebung, die, auf dem Gebiete der Arbeiter-Versicherung.
($^{85}/_{1}$) **Graefe's**, Albr. v., Archiv f. Ophthalmologie. Hrsg. v. Proff. F. Arlt, F. C. Donders u. Th. Leber. 31. Jahrg. 1—3. Abth. od. 31. Bd. 1—3. Abth. Mit Holzschn. u. Taf. gr. 8. (IV, 303, IV, 292 u. IV, 320 S.) Berlin, H. Peters. à n. 10. —
—— dasselbe. General-Register zum 21—30. Bd. Bearb. v. W. Schläfke. gr. 8. (67 S.) Ebd. n. 2. —
Graefe, Prof. Dr. Fr., Aufgaben u. Lehrsätze aus der analytischen Geometrie d. Punktes, der geraden Linie, d. Kreises u. der Kegelschnitte. Für Studierende an Universitäten u. techn. Hochschulen. gr. 8. (IV, 136 S.) Leipzig, Teubner. n. 2. 40
Graefe, Jul., Bremer Dichter d. neunzehnten Jahrhunderts. Auswahl ihrer Gedichte m. biograph. Notizen, unter Mitwirkg. v. Aug. Freudenthal hrsg. 2. (Titel-) Ausg. 16. (414 S.) Bremen (1875) 1886, Haake. n. 4. —; geb. n. 5. —
Graham, Th. J., deutsch-englisches Handelscorrespondenz-Lexikon, s.: Rosback, F.
Grandauer, J., die specielle Methodik d. Zeichenunterrichtes, s.: Handbuch der speciellen Methodik.
Granella, Vict. [W. Tangermann], Sions Harfenklänge. 8. (IV, 203 S.) Bonn 1886, Neusser. n. 3 —
Grans, H., mein Freund in Alexandrien, s.: Dilettanten-Mappe.
Grant, Miss, Cara Roma, s.: Collection of British authors.
Graepp, Past. L. W., die praktische Sonntagsschule in 3 Abthlgn., umfassend das religiöse Unterrichtsgebiet f. Sonntagsschulen deutsch-ev. luth. Gemeinden in Amerika. Ein Handbuch f. Eltern, Sonntagsschullehrer u. Kinder. 2. Abth. Mittelklasse. Kinder v. 10—12 Jahren. Hrsg. vom ev.-luth. Sonntagsschulverein. 12. (176 S. m. 1 Tab.) Neustadt, Ont. Canada. (Philadelphia, Schäfer & Koradi.) geb. baar n. 1. 50
Grasberger, Hans, Plodersam. Geistli'n-G'schichten, g'sangsweis dazält. gr. 16. (144 S.) Leipzig, Liebeskind. n. 2. —; Einbd. in Leinw. n. n. — 75

($^{83}/_1$) **Grashof**, Prof. Dr. F., theoretische Maschinenlehre. [In 4 Bdn.] 3. Bd. Theorie der Kraftmaschinen. Mit in den Text gedr. Holzschn. (In 5 Lfgn.) 1. Lfg. gr. 8. (160 S.) Hamburg 1886, Voss. n. 4. — (I—III, 1.: n. 46. —)

Grashoff, W., s.: Bibelstunden, alttestamentliche.

Graesse, Dir. Dr. J. G. Théodore, guide de l'amateur de porcelaines et de poteries ou collection complète des marques de fabriques de porcelaines et de poteries de l'Europe et de l'Asie. 7. éd., revue, considérablement augmentée et contenant la seule collection complète des marques du Vieu-Saxe. 8. (XI, 231 S.) Dresden, Schönfeld. geb. n. 6. —

Graßmann, R., biblische Geschichte d. Alten Testamentes zum Gebrauch f. Schulen. Mit 2 Karten u. mehreren Abbildgn. 8. (194 S.) Stettin, Graßmann. n. — 80

—— biblische Geschichte f. Landschulen. 8. (249 S. m. 2 Karten.) Ebd. 1883. n. — 50

—— biblische Geschichte f. Stadtschulen. 12. Aufl. gr. 8. (262 S. m. 2 Karten.) Ebd. n. — 80

Graul, R., Antoine-Jean Gros, s.: Kunst u. Künstler d. 19. Jahrh.

Gräbe, Rekt. A., Präparationen zur Behandlung deutscher Musterstücke in der Volksschule. Im Anschluß an das Deutsche Lesebuch m. Bildern v. Gabriel u. Supprian. Ausg. A, B u. C. Mittelstufe. [3. u. 4. Schulj.] gr. 8. (VII, 98 S.) Bielefeld, Velhagen & Klasing. n. 1. 20

Graveur-Zeitung. Hrsg. vom Deutschen Graveur-Verein zu Berlin. 10. Jahrg. 1885. 4 Nrn. (à 1—1½ B. m. Kunstbeilagen.) gr. 4. Berlin, Wasmuth in Comm. baar n. 15. —

Grecf, Wilh., geistliche Männerchöre, alte u. neue, f. Freunde d. ernsten Männergesanges. 2. Hft. [Mit Berücksicht. der kirchl. Feste.] 133 Gesangnummern [71 Orig.-Kompositionen] enth. 2. Aufl. qu. gr. 8. (96 S.) Essen, Bädeker. n. 1. —

—— Männerlieder, alte u. neue, f. Freunde d. mehrstimmigen Männergesanges. 2. Hft. 19. Aufl. qu. 8. (32 S.) Ebd. n. — 30

—— Sängerhain, } s.: Erk, L.
—— Singvögelein, }

Gregorii Turonensis opera, s.: Monumenta Germaniae historica.

Gregorovius, Ferd., die Insel Capri. Idylle vom Mittelmeer. 2. Aufl. 12. (VI, 83 S.) Leipzig, Brockhaus. cart. n. 1. 80

Greith, weil. Bischof Karl Joh., die katholische Apologetik in Kanzelreden. A. u. d. T.: Neue Apologien in Kanzelreden üb. kathol. Glaubenswahrheiten, gegenüber den Irrlehren alter u. neuer Zeit, f. Priester u. Laien. 2 Bde. 2. Aufl. gr. 8. (VIII, 374 u. 373 S.) Regensburg, Manz. 7. —

Grelle, weil. Prof. Dr. Frdr., Elemente der Theorie der v. reellen Variabeln abhängigen Funktionen. Ein Leitfaden zu Vorträgen üb. höhere Mathematik. Neue wohlf. (Titel-) Ausg. gr. 8. (VIII, 268 S.) Leipzig (1881), Baumgärtner. n. 4. —

—— analytische Geometrie der Ebene. 2., gänzlich umgearb. Aufl. Neue wohlf. (Titel-) Ausg. gr. 8. (XI, 189 S. m. eingedr. Fig.) Ebd. (1875). n. 4. —

Gremli, A., Excursionsflora f. die Schweiz. Nach der analyt. Methode bearb. 5., verm. u. verb. Aufl. 8. (XXIV, 500 S.) Aarau, Christen. 4. 50; geb. n. 5. 10

Grenadiere, die, d. alten Fritz. Militärisches Lustspiel in 3 Akten v. F. H. [Aus: „Unteroffizier-Zeitg".] 8. (34 S.) Berlin, Liebel. n. — 75

($^{84}/_1$) **Grenser**, Alfr., Adressbuch f. Freunde der Münz-, Siegel- u. Wappenkunde. Mit biograph., literar. u. statist. Nachweisen. 2. Jahrg. 8. (V, 312 S.) Frankfurt a/M. 1886, Rommel. geb. baar n. 5. —

Gressent's einträglicher Obstbau. Neue Anleitg., auf kleinem Raume m. mäß. Kosten regelmäßig viele u. schöne Früchte in guten Sorten zu erzielen. 2. Aufl. Mit 459 in den Text gedr. Abbildgn. gr. 8. (VIII, 526 S.) Berlin, Parey. cart. n. 8. —

Greßler, Hauptlehr. J., die Reallesebuchfrage [Vortrag, geh. auf der Weihnachts-Conferenz „berg. Lehrer" zu Bohwinkel u. dem IX. Westfäl. Lehrertag zu Haspe], auf Grund der Unterrichtspraxis kritisch beleuchtet. gr. 8. (III, 43 S.) Bielefeld, Helmich. n. — 75

Gretener, X., s.: (85/1) Strafgesetzbuch f. Russland.

Greve, Reg.-Baumstr. Jul., Beiträge zur Lösung der Kanalfrage. gr. 8. Berlin, Ernst & Korn in Comm. n. 1. 20

Inhalt: I. Waggon-Schiff u. Schiffs-Waggon, e. neues System d. Kohlentransportes. II. Die geneigte Schleuse, e. neue Schleusenkonstruktion f. grosse Höhenunterschiede. (35 S. m. 1 Steintaf.)

Gréville, Henry, Dosia, s. Universal-Bibliothek Nr. 2002.

—— die Niania. Roman. Einzig autoris. Uebersetzg. v. Arth. Röhl. 8. (258 S.) Dresden, Minden. n. 3. 50

Grieb, Chrph. Fr., englisch-deutsches u. deutsch-englisches Wörterbuch, m. e. tabellar. Uebersicht der v. den neueren engl. Orthoepisten verschieden ausgesprochenen Wörter. 9. Ster.-Aufl. 2 Bde. Lex. 8. (XII, 1140 u. VI, 1087 S.) Stuttgart, Neff. n. 17. —; geb. n. 20. —

Grieben's Reise-Bibliothek. 16. u. 84. Bd. 12. Berlin, Goldschmidt. n. 3. —

Inhalt: 16. Die sächsische Schweiz. Praktischer Wegweiser f. Reisende. Neu bearb. v. Dr. Fritz Ohnesorge. 13. Aufl. Mit 1 Karte: „Die sächs. Schweiz". (IV, 95 S.) n. 1 —. — 84. Antwerpen u. die Welt-Ausstellung 1885. Praktischer Führer, neu bearb. v. H. T. Luks. Mit 3 Karten. (XLVIII, 95 S.) n. 2. —

Griesholm, P. van, Spottvogel in der Schlinge, s: Bloch's, E., Theater-Correspondenz.

Grillenberger u. **Wirth,** Lehrer, Lehr- u. Übungsstoff f. den Unterricht in der Muttersprache. Für die Hand der Schüler bearb. Ausg. A. 1., 3., 4. u. 6. Hft. 8. Fürth, Eßmann. n. 1. 15

1. [2. Schulj.] 5. Aufl. (59 S.) n. — 25. — 3. [4. Schulj.] 4—6. Aufl. (80 S.) n. — 25. — 4. [5. Schulj.] 3. Aufl. (80 S.) n. — 30. — 6. [7. Schulj.] (92 S.) n. — 35.

Grillparzer, F., der arme Spielmann, s.: National-Bibliothek, deutsch-österreichische.

(85/1) **Grimm,** Dr. F., Wörterbuch d. deutschen Handels-, Wechsel- u. Konkursrechts m. Ausschluß d. Seerechts. Mit e. Anh., den Text d. Handelsgesetzbuchs [ohne Seerecht], der Wechselordng. u. der Konkursordng. enthaltend. 6—11. (Schluß-) Lfg. gr. 8. (1. Bd. S. 369—592 u. 2. Bd. VII, 183 S.) Berlin, Hempel. à n. 1. —

Grimm, Jac., Briefwechsel zwischen J. G. u. J. H. Albertsma, s.: Briefwechsel.

—— u. Wilh. Grimm, deutsches Wörterbuch. Fortgesetzt v. DD. Mor. Heyne, Rud. Hildebrand, Matth. Lexer u. Karl Weigand. 6. Bd. 15 (Schluss-) Lfg. Bearb. v. Dr. M. Heyne. Lex.-8. (VIII u. Sp. 2689—2848.) Leipzig, Hirzel. (à) n. 2. —

Grimmelshausen, H. J. Ch., der abenteuerliche Simplicius Simplicissimus, s.: Collection Spemann.

(85/1) **Grittner,** H., u. C. **Lataczь,** Lehrer, der praktische Turnlehrer. Eine methodisch-prakt. Verarbeitg. d. im amtl. Leitfaden f. die preuß. Volksschulen vorgeschriebenen Turnstoffes in Unterrichtsstunden. 3. Tl. 8. Kattowitz, Siwinna. n. 1. 80 (cplt.: n. 4. —)

Oberstufe. [12—14. Lebensjahr.] Mit 5 Fig.-Taf. (V, 187 S.)

—— dasselbe. 1. Tl.: Unterstufe. 8—10. Lebensjahr.] 2., verb. Aufl. Mit 1 Fig.-Taf. (V, 114 S.) Ebd. n. 1. —

(85/1) **Gritzner**, Max, heraldisch-dekorative Musterblätter. Hrsg. nach amtl. Quellen u. besten herald. Vorbildern. Bl. 55. 57. 58. 60. 62—66. 77. 79. 80. Lith. u. color. gr. Fol. Frankfurt a/M., Rommel in Comm. à n. — 60

(85/1) —— u. Ad. M. **Hildebrandt**, Wappenalbum der gräflichen Familien Deutschlands, Oesterreich-Ungarns etc. 16—24. Lfg. gr. 4. (90 heliotyp. Taf. m. 26 Bl. Text.) Leipzig, T. O. Weigel. Subscr.-Pr. à n. 2. —; Einzelpr. à n. 3. —

Groedinger, Rich., Mittheilungen aus der syphilitischen Abtheilung d. Hospitals zu Alexandershöhe bei Riga. Inaugural-Dissertation. gr. 8. (48 S.) Dorpat, (Karow). baar n. 1. —

(85/1) **Groffmann**, Lehr. C., Liederkranz, gewunden f. Schulen, Familien u. Vereine. Eine Sammlg. beliebter Lieder verschiedensten Inhalts, so harmonisiert, daß sie ein-, zwei- u. dreistimmig gesungen werden können. Nach der Chevé'schen Methode in Tonziffern übertragen. 2. Hft. qu. 12. (79 S.) Arnsberg, Stahl. (à) n. — 35

Grohmann, A., s.: Wiederholungsbuch f. den geographischen rc. Unterricht.

Groller, Balduin, Prinz Klotz. Eine Novelle. 8. (149 S.) Leipzig, Wartig's Verl. n. 2. —; geb. n. 3. —

Gros', A. J., Biographie u. Charakteristik, s.: Graul, R.

(84/2) **Groschen-Bibliothek** f. das deutsche Volk. Nr. 60—63. 12. Barmen, Klein. à n. — 10

Inhalt: 60. Aus dem Leben d. Pastor Thaddäus. Eine Erinnerg. an die Zeit der Eroberg. Magdeburgs im J. 1631. (24 S.) — 61. 62. Jigelis Porträt. Von Pfr J. Orth. (21 S.) — 63. Gespenstergeschichte. Von Frdr. Jacobs. (22 S.)

Grosez, P. Joh. Steph., S. J., Leben der Heiligen, nebst Betrachtungen u. Gebeten auf alle Tage d. Jahres, sowie auf die beweglichen Kirchenfeste. Nach dem Lat. Hrsg. v. Pfr. Dr. Heinr. Rütjes. gr. 8. (VI, 667 S.) Paderborn 1886, Bonifacius-Druckerei. 3. 60

Groß, Ferd., aus meinem Wiener Winkel. Bilder. 8. (225 S.) Leipzig, Friedrich. n. 2. —

Groß v. Trockau, J. A. Freiin, d. Sohnes Sühne, s.: Familien-Bibliothek.

Groß, Lehr. Joh. Wilh., die Realien im Dienste schriftlicher Übungen. Nach dem Lesebuch f. die kath. Volksschulen Württembergs. Für die Hand der Schülerbearb. 6. verm. Aufl. 8. (47 S.) Biberach, Dorn. baar n. n. — 20

Grosse-Bohle, Lehr. Dr. A., ebene Trigonometrie zum Gebrauche an Landwirtschaftsschulen, höheren Bürgerschulen u. ähnlich organisierten Anstalten, sowie auch zur Selbstbelehrg. Mit 50 in den Text gedr. Abbildgn. gr. 8. (III, 55 S.) Freiburg i/Br., Herder. n. — 90

Grosse, Gymn.-Dir. Prof. Dr. Emil, Auswahl aus D. Martin Luthers Schriften in unveränderter Sprachform m. Bemerkungen üb. dieselbe. 2. Aufl. gr. 8. (VIII, 212 S.) Berlin, Weidmann. n. 2. 40

Grosse, Jul., der getreue Eckart. Roman in 12 Büchern. 2 Bde. 8. (388 u. 455 S.) Berlin, Grote. cart. n. 8. —; geb. n. 9. 60

Grosse, K., Ludwig, s.: Jugendschatz, deutscher.

Grossmann's Notiz-Kalender f. Uhrmacher auf d. J. 1886. Hrsg. v. M. Rosenkranz. 9. Jahrg. 16. (XXXVI, 186 u. 128 S. m. 1 Lichtdr.-Portr. u. 1 Eisenbahnkarte.) Naumburg, Schirmer. geb. in Leinw. n. 2. 25; in Ldr. n. 3. —

Großmann, Ingen. Jos., das Warmlaufen der Maschinenlager. Eine Abhandlg. üb. die Ursachen u. Wirkgn. d. harmlosen Warmlaufens der Lager u. die zur Unterscheidg. v. dem gefährl. Warmlaufen dien. Mittel zum Gebrauche f. Maschinenbesitzer, Ingenieure, Werkführer rc. gr. 16. (31 S.) Wien, v. Waldheim. n. — 70

Großmann, K., Entwürfe u. Dispositionen zu Unterredungen üb. die biblischen Geschichten d. alten u. neuen Testaments. Für Lehrer u. Freunde d. göttl. Wortes überhaupt bearb. 2. (Titel-) Aufl. gr. 8. (VIII, 352 S.) Wittenberg (1882) 1886, Herrosé's Verl. n. 3. —

—— Entwürfe u. Dispositionen zu Unterredungen üb. den kleinen Katechismus Dr. M. Luthers. Für Lehrer u. Freunde d. göttl. Wortes überhaupt bearb. 2. (Titel-) Aufl. gr. 8. (VIII, 234 S.) Ebd. (1881) 1886. n. 2. 40

(85/1) **Grotefend**, Reg.-R. G. A., das gesammte preußisch-deutsche Gesetzgebungs-Material. Die Gesetze u. Verordnungen, nebst den Erlassen, Reskripten, Anweisgn. u. Instruktionen der preuß. u. deutschen Centralbehörden. Aus den Gesetzsammlgn. f. das Königr. Preußen u. das deutsche Reich, dem Reichs-Centralblatt, dem Armee-Verordnungsblatt, dem Centralblatt f. die ges. Unterrichtsverwaltg., dem Centralblatt f. Abgabenwesen, dem kirchl. Gesetz- u. Verordnungsblatt, dem Justiz-Ministerialblatt, dem Ministerialblatt f. die innere Verwaltg. chronologisch zusammengestellt. Jahrg. 1885. 3—5. Hft. gr. 8. (S. 113—384.) Düsseldorf, Schwann. n. 4. 25 (1—5: n. 5. 75)

—— dasselbe. 1. Suppl.-Hft. gr. 8. Ebd. n. — 65
Inhalt: Theorie u. Praxis d. deutschen Reichsgerichts u. d. preuß. Oberverwaltungsgerichts. Jahrg. 1885. 1. Halbjahr. (IV, 38 S.)

Grotefend, Stadtarchivar Dr. H., Verzeichniss v. Abhandlungen u. Notizen zur Geschichte Frankfurt's aus Zeitschriften u. Sammelwerken. gr. 8. (VIII, 95 S.) Frankfurt a/M., Völcker. n. 1. 60

Grothe, W., russische Rebellen, } s.: Eisenbahn-Unterhaltungen.
—— im Sturm der Leidenschaft, }

Grotthuß, Baronin Elisabeth v., Helene Grandpré. Socialer Roman. 8. (552 S.) Augsburg, Schmid's Verl. n. 4. —

Grotzfeld, Lehr. J., Lehrgang zur leichten Erlernung der deutschen Sprache. Für die Volksschule angefertigt. Neu bearb. v. Lehr. P. Grotzfeld. 1. Hft. 10. Aufl. 8. (32 S.) Aachen, A. Jacobi & Co. n. — 20

Grube, Dr. A. W., Alpenwanderungen. Fahrten auf hohe u. höchste Alpenspitzen. Nach Orig.-Berichten bearb. u. gruppirt f. Freunde der Alpenwelt. Neu bearb., berichtigt u. ergänzt v. Ingen.-Oberlehr. C. Benda. 3. Aufl. Mit 17 Illustr. in Ton- u. Farbendr. (In 9 Lfgn.) 1—5. Lfg. gr. 8. (1. Thl. 288 S. u. 2. Thl. S. 1—32.) Leipzig, Kummer. à n. 1. —

—— geographische Charakterbilder in abgerundeten Gemälden aus der Land- u. Völkerkunde. Nach Musterdarstellgn. der deutschen u. ausländ. Litteratur f. die obere Stufe d. geograph. Unterrichts in Schulen, sowie zu e. bild. Lektüre f. Freunde der Erdkunde überhaupt bearb. u. hrsg. 3 Tle. (I. u. II.: 17., verm. u. verb. Aufl. — III.: 13., verm. u. verb. Aufl.) Mit 3 Stahlst. u. 30 Holzschn. gr. 8. (X, 735; VIII, 602 u. XIV, 489 S.) Leipzig, Brandstetter. n. 12. 50; 3 Einbde. n.n. 3. 50

Gruber, Ch., das Münchener Becken, s.: Forschungen zur deutschen Landes- u. Volkskunde.

Gruber, J., die gewerbliche Buchführung. 2 Übungshefte dazu. 4. Wien, Graeser. baar n. — 54
1. (24 S.) — 24. — 2. (32 S.) n. — 30.

—— die gewerbliche Buchführung u. das Wichtigste aus der Wechselkunde, s.: Lehrtexte f. die österreichischen gewerblichen Fortbildungsschulen.

(83/2) **Gruber**, Prof. Dir. Dr. Wenzel, Beobachtungen aus der menschlichen u. vergleichenden Anatomie. 5. u. 6. Hft. gr. 4. Berlin, Hirschwald. n. 10. — (1—6.: n. 35. —)
Inhalt: 5. Monographie. üb. den Musculus ulnaris digiti V. u. seine Reductionen auf e. supernumerären Radialbau u. auf e. Handrückensehne d. Musculus ulnaris

externus u. deren Homologie. (VII, 32 S. m. 1 Tab. u. 2 Kpfrtaf.) 1884. n. 4. —.
— 6. Monographie üb. den Musculus extensor digiti indicis proprius u. seine Varietäten bei dem Menschen u. bei den Säugethieren. (V, 70 S. m. 1 Tab. u. 4 Kpfrtaf.) n. 6. —

Grubhofer, Tony, Reiseerinnerungen aus Tirol. 1. Lfg. hoch 4. (6 Bl. in Photolith. u. Autotypie m. 2 Bl. Text.) Berlin, A. Duncker. 3. —

Grüllich, Schulr. A., Gliederung d. biblischen Geschichtsstoffes nebst Bibellesen u. Skizzen zur unterrichtlichen Behandlung wichtiger Abschnitte f. die Oberklassen der Volksschule. 2. Aufl. gr. 8. (VIII, 193 S.) Meißen, Schlimpert. n. 2. —

Grumbkow, R. v., illustrirter Führer durch Schloß Stolpen. Historisch u. topographisch dargestellt. Mit mehreren Abbildgn. 16. (43 S.) Dresden, v. Grumbkow. n. — 50

Grumme, Alb., Ciceronis orationis Sestianae dispositio. gr. 8. (15 S.) Gera, Kanitz' Sort. Sep.-Cto. n. — 40

Grün, A., der letzte Ritter, } s.: National-Bibliothek,
—— Spaziergänge e. Wiener Poeten, } deutsch-österreichische.

($^{84}/_{2}$) **Grünberg**, Otto, Leitfaden der Geschichte f. Kreisschulen, Töchterschulen u. die unteren Klassen höherer Lehranstalten. 2. Kurs. gr. 8. (VII, 197 S.) Reval, Kluge. cart. n. 1. 80 (1. u. 2.: n. 3. 30)

Gründorf, C., in der Einöd', s.: Nationalbibliothek, deutsch-österreichische.

Grundsätze f. die Besetzung der Subaltern- u. Unterbeamtenstellen bei den Reichs- u. Staatsbehörden m. Militäranwärtern, nebst den durch den Allerhöchsten Erlaß vom 10. Septbr. 1882 f. den Umfang der preuß. Monarchie genehmigten besond. Bestimmgn. u. den Anlagen A — L. Mit Sachregister. 2. verm. Aufl. gr. 8. (78 S.) Berlin 1886, C. Heymann's Verl. n. 1. —

—— über die Vorlage u. Behandlung der Gesuche um Unterstützung aus dem Beamten-Unterstützungsfonds. (Marine.) gr. 8. (8 S.) Berlin, Mittler & Sohn. — 15

Gruner, Prof. Fr., Anmerkungen f. die französische Komposition zur 1. Abteilg. der deutschen Musterstücke. 7. verb. Aufl. gr. 8. (121 S.) Stuttgart, Metzler's Verl. n. 1. —

—— **Eisenmann** and **Wildermuth**, select specimens of german literature from nature and human life. A series of gradual exercises for english and french translation. Published under the direction of the Rev. Fr. G. Kapff. Vol. I. gr. 8. Ebd. n. 3. —
Compiled by Fr. Gruner, translated into english by M. Thomas. Vol. I. 2. ed. revised and corrected. (VIII, 202 S.)

($^{85}/_{1}$) **Gruenhagen**, Prof. Dr. A., Lehrbuch der Physiologie f. akademische Vorlesungen u. zum Selbststudium. Begründet v. Rud. Wagner, fortgeführt v. Otto Funke, neu hrsg. v. A. G. 7., neu bearb. Aufl. Mit etwa 250 in den Text eingedr. Holzschn. 6. u. 7. Lfg. gr. 8. (2. Bd. S. 113—432.) Hamburg, Voss. à n. 3. —

Grünhaldt, Otto, die künstliche Geflügelzucht, dargestellt in ihrer Entwickelg. bis zur Gegenwart. Eine Anleitg. zum Ausbrüten u. zur Aufzucht aller Arten v. Hausgeflügel in kleinem u. großem Betriebe. 3. neu bearb. Aufl. Mit 11 Holzschn. gr. 8. (76 S.) Dresden, Schönfeld. cart. n. 1. 50

($^{85}/_{1}$) **Gruz**, Hippolyte, Motive der modernen Decorationsmalerei. 2. Aufl. 9—15. (Schluss-) Lfg. Fol. (à 4 Chromolith. m. 4 Bl. Text.) Berlin, Claesen & Co. In Mappe. baar à n. 7. 50 (cplt. in Mappe: n. 120. —)

Grysanowski, Dr. Ernst, e. Wort zur Verständigung üb. die Vivisectionsfrage. 8. (III, 66 S.) Hannover, Schmorl & v. Seefeld. n. — 50

Gsell-Fels, Dr. Th., die Bäder u. klimatischen Kurorte der Schweiz. Mit 1 Bäderkarte der Schweiz. 2. umgearb. u. verm. Aufl. 8. (XX, 615 S.) Zürich 1886, Schmidt. geb. n. 10. —

Guericke's, Otto v., Sammlung lateinischer, französischer, italienischer, holländischer u. deutscher Sinnsprüche. Nach jüngst im Archiv der Stadtbibliothek zu Magdeburg aufgefundener Orig.-Aufzeichng. Geordnet u. m. Einleitg. nebst freier Übersetzg. veröffentlicht v. Karl Paulsiek. gr. 4. (51 S.) Magdeburg, E. Baensch jun. baar 1. —

Guggenberg zu Riedhofen, Oberstlieut. Athanas v., üb. unsere Recrutirungs-Ergebnisse u. das Stellungs-Verfahren. [Aus: „Organ d. militär-wissenschaftl. Vereine".] gr. 8. (20 S.) Wien, Seidel & Sohn in Comm. n. — 80

Guggenheim, Dr. M., die Lehre vom apriorischen Wissen in ihrer Bedeutung f. die Entwickelung der Ethik u. Erkenntnisstheorie in der Sokratisch-Platonischen Philosophie. gr. 8. (III, 79 S.) Berlin, Dümmler's Verl. n. 2. —

Gühmann, A., der Zobten. Ein Beitrag zur Kenntniß der Heimath u. Führer nach dem Berge. 8. (VIII, 87 S.) Zobten am Berge, Gühmann. baar n. — 50

Guide de Munich et dans ses environs. Avec deux catalogues complets des ancienne et nouvelle pinacothèques. 16. (120 S. m. chromolith. Plan.) München, Palm. n. 2. —

Guizot, F., discours sur l'histoire de la révolution d'Angleterre, s.: Bibliothèque choisie de la littérature française en prose.
—— histoire de Charles I., s.: Bibliothèque choisie de la littérature française en prose.

Guizot, F., Denkrede auf ihn, s.: Tréfort, A.

Guldberg, G. A., üb. das Centralnervensystem der Bartenwale. [Aus: „Christiania Videnskabs-Selskabs Forhandlinger".] gr. 8. (154 S. m. 5 Steintaf.) Christiania, Dybwad in Comm. n. 5. —

Güldenpenning, Gymn.-Lehr. Dr. Alb., Geschichte d. oströmischen Reiches unter den Kaisern Arcadius u. Theodosius II. gr. 8. (XIV, 425 S.) Halle, Niemeyer. n. 10. —

Gulliver's Reise nach Lilliput. Eine Erzählg. m. (6 chromolith) bewegl. Bildern f. die liebe Jugend. 4. (6 Bl. Text.) Fürth, Schaller & Kirn. geb. baar 2. 50

Gumpert, Thekla v., die Herzblättchen. Erzählungen aus dem Familienleben u. der Natur f. kleine Kinder. II. 5. Aufl. 8. (VI, 110 S. m. 6 Chromolith.) Glogau, Flemming. geb. 2. 25

Gumplowicz, Prof. Dr. Ludw., Grundriß der Sociologie. gr. 8. (VI, 246 S.) Wien, Manz. n. 4. 80

(83/2) **Gumprecht**, Otto, unsere klassischen Meister. Musikalische Lebens- u. Charakterbilder. 2. Bd. 8. Leipzig, Haessel. n. 6. —; geb. n. 7. — (1. u. 2.: n. 11. —; geb. n. 13. —)
Inhalt: Jos. Haydn, Wolfg. Amadeus Mozart, Ludw. van Beethoven. (III, 477 S.)

Günther, Alb. C. L. G., M. A. M. D. Ph. D. F. R. S., Handbuch der Ichthyologie. Uebers. von Reg.-R. Dr. Gust. v. Hayek. (In 7 Lfgn.) 1. Lfg. gr. 8. (80 S. m. 52 Holzschn.) Wien 1886, Gerold's Sohn. n. 2. —

Günther, F., der Ambergau. 1. Abtlg. gr. 8. (160 S.) Hannover, Meyer. n. 2. 50

(85/1) —— der Harz. In Geschichts-, Kultur- u. Landschaftsbildern geschildert. 2—5. Lfg. gr. 8. (S. 97—464.) Ebd. à n. 1. —

Günther, Dr. F. A., der homöopathische Thierarzt. Ein Hülfsbuch f. Cavallerie-Offiziere, Gutsbesitzer, Oekonomen u. alle Hausväter, welche die an den Hausthieren am häufigsten vorkomm. Krankheiten schnell, sicher u. wohlfeil selbst heilen wollen. 3. Thl. gr. 8. Langensalza, Dr. Günther. n. 2. —

Inhalt: Anleitung zur Ausübung der populären homöopathischen Thierheilkunde, od. das Wissenswertheste üb. Pflege u. Zucht der gesunden u. den Gebrauch der homöopath. Hausapotheke bei Erkrankgn. der Hausthiere; nebst e. Anleitg. zur Erkenng. der Krankheiten. Eine Schrift f. Jedermann, der sich eingehender m. der homöopath. Thierheilkunde befassen will. 9. Aufl. m. zahlreichen Holzschn. (VIII, 303 S.)

Günther's, Dr. Frdr. Joach., hundert Paragraphen aus der Rhetorik u. Poetik, nebst e. kurzen Übersicht der deutschen Litteraturgeschichte u. litterar-histor. Personalnotizen f. Schullehrer-Seminare u. andere höhere Lehranstalten. 2. verm. u. verb. Aufl., neu bearb. v. Sem.-Dir. Carl Schroeter. gr. 8. (VIII, 161 S.) Gera 1886, Reisewitz. n. 1. 60

Günther, Leop., der Leibarzt. Lustspiel in 4 Acten. [Mit Benutzg. e. Riehl'schen Idee.] 8. (106 S.) Berlin, Kühling & Güttner. 2. 50

Günther, Maria, das graue Männchen. Orig.-Lustspiel in 4 Aufzügen. 8. (76 S.) Berlin, Kühling & Güttner. 2. 50

—— u. Leop. **Günther**, der neue Stiftsarzt. Lustspiel in 4 Aufzügen. 8. (120 S.) Ebd. 2. 50

Günther, Sem.-Lehr. R., kritische Beleuchtung der Stenotachygraphie. Im Auftrage d. schles. Stenographenbundes hrsg. gr. 8. (15 S.) Breslau, Kelsch. — 30

($^{84}/_{1}$) **Gunz**, Emil E. v., u. Frz. **Marschall**, Bankbeamte, der Coupon. Hilfs- u. Nachschlagebuch f. österreichisch-ungar. Wertpapiere u. deren Coupons. Mit Berücksicht. der in Oesterreich-Ungarn notirten od. zahlbaren fremden Werte. 2. Jahrg. 1886. gr. 8. (V, 371 S.) Wien, Manz. n.n. 4. 80

Gunzert, Député G., les livres fonciers d'après les projets de lois soumis à la délégation d'Alsace-Lorraine dans la session de 1885. Rapport présenté à la délégation au nom de la commission spéciale. 8. (III, 127 S.) Strassburg, Trübner. n. 2. —

Gurcke, Gfr., Schreib- u. Lesefibel. Mit Bildern v. Otto Speckter. Schreibschrift v. J. Rosenkranz. 119. u. 120. verb Aufl. 8. (114 S.) Hamburg, O. Meißner's Verl. geb. n.n. — 60

Gurlitt, Cornelius, das Barock- u. Rococo-Ornament Deutschlands. 1. Lfg. Fol. (20 Lichtdr.-Taf. m. 1 Bl. Text.) Berlin, Wasmuth. In Mappe. n. 20. —

Gürtler-, Bronzearbeiter- u. Galvaniseur-Kalender pro 1886. Hrsg. v. Carl Pataky etc. gr. 16. (VIII, 112 u. 88 S.) Berlin, Pataky. geb. in Leinw. baar n. 2. —; in Ldr. n. 2. 50

Guseck, Bernd v. [Carl Gust. v. Berneck], der Sohn der Mark. Historischer Roman. 2. Aufl. 12 Lfgn. 8. (388 S) Frankfurt a/O., Schiefer. à — 30

Gusinde, Osw., Beiträge zu dem Thema: „Ueber den Ausfluss d. Wassers durch kleine kreisförmige Oeffnungen". Inaugural-Dissertation. gr. 8. (44 S.) Breslau, (Köhler). baar n. 1. —

Gusserow, A., die Neubildungen d. Uterus, s.: Handbuch der Frauenkrankheiten.

Gustav-Adolfs-Kalender f. d. J. 1886. 33. Jahrg. 4. (168 Sp. m. eingedr. Holzschn.) Darmstadt, Winter'sche Buchdr. n.n. — 25

—— für Oesterreich-Ungarn 1886. 33. Jahrg. 4. (180 Sp. m. eingedr. Holzschn.) Klagenfurt, Heyn. n.n. — 44

Gutachten üb. die v. der Halleschen Revisionskommission hrsg. Probebibel, abgegeben v. der in der deutsch-roman. Section der Philologen-Versammlg. zu Dessau gewählten Kommission. gr. 8. (50 S.) Halle, Niemeyer. n. 1. —

Gutbier, Hofkunsthändler Adf., u. Dr. Paul **Schumann**, Verzeichniss zum Museum der italienischen Malerei in Orig.-Photographien. gr. 8. (XV, 128 S.) Dresden, Gutbier. 1. 50

Gutermuth, Assist. M. F., Skizzen zu den Vorlesungen üb. Lasthebe-Maschinen an der königl. technischen Hochschule in Aachen. Nach den Vorlesgn. v. Prof. A. Riedler bearb. Fol. (36 autogr. Taf. m. 2 Bl. Text.) Aachen. (Freiberg, Craz & Gerlach.) n.n. 9. —

Guth, H., die Armenpflege, deren Geschichte u. Reformbedürfnis, s.: Zeitfragen d. christlichen Volkslebens.

Guthe, Prof. Herm., das Zukunftsbild d. Jesaia. Akademische Antrittsvorlesg. in erweiterter Form. gr. 8. (49 S.) Leipzig, Breitkopf & Härtel. n. 1. 20

Gutmann, Karl A., Grundriß der Weltgeschichte. Für den Unterricht an den unteren u. mittleren Klassen höherer Lehranstalten bearb. gr. 8. (IX, 269 S.) Nürnberg, Korn. n. 2. —

Gutsche, Willib. Otto, de interrogationibus obliquis apud Ciceronem observationes selectae. Dissertatio inauguralis philologica. gr. 8. (112 S.) Halis Sax. (Leipzig, Fock.) baar n. 1. 80

Guttenberg, Forstr. Prof. Adf. Ritter v., die Wachsthumsgesetze d. Waldes. Vortrag, geh. im wissenschaftl. Club zu Wien am 16. Apr. 1885. Mit 2 Taf. Lex.-8. (12 S. m. eingedr. Fig.) Wien, Frick. n. 1. —

Guttmann, Dir. Doc. Dr. Paul, Lehrbuch der klinischen Untersuchungs-Methoden f. die Brust- u. Unterleibs-Organe m. Einschluss der Laryngoskopie. 6. vielfach verb. u. verm. Aufl. gr. 8. (VIII, 478 S.) Berlin, Hirschwald. n. 10. —

Guyer, Ed., das Hotelwesen der Gegenwart. Mit 73 in den Text gedr. Orig.-Plänen. 2. durchgeseh. u. erweit. Aufl. 8 Lfgn. Lex.-8. (363 S.) Zürich, Orell, Füssli & Co. Verl. à n. 1. 50 (cplt.: n. 14. —; geb. n. 16. —)

Haack's, A., Damen-Kalender f. d. J. 1886. Mit photograph. Genrebild „Schmeichler" u. Beiträgen v. Auguste Kurs u. Villamaria. 12. Jahrg. 32. (248 S.) Berlin, Haack. geb. m. Goldschn. 2. —

Haack, Past. Ernst, noch einmal pro domo u. contra Schlottmann in Sachen der Probebibel. gr. 8. (25 S.) Leipzig, J. Naumann. n. — 50

Haacke, Aug., u. Rhold. **Köpke**, DD., Aufgaben zum Übersetzen ins Lateinische. 4. Tl. gr. 8. Berlin, Weidmann. geb. n. 2. 80
Inhalt: Aufgaben f. Ober-Secunda u. Unter-Prima m. Verweisgn. auf die Grammatik v. Ellendt-Seyffert [auch auf Haackes Stilistik] v. Prov.-Schulr. Dr. Rhold. Köpke. 2. durchgeseh. u. verm. Aufl. (XII, 298 S.)

Haag, Lehr. Carl, die Anfänge der russischen Sprache. Erstes Lese- u. Sprachbuch f. Elementarschulen. 6. Aufl. gr. 8. (IV, 192 S.) Reval, Kluge. cart. n. 1. 50

—— deutsche Schreib- u. Lesefibel zum Gebrauche beim Privat u. Schulunterricht. 8. (90 S.) Ebd. cart. n. — 50

Haas, Dr. Hippolyt, Katechismus der Geologie. 4., verb. Aufl. Mit 144 in den Text gedr. Abbildgn. u. e. Tab. 8. (XVI, 206 S.) Leipzig, Weber. geb. n. 3. —

Haas, weil. Pfr. Nik., wider den geistigen Aussatz oder: Wie soll der Religionslehrer üb. das Laster der Unkeuschheit überhaupt öffentlich katechisiren? Eine Preisfrage d. Hochsel. Hrn. Erzbischofes Karl Theodor v. Dalberg, vorm. Großherzogs v. Frankfurt. Mit Katechesen. Auf Verlangen neu bearb. u. verm. v. Subprior Präf. P. Heinr. Schwarz. gr. 16. (VIII, 208 S.) Regensburg, Coppenrath. n. 1. —

Haberland, Dr. Mich., indische Legenden. gr. 16. (XVI, 78 S.) Leipzig, Liebeskind. n. 2. —

(84/2) **Haberstich**, J., Handbuch d. schweizerischen Obligationenrechts. 2. Bd. 1. Thl. gr. 8. (XXIV, 341 S.) Zürich, Orell, Füßli & Co. Verl. n. 7. — (I. u. II., 1.: n. 13. —)

Habicht, Ludw., zum Schein. Erzählung aus dem Volksleben. Mit 2 Tonbildern, Kopfleisten u. Initialen. 8. (92 S.) Leipzig 1886, Spamer. n. 1. —; geb. n. 1. 25

Hach, Th., s.: Dom, der, zu Lübeck.

Hacker, Pfr. Alois, Gute Tod-Andacht, s.: Schutzengelbrief.

—— die heilige Stunde zur Verehrung der Todesangst Jesu u. zur Sühne f. die Sünden der Nacht. 2. Aufl. 16. (40 S. m. 1 Holzschn.) Donauwörth, Auer. n. — 25

Hacker, Assist.-Arzt Dr. Vict. R. v., die Magenoperationen an Prof. Billroth's Klinik 1880 bis März 1885. gr. 8. (V, 68 S.) Wien 1886, Toeplitz & Deuticke. n. 2. —

Hackermann, Dr. A., der Bauerberg. Ein episches Idyll. 16. (61 S.) Greifswald, Bamberg. n. — 60

Hackländer, F. W., Bilder aus dem Leben. Illustrirt v. H. Albrecht, E. Horstig, L. Marold. gr. 8. (358 S.) Stuttgart 1886, Krabbe. n. 3. —; geb. n. 4. —

—— gefährliche Blumensträuße. Illustrirt v. H. Albrecht. 8. (55 S.) Ebd. n. — 50

—— die Montecchi u. Capuletti. Ein Sperrsitz-Abonnement zu Acht. Illustrirt v. Eug. Horstig. gr. 8. (84 u. 38 S.) Ebd. n. 1. —

—— zwischen zwei Regen. In Scene setzen. Illustrirt v. L. Marold. 8. (63 S.) Ebd. n. — 50

(85/1) —— europäisches Sklavenleben. Illustrirt v. Arth. Langhammer. 9—27. Lfg. gr. 8. (1. Bd. S. 401—480, 2. Bd. 496 S. u. 3. Bd. S. 1—336.) Ebd. baar à n. — 40 (1. u. 2. Bd. à n. 4. —; geb. baar à n. 5. —)

—— Soldatengeschichten. (In 7 Abthlgn.) 1. Abth. 8. Ebd. n. 2. —

Inhalt: Wachtstubenabenteuer. Mit 290 Illustr. v. Emil Rumpf. 2. Aufl. (256 S.)

—— falsches Spiel. Illustrirt v. H. Schlittgen. Lex.-8. (42 S.) Ebd. n. 1. —

Haderlap, Filip, die Kärntner Slovenen. Ihre nationalen Verhältnisse u. Bestrebgn. 8. (44 S.) Klagenfurt, (Raunecker). baar n. — 60

Haffner, Dr. Karl, üb. die civilrechtliche Verantwortlichkeit der Richter [Syndikatsklage]. Tübinger jurist. Inaugural-Dissertation. gr. 8. (106 S.) Freiburg i/Br., Mohr. n. 3.60

Haffner, P., die Bacillen d. socialen Körpers, } s.: Broschüren, Frankfurter zeitgemäße.
—— J. J. Rousseau u. das Evangelium der Revolution, }

(85/1) **Hafner**, Lehr. T., Geschichte v. Ravensburg. Beiträge nach Quellen u. Urkunden-Sammlgn. 3—7. Lfg. gr. 8. (S. 129—368.) Ravensburg, Dorn. à n. n. — 90

Hafter, a. Reg.-R. fr. Dir. A., landwirthschaftliche Wandervorträge. 5 Lfgn. Mit zahlreichen Holzschnitten im Texte. gr. 8. Zürich, Schultheß. 8. 10 (cplt. in 1 Bd.: 6. —; geb. n. 8. —)

Inhalt: 1. Der Boden u. seine Bearbeitung. (95 S.) 1878. 1.50. — 2. Das landwirthschaftliche Düngerwesen. (97 S.) 1878. 1.50. — 3. Acker- u. Pflanzenbau. (115 S.) 1879. 1.80. — 4. Rationelle Viehzucht. (95 S.) 1881. 1.50. — 5. Landwirthschaftliche Wirthschaftsverhältnisse. (124 S.) 1.80.

Hag, Jules vom, le langage des fleurs. 64. (134 S.) Leipzig, Lenz. — 75; geb. n. 1. 25

Haege, Baur., Dampfkessel-Revisionsbuch. 4. verb. Aufl. Fol. (19 S.) Werl, Stein. cart. n. 1. 20

Hagemann, A., Goethe's Iphigenie auf Tauris, } s.: (85/1) Vorträge f. die gebildete Welt.
—— Lessing's Emilia Galotti, }
—— Schiller's Braut v. Messina, }

Hagen, Prem.-Lieut. E. v., Geschichte d. Neumärkischen Dragoner-Regiments Nr. 3. Mit vielen Kunstbeilagen u. 2 Plänen. 4. (XIV, 581 S.) Berlin, Mittler & Sohn. n. n. 27. —

Hagen, Edm. v., philosophische Abhandlungen u. Aphorismen. Beiträge zur Einsicht in ächte Weisheit. 1. Hauptthl.: Genius, Geist u. Gemüth. 1. Hft.: Intellectuelles. gr. 8. (VIII, 105 S.) Hannover, Schüssler in Comm. n. 3. —

(84/1) **Hagen**, Geh. Ob.-Baur. L., die Seehäfen in den Provinzen Preussen u. Pommern. II. Der Hafen zu Memel. Nebst 2 Plänen. [Aus „Zeitschr f. Bauwesen".] Imp.-4. (25 S.) Berlin, Ernst & Korn. (à) n. 5. —

Hagen, Rekt. Dr. R., zum Andenken d. 100jährigen Geburtstages Johannes Scharrers, ehemal. II. Bürgermeisters in Nürnberg und Gründers der ersten deutschen Eisenbahn m. Dampfbetrieb 30. Mai 1885. 8. (30 S. m. Lichtdruck-Portr.) Nürnberg, Korn. n. — 80

Hagen, Rob., praktische Anleitung zur Schriftmalerei m. besond. Berücksicht. der Construction u. Berechnung v. Schriften f. bestimmte Flächen, sowie der Herstellung v. Glas-Glanzvergoldung u. Versilberung f. Glas-Firmentafeln. Nach eigenen prakt. Erfahrgn. bearb. Mit 18 Abbildgn. 8. (90 S.) Wien, Hartleben. n. 1. 80

Hager, C., Kamerun, s.: Colonialgebiete, die deutschen.

Hager, Dr. Herm., Handbuch der pharmaceutischen Praxis. Für Apotheker, Aerzte, Drogisten u. Medicinalbeamte. Mit zahlreichen in den Text gedr. Holzschn. Neue wohlf. Ausg. m. Ergänzungsbd. 5. unveränd. Abdr. (In 3 Bdn. od. 44 Lfgn.) 1—6. Lfg. gr. 8. (1. Bd. S. 1—544.) Berlin 1886, Springer. à n. 1 —

—— chemische Reactionen zum Nachweise d. Terpentinöls in den ätherischen Oelen, in Balsamen etc. Für Chemiker, Apotheker, Drogisten u. Fabrikanten äther. Oele. gr. 8. (III, 166 S.) Ebd. n. 4. —

(82/2) —— Untersuchungen. Ein Handbuch der Untersuchg., Prüfg. u. Wertbestimmg. aller Handelswaren, Natur- u. Kunsterzeugnisse, Gifte, Lebensmittel, Geheimmittel etc. 2. umgearb. Aufl., hrsg. v. DD. H. Hager u. E. Holdermann. 5—7. Lfg. gr. 8. (S. 345—632.) Leipzig 1883—85, E. Günther. à n. 2. —

(85/1) **Hahn**, † Geh. Ob.-Justizr. Sen.-Präs. C., die gesammten Materialien zu den Reichs-Justizgesetzen. Auf Veranlassg. d. kaiserl. Reichs-Justizamtes hrsg. 3. Bd. Materialien zur Strafprozeßordng. 2. Aufl. hrsg. v. Ed. Stegemann. 5—7. Lfg. (S. 1271—2230.) Berlin, v. Decker. à n. 6. —

Hahn, E., üb. Kehlkopfsexstirpation, s. Sammlung klinischer Vorträge.

Hahn, F. G., die Städte der norddeutschen Tiefebene in ihrer Beziehung zur Bodengestaltung, s.: Forschungen zur deutschen Landes- u. Volkskunde.

Hahn, Gbold., die Lebermoose Deutschlands. Ein Vademecum f. Botaniker. Mit 12 Taf. in Farbendr. 8. (XIV, 90 S.) Gera, Kanitz' Sort. Sep.-Cto. geb. n. 6. —

Hahn, Gust. Paul Rich., Basedow u. sein Verhältniss zu Rousseau. Ein Beitrag zur Geschichte der Pädagogik im 18. Jahrh. Dissertation. gr. 8. (VIII, 113 S.) Leipzig, (Weiss & Schack). baar n. 1. 50

(80/2) **Hahn**, Ludw., Fürst Bismarck. Sein polit. Leben u. Wirken, urkundlich in Thatsachen u. d. Fürsten eigenen Kundgebgn. dargestellt. [Vollständige, pragmatisch geordnete Sammlg. der Reden, Depeschen, wicht. Staatsschriften u. polit. Briefe d. Fürsten.] 4. Bd. 1879—1885 bis zur Nationalfeier d. 70. Geburtstages d. Fürsten. gr. 8. (XV, 684 S.) Berlin 1886, Hertz. (à) n. 11.—; geb. (à) n. n. 12. 50

—— Geschichte d. preußischen Vaterlandes. 20. Aufl. Fortgeführt bis zur Gegenwart. Mit Tab. u. Stammtaf. gr. 8. (XVIII, 761 S.) Ebd. n. 6. —; geb. n. 7. 20

Hahn, Otto, König Maximilian I. in Reutlingen. Ein Volksschauspiel. gr. 8. (III, 142 S.) Stuttgart, Kohlhammer. n. 2. 60

Hahn, Pfr. M. Phpp. Matthäus, die Erklärung der Bergpredigt Jesu Christi od. die geistliche Bedeutung der neutestamentlichen Gebote. 2. Aufl. gr. 8. (168 S.) Basel, Riehm. — 90

Hahn, R., u. H. **Klaeger**, in der Polizei-Wachtstube, s.: Kühling's, A., Theater-Specialität.

Hahn, R. Edm., Ehen werden im Himmel geschlossen. Roman in 3 Büchern. 8. (342 S.) Dresden 1886, Pierson. n. 4. 50; geb. n. 5. 50

Hahn, Sigm., Reichsraths-Almanach f. die Session 1885—1886. 8. (278 S.) Wien, Hölder in Comm. n. 3. 20

Halévy, L., Criquette, s.: Engelhorn's allgemeine Roman-Bibliothek.

Halfer, Jos., die Fortschritte der Marmorirkunst. Ein prakt. Handbuch f. Buchbinder u. Buntpapierfabrikanten. Nach techn.-wissenschaftl. Grundlagen bearb. gr. 8. (206 S.) Budapest. (Stuttgart, Hugendubel.) baar n. 2. 80

Haller, Albr. v., s.: Bodemann, E.

Haller v. Hallerstein, F. Baron, Lehrbuch der Elementar-Mathematik. Für die Portepeefähnrichs-Prüfg. in der königl. preuß. Armee u. die Prüfg. zum Eintritt in die kaiserl. Marine bearb. 2 Thle. 9. Aufl. gr. 8. Berlin, Nauck & Co. n. 7. 80
Inhalt: 1. Arithmetik. Neu bearb. v. Proff. C. Strübing u. Dr. B. Hülsen. (VIII, 305 S.) n. 3.60. — 2. Geometrie. Hrsg. v. Oberstlieut. Maier. (IV, 344 S.) n. 4.20.

—— dasselbe Nach dem Lehrplane f. das königl. preuß. Cadetten-Corps bearb. v. Oberstlieut. Maier. 1. Thl. Pensum der Quarta u. Unter-Tertia. 4. Aufl. gr. 8. (IV, 167 S.) Ebd. geb. n. n. 2. 65

—— dasselbe. Arithmetisches Pensum der Ober-Tertia, nach dem Lehrplane f. das königl. preuß. Cadetten-Corps bearb. v. Proff. C. Strübing u. Dr. B. Hülsen. gr. 8. (III, 130 S.) Ebd. n. 2. 20

Halm, Elise, Rosen u. Dornen aus e. Mädchenleben. 2. Aufl. 8. (236 S.) Leipzig, Oehmigke. geb. n. 4. —

Halm, Frdr., Camoens, s.: National-Bibliothek, deutsch-österreichische.

—— ausgewählte Gedichte. 2. Aufl. 16. (VI, 352 S.) Wien 1886, Gerold's Sohn. geb. m. Goldschn. n. 5. —

—— Griseldis, } s.: National-Bibliothek, deutsch-österreichische.
—— der Sohn der Wildniß, }

Halm, Dr. Karl, griechisches Lesebuch f. die zwei ersten Jahre e. griechischen Lehrkurses. 9., umgearb. Aufl. v. Gymn.-Prof. Adph. Roemer. gr. 8. (VII, 282 S.) München, Lindauer. n. 2. 60

Hamann's, Joh. Geo., Leben u. Werke in geordnetem, gemeinfaßlichem Auszuge. Durch Johs. Claassen. Mit Hamann's (Holzschn.-) Bildniß. 3 Thle. in 1 Bd. 8. Gütersloh, Bertelsmann. n. 4. —
Inhalt: 1. Lehr- u. Wanderjahre. (172 S.) 1878. — 2. Dienst- u. Ruhejahre. [Der Lebensgeschichte anderer Thl.] (256 S.) 1879. — 3. Lehr- u. Lebenssprüche. Ein geordneter Auszug seiner sämmtl. Schriften. (320 S.) 1879.

(84/2) **Hamann**, Privatdoz. Assist. Dr. Otto, Beiträge zur Histologie der Echinodermen. 2. Hft. Die Asteriden, anatomisch u. histologisch untersucht. Mit 7 Taf. u. 3 Holzschn. gr. 8. (IV, 126 S.) Jena, Fischer. n. n. 9. — (1. u. 2.: n. n. 16. —)

Hamburger, Max, Untersuchungen üb. die Zeitdauer des Stosses elastischer cylindrischer Stäbe. Inaugural-Dissertation. gr. 8. (27 S. m. 1 Steintaf.) Breslau, (Köhler). baar n. 1. —

Hamel, Rich., aus Nacht u. Licht. Gedichte. 8. (XI, 206 S.) Görlitz, Dünnhaupt. geb. 3. 50

Hamerling, Rob., Amor u. Psyche. Eine Dichtg. in sechs Gesängen. Illustrirt v. Paul Thumann. 5. Aufl. gr. 4. (142 S. m. eingedr. Holzschn. u. 9 Lichtdr.-Taf.) Leipzig, Titze. geb. m. Goldschn. baar n. 20. —

Hammer, O., die Lehre vom Schadenersatze nach dem Sachsenspiegel u. den verwandten Rechtsquellen, s.: Untersuchungen zur deutschen Staats- u. Rechtsgeschichte.

Hammerstein, Baron v., die Fürsorge f. die Lehrlinge, s.: Flugschriften f. Innere Mission.

Hampel, Conserv. Jos., der Goldfund v. Nagy-Szent-Miklós, sogenannter „Schatz d. Attila". Beitrag zur Kunstgeschichte der Völkerwanderungsepoche. Lex.-8. (190 S.) Budapest, Kilián. n. 6. —

Hampel, Garten-Insp. W., Handbuch der Frucht- u. Gemüse-Treiberei. Vollständige Anleitg., um Ananas, Erdbeeren, Wein, Pfirsiche, Aprikosen ꝛc., sowie alle besseren Gemüse zu jeder Jahreszeit m. gutem Erfolg zu treiben. Aus der Praxis f. die Praxis bearb. Mit 32 Text-Abbildgn. nach Zeichngn. d. Verf. gr. 8. (IX, 232 S.) Berlin, Parey. geb. n. 7. —

Hancke, Hauptm., kurzer Abriß der Geschichte d. 3. Magdeb. Infanterie-Regiments Nr. 66. Auf Veranlassg. des Regiments zusammengestellt. gr. 8. (16 S. m. 2 Taf.) Magdeburg, (Wennhacke & Zincke). — 30

(85/1) **Handatlas**, grosser, der Naturgeschichte aller drei Reiche. In 120 Folio-Taf., nach e. neuen patentirten Methode in Farben ausgeführt v. S. Czeiger, Wien. Hrsg. unter Mitwirkg. hervorrag. Künstler u. Fachgelehrter von Prof. Dr. Gust. v. Hayek. 2. Aufl. 3—13. Lfg. Fol. (à 4 Taf. m. Text S. 9—52.) Wien, Perles. à n. 1. —

(85/1) **Handbibliothek** der gesamten Handelswissenschaften in 12 Bdn. Bearb. v. Hauptlehr. Eug. Merkel, Dir. W. Röhrich, ehem. Dir. F. H. Schlössing ꝛc. 6., 8. u. 12. Bd. 8. Stuttgart 1886, Brettinger. geb. à n. 1. 50

Inhalt: 6. Die deutsche Handelskorrespondenz einschließlich der Formularlehre u. m. e. Anh. „Die einfache Buchführung", bearb. f. das Privatstudium d. Kaufmannes, Industriellen u. Gewerbetreibenden u. zur Benützg. f. den Unterricht an Handels-, Gewerbe- u. Fortbildungsschulen v. Dir. C. Spöhrer. (VIII, 283 S.) — 8. Das deutsche Wechselrecht in Verbindung m. den abweichenden Bestimmungen der ausländischen Wechselgesetze, d. Wechselprozeß-Verfahrens u. d. neuen Konkursrechtes. Lehr- u. Nachschlagebuch f. Kaufleute, Bankiers u. Industrielle, zum Selbstunterricht u. zum Gebrauche an Handels- u. Gewerbeschulen. Von Dir. Gust. Wagner. (X, 202 S.) — 12. Handbuch der allgemeinen Warenkunde. Zum Selbststudium u. f. den Kontorgebrauch bearb. v. ehem. Dir. F. H. Schlössing. (V, 232 S.)

Handbuch der klassischen Altertums-Wissenschaft in systematischer Darstellung m. besond. Rücksicht auf Geschichte u. Methodik der einzelnen Disziplinen. In Verbindg. m. Gymn.-Rekt. Dr. Autenrieth, Proff. DD. Ad. Bauer, Blass etc. hrsg. v. Prof. Dr. Iwan Müller. (In 14 Halbbdn.) 1. u. 2. Halbbd. gr. 8. (2. Bd. XX, 624 S.) Nördlingen, Beck. à n. 5. 50

(85/1) — der Architektur. Unter Mitwirkg. v. Fachgenossen hrsg. v. Ob.-Baur. Prof. Jos. Durm, Baur. Prof. Herm. Ende, Proff. Dr. Ed. Schmitt u. Heinr. Wagner. 2. Thl. Die Baustile. Historische u. techn. Entwickelg. 2. Bd. Lex.-8. Darmstadt, Diehl's Verl. n. 20. —

Inhalt: Die Baukunst der Etrusker. Die Baukunst der Römer. Von Ob.-Baur. Prof. Jos. Durm. Mit 327 in den Text eingedr. Abbildgn, sowie 2 Farbendr.-Taf. (VIII, 368 S.)

— der Baukunde. Neubearbeitung d. Deutschen Bauhandbuchs. Eine systemat. u. vollständ. Zusammenstellg. der Resultate der Bauwissenschaften m. den zugehör. Hülfswissenschaften. Veranstaltet v. den Herausgebern der Deutschen Bauzeitung u. d. Deutschen Baukalenders. (In 3 Abthlgn.) 1. Abth. 1. Bd. gr. 8. Berlin, Toeche in Comm. n. 20. —; geb. n. 22. 50

Inhalt: Hülfswissenschaften zur Baukunde. Unter Mitwirkg. v. Fachmännern der verschiedenen Einzelgebiete bearb. 1. Bd. Mit etwa 1100 Holzschn. im Text u. 4 Taf. in Farbendr. (XLVII, 1188 S.)

(85/1) **Handbuch** der **Bibelerklärung.** Hrsg. vom Calwer Verlagsverein. 6. verm. u. teilweise umgearb. Aufl. 2—6. (Schluß-)Lfg. gr. 8. (1. Bd. A. Test. IV, 892 S. u. 2. Bd. N. Test. IV u. S. 193—560 m. 2 chromolith. Karten.) Calw, Vereinsbuchh. à n. 1. —

—— der **Frauenkrankheiten.** Bearb. v. Proff. DD. Bandl, Billroth, Breisky etc. Red. v. Proff. DD. Th. **Billroth** u. A. **Luecke.** 2., gänzlich umgearb. Aufl. [3 Bde.] 1. u. 2. Bd. gr. 8. Stuttgart, Enke. n. 54. —

Inhalt: 1. Die Untersuchung der weiblichen Genitalien u. allgemeine gynäkologische Therapie. Von Prof. Dr. R. **Chrobak.** Die Sterilität der Ehe. Entwicklungsfehler d. Uterus. Von Prof. Dr. P. **Müller.** Die Lageveränderungen u. Entzündungen d. Uterus. Von Prof. Dr. H. **Fritsch.** Mit 346 in den Text gedr. Holzschn. (XVIII, 1107 S.). n. 28. —. 2. Die Neubildung d. Uterus. Von Prof. Dr. A. **Gusserow.** Die Krankheiten der Ovarien. Von Prof. Dr. R. **Olshausen.** Die Krankheiten der Tuben, der Ligamente, d. Beckenperitoneum u d. Beckenbindegewebes, einschliesslich der Extrauterin-Schwangerschaft. Von Prof. Dr. L. **Bandl.** Mit 119 in den Text gedr. Holzschn. (XVI, 1034 S.) n. 26. —.

—— für die deutsche **Handels-Marine** auf d. J. 1885. Hrsg. im Reichsamt d. Innern. gr. 8. (VI, 538 S.) Berlin, G. Reimer. cart. n. 5. —

(84/2) —— des deutschen **Handels-, See- u. Wechselrechts.** Unter Mitwirkg. v. Proff. DD. Brunner, Cohn, Gareis etc. hrsg. v. Prof. Dr. W. **Endemann.** 3. Bd. 2. Halbbd. 3. (Schluss-) Abth. gr. 8. (XII u. S. 993—1223.) Leipzig, Fues. n. 6. 30 (cplt.: n. 80. —)

(83/1) —— der **Ingenieurwissenschaften** in 4 Bdn. 4. Bd. 2. Abtlg. Lex.-8. Leipzig, Engelmann. n. 22. —; Einbd. n.n. 2. 50

Inhalt: Die Baumaschinen. 2. Abtlg.: Hilfsanlagen f. den Materialtransport u. die Errichtg. v. Hochbauten. Apparate u. Maschinen zur Herstellg. v. Tiefbohrlöchern. Gesteinsbohrmaschinen. Abbohren v Schächten. Schräm- u. Schlitzmaschinen. Tunnelbohrmaschinen. Bearb. v. Dr. **Pröll** u. **Scharowsky,** L. v. **Willmann,** G. **Köhler,** W. **Schulz,** Dr. Ph. **Forchheimer.** Unter Mitwirkg. v. Oberbaudir. L. **Franzius** hrsg. v. Prof. F. **Lincke.** Mit 183 Holzschn., vollständ. Sachregister u. 23 lith. Taf. (XXI, 415. u. Register zum Atlas VIII S.)

—— der speciellen **Methodik.** Auf Grundlage der Lehrpläne f. die österreich. Volks- u. Bürgerschulen hrsg. v Schulr. Sem.-Dir. Rob. **Niedergesäß.** 3 Bde. gr. 8. Wien, Pichler's Wwe. & Sohn. à n. 7. —; Sep.-Ausg. in 14 Thln. n. 24. 80

Inhalt: 1. Die specielle Methodik d. Unterrichts in der Elementarclasse. Von Schulr. Sem.-Dir. Rob. **Niedergesäß.** (102 S.) 1883. n. 1. 40. — 2. Methodik d. deutschen Sprachunterrichts. Von Übungsschullehr. Hans **Sommert.** (221 S.) 1882. n. 2. 80. — 3. Methodik d. geographischen Unterrichtes v. Sem.-Prof. Gust. **Rusch.** (189 S.) 1884. n. 2. 40. — 4. Methodik d. Unterrichtes in der Geschichte. Von Sem.-Prof. Gust. **Rusch.** (91 S.) 1884. n. 1. 20. — 5. Methodik d. naturgeschichtlichen Unterrichtes v. Prof. Dr. Carl **Roth.** (124 S.) 1884. n. 1. 60. — 6. Methodik der Naturlehre. Von Rath Prof. Dr. Eug. **Netoliczka.** (104 S.) 1883. n. 1. 40. — 7. Methodik d. Rechenunterrichts. Von Prof. Sem.-Dir. Jos. **Hofer.** (270 S.) 1883. n. 3. 40. — 8. Methodik d. Unterrichts in der Geometrie u. im geometrischen Zeichnen v. Lehrern Ed. **Bauer** u. Alex. **Tschiedel.** (91 S.) 1884. n. 1. 20. — 9. Die specielle Methodik d. Zeichenunterrichtes v. Schulr. Prof. Jos. **Granbauer.** (109 S.) 1883. n. 1. 40. — 10. Methodik d. Schreibunterrichtes. Von Lehr. Jos. **Ambros.** Mit vielen in den Text gedr. Schriftproben. (77 S.) n. 1. —. — 11. Methodik d. Gesangunterrichtes. Von Übungsschullehr. Jos. **Hiebsch.** (56 S.) n. — 80. — 12. Methodik d. Turnunterrichtes. Von Prof. Turnlehr. Rich. **Kümmel.** (125 S. m. eingedr. Fig.) 1884. n. 1. 60. — 13. Methodik d. Unterrichts in den weiblichen Handarbeiten. Von Industrie-Lehrerin Louise **Prockesch.** (143 S. m. 29 Taf. in Carton.) n. 3. —. — 14. Der Schulgarten. Von Oberlehr. Mich. **Fischer.** (128 S.) 1883. n. 1. 60.

(85/1) —— der **politischen Oekonomie,** in Verbindg. m. Proff. DD. W. Benecke, J. Conrad, Geh.-R. Prof. Dr. F. H. Geffcken ꝛc. hrsg. v. Prof. Dr. Gust. **Schönberg.** 2. umgearb. u. verm. Aufl. 7—15. Lfg. Lex.-8. (1. Bd. XII u. S. 337—734 u. 3. Bd. S. 337—864.) Tübingen, Laupp. à n. 2. — (1. Bd. cplt.: n. 14. —)

Handbuch der speciellen Pathologie u. Therapie, bearb. v. Prof. H. Auspitz, DD. V. Babes, A. Baer etc. Hrsg. von Prof. Dr. H. v. Ziemssen. 12. Bd. Anh. gr. 8. Leipzig, F. C. W. Vogel. n. 6. —
Inhalt: Die Störungen der Sprache. Versuch e. Pathologie der Sprache v. Prof. Dr. Adf. Kussmaul. 3. Aufl. (X, 300 S.)

(84/2) —— des öffentlichen Rechts der Gegenwart in Monographien. Unter Mitwirkg. v. Prof. Dr. Aschehoug, Landger.-Präs. Dr. Becker, Landrichter Bömers etc. hrsg. v. Prof. Dr. Heinr. Marquardsen. 3. Bd. 1. Halbbd. 1. Abth. 2. Lfg. Lex.-8. Freiburg i/Br., Mohr. Subscr.-Pr. n. 1. —
Inhalt: Bayern, bearb. v. Dr. W. Vogel. 2. Lfg. (S. 65—128.)

—— dasselbe. 4. Bd. Das Staatsrecht der außerdeutschen Staaten. 1. Halbbd. 2. u. 3. Abth. gr. 8. Ebd. n. 11. —
Inhalt: 2. Das Staatsrecht der schweizerischen Eidgenossenschaft. Bearb. von Prof. Dr. Alois v. Orelli. (VI, 160 S.) n. 5. —. — 3. Das Staatsrecht der Vereinigten Staaten v. Amerika. Bearb. von Geh. Hofr. Prof. Dr. H. v. Holst. (VII, 189 S.) n. 6. —

(84/2) —— systematisches, der deutschen Rechtswissenschaft. Unter Mitwirkg. der Proff. DD. H. Brunner, E. Brunnenmeister, O. Bülow etc. hrsg. v. Prof. Dr. Karl Binding. 2. Abth., 2. Thl., 1. Bd. gr. 8. Leipzig, Duncker & Humblot. n. 8. 80; Einbd. n.n. 2. 50
Inhalt: Institutionen d. deutschen Privatrechts. Von Dr. Andr. Heusler. 1. Bd. (XI, 396 S.)

—— dasselbe. 7. Abth. 1. Thl. 1. Bd. gr. 8. Ebd. n. 20. —; geb. n. 22. 50
Inhalt: Handbuch d. Strafrechts. Von Dr. Karl Binding. 1. Bd. (XXII, 927 S.)

—— dasselbe. 9. Abth. 2. Thl. 1. Bd. gr. 8. Ebd. n. 15. 60; geb. n. 18. 10
Inhalt: Handbuch d. deutschen Civilprozessrechts. Von Dr. Adf. Wach. 1. Bd. (XV, 690 S.)

—— für Schüler [Ausg. A] zum Gebrauche bei dem Unterrichte in der Religion, Geschichte, Geographie, Naturgeschichte, Naturlehre, deutschen Sprache, im Rechnen u. Formenlehre. Mit 40 geometr. Fig. 63. Aufl. 8. (66 S.) Potsdam, Rentel's Verl. n. — 25

—— dasselbe. [Ausg. B] ohne Religion. 62. Aufl. 8. (66 S.) Ebd. n. — 25

—— statistisches, f. Elsass-Lothringen. Hrsg. vom statist. Bureau d. kaiserl. Ministeriums f. Elsass-Lothringen. 1. Jahrg. gr. 8. (XII, 280 S.) Strassburg, (Schmidt). n. 6. —

—— statistisches, f. den Hamburgischen Staat. Hrsg. v. dem statist. Bureau der Steuer-Deputation. 3. Ausg. gr. 8. (XXIII, 245 S.) Hamburg, O. Meissner's Verl. n. 4. 80

(84/2) —— österreichisches statistisches, f. die im Reichsrathe vertretenen Königreiche u. Länder. Nebst e. Anh. f. die gemeinsamen Angelegenheiten der österreichisch-ungar. Monarchie. Hrsg. v. der k. k. statist. Central-Commission. 3. Jahrg. 1884. gr. 8. (IV, 260 S.) Wien, Hölder. n. 7. 60

(84/2) —— der chemischen Technologie. In Verbindg. m. mehren Gelehrten u. Technikern bearb. u. hrsg. v. weil. Prof. Dr. P. A. Bolley. Nach dem Tode d. Hrsg. fortgesetzt v. Hofr. Prof. Dr. K. Birnbaum. 6. Bds. 1. Gruppe. Die chemische Technologie der Baumaterialien u. Wohnungseinrichtgn. 2. Abth. 2. (Schluß-) Lfg. gr. 8. Braunschweig, Vieweg & Sohn. n. 6. —
Inhalt: Die chemische Technologie der Mörtelmaterialien. Von Prof. Dr. G. Feichtinger. Mit zahlreichen in den Text eingedr. Holzst. 2. (Schluß-Lfg.) (VII—XIII u. S. 193—478.) (cplt.: n. 12. 50)

(85/1) —— der theologischen Wissenschaften in encyklopädischer Darstellung m. besond. Rücksicht auf die Entwicklungsgeschichte der einzelnen Disziplinen, in Verbindg. m. Proff. DD. Cremer, Grau, Harnack etc. hrsg. v. Prof. Dr. Otto Zöckler. 4. Bd. Praktische Theologie. 2., sorgfältig durchgeseh., teilweise neu bearb. Aufl. gr. 8. (XI, 571 S.) Nördlingen, Beck. n. 9. —; geb. n. 11. — (1—4.: n. 38 —; geb. n. 46. —)

Handbuch der allgemeinen Therapie. Bearb. v. Proff. J. Bauer, F. Busch, W. Erb etc. Hrsg. von Prof. Dr. H. v. Ziemssen. 4. Bd. gr. 8. Leipzig, F. C. W. Vogel. n. 6. —
Inhalt: Therapie der Kreislaufs-Störungen, Kraftabnahme d. Herzmuskels, ungenügender Compensationen bei Herzfehlern, Fettherz u. Fettsucht, Veränderungen im Lungenkreislauf etc. v. Prof. Dr. M. J. Oertel. 3. Aufl. Unveränd. Abdr. der 2. durch neue Untersuchgn. verm. Aufl. Mit 38 Abbildgn. im Text. (XIV, 344 S.)

—— für den Unteroffizier u. Gemeinen der Infanterie, zum dienstl. Unterricht v. Hauptm. F. S. 2 Tle. 2. Aufl. 8. Berlin, Luckhardt. n. 1. 80
Inhalt: Der Unterrichtsstoff in Frageform. (VII, 109 S.) n. — 60. — 2. Der Unterrichtsstoff in Antwortform. (XVI, 384 S.) n. 1. 20.

—— des Völkerrechts. Auf Grundlage europ. Staatspraxis unter Mitwirkg. v. Geh.-R. Prof. Dr. v. Bulmerincq, Dr. E. Caratheodory, Geh.-R. Prof. Dr. Dambach 2c. hrsg. von Prof. Dr. Frz. v. Holtzendorff. 1. Bd. Einleitung in das Völkerrecht. gr. 8. (XII, 523 S.) Berlin, Habel. n. 16. —; Einbd. n. 2. —

(85/1) —— für Volksschulen. Auf Grund der Bestimmgn. d. „Lehrplanes f. die Volksschulen d. Königr. Sachsen" bearb. v. e. prakt. Schulmanne. 5. Hft. gr. 8. Meißen, Schlimpert. n. — 20 (cplt.: n. 1. 15)
Inhalt: Naturlehre. (40 S.).

(84/2) **Handbücher** der alten Geschichte. II. Serie. 1. Abtlg. 1. Tl. gr. 8. Gotha, F. A. Perthes. n. 12. —
Inhalt: Griechische Geschichte bis zur Schlacht v. Chaironeia v. Prof. Dr. Geo. Busolt. 1. Tl.: Bis zu den Perserkriegen. (XII, 623 S.)

(83/1) **Handelmann**, Heinr., 38. Bericht zur Alterthumskunde Schleswig-Holsteins. Zum 50jähr. Gedächtniss der Eröffng. d. Schleswig-Holstein. Museums vaterländ. Alterthümer zu Kiel [Mittsommer 1835]. gr. 4. (32 S. m. Illustr.) Kiel, (v. Maack). baar n. 2. —

(81/2) **Handels-Archiv**, neues Hamburger. Sammlung der auf Handel u. Schiffahrt bezügl., seitens d. Deutschen Reiches u. der hamburg. Behörden erlassenen Verordngn. und Bekanntmachgn. Hrsg. auf Veranlassg. der Handelskammer in Hamburg. Jahrg. 1884. gr. 8. (XI, 202 S.) Hamburg, (Nolte). n. 3. —

Handels-Union, deutsche. Wochenschrift f. die Interessen d. deutschen Exports. Hrsg. v. der Direction d. Deutschen Export-Musterlagers Union. Nebst den Beiblättern: Schwarzes Blatt, Export-Katalog u. Deutsche Export-Industrie. [Früher: Internationales Journal.] 14. Jahrg. 1885. 52 Nrn. (3 B. m. Illustr.) Fol. Berlin, Selbstverlag der Direction, SW. Kommandantenstr. 71. Vierteljährlich n. 6. —

Hand-Fibel. Enth.: Elementar-Übungen zum Lesen; poet. u. pros. Lesestücke; e. Sammlg. bibl. Sprüche; die 5 Hauptstücke d. christl. Glaubens. Ausg. A. B. u. C. 8. Berlin, Oehmigke's Verl. à n. — 40; Einbd. à n. n. — 10
A. 124. Aufl. (176 S. m. eingedr. Holzschn.) — B. Von Otto Schulz. Ohne die bibl. Sprüche u. die Hauptstücke. Für den Schreib-Lese-Unterricht bearb. v. Prov.-Schulr. Karl Bormann. 99. rev. Aufl. (184 S. m. eingedr. Holzschn.) — C. Von Otto Schulz. Ohne die bibl. Sprüche u. die Hauptstücke. Nach der analytisch-synthet. Methode bearb. v. Schulvorst. H. Bohm. 77. Aufl. (144 S. m. eingedr. Holzschn.)

—— Kölner. 2 Abtlgn. Hrsg. vom Kölner Lehrerverein. 8. Köln, Du Mont-Schauberg. geb. à n. n. — 40
1. 79—81. Aufl. (46 S., wovon 16 lith.) — 2. Erstes Lesebuch. Unterstufe. 34—36. Aufl. (93 S.)

Handl, Prof. Dr. Alois, üb. e. neues Hydrodensimeter. [Mit 1 (eingedr.) Holzschn.] [Aus: „Sitzungsber. d. k. Akad. d. Wiss."] Lex.-8. (4 S.) Wien, (Gerold's Sohn). — 15

—— Lehrbuch der Physik f. Pharmaceuten, Chemiker u. Angehörige ähnlicher Berufszweige. Mit 198 in den Text gedr. Fig. gr. 8. (XII, 261 S.) Wien, Hölder. n. 4. —

Handlexikon, kirchliches. Ein Hilfsbuch zur Orientierg. auf dem Gesamtgebiete der Theologie u. Kirche. In Verbindg. m. e. Anzahl evangelisch-luther. Theologen hrsg. v. Pfr. Dr. Carl Meusel. (In 40 Lfgn.) 1—3. Lfg. gr. 8. (1. Bd. S. 1—240.) Leipzig, J. Naumann. à n. 1. —

(84/2) **Handwörterbuch**, neues, der Chemie. Auf Grundlage d. v. Liebig, Poggendorff u. Wöhler, Kolbe u. Fehling hrsg. Handwörterbuchs der reinen u. angewandten Chemie u. unter Mitwirkg. v. Baumann, Bunsen, Fittig etc. bearb. u. red. von Proff. DD. Herm. v. Fehling u. Carl Hell. Mit in den Text eingedr. Holzst. 48. u. 49. Lfg. gr. 8. (4. Bd. S. 721—912.) Braunschweig, Vieweg & Sohn. à n. 2. 40

(84/2) —— der Chemie. Hrsg. v. Prof. Dr. Ladenburg. Unter Mitwirkg. v. DD. Berend, Biedermann, Prof. Dr. Drechsel etc. Mit Holzschn. 3. Bd. Lex.-8. (653 S.) Breslau, Trewendt. n. 16. —; geb. n. 18. 40 (1—3.: n. 50. —; geb. n. 57. 20)

Haeneke, Obertelegr.-Assist. A., Kalender f. alle auf Wochentag, Festtag od. Mondphase bezüglichen Zeitbestimmungen vom J. 1 bis 11399 n. Chr. nach altem u. neuem Stil. Mit Benutzg. der Kalendertafel v. Dr. G. Steinbrink u. der kalendar. Abhandlgn. v. G. Schubring f. den allgemeinen Gebrauch bearb. 8. (6 S. auf Carton.) Danzig 1886, R. Bertling. — 30

Hanke, R., Franz Grillparzer, } s.: Volks- u. Jugend-Bibliothek.
—— Friedrich Hebbel, }

Hankel, Paul, Galilei. Drama in 2 Abtlgn. u. 5 Akten. 8. (100 S.) Leipzig, Mutze. n. 1. 50

(85/1) **Hann**, J., die Temperaturverhältnisse der österreichischen Alpenländer. II. u. III. (Schluss-) Thl. [Aus: „Sitzungsber. d. k. Akad. d. Wiss."] Lex.-8. (51 u. 166 S.) Wien, (Gerold's Sohn). n. 3. 40 (cplt.: n. 5. —)

Hannak, Dir. gew. Doc. Prof. Dr. Eman., Lehrbuch der Geschichte d. Alterthums f. die unteren Classen der Mittelschulen. Mit 13 in den Text gedr. Orig.-Holzschn. 8. Aufl. [Umgearb. Abdr. der 7. Aufl.] gr. 8. (XII, 141 S.) Wien, Hölder. geb. n. 1. 68

—— Lehrbuch der Geschichte d. Mittelalters f. die unteren Classen der Mittelschulen. Mit 20 in den Text gedr. Orig.-Holzschn. 6. u. 7. verb. u. gekürzte Aufl. gr. 8. (VIII, 102 S.) Ebd. geb. n. 1. 40

—— Lehrbuch der Geschichte der Neuzeit f. die mittleren Classen der Mittelschulen. Mit 9 in den Text gedr. Orig.-Holzschn. 6. Aufl. [Umgearb. Abdr. der 5. Aufl.] gr. 8. (X, 134 S.) Ebd. geb. n. 1. 60

—— Lehrbuch der Geschichte f. Lehrer- u. Lehrerinnenbildungs-Anstalten [zugleich als Leitfaden zum Selbstunterrichte f. Lehrer]. 2. u. 3. Thl. 4. Aufl. [Umgearb. Abdr. der 3. Aufl.] gr. 8. Ebd. n. 2. 84
Inhalt: 2. Mittelalter. (X, 142 S. m. 20 Holzschn.) n. 1.40. — 3. Neuzeit. (VIII, 155 S. m. 8 Holzschn.) n. 1.44.

—— Lehrbuch der österreichischen Geschichte, der Verfassung u. der Staatseinrichtungen der österreichisch-ungarischen Monarchie f. Lehrer- u. Lehrerinnen-Bildungsanstalten [zugleich als Leitfaden zum Selbstunterrichte f. Lehrer]. gr. 8. (IX, 112 S.) Ebd. n. 1. 20

—— österreichische Vaterlandskunde f. die unteren Classen der Mittelschulen. Unterstufe. 8., gemäss den Instructionen f. den Unterricht in den Gymnasien u. Realschulen verb. Aufl. gr. 8. (IV, 110 S.) Ebd. 1886. geb. n. 1. 76

Hanne, Past. Dr. J. R., freier Glaube. Religiöse Blätter f. protestant. Christen. gr. 8. (VII, 141 S.) Hamburg, Seippel. n. 2. —

Hannover, die königl. Residenzstadt. Führer u. Plan. [Neueste Revision.] gr. 16. (32 S.) Hannover, Schmorl & v. Seefeld. n. 1. —

Haonny, Gymn.-Lehr. Dr. Louis, Schriftsteller u. Buchhändler im alten Rom. 2. Aufl. gr. 8. (118 S.) Leipzig, Fock. n. 2. 40

Haus, Pfr. Jul., Mitgabe f. Konfirmanden. 8. (20 S.) Augsburg, Schlosser. cart. n. — 25

Hänselmann, Ludw., deutsches Bürgerleben. Alte Chronikenberichte, bearb. v. L. H. 1. Bd. 8. Braunschweig 1886, Goeritz u. zu Putlitz' Verl. n. 4. 30; geb. n. 5. 50

Inhalt: Das Schichtbuch. Geschichten v. Ungehorsam u. Aufruhr in Braunschweig 1292—1514. Nach dem Niederdeutschen d. Zollschreibers Herm. Bothen u. anderen Ueberliefergn. bearb. (XXIV, 274 S.)

Hansen, B., Pontiac, der Ottawa-Häuptling, s.: Volks-Erzählungen, kleine.

Hansen, Ghard. v., die Kirchen u. ehemaligen Klöster Revals. 3. verm. Aufl. gr. 8. (V, 212 S.) Reval, Kluge. n. 4. 80

Hansen, Jörgen A., e. Beitrag zur Persistenz d. Ductus omphalo-entericus. Inaugural-Dissertation. gr. 8. (21 S.) Kiel, Lipsius & Tischer. baar n. — 60

Hansen-Taylor, Marie, u. Horace E. Scudder, Bayard Taylor. Ein Lebensbild, aus Briefen zusammengestellt. Übers. u. bearb. v. Anna M. Koch. Mit (Lichtdr.-) Portr. gr. 8. (VII, 528 S.) Gotha, F. A. Perthes. n. 8. —

Hanslick, Ed., die moderne Oper. Kritiken u. Studien. 8. Tausend. 8. (IX, 341 S.) Berlin, Allgemeiner Verein f. deutsche Litteratur. n. 5. —; geb. baar n. 6. —

—— aus dem Opernleben der Gegenwart. [Der „Modernen Oper" III. Thl.] Neue Kritiken u. Studien. 3. Tausend. 8. (IV, 379 S.) Ebd. n. 5. —; geb. baar n. 6. —

Hantzsch, Lehr. Adf., Festschrift zum 50jährigen Jubiläum der II. Bürgerschule zu Dresden. Nach den Quellen bearb. gr. 8. (75 S.) Dresden, (Huhle). baar n.n. — 50

Hanusz, Dr. Joh., üb. das allmälige Umsichgreifen der -*n*- Declination im Altindischen. [Aus: „Sitzungsber. d. k. Akad. d. Wiss."] Lex.-8. (45 S.) Wien, Gerold's Sohn in Comm. n.n. — 70

Häpe, Reg.-Assess. Dr. Geo., Sozialreform u. innere Mission. Vortrag, geh. in der Generalversammlg. d. Landesvereins f. innere Mission zu Dresden am 21. Apr. 1885. gr. 8. (56 S.) Leipzig, Lehmann. n. 1. 50

Harder, weil. Organ. Hauptlehr. Frdr., Handbuch f. den Anschauungsunterricht. Mit besond. Berücksicht. d. Elementarunterrichts in den Realien. 9., verb. u. verm. Aufl. Bearb. v. Sem.-Lehr. J. F. Hüttmann. 1. Halbbd. gr. 8. (VIII, 288 S.) Hannover, Norddeutsche Verlagsanstalt. n. 3. —

Harder, Konr., e. Fall v. menstrueller Verblutung. Inaugural-Dissertation. gr. 8. (31 S.) Kiel, (Lipsius & Tischer). baar n. 1. —

Hardt's, Herrn, Mittheilungen üb. Buchhandel u. Buchdruck vor 140 Jahren. Nebst geschichtl. Abriß, Vorschlägen zur Reform u. Erfahrgn. bei Erziehg. der Lehrlinge. Neudruck aus Hilarius Goldsteins Leben u. Reisen u. Erzählg. der list. u. lust. Streiche der Kaufmannsjungen in großen Städten. Frankfurt 1752. gr. 8. (32 S.) Frankfurt a/M., Lehmann & Lutz. n. 1. —

Hardmeyer, J., le lac des Quatre-Cantons, s.: l'Europe illustrée.

—— Locarno u. seine Thäler, s: Wanderbilder, europäische.

—— Locarno et ses vallées, s.: l'Europe illustrée.

Hare, Augustus J. C., Freifrau v. Bunsen. Ein Lebensbild, aus ihren Briefen zusammengestellt. Deutsch v. Hans Tharau. 2 Bde. 4. Aufl. Mit (Lichtdr.-) Portr. gr. 8. (IX, 388 u. V, 361 S.) Gotha, F. A. Perthes. n. 12. —

d'Hargues, Rechtsanw. Eugène, Rede zur Einweihung u. Enthüllung d. Calvin-Denkmals am 28. Octbr. 1885 geh. gr. 8. (14 S.) Berlin, Plahn. n. — 40

Häring, Sem.-Musiklehr. Osk., Liederheft f. die oberen Klassen in vielklassigen Volksschulen, Mittelschulen u. höheren Mädchenschulen. Eine Sammlg. zwei- u. dreistimm. Gesänge. gr. 8. (IV, 91 S.) Stolp, Schrader. n. — 60

—— Liederheft f. Volksschulen. Auswahl ein- u. zweistimm. Schul- u. Volkslieder. 4. Aufl. 8. (IV, 100 S.) Ebd. 1884. n. — 40

Harms, weil. Prof. Dr. Frdr., Methode d. akademischen Studiums. Aus dem handschriftl. Nachlasse d. Verf. hrsg. v. Pfr. Dr. Heinr. Wiese. gr. 8. (VIII, 119 S.) Leipzig, Th. Grieben. n. 1. 60

Harnack, Axel, Naturforschung u. Naturphilosophie. Vortrag, geh. in der naturwissenschaftl. Gesellschaft zu Dresden. gr. 8. (27 S.) Leipzig, Teubner. — 60

Harnack, Prof. em. Dr. Th., üb. den Kanon u. die Inspiration der heiligen Schrift. Ein Wort zum Frieden. gr. 8. (36 S.) Dorpat, Karow. n. — 90

Harnisch, Lina, deutscher Küchenkalender f. Hausmannskost. Ein Speisezettel f. alle Tage d. Jahres m. besond. Rücksicht der Jahreszeit nebst Anweisg. zur schmackhaften Zubereitg. der darin angegebenen Speisen. Ein Vademecum f. junge Hausfrauen u. Wirthinnen. 3. verm. u. verbesserte Aufl. 8. (III, 192 S.) Berlin 1886, Cronbach. geb. n. 2. —

Harre, Gymn.-Oberlehr. Dr. Paul, lateinische Schulgrammatik. 1. Tl. Lateinische Formenlehre. gr. 8. (IV, 156 S.) Berlin, Weidmann. n. 1. 20

Hart, Dr. van der, Exercitienbüchlein f. Geistliche u. Laien, welche sich den heiligen Übungen unterziehen. 16. (VIII, 159 S.) Regensburg, Manz. 1. —

Hart, Heinr., deutsches Herz u. deutscher Geist. Eine Blütenlese aus 4 Jahrhunderten deutscher Dichtg. von Luther bis auf die jüngste Gegenwart. 2. Aufl. Mit chromolith. Titelbild in 13 Farben. 12. (XXXI, 560 S.) Leipzig, Hoffmann & Ohnstein. geb. m. Goldschn. n. 6. —

Hartert, Ernst, die Feinde der Jagd. Eine naturwissenschaftl. Studie üb. die dem Wildstande wirklich u. vermeintlich schadenbring. Thiere. Mit Illustr. v. Mützel, Kretschmer, Deiker, Specht, Bellecroix u. A. Lex.-8. (III, 123 S.) Berlin, Baensch. n. 4. —

(84/2) **Hartfelder**, Dr. Karl, badische Geschichtsliteratur d. J. 1884. [Aus: „Zeitschr. f. d. Geschichte d. Oberrheins".] gr. 8. (III, 29 S.) Karlsruhe, Braun. n. — 60

Hartig, Prof. Dr. Rob., das Holz der deutschen Nadelbäume. Mit 6 in den Text gedr. Holzschn. gr. 8. (VII, 147 S.) Berlin, Springer. n. 5. —

Hartmann, Dr. Arth., die Krankheiten d. Ohres u. deren Behandlung. 3., verb. u. verm. Aufl. Mit 42 Holzschn. gr. 8. (VII, 253 S.) Berlin, Fischer's medicin. Buchh. n. 6. —

Hartmann, Dir. Dr. Berthold, die Analyse d. kindlichen Gedankenkreises als die naturgemäße Grundlage d. ersten Schulunterrichts. Ein Beitrag zur Volksschulpraxis. gr. 8. (VIII, 96 S.) Annaberg, Graser. n. 1. 25

Hartmann's, Ed. v., ausgewählte Werke. Wohlf. Ausg. 1. Hft. gr. 8. Berlin, C. Duncker. n. 1. —

Inhalt: Kritische Grundlegung d. transcendentalen Realismus. Eine Sichtg. u. Fortbildg. der erkenntnisstheoret. Principien Kants. 3. neu durchgeseh. u. verm. Aufl. (VIII, 139 S.)

—— moderne Probleme. gr. 8. (XI, 250 S.) Leipzig 1886, Friedrich. n. 5. —

—— der Spiritismus. gr. 8. (III, 118 S.) Ebd. n. 3. —

Hartmann, G., d. Jahres festliche Tage in Lied, Gesang u. Bild. Mit Orig.-Kompositionen f. 1 Singstimme m. Pianoforte-Begleitg. v. F. Jacobs u. (4) Farbendr.-Bildern v. J. B. Sonderland. gr. 4. (64 S.) Wesel, Düms. geb. 1. 50

Hartmann, J., Stuttgart u. Cannstatt, s.: Städtebilder u. Landschaften aus aller Welt.

Hartmann, Gen.-Lieut. z. D. J., Erlebtes aus dem Kriege 1870/71. 2. (Titel-) Aufl. gr. 8. (VII, 248 S.) Wiesbaden, Bergmann. n. 5.60; geb. n. 6.75

(84/1) **Hartmann**, Civ.-Ingen. Priv.-Doc. Konr., technische Vorlageblätter zum Gebrauch f. industrielle Fachschulen, technische Lehranstalten u. zum Selbstunterricht. Maschinen u. Maschinentheile, Geräthe, Werkzeuge, Apparate u. Mechanismen aus allen Gebieten der techn. Industrie. 4., 6., 9. u. 12. (Schluß-)Hft. gr. 4. (à 4 Chromolith.) Berlin, Polytechn. Buchh. in Comm. baar à n. 1. —

(59/1) **Hartmann**, Prof. Dr. Otto Ernst, der Ordo Judiciorum u. die Judicia extraordinaria der Römer. 1. Thl. A. u. d. T.: Ueber die römische Gerichtsverfassung. 2. (Schluß-) Lfg., ergänzt u. hrsg. v. Aug. Ubbelohde. gr. 8. (XXIII u. S. 179—646.) Göttingen 1886, Vandenhoeck & Ruprecht's Verl. n. 10. — (1. Thl. cplt.: n. 13. —)

Harttmann's, Karl Frdr., Kasual- u. Passionspredigten. Hrsg. v. weil. Pfr. Karl Chr. Eberh. Ehmann. 2. Bd. 8. Heilbronn 1886, Scheurlen's Verl. 3. 50

Inhalt: Leichenpredigten. 1. Sammlg. Aufs neue hrsg. v. Dek. Thdr. Weitbrecht. 2. Aufl. (XII, 430 S.)

Hartz, Past. J., Vademecum d. Gustav-Adolf-Vereins. Chronologisch-statist. Uebersicht der ersten 50 Jahre seines Bestehens. qu. Fol. (8 Tab.) Eisenach, Rasch & Coch. n.n. — 50

Harweck-Waldstedt, G. M., Friedrich Friesen. Ein Lebens- u. Charakterbild aus der Zeit der deutschen Befreiungskriege. Für Turner u. Krieger, Lehrer u. Schüler, überhaupt f. jeden Patrioten. Mit e. Anh.: Deutsche Freundestreue. Ballade. 12. (52 S.) Goslar, Borchers in Comm. n. — 50

Hasak, Ehrendech. P. Vinc., Herbstblumen od. alte, ernste Wahrheiten. Zur Illustration d. christl. Volksunterrichtes in der vorreformator. Zeit. Nach Orig.-Schriften bearb. gr. 8. (242 S.) Regensburg, Manz. n. 3. —

Hase, Dr. Karl, Kirchengeschichte auf der Grundlage akademischer Vorlesungen. 1. Thl. Alte Kirchengeschichte. gr. 8. (VII, 638 S.) Leipzig, Breitkopf & Härtel. n. 12. —; geb. n.n. 13. 50

Hase, Osc., die Koberger. Eine Darstellg. d. buchhändler. Geschäftsbetriebes in der Zeit d. Überganges vom Mittelalter zur Neuzeit. 2. neugearb. Aufl. gr. 8. (X, 462 u. Briefbuch 154 S. m. 5 Fcsms.) Leipzig, Breitkopf & Härtel. n. 10. —

Haselbach, Thierarzt H., praktisches Thierarzneibuch, enth. die Krankheiten unserer Hausthiere, ihre Ursachen, Kennzeichen u. Heilg., nebst e. Anleitg. zur Geburtshülfe, den gebräuchlichsten Operationen, zur Errichtg. e. Hausapotheke u. a. m., sowie das besteh. Viehseuche-Gesetz. Neubearb. f. Landwirthe u. Viehbesitzer. 2. Aufl. 8. (VIII, 420 S.) Berlin, (Neufeld). n. 2.50; cart. n. 3. —; geb. n. 3. 50

Haselberg, E. v., s.: Baudenkmäler, die, der Prov. Pommern.

Haslam, W., vom Tode zum Leben od. 20 Jahre aus meinem Amtsleben. Frei aus dem Engl. übertr. v. Pfr. A. L. Schettler. 8. (XII, 363 S.) Bonn, Schergens. n. 3. —

Hasse, Dr. C. [Dr. Mensinga-Flensburg], zur Hygieine in der Frauenkleidung. Winke f. prakt. Aerzte u. Hygieiniker. [Kunstbusen. Beinkleider.] Mit Abbildgn. (1 Steintaf.) gr. 8. (33 S.) Neuwied, Heuser's Verl. n. 1. —

—— das Pessarium occlusivum u. dessen Applikation. [Mit Abbildgn.] 4. verb. u. verm. Aufl. Suppl. zu „Über facultative Sterilität". gr. 8. (50 S.) Ebd. Verklebt. n. 2. —

Hasse, P., s.: Regesten u. Urkunden, Schleswig-Holstein-Lauenburgische.

Hasse, Thdr., König Wilhelm v. Holland. [1247—1256.] 1. Tl. 1247. gr. 8. (V, 116 S.) Strassburg, Trübner. n. 2. 50

Hasselberg, B., zur Spectroskopie d. Stickstoffs, s.: Mémoires de l'académie impériale des sciences de St.-Pétersbourg.

Hassell, Hauptm. v., Leitfaden f. den Unterricht in der Dienstkenntniß auf den königl. Kriegsschulen. Auf Befehl der General-Inspektion d. Militär-Erziehungs- u. Bildungswesens bearb. 2. verm. Aufl. 4. (IV, 52 S.) Berlin, Bath. n. 1. 50; cart. n. 1.80

Haesters, Lehr. Alb., Fibel od. der Schreib-Lese-Unterricht f. die Unterklassen der Volksschule Ausg. A. [In 1 Tl.] 1056—1060. Aufl. 8. (64 S.) Essen, Bädeker. n. — 28; geb. n.n. — 40

—— dasselbe. 1055. Aufl. Ausg. f. Ungarn. Bearb. v. Prof. Sem.-Vorst. Johs. Ebenspanger. 2. Aufl. Nach der neuen Rechtschreibg. gr. 8. (65 S.) Ebd. geb. n.n. — 40

Haswell, Alex. Elliot, Compendium der Urosemiotik. Die patholog. Chemie d. Harnes in ihrer Anwendg. zur Ergänzg. der Diagnose u. Prognose interner Krankheiten. gr. 8. (VIII, 109 S.) Wien 1886, Gerold's Sohn. n. 2. —

Haton de la Goupillière, Chef-Ingen. Prof. M., Grundriss der Aufbereitungslehre. Autoris. Übersetzg. v. Ingen. Doc. Vikt. Rauscher. Mit 93 Holzschn. gr 8. (VIII, 200 S.) Leipzig 1886, Felix. n. 8. —

Hatschek, Handels- u. Gewerbekammer-Adjunct Dr. H. J., Entwurf e. Normal-Fabriks-Ordnung im Sinne d. Gesetzes vom 8. März 1885, R.-G.-Bl. Nr. 22. 4. (17 S.) Reichenberg, Jannasch. n. — 80

—— das Manufakturhaus auf dem Tabor in Wien, s.: Forschungen, staats- u. socialwissenschaftliche.

Hattendorff, Prof. Dr. Karl, algebraische Analysis. Mit 11 Holzschn. Neue wohlf. (Titel-) Ausg. gr. 8. (XII, 293 S.) Leipzig (1877), Baumgärtner. n. 4. —

—— Einleitung in die höhere Analysis. Mit 72 Holzschn. Neue wohlf. (Titel-) Ausg. gr. 8. (XV, 624 S.) Ebd. (1880). n. 8. —

(85/1) **Hattler**, Frz., S. J., Wanderbuch f. die Reise in die Ewigkeit. Mit 112 feinen Holzschn.-Bildern illustrirt. 35. u. 36. Lfg. gr. 8. (2. Bd. 3. Thl. S. 145—231.) Düsseldorf, Schulgen. baar à — 50 (cplt.: n. 16. —; geb. n.n. 20. —)

Hauck, Gymn.-Prof. Dr. A. F., Lehrbuch der Arithmetik u. Algebra f. Gymnasien, Real-, Gewerb- u. Handelsschulen. Mit zahlreichen Beispielen u. Übungs-Aufgaben. [In 3 Tln.] 3. Tl. 1. Abtlg. 2. verb. u. verm. Aufl. gr. 8. (VI, 162 S.) Nürnberg, Korn. n. 2. —

Hauer, Frz. Ritter v., u. Dr. Guido **Stache**, Geologie Siebenbürgens. Nach den Aufnahmen der k. k. geolog. Reichsanstalt u. literar. Hülfsmitteln zusammengestellt. Hrsg. v. dem Vereine f. siebenbürg. Landeskunde. Neue (Titel-) Ausg. gr. 8. (X, 636 S.) Wien (1863), Graeser. n. 8. —

Hauer, J. G., Edelweiß. [Gsangln u. gspoaßigi Gschichtln.] Gedichte in niederösterreich. Mundart. Mit e. Vorworte v. P. K. Rosegger. 12. (IV, 292 S.) Wien, Gerold's Sohn. n. 4. 80

(85/1) **Hauer**, Ob.-Bergr. Prof. Jul. Ritter v., die Fördermaschinen der Bergwerke. 3. verm. Aufl. 3. [Schluss-] Lfg. Mit 21 lith. Tafeln. gr. 8. (XXIII u. S. 545—872.) Leipzig, Felix. n. 16. — (cplt.: n. 40. —)

Hauer, R., conjugateur portatif. kl. 4. (1 Steintaf. m. Text auf der Rückseite). Berlin, Herbig. Auf Pappe gezogen. n. — 40

Hauff, F., Beobachtungen aus der Tübinger geburtshilflichen Klinik, s.: Mitteilungen aus der geburtshilflich-gynäkologischen Klinik zu Tübingen.

Hauff, Gust., Christian Friedrich Daniel Schubart in seinem Leben u. seinen Werken. gr. 8. (V, 409 S.) Stuttgart, Kohlhammer. n. 4. —; geb. n. 5. —

(85/1) **Hauff's**, Wilh., sämmtliche Werke. Illustr. Pracht-Ausg. 5—10. Lfg. Lex.-8. (1. Bd. S. 113—228 u. 2. Bd. S. 33—132.) München, Arnold & Kreyßig. baar à n. — 50

Hauff's, Wilh., sämtliche Werke, s.: Bibliothek, Cotta'sche, der Weltlitteratur.
—— Lichtenstein, s.: Unterhaltungs-Bibliothek, Gabelsberger stenographische.
—— Märchen, s.: Meisterwerke unserer Dichter.
—— dasselbe, } s.: Haus-Bibliothek
—— Phantasien im Bremer Rathskeller, } f. Stolze'sche Stenographen.

Hauffe, Gust., Entwicklungsgeschichte d. menschlichen Geistes. Anthropologie. gr. 8. (XII, 408 S.) Minden 1886, Bruns. n. 7. —

Haug, Gymn.-Prof. Ed., Erläuterungen zu Baechtold's deutschem Lesebuch f. höhere Lehranstalten der Schweiz. Obere Stufe. gr. 8. (VIII, 144 S.) Frauenfeld, Huber. cart. n. 3. 20

Haug, weil. Sem.-Dir. J., grammatische Übungen. Für die Volksschulen in Elsaß-Lothringen. Neue Ausg., bearb. v. Sem.-Lehr. R. Lippert. 2. Schülerheft. 6. Aufl. gr. 16. (34 S.) Freiburg i/Br., Herder. n.n. — 18

Haug, Pfr. Ludw., Darstellung u. Beurteilung der A. Ritschl'schen Theologie. Zur Orientierg. dargeboten. [Aus: „Theolog. Studien aus Württ."] 1. u. 2. Abdr. gr. 8. (118 S.) Ludwigsburg, Neubert. n. 1. 70

Haupt, Antonie, das Geheimniß d. Waldes v. St. Arnual. Erzählung aus dem Saarbrücker Hofleben d. vorigen Jahrhunderts. 8. (62 S.) Trier, Paulinus-Druckerei. n. — 50
—— die letzte Gräfin v. Manderscheid, s.: Novellenkranz.

Haupt, Arth., abgefaßt — fünf Monate Königstein! Eine kurze Schilderg. der Festungshaft. 8. (32 S.) Leipzig, Roßberg. n. — 50

Haupt, Dr. Aug., Soden am Taunus. Ein Rathgeber u. Führer während d. Kurgebrauches. Mit 1 Karte der Umgegend, 4 Ansichten v. Soden u. e. Anh., enth. sämmtl. Taxen u. Tarife, sowie die badepolizeil. Verordngn. 12. (176 S.) Würzburg, Stuber's Verl. cart. n. 2. —

Haupt, Biblioth.-Sekr. Dr. Herm., die deutsche Bibelübersetzung der mittelalterlichen Waldenser, in dem Codex Teplensis u. der ersten gedruckten deutschen Bibel nachgewiesen. Mit Beiträgen zur Kenntniss der roman. Bibelübersetzg. u. Dogmengeschichte der Waldenser. gr. 8. (VII, 64 S.) Würzburg, Stahel. n. 1. 60

Haupt, L., Fibel, }
—— Lesebuch, } s.: Scharlach, F.
—— Volksschullesebuch, }

Haupt, W., newest handbook for Berlin and environs. With a map of Berlin. gr. 16. (70 S.) Berlin, R. Kühn. n. 1. —

Hauptstücke, die 5, nebst Sprüche, Gebete u. Hilfsmittel f. Geschichte, Geographie, deutsche Sprachlehre u. Rechnen. 72. Aufl. 8. (34 S.) Potsdam, Rentel's Verl. n. — 15; m. kolor. Übersichtskarte. v. Deutschland n. — 20; m. kolor. Karte v. Palästina n. — 20; m. beiden Karten n. — 25

Haus-Bibliothek f. Stolze'sche Stenographen, hrsg. v. Dr. G. Schröder. 1—12. Bd. 8. (autogr.) Basel. (Leipzig, Robolsky.) baar n.n. 12. 40
Inhalt: 1. Wilh. Hauff's Märchen. 1. Abth.: Märchen als Almanach. Die Karawane. (111 S.) 1877. n.n. 1. 20. — 2. Dasselbe. 2. Abth.: Der Scheik v. Alessandria u. seine Sclaven. (95 S.) 1877. n.n. 1. 10. — 3. Dasselbe. 3. Abth.: Das Wirthshaus im Spessart. (159 S.) 1877. n.n. 1. 70. — 4. Egmont. Ein Trauerspiel in 5 Aufzügen von W. v. Göthe. (86 S.) 1878. n.n. 1. 20. — 5. Peter Schlemihl's wundersame Geschichte. Mitgetheilt von Adb. v. Chamisso. (61 S.) 1879. n.n. — 80. — 6. Die Jungfrau v. Orleans. Eine romant. Tragödie von Frdr. v. Schiller. (106 S.) 1879. n.n. 1. 20. — 7. Phantasien im Bremer Rathskeller. Ein Herbstgeschenk f. Freunde d. Weines v. Wilh. Hauff. (48 S.) 1879. n.n. — 80. — 8. Das Abenteuer der Neujahrsnacht. Novelle v. Heinr. Zschokke. (47 S.) 1879. n.n. — 80. — 9. Drei venetianische Novellen von Frz. v. Gaudy. (72 S.) n.n. 1. — 10. Zwei Genfer Novellen v. Rud. Toepffer.

Col d'Anterre. Das Thal v. Trient. (60 S.) n.n. — 80. — 11. Ein Carnevalsfest auf Ischia. Von Aug. Kopisch. (52 S.) n.n. — 80. — 12. Des Lebens Ueberfluss. Novelle v. Ludw. Tieck. (76 S.) n.n. 1. —

(85/1) **Hausbücher**, medicinische. 26. u. 27. Bd. gr. 8. Leipzig, Hucke. à n. 1. 50
Inhalt: 26. Die Augenkrankheiten, deren Pflege u. Verhütung, m. Einschluß e. Darstellg. d. Brillengebrauchs bei Gesichtsfehlern v. Dr. J. Herm. Baas. Mit 20 Abbildgn. (IV, 128 S.) — 27. Das Stottern, seine Ursachen u. seine Heilung. Für Eltern, Lehrer u. Erzieher dargestellt v. Dr. J. Ruff. (VII, 83 S.)

—— dasselbe. 13. Bd. gr. 8. Ebd. n. 1. 50
Inhalt: Die Krankheiten d. menschlichen Haares u. die Haar-Pflege. Von Dr. J. Pohl-Pincus. 3. Aufl. (VIII, 131 S.)

(79/2) **Hauschka**, Oberst Alois, üb. die Ausbildung der Infanterie f. das Waldgefecht. 2. Aufsatz. Mit 2 Taf. [Aus: „Streffleur's österr. militär. Ztschr.“] gr. 8. (35 S.) Wien, Seidel & Sohn in Comm. baar n. 1. 20 (1. u. 2.: n. 2. 20)

Hause, B., ungleiche Ausgänge od. die Folgen der Trunksucht. Eine Erzählg. f. Jung u. Alt. 8. (67 S.) Brandenburg, Wiesike. — 60

Hause, B., Esther, Königin v. Persien u. Medien. Ein Drama in 5 Aufzügen. [Stoff: Der Inhalt d. bibl. Buches Esther.] 2., verb. Aufl. gr. 8. (VII, 104 S.) Eisenach. Frankfurt a/M., Kauffmann in Comm. baar n.n. 1. 50

Hausegger, Dr. Frdr. v., Bismarck als Vertreter deutschen Geistes. Festrede, geh in der Versammlg. d. Deutschen Vereines in Graz am 30. März 1885. gr. 8. (16 S.) Graz, (Goll). n. — 20

(85/1) **Häuselmann**, J., moderne Zeichenschule. Methodisch geordnetes Vorlagenwerk f. Volksschulen, Mittelschulen u. kunstgewerbl. Schulen. 2. u. 3. Lfg. qu. gr. 4. Zürich, Orell, Füssli & Co. Verl. In Mappe. à n. 6. — (1—3.: n. 16. —)
Inhalt: 2. Die Elementarformen bogenliniger Ornamente. (20 Chromolith.) — 3. Stilisirte Blatt- u. Blumenformen, einfache Flachornamente antiken u. modernen Stils. (20 lith. u. chromolith. Taf.)

(80/1) **Hauser**, Archit. Prof. Alois, Säulen-Ordnungen. Wandtafeln zum Studium der wichtigsten architekton. Formen der griech. u. röm. Antike u. der Renaissance. Im Auftrage d. k. k. Ministeriums f. Cultus u. Unterricht verf. 1. Serie. Taf. V—VII à 2 Bl. Chromolith. qu. gr. Fol. Mit Text. gr. 4. (à 2 Bl.) Wien, Hölder. à n. 7. 20; auf Leinw. m. Stäben à n.n. 10. —

Hauser, Privatdoc. Assist. Dr. Gust., üb. Fäulnissbacterien u. deren Beziehungen zur Septicämie. Ein Beitrag zur Morphologie der Spaltpilze. Mit 15 Taf. in Lichtdr. gr. 8. (III, 94 S.) Leipzig, F. C. W. Vogel. n. 12. —

Hauser, Conserv. Vereinssecr. Dr. K. Baron, Führer durch das historische Museum d. Rudolfinums in Klagenfurt. 2. verb. Aufl. 12. (106 S.) Klagenfurt, v. Kleinmayr. baar n. — 50

(84/2) **Hausfrauen-Zeitung**, allgemeine. Wochenschrift f. häusl. Erziehg., Gesundheitspflege, Hauswesen u. Unterhaltg. Hrsg. unter Mitwirkg. der hervorragendsten deutschen Schriftsteller u. Schriftstellerinnen. Ausg. A. 8. Jahrg. Oktbr. 1885—Septbr. 1886. 52 Nrn. (à 1—3 B.) Fol. Leipzig, Verl. der Allg. Frauenzeitg. Vierteljährlich baar 2. 50; Ausg. B. baar 1. 20

Hausfreund, der. Augsburger Schreibkalender 1886. 4. (59 S. m. Illustr. u. 1 Wandkalender.) Augsburg, Schmid's Verl. — 30

—— deutscher, e. Kalender f. Stadt u. Land auf d. J. 1886. 4. (50 S. m. Illustr.) Herborn, Buchh. d. Nassauischen Colportagevereins. n. — 20

—— der evang.-luther. Kalender auf d. J. 1886. Hrsg. v. Past. D. H. Th. Willkomm. 1. u. 2. Aufl. gr. 8. (89 S. m. eingedr. Holzschn. u. 1 Chromolith.) Zwickau. Dresden, H. J. Naumann in Comm. baar n. — 40

—— der fränkische. Ein Volks-Kalender f. d. J. 1886. 38. Jahrg. 4. (40 S. m. Illustr.) Würzburg, (Stuber's Verl.). baar — 20

—— Hamburger. Nr. 5—10. 8. Hamburg, Agentur d. Rauhen Hauses. à n. — 20
Inhalt: 5. Die Heimkehr. 2. Aufl. (47 S.) — 6. Aus tiefer Noth. Von Armin

Stein. 2. Aufl. (36 S.) — 7. Der Bajazzo u. seine Mutter. 4. Aufl. (48 S.) — 8. Marie. Eine Dorfgeschichte. 5. Aufl. (36 S.) — 9. Mutterliebe. Von Emil Frommel. 4. Aufl. (48 S.) — 10. Des Orgelmanns Kind. Nach dem Leben gezeichnet v. J. Boy. (48 S.)

Hausfreund, der hessische. Zum 64. Mal hrsg. f. d. J. 1886. 4. (168 Sp. m. Illustr.) Darmstadt, Winter'sche Buchdr. — 30

— neuester mährisch-schlesischer. Gemeinnütziger Volks- u. Geschäftskalender f. Mähren, Schlesien u. Böhmen auf d. J. 1886. 45. Jahrg. Mit (Holzschn.) Illustr. u. Tabellen. gr. 4. (131 S.) Brünn, Winiker. cart. n. — 90

Haushaltungsbuch, Wiener, f. d. J. 1886. Für den tägl. Gebrauch eingerichtet u. durch Beispiele erklärt, nebst Küchen-Kalender, Wäsche-Zetteln u. Notiz-Kalender. Fol. (60 S.) Wien, Perles. cart. n. 2. 50

Haushaltungs-Kalender. Ausgabe-Buch f. alle Tage d. Jahres. gr. 8. (52 S.) Darmstadt, Jonghaus. n. — 60

— auf d. J. 1886 f. die königl. preuß. Provinzen Brandenburg, Pommern u. Sachsen. 4. (56 S. m. 1 Holzschntaf.) Berlin, Trowitzsch & Sohn. n.n. — 75

Hausherr, M., S. J., die Verheißungen d. heiligsten Herzens Jesu in ihrer ursprünglichen Fassung u. eigentlichen Bedeutg. nebst Abbitte u. Weihegebet nach der sel. Margaretha Maria Alacoque. [Aus: „Kern der Herz-Jesu-Andacht" u. „Herrlichkeiten" 2c.] 16. (8 S.) Salzburg, Pustet. n. — 3

Haushofer, Prof. Dr. K., mikroskopische Reactionen. Eine Anleitg. zur Erkenng. verschiedener Elemente u. Verbindgn. unter dem Mikroskop als Supplement zu den Methoden der qualitativen Analyse. Mit 137 eingedr. Illustr. gr. 8. (VII, 162 S.) Braunschweig, Vieweg & Sohn. n. 4. 50

Haushofer, M., das deutsche Kleingewerbe in seinem Existenzkampfe gegen die Großindustrie, s.: Zeit- u. Streit-Fragen, deutsche.

Haus-Kalender, allgemeiner, f. alle Stände auf. d. J. 1886. 52. Jahrg. 8. (122 S. m. 1 Holzschn.-Portr.) Glogau, Flemming. n. — 45; durchsch. n. — 50

— der neue christliche, f. d. J. 1886. 53. Jahrg. 4. (58 S. m. Holzschn.) Luzern, Räber. — 30

— Ermländischer, f. 1886. 30. Jahrg. Hrsg. v. Jul. Pohl. 8. (109 S. m. Illustr.) Braunsberg, Huye. n. — 50

— gemeinnütziger, auf d. J. 1886. 49. Jahrg. gr. 4. (64 S. m. Illustr.) Sulzbach, v. Seidel. n. — 30; m. tabellirtem Schreibpap. durchsch. n. — 40

— illustrirter katholischer, [Bischofs-Kalender] auf d. J. 1886. Zur Belehrg. u. Erbaug. f. Stadt u. Land hrsg. v. mehreren Geistlichen d. Erzbisth. Bamberg u. der Diöcese Würzburg. 33. Jahrg. 3. (46 S. m. eingedr. Holzschn. u. 1 Holzschntaf. Würzburg, Etlinger. n. — 30

— für die Provinzen Ostpreußen, Westpreußen, Pommern, Posen u. Schlesien f. d. J. 1886. 18. Jahrg. Mit vielen Holzschn. 12. (180 S.) Thorn, E. Lambeck. n. — 50

— pommerscher, 1886. Mit dem Verzeichniß der Jahrmärkte der Provinzen Ost- u. West-Preußen, Brandenburg, Pommern u. Posen. Mit 1 Titelbilde in Photographiedr. u. zahlreichen Holzschn. 8. (XXXIV, 164 S.) Cöslin, Hendeß. n. — 50

— rheinisch-westfälischer, auf d. J. 1886. 18. Jahrg. Illustrirt nach Orig.-Zeichngn. Düsseldorfer Künstler. 2 Thle. 16. u. 24. (214 u. 64 S.) Düsseldorf, F. Bagel. — 50

— allgemeiner, f. Schlesien, Posen, Ost- u. Westpreußen auf d. J. 1886. 8. (48 S. m. Illustr.) Breslau, Goerlich. — 20

— [Thüring'scher], auf d. J. 1886. 240. Jahrg. 4. (29 S.) Luzern, Räber. — 30

Haus-Kalender, verbesserter, f. d. J. 1886. Mit 1 (chromolith.) Titelbilde u. zahlreichen Illustr. 12. (160 S.) Landsberg a/W., Volger & Klein. n. — 50

Haus- u. Familien-Kalender, großer, illustrirter, auf d. J. 1886. Jahrbuch d. Nützlichen u. Unterhaltenden f. Staatsbürger jeden Berufes. Mit vielen Illustr. 4. (164 S.) Winterberg, Steinbrener. baar n. — 70; cart. n. — 75; geb. n. — 95

—— —— kleiner, auf d. J. 1886. 4. (84 S. m. Illustr.) Ebd. baar n. — 40

Haus- u. Landwirthschafts-Kalender d. landwirthschaftlichen Vereines in Bayern auf d. J. 1886. Mit (eingedr. Holzschn.-) Illustr. u. je e. (lith.) Uebersichtskarte der Eisenbahnen v. Mitteleuropa u. d. Königr. Bayern. Hrsg. vom General-Comité d. landwirthschaftl. Vereines. gr. 4. (92 S.) München, (J. A. Finsterlin). baar n. — 80

Haus-Kapelle zur Feyer d. Kirchenjahrs. Schrifttexte u. Gebete aus dem XV. Jahrh., m. Zeichngn. v. Louise Wolf, hrsg. v. Dr. L. Schoeberlein. 2. (Titel-)Aufl. 12 Lfgn. gr. 4. (1. Lfg. XIV S. m. 5 Kpfrtaf., Titel in Kpfrst. u. 5 Bl. Erklärgn.) Göttingen (1877), Vandenhoeck & Ruprecht's Verl. In Mappe. à n. 3. —

Hausknecht, E., s.: Floris and Blauncheflur.

Hausmann, Sem.-Lehr. Karl F., Beiträge zum Unterricht in der Raumlehre. Mit 37 Fig. auf 6 (lith.) Taf. gr. 8. (104 S.) Langensalza, Beyer & Söhne. n. t. —

(84/2) **Hausschatz**, deutscher, in Wort u. Bild. Red.: Venanz Müller. 12. Jahrg. Oktbr. 1885—Septbr. 1886. 52 Nrn. (2 B. m. eingedr. Holzschn.) gr. 4. Regensburg, Pustet. Vierteljährlich 1. 80; in 18 Hftn. à — 40

—— schwäbischer. Belehrendes u. Unterhaltendes aus Schwabens Vergangenheit u. Gegenwart in Wort u. Bild. in zwanglosen Bdn. hrsg. v. G. Maisch. 1. Bd. 12. (IV, 203 S. m. 4 Lichtdr.) Eßlingen, Graph. Kunstanstalt. n. 1. —

Häußer, Caroline, Grüße aus Nord u. Süd. Novellen-Cyclus. (In 12 Lfgn.) 1—5. Lfg. 8. (1. Bd. S. 1—192.) München, Staegmeyr. à n. — 40

Haußleiter, Dr. J., die Brüder Grimm in ihrer Bedeutung f. das deutsche Volk. Ein Vortrag. gr. 8. (26 S.) Nördlingen, Beck. n. — 20

Haut-Heil! Mittheilungen e. Greises üb. e. erfolgreiche Art der Hautpflege aus seinen mehrjähr. am eigenen Leibe gemachten Erfahrgn. gr. 8. (23 S.) Wien, Pichler's Wwe & Sohn in Comm. n. — 50

Havemann u. G. van **Muyden**, Schlüssel zu den mathematischen u. französischen Aufgaben, f.: Wedell, v., Vorbereitung f. das Examen zur Kriegs-Akademie.

Havergal, Frances Ridley, e. Stunde m. Jesus. 3. Aufl. 8. (24 S.) Basel, Spittler. n. — 8

Havergal, Frances Ridley. Erinnerungen aus ihrem Leben, aufgezeichnet v. ihrer Schwester. Frei nach dem Engl. bearb. Mit 1 (Stahlst.-)Portr. v. F. R. Havergal u. 3 Landschaftsbildern (in Holzschn.). 8. (VII, 263 S.) Basel 1884, Spittler. n. 2. 40; geb. n. 3. 60

Haweis, Rev. Mr., die Tonkunst u. ihre Meister. Aesthetisches, Biographisches u. Instrumentales. Mit e. Anh.: Musik in England. Nach dem engl. Original Music and Morals. Deutsch v. Workhard. Redaktionell bearb. u. eingeleitet v. Alex Moszkowski. gr. 8. (XIII, 264 S.) Berlin 1886, Klemann. n. 6. —; geb. n.n. 7. 50

(85/1) **Hayek**, Reg.-R. Dr. Gust. v., Handbuch der Zoologie. 19. [3. Bd. 6.] Lfg. Mit 105 Abbildgn. gr. 8. (IV u. S. 401—460.) Wien, Gerold's Sohn. n. 3. 60 (1—19.: n. 62. 20)

(80/1) **Haym**, R., Herder, nach seinem Leben u. seinen Werken dargestellt. 2 (Schluß-)Bd. gr. 8. (XV, 864 S.) Berlin, Gaertner. n. 20. — (cplt.: n. 35. —)

Haymerle, Gen.-Maj. Alois Ritter v., Ultima Thule. England u. Russland in Central-Asien. [Aus: „Streffleur's österr. militär. Zeitschr."] gr. 8. (136 S. m. 1 photolith. u. color. Karte.) Wien, Seidel & Sohn in Comm. n. 2. 60
Hebel's rheinländischer Hausfreund f. d. J. 1886. 4. (91 S. m. Illustr.) Tauberbischofsheim, Lang. n. — 30
Hebel, J. P., allemannische Gedichte. Für Freunde ländl. Natur u. Sitten. Neue rev. Volksausg. 3. Aufl. 8. (XIV, 176 S.) Aarau 1886, Sauerländer. 1. —
—— Schatzkästlein d. rheinischen Hausfreundes. Mit 60 Illustr. In stenograph. Schrift autogr. v. V. **Biechy**. 4. verb. Aufl. (In 5 Lfgn.) 1. Lfg. 8. (48 S.) Augsburg, Lampart & Co. n. — 40
Hebra, H. v., die Elephantiasis Arabum, s.: **Klinik**, Wiener.
Hecatonis librorum fragmenta, s.: **Panaetius**.
Heck, Ludw., die Hauptgruppen d. Thiersystems bei Aristoteles u. seinen Nachfolgern, e. Beitrag zur Geschichte der zoolog. Systematik. Inauguraldissertation. gr. 8. (IV, 71 S.) Leipzig, Rossberg. n. 1. 60
Hecker, Justizr. Div.-Audit. Karl, üb. den Begriff der Körperverletzung nach deutschem Civil- u. Militair-Strafrecht insbesondere üb. die Mißhandlung Untergebener durch militär. Vorgesetzte. [Aus: „Goltdammer's Archiv".] gr. 8. (13 S.) Berlin, v. Decker. n. — 40
Heckscher, Dr. M., die Börsensteuer, s.: **Zeitfragen**, soziale.
—— der Prozeß Graef. Ein Mahnruf an die Gesetzgebg. 8. (25 S.) Berlin, Stahn. n. — 50
Heer, Gfr., Landammann u. Bundespräsident Dr. J. Heer. Vaterländische Reden [nebst biograph. Nachträgen]. gr. 8. (VI, 175 S.) Zürich, Schultheß. n. 2. 80
Heer, Kirchenr. Pfr. J. Just., Oswald Heer. Lebensbild e. schweizer. Naturforschers. Unter Mitwirkg. v. Prof. Dr. Karl **Schröter** hrsg. I. Die Jugendzeit, verf. v. J. Just. **Heer**. Mit dem Portr. O. Heers in photograph. Lichtdr. gr. 8. (VII, 144 S.) Zürich, Schulthess. n. 2. 80
(83/2) **Heerdbuch**, ostpreussisches, Hrsg. im Auftrage der Heerdbuch-Gesellschaft zur Verbesserg. d. in Ostpreussen gezüchteten Holländer Rindviehs durch deren Geschäftsführer Gen.-Sekr. G. **Kreiss**. 2. u. 3. Bd. gr. 8. (XI, 229 u. 147 S.) Berlin 1884 u. 85, Parey. à n. 2. — (1—3.: n. 10. —)
Heeren's technisches Wörterbuch, s.: **Karmarsch**.
Heeß, Kapl. Präses Joh., Rudolph v. Habsburg. Dramatisches Bild aus der vaterländ. Vorzeit in 3 Aufzügen. 8. (80 S.) Mainz, Kirchheim. — 75
(83/1) **Hefner-Alteneck**, Dr. J. H. v., Eisenwerke od. Ornamentik der Schmiedekunst d. Mittelalters u. der Renaissance. 2. Bd. [Fortgesetzt bis zum J. 1760.] 5—7. Lfg. Fol. (à 6 Kpfrtaf. m. Text S. 13—16.) Frankfurt a/M., Keller. baar à 3. —
(85/1) —— Trachten, Kunstwerke u. Geräthschaften vom frühen Mittelalter bis zu Ende d. 18. Jahrh. nach gleichzeitigen Originalen. 2. verm. u. verb. Aufl. 68—72. Lfg. Fol. (6. Bd. S. 9—16 m. je 6 Chromolith.) Ebd. à n. 10. —
Hefte, botanische. Forschungen aus dem botan. Garten zu Marburg. Hrsg. v. Alb. **Wigand**. 1. Hft. gr. 8. (IV, 227 S. m. 5 Steintaf.) Marburg, Elwert's Verl. n. 6. —
Hegelmaier, Prof. Dr., Untersuchungen üb. die Morphologie d. Dikotyledonen-Endosperms. Mit 5 (lith.) Taf. [Aus: „Nova Acta d. ksl. Leop.-Carol. deutschen Akad. d. Naturforscher".] gr. 4. (104 S.) Halle. Leipzig, Engelmann in Comm. n. 9. —
Heiberg, Herm., Schriften. 1—3. Bd. 8. Leipzig, Friedrich. à n. 3. —; geb. à n. 4. —
Inhalt: 1. Ernsthafte Geschichten. (396 S.) — 2. Ausgetobt. (413 S.) — 3. Die goldene Schlange. (360 S.)

Heiberg, Herm., e. Buch. 1. Bd. 8. (255 S.) Leipzig, Friedrich. n. 4. —; geb. n. 5. —

Heiberg, Prof. Dr. Jac., Schema der Wirkungsweise der Hirnnerven. Ein Lehrmittel f. Ärzte u. Studirende, in Farbendr. dargestellt. gr. 8. (4 S., wovon 2 in farb. Buchdr. auf starkem Pap.) Wiesbaden, Bergmann. cart. n. 1. 60

(85/1) **Heichen**, Paul, Afrika. Hand-Lexikon. Mit vielen Abbildgn. u. Karten. 2—17. Lfg. gr. 8. (S. 49—816.) Leipzig, Gressner & Schramm. baar à n. — 50 (1. Bd. geb.: n. 6. —)

—— illustrirte Geschichte der Vereinigten Staaten. Auf Grundlage d. Lossing'schen Geschichtswerkes u. m. Berücksicht. der neuesten Quellen bearb. Mit ca. 380 Text-Illustr., 45 Tonbildern u. 3 Karten. 2 Bde. Lex.-8. (IV, 232 u. 257 S.) Leipzig 1886, Unflad. n. 10. —; in 1 Leinw.-Bd. n. 12. —; in 1 Halbfrzbd. n.n. 12. 75; auch in 20 Lfgn. à n. — 50

(85/1) —— deutsches polygraphisches Kompendium. Encyklopädisches Hand- u. Lehrbuch f. Buchdruck, Schriftgießerei, Buchhandel u. die verwandten Fächer: Lithographie, Photochemie, Xylographie, Zinkätzg., Kupferstechkunst, Stereotypie u. Galvanotypie, Buchdruckerei, Papierfabrikation &c. Vom gegenwärt. Standpunkte der Technik unter Berücksicht. der neuesten Litteraturen u. m. Unterstützg. bewährter Fachmänner hrsg. 17. u. 18. Hft. Lex.-8. (2. Bd. S. 41—104.) Leipzig, M. Schäfer. à n. — 50

—— deutscher Reichs-Orthograph. Ein Handlexikon f. deutsche Grammatik u. Rechtschreibg. Enth.: den Wortschatz der deutschen Sprache einschließlich der wichtigsten Fremdwörter u. Eigennamen in der durch die amtl. Regeln festgesetzten Schreibg., u. die Erläuterg. aller grammat. u. stilist. Gesetze. Ein prakt. Hilfsbuch f. jedermann. Bearb. unter Beratg. v. Schulmännern. Schulausg. 16. (VIII, 532 S.) Leipzig, M. Schäfer. n. 1. —

Heidt, Karl Maria, die Blut-Rache. Schauspiel in 1 Aufzuge. 8. (38 S.) Großenhain, Baumert & Ronge. n. — 75

Heidtmann, Oberlehr. a. D. Dr. G., Emendationen zu Vergil's Aeneis Buch I u. IV. gr. 8. (VIII, 10 S.) Coblenz, Groos. n. — 80

Heiligenthal, Hofr. Dr. F., Baden-Baden. Das Klima, die heissen Quellen u. die Kuranstalten. 8. (VIII, 200 S.) Baden-Baden 1886, Marx. n. 2. —

Heilmann, Gen.-Lieut. z. D., der Feldzug v. 1800 in Deutschland. Mit besond. Bezugnahme auf den Anteil der bayer. Truppen bearb. [Aus: „Jahrbb. f. d. deutsche Armee u. Marine".] gr. 8. (III, 132 S.) Berlin 1886, Wilhelmi. n. 2. 50

Heilmann, Lehr. S., Aufgaben-Sammlung f. den Rechen-Unterricht an landwirtschaftlichen Winterschulen, landwirtschaftlichen Fortbildungsschulen, sowie Oberklassen der Volksschulen auf dem Lande. 8. (87 S.) Landshut, Thomann. cart. — 50

(84/2) **Heim**, deutsches. Unterhaltungsblatt f. alle Stände. Red.: Paul Ehrentraut. 10. Jahrg. Oktbr. 1885—Septbr. 1886. 52 Nrn. (2 B.) gr. 4. Berlin, (Engelmann). Vierteljährlich baar n. 1. —

Heim, A., die Quellen, s.: Vorträge, öffentliche, geh. in der Schweiz.

(85/1) **Heimat**, die. Illustrirtes Familienblatt. Hrsg.: Karl Teschner. Red.: Mor. Amster. 11. Jahrg. Oktbr. 1885—Septbr. 1886. 52 Nrn. (à 2—2½ B.) gr. 4. Breslau, Schottländer. Vierteljährlich 1. 70; in 26 Hftn. à — 30

—— die. Pfälzisches Sonntagsblatt. Red.: Ed. Jost. Jahrg. 1885. 52 Nrn. (B.) Fol. Kaiserslautern, A. Gotthold's Verl. Vierteljährlich n. 1. —

Heimatskunde der Prov. Brandenburg. Mit Anh.: I. Grundriß der Geographie. II. Brandenburg-preuß. Geschichte. Hrsg. v. e. Vereine v. Lehrern. 7. Aufl. 8. 32 S.) Potsdam, Rentel's Verl. n. — 20; m. 1 Kreiskarte n. — 25; Karte ap. n. — 10

Heimatskunde der Prov. Westfalen. Hrsg. v. dem Lehrer-Verein zu Dortmund. 5. Aufl. 8. (IV, 90 S.) Dortmund, Köppen. cart. n. — 50; m. 1 Karte n. — 60

Heimburg, W., aus dem Leben meiner alten Freundin. 5. unveränd. Aufl. 8. (443 S.) Leipzig, Keil's Nachf. 5. —; geb. n. 6. —

— Lumpenmüllers Lieschen. Roman. 2. Aufl. 8. (454 S.) Ebd. 5. —; geb. 6. —

— Trudchens Heirath. Roman. 8. (282 S.) Ebd. 4. 50; geb. n. 5. 50

— Waldblumen. 8 Novellen. 3. Aufl. 8. (VII, 438 S.) Leipzig, Gebhardt. 6. —; geb. n. 7. 20

— Kloster Wendhusen. 2. Aufl. 8. (378 S.) Leipzig, Keil's Nachf. 4. 50

(84/2) **Heimgarten.** Eine Monatsschrift, gegründet u. geleitet v. P. K. Rosegger. 10. Jahrg. Oktbr. 1885—Septbr. 1886. 12 Hfte. (5 B.) gr. 8. Graz, Leykam. Halbjährlich n. 3. 60

Heims, Wilh., wie erlernt man fremde Sprachen? Winke f. den Selbstunterricht, zugleich e. Beitrag zur Methodik d. Studiums fremder Sprachen f. prakt. Zwecke. gr. 8. (48 S.) Gera, Kanitz' Sort., Sep.-Cto. n. — 75

Heine's, Heinr., sämmtliche Werke. Bibliothek-Ausg. (In 12 Bdn.) 1. u. 2. Bd. 8. Hamburg, Hoffmann & Campe Verl. geb. à n. 1. —; fein geb. m. Goldschn. à n. 1. 80

Inhalt: 1. Buch der Lieder. (240 S.) — 2. Neue Gedichte. Zeitgedichte. Atta Troll. Deutschland. (278 S.)

(85/1) — dasselbe. Mit e. Biographie v. G. Karpeles. Neue Volks-Ausg. 43—50. (Schluß-)Lfg. 8. (à 3½—4 B.) Ebd. à n. — 20

(85/1) — Werke. Illustrirte Pracht-Ausg. Hrsg. v. Heinr. Laube. 22—35. Lfg. Lex.-8. (2. Bd. S. 121—385 u. 3. Bd. S. 1—72 m. eingedr. Holzschn.) Wien, Bensinger. baar à n. — 50

Heine's, Heinr., Biographie, s.: Karpeles, G.

Heineke, W., Blutung, Blutstillung, Transfusion, nebst Lufteintritt u. Infusion, s.: Chirurgie, deutsche.

Heinemann, H., der Schriftstellertag, s.: Bloch's, E., Volks-Theater.

Heinemann, dirigier.- u. Sem.-Lehr. L., deutsches Lesebuch f. Volksschulen. 2 Tle. gr. 8. Braunschweig, Bruhn's Verl. n. 2. 20

1. Für Mittelklassen. Mit 24 Illustr. 3. Aufl. (XII, 216 S.) 1884. n. — 80. — 2. Für Oberklassen. Mit 45 Illustr. 4. Aufl. m. Realien. (X, 398 u. 66 S.) n. 1. 40.

— Übungsstoff f. den deutschen Sprachunterricht in Volksschulen. 9. Aufl. 8. (90 S.) Ebd. 1884. n. — 50

Heinemann, Staatsanw. Max, der Prozeß Graef u. die deutsche Kunst. Eine Antwort auf Dr. Karl Frenzel's Abhandlg. in der Nationalzeitg.: „Die Kunst u. das Strafgesetz". 1—7. Aufl. gr. 8. (16 S.) Berlin, Luckhardt. baar n. — 50

Heiner, Oberlehr. Dr. W., Lehrbuch der französischen Sprache. I. Kurs. 5., neu durchgeseh. Aufl. gr. 8. (VIII, 172 S.) Elberfeld, Friderichs. geb. n. 1. 50

Heinisch, Lehr. G. F., Einschreib-Buch zur gewerblichen Buchhaltung. Neue verm. Aufl. 4. (44 S.) Bamberg 1886, Buchner. n.n. — 42

Heinrich, Hauptm., die ersten 25 Jahre d. 4. Magdeburgischen Infanterie-Regiments Nr. 67. Im Auftrage d. königl. Regiments nach offiziellen u. privaten Mittheilgn. bearb. u. dargestellt. Mit 1 Kartentaf. gr. 8. (IV, 347 u. 101 S.) Berlin, Mittler & Sohn. n. 7. 50

Heinrich, C., Schleswig-Holstein. Handbuch f. Reisende. 1. u. 2. Tl.: 12. Kiel, Lipsius & Tischer. geb. à n. 2. —

Inhalt: 1. Ost-Holstein. Mit Karten-Beigabe. (III, 73 S.) — 2. West- u. Mittel-Schleswig-Holstein. Mit Karten-Beigabe. (IV, 84 S.) 1886.

Heinrich, E., Max v. Schenkendorf. Ein Sänger der Freiheitskriege. Mit e. Vorwort v. Gen.-Superint. Dr. W. Baur. 8. (VI, 167 S.) Hamburg 1886, Agentur d. Rauhen Hauses. n. 1. 50; geb. n. 2. 50

(83/2) **Heinrich**, Dombec. Prof. Dr. J. B., dogmatische Theologie. 4. Bd. 2. Aufl. gr. 8. (VIII, 640 S.) Mainz, Kirchheim. n. 8. 60

Heinrich, Jos., Lese- u. Sprachbuch f. Elementarschulen. Zunächst f. die ein- u. mehrclass. österreich. Volksschulen. 3 Thle. Mit Illustr. gr. 8. Prag, Tempsky, geb. n.n. 3. 96
1. 101. unveränd. Aufl. (192 S.) n.n. —.86. — 2. 70—75. unveränd. Aufl. (304 S. m. 1 chromolith. Karte.) n.n. 1.40. — 3. Abschließender Thl. Auch f. Fortbildungsschulen. 28. u. 29. unveränd. Aufl. (IV, 403, resp. 407 S.) 1883 u. 85. n.n. 1.70.

—— dasselbe. Ausg. f. die fünf- u. mehrclass. österreich. Volksschulen. 4. u. 5., abschließ. Thl. Mit vielen Abbildgn. u. m. à 10 Karten in Farbendr. gr. 8. Ebd. geb. n.n. 3. 30.
4. (VI, 276 S.) n.n. 1.50. — 5. (VI, 416 S.) n.n. 1.80.

—— Schreib-Lese-Fibel, hrsg. vom „Deutsch-pädagog. Vereine in Prag". 2 Abthlgn. gr. 8. Ebd. 1884. geb. à n.n. — 32; in 1 Bd. geb. n. — 52; m. Lederrücken n. — 54
1. 318. unveränd. Aufl. (40 S. m. Illustr.) — 2. 294. unveränd. Aufl. (56 S.)

—— dasselbe. Ausg. m. Greiner'schen Schriftformen. 2 Abthlgn. gr. 8. Ebd. 1883. geb. à n.n. — 32
1. 267. unveränd. Aufl. (40 S. m. Illustr.) — 2. 250. unveränd. Aufl. (56 S.)

Heinrich, M., die Goldquelle in der Sierra Nevada, s.: Volks- u. Jugend-Erzählungen.

Heinsius, die allgemeinen Tarifvorschriften nebst Güterklassifikation, s.: Archiv f. Eisenbahnwesen.

Heinsius, Dr. Th., allgemeiner Briefsteller od. prakt. Anleitg., wie man Briefe f. alle Fälle d. menschl. Lebens, Geschäftsaufsätze &c. richtig u. nach den Regeln d. guten Styls selbst schreiben u. einrichten soll. Nebst e. Abriß der deutschen Sprachlehre. Eine Sammlg. v. zahlreichen Freundschafts-, Familienbriefen, Glückwunschschreiben &c., sowie kaufmänn. u. Geschäftsbriefen, nebst vielen Formularen zu Anzeigen, Quittgn., Wechseln &c. u. e. Fremdwörterbuch. 24. verm. u. verb. Aufl. 8. (VIII, 368 S.) Berlin, Mode's Verl. 1. 50

Heinsius, Wilh., allgemeines Bücher-Lexikon od. vollständ. alphabet. Verzeichniß aller von 1700 bis Ende 1884 erschienenen Bücher, welche in Deutschland u. in den durch Sprache u. Literatur damit verwandten Ländern gedruckt worden sind. Nebst Angabe der Druckorte, der Verleger, d. Erscheinungsjahres, der Seitenzahl, d. Formats, der Preise &c. 17. Bd., welcher die von 1880 bis Ende 1884 erschienenen Bücher u. die Berichtiggn. früherer Erscheingn. enthält. Hrsg. v. Otto Kistner. 1—6. Lfg. gr. 4. (1. Abth. S. 1—480.) Leipzig, Brockhaus. à n. 3. —; auf Schreibpap. à n. 4. —

Heinze, 1. Sem.-Lehr. L., Harmonie- u. Musiklehre. 2. Tl. Formenlehre, Organik u. Geschichte der abendländ. Musik f. Seminaristen u. Musikschüler. Mit Portraits der berühmtesten Komponisten. 2. Aufl. gr. 8. (VIII, 118 S.) Ober-Glogau, Handel. n. 1. 40

—— u. Sem.-Lehr., **Hübner**, Rechenbuch f. Stadt- u. Landschulen. 6 Hfte. Ausg. f. Schüler. gr. 8. Breslau, Goerlich. n. 1. 50
1. 2. Aufl. (24 S.) n. —15. — 2. 2. Aufl. (40 S.) n. —20. — 3. 4. 3. Aufl. (à 48 S.) à n. —25. — 5. 2. Aufl. (49 S.) n. —25. — 6. 2. Aufl. (64 S.) n. —40.

Heinze, Stallmstr. Thdr., Pferd u. Fahrer od. die Fahrkunde in ihrem ganzen Umfange, m. besond. Berücksicht. v. Geschirr, Wagen u. Schlitten. Nach rationeller, rasch u. sicher zum Ziele führ. Methode. Theoretisch u. praktisch erläutert. 2. stark verm. Aufl. Mit 207 in den Text gedr. Illustr. u. e. Titelbilde. gr. 8. (XIV, 472 S.) Leipzig 1886, Spamer. n. 8. —; geb. n. 10. —

Heinze, Sem.-Lehr. W., Leitfaden der preuß. Geschichte, s.: Schumann, G.

Heinze, Sem.-Lehr. W., Zeichenhefte. 2. Hft. 2. Aufl. 4. (16 S.) Hannover, Hellwing's Verl. n. — 15

Heinzel, Max, der schlesische Kurort Ober-Salzbrunn u. seine Umgegend. Ein Büchlein f. Kurgäste. 8. (47 S. m. eingedr. Holzschn. u. 8 Steintaf.) Freiburg i/Schl., Heiber. n. — 60

Heinzel, Rich., üb. die Nibelungensage. [Aus: „Sitzungsber. d. k. Akad. d. Wiss."] Lex.-8. (50 S.) Wien, Gerold's Sohn in Comm. n. — 80

Heinzelmann, Gymn.-Lehr. Dr. Wilh., wie ist der Religions-Unterricht in den oberen Klassen höherer Lehranstalten zu erteilen, damit derselbe seine erziehliche Aufgabe nicht verfehle? Vortrag, geh. am 4. Oktbr. 1884 in der pädagog. Sektion der 37. Versammlg. deutscher Philologen u. Schulmänner zu Dessau. [Aus: „Verhandlungen".] gr. 4. (22 S.) Leipzig, (Teubner). — 60

(84/2) **Heinzerling**, Dr. Ch., die Conservirung d. Holzes. Mit vielen Holzschn. u. 2 Taf. 6. (Schluss-) Lfg. gr. 8. (VI u. S. 241—248.) Halle, Knapp. (à) n. 1. —

(85/1) —— die Gefahren u. Krankheiten in der chemischen Industrie u. die Mittel zu ihrer Verhütung u. Beseitigung. Mit Rücksicht auf Concessionswesen u. Gewerbe-Gesetzgebung. 5. Hft. gr. 8. Ebd. (à) n. 2. —
Inhalt: Petroleum und Leuchtgas. Mit 30 Holzschn. (S. 237—340.)

Heinzerling, Baur. Prof. Dr. F., die Brücken der Gegenwart. Systematisch geordnete Sammlg. der geläufigsten neueren Brücken-Constructionen, zum Gebrauche bei Vorlesgn. u. Privatstudien üb. Brückenbau, sowie bei dem Berechnen, Entwerfen u. Voranschlagen v. Brücken zusammengestellt u. m. Text begleitet: 1. Abth.: Eiserne Brücken. 2. Hft. Eiserne Balkenbrücken m. gegliederten Parallelträgern. 2. völlig umgearb. u. stark verm. Aufl. Fol. (VIII, 87 S. m. 226 Holzschn. u. 7 Steintaf.) Leipzig, Baumgärtner. n. 18. —

Heis, weil. Prof. Dr. Ed., Sammlung v. Beispielen u. Aufgaben aus der allgemeinen Arithmetik u. Algebra. In systemat. Folge bearb. f. Gymnasien, Realschulen, höhere Bürgerschulen u. Gewerbeschulen. 67. u. 68. Aufl. gr. 8. (IV, 403 S.) Köln, Du Mont-Schauberg. 3. —

Heitz, Prof. Dr. Emil, zur Geschichte der alten Strassburger Universität. Rede, geh. am 1. Mai 1885, dem Stiftungstage der Kaiser Wilhelms-Universität Strassburg, bei Antritt d. Rectorats. gr. 8. (29 S.) Strassburg, Heitz. n. — 60

(85/1) **Heitzmann**, Dr. C., die descriptive u. topographische Anatomie d. Menschen in 600 Abbildgn. 5. u. 6. (Schluss-) Lfg. 3. Aufl. gr. 8. (2. Bd. XI u. S. 91—270.) Wien, Braumüller. n. 10. — (cplt.: n. 30. —; geb. n. 32. —)

Helber, Prof. K., Geometrie f. Anfänger nach genetischer Methode m. Übungsaufgaben u. e. Anh., enth. e. Überblick üb. die wichtigsten Körper. gr. 8. (VI, 74 S. m. eingedr. Fig.) Stuttgart, Metzler's Verl. n. 1. 30

Helden, unsere. Lebensbilder f. Heer u. Volk. I. 8. Salzburg, Dieter. n. — 60
Inhalt: Feldmarschall Erzherzog Albrecht v. Dr. J. E. Emmer. Mit Portr. nach e. Photogr. v. B. Angerer in Wien. 2. unveränd. Aufl. (63 S.)

Heldenbuch, deutsches, f. Heer u. Volk. 1. Bdchn. gr. 8. Berlin, Luckhardt. baar — 60
Inhalt: Prinz Friedrich Karl v. Preußen, General-Feldmarschall. Mit Portr. u. 22 Textillustr. (80 S.)

Helfenstein, Ludw., Allerseelen. Ein Vorspiel. 8. (41 S.) Gotha, F. A. Perthes. n. 1. —

Helferarbeit, die, im Kindergottesdienst. Ein Aufruf zur Mitarbeit. gr. 8. (IV, 36 S.) Berlin, Buchh. der Berliner Stadtmission. — 30

Helferich, Dr. H., üb. Prognose u. Operabilität der Mamma-Carcinome. [Aus: „Aerztl. Intelligenzblatt".] gr. 8. (31 S.) München, J. A. Finsterlin. n. — 90

(76/1) **Helfert**, Jos. Alex. Frhr. v., Geschichte Oesterreichs vom Ausgange d. Wiener October-Aufstandes 1484. IV. Der ungar. Winter-Feldzug u. die octroyirte Verfassg. Decbr. 1848 bis 1849. 2. Thl. gr. 8. (XIV, 568 S.) Prag 1886, Tempsky. — Leipzig, Freytag. n. 10. — (I—IV. 2.: n. 48. —)

Hellbach, Dr. Raph., Naturgeschichte der Wienerin. 8. (128 S.) Wien, Reidl. n. 1. —

Hellenbach, L. B., die Insel Mellonta. 2. verm. Aufl. 8. (VI, 248 S.) Wien, Braumüller. n. 3. 60

Heller, Rob., die Freunde u. andere Erzählungen. Mit e. Vorwort v. Heinr. Laube. 2. (Titel-) Aufl. 8. (VII, 450 S.) Norden (1874), Fischer Nachf. n. 4. —

(85/1) **Hellmann**, Frdr., Lehrbuch d. deutschen Civilprozeßrechts f. den akademischen u. praktischen Gebrauch. 2. u. 3. Abth. gr. 8. (XV u. S. 353—1060.) München, Th. Ackermann's Verl. n. 11. — (cplt.: n. 16. —)

Hellmers, Dr. Gerh., üb. die sprache Robert Mannyngs of Brunne u. üb. die autorschaft der ihm zugeschriebenen „Meditations on the Supper of our Lord". gr. 8. (96 S.) Goslar, Koch. n. 2. 40

Hellwag, Ch. F., dissertatio de formatione loquelae, s.: Bibliothek, phonetische.

(85/1) **Hellwald**, Frdr. v., Amerika in Wort u. Bild. Eine Schilderg. der Vereinigten Staaten. 48—65. (Schluss-)Lfg. Fol. (X u. S. 565—786 m. eingedr. Holzschn.) Leipzig, Schmidt & Günther. baar à n. 1. — (2 Bde. geb.: à n. 40. —)

(85/1) —— Frankreich in Wort u. Bild. Seine Geschichte, Geographie, Verwaltg., Handel, Industrie u. Produktion, geschildert. Mit 455 Illustr. 18—28. Hft. gr. 4. (1. Bd. S. 281—441 u. 2. Bd. S. 1—16.) Ebd. baar à n. — 75

—— die weite Welt. Reisen u. Forschgn. in allen Teilen der Erde. Ein geograph. Jahrbuch. 1. Jahrg. gr. 8. (VI, 408 S. m. Tondr.-Bildern u. 1 Karte.) Stuttgart, Spemann. geb. n. 9. —

Helm, Clementine, unsere Dichter. Ein Liederstrauß, gesammelt v. C. H. Mit vielen in den Text gedr. Orig.-Illustr. u. 10 Vollbildern in Lichtdr. nach Originalen v. Ludw. Dettmann. 8. (XIII, 561 S.) Berlin, Tonger & Greven. geb. m. Goldschn. baar 7. —

—— Professorentöchter. Eine Erzählg. f. junge Mädchen. 2. Aufl. 8. (VI, 375 S.) Bielefeld 1886, Velhagen & Klasing. geb. n. 5. 50

—— unterm Schnee erblüht. Erzählung. 3. Aufl. 16. (144 S. m. 1 Holzschn.-taf.) Stuttgart, Richter & Kappler. geb. m. Goldschn. n. 3. —

Helm, Thdr., Beethoven's Streichquartette. Versuch e. techn. Analyse dieser Werke im Zusammenhange m. ihrem geist. Gehalt. [Mit vielen in den Text gedr. Notenbeispielen.] gr. 8. (VII, 320 S.) Leipzig, E. W. Fritzsch. n. 5. —

Helm, W., e. Jahr an der Indianergrenze, s.: Volksbücher, Reutlinger.

Helmers, Heinr., das Liebhabertheater. Ein unentbehrl. Handbuch f. alle Dilettanten der Schauspielkunst, sowie e. Rathgeber bei dramat. Aufführgn. im Familienkreise. 2. (Titel-) Ausg. gr. 8. (101 S.) Bremen (1868), Haake. n. 1. 50

Helmerstein, Karl, in heiterer Gesellschaft. Album neuer kom. Deklamationen, laun. Vorträge, Gedichte, Couplets u. Lieder f. heitere Familien- u. Gesellschaftskreise. 12. (IV, 188 S.) Mülheim, Bagel. 1. —

—— lustige Lieder u. Gedichte. Blüten deutschen Humors. Gesammelt. 16. (128 S.) Ebd. geb. 1. —

Helwig, Rekt. A., die Raumlehre in der Volksschule. 4. Aufl. Mit 143 Fig. 8. (83 S.) Leipzig, Peter. n. — 50; geb. n. — 60

Heman, Dr. C. F., der Ursprung der Religion. 8. (64 S.) Basel 1886, Detloff. n. 1. 20

Hemann, Dr. C. F., die historische u. religiöse Weltstellung der Juden u. die moderne Judenfrage. Gesammt-Ausg. gr. 8. (VI, 76 u. X, 130 S.) Leipzig, Hinrichs' Verl. n. 1. —

Henckel, J., Muster u. Aufgaben zu deutschen Aufsätzen, s.: Dorenwell, K.

(85/1) **Henk,** Vize-Admiral z. D., u. Marinemaler **Niethe,** zur See. Hrsg. unter Mitwirkg. v. Contre-Admiral a. D. Werner, Hauptm. v. Wedell, Commandeur-Capit. Baron Wedel-Jarlsberg u. mehreren deutschen u. engl. See-Offizieren. Illustrirt v. Dir. Prof. A. v. Werner, Niethe, Lindner, Lieut. Barth, Krickel u. A. Mit ca. 300 Orig.-Illustr. u. 12 Kpfrdr.-Kunstblättern. 2. Lfg. Fol. (S. 33—64.) Berlin, Hofmann & Co. (à) n. 5. —

(84/2) **Henke,** Gymn.-Dir. Dr. Osk., die Lehrplanübersichten d. Gymnasiums zu Barmen. Nach Konferenzberatgn. veröffentlicht. 2. Hft. gr. 8. Barmen, (Klein). baar n.n. — 75 (cplt.: n.n. 2. 25)
Inhalt: Alte Sprachen. Neuere Sprachen. Geschichte. Geographie. Mathematik. Naturwissenschaften. Technische Fächer. Vorschulklassen. Anhang 1—4. (II u. S. 63—137 m. 1 Tab.)

—— Gymn.- u. Gesanglehr. Otto **Tietz,** Gymn.- u. Vorschullehr. Emil **Wevelmeyer,** Gesangbuch f. evangelische Gymnasien. 120 Lieder, e. Übersicht der Geschichte d. Kirchenliedes u. e. Tafel f. Schulandachten enth. 8. (X, 165 S.) Ebd. cart. n. 1. 50

Henkel, Karl, deutsches Lesebuch. 2. Schuljahr. 8. (VIII, 88 S.) Prenzlau, Biller. n. — 60

—— deutsche Sprachschule. 2. Schuljahr. 8. (62 S.) n. — 40

—— die Stellung d. Lesebuchs zum deutschen Unterricht u. zu dem erziehenden Gesamtunterricht. Ein Beitrag zur Lehre vom erzieh. Unterricht. 8. (46 S.) Ebd. n. — 60

Henne am Rhyn, Dr. Otto, die Kreuzzüge u. die Kultur ihrer Zeit. 2. Aufl. Volksausg. m. 100 ganzseit. Illustr. v. Gust. Doré u. verschiedenen ganzseit. Illustr. deutscher Künstler, u. üb. 100 Text-Illustr. (in Holzschn.). (In 15 Lfgn.) 1—13. Lfg. gr. 4. (352 S.) Leipzig, Bach. à n. 1. —

—— die Schmach der modernen Kultur. 12. (III, 142 S.) Leipzig, Lemme. n. 2. —

Hennicke, der Umbau der Neuen Kirche in Berlin, s.: Hude, v. d.

Henning, Carl, systematisch-topographischer Atlas der Anatomie d. Menschen m. Rücksicht auf angewandte u. mikroskopische Anatomie in Autotypographien. 1. Lfg.: Knochensystem. Lex.-8. (48 S.) Wien 1886, Toeplitz & Deuticke. n. 2. 50

Henrici, Jul., die Erforschung der Schwere durch Galilei, Huygens, Newton, als Grundlage der rationellen Kinematik u. Dynamik historisch-didaktisch dargestellt. gr. 4. (40 S.) Heidelberg. (Leipzig, Teubner.) — 60

Hensel, Kurt, arithmetische Untersuchungen üb. Discriminanten u. ihre ausserwesentlichen Theiler. Inaugural-Dissertation. 4. (30 S.) Berlin 1884, (Mayer & Müller). n. 1. 50

Hensel, S., die Familie Mendelssohn 1720—1847. Nach Briefen u. Tagebüchern. Mit 8 Portraits, gez. v. Wilh. Hensel. 2 Bde. 5. Aufl. gr. 8. (XV, 383, u. VII, 400 S.) Berlin 1886, Behr's Verl. n. 12. —; geb. n. n. 14. 50

Hentschel, Sem.-Lehr. Ernst, Aufgaben zum Zifferrechnen. Für Volksschulen entworfen. 4 Hefte. Ausg. A. 8. Leipzig, Merseburger. n. — 75
1. 40. Aufl. (32 S.) — 15. — 2. 42. Aufl. (48 S.) n. — 20. — 2. 39. Aufl. (48 S.) n. — 20. — 4. 31. Aufl. (48 S.) n. — 20.

—— dasselbe. Antwortbüchlein zu den 4 Hftn. Ausg. A. 8. Ebd. n. 1. 20
1. 2. 19., verb. Aufl. (56 S.) n. — 40. — 3. u. 4. 18. Aufl. (à 36 S.) à n. — 40.

—— Kinderharfe. Vorstufe zu Hentschel's „Liederhain". 58 auserwählte Lieder teils ernsten, teils heitren Inhalts. f. Knaben u. Mädchen von

5—9 Jahren. Zum Gebrauche in Volksschulen sowie im häuslichen Kreise. 14. Aufl. 12. (40 S.) Leipzig 1886, Merseburger. — 12

Hentschel, Sem.-Lehr. Ernst, Liederhain. Auswahl volksmäß. deutscher Lieder f. jung u. alt, zunächst f. Knaben- u. Mädchenschulen. 1. u. 2. Hft. 12. (à 40 S.) Leipzig, Merseburger. à — 12
1. 63. Ster.-Aufl. — 2. 47. Ster.-Aufl. 1886.

—— Rechenfibel. Übungsbüchlein f. die ersten Anfänger im schriftl. Rechnen, umfassend die Zahlen von 1—10 u. v. 1—100. Als Vorläufer der „Aufgaben zum Zifferrechnen" hrsg. 119. m. Ster. gedr. Aufl. 8. (32 S.) Ebd. — 15

—— neue Rechenfibel, umfassend die Zahlen von 1—10, von 1—20 u. von 1—100. 121. umgearb. Aufl. der Rechenfibel. 8. (32 S.) Ebd. — 15

—— u. Sem.-Lehr. E. Jänicke, Rechenbuch f. die abschließende Volksschule. [Ausg. B. von E. Hentschel's Rechenheften.] 4. u. 5. Hft. 4. Aufl. Für die Hand d. Lehrers m. den Resultaten. 8. (32 u. 36 S.) Ebd. à n. — 40

—— dasselbe. 2—4. Hft. f. die Hand d. Schülers. 8. Ebd. à n. — 16
2. 8. Aufl. (32 S.) — 3. 7. Aufl. (26 S.) 1886. — 4. 6. Aufl. (26 S.)

Hepp, C., praktischer Wegweiser auf der Insel Sylt. Mit Anh. u. Karten. 3. Aufl. 12. (VIII, 53 S.) Tondern, Dröhse. n. 1. 50; geb. n. 1. 80

Hepperger, Assist. Dr. J. v., üb. Krümmungsvermögen u. Dispersion v. Prismen. [Mit 8 (eingedr.) Holzschn. [Aus: „Sitzungsber. d. k. Akad. d. Wiss."] Lex.-8. (40 S.) Wien, (Gerold's Sohn). n. — 80

—— über die Verschiebung d. Vereinigungspunktes der Strahlen beim Durchgange e. Strahlenbüschels monochromatischen Lichtes durch e. Prisma m. gerader Durchsicht. [Mit 2 (eingedr.) Holzschn.] [Aus: „Sitzungsber. d. k. Akad. d. Wiss."] Lex.-8. (27 S.) Ebd. n. n. — 50

Heptameron, der. Erzählungen der Königin v. Navarra. Aus dem Franz. übers. v. Wilh. Förster. 1. Tausend. 8. (XVI, 450 S.) Berlin 1886, Jacobsthal. 3. —

(84/2) **Herbart's**, Joh. Frdr., sämmtliche Werke, hrsg. v. G. Hartenstein. 2. Abdr. 4. Bd. Schriften zur Metaphysik. 2. Thl. gr. 8. (XII, 514 S.) Hamburg, Voss. Subscr.-Pr. (à) n. 4. 50; Einzelpr. n. 6. —

(82/2) —— dasselbe. In chronolog. Reihenfolge hrsg. v. Karl Kehrbach. 2. Bd. gr. 8 (XXIX, 612 S.) Leipzig. Veit & Co. n. 12. — (1. u. 2.: n. 21. —)

Herbeck, Ludw., Johann Herbeck. Ein Lebensbild von seinem Sohne. Mit (chemigr.) Portr. gr. 8. (XVI, 417 u. Anh. 174 S.) Wien, Gutmann. n. 6. —

Herdehnus, Poetik. Theorie der Dichtkunst in ihrem ganzen Umfange. 8. (IV, 236 S.) Hamburg, Kittler's Sort. in Comm. n. 5. —

Herbert, M., Jagd nach dem Glück. Roman. 2. Aufl. 8. (298 S.) Köln, Bachem. 3. —; geb. baar n. 4. 25

Herchenbach, Wilh., Arbeit bringt Segen. Eine wahre Geschichte f. Volk u. Jugend. Mit (2 chromolith.) Illustr. 8. (155 S.) Regensburg, Manz. cart. 1. —

—— auf der Barbara-Burg. Erzählung f. Volk u. Jugend. Mit (2 chromolith.) Illustr. 8. (160 S.) Ebd. 1884. cart. 1. —

—— Bilhildis. Erzählung f. Volk u. Jugend. Mit (2 chromolith.) Illustr. 8. (151 S.) Ebd. 1884. cart. 1. —

—— der Handwerksmeister. Erzählung f. Volk u. Jugend. Mit (2 chromolith.) Illustr. 8. (160 S.) Ebd. cart. 1. —

—— der Graf v. Knippstein. Erzählung f Volk u. Jugend. Mit (2 chromolith.) Illustr. 8. (159 S.) Ebd. 1884. cart. 1. —

(85/1) —— Soldaten-Bibliothek. 3—6. Bdchn. 8. (Mit Illustr.) Ebd. à 1. —
Inhalt: 3. Prinz Eugen v. Savoyen. Erzählung. (160 S.) 1884. — 4. Die Kriege d. großen Römers Cajus Julius Cäsar gegen Gallien, Germanien u. Britannien. Erzählung. (156 S.) — 5. Der alte Dessauer, Fürst Leopold v. Anhalt-

Dessau. Erzählung. (160 S.) — 6. Die bayerischen Helden bei Weissenburg. Erzählung. (153 S.)

Herchenbach, Wilh., in der alten Königsstadt Toledo. Erzählung für Volk u. Jugend. Mit (2 chromolith.) Illustr. 8. ((159 S.) Regensburg 1884, Manz. cart. 1. —

Hercher, Bernh., zur Geschichte u. Kritik d. Begriffs der Realität. 4. (30 S.) Jena, Doebereiner in Comm. n. — 80

Herder's Werke, s.: National-Litteratur, deutsche.

Herder, nach seinem Leben u. seinen Werken dargestellt, s.: Haym, R.

(35/1) **Herdtle**, Archit. Prof. H., die Bauhütte. Eine Sammlg. architekton. Details. 33—35. Hft. hoch 4. (à 12 autogr. Taf.) Stuttgart, Spemann. baar à n. 2. 50

(34/1) —— mustergiltige Vorlageblätter zum Studium d. Flach-Ornamentes der italienischen Renaissance. Orig.-Aufnahmen aus Santa Maria Novella u. dem Palazzo Riccardi in Florenz u. aus S. Petronio in Bologna. In natürl. Grösse aufgenommen. Lichtdr. v. J. Schober in Karlsruhe. 2—6. Lfg. Imp.-Fol. (à 3 Bl.) Stuttgart, Neff. à n. 4. 50

—— Vorlagen f. das polychrome Flachornament. Eine Sammlg. italien. Majolica-Fliesen. Aufgenommen u. hrsg. Fol. (26 Chromolith. m. 1 Bl. Text.) Wien, Graeser. In Mappe. n. 25 —

Herfurth, Oberlehr. Rud., geschichtliche Nachrichten v. Zschopau. Mit 2 photogr. Ansichten v. Zschopau. gr. 8. (82 S.) Zschopau, Raschke. n. 2. 50

Hergsell, Ob.-Lieut. Landesfechtmstr. Gust., Unterricht im Säbelfechten. gr. 8. (XIII, 128 S.) Wien, Hartleben. n. 3. —; geb. n. 4. 50

(35/1) **Hering's** Operationslehre f. Tierärzte. 4. Aufl. Vollständig neu bearb. v. Prof. Dr. Ed. Vogel. Mit ca. 300 in den Text eingedr. Holzschn. 2—6. Lfg. gr. 8. (XII u. S. 97—611.) Stuttgart, Schickhardt & Ebner. à n. 2. 40 (cplt.: n. 15. —)

Hering, W., Hülfsbuch f. den Geschichtsunterricht in Präparandenanstalten, s.: Hoffmeyer, L.

Hérisson, Graf Maurice v., Tagebuch e. Ordonanz-Offiziers Juli 1870—Febr. 1871. 2. Aufl. Autoris. Ausg. 8. (429 S.) Augsburg, Gebr. Reichel. n. 4. —

Herkenrath u. **Sjuts**, Erzählungen aus der vaterländischen Geschichte. Für den ersten Geschichtsunterricht im Auftrage e. Düsseldorfer Lehrer-Konferenz bearb. 2. verb. Aufl. 8. (72 S.) Düsseldorf, Michels. n. — 30

Herloßsohn, C., Onkel Forster, s.: National-Bibliothek, deutsch-österreichische.

Hermann, Otto, urgeschichtliche Spuren in den Geräthen der ungarischen volksthümlichen Fischerei. Zugleich als Katalog der ungar. Landes-Ausstellg., Gruppe IV, verf. Mit 34 Abbildgn. 8. (45 S.) Budapest, (Kilian). n.n. — 50

Hermann u. **Mannes**, Civ.-Ingenieure, das Wasserwerk der Stadt Weimar. Mit 9 Taf. u. 1 Text-Fig. [Aus: „Glaser's Annalen f. Gewerbe- u. Bauwesen".] Fol. (7 S.) Berlin, (Polytechn. Buchh.). baar n. 3. 50

Hermann, Gymn.-Prof. E., Lehrbuch der deutschen Sprache. Ein Leitfaden f. den Unterricht an den unteren Classen der Gymnasien u. verwandten Anstalten. 8. abgekürzte u. verb. Aufl. gr. 8. (VIII, 204 S.) Wien, Hölder. n. 1. 92

Hermann, Prof. Dr. L., Lehrbuch der Physiologie. 8., umgearb. u. verm. Aufl. Mit 140 in den Text eingedr. Abbildgn. gr. 8. (XVI, 648 S.) Berlin 1886, Hirschwald. n. 14. —

Hermes. Kalender f. die bayer. Gymnasiasten, Latein- u. Realschüler auf d. Schulj. 1885/86. Bearb. v. Klassverw. F. J. Hildenbrand. 4. Jahrg. Mit den Disziplinarsatzgn. gr. 16. (VI, 127 S.) Miltenberg, Halbig. cart. n. — 80

Hermes, O., Elemente der Astronomie u. mathematischen Geographie. Zum Gebrauch beim Unterricht auf höheren Lehranstalten u. zum Selbststudium. Mit 46 Holzschn. u. 2 Sternkarten. 3. verb. Aufl. gr. 8. (VI, 76 S.) Berlin, Winckelmann & Söhne. n. 1. 20

Herodotos. Für den Schulgebrauch erklärt v. Gymn.-Prof. Dr. J. **Sitzler**. VII. Buch. Ausg. A. Kommentar unterm Text. gr. 8. (VI, 177 S.) Gotha, F. A. Perthes. 2. —; Ausg. B. Text u. Kommentar getrennt in 2 Hftn. (VI, 82 u. 93 S.) 2. —

—— Geschichte. 5. Buch. [Terpsichore.] Wortgetreu nach H. R. Mecklenburg's Grundsätzen aus dem Griech. übers. v. Dr. Herm. **Dill**. 1. Hft. 32. (32 S.) Berlin, H. R. Mecklenburg. n. — 25

—— historiarum libri IX. Ed. Henr. Rud. **Dietsch**. Ed. II. Curavit H. Kallenberg. Vol. II. 8. (XLVII, 421 S.) Leipzig, Teubner. 1. 35

—— dasselbe. Vol. II. 3 fasc. 8. Ebd. 1. 65

1. Libri V. VI. (135 S.) — 60. — 2. Liber VII. (S. 136—252.) — 45. — 3. Libri VIII. IX. (S. 253—386.) — 60.

—— die Musen. Übers. v. J. Chr. F. **Bähr**. 24. Lfg. 3. Aufl. 8. (9. Bd. S. 49—87.) Berlin, Langenscheidt. (à) n. — 35

Herold, Pfr. Max, Vesperale od. die Nachmittage unserer Feste u. ihre gottesdienstliche Bereicherung. Vorschläge u. Formularien auf altkirchl. Grunde f. das gegenwärt. Bedürfnis. Bearb. f. den Gebrauch aller Gemeinden. I. 2., verb. u. verm. Aufl. gr. 8. (VIII, 92 S.) Gütersloh, Bertelsmann. n. 1. 60

Herquet, Staatsarchivar Dr., die Renaissancedecke im Schlosse zu Jever, ihre Entstehungszeit u. ihr Verfertiger. gr. 8. (VIII, 69 S.) Emden, Haynel. n. 3. —

Herrfurth, Unterstaatssekr. L., u. Geh. Ob.-Reg.-R. F. **Nöll**, Kommunalabgaben-Gesetz. Das Gesetz betr. Ergänzg. u. Abänderg. einiger Bestimmgn. üb. Erhebg. der auf das Einkommen gelegten direkten Kommunalabgaben vom 27. Juli 1885, nebst dem Gesetze, betr. Ueberweisg. v. Beträgen, welche aus landwirthschaftl. Zöllen eingehen, an die Kommunalverbände, vom 14. Mai 1885, erläutert. gr. 8. (VIII, 206 S.) Berlin 1886, C. Heymann's Verl. geb. n. 5. —

Herrman, A., das Glück im Spiel. Magische Anweisg., das Glück im Spiel nach Wunsch zu lenken. Ein neuer Triumph der Wissenschaft. 8. (31 S.) Berlin, Rentzel. n. — 50

Herrmann, Dr. Ludw., Rückerinnerungen aus dem Orient 1836—1846. gr. 8. (IV, 304 S.) Aschaffenburg 1886, Krebs. n. 3. 60

Herrmann, M. Otto, die Graptolithenfamilie Dichograptidae, Lapw., m. besond. Berücksicht. v. Arten aus dem norweg. Silur. Inaugural-Dissertation. gr. 8. (94 S.) Kristiania. (Leipzig, Fock.) baar n. 1. 80

Herrmann, Paul, Untersuchungen aus dem Gebiete der Zuckerarten. Inaugural-Dissertation. gr. 8. (38 S.) Göttingen, (Vandenhoeck & Ruprecht). baar n. 1. —

Hertel, G., s.: **Darstellung**, beschreibende, der älteren Bau- u. Kunstdenkmäler der Prov. Sachsen.

Hertslet's Coupon-Warner f. Nord- u. Süd-Deutschland u. Oesterreich. 7. sorgfältig ergänzte Aufl. 8. (IV, 84 S.) Berlin, Gaertner. n. 2. —

(85/1) **Hertwig**, Osc., u. Rich. **Hertwig**, Proff. DD., Untersuchungen zur Morphologie u. Physiologie der Zelle. 4. Hft. gr. 8. Jena, Fischer. n. 1. 60 (1—4.: n. 6. 60)

Inhalt: Experimentelle Untersuchungen üb. die Bedingungen der Bastardbefruchtung. Von O. u. R. H. (45 S.)

Hertzberg, G. F., Geschichte der Griechen im Altertum, } s.: **Weltgeschichte**,
—— Geschichte der Römer im Altertum, } allgemeine.

Hertzka, Dr. Thdr., das Personen-Porto. Ein Vorschlag zur Durchführg. e. bill. Einheitstarifs im Personen-Verkehr der Eisenbahnen u. die Discussion darüber im Club österreich. Eisenbahn-Beamten. gr. 8. (III, 178 S.) Wien, Spielhagen & Schurich. n. 2. 50

Herxheimer, weil. Landesrabb. Dr. S., „Jesode ha-thora". Glaubens- u. Pflichtenlehre f. israelit. Schulen. 30. verb. Aufl. Mit e. kurzen Abriß der bibl. u. nachbibl. Geschichte der Juden bis auf unsere Zeit. 8. (VIII, 152 S.) Leipzig 1886, Roßberg. n. 1. —; Einbd. n.n. — 25

Herz, Dr. Norbert, Bahnbestimmung d. Planeten (242) Kriemhild. [Aus: „Sitzungsber. d. k. Akad. d. Wiss."] Lex.-8. (15 S.) Wien, (Gerold's Sohn). n. — 35

—— Entwicklung der Differentialquotienten der geocentrischen Coordinaten nach zwei geocentrischen Distanzen in e. elliptischen Bahn. [Aus: „Sitzungsber. d. k. Akad. d. Wiss."] Lex.-8. (35 S.) Ebd. n. — 60

—— Entwicklung der störenden Kräfte nach Vielfachen der mittleren Anomalien in independenter Form. [Aus: „Sitzungsber. d. k. Akad. d. Wiss."] Lex.-8. (46 S.) Ebd. n. — 80

—— Lehrbuch der Landkartenprojektionen. gr. 8. (XIV, 312 S. m. eingedr. Fig.) Leipzig, Teubner. n. 10. —

—— siebenstellige Logarithmen der trigonometrischen Functionen f. jede Zeitsecunde. Zum astronom. Gebrauche hrsg. gr. 8. (IV, 182 S.) Ebd. in Comm. n. 4. —

Herzberg, Mor., hebräisches Lese- u. Sprachbuch f. die israelitische Jugend zum Schul- u. Privat-Unterricht nach der Buchstabir- u. Lautirmethode. Nebst deutschen Gebeten, Uebersicht der Fest- u. Fasttage. 1. Kurs. 4., verb. u. verm. Aufl. 8. (88 S.) Breslau, Preuß & Jünger. cart. n. — 75

Herzog, J. A., das Referendum in der Schweiz, s.: Zeit- u. Streit-Fragen, deutsche.

Herzog, Dr. Jos., der acute u. chronische Nasenkatarrh m. besond. Berücksicht. d. nervösen Schnupfens [Rhinitis vasomotoria]. [Aus: „Mittheilgn. d. Vereines der Aerzte in Steiermark".] gr. 8. (44 S.) Graz, (Leuschner & Lubensky). n. 1. —

Hesekiel, Ludovica, Fromm u. Feudal. Roman. 3 Bde. 8. (248, 236 u. 226 S.) Berlin 1886, Janke. n. 10. —

Heß, Prof. Dir. Dr. Rich., Encyklopädie u. Methodologie der Forstwissenschaft. 1. Tl. A. u. d. T.: Die Forstwissenschaft im allgemeinen. gr. 8. (X, 134 S.) Nördlingen, Beck. n. 1. 80

Heß, Prof. Dr. W., das Süßwasseraquarium u. seine Bewohner. Ein Leitfaden f. die Anlage u. Pflege v. Süßwasseraquarien. Mit 105 in den Text gedr. Abbildgn. gr. 8. (IV, 255 S.) Stuttgart 1886, Enke. n. 6. —

Hesse, Archit. Lehr. Emil, architektonische Formenlehre. Ein Beitrag zur Förderg. d. deutschen Baugewerkes, f. den Gebrauch an Baugewerkschulen, sowie zum Selbststudium f. Bauhandwerker bearb. u. hrsg. (In 12 Hftn.) 1. u. 8. Hft. Fol. Holzminden, Müller. n. 9. —

Inhalt: 1. Unterbauten u. Fussgesimse. (12 Steintaf., wovon 6 color., m. III, 2 S. Text.) n. 3. —. — 8. Säulenordnungen. (24 Steintaf. m. III, 13 S. Text.) n. 6. —

(83/1) **Hesse-Wartegg**, Ernst v., Nord-Amerika, seine Städte u. Naturwunder, sein Land u. seine Bewohner in Schilderungen. Auf Grundlage mehrjähr. Reisen durch den ganzen Continent, u. m. Beiträgen v. Udo Brachvogel, Bret Harte, Thdr. Kirchhoff u. A. Mit gegen 300 Abbildgn. 2. verb. u. verm. Aufl. 2—15. Lfg. Lex.-8. (1. Bd. S. 49—232 u. 2. Bd. S. 1—256.) Leipzig, G. Weigel. baar à — 60

Hesse's, Max, Lehrer-Bibliothek. 1. 12. Leipzig, M. Hesse. n. 1. —; geb. n. 1. 25

Inhalt: Aus der alten Schule. Ernstes u. Heiteres aus dem Schulleben alter Zeiten. (V, 104 S.)

Hesselbacher, Pfr. Wilh., die innere Mission in Baden. Im Auftrag d. bad. Ausschusses der südwestdeutschen Konferenz f. innere Mission bearb. u. als Festschrift den Mitgliedern d. XXIII. Kongresses überreicht. gr. 8. (III, 58 S.) Karlsruhe 1884, Evang. Schriften-Verein f. Baden. n. 1. —

Hesselmeyer, Dr. E., die Ursprünge der Stadt Pergamos in Kleinasien. Mit zwei Beilagen. gr. 8. (V, 46 S.) Tübingen, Fues. n. 1. 20

Hettinger, Prof. D. Frz., Apologie d. Christenthums. 2. Bd. Die Dogmen d. Christenthums. 1. Abth. 6., auf's Neue durchgeseh. u. verm. Aufl. 8. (XV, 579 S.) Freiburg i/Br., Herder. n. 4. 50

Hettler, Aug., Schiller's Dramen. Eine Bibliographie. Nebst e. Verzeichniss der Ausgaben sämmtl. Werke Schiller's. gr. 8. (VI, 37 S.) Berlin, Weltnitz. baar n.n. 3. —

(85/1) **Hettwig**, Carl, Sammlung moderner Sitzmöbel f. alle Räume d. Hauses. Perspectivische Ansichten v. Stühlen, Sesseln, Sophas etc. in einfacher, wie eleganter Ausstattg. Nach ausgeführten eigenen Entwürfen zum Gebrauche f. Möbelfabrikanten, Möbelhandlgn., Tapezirer u. Decorateure hrsg. 9. Lfg. gr. 4. (10 Chromolith.) Dresden, Gilbers' Verl. baar (à) n. 6. —

Hetzel, H., die Stellung Friedrichs d. Großen zur Humanität im Kriege, s.: Sammlung gemeinverständlicher wissenschaftlicher Vorträge.

Heubach, Herm., commentarii et indicis grammatici ad Iliadis scholia veneta A specimen I, quibus vocabulis artis syntacticae propriis usi sint Homeri scholiastae. Dissertatio inauguralis. gr. 8. (67 S.) Jena, (Neuenhahn). baar n. 2. —

Heuer's, Ferd., Rechenbuch f. Stadt- u. Landschulen. Ausg. A. 2. Tl. 1. Abschn. Zum Gebrauch beim Kopf- u. Tafelrechnen unter Mitwirkg. v. Lehr. Stoffregen, Kant. Oehlkers u. Rekt. Peper bearb. v. Sem.-Lehr. K. H. L. Magnus. 48. Aufl. gr. 8. (62 S.) Hannover 1886, Helwing's Verl. n. — 30; cart. n. — 35

Heun, Lehr. Hans, 140 praktische, methodisch geordnete Rechenaufgaben f. die Hand der Schüler in den Mittelklassen der Volksschule. 8. (28 S.) Würzburg, Stuber's Verl. n. — 20; Ergebnisse (16 S.) n. — 40

—— 200 praktische, methodisch geordnete Rechenaufgaben f. die Hand der Schüler in den Oberklassen der Volksschule. Zugleich f. Sonntags- u. Fortbildungsschulen geeignet. 8. (47 S.) Ebd. n. — 25

Heuner's, Joh. Fr., Aufgaben zum Kopf- u. Zifferrechnen. Ausg. f. Schüler. Hft. A u. B. 8. Ansbach, Seybold. n. — 20

A. Für die Unterklasse. 190. Aufl. (40 S.) — B. Für die Mittelklasse. 181. Aufl. (52 S.)

Heusenstamm, Thdr. Graf v., Maske u. Lyra. gr. 8. (X, 257 S.) Leipzig 1886, O. Wigand. n. 4. —

Heusler, A., Institutionen d. deutschen Privatrechts, s.: Handbuch, systematisches, der deutschen Rechtswissenschaft.

Heusner, San.-R. Dr. F., Bath Creuznach, handbook for physicians and visitors. The medical part with the cooperation of DD. J. Hessel, J. Molthan, H. Prieger, H. Schultz, E. Stabel, F. Strahl by F. H. The descriptive and economical part by Paul Foltynski. With 24 views and 3 maps of Creuznach and neighbourhood. 8. (VIII, 96 S.) Berlin, Maurer-Greiner. geb. n. 2. —; m. Goldschn. baar n. 3. —; Fürsten-Ausg. auf Büttenpap. geb. m. Goldschn. n. 6. —

—— Creuznach-les-Bains. Renseignements à l'usage des médecins et des baigneurs. La partie médicale rédigée par H., avec la collaboration de MM. les docteurs: Hessel, Molthan, Prieger, Schultz, San.-R. Stabel, San.-R. Strahl. La partie descriptive rédigée, au nom de l'association des propriétaires d'hôtels et de maisons de bains à Creuznach-les-Bains, par Paul

Foltynski. Orné de 24 vues et de 3 plans. 8. (V, 100 S.) Berlin, Maurer-Greiner. geb. n. 2. —; m. Goldschn. baar n. 3. —; Fürsten-Ausg. auf Büttenpap. geb. m. Goldschn. n. 6. —
Heussler, Privatdoc. Dr. Hans, der Rationalismus d. 17. Jahrh., in seinen Beziehungen zur Entwicklungs-Lehre dargestellt. gr. 8. (VIII, 160 S.) Breslau, Koebner. n. 3. 60
Hevesi, Ludw., neues Geschichtenbuch. 8. (VII, 365 S.) Stuttgart, Bonz & Co. n. 4. —; geb. n. 5. —
Hey's, Wilh., Lebensbild, s.: Bonnet, J.
Heyd, Chefbiblioth. W., histoire du commerce du Levant au moyen-âge. Éd. française refondue et considérablement augmentée, publiée sous le patronage de la Société de l'Orient latin par Furcy Raynaud. I. gr. 8. (XXIV, 554 S.) Leipzig, Harrassowitz. n. 14. —
Heydenreich, Gymn.-Oberlehr. Privatdoz. Biblioth. Dr. Ed., bibliographisches Repertorium üb. die Geschichte der Stadt Freiberg u. ihres Berg- u. Hüttenwesens. Für akadem. Vorlesgn. u. f. den Freiberger Altertumsverein. gr. 8. (XI, 128 S.) Freiberg, Craz & Gerlach in Comm. n. 2. —
Heymann, Paul, in Propertium quaestiones grammaticae et orthographicae. Dissertatio inauguralis. gr. 8. (87 S.) Halis Sax. 1883. (Leipzig, Fock.) baar n. 2. —
Heyn, Rud., Hauptsätze der Perspective, Spiegelung u. perspectivischen Schattenconstruction m. Übungsbeispielen. Hrsg. durch den Architekten-Verein am königl. Polytechnikum zu Dresden. Mit 14 einfachen u. 3 Doppeltaf. Fol. (III, 15 S.) Leipzig, Felix. In Mappe. n. 9. —
Heyne, Past. Frz., biblische Geschichte f. Elementar-Schulen. Nebst e. Anh., enth. Gebete, Luther's Katechismus u. die dazu gehör. Bibelsprüche. 5. verb. Aufl. 8. (IV, 70 S.) Magdeburg, Heinrichshofen's Verl. geb. n.n. — 50
—— deutsche Sprachlehre. 3. verb. u. verm. Aufl. 8. (IV, 52 S.) Ebd. n. — 30
Heyse, Dr. K. L., gemeinnütziger u. praktischer Volks-Briefsteller. Ein bequemes Hilfsbuch, woraus man erlernen kann, wie man die verschiedensten Briefe, als: Familienbriefe, Empfehlungsschreiben, Liebesbriefe, Glückwünsche, Dankschreiben, Briefe an Freunde u. Bekannte, Mahnbriefe, Eingaben u. Bittschriften an Behörden, sowie auch Contracte, Quittgn. :c. richtig u. ordnungsmäßig abfassen muß. 3. Aufl. 8. (160 S.) Landsberg a/W., Volger & Klein. 1. —
Heyse, Paul, Spruchbüchlein. 12. (VII, 216 S.) Berlin, Hertz. n. 3. —; geb. n. 4. —
Hie Bismarck, hie Windthorst! Ein Versöhnungswort. gr. 8. (31 S.) Berlin, Wilhelmi. n. — 50
Hiebsch, J., Methodik d. Gesangunterrichtes, s.: Handbuch der speciellen Methodik.
Hiecke, R., Pendelversuche, s.: Czermak, P.
Hildebrand, Kapl. D. Aug., Boëthius u. seine Stellung zum Christentume. gr. 8. (VII, 314 S.) Regensburg, Manz. n. 5. —
Hildebrand, E., vom Congo, s.: Liebhaber-Bühne, neue.
Hildebrand, Dr. E., Wallenstein u. seine Verbindungen m. den Schweden. Aktenstücke aus dem schwed. Reichsarchiv zu Stockholm. gr. 8. (XI, 80 S.) Frankfurt a/M., Literar. Anstalt. n. 2. —
Hildebrandt-Strehlen's Volks- u. Jugendschriften-Sammlung. I—IV. Mit Farbendr.-Bildern v. Paul Wagner. 2. Aufl. 8. Wesel, Düms. geb. à — 75

Inhalt: I. Daheim. Bunte Jugendbilder. (96 S.) — II. Robin Hood. (95 S.) — III. Der gehörnte Siegfried. Neu erzählt. (96 S.) — IV. Roland. Eine deutsche Sage. (96 S.)

Hildebrandt, A. M., Wappen-Album der gräflichen Familien, s.: Gritzner, M.

($^{85}/_{1}$) **Hildebrandt**, Carl, Waaren-Verzeichniss vom 1. Jan. 1885 zum Gesetz betr. die Statistik d. Waarenverkehrs d. deutschen Zollgebiets m. dem Auslande. Unter Angabe der lauf. statist. Nummern. In alphabet. Ordng. nach Massgabe d. amtl. Waarenverzeichnisses zum Zolltarif d. deutschen Zollgebietes. 2. unveränd. Aufl. 1. Nachtrag. Nach Massgabe der vorläuf. Aendergn. f. die Zeit vom 1. Juli 1885 ab. 8. (23 S.) Berlin, Funcke & Naeter. n. — 50 (Hauptwerk u. 1. Nachtrag: n. 1. 75)

($^{83}/_{2}$) **Hildebrandt**, Ed., Aquarelle. Neue Folge. 4. Serie. gr. Fol. (5 Chromolith.) Berlin, Mitscher. In Mappe. baar (à) 50. —; einzelne Blätter à n. 12. —
Inhalt: 16. Madeira. Funchal. — 17. Küste v. Rio. Sonnenuntergang. — 18. Norwegische Küste. Mondschein. — 19. Pilgerbad im Jordan. — 20. Genua Nr. 2. Hafenpartie.

($^{84}/_{2}$) **Hildebrandt**, Past. Diak. Th., Auslegung der alten u. der in Hannover gebräuchlichen Episteln d. Kirchenjahres f. Lehrer u. Prediger. 2. Hälfte, umfassend den Pfingstkreis u. die Trinitatiszeit. gr. 8. (230 S.) Clausthal, Grosse. (à) n. 2. —

Hildesheimer, L., alphabetisches Verzeichniss der sich in J. Schmidt's Mondkarte befindlichen Objecte. Zusammengestellt nach der „Kurzen Erläuterung zu Schmidt's Mondkarte." gr. 8. (10 S.) Odessa, Selbstverl. d. Verf. gratis.

Hilfsbuch beim evangelischen Religions-Unterricht f. Lehrer u. Seminaristen, wie auch zum Gebrauch in Lehrerinnen-Bildungsanstalten. 1. u. 2. Tl. gr. 8. Breslau, Dülfer. n. 7. 35
Inhalt: 1. Die Geschichte d. Reiches Gottes im alten u. neuen Bunde. Zum Studium u. zur unterrichtl. Behandlg. der bibl. Geschichte wie der Sonntags-Evangelien f. Präparanden, Seminaristen u. Lehrer. Von Reg.- u. Schulr. F. Herm. Kahle. 6. verb. Aufl. (XXXII, 443 S.) n. 4.70; geb. n. 5.30. — 2. Der kleine Katechismus Luthers, anschaulich, kurz u. einfach erklärt, sowie m. den nöt. Zusätzen aus der Glaubens- u. Sittenlehre versehen, f. Präparanden, Seminaristen u. Lehrer. Von Reg.- u. Schulr. F. Herm. Kahle. 6. verb. Aufl. (XVI, 245 S.) n. 2.65.

Hilfs-Tabelle zur Werthbestimmung der Coupons russischer zinstragender Papiere nach Abzug der 5% Kapitalrentensteuer, vollständig berechnet f. Summen bis 100 Rbl., m. Benutzg. der vorhandenen Decimalstellen auch anwendbar f. Summen bis 10,000 Rbl. (Russisch u. deutsch.) gr. 8. (14 S.) Riga, Kymmel's Verl. n. 1. 20

Hilger, Prof. Dr. Alb., Vereinbarungen betreffs der Untersuchung u. Beurteilung v. Nahrungs- u. Genussmitteln, sowie Gebrauchsgegenständen. Hrsg. im Auftrage der Freien Vereinigg. bayer. Vertreter der angewandten Chemie. Mit 8 in den Text gedr. Holzschn. gr. 8. (XII, 283 S.) Berlin, Springer. n. 8. —

Hillardt, Arbeitslehrerin Gabriele, Vorlagen f. die 1. u. 2. Stufe d. Musterhäkelns. qu. 4. (à 18 Taf.) Wien, Pichler's Wwe & Sohn. à n. 1. —

($^{82}/_{1}$) **Hillebrand**, Karl, Zeiten, Völker u. Menschen. 7. Bd. 8. Berlin, Oppenheim. (à) n. 6. —; geb. (à) n. 7. —
Inhalt: Culturgeschichtliches. Aus dem Nachlasse. Hrsg. v. Jessie Hillebrand. Mit dem Bildnisse d. Verf. in Holzst. nach der Büste v. Adf. Hildebrand in Florenz. (XI, 335 S.)

Hillebrandt, Prof. Dr. Alfr., Vedachrestomathie. Für den ersten Gebrauch bei Vedavorlesgn. hrsg. u. m. e. Glossar versehen. gr. 8. (VI, 130 S.) Berlin, Weidmann. n. 1. 60

Hiller, Carl, Beitrag zur Methode der Wärme-Messung beim kranken u. gesunden Menschen. Inaugural-Dissertation. gr. 8. (40 S.) München 1882, (Th. Ackermann's Verl.). n. 1. —

Hillern, Wilhelmine v., geb. Birch, e. Arzt der Seele. Roman. 4. Aufl. 4 Thle. in 2 Bdn. 8. (206, 197, 264 u. 183 S.) Berlin 1886, Janke. n. 10. —

Hillern, Wilhelmine v., höher als die Kirche, s.: Paetel's Miniatur-Ausgaben-Collection.

Hiltl, Forstverw. Carl, das Reh. 8. (64 S. m. Illustr.) Klagenfurt, Leon sen. n. 1. 50

Himmelstein, Dompropst Dr. Frz. Xav., das Kiliansheiligthum. Geschichte der Reliquien der heil. Martyrer u. Apostel d. Frankenlandes Kilian, Colonat u. Totnan. Ein Jubiläumsandenken. 8. (VIII, 102 S. m. 1 Lichtdr.) Würzburg, Bucher. n. 1. —

Himstedt, Prof. Dr. F., e. Bestimmung d. Ohm. [Aus: Berichte d. naturforsch. Gesellsch. zu Freiburg i/B."] gr. 8. (29 S. m. Illustr.) Freiburg i/B. 1886, Mohr. n. 1. 60

Hingst, Cant. emer. C. W., Geschichtliches üb. die Kirchfahrt Zschaitz. [Ephorie Leisnig.] 8. (42 S.) Döbeln, Schmidt. n. — 50

Hinrichsen, Adf., Künstler-Liebe u. Leben. 2. (Titel-)Aufl. 8. (201 S.) Berlin (1885) 1886, Friedrich Nachf. n. 3. —

Hinstorff's Geschäfts-Taschenbuch auf d. J. 1886. 5. Jahrg. 16. (VIII, 208 S. m. 1 chromolith. Eisenbahnkarte.) Wismar, Hinstorff's Verl. geb. in Leinw. n. 1. —; in Ldr. n. 1. 50

Hiptmair, Prof. Dr. Mathias, Geschichte d. Bisth. Linz. Zur 1. Säcular-Feier hrsg. gr. 8. (VIII, 328 S.) Linz, Haslinger. n. 4. —

(82/2) **Hirsch**, Hauptm., Repertorium hervorragender Aufsätze der in- u. ausländischen Militär-Journalistik aus den J. 1881—83, unter Mitwirkg. d. Prem.-Lieut. Thiel, d. Lieut. Kowalski u. m. a. hrsg. 8. (XII, 274 S.) Köln, Warnitz & Co. n. 5. —

(85/1) **Hirsch**, Dr Bruno, Universal-Pharmakopöe. Eine vergleich. Zusammenstellg. der zur Zeit in Europa u. Nordamerika gült. Pharmakopöen. 4. u. 5. Lfg. gr. 8. (S. 273—464.) Leipzig, E. Günther's Verl. à n. 2. —

(85/1) **Hirsch**, Frz., Geschichte der deutschen Litteratur von ihren Anfängen bis auf die neueste Zeit. 17—24. (Schluss-)Lfg. gr. 8. (3. Bd. S. 129—778.) Leipzig, Friedrich. à n. 1. —

Hirsch, Paul, Phrygiae de nominibus oppidorum. Dissertatio inauguralis. gr. 8. (32 S.) Königsberg 1884, (Koch & Reimer). baar n. 1. —

Hirschfeld, Prof. Dr. Gust., paphlagonische Felsengräber. Ein Beitrag zur Kunstgeschichte Kleinasiens. Mit 7 Taf. u. 9 Abbildgn. im Text. [Aus: „Abhandlgn. d. k. preuss. Akad. d. Wiss. zu Berlin".] gr. 4. (52 S.) Berlin, (Dümmler's Verl.). cart. n. 6. —

—— Gedächtnißrede auf Karl Zöppritz, geh. am 10. Apr. 1885 vor der Geograph. Gesellschaft zu Königsberg. gr. 8. (20 S.) Königsberg, Hübner & Matz in Comm. baar n. — 80

Hirschfeld, Herm., die feindlichen Brüder. Erzählung aus Bayerns Geschichte im 15. Jahrh. Für Jugend u. Volk. Mit 40 Text-Abbildgn. u. 1 Titelbilde. gr. 8. (VI, 242 S.) Leipzig 1886, Spamer. n. 4. 50; geb. n. 6. —

—— die Hexe v. Scharnrode, s.: Bachem's Roman-Sammlung.

Hirschfeld, Botschaftsr. z. D. Ludw. v., die proportionale Berufsklassenwahl. Ein Mittel zur Abwehr der sozialist. Bewegg. gr. 8. (64 S.) Leipzig, Grunow. n. 1. 20

Hirschfeld, Otto, u. Rob. **Schneider**, Bericht üb. e. Reise in Dalmatien. Mit 3 Taf. u. 21 Abbildgn. im Text. [Aus: „Archäol.-epigraph. Mittheilgn. aus Oesterr.-Ung."] gr. 8. (84 S.) Wien, Gerold's Sohn. n. 2. —

Hirschfelder, Reg.- u. Schulr. Lic. R., Handbuch zur Erklärung der biblischen Geschichte d. alten u. neuen Testaments in den Volksschulen. Im Anschlusse an Dr. Schusters resp. Mey's „Biblische Geschichte" bearb. 5. Aufl. gr. 8. (IV, 400 S.) Mainz, Kirchheim. 3. —

Hirschwald, Prof. Dr. Jul., das mineralogische Museum der königl. technischen Hochschule Berlin. Ein Beitrag zur topograph. Mineralogie, sowie e.

Leitfaden zum Studium der Sammlgn. Mit 1 Grundrissplan der Sammlg. Hrsg. m. Unterstützg. d. königl. Ministeriums der geistl., Unterrichts- u. Medizinalangelegenheiten. gr. 8. (XVII, 243 S.) Berlin, Friedländer & Sohn. n. 3. —; geb. n. 4. —

Hirt, Prof. Dr. Ludw., System der Gesundheitspflege. Für die Universität u. die ärztl. Praxis bearb. 3. verb. Aufl. Mit 96 Illustr. gr. 8. (X, 251 S.) Breslau, Maruschke & Berendt. n. 4. 50; geb. n. 5. —

Hirth, Fritz, Liederbuch f. deutsche Studenten. 2. u. 3. Aufl. 16. (VIII, 152 S.) Wien, Enders. baar n. — 40; geb. n.n. — 70

Hirtho, de clavibus aedium, s.: Theater, kleines.

Hirtz, Lehr. A., kurze Lebensbilder aus der vaterländischen Geschichte. Ein Wiederholungsbüchlein f. die Mittel- u. Oberstufe der Volksschule. Mit Bezug auf die allgemeinen Bestimmgn. d. Cultusministers vom 15. Oktbr. 1872 bearb. 9., verb. u. verm. Aufl. 8. (64 S.) Düsseldorf, Schwann. n.n. — 30

($^{82}/_{2}$) **His,** Wilh., Anatomie menschlicher Embryonen. III. Zur Geschichte der Organe. Mit 156 Abbildgn. im Text. gr. 8. (IV, 260 S.) Leipzig, F. C. W. Vogel. n. 8. —

—— dasselbe. Atlas dazu. gr. Fol. (7 Steintaf.) Ebd. cart. n. 32. — (1—3 m. Text: n. 75. —)

Historien-Kalender, verbesserter Gothaischer, auf d. J. 1886. 176. Jahrg. 4. (48 S.) Gotha, Engelhard-Reyher'sche Hofbuchdr. baar n. — 20

—— verbesserter, auf d. J. 1886. 4. (40 S.) Jena, F. Frommann. — 30

Hittenkofer, Archit. Lehr., das Entwerfen der Gesimse. [Im Anschluss an „Das Entwerfen v. Fassaden etc."] Eine populäre Vorführg. aller beim Fassadenbau vorkomm. Gesimse in Schnitt u. Ansicht [1:10], sowie in Schablonen [in natürl. Grösse] u. e. erläut. Texte. Mit gegen 300 Profilen, ebenso vielen Schablonen u. 39 Holzst. Hrsg. v. der herzogl. braunschw. Baugewerkschule zu Holzminden. 5. Aufl. 23 lith. Taf. in kl. 4. u. 10 (lith.) Bogen Beilagen m. illustr. Text. hoch 4. (8 S.) Leipzig, Scholtze. n. 10. —

—— das freistehende Familien-Wohnhaus, s.: Taschenbibliothek, deutsche bautechnische.

—— Holz-Architektur-Ornamente. Vorlagen-Werk f. techn. Schulen, Gewerbe-, Baugewerks-, Kunst-Industrie- u. Fortbildungsschulen etc. sowie f. Elementar-Schulen u. Real-Gymnasien u. zum Selbstgebrauche f. Architekten, Baugewerkmeister etc. u. Holzarbeiter. Erfunden u. gezeichnet. Fol. (25 Steintaf.) Leipzig, Scholtze. n. 8. 40

Hobein, Fritz, üb. Benzanhydroisodiamidotoluol u. 2 gebromte Derivate. Inaugural-Dissertation. gr. 8. (41 S.) Göttingen, (Vandenhoeck & Ruprecht). baar n. 1. —

Hobrecht, Arth., Fritz Kannacher. Historischer Roman. 2 Bde. 8. (XII, 385 u. 490 S.) Berlin, Hertz. n. 9. —; geb. n. 11. —

Hoch, Fr., erster Versuch e. Lösung der Eisenbahn-Tariffrage in Russland, nach den Verhandlgn. u. Beschlüssen der unter dem Vorsitz d. Staatssecr. v. Hübbenet am 3. Juni 1883 Allerhöchst eingesetzten Tarifcommission, m. Ergänzgn. u. Erläutergn. gr. 8. (XIII, 167 S.) St. Petersburg, (Ricker). n. 5. —

Hochfelden, Brigitta, die Gabelhäkelei. Anleitung zur Anfertigg. zahlreicher, hübscher u. leichter Muster. Mit 66 Abbildgn. qu. 8. (47 S.) Berlin, Ebhardt. n. — 60

Hochschulen-Kalender, Fromme's österreichischer, f. Professoren u. Studirende f. das Studienj. 1885/86. 22. Jahrg. Auf Grund amtl. Quellen hrsg. v. Dr. Geo. Mann. 16. (205 u. 111 S.) Wien, Fromme. geb. baar 2. 80

Hochstetter, C. F., Naturgeschichte d. Pflanzenreichs, s.: Naturgeschichte d. Thier-, Pflanzen- u. Mineralreichs.

Höcker, G., der weiße Blitz,
—— des Komanchen-Häuptlings Dank u. Hilfe,
—— ein Kriegsabenteuer in Persien,
—— die Trapper am Kanadian,
—— die Würger Indiens,
} s.: Volks- u. Jugend-Erzählungen.

Höcker, Osk., märkisch Blut, s.: Geschichts- u. Unterhaltungs-Bibliothek, vaterländische.

—— ehrlich u. gerade durch! Eine Erzählg. f. Volk u. Jugend. 8. (63 S.) Reutlingen, Enßlin & Laiblin. — 20

—— eine alte Firma od. die dunkle That. Eine Erzählg. aus der Gegenwart. 8. (61 S.) Ebd. — 20

—— Friedrich der Große als Feldherr u. Herrscher. Ein Lebensbild d. Heldenkönigs, dem Vaterland u. der deutschen Jugend geweiht zum 100jähr. Todestage d. unvergeßl. Monarchen. Mit Illustr. von A. v. Rößler. gr. 8. (176 S.) Leipzig 1886, Hirt & Sohn. 3. 50; geb. 5. —

—— deutsche Heldensagen. Der Jugend erzählt. Mit (4) Farbendr.-Bildern. 8. (176 S.) Reutlingen, Enßlin & Laiblin. cart. 2. —

—— Lederstrumpf. 5 Erzählgn., nach J. F. Cooper f. die liebe Jugend frei bearb. Mit 7 Farbdr.-Bildern nach Orig.-Aquarellen v. Prof. C. Offterdinger. 4. (IV, 124 S.) Stuttgart, Loewe. geb. 3. —

—— Merksteine deutschen Bürgertums. Kulturgeschichtliche Bilder aus dem Mittelalter. Der reiferen deutschen Jugend gewidmet. 1. Bd. gr. 8. Leipzig 1886, Hirt & Sohn. 4. 50; geb. 6. —

Inhalt: Die Brüder der Hansa. Historische Erzählg. aus der Blütezeit d. norddeutschen Kaufmannsbundes. Mit vielen Illustr. v. Johs. Gehrts. (240 S.)

—— deutscher Mut u. welsche Tücke, s.: Volksbibliothek d. Lahrer Hinkenden Boten.

—— durch Nacht zum Licht! Erzählung aus e. Mädchenleben. Nach Cummins' „Der Lampenputzer" f. die weibl. Jugend bearb. Mit (4) Farbendr.-Bildern. 8. (176 S.) Reutlingen, Enßlin & Laiblin. cart. 2. —

(84/2) —— der Sieg d. Kreuzes. Kultur- u. religionsgeschichtl. Bilder v. der Entwickelg. d. Christentums. Der reiferen deutschen Jugend gewidmet. 3. Bd. gr. 8. Leipzig 1886, Hirt & Sohn. (à) 3. 50; geb. (à) 5. —

Inhalt: Zwei Streiter d. Herrn. Kulturgeschichtliche Erzählg. aus der Zeit der Merowinger. Mit vielen Illustr. v. Prof. A. Baur. (176 S.)

—— Tugend besteht. Eine Erzählg. f. die Jugend. Mit 4 Stahlst. 12. (87 S.) Stuttgart, Schmidt & Spring. cart. — 75

—— Wieland, der wackere Schmied. Aus den „deutschen Heldensagen". 8. (46 S.) Reutlingen, Enßlin & Laiblin. — 15

—— inmitten der Wildnis, od. Daniel Boone, der erste Ansiedler Kentucky's. Nach Henry C. Watson erzählt. 8. (63 S.) Ebd. — 20

Hofacker, L., in der Höhle verborgen, s.: Immergrün.

Hofer, Rath Prof. Jos., Grundriss der Naturlehre f. Bürgerschulen. In 3 Stufen. Auf Grund der Lehrpläne vom 1. Apr. 1884 bearb. 3. Stufe. 9., umgearb. Aufl. 8. (104 S. m. 66 eingedr. Holzschn.) Wien, Graeser. cart. n. — 64

—— Methodik d. Rechenunterrichts, s.: Handbuch der speciellen Methodik.

Hoff, Rabb. Relig.-Lehr. Dr. E., biblische Geschichte f. die israelitischen Volksschulen. 1. Thl. 5., rev. Aufl., nebst e. Anh. „Geographie Palästinas". 8. (VI, 130 S.) Wien 1886, Hölder. n. 1. —

Hoff, Gymn.-Dir. Dr. Ludw., üb. Homer als Quelle f. die griechische Geschichte. 4. (36 S.) Attendorn 1878. (Leipzig, Fock.) baar n. 1. —

—— u. weil. Realgymn.-Oberlehr. Dr. W. **Kaiser**, Handbuch f. den deutschen Unterricht auf höheren Schulen. 1. Tl. gr. 8. Essen, Bädeker. n. — 60

Inhalt: Leitfaden f. den Unterricht in der deutschen Grammatik f. höhere Lehranstalten. 4. Aufl., bearb. v. Dr. L. Hoff. (VIII, 89 S.)

(82/2) **Hoffelize,** Adele Gräfin v., Reflexionen u. Gebete f. die heil. Communion. 2. Bd. A. u. d. T.: Communionbuch. Neue Sammlg. v. Reflexionen u. Gebeten f. die heil. Communion. Autoris. Uebersetzg. Nach der 5. französ. Aufl. 12. (632 S.) Mainz, Kirchheim. (à) n. 3. —; geb. (à) n. 4. —

Hoffmann's Haushaltungsbuch f. d. J. 1886. Für den tägl. Gebrauch eingerichtet u. durch Beispiele erläutert, nebst Küchen-Kalender, Wasch-Tabellen u. Notiz-Kalender. Fol. (71 S.) Stuttgart, J. Hoffmann. cart. n. 2. —

(85/1) **Hoffmann,** Lehrbuch der praktischen Pflanzenkunde. 3. Aufl. 3—10. Lfg. Fol. (IX—XXXII u. S. 9—36 m. 24 color. Steintaf.) Stuttgart, Hoffmann's Verl. à — 90

Hoffmann, weil. Prof. Oberlehr. Dr. A., Sammlung planimetrischer Aufgaben, nebst Anleitg. zu deren Auflösg. Systematisch geordnet u. f. den Schulgebrauch eingerichtet. 4. verb. Aufl., besorgt durch Gymn.-Oberlehr. P. K. Conrads. Mit 6 lith. Fig.-Taf. gr. 8. (X, 212 S.) Paderborn, F. Schöningh. n. 2. 70

(85/1) **Hoffmann,** Adph., Holzsculpturen in Rococo. 2. Serie. 30 Photogr. auf Carton. gr. 4. Berlin, Claesen & Co. In Mappe. (à) n. 37. 50

Hoffmann, C., die Heeres-Organisation, s.: Friedl, F.

Hoffmann, weil. Prof. Dr. C. E. E., u. Prof. Dr. **Aug. Rauber,** Lehrbuch der Anatomie d. Menschen in 2 Bdn. in 4 Abthlgn. 3., theilweise umgearb. u. verm. Aufl. gr. 8. Erlangen 1886, Besold. n. 39. —

Inhalt: I, 1. Aeussere Körperform, einfache Körperbestandtheile u. Bewegungsorgane. Bearb. v. Dr. Carl Ernst Emil Hoffmann. Mit 348 Holzschn. 2. Aufl. (XI, 454 S.) n. 9. —. — 2. Eingeweidelehre. Bearb. v. Dr. Carl Ernst Emil Hoffmann. Mit 231 Holzschn. 2. Aufl. (VII u. S. 455—778.) n. 8. —. — II. 1. Gefässlehre. Bearb. v. Dr. Carl Ernst Emil Hoffmann. Mit 186 Holzschn. 2. Aufl. (VIII, 286 S.) n. 8. —. — 2. Die Lehre v. dem Nervensystem u. den Sinnesorganen. 3. Aufl. Bearb. v. Dr. Aug. Rauber. Mit 300 Holzschn. (VII u. S. 287—830.) n. 14. —

Bog. 33 u. Register wird unberechnet nachfolgen.

(82/2) **Hoffmann,** Chrph., Bibelforschungen. 2. Bd. I. Erklärung der 5 letzten Kapitel d. Römerbriefs. II. Erklärung d. Briefs an die Kolosser. Nebst e. Exkurs üb. Kol. 1, 15. gr. 8. (270 S.) Jerusalem 1884. (Stuttgart, J. F. Steinkopf.) baar n.n. 4. — (1. u. 2.: n.n. 8. 50)

(82/2) —— mein Weg nach Jerusalem. Erinnerungen aus meinem Leben. 2. Thl.: Erinnerungen d. Mannesalters. 8. (526 S.) Ebd. 1884. baar n.n. 5. 80 (1. u. 2.: n.n. 14. 80)

Hoffmann, E. T. A., Meister Martin, der Küfner, u. seine Gesellen, } s.: Volksbibliothek d. Lahrer Hinkenden Boten.
—— der goldene Topf, }

Hoffmann, F., der Einfluß der Natur auf die Kulturentwicklung der Menschen, s.: Sammlung gemeinverständlicher wissenschaftlicher Vorträge.

Hoffmann, Realgymn.-Oberlehr. Dr. Ferd., Materialien u. Dispositionen zu deutschen Aufsätzen f. die obersten Klassen höherer Lehranstalten, sowie zum Selbstunterricht. gr. 8. (XVI, 272 S.) Hannover, Hahn. n. 3. —

Hoffmann, Frz., Friedl u. Nazi. Eine Geschichte aus dem Tiroler Land. — Treue gewinnt. Eine Erzählg. f. meine jungen Freunde. Mit 2 Bildern in Oelfarbendr. v. Prof. Offterdinger. Neue Ausg. 8. (125 u. 119 S.) Stuttgart, Schmidt & Spring. geb. 2. 25

—— der Henkeldukaten; frisches Wagen; der Schiffbruch, s.: Trewendt's Jugendbibliothek.

—— der Herr hat alles wohl gemacht! Eine Erzählg. f. meine jungen Freunde. Mit 4 Stahlst. 12. (88 S.) Stuttgart. Schmidt & Spring. cart. — 75

(84/2) —— neuer deutscher Jugendfreund f. Unterhaltung u. Veredlung der Jugend. 40. Bd. Jahrg. 1885. Mit vielen Abbildgn. (in Holzschn., Tondr., Chromolith. u. Stahlst.). gr. 8. (IV, 572 S.) Ebd. geb. 6. —

Hoffmann, Frz., Lebenswege. Eine Erzählg. f. meine jungen Freunde. Mit 4 Stahlst. 12. (78 S.) Stuttgart, Schmidt & Spring. cart. — 75

—— Toby u. Maly. Treue Kindesliebe. Heute mir, morgen dir! 3 Jugend-Erzählgn. Mit 3 Farbendr.-Bildern v. Prof. C. Offterdinger. Neue Ausg. gr. 8. (285 S.) Düsseldorf, F. Bagel. geb. 4. 50

Hoffmann, Staatsr. Prof. Dir. Dr. Frdr. Albin, Vorlesungen üb. allgemeine Therapie m. besond. Berücksicht. der inneren Krankheiten. gr. 8. (X, 453 S.) Leipzig, F. C. W. Vogel. n. 10. —

(85/1) **Hoffmann's**, Frdr. Wilh., Geschichte der Stadt Magdeburg. Neu bearb. v. Gymn.-Lehr. Dr. G. Hertel u. Gymn.-Oberlehr. Fr. Hülße. Mit zahlreichen Illustr., Karten u. Plänen in getreuer Wiedergabe vorhandener alter Stiche u. Abbildgn. 8—22. Lfg. gr. 8. (1. Bd. VIII u. S. 257—590 u. 2. Bd. S. 1—112.) Magdeburg, Rathke. à n. — 50

Hoffmann, G., Märchen f. Jung u. Alt. Volks-Ausg. 32. Ster.-Aufl. Mit 78 in den Text eingedr. Illustr. 8. (VI, 312 S.) Berlin, Barthol & Co. cart. 1. 50

Hoffmann, H., im Grabgewölbe, s.: Volks-Erzählungen, kleine.

Hoffmann, Dr. Heinr., im Himmel u. auf der Erde. Herzliches u. Scherzliches aus der Kinderwelt. 9. Aufl. gr. 4. (26 Bl. m. eingedr. color. Bildern.) Frankfurt a/M., Literar. Anstalt, Rütten & Loening. cart. 2. 10

—— König Nußknacker u. der arme Reinhold. Ein Kindermährchen in Bildern. 19. unveränd. Aufl. gr. 4. (32 Bl. m. eingedr. color. Bildern.) Ebd. cart. 2. 40; 18. Aufl. unzerreißbar 4. —

—— der Struwwelpeter od. lustige Geschichten u. drollige Bilder f. Kinder von 3—6 Jahren. 141. Aufl. m. dem Jubiläums-Blatt zur 100. Aufl. gr. 4. (25 color. Taf. m. eingedr. Text u. 1 Bl. Text.) Ebd. cart. n. 1. 80; 139. Aufl. unzerreißbar n. 3. —

Hoffmann, J., u. J. **Klein**, Sem.-Lehrer, Rechenbuch f. Seminaristen u. Lehrer. Antworten. 9. Aufl. gr. 8. (59 S.) Düsseldorf, Schwann. n. — 60

Hoffmann, Dir. Karl Aug. Jul., neuhochdeutsche Elementargrammatik. Mit Rücksicht auf die Grundsätze der histor. Grammatik. 11. Aufl., besorgt v. Dir. Dr. Christ. Frdr. Alb. Schuster. gr. 8. (XI, 212 S.) Halle, Grosse. n. 1. 80

—— dasselbe. Aufl. 11 A, besorgt v. Dir. Dr. Christ. Frdr. Alb. Schuster. Österreichische, nach der officiellen Orthographie u. m. Rücksicht auf die neuen Instructionen bearb. Ausg. gr. 8. (XI, 216 S.) Ebd. n. 1. 80

Hoffmann, L., ökonomische Geschichte Bayerns unter Montgelas, s.: Wirthschafts- u. Verwaltungsstudien, bayerische.

Hoffmann, Prof. Dr. Rud., Leitfaden u. Repetitorium der Physik zum Gebrauche beim Unterricht an höheren Schulen. gr. 8. (VIII, 216 S.) Plauen, Neupert. n. 3. —; geb. n. 3. 60

Hoffmeister, Dr. Herm., die Hohenzollern. Vaterländisches Gedenkbüchlein f. Haus, Schule u. Heer. 8. (IV, 77 S. m. 2 Portr.-Taf.) Berlin, Le Coutre. n. 1. 20

Hoffmeister, Jac. Chrph. Carl, historische Entwickelung d. kurfürstl. hessischen Gesammtwappens. In e. 2. vom Verf. durchgeseh. u. vervollständ. Ausg. gr. 8. (52 S. m. 1 Steintaf.) Kassel, Hühn. n. 1. 20

—— gesammelte Nachrichten üb. Künstler u. Kunsthandwerker in Hessen seit etwa 300 Jahren. Hrsg. v. G. Prior. gr. 8. (136 S.) Hannover, Meyer. n. 2. 50

Hoffmeister, Abt Ludw. Fr. Aug., üb. meine Verbindung m. den Durchl. Herzögen Karl u. Wilhelm zu Braunschweig-Lüneburg. Tagebuchblätter, hrsg. v. dessen Sohne Past. Dr. Hoffmeister. Mit 2 Lichtdr.-Bildern. 8. (72 S.) Wolfenbüttel, Zwißler. n. 1. 50

Hoffmeyer, Schulinsp. Fritz, Vorschriften. 1. Hft. 4. verm. u. verb. Aufl. schmal. 8. (24 lith. S.) Harburg, Elkan. n. — 25
—— neue Zeichenhefte f. Stadt- u. Landschulen. 1—3. u. 5. Hft. 4. (à 16 S.) Hannover, Helwing's Verl. à n. — 15
1. 22—24. Aufl. — 2. 22—24. Aufl. — 3. 18. Aufl. — 5. 9. Aufl.

Hoffmeyer, Präpar.-Anst.-Vorst. L., u. Sem.-Lehr. W. **Hering**, Hülfsbuch f. den Geschichtsunterricht in Präparandenanstalten. 1. Tl.: Altertum. 5. verb. Aufl. gr. 8. (VI, 130 S.) Hannover 1886, Helwing's Verl. n. 1. —

Hof- u. Staats-Handbuch d. Großherzogth. Hessen. 1885. gr. 8. (XXIII, 410 u. 214 S.) Darmstadt, (Jonghaus). baar n. 6. —
—— —— des Großherzogth. Oldenburg f. 1885. 8. (XVI, 372 u. 84 S.) Oldenburg, Schulze. cart. baar n. 1. 80
—— —— herzogl. Sachsen-Meiningen'sches. 1885. gr. 8. (XXII, 390 S.) Meiningen, Brückner & Renner in Comm. cart. n. 4. —

Höfler, Const. R. v., Donna Juana, Königin v. Leon, Castilien u. Granada, Erzherzogin v. Österreich, Herzogin v. Burgund, Stammmutter der habsburg. Könige v. Spanien u. der österreich. Secundogenitur d. Hauses Habsburg. 1479—1555. Aus den Quellen bearb. [Aus: „Denkschr. d. k. Akad. d. Wiss."] Imp.-4. (116 S.) Wien, Gerold's Sohn in Comm. n. 6. —

Höflinger, Studienlehr. Ch., Anstandsregeln. Aus bewährten Quellen zusammengetragen u. geordnet. 9. Aufl. 16. (128 S.) Regensburg, Pustet. cart. n. — 60

(85/1) **Hofmann**, Dr. Ernst, die Schmetterlinge Europas. 6—9. Lfg. gr. 4. (XXV—XL u. S. 25—40 m. 14 color. Steintaf.) Stuttgart, Hoffmann's Verl. à n. 1. —

Hofmann, Frdr., der Kinder Wundergarten. Märchen aus aller Welt. Ausgewählt u. hrsg. Mit 124 in den Text gedr. Holzschn., 2 Tonbildern u. 6 Bildern in Farbendr. Nach Zeichngn. von C. v. Binzer, Osc. Pletsch, Ludw. Richter etc. Pracht-Ausg. 4. Aufl. gr. 8. (XIV, 546 S.) Leipzig, Abel. cart. n. 6. —
—— dasselbe. (Kleine Ausg.) Mit 60 in den Text gedr. Holzschn. nach Zeichngn. von C. v. Binzer, O. Pletsch, Ludw. Richter etc. u. 4 Buntdr.-Bildern. 16. Aufl. 8. (VIII, 352 S.) Ebd. cart. n. 2. 50

(84/1) **Hofmann**, Gymn.-Dir. Dr. Frdr., Lehrbuch der Geschichte f. die oberen Klassen höherer Lehranstalten. 4. Hft. Neuere Geschichte. Von der Reformation bis zu Friedrich dem Großen. 8. (V, 104 S.) Berlin 1886, Springer. cart. n. 1. 20 (1—4.: n. 4. 10)
—— dasselbe. 2. Hft. Römische Geschichte. 2. Aufl. 8. (X, 89 S.) Ebd. cart. n. 1. 20

Hofmann, Herm., Untersuchungen üb. fossile Hölzer. Inaugural-Dissertation. gr. 8. (41 S.) Halle 1884. (Leipzig, Fock.) baar n. 1. —

Hofmann, Lyc.-Prof. Dr. J., Grundzüge der Naturgeschichte f. den Gebrauch beim Unterrichte [In 3 Tln.] 1. Tl. Naturgeschichte d. Menschen u. der Tiere. Mit 236 dem Text beigedr. Holzschn. 6. Aufl. gr. 8. (IX, 279 S.) München, Exped. d. k. Zentral-Schulbücher-Verlags. geb. n.n. 2. 20

Hofmann, Konr., Joh. Andr. Schmeller. Eine Denkrede. gr. 4. (37 S.) München, (Franz' Verl.). n.n. 1. —

Hofmann, Prof. Univ.-Pred. D. Rud., der ungerechte Haushalter. Predigt, geh. am IX. Sonntage nach Trinitatis in der Universitätskirche zu Leipzig. 8. (18 S.) Leipzig, Hinrichs' Verl. — 30

Hofmann, Gall.-Insp. Prof. Rud., die Gemälde-Sammlung d. grossherzogl. Museums zu Darmstadt. Verzeichnet v. R. H. 3. Aufl. 12. (XIV, 167 S., nebst Künstlernamen u. Monogrammen 8 lith. S.) Darmstadt, (Jonghaus). cart. baar n.n. 2. —

Hofmann, Wilhelmine, praktisches Kochbuch f. einfache Haushaltungen. 8. (32 S.) Chemnitz, Hager. baar — 25

Hohenlohe-Ingelfingen, General à la s. Gen.-Adjut. Kraft Prinz zu, militärische Briefe. II. Ueber Infanterie. 2. Aufl. gr. 8. (VI, 159 S.) Berlin 1886, Mittler & Sohn. n. 3. —

Hohenlohe-Schillingsfürst, Clodwig Karl Vict. Fürst v., Statthalter v. Elsaß-Lothringen. Eine biograph. Skizze. Mit Portr. 8. (25 S.) Metz, Scriba. baar — 50

Hohle, Carl, Führer durch die Stadt Kaiserslautern u. Umgebung. Mit 1 Stadtplane, 1 Umgebungskarte u. 1 Ansicht der Stadt. 8. (17 S.) Kaiserslautern, A. Gotthold's Verl. baar n. — 50

Höhne, A., Rathgeber f. Confirmanden auf dem neuen Lebenswege. 2. umgearb. Aufl. 8. (30 S.) Czarnikau, Deuß. n. — 20

Höhne, Amtsger.-R. C., der sogenannte Leih-Vertrag. Prüfung seines Inhalts u. Feststellg. seiner rechtl. Natur. gr. 8. (15 S.) Berlin, H. W. Müller. n. — 50

Hoehne, E., Nordkap u. Mitternachtssonne. Eine norweg. Reise. (III, 180 S.) Hamburg, Hoffmann & Campe Verl. n. 2. 50

Höinghaus, R., deutsches Reichsstempelabgabengesetz in der Fassung d. Gesetzes v. 1885, nebst Tarif. Erläutert durch die amtl. Materialien der Gesetzgebg. Nebst den Ausführungsvorschriften d. Bundesraths vom 15. Sept. 1885 u. sämmtl. Anmeldeformularen. 9. Aufl. 8. (112 S.) Berlin, Hempel. cart. n. 1. 20; Ausführungsvorschriften ap. (32 S.) n. — 50

(83/1) **Holberg**, Frhr. Ludw. v., dänische Schaubühne. Die vorzüglichsten Komödien. In der ältesten deutschen Uebersetzg. m. Einleitgn. u. Anmerkgn. neu hrsg. v. DD. Jul. Hoffory u. Paul Schlenther. 2—4. Lfg. gr. 8. (1. Bd. S. 97—388.) Berlin, G. Reimer. à n. 1. —

Holcombe, Ww. H., M. D., Aphorismen d. neuen Lebens. Nebst Erläutergn. u. Bestätiggn. vom Neuen Testament, Fenelon, Madame Guyon u. Swedenborg. 12. (92 S. m. 1 Stahlst.) Philadelphia (1884), Schäfer & Koradi. geb. baar n. 1. 25

Hollenbach, Wilh., Bilder aus Thüringen. I. 8. Jena, Mauke. n. — 75

Inhalt: Tragikomische Geisterbeschwörung auf dem Galgenberge bei Jena in der Christnacht d. J. 1715. Nach den Orig.-Quellen wahrheitsgetreu dargestellt. Mit interessanten Bruchstücken der Streitschrift d. Jenaischen Arztes Andreä u. dem Gutachten der theolog. u. jurist. Fakultät zu Leipzig. (IV, 56 S.)

Hollenberg, Ingen. A., die neueren Windräder, die sogenannten amerikanischen Windmühlen, speciell die Halladay-Windräder. Mit besond. Berücksicht. ihrer Verwendg. f. Ent- u. Bewässerg. Für Cultur- u. Eisenbahn-Ingenieure, Landwirthe, Gewerbetreibende u. Alle, welche sich f. e. bill. Betriebskraft interessiren, gemeinfasslich dargestellt. Mit 6 Taf. u. 56 Holzschn. gr. 8. (IV, 79 S.) Leipzig, Baumgärtner. n. 4. —

Holm, A., griechische Geschichte, s.: Calvary's philologische u. archaeologische Bibliothek.

Holm, G., üb. die innere Organisation einiger silurischer Cephalopoden, s.: Abhandlungen, palaeontologische.

Hölscher, Prof. Aug., üb. das Lesen der heiligen Schrift nach den Satzungen der katholischen Kirche. Insbesondere seinen ehemal. Schülern zum freundl. Andenken. 8. (133 S.) Münster, Theissing. n. 1. —

Hölscher, Past. W., zwei Predigten, am 1. März u. 12. Apr. 1885 in der St. Nicolai-Kirche zu Leipzig geh. gr. 8. (25 S.) Leipzig, Hinrichs' Verl. n. — 50

Holst, H. v., das Staatsrecht der Vereinigten Staaten v. Amerika, s.: Handbuch d. öffentlichen Rechts der Gegenwart.

Holthusen, Past., Vortrag üb. die in der Probebibel vorliegende Revision der Lutherbibel, geh. bei der Pastoral-Konferenz zu Stade, am 26. Aug. 1885. gr. 8. (36 S.) Hannover, Feesche. n. — 50

Holtzendorff, F. v., s.: Handbuch d. Völkerrechts.

Holtzmann, Prof. D. Heinr. Jul., Lehrbuch der historisch-kritischen Einleitung in das Neue Testament. gr. 8. (XVI, 504 S.) Freiburg i/Br., Mohr. n. 9. —

Holwerda, Dr. A. E. J., die alten Kyprier in Kunst u. Cultus. Studien. Mit mehren lith. Abbildgn. (7 Taf.) u. 1 Lichtdr.-Taf. gr. 8. (XII, 61 S.) Leiden, Brill. n.n. 4. 50

Holz, Arno, das Buch der Zeit. Lieder e. Modernen. 8. (XV, 430 S.) Zürich 1886, Verlags-Magazin. n. 5. —

Holzamer, Prof. Lect. Dr. Jos., englisches Lesebuch. 2. Aufl. gr. 8. (III, 316 S.) Prag, Fuchs. n. 3. 20

Holzapfel, Ludw., römische Chronologie. gr. 8. (V, 364 S.) Leipzig, Teubner. n. 8. —

Holzer, Materialien zur Einübung der griechischen Grammatik, s.: Gaupp.

Holzhändler-Adreßbuch, neues, enth. die Firmen der Holzhändler, Sägewerksbesitzer u. holzindustriellen Etablissements, sowie der Maschinen- u. Werkzeug-Fabriken ꝛc. d. Deutschen Reiches u. die größeren Firmen der angrenz. Staaten; m. Bezugsquellen-Nachweiser f. rohe, roh vorgearbeitete u. appretirte Hölzer, fert. holzindustrielle Fabrikate, Werkzeuge u. Maschinen zur Holzbearbeitg., sowie alle sonst. f. den Sägemühlenbetrieb erforderl. Bedürfnisse u. Literatur-Erzeugnisse f. Holzhandel u. Holzindustrie. Hrsg. v. der Red. d. „Handelsblatt f. Walderzeugnisse" in Gießen. 4. neu bearb. Aufl. 12. (IV, 281 S.) Gießen 1884, Becker & Laris. n. 4. —

Holzhausen, Fritz v., Sorathi. Epische Dichtg. in 12 Gesängen. 8. (144 S.) Leipzig, 1886, Brauns. n. 2. —; geb. n. 3. —

Holzhausen, Haman v. Eine Frankfurter Patriziergeschichte, nach Familienpapieren erzählt v. M. K. 3. Aufl. 8. (VIII, 432 S.) Bielefeld, Velhagen & Klasing. geb. n. 6. —

Holzbey, Assist. G., Taschen-Fahrplan f. Sachsen, enth. Eisenbahn-, Dampfschiff- u. Postverbindgn., Preisverzeichniss directer Billets, Droschkentarife, Portotaxe etc., sowie e. Verzeichniss der Städte m. Angabe deren Höhenlagen, Einwohnerzahlen, Wochenmärkte u. Eisenbahnstationen. Mit 1 Eisenbahnkarte. Winter 1885/86. 16. (119 S.) Leipzig, Hasenstein & Vogler. — 35

Holzner, Prof. Dr. Geo., Tabellen zur Berechnung der Ausbeute aus dem Malze u. zur saccharometrischen Bier-Analyse. 2. Aufl. der Tabelle zur Analyse d. Bieres. 8. (VII, 119 S.) München, Oldenbourg. geb. n. 4. 50

Holzner, W., Muth u. Kindesliebe, s.: Jugendbibliothek.

(85/1) **Holzwarth**, Dr. F. J., Weltgeschichte. 2. verb. Aufl. 10—19. Lfg. gr. 8. (2. Bd. IV u. S. 161—572 u. 3. Bd. S. 1—544.) Mainz, Kirchheim. à — 60

Holzweissig, Dir. Dr. Frdr., üb. den sociativ-instrumentalen Gebrauch d. griechischen Dativ bei Homer. 4. (24 S.) Burg. (Leipzig, Fock.) baar n. 1. —

—— lateinische Schulgrammatik in kurzer, übersichtlicher Fassung u. m. besonderer Bezeichnung der Pensen f. die einzelnen Klassen der Gymnasien u. Realgymnasien. 3. Abdr. gr. 8. (VIII, 201 S.) Hannover, Norddeutsche Verlagsanstalt. n. 2. —

—— Übungsbuch f. den Unterricht im Lateinischen im Anschlusse an Holzweißigs lateinische Schulgrammatik. Kursus der Sexta. gr. 8. (VII, 172 S.) Ebd. n. 1. 25; geb. baar n. 1. 50

Home Journal, the. A semimonthly periodical for the furtherance and promotion of the english language among Germans. Editor: Internationaler Sprachverein, Berlin. Red.: Dr. Theo. H. Klein. Vol. I. 1885/86. 24 nrs. (B.) hoch 4. Berlin, Funcke & Naeter. Vierteljährlich baar n. 1. 50

Homer's Werke. Deutsch in der Versart der Urschrift v. J. J. C. Donner. 5. Lfg. 8. Berlin, Langenscheidt. (à) n. — 35
Inhalt: Die Ilias. 5. Lfg. 3. Aufl. (1. Bd. S. 194—240.)

—— Achilleïs, aus der Ilias der Homeriden hexametrisch deutsch v. Prof. Dr. Otto Jäger. 8. (VIII, 303 S.) Stuttgart, Neff. geb. u. 3. —

—— Ilias. Für den Schulgebrauch erklärt v. Prof. Prorect. Karl Frdr. Ameis. 2. Bd. 1. u. 2. Hft. Gesang XIII—XVIII. Bearb. v. Oberlehr. Dr. C. Hentze. 2. bericht. Aufl. gr. 8. (129 u. 138 S.) Leipzig, Teubner. à 1. 20

—— dasselbe, ed. Guil. Dindorf. Ed. V. correctior, quam curavit C. Hentze. Pars II. Iliadis XIII—XXIV. 8. (VIII, 264 S.) Ebd. — 75

—— dasselbe. 1. Gesang. Wortgetreu nach H. R. Mecklenburg's Grundsätzen in deutsche Prosa übers. vom Oberlehr. G. R. 1. Hft. 32. (32 S.) Berlin, H. R. Mecklenburg. n. — 25

—— Odysseae epitome. In usum scholarum ed. Frz. Pauly. Pars I. Odysseae lib. I—XII. Ed. V. correctior. 8. (V, 174 S.) Prag 1884, Tempsky. n. 1. 44; Einbd. n. n. — 20

—— Odysseus-Lied. In der Nibelungenstrophe nachgedichtet v. Ernst Joh. Jak. Engel. 12. (X, 357 S.) Leipzig, Breitkopf & Härtel. n. 3. —; geb. n. 4. —

Homeyer, Eug. Ferd. v., Verzeichniss der Vögel Deutschlands, hrsg. vom permanenten internationalen ornitholog. Comité Dr. R. Blasius, Präsident, Dr. G. v. Hayek, Secretär. gr. 8. (16 S.) Wien, Gerold's Sohn in Comm. n. — 40

Hönig, Dr. Frdr., die österr.-ungar. Lebensversicherungs-Gesellschaften im J. 1884. [Aus: „Beamtenzeitg."] 12. (24 S. m. 4 Tab.) Wien, Gerold & Co. in Comm. baar n. 1. —

Hoenig, Fritz, Prinz Friedrich Karl v. Preußen, General-Feldmarschall. gr. 8. (35 S.) Berlin, Luckhardt. n. 1. —

Honigmann, Dr. Paul, die Verantwortlichkeit d. Redacteurs nach dem Reichsgesetz üb. die Presse. gr. 8. (IV, 136 S.) Breslau, Koebner. n. 3. —

Hopfen, Hans, brennende Liebe. Eine wahre Geschichte aus Südtirol. Wohlf. Ausg. 8. (VIII, 325 S.) Dresden, Minden. n. 2. 50

Hopp, Ernst Otto, Geschichte der Vereinigten Staaten v. Nordamerika, s.: Wissen, das, der Gegenwart.

—— in der großen Stadt. 8. (VI, 251 S.) Berlin. Leipzig, Werther. n. 3. —; geb. n. 4. —

Hoppe, Prof. Dr. J., der psychologische Ursprung d. Rechts. gr. 8. (IV, 103 S.) Würzburg, Stuber's Verl. n. 3. —

Höppner, G., e. stilles Haus, s.: Album f. Liebhaber-Bühnen.

Höppner-Album. 25 ausgew. Illustr. nach Aquarellen v. Jul. Höppner. 25 Blatt in Farbendr. gr. 4. Leipzig, Zehl. In Mappe. baar 15. —

Hopstein, Kreisschulinsp. Pet., vaterländische Geschichte f. Elementarschulen. 129—131. Aufl. Mit Bezug auf die allgemeinen Bestimmgn. d. königl. preuß. Ministers der geistl., Unterrichts- u. Medizinal-Angelegenheiten vom 15. Oktbr. 1872. 8. (72 S.) Köln, Bachem. n. — 35

—— dasselbe f. die Mittelstufe der Elementarschulen. 9. Aufl. 8. (34 S.) Ebd. n. — 15

($^{6}/_{1}$) **Horae** societatis entomologicae rossicae variis sermonibus in Rossia usitatis editae. Tom. XIX. Nr. 1 et 2. gr. 8. (XVIII, 182 S. m. 10 Taf.) St. Petersburg. (Berlin, Friedländer & Sohn.) baar n. n. 13. 20

Horatius Flaccus, Q., sämtliche Werke. 1. u. 2. Tl. gr. 8. Leipzig, Teubner. 4. 95
Inhalt: 1. Oden u. Epoden. Für den Schulgebrauch erklärt v. Gymn.-Dir. a. D. C. W. Nauck. 12. Aufl. (VIII, 271 S.) 2. 25. — 2. Satiren u. Episteln. Erklärt v. weil. Oberschulr. Gymn.-Dir. Dr. G. T. A. Krüger. 11. Aufl. Besorgt v. Schulr. Gymn.-Dir. Dr. Gust. Krüger. (XII, 390 S.) 2. 70.
—— rec. atque interpretatus est Jo. Gaspar Orellius. Ed. IV. maior emendata et aucta, quam post Jo. Geo. Baiterum curavit Guil. Hirschfelder. Fasc. 1—3. gr. 8. (1. Bd. LVI u. S. 1—416.) Berlin, Calvary & Co. Subscr.-Pr. à n. 3. —
—— Werke. Deutsch in den Versweisen der Urschrift v. Dr. Wilh. Binder. 4. Lfg. 5. Aufl. 8. (S. 129—176.) Berlin, Langenscheidt. (à) n. — 35
—— carmina. Iterum recognovit Lucianus Mueller. Ed. minor. 8. (XII, 295 S.) Leipzig, Teubner. — 75
—— carmina selecta. Scholarum in usum ed. Mich. Petschenig. 8. (XXIV, 206 S. m. 1 Plan.) Prag, Tempsky. — Leipzig, Freytag. n. 1. —
—— lyrische Gedichte. Übers. v. Paul Klaucke. 8. (IV, 147 S.) Berlin, F. Weber. n. 2. —
—— Oden. In den Versmaßen der Urschrift ins Deutsche übers. u. nach dem Inhalte geordnet v. C. Bruch. 8. (X, 195 S.) Minden, Bruns. n. 3 —
—— 13 Satiren, im Versmaße d. Originals übers. v. Edm. Vogt, nach d. Verf. Tode hrsg. v. Frdr. van Hoffs. Nebst e. Anh.: 26 Oden d. Horaz, verdeutscht vom Hrsg. 12. (VI, 158 S.) Essen, Bädeker. n. 2. 40
Horbaczewski, Prof. Dr. J., üb. künstliche Harnsäure u. Methylharnsäure. [Aus: „Sitzungsber. d. k. Akad. d. Wiss."] Lex.-8. (7 S.) Wien, (Gerold's Sohn). n. — 20
Hörmann, L. v., à travers l' Arlberg, s.: l' Europe illustrée.
Horn, Mor., in der Veranda. Erzählungen. 2 Bde. 2. (Titel-) Aufl. 8. (V, 304 u. III, 328 S.) Norden (1873), Fischer Nachf. n. 8. —
Horn, Otto, die Technik der Handvergoldung u. Lederauflage. gr. 8. (V, 35 S. m. 8 Taf.) Gera, Griesbach's Verl. n. 2. —
Horn, Paul, die Nominalflexion im Avesta u. den altpersischen Keilinschriften. 1. Tl. Die Stämme auf Spiranten. Inaugural-Dissertation. gr. 8. (65 S.) Halle. (Leipzig, Stauffer.) baar n. 1. —
Hornemann, Lyc.-Lehr. F., zur Reform d. neusprachlichen Unterrichts auf höheren Lehranstalten. gr. 8. (IV, 92 S.) Hannover, Meyer. n. 1. 60
Hornung, Pfr. Wilh., Friedrich Theodor Horning, Pfarrer an der Jung St. Peterskirche. Lebensbild e. Straßburger evangelisch-luther. Bekenners im 19. Jahrh. [Mit dem Brustbild (in Lichtdr.).] 4. Aufl. [Vermehrt durch Anhang III.] Lex.-8. (424 S.) Würzburg, Stuber's Verl. cart. n. 5. —
—— Dr. Sebastian Schmidt v. Lampertheim, Prof. u. Präses d. Kirchenconvents in Straßburg, †1696. Geschildert nach unbenutzten Manuskripten u. Urkunden m. besond. Bezugnahme auf die Eroberg. Straßburgs durch Ludwig XIV. u. die dadurch den Lutheranern bereiteten Bedrückgn. gr. 8. (IV, 157 S.) Straßburg, Vomhoff in Comm. n. 2. 50
—— Trauerrede zum Andenken an den kaiserl. Statthalter, General-Feldmarschall Frhrn. Edwin von Manteuffel, geh. nach der Amtpredigt am 3. Trinitatissonntag [21. Juni 1885] in der Jung, St. Peterkirche zu Straßburg. gr. 8. (8 S.) Ebd. n. — 10
Hornung, Ch. K., Lese-Leichen, s.: Brandt, Ch. Ph. H.
(84/1) **Horovitz**, Rabb. Dr. M., Frankfurter Rabbinen. Ein Beitrag zur Geschichte der israelit. Gemeinde in Frankfurt a. M. IV. Rabbinatsverweser Nathan S. Maaß u. R. Pinchas Horowitz. [1769—1805.] gr. 8. (103 S.) Frankfurt a/M., Jaeger in Comm. baar (à) n. 2. —

Horst, kirchl. Insp. L., die Bekenntnißfrage nach unserem organischen Kirchengesetz. Ein kurzer Kommentar. 12. (11 S.) Straßburg, Treuttel & Würtz. baar n. — 20

Hosaeus, Lehr. Dr. A., u. Landesökon.-R. Gen.-Sekr. Dr. R. **Weidenhammer**, Grundriß der landwirtschaftlichen Mineralogie u. Bodenkunde. Ein Leitfaden f. den Unterricht an landwirtschaftl. Lehr-Anstalten. 4. verb. Aufl. 8. (VIII, 60 S.) Leipzig, Quandt & Händel. n. 1. 20.

Hoster, H., kölsch Levve, Humoresken v. Herren Antun Meis. 2 Abthlgn. 7. Aufl. Hrsg. u. illustr. v. H. H. 8. (96 S.) Düsseldorf, Mischl. à n. — 50; in 1 Bd. geb. n. 2.—

($^{85}/_{1}$) **Hottenroth**, Frdr., Trachten, Haus-, Feld- u. Kriegsgeräthschaften der Völker alter u. neuer Zeit. Gezeichnet u. beschrieben. 2. Aufl. 12. Lfg. gr. 4. (2. Bd. S. 17—40 m. eingedr. Holzschn. u. 12 Steintaf.) Stuttgart, G. Weise. baar (à) n. 3. 50; Ausg. m. Taf. in Farbendr. (à) n. 5. —

Hotz, Adv. O., Verzeichniss der ganz od. theilweise in Kraft stehenden, in die eidg. amtl. Sammlungen aufgenommenen Bundesgeseze u. Verordnungen der schweizerischen Eidgenossenschaft. Fortgeführt bis 1. Febr. 1885. gr. 8. (VIII, 356 S.) Oberrieden. (Zürich, Meyer & Zeller.) baar n. 3. 50

Hron, Karl, der Parteigänger-Krieg. gr. 8. (62 S.) Wien, Seidel & Sohn. n. 1. —

Hube, Hauptm., die einheitliche Reit- u. Fahr-Ausbildung der Feld-Artillerie. gr. 8. (132 S.) Berlin, Voß. n. 2. 50

Huber, A., Geschichte Österreichs, s.: Geschichte der europäischen Staaten.

($^{85}/_{1}$) **Huber**, Ant., allerlei Schreinerwerk. 4. u. 5. Serie. Fol. (à 10 Taf.) Berlin, Claesen & Co. à n. 6. —

Huber, Dr. F. C., das Submissionswesen. gr. 8. (XXIV, 475 S.) Tübingen, Laupp. n. 10. —

Hubert, Ob.-Pfr. em. Dr. J. F. K., drei brennende Fragen f. Zeit u. Ewigkeit, aus dem Worte Gottes beantwortet. 8. (69 S.) Freienwalde a/O., Dräseke in Comm. n. — 40

—— die Rosenkranz-Encyclica d. römischen Papstes vom 1. Septbr. 1883, m. dem Licht d. göttl. Wortes beleuchtet. 8. (22 S.) Ebd. (1884). — 30

Hubert, Johs., e. Fall v. Tracheostenose durch e. verkäste, verkalkte u. gelöste Bronchialdrüse, durch Tracheotomie gerettet. Inaugural-Dissertation. gr. 8. (19 S.) Kiel, (Lipsius & Tischer). baar n. — 80

Hübler, Elis., Anleitung zur Malerei auf Holz, Terracotta u. Stein, sowie zur Ätzung auf Stein u. Metall. Erweit. Abdr. aus den Musterbüchern „Hausschatz" u. „Vorlagen f. Ätzarbeit u. Holzmalerei". 2. Aufl. 8. (30 S.) Leipzig, Zehl. n. — 60

($^{84}/_{1}$) —— Vorlagen f. Aetzarbeiten u. Holzmalerei. Musterblätter f. häusl. Kunstarbeit, nebst e. Anleitg. zum Aetzen v. Stein, Metallen etc. Nach deren Tode hrsg. v. Hilda Kunkel. 2. (Schluss-) Lfg. Fol. (6 Chromolith. m. 3 S. Text.) Ebd. (à) n. 4. —

Hübner, Alex. Frhr. v., e. Spaziergang um die Welt. 5. Aufl. Ausg. in 1 Bde. Mit 3 (chromolith.) Abtheilungstitelbildern v. Rud. Cronau. 12. (VII, 481 S.) Leipzig, T. O. Weigel. geb. n. 5. —; in 3 Thln. cart. à n. 1. 80

Inhalt: 1. Amerika. (155 S.) — 2. Japan. (S. 157—324.) — 3. China. (S. 325—481.)

Hübner, Carl, u. Jos. Edler v. **Kendler**, Orts-Lexikon v. Oesterreich, m. Benützg. der neuesten amtl. Quellen bearb. zum Gebrauche f. Advocaten, Notare, Beamte, Kaufleute etc. 8. (294 S.) Wien, Perles. cart. n. 3. 60

Hübner, Sem.-Lehr. Max, Heimatskunde v. Schlesien. Geographie u. Geschichte. Für die Mittelklasse kathol. Volksschulen anschaulich u. ausführlich dargestellt. gr. 8. (48 S.) Breslau, Goerlich. n. — 25; geb. n.n. — 30

—— Rechenbuch, s.: Heinze.

Hübner's, Otto, geographisch-statistische Tabellen aller Länder der Erde. Jahrg. 1885. Hrsg. von Prof. Dr. Fr. v. Juraschek. qu. gr. 16. (95 S.) Frankfurt a/M., Rommel. geb. n. 1. —
—— statistische Tafel aller Länder der Erde. 34. Aufl. f. 1885. Hrsg. von Prof. Dr. Fr. v. Juraschek. Imp.-Fol. Ebd. n. — 50
Hübschmann, H., das indogermanische Vocalsystem. gr. 8. (V, 191 S.) Strassburg, Trübner. n. 4. 50
Hude, v. d., u. **Hennicke**, Architekten, der Umbau der Neuen Kirche in Berlin. Mit 7 (Kpfr.-) Taf. Fol. (6 S. m. Fig.) Berlin 1883, Ernst & Korn. cart. n. 12. —
Hugendubel, Pfr., u. als Er nahe hinzu kam, sahe Er die Stadt an, u. weinte üb. sie. Bußtags-Predigt üb. Luk. 19, 41. [Aus: „Pastoralbibliothek".] gr. 8. (15 S.) Gotha, Schloeßmann. n. — 40
Hugo, V., Hernani, s.: Théâtre français.
Hugo, Victor. Eine biograph. Skizze. 8. (68 S.) Basel, Bernheim. n. — 80
Huhn, Pfr. Seb., Vorbilder christlicher Frauen u. Mütter. Aus den Lebensbeschreibgn. der Heiligen zusammengestellt. 16. (IV, 208 S.) Dülmen, Laumann. cart. n. — 80
Hülfsbuch f. Schüler in Volksschulen. Hrsg. v. der Konferenz bremischer Landschullehrer. gr. 8. (XII, 318 u. 116 S.) Bremen, Rühle & Schlenker. geb. n. 1. 80
Hülfsbüchlein f. den sprachlichen Unterricht in der Volksschule. Mit e. Wörterverzeichnisse. 2. verb. Aufl. 8. (48 S.) Aachen, A. Jacobi & Co. n. — 20
Hülfs- u. Schreibkalender f. Hebammen. 1886. Im Auftrage d. deutschen Aerztevereinsbundes hrsg. v. Geh. Med.-R. Dr. L. Pfeiffer. 9. Jahrg. (Ausg. A.) 8. (139 S.) Weimar, Böhlau. geb. n. 1. —
—— —— dasselbe. Ausg. (B.) f. das Königr. Preußen, bearb. v. Med.-R. Geh. San.-R. Dir. Dr. Abegg. 8. (XX, 139 S.) Ebd. geb. n. 1. 20
Hülfs-Tabellen zu den revidirten Abschätzungs-Grundsätzen der schlesischen Landschaft v. 1883. gr. 8. (271 S.) Breslau, (Korn). cart. baar n. 3. —
Hülsen, Helene v., Einst u. Jetzt. Drei Erzählgn. gr. 8. (VII, 294 S.) Berlin 1886, Plahn. n. 4. 50; geb. m. Goldschn. n. 6. —
Humbert, C., lustige Puppen-Tragödie vom sich selbst entleibenden Lindau od. Schiller, Lessing, Goethe, Molière u. — Hrn. Dr. Paul Lindau's „Frische Wissenschaftlichkeit auf dem Markte d. Lebens". gr. 8. (VII, 92 u. 31 S) Bielefeld, Helmich. n. 2. 50
Hume, D., the foundation of english liberty, s.: Schulbibliothek, französische u. englische.
Huemer, Prof. Dr. Joh., Rhythmus üb. die Schlacht auf dem Marchfelde. [1278.] [Aus: „Archiv f. österr. Geschichte".] Lex.-8. (7 S.) Wien, Gerold's Sohn in Comm. n.n. — 30
Hummel, Sem.-Lehr. A., kleine Erdkunde. In 3 sich erweit. Kreisen. Ausg. A. Mit 19 in den Text gedr. Kartenskizzen u. 1 Holzschn. 21. Aufl. gr. 8. (104 S.) Halle, Anton. n. — 40
—— dasselbe. Ausg. B. Mit 19 in den Text gedr. Kartenskizzen u. 1 Holzschn. 9. Aufl. gr. 8. (112 S.) Ebd. n. — 56
—— dasselbe. Ausg. A. Mit Anh.: Landeskunde d. Königr. Sachsen v. Sem.-Oberlehr. W. Schreyer. Mit 19 in den Text gedr. Kartenskizzen u. 1 Holzschn. 22. Aufl. gr. 8. (104 u. Anh. 24 S.) Ebd. 1886. n. — 52; Ausg. B (112 u. Anh. 24 S.) n. — 68
—— kleine vaterländische Geschichte. In 3 sich erweit. Kreisen. Ein Leitfaden f. preuß. Volksschulen. Mit 4 Geschichtskarten. 23. u. 24. Aufl. gr. 8. (64 S.) Ebd. n. — 30

Hummel, Sem.-Lehr. A., Grundriß der Naturgeschichte. In method. Bearbeitg. 1. u. 2. Tl. 2., verb. Aufl. gr. 8. Halle, Anton. n. 2. 60
Inhalt: 1. Tierkunde. Mit 210 erläut. Holzschn. (IV, 182 S.) 1886. n. 1.40. — 2. Pflanzenkunde. Mit 165 erläut. Holzschn. (IV, 156 S.) n. 1.20.

—— Leitfaden der Naturgeschichte. In method. Bearbeitg. 1—3. Hft. gr. 8. Ebd. n. 1. 20
Inhalt: 1. Tierkunde. Mit 134 erläut. Holzschn. 11. verb. Aufl. (104 S.) n. — 50. — 2. Pflanzenkunde. Mit 102 erläut. Holzschn. 11. verb. Aufl. (96 S.) n. — 50. — 3. Mineralienkunde. Mit 21 erläut. Holzschn. 6. verb. Aufl. (32 S.) n. — 20.

Hummel, Dr. O. E., die Unterrichtslehre Benekes im Vergleiche zur pädagogischen Didaktik Herbarts. gr. 8. (63 S.) Leipzig, Brandstetter. n. 1. —

($^{84}/_1$) **Humor** in Bildern. 2. Bdchn. gr. 8. (S. 49—96 m. eingedr. Holzschn.) Reudnitz-Leipzig. (Leipzig, Milde.) (à) — 50

Humoresken, akademische, aus der Zeit d. Penalismus. Von Prof. Dr. Uhrig. 8. (80 S. m. Illustr.) Würzburg, (Hertz). n. 1. —

Hundeshagen, Frz., zur Synthese d. Lecithins. Inaugural-Dissertation. gr. 8. (41 S.) Leipzig 1883, (Liebisch). baar n. 1. —

Hunde-Stamm-Buch, österreichisches. Hrsg. v. dem österreich. Hundezuchtvereine in Wien. 2. Bd. 1884. 8. (95 S.) Wien, (F. Beck). geb. n. 3. —

Hungerbühler, Oberstlieut. H., elementare Karten- u. Terrainlehre, nebst e. Anleitg. zum feldmäss. Croquiren u. e. kurzen Militärgeographie der Schweiz. Mit 64 zinkogr. Fig. 2. Aufl. 12. (VII, 104 S.) St. Gallen, Huber & Co. cart. n. 1. 20

($^{84}/_1$) **Hunziker**, Lehr. J., französisches Elementarbuch. 2. Tl. 1. Abschnitt. 8. (VIII, 111 S.) Aarau, Sauerländer. cart. n. 1. 20 (I. u. II, 1.: n. 3. 20)

($^{84}/_1$) **Hüsgen**, Dr. Ed., Chronik der Gegenwart. 1884. 8. (IV, 465 S.) Düsseldorf, F. Bagel. geb. (à) n. 6. —

Hüsing, Priest. Thdr., Lebensbild e. Priesters der neueren Zeit (d. Pfarrers Grafen v. Galen in Lembeck). 8. (128 S.) Warendorf, Schnell. n. 1. —

Husnik, Prof. Jak., die Reproductions-Photographie sowohl f. Halbton- als Strichmanier, nebst den bewährtesten Copirprocessen zur Uebertragg. photograph. Glasbilder aller Art auf Zink u. Stein. Mit 34 Abbildgn. u. 7 Taf. 8. (VII, 180 S.) Wien, Hartleben. n. 3. 25

—— die Zinkätzung. [Chemigraphie, Zinkotypie.] Eine leicht faßl. Anleitg., nach den neuesten Fortschritten alle m. den bekannten Manieren auf Zink od. e. anderes Metall übertragene Bilder hoch zu ätzen u. f. die typograph. Presse geeignete Druckplatten herzustellen. Mit 16 Abbildgn. u. 4 Taf. 8. (VII, 165 S.) Ebd. 1886. n. 3. —

Hueter's, C., Grundriss der Chirurgie. 3. sorgfältig durchgeseh. Aufl. 1. Bd. Allgemeiner Thl. Verletzung u. Entzündg., Wund- u. Eiterfieber. Geschwulstbildung. Operations- u. Instrumentenlehre. Verband- u. Apparatenlehre. Mit 176 Abbildgn. gr. 8. (XII, 500 S.) Leipzig, F. C. W. Vogel. n. 10. —

($^{85}/_1$) —— dasselbe. 3. Aufl., überarb. v. Prof. Dr. Herm. Lossen. 2. Bd. Specieller Thl. 2—5. Abth. gr. 8. Ebd. n. 20. — (2. Bd. 1—5. Abth.: n. 25. —)
Inhalt: 2. 3. Die chirurgischen Krankheiten d. Halses u. Rumpfes. (1. Hälfte 144 S. m. 51 Abbildgn.) n. 10. —. — 4. 5. Die Verletzungen u. Krankheiten der Extremitäten. (VIII, 357 S. m. 97 Abbildgn.) n. 10. —

Hutter, Prem.-Lieut. Adjut. Herm., das königl. bayerische 1. Chevaulegers-Regiment „Kaiser Alexander v. Rußland" 1682 bis 1882. Im Auftrage d. Regiments geschichtlich dargestellt. gr. 8. (XII, 388 S.) München, Oldenbourg in Comm. baar n. 9. 30

Hutzelmann, Dr. C., Deutschlands erste Eisenbahn Nürnberg — Fürth. Ein Beitrag zur Geschichte d. Eisenbahnwesens. gr. 8. (41 S.) Nürnberg, Kühl. n. — 30

Huyghens, Chrn., traité de la lumiere où sont expliqués les causes de ce qui luy arrive dans la reflexion et dans la refraction et particulierement dans l'étrange refraction du cristal d' Islande. Avec un discours de la cause de la pesanteur. Ed. cum praefatione latina W. Burckhardt. gr. 8. (IV, 134 S. m. Portr. u. eingedr. Fig.) Leipzig, Gressner & Schramm. n. 6. —

Huyssen, Konsist.-R. Mil.-Oberpfr. G., der militärische Dienst-Eid u. seine Bedeutung fürs Leben. Ein Wort zur Beherzigg. f. junge u. alte Soldaten. 1. u. 2. Aufl. 8. (68 S.) Berlin 1886, Maurer Greiner. baar n.n. — 50

—— Lebensmut u. Todesfreudigkeit, zwei gleichwertige Tugenden. Ein ernstes Wort an deutsche Männer im Waffenrock wie im Friedenskleide. 3. Aufl. 8. (54 S.) Ebd. baar n.n. — 50

Hymans, Conserv. Henri, decorative u. allegorische Darstellungen grosser Maler u. Bildhauer der klassischen alten Schulen. Photolithographien nach Orig.-Kupferstichen. 2. Serie. 48 Taf. Fol. Berlin, Claesen & Co. In Mappe. n. 27. —

Jablanczy, Wanderlehr. Jul., errichten wir Schulgärten an unserer Volksschule! Mit Plan u. Beschreibg. e. Schulgartens. 3. Aufl. 8. (24 S.) Klosterneuburg 1884. (Wien, Frick.) n. — 40

(85/1) **Jäckel,** Landrichter Dr. Paul, die Zwangsvollstreckungsordnung in Immobilien. 1. Das Gesetz, betr. die Zwangsvollstreckg. in das unbewegl. Vermögen, vom 13. Juli 1883; 2. Das Gesetz, betr. die Gerichtskosten bei Zwangsversteigergn. u. Zwangsverwaltgn. v. Gegenständen d. unbewegl. Vermögens, vom 18. Juli 1883; 3. Die Bestimmgn. üb. freiwill. Subhastationen. Mit e. ausführl. Kommentar in Anmerkgn. 2. neu bearb. Aufl. 2. u. 3. (Schluß-)Lfg. gr. 8. (VII u. S. 81—600.) Berlin, Vahlen. n. 9. 50 (cplt.: n. 11. —; geb. n. 13. —)

Jackson, H., Ramona, s.: Collection of British authors.

Jacob, Dr. Carl, die Welt od. Darstellung sämmtlicher Naturwissenschaften m. den sich ergebenden allgemeinen Schlußfolgerungen zum Verständnisse f. Gebildete jedes Berufes. 1. Bd. A. u. d. T.: Grundzüge der Naturwissenschaften u. Chemie. Nebst e. Einleitg. zum Gesammtwerke „Die Welt". gr. 8. (X, 816 S.) Würzburg, Stahel. n. 10. 80

Jacob, Past. Dr. Traug. Alb., D. Mart. Luthers kleiner Katechismus m. einfacher übersichtlich an den Text sich anschließ. Wort- u. Sacherklärg., durch Sprüche, bibl. Beispiele u. Liederverse erläutert f. Lehrer u. Schüler der Volks- u. höheren Schulen, sowie f. Konfirmanden. 2. verb. Aufl. 8. (VIII, 131 S.) Leipzig 1884, Verlags-Institut. n. — 60; Einbd. n.n. — 12

Jacobi, K. G., Gesamt-Repetitorium üb. alle Prüfungsfächer der allgemeinen Bildung. Für Kandidaten d. höheren Schulamts. 1. u. 2. Bdchn. 12. Leipzig, Violet. à n. — 60

Inhalt: 1. Deutsche Grammatik. Evangelische Dogmatik. Bibelkunde. (53 S.) — 2. Kirchengeschichte. (51 S.)

Jacobs, Archiv-R. Dr. C. Ed., die Harzburg u. ihre Geschichte. [Aus: „Stolle's neuester Führer v. Harzburg u. Umgegend".] Mit 1 Abbildg. der Harzburg im J. 1574 u. dem jetz. Wappen d. Ortes. 16. (51 S.) Harzburg, Stolle. — 75

—— Ueberblick üb. die Geschichte u. Baudenkmäler Wernigerode's u. seiner Vororte. 8. (52 S. m. 6 Taf.) Wernigerode, Angerstein. n. 1. —

Jacobs, F., Gespenstergeschichte, s.: Groschen-Bibliothek f. das deutsche Volk.

Jacobs, Frdr., Elementarbuch der griechischen Sprache f. Anfänger u. Geübtere. 1. u. 2. Tl. 8. Jena, F. Frommann. n. 6. 40

Inhalt: 1. Lesebuch f. Anfänger. Auf Grund der v. em. Dir. Dr. Johs. Classen hrsg. 14—21. Aufl. neu bearb. v. Gymn.-Oberlehr. Dr. Herm. Warschauer. 22. Aufl. 2. Druck. (IV, 320 S.) n. 2.40. — 2. Attika. Neu bearb. v. em. Dr. Johs. Classen. 11. verb. Aufl. (VII, 423 S.) 1886. n. 4. —

(85/1) **Jacobsen**, Dr. Emil, chemisch-technisches Repertorium. Uebersichtlich geordnete Mittheilgn. der neuesten Erfindgn., Fortschritte u. Verbessergn. auf dem Gebiete der techn. u. industriellen Chemie, m. Hinweis auf Maschinen, Apparate u. Literatur. Mit in den Text gedr. Holzschn. 1884. 2. Halbjahr. gr. 8. (264 S.) Berlin, Gaertner. n. 6. 80 (1884 cplt.: n. 15.—)

Jacobsen, S., der Schunkel-Walzer, s.: Liebhaber-Bühne, neue.

Jacobsen, Herm., e. Fall v. geheiltem Aneurysma dissecans. [Aus dem patholog. Institut zu Kiel.] Inaugural-Dissertation. gr. 8. (22 S.) Kiel, Lipsius & Tischer. baar n. 1. —

Jacobshagen, C., s.: Licht v. Oben.

Jacobson, E., die kleine Schlange, s.: Bloch's, E., Theater-Correspondenz.

Jacobson, Prof. J., Beziehungen der Veränderungen u. Krankheiten d. Sehorgans zu Allgemeinleiden u. Organerkrankungen. gr. 8. (IX, 138 S.) Leipzig, Engelmann. n. 3. —

—— Albrecht v. Graefe's Verdienste um die neuere Ophthalmologie. Aus seinen Werken dargestellt. gr. 8. (III, 374 S.) Berlin, H. Peters. n. 6. —

Jacobson, Wold., Beitrag zum Nachweise d. Phenols im Thierkörper. Inaugural-Dissertation. gr. 8. (26 S.) Dorpat, (Karow). baar n. 1. —

Jacoby, A., moderne Gegensätze, s.: Novellenkranz.

Jacques, Dr. Heinr., die Wahlprüfung in den modernen Staaten u. e. Wahlprüfungsgerichtshof f. Österreich. Eine staatsrechtl. Abhandlg. gr. 8. (III, 120 S.) Wien, Manz. n. 3. —

Jaffé, K., die Sublimat-Antisepsis in der Geburtshilfe, s.: Sonderabdrücke der Deutschen Medizinal-Zeitung.

(83/2) **Jaffé**, Phil., regesta pontificum romanorum ab condita ecclesia ad annum post Christum natum MCXCVIII. Ed. II. correctam et auctam auspiciis Prof. Guil. Wattenbachii curaverunt S. Loewenfeld, F. Kaltenbrunner, P. Ewald. Fasc. 4—8. gr. 4. (1. Thl. XXXI u. S. 361—919.) Leipzig, Veit & Co. à n. 6. — (1. Thl. cart.: n. 50. —)

Jaffe, Siegfr., de personis Horatianis capita III. Dissertatio inauguralis. gr. 8. (51 S.) Halis Sax. (Berlin, Mayer & Müller.) baar n. 1. 20

Jagd-Kalender, pro 1886. Ein Vademecum f. Jäger u. Jagdfreunde. Hrsg. unter Leitg. von Raoul v. Dombrowski. gr. 16. (IV, 191 u. 128 S.) Wien, Perles. geb. in Leinw. n. 3. —; in Ldr. n. 4. 40

(84/2) **Jagd-Zeitung**, illustrirte. Organ f. Jagd, Fischerei, Naturkunde. Hrsg. v. Oberförster W. H. Nitzsche. 13. Jahrg. Oktbr. 1885—Septbr. 1886. 24 Nrn. (à 1—1½ B. m. eingedr. Holzschn.) gr. 4. Königsberg, Strübig. Halbjährlich baar n. 3. —

(83/2) **Jäger**, der deutsche. Illustrirte süddeutsche Jagdzeitung. Offizielles Organ der pfälzisch-bayer. Jagdschutz-Vereine u. d. Vereins zur Züchtg. reiner Hunderacen in Süddeutschland. Red.: Otto Graßhey. 8. Jahrg. Oktbr. 1885—Septbr. 1886. 24 Nrn. (à 2—2½ B.) Fol. München, Killinger. Halbjährlich n. 4. —

(82/2) **Jäger**, Alb., Geschichte der landständischen Verfassung Tirols. 2. Bds. 2. Thl. A. u. d. T.: Die Blüthezeit der Landstände Tirols von dem Tode d. Herzogs Friedrich m. der leeren Tasche 1439 bis zum Tode d. Kaisers Maximilian I. 1519. gr. 8. (VII, 539 S.) Innsbruck, Wagner. n. 12. — (cplt.: n. 32. —)

Jäger, fr. Prof. Dr. Gust., üb. die Erfahrungen m. der Wollkleidung u. üb. Nationaltracht. Vortrag, geh. zu Berlin im Saale der Singakademie. Stenographiert v. Mitgliedern der Stenograph. Gesellschaft nach Stolze zu Berlin. gr. 8. (24 S.) Stuttgart, Kohlhammer. baar n. — 20

—— mein System. Zugleich 4., völlig umgearb. Aufl. v. „Die Normalkleidung als Gesundheitsschutz". 8. (IV, 311 S.) Ebd. n. 1. 20; geb. n. 1. 50

Jaeger, Schreiblehr. J., neue methodische Schreibschule f. den Schul-, Privat- u. Selbstunterricht. 1—6. Hft. qu. 4. Kassel, Freyschmidt. n. 5. 80
1. 2. 3. (à 8 Steintaf.) à n. — 60. — 4. 5. (à 12 Steintaf.) à n. 1. —. — 6. (32 Steintaf.) n. 2. —

Jäger, Dir. Osk., aus der Praxis. Ein pädagog. Testament. 2. Aufl. gr. 8. (VI, 108 S.) Wiesbaden, Kunze's Nachf. n. 3. —

Jägerlust u. Schützenfreud. Orig.-Zeichngn. v. Adam, Defregger, Grützner, Kaulbach, Otto u. Rud. Seitz, Alex. u. Ferd. Wagner, Zügel ꝛc. sowie literar. Beiträgen v. Heyse, Lingg, Redwitz, Stieler ꝛc. Fol. (76 S.) Leipzig, Unflad. cart. n. 7. 50

(85/1) **Jahn's**, Frdr. Ludw., Werke. Neu hrsg. m. e. Einleitg. u. m. erklär. Anmerkgn. versehen v. Prof. Dirig. Dr. Carl Euler. 2. Bd. 10. Lfg. 8. (S. 657—736.) Hof, Lion. (à) n. — 60

Jahn, Wilh., u. Bernh. **Stiehler**, Schule der Geometrie. Ein Merk- u. Übungsbuch der Formenlehre, d. geometr. Zeichnens u. Rechnens f. die Hand der Schüler. 3—6. Hft. 2. Aufl. gr. 8. (Mit Fig. u. Taf.) Leipzig, Klinkhardt. n. 1. —
3. 4. (à 16 S.) à n. — 20. — 5. 6. (à 24 S.) à n. — 30.

Jahnke, H., Kurbrandenburg in Afrika, s.: Geschichts- u. Unterhaltungs-Bibliothek, vaterländische.

Jähns, Maj. Max, Heeresverfassungen u. Völkerleben. Eine Umschau. 1. u. 2. Aufl. gr. 8. (XII, 408 S.) Berlin, Allgemeiner Verein f. deutsche Literatur. n. 5. —; geb. baar n. 6. —

Jahr, Karl, Schulwörterbuch zu G. Andresens Cornelius Nepos. Mit vielen Abbildgn. 8. (IV, 203 S.) Prag 1886, Tempsky. — Leipzig, Freytag. n. 1. 40; Einbd. n. n. — 25

(84/1) **Jahrbuch** f. das Berg- u. Hüttenwesen im Königr. Sachsen auf d. J. 1885. Auf Anordnung d. königl. Finanzministeriums hrsg. v. Bergr. Prof. C. G. Gottschalk. Mit 11 lith. Taf. gr. 8. (VII, 189 u. 250 S.) Freiberg, Craz & Gerlach in Comm. n. n. 5. —

—— der Berliner Börse 1885—1886. Ein Nachschlagebuch f. Banquiers u. Capitalisten. Hrsg. v. der Red. d. „Berliner Actionär“: J. Neumann, E. Freystadt. gr. 8. (XXVIII, 478 S.) Berlin, Mittler & Sohn. n. 9. 20; geb. n. 10. —

—— für Entscheidungen d. Kammergerichts in Sachen der nichtstreitigen Gerichtsbarkeit u. in Strafsachen hrsg. v. Geh. Ob.-Justizr. Rhold. Johow u. Kammerger.-R. Osk. Küntzel. 3. Bd. 1883. 2. Abdr. gr. 8. (VIII, 408 S.) Berlin, Vahlen. n. 5. —; geb. baar n. 6. 20

(84/2) —— der Erfindungen u. Fortschritte auf den Gebieten der Physik u. Chemie, der Technologie u. Mechanik, der Astronomie u. Meteorologie. Hrsg. v. Bergr. Prof. Dr. H. Gretschel u. Lehr. Dr. G. Bornemann. 21. Jahrg. Mit 37 Holzschn. im Text. 8. (VI, 405 S.) Leipzig, Quandt & Händel. n. 6. —

(84/1) —— des schlesischen Forst-Vereins f. 1884. Hrsg. v. Oberforstmstr. a. D. Dr. Ad. Tramnitz. gr. 8. (IV, (401 S.) Breslau, Morgenstern's Verl. n. 6. —

(84/1) —— der k. k. geologischen Reichsanstalt. Jahrg. 1885. 35. Bd. 4 Hfte. Lex.-8. (1. Hft. 276 S. m. 5 Taf.) Wien, Hölder. n. 16. —

—— der deutschen Gerichtsverfassung. Hrsg. auf Veranlassg. d. Reichs-Justiz-Amts v. Carl Pfafferoth. Jahrg. 1886. gr. 8. (V, 338 S.) Berlin, C. Heymann's Verl. n. 6. —; geb. n. 7. —

—— für Geschichte, Sprache u. Litteratur Elsass-Lothringens, hrsg. v. dem historisch-litterar. Zweigverein d. Vogesen-Clubs. 1. Jahrg. gr. 8. (III, 148 S.) Strassburg, Heitz. n. 2. 50

(84/2) **Jahrbuch** f. schweizerische Geschichte, hrsg. auf Veranstaltg. der allgemeinen geschichtforsch. Gesellschaft der Schweiz. 10. Bd. Mit e. Generalregister üb. Bd. I—X. [neue Folge d. Archivs f. schweizer. Geschichte.] gr. 8. (XXX, 373 S.) Zürich, Höhr. n. 6. —

(85/1) —— für Gesetzgebung, Verwaltung u. Volkswirthschaft im Deutschen Reich. Des „Jahrbuchs f. Gesetzgebg., Verwaltg. u. Rechtspflege d. Deutschen Reichs" neue Folge. Hrsg. v. Gust. Schmoller. 9. Jahrg. 3. u. 4. Hft. gr. 8. (VI u. S. 699—1341 m. 1 Tab. u. 1 Steintaf.) Leipzig, Duncker & Humblot. à n. 6. 40 (9. Jahrg. cplt.: n. 26. 20)

—— des siebenbürgischen Karpathen-Vereins. 5. Jahrg. 1885. Mit 2 (Lichtdr.-) Abbildgn. gr. 8. (III, 289 S.) Hermannstadt. (Wien, Graeser.) baar n.n. 4. —

(83/2) —— für Kinderheilkunde u. physische Erziehung. Neue Folge. Hrsg. v. Dr. Biedert, Proff. Binz, Bohn etc. unter Red. v. Prof. Widerhofer, DD. Politzer, Steffen, B. Wagner. 21—23. Bd. à 4 Hfte. gr. 8. (23. Bd. 1. u. 2. Hft. 240 S. m. 1 Tab.) Leipzig 1884 u. 85, Teubner. à Bd. n. 10. 40

—— für deutsche Mädchen 1886. Hrsg. v. Dr. Max Vogler. 10. Jahrg. Mit 1 Titelbilde. 16. (188 S.) Leipzig, Spamer. cart. n. — 60

(85/1) —— über die Fortschritte der Mathematik, im Verein m. anderen Mathematikern u. unter besond. Mitwirkg. v. Fel. Müller u. Alb. Wangerin hrsg. v. Carl Ohrtmann. 14. Bd. Jahrg. 1882. 3. Hft. gr. 8. (L u. S. 737—973.) Berlin, G. Reimer. n. 6. — (cplt.: n. 21. —)

(85/1) —— neues, f. Mineralogie, Geologie u. Palaeontologie. Unter Mitwirkg. e. Anzahl v. Fachgenossen hrsg. v. M. Bauer, W. Dames u. Th. Liebisch. 3. Beilage-Bd. 3. Hft. gr. 8. (III u. S. 429—722 m. 6 Steintaf.) Stuttgart, Schweizerbart. n. 10. — (3. Beilage-Bd. cplt.: n. 21. 60)

(85/1) —— dasselbe. 4. Beilage-Bd. 1. Hft. gr. 8. (240 S. m. 7 Steintaf.) Ebd. n. 10. —

(85/1) —— morphologisches. Eine Zeitschrift f. Anatomie u. Entwickelungsgeschichte. Hrsg. v. Prof. Carl Gegenbaur. 11. Bd. 1. u. 2. Hft. gr. 8. (S. 1—320 m. 7 eingedr. Fig. u. 16 Steintaf.) Leipzig, Engelmann. n. 25. —

(84/1) —— des naturhistorischen Landes-Museums v. Kärnten. Hrsg. v. Cust. J. L. Canaval. 17. Hft. gr. 8. (VI, 290 S. m. 2 Tab.) Klagenfurt, (v. Kleinmayr). baar n. 8. —

(84/2) —— nautisches, od. Ephemeriden u. Tafeln f. d. J. 1888 zur Bestimmung der Zeit, Länge u. Breite zur See nach astronomischen Beobachtungen. Hrsg. vom Reichsamt d. Innern. Unter Red. v. Prof. Dr. Tietjen. gr. 8. (XXXII, 258 S.) Berlin, C. Heymann's Verl. cart. baar n. 1. 50

(84/2) —— des Vereins f. wissenschaftliche Pädagogik. [XVI. Jahrg., 1884]. Erläuterungen nebst Mitteilungen an seine Mitglieder. Begründet v. Prof. Dr. T. Ziller. Hrsg. v. Prof. Dr. Thdr. Vogt. gr. 8. (60 S.) Leipzig, Veit & Co. n. 1. —

(84/1) —— pädagogisches. Rundschau auf dem Gebiete d. Volksschulwesens 1884. Unter Mitwirkg. v. Lehr. Free, Reallehr. Grau, Sem.-Lehr. Hummel etc. hrsg. v. Johs. Meyer. 2. Jahrg. Mit Dr. Wichard Langes (Holzschn.-) Portr. gr. 8. (XVI, 473 S.) Berlin, Th. Hofmann. n. 4. 50

(84/2) —— pädagogisches, 1884. [Der pädagog. Jahrbücher 7. Bd.] Hrsg. v. der Wiener pädagog. Gesellschaft. Red. v. M. Zens. gr. 8. (VIII, 184 S.) Wien, Manz. n. 3. —

(84/2) —— religiöser Poesien, hrsg. v. Jul. Sturm. Jahrg. 1885. 12. (56 S.) Wiesbaden, Riedner. n. 1. —

($^{84}/_{2}$) **Jahrbuch** der Gesellschaft f. die Geschichte d. Protestantismus in Oesterreich. 5. Jahrg. 1884. 3. u. 4. Hft. gr. 8. (S. 103—222.) Wien, Manz. à n. 1. 20

—— dasselbe. 6. Jahrg. 1885. 1—3. Hft. gr. 8. (144 S.) à n. 2. 40

—— für Schülerinnen. 1886. Hrsg. v. Oberlehr. Dr. F. Koch. 16. (IV, 309 S. m. 1 Stahlst.-Portr.) Leipzig, Siegismund & Volkening. geb. n. 1. —

($^{84}/_{2}$) —— des Vereins f. niederdeutsche Sprachforschung. Jahrg. 1884. X. gr. 8. (III, 180 S.) Norden, Soltau. n. 4. —

($^{85}/_{1}$) —— für Bremische Statistik. Hrsg. vom Bureau f. Brem. Statistik. Jahrg. 1884. 2. Hft. gr. 8. Bremen, v. Halem in Comm. cart. (à) n. 7. 50
Inhalt: Zur allgemeinen Statistik d. J. 1884. (X, 266 S.)

($^{84}/_{1}$) —— statistisches, d. k. k. Ackerbau-Ministeriums f. 1882. 2. Hft. gr. 8. Wien, Hof- u. Staatsdruckerei. n. 1. 60
Inhalt: Produktionsmengen aus der Thierzucht. Jagd-Statistik. Torf-Statistik. Ein- u. Ausfuhr landwirthschaftl. Maschinen u. Geräthe. (IX, 32 S.)

—— dasselbe f. 1884. 1. Hft. u. 3. Hft. 1. Lfg. gr. 8. Ebd. à n. 3. —
Inhalt: I. Production aus dem Pflanzenbau. Mit 2 lith. Taf. (XXXII, 104 S.) — III. Der Bergwerksbetrieb Oesterreichs im J. 1884. 1. Lfg. Die Bergwerks-Production. (VII, 129 S.)

($^{83}/_{2}$) —— statistisches, f. das Großherzogth. Baden. 15. Jahrg. 1882. 4 Abthlgn. Lex.-8. (VIII, 244 S.) Karlsruhe 1884, (Macklot). n. 3. —

—— dasselbe. 16. Jahrg. 1883. 1. u. 2. Abth. 4. (139 S.) Ebd. n. 3. —

($^{84}/_{2}$) —— statistisches, der Stadt Berlin. 11. Jahrg. Statistik d. J. 1883. Hrsg. v. Dir. Rich. Böckh. gr. 8. (XIII, 333 S.) Berlin, Stankiewicz. cart. n. 6. —

($^{83}/_{2}$) —— statistisches, f. das Deutsche Reich. Hrsg. vom kaiserl. statist. Amt. 6. Jahrg. 1885. gr. 8. (VIII, 213 S. m. 3 chromolith. Karten.) Berlin, Puttkammer & Mühlbrecht. cart. n. 2. 40

—— für Zöglinge deutscher Gymnasien, Realschulen u. verwandter Lehranstalten. 1886. Hrsg. v. Dr. Max Vogler. 10. Jahrg. Mit 4 Text-Abbildgn. u. 1 Titelbilde. 16. (192 S.) Leipzig, Spamer. cart. n. — 60

—— Zürcher, f. Gemeinnützigkeit. 1884. gr. 8. (VI, 259 S.) Zürich, (Herzog). n. 3. —

—— u. **Adress-Kalender** der deutschen Colonie in Buenos Aires, hrsg. v. Hugo Kunz & Co., red. v. Ernst Bachmann. 1. Jahrg. 1884. gr. 8. (VIII, 106 u. 246 S.) Buenos Aires. (Hamburg, Kittler's Sort.) n. 6. —

($^{85}/_{1}$) **Jahrbücher** d. Vereins v. Alterthumsfreunden im Rheinlande. 79. Hft. Mit 7 Taf. u. 12 Holzschn. Lex.-8. (III, 292 S.) Bonn, A. Marcus in Comm. n. 6. —

($^{85}/_{1}$) —— für wissenschaftliche Botanik. Hrsg. v. Dr. N. Pringsheim. 16. Bd. 1—3. Hft. gr. 8. (463 S. m. 20 Steintaf.) Berlin, Bornträger. n.n. 35. —

($^{85}/_{1}$) —— botanische, f. Systematik, Pflanzengeschichte u. Pflanzengeographie, hrsg. v. A. Engler. 6. Bd. 4. u. 5. Hft. gr. 8. (VIII u. S. 287—526 u. Litteraturbericht S. 69—148 m. 9 Holzschn. u. 1 Steintaf.) Leipzig, Engelmann. à n. 8. — (6. Bd. cplt.: n. 33. —)

—— dasselbe. 7. Bd. 1. Hft. gr. 8. (126 u. Litteraturbericht 10 S. m. 1 Karte.) Ebd. n. 6. —

($^{84}/_{1}$) —— des Vereins f. meklenburgische Geschichte u. Alterthumskunde, gegründet vom Geh. Archivr. Dr. G. C. F. Lisch, fortgesetzt vom Geh. Archivr. Dr. F. Wigger. 50. Jahrg. Mit angehängten Quartalberichten u. der Matrikel v. 1835—1885. gr. 8. (388 u. 136 S. m. 2 genealog. Tab.) Schwerin, Stiller in Comm. n. 5. —

(85/1) **Jahrbücher**, landwirthschaftliche. Zeitschrift f. wissenschaftl. Landwirthschaft u. Archiv d. königl. preuss. Landes-Oekonomie-Kollegiums. Hrsg. v. Geh. Ob.-Reg.-R. Dr. H. Thiel. 13. Bd. [1884.] Suppl. II. gr. 8. Berlin, Parey. n. 12. — (I. u. II.: n. 32. —)
Inhalt: Beiträge zur landwirthschaftlichen Statistik v. Preussen f. d. J. 1883. 2. Thl. Bearb. im kgl. preuss. Ministerium f. Landwirthschaft, Domänen u. Forsten. (VI, 269 u. XX, 131 S.)

(85/1) —— dasselbe. 14. Bd. [1885.] Suppl. II. gr. 8. Ebd. n. 12. —
Inhalt: Beiträge zur landwirthschaftlichen Statistik v. Preussen f. d. J. 1884. 1. Thl. Bearb. im kgl. preuss. Ministerium f. Landwirthschaft, Domänen u. Forsten. (214 S. m. 126 S. Tab. in qu. gr. 4.)

(80/1) —— der kön. ung. Central-Anstalt f. Meteorologie u. Erdmagnetismus, unter Mitwirkg. der Observatoren Ign. Kurländer u. Dr. Ludw. Gruber hrsg. v. Stiftskapitul. Dir. Dr. Guido Schenzl. 12. u. 13. Bd. Jahrg. 1882 u. 1883. (Ungarisch u. deutsch.) gr. 4. (188 u. 201 S.) Budapest 1884 u. 85, (Kilián). baar à n. 10. —

(85/1) —— für Nationalökonomie u. Statistik. Gegründet v. Bruno Hildebrand, hrsg. v. Prof. Dr. Johs. Conrad. 11. Suppl.-Hft. gr. 8. Jena, Fischer. n. 1. 50
Inhalt: Zustand u. Fortschritte der deutschen Lebensversicherungs-Anstalten im J. 1884. (46 S. m. 2 Tab.)

(84/2) —— für classische Philologie. Hrsg. v. Prof. Dr. Alfr. Fleckeisen. 14. Suppl.-Bd. 2. Hft. gr. 8. (III u. S. 339—781.) Leipzig, Teubner. n. 8. — (14. Suppl.-Bd. cplt.: n. 14. —)

(84/2) —— für Psychiatrie. [Neue Folge d. psychiatr. Centralblattes.] Hrsg. vom Vereine f. Psychiatrie u. forens. Psychologie in Wien. Red. v. Hofr. Prof. Dr. Th. Meynert u. Landesger.-Arzt Doc. Dr. J. Fritsch. 6. Bd. 1. Hft. gr. 8. (80 S.) Wien, Toeplitz & Deuticke. n. 2. —

(84/2) —— württembergische, f. Statistik u. Landeskunde. Hrsg. v. dem k. statistisch-topograph. Bureau. Jahrg. 1885. Lex.-8. (2. Bd. 1. Hälfte 164 S.) Stuttgart, Kohlhammer. n. 5. —

(84/2) —— für protestantische Theologie. Unter Mitwirkg. v. Mitgliedern der theolog. Facultäten zu Bern, Bonn, Giessen, Heidelberg, Jena, Kiel, Leiden, Strassburg, Wien u. Zürich u. anderen namhaften Gelehrten hrsg. v. DD. Hase, Lipsius, Pfleiderer, Schrader. Jahrg. 1886. 4 Hfte. gr. 8. (1. Hft. 176 S.) Leipzig, Barth. n. 15. —

Jahre, die ersten 25, d. 7. Westfälischen Infanterie-Regiments Nr. 56 1860—1885. Auf Veranlassg. d. Regiments in kurzer Darstellg. bearb. f. die Unteroffiziere u. Mannschaften. Mit 2 (Lichtdr.-)Portraits u. 6 Skizzen im Text. 8. (VII, 128 S.) Berlin, Mittler & Sohn. n. 1. 20

(85/1) **Jahresbericht** üb. die Fortschritte auf dem Gesammtgebiete der Agricultur-Chemie. Neue Folge. VII. [Das J. 1884.] Unter Mitwirkg. v. Dr. P. Degener, Prof. Dirig. Dr. Th. Dietrich, Dirig. Dr. E. A. Grete etc. hrsg. v. Prof. Dr. A. Hilger. [Der ganzen Reihe 27. Jahrg.] gr. 8. (XXIX, 757 S.) Berlin, Parey. n. 25. —

(85/1) —— über die Fortschritte der classischen Alterthumswissenschaft, begründet v. Conr. Bursian, hrsg. v. Prof. Iwan Müller. 13. Jahrg. 1885. 42—45. Bd. 12 Hfte. gr. 8. (42. Bd. S. 1—32 u. 44. Bd. S. 1—64.) Berlin, Calvary & Co. Subscr.-Pr. baar n. 30. —; Ladenpr. n. 36. —

(84/2) —— über die Leistungen u. Fortschritte in der Anatomie u. Physiologie. Unter Mitwirkg. zahlreicher Gelehrten hrsg. v. Rud. Virchow u. Aug. Hirsch. Unter Special-Red. v. Aug. Hirsch. Bericht f. d. J. 1884. hoch 4. (III, 205 S.) Berlin, Hirschwald. n. 9. 50

(84/2) —— über die Beobachtungs-Ergebnisse der v. den forstlichen Versuchsanstalten d. Königr. Preussen, d. Königr. Württemberg, d. Herzogth. Braunschweig, der thüringischen Staaten, der Reichslande u. dem

Landesdirectorium der Prov. Hannover eingerichteten forstlich-meteorologischen Stationen. Hrsg. v. Dirig. Prof. Dr. A. Müttrich. 10. Jahrg. Das J. 1884. gr. 8. (III, 128 S.) Berlin, Springer. n. 2. —

(85/1) **Jahresbericht**, botanischer. Systematisch geordnetes Repertorium der botan. Litteratur aller Länder. Unter Mitwirkg. v. Askenasy, Batalin, Büsgen etc. hrsg. v. Prof. Dr. Leop. Just. 10. Jahrg. [1882]. 2. Abth. 2 Hfte. gr. 8. (VI, 868 S.) Berlin, Bornträger. n.n. 26. — (10. Jahrg. cplt.: n.n. 42. —)

(84/2) —— 62., der schlesischen Gesellschaft f. vaterländische Cultur. Enth. den Generalbericht üb. die Arbeiten u. Verändergn. der Gesellschaft im J. 1884. gr. 8. (XLIV, 402 S.) Breslau, Aderholz in Comm. baar n. 7. —

(83/2) —— VI—VII., d. Vereins f. Erdkunde zu Metz f. 1883—1884. Lex.-8. (168 S.) Metz, Scriba. n. 3. —

(84/2) —— über die Leistungen u. Fortschritte in der Forstwirthschaft. Zusammengestellt f. ausüb. Forstmänner u. Privatwaldbesitzer unter Mitwirkg. v. Fachgenossen u. hrsg. v. Ob.-Förster Saalborn. 6. Jahrg. 1884. gr. 8. (VIII, 160 S.) Frankfurt a/M., Sauerländer. n. 2. —

—— der Handelskammer zu Kiel f. 1884. gr. 8. (XV, 192 S.) Kiel, (Lipsius & Tischer). baar n. 3. —

—— der Handelskammer zu Lüneburg vom J. 1884. Fol. (33 S.) Lüneburg, (Herold & Wahlstab). n. 2. —

—— der Handelskammer f. den Kreis Mannheim f. d. J. 1884. 2 Thle. gr. 8. (XX, 99 u. XXVIII, 228 S. m. 2 graph. Steintaf.) Mannheim, (Hermann). n. 4. 60

—— der Handelskammer f. Ostfriesland & Papenburg f. d. J. 1884. Fol. (IV, 76 S.) Emden, (Haynel). n. 2. —

—— der Handelskammer zu Wiesbaden f. 1884. gr. 8. (VII, 131 S.) Wiesbaden, Bechtold & Co. baar n. 2. —

—— der Handels- u. Gewerbekammer zu Chemnitz. 1884. gr. 8. (X, 297 S. m. 1 graph. Tab.) Chemnitz, Focke in Comm. n.n. 3. —

—— der Handels- u. Gewerbekammer f. Oberbayern 1884. gr. 8. (XVI, 335 S.) München, (Th. Ackermann's Sort.). baar n. 1. 80

—— 46. u. 47., d. historischen Vereines v. Oberbayern. Für die J. 1883 u. 84. Im Auftrage d. Ausschusses erstattet durch Dr. Ludw. Rockinger. gr. 8. (XXVI, 103 S.) München, Franz' Verl. in Comm. baar n. 2. —

—— des Landwirthschafts-Vereins f. das Bremische Gebiet 1884. gr. 8. (124 S.) Bremen, Rühle & Schlenker. n. 2. —

—— 4., d. oberhessischen Vereins f. Localgeschichte. Vereinsjahr 1884—1885. Red. vom Vereinssekretär. gr. 8. (104 S. m. 3 Taf.) Gießen, Roth in Comm. n. 3. —

(84/2) —— über die Leistungen u. Fortschritte in der gesammten Medicin. Unter Mitwirkg. zahlreicher Gelehrten hrsg. v. Rud. Virchow u. Aug. Hirsch. Unter Special-Red. v. Aug. Hirsch. 19. Jahrg. Bericht f. d. J. 1884. 2 Bde. à 3 Abthlgn. hoch 4. (1. Bd. 1. Abth. 205 S.) Berlin, Hirschwald. n. 37. —

(84/2) —— über die Verwaltung d. Medicinalwesens, die Krankenanstalten u. die öffentlichen Gesundheitsverhältnisse der Stadt Frankfurt a/M. Hrsg. v. dem ärztl. Verein. 28. Jahrg. 1884. gr. 8. (IV, 268 S.) Frankfurt a/M, Sauerländer. n. 3. 60

(85/1) —— medicinisch-statistischer, üb. die Stadt Stuttgart vom J. 1884. 12. Jahrg. Hrsg. vom Stuttgarter ärztl. Verein. Red. v. Dr. Adf. Reuss. gr. 8. (III, 154 S.) Stuttgart, Metzler's Verl. n. 1. —

(84/2) —— des Centralbureaus f. Meteorologie u. Hydrographie im Grossherzogth. Baden, nebst den Ergebnissen der meteorolog. Beobachtungen u. der

Wasserstandsaufzeichnungen am Rhein u. an seinen grössern Nebenflüssen f. d. J. 1884. gr. 4. (IV, 56 S. m. 11 Taf.) Karlsruhe, Braun. n. 4. —
(84/2) **Jahresbericht** üb. die Leistungen u. Fortschritte auf dem Gebiete d. Militär-Sanitätswesens. Bearb. v. Generalarzt Dr. Wilh. Roth. 10. Jahrg. Bericht f. d. J. 1884. Lex.-8. (XI, 213 S.) Berlin, Mittler & Sohn. n. 5. —
—— des großh. badischen Ministeriums d. Innern üb. seinen Geschäftskreis f. die J. 1882 u. 1883. Lex.-8. (X, 600 S.) Karlsruhe, Braun. n. 14. —
—— 69., der naturforschenden Gesellschaft in Emden. 1883/84. gr. 8. (56 S.) Emden, (Haynel). baar n. 1. —
(85/1) —— der naturforschenden Gesellschaft Graubündens. Neue Folge. 28. Jahrg. Vereinsj. 1883/84. gr. 8. (XXIV, 148 S. u. S. 65—108.) Chur, Hitz in Comm. n. 3. —
(84/2) —— der Gesellschaft f. Natur- u. Heilkunde in Dresden. Sitzungsperiode 1884—1885. [Septbr. 1884 bis Mai 1885.] gr. 8. (IV, 137 S.) Dresden, Kaufmann's Sort. in Comm. baar n. 2. 60
—— des naturwissenschaftlichen Vereins v. Elsass-Lothringen u. Annales de la société botanique vogéso-rhénane 1884. Hrsg. vom Vorstand. gr. 8. (34 S. m. 2 Lichtdr.-Taf.) Strassburg, (Schmidt). n. 1. —
—— 6., d. naturwissenschaftlichen Vereins zu Osnabrück. Für die J. 1883 u. 1884. Mit 2 Karten u. 5 Taf. Voran geht e. Festschrift zur Feier der 42. Generalversammlg. d. naturhistor. Vereins der preuss. Rheinlande, Westfalens u. d. Reg.-Bez. Osnabrück. gr. 8. (VI, 288 S.) Osnabrück, Rackhorst in Comm. n. 2. 50
(84/2) —— pädagogischer, v. 1884. Im Verein m. Binkau, Eckardt, Eichler etc. u. m. dem Archiv-Bureau der schweizer. permanenten Schulausstellg. in Zürich bearb. u. hrsg. v. Dr. Frdr. Dittes. 37. Jahrg. gr. 8. (XII, 846 S.) Leipzig, Brandstetter. n. 10. —
(84/2) —— über die Fortschritte der Pharmacognosie, Pharmacie u. Toxicologie, hrsg. v. Lehr. Dr. Heinr. Beckurts. Neue Folge d. m. Ende 1865 abgeschlossenen Canstatt'schen pharmac. Jahresberichts. 18. u. 19. Jahrg. 1883 u. 1884. [Der ganzen Reihe 43. u. 44. Jahrg.] 1. Hälfte. gr. 8. (IV, 400 S.) Göttingen, Vandenhoeck & Ruprecht's Verl. n. 8. —
(85/1) —— über die Erscheinungen auf dem Gebiete der germanischen Philologie, hrsg. v. der Gesellschaft f. deutsche Philologie in Berlin. 6. Jahrg. 1884. 2. Abtlg. gr. 8. (IV u. S. 129—418.) Leipzig, Reissner. Nachberechnung n. 2. — (cplt.: n. 10. —)
—— der Central-Commission f. die Rhein-Schiffahrt 1884. 4. (IV, 64 S. m. Tab. u. 7 graph. Steintaf.) München. (Mannheim, Hermann.) baar n.n. 6. —
(84/2) —— über die Fortschritte der Thier-Chemie od. der physiologischen u. pathologischen Chemie. Red. u. hrsg. v. Prof. Dr. Rich. Maly. 14. Bd. üb. d. J. 1884. Unter Mitred. v. Doc. Rud. Andreasch u. Mitwirkg. v. Proff. DD. Paul Fürbringer, P. Giacosa, Max Gruber etc. gr. 8. (III, 558 S.) Wiesbaden, Bergmann. n. 18. —
(84/2) —— theologischer. Unter Mitwirkg. v. Bassermann, Benrath, Böhringer etc. hrsg. v. B. Pünjer. 4. Bd., enth. die Literatur d. J. 1884. gr. 8. (VIII, 412 S.) Leipzig, Barth. n. 8. —
(84/2) —— der königl. Thierarzneischule zu Hannover. Hrsg. v. dem Lehrer-Collegium, red. v. dem Dir. Dr. Dammann. 17. Bericht. 1884/85. gr. 8. (IV, 135 S. m. eingedr. Fig.) Hannover, Schmorl & v. Seefeld. n. 4. —
—— des Vereines zur Bekämpfung der wissenschaftlichen Thierfolter in Wien unter dem Protectorate J. Hoh. Prinzessin Wilhelmine v. Montléart-Sachsen-Curland f. d. J. 1884. gr. 8. (8 S.) Wien, Huber & Lahme in Comm. baar n. — 16

Jahresbericht, 3. u. 4., der Untersuchungs-Station d. hygienischen Institutes der k. Ludwig-Maximilians-Universität München f. die J. 1882 u. 1883. Hrsg. v. Assistenten DD. Rud. Emmerich u. Rud. Sendtner. gr. 8. (V, 154 S.) München, Rieger. n. 5. —
(84/2) —— über die Leistungen auf dem Gebiete der Veterinär-Medicin. Unter Mitwirkg. v. Prof. Dr. Azary, Dr. Born, Prof. Dr. Eichbaum etc. Hrsg. v. Proff. DD. Ellenberger u. Schütz. 4. Jahrg. [J. 1885]. Lex.-8. (III, 200 S.) Berlin, Hirschwald. n. 6. —
(85/1) —— zoologischer, f. 1884. Hrsg. v. der zoolog. Station zu Neapel. 2. u. 3. Abth. gr. 8. Berlin, Friedländer & Sohn. n. 16. —
Inhalt: 2. Arthropoda. Mit Register. Red. v. DD. Paul Mayer u. Wilh. Giesbrecht. (III, 586 S.) n. 13. —. — 3. Mollusca, Brachiopoda. Mit Register. Red. v. Dr. Paul Mayer. (III, 142 S.) n. 3. —
Die 1. Abth. erscheint später.
Jahres-Berichte der königl. sächsischen Gewerbe- u. Berg-Inspectoren f. 1884. Veröffentlicht auf Anordng. d. königl. sächs. Ministeriums d. Innern. gr. 8. (IX, 280 S.) Dresden, Lommatzsch' Buchdr. cart. n.n. 3. —
(84/2) —— der großherzogl. hessischen Handelskammer zu Darmstadt. XVIII. Jahresbericht f. 1884. gr. 8. (112 S.) Darmstadt, (Zernin). n. 2. 70
—— der Handels- u. Gewerbekammern in Württemberg f. d. J. 1884. Systematisch zusammengestellt u. veröffentlicht v. der königl. Zentralstelle f. Gewerbe u. Handel. gr. 8. (XV, 74 u. 288 S.) Stuttgart, (Grüninger). n. 1. —
(84/1) —— über die Veränderungen u. Fortschritte im Militärwesen. XI. Jahrg.: 1884. Unter Mitwirkg. der Obersten v. Bentivegni, Kriebel, Müller etc. hrsg. von Oberst z. D. H. v. Löbell. gr. 8. (XIV, 533 S.) Berlin, Mittler & Sohn. n. 8. 50; geb. n.n. 10. —
Jahres-Bote, der. Ein Volkskalender f. Stadt u. Land auf d. J. 1886. 4. (39 S.) Würzburg, Etlinger. n. — 20
(84/2) **Jahresheft**, 17., d. Vereins schweizerischer Gymnasiallehrer. gr. 8. (161 S.) Aarau, (Sauerländer). n. 2. 40
(84/2) **Jahreshefte** d. Vereins f. vaterländische Naturkunde in Württemberg. Hrsg. v. dessen Red.-Commission Proff. DD. O. Fraas, F. v. Krauss, C. v. Marx, P. v. Zech. 41. Jahrg. Mit 6 Taf. gr. 8. (IV, 348 S.) Stuttgart, Schweizerbart. n. 7. 20
Jäkel, J., biblische Geschichten,
—— größeres Handbuch f. Schüler,
—— Lebensbilder,
—— 1. Lesebuch,
—— Rechenschule,
} s.: Berthelt, A.
Jakob, Oberstlieut. Rich., Messrädchen zum Messen krummer u. gradliniger Entfernungen auf Karten, Plänen u. Zeichnungen jeder Art u. jeden Masstabs, ohne Benutzg. d. Letzteren. 32. (4 S.) Metz, Scriba. Mit Messrädchen. baar n.n. 2. —; Leder-Etuis hierzu n.n. 1. —
Jakobi, Willy, Tabaksteuer od. Monopol? Offener Brief an Hrn. Carl Ewald. 8. (23 S.) Mannheim, Dr. H. Haas'sche Buchdr. n. — 50
Jaksch, Privatdoc. Assist. Dr. Rud. v., üb. Acetonurie u. Diaceturie. Mit 6 Holzschn. gr. 8. (VIII, 156 S.) Berlin, Hirschwald. n. 3. 60
James, H., a little tour in France, s.: Collection of British authors.
Jaenich, A., der Walfischfahrer, s.: Volksbibliothek d. Lahrer Hinkenden Boten.
Jänicke, E., Rechenbuch f. die abschließende Volksschule, s.: Hentschel, E.
(84/2) **Jaenicke**, Gymn.-Oberlehr. Dr. Herm., Lehrbuch der Geographie f. höhere Lehranstalten. 3. Tl., f. Sekunda u. Prima. Allgemeine Erdkunde: A) Physische Geographie. Vom Herausgeber. B) Astronomische [mathemat.]

Geographie. Von Gymn.-Konrekt. Dr. E. O. Bermann. Mit 23 Fig. gr. 8. (110 S.) Breslau, F. Hirt. n. 1. 25 (cplt.: n. 4. 75)

(84/2) Janisch, Jos. Andr., topographisch-statistisches Lexikon v. Steiermark m. historischen Notizen u. Anmerkungen. 47. u. 48. Hft. gr. 8. (3. Bd. VIII u. S. 1393—1492 m. Steintaf.) Graz, Leykam. à n. 1. 35 (cplt. 3 Bde.: n. 60. —)

Janitschek, H., zwei Studien zur Geschichte der carolingischen Malerei, s.: Festgruss, Strassburger, an Anton Springer.

Janka, Vict. de, leguminosae europaeae analytice elaboratae. [Aus: „Természetrajzi Füzetek".] 5 Hfte. gr. 8. (79 S.) Budapestini. (Berlin, Friedländer & Sohn.) n. 5. —

—— Vicieae europaeae. [Aus: „Természetrajzi Füzetek".] gr. 8. (12 S.) Ebd. n. 1. —

(85/1) **Janner,** Geistl.-R. Lyc.-Prof. Dr. Ferd., Geschichte der Bischöfe v. Regensburg. 7. Hft. gr. 8. (3. Bd. S. 1—208.) Regensburg, Pustet. (à) n. 2. —

—— die Schotten in Regensburg, die Kirche zu St. Jakob u. deren Nordportal. Mit 1 Stahlst. gr. 16. (35 S.) Regensburg, Coppenrath. n. — 50.

Jaennicke, Frdr., Handbuch der Oel-Malerei. Nach dem heut. Standpunkte u. in vorzugsweiser Anwendg. auf Landschaft u. Architektur. 2. Aufl. 8. (VIII, 265 S.) Stuttgart, Neff. n. 4. 50; geb. n. 6. —

Janošik, Privatdoc. Dr. J., histologisch-embryologische Untersuchungen üb. das Urogenitalsystem. [Mit 4 (lith.) Taf.] [Aus: Sitzungsber. d. k. Akad. d. Wiss."] Lex.-8. (103 S.) Wien, (Gerold's Sohn). n. 3. 50

Jansen, Alb., Jean-Jacques Rousseau als Botaniker. gr. 8. (VI, 308 S.) Berlin, G. Reimer. n. 8. —

Janssen, Priest. Joh., der ehrw. Pfarrer v. Ars, Joh. Bapt. Maria Vianney, in seinem Leben u. Wirken. Nebst e. Blüthenstrauß seiner geistvollsten Reden. 8. (231 S.) Steyl, Missionsdruckerei. n. — 80

—— das fünffache Scapulier. Eine kurze Belehrg. üb. seine Entstehg., Vortheile u. Verpflichtgn. Nebst e. Anh. der vorzüglichsten Ablaßgebete. 32. (100 S.) Ebd. n. — 20

(83/1) **Janssen,** Johs., Geschichte d. deutschen Volkes seit dem Ausgang d. Mittelalters. 4. Bd. gr. 8. Freiburg i/Br., Herder. n. 5. —; geb. n. 6. 20 (1—4.: n. 24. —; geb. n. 29. —)

Inhalt: Allgemeine Zustände d. deutschen Volkes seit dem sogenannten Augsburger Religionsfrieden vom J. 1555 bis zur Verkündigung der Concordienformel im J. 1580. 1—12. Aufl. (XXXI, 515 S)

Janvier, Dombech. Dir. P., der gottselige Dupont u. die Verehrung. d. heil. Antlitzes. Autoris. Uebersetzg. v. M. Hoffmann. 16. (XII, 120 S.) Aachen, A. Jacobi & Co. n. — 50

—— Schwester Maria vom h. Petrus u. das Werk der Sühne. Geschichtliche Aufzeichngn. Autoris. Übersetzg. 16. (XII, 95 S. m. 2 Holzschn.) Ebd. n. — 40

Janzé, Mme. la Vtesse A. de, geb. de Choiseul-Gouffier, Erinnerungen an Berryer. Autoris. Uebersetzg. aus dem Franz. von Baronin v. Koenneritz, geb. v. Jordan. 8. (VII, 227 S.) Dresden, v. Grumbkow. 3. —

Japhet, Lehr. J. M., hebräische Sprachlehre m. praktischen Aufgaben. 1. Abtlg., nebst e. Vorkursus u. Vocabularium. 5., sehr verb. u. verm. Aufl. gr. 8. (V, 133 S.) Frankfurt a/M., Kauffmann. geb. n.n. 1. 30

Jaques, Dr. Heinr., die Reform d. österreichischen Gefälls-Strafgesetzes. Vortrag, geh. in der III. General-Versammlg. d. österreich. Brauerbundes zu Wien am 1. Sept. 1885. gr. 8. (19 S.) Wien, Manz. n. — 80

Jarisch, F. W., kleiner Führer durch Reichenberg u. Umgebung u. auf der Gebirgsstrasse. 12. (52 S.) Reichenberg, Fritsche. n. — 20

Jarz, Gymn.-Prof. Dr. Konr., Geographie u. Geschichte. Ihre didakt. Verbindg. in den Oberclassen der Mittelschulen. Ergebnisse der Schulpraxis u. die neuen Lehrpläne. gr. 8. (39 S.) Wien, Pichler's Wwe. & Sohn. n. — 80

Jaesche, Dr. Eman, das Grundgesetz der Wissenschaft. gr. 8. (XX, 445 S.) Heidelberg 1886, Weiss' Verl. n. 9. —

Jasmund, Majorin Agavia v., die Verwerthung u. Conservirung v. Garten-, Feld- u. Waldfrüchten nach e. neuen, einfachen, zuverlässigen u. billigen Methode, besonders f. die Häuslichkeit berechnet. 8. (16 S.) Niesky 1884, Hoberg. baar — 35

Jaspis, Gen.-Superint. D. A. S., Bekenntnisse üb. mein Amtsleben, die ich heute Eurem Glaubensleben vorhalte. Predigt, am Gedenktage seiner 50jähr. Amtsführg. geh. am 12. Juli 1885 in der Schloßkirche zu Stettin. Nebst e. Uebersicht üb. gehaltene Charfreitagspredigten. gr. 8. (15 S.) Stettin, Brandner. n. — 20

Jaspis, Past. Johs. S., die 7 Bußpsalmen, aus sich selbst u. der alttestamentl. Heilsgeschichte f. bibelforsch. Christen ausgelegt. 8. (56 S.) Berlin, Hauptverein f. christl. Erbauungsschriften. cart. baar — 50

Ich suche e. idealen Menschen. Eine Art Selbstbiographie nebst e. Charakteristik der civilisirten Menschen. Von Otto Humanus. 8. (59 S.) Berlin, Edler. baar n.n. 1. 30

(85/1) **Idiotikon**, schweizerisches. Wörterbuch der schweizerdeutschen Sprache. Gesammelt auf Veranstaltg. der Anitquar. Gesellschaft in Zürich unter Beihülfe aus allen Kreisen d. Schweizervolkes. Hrsg. m. Unterstützg. d. Bundes u. der Kantone. 9. Hft. Bearb. v. Frdr. Staub u. Ludw. Tobler. 4. (1. Bd. Sp. 1249—1344 u. 2. Bd. Sp. 1—48.) Frauenfeld, Huber. (à) n. 2. —

Jean Paul's Werke, s.: National-Litteratur, deutsche.

Jebb, Prof. R. C., Richard Bentley, Eine Biographie. Autoris. Übersetzg. v. E. Wöhler. gr. 8. (XII, 224 S.) Berlin, Gaertner. n. 4. —

Jecht, Gymn.-Lehr. Dr. Rich., welche Stellung nimmt der Dialog Parmenides zu der Ideenlehre Platos ein? 4. (21 S.) Görlitz, (Tzschaschel). n. 1. —

Jeep, fr. Dir. W., leichte u. praktische Buchführung f. baugewerbliche Geschäfte. Zum Gebrauche f. Bauhandwerker, als: der Maurer- u. Steinmetz-, Zimmermeister, Dachdecker, Tischler ꝛc., ferner der Baugewerke- u. anderer techn. Schulen, sowie f. Ziegelei- u. Steinbruchbesitzer, Kalkbrennereien, Baumaterialien-Handlgn. ꝛc. 2. Aufl. v. Montags baugewerbl. Buchführg., vollständig neu bearb. gr. 8. (VI, 192 S.) Weimar, B. F. Voigt. 3. —

Jeiler, Lect. P. Ignatius, O. S. Fr., Leben der ehrw. Klosterfrau Maria Crescentia Höß v. Kaufbeuren aus dem 3. Orden d. hl. Franciscus. Nach den Acten ihrer Seligsprechg. u. anderen zuverläss. Quellen bearb. 3. Aufl. 8. (XI, 408 S.) Dülmen, Laumann. n. 2. 40; geb. n. 4. —

—— das kleine Normalbuch. Auszug aus dem Normalbuch f. die in der Welt leb. Mitglieder vom 3. Orden d. hl. Franziskus. 16. (VIII, 248 S. m. 1 Stahlst.) Ebd. n. — 50; geb. n. — 75

Jekelfalussy, Min.-Secr. Dr. Jos. v., Namens- u. Wohnungs-Verzeichniss der Gewerbe- u. Handeltreibenden Ungarns, auf Grund der zuletzt amtlich erhobenen gewerbestatist. Daten unter Aufsicht d. kön. ung. statist. Landes-Bureaus verf. 2 Thle. Lex.-8. (VIII, 1597 S.) Budapest. Wien, Szelinski. n. 30. —

Jelinek, Břetislav, üb. Schutz- u. Wehrbauten aus der vorgeschichtlichen u. älteren geschichtlichen Zeit, m. besond. Rücksicht auf Böhmen. gr. 8. (IV, 159 S.) Prag, Rziwnatz in Comm. n. 4. 80

(82/1) **Jellinek**, Dr. A., der jüdische Stamm in nichtjüdischen Sprichwörtern. 3. Serie. Französische, italien., rumän. u. slav. Sprichwörter. gr. 8. (V, 76 S.) Wien, Bermann & Altmann. n.n. 2. — (1—3.: n.n. 5. 20)
—— dasselbe. 1. Serie. Französische, poln., deutsche Sprichwörter. 2. verb. u. verm. Aufl. gr. 8. (V, 42 S.) Ebd. 1886. n. 1. 30
Jellinghaus, Dr. Herm., westfälische Grammatik. Die Laute u. Flexionen der Ravensberg. Mundart, m. e. Wörterbuche. 2. (Titel-) Ausg. gr. 8. (VIII, 156 S.) Norden (1877), Fischer Nachf. n. 4. —
Jendrtzok, Sem.-Lehr. C., Lehr- u. Aufgabenbuch der Buchstabenrechnung u. Algebra. Zum Gebrauche an Seminaren u. f. den Selbstunterricht bearb. gr. 8. (VIII, 245 S.) Ober-Glogau 1886, Handel. n. 2. 50
Jenks, J. W., Henry C. Carey als Nationalökonom, s.: Sammlung nationalökonomischer u. statistischer Abhandlungen d. staatswissenschaftlichen Seminars zu Halle a. d. S.
Jensen, Dr. Arth., syntactische Studien zu Robert Garnier. gr. 8. (58 S.) Kiel, Lipsius & Tischer. n. 1. 60
Jensen, Wilh., am Ausgang d. Reiches. Ein Roman. 2 Bde. 8. (404 u. 419 S.) Leipzig 1886, Elischer. n. 12. —; geb. n. 15. —
—— die braune Erica, s.: Paetel's Miniatur-Ausgaben-Collection.
Jeřička, Braumstr. Adf. Gust., „aus der Praxis". Gesammelte Artikel aus dem prakt. Theile der Bierbrauerei. 12 Hfte. gr. 8. (1. u. 2. Hft. 72 S.) Interlaken. (Waldsee, Liebel.) baar n. 5. —
Jerrold, D., retired from business, s.: Theatre, english.
Jerschke, Einj.-Freiw. Osc., Fest-Prolog zur Feier d. 25jährigen Jubiläums d. 2. Niederschl. Inf.-Regts. Nr. 47 zu Strassburg am 4. Juli 1885. gr. 8. (7 S.) Strassburg, Bensheimer's Sort. in Comm. baar — 30
Jerusalem, Ernst, üb. die aristotelischen Einheiten im Drama. Ein Beitrag zur Poetik. gr. 8. (163 S.) Leipzig, (Fock). baar n. 3. 60
Jerusalem, W., Alexander d. Großen Leben u. Thaten, s.: Jugendbibliothek.
Jerzykiewicz, Lehr. B., Botanik f. höhere Lehranstalten. Mit 162 in den Text eingedr. Holzschn. 2., verm. u. verb. Aufl. gr. 8. (IV, 258 S.) Posen, Leitgeber & Co. n. 2. 75
Jeschonnek, Frdr., de nominibus quae graeci pecudibus domesticis indiderunt. Dissertatio inauguralis. gr. 8. (65 S.) Königsberg, (Koch & Reimer). baar n. 1. 50
(85/1) **Jessel**, Louis, Glasmalerei u. Kunst-Verglasung, unter Mitwirkg. v. bedeut. Malern u. Architecten. (60 Quart-Taf. m. Text.) 3—5. Lfg. gr. 4. (à 10 Taf.) Berlin, Claesen & Co. in Comm. à n. 7. 50
Jessen, Dr. Jul., Apollonius v. Tyana u. sein Biograph Philostratus. gr. 4. (36 S.) Hamburg, (Nolte). baar n.n. 2. 50
Jesus kommt! Erzählungen f. die lieben Communionkinder. Hrsg. v. e. geistl. Jugendfreunde. 3. Aufl. 16. (64 S.) Dülmen, Laumann. n. — 15
Jhering, Geh. Justizr. Prof. Dr. Rud. v., die Jurisprudenz d. täglichen Lebens. Eine Sammlg. an Vorfälle d. gewöhnl. Lebens anknüpf. Rechtsfragen. Zum akadem. Gebrauch bearb. u. hrsg. 6. Aufl. 8. (IV, 96 S.) Jena 1886, Fischer. geb. n. 1. 60
Ilgen, Th., rheinisches Archiv, s.: Zeitschrift, westdeutsche, f. Geschichte u. Kunst.
Illing, Geh. Ob.-Reg.-R. u. vortrag. Rath, die deutsche Gewerbe-Ordnung u. die Gesetze betr. die Dampfkessel, die Handelskammern, die Auswanderer, das Versicherungswesen, das Pfandleihgewerbe, Maß u. Gewichte, die Eichungsbehörden, den Marktverkehr, die öffentl. Schlachthäuser, die Nahrungsmittel, Verkehr m. explosiven Stoffen, Feingehalt der Gold- u. Sil-

berwaaren, das Patentwesen, die Urheberrechte, den Markenschutz, die Arbeiterkrankenversicherung, die Haftpflicht der Eisenbahnen ꝛc., die Unfallversicherung. 2. Aufl. gr. 8. (IV, 297 S.) Berlin 1886, Haack. cart. n. 2. 40

Illing, Geh. Ob.-Reg.-R. u. vortrag. Rath, Handbuch f. preußische Verwaltungs-Beamte, Geschäftsmänner, Kreis- u. Gemeindevertreter u. Schöffen. 4. umgearb. Aufl. (In 4 Abthlgn.) 1. Abth. gr. 8. (1. Bd. S. 1—192 u. 2. Bd. S. 1—288.) Berlin 1886, Haack. n. 6. —

Ilm, E., der Gefangene der Chiquitos, } s.: Volks- u. Jugend-Erzählungen.
—— Mareipotama, die Tochter der Pampas, } s.: Volks- u. Jugend-Erzählungen.
—— der Medizinmann der Romanchen, } s.: Volks- u. Jugend-Erzählungen.

Im Circus. Relief-Bilderbuch. 4. (16 S. m. eingedr. Illustr. u. Reliefbildchen in Mappe.) Dresden, Schwager. geb. n. 2. 25

„—— Frieden." Ein Militärhandbuch f. Alle. Zu Nutz u. Frommen der lust. u. traurigen Soldaten jeder Waffengattg. vom Feldwebel ab- u. aufwärts, sowie aller Civilisten ohne Unterschied d. Alters u. Geschlechts hrsg. vom Generalstab der Münchener „Fliegenden Blätter". gr. 8. (191 S. m. eingedr. Holzschn.) München, Braun & Schneider. n. 2. —; geb. n.n. 3. 30

—— Spiegel der Jahrhunderte. Aus Geschichte u. Biographie, Belletristik, Culturgeschichte u. Ethnographie aller Zeiten u. Völker. Mit 60 Illustr. [Titel-Ausg. v. „Aus allen Zeiten u. Landen", 3. Jahrg.] Lex.-8. (VIII, 112 Sp.) Leipzig, Barsdorf. geb. 8. —

Imhof, Assist. Privatdoc. Dr. Othmar Emil, faunistische Studien in 18 kleineren u. grösseren österreichischen Süsswasserbecken. [Mit 1 (eingedr.) Holzschn.] [Aus: „Sitzungsber. d. k. Akad. d. Wiss."] Lex.-8. (24 S.) Wien, (Gerold's Sohn). n.n. — 45

Imhoof-Blumer, F., Porträtköpfe auf antiken Münzen hellenischer u. hellenisierter Völker. Mit Zeittafeln der Dynastien d. Altertums nach ihren Münzen. Mit 206 Bildnissen in Lichtdr. (auf 8 Taf.). gr. 4. (IV, 95 S.) Leipzig, Teubner. cart. n. 10. —

(84/2) **Immergrün.** Erzählungen f. die christl. Jugend. Nr. 21—24. 16. (à 24 S.) Stuttgart, Buchhandlung der Evang. Gesellschaft. à n. — 10 (1—4. Bd. geb.: à n. 1. —)

Inhalt: 21. Die junge Heldin. Eine wahre Geschichte v. Th. Kübler. — 22. In der Höhle verborgen. Eine Geschichte aus dem Leben v. Jhs. Brenz v. L. Hofacker — 23. Mein Zoar. Von H. Schock. — 24. Ein Geschwisterpaar. Eine Erzählg. aus dem Leben. Von F. Andreä.

(84/1) **Impfzwanggegner,** der. Organ d. deutschen Impfzwanggegner-Vereins. Hrsg. u. Red.: Dr. H. Oidtmann. 3. Jahrg. 1885. 24 Nrn. (à 1—2 B.) gr. 4. Linnich, Expedition. Vierteljährlich n. 1. 25.

(84/1) s.: Impfgegner, der.

(83/1) **Indianer- u. Seegeschichten.** 2—5. Bdchn. 8. (Mit je 1 Titelbild.) Regensburg, Manz. à 1. —

Inhalt: 2. Die Gefangenen der Apachen u. ihre Befreier. Eine Erzählg. aus Neu-Mexiko u. dem angrenz. Indianergebiete. Für die Jugend bearb. v. Alban Siebenstern. (160 S.) — 3. Waldläufer u. Goldsucher. Eine Indianergeschichte aus den Wildnissen Sonoras. Für die Jugend bearb. v. Alban Siebenstern. (157 S.) — 4. Auf der Spur der Osagen. Eine Erzählg. aus dem Leben der Missouri-indianer. (159 S.) — 5. Der rote Seeräuber. Eine Erzählg. aus dem nordamerikan. Seemannsleben d. vorigen Jahrhunderts. (160 S.)

Infallibilismus u. Katholicismus. Sendschreiben an e. infallibilistisch gesinnten Freund. 2., nochmals durchgeseh. u. in e. Nachworte vervollständ. Aufl. gr. 8. (56 S.) Bonn, Cohen & Sohn. n. 1. —

Ingenieurs, d., Taschenbuch. Hrsg. v. dem Verein „Hütte". 13. umgearb. u. verm. Aufl. Mit vielen in den Text eingedr. Holzschn. 8. (1. Hälfte 336 S.) Berlin, Ernst & Korn. n. 6. 50

Ingenieur-Kalender v. 1886. Für Maschinen- u. Hütten-Ingenieure bearb. v. Ingen. H. Fehland. Mit e. Beilage. 8. Jahrg. gr. 16. (V, 286 u. 106 S.) Berlin, Springer. geb. in Ldr. u. geh. n. 3. —; in Brieftaschenform u. 4. —

Ingenieur- u. Architekten-Kalender, österreichischer, f. 1886. Ein Taschenbuch nebst Notizbuch f. Architekten, Baumeister, Civil-Ingenieure etc. [Gegründet 1867 v. Dr. R. Sonndorfer.] Seit 1883 hrsg. v. Reg.-R. Prof. Dr. R. Sonndorfer u. Doc. Ingen. J. Melan. 18. Jahrg. 2 Thle. gr. 16. (XX, 107; 194 u. 92 S. m. 1 Eisenbahnkarte.) Wien, v. Waldheim. geb. u. geh. baar n. 4. —

Inkey, Béla v., Nagyág u. seine Erzlagerstätten, im Auftrage der kön. ungar. naturwissenschaftl. Gesellschaft bearb. Mit 4 Karten-Beilagen u. 23 Abbildgn. im Text. (Ungarisch u. deutsch im Auszug aus dem Ung. Original.) gr. 4. (VIII, 175 S.) Budapest, (Kilián). n. 6. —

Innen-Architektur u. Decorationen der Neuzeit. Photograph. Orig.-Aufnahmen nach der Natur u. Lichtdr. v. Hofphotogr. Herm. Rückwardt. 1. u. 2. Lfg. gr. Fol. (à 10 Taf.) Berlin, Rückwardt. baar à 12. —

Innungs-Gesetze, die. Eine vollständ. Sammlg. der die Rechte u. Pflichten der Inngn. u. ihrer Mitglieder betr. Gesetze u. Verordngn., nebst Normalstatut f. Inngn. u. Innungs-Krankenkassen. Text-Ausg. m. erläut. Anmerkgn. 8. (VII, 146 S.) Neuwied 1886, Heuser's Verl. cart. 1. 20

Inouye, T., Bericht üb. die Privataugenklinik 1884. gr. 8. (12 S. m. 1 Taf.) Tokio. (Wiesbaden, Bergmann.) baar n.n. — 90

Installateur-Kalender pro 1886. Hrsg. v. Carl Pataky etc. Mit vielfach verm. Text. Reich illustrirt. gr. 16. (VII, 112 u. 94 S.) Berlin, Pataky. geb. in Leinw. baar n. 2. —; in Ldr. n. 2. 50

(84/1) **Institutionum** graeca praraphrasis Theophilo antecessori vulgo tributa, ad fidem librorum manu scriptorum rec., prolegomenis, notis criticis instruxit Prof. E. C. Ferrini. Accedit epistula C. E. Zachariae a Lingenthal. Pars II. Fasc. 1. gr. 8. (S. 257—320.) Berlin, Calvary & Co. n. 2. — (I. et II, 1.: n. 8. —)

—— dasselbe. Cum versione latina. Pars II. Fasc. 1. gr. 8. (Doppelſ. 256—304.) Ebd. n. 2. 40 (I. et II, 1.: n. 14. 40)

Instruktion f. die Direktoren u. Rektoren der höheren Schulen der Prov. Schleswig-Holstein. Amtlich. gr. 8. (24 S.) Schleswig, Bergas. baar n. — 60

—— über die Einrichtung u. Verwendung der stahlbronzenen Kanonen d. Belagerungs-Artillerie-Parkes. 8. (V, 205 S.) Wien, Hof- u. Staatsdruckerei. cart. n. 2. —

—— über die Erbauung der Garnisons-Backöfen f. innere Holzfeuerung [M. 1885] in stabilen Militär-Verpflegs-Magazinen. [Pläne A, B, C, D, E.] hoch 4. (6 S.) Ebd. n. 2. 40

—— über die Jäger-Büchse M/71. Für die Mannschaften. 5. Aufl. 8. (24 S.) Potsdam, Döring. baar n. — 25

—— über das Infanterie-Gewehr M/71 u. dessen Munition. Für den Unterricht d. Infanteristen abgefaßt u. durch viele Abbildgn. erläutert. 6. neu durchgeseh. Aufl. gr. 8. (39 S.) Berlin 1886, Liebel. n. — 60

—— für die Lehrer u. Ordinarien an den höheren Schulen der Prov. Schleswig-Holstein. Amtlich. gr. 8. (12 S.) Schleswig, Bergas. baar n. — 40

—— für die Militär-Aerzte zum Unterricht der Krankenträger. Vom 25. Juni 1875. gr. 8. (47 u. Nachträge 31 S. m. eingedr. Fig. u. 2 Steintaf.) Berlin, Mittler & Sohn. n. 1. —

—— für die Rechnungsrevisoren, nebst 1. Allgemeine Verfügg. vom 20. Juni 1885, betr. die Dienst- u. Geschäftsverhältnisse der Rechnungsrevisoren; 2. Allgemeine Verfügg. vom 21. Juni 1885, betr. die außerordentl. Revisionen der Kassen der Justizbehörden; 3. Allgemeine Ver-

függ. vom 22. Juni 1885, betr. die Prüfg. der Ausgabebeläge. Amtliche Ausg. 4. (22 S.) Berlin, v. Decker. n. — 60
Instruktion üb. das Schießen der Infanterie. Nach den Allerh. Bestimmgn. vom 11. Septbr. 1884 zusammengestellt. Mit Holzschn. 3. Aufl. 16. (48 S.) Potsdam, Döring. baar n. — 25
—— für die Verwaltung der Etatsfonds bei den Justizbehörden. 8. (31 S.) Berlin, Nauck & Co. n. — 40
—— über die Verwaltung der Offizier- u. der Deckoffizier-Unterstützungsfonds, sowie der Fonds zur Unterstützg. hülfsbedürftiger Familien der Mannschaften vom Feldwebel abwärts bei der kaiserl. Marine. gr. 8. (IV, 25 S.) Berlin, Mittler & Sohn. n.n. — 50
—— für die Verwaltung u. Verrechnung d. Feld-Artillerie-Ausrüstungs-Materials. 2. Aufl. 8. (VII, 122 S.) Wien, Hof- u. Staatsdruckerei. n. 1. 20
—— über die persönlichen Verhältnisse d. Zeug-Personals 1880. Unveränd. Abdr. der Aufl. v. 1880. 8. (63 S.) Berlin, v. Decker. cart. baar — 60
—— für den Unterricht an den Gymnasien in Österreich. Einzige, vom k. k. Ministerium f. Cultus u. Unterricht autoris. Ausg. gr. 8. (XXVI, 316 S.) Wien 1884, (Manz). n. 3. —
—— dasselbe. 2. Abdr. gr. 8. (III, 416 S.) Wien, Pichler's Wwe. & Sohn. n. 4. —
—— für den Unterricht an den Realschulen in Österreich im Anschlusse an e. Normallehrplan. 3. Aufl. [Unveränd. Abdr. d. Textes vom J. 1881.] gr. 8. (320 S.) Wien 1883, (Manz). n. 2. —
—— dasselbe. gr. 8. (386 S.) Wien, Pichler's Wwe. & Sohn. n. 3. 50
Jochmann, E., u. O. **Hermes**, Grundriss der Experimentalphysik u. Elemente der Astronomie u. mathematischen Geographie. Zum Gebrauch beim Unterricht auf den höheren Lehranstalten u. zum Selbstudium. Mit 377 Holzschn., 4 meteorolog. Taf. m. 2 Sternkarten. 9. verb. Aufl. gr. 8. (XIV, 441 S.) Berlin, Winckelmann & Söhne. geb. baar n. 5. 30
Johann, Erzherzog, Einblicke in den Spiritismus. 5. Aufl. [13—15. Tausend.] 8. (102 S.) Linz, Ebenhöch. n. 1. —
Johannson, Herm., e. experimenteller Beitrag zur Kenntniss der Ursprungsstätte der epileptischen Anfälle. Inaugural-Dissertation. gr. 8. (114 S. m. 1 Steintaf.) Dorpat, (Karow). baar n. 2. —
Johannssen, Dr. Herm., der Ausdruck d. Concessivverhältnisses im Altfranzösischen. gr. 8. (70 S.) Kiel, Lipsius & Tischer. n. 1. 80
Johannssen, Lehr. J. H., Hamburger Vorschriften. 1. u. 2. Tl. 3. Aufl. qu. 8. (21 u. 16 S.) Hamburg, Boysen. cart. n. 1. —
Jókai, Maurus, Mein, Dein, Sein. Roman. 2. Aufl. 8. (312 S.) Berlin, Janke. n. 2. —
—— der letzte Pascha v. Ofen. Historischer Roman. Einzig autoris. Uebersetzg. v. Ludw. Wechsler. [Der letzte Pascha v. Ofen. — Bolivar.] 8. (257 S. m. Portr. d. Verf.) Dresden, Minden. n. 3. 50
—— der Zigeunerbaron u. andere Novellen. 8. (302 S.) Breslau 1886, Schottländer. n. 4. —; geb. n. 5. —
Jonas', Justus, Briefwechsel, s.: Kawerau, G.
Jonas, Prof. Gymn.-Oberlehr. Dr. Rich., e. deutsches Handwerker-Spiel, nach e. handschriftl. Ueberlieferg. aus den königl. Staatsarchiv zu Posen hrsg. [Aus: „Zeitschr. d. histor. Gesellsch. zu Posen".] gr. 8. (53 S.) Posen, Jolowicz. n. 1. 50
Jöndl, G., Wallenstein, s.: Volks- u. Jugend-Bibliothek.
Jordan, A., moderne Dioskuren. Humoreske. 8. (48 S.) Cannstatt, Stehn. n. 1. —

Jordan, H., quaestiones Theognideae. gr. 4. (16 S.) Königsberg, Hartung. n. 1. 50

(78/1) —— Topographie der Stadt Rom im Alterthum. 1. Bd. 2. Abth. Mit 5 Taf. Abbildgn. u. 1 Plan. gr. 8. (V, 487 S.) Berlin, Weidmann. n. 8. — (I, 1. u. 2.: n. 14. —)

Jordan, Past. Herm., was weinest du? Trost-Predigten f. Trauernde. gr. 8. (82 S.) Quedlinburg, Vieweg in Comm. baar n. 1. —

Jordan, Prof. Dr. W., Grundzüge der astronomischen Zeit- u. Ortsbestimmung. Mit zahlreichen in den Text gedr. Holzschn. gr. 8. (VII, 390 S.) Berlin, Springer. n. 10. —

Josenhans, weil. Missionsinsp. Jos., ausgewählte Reden, bei verschiedenen Anlässen geh. Hrsg. v. Pfarrern Cornelius Josenhans u. Glob. Gutbrod. 8. (VII, 242 S.) Basel 1886, Missions-Buchh. n. 1. 60; geb. n. 2. —

Joseph's II. Biographie, s.: Brunner, S.

Josephson, Past. Johs., Abschiedspredigt, geh. am 2. Ostertage, den 6. Apr. 1885, in der Kirche zu Deilinghofen üb. Hebr. 13, Vers 20 u. 21. 8. (12 S.) Moers, Spaarmann. — 20

Jost, Ed., Landstuhl u. Ebernburg. Geschichtliche Erzählg. aus den J. 1522 u. 1523. 8. (III, 111 S.) Kaiserslautern, Rohr. n. — 50

Jostes, Privatdoc. Dr. Frz., die Waldenser u. die vorlutherische Bibelübersetzung. Eine Kritik der neuesten Hypothese. gr. 8. (44 S.) München, Schöningh. n. 1. —

Joubert, J., Lehrbuch der Electricität u. d. Magnetismus, s.: Mascart, E.

Irving, Washington [Geoffrey Crayon, Gent.], the sketch book. Mit Erläutergn. versehen v. J. H. Lohmann. 2., völlig umgearb. Aufl. v. Dr. G. Langreuter. gr. 8. (VIII, 319 S.) Quedlinburg, Basse. n. 2. 50

(84/2) —— das Skizzenbuch v. Geoffrey Crayon, Esquire. Wortgetreu nach H. R. Mecklenburg's Grundsätzen aus dem Engl. übers. v. Dr. R. T. 2. u. 3. Hft. 32. (S. 65—192.) Berlin, H. R. Mecklenburg. à n. — 25

Ischl u. seine Umgebungen. Unter gleichzeit. Berücksicht. Gmunden's sowie d. gesammten Salzkammergutes. Mit Ansicht u. Plänen v. Ischl u. Gmunden u. e. Karte d. Salzkammergutes. 7. Aufl. 12. (135 S.) Gmunden, Mänhardt. n. 2. —

Israel, B., die Geschäftsresultate der österr.-ungar. Lebensversicherungs-Gesellschaften u. der ausländischen Lebensversicherungs-Gesellschaften in Oesterreich im J. 1884. Mit 4 Plano-Tabellen. 9. Jahrg. Statistisch dargestellt. gr. 8. (24 S.) Wien, Edm. Schmid. n. 1. 60

(85/1) **Israel-Holtzwart**, Realgymn.-Oberlehr. Dr. Karl, Elemente der theoretischen Astronomie, f. Studierende bearb. 2. Abtlg. gr. 8. Wiesbaden, Bergmann. n. 5. 60 (1. u. 2.: n. 12. —)

Inhalt: Berechnung der Finsternisse. Meteorbahnen. Stellarastronomie. (VIII, 168 S. m. 39 eingedr. Fig.)

Ist die Lehre vom tausendjährigen Reich biblisch begründet u. ist sie der Kirche v. Nutzen? Eine kirchl. Zeitfrage, beantwortet v. e. Laien. Mit e. Erklärg. v. Offenb. Joh. 1,7 hrsg. v. Past. em. K. W. Vetter. 8. (24 S.) Schreiberhau. Breslau, Dülfer in Comm. n. — 25

Judeich, Geh. Ob.-Forstr. Dir. Dr. Frdr., die Forsteinrichtung. 4., verm. u. verb. Aufl. Mit 1 Karte in Farbendr. gr. 8. (XII, 514 S.) Dresden, Schönfeld. geb. n. 10 —

Judenthum, das, im eigenen Spiegel beleuchtet v. e. Juden. gr. 8. (54 S.) Berlin, Bernhardi. baar n. 1. —

(85/1) **Jugend**, deutsche. Hrsg. v. Jul. Lohmeyer. Neue Folge. 1. Bd. 12 Hfte. hoch 4. (1. Hft. 36 S. m. eingedr. farb. Illustr.) Berlin, Simion. à Hft. n. 1. —

(83/2) **Jugend**, der, Spiel u. Beschäftigung. Illustrierte Zeitschrift f. Spiel, Beschäftigg., Unterhaltg., Handfertigkeit u. Hausfleiß. Red. v. Stadtschulr. Dr. Vorbrodt. 3. Jahrg. 1886. 24 Nrn. (1½ B. m. Illustr.) gr. 4. Leipzig, Leipziger Lehrmittelanstalt v. Dr. O. Schneider. Vierteljährlich baar n. 1. 50

(83/2) **Jugendbibliothek**. Unter Mitwirkg. hervorrag. Schulmänner hrsg. Joh. Geo. Rothaug. 2. Abth. f. Kinder von 10—12 Jahren. 3. Bdchn. 8. Prag, Tempsky. geb. (à) n. — 80
Inhalt: Wolfgang u. Nannerl. Mozart's Kindheit, bearb. v. Fanny Petritsch. Mit 4 Abbildgn. (72 S.)

(84/2) —— dasselbe. 3. Abth. f. Kinder von 12—15 Jahren. 6—8. Bdchn. 8. Ebd. geb. à n. — 80
Inhalt: 6. Muth u. Kindesliebe. Eine Erzählg. aus dem 30jähr. Kriege. Von Willibald Holzner. Mit 4 Abbildgn. (68 S.) — 7. Die Schlacht bei St. Gotthard. Eine Erzählg. aus der Zeit der Türkenkriege im 17. Jahrh. Von Hanns v. der Sann. Mit 4 Abbildgn. (84 S.) — 8. Alexander d. Großen Leben u. Thaten Von Dr. Wilh. Jerusalem. Mit 1 Titelbild. (79 S.) 1886.

(84/1) —— christliche. 15. Bd. 12. Berlin, Hauptverein f. christl. Erbauungsschriften. cart. baar n.n. — 40
Inhalt: Himmelsschlüssel. Eine Erzählg. f. junge Mädchen von Else v. Manteuffel. (63 S.)

(84/2) —— neue. Nr. 849—851. (Schulausg.) 8. (Mit je 1 Chromolith.) Mülheim, Bagel. cart. à n. — 50; m. Farbendr.-Umschlag à — 60
Inhalt: 849. Schill u. seine 11 Offiziere od. das Heldengrab zu Wesel. Eine vaterländ. Erzählg. f. Jugend u. Volk v. L. Würdig. (93 S.) — 850. O Straßburg, o Straßburg, du wunderschöne Stadt! Eine Jugend- u. Volkserzählg. v. L. Würdig. (95 S.) — 851. Diesseit u. jenseit d. Oceans od. Vater, Sohn u. Enkel. Eine Jugend- u. Volks-Erzählg. v. L. Würdig. (94 S.)

(84/2) **Jugend- u. Volksbibliothek**, deutsche. 101—105. Bdchn. 12. (Mit je 1 Titelbild.) Stuttgart, J. F. Steinkopf. cart. à — 75
Inhalt: 101. Maria, die Kleidermacherin. Von Adelheid Eberhardt-Bürck. (141 S.) — 102. Der arme Mann im Tockenburg. Eine wahre Geschichte aus dem Schweizerland, f. jung u. alt hrsg. v. Dr. Ghold. Klee. (115 S.) — 103. General Gordon, der Held u. Christ. Sein Leben, erzählt v. Pfr. Th. Kübler. (115 S.) — 104. Der Jüngling zu Nain. Von Dr. J. Paulus. (120 S.) — 105. Altes u. Neues aus den Altmühlbergen. Von W. Stöber. [Der Schulmeister v. Zimmern. Der Krücken-Mattes. Einer v. unsere Leut'.] (141 S.)

—— dasselbe. 40. Bdchn. 12. (Mit 1 Titelbild.) Ebd. cart. — 75
Inhalt: O Straßburg, Du wunderschöne Stadt! Alte u. neue, freudvolle u. leidvolle, fremde u. eigene Erinnergn. e. Feldpredigers vor Straßburg im J. 1870. Von Emil Frommel. 3. Aufl. (128 S.)

Jugenderinnerungen e. alten Mannes [Wilh. v. Kügelgen]. 12. Aufl. 8. (VIII, 498 S.) Berlin, Hertz. n. 3. —; geb. n. 4. —

Jugendfeind, der, u. seine Bekämpfung nach der Schrift u. nach eigenen Erfahrungen. Von e. Jugendfreunde. 16. (20 S.) Berlin 1884, Deutsche Evangel. Buch- u. Tractat-Gesellschaft. n. — 5

Jugendfreuden. Bilderbuch m. 10 bewegl. (chromolith.) Bildern. gr. 4. (10 Bl. Text.) Fürth, Schaller & Kirn. geb. baar 3. —; m. Goldpressg. u. innerem Titelbild 3. 50

(84/2) **Jugendgarten**, der. Eine Festgabe f. die Jugend [Knaben u. Mädchen]. Gegründet v. Ottilie Wildermuth. 10. Bd. Mit 8 farb. u. 12 Tondr.-Bildern. gr. 8. (VI, 427 S.) Stuttgart, Kröner. cart. (à) 6. —; geb. (à) 6. 75

Jugendkalender, deutscher, nebst Aufgabenbuch f. 1886. 16. (142 S.) Hildburghausen, Gadow & Sohn. cart. n. — 30

(84/2) **Jugendschatz**, deutscher. Orig.-Erzählungen f. Knaben u. Mädchen im Alter v. 10—13 Jahren. 11—15. Bdchn. (3. Jahrg.) 8. (Mit je 1 Chromolith.) Kattowitz, Siwinna. cart. à n. — 75; in 1 Bd. cart. n. 3. 75
Inhalt: 11. Sonnenwende od. die Macht des Gebets. Harte Jugend — frohes Alter. Des Hauses Ehre. Von H. M. Frey. (71 S.) — 12. Parterre u. Kellerwohnnng

Irma's Tagebuch. Der Zukunftsspiegel. Herr Ruprecht. 4 Erzählgn. v. Clementine Sprengel. (141 S.) — 13. Die Geschwister v. Eschenweiler. Erzählung von Anna v. Gerzabek. (107 S.) — 14. Ludwig od. aus eigener Kraft. Erzählung v. Kurd Grosse. (92 S.) — 15. Aschenbrödel od. der Onkel aus Amerika. Erzählung v. Klara Reichner. (112 S.)

Juhász, Jos., das Richard Wagner-Theater in Italien. Erinnerung an die Aufführgn. d. „Ring d. Nibelungen". 2. Aufl. 8. (50 S.) Berlin, Zipf. n. 1. —

Juist. Kleiner Führer f. Badegäste, nebst Flut-Tabelle, Fahrplänen, Taxen, Baderegeln, Ausflügen. Saison 1885. 32. (VIII, 72 S.) Norden, Soltau. n. — 40

Julius, der Mörder u. sein Weib. Komische Duoscene. 8. (14 S.) Wien, Neidl. n. — 40

—— er braucht e. Regenschirm. Komische Scene. gr. 8. (16 S.) Ebd. n. — 40

Juliusburger, Osc., Beiträge zur Kenntniss v. den Geschwüren u. Stricturen d. Mastdarms. Inaugural-Dissertation. gr. 8. (128 S.) Breslau 1884, (Köhler). baar n. 1. —

Junckerstorff, Alfr., die Arbitrage. Münz- u. Währungs-Verhältnisse. Das Prämien- u. Stellagegeschäft. Praktische Darstellg., f. die deutschen Börsen bearb. 2. unveränd. Aufl. 8. (138 S.) Berlin, Haude & Spener. geb. n. 2. —

Jung, Alex., die Harfe v. Discatherine. Bekenntnisse e. Dichter-Philosophen. Ein Seitenstück zu d. Verf. Roman Rosmarin. 2 Bde. gr. 8. (IX, 284 u. III, 235 S.) Leipzig, Friedrich. n. 10. —

Jung, Hofr. F. W., Handbuch der Dichtkunst od. Reimlexicon. Neu bearb. v. Aug. Hager. 8. (V, 90 S.) Chemnitz, Hager. — 75

Jung, Lehr. Frdr., der Reg.-Bez. Wiesbaden. [Heimatkunde.] Handbüchlein beim Unterrichte in der Geographie. 7. Aufl. Mit 1 (chromolith.) Übersichtskarte d. Regierungsbezirks. 8. (60 S.) Wiesbaden 1886, Limbarth. n. — 40

Junge, Hauptlehr. Frdr., Naturgeschichte in der Volksschule. I. gr. 8. Kiel, Lipsius & Tischer. n. 2. 80; geb. n. 3. 60

Inhalt: Der Dorfteich als Lebensgemeinschaft. nebst e. Abhandlg. üb. Ziel u. Verfahren d. naturgeschichtl. Unterrichts. (XII, 250 S.)

Jungfrauen-Tribut, der, d. modernen Babylon. [Enthüllungen der „Pall Mall Gazette".] Einzige vollständ. deutsche Uebersetzg. gr. 8. (VIII, 104 S.) Budapest, Grimm. n. 1. —

—— dasselbe. 12. (87 S.) Hamburg, Schardius. baar — 60

—— dasselbe. 1—3. Aufl. 8. (72 S.) München, Merhoff. baar — 50

—— dasselbe, aus dem Engl. v. Jos. Cymba. 8. (48 S.) Pressburg, Heckenast's Nachf. baar n. 1. —

Junghanns u. Schmid, das Schwein, s.: Landmanns, d., Winterabende.

Junghanns, Th., s.: Muttersprache, die.

—— deutsche Schrachschule, s.: Baron, M.

Junghans, Sophie, Helldunkel. Roman. 2. Bde. 8. (359 u. 468 S.) Leipzig, Reißner. n. 9. —; geb. n. 10. —

Junghans, Prof. W., neuer Liederhain. Sammlung mehrstimm. Lieder f. Schule u. Haus. 2. Abtlg. Jünglings- u. Männerlieder. Für Männerstimmen gesetzt. 2. Hft. 2. Aufl. Lex.-8. (32 S.) Hannover, Hahn. n. — 50

Jüngling, Priest. Ew. Aug., Paradies der christlichen Seele. Katholisches Gebetbuch. 16. (XVI, 562 S. m. chromolith. Titel u. 1 Stahlst.) Salzburg, Pustet. 1. 80

Jungmann, Prof. D. Bern., institutiones theologiae dogmaticae specialis. Tractatus de novissimis. Ed. III. gr. 8. (346 S.) Regensburg, Pustet. 3. 30

Jungnitz, Regens Benef. Kust. J., Geschichte der Dörfer Ober- u. Nieder-Mois im Neumarkter Kreise. Nach archival. Quellen dargestellt. gr. 8. (V, 287 S. m. Holzschn.) Breslau, Aderholz in Comm. n. 3. —

Jungnitz, Regens Benef. Kuſt. J., die heilige Hedwig. Ein Heiligenbild f. das chriſtl. Volk. Mit dem (Stahlſt.-) Bilde der Heiligen. 12. (VII, 132 S.) Breslau, Aderholz. n. 1. —

Junk, Stadtbaumstr. D. V., Wiener Baurathgeber. Allgemeine Arbeits- u. Materialpreise im Baufache, f. den Bereich v. Oesterreich-Ungarn zusammengestellt. Mit e. Anh. üb. Assekuranz-Schätzgn. Unentbehrliches Handbuch f. jeden Bauführer, Schätzmann, Ingenieur etc. 3. verm. u. verb. Aufl. Mit 593 Illustr. gr. 8. (VII, 807 S.) Wien, Spielhagen & Schurich. n. 9. —; geb. baar n. 10. —

Jüptner v. Jonstorff, Hanns Frhr., praktisches Handbuch f. Eisenhütten-Chemiker. Mit 2 Taf. u. 75 Textfig. gr. 8. (XII, 324 S.) Wien, Faesy. n. 7. 20

Juristen-Kalender, Fromme's österreichischer, f.d.J.1886. 14.Jahrg. Red. v. Hof- u. Ger.-Adv. Dr. Jos. Frühwald. gr. 16. (VIII, 201 u. 192 S.) Wien, Fromme. geb. baar 3. 20

Jürs, Heinr., ſpaßige Rimels. Plattdeutſche humoriſt. Dichtgn. 1. Thl. 2. Aufl. 8. (VIII, 152 S.) Hamburg 1886, Kramer. n. 2. —

Juſti, F., Geſchichte der orientaliſchen Völker im Altertum, ſ.: Weltgeſchichte, allgemeine.

Juſtinus, Osc., e. Photographie-Album. Augenblicksbilder aus der Geſellſchaft. 12. (96 S.) Berlin, Steinitz & Fiſcher. geb. 2. —

(83/2) **Juſtiz-Statiſtik,** deutſche. Bearb. im Reichs-Juſtizamt. 2. Jahrg. gr. 8. (VIII, 265 S.) Berlin, Puttkammer & Mühlbrecht. cart. n. 8. — (1. u. 2.: n. 13. —)

Juſtus, Thdr., um Geld u. Gut. Eine Erzählg. aus den Marſchen. 8. (64 S.) Reutlingen, Enßlin & Laiblin. — 20

—— in Sturmesfluten. Auf dem Moor. Zwei Erzählgn. 8. (62 S.) Ebd. — 20

—— der Weſterhof. Erzählung. Neue Ster.-Aufl. 8. (48 S.) Ebd. — 15

—— aus böſer Zeit od. der Fall v. Weinsberg. Geſchichtliche Erzählg. aus dem Bauernkrieg. 8. (42 S.) Ebd. — 15

Jütting, Sem.-Dir. a. D. Dr. W. U., Bilder aus der jüngſten Vergangenheit d. oſtrieſiſchen Volksſchulweſens. [Aus: „Sprachl. u. pädagog. Abhandlgn."] gr. 8. (38 S.) Leipzig (1874), Siegismund & Volkening. cart. n. — 80

—— Fibel od. Lehr- u. Leſebuch f. das erſte Schuljahr. Ausg. f. Lehrer. Neue Bearbeitg. gr. 8. (XVI, 87 S.) Leipzig, Klinkhardt. n. — 50

—— der Schreibleſeunterricht nach der Realmethode. [Aus: „Sprachl. u. pädagog. Abhandlgn."] gr. 8. (56 S.) Leipzig (1874), Siegismund & Volkening. cart. n. 1. 20

—— der Unterricht im Deutſchen f. das erſte Schuljahr. Die Lautlehre, den Anſchauungsunterricht u. den Schreibleſeunterricht umfaſſend. gr. 8. (XII, 316 S.) Leipzig, Klinkhardt. n. 3. 60

—— zum deutſchen Unterrichte. [Aus: „Sprachl. u. pädagog. Abhandlgn."] gr. 8. (76 S.) Leipzig (1874), Siegismund & Volkening. cart. n. 1. 20

—— u. Hugo Weber, die Heimat. 3. Lehr- u. Leſebuch zur Pflege nationaler Bildg. A u. Bb. Ausg. f. 5- bis 8klaſſ. Schulen. 4. Schulj. 18. Aufl. gr. 8. (207 S. m. eingedr. Holzſchn.) Leipzig, Klinkhardt. n. — 80; geb. n.n. 1. 10

(85/1) **Iwanoff,** Alex., Darstellungen aus der heiligen Geschichte. Hinterlassene Entwürfe. 11. Hft. qu. Fol. (15 Chromolith.) Berlin, Asher & Co. in Comm. In Mappe. baar (à) n.n. 80. —

Kaan, Hilfsarzt Hans, üb. Beziehungen zwischen Hypnotismus u. cerebraler Blutfüllung. Eine Studie. Mit 3 Taf. gr. 8. (35 S.) Wiesbaden, Bergmann. n. 2. —

Kabath, Dr. Jos., biblische Geschichte d. alten u. neuen Testaments, im Auszuge f. kathol. Volksschulen, m. Beifügg. der Sonn- u. Feiertags-Evangelien, der chronolog. Zeittafeln u. e. Karte v. Palästina rc. Nach seinem größeren Werke bearb. 41. Aufl., m. Abbildgn. 8. (127 u. 48 S.) Breslau, Korn. n.n. — 50

Kaden, Wold., neue Welschland-Bilder u. Historien. gr. 8. (VI, 418 S.) Leipzig 1886, Elischer. n. 6. —; geb. n. 7 50

(85/1) —— u. Maler Herm. **Nestel**, die Riviera. 12—14. (Schluss-) Lfg. Fol. (VIII, u. S. 1—16 u. 225—242 m. eingedr. Holzschn., Holzschntaf. u. 1 Chromolith.) Stuttgart, Spemann. baar à n. 2. — (cplt.: n. 28. —; geb. n.n. 35. —)

Kaderábek, Gymn.-Prof. Doc. Dr. Eug., Wissen u. Glauben. Was ist schön? 2 philosophisch-krit. Vorträge. gr. 8. (56 S.) Wien, (Edm. Schmid). n. 1. —

Kaeding, Lehr. F. W., der Unterricht in der Stolze'schen Stenographie. Eingehende Darstellg. d. Systems u. e. zweckmäß. Leitg. v. Unterrichtskursen. Für Lehrer, sowie zur Unterstützg. d. Selbstunterrichts u. zur Erleichterg. der häusl. Arbeiten f. die Teilnehmer an Unterrichtskursen bearb. 2. verb. u. vervollständ. Aufl. 8. (XII, 81 S., wovon 24 autogr.) Berlin, Mittler & Sohn. n. 2. 25

Kägi, Pfr. J., „Ich bin der Herr, dein Arzt." Ein Wort der Mahng. u. der Warng. f. Kranke u. ihre Freunde. 2. verm. Aufl. 8. (23 S.) Basel, Detloff. n. — 35

Kaehlbrandt, weil. Propst Past. Bernh., Zeugnisse v. Christo. Predigten aus dem schriftl. Nachlaß. gr. 8. (IX, 230 S.) Riga, Stieda. n. 3. —

Kahle, Reg.- u. Schulr. F. Herm., die Geschichte d. Reiches Gottes im alten u. neuen Bunde, s.: Hilfsbuch beim evangelischen Religions-Unterricht.

—— Grundzüge der evangelischen Volksschulerziehung. Für Seminaristen u. Lehrer, wie auch zum Gebrauch in Lehrerbildungsanstalten. 2 Abtlgn. in 1 Bde. Mit 6 Holzschn. 6. verb. Aufl. gr. 8. (XVI, 343 u. 255 S.) Breslau, Dülfer. n. 7. —

—— der kleine Katechismus Luthers, s.: Hilfsbuch beim evangelischen Religions-Unterricht.

Kähler, Past. Ernst Chr. A., Daniel Quorm u. seine religiösen Meinungen. Für das deutsche Christenvolk bearb. Nach dem Engl. d. Mark Guy Pearse. Mit Titelbild. 8. (VIII, 150 S.) Basel, Spittler. n. 1. 20

Kaiser, Dir. Karl, Reise durch Skandinavien im Sommer 1884. Mit 40 Illustr. 8. (VIII, 216 S.) Barmen, Wiemann. n. 3. —; geb. baar n. 4. —

Kaiser, W., Handbuch f. den deutschen Unterricht auf höheren Schulen, s.: Hoff, L.

Kaiser-Büchlein. Kaiser Wilhelm als Christ. 23. Aufl. gr. 8. (48 S.) Heilbronn, Henninger. n. — 20

Kaiser-Kalender f. d. J. 1886. Ausg. f. Westfalen. 8. (80 S. m. Illustr.) Gütersloh, Bertelsmann. baar — 25

—— 1886. 8. (50 S. m. Illustr.) Anklam. (Leipzig, Buchh. d. Vereinshauses.) n. — 15

—— deutscher, f. d. J. 1886. Mit e. (chromolith.) Titelbilde u. zahlreichen Illustr. 12. (160 S.) Landsberg a/W., Volger & Klein. n. — 50

—— illustrirter neuer deutscher, f. d. J. 1886. gr. 4. (112 S. m. Illustr., 1 Farbendr., 1 Karte in Farbendr. u. 1 Wandkalender.) Augsburg, Gebr. Reichel. n. — 60

Kaißer, Sem.-Oberlehr. B., der Führer zu den Hohenstaufen-Denkmalen Burren, Wäscherschlößchen, Hohenstaufen, Wäschenbeuren, Kloster Lorch. Mit 1

Titelbild, e. Rundsichtsplan v. Staufens Fernsicht, 3 weiteren Illustr. u. 1 Kärtchen üb. röm. Alterthümer. Nach Quellen bearb. u. aus eigener Anschaug. geschildert. 2. gänzlich umgearb. Aufl. 12. (III, 127 S.) Schw. Gmünd, Schmid. n. 1. —

Kaizl, Prof. Dr. Jos., die Verstaatlichung der Eisenbahnen in Österreich. gr. 8. (VIII, 123 S.) Leipzig, Duncker & Humblot. n. 2. 80

Kakujay, Karl, Hilfs- u. Handbuch f. den naturgeschichtlichen Unterricht in den Oberklassen der Volksschulen u. den Wiederholungsschulen. gr. 8. (VIII, 173 S.) Budapest, Lampel. n. 1. 20

Kalender, allgemeiner, f. den Bürger u. Landmann auf d. J. 1886. 96. Jahrg. 4. (37 S.) Kempten, Dannheimer. n. — 20

— amerikanischer, f. deutsche Lutheraner auf d. J. 1886. 4. (48 S.) St. Louis, Mo. (Dresden, H. J. Naumann.) baar n. — 40

— Berliner, f. alle jüdischen Gemeinden auf d. J. 5646 vom 10. Septbr. 1885 bis 29. Septbr. 1886 v. Dr. J. Heinemann. Hrsg. aus dessen Nachlaß. 16. (60 S.) Berlin, Abf. Cohn. n. — 50; m. Pap. durchsch. baar n. — 75; ohne Märkte (16 S.) — 30

— des Blauen Kreuzes. [Vertritt die Sache d. Mäßigkeitsvereins vom Blauen Kreuz.] 1886. 4. Jahrg. 8. (105 S.) Bern. Leipzig, Buchh. d. Vereinshauses in Comm. baar n.n. — 20

— des „Boten aus dem Riesengebirge" f. d. J. 1886. 12. Jahrg. Mit Illustr. gr. 16. (70 u. 134 S.) Hirschberg, Actiengesellschaft „Bote aus dem Riesengebirge". baar n. — 50

— für den Bürger u. Landmann auf d. J. 1886. 31. Jahrg. 4. (44 S. m. Illustr.) Sulzbach, v. Seidel. n. — 20

— für katholische Christen auf d. J. 1886. 46. Jahrg. gr. 8. (136 S. m. Illustr.) Ebd. n. — 80

— deutscher, 1886 m. 28 Orig.-Zeichngn. v. E. Döpler d. j. 4. (28 S. in vierfarb. Druck auf Büttenpap.) Berlin, R. Kühn. baar 1. 50

— deutsch-nationaler, f. Oesterreich auf d. J. 1886, geleitet v. Carl W. Gawalowski. gr. 8. (LXIV, 96 S. m. Illustr.) Graz, Goll. n. — 72

— für Eisenbahn-Techniker. Bearb. unter Mitwirkg. v. Fachgenossen durch Ob.-Ingen. E. Heusinger v. Waldegg. 13. Jahrg. 1886. Nebst e. Beilage, e. neuen (chromolith.) Eisenbahnkarte u. zahlreichen Abbildgn. im Text. 8. (VIII, 332 u. 127 S.) Wiesbaden, Bergmann. geb. u. geh. n. 4. —; Ausg. m. Stahlverschluss baar n. 4. 60

— für Eisenbahn-Verwaltungs- u. Betriebs-Beamte im Deutschen Reich v. Geh. exped. Secr. Kalkul. a. D. H. Kosub. Jahrg. 1886. 2 Thle. gr. 16. (VIII, 256 u. VI, 98 S.) Berlin, M. Schulze. geb. u. geh. n. 3. —

— evangelisch-lutherischer, 1886. Hrsg. v. der Evang.-luth. Gesellschaft f. innere u. äußere Mission in Elsaß-Lothringen. 4. (80 S. m. Illustr.) Straßburg, Vomhoff in Comm. baar n.n. — 24

— für die bayerischen Feuerwehren auf d. J. 1886. 15. Jahrg. 8. (85 S. m. Illustr.) Sulzbach, v. Seidel. n. — 30

— für Gas- u. Wasserfachtechniker. Zum Gebrauche f. Dirigenten u. techn. Beamte der Gas- u. Wasserwerke, sowie f. Gas- u. Wasserinstallateure. Bearb. v. Ingen. G. F. Schaar. 9. Jahrg. 1886. 2 Thle. gr. 16. (V, 228 u. 35 S.) München, Oldenbourg. geb. u. geh. n. 4. —

— Berliner genealogischer, auf 1886. Mit (4) Stahlst. u. zahlreichen (eingedr.) Holzschn. 36. Jahrg. 8. (294 S.) Berlin, Trowitzsch & Sohn. n. 1. 50; geb. 3. —

— für die bayer. Gymnasialprofessoren, Studienlehrer u. Gymnasialassistenten auf d. Schulj. 1885/86. Bearb. v. Klassverw. F. J. Hildenbrand. 4. Jahrg. 2 Tle. gr. 16. (VI, 196 u. V, 97 S.) Miltenberg, Halbig. geb. u. geh. n. 1. 20

Kalender zu Ehren der hochheiligsten Herzen Jesu u. Maria f. das liebe Volk auf d. J. 1886. Von P. Gfr. Hacker. Große Ausg. Mit vielen Bildern u. Jahrmarktsverzeichniß. 4. (132 S.) Winterberg, Steinbrener. baar n. — 58

—— dasselbe. Kleine Ausg. Mit Monatsvignetten u. vielen Illustr. 4. (100 S.) Ebd. baar n. — 42

—— historischer, od. der hinkende Bot auf d. J. 1886. 159. Jahrg. 4. (89 S. m. Illustr.) Bern, Jenni. baar n. — 40

—— historisch-geographischer auf d. J. 1886 f. die königl. preuß. Provinzen Brandenburg, Pommern u. Sachsen. 4. (56 S. m. 1 Holzschn.-taf.) Berlin, Trowitzsch & Sohn. n.n. — 75

—— der „Humoristische Blätter" f. 1886. 8. (96 S. m. Illustr.) Berlin, (Burmester & Stempell). — 50

—— illustrirter, f. Hunde-Liebhaber, -Züchter u. -Aussteller auf d. J. 1886, hrsg. unter Mitwirkg. v. hervorrag. Kynologen von R. v. Schmiedeberg. 8. (111 S. m. eingedr. Holzschn.) Leipzig, E. Twietmeyer. n. 1. 35

—— für den österreichischen Landmann auf d. J. 1886. Hrsg. v. der k. k. Landwirthschafts-Gesellschaft in Wien. Mit vielen Holzschn. 17. Jahrg. gr. 8. (118 S.) Wien, Fromme. baar — 80

—— für den Landwirt der österreichischen Alpenländer m. Tabellen zur landwirtschaftlichen Buchführung f. 1886. Von der k. k. Landwirtschafts-Gesellschaft f. Kärnten. 2. Jahrg. gr. 4. (106 S.) Klagenfurt, v. Kleinmayr. cart. n. 1. 20

—— für die landwirthschaftlichen Gewerbe Brennerei, Preßhefe-, Essig- u. Stärkefabrikation f. die Campagne 1885—1886. 4. Jahrg. Hrsg. v. dem Verein der Spiritusfabrikanten in Deutschland. 2 Thle. 16. (VIII, 303 u. 221 S.) Berlin, Parey. geb. in Leinw. u. geh. n. 3. —; in Ldr. n. 4. —

—— landwirthschaftlicher. Hrsg. auf Veranlassg. d. landwirthschaftl. Haupt-Vereins Münster. 9. Jahrg. 1886. gr. 16. (237 S.) Münster, Aschendorff. geb. n.n. 1. —

—— für Lehrer an den technischen Mittelschulen Bayerns auf d. Schulj. 1885/86. Bearb. v. Reallehr. F. Fischer. 1. Jahrg. 2 Tle. gr. 16. (VI, 167 u. IV, 60 S.) Miltenberg, Halbig. geb. u. geh. n. 1, 20

—— fürstl. Lippischer, auf d. J. 1886. 4. (71 S.) Detmold, Meyer. — 30

—— für Maschinen-Ingenieure. Unter Mitwirkg. bewährter Ingenieure hrsg. v. Civ.-Ingen. Wilh. Heinr. Uhland. 12. Jahrg. 1886. Mit 1 (chromolith.) Eisenbahnkarte u. 431 (eingedr.) Illustr. gr. 16. (IV, 281 u. 56 S.) Leipzig, Baumgärtner. geb. in Leinw. n. 3. —; in Ldr. n. 5. —

—— auf d. J. 1886 f. die Großherzogthümer Mecklenburg. gr. 4. (56 S.) Wismar, Hinstorff's Verl. geb. n. 1. 20

—— großherzogl. Mecklenburg-Schwerinscher u. Mecklenburg-Strelitzer, auf d. J. 1886. Mit Bildern. 8. (48 S.) Ebd. — 15

—— Mecklenburg-Strelitzischer, auf d. J. 1886. 16. (38 S.) Neustrelitz, (Jacoby). n. — 20

—— Fromme's montanistischer, f. Oesterreich-Ungarn 1886. 10. Jahrg. Red. v. Commerc.-R. Vict. Wolff. gr. 16. (VIII, 207 S.) Wien, Fromme. geb. baar 3. 20

—— für Musiker u. Musikfreunde. Mit Katechismus der Musik, Führer durch die Klavierlitteratur, Tonkünstlerlexikon, Urheberrechtsgesetzen, Litterarverträgen u. prakt. Unterrichtstabellen. Hrsg. v. Gust. Damm [Thdr. Steingräber]. 1886. 16. (IV, 302 S.) Hannover, Steingräber. geb 1. —

Kalender, nautischer, f. d. J. 1886. Taschenbuch f. Schiffscapitaine. Durch viele u. sehr. wicht. Zusätze verm. v. Navig.-Lehr. W. Döring. 8. Jahrg. 8. (54 S.) Papenburg, Rohr. n. — 40
— neumärkischer, f. d. J. 1886. Mit 1 (chromolith.) Titelbilde u. zahlreichen Illustr. 12. (175 S.) Landsberg a/W., Volger & Klein. — 50
— neuer u. alter ost- u. westpreußischer, auf d. J. 1886. 12. (XXVIII, 83 S.) Königsberg, Hartung. — 45; durchsch. — 50
— pharmaceutischer, 1886. Mit Notizkalender zum tägl. Gebrauch, nebst Hilfsmitteln f. die pharmaceut. Praxis. Hrsg. v. Dr. Ewald Geissler. 2 Thle. 15. Jahrg. [26. Jahrg. d. Pharm. Kalenders f. Norddeutschland.] gr. 16. (285 u. 354 S.) Berlin, Springer. geb. in Leinw. u. geh. n. 3. —; in Ldr. u. geb. n. 3. 50
— neuer preußischer, auf d. J. 1886. 16. (83 S.) Königsberg, Hartung. — 25; durchsch. — 30
— St. Petersburger, f. d. J. 1886. 158. Jahrg. 8. (VI, 390 S.) St. Petersburg, Schmitzdorff. cart. baar n. 4. —
— für Deutschlands Seminaristen auf d. J. 1886. Hrsg. v. Oberlehr. Dr. F. Koch. 16. (IV, 312 S. m. 1 Stahlst.-Portr.) Leipzig, Sigismund & Volkening. geb. n 1. —
— für Strassen- u. Wasserbau- u. Cultur-Ingenieure. Hrsg. v. Baur. A. Rheinhard. 13. Jahrg. 1886. Nebst e. Beilage, e. Eisenbahnkarte in Farbendruck u. zahlreichen Abbildgn. im Text. 8. (VIII, 380 u. 105 S.) Wiesbaden, Bergmann. geb. u. geh. n. 4. —
— für Textil-Industrie. Eine Sammlg. der wichtigsten Regeln, Notizen, u. Resultate aus der Praxis der Spinnerei, Weberei, Appretur, Bleiche u. Färberei. Unter Mitwirkg. v. Fachmännern hrsg. v. Civ.-Ingen. W. H. Uhland. 7. Jahrg. 1886. Mit 1 (chromolith.) Eisenbahnkarte, mehreren Fabrikplänen u. 225 Illustr. im Text. gr. 16. (IV, 291 u. 56 S.) Leipzig, Baumgärtner. geb. in Leinw. n. 3. —; in Ldr. n. 5. —
— verbesserter, u. alter, auf d. J. 1886 f. die königl. preußischen Provinzen Brandenburg, Pommern u. Sachsen. Mit e. Titelbilde (in Holzschn.) u. zahlreichen (eingedr. Holzschn.-) Illustr. 8. (160 S.) Berlin, Trowitzsch & Sohn. — 50; geb. u. durchsch. — 75
— für Verwaltungs-Beamte f. d. J. 1886. Hrsg. v. Kreissekr. R. Schmitt. 16. (240 S.) Hamm, Grote. geb. n. 2. 50
— illustrirter, f. Vogelliebhaber u. Geflügelzüchter. 1886. Hrsg. v. F. Arnold. 8. (XXIV, 131 S. m. eingedr. Holzschn. u. 1 Autotypie.) München, Arnold & Kreyßig. n. 1. —
— für deutsche Volksschullehrer. Hrsg. vom Deutschen Lehrer-Verein. 1886. 2 Tle. 12. Jahrg. 16. (1. Tl. 104 S. m. 1 Holzschn.-Bildniß.) Leipzig, Klinkhardt. geb. n. 1. 20
— allgemeiner württembergischer, f. 1886. 4. (24 S.) Reutlingen, Fleischhauer & Spohn. n. — 10
— evangelischer württembergischer, f. 1886. 4. (56 S. m. eingedr. Holzschn.) Ebd. n. — 20
— für Zeit u. Ewigkeit auf d. J. 1886. Von Alban Stolz. Nach dem Tode d. Verf. hrsg. v. P. Frz. Hattler, S. J. Mit e. Titelbild u. vielen Holzschn. 4. (XII, 57 S.) Freiburg i/Br., Herder. n. — 35
— katholischer, f. Zeit u. Ewigkeit auf d. J. 1886. 4. (164 S. m. Illustr.) Winterberg, Steinbrener. baar n. 70; cart. n. — 75
— allgemeiner, f. Zitherspieler. 1886. Hrsg. v. R. Wächtler. 12. (39 S.) Leipzig, W. Dietrich. n. — 25
— u. statistisches **Jahrbuch** f. das Königr. Sachsen nebst Marktverzeichnissen f. Sachsen u. die Nachbarstaaten auf d. J. 1886. Hrsg. vom statist.

Bureau d. königl. sächs. Ministeriums d. Innern. 8. (IV, 93 u. X, 223 S.) Dresden, Heinrich. n. 1. —

Kalender, Dr. Emil, der rationelle Gemüsebau. Ein Handbuch f. Gartenbesitzer u. Landwirthe. 2., wesentlich verm. u. verb. Aufl. 8. (XII, 112 S.) Köln, Bachem. cart. 1. 25

—— der ländliche Schulgarten. Kurzgefaßter Leitfaden f. Land-Schullehrer zur rationellen Garten-Ausnutzg. 8. (VII, 68 S.) Ebd. cart. — 80

Kalender-Notiz-Buch 1886. 5. Jahrg. 16. (381 S.) München, J. A. Finsterlin. n. — 70; geb. n. 1. —; n. 2. —; n. 2. 40 u. n. 4. —

Kaler, Emil, die Ethik d. Utilitarismus. Inaugural-Dissertation. gr. 8. (III, 78 S.) Hamburg, Voss. n. 2. —

Kalkowsky, Dr. Ernst, Elemente der Lithologie, f. Studirende bearb. gr. 8. (VIII, 316 S.) Heidelberg 1886, C. Winter. n. 8. —; geb. n. 9. 20

Kalliefe, Frdr., üb. Rückenmarkserschütterung nach Eisenbahnunfällen [Railway-spine]. Inaugural-Dissertation. gr. 8. (30 S.) Breslau, (Preuss & Jünger). baar n. — 80

Kallsen, O., Hermann Tast, s.: Für die Feste u. Freunde d. Gustav-Adolf-Vereins.

(53/1) **Kalousek**, Jos., Geschichte der kön. böhmischen Gesellschaft der Wissenschaften, sammt e. krit. Übersicht ihrer Publicationen aus dem Bereiche der Philosophie, Geschichte u. Philologie. Aus Anlass d. 100jähr. Jubelfestes der Gesellschaft in ihrem Auftrage verf. 2. (Schluss-) Hft. gr. 8. (VII u. S. 177—303.) Prag, (Calve). baar (à) n. 2. 20

Kalypso v. Xanthippus. Mit 1 Lichtdr. nach e. Zeichng. v. Frank Kirchbach. 8. (25 S.) München 1886, Heinrichs. n. 1. —

Kamerad, der. Oesterreichischer Militär-Kalender f. d. J. 1886. Hrsg. v. der Red. der österreichisch-ungar. Wehr-Zeitg. „Der Kamerad". 24. Jahrg. gr. 16. (196 S.) Wien, Seidel & Sohn in Comm. geb. baar n. 3. 20

Kamp, Oberl. Dr. H., der Nibelungen Not in metrischer Übersetzung, nebst Erzählg. der älteren Nibelungensage. gr. 8. (VII, 188 S.) Berlin, Mayer & Müller. geb. n. 2. 25

Kamp, Otto, der Volkszähler. Lustspiel in 1 Aufzug. 3. Aufl. 8. (23 S.) Frankfurt a/M., Koenitzer. n. — 50

Kaempf, Wilh., de pronominum personalium usu et collocatione apud poetas scaenicos Romanorum. [Aus: „Berliner Studien f. class. Philol. u. Archäol."] gr. 8. (48 S.) Berlin 1886, Calvary & Co. n. 1. 60

Kandinsky, Ordinator Vict., kritische u. klinische Betrachtungen im Gebiete der Sinnestäuschungen. 1. u. 2. Studie. gr. 8. (III, 170 S. m. 2 Steintaf.) Berlin, Friedländer & Sohn. n. 3. —

Kandus, Hilfsämter-Vorst. F., Hand-Buch m. leichtfaßlicher systematischer Zusammenstellung der wichtigsten, auf die Führung der Grund-, Eisenbahn- u. Bergbücher erflossenen Gesetze u. Verordnungen m. praktischen Erläuterungen u. Beispielen resp. Formularien, vorzugsweise zum Gebrauche f. Grundbuchs-Candidaten geeignet. gr. 8. (131 S.) Znaim 1884, (Fournier & Haberler). n. 4. —

(84/2) **Kanzelredner**, der katholische. Praktische homilet. Monatsschrift. Unter Mitwirkg. mehrerer kathol. Geistlichen hrsg. v. Pfr. Jul. Hirschberger. 3. Jahrg. 1886. 12 Hfte. gr. 8. (1. Hft. 104 S.) Breslau, Goerlich. 6. —

Kanzlei-Reglement. [Just.-Min.-Bl. S. 120 v. 1885.] 8. (23 S.) Berlin, Nauck & Co. n. — 40

Kappeyne van de Coppello, J., Abhandlungen zum römischen Staats- u. Privatrecht. Nach dem Holl. Mit Vorwort v. Prof. Dr. Max Conrat [Cohn]. 2 Hfte. gr. 8. Stuttgart, Metzler's Verl. n. 8. 20

Inhalt: 1. Betrachtungen üb. die Comitien. (III, 114 S.) n. 2. 80 — 2. Über das vim facere beim interdictum uti possidetis. Über constituta pecunia. (S. 115—354.) n. 5. 40.

Karafiat's neuer Bote aus Böhmen, Mähren u. Schlesien. Ein Haus-, Stadt- u. Landmanns-Kalender f. alle Provinzen d. österreich. Gesammtreichs, auf d. J. 1886. 19. Jahrg. Mit 1 Titelbilde (in Holzschn.) u. vielen in den Text abgedr. Illustr. (in Holzschn.). 4. (124 S.) Brünn, Karafiat. cart. n. — 90

—— vormals Gastl's neuer Bote aus Mähren u. Schlesien. Ein Haus-, Stadt- u. Landmanns-Kalender f. alle Provinzen der österreich. Gesammtreichs, auf d. J. 1886. 96. Jahrg. Mit 1 Titelbilde (in Holzschn.) u. vielen in den Text abgedr. Illustr. (in Holzschn.). 4. (124 S.) Ebd. cart. n. — 90

—— kleiner Bote aus Mähren u. Schlesien. Ein Haus-, Stadt- u. Landmanns-Kalender f. alle Provinzen Oesterreichs auf d. J. 1886. 2. Jahrg. gr. 8. (48 S. m. Illustr.) Ebd. n. — 48

—— mährisch-schlesischer Land- u. Hauswirtschafts-Kalender auf d. J. 1886. gr. 8. (64 S. m. Illustr.) Ebd. n. — 48

Karbe, Anna, Lieder. Mit e. Photogr. der Dichterin. 2. (Titel-)Aufl. 8. (XXVI, 206 S.) Gotha (1881) 1886, F. A. Perthes. n. 3. —; geb. n. 4. —

Karges, Lehrerin G., Leitfaden der Geschichte der englischen Literatur. 2 Thle. in 1 Bde. [1. Deutsch. — 2. Englisch.] 8. (128 S.) Berlin 1886, Parrisius. geb. n. 2. —

Karl's IV., Kaiser, Jugendleben, s.: Geschichtschreiber, die, der deutschen Vorzeit.

Karlowa, Prof. Otto, römische Rechtsgeschichte. [In 2 Bdn.] 1. Bd. Staatsrecht u. Rechtsquellen. Lex.-8. (VIII, 1031 S.) Leipzig; Veit & Co. n. 26. —

Karlweis, C., der Dragoner, s.: Theater-Mappe.

(85/1) **Karmarsch** u. **Heeren's** technisches Wörterbuch. 3. Aufl., ergänzt u. bearb. v. Proff. Kick u. Gintl. Mit gegen 4000 in den Text gedr. Abbildgn. 77. u. 78. Lfg. gr. 8. (8. Bd. S. 481—640.) Prag, Haase. baar à n. 2. —

Karpeles, Gust., Geschichte der jüdischen Literatur. (In 15 Lfgn.) 1—7. Lfg. gr. 8. (S. 1—448.) Berlin 1886, Oppenheim. à n. 1. —

—— Heinrich Heine's Biographie. 8. (150 S.) Hamburg, Hoffmann & Campe Verl. n. 1. 20

Karup, Prof. W., Handbuch der Lebensversicherung. 2. Ausg. gr. 8. (XV, 402 S.) Leipzig, A. Fritsch. baar 9. —; geb. n. 10. —

(84/2) **Kaserer,** Dr. Jos., österreichische Gesetze m. Materialien. Nach amtl. Quellen. 38—40. 42. u. 44. Hft. 8. Wien, Hölder. n. 4. 96

Inhalt: 38. Das Gesetz vom 23. März 1885 üb. das Pfandleihergewerbe. (47 S.) n. — 60. — 39. Das Gesetz vom 25. Apr. 1885 betr. die Fischerei in den Binnengewässern. (46 S.) n. — 64. — 40. Das Gesetz vom 15. Mai 1885 betr. die gesetzlichen Zinsen bei Privatgeschäften. (22 S.) n. — 32. — 42. Die Novellen zur Notariatsordnung vom 25. Juli 1871, betr. 1. die §§. 6 u. 119, 2. die Erleichterg. der Legalisirg., 3. die Geldbußen als Disciplinarstrafen, auf Veranlassg. d. österreich. Notarenvereins hrsg. (267 S.) n. 2.40. — 44. Die Gesetze vom 24. Mai 1885 üb. die Anhaltung in Zwangsarbeits- u. Besserungsanstalten u. üb. deren Errichtung u. Erhaltung. (75 S.) n. 1. —

Kaspers lustige Streiche. 8. Aufl. 4. (32 S. m. eingedr. kolor. Illustr.) Frankfurt a/M., Literar. Anstalt, Rütten & Loening. cart. 1. 65

Kassebeer, F., u. H. **Sohnrey,** deutscher Sagenschatz. Für die Schule bearb. gr. 8. (IV, 80 S.) Bernburg, Bacmeister. n. — 60

Kassner, Assist. Dr. Geo., ist in Deutschland e. Production v. Kautschuk möglich, gestützt auf den Anbau einheimischer Culturpflanzen? Eine Frage an Landwirthe, Industrielle, Techniker u. Chemiker. Mit 1 (lith.) Taf. gr. 8. (48 S.) Breslau, Kern's Verl. n. 1. 50

(82/2) **Kassowitz,** Dr. M., die normale Ossification u. die Erkrankungen d. Knochensystems bei Rachitis u. hereditärer Syphilis. II. Rachitis. 2. Abth.

Die Pathogenese der Rachitis. gr. 8. (VI, 148 S.) Wien, Braumüller. n. 4. — (I—II, 2.: n. 20. —)

Kastner, C., naturwissenschaftliche Studien u. Beobachtungen aus u. üb. Salzburg, s.: Fugger, E.

Kastner, E., Briefe Rich. Wagner's, s.: (85/1) Wagneriana.

—— Wiener musikalische Zeitung. Hrsg. u. Red.: Emerich Kastner. 1. Jahrg. 1885/86. 52 Nrn. (B.) gr. 8. Wien, Administration. n. 6. —

Katalog, officieller, der internationalen Ausstellung v. Arbeiten aus edlen Metallen u. Legirungen in Nürnberg 1885. Hrsg. vom Bayr. Gewerbemuseum in Nürnberg. 8. (VIII, 139 S.) Nürnberg, Verlagsanstalt d. Bayr. Gewerbemuseums. [C. Schrag]. baar n.n. 1. 25

—— dasselbe. 2. u. 3. Aufl. 8. (VIII, 141 S.) Ebd. baar n.n. 1. —

—— der Ausstellung v. Kraft- u. Arbeits-Maschinen f. das Kleingewerbe in Nürnberg 1885. Hrsg. vom Rektorat der Baugewerkschule Nürnberg. 8. (XVIII, 126 S. m. Illustr.) Nürnberg, (H. Schrag). baar n.n. — 75

—— der Fachbibliothek u. d. Lesezimmers der internationalen Ausstellung v. Arbeiten aus edlen Metallen u. Legirungen in Nürnberg 1885. 8. (50 S.) Nürnberg, Verlagsanstalt d. bayr. Gewerbemuseums [C. Schrag]. baar — 60

—— der Gemälde-Sammlung der kgl. älteren Pinakothek in München. Mit e. histor. Einleitg. von Dr. Frz. v. Reber. Illustr. amtl. Ausg. 8. (XXVIII, 297 S. m. 50 Lichtdr.-Taf.) München, Verlagsanstalt f. Kunst u. Wissenschaft. geb. n. 10. —

—— der I. allgemeinen Kärntner Landesausstellung in Klagenfurt 1885. 8. (V., 142 S. m. 4 Karten u. 1 Panorama.) Klagenfurt, (v. Kleinmayr). baar n.n. 1. —

—— der Raczyńskischen Bibliothek in Posen. Bearb. v. Biblioth. M. E. Sosnowski u. L. Kuntzmann. 4 Bde. 8. (X, 984; XV, 953; XI, 667 u. 277 S.) Posen, (Jolowicz). In 3 Bde. geb. baar n.n. 30. —

Katechismus der christlichen Lehre m. Beziehung auf die beiden symbolischen Katechismen der evangelischen Kirche. 12. Aufl. 8. (120 S.) Barmen, (Wiemann). — 75

—— für die evangelisch-unierte Kirche, nach dem kleinen Katechismus Dr. Luthers u. dem Heidelberger Katechismus bearb. zum Gebrauche in Schule u. Haus. 3. Aufl. 8. (50 S.) Wiesbaden, Feller & Gecks. cart. n. — 30

—— d. 3. Ordens v. der Buße d. hl. Vaters Franziskus. Eine Erklärg. der hl. Ordensregel nach der am 30. Mai 1883 hrsg. Constitution Leo XIII. in Fragen u. Antworten. 16. (64 S.) Innsbruck, F. Rauch. n. — 20

—— für den [alt-] katholischen Religionsunterricht. 2., verb. Ausg. 12. (95 S.) Heidelberg, Weiß' Verl. n. — 40; cart. baar n.n. — 40

—— der kleine, Dr. Martin Luthers m. den dazu gehörigen Sprüchen der heil. Schrift, in deutscher u. wend. Sprache. 4. Aufl. 8. (63 S.) Cottbus, Heine. cart. n.n. — 30

—— kleiner, f. die 1. Klasse katholischer Werktagsschulen. Ein Auszug aus dem Katechismus f. das Bist. Würzburg. 16. (80 S.) Würzburg, Woerl. cart. n.n. — 25

—— des österreichischen Sachenrechts [Besitz, Eigenthum, Dienstbarkeit, Pfandrecht] u. Grundbuchsrechts. 12. (XXIV, 165 S.) Wien, Manz. cart. n. 1. 50

Katholik, der junge, im Gebete. Andachtsbüchlein f. die kathol. Jugend. 24. (238 S. m. 1 Chromolith.) Einsiedeln, Benziger. — 25; geb. m. Goldschn. n. — 64

Katscher, L., aus England, s.: Universal-Bibliothek Nr. 2020.

Katschthaler, Priesterh.-Dir. Dr. Joh., marianische Vorträge. gr. 8. (47 S.) Salzburg, Mittermüller. n. — 60

Katter, Dr. Frdr., Monographie der europäischen Arten der Gattung Meloë, m. besond. Berücksicht. der Biologie dieser Insekten. 2 Thle. 8. (60 S.) Putbus 1883 u. 85. (Leipzig, K. F. Koehler's Antiqu.) baar n. 2. —

Katz, Rechtsanw. Dr. Edwin, die strafrechtlichen Bestimmungen d. Handelsgesetzbuchs betr. die Ordnungsstrafen, die Mäklervergehen, die Delikte d. Aktienrechts u. das Seestrafrecht. Mit Kommentar in Anmerkgn. gr. 8. (XI, 165 S.) Berlin, Guttentag. n. 3. 50

Katzenjammer, der. Ein populär-wissenschaftl. Vortrag, geh. v. Dr. Haringius [G. Kopal], Schüler d. Dr. Eisenbart. 3. Aufl. 8. (30 S.) Erfurt, Bartholomäus. — 60

Kauders, Marie, erstes israelitisches Kochbuch f. böhmische Küche. Enth.: 568 auf mehr als 40jähr. Erfahrg. gegründete Orig.-Küchenrecepte. Nebst Observanzen f. den jüd. Haushalt u. e. Register der in der Kochkunst im Allgemeinen, in diesem Kochbuche insbesondere vorkomm. wichtigsten Ausdrücke u. Erklärgn. der Namen mancher Speisen. 8. (XIII, 181 S. m. Holzschn.-Portr. der Verf.) Prag 1886, Brandeis. baar n. 1. 40; geb. n.n. 2. —

Kauer, Dir. Prof. Dr. Ant., Naturlehre f. Lehrer- u. Lehrerinnen-Bildungsanstalten. 1. Thl.: Übereinstimmung u. Verschiedenheit der Körper. Wärmelehre. Magnetismus. Elektricität. Mit 114 in den Text gedr. Holzschn. 3. Aufl. gr. 8. (III, 179 S.) Wien, Hölder. n 1. 50

Kaufmann, der österreichische. Blätter f. Comptoir u. Bureau, zugleich Organ kaufmänn. u. wirthschaftl. Vereine Oesterreichs. Red. u. Hrsg.: Rob. Austerlitz. 1. u. 2. Jahrg. Octbr. 1884—Septbr. 1886. à 24 Nrn. (2 B.) hoch 4 Prag, (Neugebauer). baar à Jahrg. n.n. 8. —

Kaufmann, Rich., Novellen. Mit Autoris. d. Verf. aus dem Dän. übers. v. W. Reinhardt. [Der Einsiedler. Im Hafen.] 2. (Titel-) Aufl. 8. (IV, 272 S.) Norden (1875), Fischer Nachf. n. 3. —

Kaulen, Ferd., Poetik Boileau's. Ein Beitrag zur Geschichte der französ. Poesie im 17. Jahrh. Inaugural-Dissertation. gr. 8. (V, 128 S.) Hannover 1882. (Leipzig, Fock.) baar n. 2. 40

Kaulen, Prof. Dr. Fr., Assyrien u. Babylonien nach den neuesten Entdeckungen. 3., abermals erweit. Aufl. Mit Titelbild, 78 in den Text gedr. Holzschn., 6 Tonbildern, e. Inschrifttaf. u. 2 Karten. gr. 8. (X, 266 S.) Freiburg i/Br., Herder. n. 4. —; geb. n. 6. —

—— Brod der Engel. Katholisches Gebetbuch. Ausg. Nr. 10. 24. (VII, 472 S. m. Farbentitel u. 1 Stahlst.) Ebd. 1. —

Kaulich, Dir. Dr. Ernst, Lehrbuch der kaufmännischen Arithmetik. Zum Gebrauche f. Handels-Lehranstalten u. f. den Selbstunterricht. 4., umgearb. u. verm. Aufl. gr. 8. (IX, 378 S.) Prag, Fuchs. n. 6. —

($^{80}/_{2}$) **Kaven**, Baur. Geh. Reg.-R. Prof. A. v., Vorträge üb. Strassen- u. Eisenbahnbau. 8. Bd. gr. 8. Leipzig, Baumgärtner. n. 12. — (1—8.: n. 66. —)

Inhalt: Anwendung der Theorie der Böschungen auf die Construction v. Dämmen u. Einschnitten f. Strassen u. Eisenbahnen u. v. Erdkörpern überhaupt bei e. vorgeschriebenen Sicherheitsgrade. Mit e. Theorie der Böschgn. u. zahlreichen pract. Beispielen. Mit e. Atlas v. 26 (lith.) Taf. (in qu. Fol. m. 1 Bl. Text.) (XXV, 253 S.)

Kawerau, G., der Briefwechsel d. Justus Jonas, s.: Geschichtsquellen der Prov. Sachsen.

Kayser-Langerhannß, Agnes, Gedichte. 4. durchges. u. bedeutend verm. Aufl. 8. (XII, 271 S.) Leipzig, Friedrich. geb. m. Goldschn. n. 5. —

Kayser, Dr. Herm., zur Syntax Molière's. gr. 8. (50 S.) Kiel, Lipsius & Tischer. n. 1. 20

Kayser, Dr. R., chemisches Hilfsbuch f. die Metall-Gewerbe. gr. 8. (IV, 133 S.) Würzburg, Stuber's Verl. n. 2. —

Kayser, W., e. Geduldprobe, } s.: Theater, kleines.
—— Leonore, }

Keck, Dr. Heinr., deutsches Lesebuch f. Bürger- u. Mittelschulen. 3. Tl. Für die oberste Stufe. 2. Aufl. gr. 8. (V, 348 S.) Halle, Buchh. d. Waisenhauses. n. 1. 20

Kehr, † Schulr. Sem.-Dir. Dr. C., die Praxis der Volksschule. Ein Wegweiser zur Führg. e. geregelten Schuldisziplin u. zur Erteilg. e. method. Schulunterrichtes f. Volksschullehrer u. f. solche, die es werden wollen. 10. verb. Aufl. [Mit 1 (Holzschn.-) Bildnis d. Verf.] gr. 8. (XIII, 408 S.) Gotha, Thienemann. n. 4. 40

—— das Wichtigste aus der Orthographie u. Grammatik in Regeln, Beispielen u. Übungsaufgaben f. die deutsche Volksschule. 3. Abdr. gr. 8. (64 S.) Ebd. — 30

Kehr, Jobs., die Aufnahme d. menschlichen Eies in die Tuba u. seine Fortleitung bis in den Uterus. [Eine hist.-krit. Studie.] Inaugural-Dissertation. gr. 8. (44 S.) Jena, (Neuenhahn). baar n. 1. —

Kehraus. 1886. Humoristisch-satir. Volkskalender der Wahrheit. 4. Jahrg. 8. (157 S. m. Illustr.) Berlin, M. Schulze. baar n. — 50

Keil, Prof. D. Carl Frdr., Commentar üb. den Brief an die Hebräer. gr. 8. (420 S.) Leipzig, Dörffling & Franke. n. 8. —

(85/1) **Keil,** Ost. Heinr. Wilh., kaufmännische Unterrichts-Kurse zum Selbst-Studium der Kontorwissenschaft. 49—61. Lfg. gr. 8. (S. 785—992.) Leipzig, Greßner & Schramm. baar à — 30

Keil, R., e. Jahr in Atschin, } s.: Volks-Erzählungen, kleine.
—— Ukukani, }

Keil, Rob. Konr., von der Schulbank nach Afrika. Irrfahrten zweier deutschen Knaben. Für die Jugend erzählt. Mit 48 Abbildgn. gr. 8. (III, 284 S.) Kreuznach, Voigtländer's Verl. geb. n. 4. —

Keilmann, Frdr., der Aufsatz in der vierklassigen Volksschule. Unterrichtsstoff u. Anleitg. zur Behandlg. desselben. 8. (III, 320 S.) Mainz 1886, Frey. n. 2. 40

Keintzel, Gymn.-Lehr. Dr. Geo., der Heliand im Verhältniss zu seinen Quellen. 4. (36 S.) Hermannstadt 1882. (Leipzig, Fock.) baar n. 1. —

Keinz, Kust. Frdr., die Gründung d. Klosters Waldsassen. Altdeutsches Gedicht, zur Tirschenreuther Schmeller-Feier aus der Handschrift neu hrsg. gr. 8. (22 S.) München, (A. Ackermann's Nachf.) baar n. — 60

Keiper, Pfr. Jul., Gottes Wort, unser Lied in dem Hause unsrer Wallfahrt: Predigt üb. Psalm 119, 54, geh. am Bibelfeste zu Nürnberg in der St. Aegidienkirche am 17. Juni 1885. 2. Aufl. gr. 8. (11 S.) Nürnberg, Raw. n. — 20

Kelchner, Dr. Ernst, der Pergamentdruck der Agenda Ecclesiae Moguntinensis v. 1480 der Stadtbibliothek zu Frankfurt am Main. Bibliographisch beschrieben. Mit 4 Taf. in Lichtdr. Lex.-8. (18 S.) Frankfurt a/M., (Baer & Co.). n. 4. —

Kelle, Joh., das Verbum u. Nomen in Notker's Boethius. [Aus: „Sitzungsber. d. k. Akad. d. Wiss."] Lex.-8. (90 S.) Wien, Gerold's Sohn in Comm. n. 1. 40

Keller, F. C., die Gemse. Ein monograph. Beitrag zur Jagdzoologie. (In 12 Lfgn.) 1—3. Lfg. gr. 8. (S. 1—136 m. eingedr. Holzschn. u. 1 Holzschntaf.) Klagenfurt, Leon sen. baar à — 75

Keller, Dr. Frz., allgemeiner Geschäfts- u. Familien-Briefsteller od. pract. Anleitg. zur Abfassg. aller Arten v. Briefen, Eingaben, Verträgen, Documenten, Aufsätzen, Klagen nach den neuen Justizgesetzen ꝛc. m. Beigabe der neusten Post- u. Telegraphentaxen, neuen Maaße u. Gewichte, Münztabelle ꝛc. 39. vollständig rev. u. zeitgemäß umgearb. Aufl. gr. 8. (IV, 480 S.) Berlin 1883, Burmester & Stempell. geb. 2. 50

Keller, G., das Fähnlein der sieben Aufrechten, s.: Bibliothek, stenographische, d. allgemeinen schweizerischen Stenographenvereins.

Keller, H., die Anlage der Fischwege. Mit e. Vorworte d. Ausschusses d. Deutschen Fischerei-Vereins. [Aus: „Centralbl. d. Bauverwaltg."] gr. 8. (V, 69 S. m. eingedr. Fig.) Berlin, Ernst & Korn. n. 2. —

Keller-Jordan, H., Hacienda Felicidad. 8. (184 S.) Stuttgart 1886, Kohlhammer. n. 1. 60; geb. n. 2. 50

(85/1) **Keller,** Heinr. Wilh. Ad., das Meisterschafts-System zur praktischen u. naturgemäßen Erlernung der russischen Geschäfts- u. Umgangs-Sprache. Nach. Dr. Rich. S. Rosenthal's neuer Methode, in kurzer Zeit e. Sprache lesen, schreiben u. sprechen zu lernen, zum Selbst-Unterricht f. das Russische bearb. 11—13. Lection. 8. (S. 217—264.) Leipzig, C. A. Koch, à n. 1. —

Keller, Pfr. Dr. Jos. Ant., 150 Armenseelen-Geschichten. Ernster Spiegel f. jeden Christen. Mit 1 Stahlst. 12. (XV, 280 S.) Mainz, Kirchheim. 2. —

—— 210 Engels-Geschichten zur Belebung d. Vertrauens auf den Schutz u. die Fürbitte der heiligen Engel. Mit e. Anh.: Von der Einwirkung böser Geister. Mit 1 Stahlst. 16. (XIV, 301 S.) Ebd. 2. —

—— 172 Erzählungen v. dem großen Nutzen der Verehrung d. hh. Herzens Jesu. Gesammelt u. hrsg. Mit 1 Stahlst. 12. (XVI, 363 S.) Ebd. 2. —

—— 1000 ausgewählte Schulanekdoten u. Schulwitze. Zugleich e. Beitrag zur Charakteristik moderner Erziehg. Gesammelt u. hrsg. 8. (IV, 188 S.) Leipzig, Th. Grieben. n. 1. 50

Keller, Dr. Konr., die Blutlaus u. die Mittel zu ihrer Vertilgung. gr. 8. (32 S.) Zürich, Orell, Füßli & Co. Verl. n. — 60

Keller, O., Beethoven, s.: Salonbibliothek, musikalische.

Keller, Ob.-Gärtner Paul, die Rose. Ein Handbuch f. Rosenfreunde. 8. (VIII, 340 S.) Halle, Hendel. cart. 3. —; geb. n. 4. —

Kellner, A., das Feuer der Vesta, s.: Wallner's allgemeine Schaubühne.

Kellner, Lehr. Frdr. Wilh., ausführliche Anweisung f. den Rechenunterricht im Zahlenkreise von 1—100. Eine Zugabe zum Wegweiser f. den Rechenunterricht in Elementarschulen. 8. (IV, 51 S.) Reval, Kluge. n. — 60

—— methodisch-geordnete Aufgaben f. das Tafelrechnen. 6. Hft. [Mit Erklärgn.] 3. verb. Aufl. 8. (88 S.) Ebd. n. — 80; Resultate. (66 S.) n. — 80

—— Wegweiser f. den Rechenunterricht in Elementarschulen. 2. Abtlg. Das Rechnen m. ungleichbenannten ganzen Zahlen u. m. Brüchen. Regelbetri. [Stufe IV bis VI.] 2. verb. Aufl. 8. (IV, 185 S.) Ebd. n. 1. 60

—— Zahlentafeln zu K.'s methodischen Rechenwerken. gr. Fol. Ebd. — 30

Kellner, H., kleines Realienbuch. Für einfache kathol. Schulverhältnisse bearb. Mit 124 Abbildgn. im Text u. 3 Karten in Farbendr. 10. Aufl. gr. 8. (144 S.) Berlin, Th. Hofmann. n. — 50; Einbd. n. n. — 10

Kellner, Herm. Camillo, kurze Elementargrammatik der Sanskritsprache. Mit vergleich. Berücksicht. d. Griechischen u. Lateinischen. Zum Selbstunterrichte u. zum Gebrauche bei akadem. Vorträgen. 2. verb. u. verm. Aufl. gr. 8. (XVI, 262 S.) Leipzig, Brockhaus. n. 5. —

—— das Lied vom Könige Nala. Erstes Lesebuch f. Anfänger im Sanskrit. Nach didakt. Grundsätzen bearb. u. in transskribiertem Texte m. Wörterbuch hrsg. gr. 8. (XI, 251 S.) Ebd. n. 5. —

Kellner, Geh. Reg.- u. Schulr. Dr. L., Fischerknabe u. Edelmann od. der Herr führt die Seinen! Nach e. wahren Begebenheit aus dem 17. Jahrh., f. das Volk u. die reifere Jugend erzählt. Neue Aufl. Mit 1 Stahlst. u. Illustr. 8. (208 S.) Regensburg 1886, Manz. 1. 65

Kemmer, Otto, phantastische Geschichten. Novellen. 8. (94 S.) Leipzig, Lemme. n. 1. —

Kempf, Relig.-Lehr. Jos., Liturgik od. Erklärung der heil. Zeiten, Orte u. Handlungen der katholischen Kirche, f. die mittleren Gymnasialclassen u. entsprech. Stufen anderer Lehranstalten bearb. 1. Tl. Die heil. Zeiten [das Kirchenjahr]. 8. (32 S.) Mainz 1886, Frey. n. — 30

Kempner, Friederike, drei Dramen. [Berenize. — Rudolf II. — Antigonos.] (Neue [Titel-]Ausg.) 12. (XIV, 156; 107 u. VIII, 45 S.) Berlin (1865, 67 u. 80), Stuhr. n. 6. —

—— zwei Dramen. [Rudolf II. — Antigonos.] (Neue [Titel-]Ausg. 12. (107 u. VIII, 45 S.) Ebd. (1867 u. 80). n. 3. —

Kendler, J. Edler v., Orts-Lexikon v. Oesterreich, s.: Hübner, C.

Kenngott, Dr. Adf., 120 Krystallformennetze zum Anfertigen v. Krystallmodellen. Für Schüler u. Hörer an Lehranstalten jeder Art, sowie zum Gebrauche f. Lehrer bei den Vorträgen. 1. Hft., enth. die Krystallformennetze Nr. 1—60. 29. Aufl. gr. 8. (7 S. m. 5 Steintaf. in gr. Fol.) Prag 1884, Tempsky. — Leipzig, Freytag. n. 1. —

Kentenich, Sem.-Lehr. G., Aufgaben f. das schriftliche Rechnen in der Volksschule. 1. u. 3. Hft. 8. Düsseldorf, Schwann. à n.n. — 30
1. 52—54. Aufl. (68 S.) — 3. (80 S.)

—— praktische Rechenschule. 1. u. 2. Tl. 8. Ebd. geb. n.n. 1. —
Inhalt: 1. [Rechenfibel.] 77. Aufl. (48 S.) n.n. — 35. — 2. Die Grundrechngn. m. ganzen u. gebrochenen Zahlen. 50. Aufl. (128 S.) n.n. — 65.

Kentzler, Dr. Jos., Gleichenberg, topograph. Scizzen d. Curortes u. der physiologisch-therapeut. Werth der Curmittel. 8. (57 S.) Ungvár. (Budapest, Grimm.) n. 1. —

Keppler, Fritz, vier Erzählungen. 8. (33, 83, 36 u. 14 S.) München, Franz'sche Hofbuchdr. n. 4. —; geb. m. Goldschn. baar 5. —

—— wilde Rosen. Lieder. 2. verm. Aufl. 8. (103 S.) Ebd. n. 2. 50; geb. m. Goldschn. baar 3. 50

Kerber's Taschen-Fahrplan. Eisenbahn- u. Dampfschifffahrts-Course f. Salzburg, das Salzkammergut, Ober-Oesterreich u. Tirol, umfassend das zwischen Wien—München—Verona—Klagenfurt gelegene Verkehrsgebiet. Mit e. Uebersichtskärtchen u. e. Gebirgstouren-Verzeichniss d. Salzburger Gebietes. Sommer-Fahrordnung 1885. 16. (80 S.) Salzburg, Kerber. — 30

Kerkhoff, Lehr. T., e. Frage der Zeit, od. e. Zeitfrage? Neue deutsche Volksschrift. Mit e. Anleitg. zur schnellen u. leichten Erlerng. derselben. Autograph vom Verf.. gr. 8. (23 S., wovon 7 autogr.) Emden, Haynel. n. — 50

Kerlé, weil. Schneidermstr. Joh. Mart., der wiedererstandene Meistersänger. Gedichte. Als Mspt. gedruckt f. die Freunde d. Verf. Neue (Titel-) Ausg. gr. 8. (158 S. m. lith. Portr.) Bremen (1879) 1886, Haake. n. 2. —; geb. n. 3. —

Kern, C. A., Melodieen, s.: Flinzer, F., glückliche Kinderzeit.

Kern, Prof. Dir. Frz., Grundriß der deutschen Satzlehre. 2. Aufl. 8. (VIII, 79 S.) Berlin, Nicolai's Verl. geb. n. — 80

—— Lehrstoff f. den deutschen Unterricht in Prima. gr. 8. (X, 197 S.) Ebd. 1886. geb. n. 1. 60

(84/2) **Kern,** Gymn.-Lehr. J. H. O., bei Freund u. Feind in allen Zonen. Aus den Tagebüchern Arnolds u. Erichs üb. ihre Reisen in fremden Ländern zunächst f. die reifere Jugend, ausgewählt u. bearb. (4. Bd.) Bei den

Tobas u. Gauchos. Mit 1 Titelbild u. 34 Illustr. im Text. gr. 8. (V, 351 S.) Stuttgart 1886, Rieger. geb. n. 6. — (1—4: n. 22. 50)

Kerner, Frdr., die schönsten deutschen Gedichte u. Lieder. 16. (128 S.) Mülheim, Bagel. geb. 1. —

—— die Sprache d. Herzens. Sammlung der schönsten deutschen Braut- u. Liebeslieder. 16. (127 S.) Ebd. geb. 1. —

Kesselring, Archidiak. Frz., Brocken, die auch f. die Noth unserer Zeit noch übrig sind vom großen Speisungswunder. Predigt üb. Marcus 8, 1 bis 9, geh. in der Lutherkirche zu Plauen am 7. Sonnt. n. Trin. 1885. gr. 8. (12 S.) Plauen, Neupert. n. — 25

Ketteler, Prof. Dr. E., theoretische Optik, gegründet auf das Bessel-Sellmeier'sche Princip. Zugleich m. den experimentellen Belegen. Mit 44 Holzst. u. 4 lith. Taf. gr. 8. (XII, 652 S.) Braunschweig, Vieweg & Sohn. n. 14. —

Kettnacker, R., einmal betrunken, } s.: Novellenkranz.
—— die Schmuggler, }

Keussen, Kreisschulinsp. Dr. Herm., Schlüssel zu den deutschen Lesebüchern. Verzeichnis u. Nachweis derjenigen Lesestücke, die e. nähere Behandlg. resp. Erläuterg. gefunden haben. 8. (96 S.) Crefeld, Brocker. n. — 60

Keussen, Herm., die politische Stellung der Reichsstädte m. besond. Berücksicht. ihrer Reichsstandschaft unter König Friedrich III. 1440—1457. Inaugural-Dissertation. gr. 8. (73 S.) Bonn. (Leipzig, Fock.) baar n. 1. 20

Khull, Ferd., Gauriel v. Muntabel, e. höfische Erzählung aus dem 13. Jahrh. Zum ersten Male hrsg. gr. 8. (160 S.) Graz, Leuschner & Lubensky. n. 3. 60

—— Taudareis u. Flordibel. Ein höfischer Roman v. dem Pleiaere. Hrsg. v. F. K. gr. 8. (248 S.) Graz, Styria. n. 8. —

Kick, W., s.: Bautischler, der praktische.

Kiczka, M. Gust., pharmaceutisches Manuale. Sammlung v. Vorschriften zur vortheilhaften Darstellg. der gangbaren officinellen u. nichtofficinellen pharmaceut. Präparate u. Handverkaufsartikel, nebst einigen Behelfen f. die pharmaceut. Praxis. Mit e. Verzeichniss der volksthüml. böhm. u. poln. Benenngn. Auf Grundlage eigener Erfahrgn. zusammengestellt. 8. (V, 369 S.) Wien, Perles. n. 4. 50; geb. n. 5. 60

Kielland, A., Schiffer Worse, s.: Engelhorn's allgemeine Romanbibliothek.

Kienast, Herm., üb. die Entwickelung der Oelbehälter in den Blättern v. Hypericum u. Ruta. Inaugural-Dissertation. gr. 8. (49 S. m. 5 Steintaf.) Elbing. (Königsberg, Nürmberger.) n. 1. —

Kienitz-Gerloff, Lehr. Dr. F., Botanik f. Landwirte. Zum Gebrauche an landwirtschaftl. Lehranstalten, sowie zum Selbstunterricht bearb. Mit 532 Textabbildgn. u. 1 Farbendr.-Taf. gr. 8. (VII, 552 S.) Berlin 1886, Parey. n. 12. —

—— Leitfaden f. den Unterricht in der Botanik, s.: (85/1) Vogel, O.

—— Leitfaden f. den Unterricht in der Zoologie, s.: Vogel, O.

Kihn, Prof. Dr. H., u. Gymn.-Prof. D. **Schilling**, praktische Methode zur Erlernung der hebräischen Sprache. Grammatik m. Übungsstücken, Anthologie u. Wortregister f. Gymnasien u. theol. Lehranstalten. gr. 8. (IX, 162 S.) Tübingen, Laupp. n. 2. —

Kikeriki-Kalender 1886. 4. (68 S. m. Illustr.) München, (J. A. Finsterlin). baar — 40

Killing, Lyc.-Prof. Dr. Wilh., die nicht-Euklidischen Raumformen in analytischer Behandlung. Mit 1 lith. Taf. gr. 8. (XI, 264 S.) Leipzig, Teubner. n. 6. 80

Kind, Dein, lebet. Ein Büchlein üb. das Kindersterben. 4. Aufl. 8. (80 S.) Hamburg, Ev. Buchhandlung. n. — 25

Kind, das, Mariens. Sein Leben u. sein Tod. Aus dem Franz. übers. Mit 24 Stahlst. Neue, durchges. Aufl. 32. (IV, 48 S.) Freiburg i/Br., Herder. n. 1. 60; geb. in Leinw. m. Goldschn. n. 2. —; in Ldr. m. Goldschn. n. 2. 70

Kinder, glückliche. Bilderbuch m. 5 bewegl. (chromolith.) Bildern. gr. 4. (5 Bl. Text) Fürth, Schaller & Kirn. geb. baar 1. 75; m. Goldpressg. u. innerem Titelbild 2. 25

—— der, Spiel u. Vergnügen. Unzerreißbares Bilderbuch. qu. gr. 4. (6 Chromolith. auf Carton.) Eßlingen, Schreiber. In Lex.-8. geb. n. 1. 50

Kinder-Bibliothek, katholische. Hrsg. v. P. Herm. Koneberg. 2. Bdchn. 16. Kempten. Kösel. n. — 25

Inhalt: Lourdes. Den Kindern erzählt v. Pfr. P. Herm. Koneberg. 4. Aufl. (52 S.)

($^{84}/_{2}$) **Kinderfreund**, deutscher. Red.: C. Ninck. 8. Jahrg. Oktbr. 1885—Septbr. 1886. 12 Nrn. (2 B m. eingedr. Holzschn.) 4. Hamburg, Evangel. Buchh. Vierteljährlich baar — 75

Kinderharfe. Liederbuch f. evangel. Kindergottesdienste [Sonntags-Schulen]. 24. Aufl., in der neuen Bearbeitg. nebst e. Anh. hrsg. v. dem Comité f. Förderg. der Sonntagsschulsache in Deutschland. 12. (109 S.) Berlin, Deutsche evangel. Buch- u. Tractat-Gesellschaft in Comm. baar — 30

Kinderheimath. gr. 4. (6 Chromolith. m. eingedr. Text.) Stuttgart, G. Weise. — 75

Kinder-Kalender f. d. J. 1886. 8. Jahrg. 16. (96 S. m. eingedr. Illustr. u. 1 Chromolith.) Donauwörth, Auer. n. — 20

Kindermärchen. Von E. T. A. Hoffmann, C. W. Contessa u. Frdr. Baron de la Motte Fouqué u. a. Mit 5 Bildern in Farbendr. 8. (307 S.) Berlin 1886, Plahn. geb. 3. 60

Kindertage, goldene. Ein fröhl. Bilderbuch f. die lieben Kleinen. 12 Farbdr.-Bilder nach Aquarellen v. Prof. Carl Offterdinger. Mit Versen v. Vict. Blüthgen. gr. 4. (24 S.) Stuttgart, Loewe. geb. 5. —

Kindertraktate. Nr. 127 u. 128. 21. (à 16 S.) Stuttgart, Buchh. der Evang. Gesellschaft. à n. — 4

Inhalt: 127. Wie aus e. Waisenbüblein e. Missionar wurde. — 128. Aus tiefer Not schrei ich zu dir.

Kindervater, Lehr. J., Lieder-Buch f. Volksschulen. Eine Sammlg. der beliebtesten Lieder u. Gesänge f. mehrklass. Volksschulen, nach Jahreskursen in 3 Stufen geordnet, bearb. u. hrsg. 3 Hfte. 8. Braunschweig, Wollermann. n. 1. 5

1. Unterstufe. 1—3. Schulj. (48 S.) n. — 25. — 2. Mittelstufe. 4—6. Schulj. (96 S.) n. — 40. — 3. 7. u. 8. Schulj. (108 S.) n. — 40.

Kindes, d., ABC. In Bildern u. Verschen zur Anschaug. u. Belehrg. Ein unzerreißbares Bilderbuch f. kleine Knaben u. Mädchen, welche anfangen lesen zu lernen. Mit Text in der leichtfaßlichsten Weise v. Herm. Pilz. hoch 4. (6 Chromolith. m. eingedr. u. 6 Bl. Text.) Görlitz, Foerster's Verl. geb. n. 2. —

—— des, liebstes Buch in Bildern u. Verschen zur Anschauung u. Belehrung. 4. Aufl. 4. (10 Chromolith. m. eingedr. u. 1 Bl. Text.) Chemnitz, Troitzsch. geb. 1. 50; unzerreißbar, auf Pappe gezogen n. 2. 50

Kindler v. Knobloch, J., das goldene Buch v. Straßburg. 1. Thl. Mit 23 Wappentaf. gr. 8. (192 S.) Wien. (Straßburg, Trübner.) n.n. 10. —

Kingsley, Charles, Elisabeth, Landgräfin v. Thüringen. Dramatisches Gedicht. Aus dem Engl. v. Pauline Spangenberg. 2., neu bearb. Aufl. 8. (XXII, 242 S.) Gotha, F. A. Perthes. n. 3. —

—— die kleinen Wasserkinder. Autoris. Ausg. Deutsch v. Ed. Prätorius. 2. Aufl. 8. (VIII, 314 S.) Leipzig, Wartig's Verl. n. 2. —

—— Westward ho! Aus dem Engl. übers. v. Elis. Schück. 2 Bde. 8. (IX, 422 u. V, 410 S.) Gotha, F. A. Perthes. n. 8. —

Kippenberg, Schul- u. Sem.-Vorst. A., deutsches Lesebuch f. höhere Töchterschulen. 1—4. Tl. gr. 8. Hannover, Norddeutsche Verlagsanstalt. n. 6. 50; geb. n. 7. 70
1. (192 S.) n. 1.20; geb. n. 1.50. — 2. (224 S.) n. 1.50; geb. n. 1.80. — 3. (272 S.) n. 1.80; geb. n. 2.10. — 4. (288 S.) n. 2.—; geb. n. 2.30.

Kipper u. Wipper. Drei Zornlieder aus dem J. 1621 üb. die Münzverschlechterg.: Wachtelgesang, Münzgespräch, Ein schönes newes Lied. Von Neuem gedruckt. 4. (39 S.) Frankfurt a/M., Lehmann & Lutz. n. 3. —

Kirchbach, Wolfg., e. Lebensbuch. Gesammelte kleinere Schriften, Reisegedanken u. Zeitideen. gr. 8. (V, 494 S.) München, Heinrichs. n. 7. 50

—— Nord! Vaterländische Novellen. 2.(Titel-)Aufl. v. „Kinder d. Reiches" I. 8. (VIII, 267 S.) Leipzig (1883), Friedrich. n. 3. —

—— Süd! Vaterländische Novellen. 2.(Titel-)Aufl. v. „Kinder d. Reiches" II. 8. (VIII, 289 S.) Ebd. (1883). n. 3. —

Kirchenheim, Privatdoz. A. v., Einführung in das Verwaltungsrecht. Nebst Grundriß. gr. 8. (X, 174 S.) Stuttgart, Enke. n. 4. —

Kirchenlieder, 80, in Anordnung u. Text nach den „Geistlichen Liedern f. Kirche, Schule u. Haus, hrsg. v. Fr. Anders u. W. Stolzenburg". Nebst 18 Psalmen, Luthers kleinem Katechismus [aus: „Wendel's luth. Katechismus"] u. den feststeh. Teilen d. liturg. Gottesdienstes. 57. u. 58. Ster.-Aufl. [Der neu geordneten Ausg. 8. u. 9. Aufl.] 8. (93 S.) Breslau, Dülfer. n. — 15; geh. n. — 17; geb. n.n. — 27

(85/1) Kirchen-Zeitung, evangelische, f. Oesterreich. Hrsg. u. red. v. Pfarrern Herm. Fritsche u. Ferd. Schur. 2. Jahrg. 1885. 24 Nrn. (à 1—2 B.) gr. 4. Bielitz, Fröhlich. — Leipzig, Matthies in Comm. n. 6. —

Kirchhammer, A., s.: Feldzüge d. Prinzen Eugen v. Savoyen.

Kirchhoff, Prof. Alfr., Schulgeographie. 5. verb. Aufl. gr. 8. (VIII, 264 S. m. 2 Tab.) Halle, Buchh. d. Waisenhauses. n. 2. —

Kirchhoff, Chrn., der Rhombus in der Orchestra d. Dionysustheaters zu Athen. 1 dreifarb. Steindr.-Taf. Nebst einigen Bemerkgn. gr. 4. (1 S. Text.) Altona, Schlüter. baar n. — 60

Kirchner, Lic. Dr. Frdr., Synchronismus zur deutschen National-Litteratur. [Von der frühesten Zeit bis 1884.] gr. 8. (IV, 129 S.) Berlin, Mayer & Müller. n. 2. —

Kirchner, G., der letzte Antrag, s.: Dilettanten-Mappe.

Kirchner, Doc. Dr. Wilh., Handbuch der Ohrenheilkunde. Für Aerzte u. Studirende. Mit 39 Abbildgn. in Holzschn. gr. 8. (VIII, 210 S.) Braunschweig, Wreden. n. 4. 60

Kirsch, A., kleine Reise-Informations-Bibliothek. Nr. 1—3. 16. Cottbus, Differt. baar à — 25
Inhalt: 1. Sechs Tage im Riesengebirge. (18 S.) — 2. Fünf Tage in der sächsischen Schweiz u. Dresden. (19 S.) — 3. 12—14 Tage am Rhein. (32 S.)

Kirsch, Geh. Finanzr. L., die Zoll- u. Reichssteuerverwaltung im Großherzogth. Baden. Aus Anlaß d. 50jähr. Bestehens der großherzogl. bad. Zolldirektion dargestellt. gr. 8. (XV, 327 S. m. 3 chromolith. Uniformbildern.) Karlsruhe, Braun. n. 5. —

(84/2) Kirstein, Priest. Relig.-Lehr. Dr. A., Geschichte der Kirche Jesu Christi von ihrer Stiftung bis zur Gegenwart f. Mittelschulen, die unteren Klassen höherer Lehranstalten u. zum Selbstunterrichte. 2. u. 3. (Schluß-)Lfg. 8. (VIII u. S. 65—240.) Mainz, Frey. n. 1. 10 (cplt.: n. 1. 60)

Kisa, A., Kunst u. Kunstindustrie in Indien, s.: Sammlung kunstgewerblicher u. kunsthistorischer Vorträge.

(84/2) Kisch, Wilh., die alten Strassen u. Plätze v. Wien's Vorstädten u. ihre historisch interessanten Häuser. Ein Beitrag zur Culturgeschichte Wien's

m. Rücksicht auf vaterländ. Kunst, Architektur, Musik u. Literatur. Mit zahlreichen Illustr. 4—12. Hft. gr. 4. (S. 73—288.) Wien, O. Frank. à 1. 50; Prachtausg. à 2. —

Kißling, Dr. Carl v., die Unverantwortlichkeit der Abgeordneten u. der Schutz gegen Mißbrauch derselben. 2. Aufl. gr. 8. (XVI, 51 S.) Wien, Manz. n. 1. 20

Kist, Leop., Hausapothek. 1. Thl. Das Familienleben, in Leid u. Freud u. m. vielen eingeflochtenen Beispielen dargestellt. 4., verm. Aufl. 8. (XV, 539 S.) Mainz, Kirchheim. 3. 60

Kistner, A., keine Hochzeitsreise, s.: Wallner's allgemeine Schaubühne.

Kittler, Prof. Dr. Erasm., Handbuch der Elektrotechnik. [2 Bde.] 1. Bd. 1. Hälfte. Mit 274 in den Text gedr. Holzschn. gr. 8. (296 S.) Stuttgart, Enke. n. 9. —

Kittlitz, R. Frhr. v., die Zigeuner, s.: Sammlung v. Vorträgen.

Kläger, H., der Blumenstrauß, — der Ehrenpokal, } s.: Album f. Liebhaber-Bühnen.

— in der Polizei-Wachtstube, s.: Hahn, R.

Kläger, W., im Mondschein, s.: Album f. Liebhaber-Bühnen.

Klapphornstrophen, 99 neue, v. Hans Spottvogel, 8. (30 S.) Brandenburg, Müller. n. — 60.

(85/1) **Klasen**, Archit. Ingen. Ludw., Grundriss-Vorbilder v. Gebäuden aller Art. Handbuch f. Baubehörden, Bauherren, Architekten, Ingenieure, Baumeister, Bauunternehmer, Bauhandwerker u. techn. Lehranstalten. Mit üb. 100 Taf in Photolith. u. vielen in den Text gedr. Abbildgn. 35—37. Lfg. gr. 4. (S. 721—784 m. 10 Photolith.) Leipzig, Baumgärtner. à n. 3. —

(84/2) **Klassiker**, pädagogische. Auswahl der besten pädagog. Schriftsteller aller Zeiten u. Völker. Mit krit. Erläutergn. versehen. Hrsg. unter der Red. v. Prof. Dr. Gust. Adf. Lindner. 16. Bd. [Neue Serie 6. Bd.] gr. 8. Wien 1886, Pichler's Wwe. & Sohn. 4. 50

Inhalt: Chr. Gotth. Salzmann's pädagogische Schriften. Mit e. Einführg. üb. Salzmann's Leben u. Pädagogik, sowie m. Einleitgn. u. Anmerkgn. hrsg. v. Rich. Bosse u. Johs. Meyer. 1. Thl.: Salzmann's Leben u. Pädagogik. Noch etwas üb. die Erziehung. Krebsbüchlein. Conrad Kiefer. Ameisenbüchlein. (XIX, 592 S.)

(85/1) **Klassiker-Bibliothek** der bildenden Künste. 119—158. Hft. gr. 8. (Mit je 8 eingedr. Lichtdr.) Leipzig, Lemme. baar à n. — 60

Inhalt: 119. 120. 143. 144. Klassiker der Baukunst. Sansovino rc. 2—5. Hft., v. Dr. A. Rosenberg begonnen, fortgesetzt v. H. Mosler. (S. 33—160.) — 121—124. 153—156. Dasselbe. Baukunst d. Mittelalters. 2. Bd. v. Herm. Schmidt. 1—8. Hft. (S. 1—256.) — 125—128. Dasselbe. Italienische Renaissance, begonnen v. Dr. Gg. Galland, fortgesetzt v. Geo. Rosenkranz. 8—11. Hft. (S. 225—352.) — 129. 130. 145. 146. 151. 152. Klassiker der Malerei. Venetianische Schule II. v. C. Xav. Siloti. 1—6. Hft. (S. 1—192). — 131. 132. 135. 136. 141. 142. 157. 158. Dasselbe. Vlämische Schule II. v. Rob. Schütte. 1—8. Hft. (S. 1—256.) — 133. 134. 149. 150. Dasselbe. Spanische Schule v. Hans Moser. 1—6. Hft. (S. 1—192). — 137—140. Dasselbe. Deutsche Schule II. v. M. Nüsser. 1—4. Hft. (128 S.)

Klauser, A. H., das gewerbliche Rechnen, s.: Lehrtexte f. die österreichischen gewerblichen Fortbildungsschulen.

Klebs, Prof. Dr., die Trinkwasserversorgung der Stadt Zürich u. ihrer Ausgemeinden. Vortrag in e. Versammlg. v. Gemeinderäthen der Ausgemeinden Zürichs. gr. 8. (40 S.) Aussersihl. (Zürich, Rudolphi & Klemm.) baar n. — 60

Klee, Elis., Sein u. Schein. Erzählung aus dem jüd. u. christl. Leben der Gegenwart. 8. (356 S.) Bremen, Müller. n. 4. 80

— ein Vierblatt. Erzählung f. junge Mädchen. 8. (VIII, 341 S.) Berlin 1886, Eckstein Nachf. n. 4. 50; geb. n.n. 5. 50

Klee, Dr. Frz., unser Sonnensystem, od. die Rotation der Sonne u. die Bewegungen der Planeten, Monde u. Kometen im Zusammenhang m. ihren Ursachen. Nebst e. Hypothese üb. die Entstehg. dieser Weltkörper. 2., sehr verb. m. e. Nachtrage versehene Aufl. Mit 1 Abbildg. gr. 8. (VIII, 54 S.) Mainz, Frey. n. 1. 75; Nachtrag ap. (S. 55—77) n. — 30

Klee, Ghold., sieben Bücher deutscher Volkssagen. Eine Auswahl f. jung u. alt. 2 Tle. Mit 8 (Holzschn.-)Bildern. 8. (XII, 301 u. VIII, 339 S.) Gütersloh, Bertelsmann. cart. n. 7. —

—— der arme Mann im Tockenburg, s.: Jugend- u. Volksbibliothek, deutsche.

Kleibel, Prof. Ant., Lehrbuch der Handels-Correspondenz. gr. 8. (VII, 384 S. m. 1 Formular.) Wien 1886, Pichler's Wwe. & Sohn. n. 5. 60

Klein, F., üb. die elliptischen Normalcurven der n^{ten} Ordnung u. zugehörige Modulfunctionen der n^{ten} Stufe. [Aus: „Abhandlgn. d. k. sächs. Gesellsch. d. Wiss."] Lex.-8. (64 S.) Leipzig, Hirzel. n. 1. 80

Klein, Privatdoc. Dr. Frz., die schuldhafte Parteihandlung. Eine Untersuchg. aus dem Civilprocessrechte. gr. 8. (VII, 226 S.) Wien, Toeplitz & Deuticke. n. 7. —

Klein, Gymn.-Lehr. Frdr., Volksschulpädagogik u. Mittelschulbildung. gr. 8. (44 S.) Bistritz, Brucker. n. — 60

Klein, Dr. Herm. J., astronomische Abende. Allgemein verständl. Unterhaltgn. üb. Geschichte u. Resultate der Himmels-Erforschg. 2. Aufl. 8. (X, 379 S.) Berlin 1886, Allgemeiner Verein f. deutsche Literatur. geb. baar n. 6. —

Klein, Sem.-Lehr. J., Bilder aus der vaterländischen Geschichte f. die Elementarschule. Auszug aus d. Verf. „Bilder aus der vaterländ. Geschichte f. die Jugend". Mit Illustr. 12. Aufl. 8. (125 S.) Düsseldorf, Schwann. n. — 50

—— Rechenbuch f. Seminaristen u. Lehrer, s.: Hoffmann, J.

Klein, Archit. Jac., architektonische Formenlehre. Leitfaden zum Studium u. Unterricht der Renaissance-Formen. Mit 200 Fig. auf 24 Taf. 2. Aufl. gr. 8. (IV, 87 S.) Wien, (Spielhagen & Schurich). n. 3. —

Klein, Prof. Joh., u. Fr. Max **Schmalzl**, C. ss. Red., biblia pauperum. Bilder f. Künstler u. Kunstfreunde. qu. 4. (36 Holzschntaf. m. 3 S. Text.) Regensburg, Pustet. n. 6. —

Klein, ehem. Pfr. Karl, Fröschweiler Chronik. Kriegs- u. Friedensbilder aus dem J. 1870. 6. Aufl. [Mit Kärtchen.] 8. (VI, 242 S.) Nördlingen, Beck. n. 2. 25; geb. n. 2. 80

Kleinfeller, Dr. Geo., die Functionen d. Vorsitzenden u. sein Verhältnis zum Gericht, dargestellt nach den Justizgesetzen f. das Deutsche Reich m. Berücksicht. d. französ., italien. u. österreich. Rechts. gr. 8. (XVII, 315 S.) München, Rieger. n. 7. —

Klein-Kinder-Gottes-Märchen, e., allen frommen Kindern u. denen, die es werden wollen, mitgetheilt v. Einer, die es wußte, u. m. 5 anmuth. Bildern geziert v. ihrer Schwester. gr. 8. (57 S.) Augsburg 1886, Literar. Institut v. Dr. M. Huttler. n. 1. 20

Kleinschmidt, Doc. Dr. Arth., die Eltern u. Geschwister Napoleon's I. 2. Aufl. (In 10 Lfgn.) 1. Lfg. gr. 8. (IV, 32 S.) Berlin 1886, Schleiermacher. — 50

Kleist's, H. v., Werke, s.: National-Litteratur, deutsche.

—— Prinz Friedrich v. Homburg, s.: Volksbibliothek d. Lahrer Hinkenden Boten.

—— die Hermannsschlacht, s.: Schulausgaben classischer Werke.

Klemenčič, Privatdoc. Assist. Dr. Ign., Experimentaluntersuchung üb. die Dielektricitätsconstante einiger Gase u. Dämpfe. [Mit 1 (lith.) Taf.] [Aus: „Sitzungsber. d. k. Akad. d. Wiss."] Lex.-8. (48 S.) Wien, (Gerold's Sohn). n. 1. 20

Klemenz, Paul, der systematische Gebrauch d. Participium Praesentis u. d. Gerundiums im Altfranzösischen. Inaugural-Dissertation. gr. 8. (46 S.) Breslau 1884, (Köhler). baar n. 1. —

Klemmert, Lehr. Hugo, 26 kurze Geschichtsbilder zum Gebrauche in der bayerischen Volksschulen. 2. verb. Aufl. 8. (16 S.) Würzburg, Stuber's Verl. n. — 10

Klempner-Kalender pro 1886. Hrsg. v. Carl Pataky etc. Mit vielfach verm. Text. Reich illustrirt. gr. 16. (VIII, 112 u. 155 S.) Berlin, Pataky. geb. in Leinw. baar n. 2. —; in Ldr. n. 2. 50

Klempner-Zeitung, deutsche. Central-Organ f. die gesammte Blech-Industrie. Hrsg.: Carl Pataky. 5. Jahrg. 1885. 24 Nrn. (B.) gr. 4. Berlin, Pataky. baar n. 3. —

Klenze, Leo v., antike Fragmente, in 3 (phototyp.) Bildern zusammengestellt. gr. Fol. (1 Bl. Text.) München, Verlagsanstalt f. Kunst u. Wissenschaft. baar 6. —

Kles, Dir. Dr. Fel., diätetische Kuren. Nebst Erörtergn. üb. Arzneibehandlg., Schroth'sche Kur u. diätet. Heilkunst. 4., verm. Aufl. gr. 8. (VIII, 116 S.) Dresden, Verlag d. diätet. Heilanstalt. 2. —

Kleser, Dr. Hans, Währungs- u. Wirtschaftspolitik. Kritische Untersuchgn. üb. den Währungsstreit. gr. 8. (87 S.) Köln, Du Mont-Schauberg. n. 1. 50

Klesheim, Ant. Frhr. v., 's Schwarzblattl aus'n Weanerwald. Gedichte in der österreich. Volksmundart. 1. u. 4. Bd. 12. Wien, Gerold's Sohn. n. 6. 80

1. 6. Aufl. (V, 188 S.) n. 3.60 — 4. 2. verm. Aufl. (IV, 170 S.) n. 3.20.

Klette, H., u. H. **Sebald**, Lesebuch f. höhere Töchterschulen m. Berücksicht. d. Unterrichts in der Litteraturgeschichte von Haller bis auf die Gegenwart. 7. Aufl. gr. 8. (XV, 546 S.) Altenburg, Pierer. n. 4. 50

(84/2) **Klette**, Baumstr. R., die Schule der Architektur. Anleitung zur Entwickelg. der Kunstform im Hochbau der Gegenwart. 2. Hft. gr. 4. Halle, Knapp. n. 3. — (1. u. 2.: n. 7. —)

Inhalt: Die Bestandteile der Wandungen. Mit 2 Farbendr.-Taf. u. 112 Holzschn. (S. 13—35.)

(85/1) **Kleyer**, Ingen. Geom. Lehr. Dr. Adph., vollständig gelöste Aufgaben-Sammlung — nebst Anhängen ungelöster Aufgaben f. den Schul- u. Selbstunterricht — m. Angabe u. Entwicklg. der benutzten Sätze, Formeln, Regeln in Fragen u. Antworten, erläutert durch viele Holzschn. u. lithogr. Taf., aus allen Zweigen der Rechenkunst, der niederen u. höheren Mathematik, aus allen Zweigen der Physik, Mechanik, Graphostatik etc., f. Schüler, Studierende, Kandidaten etc. zum einzig richt. u. erfolgreichen Studium, zur Forthülfe bei Schularbeiten u. zur rationellen Verwertg. der exakten Wissenschaften. 171—212. Hft. gr. 8. (à 16 S.) Stuttgart, Maier. à n. — 25

(85/1) —— die elektrischen Erscheinungen u. Wirkungen in Theorie u. Praxis. Nebst Anhängen v. gelösten Aufgaben u. Berechngn. Gemeinfassliche Erklärg. u. Darstellg. der Elektricitätslehre u. Elektrotechnik. Mit vielen Holzschn. u. Taf. Hrsg. unter Mitwirkg. der bewährtesten Kräfte. 25—39. Hft. gr. 8. (2. Bd. S. 81—320.) Ebd. à n. — 25

Klimpert, Sem.-Lehr. Rich., kurzgefaßte Geschichte der Arithmetik u. Algebra. Eine Ergänzg. zu jedem Lehrbuche der Arithmetik u. Algebra. Mit 5 in den Text eingedr. Fig. gr. 8. (70 S.) Hannover, Meyer. n. — 90

Klinik, gynäkologische, hrsg. v. Prof. Dir. Dr. Wilh. Alex. Freund. 1. Bd. Mit 87 Holzschn. u. e. Atlas v. 38 z. Thl. color. Taf. in gr. 4. gr. 8. (XV, 687 S.) Strassburg, Trübner. n. 45. —

(84/1) —— Wiener. Vorträge aus der gesammten praktischen Heilkunde. Red. v. Dr. Joh. Schnitzler. Jahrg. 1885. 5—9. Hft. gr. 8. Wien, Urban & Schwarzenberg. à n. — 75

Inhalt: 5. 6. Die Neurosen d. Magens u. ihre Behandlung. Vom Primararzt Dr. Oser. (S. 117—180.) — 7. Ueber Lues hereditaria tarda. Von Doc. Dr. M. v. Zeissl. (S. 181—215.) — 8. 9. Die Elephantiasis Arabum. Von Doz. Dr. H. v. Hebra. (S. 217—284 m. 11 eingedr. Fig.)

Klitsche de la Grange, A., Pomponius Laetus, s.: Novellenkranz.
Klönne, Hulda, Blüten der Freundschaft, gesammelt v. H. K. 12. (III, 174 S.) Iserlohn 1886, Bädeker. geb. m. Goldschn. n. 4. 50
(85/1) **Klopp**, Onno, der Fall d. Hauses Stuart u. die Succession d. Hauses Hannover in Groß-Britannien u. Irrland im Zusammenhange der europäischen Angelegenheiten von 1660—1714. 12. Bd. Die Kriegsjahre 1706 u. 1707. gr. 8. (XXIV, 573 S.) Wien 1886, Braumüller. n. 15. — (1—12.: n. 106. —)
Klöppel, Dr. Johs., üb. Secretbehälter bei Büttneriaceen. Inaugural-Dissertation. Mit 3 Holzschn. gr. 8. (40 S.) Halle, Tausch & Grosse. baar n. 1. —
Klopsch, Rhard., chemische Untersuchungen üb. die hygienische u. landwirthschaftliche Bedeutung der Breslauer Rieselfelder. Inaugural-Dissertation. gr. 8. (41 S.) Berlin 1884. (Breslau, Köhler.) baar n. 1. —
Kloth, Heinr., de Landrathsdochder. En Geschich ut' östlich Holsteen. 2 Bde. 2. (Titel-) Ausg. 8. (XII, 259 u. 293 S.) Garding (1880), Lühr & Dircks. n. 4. 20; in 1 Bd. geb. n. 6. —
—— Sliperlisch'n. 8. (VIII, 249 S.) Ebd. n. 3. —; geb. n. 4. —
Klotz, Carl, üb. Dichlortoluole u. Dichlorbenzoë-Säuren. Inaugural-Dissertation. gr. 8. (36 S.) Stuttgart, (Lindemann's Sort.). n. — 80
Kluge, F., nominale Stammbildungslehre der altgermanischen Dialecte, s.: Sammlung kurzer Grammatiken germanischer Dialecte.
Kluge, Prof. Dr. Herm., Themata zu deutschen Aufsätzen u. Vorträgen. Für höhere Unterrichtsanstalten. 4., verm. u. verb. Aufl. gr. 8. (XXIV, 372 S.) Altenburg 1886, Bonde. n. 3. —; Einbd. n.n. — 60
Klusmann, A., Rechenbuch, s.: Friedrichs, H.
Klusmann, D., u. H. **Klusmann**, Fibel. Lesebuch f. Unterklassen. 3. Aufl. gr. 8. (III, 120 S. m. Illustr.) Oldenburg, Stalling's Verl. — 75
Knaak, Sem.-Lehr. H., Methode d. Geschichtsunterrichtes in Volksschulen. 8. (IV, 64 S.) Paderborn, F. Schöningh. n. — 75
Knab, K., G. **Kobmann** u. G. **Lober**, Übungsstoff f. den Unterricht im Deutschen. 1., 5. u. 7. Hft. 8. Nürnberg, Korn. n.n. — 65
1. 6. Aufl. (24 S.) n. — 20. — 5. 9. Aufl. (52 S.) n. — 20. — 7. 4. Aufl. (76 S.) n.n. — 25.
Knabe, F., neuer deutscher Liederschatz. Auswahl 1-, 2- u. 3stimm. Lieder f. Mädchen-Schulen. 2 Tle. 8. (192 S.) Potsdam, Rentel's Verl. à n. — 25; in 6 Hftn. à n. — 10
Knapp, G., Bibelfestpredigt, s.: Nathusius, M. v.
Kneipgesetze. 10. Aufl. 64. (12 S.) Hof, Lion. — 15
Kneisel, R., sein einziges Gedicht, s.: Volks-Schaubühne.
Kniepkamp, W., 20 geistliche Lieder f. christliche Gesang-Vereine u. f. das christliche Haus. gr. 8. (32 S.) Bonn, Schergens. n. — 75
Knies, Prof. Karl, Geld u. Credit. 1. Abtlg. gr. 8. Berlin, Weidmann. n. 10. —
Inhalt: Das Geld. Darlegung der Grundlehren v. dem Gelde, insbesondere der wirtschaftl. u. der rechtsgilt. Functionen d. Geldes, m. e. Erörterg. üb. das Kapital u. die Übertragg. der Nutzgn. 2. verb. u. verm. Aufl. (X, 450 S.)
Knoche, H., Rechenbuch. 1. Hft. Ausg. Nr. 2, u. 3. Hft. 8. Arnsberg, Stahl. baar n. — 70
1. Ausg. Nr. 2. 6. Aufl. (36 S.) n. — 20. — 3. 14. Aufl. (131 S.) n. — 50.
(84/1) **Knoll**, Prof. Dr. Phpp., Beiträge zur Lehre v. der Athmungsinnervation. 5. Mittheilg. Athmung bei Erregg. sensibler Nerven. [Mit 3 (lith.) Taf.] [Aus: „Sitzungsber. d. k. Akad. d. Wiss."] Lex.-8. (22 S.) Wien, (Gerold's Sohn). n. 1. 40 (1—5.: n. 9. 80)
Knoop, Gymn.-Lehr. Otto, Volkssagen, Erzählungen, Aberglauben, Gebräuche u. Märchen aus dem östlichen Hinterpommern. gr. 8. (XXX, 240 S.) Posen, Jolowicz. n. 5. —

Knortz, Karl, Goethe u. die Wertherzeit. Ein Vortrag. Mit dem Anh.: Goethe in Amerika. gr. 8. (56 S.) Zürich, Verlags-Magazin. n. — 80
—— irländische Märchen. Wiedererzählt. 8. (IV, 134 S.) Ebd. 1886. n. 1. 60
Knorz' Geraer Taschen-Fahrplan. Winterdienst 1885/86. 12. (IV, 48 S.) Gera, Nugel in Comm. n. — 35
Kobelt, Dr. W., Reiseerinnerungen aus Algerien u. Tunis. Hrsg. v. der Senckenberg. naturforsch. Gesellschaft in Frankfurt a/M. Mit 13 Vollbildern u. 11 Abbildgn. im Text. gr. 8. (VIII, 480 S.) Frankfurt a/M., Diesterweg. n. 10. —; Einbd. n.n. 2. 50
Kobmann, G., Übungsstoff f. den Unterricht im Deutschen, s.: Knab, K.
Köbrich, Dir. Fr., üb. die Ursachen u. Wirkungen der Taubheit, nebst Ratschlägen f. Eltern zur Erziehg. ihrer tauben u. taubstummen Kinder. gr. 8. (35 S.) Weißenfels, Lehmstedt. n. — 50
Koch, Dr. A., der kleine Lateiner. Ein Vademecum sämmtl. Regeln der latein. Grammatik nebst Prosodie u. allen unregelmäß. Verben. 3. Aufl. 16. (III, 132 S.) Berlin, Friedberg & Mode. n. — 50; cart. n. — 60
Koch, Past. A., D. Heinrich Leonhard Heubner in Wittenberg. Züge u. Zeugnisse aus u. zu seinem Leben u. Wirken. gr. 8. (VI, 134 S. m. Portr.) Wittenberg, Wunschmann in Comm. n. 1. 50
(85/1) **Koch**, Dr. C. F., allgemeines Landrecht f. die Preußischen Staaten. Unter Andeutg. der obsoleten od. aufgehobenen Vorschriften u. Einschaltg. der jüngeren noch gelt. Bestimmgn., hrsg. m. Kommentar in Anmerkgn. 8. Aufl. Mit besond. Berücksicht. der Reichsgesetzgebg. bearb. v. Ob.-Landesger.-R. A. Achilles, Geh. Justizr. Prof. Dr. P. Hinschius, Geh. Ob.-Justizr. R. Johow, Landrichter F. Vierhaus. 18. u. 19. Lfg. gr. 8. (2. Bd. S. 321—480 u. 3. Bd. S. 641—800.) Berlin, Guttentag. à n. 3. —
Koch, Prof. Gymn.-Dir. a. D. Dr. Ernst, griechische Schulgrammatik, auf Grund der Ergebnisse der vergleich. Sprachforschg. bearb. 11. Aufl. gr. 8. (XVI, 396 S.) Leipzig, Teubner. n. 2. 80
Koch, Hauptm. Frdr., Geschichte d. königl. bayer. 10. Infanterie-Regiments Prinz Ludwig. Ein Lesebuch f. Unteroffiziere u. Soldaten. gr. 8. (IV, 44 S.) Landsberg a/L., Verza. cart. baar n.n. — 80
Koch, Dr. Frdr., Leben u. Werke der Christine de Pizan. gr. 8. (82 S.) Goslar, Koch. n. 2. —
Koch, weil. Prof. Dr. G. A., Wörterbuch zu den Gedichten d. P. Vergilius Maro. Mit besond. Berücksicht. d. dichterischen Sprachgebrauchs u. der f. die Erklärg. schwier. Stellen. 6. vielfach verb. Aufl. Von Prof. Dr. K. E. Georges. gr. 8. (VII, 456 S.) Hannover, Hahn. 3. 60
Koch, Dir. Dr. J. L. A., Grundriß der Philosophie. 2., erweit. u. durchgeseh. Aufl. gr. 8. (VIII, 243 S.) Göppingen, Herwig. n. 5. —
Koch, Jul., gründliche u. ausführliche Geschichte Thüringens. (In 6—7 Hftn.) 1. Hft. 8. (48 S.) Gotha, Gläser. n. — 50
Koch v. Berneck, M., Schweiz, Chamonix, Veltlin, italienische Seen u. Mailand, sowie Eingangsrouten aus Deutschland u. Oesterreich. Nach Berlepsch's Tode völlig umgearb. u. verm. 5. Ausg. der „Schweiz" in Schmidt's Reisebüchern. Mit 1 Generalkarte, 9 Spezialkarten, 8 Plänen u. vielen Panoramen. 8. (XII, XXXII, 472 S.) Zürich, Schmidt. geb. n. 6. —
Koch, R., das Locomotivführer-Examen, } s.: Brosius, J.
—— die Schule f. den äußeren Eisenbahn-Betrieb, } s.: Brosius, J.
—— die Schule d. Locomotivführers, } s.: Brosius, J.
Koch, Past. Dr. Rud., die Aufhebung d. Edicts v. Nantes u. deren nachwirkender Einfluß auf die reformirte Kirche Deutschlands. Vortrag, geh. auf der Conferenz d. reformirten Bundes zu Elberfeld am 26. Aug. 1885. gr. 8. (16 S.) Barmen, Exped. d. Reformirten Schriftenvereines. n. — 25

Koch, Rekt. W., Aufgaben f. das schriftliche Rechnen. 6 Hfte. 8. Berlin, Oehmigke's Verl. n. 2. 25
1. 451. Ster.-Aufl. (24 S.) n. — 20. — 2. 398. Ster.-Aufl. (32 S.) n. — 25. — 3. 269. Ster.-Aufl. (32 S.) n. — 25. — 4. 267. Ster.-Aufl. (40 S.) n. — 40. — 5. 189. Ster.-Aufl. (40 S.) n. — 40. — 6. 90. Ster.-Aufl. (96 S.) n. — 75.

—— dasselbe. Resultate. 2—6. Hft. 8. Ebd. n. 3. —
2. 14. Ster.-Aufl. (16 S.) n. — 50. — 3. 12. Ster.-Aufl. (14 S.) n. — 50. — 4. 5. 14. Aufl. (30 u. 20. S.) à n. — 50. — 6. (61 S.) 1884. n. 1. —

Koch, Dr. W., Handbuch f. den Eisenbahn-Güter-Verkehr. I. u. II. Lex.-8. Berlin, Barthol & Co. baar n. 12. 50; m. Karte n. 14. —
Inhalt: I. Eisenbahn-Stations-Verzeichniss der dem Vereine deutscher Eisenbahn-Verwaltgn. angehör., sowie der übrigen im Betriebe od. Bau befindl. Eisenbahnen Europa's unter Angabe der Adressen der Eisenbahn- u. Stations-Verwaltgn., sowie der leit. Bahn-Beamten, der Entferngn. der Stationen untereinander, der Abfertigungs- u. sonst. Befugnisse derselben im Eisenbahn-Gütertransporte, sowie ihrer geograph. u. polit. Lage. Für Eisenbahn-Beamte, Spediteure, Fabrikanten u. sonst. Gewerbtreibende, nach officiellen Quellen zusammengestellt u. nach Revision Seitens fast sämmtl. betr. Eisenbahn-Verwaltgn. hrsg. 16. vollständig umgearb. u. verm. Aufl. (XVI, 362 S.) n. 6. —. — II. Ortsverzeichniss. Ein alphabetisch geordnetes Verzeichniss v. Orten, welche m. den mitteleurop. Eisenbahn-Stationen in Betreff der Güter- Ab- u. Anfuhr in Verbindg. stehen, unter Angabe ihrer politisch-geograph. Lage u. industriellen Bedeutg., ihrer Abstossstationen m. deren Bahngebiet u. unter Hinzufügg. v. Quadrat-Ziffern zu den Stationsnamen zum Auffinden derselben auf der Karte. Nach officiellen u. sonst. zuverläss. Quellen bearb. 5. vollständig umgearb. u. verm. Aufl. (312 S.) n. 6.50. m. Karte n. 8. —

(84/1) **Koch**, Wilh., Kölsche Schelbereie. III. Et Johr Aachunveezig. Erzählung in plattköln. Mundart. 12. (IV, 119 S.) Köln, Bachem. (à) — 75

Kochbuch, oberrheinisches, od. Anweisg. f. junge Hausmütter u. Töchter, die in der Kunst zu kochen u. einzumachen einige Geschicklichkeit erlangen wollen. 2 Thle. 13., resp. 9. verb. Aufl. 8. (VI, 300 u. XIV, 122 S.) Basel, Dettloff. In 1 Bd. geb. n. 4. —

Kochschule. Für praktische Hausfrauen u. Solche, die es werden wollen. Ein Rathgeber in Haushalt u. Küche. Gratis-Beilage zum Familien-Wochenblatt. Unter Mitwirkg. prakt. Hausfrauen hrsg. v. Th. Schröter. 1. Jahrg. 1885. 26 Nrn. (1/2 B.) gr. 8. Zürich, Schröter. baar 2. —

Koglgruber, Kajetan, das Gespenst wider Willen od. die Wundercuren. Lustspiel in 2 Aufzügen m. durchgehends weibl. Rollen. 8. (32 S.) Salzburg, Mittermüller. n. — 40

—— das Glück der Verfolgten. Dramatisches Mädchenspiel in 2 Aufzügen. 8. (27 S.) Linz, Haslinger. n. — 40

—— die entschuldigte Gouvernante od. die ungleichen Schwestern. Lustspiel in 1 Aufzuge m. durchgehends weibl. Rollen. 8. (20 S.) Salzburg, Mittermüller. n. — 40

—— die Predigt-Auszüge u. die Gratulations-Geschenke. Lustspiel in 2 Aufzügen f. weibl. Vereine m. durchgehends weibl. Rollen. 8. (22 S.) Ebd. n. — 40

Kohl, H., s.: Richter, G., Annalen der deutschen Geschichte im Mittelalter.

Kohl, J. G., Geschichte der Entdeckung Amerika's von Columbus bis Franklin. Neue (Titel-) Ausg. 8. (VII, 454 S.) Leipzig (1861), Schulze & Co. n. 3. —

(83/1) **Kohler**, Prof. Dr. Jos., Beiträge zur germanischen Privatrechtsgeschichte. 2. Hft. gr. 8. Würzburg, Stahel. (à) n. 2. —
Inhalt: Urkunden aus den Antichi archivi der Biblioteca comunale v. Verona. II. Folge. Hrsg. u. m. Annotationen u. Rechtsausführgn. versehen. (VIII, 50 S.).

—— die Commenda im islamitischen Rechte. Ein Beitrag zur Geschichte d. Handelsrechts. gr. 8. (18 S.) Ebd. n. 1. —

—— zur Lehre v. der Blutrache. gr. 8. (31 S.) Ebd. n. 1. 40

Kohler, Prof Dr. Jos., moderne Rechtsfragen bei islamitischen Juristen. Ein Beitrag zu ihrer Lösg. gr. 8. (20 S.) Würzburg, Stahel. n. 1. —

Köhler's deutscher Kaiserkalender 1886. 6. Jahrg. 8. (189 S. m. Illustr. u. 1 Wandkalender.) Minden, Köhler. n. — 50

(85/1) **Köhler's** Medizinal-Pflanzen in naturgetreuen Abbildungen m. kurz erklärendem Texte. Atlas zur Pharmacopoea germanica, austriaca, belgica, danica, helvetica, hungarica, rossica, suecica, British pharmacopoeia, Nederlandsche Apotheek, zum Codex medicamentarius, sowie zur Pharmacopoeia of the United States of America. [In 2 Abthlgn.] I. Die officinellen Pflanzen v. G. Pabst unter Mitwirkg. v. Dr. Fritz Elsner. 14—16. Lfg. gr. 4. (à 4 Chromolith. m. 4—6 Bl. Text.) Gera, Köhler. à n. 1. —

Köhler, weil. Sem.-Dir. Aug., die Praxis d. Kindergartens. Theoretisch-prakt. Anleitg. zum Gebrauche der Fröbelschen Erziehungs- u. Bildungsmittel in Haus, Kindergarten u. Schule. 3. Bd. A. u. d. T.: Die Pädagogik d. Kindergartens. Mit 2 Taf. Abbildgn. 2. verb. Aufl. Hrsg. v. Dr. Adb. Weber. (XI, 288 S.) Weimar, Böhlau. n. 4. 60

Köhler, Decanatsverw. Stadtpfr. H. Chr., Rede, geh. bei der feierl. Traug. Sr. k. Hoheit d. Erbgroßherzogs Friedrich v. Baden u. J. Hoh. der Prinzessin Hilda v. Nassau in der Schloßcapelle zu Hohenburg am 20. Septbr. 1885. 4. (8 S.) Wien, Frick. baar n. — 40

Köhler, Henriette, Erinnerungen. Erzählungen f. Knaben u. Mädchen von 8—10 Jahren. Mit 2 kolor. Bildern. 8. (III, 68 S.) Düsseldorf, A. Bagel. cart. — 50

—— Freud' u. Leid der Kinderzeit. Erzählungen f. Knaben u. Mädchen von 8—10 Jahren. Mit 2 kolor. Bildern. 8. (III, 68 S.) Ebd. cart. — 50

—— Marienblümchen am Wege gepflückt. Erzählungen f. Knaben u. Mädchen von 8—10 Jahren. Mit 2 kolor. Bildern. 8. (III, 67 S.) Ebd. cart. — 50

—— Stadt u. Dorf. Erzählungen f. Knaben u. Mädchen von 8—10 Jahren. Mit 6 kolor. Bildern. 8. (IV, 203 S.) Ebd. geb. 1. 20

Köhler, Leo, drei Fälle v. tuberculösen Granulationsgeschwülsten d. Auges. Inaugural-Dissertation. gr. 8 (24 S.) Stuttgart 1884. (Wiesbaden, Bergmann.) baar n.n. 1. 20

Koehler, Otto, Beitrag zur Kenntnis der Para-Xylen-Derivate. Inaugural-Dissertation. gr. 8. (28 S.) Göttingen, (Vandenhoeck & Ruprecht). baar n. — 80

Koehler, R., die Touristen-Vereine der Gegenwart. Ein Blick auf ihre Entwickelung u. ihre Thätigkeit. Vortrag, geh. im Thüringerwald-Verein zu Eisenach. Mit e. statist. Uebersicht üb. die gegenwärtig besteh. Touristen-Vereine u. ihre Leistgn. gr. 8. (11 u. 16 S.) Eisenach 1884, (Jacobi). n.n. — 50

Köhler, Divis.-Pfr. Rud., die Volksthümlichkeit der evangelischen Kirche. Ein Mahnruf, die „angenehme Zeit" nicht ungenutzt vorübergehen zu lassen. gr. 8. (V, 100 S.) Leipzig, Lehmann. n. 1. 50

Köhler, W., Heiraths-Candidaten, s.: Bloch's, E., Dilettanten-Bühne.

Kohlschütter, Oberhofpred. Konsist.-Vizepräs. D., Leichenrede, am Sarge e. hochverdienten sächsischen Staatsmannes geh. [Aus: „Pastoralbibliothek".] gr. 8. (7 S.) Gotha, Schloeßmann. n. — 20

—— Predigt, am Bußtage vor dem Schlusse d. Kirchenjahres üb. Jes. 5, 1—6 geh. [Aus: „Pastoralbibliothek".] gr. 8. (11 S.) Ebd.. n. — 40

Kohn, Doc. Dr. Eman., wie sollen wir desinficiren? Rathschläge f. das nichtärztl. Publikum bezüglich d. Schutzes der Gesunden gegenüber ansteck. Krankheiten. gr. 8. (26 S.) Stuttgart, Enke. n. — 80

Kohn, Dr. Max., die Meisterwerke der deutschen Literatur in mustergültigen Inhaltsangaben. Eine Sammlg. erlesener Darstellgn., hrsg. v. M. K. Lex.-8. (VI, 331 S.) Hamburg 1886, J. F. Richter. n. 3. —; cart. n. 4. —; geb. n. 5. —

Köhne, Ger.-Assess. Dr. Paul, das Reichsgesetz, betr. die Krankenversicherung der Arbeiter vom 15. Juni 1883, nebst dem Gesetze vom 28. Jan. 1885 u. den die Krankenversicherg. betr. Bestimmgn. d. Gesetzes vom 28. Mai 1885 unter Berücksicht. der preuß., bayer., sächs. u. württemberg. Ausführungs-Vorschriften hrsg. u. erläutert. gr. 8. (XVI, 256 S.) Stuttgart 1886, Enke. n. 5. —

Kohut, Adph., lustige Geschichten aus dem Tokayerland. Aus dem Ungar. übers. u. frei bearb. 8. (VII, 223 S.) Berlin, Eckstein Nachf. n. 2. —

($^{85}/_{1}$) **Kolb**, G. Fr., Culturgeschichte der Menschheit, m. besond. Berücksicht. v. Regierungsform, Politik, Religion, Freiheits- u. Wohlstandsentwicklg. der Völker. Eine allgemeine Weltgeschichte nach den Bedürfnissen der Jetztzeit. 3., völlig umgearb. Aufl. 10—16. (Schluß-) Lfg. gr. 8. (2. Bd. XVIII, u. S. 113—688.) Leipzig, Felix. à n. 1. —

($^{85}/_{1}$) **Kolb**, Prof. H., Glasmalereien d. Mittelalters u. der Renaissance. Orig.-Aufnahmen. 3. Hft. Fol. (5 Chromolith. m. 4 Bl. Text.) Stuttgart, Wittwer's Verl. (à) n. 10. —

—— 25 Wandtafeln f. das elementare Freihandzeichnen an Volks-, Bürger- u. gewerblichen Fortbildungsschulen, sowie Realschulen, Gymnasien u. höheren Töchterschulen. Mit Gutheissen der königl. württemberg. Commission f. die gewerbl. Fortbildungsschulen bearb. Lith. Imp.-Fol. Mit Textheft. gr. 8. (12 S. m. 24 Holzschn.) Stuttgart, Loewe. In Mappe. n. 12. —; auf 25 Pappdeckel gezogen m. Metallösen baar n. 20. —; die 25 Taf. roh, in Papphülse n. 10. —

Kolbe, Th., der kluge August, s.: Album f. Liebhaber-Bühnen.

—— lang', lang' ist's her, s.: Dilettanten-Mappe.

—— der Quartals-Erste, s.: Kühling's, A., Theater-Specialität.

Kolde, K. A., 80 Kirchenlieder u. 18 Psalmen m. Wochensprüchen, der kleine Katechismus Luthers u. die Liturgie f. den Haupt- u. Kinder-Gottesdienst. 33. [24. Ster.-] Aufl. 8. (56 S.) Breslau, Trewendt. n. — 10

Kölm, Mich., ut mine Schaulmeestetid. Plattdeutscher, humorist. Roman. 1. Bd. 1. u. 2. Lfg. 12. (S. 1—96.) Elberfeld, M. Kölm's Selbstverl. à n. — 50

($^{85}/_{1}$) **Kolonialpolitik**, die deutsche. 4. Hft. gr. 8. Leipzig, Renger. n. 1. — (1—4.: n. 7. —)

Inhalt: Die Rechtsverhältnisse der Deutschen in Afrika u. in der Südsee. (69 S.)

Kölzsch, Sem.-Lehr. A., das dreistufige Zifferrechnen f. einfache Schulverhältnisse. Zur Ergänzg. der E. Hentel'schen Rechenbücher hrsg. 3 Hfte. 8. Leipzig, Merseburger. n. — 56

1. Unterstufe. 3. Aufl. (32 S.) n. — 16. — 2. Mittelstufe. 3. Aufl. (48 S.) n. — 20. — 3. Oberstufe. 2. Aufl. (48 S.) n. — 20.

($^{85}/_{1}$) **Kolz**, Archit. Lehr. Karl, mustergültige Thüren u. Fenster älterer u. neuerer Zeit. Eine Sammlg. v. hervorrag. Bautischler-Arbeiten in prakt. Beispielen, einfacher u. reicher Ausführg. der verschiedenen Stilperioden. Zum Gebrauch f. Bautischler, Architekten u. Werkmeister, Mauerer u. Zimmermeister, Zeichenschulen etc. unter Mitwirkg. nambafter Architekten hrsg. 2. u. 3. Hft. Fol. (à 10 Steintaf. m. 2 Detailbog. u. 1 Bl. Text.) Leipzig, Scholtze. Subscr.-Pr. à n. 5 —

Kommerell, E., e. Puerperalfieberepidemie in der Tübinger geburtshilflichen Klinik, s.: Mitteilungen aus der geburtshilflich-gynäkologischen Klinik zu Tübingen.

Kompaß f. die Söhne Kolpings. Hrsg. vom Verband „Arbeiterwohl". 16. (93 S.) Köln, Bachem. cart. n. — 40

Koneberg, H., Lourdes, s.: Kinder-Bibliothek, katholische.

Koenen, A. v., üb. e. paleocäne Fauna v. Kopenhagen. [Aus: „Abhandlgn. d. k. Gesellsch. d. Wissensch. zu Göttingen".] gr. 4. (128 S. m. 5 Lichtdr.-Taf. u. 5 Bl. Erklärgn.) Göttingen, Dieterich's Verl. n. 6. —

Konflikt, der spanisch-deutsche, um die Karolinen u. die Revolution in Spanien. Von * * * in Madrid. 12. (92 S.) Hagen, Risel & Co. n. — 75

Koenig's Auskunftsbuch f. d. J. 1886, enth. Städteverzeichniss d. deutschen Reichs m. Angabe der Einwohnerzahl, der Wochenmarktstage u. der Jahrmärkte, der Amts-, Land- u. Oberlandesgerichte. Genealogie europ. Regenten, Auszüge aus der Post-, Telegraphen-, Maass- u. Gewichtsordng., dem Bank- u. Wechselstempelsteuergesetz, Reichsstempel-Tarif, Strassenverzeichniss v. Berlin m. Angabe der Postbezirke, Kalender f. 1886 etc. 16. (L, 120 S.) Guben, Koenig. baar — 50

—— Coursbuch. Fahrpläne der Eisenbahnen v. Mittel- u. Nord-Deutschland. 1885. 2 Nrn. 16. (Nr. 1. XIV, 187 S. m. lith. Eisenbahnkarte.) Ebd. baar à — 40

König, Prof. Dr. Arth., Lehrbuch f. den katholischen Religionsunterricht in den oberen Klassen der Gymnasien u. Realschulen. 2. u. 3. Kurs. gr. 8. Freiburg i/Br., Herder. à n. 1. 80

Inhalt: 2. Die Geschichte der christl. Kirche. 4. Aufl. (X, 132 S.) — 3. Die besondere Glaubenslehre. 3. Aufl. (XI, 128 S.)

—— Schöpfung u. Gotteserkenntnis. 8. (VII, 381 S.) Ebd. n. 3. —

König, Carl Adf., deutsche Lieder. gr. 8. (19 S.) Leipzig, Rocca. n. — 50

Koenig, Charles, et Dir. Georges **Burckel**, les plantes indigènes de L'Alsace propre à l'ornementation des parcs et jardins. 1. partie. Plantes herbacées vivaces. [Aus: „Bulletin de la Société d'histoire naturelle de Colmar".] gr. 8. (156 S.) Colmar, (Barth). n. 2. 40

König, Ewald Aug., e. verlorenes Leben. Roman. 2 Thle. in 1 Bde., 2., wohlf. Aufl. 8. (311 u. 352 S.) Jena, Costenoble. n. 3. —

—— wegen Mangel an Beweis. Roman. 3 Bde. 8. (206, 202 u. 202 S.) Berlin 1886, Janke. n. 10. —

—— Schatten d. Lebens. Roman. 2 Bde. 8. (216 u. 198 S.) Ebd. 9. —

—— alle Schuld rächt sich. Roman. 8. (333 S.) Berlin, Goldschmidt. n. 7. 50

(83/1) **König**, Prof. Dir. Dr. Frz., Lehrbuch der allgemeinen Chirurgie f. Aerzte u. Studirende. 2. Abth. gr. 8. (XI u. S. 215—472.) Berlin, Hirschwald. n. 6. — (1. u. 2.: n. 11. —)

(85/1) —— Lehrbuch der speciellen Chirurgie f. Aerzte u. Studirende. 4. Aufl. 2. Bd. Mit 133 Holzschn. gr. 8. (XIII, 762 S.) Ebd. n. 14. — (1. u. 2.: n. 27. —)

König, Prof. Dr. J., Necrologium Friburgense. 1827—1877. Beitrag zur Personalgeschichte u. Statistik der Erzdiöcese. Gesammelt u. hrsg. [Aus: „Diöcesan-Archiv".] gr. 8. (VIII, 197 S.) Freiburg i/Br., Herder. n. 3. —

König, Prof. Dr. J., üb. die Principien u. die Grenzen der Reinigung v. fauligen u. fäulnissfähigen Schmutzwassern. Mit 4 in den Text gedr. Abbildgn. gr. 8. (III, 60 S.) Berlin, Springer. n. 1. 40

—— procentische Zusammensetzung u. Nährgeldwerth der menschlichen Nahrungsmittel, nebst Kostrationen u. Verdaulichkeit einiger Nahrungsmittel. Graphisch dargestellt. 4. verb. Aufl. gr. 8. (4 S. m. 1 Taf. in Farbendr.) Ebd. n. 1. 20

König, Wilh. [Dr. Bäri], Deppis Anders. gr. 8. (51 S.) Bern, (Jenni). n. 1. —

Königbauer, Joach., Geschichte der Pädagogik u. Methodik. Für Seminaristen u. Lehrer bearb. gr. 8. (VI, 204 S.) Amberg 1886, Habbel. n. 1. 60

Königsberg, Relig.-Lehr. S., Alluph thephillah. Vollständiges israelit. Gebetbuch m. klarer u. faßl. Beleuchtg. d. Ritus, zum Gebrauche bei häusl.

u. öffentl. Gottesverehrg., hauptsächlich zum Zwecke der Verwendbarkeit in Schulen als correctes Lehr- u. Übungs-Gebetbuch eingerichtet u. systematisch geordnet, m. auszugsweise den Inhalt, die Quellen sammt Autoren der einzelnen Gebetstücke bezeichnenden Titeln u. zugleich m. biograph. u. chronolog. Anmerkgn. versehen. Hrsg. vom israel. Landeslehrervereine in Böhmen. gr. 8. (XI, 432 S.) Prag 1886, Brandeis. geb. baar n.n. 1. 30

Königsberger, Pommer, Schlesier u. Deutscher, der gemüthliche. Ein Kalender auf d. J. 1886. Mit Illustr. Zum freundl. u. nützl. Gebrauche f. Jedermann v. C. L. Rautenberg. 12. (72 u. 34 S.) Mohrungen, Rautenberg. baar — 30

Königsbrunn-Schaup, Frz., der Mond. Ein Gedicht. 8. (66 S.) Dresden 1886, Pierson. n. 3. —

Königstochter, e. afrikanische. Roman aus Alt-Kamerun v. E. Vers. 4. Aufl. 8. (72 S.) Leipzig, Unflad. n. 1. —

(85/1) **Konkoly,** Nik. v., Beobachtungen, angestellt am astrophysikalischen Observatorium in OGyalla. 7. Bd., enth. Beobachtgn. vom J. 1884, m. 5 Holzschn. u. 2 lith. Taf. gr. 4. (III, 92 S.) Halle, Schmidt. n. 10. —

Könnecke, Archivr. Dr. Gust., Bilderatlas zur Geschichte der deutschen National-litteratur. Eine Ergänzg. zu jeder deutschen Litteraturgeschichte. Nach den Quellen bearb. (In 10 Lfgn.) 1. Lfg. Fol. (8 Bog. m. eingedr. Fcsm. u. Holzschn.) Marburg, Elwert's Verl. n. 2. —

Konrad v. Fussensbrunnen, die Kindheit Jesu, s.: Stecher, Ch., deutsche Dichtung f. die christliche Familie u. Schule.

Konsolidations-Verfahren, das rheinische, nach dem Gesetze vom 24. Mai 1885. Von e. prakt. Beamten. Anh. zu: Das preuß. Gemeinheits- u. Forstenteilungs-Verfahren ꝛc. 8. (20 S.) Neuwied 1886, Heuser's Verl. n. — 40

(85/1) **Konversations-Lexikon,** illustrirtes, f. das Volk. Zugleich e. Orbis pictus f. die studier. Jugend. 2. Aufl. 36—50. Lfg. Lex.-8. (2. Bd. Sp. 705—1512 u. 3. Bd. Sp. 1—128. m. eingedr. Holzschn.) Leipzig, Spamer. à n. — 50

Kopal, G., s.: Katzenjammer, der.

Kopallik, Prof. Dr. Jos., Vorlesungen üb. die Chronologie d. Mittelalters. gr. 8. (III, 60 S.) Wien, (Gerold & Co.). baar n. 1. —

Koepert, Otto, üb. Wachsthum u. Vermehrung der Krystalle in den Pflanzen. Inaugural-Dissertation. gr. 8. (21 S.) Halle, Tausch & Grosse. baar n. 1. —

Kopetzky, Frz., Rechenbuch [Aufgabensammlung] f. Mädchen-Fortbildungsschulen. gr. 8. (127 S.) Wien 1886, Pichler's Wwe & Sohn. n. 1. —

—— dasselbe, s.: Ambros, J.

Koepff, Kollabor., Bevölkerungsentwicklung aller Städte d. Königr. Bayern seit Gründung d. Deutschen Reichs, sowie der 66 grössten in der Zeit von 1840—1880. Nach statist. Quellen bearb. 12. (8 S. auf Carton.) Geislingen, (Stuttgart, Metzler's Sort.) baar n. — 35

Kopfnicker, drollige. Schwarzes Allerlei in 6 bewegl. (chromolith.) Bildern m. netten (eingedr.) Versen f. artige Kinder. gr. 4. Fürth, Schaller & Kirn. geb. baar 2. —

Kopisch, A., e. Carnevalsfest auf Ischia, s.: Haus-Bibliothek f. Stolze'sche Stenographen.

Kopitar, s.: Briefwechsel zwischen Dobrowsky u. K.

Koplhuber, P. Leop., der Búl'haubnteufl. Nach den Orig.-Handschriften hrsg. v. Seb. Mayr. 8. (31 S.) Linz, Ebenhöch. n. — 80

Kopp, Pfr. G., Worte bei der Trauerfeier Sr. Exc. d. kaiserl. Statthalters v. Elsaß-Lothringen Generalfeldmarschalls Frhrn. v. Manteuffel am 21. Juni 1885 in der Neuen Kirche zu Straßburg. gr. 8. (8 S.) Straßburg, Schmidt. n. — 20

Kopp, Herm., 6 Tafeln m. Netzen zu Krystallmodellen zu der Einleitung in die Krystallographie u. in die krystallographische Kenntniss der wichtigeren Substanzen. 5. Aufl. qu. 4. Braunschweig, Vieweg & Sohn. n. 1. 60

Kopp, W., Ch. G. Barth's Leben u. Wirken, s.: Familienbibliothek, Calwer.

Koppe, Prof. Karl, die Planimetrie, f. den Schul- u. Selbstunterricht bearb. [Anfangsgründe der reinen Mathematik. II. Tl.] 15. Aufl., bearb. v. Realgymn.-Oberlehr. Dr. W. Dahl. Mit 10 Fig.-Taf. gr. 8. (VI, 158 S.) Essen, Bädeker. n. 2. 10; Einbd. n.n. — 45

Koeppel, Hauptm., Geschichte d. 4. Oberschlesischen Infanterie-Regiments Nr. 63. Im Auftrage d. Regiments verf. Mit 5 Karten u. Plänen. gr. 8. (VI, 179 S.) Berlin, Mittler & Sohn. n. 5. —

Koeppel, Dr. Emil, Laurents de Premierfait u. John Lydgates Bearbeitungen v. Boccaccios De casibus virorum illustrium. Ein Beitrag zur Litteraturgeschichte d. 15. Jahrh. Habilitationsschrift. gr. 8. (112 S.) München, (Buchholz & Werner). n. 2. —

Koppen, Maj. A., Rathgeber f. die Chargen vom Zugsführer abwärts hinsichtlich ihres Verhaltens in den verschiedenen Dienstesfällen. Zusammengestellt nach dem Dienstreglement 1. u. 3. Thl. 16. (80 S.) Znaim, (Fournier & Haberler). n. — 50

(85/1) **Köppen**, Fedor v., die Hohenzollern u. das Reich. Von der Gründg. d. Brandenburgisch-Preuß. Staats bis zur Wiederherstellg. d. deutschen Kaisertums. 18—30. Hft. gr. 8. (2. Bd. VIII u. S. 97—544 m. 20 eingedr. Holzschn. 4 Holzschntaf., 1 Chromolith. u. 5 Karten.) Glogau, Flemming. à — 50 (1. u. 2. Bd. geb. n. 21. —)

—— deutsche Kaiserbilder aus dem Mittelalter. Mit 40 Abbildgn. gr. 8. (VI, 360 S.) Kreuznach, Voigtländer's Verl. geb. n. 5. —

Koppmann, Oberstabsaudit. Dir. Clemens, das Militärstrafgesetzbuch f. das Deutsche Reich, nebst dem Einführungsgesetze. Mit Commentar hrsg. 2. verm. u. verb. Aufl. gr. 8. (XXVI, 610 S.) Nördlingen, Beck. n. 11. —

Koerber, Heinr., die Dorsalluxation d. Daumens. Inaugural-Dissertation. gr. 8. (50 S.) Breslau, (Köhler). baar n. 1. —

Körber, Phpp., der verlorene Sohn. Erzählung f. die reifere Jugend. 3. Aufl. neu bearb. u. hrsg. v. E. Michael. Mit 2 Tonbildern, Kopfleisten u. Initialen. 8. (V, 106 S.) Leipzig 1886, Spamer. n. 1. —; geb. n. 1. 25

Korb-Industrie-Zeitung. Technisch-commercielles Central-Organ f. die gesammte Korb-, Rohr- u. Strohwaaren-Fabrikation u. sämmtl. m. dieser in Verbindg. steh. Industrie- u. Handelszweige, incl. Weidenkultur u. Handel, Verschönerg. der Waaren durch Schwefeln, Firnissen, Lackiren, Vergolden, Bronciren. [Organ f. Korbmacher-Innungen.] Hrsg. v. e. Verein v. Fachmännern. 1. Jahrg. 1885—86. 12 Hfte. (B. m. 2 Taf.) Lex.-8. Leipzig, G. Weigel. baar n. 6. 50

Kordgien, vorm. Prof. G. C., primer libro de conversacion. Spanisches Konversationsbuch f. Anfänger. 8. (VI, 71 S.) Hamburg, Boysen. geb. n. 1. 50

Korioth, Relig.- u. Oberlehr. a. D. Dr. Dominikus, Geographie v. Palästina. Zum Schulgebrauche. 4. Aufl. Mit vielen Illustr. gr. 8. (V, 84 S. m. 3 Karten.) Freiburg i/Br., Herder. n. 1. —

Korn, Landger.-Dir. L., Anfechtung v. Rechtshandlungen der Schuldner in u. außer dem Konkurse. 2. verm. Aufl. gr. 8. (VIII, 272 S.) Berlin, Hempel. n. 6. —

Körner, Dr. Aug. Emil, de epistulis a Cicerone post reditum usque ad finem anni a. v. c. 700 datis quaestiones chronologicae. gr. 8. (67 S.) Leipzig, Fock. n. 1. —

Körner, Prof. Frdr., Francisco Pizarro, seine Brüder, Gehülfen u. Zeitgenossen bei der Eroberung d. Goldlandes Peru. Nach Peschel, Külb, Prescot u. A. 12. (IV, 231 S.) Halle, Hendel. cart. n. 1. —

Körner, Th., Toni, s.: Volksbibliothek d. Lahrer Hinkenden Boten.

Körnicke, Frdr., u. Hugo **Werner**, Proff. DD., Handbuch d. Getreidebaues. 2 Bde. Lex.-8. Bonn, Strauss. geb. in Leinw. n. 36. —; in Halbfrz. n. 40. — Inhalt: 1. Die Arten u. Varietäten d. Getreides. Bearb. v. Prof. Doc. Dr. Frdr. Körnicke: Mit e. Anh.: Die Unkräuter u. tierischen Feinde d. Getreides. Bearb. v. Prof. Dr. Hugo Werner. (X, 470 S. m. 10 in Kpfr. rad. Taf.) — 2. Die Sorten u. der Anbau d. Getreides. Bearb. v. Prof. Dr. Hugo Werner. (V, 1009 S.)

(85/1) **Körper u. Geist.** Zeitschrift d. Zentralvereins f. Körperpflege in Volk u. Schule. Red.: E. Hartwich u. Dr. Schmidt. Juli 1885. gr. 8. (32 S.) Düsseldorf. (Leipzig, Siegismund & Volkening.) n. 1. —

Körte, A., das Fleischschaf, seine Züchtung u. Haltung. gr. 8. (VI, 164 S.) Breslau, Korn. n. 3. —

Kortenbeitel, Präpar.-Anst.-Vorst. C. F., Leitfaden beim biblischen Geschichtsunterricht. 6. Aufl. gr. 8. (VIII, 120 S.) Berlin, Stubenrauch. n. — 60

Koerting, Privatdoz. Dr. Heinr., Geschichte d. französischen Romans im XVII. Jahrh. 1—3. Lfg. gr. 8. (1. Bd. XVI u. S. 1—304.) Oppeln, Franck. baar à 2. —

Kortüm, Kreis-Wundarzt Dr., Anleitung zum Gebrauch d. Seebades m. besond. Berücksicht. der Ostseebäder Heringsdorf, Misdroy, Ahlbeck, Swinemünde, Divenow. 8. (24 S.) Stettin, Dannenberg. — 30

Kortüm, E., Heini u. seine Geige. Erzählung f. die Jugend. Mit 1 Bild. 12. (79 S.) Basel, Spittler. n. — 40

Kosak, Prof. Geo., Katechismus der Einrichtung u. d. Betriebes stationärer Dampfkessel u. Dampfmaschinen od. Erörterg. der bei der gesetzl. Prüfg. vorkomm. Fragen f. Heizer u. Maschinenwärter. Mit zahlreichen in den Text gedr. Holzschn. u. 3 Taf. Kesselgesetze f. Deutschland u. Oesterreich. 6. umgearb. u. erweit. Aufl. (VIII, 158 S.) Wien, Spielhagen & Schurich. n. 2. —; geb. n. 2. 50

—— Katechismus der Einrichtung u. d. Betriebes der landwirthschaftlichen u. als Motoren elektrischer Lichtmaschinen dienenden Locomobilen f. Landwirthe, Baumeister, Industrielle, Maschinenwärter zc. Mit 42 in den Text gedr. Holzschn. u. 2 Taf. 3. verm. u. verb. Aufl. 8. (VIII, 143 S.) Ebd. n. 2. 40; geb. n. 2. 90

Koseritz, Carl v., Consul Dr. O. **Dörffel** u. vorm. Colonie-Dir. A. W. **Sellin**, Rathschläge f. Auswanderer nach Südbrasilien. Auf Veranlassg. d. Vereins f. Handelsgeographie u. Förderg. deutscher Interessen im Auslande zu Porto Alegre [Prov. Rio Grande do Sul] bearb. 2. umgearb. u. verm. Aufl. Mit 1 (lith. u. color.) Karte v. Dr. Henry Lange. 8. (V, 97 S.) Berlin, Allg. Verlags-Agentur. n. 1. 60; geb. n. 1. 80

Kossmann, E., die altdeutsche Exodus, s.: Quellen u. Forschungen zur Sprach- u. Culturgeschichte der germanischen Völker.

Koester, Hans, Hiob. Episches Gedicht in 12 Gesängen. Die Bergpredigt. Biblisches Idyll in 5 Gesängen. 8. (160 S.) Bielefeld, Velhagen & Klasing. n. 2. —; geb. n. 3. —

Köstler, Prof. Gymn.-Oberlehr. H., Vorschule der Geometrie. 4. verb. Aufl. Mit 47 in den Text gedr. Holzschn. gr. 8. (IV, 21 S.) Halle, Nebert. cart. n. — 50

Kostomarow, N., russische Geschichte in Biographien. Nach der 2. Aufl. d. russ. Originals übers. v. W. Henckel. (In ca. 18 Lfgn.) 1. u. 2. Lfg. gr. 8. (1. Bd. S. 1—160.) Leipzig, F. Duncker. à n. 1. 50

Kötter, G., in Moll u. Dur, s.: Abrie, W.

Kotzebue, A. v., Pachter Feldkümmel v. Tippelskirchen, } s.: Volksbibliothek d.
—— die Stricknadeln, } Lahrer Hinkenden Boten.

Kotzebue, A. v., die Unglücklichen, s.: Universal-Bibliothek Nr. 2012.

Kozenn-Jarz, Leitfaden der Geographie f. die Mittelschulen der österreichisch-ungarischen Monarchie. 3. Thl.: Specielle Geographie der österreichisch-ungar. Monarchie. Mit 17 Kartenskizzen. 3., nach dem neuen Lehrplan bearb. Aufl. gr. 8. (IV, 103 S.) Wien, Hölzel. geb. n. 1. 44

Koziol, H., lateinisches Übungsbuch. 1. u. 2. Thl. gr. 8. Prag, Tempsky. n. 2. 60; Einbd. n.n. — 50
1. (VI, 90 S.) 1884. n. 1. —; Einbd. n. n. — 20. — 2. (VI, 152 S.) n. 1.60; Einbd. n.n. — 30.

Koziol, Hof- u. Ger.-Adv. Dr. K., die Entscheidungen d. k. k. Obersten Gerichtshofes in Versicherungs-Rechtssachen. Zusammengestellt m. Rücksicht auf die Versicherungspraxis. gr. 8. (79 S.) Wien, Sallmayer. n. 2. —

Krabbe, J., die kirchliche Gemeinepflege, s.: Flugschriften f. Innere Mission.

(85/1) **Krackhardt**, Carl, neues illustrirtes Conditoreibuch. Ein prakt. Hand- u. Nachschlagebuch f. Conditoren, Fein- u. Pastetenbäcker, Spezereihändler, Lebküchner, Chocolade- u. Liqueurfabrikanten, Köche, Gasthofbesitzer, sowie auch f. jede Hausfrau. 4. gänzlich umgearb. Aufl. Ausg. A m. ca. 70 Taf. in Farbendr. 4—14. (Schluß) Lfg. gr. 8. (S. 49—192.) München, Killinger. à — 75

(84/2) **Krafft**, Oberlehr., u. Gymn.-Lehr. **Ranke**, DD., Präparationen f. die Schullektüre griechischer u. lateinischer Klassiker. 2. u. 3. Hft. gr. 8. Hannover, Norddeutsche Verlagsanstalt. à n. — 50
Inhalt: 2. Präparation zu Ovids Metamorphosen. Buch I. 89—162. 262—415. II. 1—328. Zur ersten Einführg. in die latein. Dichterlektüre. Von Fritz u. Jul. Ranke. (32 S.) — 3. Präparation zu Homers Odyssee. 2. Hft. Buch (IX. 1—566. Zur ersten Einführg. in die homer. Wortkunde u. Formenlehre. Von Jul. Alb. Ranke. (39 S.)

Krafft, Ob.-Konsist.-R. Karl, das Volksschulgesetz vom 29. Sptbr. 1836 m. den durch die Gesetze vom 6. Novbr. 1858, 25. Mai 1865, 18. Apr. 1872, 22. Jan. 1874 u. 30. Dezbr. 1877 herbeigeführten Aenderungen, sowie gedrängter Zusammenstellg. der gelt. Ausführungsvorschriften, Konsistorialerlasse rc., nebst e. Anh. Hrsg. zunächst zum Gebrauche f. das evangel. Volksschulwesen im Königr. Württemberg. gr. 8. (XVI, 272 S.) Stuttgart, Kohlhammer. n. 4. —; geb. n. 4. 60

Krafft-Ebing, Prof. Dr. Frhr. R. v., üb. gesunde u. kranke Nerven. 2. Aufl. 8. (VII, 157 S.) Tübingen, Laupp. n. 2. —

Kraft, A., die Blutlaus, | s. Mühlberg, F.
—— le Puceron lanigère, |

Kraft, Baur. Straßenbau-Insp. Ernst, Lohn-Tabellen nach dem 100theiligen Münzsystem. Zum Gebrauch f. Bauunternehmer, Bauherren, Fabrikanten u. f. alle Diejenigen, welche Tagelohn auszahlen. 2. Aufl. 8. (81 S.) Rudolstadt, Klinghammer. n. 1. —

(85/1) **Kraft**, Ferd., Sammlung v. Problemen der analytischen Mechanik. Zum Gebrauche bei Vorlesgn. u. zur Übg. f. die Studierenden der theoret. Mechanik an Universitäten u. techn. Hochschulen. 10. u. 11. (Schluss-) Lfg. gr. 8. (2. Bd. VII u. S. 401—656 m. eingedr. Fig.) Stuttgart, Metzler's Verl. à n. 2. —

Kraft, Ob.-Forstmstr. Gust., Beiträge zur forstlichen Zuwachsrechnung u. zur Lehre vom Weiserprocente. gr. 8. (176 S.) Hannover, Klindworth. geb. baar 6. —

Kraft, J., Lebensbild Christoph v. Schmid's, s.: Schmid's, Ch. v., ausgewählte Schriften f. die Jugend.

Krahn, Lieut. a. D. Adb., die Waffenerfolge d. Prinzen Friedrich Carl. Ein Stück preußisch-deutscher Geschichte. Ein Lorbeerkranz dem „Rothen

Prinzen". gr. 8. (90 S. m. 1 Holzschntaf.) Leipzig, Milde. n. — 30; feine Ausg. — 50; cart. n. — 60; geb. in Leinw. n. 1. —; m. Goldschn. n. 4. —; in Kalblbr. m. Goldschn. n. 10. —

Krakauer, A., die Behandlung der eitrigen Mittelohraffektionen, s.: Sonderabdrücke der Deutschen Medizinal-Zeitung.

Kramer, Th. v., u. W. Behrens, ornamentale Fragmente. 1. Lfg. gr. 4. (10 Steintaf.) Kassel, Fischer. n. 4. —

Kraemer Haupt-Steueramts-Assist. W., Gesetz betr. die Erhebung v. Reichsstempel-Abgaben, nebst den Ausführungsvorschriften u. Erhebungsbestimmgn. Mit vielen Anmerkgn., Erläutergn., Marginalinhalt u. e. ausführl., alphabetisch-geordneten Sachregister, sowie vielen Tabellen ꝛc. hrsg. gr. 8. (XIV, 77 S.) Breslau, Woywod. cart. n. 1. 80

Krancke, Schulinsp. Frdr., arithmetisches Exempelbuch f. Schulen. 1. Hft. 108. Aufl. Nach der Münz-, Maß- u. Gewichtsordng. d. deutschen Reichs umgearb. v. dem Lehrervereine der Residenzstadt Hannover. gr. 8. (XVI, 156 S.) Hannover, Hahn. — 60

—— dasselbe. Antwortenheft zum 2. Hft. 30. Aufl. gr. 8. (VI, 64 S.) Ebd. n. — 50

Kranichs, Assess., † 26. Novbr. 1884. Briefe aus dem Jenseits. Mitgetheilt vom Adressaten Mac Clown. 2. Aufl. 8. (83 S.) Berlin 1886, Cronbach. 1. 25

(85/1) **Krankenstube**, die christliche. Lehr- u. Beispielbuch f. Kranke. Enth. gegen 200 Beispiele. Hrsg. v. e. Priester der Diöcese Münster. 6—8. Hft. gr. 4. (S. 169—264.) Paderborn, Bonifacius-Druckerei. à — 30

Kratz, Sem.-Dir. Dr. M., u. Prof. Dr. H. **Landois**, der Mensch u. die drei Reiche der Natur. 1. u. 2. Tl. gr. 8. Freiburg i/Br., Herder. à n. 2. 20; Einbd. à n.n. — 55

Inhalt: 1. Der Mensch u. das Tierreich in Wort u. Bild, f. den Schulunterricht in der Naturgeschichte dargestellt. Mit 180 in den Text gedr. Abbildgn. 7., verb. Aufl. (XII, 246 S.) — 2. Das Pflanzenreich in Wort u. Bild f. den Schulunterricht in der Naturgeschichte dargestellt. Mit 189 in den Text gedr. Abbildgn. 4. verm. u. verb. Aufl. (XI, 217 S.)

Krätzinger, Pfr. Dr. Geo., „verstehest du auch, was du singest?" Geschichte u. Erklärg. der Lieder d. neuen hess. Gesangbuches zum Gebrauche f. Geistliche u. Lehrer, Organisten u. Kantoren, f. die Seminarien u. Kirchengesangvereine. gr. 8. (III, 196 S.) Darmstadt, Würtz. n. 3. —

Kraus, Conr., der Herr Direktor. Schwank in 1 Akt. gr. 8. (24 S.) Berlin 1883. (Mainz, Frey.) n. — 80

Kraus, Greg., botanische Mittheilungen. [Aus: „Abhandlgn. d. naturforsch. Gesellsch. zu Halle".] gr. 4. Halle, Niemeyer. n. 1. 60

Inhalt: I. Mehrjähriges Wachsen der Kiefernadeln. II. Die sog. lösliche Stärke in der Epidermis. III. Zur Chemie d. Siebröhrensaftes u. alcalischer Pflanzensäfte überhaupt. IV. Zucker u. Säure in den Gelenken der Bohnenblätter. (31 S.)

Krause, Dr. Aurel, die Tlinkit-Indianer. Ergebnisse e. Reise nach der Nordwestküste v. Amerika u. der Beringstraße, ausgeführt im Auftrage der Bremer geograph. Gesellschaft in den J. 1880—1881 durch die DD. Arth. u. Aurel Krause, geschildert v. A. K. Mit 1 Karte, 4 Taf. u. 32 Illustr. gr. 8. (XVI, 420 S.) Jena, Costenoble. n. 11. —

Krause, Prof. Dr. Carl, Melanthoniana. Regesten u. Briefe üb. die Beziehgn. Philipp Melanchthons zu Anhalt u. dessen Fürsten. Aus dem gedruckten Briefwechsel u. den Handschriften zusammengestellt u. in Verbindg. m. einigen andern Stücken hrsg. Glückwunschschrift zur Säcularfeier d. Dessauer Doppelgymnasiums. gr. 8. (X, 185 S.) Zerbst, Zeidler. n. 3. 60

Krause, E., Charles Darwin u. sein Verhältnis zu Deutschland, s.: Darwin, Ch., gesammelte kleinere Schriften.

Krause, Lehr. Gust., Lehrbuch der einfachen u. doppelten Buchführung, theoretisch u. praktisch dargestellt, nebst e. Anhange üb. die Wechsellehre, zum Gebrauch f. Handels- u. kaufmänn. Fortbildungs-Schulen, sowie zum Selbstunterricht. gr. 8. (VII, 247 S.) Berlin 1886, Moeser. n.n. 3. —

Krause, Karl Chrn. Frdr., der analytisch-inductive Theil d. Systems der Philosophie. Aus dem handschriftl. Nachlasse d. Verf. hrsg. v. DD. Paul Hohlfeld u. Aug. Wünsche. gr. 8. (XXVIII, 120 S.) Leipzig, O. Schulze. n. 3. —

(85/1) **Krauß**, Oberlehr. A., u. Sem.-Oberlehr. A. **Schönmann**, die Aufsatz- u. Sprachübungen der Volksschule im Anschluß an die württembergischen Schullesebücher, unter Zugrundelegg. d. Normallehrplans in stilist., grammat. u. orthograph. Beziehg. nach den 7 Schuljahren methodisch geordnet u. bearb. 3. Tl. Oberstufe. [6. u. 7. Schuljahr.] gr. 8. (VIII, 345 S.) Stuttgart, Alb. Müller. n. 3. 20 (cplt.: n. 7. —)

Krauß, Ferd., die Lehrjahre e. Bildners aus der Steiermark. Biographische Skizze üb. Hans Brandstetter. Mit 9 Lichtdr.-Illustr. v. Orig.-Werken d. Künstlers. gr. 8. (V, 52 S.) Graz, Goll. n. 5. —; geb. n. 6. 40

Krauss, Herm., Riesengebirgs-Liederbuch. Im Auftrag der Section Hirschberg d. Riesengebirgs-Vereins hrsg. 8. (VIII, 112 S.) Warmbrunn. (Schmiedeberg, Sommer.) baar n.n. — 75

Kraußold, Pfr. M., Joh. Janssen's Geschichte d. deutschen Volkes seit dem Ausgange d. Mittelalters. Ein Conferenz-Vortrag, geh. zu Hof am 27. Juli 1885. gr. 8. (63 S.) Hof, Thelemann. n. — 60

(84/2) **Krebs**, Studienlehr. Dr. Frz., die Präpositionsadverbien in der späteren historischen Gräcität. 2. Tl. gr. 8. (64 S.) München, Lindauer. (à) n. 3. —

Krebs, Prof. Oberlehr. Dr. Geo., Lehrbuch der Physik f. Real- u. höhere Bürgerschulen, Gewerbeschulen u. Seminarien. 5. verb. Aufl. Mit 318 Holzschn., 2 lith. Taf. u. Spektraltaf. gr. 8. (XIV, 282 S.) Wiesbaden, Bergmann. n. 3. 60

Krebs, Hugo, Nirwana. Neue Dichtgn. vermischten Inhalts. gr. 8. (IV, 67 S.) Tilsit, Lohauss. cart. n. 2. —

Krebs, P. Jos. Alois, C. ss. Red., die heiligsten Herzen Jesu u. Mariä, verehrt im Geiste der Kirche u. der Heiligen. 4. Aufl. Neue Ausg. Nr. 8. Mit Farbentitel u. 2 Stahlstichen. 16. (XV, 461 S.) Freiburg i/Br., Herder. 1. 20

Kreibig, Jos., Epikur. Seine Persönlichkeit u. seine Lehre. Eine Monographie in populärer Fassg. gr. 8. (50 S.) Wien 1886, Halm & Goldmann. baar n. 1. —

Kreisordnung f. die Prov. Hessen-Nassau. Gesetz, üb. die Einführg. der Provinzial-Ordng. vom 29. Juni 1875 in der Prov. Hessen-Nassau. Bekanntmachung, betr. die Provinzial-Ordng. f. die Prov. Hessen-Nassau. 8. (99 S.) Wiesbaden, Limbarth. cart. n. 1. —

Krekel, Lehr. S., Realienbuch. Ein Handbuch f. Volksschüler. 2. erweit. Aufl. 8. (IV, 271 S.) Wiesbaden 1886, Limbarth. cart. n. — 80

Kremenß, Dr. Philippus, Erzbischof v. Köln. Ein Lebensbild. Mit (autotyp.) Portr. d. Erzbischofs. 12. (16 S.) Köln, Bachem. — 15

Kremer, A. Frhr. v., üb. meine Sammlung orientalischer Handschriften. [Aus: „Sitzungsber. d. k. Akad. d. Wiss."] Lex.-8. (78 S.) Wien, Gerold's Sohn in Comm. n. 1. 20

Krenzer, Stationsassist. Ed., Handbuch üb. das Zollabfertigungswesen f. Eisenbahn-Beamte, Spediteure u. Kaufleute. Enth.: 1. Verhaltungsmaßregeln f. die zollamtl. Behandlg. ausländ. Waaren, nebst den bezw. gesetzl. Bestimmgn., 2. das Zolltarif-Gesetz, sowie den auf Grund der Zolltarifnovelle vom 22. Mai 1885 berichtigten Zolltarif f. das deutsche Reich. 8 verb. Aufl. 8. (120 S.) Barmen. (Elberfeld, Bädeker.) baar 1. —

Kresse, Osk., der Verklärte. Dramatische Dichtg. in 5 Akten. 2. Aufl. gr. 16. (167 S.) Leipzig, Kalb. geb. baar n. 2. 75

Kretschmar, Ingen. Konr., die Holzverbindungen. Ein Lehr- u. Hilfsbuch f. Schule u. Praxis. 16 lith. Taf. Hrsg. vom technolog. Gewerbe-Museum in Wien. Fol. Nebst erklär. Text. gr. 8. (VII, 104 S.) Wien, Graeser. In Mappe. n. 8. —; Schüler-Ausg. ohne Text n. 2. —

Kretschmeyer, Schulr. Dir. Dr. Frz. Jos., deutsches Lesebuch f. Mädchen-Bürgerschulen. 3 Thle. gr. 8. Prag, Tempsky. n. 4. 20; Einbd. à n.n. — 20
1. 4., durchgeseh. u. theilweise veränd. Aufl. (VI, 181 S.) 1884. n. 1. —. — 2. 4., durchgeseh. u. theilweise veränd. Aufl. (VI, 255 S.) n. 1.60. — 3. 3. durchgeseh. u. theilweise veränd. Aufl. (VIII, 274 S.) n. 1.60.

Kreuser, Assist.-Arzt Dr., die k. Heil- u. Pflegeanstalt Winnenthal. 50jähriger Anstaltsbericht. Mit 1 lith. Plane der Anstalt. gr. 8. (V, 101 S.) Tübingen, Fues. n. 2. 60

Kreutzer, L., Martin der Stellmacher. Eine Erzählg. aus dem mecklenburg. Volksleben. 2 Tle. in 1 Bd. 8. (156 u. 144 S.) Hamburg 1886, Agentur d. Rauhen Hauses. n. 2. —; in 1 Bd. geb. n. 2. 80
—— verborgene Wege, s.: Schillingsbücher.

Kreuzbüchlein, evangelisches. Mit 12 Stahlst. 13. Abdr. 16. (28 S.) Zürich 1883, Dépôt der evangel. Gesellschaft. cart. n. — 80; geb. in Leinw. m. Goldschn. n. 1. —

Kreuzweg, der heilige, unseres Herrn u. Heilandes Jesu Christi. Neueste Aufl. [Für die Diözese Münster.] 8. (31 S.) Warendorf, Schnell. n. — 10

Krieg, ewiger. Studien e. deutschen Offiziers. 8. (VIII, 164 S.) Berlin, Luckhardt. n. 3. —

Krieg, Prof. Heinr., Lehrbuch der stenographischen Korrespondenz- u. Debattenschrift [stenographische Nationalschrift u. Parlamentsstenographie] nach F. X. Gabelsbergers System. Für Volks- u. höhere Schulen, sowie f. den Selbstunterricht bearb. 14. Aufl. 8. (VIII, 80 S.) Dresden, G. Dietze. n. 1. 50

(84/1) **Krieger**, deutscher, Vereins- u. Haus-Bibliothek. Unter Red. v. Alban Horn hrsg. zur Förderg. d. Krieger-Vereinswesens v. P. Muskalla. 5. Bd. 12 Hfte. gr. 8. (1. u. 2. Hft. 96 S.) Berlin, S. Schwartz. n. 3. —; einzelne Hfte. à — 30

(83/2) **Krieger**, Reg.-R. Dr., der Gesundheitszustand in Elsass-Lothringen während d. J. 1883. Im amtl. Auftrage nach den Berichten der Medicinalbeamten. gr. 8. (X, 132 S.) Strassburg, Schmidt. n. 3. —
1882 s.: (83/2) Wasserfuhr.

Krieger, Gymn.-Oberlehr. Dr. R., Grundriss der Zoologie f. höhere Lehranstalten, insbesondere f. Gymnasien. Mit 124 Abbildgn. in Holzschn. gr. 8. (VIII, 111 S.) Leipzig 1886, Brockhaus. n. 1. 60; cart. n. 1. 80

Kriegs-Chronik Österreich-Ungarns. Militärischer Führer auf den Kriegsschauplätzen der Monarchie. Verf. im k. k. Kriegs-Archive. 1. Thl. Der [nord. westl.] Kriegsschauplatz: Böhmen, Mähren, Schlesien. Mit 1 Taf. gr. 8. (III, 176 S.) Wien, (Seidel & Sohn). n. 4. —; geb. n.n. 4. 40

Krimmel, Jul., neuer italienischer Dolmetscher f. Deutsche u. Hilfsbuch zur Erlerng. der italien. Sprache. Enth.: die Grundregeln der italien. Grammatik, die allernöthigsten Wörter der verschiedenen Redetheile und neue Gespräche. 7. Aufl. 12. (III, 196 S.) Leipzig, Matthes. cart. 1. 50

Krippen-Kalender f. d. J. 1886. 13. Jahrg. 4. (68 S. m. Illustr.) Augsburg, Kranzfelder in Comm. n. — 35

Kritzinger, Sem.-Dir. Fr. Wilh., Pilgerklänge. 8. (III, 120 S.) Zeitz, Huch. n. 1. 20; geb. n. 2. —; m. Goldschn. n. 2. 20

Kroeffges, Rekt. J. P., Theotimus. Blüthenlese aus den Werken d. hl. Karl Borromäus, Kardinal der hl. röm. Kirche u. Erzbischof v. Mailand. 8. (XVI, 322 S.) Trier 1883, Grach. n. 2. 20

Kröh, Frdr., zur Technik der Oelmalerei. Nach den neuesten Grundsätzen bearb. unter Berücksicht. der Konservierg. u. Restauration der Oelgemälde. gr. 8. (VIII, 81 S.) Weimar 1886, B. F. Voigt. 1. 50

Kröhnke, Baur. G. H. A., Handbuch zum Abstecken v. Curven auf Eisenbahn- u. Wegelinien. Für alle vorkomm. Winkel u. Radien aufs sorgfältigste berechnet u. hrsg. 11. Aufl. Mit 1 Fig.-Taf. 12. (VIII, 164 S.) Leipzig, Teubner. geb. 1. 80

(85/1) **Kröll,** Jos. Raph., Kanzel-Reden. 5. Bd., enth. Predigten üb. die lauretan. Litanei. (In ca. 12 Hftn.) 1. Hft. gr. 8. (80 S.) Kempten, Kösel. n. — 60

Kromar, Hauptm. Conr., Erfindungen der Neuzeit auf dem Gebiete der Waffentechnik zur Erhöhung der Feuerschnelligkeit bei Handfeuerwaffen. Hiezu 4 Taf. [Aus: „Mittheilgn. üb. Gegenstände d. Artillerie- u. Genie-Wesens".] gr. 8. (72 S.) Wien, v. Waldheim in Comm. n. 3. 20

Kronfeld, stud. med. Mor., üb. einige Verbreitungsmittel der Compositenfrüchte. (Mit 1 (lith.) Taf.) [Aus: „Sitzungsber. d. k. Akad. d. Wiss."] Lex.-8. (16 S.) Wien, (Gerold's Sohn). n.n. — 50

(84/1) **Krosigk,** Konr. v., Urkundenbuch der Familie v. Krosigk. Eine Sammlg. v. Regesten, Urkunden u. sonst. Nachrichten zur Geschichte der Herren v. Krosigk u. ihrer Besitzgn. Im Auftrage der Familie v. Krosigk gesammelt u. hrsg. 3. Hft. 1. Abth. Lex.-8. (122 S.) Halle, Schmidt. n. 3. — (1—3, I.: n. 8. 50)

Krüche, Dr. Arno, Compendium der speciellen Chirurgie. Zum Gebrauch f. Studirende u. Aerzte [zugleich als 2. Bd. zu Dr. Krüche's allgemeiner Chirurgie u. Operationslehre dienend]. 3. Aufl. Mit 48 Abbildgn. 8. (X, 843 S.) Leipzig 1886, Abel. geb. n. 6. —; Einbd. n.n. — 75

(84/2) **Krueger,** Prof. Dir. A., Zonenbeobachtungen der Sterne zwischen 55 u. 65 Grad nördlicher Declination, angestellt an den Sternwarten zu Helsingfors u. Gotha u. auf Kosten der kaiserl. Alexanders-Universität zu Helsingfors hrsg. 2. Bd. Enthält die Zonen 339 bis 722 nebst den mittleren Örtern der Sterne f. 1875. 0. gr. 4. (XXXII, 400 S.) Helsingfors. Leipzig, Engelmann in Comm. (à) n.n. 20. —

Krüger, Rekt. Carl A., vaterländische Geschichte. Lebensbilder aus der deutschen u. brandenburgisch-preuß. Geschichte f. Volks- u. Bürgerschulen. Mit 75 Abbildgn. gr. 8. (IV, 114 S.) Danzig, Axt. cart. n. — 50

—— Leitfaden der Geographie u. Geschichte f. Volksschulen. Bearb. nach den ministeriellen u. allgemeinen Bestimmgn. vom 15. Oktbr. 1872. 8. verb. Aufl. Mit neuer Orthographie. 8. (32 S.) Danzig, Th. Bertling. n. — 25

Krüger, Ob.-Schulr. Dr. Gust., zur Erinnerung an Gerhard Ulrich Anton Vieth, weil. Schulrath u. Direktor der herzogl. Hauptschule zu Dessau. 1786—1836. Aus seinem Nachlass hrsg. gr. 8. (55 S.) Dessau, Baumann in Comm. baar n. 1. 60

—— Festrede, bei der Säkularfeier d. herzogl. Friedrichs-Gymnasiums u. herzogl. Friedrichs-Realgymnasiums zu Dessau am 5. Oktbr. 1885 geh. gr. 8. (23 S.) Ebd. baar n. — 40

Krüger, J., jüdische Parodien u. Schnurren. 1. Hft. 3. Aufl. 16. (59 S.) Hamburg, Kramer. n. — 50

(84/1) **Krukenberg,** Dr. C. Fr. W., vergleichend-physiologische Vorträge. IV. gr. 8. Heidelberg, C. Winter. n. 2. 80 (I—IV.: n. 8. 80)
Inhalt: Grundzüge e. vergleichenden Physiologie der thierischen Gerüstsubstanzen. (85 S.)

Krumme, Dir. Dr. Wilh., Lehrbuch der Physik f. höhere Schulen in 2 Stufen. 2., gänzlich umgearb. Aufl. m. zahlreichen, in den Text gedr. Abbildgn. gr. 8. (XII, 340 S.) Berlin, Grote. n. 3. 50

Kruse, Dr. E., Seeluft u. Seebad. Eine Anleitg. zum Verständniss u. Gebrauch der Kurmittel der Nordseeinseln, insbesondere v. Norderney. 4. verm. Aufl. 12. (VIII, 119 S.) Norden, Soltau. n. 1. —

Kruse, Lehr. Frz., Geographie f. ein- u. mehrklassige Volksschulen. 2. verb. Aufl. Mit 4 Holzst. 8. (VI, 125 S.) Münster, Regensberg. n. — 40

Kruse, Heinr., das Mädchen v. Byzanz. Trauerspiel in 5 Aufzügen. 2. Aufl. 8. (133 S.) Leipzig, Hirzel. n. 2. —

Krzyzanowski, Heinr., im Bruch. Eine Biographie. 8. (284 S.) Stuttgart, Spemann. n. 3. —

Kubary, J., ethnographische Beiträge zur Kenntniss der Karolinischen Inselgruppe u. Nachbarschaft. 1. Hft. Die socialen Einrichtgn. der Pelauer. gr. 8. (150 S.) Berlin, Asher & Co. n. 3. —

Kübel, Prof. D. Rob., kleine Bibelkunde. Das Wichtigste von u. aus der h. Schrift. Mit 2 Karten: Palästina zur Zeit Jesu Christi [Nebenkarte: Umgegend v. Jerusalem]. Die Reisen d. Apostels Paulus. 8. (48 S.) Stuttgart, J. F. Steinkopf. — 25

Kübler, J., Schwefeldavid, s.: Bibliothek, stenographische, d. Allgemeinen Schweizerischen Stenographenvereins.

Kübler, Th., General Gordon, der Held u. Christ, s.: Jugend- u. Volksbibliothek, deutsche.

—— die junge Heldin, s.: Immergrün.

Küche, die. Organ d. Verbandes deutscher Köche. Red.: L. Kurth. 4. Jahrg. 1885. 52 Nrn. (B.) Fol. Berlin. (Leipzig, Gracklauer.) Vierteljährlich baar n. 2. —

Kuefstein, Frz. Graf v., der wirtschaftliche Wert in Theorie u. Praxis m. e. Vorbemerkg. üb. die Marx-Engels'sche Werttheorie. gr. 8. (XVI, 60 S.) Wien, Hölder in Comm. n. 1. 70

Kügelgen, W. v., s.: Jugenderinnerungen e. alten Mannes.

Kugler, Bernh., Albert v. Aachen. gr. 8. (VII, 426 S.) Stuttgart, Kohlhammer. n. 8. —

Kuhač, Fr. S., südslavische Volkslieder. Aus der Sammlg. v. K. übertr. v. Ernst Harmening. 8. (XII, 90 S.) Jena 1886, Mauke. n. 1. 80; geb. m. Goldschn. n. 2. 80

Kuhl, Jos., Beiträge zur griechischen Etymologie. I. Δία bei Homer. gr. 8. (III, 128 S.) Prag, Tempsky. — Leipzig, Freytag. n. 3. —

Kühl, Insp. Dr. Ernst, die Gemeindeordnung in den Pastoralbriefen. gr. 8. (III, 152 S.) Berlin, Hertz. n. 2. 80

(83/2) **Kühling's**, A., Theater-Specialität. Nr. 42—47. gr. 8. Berlin, Kühling & Güttner. à 1. 50

Inhalt: 42. Der Marder im Taubenschlag. Schwank in 1 Akt v. Edm. Braune. (15 S.) — 43. Alles durch die Feuerwehr. Posse m. Gesang in 1 Akt v. Leop. Ely. Musik v. Rich. Thiele. (12 S.) — 44. In der Polizei-Wachtstube. Posse in 1 Act v. R. Hahn u. H. Klaeger. (12 S.) — 45. Die erste Damen-Gesellschaft. Lustspiel in 1 Akt v. Edm. Braune. (26 S.) — 46. Grenadier Pfiffig. Lustspiel in 1 Akt v. C. A. Paul. (12 S.) — 47. Der Quartals-Erste. Posse in 1 Act v. Thdr. Kolbe. (16 S.)

Kuhn, Stadtschulinsp. Dr. Ernst, die Aussprache. Einige Abschnitte aus der Lehre vom Lesevortrag. 8. (III, 47 S.) Berlin, Berggold. n. — 80

—— Rechtschreibübungen. Methodisches Aufgabenbuch f. die Schüler in mittleren Klassen der Volksschulen u. in oberen Volksschulklassen. 2. Aufl. gr. 8. (VIII, 87 S.) Berlin, Simion. cart. n. — 60

Kühn, F., Erzählungen, s.: Spiegelbilder aus dem Leben u. der Geschichte der Völker.

Kühn, G., das Wunder, s.: Zeitfragen d. christlichen Volkslebens.

Kühn, Vice-Dir. Dr. G., deutsches Lesebuch f. höhere Mädchenschulen. Unter Mitwirkg. v. Frl. Marie Stöphasius u. anderen Lehrern u. Lehrerinnen hrsg. 1. Bd. 1. Abtlg. 3. Aufl. 8. (X, 236 S.) Berlin, Berggold. n. 1. —; Einbd. n.n. — 25

Kühn, Geh. Reg.-R. Dir. Prof. Dr. Jul., das Einsäuern der Futtermittel. [Aus: „Mentzel u. v. Lengerke's landw. Kalender".] 16. (74 S.) Berlin, Parey. n. 1. —
—— die Getreidezölle in ihrer Bedeutung f. den kleinen u. mittleren Grundbesitz. Ein Beitrag zur Verständigg. 2., verm. Aufl. 4. (V, 24 S.) Halle, Buchh. d. Waisenhauses. n. — 60

Kühn, Realgymn.-Lehr. Dr. Karl, die Einheitsschule, e. Forderg. d. prakt. Lebens. gr. 8. (38 S.) Bielefeld, Velhagen & Klasing. n. — 50

Kühnau, Rich., de Trishṭubhjagatica metrorum indicorum gente quaestio rhytmica et historica. (Dissertatio inauguralis.) gr. 8. (70 S. m. 3 Tab.) Breslau, (Köhler). baar n. 1. —

Kühne's, Geo., Rathgeber f. Kosmetik. 2. Aufl. Praktische Winke zur Erlangg. u. Erhaltg. gesunder u. weisser Zähne, reinen u. frischen Teints, vollen u. weichen Haares, glänz. u. transparenter Nägel. Mit Vorwort u. ergänz. Bemerkgn. v. Hofr. Dr. Krug. gr. 8. (38 S.) Dresden. (Leipzig, Gracklauer.) baar n.n. 1. —

Kühner, Gymn.-Oberlehr. Dr. Rud., lateinisches Vokabularium im Anschluß an A. S. Schönborns lateinisches Lesebuch. 1. Kurs. f. Sexta. 4. verb. Aufl. 8. (VIII, 170 Sp.) Berlin 1886, Mittler & Sohn. n. — 50

Kükenthal, Assist. Dr. Willy, die mikroskopische Technik im zoologischen Praktikum. Mit 3 Holzschn. 8. (III, 39 S.) Jena, Fischer. n. — 75

Kulasch, **Fritze**. Aus den Erlebnissen e. Künstlers. Orig.-Mskr., hrsg. v. Alb. Roderich. Mit 3 Illustr. v. Ed. Grützner. gr. 8. (76 S.) Stuttgart, Spemann. n. 2. —

Kulenkampff, D., die elephantiastischen Formen, s.: Esmarch, F.

(84/1) **Kulturkämpfer**, der. Zeitschrift f. öffentl. Angelegenheiten. Hrsg. v. Otto Glagau. 6. Jahrg. 1885/86. 24 Hfte. gr. 8. (1. Hft. 40 S.) Berlin, Expedition. Vierteljährlich baar n. 3. —; einzelne Hfte. à n. — 60

Kümmel, H., der Deserteur auf Java, } s.: Volks-Erzählungen, kleine.
—— im Herzen Südamerikas, }
Kümmel, M., der Sträfling v. Botany-Bay, }

Kümmel, R., Methodik d. Turnunterrichtes, s.: Handbuch der speciellen Methodik.

Kummer, Dr. C. G., deutsch-nationale Politik in Oesterreich. [Aus: „Reichenberger, deutsche Volkszeitung".] Mit e. Anh.: Resolution der Deutsch-Nationalen in Graz vom 5. Juni 1885. 8. (19 S.) Graz, (Goll). n. — 20

(84/2) **Kummer**, **Karl Ferd.**, u. **Karl Stejskal**, Proff. DD., deutsches Lesebuch f. österreichische Gymnasien. 3., 5—7. Bd. gr. 8. Wien, Manz. geb. n. 14. 40; (1—3., 5—7. geb.: n. 19. 40)
3. (XVI, 309 S.) n. 2. 80. — 5. 3., umgearb. Aufl. (XX, 376 S.) n. 3. 60. — 6. (VIII, 475 S.) 1884. n. 4. —. — 7. (X, 410 S.) n. 4. —

Kumsch, Biblioth. E., Japan-Album. Decorative japanische Handzeichngn. im königl. Kunstgewerbe-Museum zu Dresden. 1. Serie. 30 Taf. in Lichtdr. Fol. Leipzig, Hessling. In Mappe. n. 20. —

Kuenen, Prof. Dr. A., historisch-kritische Einleitung in die Bücher d. alten Testaments hinsichtlich ihrer Entstehung u. Sammlung. Autoris. deutsche Ausg. v. Prof. Dr. Th. Weber. 1. Tl. 1. Stück. 1. Hft. gr. 8. (IV, 96 S.) Leipzig, O. Schulze. n. 2. 50

Kunst, die, f. Alle. Unter besond. Mitwirkg. v. Fr. Pecht hrsg. 1. Jahrg. Oktbr. 1885—Septbr. 1886. 24 Hfte. (à ca. 1½ B. m. Illustr. u. ca. 4 Bilderbeilagen.) hoch 4. München, Verlagsanstalt f. Kunst u. Wissenschaft. à Hft. — 60

(⁸⁵/₁) **Kunst u. Künstler** d. 19. Jahrh. Biographien u. Charakteristiken. Unter Mitwirkg. v. Fachgenossen hrsg. v. Biblioth. Dr. Rob. Dohme. 19—24. Lfg. hoch 4. Leipzig, Seemann. à n. 1. 50
Inhalt: 19. 20. Théodore Géricault u. Eugène Delacroix v. Adf. Rosenberg. (61 S.) — 21—23. Cornelius, Overbeck, Schnorr, Veit, Führich v. Veit Valentin. 3. Abtlg.: Kampf u. Ausgang. (112 S.) Einzelpr. n. 5. —. — 24 Antoine Jean Gros. Von Rich. Graul. (20 S.)

Kunstbauten der Staatsbahnstrecke von Güls bis zur Rheingrenze bei Perl [Moselbahn]. Mit 17 Kpfrtaf. [Aus: „Zeitschr. f. Bauwesen".] Fol. (22 S.) Berlin 1884, Ernst & Korn. cart. n. 16. —

(⁸³/₂) **Künste**, freie. Fachblatt f. Lithographie, Steindruckerei u. Buchdruckerei. Hrsg. u. red. v. J. Heim. Red.: M. Schwarz. 7. Jahrg. 1885. 24 Nrn. (à 1½—2 B. m. eingedr. Illustr. u. Beilagen.) hoch 4. Wien, J. Heim. Halbjährlich n. 5. —

(⁸⁴/₂) **Kunstgewerbeblatt.** Monatsschrift f. Geschichte u. Litteratur der Kleinkunst, Organ f. die Bestrebgn. der Kunstgewerbe-Vereine. Unter Mitwirkg. v. J. Brinckmann, Br. Bucher, F. Ewerbeck ꝛc. hrsg. v. Arth. Pabst. 2. Jahrg. Oktbr. 1885—Septbr. 1886. 12 Hfte. (2½ B. m. eingedr. Illustr. u. Kunstbeilagen.) Mit Beiblatt: Kunstchronik. 45 Nrn. (B.) hoch 4. Leipzig, Seemann. Halbjährlich n. 6. —

(⁸⁵/₁) **Künstler-Lexikon**, allgemeines. Unter Mitwirkg. der namhaftesten Fachgelehrten d. In- u. Auslandes hrsg. v. DD. Jul. Meyer u. Herm. Lücke. 2. gänzlich neubearb. Aufl. v. Nagler's Künstler-Lexikon. 35. u. 36. Lfg. gr. 8. (3. Bd. S. 713—796) Leipzig, Engelmann. à n. 1. 20; auf Schreibpap. à n. 1. 60

(⁸⁴/₂) **Künstlermappe**, internationale. 2—8. Lfg. gr. Fol. (à 2 Heliograv.) Wien, Bondy. baar à n. 3. — (1. Serie, 24 Bl. m. 4 S. Text in Leinw.-Mappe: n. 46. —)

Kuntze, Inspizientin Anna, Leitfaden f. den Unterricht in weiblichen Handarbeiten. 1. Hft. Aus meinem Strickkörbchen. 1. Abtlg. Für die Hand der Schülerinnen beim Unterricht u. zum häusl. Gebrauch bearb. Mit e. Begleitworte v. Stadtschulr. Dr. F. Vorbrodt. gr. 8. (III, 20 S. m. Fig.) Erfurt, Bartholomäus. n. — 40

Kuntze, Dr. Otto, Monographie der Gattung Clematis. [Aus: „Verhandlgn. d. botan. Vereins d. Prov. Brandenburg".] gr. 8. (120 S.) Berlin, (Friedländer & Sohn). baar n. 3. —

Kunz, Herm., das Schloß der Piasten zum Briege. Ein vergessenes Denkmal alter Bauherrlichkeit in Schlesien. hoch 4. (VIII, 62 S. m. 7 Lichtdr.-Taf.) Brieg, Bänder. baar n. 8. —

Kunze, San.-R. Dr. C. F., Grundriss der praktischen Medicin. 3., vielfach umgearb. u. verm. Aufl. gr. 8. (XVI, 319 S.) Leipzig 1886, Veit & Co. geb. n. 6. —

—— Halle an der Saale in sanitärer Beziehung. Mit 3 Karten u. 1 Holzschn. Lex.-8. (24 S. m. 1 Tab.) Halle, Hendel. n. 1. —

—— populäre Heilkunde. 2. verb. Aufl. 2 Thle. in 1 Bd. 8. (VIII, 320 u. III, 240 S.) Halle, Tausch & Grosse. n. 5. 40; geb. n. 6. 40; in 9 Lfgn. à n. — 60

Küpfer, F., Wappenbuch der Schweizer Städte. 120 Wappenschilder, gesammelt u. gezeichnet. Fol. (12 color. Steintaf.) Basel. (Bern, Jenni.) In Carton-Mappe baar n.n. 25. —; in Leinw.-Mappe n.n. 28. 50

(⁸⁴/₂) **Kurgast**, der. Saison-Blatt u. Fremden-Liste f. die Schwarzwald-Bäder u. Luftkurorte — Sool-Bäder am Oberrhein. 4. Jahrg. 1885. 20 Nrn. (à ½—1 B.) gr. 4. Schopfheim, Uehlin. n. 3. —

Kürnberger, F., der Drache, } s.: National-Bibliothek, deutsch-österreichische.
—— das große u. das kleine Loos, }
—— die Versuchungen der Armen, }

($^{85}/_{1}$) **Kuropatkin,** General, kritische Rückblicke auf den russisch-türkischen Krieg 1877/78. Nach Aufsätzen v. K. bearb. v. Maj. Krahmer. 2—4. Hft. gr. 8 Berlin, Mittler & Sohn. n. 6. 25 (cplt. n. 8. 50; geb. n. 10. —
Inhalt: 2. Von der Schlacht bei Lowtscha bis zum 10. Septbr. vor Plewna. Mit 1 Plane. (V u. S. 93—188.) n. 2.25. — 3. 4. Der 11. u. 12. Septbr. bei der russ Westarmee-Abtheilung, der 13. u. 14. Septbr. bei dem linken Flügel derselben. — Kritik der Ereignisse vom 6. bis 12. Septbr. 1877 vor Plewna. Mit 2 Skizzen im Text. (VII u. S. 189—391.) n. 4. —

Kurr, J. G. v., das Mineralreich in Bildern, s.: Naturgeschichte d. Tier-, Pflanzen- u. Mineralreichs.

Kurs- u. Auskunftsbuch, kleines, f. Prov. Sachsen, Braunschweig, Thüringen u. Anhalt. Sommer 1885. Mit 2 Karten. 16. (VII, 74 u. 32 S.) Osterwieck, Zickfeldt. — 20

Kurs-Paritäten v. Franken f. 100 Mark u. Mark f. 100 Franken, nebst Umrechnungen. (Deutsch u. Französisch.) 8. (18 S.) Zürich, Schmidt in Comm. n. — 80

Kurth, weil. Domchor-Dir. Gesanglehr. H., bremisches Liederbuch geistlicher u. weltlicher Gesänge f. Schule u. Haus. 3. Aufl. 12. (VI, 200 S.) Bremen, Rühle & Schlenker. geb. n. n. 1. 25

Kurth, Dr. Otto, Landulf der Ältere v. Mailand. Ein Beitrag zur Kritik italiän. Geschichtsschreiber. gr. 8. (IV, 53 S.) Halle, Niemeyer. baar n. 1. 20

Kurtz, Amtsrichter C., Anleitung zur Bearbeitung der Vormundschafts-, Nachlaß- u. Testamentssachen m. den einschlägigen gesetzlichen Bestimmungen u. Anh., enth. Formulare zu gerichtl. Taxen. gr. 8. (X, 239 S.) Breslau, Koebner. n. 3. —

Kurtz, em. Prof. D. Joh. Heinr., biblische Geschichte. Der heil. Schrift nacherzählt u. erläutert. 38. Aufl. 8. (VIII. 262 S.) Berlin, Wohlgemuth. n. 1. —; geb. n. 1. 25

Kurtzmann, L., s.: Katalog der Raczyńskischen Bibliothek in Posen.

($^{85}/_{1}$) **Kurz,** Turnlehr. Oswald, Übersicht üb. das Turnen. Ein kurzes Lehrmittel f. die Theorie d. Turnens. Zum Schulgebrauch u. zum Selbstunterricht bearb. 2. Bdchn. Die Gerätübgn. im allgemeinen. 12. (IV, 126 S.) Straubing, Attenkofer. n. 1. — (1. u. 2.: n. 1. 80)

Kurzweil, allerlei, für's kleine Volk. Ein unzerreißbares Bilderbuch f. kleine Knaben u. Mädchen. Zeichngn. v. Heinr. Dibbern u. A. Text v. Herm. Pilz. hoch 4. (10 Chromolith. m. eingedr. Text.) Görlitz, Foerster's Verl. geb. n. 3. —

Kussmanoff, Alex., die Ausscheidung der Harnsäure bei absoluter Milchdiät. Inaugural-Dissertation. gr. 8. (37 S.) Dorpat, (Karow). baar n. 1. —

Kussmaul, A., die Störungen der Sprache, s.: Handbuch der speciellen Pathologie u. Therapie.

Küßner, Lehr. Frdr., Materialien f. den Rechen-Unterricht in den Handwerker- u. Fortbildungsschulen. 2. verm. u. verb. Aufl. 8. (IV, 99 S.) Mainz 1886, Diener. cart. n. — 75

Küster, Dr. Conr., zur Reform der Burschenschaften. Rede, geh. am Tage nach dem Feste auf Tivoli in Berlin am 21. Jan. 1883. 3. Aufl. 8. (20 S.) Berlin, S. Schwartz. n. — 50

Küster, Gymn.-Lehr. Karl, Lessing als Philolog, e. literar-histor. Studie. 4. (22 S.) Attenborn 1874. (Leipzig, Fock.) baar n. 1. —

Küstner, Prof. Dr. Otto, normale u. pathologische Lagen u. Bewegungen d. Uterus. Klinische Versuche u. Untersuchgn. Mit 25 Holzschn. u. 9 Tab. gr. 8. (VII, 116 S.) Stuttgart, Enke. n. 3. 60

Kusý, E., s.: ($^{85}/_{1}$) Sanitäts-Bericht d. k. k. Landes-Sanitätsrathes f. Mähren.

Kutter, Ingen. W. R., Bewegung d. Wassers in Canälen u. Flüssen. Tabellen u. Beiträge zur Erleichterg. d. Gebrauchs der neuen allgemeinen Geschwindigkeits-Formel v. Ganguillet & Kutter. Mit Unterstützg. d. königl. preuss. Ministerium f. Landwirthschaft, Domänen u. Forsten hrsg. gr. 8. (IV, 134 S. m. 1 Taf.) Berlin, Parey. geb. n. 7. —

Kutzner's Hülfs- u. Schreibkalender f. Lehrer auf d. J. 1886 [bis Ostern 1887]. 20. Jahrg. Mit dem (Stahlst.-) Portr. u. der Biographie v. Frdr. Dittes. gr. 16. (304 S.) Leipzig, Siegismund & Volkening. geb. n. 1. 20

Kuznik, Thom., kleine Erdbeschreibung. Das Wichtigste aus der allgemeinen Geographie, so wie aus der Länder- u. Staatenkunde. Als Anh.: Kurze geschichtl. Gedächtnistafeln. Für Elementarschüler bearb. 11. verb. Aufl. 8. (60 S.) Breslau, Maruschke & Berendt. n. — 30; cart. n. — 40

Kyrieleis, Alb., e. Beitrag zu den multiplen Fibromen der Haut u. den multiplen Neuromen. Inaugural-Dissertation. gr. 8. (26 S.) Göttingen, Vandenhoeck & Ruprecht). baar n. — 80

Labler, W., Liederhain f. österreichische Volksschulen, s.: Schober, J.

Labus, Prov.-Steuer-Secr. Leo, die im Handels- u. Börsen-Verkehr zu beobachtenden Vorschriften der preußischen u. der Reichs-Stempel-Gesetzgebung. 2. Aufl. 12. (III, 104 S.) Breslau, Kern's Verl. geb. n. 1. 80

Lachner, Dir. Carl, Geschichte der Holzbaukunst in Deutschland. Ein Versuch. 1. Tl. A. u. d. T.: Der norddeutsche Holzbau, in seiner histor. Entwickelg. dargestellt. Mit 4 farb. Taf. u. 182 Textillustr. hoch 4. (VIII, 132 S.) Leipzig, Seemann. n. 10. —

Lacroma, Paul Maria, Formosa. Roman. 8. (185 S.) Leipzig, Wartig's Verl. n. 3. —; geb. n. 4. —

Laddey, Emma, e. Jahr in Märchen. Mit 12 (chromolith.) Bildern nach Aquarellen v. Heinr. Braun. 4. (183 S.) München, Stroefer. geb. n. 4. 50

Ladebeck, Schwimmlehr. Herm., Schwimmschule. Lehrbuch der Schwimmkunst f. Anfänger u. Geübte. Ausführliche Anleitg. zum Selbstlernen derselben. Zahlreiche Schwimmkünste u. Sprünge. Vermeidung der Fehler beim Schwimmen 2c. Mit 31 Abbildgn. in Holzschn. 3. Aufl. gr. 8. (XVI, 78 S.) Leipzig, Bruckner. n. 2. —

Ladenburg, s.: Handwörterbuch der Chemie.

Lafontaine, Jean de, Fabeln. Unterhaltendes Bilderbuch f. artige Kinder, enth. 6 bewegl. (chromolith.) Tableaux. qu. 4. (6 Bl. Text.) Fürth, Schaller & Kirn. geb. baar 2. —; m. Goldpressg. 2. 50

Lagarde, Paul de, Gedichte. 8. (64 S.) Göttingen, Dieterichs Verl. n. 1. 20

Lage, die gegenwärtige, der Grundbuchgesetzgebung f. Elsaß-Lothringen u. der Bericht der Spezialkommission d. Landes-Ausschusses. [Beilageheft zur Jurist. Ztschr. f. d. Reichsland Elsaß-Lothringen, X. Bd.] gr. 8. (47 S.) Mannheim, Bensheimer's Verl. n. — 75

— die, der katholischen Kirche im Grossherzogth. Hessen. [Aus: „Archiv f. kathol. Kirchenrecht".] gr. 8. (88 S.) Mainz, Kirchheim. — 75

Laeger, Otto, de veterum epicorum studio in Archilochi, Simonidis, Solonis, Hipponactis reliquiis conspicuo. Dissertatio inauguralis philologica. gr. 8. (75 S.) Halis Sax. (Leipzig, Fock.) baar n. 1. 20

Lagez, Lehr. Dr. G. de, el perfecto Español. Der perfekte Spanier. Eine Anleitg., in 14 Tagen Spanisch richtig lesen, schreiben u. sprechen zu lernen. Mit beigefügter vollständ. Aussprache-Bezeichng. gr. 16. (178 S.) Berlin, Berliner Verlagsanstalt (O. Cray). — 75

Lagrange, E., Tante Veronika, s.: Novellenkranz.

Lahm, Domkapitul. Geistl.-R. Dr. G., Zusammenstellung der in Westfalen beobachteten Flechten unter Berücksicht. der Rheinprovinz. gr. 8. (IV, 163 S.) Münster, Coppenrath. n. 2. —

Labousen, Edler v. Vivremont, Ob.-Lieut. Wilh., die Verwendung der Cavallerie im Gefechte, abgeleitet aus dem Wesen u. den Eigenschaften der Waffe. gr. 8. (34 S.) Wien, Seidel & Sohn. n. 1. —

Laehr, Dr. Heinr., Gedenktage der Psychiatrie aller Länder. gr. 8. (XVI, 65 S.) Berlin, G. Reimer. n. 2. —

Lahusen, Stabsarzt a. D. Dr., Leitfaden f. See-Badereisende m. besond. Rücksicht auf Westerland-Sylt. 16. (66 S.) Tondern, Dröhse. n. — 80

Laicus, Ph., der rothe Dieter, s.: Novellenkranz.

Lamb, Charles, tales from Shakspeare. Erklärt v. L. Riechelmann. 2. Tl. 2. Aufl., bearb. v. Prof. Oberl. Dr. Gust. Lücking. gr. 8. (IV, 157 S.) Berlin, Weidmann. 1. 50

—— u. Marie Lamb, Erzählungen aus Shakespeare. Wortgetreu nach H. R. Mecklenburg's Grundsätzen aus dem Engl. übers. v. Dr. R. T. 1. u. 2. Hft. 32. (96 S.) Berlin, H. R. Mecklenburg. à n. — 25

Lambruschini, Joh. Bapt., der Führer zum Himmel. Aus dem Gebetbuch auf's Neue aus dem Ital. übers. u. bearb. von Dombek. Dr. A. v. Bendel. Neue Ausg. Nr. 10. Mit Farbentitel u. 1 Stahlst. 24. (XX, 447 S.) Freiburg i/Br., Herder. — 80

Laemmel, Mart., Entwickelungs-Geschichte d. Menschen. 8. (6 Lichtdr.-Taf.) Leipzig, Dorn & Merfeld. In Leinw.-Mappe. n. 3. —

Laemmerhirt, Otto, die Obstverwertung in ihrem ganzen Umfange. Anleitung zur vollkommensten Ausnutzg. der Obsternten f. Wirtschaft u. Handel. Unter Mitwirkg. v. Emil Holzapfel f. die Praxis u. zum Gebrauch an Gartenbauschulen bearb. Mit 35 in den Text gedr. Abbildgn. gr. 8. (VII, 195 S.) Berlin, Parey. cart. n. 4. —

Lampel, Gymn.-Prof. Leop., deutsches Lesebuch f. die 1. u. 2. Classe österreichischer Mittelschulen. gr. 8. Wien, Hölder. geb. n.n. 5. 8
1. 3. verb. Aufl. (XVI, 288 S.) n.n. 2.48. — 2. 2. verb. Aufl. (XIX, 308 S.) n.n. 2.60.

—— deutsches Lesebuch f. die oberen Classen österreichischer Gymnasien. 1. Thl. [f. die 5. Classe]. gr. 8. (XXII, 367 S.) Ebd. geb. n. 3. 20

Lampert, K., die Seewalzen, s.: Semper, C., Reisen im Archipel der Philippinen.

Lamprecht, Fritz, bei guter Laune. Eine Sammlg. v. 67 kom. Vorträgen, Duetts, Couplets, Liedern u. Deklamationen der neuesten Zeit v. verschiedenen Verfassern. 6. verb. Aufl. 8. (VIII, 172 S.) Quedlinburg 1886, Ernst. n. 1. —

Landau, Thdr., die Zungenkrebsoperationen der Göttinger chirurgischen Klinik, vom Octbr. 1875 bis zum Juni 1885. Inaugural-Dissertation. gr. 8. (40 S.) Göttingen, (Vandenhoeck & Ruprecht). baar n. 1. 20

Landenberger, A., Lebensschicksale e. Mark, } s.: Familien-Bibliothek
—— aus den Tagen d. Reformators Brenz, } für's deutsche Volk.

Landerer, A., zur Lehre v. der Entzündung, s.: Sammlung klinischer Vorträge.

Landes-Gesetze, Erlässe, Kundmachungen u. Verordnungen vom J. 1857 bis 1884, welche f. die Markgrafsch. Mähren giltig sind u. m. welchen sich die Gendarmen ad § 24 der Dienst-Instruction vertraut zu machen haben. 3. verm. Aufl. gr. 8. (279 S.) Brünn, Winkler. geb. n. 2. 80

Landeskalender, badischer, m. lehrreichen Erzählungen, lust. Schwänken u. vielen Bildern f. d. J. 1886. 4. (57 S.) Tauberbischofsheim, Lang. n. — 20

—— deutscher, m. lehrreichen Erzählungen, lust. Schwänken u. vielen Bildern f. d. J. 1886. 4. (57 S.) Ebd. n. — 20

—— Nassauischer allgemeiner, auf d. J. 1886. 4. (59 S.) Wiesbaden, Bechtold & Co. — 25

Landgraf, Dr. Gust., die Vita Alexandri Magni d. Archipresbyters Leo [Historia de preliis]. Nach der Bamberger u. ältesten Münchener Handschrift zum erstenmal hrsg. gr. 8. (140 S.) Erlangen, Deichert. n. 3. —

Land-Kalender f. das Großherzogth. Hessen auf d. J. 1886. 4. (40 S. m. Illustr.) Darmstadt, (Jonghaus). baar n. — 20; durchsch. n.n. — 25

Landmann, Rekt. Th., die Quintessenz der Physik. Leitfaden f. den physikal. Unterricht in den oberen Klassen v. höheren Mädchenschulen, Seminaren u. Mittelschulen. gr. 8. (VIII, 77 S.) Schwetz, Moeser in Comm. n. — 80; geb. n. 1. 10

—— Schatzkästlein der deutschen Litteratur. Leitfaden f. den Unterricht in der deutschen Litteratur in höheren Mädchenschulen u. Lehrerinnen-Seminaren. 8. (VIII, 96 S.) Wittenberg, Herrosé Verl. n. — 80

(83/2) **Landmanns**, d., Winterabende. Belehrendes u. Unterhaltendes aus allen Zweigen der Landwirtschaft. 32—35. Bdchn. 8. Stuttgart, Ulmer. cart. n. 4. 40

Inhalt: 32. Das Schwein, seine Zucht, Haltung, Mastung u. Pflege. Von Inspektoren Junghanns u. Schmid. Mit 32 Holzschn. (IV, 155 S.) n. 1.20. — 33. Die Fischzucht m. e. Anh. üb. Krebszucht v. Dr. E. Wiedersheim. Mit 25 in den Text gedr. Holzschn. (VIII, 90 S.) n. 1. —. — 34. Aus dem Tagebuche e. Landwirtschaftslehrers. Belehrungen üb. Ackerbau, Wiesenpflege, Obstbaumzucht u. Haustierhaltung. Von Landw.-Lehr. Karl Römer. (195 S.) 1886. n. 1. 20. — 35. Der Pfennig in der Landwirtschaft. Ein Beitrag zur Lösg. der landwirtschaftl. Notstandsfragen. Von Fritz Möhrlin. (VIII, 132 S.) 1886. n. 1. —

Landmesser, Kreisschulinsp. W. F., Lehrgang der ebenen Trigonometrie m. ausführlich berechneten Zahlenbeispielen, zum Gebrauche in Schullehrer-Seminarien, Realschulen u. zum Selbststudium. Mit 1 Taf. lith. Fig. gr. 8. (54 S.) Bensheim a/B. 1886, Lehrmittelanstalt Ehrhard & Co. n. 1. —

Landois, Prof. Dr. H., der Mensch u. die drei Reiche der Natur, s.: Kraß, M.

(84/2) —— Westfalens Tierleben. (2. Tl.) Die Vögel in Wort u. Bild. Hrsg. v. der zoolog. Sektion f. Westfalen u. Lippe unter Leitg. ihres Vorsitzenden Prof. Dr. H. L. Mit 1 Titelbild, 13 Vollbildern nach Orig.-Zeichngn. in Holzschn. u. zahlreichen Text-Illustr. (In 6 Lfgn.) 1. Lfg. Lex.-8. (64 S.) Paderborn 1886, F. Schöningh. n. 1. 80

Landois, Prof. Dir. Dr. L., Lehrbuch der Physiologie d. Menschen einschliesslich der Histologie u. mikroskopischen Anatomie. Mit besond. Berücksicht der prakt. Medicin. 5. verb. Aufl. Mit zahlreichen Holzschn. (In 4 Abthlgn.) 1. Abth. gr. 8. (240 S.) Wien 1886, Urban & Schwarzenberg. n. 5. —

Landsberg, Privatdoz. Dr. Ernst, Iniuria u. Beleidigung. Eine Untersuchg. üb. die heut. Anwendbarkeit der Actio iniuriarum aestimatoria. gr. 8. (III, 117 S.) Bonn 1886, Cohen & Sohn. n. 2. 40

Landsberg, Reg.-Baumstr. Prof. Th., das Eigengewicht der eisernen Dachbinder. [Aus: „Zeitschr. f. Bauwesen".] Imp.-4. (19 S. m. Fig.) Berlin, Ernst & Korn. n. 1. 50

Landsturm, der, s.: Zeit- u. Streitfragen, schweizerische militärische.

Landwirth, der. Vereinskalender f. das Großherzogth. Baden 1886. 4. (92 S.) Karlsruhe, Braun. n. — 35

Landwirthschaft, die, im Reg.-Bez. Oberbayern. Denkschrift, gewidmet den Theilnehmern an der XXVI. Wanderversammlg. bayer. Landwirthe im J. 1885 zu Tölz v. dem Kreiscomite d. landwirthschaftl. Vereins v. Oberbayern. 4. (VIII, 549 S. m. 1 Tab. u. 3 Karten.) München, (Lindauer). n.n. 5. —

Landwirthschafts-Kalender. 1886. 20. Jahrg. Neue Folge. Begründet v. A. Graf zur Lippe-Weißenfeld. Hrsg. v. A. Graf zur Lippe-Weißenfeld u. Dir. R. Rieger. gr. 16. (XVI, 183 u. 227 S.) Wismar, Hinstorff's

Verl. geb. in Leinw. Mit ½ Seite pro Tag f. Notizen n. 1. 50; m. 1 Seite pro Tag f. Notizen [durchschossen] n. 2. —; in Ldr. m. ½ Seite pro Tag f. Notizen n. 2. —; m. 1 Seite pro Tag f. Notizen n. 2. 50

Landwirthschafts-Kalender, Fromme's oesterreich.-ungarischer, f. d. J. 1886. 12. Jahrg. Red. v. Dr. Guido Krafft. 16. (VIII, 157 u. 192 S.) Wien, Fromme. geb. in Leinw. n. 3. 20; in Ldr. n. 4. 20

Lanfrey, Pierre, histoire de Napoléon Ier. Rupture avec la Prusse. Entrevue de Tilsit. 1806—1807. Erklärt v. Rekt. Dr. Frdr. Ramsler. Mit 2 Karten v. H. Kiepert. 2. Aufl. gr. 8. (X, 178 S.) Berlin, Weidmann. 1. 80

Lang u. **Lustig** in komischen Bildern, m. Versen f. Groß u. Klein. 8. (6 Chromolith. zum Aufklappen m. 6 Bl. Text.) Fürth, Schaller & Kirn. cart. baar 1. 30

(84/1) **Lang**, Prof. Dr. Ed., Vorlesungen üb. Pathologie u. Therapie der Syphilis. 2. Hälfte. 1. Abth. Mit Holzschn. gr. 8. (VIII u. S. 199—436.) Wiesbaden, Bergmann. n. 6. 40 (I. u. II, 1.: n. 12. —)

Lang, Diak. Paul, Erbauungsbuch. Tägliche Morgen- u. Abend-Andachten f. das evangel. Christenhaus im Anschluß an das Kirchenjahr. (In 9 Lfgn.) 1 Lfg. gr. 8. (96 S.) Tübingen, Osiander. n. — 60

Lang, Paul, Bündner u. Schwaben. Eine Geschichte aus Schillers Jugendzeit. 8. (XII, 296 S.) Stuttgart 1886, Bonz & Co. n. 2. 50; geb. n. 3. 50

—— Regiswindis. Eine Heiligen-Geschichte aus der Karolinger-Zeit, illustrirt v. Thdr. Schmidt. 8. (212 S.) Ebd. n. 6. —; geb. n. 7. 50

Lang, Vikt. v., Messung der elektromotorischen Kraft d. elektrischen Lichtbogens. [Mit 2 (eingedr.) Holzschn.] [Aus: „Sitzungsber. d. k. Akad. d. Wiss."] Lex.-8. (6 S.) Wien, (Gerold's Sohn). n. — 20

Lang, Wilh., von u. aus Schwaben. Geschichte, Biographie, Litteratur. 1. Hft. gr. 8. (VI, 128 S.) Stuttgart, Kohlhammer. n. 1. 50

Langauer, Lehr. Frz., der Schulgarten. Anleitung zur Erricht., Pflege u. pädagog. Verwerthg. desselben. Mit 6 Plänen u. 7 Textfig. gr. 8. (V, 88 S.) Wien, Faesy. n. 1. 60

Lange, Superint., Visitationsansprachen an die Gemeinden, Einführungsreden u. Ansprachen an die Diöcesan-Geistlichen, geh. in der Diöcese Berlin-Cöln-Land. gr. 8. (VIII, 239 S.) Berlin, Mayer & Müller. n. 3. —; geb. n. 3. 75

Lange, Aug., Handbuch d. gesamten Verkehrswesens d. Deutschen Reiches. Verzeichnis sämtl. Verkehrswege u. Verkehrsanstalten, sowie sämtl. Eisenbahn-, Post-, Telegraphen- u. Schiffahrts-Stationen. Unter genauer Angabe der postal. Bezeichng., Einwohnerzahl, Landes- u. Verwaltungsbezirks-Zugehörigkeit etc. Mit e. nach den Taxquadraten der Post eingeteilten (lith.) Kurskarte. Nach den neuesten amtl. Quellen zusammengestellt. 3., vollständig neu bearb. Aufl. Neue bis zum 1. Apr. 1885 vervollständ. Ausg. Lex.-8. (VIII, 330 u. 18 S.) Berlin, Th. Hofmann. cart. baar 7. 50

Lange, Bergfaktor C. Fr. Rud., das Grubenhaushalts-, Kassen- u. Rechnungswesen der königl. preußischen Bergbehörden, sowie die Organisation u. der Geschäftsgang der königl. Ober-Rechnungs-Kammer. gr. 8. (VII, 243 S.) Freiberg, Craz & Gerlach. n. 4. —

Lange, Jul., üb. die Entwicklung der Oelbehälter in den Früchten der Umbelliferen. [Inaugural-Dissertation.] Mit 1 (lith.) Taf. [Aus: „Schriften d. phys.-ökonom. Gesellsch. zu Königsberg."] gr. 4. (18 S.) Königsberg 1884. (Berlin, Friedländer & Sohn.) n. 1. —

Lange, Prof. Dr. Ludw., die Bedeutung der Gegensätze in den Ansichten üb. die Sprache f. die geschichtliche Entwickelung der Sprachwissenschaft. Akademische Festrede, am 9. Juni 1865 geh. 4. (22 S.) Gießen 1865. (Leipzig, Hinrichs' Sort.) baar n. — 80

Lange, Prof. Dr. Ludw., codicis scholiorum Sophocleorum Lobkowiciani collationis a. L. L. confectae specimina II—V. 4. (16, 16, 16 u. 15 S.) Giessae 1867, 68, 69, 70. (Leipzig, Hinrichs' Sort.) baar à n. — 60
—— commentationis de legibus Porciis libertatis civium vindicibus particulae II. 4. (28 u. 36 S.) Ebd. 1862 et 63. baar à n. 1. —
—— de consecratione capitis et bonorum disputatio. 4. (28 S.) Ebd. 1867. baar n. 1. —
—— de legibus Aelia et Fufia. 4. (48 S.) Ebd. 1861. baar n. 1. 40
—— de locis nonnullis Sophocleis emendandis. 4. (30 S.) Ebd. 1860. baar n. 1. —
—— observationum ad Ciceronis orationem Milonianam specimen I. 4. (25 S.) Ebd. 1864. baar n. — 80
Lange, Sem.-Lehr. Rud., Winke f. Gesanglehrer in Volksschulen. 7. durchgeseh. u. verm. Aufl. 8. (VIII, 96 S.) Berlin, Springer. n. 1. —
Lange, S. G., freundschaftliche Lieder, s.: Pyra, I. J.
Lange, Thom., Meer u. Au. Erzählung. Aus dem Dän. v. Dr. Aug. W. Peters. 2 Thle. in 1 Bd. 2. (Titel-)Aufl. 8. (200 u. 184 S.) Norden (1871), Fischer Nachf. n. 5. —
Langenscheidt, G., brieflicher Sprach- u. Sprech-Unterricht, Englisch, s.: Dalen, C. van.
—— dasselbe, Französisch, s.: Toussaint, Ch.
Langer, Ernst, das Mohhorn od. die Injurien-Klage. Komische dörfl. Scene in 1 Akt. 4. Aufl. 8. (12 S.) Schweidnitz, Brieger & Gilbers. n. — 50
Langer, Prof. K. v., der Sinus cavernosus der harten Hirnhaut. [Mit 2 (chromolith.) Taf. [Aus: Sitzungsber. d. k. Akad. d. Wiss."] Lex.-8. (15 S.) Wien, (Gerold's Sohn). n. 1. 20
Langfeld, Landger.-Assess. Dr. Adf., die Lehre vom Retentionsrecht nach gemeinem Recht. gr. 8. (VI, 167 S.) Rostock 1886, Werther. n. 2. 80
(85/1) **Langl**, Prof. Jos., griechische Götter- u. Heldengestalten. Nach antiken Bildwerken gezeichnet u. erläutert. Mit kunstgeschichtl. Einleitg. von Prof. Dr. Carl v. Lützow. 2—8. Lfg. Fol. (S. 17—72 m. eingedr. Illustr. u. je 3 Lichtdr.-Taf.) Wien, Hölder. baar à n. 2. 50
Langsdorff, Baur. Dr. Wilh., Gang- u. Schichten-Studien aus dem westlichen Oberharz. Nebst e. geolog. Karte d. nördl. Westharzes in Farbendr. gr. 8. (XI, 47 S.) Clausthal, Uppenborn. n. 6. 50
Langethal, L. E., Flora v. Deutschland, s.: Schlechtendal, D. F. L. v.
Langgaard, A., medicinisches Recept-Taschenbuch, s.: Liebreich, O.
Langheinz, C., u. G. Schwab II., praktische Winke üb. Ausrüstung, Verpflegung u. das Wandern im Hochgebirge. Im Auftrage der Section Starkenburg in Darmstadt d. deutschen u. österreich. Alpenvereins auf Grund persönl. Erfahrgn. zusammengestellt. gr. 8. (14 S.) Darmstadt, (Zernin). baar n. — 30
Langheld, Marine-Stations- u. Oberpfr. Er., Predigt üb. Jeremias 31, 15 u. 16, geh. bei dem Trauergottesdienste in Anlaß d. Verlustes S. M. Kreuzer-Korvette „Augusta" in der Marine-Garnison-Kirche zu Kiel am 11. Octbr. 1885. gr. 8. (16 S.) Kiel, Lipsius & Tischer. n. — 50
Langwerth v. Simmern, Reichst.-Mitgl. H. Frhr. v., die deutschhannoversche Partei u. die braunschweigische Frage. gr. 8. (III, 89 S.) Celle. Hannover, Schulbuchh. n. 1. —
Lankmayr, Hauptm. Ferd., Waffenlehre f. die k. k. Militär-Akademien u. die k. k. Artillerie-Cadeten-Schule. 1. Hft.: Blanke Waffen u. explosive Präparate. Mit 2 Taf. 5. Aufl. gr. 8. (VI, 74 S.) Wien, Seidel & Sohn. baar n. 1. 50

Lansdell, Henry, Russisch-Central-Asien, nebst Kuldscha, Buchara, Chiwa u. Merw. Deutsche autoris. Ausg., bearb. durch H. v. Wobeser. Mit vielen Illustr. im Text, 4 doppelseit. Tonbildern, Karte u. Photogr. d. Verf., sowie e. einzeln käufl., wissenschaftl. Anh., enth. Fauna u. Flora v. Russisch-Turkestan u. Bibliographie. 3 Bde. gr. 8. (980 S.) Leipzig, Hirt & Sohn. n. 20. —; in 2 Bde. geb. n. 25. —
—— dasselbe. Wissenschaftlicher Anhang. gr. 8. Ebd. n. 8. 50
Inhalt: Fauna u. Flora v. Russisch-Turkestan; Bibliographie v. Russisch-Central-Asien. (188 S.)

Lanzer, gew. Reg.-Arzt Dr. Osc., Lehrbuch zum Unterrichte im freiwilligen Sanitäts-Hilfsdienste auf dem Kriegsschauplatze. Zum Gebrauche f. die Sanitäts-Abtheilgn. der österr. Militär-Veteranen- u. Kriegercorps. Mit e. Skizze u. 131 Illustr. 8. (190 S.) Wien, (Seidel & Sohn). 3. 60

Larcher zu Eißegg, Adv. Dr. Ed. R. v., Erörterungen üb. das gesetzliche Pfandrecht d. Vermiethers u. Verpächters. gr. 8. (105 S.) Innsbruck, Wagner. n. 1. 80

Lardelli, Prof. Giovanni, italienische Chrestomathie. La lingua parlata. Raccolta di letture italiane moderne ad uso degli studiosi corredate di cenni biografici sugli autori, di note spiegative e di vocabolario italiano-tedesco. 2. ed. riveduta. gr. 8. (VII, 241 S.) Davos 1886, Richter. n. 3. —
—— italienische Phraseologie. Manualetto degli italicismi, proverbi e modi proverbiali più frequenti con relativi temi italiani et tedeschi ad uso delle scuole e per lo studio privato. gr. 8. (III, 70 S.) Ebd. n. 1. —

LaRoche, E., das Münster vor u. nach dem Erdbeben, s.: Beiträge zur Geschichte d. Basler Münsters.

Lasius, O., das friesische Bauernhaus in seiner Entwicklung während der letzten vier Jahrhunderte, s.: Quellen u. Forschungen zur Sprach- u. Culturgeschichte der germanischen Völker.

Lasson, A., J. H. v. Kirchmann als Philosoph, } s.: Vorträge, philoso-
—— der Satz vom Widerspruch, } phische.

Laster, das, in Paris. Enthüllungen d. „Cri du peuple" üb. moderne französ. Sittenzustände. Seitenstück zu den Enthüllgn. der „Pall Mall Gazette". Einzige autoris. Uebersetzg. v. Fr. Th. 8. (80 S.) Zürich 1886, Verlags-Magazin. n. 1. —

Latacz, C., der praktische Turnlehrer, s.: Grittner, H.

Lattmann, Gymn.-Dir. J., u. Prof. Oberlehr. a. D. H. D. Müller, kurzgefaßte lateinische Grammatik. 5. verb. Aufl. gr. 8. (VIII, 354 S.) Göttingen 1884, Vandenhoeck & Ruprecht's Verl. n. 3. 20

Laubfrosch, der Herriedener. Ein lust. Volkskalender u. Wetterprophet. f. d. J. 1886. 19. Jahrg. Mit vielen kom. (eingedr. Holzschn.-) Bildern. 4. (64 S.) Würzburg, Stahel. n. — 30

Lauck, Ob.-Amtsrichter K., das Vereinigungs-Verfahren der L.-R.-S. 2181 bis 2195. 16. (IV, 60 S.) Lörrach, Gutsch. cart. n. — 40
—— die Gewährleistung beim Viehhandel nach dem Währschaftsgesetz vom 23. Febr. 1859 u. dem badischen Landrecht, nebst den einschläg. Vorschriften der Prozeß-Ordng. 16. (VI, 71 S.) Ebd. cart. n. — 50

Lauckhard, Oberschulr. C. F., 1001 Nacht. Für die Jugend bearb. Nach d. Verf. Tode vollendet u. hrsg. v. Dr. Frdr. Hofmann. Mit 70 in den Text gedr. Holzschn. u. 4 Buntdr.-Bildern nach Zeichngn. v. Prof. W. Friedrich, E. Ilau, E. Doepler d. J. u. Geo. Urlaub. 5. verm. Aufl. 8. (VIII, 349 S.) Leipzig, Abel. cart. n. 3. —

Laudien, Henriette, deutsche Polterabende. 1. u. 2. Bdchn. 8. Mühlheim, Bagel. à 1. 20
Inhalt: 1. Polterabend-Aufführungen, heitere u. ernste Dichtungen, Aufzüge u. Scenen in Kostüm f. e. od. mehrere Personen, lebende Bilder rc. (IV, 138 S.) —

2. Aufführungen, Scenen u. Dichtungen f. silberne u. goldene Hochzeiten, sowie Prologe, lebende Bilder, Vorträge u. Gesänge f. verschiedene Festlichkeiten. (IV, 123 S.)

Laue, Inst.-Vorst. Max, Heimatskunde od. der erste geographische Unterricht. 8. (II, 16 S.) Langensalza, Schulbuchh. n. — 25

—— deutsche Sprachlehre in konzentrischen Kreisen f. Volksschulen. Ein Handbuch f. Lehrer u. Wiederholungsbuch f. Schüler. 8. (III, 64 S.) Ebd. — 50

—— Stilübungen f. Mittel- u. Oberklassen der Volksschule. 2. verm. Aufl. 8. (IV, 240 S.) Ebd. n. 1. 75

Laufs, Carl, am Hochzeitsmorgen, s.: Theater-Mappe.

— ein Jugendideal. Eine Liebesgeschichte im Style d. 19. Jahrh. 8. (76 S.) Berlin, Eckstein Nachf. n. 1. —

Launhardt, Geh. Reg.-R. Prof. W., das Wesen d. Geldes u. die Währungsfrage. gr. 8. (VII, 75 S.) Leipzig, Engelmann. n. 1. 60

Lausch, Lehr. Ernst, kurze Geschichten f. kleine Leute. Ein Sträußlein anmut. Erzählgn. u. Gedichtchen zur Bildg. d. Verstandes u. Gemütes. Für brave Kinder im Alter von 4 bis 9 Jahren. 7. verb. Aufl. Ausg. f. Knaben. 4. (IV, 64 S. m. 4 Chromolith.) Leipzig, Oehmigke. geb. n. 2. 50

—— die Kinderstube. III. Erstes A-B-C-, Lese- u. Denkbuch f. brave Kinder, die leicht lesen lernen wollen. Ein Führer f. Mütter u. Erzieher beim ersten Unterricht. 4. verb. Aufl. Mit üb. 300 Text-Abbildgn. u. 2 Buntbildern. gr. 8. (VIII, 100 S.) Leipzig 1886, Spamer. n. 1. 50; cart. n. 2. —

Lautenhammer, Dr., stenographisches Lese- u. Uebungsbuch. 1. Thl. 8. (36 autogr. S.) München, Kellerer. n. — 40

Lautz, Th., Zeichen-Schule, s.: Brenner, G.

Laven, Pfarrvik. Herm., Wiederholungs-Büchlein f. Erstkommunikanten. 12. (IV, 144 S.) Trier, Paulinus-Druckerei. n. 1. —

Laverrenz, C., die Medaillen u. Gedächtniszeichen der deutschen Hochschulen. Ein Beitrag zur Geschichte aller seit dem XIV. Jahrh. in Deutschland errichteten Universitäten. 1. Tl. Mit 8 Ansichten u. 16 Taf. Medaillenabbildgn. (in Lichtdr.). gr. 8. (XII, 493 S.) Berlin, Mitler & Sohn. n. 20. —

Lázár, Ingen. L. Paul, Geräthe u. Maschinen zur Boden- u. Pflanzenkultur. Ihre Theorie, Construction, Gebrauch u. Prüfg. Mit 165 Textfig. u. 16 Taf. gr. 8. (X, 246 S.) Leipzig, Baumgärtner. n. 8. —

Lazarus, Prof. Dr. M., ideale Fragen, in Reden u. Vorträgen behandelt. 3., durchgeseh. Aufl. gr. 8. (VII, 411 S.) Leipzig, C. F. Winter. n. 6. —

—— das Leben der Seele in Monographien üb. seine Erscheinungen u. Gesetze. 3. Aufl. 2. Bd. A. u. d. T.: Geist u. Sprache, e. psycholog. Monographie. gr. 8. (XVI, 411 S.) Berlin, Dümmler's Verl. (à) n. 7. 50; geb. (à) n. 9. —

Leander, Rich., Gedichte. 3. verm. Aufl. 8. (VIII, 214 S.) Leipzig, Breitkopf & Härtel. n. 4. —; geb. n. 5. —

Leben, das, der gottsel. Anna Katharina Emmerich, Augustinerin im ehemal. Kloster Agnetenberg zu Dülmen in Westfalen. 2. Aufl. Mit e. (Holzschn.-) Bildnisse der sel. Begnadigten. 8. (IV, 124 S.) Dülmen, Laumann. n. — 75

Lebens-Versicherungs-Gesellschaften, die deutschen, im J. 1884. [Aus: „Berliner Börsen-Zeitg."] gr. 8. (40 S. m. 6 Tab.) Berlin, (Kühl). n. 1. 50

Lechler, Kirchenr. Prof. D. Ghard. Victor, das apostolische u. nachapostolische Zeitalter m. Rücksicht auf Unterschied u. Einheit in Leben u. Lehre. 3., vollständig neu bearb. Aufl. gr. 8. (XVI, 635 S.) Karlsruhe, Reuther. n. 9. —

Ledderhose, Assist. Dr. G., Beiträge zur Kenntniss d. Verhaltens v. Blutergüssen in serösen Höhlen unter besond. Berücksicht. der peritonealen Bluttransfusion. gr. 8. (108 S.) Strassburg, Trübner. n. 2. 50

Ledderhose, Karl Frdr., Erinnerungen an Dr. Aloys Henhöfer. 2. verb. u. verm. Aufl. Mit dem Bildniß u. Fcsm. Henhöfer's. 8. (IV, 90 S.) Heidelberg, C. Winter. n. 1. 20

Ledebur, Prof. A., Leitfaden f. Eisenhütten-Laboratorien. 2., durch e. Nachtrag verm. Ausg. Mit eingedr. Holzst. [Aus: „Die chem.-techn. Analyse, hrsg. v. Prof. Dr. Jul. Post".] gr. 8. (VI, 88 S.) Braunschweig, Vieweg & Sohn. n. 2. —

Lefmann, S., Geschichte d. alten Indiens, s.: Geschichte, allgemeine, in Einzeldarstellungen.

Legouvé, bataille des dames, } s.: Scribe.
—— les doigts de fée, }

Lehmann, Pfr. Dr., unbeweglich in Christo! Predigt, zur Erinnerg. an den Liederdichter Joachim Neander geh. [Aus: „Pastoralbibliothek".] gr. 8 (14 S.) Gotha, Schloeßmann. n. — 40

Lehmann, F. W. Paul, die Südkarpathen zwischen Retjezat u. Königstein. Hierzu 1 (lith.) Karte. [Aus: „Ztschr. d. Gesellsch. f. Erdkde. zu Berlin".] gr. 8. (64 S.) Berlin, D. Reimer. n. 1. 50

Lehmann, Dr. Hans, Brünne u. Helm im angelsächsischen Beowulfliede. Ein Beitrag zur germanischen Alterthumskunde. Dissertation. gr. 8. (31 S. m. 2 autogr. Taf.) Leipzig, Lorentz. baar n. 2. 50

Lehmann, M., Preussen u. die katholische Kirche seit 1640, s.: Publicationen aus den k. preuss. Staatsarchiven.

Lehmann, O., die schönsten Sagen d. Rheins, s.: Bibliothek interessanter Erzählungen.

Lehmann, Prof. Dr. O., physikalische Technik, speciell Anleitung zur Selbstanfertigung physikalischer Apparate. Mit 882 Holzschn. im Text u. 17 Taf. gr. 8. (XII, 419 S.) Leipzig, Engelmann. n. 8. —

Lehmann, Prof. Dr. Rich., Vorlesungen üb. Hülfsmittel u. Methode d. geographischen Unterrichts. 1. Hft. gr. 8. (64 S.) Halle, Tausch & Grosse. n. 1. —

Lehnert, Ernst, der Wechsel. Fragen, wie sie im tägl. Geschäftsverkehr an Jeden gestellt werden, sammt den dazu gehör. Antworten. 2. Aufl. gr. 8. (IV, 72 S.) Freising, Wölfle in Comm. n. 1. —

Lehrbuch der katholischen Religion zunächst f. die Gymnasien in Bayern. gr. 8. (XII, 399 S.) München, Exped. d. kgl. Zentral-Schulbücher-Verl. n 2. 50; geb. n. 2. 90

(85/1) **Lehrbücher** der Modenwelt. Hrsg. v. Frieda Lipperheide. [Die Anfertigung der Damen-Garderobe. Die Anfertigung der Kinder-Garderobe. Die Anfertigung der Leibwäsche f. Damen. Die Anfertigung der Leibwäsche f. Herren. Die Anfertigung der Leibwäsche f. Kinder. Die Anfertigung der Bett- u. Tischwäsche. Die Wasch- u. Plättkunst.] 7—14. Lfg. hoch 4. (à 2 B. m. Illustr.) Berlin, Lipperheide. baar à — 60

(84/2) **Lehrerin**, die, in Schule u. Haus. Centralorgan f. die Interessen der Lehrerinnen u. Erzieherinnen im In- u. Auslande. Zugleich Organ der „Allgemeinen deutschen Krankenunterstützungskasse der Lehrerinnen u. Erzieherinnen". Hrsg. v. Marie Loeper-Housselle. 2. Jahrg. Oktbr. 1885—Septbr. 1886. 24 Hfte. (2 B.) gr. 8. Berlin, Th. Hofmann. Vierteljährlich n. 1. 25

Lehrerkalender, allgemeiner deutscher, zum Gebrauch f. mehrere Jahre. Von A. Hentschel u. K. Linke. 7. Ausg. 16. (217 S.) Leipzig, Peter. geb. n. 1. —

—— deutscher, f. d. J. 1886. 16. (216 S.) Langensalza, Beyer & Söhne. geb. 1. 20

—— neuer deutscher, f. d. J. 1886 u. das 1. Quartal 1887. Hrsg. v. Dr. Heinr. Heskamp. 8. Jahrg. 16. (246 S.) Aachen, Barth. geb. n. 1. —; f. die Abonnenten der Rhein.-westfäl. Schulzeitg. n. — 80

—— hessischer, f. 1886. 16. (86 S.) Kassel, Baier & Co. geb. n. 1. —

—— katholischer, auf d. J. 1886, m. Erweiterg. auf die Schuljahre 1885/86

u. 1886/87. Mit dem Portr. d. Lehrerfreundes Dr. Ant. Schmid. 7. Jahrg. gr. 16. (VIII, 176 S.) Donauwörth, Auer. geb. n.n. 1. —

Lehrer-Kalender d. deutschen Landes-Lehrervereins in Böhmen f. d. Schulj. 1885—86. 4. Jahrg. Im Auftrage d. Central-Ausschusses red. v. Lehr. M. Mautner. Ausg. f. Bürgerschulen. 16. (218 S.) Reichenberg, Fritsche in Comm. geb. baar n. 1. 70

—— dasselbe. Ausg. f. Volksschulen. 16. (216 S.) Ebd. geb. baar n. 1. 70

—— neuer, f. 1886. Hrsg. v. einigen Lehrern. 16. (215 S.) Hildburghausen, Gadow & Sohn. geb. n. — 80

$(^{85}/_{1})$ **Lehr- u. Lernmittel-Magazin**, erstes österreichisch-ungarisches. Hrsg. v. den Begründern der permanenten Lehrmittel-Ausstellg. in Graz: G. Nickl, Fr. Kmetitsch u. J. Lochbihler 4. Jahrg. Octbr. 1885—Septbr. 1886. 12 Nrn. (B. m. eingedr. Holzschn.) gr. 4. Graz, Cieslar. n. 2. 40

$(^{84}/_{2})$ **Lehrer-Prüfungs- u. Informations-Arbeiten.** In zwanglosen Heften. 6. u. 7. Hft. gr. 8. Minden, Hufeland. à n. — 80 (1—7.: n. 5. 20)

Inhalt: 6. Analyse d. Gedankenganges in Pestalozzis: „Abendstunde e. Einsiedlers", bearb. v. Th. Focken. Mit zeitgemäß mustergült. Abdr. der „Abendstunde" selbst. (56 S.) — 7. Begriff u. Wesen der Apperception u. ihre Wichtigkeit f. den unterrichtenden Lehrer, bearb. v. Th. Focken. (51 S.)

Lehrerzeitung, pfälzische. Organ d. pfälz. Kreislehrervereins. Red.: D. Börtzler. Jahrg. 1885. 52 Nrn. (3/4 B.) gr. 4. Kaiserslautern, (Tascher). n. 2. 50

Lehrgang der Debattenschrift nach dem Arends'schen Stenographen-System v. e. alten Praktiker der Arends'schen Schule. gr. 8. (42 autogr. S.) Leipzig, Robolsky. baar n.n. 2. —

Lehrjahre, meine, als Landwirt. Von *** [genannt Max Ruhlitz]. 8. (86 S.) Kiel, Biernatzki. n. 1. —

Lehrplan der k. k. Militär-Erziehungs- u. Bildungs-Anstalten. Nachdruck-Aufl. gr. 8. (V, 151 S.) Wien, Hof- u. Staatsdruckerei. n. 2. —

$(^{85}/_{1})$ **Lehrproben u. Lehrgänge** aus der Praxis der Gymnasien u. Realschulen. Zur Förderg. der Interessen d. erzieh. Unterrichts unter Mitwirkg. bewährter Schulmänner hrsg. v. Dirr. DD. O. Frick u. G. Richter. 4. u. 5. Hft. gr. 8. (116 u. IV, 120 S.) Halle, Buchh. d. Waisenhauses. à n. 2. —

Lehrs, Max, Carl Schlüter. Ein Lebensbild. Mit Abbildgn. (eingedr. Holzschn. u. 1 Lichtdr.-Taf.). [Aus: „Zeitschr. f. bild. Kunst".] hoch 4. (10 S.) Leipzig. (Dresden, Engelhaupt.) 1. 50

Lehrtexte f. die österreichischen gewerblichen Fortbildungsschulen. Leitfäden f. den Unterricht, zugleich Handbücher f. Gewerbetreibende. Auf Veranlassg. u. m. Unterstützg. d. k. k. Ministeriums f. Cultus u. Unterricht hrsg. I—III. gr. 8. Wien, Graeser. cart. n. 2. 8

Inhalt: I. Die gewerblichen Geschäfts-Aufsätze. Im Anh.: Lesestücke u. Geschäftsnotizen. Hrsg. v. Lehr. Ernst Ruprecht. 2. verm. u. verb. Aufl. (IV, 210 S.) n. — 72. — II. Das gewerbliche Rechnen. Hrsg. v. Ingen. Prof. Adf. H. Klauser. Mit 24 in den Text gedr. Holzschn. (IV, 144 S.) n. — 72. — III. Die gewerbliche Buchführung u. das Wichtigste aus der Wechselkunde. Hrsg. v. Control. Joh. Gruber. (IV, 132 S.) n. — 64.

Leiden u. Sterben, das, unseres Herrn u. Heilandes Jesu Christi, in den 14 Stationen d. hl. Kreuzweges. Von e. Priester d. Bist. Straßburg. 6. Aufl. 16. (24 S.) Mülhausen i/E., Bufleb's Sort. n. — 12

$(^{84}/_{1})$ **Leimbach**, Dir. Lic. Dr. Karl L., ausgewählte deutsche Dichtungen, f. Lehrer u. Freunde der Litteratur erläutert. 6. Bd. 3 Lfgn. gr. 8. Kassel 1884 u. 85, Kay. à n. 1. 50 (I—VI.: n. 22. 50)

Inhalt: Die deutschen Dichter der Neuzeit u. Gegenwart. Biographieen, Charakteristiken u. Auswahl ihrer Dichtgn. 2. Bd. 3 Lfgn. (IV, 486 S.)

—— dasselbe. 4. Tl. 2. Abtlg. 3., durchaus umgearb. u. verb. Aufl. gr. 8. (V u. S. 289—492.) Ebd. n. 2. —

—— ausgewählte Schulreden. 8. (VIII, 142 S.) Goslar 1886, Koch. n. 1. 50

Leimdörfer, Pred. Dr. Dav., der Prediger Salomon od. das Gotteswort auf der Höhe. Ein Denkmal f. den Vater der jüd. Kanzelrede, Dr. Gotthold Salomon, weil. Prediger am israelit. Tempel zu Hamburg, am Schlusstage d. 100. Jahres nach seiner Geburt auf desselben Kanzel errichtet in e. homilet. Vortrage am Sabbat, den 22. Marcheschwan 5646 [31. Octbr. 1885]. gr. 8. (12 S.) Hamburg, Rudolphi. n. — 50

Leinwand-Bilderbuch, neues. 2 Sorten. 8. (à 12 Chromolith. m. Text.) Wesel, Düms. geb. à n. — 50

Leisering, Prof. Dr. A. G. T., Atlas der Anatomie d. Pferdes u. der übrigen Hausthiere f. Thierärzte u. Studierende der Veterinärkunde, landwirthschaftl. Lehranstalten u. Pferdeliebhaber überhaupt. Mit erläut. Texte. 2. vollständig rev. Aufl. (In 9 Lfgn.) 1. u. 2. Lfg. Fol. (39 S. m. 10 Steintaf.) Leipzig, Teubner. In Mappe. à n. 5. —

Leisner, Lehr. Otto, üb. öffentliche Schulprüfungen, Censuren u. Versetzung. gr. 8. (IV, 86 S.) Leipzig, Wartig's Verl. n. 1. 20

Leist, Arth., Georgien. Natur, Sitten u. Bewohner. Mit 9 Illustr. nach Orig.-Aufnahmen. gr. 8. (131 S.) Leipzig, Friedrich. n. 3. —

Leitfaden beim theoretischen Unterricht der Ersatz-Reservisten der Fuß-Artillerie. Nach P. G. bearb. v. Hauptm. C. R. Mit 56 Abbildgn. im Texte. 8. (IV, 106 S.) Berlin, Liebel. n.n. — 25

—— der preußisch-brandenburgischen Geschichte in Verbindung m. der deutschen. Hrsg. v. e. Vereine v. Lehrern. 28. Aufl. 8. (32 S.) Potsdam, Rentel's Verl. n. — 15

—— beim theoretischen Unterricht d. Kanoniers der Fuß-Artillerie. Von P. G. Mit besond. Berücksicht. der Küsten-Artillerie bearb. v. Hauptm. C. R. 6. verm. u. verb. Aufl. Mit 75 Abbildgn. im Text u. auf 3 Taf. 16. (VIII, 260 S.) Berlin, Liebel. baar n. — 60

—— für den Unterricht in der Kunstgeschichte, der Baukunst, Bildnerei, Malerei u. Musik, f. höhere Lehranstalten u. zum Selbstunterricht bearb. nach den besten Hilfsmitteln (v. J. Kuß). 6. verm. u. verb. Aufl. Mit 134 Illustr. gr. 8. (XVIII, 240 S.) Stuttgart, Ebner & Seubert. n. 3. —; cart. n. 3. 50

—— der Litteraturkunde. Ein Anhang zu Karl Thdr. Schneiders Lesebüchern. gr. 8. (43 S.) Rendsburg, Schneider's Verl. baar n.n. — 30

Leitmaier, Oberlandesger.-R. Dr. Vict., der serbische Civilprocess, nebst Concursordnung u. e. Anh. üb. den Rechtshilfevertrag zwischen Oesterreich) Ungarn u. dem Königr. Serbien vom 6. Mai 1881. gr. 8. (XX, 292 S.-Wien, Manz. n. 5. —

Leixner, Otto v., das Apostelchen. Eine stille Geschichte. 8. (292 S.) Berlin 1886, Janke. n. 5. —

—— Randbemerkungen e. Einsiedlers. Ernst, Scherz u. Satire. 8. (313 S.) Ebd. n. 5. —

Leman, Dr. Eug., Selbsthilfe zur Erhaltung der Zähne bis ins höchste Greisenalter als Schutz gegen schädliche Geheimmittel u. Kurpfuscherei nach den neuesten Forschungen. Mit 25 in den Text gedr. Holzschn. 8. (VII, 37 S.) Leipzig, Hoffmann & Ohnstein. n. 1. —

Lemmermayer, F., der Alchymist, s.: Bibliothek f. Ost u. West.

(85/1) **Lenau's** Werke. Illustr. Pracht-Ausg. Hrsg. v. Heinr. Laube. 22—30. Lfg. Lex.-8. (2. Bd. S. 113—328 m. eingedr. Holzschn.) Wien, Bensinger. baar à n. — 50

—— Gedichte, s.: Meisterwerke unserer Dichter.

Lender, Kreisphys. a. D. San.-R. Dr., die Gase u. ihre Bedeutung f. den menschlichen Organismus m. spectroscopischen Untersuchungen. 1. Thl. gr. 8. (XXIV, 316 S.) Berlin, Fischer's medicin. Buchh. n. 6. —

Lengauer, J., Aufgabe zu Stegmann's Grundlehren der ebenen Geometrie. gr. 8. (112 S. m. eingedr. Fig.) Kempten, Kösel. n. 1. 20

Lengerke's, v., verbesserter landwirthschaftlicher Hülfs- u. Schreib-Kalender, s.: Mentzel.

Lengerken, Aug. v., die Bildung der Haftballen an den Ranken einiger Arten der Gattung Ampelopsis. Inaugural-Dissertation. 4. (24 S.) Göttingen, (Vandenhock & Ruprecht). n. 1. 20

Lenhossék, Rath Rect. em. Dir. Prof. Dr. Jos. Edler v., die Ausgrabungen zu Szeged-Öthalom in Ungarn, namentlich die in den dort. ur-magyar., altröm. u. kelt. Gräbern aufgefundenen Skelete, darunter e. sphenocephaler u. katarrhiner hyperchamaecephaler Schädel, ferner e. 3. u. 4. künstlich verbildeter makrocephaler Schädel aus O-Szöny u. Pancsova in Ungarn. Mit 8 phototyp. Taf. u. 1 lith. Situationsplane in Farbendr.; ferner 3 zinkogr. Taf. u. 2 zinkogr., sowie 8 xylogr. Fig. im Texte. 2. unveränd. (Titel-) Ausg. gr. 4. (XI, 251 S.) Wien (1884) 1886, Braumüller. cart. n. 20. —

Lentze, Hauptsteueramts-Control., Tabellen f. die Erhebung der Branntwein-Steuer vom Maischraum u. zwar: A. Nach dem Satze v. 30 Pf. f. 22,9 Liter bis 381,674,3 Liter. B. Nach dem Satze v. 25 Pf. f. 22,9 Liter bis 32,953,1 Liter. Mit Genehmigg. d. königl. preuß. Finanzministeriums aufgestellt. gr. 4. (II, 34 S.) Rügenwalde. (Minden, Schneider.) n. 1. 50

Lenz, Past. J., war's recht? Ein Beitrag zur Beurtheilg. der Schrift Prof. Dr. Volcks: „In wie weit ist der h. Schrift Irrthumslosigkeit zuzuschreiben?" u. der Schrift Past. N. v. Nolckens: „Zur Inspirationstheorie". gr. 8. (23 S.) Reval, Kluge & Ströhm in Comm. baar n. — 80

Lenz, Ph., Soldaten-Freud' u. Leid. Neue Militär-Humoresken. 2. Aufl. 8. (88 S.) Leipzig, Siegismund & Volkening. 1. —; cart. 1. 20

($84/2$) **Leonis X.**, pontificis maximi, regesta, gloriosis auspiciis Leonis D. P. pp. XIII. feliciter regnantis e tabularii Vaticani manuscriptis voluminibus aliisque monumentis adjuvantibus tum eidem archivio addictis tum aliis eruditis viris collegit et ed. Jos. s. r. e. cardinalis Hergenroether, s. apostolicae sedis archivista. Fasc. 2 et 3. gr. 4. (S. 137—384.) Freiburg i/Br., Herder. à n. 7. 20

Leo-Kalender f. das katholische Deutschland auf d. J. 1886. 8. Jahrg. 8. (152 S. m. Illustr.) Osnabrück, Wehberg. baar n. — 50

Leonhard, weil. Prof. Dr. Gust., Grundzüge der Geognosie u. Geologie. 4. verm. u. verb. Aufl. Nach d. Verf. Tode besorgt durch Prof. Dr. Rud. Hoernes. (In 3 Lfgn.) 1. Lfg. gr. 8. (IV, 192 S. m. 60 eingedr. Holzschn.) Leipzig, C. F. Winter. n. 3. —

Leonhardi, Gust., das Leben der Mutter in Gebet u. Lied. Den deutschen Frauen u. Müttern gewidmet. 8. (199 S.) Leipzig, Lehmann. geb. m. Goldschn. n. 4. —

Leonhardt, Rath Ingen. E. R., u. Ingen. J. **Melan**, öffentliche Neubauten in Budapest. Aus Anlass der Studienreise im Jänner 1885 d. österr. Ingenieur- u. Architekten-Vereins beschrieben. Mit 8 Taf. u. 53 Textfig. gr. 4. (IV, 45 S.) Budapest, Gebr. Révai. n. 8. —

Le Paige, Prof. Dr. C., üb. die Hesse'sche Fläche der Flächen 3. Ordnung. [Aus: „Sitzungsber. d. k. Akad. d. Wiss."] Lex.-8. (6 S.) Wien, (Gerold's Sohn). n. — 20

Lepke, Sem.-Lehr. Jos., Schreib- u. Lese-Fibel, als Vorstufe zu dem deutschen Lesebuche f. kathol. Volksschulen. Mit 64 Abbildgn. nach Zeichngn. namhafter Künstler. Unter gleichzeit. Berücksicht. der Bedürfnisse utraquist. Schulen f. leichtes Erlernen d. Lesens u. Verstehens der deutschen Sprache. 5. [Ster.-] Aufl. 8. (XI, 100 S.) Breslau, F. Hirt. n. — 40; Einbd. n.n. — 12

Leporello-Album v. Norderney. gr. 16. (25 Photogr.-Imitationen auf 12 chromolith. Taf.) Leipzig. Norden, Braams in Comm. geb. 1. 50

Lepsius, K. R., Gedächtnissrede auf ihn, s.: Dillmann, A.
—— Lebensbild, s.: Ebers, G.

Lercari, P. X., S. J., Jesus mein Alles. Der eucharist. Monat. Aus dem Lat. übers. v. Dr. Jak. Ecker. 2. Aufl. 12. (VIII, 64 S. m. 1 Holzschn.) Freiburg i/Br., Herder. — 60; geb. n. 1. 20

Lerchberg, Gust., der Mord d. Grafen Hartmann v. Kyburg auf Schloß Thun. Historisch-romant. Erzählg. aus dem 14. Jahrh. 8. (292 S.) Bern, Wyß. n. 2. 40

Lersch, Dr. B. M., Aachen, Burtscheid u. Umgebung. Neuester Führer f. Kurgäste u. Touristen. 4. Aufl. Mit Holzschn., Stadtplan u. Karte der Umgebg. 8. (X, 174 S.) Aachen, Barth. n. 1. 20; geb. n. 1. 50
—— über die symmetrischen Verhältnisse d. Planeten-Systems, als neue vollständig umgearb. Aufl. zweier 1879 u. 80 erschienenen Abhandlgn, gr. 8. (III, 59 S.) Köln, Mayer. n. 1. 60
—— kleiner Führer f. Aachen u. Burtscheid. 2. Aufl. Mit Holzschn. u. Stadtplan. 8. (96 S.) Aachen, Barth. n. — 60

Lesebuch, bremisches. Hrsg. v. der Konferenz bremischer Landschullehrer. 4 Tle. gr. 8. Bremen, Rühle & Schlenker. geb. n. 5. 60
1. 2. Schulj. (154 S.) 1884 n. 1.20. — 2. 3. u. 4. Schulj. (290 S.) n. 1.40. — 3. 5. u. 6. Schulj. (290 S.) n. 1.40. — 4. 7. u. 8. Schulj. (355 S.) n. 1. 60.
—— deutsches, f. Stadt- u. Landschulen in 4 Tln. Im Auftrage der städt. Schuldeputation zu Breslau bearb. 2. Tl. u. 3. Tl. 2. Abtlg.. gr. 8. Breslau, Korn. n. 1. 25
Inhalt: Lesebuch f. die Unterstufe. Im Anschlusse an die „Handfibel" unter Mitwirkg. e. Lehrerkommission bearb. v. weil. Rekt. Fr. Dietrich. 7. Aufl. (VII, 136 S.) n. — 50. — 3. Lesebuch f. die Mittelstufe. Im Anschlusse an die Unterstufe bearb. v. e. Lehrerkommission. 2. Abtlg. 4. Aufl. (VIII, 200 S.) n. — 75.
—— deutsches, f. Volksschulen. 2 Tle. 8. Köln, Du Mont-Schauberg. n.n. 1. 60; geb. n.n. 1. 95
1. Mittelstufe. 24—26. Aufl. (VIII, 284 S.) n. n. — 60; geb. n. n. — 75. — 2. Oberstufe. 13. Aufl. (XII, 551 S.) n. n. 1. —; geb. n. n. 1.20.
(85/1) —— hessisches, hrsg. v. hess. Schulmännern. Ausg. A. 6. u. 7. Tl. gr. 8. (Mit Holzschn.) Gießen, Roth. n. 2. 80; Einbd. n.n. — 70
6. [6. Schulj.]. (VIII, 272 S. n. 1. —; Einbd. n.n. — 30. — 7. [7. u. 8. Schulj.] (X, 464 S.) 1886. n. 1.80; Einbd. n.n. — 40.
—— dasselbe. Ausg. B. f. 3- u. 4 klass. Schulen. (4. Tl.) Oberstufe [7. u. 8. Schulj.] gr. 8. (XI, 480 S. m. Holzschn.) Ebd. 1886. n. 1. 60; Einbd. n.n. — 40
—— dasselbe. Ausg. C. f. 1- u. 2 klass. Schulen. Lesebuch f. Oberklassen. [5—8. Schulj.]. gr. 8. (XII, 500 S. m. Holzschn.) Ebd. 1886. n. 1. 60; Einbd. n.n. — 40
—— für die Oberklassen katholischer Elementarschulen in Elsaß-Lothringen. 2. u. 3. Aufl. gr. 8. (XII, 448 S.) Straßburg, Schultz & Co. Verl. geb. n.n. — 95
—— für die Oberklassen der Elementarschulen in Elsaß-Lothringen. Ausg. f. Simultanschulen. gr. 8. (XII, 427 S.) Ebd. 1884. geb. n.n. — 95
—— für die deutschen katholischen Schulen in Nordamerika. Hrsg. unter Mitwirkg. prakt. kathol. Lehrer. Mit Abbildgn. 8. (84 S.) St. Louis, Mo. Freiburg i/Br., Herder. n. — 30; Einbd. n.n. — 10
—— zum kurzgefassten Lehrbuch [Preisschrift] der Gabelsbergerschen Stenographie. Nach den Beschlüssen der stenograph. Kommission zu Dresden hrsg. vom königl. sächs. stenograph. Institute. Durchgesehen u. umgearb. durch Dir. a. D. Prof. Dr. Heyde u. Dr. Rätzsch. 57. Aufl. 8. (IV, 96 S.) Dresden, G. Dietze. n. 2. —

Lesestoffe, die, in Ed. Bocks Volksschullesebüchern. Übersicht der gesamten litterar. u. realist. Lesestoffe, sowie der zugehör. Abbildgn. in den 3 Aufgaben v. Ed. Bock's deutschem Lesebuche. Für Lehrer, Leiter u. Inspektoren der Volksschule. gr. 8. (78 S.) Breslau, F. Hirt. gratis.

Lesimple, guide pratique pour le Rhin, la Bergstrasse, l'Odenwald et le Taunus. Avec un panorama du Rhin. 8. (VI, 76 S.) Leipzig, Lesimple. n. 1. 50

—— Reisebücher. Cöln. Führer durch die Stadt nebst e. Ausflug nach Bonn u. in's Siebengebirge. Mit Sagen, Legenden u. Geschichte. 8. (38 S. m. 3 lith. Plänen.) Ebd. n. — 50

Leske's Schreib- u. Geschäfts-Kalender f. d. J. 1886. 75. Jahrg. 12. (347 S.) Darmstadt, (Zernin). cart. n. 1. 25

Leske, Marie, illustrirtes Spielbuch f. Mädchen. 1500 unterhalt. u. anreg. Belustiggn., Spiele u. Beschäftiggn. f. Körper u. Geist, im Freien sowie im Zimmer. Nebst e. Anh.: 500 allerlei Kurzweil u. kurzweil. Allerlei f. jung u. alt. Zur gesell. Unterhaltg. an langen Winterabenden. 10. durchgeseh. Aufl. Mit üb. 600 Text-Abbildgn., 5 Buntdr.-Bildern, e. Schnittmusterbogen in Mappe, sowie e. Titelbilde. gr. 8. (VIII, 416 S.) Leipzig 1886, Spamer. n. 4. —; cart. n. 4. 50

Leskien, Aug., Untersuchungen üb. Quantität u. Betonung in den slavischen Sprachen. I. Die Quantität im Serbischen. [Aus: „Abhandlgn. d. k. sächs. Gesellschaft. d. Wiss."] Lex.-8. (152 S.) Leipzig, Hirzel. n. 5. —

Lesser, Privatdoc. Dr. Edm., Lehrbuch der Haut- u. Geschlechtskrankheiten f. Studirende u. Aerzte. 1. Thl. Hautkrankheiten. Mit 22 Abbildgn. im Text. gr. 8. (VIII, 284 S.) Leipzig, F. C. W. Vogel. n. 6. —

Lessing's, Gthold. Ephr., sämtliche Schriften. Hrsg. v. Karl Lachmann. 3., auf's neue durchgeseh. u. verm. Aufl., besorgt durch Frz. Muncker. 1. Bd. gr. 8. (XXIX, 411 S.) Stuttgart 1886, Göschen. n. 4. 50

—— sämtliche Werke, s.: Bibliothek, Cotta'sche, der Weltlitteratur.

—— Minna v. Barnhelm od. das Soldatenglück. Ein Lustspiel in 5 Aufzügen. Schulausg. m. Anmerkgn. v. Dr. A. Bieling. 8. (XIV, 138 S.) Stuttgart, Cotta. cart. n. — 80

—— dasselbe. Mit ausführl. Erläutergn. in katechet. Form f. den Schulgebrauch u. das Privatstudium v. Sem.-Dir. Dr. A. Funke. 2. verb. Aufl. 8. (164 S.) Paderborn, F. Schöningh. n. 1. 20

—— dasselbe, s.: Schulausgaben classischer Werke.

—— Mina de Barn'elm. Yofapled in suzugslul. Pelovepolöl fa Fieveger, Y. (In der Volapük-Weltsprache.) (81 S.) Breslau, Aderholz. baar n. 1. 50

Lessing, Geschichte seines Lebens u. seiner Schriften, s.: Schmidt, E.

Letnew, P., an e. Haar. Roman. Nach dem Russ. v. Wilh. Goldschmidt. 8. (200 S.) München 1886, Heinrichs. n. 3. —

Lettau, H., kleine Naturgeschichte. Ein Wiederholungs- u. Übungsbüchlein f. einfache Elementarschulen. Mit 200 in den Text gedr. Abbildgn. 6. verb. Aufl. 8. (48 S.) Leipzig, Peter. n. — 30

—— kleine Naturlehre. Ein Wiederholungs- u. Übungsbüchlein f. Elementarschulen. Mit 41 Abbildgn. 6. Aufl. 8. (33 S.) Ebd. n. — 20

—— die Raumlehre verbunden m. Zeichnen u. Rechnen, bearb. f. ein- u. mehrklass. Elementarschulen in Stadt u. Land. 5. verb. Aufl. Mit 10 Taf. Zeichenvorlagen u. vielen in den Text gedr. Fig. gr. 8. (125 S.) Ebd. n. 1. —

Letteris, Dr. M., die sämmtlichen Festgebete der Israeliten. Uebers. u. m. Anmerkgn. erklärt. Ausg. in 5 Bdn. 20. Aufl. gr. 8. (383, 514, 432, 444 u. 311 S.) Prag, Brandeis. geb. in Halbleinw. m. Goldschn. baar n. 8. —; in Leinw. n. 9. —

Letture italiane per le classi inferiori delle scuole medie. Parte 1. 2. ed. riveduta ed ampliata. gr. 8. (196 S.) Wien 1886, Hölder. n. 1. 44

Letture italiane per le classi superiori delle scuole medie. Parte I. Vol. 1 e 2. gr. 8. Wien, Hölder. n. 5. 80
1. (VIII, 416 S.) n. 3.40. — 2. (286 S.) n. 2.40.

Leuchs, Adressbuch aller Länder der Erde der Kaufleute, Fabrikanten, Gewerbtreibenden, Gutsbesitzer etc., zugleich Handelsgeographie, Produkten- u. Fabrikaten-Bezugs-Angabe. [In 35 Bdn.] Bd.7, 7a u. 9. gr. 8. Nürnberg, Leuchs & Co. geb. 44. —
Inhalt: 7. Rheinpreussen, Luxemburg u. Birkenfeld. 9. Ausg. f. 1885—1888. (1060 S.) 20. —. 7a. Westfalen, Detmold. 9. Ausg. f. 1884—1886. (400 S.) 12 —. — 9. Schlesien u. Posen. 6. Ausg. f. 1885—1888. (556 S.) 12. —

Leuckart, Prof. Dr. Rud., die Anatomie der Biene. Wandtafel. 4 Blatt in Farbendr. Imp.-Fol. Mit erläut. Text. Für Bienenzüchter u. Zoologen bearb. gr. 8. (26 S.) Kassel, Fischer. n. 6. —; auf Leinw. m. Stäben n.n. 9. —

(85/1) —— u. Prof. Dr. H. **Nitsche**, zoologische Wandtafeln zum Gebrauche an Universitäten u. Schulen. 11. Lfg. Taf. XXVIII u. XXXII. à 4 Blatt. Lith. u. color. Imp.-Fol. Mit deutschem, französ. u. engl. Text. gr. 4. (S. 99—107.) Ebd. baar n. 6. —; einzelne Taf. à n. 3. —; f. Aufziehen auf Leinw. m. Rollen à Taf. n.n. 3. — (1—11.: n. 70. 50)

Leue, Gust., quo tempore et quo consilio oratio, quae inscribitur *περὶ τῶν πρὸς Ἀλέξανδρον συνθηκῶν*, composita sit. Dissertatio inauguralis philologica. gr. 8. (52 S.) Halis Sax. (Berlin, Mayer & Müller.) baar n. 1. 20

(84/2) **Leuenberg**, Eug., der Gesangs-Komiker. Ausgewählte Couplets, Duette, Soloscenen m. Melodien u. Pianoforte-Begleitg. Musik v. D. Fuchs. 20. Bd. 8. (75 S.) Leipzig 1886, C. A. Koch. (à) n. 1. —
s. a.: Gesangs-Komiker, der.

—— Professor Spickmann, s.: Album f. Solo-Scenen.

Leutemann, Heinr., unzerreißbares Bilderbuch. Mit 20 (chromolith.) Bildern. qu. 4. (8 Bl. Text.) Stuttgart, Loewe. 3. 50

—— unsere Tiere in Hof u. Haus. Wie leben sie, wie seh'n sie aus? Orig.-Zeichngn. Mit Text v. Herm. Pilz. Neue color. Ausg. 4. Aufl. hoch 4. (12 color. Holzschntaf. m. eingedr. Text.) Görlitz, Foerster's Verl. geb. n. 2. —

—— kleiner Tiergarten. 12 Farbendr.-Bilder nach Orig.-Aquarellen. Mit Text in Fabeln u. luft. Reimen. qu. 4. (12 S.) Stuttgart, Loewe. geb. 1. 80; als Lackbilderbuch 2. 70

(83/2) **Leutz**, Sem.-Dir. Ferd., Lehrbuch der Erziehung u. d. Unterrichts f. Lehrer u. Lehrerinnen. II. Tl. Die Unterrichtslehre. gr. 8. (VIII, 383 S.) Tauberbischofsheim, Lang. n. 4. — (1—3.: n. 9. 50)

(85/1) **Leverkühn**, Reg.- u. Schulr. C. G. C., Gesetze, Verordnungen u. Ausschreiben in Schulsachen f. den Bezirk d. königl. Konsistoriums zu Hannover, nebst Zugaben u. e. das jüd. Schulwesen betr. Anh. 2. Bd. 1877—1885. 6. (Schluß-) Hft. gr. 8. (XXVII u. S. 801—1008.) Hannover, Helwing's Verl. n. 5. — (2. Bd. cplt.: n. 20. —)

Levin, Dr. M., Iberia. Bilder aus der spanisch-jüd. Geschichte. 12. (95 S.) Berlin, Dümmler's Verl. n. 2. —

Levy, M., Civilprozeßordnung u. Gerichtsverfassungsgesetz f. das deutsche Reich nebst den Einführungsgesetzen, m. Kommentar in Anmerkungen, s.: Wilmowski, G. v.

Levy's, Prof. Dr. M. A., biblische Geschichte, nach dem Worte der heil. Schrift der israelit. Jugend erzählt. 8., v. neuem durchgeseh. u. verb. Aufl., hrsg. v. Gymn.-Oberlehr. Dr. B. Badt. 8. (XVI, 240 S.) Breslau, Koebner. geb. baar n. 1. 50

Lewin, Privatdoc. Dr. L., Lehrbuch der Toxikologie f. Aerzte, Studirende u. Apotheker. Mit 8 Holzschn. u. 1 Taf. gr. 8. (VII, 456 S.) Wien, Urban & Schwarzenberg. n. 9. —

Lewy, Heinr., de civili condicione mulierum graecarum. Dissertatio inauguralis. gr. 8. (69 S.) Breslau, (Köhler). baar n. 1. —
—— altes Stadtrecht v. Gortyn auf Kreta. Nach der v. Halbherr u. Fabricius aufgefundenen Inschrift. Text, Übersetzg. u. Anmerkgn., nebst e. Wörterverzeichnis. gr. 4. (32 S.) Berlin, Gaertner. n. 2. 50
Lexer, Matthias, mittelhochdeutsches Taschenwörterbuch. 3. umgearb. u. verm. Aufl. 8. (VII, 413 S.) Leipzig, Hirzel. n. 5. —; geb. n. 6. —
(85/1) **Lexicon homericum**, composuerunt F. Albracht, C. Capelle, A. Eberhard, E. Eberhard, B. Giseke, V. H. Koch, C. Mutzbauer, Fr. Schnorr de Carolsfeld. Ed. H. Ebeling. Vol. I. fasc. 19—21. Lex.-8. (1. Bd. IV u. S. 1025—1184.) Leipzig, Teubner. à n. 2. —
(85/1) **Lexikon**, biographisches, der hervorragendsten Aerzte aller Zeiten u. Völker. Unter Mitwirkg. v. Proff. A. Anagnostakis, E. Albert, Arndt etc. u. unter Special-Red. v. Prof. Dr. E. Gurlt hrsg. v. Prof. Dr. Aug. Hirsch. 19—26. Lfg. gr. 8. (2. Bd. III u. S. 561—712 u. 3. Bd. S. 1—432.) Wien, Urban & Schwarzenberg. à n. 1. 50
(85/1) —— ausführliches, der griechischen u. römischen Mythologie, im Verein m. Th. Birt, O. Crusius, R. Engelmann etc. unter Mitred. v. Th. Schreiber hrsg. v. W. H. Roscher. Mit zahlreichen Abbildgn. 7. Lfg. Lex.-8. (Sp. 1057—1248.) Leipzig, Teubner. (à) n. 2. —
Leydig, Prof. Dr. Frz., Zelle u. Gewebe. Neue Beiträge zur Histologie d. Thierkörpers. Mit 6 (lith.) Taf. gr. 8. (VI, 219 S.) Bonn, Strauss. cart. n. 20. —
Leyfert, Siegm., der heimatkundliche Unterricht m. besond. Rücksicht auf die Einführung in das Kartenverständnis. gr. 8. (VIII, 96 S.) Wien, Pichler's Wwe. & Sohn. n. 1. 20
Lhotzky, Heinr., die Annalen Asurnazirpals [884—860 v. Chr.], nach der Ausgabe d. Londoner Inschriftenwerkes umschrieben, übers. u. erklärt. Inaugural-Dissertation. gr. 8. (33 S.) München. (Leipzig, Fock.) baar n. 2. —
Licht v. Oben. Lebenserinnerungen einer früh Verwaisten v. C. J. [C. Jacobshagen.] 8. Aufl. 8. (VIII, 250 S.) Hannover, Feesche. n. 2. 40; cart. n. 2. 80; geb. n.n. 3. 40
Lichtblau, W., Sammlung geometrischer Konstruktions-Aufgaben, s.: Wiese, B.
Lichtenberger, H. J., s.: Terrasse, die Brühl'sche.
Lida's Puppe. Lebensgeschichte einer Puppe, v. ihr selbst aufgezeichnet f. alle kleinen Mädchen, welche gern m. Puppen spielen. Mit 4 Farbendr.-Bildern nach Aquarellen v. C. Offterdinger. 3. Aufl. gr. 8. (106 S.) Stuttgart, Thienemann. geb. n. 3. —
Lie, Jonas, Rutland. Eine Erzählg. v. der See. Aus dem Dän. v. O. Gleiss. 8. (132 S.) Gütersloh, Bertelsmann. n. 1. 20
Liebau, Geh. expeb. Sekr. Kalkul. Gust., der einjährig-freiwillige Dienst u. der Vorbereitungsdienst in der Reichs- u. Staatsverwaltung. Zusammengestellt u. m. umfass. Erläutergn. versehen. 2. verm. u. verb. Ausg. gr. 8. (XI, 216 S.) Berlin, C. Heymann's Verl. n. 3. —
Liebe, deutsche. Aus den Papieren e. Fremdlings. Hrsg. u. m. e. Vorwort begleitet v. Max Müller. 7. Aufl. 8. (VI, 155 S.) Leipzig, Brockhaus. n. 3. —; geb. m. Goldschn. n. 4. —
Lieber, Prof. Dr. H., u. Oberlehr. F. v. **Lühmann**, Leitfaden der Elementar-Mathematik. 2. Tl.: Arithmetik. 3. Aufl. gr. 8. (III, 120 S.) Berlin, Simion. n. 1. 25
Liebert, Gymn.-Prof. Dr. P. Narcissus, O. S. B., katholisches Gebetbuch. In stenograph. Schrift autogr. 32. (VII, 248 S.) Augsburg, Kranzfelder. n. 1. 60; geb. in Leinw. n. 2. 40; m. Goldschn. n. 2. 60; in Chagrin n. 3. —; in Kalbldr. n. 3. —; m. Goldschn. n. 3. 20

Liebesbriefsteller, der glückliche, f. Liebende beiderlei Geschlechts. Enth. Musterbriefe im blühendsten Stil u. elegantesten Wendgn. nebst Polterabendscherzen, sowie Hochzeitsgedichten u. Stammbuchversen. Gesammelt v. Reinhold Liebetreu. 12. (128 S.) Bremen, Haake. n. 1. —

Liebeslegenden. Von Amalie Crescenzia. 8. (248 S.) Wien, Konegen. n. 4. —

Liebfrauen-Kalender, österreichischer, f. d. J. 1886. 6. Jahrg. 4. (50 S. m. Illustr.) Wien, Woerl — 60

—— Würzburger, Maria zum Lob u. uns zum Heil f. d. J. 1886. 4. (54 S. m. Illustr. u. 1 Holzschntaf.) Würzburg, Etlinger. n. — 35

(85/1) **Liebhaber-Bühne**, neue. Nr. 19—23. gr. 8. Landsberg a/W., Volger & Klein. à n. 1. —

Inhalt: 19. Buchholz. Schwank in 1 Akt frei nach dem Franz. v. W. Rosen. (14 S.) — 20. Robert u. Bertram od. die lustigen Vagabunden. Schwank in 1 Akt v. Nobody. (16 S) — 21. Der Schunkel-Walzer. Posse m. Gesang in 1 Akt v. G. Jacobsen. Musik vom Capellmstr. Max Natzki. (16 S.) — 22. Vom Congo od. e. schwarzer Staatsbürger. Posse in 1 Akt v. Emil Hildebrand. (16 S.) — 23. Im lustigen Alt-England od. Shakespeare u. seine Muse. Charakterbild in 1 Akt v. Fritz Volger. (18 S.) 1886.

Lieblein, Prof. J., gammel-aegyptisk-religion, populaert fremstillet. 3 dele. gr. 8. (V, 162; III, 171 u. III, 148 S.) Kristiania 1883—85. (Leipzig, Hinrichs' Verl.) baar n. 8. —

Lieblinge, meine. Ein unzerreißbares Bilderbuch f. die kleine Kinderwelt. 12 heitere Tierscenen in bunter Reihe auf starkem Karton. 4. Aufl. gr. 4. Eßlingen, Schreiber. geb. n. 2. 50

Liebold, Archit. fr. Lehr. B., Holzarchitectur. [Holzbau.] Taschenbuch f. Bauhandwerker. 2. Thl. 2. verm. Aufl. Enth. ca. 500 Fig. (VII, 175 lith. S.) Holzminden, Müller. n. 6. —; geb. n. 6. 60

Liebrecht, Maria, zwei Waisenkinder. Eine Erzählg. 12. (53 S.) Basel, Spittler. — 30

(84/2) **Liebreich**, Osc., u. Alex. **Langgaard**, DD., medicinisches Recept-Taschenbuch. Nachtrag. 8. (S. 969—992.) Berlin, Fischer's medicin. Buchh. n. — 80 (Hauptwerk m. Nachtrag: n. 10. 80)

Liebreich, Dr. Rich., Atlas der Ophthalmoscopie. Darstellung d. Augengrundes im gesunden u. krankhaften Zustande, enth. 12 Taf. m. 59 Fig. in Farbendr. Nach der Natur gemalt u. erläutert. 3. Aufl. Fol. (VIII, 31 S.) Berlin, Hirschwald. cart. n. 32. —

Liebusch, Diac. Geo., Sagen u. Bilder aus Muskau u. dem Park. 2. Aufl., unverändert hrsg. v. Dir. E. Petzold. 8. (V, 82 S.) Dresden, v. Zahn & Jaentsch. n. 1. 50

Lieder, Bonner, v. M. W. Hrsg. v. Dr. Conr. Küster. 12. (64 S.) Berlin, S. Schwartz. n. 1. 50

—— für die österreichische Jugend. Sammlung v. Liedern f. Volks- u. Bürgerschulen. [In 4 Hftn.] Hrsg. vom Lehrerverein „Volksschule". 1—3 Hft. 8. Wien, Graeser in Comm. baar n. n. — 64

1. Für das 1. u. 2. Schulj. 10., unveränd. Aufl. (24 S.) n. n. — 20. — 2. Für das 3. u. 4. Schulj. 15., unveränd. Aufl. (24 S.) n. n. — 20. — 3. Für das 5. u. 6. Schulj. 9., unveränd. Aufl. (40 S.) n. n. — 24.

—— 130 ein- u. mehrstimmige, f. den Schulgebrauch. 8. (100 S.) Gütersloh, Bertelsmann. n. n. — 25

Liederbuch f. die Deutschen in Oesterreich. Hrsg. vom Deutschen Club in Wien. 3. unveränd. Aufl. 16. (VI, 390 S.) Wien 1884, Pichler's Wwe. & Sohn in Comm. geb. baar n. 2. 70

Liederbuch, neues deutsches, zum Gebrauche f. Schulen. Eine Sammlg. v. 96 zwei- u. dreistimm. Liedern m. Vorübgn. Hrsg. v. der Osterwiecker Diöcesan-Lehrer-Conferenz-Gesellschaft. Ausg. A. 96 Schullieder. 2. verb. Aufl. 12. (VII, 153 S.) Osterwieck, Zickfeld. cart. n. — 50
—— dasselbe. Ausg. B. 96 Schullieder nebst 20 kirchl. Chören. 2. verb. Aufl. 8. (VII, 153 u. 71 S.) Ebd. cart. n. — 75
—— zunächst f. die Schulen d. osnabrückschen Landes. 1. Hft. 10. Aufl. 8. (76 S.) Osnabrück, Rackhorst. n. n. — 30
—— für deutsche Studenten. 2. Aufl. 8. (VI, 150 S.) Heidelberg 1886, C. Winter. In Ldrtuch geb. n. n. 1. —
—— für die turnende Jugend. Hrsg. v. dem Vorstand der Berliner Turnerschaft. 6. Aufl. 16. (141 S. m. 1 Holzschn.) Berlin, R. Schmidt in Comm. cart. baar n. n. — 25
—— Hrsg. vom deutschen Turnverein Reichenberg. 3. Aufl. 16. (XI, 295 S.) Reichenberg, Fritsche. cart. n. 1. 20
—— für gesellige Vereine. 7. verm. u. verb. Aufl. 16. (88 S. m. Holzschn.-Portr. Kolping's.) Essen 1884, (Fredebeul & Koenen). geb. n. — 40
—— für kath. kaufm. Vereinigungen. 2. verm. u. verb. Aufl. 16. (VIII, 216 S.) Ebd. geb. n. — 80

Liederfibel, kleine. 5. verb. m. Bildern verseh. Aufl. 8. (68 S.) Hildburghausen 1886, Gadow & Sohn. cart. n. — 25

Liederhalle, deutsche. Allgemeine Gesangszeitg., hrsg. v. Bernh. Vogel. Mit vielen musikal. Beilagen. 1. Jahrg. 1885/86. 52 Nrn. (B.) gr. 4. Leipzig, M. Hesse. Vierteljährlich n. 2. —

Liederheimat. Liederbuch f. Schulen, hrsg. vom hannov. Lehrer-Verein. 3. Hft. 4. Aufl. 8. (122 S.) Hannover, Hahn. n. — 50

Liederkranz, neuer deutscher, f. Schulen. Auswahl 1-, 2- u. 3stimm. Lieder, hrsg. v. e. Vereine v. Lehrern. 2 Tle. 8. Potsdam, Rentel's Verl. à n. — 25; auch in 6 Hftn. à n. — 10
1. 18. Aufl. (96 S.) — 2. 14. Aufl. (S. 97—192.)

Liederschatz f. unsere Jugend. Zum Gebrauch in Volks- u. höheren Schulen gesammelt u. hrsg. v. e. Kommission Cösliner Lehrer. 2. Hft. 2. Aufl. 8. (86 S.) Cöslin, Hendeß. n. — 30
—— für Schule u. Haus. Hrsg. vom Vorstande der Lehrer-Witwen- u. Waisenkasse f. den Bezirk der Landdrostei Lüneburg. (Ausg. ohne Noten.) 27. Aufl. 8. (40 S.) Hannover, Hahn. n. — 20

Liederstrauß, e. deutscher. Eine Festgabe zum 70. Geburtstage d. Fürsten Bismarck, allen deutschen Patrioten dargebracht von Wilhelm v. der Mulde. 8. (III, 63 S.) Zwickau, Werner. — 75
—— ein zweiter deutscher. Eine patriot. Dichtg. f. Schule u. Haus von Wilhelm v. der Mulde. 8. (52 S.) Ebd. 1886. n. — 60
—— Wiener. Praktische Gesangslehre u. Liedersammlg. f. Bürgerschulen. Bearb. auf Grund der Normallehrpläne f. Bürgerschulen vom 1. Apr. 1884. Hrsg. v. Gesanglehrern Adf. Kunka, Jos. Ludwig, Karl Platzer, Jos. Steigl, Ed. Siegert u. Joh. Tomaschewitz. gr. 8. (III, 144 S.) Prag, Tempsky. n. 1. —

Liekefett, Sem.-Lehr. Fr., anschaulich ausführliches Realienbuch, enth. Geschichte, Geographie, Naturgeschichte u. Naturlehre. Für katholische Schulen bearb. 3 Tle. in 1 Bd. gr. 8. (256 S.) Braunschweig, Wollermann. geb. n. 1. —
Inhalt: 1. Geschichte. (70 S.) cart. n. — 40. — 2. Geographie. (S. 71—131.) cart. n. — 40. — 3. Naturgeschichte u. Naturlehre. (S. 132—256.) cart. n. — 60.

Liertz, Amtsrichter L., der preußische Schiedsmann, sein Amt u. seine Thätigkeit. 8. (35 S.) Düsseldorf, Schwann. n. — 50

Liese, Kreisschulinsp. Ad., das preußische Lehrer-Pensionsgesetz vom 6. Juli 1885. Mit erläut. Anmerkgn. versehen. 1. u. 2. Aufl. 8. (23 S.) Neuwied, Heuser's Verl. n. — 40

Ließ, Emil, Thüringer Waldblumen. Drei Novellen. 8. (VIII, 208 S.) Zürich 1886, Rudolphi & Klemm. n. 3. 60

Liguori, Bischof Alph. Maria v., sämmtliche Werke. Neu aus dem Ital. übers. u. hrsg. v. e. Priester der Congregation d. allerheiligsten Erlösers. 2. Abth. Dogmatische Werke. 1. u. 3. Bd. 8. Regensburg, Manz. n. 6. 75

Inhalt: 1. Das hl. Concilium von Trient in seinen Entscheidungen gegen die Neuerer d. 16. Jahrh. Eine ausführl. Erläuterg. dieser Beschlüsse. 2., umgearb. Aufl. [Neue Ausg.] (516 S.) n. 2.75. — 3. Die Wahrheit d. Glaubens. 2, gänzlich umgearb. Aufl. (XVI, 733 S.) n. 4. —

—— Schule der christlichen Vollkommenheit f. Welt- u. Ordensleute. Aus den Werken neu übers. u. zusammengestellt v. P. Paulus Leick, C. s. s. R. gr. 8. (XVI, 730 S. m. 1 Stahlst.) Regensburg 1886, Pustet. n. 4. 60

Lilienberg, J., Beiträge zur Histologie u. Histogenese d. Knochengewebes, s.: Mémoires de l'académie impériale des sciences de St.-Pétersbourg.

Liliencron, A. v., die Fahne d. 61. Regiments, s.: Familien-Bibliothek für's deutsche Volk.

—— Sonnenschein u. Sturm. Erzählung aus der Zeit v. Schills Erhebg. 8. (III, 191 S.) Gotha 1886, F. A. Perthes. n. 2. 40; geb. n. 3. 40

Liliencron, Detlev Frhr. v., Knut der Herr. Drama in 5 Akten. 8. (III, 80 S.) Leipzig, Friedrich. n. 2. —

Limbeck, Assist. Dr. Rud. v., zur Kenntniss d. Baues der Insectenmuskeln. [Mit 1 (lith.) Taf. u. 2 Holzschn.] [Aus: „Sitzungsber. d. k. Akad. d. Wiss."] Lex.-8. (28 S.) Wien, (Gerold's Sohn). n.n. — 90

Limpricht, K. G., die Laubmoose, s.: Rabenhorst's, L., Kryptogamen-Flora v. Deutschland, Oesterreich u. der Schweiz.

Linckelmann II., Rechtsanw. Dr. Karl, die Unfallversicherung, nach den deutschen Reichsgesetzen übersichtlich dargestellt. gr. 8. (72 S.) Hannover 1886, Norddeutsche Verlagsanstalt. n. 1. 20

Lindau, Carl, der Kouplетsänger, } s.: Wallner's, E. Universum d. Witzes.
—— das Portefeuille d. Komikers, }

—— der beste Ton. Regeln d. Anstandes u. Anleitg., durch e. anständ. u. gesittetes Benehmen sich im gesellschaftl. Leben angenehm u. beliebt zu machen. Ein Sitten- u. Höflichkeitsspiegel f. junge Leute. 8. verb. Aufl. 8. (IV, 117 S.) Erfurt, Bartholomäus. n. 1. —; geb. n. 1. 80

(85/1) Lindau, Mittelschullehr. F., Rechen-Aufgaben f. das bürgerliche Leben. Auflösungen. 8. (22 S.) Bernburg, Bacmeister. n. — 60 (Aufgaben u. Auflösgn.: n. 1. 35)

Lindau, P., Helene Jung, s.: Engelhorn's allgemeine Roman-Bibliothek.

Linde, Dr. Rich., de diversis recensionibus Apollonii Rhodii Argonauticon. Commentatio philologica. gr. 8. (51 S.) Hannover, Schulze in Comm. 1. 50

Lindemann, weil. Sem.-Dir. J. C. W., evangelisch-lutherische Katechismus-Milch. 75 kurze Katechesen üb. Dr. Mart. Luthers Kleinen Katechismus, nach der Erklärg. Joh. Konr. Dietrichs. Aus dem Nachlasse. gr. 8. (VI, 376 S. m. Holzschn.-Portr.) St. Louis, Mo. (Dresden, H. J. Naumann.) geb. baar n. 10. —

Linden, E., Till Eulenspiegel, s.: Volks- u. Jugend-Erzählungen.

Linden, Lic. Frdr. Otto zur, Melchior Hofmann, e. Prophet der Wiedertäufer. Mit 9 Beilagen. Lex.-8. (XXII, 477 S.) Haarlem. (Leipzig, Harrassowitz.) baar n. 6. —

Lindenberg, P., Berlin, s.: (85/1) Universal-Bibliothek Nr. 1919.

—— dasselbe, s.: Universal-Bibliothek Nr. 2004.

Linderer, Ed., im Reich der Komik! Neue humorist. Orig.-Vorträge, Soloscenen, Couplets 2c. Nebst e. Auswahl humorist. Beiträge. 1—4. Thl. [Declamatorische Abend-Unterhaltgn. 3—6. Bd.] 8. (à IV, 124 S.) Berlin, Mode's Verl. à n. 1. —

1. 2. 9. umgearb. u. verm. Aufl. — 3. 4. 7. umgearb. u. verm. Aufl.

Linderer, R., die Angströhre, s.: Album f. Liebhaber-Bühnen.

Lindner, Schulr. Prof. Dr. Gust. Ad., allgemeine Erziehungslehre. Lehrtext zum Gebrauche an den Bildungs-Anstalten f. Lehrer u. Lehrerinnen. 6. unveränd. Aufl. gr. 8. (VIII, 168 S.) Wien 1886, Pichler's Wwe. & Sohn. n. 2. —

—— Lehrbuch der empirischen Psychologie als inductiver Wissenschaft. Für den Gebrauch an höheren Lehranstalten u. zum Selbstunterrichte. 8. unveränd. Aufl. gr. 8. (VIII, 248 S.) Wien, Gerold's Sohn. n. 2.80; geb. n. 3. 20

—— allgemeine Unterrichtslehre. Lehrtext zum Gebrauche an den Bildungs-Anstalten f. Lehrer u. Lehrerinnen. 6. unveränd. Aufl. gr. 8. (VI, 111 S. m. 1 Tab.) Wien, Pichler's Wwe. & Sohn. n. 1. 20

Lindner, M., das deutsch-afrikanische Gebiet, s.: Colonialgebiete, die deutschen.

Lingt, Maj. z. D. Baron v., die Entstehung u. Organisation der preußischen Kriegervereine von 1842, speciell d. Breslauer Kriegervereins von 1845—1885, zu dessen 40jähr. Bestehen gewidmet u. geschrieben. 8. (73 S.) Breslau, Köhler. n. — 75

Link, Pfr. Relig.-Lehr. D. Thdr., Hilfsbuch f. den evangelischen Religionsunterricht in den oberen Klassen höherer Schulen. gr. 8. (156 S.) Breslau, F. Hirt. n. 1. 50

Linke, D. Jobs., wann wurde das Lutherlied Ein feste Burg ist unser Gott verfasst? Historisch-krit. Untersuchg. gr. 8. (V, 192 S.) Leipzig 1886, Buchh. d. Vereinshauses. n. 3. —

Linke, Osk., Liebeszauber. Ein Schönheitsroman aus der Zeit d. Perikles. 8. (VII, 156 S.) Minden 1886, Bruns. n. 4. —

—— die Versuchung d. heiligen Antonius. 8. (XI, 298 S.) Ebd. n. 3. —

Linnemann, Ed., üb. die Absorptionserscheinungen in Zirkonen. [Aus dem chem. Laboratorium der k. k. deutschen Universität zu Prag.] [Aus: „Sitzungsber. d. k. Akad. d. Wiss."] Lex.-8. (6 S.) Wien, (Gerold's Sohn). n. — 20

Linnig, Frz., deutsches Lesebuch. 1. Tl. Mit besond. Rücksicht auf mündl. u. schriftl. Übgn. Für untere Klassen höherer Lehranstalten. 7. verb. Aufl. gr. 8. (VIII, 447 S.) Paderborn, F. Schöningh. n. 2. 60

Linstow, v., s.: Bericht üb. die wissenschaftlichen Leistungen in der Naturgeschichte der niederen Thiere.

Lion-Claufius, Streiflichter. Novelletten. 8. (255 S.) Rostock, Hinstorff's Verl. n. 2. 50

Lion, Dir. Dr. J. C., zur Geschichte d. Allgemeinen Turnvereins zu Leipzig. Vortrag, geh. am 4. Juli 1885 bei der Feier d. 40. Stiftungsfestes d. Vereins im Krystallpalast. [Aus: „Leipz. Tagebl."] 8. (16 S.) Hof, Lion. — 30

—— u. L. **Puritz**, 16 Leiter- u. Stuhl-Pyramiden f. Turner. qu. 8. (16 Chromolith.) Ebd. n. 1. 20

Lionheart, verhängnisvolles Erbe, s.: Eisenbahn-Unterhaltungen.

Lipp, reg. Chorhr. Dir. Dr. Wilh., die Gräberfelder v. Keszthely. Mit 360 Illustr. u. 3 Taf. Autoris. deutsche Ausg. Lex.-8. (VIII, 121 S.) Budapest, Kilian. n. 4. —

Lippert, J., die Kulturgeschichte in einzelnen Hauptstücken, s.: Wissen, das, der Gegenwart.

Lippich, F., üb. polaristrobometrische Methoden, insbesondere üb. Halbschattenapparate. [Mit 1 (lith.) Taf.] [Aus: „Sitzungsber. d. k. Akad. d. Wiss."] Lex.-8. (38 S.) Wien, (Gerold's Sohn). n. — 80

Lipps, F., „Kinderlust". Ein Jugendalbum m. Reimen. 12 Bl. feine Farbdr.-Bilder m. Versen nach Aquarellen v. F. L. gr. 4. Stuttgart, Hänselmann. geb. n. 3. 50

Lipps, F., Prinzessin Wunderhold. 12 Monatsbilder aus dem Kinderleben v. J. Trojan. Illstr. v. F. L. Lichtdr. v. A. Naumann & Schröder in Leipzig. 2. Aufl. gr. 4. (28 S.) Stuttgart, G. Weise. geb. n. 10. —

Lipps, Prof. Dr. Thdr., psychologische Studien. gr. 8. (III, 161 S.) Heidelberg, Weiss' Verl. n. 3. 20

Lipsius, Rich. Adb., Philosophie u. Religion. Neue Beiträge zur wissenschaftl. Grundlegg. der Dogmatik. [Aus: „Jahrbb. f. protestant. Theol."] gr. 8. (IV, 319 S.) Leipzig, Barth. n. 5. —

List, Adph., Untersuchungen üb. die in u. auf dem Körper d. gesunden Schafes vorkommenden niederen Pilze. Inaugural-Dissertation. Mit 4 (Lichtdr.-) Taf. gr. 4. (62 S. u. 4 Bl. Erklärgn.) Leipzig, List & Francke. n. 6. —

List, Joh., u. Hans Mühlfleith, Lehrer, Vertheilung d. Lehrstoffes der Elementarclasse auf Wochen u. Halbstunden. gr. 8. (114 S.) Wien, Pichler's Wwe. & Sohn. n. 1. 60

Littauer, Hugo, in's Schwarze. Epigrammatisches Allerlei. 12. (VII, 85 S.) Berlin, Issleib. n. 2. —

(85/1) Litteraturdenkmale, deutsche, d. 18. u. 19. Jahrh., in Neudrucken hrsg. v. Bernh. Seuffert. 22. Bd. 8. Heilbronn, Henninger. n. 1. 80; geb. n. 2. 30

Inhalt: Freundschaftliche Lieder v. I. J. Pyra u. S. G. Lange. (L, 167 S.)

Littmann, O., üb. das Verhältniss v. Längsdilatation u. Querkontraktion elastischer Metallcylinder. Inaugural-Dissertation. gr. 8. (48 S. m. 1 autogr. Taf.) Breslau, (Köhler). baar n. 1. —

(85/1) Littrow's Wunder d. Himmels od. gemeinfaßl. Darstellg. d. Weltsystemes. 7. Aufl. Nach den neuesten Fortschritten der Wissenschaft bearb. v. Dir. Prof. Dr. Edm. Weiß. Mit 15 lith. Taf. u. 148 Holzschn.-Illustr. 32—35. (Schluß-) Lfg. gr. 8. (XXIII u. S. 1161—1278.) Berlin, Hempel. à n. — 50 (cplt.: n. 17. —; m. Atlas, 4. Aufl. n. 21. —)

Livi Andronici et Cn. Naevi fabularum reliquiae. Emendavit et adnotavit Lucianus Mueller. gr. 8. (72 S.) Berlin, Calvary & Co. n. 2. —

Livi, Titi, ab urbe condita liber II. Für den Schulgebrauch erklärt v. Frz. Luterbacher. gr. 8. (126 S.) Leipzig, Teubner. 1. 20

—— römische Geschichte. Deutsch v. Fr. Dor. Gerlach. 4. 16. 20. 21. 30. 31. 33. 35. 36. Lfg. 8. Berlin, Langenscheidt. à n. — 35

4. 4. Aufl. (1. Bd. S. 139—186.) — 16. 3. Aufl. (2. Bd. S. 265—312.) — 20. 21. 4. Aufl. (2. Bd. S. 479—570.) — 30. 31. 33. 2. Aufl. (3. Bd. S. 393—466 u. 515—562.) — 35. 36. 2. Aufl. (4. Bd. S. 1—98.)

(84/2) —— dasselbe. 23. Buch. Wortgetreu aus dem Lat. in's Deutsche übers. nach H. R. Mecklenburg's Grundsätzen vom Privatdoc. Dr. R. L. 2. u. 3. (Schluß-) Hft. 32. (S. 65—152.) Berlin, H. R. Mecklenburg. à n. — 25

—— dasselbe, s.: Prosaiker, römische, in neuen Übersetzungen.

—— dasselbe, s.: Universal-Bibliothek Nr. 2031—2035.

Liznar, J., üb. den täglichen u. jährlichen Gang sowie üb. die Störungsperioden der magnetischen Declination zu Wien. [Mit 3 (lith.) Taf.] [Aus: „Sitzungsber. d. k. Akad. d. Wiss."] Lex.-8. (22 S.) Wien, (Gerold's Sohn). n. — 80

Lloyd, H., brieflicher Sprach- u. Sprech-Unterricht, Englisch, s.: Dalen, C. van.

Lob u. Ehre sei dem allerheiligsten Sakrament. Ein Gebet- u. Betrachtungsbüchlein f. die Mitglieder der Corporis-Christi Bruderschaft. 16. (112 S. m. 1 Stahlst.) Würzburg, Bucher. — 30

(85/1) Loebe, Kirchenr. Dr. J., u. Superint. E. Löbe, Geschichte der Kirchen u. Schulen d. Herzogth. Sachsen-Altenburg, auf Grund der Kirchen-Galerie bearb. 5—8. Lf. Lex.-8. (S. 225—416.) Altenburg, Bonde's Verl. à n. 1. —

Lober, G., Übungsstoff f. den Unterricht im Deutschen, s.: Knab, K.

(84/2) **Löbker**, Privatdoc. Dr. Karl, chirurgische Operationslehre. Ein Leitfaden f. die Operationsübgn. an der Leiche. Mit Berücksicht. der chirurg. Anatomie f. Studirende u. Aerzte bearb. 2. Hälfte. Mit 157 Holzschn. gr. 8. (VIII u. S 161—488.) Wien, Urban & Schwarzenberg. n. 4. — (cplt.: n. 9. —; geb. n. 11. —)

Locher, Lehr. Seb., die Herren v. Neuneck. Urkundlicher Nachweis ihrer Glieder u. Besitzgn. [Aus: „Mittheilgn. d. Vereins f. Geschichte u. Alterthumskde. in Hohenzollern".] gr. 8. (300 S.) Sigmaringen 1884. (Stuttgart, Gerschel.) baar n. 4. —

Locke, Pfr. Lic. Rich., die Quinteffenz der Theologie Schleiermachers. Eine kurz gefaßte krit. Untersuchg., vom christl.-theist. Standpunkte aus dargestellt. gr. 8. (II, 48 S.) Leipzig, Drescher. n. — 80

Logau, s.: National-Litteratur, deutsche.

Loge, die, der Freimaurer v. Aman Amantus. 2. Aufl. 8. (VIII, 64 S.) Wien, Kirsch. n. 1. 20

Logemann, F., Rechenbuch, s.: Friedrichs, H.

(85/1) **Löher**, Frz. v., Beiträge zur Geschichte u. Völkerkunde. 2. Bd. gr. 8. (VII, 492 S.) Frankfurt a/M. 1886, Literar. Anstalt, Rütten & Loening. (à) n. 8. 60; geb. (à) n.n. 9. 60

Lohmann, A., Schreib-Lese-Fibel, s.: Fricke, A.

Lohmann, Joh. Bapt., S. J., das Leben unsers Herrn u. Heilandes Jesus Christus. Nach den 4 Evangelien zusammengestellt. 8. (VI, 239 S.) Paderborn, Junfermann. n. 2. 40

Lohmann, Pet., das Ideal der Oper. Neue (Titel-)Ausg. der Abhandlg. „üb. dramatische Dichtung m. Musik". 8. (60 S.) Leipzig (1864) 1886, Matthes. n. 1. —

—— Pantheon deutscher Dichter. 12. Aufl. Mit (chromolith.) Titelbild v. E. Härtel u. 6 Illustr. nach Orig.-Zeichngn. v. G. Sundblad. 8. (VII, 435 S.) Ebd. geb. m. Goldschn. 5. —

Lohmeyer, Jul., Gedichte e. Optimisten. 8. (X, 230 S.) Leipzig, Liebeskind. n. 3. —; Einbd. in Leinw. n.n. 1. —

—— lustige Kobold-Geschichten f. die Kinderwelt. Mit 12 Aquarellen v. Carl Gehrts. gr. 4. (24 Bl.) Glogau, Flemming. geb. 5. —

—— Kater Murr's Tagebuch, illustrirt v. F. Flinzer. gr. 4. (48 Chromolith. m. eingedr. Texte.) Leipzig, Meißner & Buch. geb. n. 5. —

—— Robinson Crusoe's Leben u. Schicksale. Mit 48 Taf. in Farbendr. nach Aquarellen v. Carl Marr. gr. 4. (Mit eingedr. Text.) Ebd. geb. n. 4. 50

—— Sonnenscheinchen. Ein Wald- u. Gnomenmärchen. Mit 8 Aquarellen v. Carl Gehrts. In Farbendr. ausgeführt v. Aug. Kürth in Leipzig. 2. Ausg. gr. 4. (42 S.) Berlin 1886, A. Duncker. geb. n. 6. —

—— u. Carl Röhling, Fragemäulchen. Ein Bilderbuch. gr. 4. (48 Chromolith. m. eingedr. Text.) Leipzig, Meißner & Buch. geb. n. 5. —

—— u. Frida Schanz, unser Hausglück. Mit Bildern v. Wold. Friedrich. gr. 4. (48 Chromolith m. eingedr. Text.) Ebd. geb. n. 6. —

—— u. Johs. Trojan, Kinderhumor, illustr. v. Jul. Kleinmichel. gr. 4. (48 Chromolith. m. eingedr. Text.) Ebd. geb. n. 4. 50

Loehrke, Rett. Th., 12 Psalmen, in Lektionen f. die Schule bearb. gr. 8. (86 S.) Berlin, Gaertner. n. 1. —

Löll, Oekon.-R. Dr. L., die Goldwährung. Eine f. jeden unterrichteten Geschäftsmann verständl. Belehrg. üb. den Werth, das Geld, die Goldwährg. u. deren Folgen f. Landwirthschaft u. Kleingewerbe. gr. 8. (IV, 96 S.) Würzburg, Hertz in Comm. n. 1. 20

Loenartz, Hülfsgeistl. Pet. Jos., die Restitutionspflicht d. Besitzers fremden Gutes. Eine theologisch-jurist. Abhandlg. gr. 8. (XII, 295 S.) Trier, Paulinus-Druckerei. n. 2. 30

Loening, Prof. Dr. Rich., Grundriß zu Vorlesungen üb. deutsches Strafrecht. gr. 8. (IX, 147 S.) Frankfurt a/M., Literar. Anstalt, Rütten & Loening. n. 2. 50

Lonyay, Graf M., Denkrede auf ihn, s.: Tréfort, A.

Looshorn, Joh., die Geschichte d. Bisth. Bamberg. Nach den Quellen bearb. 1. Bd. Gründung u. 1. Jahrh. d. Bisth. Bamberg. Oder: Die Heiligen Kaiser Heinrich u. Kunigunda. Mit e. autotyp. gleichzeit. Bilde d. Königs Heinrich. gr. 8. (VIII, 544 S.) München 1886, Zipperer in Comm. n. 11. —

Looß, Lehr. Emil, Beispiele zur Satzlehre aus deutschen Dichtern. Ausgewählt u. zusammengestellt. 8. (24 S.) Langensalza, Schulbuchh. n. — 25

Lorenz, Assist.-Arzt, die erste Hülfe bei plötzlichen Unglücksfällen, kurz gefaßt zu Vorträgen f. Offiziere u. Unteroffiziere u. zum Selbstunterricht f. Leute jeden Standes. 12. (31 S.) Berlin, Mittler & Sohn. n.n. — 30

Lorenz, Ch., Aufgaben f. den Rechenunterricht, s.: Pann, H.

Lorenz, Ottokar, Deutschlands Geschichtsquellen im Mittelalter seit der Mitte d. 13. Jahrh. 1. Bd. 3. in Verbindg. m. Dr. Arth. Goldmann umgearb. Aufl. gr. 8. (X, 348 S.) Berlin 1886, Hertz. n. 7.—; geb. n.n. 8.50

—— u. Wilh. Scherer, Geschichte d. Elsaßes. 3. verb. Aufl. Mit e. Bildnisse Jac. Sturms v. William Unger. gr. 8. (X, 574 S.) Berlin 1886, Weidmann. geb. n. 7. —

Löri, Dr. Ed., die durch anderweitige Erkrankungen bedingten Veränderungen d. Rachens, d. Kehlkopfs u. der Luftröhre. gr. 8. (VIII, 239 S.) Stuttgart, Enke. n. 6. —

Lorm, Hieron., Gedichte. 4., stark verm. Aufl. [Ausg. in 1 Bd.] 8. (368 S.) Dresden 1886, Minden. n. 4. —; geb. n.n. 5. —

Lortsch, Alfr., fern v. der Heimat. Australischer Roman. 3 Bde. 8. (256, 197 u. 230 S.) Berlin 1886, Janke. n. 10. —

Loesch's, W., Speditions-Adressbuch f. den Weltverkehr. Adress-Buch der bewährtesten Speditions- u. Commissions-Häuser, sowie der Schifffahrts- u. Transport-Agenturen in fast allen grösseren Orten der Welt, nebst e. Anh.: Prospect u. Mitglieder-Verzeichniss der deutschen Möbeltransport-Gesellschaft. 1. Jahrg. 1884/85. gr. 8. (VIII, 134 S.) München. (Berlin, Steinitz & Fischer.) cart. baar n.n. 5. —

Löschke, Pfr. Karl Jul., zu Herzensfreude u. Seelenfrieden. Klänge deutscher Dichter aus der neueren u. neuesten Zeit. 3. Aufl., durch Dichtgn. aus der neuesten Zeit erweitert u. m. vielen Illustr. versehen. 12. (XIII, 596 S.) Leipzig, Knaur. geb. m. Goldschn. n. 6. —

Löser, Adv. Dr. Carl, üb. die Berichtigung in Presssachen. gr. 8. (10 S.) Wien, Perles. n. — 60

Loske, Lehr. Kant. A., Heimatkunde der Grafsch. Glatz f. Schule u. Haus. 3. Aufl. 8. (79 S. m. eingedr. Holzschn.) Habelschwerdt, (Franke). n. — 40

Lossius, K. F., Gumal u. Lina, s.: Universal-Bibliothek f. die Jugend.

Losungen u. **Lehrtexte,** die täglichen, der Brüder-Gemeine f. d. J. 1886. 12. (228 S.) Gnadau, Unitäts-Buchh. baar n. — 50; cart. n. — 70; geb. n. 1.—; geb. u. durchsch. n. 1.80; Velinpap. — 75; geb. n. 1.20; m. Goldschn. n. 1. 80

Lotheißen, Ferd., Königin Margarethe v. Navarra. Ein Cultur- u. Literaturbild aus der Zeit der französ. Reformation. gr. 8. (III, 405 S.) Berlin, Allgemeiner Verein f. deutsche Literatur. n. 5. —; geb. baar n. 6. —

(84/1) **Lotos.** Jahrbuch f. Naturwissensch. Im Auftrage d. Vereines „Lotos" hrsg. v. Proff. DD. F. Lippich u. Sigm. Mayer. Neue Folge. 6. Bd. Der ganzen Reihe 34. Bd. Mit mehreren (eingedr.) Holzst. gr. 8. (XIV, 220 S.) Prag, Tempsky. — Leipzig, Freytag. n. 6. —

Lotze, Herm., Mikrokosmus. Ideen zur Naturgeschichte u. Geschichte der Menschheit. Versuch e. Anthropologie. 2. Bd. [4. Der Mensch. 5. Der Geist. 6. Der Welt Lauf.] 4. Aufl. gr. 8. (VI, 466 S.) Leipzig, Hirzel. n. 7. —

—— kleine Schriften. 1. Bd. gr. 8. (XVIII, 397 S.) Ebd. n. 6. —

Löw, Dr. Frz., Beitrag zur Kenntniss der Coniopterygiden. [Mit 1 (lith.) Taf.] [Aus: „Sitzungsber. d. k. Akad. d. Wiss."] Lex.-8. (17 S.) Wien, (Gerold's Sohn). n.n. — 50

Loewenfeld, S., epistolae pontificum romanorum ineditae. Ed. S. L. gr. 8. (VII, 288 S.) Leipzig, Veit & Co. n. 8. —

Löwl, Dr. Ferd., die Granit-Kerne d. Kaiserwaldes bei Marienbad. Ein Problem der Gebirgskunde. Mit 18 in den Text gedr. Holzschn. u. 2 lith. Taf. Lex.-8. (48 S.) Prag, Dominicus. n. 2. 70

Löwner, Dr. Heinr., populäre Aufsätze aus dem classischen Alterthum. 2. Aufl. gr. 8. (43 S.) Prag 1886, Dominicus. n. 1. —

Loewy, Eman., Inschriften griechischer Bildhauer, m. Facsimiles hrsg. Gedruckt m. Unterstützg. der kaiserl. Akademie der Wissenschaften zu Wien. gr. 4. (XL, 410 S.) Leipzig, Teubner. n. 20. —

Loy, Arth. v., Graf u. Gräfin v. Ortenegg. Roman in 2 Tln. gr. 8. (298 S.) Wiesbaden, Bechtold & Co. n. 5. —

Luebbert, Ed., commentatio de poesis Pindaricae in archa et sphragide componendis arte. 4. (26 S.) Bonn, Cohen & Sohn. n. 1. —

Luber, Dr. A., Digenis Akritas. Nach dem byzantin. Epos wiedererzählt. gr. 8. (23 S.) Salzburg. (Leipzig, Harrassowitz.) baar n. 1. —

Lübke, W., essai d'histoire de l'art. Traduit par Archit. Ch. Ad. Koëlla d'après la 9. éd. originale. Ouvrage illustré de plus de 600 gravures sur bois. 1—6. livr. gr. 8. (1. Bd. S. 1—288.) Stuttgart, Ebner & Seubert. à n. — 80

—— Geschichte der Renaissance in Frankreich. 2. verb. u. verm. Aufl. Mit 163 Illustr. in Holzschn. Lex.-8. (XIX, 448 S.) Ebd. n. 14. —; geb. n. 17. —

Lublinski, W., das sogenannte Ekzem d. Naseneinganges, s.: Sonderabdrücke der Deutschen Medizinal-Zeitung.

Lübsen, H. B., ausfürliches Lehrbuch der Analysis, zum Selbstunterricht m. Rücksicht auf die Zwecke d. prakt. Lebens bearb. 8., verm. u. verb. Aufl. gr. 8. (IV, 203 S. m. eingedr. Fig.) Leipzig, Brandstetter. n. 3. 60

—— ausfürliches Lehrbuch der analytischen od. höhern Geometrie zum Selbstunterricht. Mit Rücksicht auf das Notwendigste u. Wichtigste bearb. Mit 124 Fig. im Text. 12., verb. Aufl. gr. 8. (IV, 214 S.) Ebd. n. 4. —

(85/1) **Lübstorf,** W., u. J. **Peters,** Lehrer, Leitfaden f. den Unterricht in der Mineralogie, Botanik, Anthropologie u. Zoologie in 4 Kursen. 3. Kurs. [Mit 63 Abbildgn.] gr. 8. (IV, 159 S.) Parchim, Wehdemann. n. 1. — (1—3.: n. 2. 60)

Lucas, weil. Dir. Dr. Ed., u. pens. Dir. Dr. Frdr. **Medicus,** die Lehre vom Obstbau, auf einfache Gesetze zurückgeführt. Ein Leitfaden f. Vorträge üb. Obstkultur u. zum Selbstunterricht. 7., unter Mitwirkg. v. Dir. Frdr. Lucas. vielfach überarb. u. verm. Aufl. Mit zahlreichen Abbildgn. 1. Abtlg. gr. 8. (144 S.) Stuttgart, Metzler's Verl. n. 1. 40

Lucian's Werke. Deutsch v. Dr. Thdr. Fischer. 4. u. 5. Lfg. 2. Aufl. 8. (1. Bd. S. 145—240.) Berlin, Langenscheidt. à n. — 35

Lucius, Prof. E., die Kräftigung d. Missionssinnes in der Gemeinde. Referat, vorgetragen auf der elsäss. Pastoral-Conferenz am 2. Juni 1885. gr. 8. (38 S.) Straßburg, Schmidt. n. — 60

Lucke, C., die berechtigten Forderungen der deutschen Landwirthschaft. gr. 8. (34 S.) Frankfurt a/M., Jaeger in Comm. baar n. 1. —
Lüdemann, G., deutscher Reichs-Post-Katechismus od. Post-Examinator. 9. verb. u. verm. Aufl. gr. 8. (VIII, 405 S.) Berlin 1886, Luckhardt. baar n. 4. —; geb. n. 5. —
Lüdemann, Prof. D. H., die neuere Entwicklung der protestantischen Theologie. Eine Orientirg. f. Nichttheologen. Vortrag, geh. im Protestantenverein zu Bremen u. Hamburg. gr. 8. (38 S.) Bremen, Roussell. n. — 50
Lüders, Auguste, Anleitung zur Aquarell-, Gouache- u. Chromo-Malerei-Fingerzeige f. Anfänger. 8. (32 S.) Leipzig, Zehl. n. — 60
—— Anleitung zur Porzellanmalerei. Zum Selbstunterricht f. Anfänger u. Mindergeübte. 8. (37 S.) Ebd. n. — 60
Ludlow, J., the story of Dorothy Grape, and other tales, s.: Collection of British authors.
—— Helen Whitney's wedding, and other tales, s.: Collection of British authors.
Ludolff, W., in gefährlicher Gesellschaft. Doppelroman. 2. Bd. A. u. d. T.: Die Tochter d. Spielers. 2. Aufl. 8. (IV, 387 S.) Bonn, Hauptmann. n. 2. —
(81/2) **Ludwich**, Prof. Arth., Aristarchs homerische Textkritik, nach den Fragmenten d. Didymos dargestellt u. beurtheilt. Nebst Beilagen. 2. Thl. gr. 8. (VI, 774 S.) Leipzig, Teubner. n. 16. — (cplt.: n. 28. —)
Ludwig Salvator, Erzherzog, Los Angeles in Südcalifornien. Eine Blume aus dem goldenen Lande. Mit Illustr. u. Karten. 2. verb. Aufl. 12. (XII, 240 S.) Würzburg, Woerl's Sep.-Cto. n. 4. —; cart. n. 4. 50; geb. n. 5. —
—— um die Welt ohne zu wollen. Mit 100 Illustr. 4. unveränd. Aufl. (In 6 Lfgn.) 1. Lfg. 12. (XII u. S. 1—64.) Ebd. 1886. n. — 50
Ludwig, Pfr. M., die Civilehe. Eine Belehrg. f. kathol. Braut- u. Eheleute. 8. (47 S.) Mainz, Frey. n. — 40
Lugano, Sylvio, Schiffbruch. Erzählung. 8. (336 S.) Berlin, Janke. n. 5. —
Luhmann, Dr. E., die Kohlensäure. Eine ausführl. Darstellg. der Eigenschaften, d. Vorkommens, der Herstellg. u. der techn. Verwendg. dieser Substanz. Handbuch f. Chemiker, Apotheker, Fabrikanten künstl. Mineralwässer ꝛc., Bierbrauer u. Gastwirthe. Mit 47 Abbildgn. 8. (IV, 240 S.) Wien, Hartleben. n. 4. —
Lühmann, F. v., Leitfaden der Elementar-Arithmetik, s.: Lieber, H.
Lukas, G., zur Organisation d. Turnunterrichtes. Lex.-8. (16 S.) Wien, Pichler's Wwe. & Sohn in Comm. n. — 30
Lund, Gust., die Bauchrednerkunst. Mit dessen Portr. u. einigen erklär. Zeichngn. gr. 16. (24 S.) Leipzig, C. A. Koch. baar — 50
Lundberg, Just.-Att. E., der Rechtsverständige nach den neuen Reichs-Justizgesetzen. Praktisches Handbuch zur eigenen Belehrg. u. selbstständ. Bearbeitg. gerichtl. Angelegenheiten. Zusammengestellt unter Zugrundelegg. der am 1. Oktbr. 1879 in Kraft getretenen Justizgesetze. 5. u. 6. verb. Aufl. 8. (XII, 386 S.) Leipzig 1881 u. 85, Pfau. n. 3. —; cart. n. 3. 50; geb. n. 4. 20
Lupus, Oberlehr. Dr. B., die Stadt Syrakus im Alterthum. Eine historisch-topograph. Skizze. Nebst 1 (autogr.) Karte. 4. (26 S.) Strassburg, Heitz. n. 1. 20
Lürmann, Civ.-Ingen. Hüttendir. a. D. Fritz W., das Friedrich Siemens'sche neue Heizverfahren m. freier Flammen-Entfaltung. Mit 1 Taf. Zeichngn. [Aus: „Stahl u. Eisen".] gr. 8. (16 S.) Düsseldorf, A. Bagel. n. 1. 20
Lust u. Scherz. qu. 4. (6 Chromolith. m. eingedr. Text.) Stuttgart, G. Weise. — 40; unzerreißbar, geb. 1. 50

Lustgarten, Assist. Dr. Sigm., die Syphilisbacillen. [Aus: „Med. Jahrbb. d. k. k. Gesellsch. d. Aerzte in Wien".] 2. Aufl. Mit 4 lith. Taf. gr. 8. (24 S.) Wien, Braumüller. n. 2. —

Lustig, Siegfr., zur Kenntniss d. Carvacrols [Oxycymols] u. seiner Derivate. Inaugural-Dissertation. gr. 8. (31 S.) Breslau, (Köhler). baar n. 1. —

Luthardt, D. Chr. Ernst, die Arbeit der christlichen Barmherzigkeit, welche man Innere Mission nennt. Predigt, am Jahresfest d. Vereins f. Innere Mission zu Leipzig in der Nikolaikirche daselbst am 25. Oktbr. 1885 geh. üb. Ev. Matth. 9, 36—38. gr. 8. (16 S.) Leipzig, Dörffling & Franke. n. — 40

—— vom jüngsten Gericht. Predigt, am 24. Sonntag n. Trin. 1885 üb. Ev. Matth. 25, 31—46 in der Universitätskirche zu Leipzig geh. gr. 8. (15 S.) Ebd. n. — 40

—— die Lehre v. den letzten Dingen, in Abhandlgn. u. Schriftausleggn. dargestellt. 3. Aufl. gr. 8. (VIII, 250 S.) Ebd. n. 3. 60

—— Licht u. Leben. Predigten, zumeist in der Universitätskirche zu Leipzig geh. 9. Sammlg. gr. 8. (VII, 144 S.) Ebd. n. 2. 50

(85/1) **Luther's**, D. Martin, Werke. Kritische Gesammtausg. 3. Bd. Lex.-8. (XV, 652 S.) Weimar, Böhlau. n. 16. —; geb. n.n. 21. — (1—3: n. 53. —; geb. n.n. 68. —)

(84/2) —— sämmtliche Schriften, hrsg. v. Dr. Joh. Geo. Walch. 10. Bd. Catechetische Schriften u. Predigten. Auf's Neue hrsg. im Auftrag d. Ministeriums der deutschen ev.-luth. Synode v. Missouri, Ohio u. anderen Staaten. 4. (IX, 2325 S.) St. Louis, Mo. Dresden, H. J. Naumann in Comm. n. 16. 50 (1., 2., 10—13.: n. 82. 50)

—— kleiner Katechismus. Nebst pass. Bibelsprüchen. 3. Aufl. 16. (33 S.) Klagenfurt, Heyn. n. — 6

—— dasselbe m. biblischen Sprüchen, geschichtlichen u. Lehr-Abschnitten der heil. Schrift u. Gesängen. [Barleber Spruchbuch.] 21. Aufl. gr. 8. (64 S.) Magdeburg, Heinrichshofen's Verl. geb. n. — 30

Luther, Dr. Martin, od. kurze Reformations-Geschichte. Zunächst f. die liebe evang. Schuljugend, dann dem lieben Bürger u. Landmann. (Von Redenbacher.) Nr. 2. a. der kleineren Schriften zur Beförderg. d. christl. Glaubens u. Lebens. 16. Aufl. 12. (24 S.) Nürnberg, Raw. n. — 15

(85/1) **Luthmer**, Dir. Ferd., malerische Innenräume moderner Wohnungen. In Aufnahmen nach der Natur. Hrsg. u. m. erklär. Aufsätzen begleitet. 2. Serie. 1. Lfg. Fol. (4 Lichtdr.- u. 1 Farbendr.-Taf.) Frankfurt a/M., Keller. n. 5. —

Lutoslawski, W., das Gesetz der Beschleunigung der Esterbildung. Beitrag zur chem. Dynamik. gr. 4. (12 S.) Halle, (Hofstetter). baar n. 1. 20

Lüttgert, G., Bemerkungen zu Cicero's Schrift de Natura Deorum als Schullektüre. 2. Abdr. gr. 8. (42 S.) Lingen, van Acken. n. 1. —

Lutwitzi, J., Präparationen f. den gesammten Anschauungs-Unterricht der I. u. II. Klasse, nach den Bestimmgn. der pfälz. Lehrordng. m. Rücksicht auf die 5 normalen Lehrstufen neu bearb. 2., verb. Aufl. gr. 8. (58 S.) Kaiserslautern, Tascher. n. — 90

Lutz, A., üb. Ankylostoma duodenale u. Ankylostomiasis, s.: Sammlung klinischer Vorträge.

Lutz, Joh. Heinr., Aufgaben zur Übung im schriftlichen Gedankenausdrucke. Als Handbüchlein f. Schüler bearb. 1—3. Hft. 8. Ansbach 1886, Seybold. n. 1. —

Inhalt: 1. Mittelklasse. 14. Aufl. (64 S.) n. — 30. — 2. Oberklasse. 9. Aufl. (82 S.) n. — 30. — 3. Briefe u. Geschäftsaufsätze f. männliche u. weibliche Fortbildungsschulen. 5. Aufl. (78 S.) n. — 40.

Lutz, K. G., landwirtschaftlich nützliche u. schädliche Insekten. Nebst e. Anh.: Anleitung zur Anfertigg. v. Insektensammlgn. Mit 4 Taf. kolor. Abbildgn. u. 25 in den Text gedr. Holzschn. gr. 8. (VI, 64 S.) Stuttgart, Ulmer. cart. n. 2. 20

Lützel, J. Heinr., Chorlieder f. Gymnasien u. Realschulen. 3. verm. Aufl. 8. (VIII, 216 S.) Kaiserslautern, Tascher. cart. n. 1. 60

—— Gesanglehre f. Volksschulen u. höhere Lehranstalten. 4. Aufl. 8. (IV, 91 S.) Ebd. cart. n. — 75

—— Liederkranz. Sammlung ein- u. mehrstimm. Lieder f. Schule u. Leben. 1. u. 5. Hft. 8. Ebd. n. 1. 5

1. Für Unterklassen. 1. u. 2. Schulj. 11. Aufl. (32 S.) 1884. n. — 25. — 5. Lieder f. Latein-, Real-. u. höhere Bürgerschulen. 6. verm. Aufl. (136 S.) cart. n. — 80.

Lux, Hauptm. Lehr. A. E., geographischer Handweiser. Systematische Zusammenstellg. der wichtigsten Zahlen u. Daten aus der Geographie. 2. u. 3., verm. u. verb. Aufl. gr. 8. (VIII, 55 S.) Stuttgart, Levy & Müller. n. 1. 50

Lydtin, Med.-R. Dr. A., u. Prof. Dr. M. Schottelius, der Rothlauf der Schweine, seine Entstehung u. Verhütung [Schutzimpfung nach Pasteur]. Nach amtl. Ermittelgn. im Grossherzogth. Baden im Auftrage d. grossherzogl. Ministeriums d. Innern bearb. Mit 23 Taf. gr. 8. (XIII, 254 S.) Wiesbaden, Bergmann. n. 12. —

Lykurgos' Rede gegen Leokrates, erklärt v. Prof. Dir. Adph. Nicolai. 2. Aufl. gr. 8. (83 S.) Berlin, Weidmann. — 75

Lyon, Dr. Otto, Handbuch der deutschen Sprache f. höhere Schulen. Stilistik, Poetik u. Litteraturgeschichte. 2. Tl.: Für obere Klassen. gr. 8. (VIII, 242 S.) Leipzig, Teubner. n. 2. — (cplt.: n. 4. 40)

Maack, Handelsgärtner Thdr., der sicherste Schutz gegen die Reblaus. Mit Abbildgn. 8. (III, 52 S.) Hamburg, O. Meißner's Verl. 1. 50

Maas, Dr. Osc., die „Schweninger-Kur" u. Entfettungskuren im Allgemeinen, sowie Wesen u. Ursachen der Fettsucht. Gemeinverständlich dargestellt. 10—12. Aufl. gr. 8. (III, 40 S.) Berlin, Steinitz & Fischer. n. 1. 50

Maaß, Reg.- u. Schulr. B., Auslegung d. kleinen Katechismus Luthers zum Gebrauche f. Lehrer, Seminaristen u. Präparanden. gr. 8. (184 S.) Breslau 1886, F. Hirt. n. 2. —

Maaß, Pfr. G., der Einfluß der Religion auf das Recht u. den Staat. gr. 8. (IV, 307 S.) Gütersloh 1886, Bertelsmann. n. 5. —

Maassen, Frdr., Pseudoisidor-Studien. I. u. II. [Aus: „Sitzungsber. d. k. Akad. d. Wiss."] Lex.-8. Wien, Gerold's Sohn in Comm. n. 1. 70

Inhalt: I. Die Textesrecension der ächten Bestandtheile der Sammlung. (44 S.) n. — 70. — II. Die Hispana der Handschrift v. Autun u. ihre Beziehungen zum Pseudoisidor. (62 S.) n. 1. —

Maaßen, G. H. Ch., Dekanat Hersel, s.: Geschichte der Pfarreien der Erzdiöcese Köln.

(80/2) Macaulay's, Thomas Babington, ausgewählte Essays zur Geschichte der englischen Litteratur. Erklärt v. Oberlehr. Karl Bindel. 3. Bdchn.: Life and writings of Addison. gr. 8. (V, 170 S.) Berlin, Weidmann. 1. 50 (1—3.: 4. 20)

—— die Geschichte Englands von der Thronbesteigung Jacob's II. ab. 1. Bd. Wortgetreu nach H. R. Mecklenburg's Grundsätzen aus dem Engl. übers. v. Dr. R. T. 1—3. Hft. 32. (S. 1—160.) Berlin, H. R. Mecklenburg. à n. — 25

—— Warren Hastings, s.: Schulbibliothek, französische u. englische.

—— Milton, s.: Rauch's english readings.

Mc Carthy, J., a history of the four Georges, s.: Collection of Britihs authors.

Mach, E., Handbuch d. Weinbaues u. der Kellerwirthschaft, s.: Babo, Frhr. A. v.
Mach, E., u. J. **Arbes**, einige Versuche üb. totale Reflexion u. anomale Dispersion. [Mit 17 (eingedr.) Holzschn.] [Aus: „Sitzungsber. d. k. Akad. d. Wiss."] Lex.-8. (11 S.) Wien, (Gerold's Sohn). n.n. — 30
—— u. J. **Wentzel**, e. Beitrag zur Mechanik der Explosionen. [Mit 11 (eingedr.) Holzschn.] [Aus: „Sitzungsber. d. k. Akad. d. Wiss."] Lex.-8. (14 S.) Ebd. n. — 40
Maehnig, Jul., de oraculo Dodonaeo capita V. Dissertatio inauguralis. gr. 8. (39 S.) Breslau, (Köhler). baar n. 1. —
Maehule, Paul, die lautlichen Verhältnisse u. die verbale Flexion d. Schonischen Land- u. Kirchenrechtes. Inaugural-Dissertation. gr. 8. (54 S.) Halle, (Niemeyer). baar n. 1. 20
Madelung, O. W., s.: Beiträge mecklenburgischer Aerzte zur Lehre v. der Echinococcen-Krankheit.
($^{85}/_{1}$) **Magazin**, neues lausitzisches. Im Auftrage der oberlausitz. Gesellschaft der Wissenschaften hrsg. v. Prof. Dr. Schönwälder. 61. Bd. 1. Hft. gr. 8. (157 S.) Görlitz, Remer in Comm. n. 2. 50
—— hrsg. v. der lettisch-literärischen Gesellschaft. 17. Bd. 2. Stück. 8. (341 S.) Mitau, (Besthorn). n. 6. —
Magnus, Prof. Dr. Hugo, 1. Bericht der augenärztlichen Klinik in Breslau. gr. 8. (8 S.) Breslau. (Wiesbaden, Bergmann.) baar n.n. — 20
Mahler, Dr. Ed., astronomische Untersuchung üb. die in der Bibel erwähnte ägyptische Finsterniss. [Aus: „Sitzungsber. d. k. Akad. d. Wiss."] Lex.-8. (15 S. m. 1 lith. Karte.) Wien, (Gerold's Sohn). n.n. — 50
—— die centralen Sonnenfinsternisse d. XX. Jahrh. [Aus: „Denkschr. d. k. Akad. d. Wiss."] Imp.-4. (40 S.) Ebd. n. 2. —
Mahlmann, Aug., das Vater-Unser. 4. (9 Steintaf.) Leipzig, Schlag. In Leinw.-Mappe. n. 9. —
Mahn, Prof. Dr. A., Grammatik u. Wörterbuch der altprovenzalischen Sprache. 1. Abth.: Lautlehre u. Wortbiegungslehre. gr. 8. (VIII, 315 S.) Köthen, Schettler's Verl. n. 6. —
Mähr, Gymn.-Prof. Fibel, Lehrerfehler — Schülerfehler. gr. 8. (IV, 34 S.) Wien, Pichler's Wwe. & Sohn. n. — 60
—— Schülerfehler — Lebensfehler u. ihre Heilung. 3. Aufl. gr. 8. (45 S.) Ebd. n. — 60
Mahraun, Reg.-Assess. Hans, Gesetz betr. die Befugnisse der Strombau-Verwaltung gegenüber den Uferbesitzern an öffentlichen Flüssen vom 20. Aug. 1883. Mit Anmerkgn. versehen. 8. (38 S.) Berlin 1886, C. Heymann's Verl. baar n. 1. —
($^{84}/_{2}$) **Mahrenholtz**, Rich., Voltaire's Leben u. Werke. 2. Tl.: Voltaire im Auslande [1750—1778]. gr. 8. (III, 208 S.) Oppeln, Franck. baar (à) n. 5. —
Maiden, a, all forlorn, s.: Collection of British authors.
Maier, Kirchenr. Rabb. Dr. v., Confirmanden-Unterricht f. die israelitische Jugend. 3. Ausg. 8. (16 S.) Stuttgart, Levi. geb. baar n.n. — 30
Maier-Streib, S., praktische Anleitung f. den Hausgebrauch, Bettfedern zu waschen, entfetten, bleichen, desinfizieren u. geruchlos zuzubereiten. 8. (21 S.) Schw.-Hall, (German). n. 1. 35
Maier, Wilh., Gedenkblätter u. Culturbilder aus der Geschichte v. Altötting. Grossentheils nach archival. Quellen bearb. gr. 8. (IV, 286 S.) Augsburg, Literar. Institut v. Dr. M. Huttler. n. 3. —
Mailänder, Rekt., Lese- u. Sprachbuch f. Klasse II der Elementarschulen. gr. 8. (X, 215 S.) Stuttgart 1886, Krabbe. n. 1. 20; Einbd. n.n. — 30
—— Muster der im Gewerbsleben vorkommenden Geschäftsaufsätze u. Geschäftsbriefe. Für die Schüler u. Schülerinnen v. Volks-, Mittel-, Fortbil-

dungs- u. Frauenarbeitsschulen. Mit vielen Aufgaben. 2. Aufl. gr. 4. (52 S.) Schwäb.-Hall, German. n. — 90

Mair, Dir. Frz., deutsches Lesebuch f. die Bürgerschulen Österreichs. 3 Thle. Unter Mitwirkg. mehrerer Schulmänner hrsg. gr. 8. Wien, Graeser. geb. baar à n.n. 1. 20

1. 17. [Ster.-]Aufl. (271 S.) — 2. 13. [Ster.-]Aufl. (264 S.) — 3. 10. [Ster.-] Aufl. (269 S.)

—— deutsches Lesebuch f. die allgemeinen Volksschulen Österreichs. 4 Thle. Unter Mitwirkg. mehrerer Schulmänner hrsg. gr. 8. Ebd. geb. baar n.n. 3. 52

1. 24. Aufl. (128 S.) n.n. — 60. — 2. 19. Aufl. (144 S.) n.n. — 72. — 3. 21. Aufl. (224 S.) n.n. 1. —. — 4. 21. Aufl. (287 S.) n.n. 1.20.

—— Liederbuch f. österreichische Bürgerschulen, enth. ein- u. mehrstimm. Lieder, nebst dem Wichtigsten aus der Theorie d. Gesanges. 3 Hfte. 8. Wien, Pichler's Wwe. & Sohn. n. — 78

1. 1—3. Aufl. (44 S.) n. — 24. — 2. 1. u. 2. Aufl. (44 S.) n. — 24. — 3. 1. u. 2. Aufl. (48 S.) n. — 30.

—— Liederstrauß. Ein- u. zweistimm. Lieder, nebst dem Wichtigsten aus der Gesanglehre, f. österreich. Volks- u. Bürgerschulen. 4 Hfte., davon das 3. in 2 Abthlgn. 8. Ebd. n. 1. 6

1. 15. u. 16. Aufl. (32 S.) n. — 20. — 2. 22. u. 23. Aufl. (40 S.) n. — 20. — 3a. 14. Aufl. (32 S.) n. — 18. — 3b. 11. u. 12. Aufl. (32 S.) n. — 18. 4. 7. Aufl. (64 S.) n. — 30.

—— praktische Singlehre f. österreichische Volks- u. Bürgerschulen. 3 Hfte. gr. 8. Ebd. n. — 78

1. 22. Aufl. (36 S.) n. — 24. — 2. 18. Aufl. (40 S.) n. — 30. — 3. 17. Aufl. (32 S.) n. — 24.

Maisch, G., s.: Hausschatz, schwäbischer.

(83/2) **Maitrâyanî Samhitâ,** hrsg. von Dr. Leop. v. Schroeder. 3. Buch. Gedr. auf Kosten der deutschen morgenländ. Gesellschaft. gr. 8. (IV, 192 S.) Leipzig, Brockhaus' Sort. in Comm. (à) n. 8. —

(85/1) **Makart's,** Hans, Festzug der Stadt Wien am 27. April 1879 als Huldigung zur silbernen Hochzeit d. Kaiserpaares, naturgetreu chromolith. dargestellt v. Costumier E. Stadlin. 2. Aufl. 11—22. Lfg. qu. gr. Fol. (à 2 Chromolith.) Wien, Perles. à n. 2. —

(84/2) **Makart-Album.** 2., verm. u. verb. Aufl. 2—13. Lfg. Fol. (à 4 Holzschntaf. m. Text Sp. 5—52.) Wien, Bondy. baar à n. 1. —

(84/1) **Maler-Journal,** deutsches. Plafonds, Vestibule, Treppenhäuser etc. Für den prakt. Gebrauch der Zimmer- u. Dekorationsmaler, Lakirer etc. m. Beiträgen v. L. Neher, P. Eichholz, K. Schaper etc. hrsg. v. Prof. Frdr. Thiersch. 9. Bd. 4 Hfte. Fol. (1. Hft. 4 S. m. 4 chromolith. Taf. u. 6 lith. Schablonentaf. in Imp.-Fol.) Stuttgart, Spemann. baar à Hft. n. 6. —

Maler-Kalender, deutscher. Taschenbuch f. Zimmer- u. Dekorationsmaler, Anstreicher, Lackirer, Vergolder, Glaser etc. auf d. J. 1886. 7. Jahrg. Hrsg. v. Aug. König. 2 Thle. gr. 16. (156 u. 52 S. m. 1 Tab.) Stuttgart, Spemann. geb. u. geh. n.n. 3. —

Malet, L., Colonel Enderby's wife, s.: Collection of British authors.

Mallachow, C., u. O. Elsner, gute Zeugnisse, s.: Universal-Bibliothek Nr. 2060.

Mallner, Wilh., Los-Tabelle f. d. J. 1886, berechnet zu den Coursen vom 28. Septbr. 1885. qu. gr. Fol. Wien, Szelinski. n. — 50

Malm, J. J., die oberpahlsche Freundschaft. Deutsch-ehstn. Gedicht. 5. Orig.-Aufl. gr. 8. (26 S.) Reval, Wassermann. — 45

Mandowski, Ger.-Assess. O., hundert Stellen aus dem Corpus juris [Digesten] m. ausführlicher Interpretation. Für Studierende hrsg. gr. 8. (IV, 144 S.) Breslau, Koebner. n. 2. —

Mandry, Prof. Gust., der civilrechtliche Inhalt der Reichsgesetze. Systematisch zusammengestellt u. verarb. 3. ergänzte u. durchgeseh. Aufl. gr. 8. (XVI, 548 S.) Freiburg i/Br., Mohr. n. 11. —; Einbd. n.n. 2. —

Mangold, Gymn.-Oberlehr. Dr. W., u. Gymn.-Lehr. Dr. D. Coste, Lese- u. Lehrbuch der französischen Sprache f. die untere Stufe höherer Lehranstalten. gr. 8.(IV, 218 S.) Berlin 1886, Springer. n. 1. 40

Mangoldt, Landger.-Dir. Paul v., das Gesetz üb. die Presse vom 7. Mai 1874. Mit Anmerkgn. hrsg. 8. (VI, 62 S.) Leipzig 1886, Roßberg. cart. n. 1. —

Maniu, V., zur Geschichtsforschung üb. die Romänen. Historisch-krit. u. ethnolog. Studien. Deutsch v. P. Brosteanu. 2. Aufl. gr. 8. (IV, 169 S.) Leipzig, Pfau. n. 2. —

Mann, Frdr., kleine Geographie, f. die Hand der Kinder in Volksschulen bearb. 24. Aufl. gr. 8. (76 S. m. eingedr. Holzschn.) Langensalza, Beyer & Söhne. n. — 35

Mann, Rekt. Frdr., Grundzüge e. Undulationstheorie der Wärme. Durch Anwendg. elementarer Mittel dargestellt. Neue Bearbeitg. gr. 8. (44 S.) Würzburg, Stahel. n. 1. —

Mann, L., das Wesen der Electricität u. die Aetiologie der Pest u. der Cholera. gr. 8. (58 S.) Berlin, Heinicke. n. 1. 60

Mannes, das Wasserwerk der Stadt Weimar, s.: Hermann.

Mannfeld, Bernh., vom Rhein. 15 Orig.-Radirgn. Fol. (1 Bl. Text.) Bonn, Strauß. Épreuve auf ächtem Japanpap. in Cartonpassepartouts, ohne jede Unterschrift m. Bleistiftautograph v. Mannfeld, in Mappe baar 100. —; Drucke vor der Schrift m. der fcsm. Unterschrift Mannfeld's, auf chines. Pap. in Mappe 60. —; einzelne Blätter à 4. 50; Drucke m. der Schrift auf chines. Pap., in Mappe 36. —

Mantegazza, Prof. Paul, Indien. Aus dem Ital. v. H. Meister. Autoris. deutsche Ausg. gr. 8. (VIII, 368 S.) Jena, Costenoble. n. 8. —

Mantel, Prem.-Lieut. Assist. G., Ausbildung d. einzelnen Infanteristen im Schul- u. gefechtsmäßigen Schießen. Theoretisch-prakt. Unterrichtsgang nach den Grundsätzen u. Regeln der neuen Schieß-Instruktion f. die Infanterie zum unmittelbaren Gebrauche f. den Schießlehrer u. Abrichter. [Mit 41 Fig. bezw. Scheibenbildern.] 8. (VIII, 37 S.) Augsburg, Rieger. n. 1. —

—— Frei-, Gewehr- u. Anschlag-Uebungen, in sechs Gruppen m. Unterabteilungen zusammengestellt. 8. (31 S.) Ebd. n. — 25

—— kleines Schießbuch f. die 1—3. Schießklasse. 16. (16, 16 u. 18 S. m. je 6 Steintaf.) Berlin, Mittler & Sohn. à n.n. — 10; Lederpappen-Enveloppe n.n. — 2

—— dasselbe. Besondere Schießklasse. 16. (16 S. m. 6 Steintaf.) Ebd. n.n. — 12

—— dasselbe. Ersatzreserve. [I., II. u. III. Uebungsperiode.] 16. (20 S. m. 6 Steintaf.) Ebd. n.n. — 12

Manteuffel, E. v., Himmelsschlüssel, s.: Jugend-Bibliothek, christliche.

Manteuffel, Ursula Zoege v., Seraphine. Eine Erzählg. 2. durchgeseh. u. veränd. Aufl. 2 Bde. 8. (253 u. 419 S.) Leipzig 1886, Böhme. n. 6. 75; geb. n. 8. 50

(85/1) **Manuscript**, das. Central-Organ zur Förderg. der gemeinsamen Interessen zwischen Verlagsbuchhändlern, Schriftstellern u. Redacteuren. Red. v. Gust. Wolf. 2. Jahrg. Juli 1885—Juni 1886. 24 Nrn. (à 1—2 B.) gr. 4. Leipzig, G. Wolf. Vierteljährlich baar 3. —

Manzer, R., Sagen aus dem Böhmerlande, s.: Volks- u. Jugend-Bibliothek.

Manzoni, Alex.,: Adelchi, s. Biblioteca italiana.

Manzoni, Alex., die Verlobten. Eine mailänd. Geschichte aus dem 17. Jahrh. Aufgenommen u. umgearb. Nebst e. Anh.: Geschichte der Schandsäule, u. e. litterarhist. Einleitg. üb. A. Manzoni v. Ludw. Clarus. Nach der neuesten Aufl. aus dem Ital. übers. 3., verb. Aufl. 2 Bde. 8. (566 u. 518 S.) Regensburg 1884, Manz. 7. —

(84/2) **Mappe**, Münchener bunte. Orig.-Beiträge Münchener Künstler u. Schriftsteller. (2. Jahrg. 1885.) gr. 4. (IV, 99 S. m. eingedr. Illustr. u. Taf.) München, Verlagsanstalt f. Kunst u. Wissenschaft. geb. m. Goldschn. n. 10 —

(84/2) **Märchen**, die schönsten. Nr. 4. gr. 4. Reutlingen, Enßlin & Laiblin. cart. (à) 1. 20

Inhalt: Schneeweißchen. Der Arme u. der Reiche. Die 7 Raben. Das Schlaraffenland. (8 S. m. 4 Chromolith.)

Märchenbuch. Eine Auswahl der schönsten Märchen f. die Jugend. Mit 12 Farbendr.-Bildern nach Orig.-Aquarellen v. Prof. C. Offterdinger u. H. Leutemann. 9. Aufl. gr. 4. (III, 120 S.) Stuttgart, Loewe. geb. 3. —

—— goldenes, f. brave Kinder. gr. 4. (32 S. m. eingedr. Holzschn. u. 16 Chromolith.) Reutlingen, Enßlin & Laiblin. cart. 4. —

Märchenmodell, das. Ein Modellmärchen f. Kinder der Zeit v. Ulysses. Illustr. v. Jul. Schlattmann u. Frz. Jüttner. 8. (64 S.) Berlin 1886, M. Schulze. baar n. 1. —

Marchet, Prof. Dr. Gust., Studien üb. die Entwickelung der Verwaltungslehre in Deutschland von der 2. Hälfte d. 17. bis zum Ende d. 18. Jahrh. gr. 8. (VIII, 437 S.) München, Oldenbourg. n. 9. —

Maercker, Prof. Dr. Max, Handbuch der Spiritusfabrikation. 4., umgearb. Aufl. Mit 234 in den Text gedruckten Abbildgn. gr. 8. (XVI, 815 S.) Berlin 1886, Parey. n. 20. —; geb. n. 22. 50

Marcusen, Alex., nachgelassene Gedichte, Skizzen vom Genfersee u. Novellen. 8. (163 S.) Bern, (Schmid, Francke & Co.). n. 2. 40

Mardner, C., St. Agnes. Ein Festspiel f. erwachsene Mädchen in 5 Akten. 8. (59 S.) Mainz, Kirchheim. n. — 80

Mardner, W., Lehrgang der französischen Sprache, s.: Ducotterd, X.

Mareš, Assist. Dr. F., Beobachtungen üb. die Ausscheidung d. indigschwefelsauren Natrons. [Mit 2 (lith.) Taf.] [Aus: „Sitzungsber. d. k. Akad. d. Wiss."] Lex.-8. (14 S.) Wien, (Gerold's Sohn). n. 1. 50

Marggraff, C., die Smyrna-Arbeit, s.: Feige, L.

Margot, H., wie es kam, daß ich e. Doktor wurde. Eine Erzählg. Mit (chromolith.) Bild. 2. Aufl. 12. (16 S.) Basel, Spittler. n. — 20

Mariä Einsiedel bei Gernsheim, der altberühmte Gnadenort. Nebst e. Anh. v. Gebeten u. Liedern zum Gebrauche f. die Wallfahrt zu diesem Gnadenorte. 16. (96 S.) Mainz, Frey. n. — 40; geb. n. — 60

Maria-Hilf-Kirche, die, in München, Vorstadt Au. Entworfen u. erbaut v. Dan. Ohlmüller. Vollendet v. Geo. Frdr. Ziebland. Fol. (6 Taf. m. 2 S. Text.) München, Literar.-artist. Anstalt. n. 7. —

Marie, zu Vaters u. Mutter Zeit. Aus dem J. 1816. Aus dem Norw. v. P. O. Gleiss. Autoris. deutsche Ausg. nach der 3. Aufl. d. Originals. 8. (190 S.) Gütersloh, Bertelsmann. n. 2. —; geb. n. 2. 80

Marie de France, Lais, s.: Bibliotheca normannica.

Marien-Kalender, großer, f. das kathol. Volk auf d. J. 1886. 4. (132 S. m. Illustr.) Winterberg, Steinbrener. baar n. — 58

—— kleiner, f. das katholische Volk auf d. J. 1886. 4. (100 S. m. Illustr.) Ebd. baar n. — 42

—— kleiner, f. christliche Frauen u. Jungfrauen f. d. J. 1886. Hrsg. v. Ludw. Gemminger. Mit Farbendr.-Bildern. 16. (192 S.) Regensburg, Pustet. n. — 60; geb. in Leinw. n. 1. 20; in Chagrin n. 1. 80

Marien-Kalender, Regensburger, f. d. J. 1886. 21. Jahrg. 4. (224 S. m. Illustr.) Regensburg, Pustet. n. — 50

(84/2) **Marien-Psalter**, der. Monatsschrift, gewidmet den Verehrern d. h. Rosenkranzes. Red.: P. Th. M. Leikes. 9. Jahrg. 1886. 12 Hfte. (B.) 8. Dülmen, Laumann. baar n. 1. —

Marktanner-Turneretscher, Glieb., zur Kenntniss d. anatomischen Baues unserer Loranthaceen. [Aus dem botan. Laboratorium der techn. Hochschule in Graz.] [Mit 1 (lith.) Taf.] [Aus: „Sitzungsber. d. k. Akad. d. Wiss."] Lex.-8. (12 S.) Wien, (Gerold's Sohn). n.n. — 70

Marlitt, E., die Frau m. den Karfunkelsteinen. Roman. 2 Bde. 8. (315 u. 201 S.) Leipzig, Keil's Nachf. 7. 50; in 1 Bd. geb. 8. 50

—— die zweite Frau, } s.: Romanbibliothek der Gartenlaube.
—— die Reichsgräfin Gisela, }

—— Goldelse. Roman. 18. Aufl. 8. (399 S.) Leipzig, Keil's Nachf. 3. —

—— das Haideprinzeßchen, } s.: Romanbibliothek der Gartenlaube.
—— im Haus d. Commerzienrathes, }

(85/1) **Marlo**, Karl, Untersuchungen üb. die Organisation der Arbeit od. System der Weltökonomie. 2. vervollständ. Aufl. 17—25. Lfg. gr. 8. (1. Bd. S. 177—436 u. 3. Bd. S. 1—240.) Tübingen, Laupp. à n. 1. —

—— dasselbe. 2. vervollst. Aufl. 3. Bd. Allgemeine Grundsätze der Volkswirthschaft. gr. 8. (XV, 782 S.) Ebd. n. 14. — (1—3.: n. 35. —)

Marlowe's Werke, s.: Sprach- u. Literaturdenkmale, englische, d. 16., 17. u. 18. Jahrh.

(84/2) **Marmé**, Prof. Dir. Dr. Wilh., Lehrbuch der Pharmacognosie d. Pflanzen- u. Thierreichs. Im Anschluss an die 2. Ausg. der Pharmacopoea germanica f. Studirende der Pharmacie, Apotheker u. Medicinalbeamte bearb. 2. Hälfte. gr. 8. (XVI u. S. 273—684.) Leipzig 1886, Veit & Co. n. 8. 40 (cplt.: n. 14. —)

Marquardt, Dr. Ant., Kant u. Crusius. Ein Beitrag zum richt. Verständniss der crusian. Philosophie. gr. 8. (53 S.) Kiel, Lipsius & Tischer. n. 1. 60

Marquardt, Joach., u. Thdr. **Mommsen**, Handbuch der römischen Alterthümer. 6. Bd. gr. 8. Leipzig, Hirzel. n. 11. —
Inhalt: Römische Staatsverwaltung v. Joach. Marquardt. 3. Bd. 2. Aufl. Besorgt v. Geo. Wissowa. (XII, 598 S.)

Marquardt, P., Abenteuer auf Palawan, s.: Volks-Erzählungen, kleine.

Marr, Wilh., zur Klärung der Colonialfrage. 16. (40 S.) Barmbeck. (Hamburg, Fenkhausen.) baar — 30

Marriot, E., das ewige Gesetz, s.: Was Ihr wollt-Bibliothek.

Marschalk, E. Frhr. v., die Bamberger Hof-Musik unter den drei letzten Fürstbischöfen. Festschrift zum 50jähr. Jubiläum d. Liederkranzes Bamberg. gr. 8. (63 S.) Bamberg, Hübscher. n. 1. —

Marschall, F., der Coupon, s.: Gunz, E. E. v.,

Marschall, G. R., deutsches Lesebuch, s.: Bauer, L.

Marshall, Emma, die Botschaft der Lilien. Eine Erzählg. f. Jung u. Alt. Aus dem Engl. übers. v. A. Hornung. Mit 4 Bildern. 12. (60 S.) Herborn 1886, Buchh. d. Nassauischen Colportage-Vereins. n. — 20

—— in the east country with Sir Thomas Browne, s.: Collection of British authors.

—— Errungen. Eine Erzählg. aus dem Quäkerleben. Deutsch v. Marie Morgenstern. 8. (III, 371 S.) Leipzig 1886, Hinrichs' Verl. 3. 60; geb. n. 4. 40

Marshall, Prof. Dr. Will., die Entdeckungsgeschichte der Süsswasser-Polypen. Antrittsvorlesung. gr. 8. (31 S.) Leipzig, Quandt & Händel. n. 1. —

Marsop, Dr. Paul, der Einheitsgedanke in der deutschen Musik. Eine kritisch-aesthet. Studie. 8. (54 S.) Berlin, Th. Barth. n. 1. —

Marsop, Dr. Paul, neudeutsche Kapellmeister-Musik. Eine zeitgemässe Betrachtg. 8. (20 S.) Berlin, Th. Barth. n. — 50

(83/2) **Martens**, Prof. Frdr. v., Völkerrecht. Das internationale Recht der civilisirten Nationen, systematisch dargestellt. Deutsche Ausg. v. Doc. Carl Bergbohm. 2. Bd. gr. 8. (XIV, 604 S.) Berlin 1886, Weidmann. n. 12. — (cplt.: n. 20. —)

Martensen, †Bischof Dr. H., die christliche Dogmatik. Vom Verf. selbst veranstaltete deutsche Ausg. 3. Abdr. gr. 8. (X, 460 S.) Leipzig 1886, Hinrichs' Verl. n. 4. 50; geb. n. 5. 50

Martersteig, Max, Werner v. Kuonefalk. Dichtung. 8. (IV, 142 S. m. Illustr.) Leipzig 1886, Liebeskind. n. 3. —

(85/1) **Martin**, Med.-R. Landger.-Arzt Prof. Dr. Aloys, das Civil-Medicinalwesen im Königr. Bayern. Vollständ. Sammlg. aller hierauf bezügl., zur Zeit gelt. Reichs- u. Landesgesetze, Verordngn., Entschließgn., sowie der dazu gehör. Instructionen u. oberstrichterl. Erkenntnisse. Nach amtl. Quellen gesammelt, systematisch geordnet u. erläutert. 8—10. Lfg. gr. 8. (2. Bd. S. 129—512.) München, Th. Ackermann. à n. 2. 40 (1—10.: n. 25. 60)

Martin, Jodok, Einer, der e. Anderer ist. Posse in 1 Aufzug. 8. (16 S.) Wien, Neidl. n. — 40

—— gemeinsame Trennung. Schwank in 1 Akt. 8. (16 S.) Ebd. n. — 40

Martin, K., Dewin u. Hammersee. Eine heimathl. Sage in Versen. 12. (67 S.) Prag 1886, Dominicus. n. 1. 60; geb. m. Goldschn. n. 2. 60

(85/1) **Martin**, Paul, Dr. Martin Luthers Leben, Thaten u. Meinungen. auf Grund reichl. Mittheilgn. aus seinen Briefen u. Schriften dem deutschen Volke erzählt. 56—68. Hft. gr. 8. (2. Bd. IV u. S. 455—746 m. 2 Chromolith.) Neusalza, Oeser. baar à — 10

Martinek, Heinr., die deutsche u. italienische Fach-Rechnung [doppelte Buchhaltung]. Lehrbuch zur schnellen u. pract. Erlerng. derselben. gr. 8. (111 S.) Wien, Vetter. n. 2. —

(85/1) **Martini u. Chemnitz**, systematisches Conchylien-Cabinet. In Verbindg. m. DD. Philippi, L. Pfeiffer, Dunker etc. neu hrsg. u. vervollständigt v. H. C. Küster, nach dessen Tode fortgesetzt v. Dr. W. Kobelt u. H. C. Weinkauff. 334. Lfg. gr. 4. (32 S. m. 5 color. Steintaf.) Nürnberg, Bauer & Raspe. baar (à) n. 9. —

(84/2) **Martius**, Dr. Carl Frdr. Phpp. v., et Aug. Wilh. **Eichler**, flora brasiliensis. Enumeratio plantarum in Brasilia hactenus detectarum, quas suis aliorumque botanicorum studiis descriptas et methodo naturali digestas, partim icone illustratas edd. Fasc. 94 et 95. gr. Fol. Monachii. Leipzig, F. Fleischer in Comm. baar n. 128. —

94. (306 Sp. m. 60 Steintaf.) n. 68. —. — 95. (202 Sp. m. 57 Steintaf.) n. 60. —

Martius, Mor., Arpucko, der weiße Häuptling der Osagen, od. das Geheimnis d. Farmers. Eine Erzählg. aus dem Indianerleben. 8. (63 S.) Reutlingen, Enßlin & Laiblin. — 20

—— auf der Kriegsfährte od. das Fort am Champlain-See. Eine Indianergeschichte vom Hudson aus der Zeit d. nordamerikanischen Freiheitskrieges. 8. (62 S.) Ebd. — 20

—— bei den Schwarzfüßen od. im Lager d. grauen Bären. Eine Indianer- u. Jagdgeschichte. 8. (62 S.) Ebd. — 20

—— Treuherz, der Trapper od. die Wege d. Herrn sind wunderbar. Eine Erzählg. aus Mexiko u. dem Indianergebiet in Arkansas. Frei nach Aimard. 8. (64 S.) Ebd. — 20

Marty, Dir. G., storia illustrata della Svizzera ad uso delle scuole e delle famiglie. Voltata in italiano dall' originale tedesco per Martino Pedrazzini. 8. (253 S.) Einsiedeln, Benziger. cart. n.n. 1. 20

Marvin, Charles, die russische Annexion v. Merw. Ihre Bedeutg. u. nächsten Folgen. Deutsche autoris. Uebersetzg., nebst e. kurzen Einleitg. üb. die central-asiat. Frage von M. v. Lahdow. Entfernung der russ. Vorposten v. Herat 140 engl. Meilen. Entfernung der engl. Vorposten v. Herat 514 engl. Meilen. Wer hält also den „Schlüssel v. Indien"? 8. (32 S. m. 1 lith. Karte.) Odessa, Verl. d. Russ. Merkur. n. 2. —

Marx' Präparationen zum Alten Testament, s.: Freund, W.

Marx, Lehr. F., Heimatskunde d. Kreises Mittelfranken. 2. verb. Aufl. 8. (20 S.) Fürth, Eßmann. n. — 10

Marx, Malermstr. Fritz, die Buchführung u. deren Wichtigkeit im Maler- u. Anstreichergewerbe. gr. 8. (16 S.) Köln. (Leipzig, Scholtze.) n. 1. 50

—— praktisches Recepten-Taschenbuch zum Gebrauche f. Anstreicher, Lackirer, Vergolder, Decorateure, Holz-, Marmor- u. Schildermaler, sowie alle angrenz. Gewerbetreibende. Wichtig u. unentbehrlich f. jeden tücht. Gehülfen u. Geschäftstreibenden. Enth. e. Anzahl Recepte, Vorschriften, Mittheilgn., prakt. Winke u. Geheimnisse. gr. 8. (47 S. m. 1 Bl. Zeichngn.) Ebd. n. 3. —

(84/1) **Marx**, Karl, das Kapital. Kritik der politischen Oekonomie. 2. Bd. Buch II: Der Cirkulationsprocess d. Kapitals. Hrsg. v. Frdr. Engels. gr. 8. (XXIV, 526 S.) Hamburg, O. Meissner's Verl. n. 8. — (1—2.: n. 17. —)

Marzell, zur Schulhygiene, s.: Rohmeder.

Märzroth, Dr., Alt-Wien. Bilder u. Geschichten. 8. (III, 186 S.) Leipzig, Friedrich. n. 2. —

Märzroth, M., Ernst u. Scherz, s.: National-Bibliothek, deutsch-österreichische.

Mascart, Dir. E., u. J. **Joubert**, Proff., Lehrbuch der Elektricität u. d. Magnetismus. Autoris. deutsche Uebersetzg. v. Dr. Leop. Levy. (In 2 Bdn.) 1. Bd. Mit 127 in den Text gedr. Abbildgn. gr. 8. (XVIII, 592 S.) Berlin 1886, Springer. n. 14. —

(84/2) **Maschinenbauer**, der. Illustrirte Zeitschrift f. mechan. Technik. Organ f. Fabrikanten, Gewerbtreibende u. Techniker. Red.: Rhold. Werther u. Emil Nowák, 21. Jahrg. 1886. 26 Hfte. (2 B. m. eingebr. Illustr. u. Taf.) gr. 4. Leipzig, Verlag d. Maschinenbauer. baar à Hft. n. — 50

Maschinenbauer- u. SchlosserKalender pro 1886. Hrsg. v. Carl Pataky etc. Mit vielfach verm. Text. Reich illustrirt. gr. 16. (IV, 112 u. 152 S.) Berlin, Pataky. geb. in Leinw. baar n. 2. —; in Ldr. n. 2. 50

Masing, Dr. E., Charles Dickens. Vortrag, geh. am 21. Febr. 1885. 12. (61 S.) St. Petersburg, Ricker. n. 1. —

Massarellos, Dr. Fr. G. de, das Bad Levico in Süd-Tirol u. seine berühmten Kupfer-, eisen- u. arsenikhaltigen Mineralquellen. Ein Wegweiser f. Leidende u. Freunde alpiner Naturschönheiten. 2. umgearb. Aufl. Mit Illustr. 8. (48 S.) München, Th. Ackermann's Verl. n. 1. 20

Materialien zur Kenntniss der livländischen Agrarverhältnisse m. besond. Berücksicht. der Knechts- u. Tagelöhner-Bevölkerung. Veröffentlicht v. dem livländ. Landraths-Collegium. Lex.-8. (VI, 244 S.) Riga, (Jonck & Poliewsky). n.n. 5. —

(85/1) —— zur neueren Geschichte, hrsg. v. G. Droysen. Nr. 5 u. 6. 8. Halle, Niemeyer. n. 2. 40

Inhalt: Thomas Carve's Itinerarium. Eine Quellenschrift zur Geschichte d. 30jähr. Krieges. (III, 149 S.)

Mathers, H., murder or manslaughter, s.: Collection of British authors.

Matthieu, D. Eug., das Glaubensbekenntniss der französisch-reformirten Kirche [Confessio Gallicana] vom J. 1559. Zur 200jähr. Gedächtnissfeier d.

Edicts v. Potsdam in deutscher Uebersetzg. hrsg. gr. 8. (25 S.) Angermünde, Windolff. — 30

Matz, Past. prim. Herm., der protestantische Geist e. Geist der Furchtlosigkeit. Festpredigt geh. am XV. deutschen Protestantentage in der Nicolaikirche zu Hamburg am 27. Mai. [Aus: „Verhandlgn. ꝛc."] gr. 8. (16 S.) Berlin, Haack. baar — 30

Mätzner, E., s.: Sprachproben, altenglische.

Mauersberger, C. T., Mnemosyne. Die Kunst, das Merken zu erleichtern, pädagogisch u. historisch begründet u. angewendet auf Geschichte, Geographie, Rechnen ꝛc. gr. 8. (292 S.) Leipzig, Klinkhardt. n. 5. —

(79/2) **Maul,** Dir. Alfr., die Turnübungen der Mädchen. 2. Tl. Die Übgn. im Gehen, Laufen u. Hüpfen auf den drei unteren Turnstufen, in Verbindg. m. Ordnungsübgn. u. m. Übgn. im Stehen. gr. 8. (XII, 240 S.) Karlsruhe, Braun. n. 3. 40 (1. u. 2.: n. 4. 60

Maurer, F., die Fauna der Kalke v. Waldgirmes bei Giessen, s.: Abhandlungen der grossherzogl. hessischen geologischen Landesanstalt zu Darmstadt.

Maurer, Dek. Prof. H., der Leidensweg d. Christen. Predigt üb. 1 Petri 5, 6—11. 2. Aufl. 8. (16 S.) Herborn, Buchh. d. Nassauischen Colportage-Vereins. n. — 10

Maurer, J. C., Herzog Otto, s.: National-Bibliothek, deutsch-österreichische.

Maurice, Frederick, Leben v. Frederick Denison Maurice. Nach dem Wortlaut seiner eigenen Briefe erzählt v. seinem Sohne. Autoris. deutsche Bearbeitg. v. Maria Sell. gr. 8. (VIII, 551 S.) Darmstadt, Bergsträßer. n. 8. —; geb. n. 9. —

Mauss, Frz., die Charakteristik der in der altfranzösischen Chanson de geste „Gui de Bourgogne" auftretenden Personen, nebst Bemerkgn. üb. Abfassungszeit u. Quellen d. Gedichtes. Inaugural-Dissertation. gr. 8. (103 S.) Münster 1883. (Leipzig, Fock.) baar n. 1. 60

Mauthner, Fritz, Berlin W. 3 Romane. I. Quartett. 8. (VIII, 434 S.) Dresden 1886, Minden. n. 5. —; geb. n.n. 6. —

—— vom armen Franischko. Kleine Abenteuer e. Kesselflickers. 7. Aufl. 8. (VIII, 103 S.) Ebd. 1886. n. 2. —; geb. n. 2. 75

May, Carl, im fernen Westen. Erzählung aus dem Indianerleben f. die Jugend. Mit 4 Bildern in Farbendr. 2. verb. Aufl. gr. 8. (172 S.) Nürnberg, Neugebauer. geb. 2. —

—— die Wüstenräuber, s.: Bachem's Roman-Sammlung.

May, Maria Theresia, e. Räthsel. Pädagogische Novelle. 12. (224 S.) Wien, Pichler's Wwe. & Sohn. 1. 20

Mayer, Prof. Dr. Adf., Lehrbuch der Agrikulturchemie in 40 Vorlesungen, zum Gebrauch an Universitäten u. höheren landwirthschaftl. Lehranstalten, sowie zum Selbststudium. In 2 Thln., nebst Anh.: Lehrbuch der Gährungschemie. Mit Holzschn. u. 2 lith. Taf. 3. verb. Aufl. (In 5 Abthlgn.) 1. Abth. gr. 8. (1. Bd. S. 1—208.) Heidelberg 1886, C. Winter. n. 4. —

Mayer, Gymn.-Prof. Dr. Frz. Mart., Geographie der österreichisch-ungarischen Monarchie f. die 4. Classe der Mittelschulen. Mit 21 Text-Abbildgn. u. 7 Karten in Farbendr. gr. 8. (VIII, 94 S.) Prag, Tempsky. n. 1. 20; Einbd. n.n. — 30

Mayer, J., Sternkarte nebst beweglichem Horizont. Apparat zum Studium d. gestirnten Himmels. Lith. Imp.-4. Nebst Text: Astrognosie od. Anleitung zur Kenntnis der Gestirne, nebst e. gemeinfaßl. Darstellg. der wichtigsten Vorbegriffe der Sternkunde. Mit 3 lith. Taf. gr. 8. (VI, 42 S.) Schaffhausen, Rothermel. baar n. 4. —

Mayer, Dr. Jos. Val., vom Erkennen. gr. 8. (VI, 180 S.) Freiburg i/Br., Stoll & Bader. n. 2. 50

Mayer, Pfr. Karl Ed., Kinderlehrbuch. Sammlung bibl. Abschnitte zum Gebrauch in Kinderlehren u. Jugendgottesdiensten. 4. Aufl. 8. (74 S.) St. Gallen, Scheitlin & Zollikofer. cart. n. — 65

Mayer, Prof. Dr. Salomon, zur Reform d. ungarischen Strafprozesses. Eine Codificationsstudie. Der Entwurf der ungar. Strafprocess-Ordng., kritisch besprochen, m. Uebersetzg. desselben in seinen wesentlichen Theilen. gr. 8. (IV, 163 S.) Wien, Manz. n. 5. —

Mayer, Prof. Dr. Sigm., üb. die blutleeren Gefässe im Schwanze der Batrachierlarven. [Mit 3 (lith.) Taf.] [Aus: „Sitzungsber. d. k. Akad. d. Wiss."] Lex.-8. (35 S.) Wien, (Gerold's Sohn). n. 2. 60

Mayerhofer, Kreisarchivs-Sekr. Dr. Joh., Geschichte d. königl. Lustschlosses Schleissheim. Nebst Erläutergn. zu dem Kupferwerke v. Archit. Ob.-Ingen. G. F. Seidel. hoch. 4. (XV, 59 S. m. 3 Lichtdr.-Taf.) Leipzig, Seemann. n. 6. —

Mayr, Dr. Gust., Feigeninsecten. [Aus: „Verhandlgn. d. k. k. zoolog.-botan. Gesellsch. in Wien".] gr. 8. (110 S. m. 3 Steintaf.) Wien, Hölder. — Leipzig, Brockhaus' Sort. in Comm. n. 2. 50

Mayrhofer, San.-R. Dr. Herm., Curort Römerbad. Das steir. Gastein. 3. verb. Aufl. 8. (III, 111 S.) Wien, Braumüller. n. 1. 40

Mecke, Johanne, Kindergarten-Geschichten. 8. (VII, 96 S.) Kassel 1886, Wigand. n. 1. 50

Meder, H. R., Lern- u. Lehrbuch der russischen Sprache f. Elementarschulen. 7. Aufl. gr. 8. (130 S.) Reval, Kluge. cart. n. 1. 50

Medicinal-Kalender. Taschenbuch f. Civilärzte. Hrsg. v. Dr. L. Wittelshöfer. 28. Jahrg. 1886. gr. 16. (166 u. 189 S.) Wien, Perles. geb. n. 3. —

—— Fromme's oesterreichischer, m. Recept-Taschenbuch f. d. J. 1886. 41. Jahrg. Hrsg. v. Dr. Jos. Nader. Mit dem (photogr.) Portr. d. Prof. Dr. H. Kundrat. 16. (VIII, 202 u. 192 S.) Wien, Fromme. geb. in Leinw. baar 3. 20; in Ldr. 4. 20

—— für Oesterreich-Ungarn 1886. Hrsg. v. Chrn. Ludw. Praetorius. 16. (400 S.) Wien, Bretzner & Co. in Comm. geb. baar n. 3. —

—— für den Preussischen Staat auf d. J. 1886. Mit Genehmigg. S. Exc. d. Hrn. Ministers der geistl., Unterrichts- u. Medicinal-Angelegenheiten u. m. Benutzg. der Ministerial-Acten. 2 Thle. 12. (VII, 365 u. LXXXIII, 469 S.) Berlin, Hirschwald. geb. u. geh. n. 4. 50; m. 1. Thl. durchsch. n. 5. —

Medicus, F., die Lehre vom Obstbau, s.: Lucas, E.

Meggendorfer, Loth., gute Bekannte, in Bildern u. Reimen f. die Kinderwelt. 25 kolor. Bildertaf. 7. Aufl. Fol. (1 Bl. u. eingedr. Text.) Stuttgart, Nitzschke. geb. 5. —

—— im Circus. Ein Bilderbuch. qu. gr. 4. (12 zusammenhäng. color. Steintaf. auf Carton.) München, Braun & Schneider. n. 2. 80

—— für die ganz Kleinen. Unzerreißbares Anschauungs-Bilderbuch f. kleine Knaben u. Mädchen. 26 kolor. Taf. m. gegen 500 Fig. Fol. Stuttgart, Nitzschke. geb. 6. —

—— auf dem Lande. Ein Bilderbuch. qu. gr. 4. (12 zusammenhäng. Steintaf. auf Carton.) München, Braun & Schneider. n. 2. 80

—— bestrafte Neugierde. Ein lehrreiches Bilderbuch f. Jung u. Alt. qu. 4. (20 S. m. eingedr. farb. Steintaf.) Ebd. cart. n. 1. 80

—— nimm mich mit! Ein lehrreiches Bilderbuch. qu. schmal gr. 8. (202 Chromolith.) Ebd. geb. n. 3. 50

—— zum Zeitvertreib. Ein Ziehbilderbuch f. Kinder. Fol. (8 color. Steintaf. m. 9 S. Text.) Ebd. geb. n. 5. —

Mehlhausen, üb. künstliche Beleuchtung, s.: Sonderabdrücke der Deutschen Medizinal-Zeitung.

Mehlhorn, Gymn.-Prof. Dr. Paul, die Bibel, ihr Inhalt u. geschichtlicher Boden. Ein Leitfaden f. höhere Lehranstalten. 2. umgearb. Aufl. 8. (VIII, 75 S.) Leipzig, Barth. cart. n. 1. —

Meier, Schuldir. E., Lehrplan f. den Unterricht im Rechtschreiben u. in der Sprachlehre. gr. 8. (VII, 93 S.) Frankenberg, (Rossberg). n. 1. —

Meier, Superint. Consist.-R. D. Ernst Jul., die Predigt b. Lutherdenkmals. Predigt, am Reformationsfest 1885 vor der Enthüllg. d. Luther-Denkmals in der Frauenkirche geh. gr. 8. (18 S.) Dresden, J. Naumann. n. — 30

Meier, M. H. E., u. G. F. **Schömann**, der attische Process, s.: Calvary's philologische u. archäologische Bibliothek.

Mejer, Dr. Otto, Febronius. Weihbischof Johann Nicolaus v. Hontheim u. sein Widerruf. Mit Benutzg. handschriftl Quellen dargestellt. 2. unveränd. (Titel-) Ausg. gr. 8. (XI, 326 S.) Freiburg i/Br. (1880), Mohr. n. 6. —

(74/1) —— zur Geschichte der röm.-deutschen Frage. 3. Thl. 2. Abth.: Ausgang der hannov. u. oberrhein. Verhandlg. 1822—1830. gr. 8. (VIII u. S. 231—445.) Ebd. n. 6. — (cplt.: n. 24. —)

Meili, Adv. Privatdoz. Dr. F., Rechtsgutachten u. Gesetzesvorschlag betr. die Schuldexekution u. den Konkurs gegen Gemeinden, ausgearb. im Auftrage d. schweiz. Justiz- u. Polizeidepartements. gr. 4. (VII, 260 S.) Bern, Schmid, Francke & Co. in Comm. n. 3. —

Meineke, J. H. v. Kirchmann als Philosoph, s.: Vorträge, philosophische.

Meinert, Dr. C. A., üb. Massen-Ernährung. Mit besond. Berücksicht. der v. San.-R. Ob.-Arzt Dr. Bär, Ger.-Chemiker Dr. Paul Jeserich u. v. dem Verf. in Plötzensee angestellten Ernährungsversuche. gr. 8. (VII, 122 S.) Berlin, Stuhr. cart. n. 6. —

Meinhardt, Adb., Reisenovellen. (Schloß Polia. Der Bildhauer v. Cauterets. Frau Antje. Regatta.] 8. (VII, 278 S.) Berlin, Paetel. n. 5. —; geb. n. n. 6. 50

Meinong, Prof. Dr. Alexius, üb. philosophische Wissenschaft u. ihre Propädeutik. gr. 8. (XII, 182 S.) Wien, Hölder. n. 3. 60

Meinzer, Alb., Geographiebüchlein f. die Hand der Schüler. 1. u. 3. Hft. 8. Karlsruhe, Reiff. à n. — 20

Inhalt: 1. [4. Schulj.] Deutschland. 3. Aufl. (40 S.) — 3. [8. Schulj.]. Die fremden Erdteile 2. verm. u. verb. Aufl. (36 S.)

Meiring, Gymn.-Dir. Dr. M., kleine lateinische Grammatik. Für Gymnasien, Progymnasien, Realgymnasien u. Real-Progymnasien. 8., verb. Aufl. bearb. v. Oberl. Dr. J. Fisch. Mit angehängtem Vokabularium zur Wortableitg. Kap. 68—71 u. zu den Hauptregeln der Syntax bis Kap. 91. gr. 8. (IV, 288 S.) Bonn, Cohen & Sohn. n. 2. 20

—— Übungsbuch zur lateinischen Grammatik f. die unteren Klassen der Gymnasien, Progymnasien, Real-Gymnasien u. Real-Progymnasien. 1. Abtlg. [Sexta.] 7., verb. Aufl., bearb. v. Oberl. Dr. J. Fisch. gr. 8. (IV, 112 S.) Ebd. n. 1. —

—— Übungsbuch zum Übersetzen aus dem Deutschen ins Lateinische f. die mittlern Klassen der Gymnasien, Progymnasien, Real-Gymnasien u. Real-Progymnasien. Mit Rücksicht auf seine latein. Lehrbücher: 1) Schulgrammatik [Siberti-Meiring], 2) Kleine Grammatik, 3) Grammatik f. die mittlern u. obern Klassen, hrsg. 1. Abtlg. [Quarta.] 8., verb. Aufl., bearb. v. Oberl. Dr. J. Fisch. gr. 8. (III, 156 S.) Ebd. n. 1. 40

Meisner, M., der Sonne entgegen, s.: Volksbibliothek, christliche.

Meißner, Alfr., Geschichte meines Lebens. 2 Bde. Billige Ausg. 8. (VIII, 291 u. VIII, 351 S.) Teschen, Prochaska. cart. à n. 2. 50

Meister, F., See- u. Strandgeschichten, s.: Was Ihr wollt-Bibliothek.

Meister, Rob., evangelisches Schul-Choralbuch. Eine Auswahl der gebräuchlichsten u. bekanntesten Kirchenmelodien nach der in der Prov. Hessen-Nassau übl. Lesart m. Hinzufügg. der ursprüngl. Notation. 8. (52 S.) Kassel, Hühn. cart. — 75

Meisterhans, Gymn.-Prof. K., Grammatik der attischen Inschriften. gr. 8. (IX, 119 S.) Berlin, Weidmann. n. 4. —

(85/1) **Meisterwerke** unserer Dichter. Neue Auswahl f. Volk u. Schule m. Einleitg. u. Erläutergn. Begründet v. Frz. Hülskamp. Fortgesetzt v. Otto Hellinghaus. 31—35. Bdchn. 16. Münster, Aschendorff. cart. n. 1. 20
Inhalt: 31. 32. Lenau's Gedichte. (256 S.) n. — 60. — 33—35. Märchen f. Söhne u. Töchter gebildeter Stände v. Wilh. Hauff. (VIII, 432 S.) à n. — 20; in 1 Bd. cart. n. — 90.

(85/1) —— der Holzschneidekunst aus dem Gebiete der Architektur, Skulptur u. Malerei. 79—84. Lfg. [7. Bd. 7—12. Lfg.] Fol. (à 8 Holzschntaf. m. Text S. 25—52.) Leipzig, Weber. baar à 1. — (7. Bd. cplt. geb. m. Goldschn.: n. 18. —)

Meixner, Maria Elisabetha, geb. Niedereder in, das neue, große, geprüfte u. bewährte Linzer Kochbuch in 10 Abschnitten. Enthält: 1854 Kochregeln f. Fleisch- u. Fasttage, sehr deutlich u. faßlich beschrieben. 21., verb. u. m. 500 Speisen verm. Aufl. gr. 8. (XVI, 426 S.) Linz 1874, (Winter). baar n. 4. —

Melan, J., öffentliche Neubauten in Budapest, s.: Leonhardt, E. R.

(85/1) **Mélanges** gréco-romains tirés du Bulletin de l'académie impériale des sciences de St.-Pétersbourg. Tome V. Livr. 2. Lex.-8. (S. 93—252.) St.-Pétersbourg. Leipzig, Voss' Sort. n. 1. 30 (1. et 2.: n. 2. 30)

(85/1) —— mathématiques et astronomiques tirés du Bulletin de l'académie impériale des sciences de St.-Pétersbourg. Tome VI. Livr. 3. Lex.-8. (S. 287—403.) Ebd. n. 1. — (1—3.: n. 4. 40)

Melber, J., üb. die Quellen u. den Wert der Strategemensammlung Polyäns. Ein Beitrag zur griech. Historiographie. [Aus: „Jahrbb. f. class. Philol., 14. Suppl.-Bd.] gr. 8. (270 S.) Leipzig, Teubner. n. 6. —

Melchers, Dr. Paulus, Erzbischof v. Köln. Zur Erinnerg. Mit Portr. d. Jubilar-Erzbischofs. gr. 8. (20 S.) Köln, Bachem. — 30

Melena, E., s.: Elpis Melena.

Melesville u. **Duveyrier**, die schöne Müllerin, s.: Universal-Bibliothek Nr. 2040.

Meltzer, Otto, de belli punici secundi primordiis adversariorum capita IV. gr. 4. (30 S.) Berlin, Weidmann. n. 1. 20

Melzer, A. L., die deutschen Kolonien, der Congo-Staat, Australien u. Amerika als Ziele der Auswanderung u. Kolonisation. Ein Rathgeber f. Auswanderer, Reisende u. Zeitungsleser. Nach amtl. Quellen zusammengestellt. 8. (118 S.) Berlin, Föllen. n. 1. —

—— deutsch-englisch-französisches Lexikon der Ausfuhr-Industrie u. d. Handels. Im Verein m. bewährten Fachgenossen bearb. gr. 8. (XI, 127; 168 u. 39 S.) Ebd. n. 8. —

Melzer, E., Repetitorium [Regelheft] der wichtigsten Regeln der französischen Sprache [anschließend an die Schulgrammatik v. Dr. C. Plötz]. 1. Thl.: Plötz, Lect. 1—23. 16. (27 S.) Breslau. (Leipzig, Gracklauer.) n. — 60

Memoiren der königl. preußischen Prinzessin Friederike Sophie Wilhelmine, Markgräfin v. Bayreuth, Schwester Friedrichs d. Großen. Vom J. 1709—1742. 2 Bde. Mit 6 Illustr. 2—4. Aufl. 8. (240 u. 267 S.) Leipzig, Barsdorf. baar 4. —; geb. 5. —

—— einer Idealistin. 3 Bde. 3. Aufl. 8. (XVIII, 312; 256 u. 235 S.) Leipzig, Unflad. n. 9. —; geb. n. 10. —

(83/1) **Mémoires** de l'académie impériale des sciences de St.-Pétersbourg. VII. série. Tome XXXII. Nr. 14—18 et tome XXXIII. Nr. 1 et 2. Imp.-4. St.-Pétersbourg. Leipzig, Voss' Sort. n. 17. 23
Inhalt: XXXII, 14. Ueber den Tubercularia persicine, Ditm. genannten Pilz. Von Prof. Dr. Chrph. Gobi. (25 S. m. 1 Chromolith.) n. 1.50. — 15. Zur Spectroskopie d. Stickstoffs. I. Untersuchungen üb. das Bandenspectrum. Von Dr. B. Hasselberg. (50 S. m. 5 Steintaf.) n. 3.33. — 16. Ueber den Verfasser u. die Quellen d. [pseudo-Photianischen] Nomokanon in XIV Titeln. Von E. Zacharia v. Lingenthal (41 S.) n. 1.20. — 17. Die thermodynamischen Beziehungen, antithetisch entwickelt von Prof. Dr. Arth. v. Oettingen. (70 S.) n. 2. —. — 18. Hydrologische Untersuchungen. XLIV. Die Thermalwasser Kamtschatka's. v. Prof. Dr. Carl Schmidt. (29 S. m. 1. lith. u. color. Karte) n. 1.50. — XXXIII. 1. Revision der ostbaltischen silurischen Triboliten. Von Fr. Schmidt. 2. Abth. Acidaspiden u. Lichiden. (127 S. m. 6 Steintaf. u. 6 Bl. Erklärgen.) n. 6.70. — 2. Beiträge zur Histologie u. Histogenese d. Knochengewebes. Von J. Lilienberg. (11 S. m. 1 Steintaf.) n. 1. —

(84/1) —— de la société de médecine de Strasbourg. Tome XXI. gr. 8. (XII, 184 u. Sitzungsberichte 92 S.) Strassburg, Schultz & Co. Verl. n. 4. —

Memoirs of Mary, Queen of England, [1689—1693] together with her letters and those of Kings James II. and William III. to the Electress, Sophie of Hanover, edited by (geh. Staatsarchivar) Dr. R. Doebner. gr. 8. (XII, 115 S.) Leipzig 1886, Veit & Co. n. 3. —

Mendelssohn, die Familie, s.: Hensel, S.

Menge, Gymn.-Prof. Dr. Herm., Repetitorium der lateinischen Syntax u. Stilistik, e. Lernbuch f. Studierende u. vorgeschrittene Schüler, zugleich e. prakt. Repertorium f. Lehrer. 5. vollständig umgearb. Aufl. 2 Hälften in 1 Bd. Lex.-8. (VIII, 117 u. 389 S.) Wolfenbüttel, Zwißler. n. 7. —

Menge, Prof. Dr. Rud., Einführung in die antike Kunst. Ein method. Leitfaden f. höhere Lehranstalten u. zum Selbstunterricht. 2. verm. u. verb. Aufl. Mit 34 Bildertaf. in Fol. (in gr. 4. geb.). gr. 8. (XIII, 256 S.) Leipzig 1886, Seemann. n. 5. —; geb. n. 6. 50; Atlas ap. n. 2. 50; geb. n. 3.50; Text ap. n. 2. 50; geb. n. 3. —

Menger, Rud., Gräfin Loreley. Roman. 8. (243 S.) Berlin, Behrend. n. 2. —

Menges, H., Schul-Lesebuch, s.: Wetzel, F.

Mennel, Pfr. Joh. Nep., Instruktion od. Unterweisung f. die katholischen Meßner. Unter Mitwirkg. der Pfarrer Alb. Fortunat u. Andr. Wachter hrsg. 12. (VIII, 253 S.) Leutkirch, Roth. n. 2. 20; geb. n.n. 2. 50

Mennell, Arth., Pariser Luft. 2. Aufl. 8. (VIII, 320 S.) Leipzig, Unflad. n. 3. —

Mentzel u. v. **Lengerke's** verbesserter landwirthschaftlicher Hülfs- u. Schreib-Kalender auf d. J. 1886. 39. Jahrg. Hrsg. v. Geh. Ob.-Reg.-R. Dr. Hugo Thiel u. Prof. Dr. Emil v. Wolff. 2 Thle. (Ausg. m. ½ Seite weiss Pap. pro Tag.) gr. 16. (VIII, 338 u. 392 S.) Berlin, Parey. geb. in Leinw. u. geb. n. 2. 50; in Ldr. n. 3. —; Ausg. m. 1 Seite weiss Pap. pro Tag (VIII, 520 u. 392 S.) geb. in Leinw. u. geh. n. 3. —; in Ldr. n. 4. —

Menzel, Reg.- u. Schulr. J., Aufgaben f. das schriftliche Rechnen. 5 [Schüler-] Hfte. Bearb. v. K. Steinert. 8. Berlin, Stubenrauch. n. 1. 15
1. 90. Aufl. (16 S.) n. — 15. — 2. 57. Aufl. (24 S.) n. — 25. — 3. 49. Aufl. (28 S.) n. — 25. — 4. 31. Aufl. (28 S.) n. — 20. — 5. 12. Aufl. (36 S.) n. — 30.

—— Hülfsbüchlein f. die schriftliche Beschäftigung der Rechenschüler. [Rechenfibel.] 73. Aufl. gr. 8. (16 S.) Ebd. n. — 20

—— Rechenbuch. Hft. A—D. [Für die Schüler.] 2. Aufl. gr. 8. Ebd. n. — 85
A–C. (à 16 S.) à n. — 20. — D. (23 S.) n. — 25.

—— Hft. B—D. [Für den Lehrer.] gr. 8. (16, 16 u. 24 S.) Ebd. à n. — 50

—— Schul-Lesebuch, s.: Wetzel, F.

Merges, Fleischermstr. Nic., Lehrbuch der Wurst- u. Fleischwaren-Fabrikation m. Berücksicht. d. Groß- u. Kleinbetriebes, sowie f. den Haushaltungsbedarf u. f. Anfänger. Auf Grundlage selbsterprobter u. bestbewährter Methoden zur Herstellg. v. Rohwurst, Garwurst u. Fleischpräparaten u. m. gründl. Anweisg. zum Salzen, Pökeln, Räuchern, Konservieren, Behandeln der Därme ꝛc. 2. verb. u. verm. Aufl. 8. (VII, 159 S.) Köln, Püttmann. n. 1. 50

(85/1) **Merguet**, H., Lexikon zu den Schriften Cäsars u. seiner Fortsetzer m. Angabe sämmtlicher Stellen. 3. u. 4. Lfg. Lex.-8. (S. 305—624.) Jena, Fischer. à n. 8. —

Merkblätter für's Haus. Allerlei Nützliches f. Haus u. Herd. Mit 10 Illustr. in Farbendr. gr. 8. (VIII, 168 S.) Leipzig, Zehl. geb. m. Goldschn. n. 6. —

Merkel, Prof. Dr. Fr., Handbuch der topographischen Anatomie zum Gebrauch f. Aerzte. Mit zahlreichen mehrfarb. Holzst. 1. Bd. 1. Lfg. gr. 8. (176 S. m. 1 Tab.) Braunschweig, Vieweg & Sohn. n. 10. —

(85/1) **Merkel**, H. G., Adreßbuch v. Europa, enth. Adressen v. Fabrikanten, Kaufleuten, Beamten, Künstlern, Handwerkern, Privatpersonen ꝛc., nach Ländern, Provinzen u. Branchen alphabetisch geordnet u. zusammengestellt. 36. u. 37. Lfg. gr. 8. (5. Bd. S. 1—96.) Dresden, Merkel. Subscr.-Pr. baar à — 60; Einzelpr. à n. 1. —

Mertens, F., e. einfache Bestimmung d. Potentials e. homogenen Ellipsoids. [Aus: „Sitzungsber. d. k. Akad. d. Wiss."] Lex.-8. (4 S.) Wien, (Gerold's Sohn). — 15

—— über e. Formel der Determinantentheorie. [Aus: „Sitzungsber. d. k. Akad. d. Wiss."] Lex.-8. (15 S.) Ebd. n.n. — 30

—— die Gleichung d. Strahlencomplexes, welcher aus allen die Kanten d. gemeinschaftlichen Polteträeders zweier Flächen II. Ordnung schneidenden Geraden besteht. [Aus: „Sitzungsber. d. k. Akad. d. Wiss."] Lex.-8. (8 S.) Ebd. n. — 20

—— zur Theorie der elliptischen Functionen. [Aus: „Sitzungsber. d. k. Akad. d. Wiss."] Lex.-8. (7 S.) Ebd. n. — 20

Mertz, Paul, 12 Fälle v. Neubildungen der Vulva. [Aus der königl. Universitäts-Frauenklinik zu Breslau.] Inaugural-Dissertation. gr. 8. (42 S.) Breslau, (Köhler). baar n. 1. —

Merz, Präl. Ob.-Konsist.-R. Dr. Heinr., christliche Frauenbilder. II. Aus der neueren Zeit. 5. umgearb. Aufl. 8. (472 S.) Stuttgart 1886, J. F. Steinkopf. n. 4. —; geb. n. 5. —

—— der evangelische Kirchhof u. sein Schmuck. [Aus: „Christl. Kunstblatt".] 2. Aufl. gr. 8. (16 S. m. Fig.) Ebd. n. — 40

Merz, Dr. Joh. Thdr., Leibniz. Aus dem Engl. 8. (IV, 222 S.) Heidelberg 1886, Weiß' Verl. n. 3. —; geb. n.n. 4. 50

Merz, Repet. Dr. Johs., die Bildwerke an der Erzthüre d. Augsburger Doms. Mit 2 Taf. gr. 8. (52 S.) Stuttgart, J. F. Steinkopf. n. 1. 60

Merz, Jul., Göthe von 1770—1773 od. seine Beziehungen zu Friederike v. Sesenheim u. Werther's Lotte. Neuer unveränd. Abdr. gr. 8. (IV, 24 S.) Nürnberg, Bauer & Raspe. n. — 50

Merz, Max., die Patience. Gründliche Anleitg., dieselbe in den verschiedensten Formen nach gegebenen Beispielen zu legen. 8. (IV, 63 S.) Berlin 1886, Cronbach. geb. n. 1. 50

Meschtschersky, Wladimir Fürst, die Frauen der Petersburger Gesellschaft. Roman. Mit Autoris. d. Verf. aus dem Russ. in's Deutsche übertr. v. J. Clark. 3 Bde. 2. Aufl. 8. (298, 298 u. 315 S.) Breslau 1886, Schottländer. n. 12. —; geb. n. 15. —

Mess-Adressbuch f. Leipzig, Frankfurt a/M., Frankfurt a/O., Braunschweig etc. Nach officiellen Quellen bearb. 53. Aufl. 1885. Ostermess-Ausg. gr. 16. (IX, 372 S.) Leipzig, Serbe. cart. n. 2. —
Meß- u. Gebetbuch in großem Druck. Auswahl aus dem „Missale", dem „Vesperale" u. dem „Chor- u. Meßbuch" v. Dr. Wilh. Karl Reischl. 12. (IV, 352 S.) München, Stahl. n. 1. 60
Messerer, Th., nur keinen Preußen! Ein Bild aus Süddeutschland. Neue Ster.-Ausg. 8. (46 S.) Reutlingen, Enßlin & Laiblin. —15
—— in Treue fest, s.: Bachem's Roman-Sammlung.
Messerschmidt, weil. Kirchschullehr. Rob., biblische Lebensbilder od. ausgewählte bibl. Erzählgn. f. die Kinder der Unter- u. Mittelklassen. Nebst Anh.: die Hauptstücke d. luther. Katechismus enth. 19. Aufl. Nach der neuen Rechtschreibg. umgearb. u. m. den Sprüchen d. „Memorierstoffes f. die evangel. Volksschulen Sachsens" versehen v. Johs. Messerschmidt. 8. (IV, 180 S.) Frankenberg, Roßberg. — 60
Meßner, Jos., Prachatitz. Ein Städtebild. Mit besond. Berücksicht. der noch erhaltenen Baudenkmäler. gr. 8 (VII, 143 S. m. Illustr.) Prachatitz. (Budweis, Hansen.) n. 2. —
Meštšcherski, Fürst W., Einer v. unsern Bismarcks. Roman. Aus dem Russ. v. G. Keuchel. 8. (375 S.) Berlin 1886, Deubner. n. 4. —
Metall-Industrie-Kalender pro 1886. Hrsg. v. Carl Pataky etc. 7. Jahrg. Mit vielfach verm. Text. Reich illustrirt. gr. 16. (VIII, 112 u. 173 S.) Berlin, Pataky. geb. in Leinw. baar n. 2. —; in Ldr. n. 2. 50
Methfessel, Ernst, Liedersammlung f. gemischten Chor. 1. Thl. 5. verb. Aufl. gr. 8. (VIII, 274 S.) Schaffhausen 1886, Stötzner. 1. 80
Mettenheimer, C., das Seebad Groß-Müritz an der Ostsee u. das Friedrich-Franz-Hospiz [Kinderasyl] daselbst, s.: Annalen f. die medizinisch-hygienischen Interessen der Ostseebäder u. besonders der Kinderhospize an der Ostsee.
(32/2) **Metter**, Eisenb.-Bür.-Assist. H., Leitfaden zur Vorbereitung f. das Examen zum Subalternbeamten im Staatseisenbahndienst. Zum Selbstunterricht bearb. Nachtrag. 8. (15 S.) Stralsund, Bremer in Comm. baar n.n — 25 (Hauptwerk m. Nachtrag: n.n. 2. 25)
Metzger, Lehr. G. J., praktischer Lehrgang der Handelskorrespondenz in deutscher u. englischer Sprache. [2 Tle.] 1. Tl.: Deutsch-englisch. gr. 8. (XV, 182 S.) Stuttgart 1886, Maier. n. 2. —; geb. n. 2. 60
Metzner, Oberlehr. Alf., Handkatalog f. den österreichischen Volks- u. Bürgerschullehrer (f. 100 Schüler). 4. Aufl. 12. (148 S.) Wien, Pichler's Wwe. & Sohn. geb. n. 1. 60
(85/1) **Meurer**, Privatdoc. Dr. Chrn., der Begriff u. Eigenthümer der heiligen Sachen, zugleich e. Revision der Lehre v. den jurist. Personen u. dem Eigenthümer d. Kirchenguts. 2. Bd. Die specielle Eigenthumslehre. gr. 8. (VIII, 455 S.) Düsseldorf, F. Bagel. n. 9. — (cplt.: n. 16. —)
Meurer, Prof. Dr. H., lateinisches Lesebuch m. Vokabular. 1. Tl. Für Sexta. 4. unveränd. Aufl. gr. 8. (IV, 128 S.) Weimar, Böhlau. n. 1. —
Meurer, Jul., Führer durch die Dolomiten. 4. Aufl. 8. (VII, 228 S. m. 2 chromolith. Karten.) Augsburg, Amthor. geb. n. 4. —
—— illustrirter Führer durch West-Tirol u. Vorarlberg. Umfassend das österreich. Gebiet westlich v. der Linie: Scharnitz-Pass — Zirl — Innsbruck — Brenner-Pass — Bozen — Ala. Mit 6 Lichtdr.-Bildern, 56 Holzschn.-Illustr. u. 6 Karten. 8. (XVI, 288 S.) Wien, Hartleben. geb. n. 5. 40
Meurer, Gymn.-Oberlehr. Dr. Karl, engl. Synonymik f. Schulen. Mit Beispielen, etymolog. Angaben u. Berücksicht. d. Französischen. Nebst e. engl., deutschen u. französ. Wortregister. 2. gänzlich neubearb. Aufl. gr. 8. (VIII, 136 S.) Köln, Roemke & Co. n. 1. 50

Mey, Pfr. G., Meßbüchlein f. fromme Kinder. Mit Bildern v. Ludw. Glötzle. 10. Aufl. 16. (108 S.) Freiburg i/Br., Herder. n. — 40; geb. in Halbleinw. n.n. — 50; in Leinw. m. Goldschn. n.n. 1. 20

Meyer's Hand-Lexikon d. allgemeinen Wissens, m. technolog. u. wissenschaftl. Abbildgn. u. vielen Karten der Astronomie, Geographie, Geognosie, Statistik u. Geschichte. 3. umgearb. u. verm. Aufl. Rev. Neudr. 2 Hälften. 8. (VI, 2125 S. m. Tab.) Leipzig, Bibliograph. Institut. geb. in Halbfrz. n. 15. —

(85/1) —— Konversations-Lexikon. 4., gänzlich umgearb. Aufl. Mit 3000 Abbildgn. im Texte, 550 Illustr.-Taf., Karten u. Plänen, davon 80 Aquarelldrucke. 10—36. Lfg. gr. 8. (1. Bd. S. 577—1024, 2. Bd. 1020 S. u. 3. Bd. S. 1—256.) Ebd. à — 50

Meyer, A., s.: Beiträge, kritische, zur herrschenden Wirthschaftspolitik.

(84/2) **Meyer**, Dir. Dr. A. B., Abbildungen v. Vogel-Skeletten, hrsg. m. Unterstützg. der Generaldirection der königl. Sammlgn. f. Kunst u. Wissenschaft in Dresden. 8. u. 9. Lfg. gr. 4. (20 Lichtdr.-Taf. m. Text S. 49—56.) Dresden. (Berlin, Friedländer & Sohn.) Subscr.-Pr. baar à n.n. 15. —; Ladenpr. à n.n. 20. —

—— das Gräberfeld v. Hallstatt. Anlässlich e. Besuches daselbst. Mit 3 Lichtdr.-Taf. gr. 4. (17 S.) Dresden, W. Hoffmann. n. 4. —

Meyer, Adph., Paul Henckel, Gedenkblatt f. seine Freunde. [Aus: „Numismat. Ztschr."] gr. 8. (4 S.) Wien 1875. (Berlin, Mittler & Sohn.) n. 1. —

—— die Münzen u. Medaillen der Herren Rantzau. Mit 2 Taf. u. 2 Holzschn. Nebst Nachtrag: Die Medaillen der Familie Rantzau. Mit 1 Taf. [Aus: „Numismat. Ztschr."] gr. 8. (22 u. 8 S.) Ebd. 1882 u. 85. n. 4. —

—— die Münzen der Freiherren Schutzbar, genannt Milchling [Burgmilchling]. 2 Hfte. nebst Nachtrag: Münzgeschichtliches zu den Burgmilchling'schen Ausprägungen v. C. F. Gebert. [Aus: „Numismat. Ztschr."] gr. 8. (8,7 u. Nachtr. 6 S. m. 7 Abbildgn.) Ebd. 1882 u. 84. n. 3. —

—— Prägungen Brandenburg-Preussens, betr. dessen afrikanische Besitzungen u. Aussenhandel 1681—1810. Mit 3 photo-lith. Taf. gr. 8. (27 S.) Ebd. n. 3. 50

—— Albrecht v. Wallenstein [Waldstein], Herzog v. Friedland, u. seine Münzen. Hiezu 7 (Lichtdr.-)Taf. gr. 8. (108 S.) Ebd. 1886. n. 9. —

Meyer, Conr. Ferd., Thomas à Becket the Saint. A novel. Translated from the german by M. v. Wendheim. 8. (243 S.) Leipzig, Haessel. n. 3. —; geb. n. 4. —

—— die Hochzeit d. Mönchs. Novelle. 2. Aufl. 8. (165 S.) Ebd. n. 2. —; geb. n. 3. —

—— Jürg Jenatsch. Eine Bündnergeschichte. 7. Aufl. 8. (352 S.) Ebd. n. 3. —; geb. n. 4. —

—— Novellen. 1. u. 2. Bd. 8. (354 u. 404 S.) Ebd. à n. 4. —; geb. à n. 5. —

—— die Richterin. Novelle. 8. (136 S.) Ebd. n. 2. —; geb. n. 3. —

Meyer, E., Amoretten u. Figuren. Motive f. Decorations-, Porzellan- u. Leder-Maler, Zeichner, Lithographen, Elfenbeinschnitzer, Bildhauer u. Modelleure. 28 (lith.) Taf. 2. Aufl. 7 Lfgn. Fol. (à 4 Taf.) Berlin, Claesen & Co. à n. 4. — (cplt. in Mappe: n. 30. —)

Meyer, geh. Ob.-Reg.-R. vortrag. Rath Dr. Fr., u. Geh. Reg. u. Med.-R. Prof. Dr. C. **Finkelnburg**, das Gesetz betr. den Verkehr m. Nahrungsmitteln, Genußmitteln u. Gebrauchsgegenständen vom 14. Mai 1879, sowie die auf Grund desselben erlassenen Verordnungen. Mit Erläutergn. hrsg. 2. verm. Aufl. 8. (VI, 227 S.) Berlin, Springer. cart. n. 4. —

Meyer, Privatdoc. Dr. Frz., rein-geometrische Beweise einiger fundamentaler Kegelschnittssätze. [Aus: „Korrespondenzbl. f. d. Gelehrten- u. Realschulen Württembergs".] gr. 8. (22 S.) Tübingen, Fues. baar n. — 40

(35/1) **Meyer**, Prof. Frz. Sales, ornamentale Formenlehre, e. systemat. Zusammenstellg. d. Wichtigsten aus dem Gebiete der Ornamentik zum Gebrauch f. Schulen, Musterzeichner, Architekten u. Gewerbetreibende. 19—24. Heft. Fol. (à 10 Steintaf. m. 1 Bl. Text.) Leipzig, Seemann. à n. 2. 50

Meyer, Pfr. Rect. Frdr., Via dolorosa. Betrachtungen üb. den Schmerzensweg JEsu. 16. (V, 94 S. m. 1 Kpfrst.) Neuendettelsau 1884. (Nürnberg, Löhe.) n. — 90

Meyer, Prof. Geo., Lehrbuch d. deutschen Staatsrechtes. 2. Aufl. gr. 8. (IX, 725 S.) Leipzig, Duncker & Humblot. n. 13. —

Meyer, Dr. Heinr. Aug. Wilh., kritisch exegetischer Kommentar üb. das Neue Testament. 4. u. 11. Abth. gr. 8. Göttingen 1886, Vandenhoeck & Ruprecht's Verl. n. 13. 40

Inhalt: 4. Kritisch exegetisches Handbuch üb. den Brief d. Paulus an die Römer v. Dr. Heinr. Aug. Wilh. Meyer. 7. Aufl., umgearb. v. Ob.-Consist.-R. Prof. Dr. Bernh. Weiss. (VI, 680 S.) n. 8. —; geb. n. 9.20. — 11. Kritisch exegetisches Handbuch üb. die Briefe Pauli an Timotheus u. Titus. 5. Aufl., neubearb. v. Ob.-Consist.-R. Prof. Dr. Bernh. Weiss. (VI, 400 S.) n. 5.40; m. dem 10. Bd. zusammen geb. n. 10. —

Meyer, Oberlandesger.-R. Herm., Protokoll u. Urtheil im Civil- u. Strafprozeß. 8. (VII, 104 S.) Berlin, Vahlen. n. 2. —

Meyer, Lehr. Johs., Lehr- u. Übungsbuch f. den Unterricht in der deutschen Rechtschreibung. Nach method. Grundsätzen f. Volks- u. Bürgerschulen, sowie f. die unteren Klassen der Gymnasien, Realgymnasien u. höheren Töchterschulen bearb. 5. vollständig umgearb. Aufl. gr. 8. (64 S.) Hannover, Meyer. n. — 30

Meyer, M. Wilh., die Königin d. Tages u. ihre Familie. Unterhaltungen üb. unser Planetensystem u. das Leben auf anderen Erdsternen. Mit e. Titelbild u. 3 Text-Illustr. 8. (X, 368 S.) Teschen, Prochaska. n. 4. 50; geb. n. 5. —

Meyer, Otto, üb. den Glycogengehalt embryonaler u. jugendlicher Organe. Inaugural-Dissertation. gr. 8. (30 S.) Breslau 1884, (Köhler). baar n. 1. —

Meyer, Paul Erich, quaestiones grammaticae ad Scauri artem restituendam spectantes. Dissertatio inauguralis. gr. 8. (70 S.) Jena, (Neuenhahn). baar n. 2. 20

Meyer, Thdr., S. J., institutiones juris naturalis seu philosophiae moralis universae secundum principia S. Thomae Aquinatis ad usum scholarum adornavit Th. M. Pars I. Jus naturae generale, continens ethicam generalem et jus sociale in genere. gr. 8. (XX, 498 S.) Freiburg i/Br., Herder. n. 6. —

Meyer-Markau, Wilh., Kehr als Seminardirektor. Erinnerungen. 3. Aufl. 8. (IV, 112 S.) Leipzig, Unflad. n. 1. 20

Meyern, G. v., Teuerdank's Brautfahrt, s.: Romanbibliothek der Gartenlaube.

Meyn's, Dr. L., schleswig-holsteinischer Haus-Kalender auf d. J. 1886. 18. Jahrg. Hrsg. v. Dr. H. Reck. 16. (48 u. 143 S. m. eingedr. Holzschn.) Garding, Lühr & Dircks. n. — 40

—— Schleswig-Holsteinisches landwirthschaftl. Taschenbuch auf d. J. 1886. 26. Jahrg. gr. 16. (314 S.) Itzehoe. (Altona, Schlüter.) geb. baar n. n. 1. 80

Meysenbug, Malwida v., gesammelte Erzählungen. gr. 8. (III, 223 S.) Zürich, Verlags-Magazin. n. 3. 20

Michaelis, A., Michelangelos Leda u. ihr antikes Vorbild, s.: Festgruss, Strassburger, an Anton Springer.

(65/1) **Michaelis**, Alfr., die Lehre vom einfachen, doppelten, drei- u. vierfachen Contrapunkte, unter besond. Berücksicht. d. vielstimm. u. Vokal-Satzes. 2. Tl.: Der doppelte, drei- u. vierfache Contrapunkt. Lex.-8. (IV, 74 S.) Leipzig 1886, Merseburger. (à) 2. 25

Michahelles, Sek.-Lieut. Geo., praktische Anleitung zum Kroquieren nach der in der k. b. Kriegsschule gebräuchlichen Methode f. Einjährig-Freiwillige u. f. den Unterricht an Unteroffiziere u. Unteroffiziers-Aspiranten; m. e. Zeichenschule. Mit vielen Abbildgn. gr. 8. (IV, 35 S. m. 12 Taf.) Nürnberg, v. Ebner. n. 1. 50

Michaud, histoire de la première croisade. Erklärt v. Gymn.-Oberlehr. Dr. F. Lamprecht. Mit 1 Karte. 2. verb. Aufl. gr. 8. (208 S.) Berlin, Weidmann. 2. 25

Michelis, Prof. Dr. Fr., Hobelspäne. Gedichte m. e. geharnischten Vorworte. 8. (XII, 77 S.) Mainz, Diemer. n. 2. —

—— die naturwissenschaftliche Unhaltbarkeit der Darwinschen Hypothese. Vortrag. 8. (31 S.) Heidelberg, Weiss' Verl. n. — 60

Michell, Gust., das Buch der Esel. Mit 25 Zeichngn. vom Verf. 2. (Titel-) Aufl. 8. (287 S.) Jena (1884) 1886, Mauke. n. 4. —; geb. n. 5. —

Michelson, Dr. P., die Electrolyse als Mittel zur radicalen Beseitigung an abnormer Stelle gewachsener Haare. Mit 3 Abbildgn. [Aus: „Berl. klin. Wochenschr."] 8. (19 S.) Berlin 1886, Hirschwald. baar n. — 40

Micklitz, Ob.-Landforstmstr. Hofr. R., neue Beiträge zur Pensions-Statistik der land- u. forstwirthschaftl. Beamten. Vorher: Rechenschaftsbericht d. Directoriums d. Vereines zur Förderg. der Interessen der land- u. forstwirthschaftl. Beamten f. das 5. Vereinsj. 1884. gr. 8. (62 S.) Wien, Frick in Comm. n. 1. —

Mierzinski, Dr. Stanisl., die Fabrikation d. Aluminiums u. der Alkalimetalle. Mit 27 Abbildgn. 8. (VIII, 112 S.) Wien, Hartleben. n. 2. —

Miescher, E., die St. Gallische Kaufmannsfrau Anna Schlatter, s.: Reben am Weinstock.

Mieth-, Pacht- u. Gesinderecht, das, nebst dem amtsgerichtlichen Prozeßverfahren nach der deutschen Civilprozeßordnung. Unter Berücksicht. d. gemeinen Rechts, d. preuß. Landrechts, d. französ. Civilrechts, sowie der Partikular-Gesetze in Schleswig-Holstein, Hannover u. Hessen-Nassau. Ein prakt. Handbuch f. Jedermann. Mit Anleitg. zur selbstständ. Abfassg. v. Verträgen, Anstellg. v. Klagen, Betreibg. d. Prozesses u. Zwangsvollstreckungsverfahrens. Nebst vollständ. Sachregister. In leichtfaßl. Weise bearb. v. e. königl. preuß. Rechtsanwalt. 3. Aufl. gr. 8. (159 S.) Frankfurt a/M. 1886, Gestewitz. baar n. 1. —; geb. n. 1. 30

Migault, Jean, Tagebuch od. Leiden e. protestant. Familie aus dem Poitou vor u. nach der Aufhebg. d. Edictes v. Nantes. Zur Feier der 200jähr. Wiederkehr d. 29. Octbr. 1685, d. Tages d. Edictes v. Potsdam, aus dem Franz. übers. u. hrsg. v. J. L. Mathieu. gr. 8. (84 S.) Berlin, Plahn in Comm. n. 1. —

Mignet, M., histoire de la révolution française depuis 1789 jusqu'en 1814. Hrsg. u. m. sprachl., sachl. u. geschichtl. Anmerkgn. versehen v. Oberlehr. Dr. Adf. Korell. 1. Bd.: Introduction et assemblée constituante. 2. verb. Aufl. gr. 8. (XVIII, 125 S.) Leipzig, Teubner. 1. 50

Mikado, s.: Briefe August Bemmchens in Kamerun.

Mikosch, Dr. Carl, üb. die Entstehung der Chlorophyllkörner. [Mit 2 (lith.) Taf.] [Arbeiten d. pflanzenphysiolog. Institutes der k. k. Wiener Universität XXX.] [Aus: „Sitzungsber. d. k. Akad. d. Wiss."] Lex.-8. (30 S.) Wien, (Gerold's Sohn). n.n. — 90

Mila, Guillaume, Geschichtsschreiber v. Berlin. [Aus: „Mittheilgn. d. Vereins f. d. Geschichte Berlins".] gr. 8. (15 S.) Berlin, (Mittler & Sohn). n. — 50

Militair-Gesang u. Gebetbuch, evangelisches, m. der preußischen Agende. Kleine Ausg. 16. (LIV, 206 S.) Berlin, G. Reimer. Auf ordinär Pap. baar n.n. — 25; auf stärkerem Pap. n.n. — 40; geb. in Leinw. m. Goldschn. n. 1. 60; in Ldr. m. Goldschn. n. 2. —

—— —— dasselbe. Größere Ausg. auf feinem Pap. 8. (LVI, 256 S.) Ebd. baar n.n. — 80; geb. in Leinw. m. Goldschn. n. 3. 60; in Ldr. m. Goldschn. n. 5. —; in Saffian m. Goldschn. n. 16. —

—— —— dasselbe. Ohne preuß. Agende. Kleine Ausg. 16. (VI, 206 S.) Ebd. Auf ordinär Pap. baar n.n. — 20; auf stärkerem Pap. n.n. — 35

—— —— dasselbe. Größere Ausg. auf feinem Pap. 8. (VIII, 256 S.) Ebd. baar n.n. — 70

Militär-Kalender, österreichischer, „Mars" f. 1886. 19. Jahrg. Neue Folge. 5. Jahrg. 16. (III, 177 S. m. 1 chromolith. Eisenbahnkarte.) Wien, Perles. geb. in Leinw. n. 3. —; in Ldr. n. 4. —

Militär-Strafprozeß-Ordnung. Amtliche Zusammenstellg. der üb. das Strafverfahren bei den Gerichten d. steh. Heeres u. der Kriegs-Marine besteh. Gesetze u. Vorschriften. 2. Aufl. 8. (VI, 243 S.) Wien 1884, Hof- u. Staatsdruckerei. n. 1. 20

Militär-Vorschriften. Taschen-Ausg. [Zusammengestellt f. den Feld-Gebrauch.] 3., 10—12., 15., 17., 36. u. 37. Hft. 8. Wien, Hof- u. Staatsdruckerei. n. 9. 32

Inhalt: 3. Vorschrift üb. die Beurlaubung der im Gage-Bezuge stehenden Personen d. k. k. Heeres, vom J. 1885. (IV, 84 S.) n. 1.20. — 10. Gebürenvorschrift f. das k. k. Heer, vom J. 1884. I. Thl. Friedensgebüren. 1. Hft. enth.: Geld- u. Natural-Gebüren, Beförderungsmittel u. Gebüren bei Dienstreisen u. Marschbeweggn. (XIX, 207 S.) n. 1.80. — 11. Dasselbe. 2. Hft. Enth.: Futtergebüren der Thiere. Service-Gebüren. Pauschal-Gebüren. Gebüren der Familien der activen Personen d. Heeres. Anhang. (VI, 146 S.) n. 1. 40. — 12. Dasselbe. 2. Thl. Mobilitätsgebüren. (X, 116 S.) n. 1.20. — 15. Vorschrift üb. das Verfahren bei Aufrechnungs-Bedeckungen. Passirungen u. Ersatz-Verhandlungen vom J. 1884. (XII, 50 S.) n. — 72. — 17. Instruktion üb. das militärische Dienstes-Verhältniß der im Linien-, Reservestande u. in der Ersatzreserve befindlichen Personen d. k. k. Heeres u. der Kriegs-Marine außer der Zeit der aktiven Dienstleistung, die Evidenthaltung derselben u. über die periodischen Waffen-(Dienst-)Übungen. I. Thl.: über das militär. Dienstes-Verhältniß der Personen d. Mannschaftsstandes 2c. vom J. 1871. [Berichtigt bis Ende März 1885.] (VII, 136 S.) n. 1. 40. — 36. Organische Bestimmungen f. das Pionnier-Regiment u. f. das Pionnier-Zugs-Depot vom J. 1883. (V, 30 S.) n. — 60. — 37. Organische Bestimmungen f. den Genie-Stab, vom J. 1882, u. f. die Genie-Truppe, vom J. 1883. Dienst-Vorschrift f. die Genie-Chefs bei den Korps-[Militär-]Kommanden vom J. 1877. [Berichtigt bis Ende Apr. 1885.] (VIII, 56 S.) n. 1.

Miller, Otto, de decretis atticis quaestiones epigraphicae. Commentatio inauguralis philologica. gr. 8. (57 S.) Breslau, (Maruschke & Berendt). n. 1. —

Milne, Prof. John, appendix to recherches sur les tremblements de terre au Japon. Spécialement imprimé pour le congrès géologique de Berlin. gr. 8. (24 S.) Berlin, Friedländer & Sohn. baar n. 1. —

Milow, S., Arnold Frank, s.: National-Bibliothek, deutsch-österreichische.

Mindermann, Marie, bis zum Senator. Eine Erzählg. f. Alt u. Jung. 2. (Titel-) Ausg. 8. (192 S.) Bremen (1877), Haake. n. 2. —

Mischke, C., u. A. Tromnau, Lehrer, der religiöse Lern- u. Merkstoff f. evangelische Schulen. Mit Berücksicht. der 3 Unterrichtsstufen zusammengestellt. gr. 8. (92 u. Begleitwort 4 S.) Berlin, Th. Hofmann. n. — 40

Mischke, J. G., das erste Schuljahr in der ein- u. mehrklassigen Schule. 4. Aufl. gr. 8. (IV, 56 S.) Langensalza, Beyer & Söhne. — 60

Mischnaioth. Hebräischer Text m. Punktation, deutscher Uebersetzg. u. Erklärg. v. Dr. A. Sammter. (In 40 Lfgn.) 1—4. Lfg. gr. 8. (1. Bd. S. 1—128.) Berlin, (Adf. Cohn). baar à n.n. 1. —

Missionsbüchlein. Zur Bewahrg. u. Erneuerg. der Missionsfrüchte. Von e. Missionär aus dem Kapuzinerorden. 16. (VIII, 232 S.) Mainz 1886, Frey. n. — 75; geb. n. 1. —

Missions- u. Exercitien Erneuerung. 72 Missions- u. Exerzitien-Betrachtgn. üb die großen u. ernsten Heilswahrheiten zur Rettg. der Seele. Hauptinhalt der Missionspredigten u. der Exercitienbetrachtgn., welche zwar zu jeder Zeit als Auffrischg. der Mission u. der Exercitien, auch als Büchlein f. Privatexercitien, dienen können, aber so auf alle Tage der Advents- u. Weihnachtszeit vertheilt sind, daß alle Betrachtgn. der Reihe nach vorkommen, u. diese Zeit passend als e. jährl. Missions- u. Exercitien-Erinnerg. kann benutzt werden. Nebst Morgen-, Abend- u. Meßgebeten u. Litaneien f. die Advents- u. Weihnachtszeit. Von e. kathol. Pfarrer J. E. [Hrsg. der „Maiandcht".] 2. verb. Aufl. 16. (VIII, 256 S.) Paderborn, Bonifacius-Druckerei. n. — 60

Missionsharfe, kleine, im Kirchen- u. Volkston f. festliche u. außerfestliche Kreise. 42. Aufl. m. Ster. 12. (136 S.) Gütersloh, Bertelsmann in Comm. baar n.n. — 30

Missions-Kalender, evangelischer. 1886. 1. u. 2. Aufl. 16. (62 S. m. eingedr. Holzschn. u. 1 Chromolith.) Basel, Missionsbuchh. in Comm. n. — 25

Mitregenten u. fremde Hände in Deutschland. gr. 8. (28 S.) Zürich 1886, Verlags-Magazin. n. — 60

Mittelsdorf, J., Frankfurt, Hanau u. Umgegend, s.: Renaissance, deutsche.

Mittenzwey, L., Geometrie f. Volks- u. Fortbildungsschulen u. untere Klassen höherer Lehranstalten. Ausg. B in 3 Hftn. Für die Hand der Schüler gr. 8. (Mit eingedr. Fig.) Leipzig, Klinkhardt. à n. — 30
1. 5. Aufl. (32 S.) — 2. 4. Aufl. (35 S.) — 3. 3. Aufl. (36 S.)

—— die Zukunft unserer Kinder. Ein Ratgeber bei der Wahl e. Berufes f. alle Lebensgebiete im Staatsdienst wie in Privatstellg. Die verschiedenen Berufsarten in Wissenschaft u. Kunst, Handel, Verkehr u. Gewerbe, betrachtet nach ihren Licht- u. Schattenseiten u. in ihren Anforderngn. u. Gewährleistgn. Nebst e. Anh. üb. die weibl. Berufszweige. Für Eltern, Vormünder, Lehrer u. heranwachs. Schüler bearb. gr. 8. (XVI, 228 S.) Ebd. n. 3. —

Mitteregger, Prof. Dr. Gius., trattato di chimica inorganica pelle scuole reali superiori. Tradotte sulla II. ed. originale da Ernesto Girardi. Con 45 incisioni originali in legno intercalate nel testo ed 1 tavola spettrale in colori. gr. 8. (VIII, 252 S.) Wien 1886, Hölder. n. 3. 20

Mitterstiller, Gymn.-Prof. Gabr., die Collectanea-Frage der Instructionen f. den Unterricht an den Gymnasien in Oesterreich. gr. 8. (III, 56 S.) Graz, Leuschner & Lubensky. n. 1. 60

(85/1) **Mittheilungen** der Afrikanischen Gesellschaft in Deutschland. Unter Mitwirkg. d. Vorstandes hrsg. v. Dr. W. Erman. [Red. der Karten v. Dr. R. Kiepert.] 4. Bd. 5. u. 6. Hft. gr. 8. (IV u. S. 293—411 m. 4 Karten). Berlin, D. Reimer in Comm. baar n. 4. 60 (4. Bd. cplt.: n. 16. —)

—— des Altertumsvereins zu Plauen i. V. 5. Jahresschrift auf d. J. 1884—85. Hrsg. v. Sem.-Oberlehr. Dr. Joh. Müller. gr. 8. (X, 220 S. m. 1 Steintaf.) Plauen, Neupert in Comm. baar n. 3. 60

(84/2) —— archaeologisch-epigraphische, aus Oesterreich, hrsg. v. O. Benndorf, O. Hirschfeld, E. Bormann. 9. Jahrg. 1885. gr. 8. (1. Hft. 144 S. m. 4 Taf.) Wien, Gerold's Sohn in Comm. n. 9. —

/1) **Mittheilungen** d. Vereines der Aerzte in Steiermark. 21. Vereinsj. 1884. Red. v. Doc. Dr. J. Kratter, Prof. Dr. R. Klemensiewicz u. Doc. Dr. F. Müller. gr. 8. (148 S.) Graz, Leuschner & Lubensky in Comm. n. 2. 40

/1) —— der schweizerischen entomologischen Gesellschaft. Red. v. Dr. Gust. Stierlin. 7. Bd. 3. u. 4. Hft. gr. 8. (S. 99—203.) Schaffhausen. Bern, Huber & Co. in Comm. à n. 1. 80

/2) —— des Vereins f. Erdkunde zu Halle a/S. Zugleich Organ d. thüringisch-sächs. Gesamtvereins f. Erdkunde. 1885. gr. 8. (136 S. m. 9 Taf. u. Karten.) Halle, Tausch & Grosse. n. 4. —

/2) —— des Vereins f. Erdkunde zu Leipzig. 1884. Hierzu e. (cart.) Atlas (8 Chromolith in gr. Fol.) gr. 8. (III, 408 S. m. 1 photocop. Karte.) Leipzig, Duncker & Humblot. n. 14. —

/2) —— des evangelischen Vereins in der Prov. Sachsen. Nr. 17. gr. 8. (35 S.) Halle, Pfeffer. n. — 50

/2) —— amtliche, aus den Jahres-Berichten der m. Beaufsichtigung der Fabriken betrauten Beamten. 9. Jahrg. 1884. Behufs Vorlage an den Bundesrath u. den Reichstag zusammengestellt im Reichsamt d. Innern. Lex.-8. (XIV, 781 S.) Berlin, Kortkampf. baar 15. —; geb. n. 16. —

— des niederösterreichischen Forstvereines an seine Mitglieder. Red. v. Oberförster Fritz A. Wachtl. Jahrg. 1885. gr. 8. (1. Hft. 56 S.) Wien, Hölder). baar n. 8. —

— des deutschen Gebirgsvereines f. das Jeschken- u. Iser-Gebirge. Red.: Prof. Frdr. Maschek. 1. Jahrg. 1885. 4 Nrn. gr. 8. (Nr. 1: 1¼ B.) Reichenberg, Fritsche in Comm. baar 3. —

— aus der geburtshilflich-gynäkologischen Klinik zu Tübingen. Hrsg. von Prof. Dr. Joh. v. Säxinger. 1. u. 2. Hft. gr. 8. Tübingen, Fues. n. 9. 40

Inhalt: 1. Beobachtungen aus der Tübinger geburtshilflichen Klinik umfassend den Zeitraum 1869—1881 v. fr. Assist.-Arzt Dr. Frdr. Hauff. (IV, 116 S. m. 5 Taf.) Eine Puerperalfieberepidemie in der Tübinger geburtshilflichen Klinik. Ein Beitrag zur Verbreitungsweise u. Behandlg. d. Puerperalfiebers v. Assist.-Arzt Dr. Eug. Kommerell. (S. 117—153.) 1884. n. 5. —. — 2. Studien üb. Erkrankungen der Placenta u. der Nabelschnur, bedingt durch Syphilis, v. Rud. Zilles. (S. 155—297 m. 4 Taf.) n. 4.40.

) —— der geographischen Gesellschaft in Hamburg 1882—83. Im Auftrage d. Vorstandes hrsg. v. L. Friederichsen. Mit 4 Karten, 3 ethnograph. Taf., 7 Autotypien u. 1 Kartenskizze. 2. (Schluss-) Hft. gr. 8. (VI u. S. 189—356.) Hamburg, Friederichsen & Co. (à) n. 6. —

- dasselbe. 1884. Mit 2 Karten. gr. 8. (IV, 359 S.) Ebd. n. 10. —

- dasselbe. 1885. 1. Hft. Im Auftrage d. Vorstandes hrsg. v. L. Friederichsen. gr. 8. (79 S.) Ebd. n. 2. —

) —— der geographischen Gesellschaft [f. Thüringen] zu Jena. Zugleich Organ d. botan. Vereins f. Gesamtthüringen. Im Auftrage der Gesellschaft hrsg. v. Pfr. G. Kurze u. Lehr. Dr. F. Regel. 4. Bd. gr. 8. (1. u. . Hft. 68 u. 64 S.) Jena, Fischer. n. 5. —

) —— der Geographischen Gesellschaft in Lübeck. 4—7. Hft. gr. 8. Lübeck, Grautoff. n. 6. 40

Inhalt: 4. Beschreibung der erdmagnetischen Station zu Lübeck. Von Dr. W. Schaper. [Aus: „Meteorol. Ztschr."] (26 S. m. 4 Steintaf.) n. 2.40. — 5. 6. (IV, 159 S. m. 1 Kartenskizze.) n. 2.50. — 7. Dr. P. Friedrich, Zusammenstellung der, die Landeskunde d. Lübeckischen Staatsgebietes betr. Litteratur. (44 S.) n. 1.50.

) —— des Vereins f. Geschichte der Deutschen in Böhmen. Nebst der literar. Beilage. Red. v. Dr. Ludw. Schlesinger. 24. Jahrg. 1885/86. Hfte. gr. 8. (1. Hft. 96 u. 36 S.) Prag. Leipzig, Brockhaus' Sort. in Comm. à Hft. n. 2. —

(84/2) **Mittheilungen** zur vaterländischen Geschichte. Hrsg. vom histor. Verein in St. Gallen. Neue Folge. 10. Hft. [Der ganzen Folge XX.] gr. 8. St. Gallen, Huber & Co. n. 6. —
Inhalt: Fridolin Sicher's Chronik. Hrsg. v. Ernst Götzinger. (XXXI, 284 S.)

(83/2) —— des Vereins f. die Geschichte u. Alterthumskunde v. Erfurt. 12. Hft. gr. 8. (LVI, 242 S.) Erfurt, Villaret in Comm. n. 3. 60

(84/2) —— des Instituts f. österreichische Geschichtsforschung. Unter Mitwirkg. v. Th. Sickel u. H. Ritter v. Zeissberg red. v. E. Mühlbacher. 1. Ergänzungsbd. 3. Hft. Mit e. Karte. gr. 8. (III u. S. 401—738.) Innsbruck, Wagner. n. 6. 80 (1. Ergänzungsbd. cplt.: n. 14. 80)

(84/2) —— Schweizer graphische. Red.: G. Binkert. 4. Jahrg. Septbr. 1885—Aug. 1886. 24 Nrn. (B. m. Illustr.) Imp.-4. St. Gallen. (Zürich, Schmittner.) n. 6. 50

—— des historischen Vereins f. Heimathkunde zu Frankfurt a/O. 15—17. Hft. Mit Abbildgn. Hrsg. im Namen d. Vereins v. Gymn.-Prof. R. Schwarze. gr. 8. (102 S.) Frankfurt a/O., (Harnecker & Co.). baar n. 4. —

(84/2) —— des historischen Vereines f. Steiermark. Hrsg. v. dessen Ausschusse. 33. Hft. gr. 8. (XX, 222 S. u. Stiria illustrata S. 193—256.) Graz, Leuschner & Lubensky in Comm. n. 4. —

(84/2) —— aus dem Stadtarchiv v. Köln, hrsg. v. Dr. Konst. Höhlbaum. Mit Unterstützg. der Stadt Köln. 7. u. 8. Hft. gr. 8. Köln, Du Mont-Schauberg. n. 5. 40 (1—8.: n. 28. 40)
7. (V, 137 S.) n. 3.60. — 8. (III, 58 S.) n. 1.80.

(80/2) —— der Gesellschaft f. Salzburger Landeskunde. 21—24. Vereinsj. 1881—1884. (1881 red. v. Prof. E. Richter.) gr. 8. (264, 264, 439 u. 350 S.) Salzburg, (Dieter). baar à n.n. 10. —

(84/2) —— praktisch- u. chemisch-technische, f. Malerei, Farbentechnik u. diesbezügliche Baumaterialienkunde v. A. Keim. Technisches Zentral-Organ f. Kunst- u. Dekorationsmaler, Architekten, Baumeister, Fabrikanten, Techniker 2c. 2. Jahrg. Oktbr. 1885—Septbr. 1886. 12 Nrn. (à 1—2 B.) Fol. München. Leipzig, Scholtze in Comm. Vierteljährlich baar n. 1. 50

(84/2) —— mathematisch-naturwissenschaftliche, hrsg. v. Rekt. Dr. Otto Böklen. 2. Hft.: 1885. gr. 8. (96 S. m. eingedr. Fig. u. 1 lith. Portr.) Tübingen, Fues. n. 2. —

(84/2) —— des k. k. militär-geographischen Institutes. Hrsg. auf Befehl d. k. k. Reichs-Kriegs-Ministeriums. 5. Bd. 1885. Mit 18 Beilagen. gr. 8. (IV, 191 S.) Wien, Lechner's Sort. in Comm. n. 1. 20

(85/1) —— der naturforschenden Gesellschaft in Bern aus dem J. 1885. Red.: Dr. J. H. Graf. 1. u. 2. Hft. Nr. 1103—1132. gr. 8. (XV, 124 u. 110 S. m. 6 Steintaf.) Bern, Huber & Co. in Comm. n. 7. 60

(84/2) —— der deutschen Gesellschaft f. Natur- u. Völkerkunde Ostasiens. Hrsg. v. dem Vorstande. 32. u. 33. Hft. gr. 4. (4. Bd. S. 35—162 m. 3 Tab. u. 12 Steintaf.) Yokohama. Berlin, Asher & Co. in Comm. baar à n.n. 6. —

(84/2) —— der Oekonomischen Gesellschaft im Königr. Sachsen. 1884—1885. 11. Fortsetzg. der Jahrbücher f. Volks- u. Landwirthschaft. Jahres-Bericht u. Vorträge v. Herm. Rost, Roth-Döbeln, Steiger-Leutewitz, v. Stieglitz-Mannichswalde. gr. 8. (X, 105 S.) Dresden, Schönfeld. n. 2. —

(84/2) —— aus der ophthalmiatrischen Klinik in Tübingen. Hrsg. v. Prof. Dr. Albr. Nagel. 2. Bd. 2. Hft. Mit 4 lith. Doppel-Taf. u. 5 Holzschn. gr. 8. (III u. S. 167—258.) Tübingen, Laupp. (à) n. 4. —

Mittheilungen d. bernischen statistischen Bureau's. Jahrg. 1885. 1. u. 2. Lfg. gr. 8. (151 S.) Bern, Schmid, Francke & Co. in Comm. n. 2. —
(82/1) —— des statistischen Amtes der Stadt Chemnitz. Hrsg. v. Med.-R. Dr. Max. Flinzer. 6. u. 7. Hft. gr. 4. (138 S.) Chemnitz, Focke. n. 4. 40 (1—7.: n. 16. 90)
(84/2) —— des statistischen Amtes der Stadt Leipzig. 17. Hft. gr. 4. Leipzig, Duncker & Humblot. n. 1. — (1—17.: n. 21. —)
Inhalt: Der Bevölkerungswechsel in Leipzig in den J. 1883 u. 1884 (22 S.)
(85/1) —— des statistischen Bureaus der Stadt München. 8. Bd. 1. Hft. gr. 4. (140 S. m. 4 Taf.) München, Lindauer. baar n. 3. —
Die restirenden Hefte d. 7. Bds. erscheinen später.
—— technisch statistische, üb. die Stromverhältnisse d. Rheins längs d elsass-lothringischen Gebietes. Aufgestellt im Ministerium f. Elsass-Lothringen, Abtheilg. f. Gewerbe, Landwirthschaft u. öffentl. Arbeiten. 1. Hft. Text m. Atlas. hoch 4. (193 S. m. 52 Taf.) Strassburg, Schmidt. n. 12. —
—— des technologischen Gewerbe-Museums in Wien. [Section f. Färberei, Druckerei, Bleicherei u. Appretur.] Fach-Zeitschrift f. die chemische Seite der Textil-Industrie. Hrsg. vom niederösterreich. Gewerbe-Verein. Red.: W. F. Exner. II. Folge. Jahrg. 1885. 4 Nrn. gr. 8. (128 S.) Wien, Graeser. n. 4. —
(85/1) —— aus der zoologischen Station zu Neapel, zugleich e. Repertorium f. Mittelmeerkunde. 6. Bd. 2. Hft. gr. 8. (S. 149—296 m. 11 Steintaf. u. 1 Zinkogr.) Berlin, Friedländer & Sohn. n. 16. — (1. u. 2.: n. 30. —)
Mitzschke, Paul, e. griechische Kurzschrift aus dem 4. vorchristlichen Jahrhundert. gr. 8. (28 S.) Leipzig, Robolsky. n. — 60
—— Martin Luther, Naumburg a/S. u. die Reformation. Festschrift zur Begrüssg. der Versammlg. vormal. Schüler d. Naumburger Domgymnasiums am 30. Septbr., 1. u. 2. Oktbr. 1885 in Naumburg. gr. 8. (36 S.) Naumburg, Domrich. n. — 50
Mitzugoro, japanische Tuschzeichnungen. 1. Mappe. 4. (24 Lichtdr.-Taf.) Berlin, Bette. In Mappe. n. 12. 50
Möbius, Aug. Ferd., gesammelte Werke. Hrsg. auf Veranlassg. der königl. sächs. Gesellschaft der Wissenschaften. 1. u. 2. Bd. Lex.-8. Leipzig, Hirzel. à n. 16. —
1. Mit e. (Stahlst.-)Bildnisse v. Möbius. Hrsg. v. R. Baltzer. (XX, 634 S). — 2. Hrsg. v. F. Klein. (VII, 708 S.) 1886.
Möbius, H., H. Pöthig, O. Werner, Rechenbuch f. Volksschulen in 4 Hftn. 3. Hft. 5. Aufl. gr. 8. (55 S.) Leipzig, Klinkhardt. n. — 20
Möbius, Doz. Dr. Paul Jul., die Nervosität. 2., verm. u. verb. Aufl. 8. (XII, 195 S.) Leipzig, Weber. n. 2. —; geb. n.n. 3. —
Močnik, Dr. Frz. Ritter v., geometrische Anschauungslehre f. Unter-Gymnasien. 2. Abth. [f. die 3. u. 4. Classe]. Mit 95 in den Text gedr. Holzschn. 15. m. Rücksicht auf den neuen Lehrplan f. Gymnasien umgearb. Aufl. gr. 8. (115 S.) Wien, Gerold's Sohn. n. 1. 10; geb. n. 1. 50
—— geometria combinata col disegno ad uso delle scuole cittadine. Con 183 incisioni in legno intercalate nel testo. [Traduzione dal tedesco.] gr. 8. (III, 166 S.) Prag, Tempsky. n. 1. 50
—— Lehrbuch der Arithmetik f. Unter-Gymnasien. 2 Abthlgn. Mit Rücksicht auf den neuen Lehrplan f. Gymnasien umgearb. gr. 8. Wien, Gerold's Sohn. n. 3. 30; geb. n. 4. 10
1. 29. Aufl. (III, 144 S.) n. 1.80; geb. n. 2.20. — 2. 22. Aufl. (120 S.) n. 1.50; geb. n. 1.90.
—— Lehrbuch der Arithmetik u. Algebra, nebst e. Aufgaben-Sammlg., f. die oberen Classen der Mittelschulen. 21. umgearb. Aufl. gr. 8. (VII, 309 S.) Ebd. n. 3. 20; geb. n. 3. 70

Močnik, Dr. Frz. Ritter v., Lehrbuch der Geometrie f. die oberen Classen der Mittelschulen. 18. dem neuen Lehrplane entsprech. Aufl. Mit 221 in den Text gedr. Holzschn. gr. 8. (VIII, 293 S.) Wien 1886, Gerold's Sohn. geb. 3. 70

—— Rechenbuch f. die 1—3. Classe der Knaben-Bürgerschulen. gr. 8. Prag, Tempsky. n. 2. —; Einbd. à n.n. — 20
1. 5. umgearb. Aufl. (III, 61 S.) n. — 60. — 2. 5. umgearb. Aufl. (III, 98 S.) n. — 80. — 3. 9. umgearb. Aufl. (V, 78 S.) n. — 60.

—— Rechenbuch f. die 1—3. Classe der Mädchen-Bürgerschulen. gr. 8. Ebd. à n. — 60; Einbd. à n.n. — 20
1. 5. umgearb. Aufl. (III, 56 S.) — 2. 6. umgearb. Aufl. (IV, 60 S.) — 3. 10. umgearb. Aufl. (V, 70 S.)

Mode u. Handarbeit. Monatsbeilage zum schweizer. Familienwochenblatt f. unsere Frauen u. Töchter. Jahrg. 1885. 12 Nrn. (1½ B. m. Illustr. u. Schnittmusterbogen.) hoch 4. Zürich, Schröter. Vierteljährlich n. — 75

—— **u. Haus.** Praktische illustr. Frauen-Zeitg. m. illustr. belletrist. Beilage, Schnittmusterbogen u. Rabattverkehr-Ausnutzg. Red.: Dr. Russak, Josephine Calé, John Schwerin. 1. Jahrg. 1885. Octbr.—Decbr. 6 Nrn. (2 B.) gr. 4. Berlin, Schwerin's Verl. baar n. 1. —

Moedebeck, Sec.-Lieut. H., die Luftschiffahrt unter besond. Berücksicht. ihrer militärischen Verwendung. Historisch, theoretisch u. praktisch erläutert. (In 6 Lfgn.) 1—3. Lfg. gr. 8. (S. 1—192 m. eingedr. Fig.) Leipzig, Schloemp. à n. 2. —

(34/2) **Modenwelt**, die. Illustrirte Zeitg. f. Toilette u. Handarbeiten. 21. Jahrg. Octbr. 1885—Septbr. 1886. 24 Nrn. (2 B. m. eingedr. Holzschn., Schnittmusterbeilagen 2c.) Fol. Berlin, Lipperheide. Vierteljährlich baar 1. 25

—— Wiener. Hrsg. u. Red.: Hugo Engel. Jahrg. 1885. 12 Nrn. (B. m. eingedr. Holzschn. u. Schnittmusterbogen.) gr. 4. Wien, Wiener Modenwelt. n. 3. 50; halbjährlich n. 1. 80

Mohl, Paul, der Kinder-Engel. 25 Aquarellen. In Chromolith. v. R. Steinbock. gr. 4. (8 Bl. Text.) Berlin, Mitscher. cart. n. 6. —

Möhl, Prof. G., méthode facile théorique pour apprendre la langue allemande. 2. éd. 8. (V, 116 S.) Köln, Du Mont-Schauberg. n. 1. —

Mohn, H., die Strömungen d. europäischen Nordmeeres, s.: Petermann's, A., Mitteilungen aus J. Perthes' geographischer Anstalt.

Mohr, J. J., Gedanken üb. Leben u. Kunst. 8. (IV, 111 S.) Frankfurt a/M., Mahlau & Waldschmidt. n. 2. —; geb. n. 3. —

Mohr, Jos., die Pflege d. Volksgesanges in der Kirche. 2., verb. u. verm. Aufl. 8. (IV, 60 S.) Regensburg, Pustet. n. — 50

—— geistliches Vademecum. Taschengebetbuch f. Studierende. 16. (IV, 204 S. m. 1 Stahlst.) Ebd. n. — 40; geb. in Leinw. n. — 60; in Ldr. m. Goldschn. n. 1. 20

Mohr, Ludw., Roth-Weiß. Eine Erzählg. aus der Zeit d. Königr. Westphalen. 2. gänzlich umgearb. Aufl. (In 9 Lfgn.) 1—6. Lfg. 8. (1. Thl. 235 S. u. 2. Thl. S. 1—96.) Kassel, Kleimenhagen. baar à n. — 50

Mohr, Dr. Wilh., Antwerpen. Die allgemeine Ausstellg. in Briefen an die Kölnische Zeitg. gr. 8. (157 S.) Köln, A. Ahn. n. 2. 50

Möhrlin, F., der Pfennig in der Landwirtschaft, s.: Landmanns, d., Winterabende.

Mohrmann, Assist. Karl, üb. die Tagesbeleuchtung innerer Räume. gr. 8. (31 S. m. 2 Taf.) Berlin, Polytechn. Buchh. baar n. 1. 50

Moinaux, J., die beiden Tauben, s.: Theater, kleines.

(81/1) **Molière's**, J. B. P. de, Werke, m. deutschem Kommentar, Einleitgn. u. Exkursen hrsg. v. Prof. Dr. Adf. Laun. Fortgesetzt v. Oberlehr. Dr. Wilh. Knörich. 14. Bd. gr. 8. Leipzig, Leiner. n. 2. 25 (1—14.: n. 31. 45)
Inhalt: Sganarelle ou le cocu imaginaire. La Princesse d' Élide. (175 S.)

Molière, J. B. P. de, l'avare, — l'école des femmes, — le Tartuffe, s.: Théâtre français.

Molitor, Oberlandesger.-R. a. D. Ludw., vollständige Geschichte der ehemals pfalz-bayerischen Residenzstadt Zweibrücken von ihren ältesten Zeiten bis zur Vereinigung d. Herzogth. Zweibrücken m. der bayerischen Krone. Mit 14 Illustr. u. 1 Kriegskarte. nebst Personen- u. Sachregister. gr. 8. (XV, 613 S.) Zweibrücken, Schuler. n. 4. —

Moeller's, Ant., Danziger Frauentrachtenbuch aus dem J. 1601, in getreuen Faksimile-Reproduktionen neu hrsg. nach den Orig.-Holzschn., m. begleit. Text v. Archidiakon Archivar A. Bertling. 4. (16 S. m. 20 photozinkogr. Taf.) Danzig 1886, R. Bertling. geb. baar n. 8. —

Möller, Ed., Anleitung zur Anfertigung v. Geschäftsaufsätzen, Briefen u. Eingaben an Behörden, sowie zur gewerblichen Buchführung. Für die Hand der Schüler in Fortbildungsschulen, zum Gebrauch in den Oberklassen der Volksschulen u. zum Selbstunterricht f. jedermann bearb. 6. Aufl. gr. 8. (VI, 134 S.) Langensalza, Beyer & Söhne. cart. n. 1. 20

Möller, ehem. Lieut. Fr., biographische Notizen üb. die Offiziere, Militairärzte u. Beamten der ehemaligen Schleswig-Holsteinischen Armee u. Marine, hrsg. nach Aufzeichngn. d. verstorbenen k. preuß. Major Lübeck [ehem. Prem.-Lieut. im 3. Schlesw.-Holst. Jäger-Corps, Verfasser d. Werkes „Das Offizier-Corps der Schlesw.-Holst. Armee"] u. dem Auftrage der Versammlg. Schlesw.-Holst. Offiziere u. Beamten, Altona, den 4. Juli 1884. gr. 8. (154 S.) Kiel, Universitäts-Buchh. in Comm. n. 2. —

Moeller, Privatdoc. Dr. Jos., Mikroskopie der Nahrungs- u. Genussmittel aus dem Pflanzenreiche. Mit 308 in den Text gedr. Orig.-Holzschn. gr. 8. (VI, 394 S.) Berlin 1886, Springer. n. 16. —

Molmenti, P. G., die Venetianer. Geschichte u. Privatleben. Von der Gründg. bis zum Verfall der Republik. Preisgekrönt v. dem königl. Institut der Wissenschaften, Literatur u. Kunst in Venedig. Autoris. Uebersetzg. aus dem Ital. v. M. Bernardi. 8. (XI, 554 S.) Hamburg 1886, J. F. Richter. n. 5. —

Moltke's, **Generalfeldmarschall Graf**, Biographie, s.: Müller, W.

Mommsen, Privatdoc. Dr., wider das „Post hoc ergo propter hoc". Ein Beitrag zur Kenntniss e. in der speciellen Therapie noch vielfach gebräuchl. Forschungsmethode, nebst Vorschlägen zur Verbesserg. derselben. gr. 8. (28 S.) Berlin, Fischer's medicin. Buchh. n. — 80

Mommsen, Th., Handbuch der römischen Alterthümer, s.: Marquardt, J.

Monat, der, unserer lieben Frau v. Lourdes. Maiandacht in 31 Betrachtgn., nebst e. Anh. v. Meß-, Beicht- u. Kommuniongebeten zu Ehren unserer lieben Frau v. Lourdes nach der in Lourdes gebräuchl. Orig.-Maiandacht. Von K. L. 16. (104 S.) Brünn 1884. (Aachen, A. Jacobi & Co.) n. — 40

Monate, zwei, in Spanien. Reisetagebuch von Th. v. K. 8. (IV, 242 S. m. 12 Holzschntaf.) Wiesbaden 1885, (Rodrian). geb. n. 5. —

Monatsblatt der numismatischen Gesellschaft in Wien. Red.: Joh. Newald. 1. Jahrg. 1883. 5 Nrn. (1/4 B.) Lex.-8. Wien, (Manz). n.n. — 80

— dasselbe. Hrsg. u. Red.: Frz. Trau. 2. u. 3. Jahrg. 1884 u. 1885. à 12 Nrn. (1/4 B.) Lex.-8. Ebd. à Jahrg. n.n. 2. —

Monatsblätter f. innere Mission. Hrsg. im Auftrage d. Landesvereins f. innere Mission in Schlesw.-Holstein durch dessen Vereinsgeistl. Past. Braune. 5. Jahrg. 1885. 12 Nrn. (1/2 B.) gr. 8. Neumünster, Buchh. d. Schleswig-Holstein. Schriften-Vereins. Halbjährlich n. — 60

Monatshefte, Bremer. Zeitschrift f. Politik, Literatur u. Kunst. Hrsg. v. Dr. Emil Brenning. 1. Jahrg. 1885. 12 Hfte. gr. 8. (1—5. Hft. à ca. 3 B.) Bremen, Rocco. n. 9. —

(85/1) **Monatshefte** f. praktische Dermatologie. Red. unter Mitwirkg. von Dr. H. v. Hebra v. Dr. P. G. Unna. Jahrg. 1885. Ergänzungshft. gr. 8. Hamburg, Voss. n. 3. —; Einzelpr. n. 6. —
Inhalt: Leprastudien. Von Proff. DD. E. Baelz, E. Burow, DD. P. G. Unna, A. Wolff. Mit 9 Abbildgn. in Lichtdr. (78 S.)

(85/1) —— philosophische. Unter Mitwirkg. v. Cust. Dr. F. Ascherson, sowie mehrerer namhaften Fachgelehrten red. u. hrsg. v. C. Schaarschmidt. 22. Bd. 12 Hfte. gr. 8. (1. u. 2. Hft. 128 S.) Heidelberg, Weiss' Verl. baar n. 12. —

(85/1) **Monatsschrift**, internationale, f. Anatomie u. Histologie. Hrsg. v. R. Anderson, C. Arnstein, Ed. van Beneden etc., E. A. Schäfer, L. Testut u. W. Krause. 2. Bd. 5—8. Hft. gr. 8. (S. 223—386 m. Steintaf.) Kassel, Th. Fischer. n. 25. — (1—8.: n. 43. 50)

(85/1) —— kirchliche. Organ f. die Bestrebgn. der positiven Union, unter Mitwirkg. v. Gen.-Superint. D. Baur, Proff. DD. Christlieb, Cremer, hrsg. v. Superintendenten G. Pfeiffer u. H. Jeep. 5. Jahrg. Octbr. 1885—Septbr. 1886. 12 Hfte. gr. 8. (1. Hft. 88 S.) Magdeburg, E. Baensch jun. Vierteljährlich baar n. 2. 50

(84/2) —— für innere Mission m. Einschluß der Diakonie, Diaspora-Pflege, Evangelisation u. gesamten Wohlthätigkeit. Hrsg. unter Mitwirkg. v. Prof. Dr. E. Haupt, Insp. P. Kobelt, Hauptpast. L. F. Ranke, Vereinsgeistl. G. Schlosser, Prof. D. H. Schmidt, Pfr. R. Schuster v. P. Thdr. Schäfer. 6. Jahrg. Oktbr. 1885—Septbr. 1886. 12 Hfte. (3 B.) Mit dem Beiblatt: Zeitung f. innere Mission. 12 Nrn. (B.) gr. 8. Gütersloh, Bertelsmann. n. 7. 50

—— des Deutschen Vereins zum Schutze der Vogelwelt, begründet unter Red. von E. v. Schlechtendal. Red. v. Prof. Dr. Liebe, DD. Rey, Frenzel, Str.-Insp. Thiele. 10. Jahrg. 1885. 12 Nrn. (à 1—2 B.) gr. 8. Zeitz, (Huch). baar n. 8. —

(84/2) —— für christliche Volksbildung. Hrsg. unter Mitwirkg. v. Gmn.-Dir. Alexi, Reg.- u. Baur. Cuno, Landger.-R. a. D. Carl Fulda, Sem.-Dir. Dr. Ed. Kaiser, Past. Lic. Weber u. zahlreichen Herren verschiedensten Berufes v. Dr. Heinr. Rocholl. 3. Jahrg. Oktober 1885—Septbr. 1886. 12 Hfte. (à 2—2½ B.) gr. 8. Barmen, Wiemann. n. 3. —

(85/1) **Mönckeberg**, Past. D. Carl, Geschichte der freien u. Hansestadt Hamburg. 14—16. (Schluß-) Lfg. Lex.-8. (V u. S. 417—521). Hamburg, Perstiehl. baar à — 50

Monika-Kalender f. d. J. 1886. Mit 1 Wandkalender. 4. (104 S. m. Illustr. u. 1 Chromolith.) Donauwörth, Auer. n. — 50

Monod, Adf., ausgewählte Predigten. 2. (Titel-) Ausg. 8. (VIII, 299 S.) Oldenburg (1865) 1886, Stalling's Sort. n. 2. —

Monrad, D. G., das alte Neuseeland. Aus dem Dän. Deutsch v. Dr. Aug. W. Peters. 2. (Titel-) Aufl. 8. (III, 62 S.) Norden (1871), Fischer Nachf. n. 1. —

Monsterberg-Münckenau, S. v., der Infinitiv in den Epen Hartmanns v. Aue, s.: Abhandlungen, germanistische.

Montag, J. B., allgemeiner Rechenknecht zum Gebrauch in Deutschland, Oesterreich, der Schweiz etc. u. allen übrigen Ländern m. Decimal-Münz-System. Ein prakt. Ausrechner von 1/16 bis 3000 Stück, nebst Zinsen-Tabellen von 3½% bis 6%, e. Preis-Tabelle zur Berechng. d. Getreides u. Münz-, Mass- u. Gewichts-Tabellen aller Länder. 12. (IV, 145 S.) Berlin, S. Mode's Verl. n. 1. —

Montelius, Osc., die Kultur Schwedens in vorchristl. Zeit. Übers. v. Carl Appel nach der vom Verf. umgearb. 2. Aufl. gr. 8. (VIII, 198 S.) Berlin, G. Reimer. n. 6. —

Montesquieu's persische Briefe, s.: Universal-Bibliothek Nr. 2051—2054.

—— considérations sur les causes de la grandeur des Romains et de leur décadence. Erklärt v. Lehr. Dr. G. Erzgraeber. 2. Aufl. gr. 8. (XII, 154 S.) Berlin, Weidmann. 1. 50

(33/1) **Monumenta** Germaniae historica inde ab a. D usque ad a. MD, ed. societas aperiendis fontibus rerum germanicarum medii aevi. Auctorum antiquissimorum tom. VII. gr. 4. Berlin, Weidmann. n. 13. —; auf Schreibpap. n. 20. —

Inhalt: Magni Felicis Ennodi opera, rec. Frdr. Vogel. (LXII, 418 S.)

(34/1) —— dasselbe. Scriptorum rerum Merovingicarum tomi I. pars 2. gr. 4. Hannover, Hahn. n. 15. —; auf feinerem Velinpap. n. 22. 50 (Tom. I. cplt.: n. 29. —; auf feinerem Velinpap. n. 43. 50)

Inhalt: Gregorii Turonensis opera, edd. W. Arndt et Br. Krusch. Pars 2: Miracula et opera minora. (S. 451—964 m. 1 Handschrifttaf. in Lichtdr.)

—— vaticana historiam regni Hungariae illustrantia. Series I. Tom. 2. gr. 4. Budapestini. (Würzburg, Woerl.) baar n.n. 20. —; auf holländ. Pap. n.n. 25. —

Inhalt: Acta legationis cardinalis Gentilis. 1307—1311. (CXX, 510 S. m. 4 Photolith.)

Tom. 1. erscheint später.

Moody, D. L., zwölf Reden. Nach der autoris. engl. Übersetzg. 3. Aufl. 12. (VIII, 295 S.) Basel, Spittler. geb. n. 2. 20

Moerbe, Past. a. D. Johs., der praktische Vogelfreund od. nützl. Anleitg., wie man 94 der beliebtesten in- u. ausländ. Sing- u. Stubenvögel, besonders Kanarienvögel, Lerchen, Nachtigallen 2c. u. ihre verschiedenen Arten ziehen, warten u. zähmen muß. Nebst zuverläss. Angabe ihrer Nahrg., Pflege, Behandlg. in u. außer der Hecke, der besten Fangmethoden, ihrer Krankheiten u. Mittel, sie zu curiren, auch wie man Vögel sprechen lehren u. ausstopfen muß. 11. verb. Aufl. 8. (VIII, 152 S.) Berlin, Mode's Verl. 1. 50

Mörch, J. O., Handbuch der Chemigraphie u. Photochemigraphie. Nach eigenen Erfahrgn. bearb. Mit 16 Abbildgn. u. 8 Beilagen. 8. (X, 156 S.) Düsseldorf 1886, Liesegang. n. 4. —

Mordhorst, Dr. Carl, Antwort auf Hrn. Dr. Ziemssen's „Offene Erwiderung auf Hrn. Dr. Mordhorst's Wiesbaden gegen chronischen Rheumatismus, Gicht etc." gr. 8. (14 S.) Wiesbaden, (Moritz & Münzel). n. — 50

—— Wiesbaden gegen chronischen Rheumatismus, Gicht, Ischias etc. u. als Winter-Aufenthalt. gr. 8. (48 S.) Wiesbaden, Bergmann. n. 1. —

Morel, Bibliotb. Archiv. P. Gall, eremus sacra. Die heil. Wüste. Erinnerung an Maria-Einsiedeln. 16. (47 S. m. 1 Stahlst.) Einsiedeln, Benziger. geb. in Leinw. n. 1. 20; feine Ausg. auf Büttenpap. cart. n. 1. 60

(34/2) **Morf,** a. Sem.-Dir. H., zur Biographie Pestalozzi's. Ein Beitrag zur Geschichte der Volkserziehg. 3. Thl. Von Burgdorf üb. Münchenbuchsee nach Yverdon. gr. 8. (IV, 385 S.) Winterthur, Bleuler-Hausheer & Co. Verl. n. 4. — (1—3.: n. 11. 20)

Morgen- u. Abendgebete, christliche, auf alle Tage der Woche nach Dr. Joh. Habermann, sammt Beicht-, Abendmahls- u. andern Gebeten. Mit Liederanhang hrsg. v. der Berliner Stadtmission. 4. Aufl. 32. (160 S.) Berlin, Buchh. der Berliner Stadtmission. geb. baar n. — 20

Morgen- u. Abend-Opfer f. evangelische Christen in auserlesenen Gebeten auf alle Wochen-, Fest- u. Feiertage, f. Beicht u. Kommunion, f. Kranke u. Sterbende 2c. Ausgewählt aus den Schriften hervorrag. Gottesmänner. 16. Aufl. 32. (320 S.) Reutlingen, Fleischhauer & Spohn. cart. — 60; geb. in Leinw. — 90; m. Goldschn. 1, 20

Morgenstern, Mich., Untersuchungen üb. den Ursprung der bleibenden Zähne. Ausgeführt in dem Institute der normalen Histologie zu Genf. [Aus:

„Monatsschr. f. Zahnheilkde."] Mit 4 lith. Taf. u. 6 Holzschn. gr. 8. (VII, 114 S.) Leipzig, Felix in Comm. n. 4. —

Moritz, Kant. Lehr. Rudi, die wichtigsten Begebenheiten aus der Kirchengeschichte. Zum Gebrauch an evangel. Mittel- u. mehrklass. Volksschulen. 8. (III, 67 S.) Forbach, Hupfer. n. 1. —; geb. n. 1. 25

Morphy's, Paul, Schachspielkunst. Eine prakt. Anleitg., die Kunst d. regelrechten Schachspiels leicht u. gründlich zu erlernen. Mit Musterplänen u. vielen Abbildgn. Für Anfänger u. Geübte. Nebst den besten Partien verschiedener Schachwettkämpfe der neuesten Zeit u. e. Anzahl auserlesener Aufgaben. 12. verb. u. verm. Aufl. 8. (IV, 160 S.) Berlin, Mode's erl. 2. —

Morre, Carl, 's Nullerl. Volksstück m. Gesang in 5 Aufzügen. Musik nach steir. Motiven v. Vinc. Pertl. 2. u. 3. Aufl. gr. 8. (84 S.) Graz, Goll. n. 1. 20

—— durch die Presse. Posse m. Gesang in 1 Akt, Musik v. A. Tobisch. gr. 8. (18 S.) Bruck a/M. Ebd. baar n. — 80

—— Silberpappel u. Korkstoppel od. die Statuten der Ehe. Charakterbild m. Gesang in 4 Aufzügen. gr. 8. (73 S.) Ebd. n. 1. 20

Morville, Dr. Eugène, le parfait Français. Der perfecte Franzose. Eine Anleitg., in 14 Tagen Französisch richtig lesen, schreiben u. sprechen zu lernen. Mit vollständig beigefügter Aussprache. 16. (188 S.) Berlin, Berliner Verlags-Anstalt. — 75

Morwitz' Taschenwörterbuch der englischen u. deutschen Sprache m. besond. Berücksicht. der Amerikanismen, sowie aller im geschäftl., gewerbl., techn. u. wissenschaftl. Leben gebräuchl. Wörter, nebst Aussprache-Bezeichng. in beiden Sprachen. 2 Thle. 8. (624 S.) Philadelphia. Leipzig, Brockhaus. In 1 Bd. geb. n. 4. 50

—— neues Wörterbuch der englischen u. deutschen Sprache. 2 Thle. 8. (1232 S.) Ebd. In 1 Bd. geb. n. 6. —

Moschner, Paul, Beiträge zur Histologie der Magenschleimhaut. Inaugural-Dissertation. gr. 8. (31 S.) Breslau, (Köhler). baar n. 1. —

Moschos, s.: Theokritos.

Mosenberg, R., Datura, s.: Novellenkranz.

Moser, E., der Erduntergang, } s.: Album f. Liebhaber-Bühnen.
—— in der Falle, }

Moser, Hauptlehr. Ferd., Ornamentvorlagen f. gewerbliche Fach- u. Fortbildungsschulen, sowie f. kunstgewerbliche Werkstätten gezeichnet u. hrsg. (In 5 Hftn.) 1. Hft. Fol. (10 Photolith.) Leipzig, Seemann. In Mappe. n. 3. —

Moser, H., s.: Klassiker-Bibliothek der bildenden Künste.

—— die deutsche Stenographie, s.: Sammlung gemeinnütziger Vorträge.

Moser's, Joh. Jak., Biographie, s.: Wächter, O.

Moser, Otto, Wanderungen durch das Unstrutthal. Mit 1 Plan der „goldenen Aue". 8. (III, 64 S.) Leipzig, Bauer. n. — 80

Moser's, Paul, Notiz-Kalender als Schreibunterlage f. d. J. 1886. Fol. (106 S. m. 1 chromolith. Karte.) Berlin, Berliner lithograph. Institut. geb. n. 2. —; in Ldr. n. 3. —

—— dasselbe. Ausg. A. schmal-Fol. (240 S. m. 1 chromolith. Karte.) Ebd. geb. n. 2. —; Ausg. B. Mit Löschpap. durchschossen. geb. n. 2. 50

Mosler, H., s. Klassiker-Bibliothek der bildenden Künste.

Mothes, Baur. Dr. O., Baugeschichte der St. Marienkirche zu Zwickau. [Aus: „Zwick. Tageblatt u. Anzeiger".] gr. 16. (106 S.) Zwickau, (Konegen). n. — 80

Motschmann, Rechenbuch, s.: Barnikol.

Moufang, Domcapitul. Sem.-Regens Dr. Chrph., Officium divinum. Ein kathol. Gebetbuch, lateinisch u. deutsch, zum Gebrauche beim öffentl. Gottesdienst u. zur Privatandacht. 11. Aufl. 12. (XVI, 804 S.) Mainz, Kirchheim. n. 2. —; geb. n. 3. —; n. 4. 20 u. n. 6. —

Moyzisch, W., die Amortisirung v. Urkunden u. die Todeserklärung, s.: Frühwald, K.

Muchall, Ingen. C., das A-B-C d. Gas-Consumenten. Mit Abbildgn. 1. u. 2. Aufl. 8. (34 S.) Wiesbaden, Bergmann. n. — 80

Mücke, F., Wald-Hege u. -Pflege, s.: Taschenbibliothek, deutsche forstwirtschaftliche.

Mühe, Past. Ernst, der Aberglaube. Eine biblische Beleuchtg. der finstern Gebiete der Sympathie, Zauberei, Geisterbeschwörg. rc. 2., verm. u. verb. Aufl. 8. (48 S.) Leipzig 1886, Böhme. n. — 50

—— das enthüllte Geheimnis der Zukunft od. die letzten Dinge d. Menschen u. der Welt. Auf Grund bibl. Forschgn. f. das Volk dargelegt. 5. Aufl. 8. (XVI, 207 S.) Ebd. 1886. n. 1. 60; cart. n. 1. 80; geb. n. 2. 50

—— der Konfirmandenunterricht od. christlicher Glaubensweg f. jung u. alt, nach Dr. Mart. Luthers Katechismus, besonders f. Konfirmanden, dargelegt. 2., verb. u. verm. Aufl. gr. 8. (80 S.) Ebd. cart. n. — 75

(85/1) **Mühlbauer**, Parochus Wolfg., supplementum ad decreta authentica congregationis sacrorum rituum in usum cleri commodiorem ordine alphabetico concinnata. Tom. III. Fasc. 6. gr. 8. (XV u. S. 657—727.) München, Stahl. (à) 2. 50 (Hauptwerk u. Suppl. I—III. 96. 30)

(85/1) —— thesaurus resolutionum s. c. concilii, quae consentanee ad Tridentinorum pp. decreta aliasque canonici juris sanctiones prodierunt usque ad a. 1882, cum omnibus constitutionibus et aliis novissimis declarationibus s.s. pontificum ad causas respicientibus. Primum ad commodiorem usum ordine alphabetico concinnatus. Tom. V. Fasc. 5. gr. 4. (S. 401—504.) Ebd. (à) 3. —

Mühlberg, Prof. F., u. Handelsgärtner A. Kraft, die Blutlaus. Ihr Wesen, ihre Erkenng. u. Bekämpfg. Im Auftrage der eidgenöss. Landwirthschafts-Departements zum Gebrauche der eidgenöss., kantonalen u. Gemeinde-Experten hrsg. Mit 1 Taf. in Farbendr. gr. 8. (55 S.) Aarau, Christen. n. 1. 20

—— —— dasselbe. 2., theilweise umgearb. Aufl. gr. 8. (56 S.) Ebd. n. 1. 20

—— —— le Puceron lanigère. Sa nature, les moyens de le découvrir et de le combattre. Travail publié sur l'ordre du département fédéral de l'agriculture à l'usage des experts fédéraux, cantonaux et communaux. Avec 1 planche en couleur. Traduit en français par J. C. Ducommun. gr. 8. (63 S.) Bern, Wyss. n. 1. 20

Mühlen-Kalender, deutscher. Ein Taschenbuch m. den wichtigsten Regeln, Notizen u. Betriebs-Resultaten f. Müller u. Mühlen-Techniker, Teigwaaren-Fabrikanten etc. Unter Mitwirkg. v. Fachmännern hrsg. v. Civ.-Ing. W. H. Uhland. 7. Jahrg. 1886. Mit 1 (chromolith.) Eisenbahnkarte, mehreren Mühlenplänen (6 Steintaf.) u. 215 Illustr. im Text. 12. (IV, 212 u. 56 S.) Leipzig, Baumgärtner. geb. in Leinw. n. 3. —; in Ldr. n. 5. —

—— österreichisch-ungarischer illustrirter. Jahrbuch f. Müller, Bäcker, Getreidehändler etc. 9. Jahrg. 1886. Bearb. v. der Red. v. Pappenheim's österr.-ungar. Müller-Ztg. gr. 16. (VIII, 182 u. 130 S.) Wien, Perles. geb. in Leinw. n. 3. —; in Ldr. n. 4. —

Muhlert, Wilh., Beiträge zur Kenntniss üb. das Vorkommen der Tuberkelbacillen in tuberkulösen Organen. Nach Sectionsfällen zusammengestellt. Inaugural-Dissertation. gr. 8. (35 S.) Göttingen, (Vandenhoeck & Ruprecht). baar n. — 80

Mühlfeith, H., Vertheilung d. Lehrstoffes der Elementarclasse, s.: List, J.
Mühlfeld, Jul., Portrait-Skizzen. 2. (Titel-) Aufl. gr. 8. (VII, 335 S.) Norden (1873), Fischer Nachf. n. 5. —
Mühsam, Siegfr., Apotheken-Manual. Anleitung zur Herstellg. v. in den Apotheken gebräuchl. Präparaten, welche in der Pharmacopoea germanica, ed. altera, keine Aufnahme gefunden haben. 2. verm. u. verb. Aufl. gr. 8. (157 S.) Leipzig, Denicke. n. 3. —
Müllendorff, Priest. P. Jul., S. J., Entwürfe zu Betrachtgn. nach der Methode d. heil. Ignatius v. Loyola, zunächst f. Cleriker. 1. Bdchn. Die Bergpredigt. 34 Betrachtgn. 8. (VIII, 230 S.) Innsbruck 1886, F. Rauch. n. 1. 20
Müllener, Lehr. C., praktische Übungsschule in Sprachform u. Satzbau. Ein Lehr- u. Übungsbuch f. den Unterricht in der Grammatik der deutschen Sprache. Für schweizer. Volksschulen der Primar- u. Sekundarstufe methodisch bearb. gr. 8. (VIII, 168 S.) Bern, Huber & Co. n. 1. 50
Müllenhoff, K., Leitfaden f. den Unterricht in der Zoologie, s.: Vogel, O.
Müllenhoff, Karl, altdeutsche Sprachproben. 4. Aufl., besorgt v. Max Roediger. gr. 8. (VIII, 150 S.) Berlin, Weidmann. n. 3. 60
Müllensiefen, Pred. D. J., Abschieds-Predigt üb. Apostel-Geschichte 20, 32, geh. am 17. Sonntage nach Trin. den 27. Septbr. 1885 in der Marienkirche zu Berlin. gr. 8. (13 S.) Halle, Strien. n. — 25
—— tägliche Andachten zur häuslichen Erbauung. 11. unveränd. Aufl. 2 Thle. in 1 Bde. Lex.-8. (XVI, 342 u. IV, 335 S.) Ebd. n. 6. —; geb. n. 7. 50
Müller, Maj., der Kompagnie-Dienst. Ein Handbuch f. den Kompagniechef im inneren u. äußeren Dienst der Kompagnie. 4. verb. Aufl. Mit Holzschn. im Text. gr. 8. (VIII, 210 S.) Berlin 1886, Mittler & Sohn. n. 3. 60; geb. n. 4. 20
Müller, San.-R. Dr., üb. die Bacterien als Krankheitserreger. Vortrag, geh. am Tage d. 25jähr. Stiftungsfestes d. wissenschaftl. Vereins in Minden. Mit 1 Fig.-Taf. gr. 8. (32 S.) Minden, Bruns. n. — 50
(82/2) **Müller-Köpen**, Landmesser, die Höhenbestimmungen der königl. preuß. Landesaufnahme in Elsaß-Lothringen. 2. Hft. Zusammengestellt nach amtl. Werken. gr. 8. (S. 55—74.) Berlin, Müller-Köpen. baar n. 1. 35 (1. u. 2.: n. 8. 85)
—— die Höhenbestimmungen der königl. preuß. Landesaufnahme in der Prov. Rheinland. 1. Hft. 2., bericht. u. erweit. Aufl. Mit 1 Karte „Nivellitisches Höhennetz". Nach dem V. Bde. der Nivellements der Trigonometr. Abteilg. neu zusammengestellt. 8. (36 S.) Ebd. baar n. 7. —
Müller, A., der Islam im Morgen- u. Abendland, s.: Geschichte, allgemeine, in Einzeldarstellungen.
Müller, Adam, ethischer Charakter v. Göthes Faust. Mit e. Faustmärchen als Anh. 8. (IV, 251 S.) Regensburg, Manz. n. 2. 80
Mueller, Dr. Adph., quaestiones Socraticae. 4. (36 S.) Döbeln 1877. (Leipzig, Fock.) baar n. 1. —
Müller, Curt, Savello od. Doge u. Pirate. Trauerspiel in 5 Akten. 8. (132 S.) Leipzig, Mutze. n. 1. 50
Müller, vorm. Prof. Dr. Dav., alte Geschichte f. die Anfangsstufe d. historischen Unterrichts. 8. Aufl. Besorgt v. Prof. Dir. Dr. Frdr. Junge. 8. (174 S.) Berlin, Weidmann. geb. n. 1. 90
Müller, Prof. Dr. Dav. Heinr., vier palmyrenische Grabinschriften im Besitze d. Min.-Concipisten Hrn. Dr. J. C. Samson. [Mit 1 (Lichtdr.-)Taf.-] [Aus: „Sitzungsber. d. k. Akad. d. Wiss."] Lex.-8. (7 S.) Wien, Gerold's Sohn in Comm. n. — 60

Müller, Gymn.-Lehr. E., Hülfsbuch zur französischen Grammatik. 8. (IV, 90 S.) Hamburg, O. Meißner's Verl. n. 1. —

Müller, E. R., Leitfaden der unorganischen Chemie f. Gymnasien, Realprogymnasien, höhere Bürgerschulen, Seminare etc. Methodisch-systematisch bearb. 8. (VIII, 53 S.) Oldenburg 1884, Stalling's Verl. n. — 60

Müller, Bundesanw. Ed., Bericht üb. die Untersuchung betr. die anarchistischen Umtriebe in der Schweiz, an den hohen Bundesrath der schweiz. Eidgenossenschaft erstattet. gr. 8. (186 S.) Bern, Wyss. n. 2. —; französ. Ausg. (180 S.) n. 2. —

Müller, Realschuldir. Dr. Ed., Sinn u. Sinnverwandtschaft deutscher Wörter nach ihrer Abstammung aus den einfachsten Anschauungen entwickelt. (In 5—6 Lfgn.) 1. u. 2. Lfg. gr. 8. (VIII, 120 S.) Leipzig, Pfau. à n. 1. 20

Müller, Edwin, die Seebäder der Inseln Usedom u. Wollin u. der angrenzenden Pommerschen Küste: Swinemünde, Heringsdorf, Ahlbeck, Zinnowitz, Misdroy u. Dievenow, m. Ausflug bis Colberg. Führer f. Badegäste u. Touristen. 5. umgearb. u. verm. Aufl. Mit Ansichten u. 12 Spezialkarten u. Plänen. 12. (III, 140 S.) Berlin, Barthol & Co. cart. 1. 50

Müller, Prof. Eug. Ad., l'aide de la conversation française avec questionnaires et dictionnaire français-allemand. gr. 8. (144 S.) Hannover, Meyer. n. 1. 80

Müller, F., die Rache d. Indianers, s.: Volks-Erzählungen, kleine.

Müller, F., siebenbürgische Sagen, s.: Volksbücher, siebenbürgisch-deutsche.

Müller, Assist. Felix, üb. die Schalenbildung bei Lamellibranchiaten. Inaugural-Dissertation. gr. 8. (41 S.) Breslau, (Köhler). baar n. 1. —

Müller-Saalfeld, Ferd., s. Weihnachtszeit u. Sommerfrische. Lustige Räthsel u. Charaden. 8. (III, 84 S.) Berlin, Ißleib. 1. 20

(84/2) **Müller**, Prof. Dr. Fr., ethnologischer Bilder-Atlas f. Volks-, Bürger- u. Mittelschulen. Nach Angaben u. unter wissenschaftl. Leitg. v. F. M. Nach Originalen v. Aug. Gerasch, in Farbendr. ausgeführt v. Ant. Hartinger & Sohn. Blatt 5 u. 11. Imp.-Fol. Wien, (Lechner's Verl.). à n. 5. —
Inhalt: 5. Buschmänner. — 11. Amerikanische Indianer.

(84/2) **Müller**, Prof. Dr. Frdr., Grundriss der Sprachwissenschaft. 3. Bd. Die Sprachen der lockenhaar. Rassen. 2. Abth. 2. Hälfte. Die Sprachen der mittelländ. Rasse. gr. 8. (S. 225—480.) Wien 1886, Hölder. n. 5. 40 (I—III, 2.: n. 41. 40)

Müller, G., üb. den Einfluss der Temperatur auf die Brechung d. Lichtes in einigen Glassorten, im Kalkspath u. Bergkrystall, s.: Publicationen d. astrophysikalischen Observatoriums zu Potsdam.

Müller, H., u. C. Schulz, der religiöse Lernstoff f. Volksschulen, im Anschluß an die allgem. Bestimmgn. vom 15. Oktbr. 1872 zusammengestellt u. hrsg. 5. verb. u. verm. Aufl. 8. (103 S.) Oppeln, Franck. n. — 50

Müller, H. D., kurzgefaßte lateinische Grammatik, s.: Lattmann, J.

Müller, Hans, schöne Seelen. Eine Jägerianergeschichte f. „Wollene" u. solche, welche „Wollene" werden wollen. 16. (45 S.) Leipzig 1886, Werther. geb. n. 1. 20

Müller's, D. Heinr., geistlicher Dank-Altar zum täglichen Lob-Opfer der Christen. Neue Ausg. gr. 8. (VI, 354 S.) Hermannsburg, Missionshausdruckerei. n. 1. —

Müller, Herm., einige seltenere congenitale Neubildungen an Kopf u. Gesicht. Inaugural-Dissertation. gr. 8. (37 S. m. 1 Steintaf.) Jena, (Neuenhahn). baar n. 1. 35

Müller, Dr. J., der Familienarzt. Ein Hausbuch zur richt. Erkenntniß der im menschl. Leben am häufigsten vorkomm. Krankheiten, m. Angabe der Ursachen, Behandlg., d. Verlaufs u. der Mittel zur Heilg. derselben, sowie auch m. Franzbranntwein u. Salz. gr. 8. (VIII, 178 S.) Bern, Jenni. n. 2. —

Müller, Dr. J., Dr. Raspail's neues Heilverfahren od. theoret. u. prakt. Anweisg. zur Selbstbehandlg. der meisten heilbaren Krankheiten u. zur Selbstbereitg. der einfachen, bill. u. bewährten Heilmittel der neuen Schule. gr. 8. (VIII, 178 S.) Bern, Jenni. n. 2. —

(85/2) **Müller**, Cust. Dr. Johs., die wissenschaftlichen Vereine u. Gesellschaften Deutschlands im 19. Jahrh. Bibliographie ihrer Veröffentlichgn. seit ihrer Begründg. bis auf die Gegenwart. 6. Lfg. 4. (S. 401—480.) Berlin, Asher & Co. (à) n. 6. —

Müller, Past. Dr. Johs., die Verfassung der christlichen Kirche in den ersten beiden Jahrhunderten u. die Beziehungen derselben zu der Kritik der Pastoralbriefe. gr. 8. (52 S.) Leipzig, Scholtze in Comm. baar n. 1. —

Müller, Iwan, s.: Handbuch der klassischen Altertums-Wissenschaft.

—— specimina I. et II. novae editionis libri Galeniani, qui inscribitur ὅτι ταῖς τοῦ σώματος κράσεσιν αἱ τῆς ψυχῆς δυνάμεις ἕπονται. 4. Erlangen, Deichert. baar n. 1. 40
I. (15 S.) 1880. n. — 60. — II. (19 S.) n. — 80.

Müller, K., in der Gefangenschaft der Shawnee-Indianer; unter Piraten u. auf einer wüsten Insel, s.: Volks-Erzählungen, kleine.

Müller, Prof. D. Karl, die Anfänge d. Minoritenordens u. der Bussbruderschaften. gr. 8. (XII, 210 S.) Freiburg i/Br., Mohr. n. 5. —

Müller, Lehr. L., d. Landwirts goldenes Schatzkästlein. Bewährte Erfahrgn. u. Beobachtgn. aus dem Gebiete der Land- u. Hauswirtschaft. Zu Nutz u. Lehr d. Landwirts in vielen erprobten Recepten aus dem Wochenblatt f. Landwirtschaft gesammelt u. geordnet. Ster.-Ausg. 8. (112 S.) Reutlingen, Enßlin & Laiblin. — 75

Mueller, Lucian, der saturnische Vers u. seine Denkmäler. gr. 8. (VIII, 175 S.) Leipzig, Teubner. n. 4. —

Müller, Lehr. Ludw., geschichtliche Nachrichten üb. die Umgegend v. Erlangen. 8. (102 S.) Erlangen, Deichert in Comm. n. 1. —

Müller, P., die Sterilität der Ehe, Entwicklungsfehler d. Uterus, s.: Chirurgie, deutsche.

—— dasselbe, s.: Handbuch der Frauenkrankheiten.

—— die Unfruchtbarkeit der Ehe. Für Aerzte bearb. Mit Holzschn. gr. 8. (XV, 193 S.) Stuttgart, Enke. n. 5. —

Müller, Pauline, neues Kochbuch f. Haushaltungen aller Stände m. 570 nach eigener Erfahrg. erprobten Rezepten zur schnellen, bill. u. schmackhaften Zubereitg. der verschiedenartigsten Speisen, Backwerke u. Getränke. 6. Aufl. 16. (XXIV, 264 S.) Reutlingen, Fleischhauer & Spohn. cart. — 75

Müller, Gesanglehr. Rich., Leitfaden beim Gesangunterricht in Schulen. gr. 8. (16 S.) Leipzig (1880), Kahnt. n. — 30

Müller, Dr. Rud., schädigen die Kirchhöfe die Gesundheit der Lebenden? 8. (32 S.) Dresden, Knecht. n. — 50

Müller, Gymnasialprof. Wilh., kurzer Abriß der Geschichte f. die mittleren Klassen der Gymnasien u. Realschulen u. f. andere Lehranstalten. 4. verb. u. verm. Aufl. [fortgesetzt bis zum J. 1885.]. gr. 8. (VIII, 128 S.) Heilbronn 1886, Scheurlen's Verl. n. 1. 20; geb. n.n. 1. 40

—— Leitfaden f. den Unterricht in der Geschichte m. besond. Berücksicht. der neueren deutschen Geschichte f. die mittleren Klassen der Gymnasien, f. Realschulen, höhere Bürgerschulen u. höhere Töchterschulen, sowie zum Selbststudium. 13., verb. u. verm. Aufl. [fortgesetzt bis zum J. 1885]. gr. 8. (VIII, 339 S.) Ebd. 1886. n. 2. 50; geb. n. 3. —

Müller, Prof. Wilh., Generalfeldmarschall Graf Moltke 1800—1885. Volks-Ausg. [1—10. Tausend.] 8. (VII, 203 S. m. Bildniß.) Stuttgart, Krabbe. n. 1. —; geb. baar n. 1. 50

Müller-Weilburg, Wilh., aus seligen Stunden. Lieder. 8. (IV, 117 S.) Berlin, Ißleib. n. 2. —

Müller, Dr. Willib., Führer an der mährisch-schlesischen Centralbahn u. den k. k. Staatsbahnen Kriegsdorf-Römerstadt u. Ebersdorf-Würbenthal. 8. (III, 88 S.) Freiwaldau, Blažek. n. — 80

(35/1) —— Haus- u. Familienbuch. Practische Gesundheitslehre, gute Sitte im Hause u. in der Gesellschaft, Karten- u. Gesellschaftsspiele, deutsche Volks- u. Gesellschaftslieder, Oeconomie in der Hauswirthschaft, Recepte f. die Haushaltg., Kochbuch m. Kranken- u. geschwinder Küche. 11—15. (Schluß-)Lfg. gr. 8. (XXXIV u. S. 641—945.) Teschen, Prochaska. à — 50 (cplt.: 7. 50; geb. n. 9. —)

Münch, Rect. J., 44 katholische Kirchenlieder zum Schul-Gebrauch, geordnet nach den kirchl. Festzeiten. 12. (40 S.) Breslau, Morgenstern's Verl. n. — 12

Münchmeyer, Superint. Past. prim. D. L., der kleine Katechismus Luther's, nach Form u. Inhalt d. Textes bearb. Ein Versuch. 8. (200 S.) Hannover, Feesche. n. 1. 60

Munde, Dr. Carl, unsere Haut u. ihre Beziehungen zu Kaltwasserkuren. Ein Führer zur Erhaltg. u. Wiederherstellg. der Gesundheit ohne die Apotheke, namentlich auch bei dem Gebrauch e. Kaltwasserkur in irgend e. Anstalt. 2. Aufl. gr. 8. (VIII, 67 S.) Leipzig, Arnold. n. 1. —; geb. n. 1. 50

Munding, Dr. Karl, die Lügen d. sozialistischen Evangeliums u. die moderne Gesellschaft. gr. 8. (VII, 92 S.) Stuttgart 1886, Levy & Müller. n. 1. 50

Münich, W. v., durch die Zeitung, s.: Familien-Bibliothek.

Munk, Rhold., e. Beitrag zu den Dermoidcysten d. Ovarium. Inaugural-Dissertation. gr. 8. (19 S.) Tübingen, (Fues). baar n. — 60

Münz, Dr. Wilh., die Grundlagen der Kant'schen Erkenntnißtheorie. Eine Einführg. in die Kritik der reinen Vernunft. 2. verb. Aufl. gr. 8. (V, 84 S.) Breslau, Koebner. n. 1. 80

Münzenberger, Stadtpfr. E. F. A., zur Kenntniß u. Würdigung der mittelalterlichen Altäre Deutschlands. Ein Beitrag zur Geschichte der vaterländ. Kunst. 1. Lfg. Fol. (24 S. m. 10 Lichtdr.-Taf.) Frankfurt a/M., Foesser Nachf. in Comm. n.n 6. —

Münzenberger, F., s.: Dom, der, zu Lübeck.

Münzer, Hugo, üb. Benzolazoketone. Inaugural-Dissertation. gr. 8. (30 S.) Breslau 1884, (Köhler). baar n. 1. —

(34/2) **Muralt,** Dr. E. v., Schweizergeschichte m. durchgängiger Quellenangabe u. in genauer Zeitfolge od. urkundliche Jahrbücher der Schweiz. 5. u. 6. Lfg. gr. 8. (LII u. S. 257—392.) Bern, Wyß. n. 3. — (1—6.: n. 7. —)

Mürdter, F., General Gordon, s.: Familienbibliothek, Calwer.

Muret, Oberlehr. Dr. Ed., Geschichte der französischen Kolonie in Brandenburg-Preußen, unter besond. Berücksicht. der Berliner Gemeinde. Aus Veranlassg. der 200jähr. Jubelfeier am 29. Oktbr. 1885 im Auftrage d. Konsistoriums der französ. Kirche zu Berlin u. unter Mitwirkg. d. hierzu berufenen Komitees auf Grund amtl. Quellen bearb. gr. 4. (IX, 360 S. m. Illustr.) Berlin, Consistorium der französ. Kirche. (Ausliefergn. durch Plahn'sche Buchh.) cart. baar n. 12. —

Murner, Th., die Narrenbeschwörung, s.: Universal-Bibliothek, Nr. 2041—2043.

Murray, Andrew, bleibe in Jesu. Gedanken üb. das sel. Leben der Gemeinschaft m. dem Sohne Gottes. Nach dem Engl. 3. Aufl. 8. (206 S.) Basel, Spittler. n. 1. 20; geb. n. 2. —

Murrmann, Lehr. Frz., Erdkunde. Für kathol. Elementarschulen bearb. 8. (59 S.) Aachen, A. Jacobi & Co. n.n. — 25

Muse, heitere. 1. Bd. 12. Dresden, Kaufmann's Verl. n. 1. —
Inhalt: Kamerunisches u. Anderes! Fröhliche Stunden unter Negern u. Weißen. Eine Blütenlese besten Humors, ausgewählt von Abf. v. Grün. 3. Aufl. (VII, 104 S.)

(85/1) **Museum**, rheinisches, f. Philologie. Hrsg. v. Otto Ribbeck u. Frz. Bücheler. Neue Folge. 40. Bd. Ergänzungsheft. gr. 8. Frankfurt a/M., Sauerländer. n. 4. —
Inhalt: Das Recht v. Gortyn, hrsg. u. erläutert v. Frz. Bücheler u. Ernst Zitelmann. (X, 180 S.)

—— komischer Vorträge f. das Haus u. die ganze Welt. Eine Gesammtausg. d. Bewährtesten, sowie auch d. originaliter Neuesten der kom. Vorträge in Poesie u. Prosa v. F. E. Moll. Hrsg. v. der Red. d. Komikers. 2. Bd. 13., neu bearb. Aufl. 16. (VIII, 254 S.) Berlin, Janke. n. 1. —

Mushacke's deutscher Schul-Kalender f. 1886. 35. Jahrg. Mit Benutzg. amtl. Quellen hrsg. Michaelis-Ausg. 1885. 12. (CV, 127 S.) Leipzig, Teubner. n. 1. 20; geb. n. 1. 80

Musica divina. Annus primus. Liber missarum. Titel u. Einleitungsheft zum Gesammtwerke. gr. 4. (LX S.) Regensburg, Pustet. n. 1. —

Musiker-Kalender, deutscher, f. d. J. 1886. Mit dem Portr. u. der Biographie Dr. Karl Reinecke's. gr. 16. (295 S.) Leipzig, M. Hesse. geb. n. 1. 20

—— allgemeiner deutscher, f. 1886. Hrsg. v. Osc. Eichberg. 8. Jahrg. gr. 16. (XXV, 395 S.) Berlin, Raabe & Plothow. geb. n. 2. —

(84/2) **Mussafia**, Adf., Mittheilungen aus romanischen Handschriften. II. Zur Katharinenlegende. [Aus: „Sitzungsber. d. k. Akad. d. Wiss."] Lex.-8. (69 S.) Wien, Gerold's Sohn in Comm. n. 1. — (I. u. II.: n. 3. —)

Muster f. Textil-Industrie, angefertigt in der kunstgewerbl. Fachzeichenschule zu Plauen i. V. im Schulj. 1884/85. 40 Photogr. in 2 Abthlgn. Hrsg. v. Prof. Hauptlehr. Rich. Hofmann. 4. (1 Bl. Text.) Plauen, Neupert. In Mappe. n. 30. —

Muster-Alphabete der gebräuchlichsten Schriftarten. Für Bildhauer u. Steinmetzen hrsg. gr. 4. (7 Blatt.) Ravensburg, Dorn. n. 1. —

(85/1) **Musterblätter** zu Laubsäge-, Schnitz- u. Einlegearbeiten. [31. Buch.] Nr. 721—744. Lith. gr. Fol. München, Mey & Widmayer Verl. à — 15

Musterbriefe f. alle Verhältnisse d. menschlichen Lebens, als: Freundschafts-, Erinnerungs-, Bitt-, Empfehlungs-, Glückwunsch-, Einladungs-, Liebes- u. Beileids-Briefe. Ein Hand- u. Hilfsbuch f. Jedermann. 3. Aufl. gr. 16. (155 S.) Brünn, F. Karafiat's Verl. 1. —

Musterbücher f. weibl. Handarbeit. Hrsg. v. der Redaction der Modenwelt. Muster altdeutscher Leinenstickerei, gesammelt v. Jul. Lessing. 1. Sammlg. 8. Aufl. gr. 4. (25 Taf. m. 12 S. Text.) Berlin 1886, Lipperheide. In Mappe. baar 6. —

(85/1) —— dasselbe. Neue Folge. Hrsg. v. Frieda Lipperheide. 2—9. Lfg. gr. 4. Ebd. baar à 1. 20
Inhalt: 2. 5. 6. 9. Die Webe-Arbeit m. Hand-Apparat. Bearb. v. Anna Dorn u. Johanna Riebel. 2—5. Lfg. (S. 17—80 m. eingedr. Holzschn.) — 3. 4. 7. 8. Die Smyrna-Arbeit. Bearb. v. Lina Feige u. Clara Marggraff. 1—4. Lfg. (S. 1—32 m. 8 Chromolith.)

Mustersammlung v. Holzschnitten aus englischen, nordamerikanischen, französischen u. deutschen Blättern. (In 10 Lfgn.) 1—5. Lfg. Fol. (50 S. m. 8 Holzschn.-Taf. u. 1 Lichtdr.) Berlin, Lipperheide. baar à n. 3. —

Muttersprache, die. Ausg. B. Lesebuch in 5 Tln. Hrsg. v. Berthelt, Petermann, Thomas u. Baron, Junghanns, Schindler. 3. Tl. 5. Aufl. gr. 8. (VIII, 200 S.) Leipzig 1886, Klinkhardt. n. — 60; geb. n.n. — 90

—— dasselbe. Ausg. C. In 3 Tln. 3. Tl. Für Oberklassen. 1. Abtlg. 8. Aufl. gr. 8. (VIII, 208 S.) Ebd. n. — 65; geb. n.n. — 95

Mydden, G. v., Schlüssel zu den mathematischen u. französischen Aufgaben in v. Wedell's Vorbereitung f. das Examen zur Kriegs-Akademie, s.: Havemann.

Muzzarelli, Kanon., v. den Pflichten e. Seelenhirten in Zeiten der Drangsale der Kirche. gr. 16. (IV, 105 S.) Regensburg, Manz. — 65

Mylius, O., der einzige junge Mann im Dorfe, s.: Bloch's, E., Theater-Correspondenz.

Myskovszky, Prof. Archit. Vict., les monuments d'art du moyen âge et de la renaissance en Hongrie. Livr. 1—5. Fol. (à 10 Lichtdr.-Taf.) Wien, A. Lehmann. baar à n. 8. —

Myslimski, 1. Sem.-Lehr., Naturgeschichte f. katholische Elementarschulen. 8. (72 S.) Aachen, A. Jacobi & Co. n. — 35

Nach Norderney u. Juist. Saison 1885. 64. (34 S.) Norden, Soltau. — 15

Nachfolge d. heil. Aloisius. Vollständiges Gebet- u. Erbauungsbuch f. die heranwachs. Jugend v. Pfr. A. L. 16. (480 S. m. 1 Chromolith.) Salzburg, Pustet. — 90

(84/2) **Nachrichten**, astronomische. Hrsg.: Dir. Prof. Dr. A. Krueger. 112. u. 113. Bd. à 24 Nrn. (B.) gr. 4. Kiel. (Hamburg, Mauke Söhne.) baar à Bd. n.n. 15. —

(84/2) —— statistische, v. den Eisenbahnen d. Vereins deutscher Eisenbahn-Verwaltungen f. das Etats-Jahr 1883. Hrsg. v. der geschäftsführ. Direction d. Vereins. XXXIV. Jahrg. Fol. (204 S.) Berlin, (Nauck & Co.). cart. baar n.n. 12. 50

(85/1) —— statistische, üb. die Eisenbahnen der österreichisch-ungarischen Monarchie f. das Betriebsj. 1883. Bearb. u. hrsg. vom statist. Departement im k. k. Handels-Ministerium in Wien u. vom königl. ungar. statist. Landesbureau in Budapest. [Deutsch u. ungarisch.] Imp.-4. (IV, 449 S.) Wien, Hof- u. Staatsdruckerei. n. 12. —

—— statistische, üb. den Stand d. Gelehrten- u. Realschulwesens in Württemberg auf 1. Jan. 1885. [Aus: „Korrespondenzbl. f. die württ. Gelehrten- u. Realschulen".] gr. 8. (84 S.) Tübingen, Fues. n. 1. —

—— für u. üb. Kaiser Wilhelms-Land u. den Bismarck-Archipel. Hrsg. im Auftrage der Neu-Guinea-Compagnie zu Berlin. 1. Hft. Juni 1885. gr. 8. (5 S. m. 1 Karte.) Berlin, (Neuenhahn). baar n.n. 2.50

Nachtbilder. (2. Abdr.) 8. Berlin, Goldschmidt. n. — 50
Inhalt: Brüderlein fein. Eine Kriminal-Novelle v. Pitaval. — Die blonde Perrücke. Ein unaufgeklärter Kriminal-Fall v. Ponson du Terrail. (122 S.)

Nachtigall, Oberlehr. Karl, Hilfsbuch f. den deutschen Unterricht in den oberen Klassen höherer Lehranstalten. 2. verb. Aufl. gr. 8. (XI, 106 S.) Remscheid 1886, Schmidt. geb. n. 1. 50

Nadler, Sem.-Lehr. Fr., Erläuterung u. Würdigung deutscher Dichtungen. 2. (Titel-) Aufl. gr. 8. (VII, 434 S.) Bernburg (1882), Bacmeister. n. 4. 50

Nädler, H., vollständiges deutsch-russisches Wörterbuch. 1. Lfg. gr. 8. (96 S.) St. Petersburg, Erickson & Co. n. 1. 60

(77/2) **Nagelschmitt**, Ob.-Pfr. Heinr., Gelegenheitsreden. Gesammelt u. hrsg. 4. Bd. A. u. d. T.: Begräbnißreden. 2. Bd. 8. (X, 351 S.) Paderborn, F. Schöningh. n. 3. — (1—4.: n. 11. 40)

Naeher, Insp. a. D. J., die deutsche Burg, ihre Entstehung u. ihr Wesen insbesondere in Süddeutschland. Mit 73 Holzschn.-Darstellgn. nach eigenen Aufnahmen d. Verf. gr. 8. (III, 44 S.) Berlin, Toeche. n. 1. —

Nahlowsky, Jos. W., allgemeine Ethik. Mit Bezugnahme auf die realen Lebensverhältnisse pragmatisch bearb. 2., verb. u. verm. Aufl. gr. 8. (XXIV, 366 S.) Leipzig, Veit & Co. n. 7. —

Nake, Gymn.-Prof. Dr. B., Vorübungen zur Anfertigung lateinischer Aufsätze. 2. verb. u. verm. Aufl. gr. 8. (63 S.) Berlin, Weidmann. n. — 80

(85/1) **Nalepa**, Dr. Alfr., die Anatomie der Tyroglyphen. II. Abth. [Mit 3 (lith.) Taf.] [Aus: „Sitzungsber. d. k. Akad. d. Wiss."] Lex.-8. (52 S.) Wien, (Gerold's Sohn). n. 1. 50 (I. u. II.: n. 2. 50)

Namen-Verzeichnis der Mitglieder d. Abgeordnetenhauses. X. Session. Nach dem Stande im Octbr. 1885. gr. 8. (116 S.) Wien, Hof- u. Staatsdruckerei. n. — 80

Napravnik, Lehr. Frz., geometrische Formenlehre f. Mädchen-Bürgerschulen. 2 Thle. gr. 8. Prag, Tempsky. à n. — 60; Einbd. à n.n. — 20

1. Mit 89 eingedr. Holzschn. 3. unveränd. Aufl. (VIII, 56 S.) — 2. Mit 35 eingedr. Holzschn. 2. Aufl. (VI, 58 S.)

—— Geometrie u. geometrisches Zeichnen f. Knabenbürgerschulen. 1. u. 2. Thl. gr. 8. Wien, Pichler's Wwe. & Sohn. à n. — 60

1. Für die 1. Classe dreiclass. Bürgerschulen od. die 6. Classe achtclass. Volksschulen. Mit 123 eingedr. Holzschn. 3., unveränd. Aufl. (79 S.) — 2. Für die 2. Classe dreiclass. Bürgerschulen. Mit 94 eingedr, Holzschn. 2., durchgeseh. Aufl. (III, 84 S.)

—— dasselbe f. Mädchen-Bürgerschulen. 3 Thle. gr. 8. Prag, Tempsky. n. 1. 68

1. 2. (VII, 56 u. IV, 56 S. m. 85 resp. 61 Holzschn.) à n. — 60. — 3. (IV, 48 S. m. 37 Holzschn.) n. — 48.

Nasse, Erwin, F. C. Dahlmann. Rede, geh. im Auftrag v. Rektor u. Senat der Rhein. Friedrich-Wilhelms-Universität am 13. Mai 1885. gr. 8. (34 S.) Bonn, Cohen & Sohn. n. 1. —

Nasse, R., der technische Betrieb der kgl. Steinkohlengruben bei Saarbrücken, s.: Steinkohlenbergbau, der, d. Preussischen Staates in der Umgebung v. Saarbrücken.

Nathusius, Past. Mart. v., das Wesen der Wissenschaft u. ihre Anwendung auf die Religion. Empirische Grundlegg. f. die theolog. Methodologie. gr. 8. (VIII, 446 S.) Leipzig, Hinrichs' Verl. n. 8. —

—— u. Ghold. **Knapp**, Pastoren, Bibelfestpredigten, geh. am 10. Mai 1885 beim Fest der Wupperthaler Bibel-Gesellschaft. gr. 8. (30 S.) Barmen, (Wiemann). n. — 50

(83/2) **Nation**, die. Wochenschrift f. Politik, Volkswirthschaft u. Litteratur. Hrsg. v. Dr. Th. Barth. 2. u. 3. Jahrg. Octbr. 1884—Septbr. 1886. à 52 Nrn. (à 1½—2 B.) gr. 4. Berlin, H. S. Hermann in Comm. Vierteljährlich n. 3. 75

National-Bibliothek, deutsch-österreichische. Hrsg. v. Dr. Herm. Weichelt. Nr. 1—39. 8. Prag, Weichelt. baar à n. — 20

Inhalt: 1. Jakob Stainer. Novelle v. Johs. Schuler. 3. Aufl. (64 S.) — 2. Die gefesselte Fantasie. Orig.-Zauberspiel v. Ferd. Raimund. (63 S.) — 3. Das Engerl im See. Eine Hochlandsgeschichte v. Aug. Silberstein. (63 S.) — 4. In der Einöd'. Ländliches Volksstück m. Gesang in 3 Akten v. Carl Gründorf. [Musik v. Jul. Hopp.] (48 S.) — 5. 6. Don Juan de Austria. Heldenlied in 12 Gesängen v. Ludw. Aug. Frankl. (94 S.) — 7. Der Hauskobold. Novelle aus den Glückstagen d. „Aufschwungs" v. Jos. Rank. (55 S.) — 8. 9. Herzog Otto. Historische Erzählg. aus Tirol v. J. C. Maurer. (125 S.) — 10. Jucunda. Dichtung in Prosa u. Vers v. Herm. Rollett. (80 S.) — 11. Moisasur's Zauberfluch. Zauberspiel in 2 Aufzügen v. Ferd. Raimund. (62 S.) — 12. Das große u. das kleine Loos. Ein Lebensbild v. Ferd. Kürnberger. (64 S.) — 13. 14. Lebensbilder. 2 Novellen von M. v. Weißenthurn. (104 S.) — 15. In den schwarzen Bergen. Dramatisches Gedicht in 1 Aufzuge v. Heinr. Swoboda. (40 S.) — 16. 17. Der letzte Ritter. Romanzenkranz v. Anastasius Grün. (104 S.) — 18. Arnold Frank. Ein Lebensbild v. Steph. Milow. (55 S.) — 19. Die Versuchungen der Armen. Novelle v. Ferd. Kürnberger. (48 S.) — 20. 21. Der Sohn der Wildniß. Dramatisches Gedicht in 5 Acten v. Frdr. Halm. (94 S.) — 22. Ernst u. Scherz. Kleine Geschichten v. Dr. M. Märzroth. (48 S.) — 23. 24. Ein Vandale. Historisches Gemälde in 5 Aufzügen v. Heinr. Swoboda. (96 S.) — 25. Der Drache. Novelle v. Ferd. Kürnberger. (48 S.) — 26. 27. Ausgewählte poetische Erzählnngen von Carl

Egon R. v. Ebert. (88 S.) — 28. Spaziergänge e. Wiener Poeten. Von Anastasius Grün. (39 S.) — 29. 30. Griseldis. Dramatisches Gedicht in 5 Acten v. Frdr. Halm. (88 S.) — 31. Der arme Spielmann. Erzählung v. Frz. Grillparzer. (48 S.) — 32. Todtenkränze. Canzone von J. Chr. Frhrn. v. Zedlitz. (48 S.) — 33. Onkel Forster. Eine Alltagsgeschichte v. Carl Herloßsohn. (48 S.) — 34. Camoens. Dramatisches Gedicht in 1 Aufzuge v. Frdr. Halm. (40 S.) — 35. 36. Garrick in Bristol. Lustspiel in 4 Aufzügen v. J. L. Deinhardstein. (80 S.) — 37. Die Griechin. Novelle v. Adf. Foglar. (48 S.) — 38. 39. Das Kloster. Idyllische Erzählg. in 5 Gesängen von Carl Egon R. v. Ebert. (79 S.)

($^{85}/_{1}$) **Nationalbibliothek, schweizerische.** 9. u. 10. Bdchn. 8. Aarau, Sauerländer. à n. — 50

Inhalt: 9. Salomon Tobler. Hrsg. v. Rob. Weber. (76 S.) — 10. E. Dösselel. Hrsg. v. Rob. Weber. (80 S.)

National-Kalender, eidgenössischer, f. das Schweizervolk auf d. J. 1886. 49. Jahrg. Oder d. Schweizerboten-Kalender 62. Jahrg. 4. (66 S. m. Illustr.) Aarau, Christen. n. — 40

($^{85}/_{1}$) **National-Litteratur,** deutsche. Historisch krit. Ausg. Unter Mitwirkg. v. DD. Arnold, G. Balke, Prof. Dr. K. Bartsch rc. hrsg. v. Jos. Kürschner. 229—279. Lfg. Stuttgart, Spemann. baar à n. — 50

Inhalt: 229. 234. 237. 238. 273. 274. Schiller's Werke. (7. Bd. 515 S. u. 8. Bd. S. 1—400.) — 230—232. Tieck's Werke. (2. Abtlg. S. 209—476.) — 233. 235. 236. 239. 251. 252. 257. 269. 272. Kleist's Werke. (1. Bd. CXLVI, 354 u. 2. Bd. XIV, 436 S.) — 240—242. Flemming, Logau u. Olearius. (II, 292 S.) — 243—247. Die älteste deutsche Litteratur bis um d. J. 1050, bearb. v. Prof. Dr. P. Piper. (320 S.) — 248. 253. Deutsches Leben im Volkslied um 1530. Hrsg. von Rochus Frhrn. v. Liliencron. (V. u. S. 209—436.) — 249. 250. 258. 260—262. Herder's Werke. (2. Bd. LXV, 468 S.) — 254—256. 259. Wieland's Werke. (4. Bd. XXII, 392 S.) — 263. 264. 266. 271. Zweite Schlesische Schule. (1. Bd. XXIV, 427 S.) — 265. 267. 268. 270. 275—277. Jean Paul's Werke. (2. Bd. 364 S. u. 3. Bd. S. 1—277.)

($^{84}/_{2}$) **National-Trachten,** österreichisch-ungarische. Unter der Leitg. d. Malers Hrn. Frz. Graul nach der Natur photogr. u. in Chromolichtdr. vervielfältigt v. J. Löwy. 2. Sammlg. 5. u. 6. (Schluss-)Lfg. gr. 4. (à 4 Taf.) Wien, Lechner's Sort. baar à n. 10. — (2. Sammlg. cplt. in Leinw.-Mappe: n. 66. —)

Natorp-Rinck's Choralbuch f. evangelische Kirchen. 4. Aufl. Die Choräle neu geordnet u. historisch bestimmt v. Konsist.-R. Pfr. G. B. Adb. Natorp, rev., m. meist neuen Zwischenspielen u. m. Schlüssen versehen v. weil. Lehr. Organ. Wilh. Greef. qu. gr. 4. (1. Hälfte 112 S.) Essen, Bädeker. n. 10. —

($^{85}/_{1}$) **Natorp,** Oberlehr. O., Lehr- u. Übungsbuch f. den Unterricht in der englischen Sprache. 2. Tl. Für die obere Lehrstufe. gr. 8. (VII, 267 S.) Wiesbaden, Kunze's Nachf. (à) n. 1. 60

Naturgeschichte der Berlinerin. Von ***. 6. Aufl. 8. (III, 124 S.) Berlin, Issleib. n. 1. 50

—— des Pflanzen-Reichs. Großer Pflanzenatlas m. Text f. Schule u. Haus. 80 Großfoliotaf. m. mehr als 2000 fein kolor. Abbildgn. u. 40 Bogen erläut. Text nebst zahlreichen Holzschn. Hrsg. v. Privatdoc. Dr. M. Fünfstück. (In 40 Lfgn.) 1. Lfg. Fol. (3 Taf. m. Text S. 1—8.) Stuttgart, Hänselmann. n. — 50

—— des Tier-, Pflanzen- u. Mineralreichs in kolor. Bildern nebst erläut. Texte. 1. Abtlg. 1. u. 3. Tl. u. 2. u. 3. Abtlg. Fol. Eßlingen, Schreiber. n. 35. 50

Inhalt: I. 1. Naturgeschichte der Säugetiere. Mit 159 kolor. Abbildgn. auf 30 Taf. Zum Anschauungs-Unterricht f. die Jugend in Schulen u. Familien. Mit e. Vorrede von Prof. Dr. Ghilf. Heinr. v. Schubert. 9. Aufl. 5 Ster.-Abdr. (22 S.) n. 6. —; Einbd. n. n. — 50. — 3. Naturgeschichte der Amphibien, Fische, Weich- u. Schalentiere, Insekten, Würmer u. Strahlentiere. Mit 342 kolor. Abbildgn. auf 30 Taf. Zum Anschauungs-Unterricht f. die Jugend in Schulen u. Familien. Mit e. Vorrede von Prof. Dr. Ghilf. Heinr. v. Schubert. 9. Aufl. 6. Ster.-Abdr. (27 S.) n. 6 — Einbd. n. n. — 50 (1. Abtlg. cplt.: n. 18. —; Einbd. n. n. 1. —) — II. Naturgeschichte d. Pflanzenreichs m. 601 (kolor.) Abbildgn. auf 53 Taf. Nach Prof. Dr. G. H. v. Schubert's Lehrbuch der Naturgeschichte hrsg. v. Prof. M. Chr. Fr. Hochstetter.

Neu bearb. v. Staatsr. Prof. Dir. Dr. Mor. Willkomm. 3. Aufl. 8. Ster.-Abdr. (64 S.) 1884. n. 13.50; Einbd. n.n. — 75. — III. Das Mineralreich in Bildern. Naturhistorisch-techn. Beschreibg. u. Abbildg. der wichtigsten Minerale von Oberstudienr. Prof. Dr. J. G. v. Kurr. 3. Aufl. 2. Ster.-Abdr. Neu bearb. v. Prof. Dr. A. Kenngott. (65 S. m. 490 kolor. Abbildgn. auf 24 Taf.) 1884 n. 10. —; Einbd. n.n. — 50.

Naturgeschichte, unzerreißbare, f. kleine Kinder. 2. Aufl. gr. 4. (15 color. Steintaf.) Stuttgart, Thinemann. geb. n. 5. —

Naturkunde, allgemeine. Das Leben der Erde u. ihrer Geschöpfe. [In 130 Hftn. od. 9 Bdn., m. üb. 3000 Textillustr., 20 Karten u. üb. 120 Aquarelltaf.] 1—12. Hft. Lex.-8. (1. Bd. S. 38—640.) Leipzig, Bibliograph. Institut. à 1. —; (geb. à Bd. n. 16. —)

Naudh, H., die Juden u. der deutsche Staat. 11. verm. Aufl. gr. 8. (140 S.) Chemnitz 1883. Leipzig, Th. Fritsch. n. 1. 50

Naue, Jul., die prähistorischen Schwerter. Vortrag, geh. in der anthropolog. Gesellschaft in München am 29. Febr. 1884. Mit 11 (autogr.) Taf. [Aus: „Beiträge zur Anthropol."] hoch 4. (24 S.) München, Literar.-artist. Anstalt. n. 4. —

Naumann, Carl Frdr., Elemente der Mineralogie, begründet v. C. F. N. 12., vollständig neu bearb. u. ergänzte Aufl. v. Geh. Bergr. Prof. Dr. Ferd. Zirkel. Mit 951 Fig. in Holzschn. gr. 8. (XII, 782 S.) Leipzig, Engelmann. n. 14. —

(85/1) **Naumann**, Prof. Hofkirchenmusikdir. Emil, illustrirte Musikgeschichte. Die Entwicklg. der Tonkunst aus frühesten Anfängen bis auf die Gegenwart. 31—36. (Schluß-) Lfg. gr. 8. (XIV, u. S. 713—1128 m. eingedr. Holzschn., Porträts u. Facsms.) Stuttgart, Spemann. baar à n. — 50 (cplt.: n. 18. —; geb. n. 20. —)

Naumann, Dr. L., Systematik der Kochkunst. Internationales Koch-Lehrbuch f. Haushaltgn. aller Stände. Zur Benützg. beim Ertheilen v. Unterricht sowie zum Selbststudium, desgleichen zur Orientirg. f. Aerzte rc. Mit 89 Abbildgn. gr. 8. (562 S.) Dresden 1886, Schönfeld. geb. n. 5. —

Naevi, C., fabularum reliquiae, s.: Livius Andronicus.

Navrátil, Dr. Frz., Gries bei Bozen als klimatischer Winter-Kurort. 2. verb. Aufl. 8. (V, 64 S.) Wien, Braumüller. n. 1. —

—— Prof. Dr. Oertel's [München] Heilverfahren bei Herzkrankheiten., Wassersucht u. Fettleibigkeit. Allgemein verständlich dargestellt. 1. u. 2. Aufl. 8. (V, 36 S.) Ebd. n. 1. —

Needon, Rich., Beiträge zur Geschichte Heinrich's V. Die Anfänge seiner Regierg. 1105—1110. Inauguraldissertation. gr. 8. (74 S.) Leipzig, (Gräfe). n. 1. 20

Neelmeyer-Vukassowitsch, H., Grossbritannien u. Irland, } s.: Bibliothek f. moderne Völkerkunde.
—— Oesterreich-Ungarn, }

Negenborn, M., Seelenkämpfe e. armen Landmädchens, s.: Familienbibliothek, Calwer.

Neher, Lehr. H., 110 neue Briefmuster zur Zergliederung, zum Auswendiglernen u. zur Nachahmung f. die Hand der Oberklassen, Fortbildungs- u. Sonntagsschulen. 3. Aufl. gr. 8. (44 S.) Paderborn, F. Schöningh. n. — 20

—— neue Musterbeispiele, nebst log. u. grammat. Übgn., f. alle Klassen kathol. Volksschulen, untere Gymnasial- u. Realklassen. 2. verm. u. verb. Aufl. gr. 8. (X, 384 S.) Ebd. 1886. n. 2. 80

—— planmäßig geordnete Rechtschreib-, Sprach- u. Aufsatzübungen. 3 Hfte. 8. Ebd. n. — 56

1. 2. Aufl. (64 S.) n. — 18. — 2. (64 S.) n. — 18. — 3. (68 S.) n. — 20.

Neher, Pfr. St. J., Personal-Katalog der seit 1813 ordinierten u. in der Seelsorge verwendeten Geistlichen d. Bist. Rottenburg. 2. Aufl. gr. 8. (211 S.) Rottenburg a/N., Bader. n 1. 80

Nebls, Wasserbau-Dir. Chr., üb. graphische Integration u. ihre Anwendung in der graphischen Statik. Mit 13 Fig.-Taf. Neue wohlf. (Titel-) Ausg. gr. 8. (VIII, 223 S.) Leipzig (1877), Baumgärtner. n. 6. —

Nekrolog d. k. württembergischen Oberstudienrats Dr. Christian Heinrich v. Nagel. [Aus: „Korrespondenzbl. f. d. Gelehrten- u. Realschulen Württembergs".] gr. 8. (18 S.) Tübingen 1884, Fues. baar n. — 40

Nell, Pfr., seid mäßig u. nüchtern zum Gebet od. hütet euch vor dem Branntwein! Predigt üb. 1. Petri 4, Vers 8, geh. in der Kirche zu Hottenstein am Sonntage Misericordias Domini, am 19. Apr. 1885. gr. 8. (15 S.) Barmen, Wiemann. n. — 20

Němcová, B., Großmutter, s.: Universal-Bibliothek Nr. 2057—2059.

Nemesiani Bucolica, s.: Calpurnius.

Nentwig, Gust., Reisebilder. Ein Führer durch die Grafschaft Glatz. Mit zahlreichen Illustr. u. e. Uebersichts-Karte. 2. verb. u. verm. Aufl. 8. (III, 134 S.) Schweidnitz, Brieger & Gilbers. n. 1. —

Nesemann, Oberpfr. Schulinsp. L., u. Rekt. L. **Wolter**, 80 Bibelabschnitte zum Zwecke d. Bibellesens ausführlich disponiert, erklärt u. m. Anmerkgn. versehen. 8. (VIII, 316 S.) Gütersloh 1886, Bertelsmann. n. 3. 60

Netoliczka, Rath Prof. Dr. Eug., Erdbeben u. Vulcane, s.: Volks- u. Jugend-Bibliothek.

—— Geschichte der österreichisch-ungarischen Monarchie von den ältesten Zeiten bis auf unsere Tage f. die Oberclassen der Volks- u. Bürgerschulen 14. unveränd. Aufl. gr. 8. (IV, 68 S.) Wien, Pichler's Wwe. & Sohn. n. — 60

—— Lehrbuch der Physik u. Chemie f. Bürgerschulen u. die Oberclassen der allgemeinen Volksschulen. In 3 concentr. Kreisen bearb. 3. Stufe. Für die 3. Classe der Bürgerschulen u. die Oberclassen der allgemeinen Volksschulen. Mit 51 in den Text gedr. Holzschn. 10. durchgeseh. Aufl. gr. 8. (112 S.) Ebd. n. — 64

—— Leitfaden beim Unterrichte in der Geographie. Auf Grundlage der neuesten Verändergn. u. m. besond. Berücksicht. der österreichisch-ungar. Monarchie f. die Oberclassen der Volksschulen. 25. verb. Aufl. [Mit 17 Holzschn.] gr. 8. (V, 89 S.) Ebd. n. — 60

—— Leitfaden beim ersten Unterrichte in der Weltgeschichte f. die Oberclassen der Volks- u. Bürgerschulen. 23. Aufl. gr. 8. (IV, 119 S.) Ebd. n. — 80

—— Methodik der Naturlehre, s.: Handbuch der speciellen Methodik.

—— Naturlehre f. den Unterricht in den Oberclassen der Volksschulen. Mit 104 in den Text gedr. Holzschn. 14. Aufl. gr. 8. (136 S.) Wien, Pichler's Wwe. & Sohn. n. — 80; cart. n. — 96

(82/2) **Neubauer**, C., u. Jul., **Vogel**, DD., Anleitung zur qualitativen u. quantitativen Analyse d. Harns sowie zur Beurtheilg. der Veränderg. dieses Secrets m. besond. Rücksicht auf die Zwecke d. prakt. Arztes. Zum Gebrauche f. Mediciner, Chemiker u. Pharmaceuten. 8. verb. Aufl. Mit Vorwort v. Prof. Dr. R. Fresenius. 2. Abth.: Semiotischer Thl., bearb. v. Prof. Dir. Dr. L. Thomas. 2. Hälfte. gr. 8. (VIII u. S. 445—584.) Wiesbaden, Kreidel. n. 2. 80 (cplt.: n. 12. —)

(83/2) **Neubauten**, Wiener. Serie A. Privat-Bauten. 3. Bd. Hrsg. v. Archit. Ludw. Tischler. 1. u. 2. Lfg. Fol. (à 8 Kpfrtaf.) Wien, A. Lehmann. à n. 8. —

Neudecker, Studienlehr. Privatdoz. Dr. Geo., die gegenwärtige Stellung der Lehrer an den bayerischen Mittelschulen. gr. 8. (25 S.) Würzburg, (Stuber's Verl.). baar n. — 60

Neudörfer, San.-Chef Doc. Dr. Ign., die moderne Chirurgie in ihrer Theorie u. Praxis. gr. 8. (XV, 642 S.) Wien, Braumüller. n. 12. —

([84/1]) **Neudrucke**, Wiener. 9—11. Hft. 8. Wien 1886, Konegen. n. 14. — Inhalt: 9. Sterzinger Spiele, nach Aufzeichngn. v. Vigil Raber, Hrsg. v. Dr. Oswald Zingerle. 1. Bdchen. 15 Fastnachts-Spiele aus den J. 1510 u. 1511. (XII, 295 S.) n. 4. —. — 11. Dasselbe. 2. Bdchen. 11 Fastnachts-Spiele aus den J. 1512—1535. (V, 263 S.) n. 4. —. — 10. Ollapatrida d. durchgetriebenen Fuchsmundi v. J. A. Stranitzky. [1711.] (CXXVIII, 384 S.) n. 6. —

Neuenhaus, Pfr. J., das Wort Gottes u. die Gemeinden. Eine Studie, Amtsbrüdern u. Freunden der evangel. Kirche dargeboten. gr. 8. (III, 92 S.) Halle, Riemeyer. n. 1. 50

Neue Welt-Kalender, illustrirter, f. d. J. 1886. 10. Jahrg. 4. (80 S. m. eingedr. Illustr., 4 Holzschntaf. u. 1 Wandkalender.) Stuttgart, Dietz. — 50

Neuffer, Karl Heinr., langjährige Erfahrungen im Düngerwesen, nebst Rathschlägen f. die Zukunft. gr. 8. (131 S.) Stuttgart, Kohlhammer in Comm. n. 2. —

Neuhaus, Dr. J. C., kleine Lebensbilder berühmter Männer f. den geschichtlichen Unterricht in den beiden unteren Klassen der höheren Lehranstalten. gr. 8. (IV, 158 S.) Düsseldorf 1886, Schwann. n. 1. 20

([85/1]) **Neujahrsblätter.** Hrsg. v. der histor. Commission der Prov. Sachsen. 10. Hft. gr. 8. Halle 1886, Pfeffer in Comm. n. 1. — Inhalt: Die Gegenreformation in Magdeburg. Von Gust. Hertel. (38 S.)

Neujahrs-Bote, christlicher. Kalender auf d. J. 1886. 4. (108 S. m. Illustr.) Winterberg, Steinbrener. baar n. — 42

Neumann, Alois, u. Otto **Gehlen**, deutsches Lesebuch f. die 1. Classe der Gymnasien u. verwandter Anstalten m. sachlichen u. sprachlichen Erläuterungen. 9. Aufl. gr. 8. (263 S.) Wien, Bermann & Altmann. n. 1. 80; geb. n.n. 2. 12

Neumann, Dr. Carl E. O., der Männerarzt. Ein Ratgeber f. junge u. alte Männer. Naturgemäße Behandlg. der Männerkrankheiten. Mit in den Text gedr. Abbildgn. 8. (IV, 90 S.) Leipzig, Th. Grieben. n. 1. 40; geb. n. 1. 80

—— die Massage. Anleitung zur prakt. Ausführung derselben f. Jedermann. Nebst specieller Krankheits- u. Heil-Lehre. Mit 34 Abbildgn. im Text. 8. (IV, 120 S.) Ebd. n. 1. 50; geb. n. 2. —

Neumann, Prof. Dr. Frz., Vorlesungen üb. die Theorie der Elasticität der festen Körper u. d. Lichtäthers. Geh. an der Universität Königsberg. Hrsg. v. Prof. Dr. Osk. Emil Meyer. Mit Fig. im Text. gr. 8. (XIII, 374 S.) Leipzig, Teubner. n. 11. 60

Neumann, Ingen. Frdr., der Mahlmühlenbetrieb, dargestellt durch Zeichngn. u. Beschreibgn. vollständ. Mühleneinrichtgn., sowie einzelner Maschinen u. Betriebsteile zur Fabrikation v. Mehl, Gries, Graupen u. Reis. Mit Berücksicht. bewährter, prakt. Anlagen u. der neuesten Konstruktionen. 2. gänzlich umgearb. u. verb. Aufl. Mit e. Atlas v. 39 (lith.) Foliotaf. (m. 4 S. Text) u. 17 in den Text eingedr. Holzschn. gr. 8. (XVI, 228 S.) Weimar, B. F. Voigt. 13. 50

Neumann, Gust., Schul-Geographie. Nach dem Tode d. Verf. durchgesehen v. Rekt. Lokalschulinsp. H. Damm. 13. Aufl. 8. (112 S.) Berlin 1886, G. W. F. Müller. n. — 60; geb. n. — 75

Neumann, Geh. Reg.-R. u. vortrag. Rath H., das Börsensteuergesetz [Tarifnummer 4 d. Reichsstempelgesetzes], f. die prakt. Anwendg. dargestellt. — 3., unveränd. Aufl. gr. 8. (V, 144 S. m. 1 Tab.) Berlin, Siemenroth. n. 3. —; geb. n. 3. 50

Neumann, K., s.: Wiederholungsbuch f. den geographischen rc. Unterricht.

Neumayr, M., die geographische Verbreitung der Juraformation. [Mit 2 (chromolith.) Karten u. 1 (lith.) Taf.] [Aus: „Denkschr. d. k. Akad. d. Wiss."] Imp.-4. (88 S.) Wien, Gerold's Sohn in Comm. n. 7. 20

Neumeister — Herburger's, Dr., Geschäfts- u. Auskunfts-Kalender f. d. J. 1886. 27. Jahrg. gr. 8. (166 S.) Wien, Perles. cart. n. 1. —

Neupert, Alb., de Demosthenicarum quae feruntur epistularum fide et auctoritate. gr. 8. (78 S.) Leipzig, Fock. n. 1. 50

Neurath, Prof. Doc. Dr. Wilh., Grundzüge der Volkswirtschaftslehre od. Grundlage der socialen u. politischen Oekonomie. Für den Schulgebrauch u. den Selbstunterricht. gr. 8. (XXIV, 337 S.) Leipzig, Klinkhardt. n. 4. —

Neuwirth, Dr. Jos., datierte Bilderhandschriften österreichischer Klosterbibliotheken. [Aus: „Sitzungsber. d. k. Akad. d. Wiss."] Lex.-8. (62 S.) Wien, Gerold's Sohn in Comm. n.n. — 90

Neve, Jul., Rechenbuch f. Volksschulen. 1. u. 2. Hft. 8. (à 32 S.) Berlin, Neve. n. — 20

Nevinný, Assist. Dr. Jos., das Cocablatt. Eine pharmakognost. Abhandlg. Mit 4 lith. Taf. u. 2 Abbildgn. gr. 8. (V, 51 S.) Wien 1886, Toeplitz & Deuticke. n. 2. 50

Newald, em. Dir. Joh., das österreichische Münzwesen unter den Kaisern Maximilian II, Rudolph II. u. Mathias. Münzgeschichtliche Studien. gr. 8. (VI, 248 S. m. 3 Taf.) Wien, Kubasta & Voigt. baar n. 6. —

Newman, Cardinal Dr. Joh. Heinr., Kallista. Ein Roman aus dem 3. Jahrh. Autoris. Uebersetzg. 5., neu bearb. Aufl. 8. (XVI, 294 S. m. 1 Holzschn.) Köln, Bachem. 2. 50; geb. baar n. 3. 75

—— der Traum d. Gerontius. Autoris. Uebersetzg. nach der 18. Aufl. aus dem Engl. Mit 1 (Lichtdr.) Bilde von E. v. Steinle. 8. (56 S.) Mainz, Kirchheim. 1. 20

Ney, Chr., Sammlung leicht ausführbarer Theaterstücke ernsten u. launigen Inhalts, zum Gebrauche f. gesell. Kreise, namentlich kathol. Gesellen-Vereine hrsg. 7. u. 20. Hft. 4. Aufl. 8. (46 S.) Paderborn, F. Schöningh. n. — 70

7. (40 S.) n. — 40. — 20. (26 S.) n. — 30.

Nibelungenlied, das, f. die Jugend bearb. v. Adf. Bacmeister. 3. Aufl. Mit 4 Zeichngn. v. Prof. C. Häberlin. gr. 8. (III, 114 S.) Stuttgart, Neff. geb. n. 2. 25

Nickel, F. W., der Thurm zu Babel u. die Freimaurerei od. die Freimaurerei, im Lichte d. göttl. Wortes betrachtet. 12. (16 S.) Einbeck. (Bonn, Schergens.) baar n. — 10

Nicklas, Johs., Johann Andreas Schmellers Leben u. Wirken. Eine Festgabe zum 100jähr. Geburtstage d. großen Sprachforschers. Mit dem (Kpfrst.-)Bildnis Schmellers. gr. 8. (VII, 174 S.) München, Rieger. n. 3. —

Nicolay [Henrik Scharling], zur Neujahrszeit im Pastorate zu Nöddeboe. Erzählung. Nach der 3. Aufl. d. dän. Originals deutsch v. W. Reinhardt. 5. Aufl. 8. (IV, 359 S.) Norden 1886, Fischer Nachf. n. 5. —; geb. n. 6. —

Nieden, E. zur, methodisch geordnete Aufgabensammlung f. den geometrisch-propädeutischen Unterricht in der Quinta höherer Lehranstalten. 2. durchgeseh. Aufl. 8. (VIII, 53 S.) Bonn, Strauß. cart. n. — 90

Niedergesäß, Schulr. Dir. Rob., die Familien-Erziehung. Rathschläge f. Väter u. Mütter. 8. (VII, 462 S.) Wien 1884, Pichler's Wwe. & Sohn. n. 5. —; geb. n. 6. —; auch in 10 Lfgn. à n. — 50

—— Kinderstubengeschichten. 30 Erzählgn. f. das Kindesalter. Mit (eingedr. u. 6 chromolith.) Bildern v. Fritz Bergen. 2., durchgeseh. Aufl. gr. 4. (V, 41 S.) Stuttgart, Kröner. cart. 4. 50

—— die Kinderwelt. Anschauungs-, Erzähl- u. Gesprächstoffe f. Haus, Kindergarten u. Schule. gr. 8. (X, 246 S.) Wien 1886, Hölder. n. 3. —

—— geschichtliche Lehrstoffe f. die Volks- u. Bürgerschule in 3 concentrischen Kreisen, nebst dem Wichtigsten aus der Verfassungskunde. gr. 8. (IX, 353 S.) Wien 1884, Pichler's Wwe. & Sohn. n. 2. 80

—— Leitfaden der Geschichte der Pädagogik m. besond. Berücksicht. der Volksschule Österreichs. 3. Aufl. gr. 8. (222 S.) Ebd. geb. n.n. 2. 30

Niedergesäß, Schulr. Sem.-Dir. Rob., deutsches Lesebuch f. Volks- u. Bürgerschulen. 2—8. Schuljahr. gr. 8. Wien, Pichler's Wwe. & Sohn. geb. n. 6. 80
2. 33. Aufl. (112 S. m. Holzschn.) n. — 56. — 3. 30. Aufl. (IV, 151 S. m. Holzschn.) n. — 72. — 4. 26. Aufl. (IV, 215 S. m. Holzschn.) n. 92. — 5. 32. Aufl. (IV, 203 S. m. Holzschn.) n. 1. 4. — 6. Für die 1. Classe der Bürgerschulen. 18. Aufl. (304 S. m. Holzschn.) 1886. n. 1.20. — 7. Für die 2. Classe der Bürgerschulen. 11. Aufl. (IV, 216 S.) n. 1.16. — 8. Für die 3. Classe der Bürgerschulen. 6. Aufl. (IV, 224 S.) n. 1.20.

—— die specielle Methodik d. Unterrichts in der Elementarclasse, s.: Handbuch der speciellen Methodik.

Niedermüller, Dr. H., Zinstafel f. alle Tage d. Jahres. Hrsg. v. F. Fischer. qu. 8. (VIII, 360 S.) Leipzig, Grunow. geb. n. 2. 50

(84/2) **Niedźwiedzki**, Prof. Julian, Beitrag zur Kenntniss der Salzformation v. Wieliczka u. Bochnia, sowie der an diese angrenzenden Gebirgsglieder. III. Mit 1 (chromolith.) Taf. gr. 8. (S. 133—152.) Lemberg 1884, (Milikowski). n. 1. 80 (I—III.: n.n. 4. 80)

Niemann, Aug., das Geheimnis der Mumie. Mit 17 Tonbildern. gr. 8. (VIII, 549 S.) Bielefeld 1886, Velhagen & Klasing. geb. n. 9. —

—— Pieter Maritz, der Buernsohn v. Transvaal. Mit 16 Tonbildern v. H. Merté. 2. Aufl. gr. 8. (553 S.) Ebd. 1886. geb. n. 9. —

Niemeyer's, A. H., Grundsätze der Erziehung u. d. Unterrichts. Mit Ergänzg. d. geschichtlich litterar. Teils u. m. Niemeyer's Biographie hrsg. v. Sem.-Dir. Dr. Wilh. Rein. 3. Bd. 2. Aufl. gr. 8. (V, 452 S.) Langensalza 1884, Beyer & Söhne. n. 3. 50; geb. n. 4. 50

(85/1) **Niemeyer**, San.-R. Dr. Paul, ärztliche Sprechstunden. Zeitschrift f. naturgemäße Gesundheits- u. Krankenpflege, Organ d. hygiein. Vereins zu Berlin. 2. Folge. 26—30. Hft. [Der ganzen Folge 76—80. Hft.] 8. (6. Bd. XI, 320 S.) Jena, Costenoble. baar à — 50

Nienhaus, H., 50 kleine Geschichten, Märchen, Fabeln u. Liedchen f. liebe Kinder. 12. (96 S. m. 1 Chromolith.) Mülheim, Bagel. cart. — 60

Nieritz, Gust., Georg Neumark u. die Gambe. Das wüste Schloß. Die Großmutter. 3 Jugend-Erzählgn. Mit 3 Farbendr.-Bildern v. Prof. C. Offterdinger. Neue Ausg. gr. 8. (264 S.) Düsseldorf, F. Bagel. geb. 4. 50

—— Wilhelm Tell. Der Königstein od. der neue Hiob. Das Strandrecht. 3 Jugend-Erzählgn. Mit 3 Farbendr.-Bildern v. Prof. C. Offterdinger. Neue Ausg. gr. 8. (274 S.) Ebd. geb. 4. 50

Niernberger, Dir. J., Wandtabellen f. den Gesangunterricht an Volks- u. Bürgerschulen. 3. Aufl. 12 Steintaf. Imp.-Fol. Wien, Pichler's Wwe. & Sohn. In Mappe. n. 6. —

Niethe, zur See, s.: Henk.

Nietschmann, H., s.: Stein, A.

Ninck, C., auf biblischen Pfaden. Reisebilder aus Aegypten, Palästina, Syrien, Kleinasien, Griechenland u. der Türkei. Mit Zugaben einiger Reisegefährten u. oriental. Freunde. 2. Aufl. hoch 4. (436 S. m. eingedr. Holzschn., 1 Holzschntaf. u. 2 chromolith. Karten.) Hamburg 1886, Evangel. Buchh., Sep.-Cto. in Comm. n. 7. —; geb. n. 10. —

(84/2) **Nippold**, Frdr., zur geschichtlichen Würdigung der Religion Jesu. Vorträge, Predigten, Abhandlgn. 5. u. 6. Hft. 8. Bern, Wyß. à n. — 80 (1—6.: n. 5. 20)

Inhalt: 5. Das einheitliche Prinzip d. Protestantismus. Referat bei der 40. Jahres-Versammlg. der schweizer. reformirten Prediger-Versammlg. in Frauenfeld, 9. Aug. 1881. (XIII, 73 S.) — 6. Das Wesen d. christlichen Glaubens. Vortrag in Frankfurt a. M., 18. März 1867. Mit e. Erinnerungswort an Prof. Dr. Immer. (62 S.)

Nissen, Hauptpast. A., unterrichtliche Behandlung v. 50 geistlichen Liedern. gr. 8. (VIII, 283 S.) Kiel, Homann. n. 3. —

Nissen, Rekt. J., die Weltgeschichte in gedrängter Übersicht; nebst e. Abriß der alten Geographie, der griechisch-röm. Mythologie u. der Kirchengeschichte. Zur Wiederholg. d. Vortrags. 3. Aufl. gr. 8. (VIII, 246 S.) Hamburg, Nolte. n. 2. —

Nissen's, J. H., Aufgaben fürs Kopfrechnen. Zum Gebrauch f. die Oberklassen gehobener Volksschulen, sowie f. Mittelschulen, Präparanden-Anstalten u. Seminarien. 4. Aufl., gänzlich umgearb. u. bedeutend erweitert v. Sem.-Lehr. C. H. Harder. 8. (VIII, 101 S.) Eckernförde 1886, Heldt. n. 1. 20; geb. n. 1. 40

Nitsche, H., zoologische Wandtafeln, s.: Leuckart, R.

Nitsche, Rich., Geschichte der Wiedertäufer in der Schweiz zur Reformationszeit. gr. 8. (VIII, 108 S.) Einsiedeln, Benziger. n. 2. —

Nitschke, Rob., Realunterricht u. Reallesebuch. Unter Zugrundelegg. der Dörpfeld'schen Anfordergn. 8. (40 S.) Breslau, Goerlich. n. — 50

(83/2) **Nitzsch**, Karl Wilh., Geschichte der römischen Republik. Nach dessen hinterlassenen Papieren u. Vorlesgn. hrsg. v. Dr. Geo. Thouret. 2. Bd., bis zur Schlacht bei Actium. gr. 8. (XIII, 298 S.) Leipzig, Duncker & Humblot. n. 6. — (cplt.: n. 10. —)

Noack, Rekt. C., Aufgaben f. den Rechenunterricht in deutschen Schulen. Mit genauer Beachtg. der vom Bundesrat vorgeschriebenen Bestimmgn. inbezug auf Abkürzgn. der Münzen, Maße u. Gewichte in 5 Hftn. bearb. 8. Berlin, Burmester & Stempell. n. 1. 40
1. (24 S.) n. — 15. — 2. (32 S.) n. — 20. — 3. (48 S.) n. — 25. — 4. (47 S.) n. — 30. — 5. (84 S.) n. — 50.

Noack, Gymn.-Oberlehr. Dr. Karl, Hülfsbuch f. den evangelischen Religionsunterricht in den oberen Klassen höherer Schulen. 19. rev. Aufl. gr. 8. (VI, 169 S.) Berlin, Nicolai's Verl. geb. n. 1. 60

Noback, Frdr., die Handelswissenschaft. 4. wohlf. (Titel-)Ausg. gr. 8. (VIII, 607 S.) Leipzig (1880) 1886, O. Wigand. 5. —; geb. 6. —

—— u. Thom. John **Graham**, deutsch-englisches Handelscorrespondenz-Lexikon. 3. vielfach verm. Aufl. gr. 8. (VIII, 421 S.) Leipzig, Haessel. n. 6. —; geb. n. 7. —

Nobody, C., Robert u. Bertram, s.: Liebhaber-Bühne, neue.

Nocar, Dir. Adf., leichtfassliche Darstellung der Wechselrechtslehre nach den Gesetzen der österreichisch-ungarischen Monarchie. Zum Gebrauche an Handels-Lehr-Anstalten, sowie zum Privatstudium. 2. erweit. Aufl. gr. 8. (XVI, 294 S.) Prag 1886, Calve. n. 4. 50

Noch etwas mehr Licht in der sehr trüben Sache d. „wendischen Panslavismus". Von Dr. G. J. J. S. 8. (18 S.) Bautzen, Rühl in Comm. n. — 50

Noggler, Priest. P. Gfr., O. Cap., das Ordensleben in der Welt, od. Gründg heil. Regel u. Lebensweise d. 3. Ordens, vom heil. Franziskus gestiftet Nebst den hl. Tagzeiten zur Ehre der seligsten Jungfrau Mariä u. f. die Verstorbenen. 9. Aufl. 8. (VI, 694 S. m. 1 Stahlst.) Innsbruck, F. Rauch. n. 2. —

Nohl, Schuldir. Clem., Pädagogik f. höhere Lehranstalten. 1. Tl. Die Lehranstalten. gr. 8. (VIII, 201 S.) Berlin 1886, Th. Hofmann. n. 2. 60

Noir, Frz., Studentengeschichten. Humoresken. 8. (III, 69 S.) Leipzig, Greßner & Schramm. n. — 80

Noiré, Prof. Dr. Ludw., Aphorismen zur monistischen Philosophie. 2. (Titel-) Ausg. 8. (XVIII, 132 S.) Mainz (1877) 1884, v. Zabern. n. 2. 50

—— Aufgaben zu französischen Stilübungen f. höhere Unterrichtsanstalten in 4 Stufen. 2. Tl. Für die oberen Klassen. 3. Aufl. gr. 8. (VIII, 160 S.) Ebd. 1884. 1. 40

—— Einleitung u. Begründung e. monistischen Erkenntniß-Theorie. 2. (Titel-) Ausg. gr. 8. (XVI, 247 S.) Ebd. (1877) 1884. n. 5. —

—— Logos. Ursprung u. Wesen der Begriffe. gr. 8. (XVII, 362 S.) Leipzig, Engelmann. n. 8. —; geb. n. 10. —

Noiré, Prof. Dr. L., résumé de l'histoire de la littérature française rédigé d'après les ouvrages de Baron, Demogeot, Géruzez, Nisard, Sainte-Beuve, Villemain etc. 4. éd. revue et augmentée. gr. 8. (174 S.) Mainz 1884, v. Zabern. 2. 40

Nolcken, Past. R. v., zur Inspirationstheorie. Ein Protest. Vortrag, geh. auf der Oeselschen Landessynode 1884 in Veranlassg. der im Frühjahr vorher veröffentlichten Vorträge der Proff. DD. Volk u. Mühlau u. in Druck gegeben auf Beschluß der Synode als ihr Mitbekenntniß. gr. 8. (54 u. 13 S.) Riga, Stieda in Comm. n. 1. —

Noeldeke, Ob.-App.-Ger.-R. C., flora Goettingensis. Verzeichniss der in den Fürstenthümern Göttingen u. Grubenhagen [m. Ausschluss d. Harzes] u. den nächst angrenz. Gebieten vorkomm. wildwachs. phanerogam. u. kryptogam. Gefässpflanzen. 8. (X, 125 S.) Celle 1886, Capaun-Karlowa. cart. n. 2. —

Nöll, F., Kommunalabgaben-Gesetz, s.: Herrfurth, L.

Nöltingk, G. C., Bericht üb. die Wirksamkeit der Unterstützungscasse f. evangelisch-lutherische Gemeinden in Rußland während der ersten 25 Jahre ihres Bestehens. Festschrift, im Auftrage d. Centralcomités der Unterstützungscasse verf. gr. 8. (VI, 237 S.) Nebst Gratisbeilage: Tabellarische Auszüge aus ihren Jahresberichten v. Dir. E. Papmehl. Imp.-4. (108 S.) St. Petersburg 1884. Bernburg, Bacmeister in Comm. baar n. 2. 40

Nonnig, Karl Ferd., kleine deutsche Sprachlehre f. Volks-, Bürger- u. Mittelschulen u. die entsprechenden Klassen höherer Lehranstalten. Ein Handbüchlein d. Unterrichts in der deutschen Satz- u. Wortlehre, Stilistik, Metrik u. Poetik. 23. Aufl. 8. (VIII, 108 S.) Berlin, Berggold. geb. n.n. 1. —

Nordau, Max, die conventionellen Lügen der Kulturmenschheit. 12. Aufl. gr. 8. (VIII, 351 S. m. Portr. in Stahlst.) Leipzig 1886, Elischer. n. 6. —; geb. n. 7. 50

— Paradoxe. 4. Aufl. gr. 8. (VII, 366 S.) Ebd. 1886. n. 6. —; geb. n. 7. 50

Norden, A., verkauft. Historischer Roman. 3 Bde. 8. (211, 239 u. 254 S.) Berlin 1886, Janke. n. 10. —

Norden, Erich, Gott ist die Liebe. Eine Erzählg. f. Kinder von 8—14 Jahren. Nach Thatsachen geschildert. Mit Bildern. 12. (48 S.) Basel, Spittler. n.n. — 25

— zum Licht. Eine Erzählg. f. Kinder von 8—14 Jahren. Nach Thatsachen geschildert. 12. (44 S.) Ebd. n.n. — 25

— der Rollstuhl. Eine Erzählg. 12. (46 S.) Ebd. n.n. — 25

— Saat u. Ernte. Erzählung. 8. (235 S.) Norden, Soltau. n. 2. 40

— soll ich meines Bruders Hüter sein?, } s.: Schillingsbücher.
— der Weihnachtsstern, }

Norden, Jul., Robinson. Der Jugend von 9—15 Jahren erzählt. Mit 8 Farbendr.-Bildern. 8. (96 S.) Wesel, Düms. geb. — 75

Nordheim, Dr., Festreden, Ansprachen u. Toaste zum Sedantage, gesammelt u. hrsg. 4., neubearb. Aufl. gr. 8. (110 S.) Kattowitz, Siwinna. n. 1. —

Nordseebäder, die, auf Sylt: Westerland u. Wenningstedt. 12. (53 S. m. Abbildgn.) Hamburg, O. Meißner's Verl. n. — 40

($^{85}/_{1}$) **Normann**, H., Perlen der Weltliteratur. Aesthetisch-krit. Erläuterg. klass. Dichterwerke aller Nationen. 39—52. (Schluß-)Lfg. 8. (10. Bd. 232, 11. Bd. 212 u. 12. Bd. 221 S.) Stuttgart, Levy & Müller. baar à n. — 50

Nörner, Dr. C., die Brandzeichen der Staats- u. Hofgestüte Oesterreich-Ungarns. 8. (III, 18 S.) Leipzig, H. Voigt. n. — 60

Noetel, Gymn.-Dir. Rich., Festrede zum 50jährigen Jubiläum d. königl. Friedrich-Wilhelm-Gymnasiums zu Posen, geh. am 26. Septbr. 1884. gr. 8. (19 S.) Posen, Merzbach. n. — 50

tiones quaedam de cultu ss. cordis Jesu. 8. (6 S.) Augsburg, Literar. ıstitut v. Dr. M. Huttler. f. 25 Stück baar 2. —

tizbuch, tägliches, f. Comptoire auf d. J. 1886. schmal Fol. (IV, 248 S. t. 3 Karten u. 1 Wandkalender.) Düsseldorf, F. Bagel. cart. n. 2. —

iz-Büchlein, Münchener, auf alle Tage e. Jahres. 16. (216 S.) München, ranz' Verl. geb. n. 1. —

izen, therapeutische, der Deutschen Medizinal-Zeitung. 1880—1884. rsg.: Dr. Jul. Grosser. 12. (120 S.) Berlin, Grosser. baar n. 2. —

iz-Kalender f. 1886. gr. 16. (VIII, 381 S.) Berlin, Trowitzsch & Sohn. eb. n. 1. 75

- pro 1886. Tagebuch f. alle Stände. 16. (IV, 91 u. 189 S. m. 1 Eisenahnkarte.) Wien, Perles. geb. in Leinw. n. 2. 40; in Ldr. n. 3. 60

- für Hochschulen [medicinische Facultät] pro 1886. 16. (110 u. 130 S.) bd. geb. n. 2. 80

- kleiner, f. 1886. 16. (121 S.) Berlin, Trowitzsch & Sohn. geb. n. 1. 25

- kleiner, f. d. J. 1886. 16. (204 S.) Düsseldorf, F. Bagel. geb. in Leinw. n. — 80; in Ldr. als Brieftasche n. 2. —

- für Landwirte u. Gewerbetreibende. 1886. gr. 16. (IV, 224 S.) tade, Pockwitz. geb. n. 1. —

- landwirthschaftlicher, f. d. J. 1886. gr. 16. (232 S.) Düsseldorf, . Bagel. geb. n. 1. 20

- täglicher, f. 1886. Mit 1 Eisenbahnkarte v. Mitteleuropa. 16. (192 S.) reslau, Morgenstern's Verl. geb. n. 1. —

iz-Taschenbuch, Schleswig-Holsteinisches, f. Beamte, Landwirte u. Gehäftsleute jeden Berufs auf d. J. 1886. 20. Jahrg. gr. 16. (246 S.) arding, Lühr & Dircks' Verl. geb. n. 1. 50

trott, L., Adam Godoë. Lebensbild e. Larka-Kolh. 8. (63 S.) Berlin 386, Buchh. der Goßner'schen Mission. n. — 60

ıalis, Gedichte, hrsg. v. Willib. Beyschlag. 3. verb. Aufl. gr. 16. (IV, 50 S.) Leipzig 1886, Böhme. n. 1. 50; geb. n. 2. 20

ıellen, chinesische. Die seltsame Geliebte; das Juwelenkästchen, deutsch, . e. bibliograph. Notiz v. Ed. Grisebach. 6—10. Hundert. 12. (121 S.) erlin, F. & P. Lehmann. n. 3. 60

die, zum rheinischen Eigenthums- u. Hypothekenrecht. Commenrte Ausg. vom Verf. d. Rhein-Preuß. Haus-Advokaten. 8. (53 S.) Mülim a/R., Bagel. — 75

· einer Postorwitwe u. Pensionsmutter. Hrsg. v. der Verfasserin. 12. 88 S.) Freiburg a/U., Kellner. geb. n. 2. —

) Novellenkranz. Eine Sammlg. v. Erzählgn. Hrsg. v. Frdr. Dasbach. —18. Bdchn. 8. Trier, Paulinus-Druckerei. n. 12. 45

Inhalt: 9. Datura. Erzählung v. R. Rosenberg. Maria hilft. Nach dem Franz. rei übers. v. Wilh. Freund. (124 S.) 1881. n. 1. —. — 10. Der rothe Dieter. Erzählung v. Phpp. Laicus. Eine Pilgerfahrt nach Jerusalem im Herbste 1877. Reise-Erinnergn. v. Priest. B. E. (143 S.) 1881. n. — 75. — 11. Ein deutsches Frauenbild. Von K. M. Die Schmuggler. Erzählung v. Rich. Kettnacker. (110 S.) 1881. n. 1. —. — 12. Costal, der Indianer. Nach dem Franz. d. G. Ferry. bearb. v. Bern. Krell. (392 S.) 1882. n. 1.80. — 13. Einmal betrunken. Orig.-Erzählg. v. Rich. Kettnacker. Tante Veronika. Preisnovelle v. E. Lagrange. Aus der Brüsseler Revue générale übers. (133 S.) 1882. n. 1. —. — 14. Johann v. Parhenay. Von Beatrix Gräfin de Buisseret. Aus dem Franz. übers. (191 S.) 1882. n. 1.10. — 15. Das geheimnißvolle Schloß. Roman v. Paul Féval. Autoris. Uebersetzg. v. J. E. B. (205 S.) n. 2. —. — 16. Moderne Gegensätze. Roman aus dem wirkl. Leben v. Alinda Jacoby. (215 S.) 1884. n. 1. —. — 17. Pomponius Laetus. Von Antoinette Klitsche de la Grange. Aus dem Ital. (298 S.) 1884 n. 1.60. — 18. Die letzte Gräfin v. Manderscheid. Erzählung aus der Geschichte d. Erzstifts Trier. Von Antonie Haupt. (222 S.) 1884. n. 1.20.

(85/1) Novellenschatz, neuer deutscher. Hrsg. v. Paul Heyse u. Ludw. Laistner. 10—12. Bd. 8. (244, 226 u. 231 S.) München, Oldenbourg. geb. à n. 1. —

(85/1) Novellenzeitung, Hamburger. Sonntagsblatt f. gesell. Unterhaltg. Red. v. F. E. König. 32. Jahrg. 1886. 52 Nrn. (1½ B.) gr. 4. Hamburg, (Peuser). Vierteljährlich baar n. 1. —

Novene zu Unserer lieben Frau vom heiligsten Herzen, nebst einigen andern Gebetsübungen u. Liedern. 16. (80 S.) Regensburg 1872. (Hildesheim, Borgmeyer.) n. — 30

Novenen, die Kärntner, u. die Volksschule. Ein Wort der Richtigstellg. u. Abwehr. Hrsg. vom Deutschen Verein in Klagenfurt. gr. 8. (30 S.) Klagenfurt, Raunecker in Comm. baar — 75

Nover, J., Rheinfahrt von Mainz bis Köln, s.: Städtebilder u. Landschaften aus aller Welt.

Nowack, Sem.-Lehr. H., Sprachstoffe f. die Volksschule zur Übung im richtigen Sprechen u. Schreiben. Ausg. B in 3 Schülerheften u. 1 Lehrerhefte. 1—3. Schülerhft. 8. Breslau, F. Hirt. n. — 66

1. 2., rev. [Ster.-]Aufl. (24 S.) n. — 16. — 2. 2., rev. [Ster.-]Aufl. (32 S.) n. — 20. — 3. (56 S.) 1884. n. — 30.

—— der Unterricht im Deutschen auf Grundlage d. Lesebuches. Eine method. Anweisg. m. Lehrproben f. die verschiedenen Zweige u. Stufen d. deutschen Unterrichts in der Volksschule. 3 Tle. Mit erläut. Abbildgn. 3. verb. Aufl. gr. 8. Ebd. n. 3. 50

1. Unterstufe (VII, 76 S.) n. 1. —. — 2. Mittelstufe (VI, 104 S.) n. 1. —. — 3. Oberstufe (VI, 144 S.) n. 1.50.

Nowel, Lehr. Ghold., evangelischer Religionsstoff f. die erste Schulzeit, in e. dem Verständnis der Kleinen nahe lieg. Form Lehrern u. Eltern dargeboten. 12. (23 S.) Kottbus, Differt. n. — 20

Nuber, B., Papst Gregor VII., s.: Broschüren, Frankfurter zeitgemäße.

Nuhn, Prof. Dr. A., Lehrbuch der vergleichenden Anatomie. 2. (Titel-)Ausg. Mit 636 Holzschn. (In 5 Abthlgn.) 1. u. 2. Abth. gr. 8. (XXXII u. S. 1—288.) Heidelberg (1875/78) 1886, C. Winter. Subscr.-Pr. à n. 4. —

Nürnberg, weil. Lehr. A., allgemeine Geographie. Mit besond. Berücksicht. Deutschlands. Ein Leitfaden f. Schulen, sowie zum Selbstunterricht. 7. Aufl., v. e. Gymnasiallehrer umgearb. u. erweitert. 8. (VIII, 80 S.) Berlin, Liebel. n. — 60

Nussbaum, Geh.-R. Gen.-Stabsarzt à la s. Prof. Dr. v., Anleitung zur [fäulniss-widrigen] antiseptischen Wundbehandlung. Zum Gebrauche f. die Unterrichtskurse der Badergehilfen verf. 2., sehr veränd. Aufl. [Mit der Bader-Ordng. im Anh.] 8. (28 S.) München, Rieger. cart. n. — 50

—— die erste Hilfe bei Verletzungen. 2. verb. Aufl. [Aus: „Gutbrod, die Kinderbewahranstalt".] 16. (29 S.) Augsburg 1886, Literar. Institut v. Dr. M. Huttler. n.n. — 15

—— ein neuer Versuch zur Radicaloperation der Unterleibsbrüche. Ein klin. Vortrag. [Aus: „Aerztl. Intelligenzbl."] gr. 8. (16 S.) München, J. A. Finsterlin. — 45

Nüffer, M., s.: Klassiker-Bibliothek der bildenden Künste.

Nußhag, Lehr. Frdr., der Largiadèr'sche Arm- u. Bruststärker in seiner Verwendung beim Klassenunterricht. [Deutsches Reichspatent Nr. 31,710.] 2. Aufl. gr. 8. (24 S. m. Illustr.) Karlsruhe, Kundt. n. — 50

Oberhoffer, H., Gesellenlieder f. katholische Gesellenvereine. Sep.-Ausg. d. Anhangs zu „der neue Orpheus". 8. (54 S.) Trier, Lintz. n. — 60

—— der neue Orpheus. Sammlung auserlesener Compositionen f. Männerchor m. 60 Orig.-Beiträgen v. Fr. Abt, V. E. Becker, Fr. van Hoffs 2c.,

ꝛg. u. zum Singen aus der Partitur eingerichtet. 8. (VIII, 506 S.) Trier, nß. n. 2. —; geb. n. 2. 50; Klavierbegleitg. zu den einstimm. Gesellschaftsliedern qu. 4. (39 S.) n. 1. 20
) **Oberländer-Album.** 4. Thl. Fol. (60 Holzschntaf. m. eingedr. Text.) :ünchen, Braun & Schneider. cart. (à) n. 5. —
rlein, Alb., Myrthenzweige. Lieder u. Vorträge zu Hochzeitsfeierlichkeiten. 12. (64 S.) Altenburg, Schnuphase. n. — 60
lidal, Dr. M., Unterrichts-Briefe zur Erlerng. der Weltsprache Volapük. Ausg. 8. (95 S.) Wien, (Kravani). n. — 75
ıcte, kunstgewerbliche, der Ausstellung kirchlicher Kleinkunst im mähchen Gewerbe-Museum 1884—5. Fol. (99 Lichtdr.-Taf. m. 8 S. Text.) ünn, (Knauthe). baar n. 80. —
felder, Oberlehr. Dr. Carl v., english vocabulary for the use of schools. ıglisches Vocabularium zum Gebrauch an höheren Lehranstalten. 12. III, 48 S.) Halle, Gesenius. cart. n. — 60
elhäuser, Wilh., Einführungen in Shakespeare's Bühnen-Dramen u. arakteristik sämmtlicher Rollen. 2. rev. Aufl. 2 Bde. gr. 8. (XIII, 384 V, 414 S.) Minden, Bruns. n. 6. —; geb. n. 9. —
ısli, Wilh., üb. die Historia Miscella, l. XII—XVIII u. den Anonymus lesianus II. Zwei Quellenuntersuchgn. zur Geschichte d. untergeh. Römerıms. Inaugural-Dissertation. gr. 8. (106 S. m. 1 Tab.) Zürich 1873. :rlin, Calvary & Co.) n. 2. —
vian, s.: Bibliothek, altenglische.
'mann, Auswahl deutscher Handlungsbriefe, s.: Schiebe.
rtenblatt f. die gesammte Holzbranche. Jahrg. 1884/85. 24 Nrn. (½ B.) 4. Leipzig, Gruner. baar n. 8. —
:ia propria sanctorum dioecesis Monasteriensis ad recitandas horas diur- a sacra rituum congregatione approbata. Ed. II. 16. (32 S.) Münster, sdörffer. n. — 40
votiva per annum pro singulis hebdomadae feriis a ss. D. N. Leone PP. I. per decretum urbis et orbis die V. Julii 1883 concessa, cum psalmis ırecibus in extenso. 8. (VI, 34 u. 144 S.) Regensburg, Pustet. n. 1, 50
ium Marianum. Tagzeiten der allerheiligsten Jungfrau Maria. In :tscher Uebersetzg. nach dem röm. Brevier. 32. (162 S) Mainz 1884, chheim. geb. n.n. — 50
er-Taschenbuch f. Manöver, Generalstabsreisen, Kriegsspiel, taktische ıeiten. Mit Tabellen, Signaturtafeln, 1 Zirkel m. Maaßstäben u. Kalenium. 3. Jahrg. 16. (25 u. 115 S.) Berlin, Eisenschmidt. geb. n. 2. 50; ohne Zirkel n. 2. —
dinger, Dr. L. F., Johann Gottlieb Friederich v. Bohnenberger. [Aus :ıthem.-naturwissensch. Mitteilgn."] gr. 8. (15. S. m. lith. Portr.) Tüzen, Fues. baar n. — 50
ıschlager, F., Sage u. Forschung. Festrede, geb. in der öffentl. Sitzung b. k. Akademie der Wissenschaften zu München zur Feier ihres 126. tungstages am 28. März 1885. gr. 4. (40 S.) München, (Franz' Verl.). n.n. 1. 20
ıein, Dir. Karl, meine Erfahrungen u. Ansichten üb. das Wesen der :- u. Schwachsinnigen u. deren Behandlung. Jubiläumsschrift. 2. Aufl. 3. (V, 138 S.) Weimar, Böhlau. n. 2. —
Pfr. Emil, „Ich gedenke heute an meine Sünde". 1. Mose 41, 9. Eine nmlg. v. Predigten am Buß- u. Bettage. In Verbindg. m. Freunden J. 8. (V, 250 S.) Wiesbaden, Niedner. n. 3. —; Einbd. baar n.n. — 75
,opfere Gott Dank!" Eine Sammlg. v. Predigten am Ernte-Dankfeste. Verbindg. m. Freunden hrsg. 8. (VII, 258 S.) Ebd. n. 3. —; Einbd. baar n.n. — 75

Ohnesorge, Wilh., der Anonymus Valesii de Constantino. Inaugural-Dissertation. gr. 8. (112 S.) Kiel, Lipsius & Tischer. n. 2. 60
Ohnet, G., der Steinbruch, s.: Engelhorn's allgemeine Roman-Bibliothek.
Ohorn, Prof. Dr. Ant., Grundzüge der Poetik. Ein Leitfaden f. höhere Schulen. 2. verb. Aufl. gr. 8. (IV, 88 S.) Dresden, Bleyl & Kaemmerer. n. 1. 20
—— wie sich Herzen finden! Novellen. 2. Aufl. 8. (VII, 260 S.) Dresden 1886, Höckner Sep.-Cto. n. 2. 25
Oksza, Hélène, la poésie en prose. 12. (IV, 79 S.) Wien, (Frick). baar n.n. 5.—
Oelblätter f. jeden Tag d. Jahres. Spruch-Kalender f. d. J. 1886. 4. (24 S.) Gernsbach, Christl. Kolportage-Verein. baar n. — 30
Olden, J., dos-à-dos, s.: Album f. Liebhaber-Bühnen.
—— erträumt, s.: Universal-Bibliothek Nr. 2063.
Olearius, s.: National-Litteratur, deutsche.
Olleck, v., Geschichte d. Berliner Invalidenhauses von 1748 bis 1884, s.: Beiheft zum Militär-Wochenblatt.
Oelschläger, Herm., Engel Kirk. Eine Geschichte in Versen. gr. 16. (84 S.) Dresden 1886, Minden. n. 1. 50; geb. n.n. 2. 40
([85/1]) **Olshausen**, Landger.-Dir. Dr. Just., Kommentar zum Strafgesetzbuch f. das Deutsche Reich. 2. umgearb. Aufl. 4. u. 5. Lfg. gr. 8. (S. 401—640.) Berlin, Vahlen. n. 7. 50 (1—5.: n. 15. —)
Olshausen, R., die Krankheiten der Ovarien, s.: Handbuch der Frauenkrankheiten.
([85/1]) **Oelsner**, Dir. G. Herm., die deutsche Webschule. Mechanische Technologie der Weberei. 6., vollständig neu bearb. Aufl., m. vielen im Text u. auf Taf. vorgeführten Mustern u. Zeichngn. 9—13. Lfg. gr. 8. (S. 257—416.) Altona, Send. à — 60
Ölzelt-Newin, Ant., die Grenzen d. Glaubens. gr. 8. (43 S.) Wien, Konegen. n. 1. —
Omnia mecum porto. Manöver-Kalender f. die Infanterie. 2. Jahrg. 1885. 16. (121 S.) Metz, Scriba. baar n.n. — 90; m. Tasche n.n. 1. 50
Oncken, Wilh., Stadt, Schloss u. Hochschule Heidelberg. Bilder aus ihrer Vergangenheit. 3. vom Verf. rev. Aufl. gr. 8. (VIII, 98 S. m. 1 chromolith. Plan.) Heidelberg, Meder. cart. n. 2. 50
—— das Zeitalter der Revolution, d. Kaiserreichs u. der Befreiungskriege, s.: Geschichte, allgemeine, in Einzeldarstellungen.
Opel, Dr. F. M. Ed., Lehrbuch der forstlichen Zoologie. Für Forstwirthe, Grundbesitzer u. Jagdberechtigte. Mit 18 xylogr. Abbildgn. Neue (Titel-) Ausg. gr. 8. (VIII, 483 S.) Berlin (1869), Parey. n. 5. —
Oppel, Dr. A., 5. deutscher Geographentag in Hamburg. 8. (24 S.) Bremen, Rocco. n. — 60
Oppeln, A. v., Vetter Karl, s.: Familien-Bibliothek.
Oppen, Gymn.-Oberlehr. Dr. Curt v., die Wahl der Lektüre im altsprachlichen Unterricht an Gymnasien, wie sie getroffen wird u. wie sie zu treffen wäre. gr. 8. (61 S.) Berlin, Gaertner. n. 1. 20
Oppenheim, Assist. Dr. S., Bahnbestimmung d. Kometen. VIII. 1881. [Aus: „Sitzungsber. d. k. Akad. d. Wiss."] Lex.-8. (25 S.) Wien, (Gerold's Sohn). n.n. — 50
—— über die Rotation u. Präcession e. flüssigen Sphäroids. [Aus: „Sitzungsber. d. k. Akad. d. Wiss."] Lex.-8. (47 S.) Ebd. n. — 80
Oppermann, Thdr., Erheiterungen. Gedichte ernsten u. laun. Inhalts. Gesammelt u. hrsg. 12. (80 S.) Kahla, Heyl. n.n. — 50
Oppert, Jul., die astronomischen Angaben der assyrischen Keilinschriften. [Aus: „Sitzungsber. d. k. Akad. d. Wiss."] Lex.-8. (13 S.) Wien, (Gerold's Sohn). n.n. — 30

ln's d. Jüngeren Gedicht v. der Jagd in 4 Büchern. 1. Buch, metrisch ers. u. m. erklär. Bemerkgn. vers. v. Studienlehr. Max Miller. gr. 8. 1 S.) Amberg, (Habbel). baar 1. 20

) **Oppler,** Bau-R. Edwin, architektonische Entwürfe. Profan- u. Kultuten, innere Einrichtgn., Decorationen, Möbel, kunstgewerbl. Gegeninde, Denkmäler etc. Veröffentlicht v. Archit. Ferd. Schorbach. 4. u. Lfg. Fol. (à 5 Taf. m. 1 Bl. Text.) Halle, Knapp. à n. 4. —

olzer, Th. v., üb. die Auflösung d. Kepler'schen Problems. [Aus: lenkschr. d. k. Akad. d. Wiss."] Imp.-4. (59 S.) Wien, Gerold's Sohn Comm. n. 3. 20

ell, Max, John Bull u. sein Inselheim. Englische Sittenbilder. Nach r 47. Aufl. d. französ. Originals v. Arthur Bertow. 8. (VI, 290 S.) erlin, Janke. n. 4. —

li, A. v., das Staatsrecht der schweizerischen Eidgenossenschaft, s.: Hand ch d. öffentlichen Rechts der Gegenwart.

Organ der militär-wissenschaftlichen Vereine. II. Inhalts-Verzeichniss den Jahrgängen 1880—1884. [Bde. XX—XXIX]. Von Hauptm. C. Duner. gr. 8. (V, 60 S.) Wien, (Seidel & Sohn). n. 1. —

anisation u. **Budget** d. industriellen Bildungswesens in Oesterreich im 1885. gr. 8. (23 S.) Reichenberg, Schöpfer. n. — 40

inal-Mittheilungen aus der ethnologischen Abtheilung der königl. iseen zu Berlin, hrsg. v. der Verwaltg. 1. Jahrg. 4 Hfte. 4. (1. Hft. VIII, S. m. 4 Taf.) Berlin, Spemann. n. 16. —

Ornamentenschatz, der. Ein Musterbuch stilvoller Ornamente aus en Kunst-Epochen. 80 (lith. u. chromolith.) Taf. m. üb. 1000 meist farb.)bildgn. u. erläut. Text v. Bauinsp. H. Dolmetsch. 15. u. 16. Hft. Fol. 4 Taf. m. 2 Bl. Text.) Stuttgart, J. Hoffmann. baar à n. 1.—

s. Internationale Zeitschrift f. die gesammte Ornithologie. Organ d. perınenten internationalen ornitholog. Comité's unter dem Protectorate Sr. k. Hoh. d. Kronprinzen Rudolf v. Oesterreich-Ungarn. Hrsg. v. DD. R. asius u. G. v. Hayek. 1. Jahrg. 1885. gr. 8. (1. Hft. IV, 148 S.) Wien, rold's Sohn in Comm. n. 8. —

hica. Rec. Eug. Abel. Accedunt Procli hymni, hymni magici, hymnus in m, aliaque eiusmodi carmina. 8. (III, 320 S.) Prag, Tempsky. — Leipzig, eytag. n. 5. —

, Spirito, der Ursprung der radikalen Neutra der deutschen Sprache, tdeckt v. S. O., in's Deutsche übertragen v. N. N. gr. 8. (17 S.) Turin. eipzig, Urban.) n. 1. —

cl, Frdr., die Teigwaaren-Fabrikation. Mit e. Anh.: „Die Panier- u. utschelmehl-Fabrikation". Eine auf prakt. Erfahrg. begründete, gemeinrständl. Darstellg. der Fabrikation aller Arten Teigwaaren, sowie d. unier- u. Mutschelmehles mittelst Maschinenbetriebes nebst e. Schilderg. nmtl. Maschinen u. der verschiedenen Rohproducte. Mit Beschreibg. u. an e. Teigwaaren-Fabrik. Leichtfaßlich geschildert. Mit 43 Abbildgn. 8. I, 142 S.) Wien, Hartleben. n. 2. 50

el, Prof. Dr. M. J., üb. Terrain-Curorte zur Behandlung v. Kranken m. eislaufs-Störungen, Kraftabnahme d. Herzmuskels, ungenügenden Com. osationen bei Herzfehlern, Fettherz u. Fettsucht, Veränderungen im ngenkreislauf etc., insbesondere als Winter-Stationen in Süd-Tirol. leran-Mais, Bozen-Gries, Arco.] Zur Orientirg. f. Aerzte u. Kranke. Mit Karten v. Bozen u. Meran. gr. 8. (IV, 76 S.) Leipzig, 1886, F. C. W. gel. n. 3. —

Therapie der Kreislaufs-Störungen etc., s.: Handbuch der allgemeinen erapie.

Orth, J., Zigelis Porträt, s.: Groschen-Bibliothek f. das deutsche Volk.

Orth, Prof. Dir. Dr. Johs., Cursus der normalen Histologie zur Einführung in den Gebrauch d. Mikroskopes, sowie in das prakt. Studium der Gewebelehre. 4. Aufl. Mit 108 Holzschn. gr. 8. (XII, 360 S.) Berlin 1886, Hirschwald. n. 8. —

(83/2) —— Lehrbuch der speciellen pathologischen Anatomie, 2. Lfg. [Respirationsorgane u. Schilddrüse.] Mit 70 Holzschn. gr. 8. (1. Bd. S. 281—590.) Ebd. (à) n. 8 —

Orthodoxismus, der, vor der Wissenschaft. Offenes Sendschreiben an Hrn. Prof. Conr. Hermann in Leipzig, als Erwiderg. auf die Besprechg. desselben in dem „Theolog. Litteraturblatt". [Leipzig 1885, Nr. 26] üb. die „Urkunde der Wissenschaft" [Berlin 1885]. Vom Verf. der letzteren. gr. 8. (IV, 70 S.) Hamburg, König & Schulz. n. 2. 50

Ortleb, A., u. G. **Ortleb**, der emsige Naturforscher u. Sammler. Mit Abbildgn. 1—24. Bdchn. 12. Berlin, Mode's Verl. cart. à — 60

Inhalt: 1. Das Süßwasseraquarium u. Terrarium. Anleitung zur Herstellg. v Aquarien u. Terrarien, Springbrunnen, Laubfrosch- u. Goldfischgläsern, nebst Beschreibg. der dazu gehör. Tiere u. Pflanzen. (57 S.) — 2. Die Fische, m. besond. Berücksicht. der einheim. Arten. Nebst Anleitg. zum Aufbewahren u. Abformen der Fische. (84 S.) — 3. Die merkwürdigsten Reptilien u. Amphibien, m. besond. Berücksicht. der einheim. Arten. Nebst Anleitg. zum Aufbewahren u. Konservieren derselben u. zur Herrichtg. e. billig. Reptilien- u. Amphibienhauses. (66 S.) — 4. Schnecken u. Muscheln [Conchylien] u. andere hartschalige Seeprodukte. Nebst Anleitg. zum Präparieren u. Aufbewahren derselben. (72 S.) — 5. Das Fangen, Präparieren u. Sammeln der Schmetterlinge, nebst Beschreibg. derselben. (64 S.) — 6. Der Raupensammler. Anleitung zum Aufsuchen u. Aufziehen der Falterraupen, sowie zum Präparieren u. Aufbewahren derselben. Nebst Raupenkalender. (62 S.) — 7. Das Sammeln der einheimischen Käfer, nebst Beschreibg., Präparieren u. Aufbewahren derselben. (70 S.) — 8. Insekten, Tausendfüßler u. Spinnentiere. (80 S.) — 9. Der Kanarienvogel. Zucht u. Pflege desselben, sowie anderer kleiner Stubenvögel, wie: Stieglitz, Hänfling, Zeisig rc., nebst ihren Krankheiten u. deren Heilg, Zähmg. u. Abrichtg. der Singvögel u. dem Sprechenlehren der einheim. Vögel. (52 S.) — 10. Die Eiersammlung. Beschreibung der Vögel, ihrer Eier und Nester, nebst Anleitg. zum Präparieren u. Aufbewahren der gesammelten Vogeleier. (51 S.) — 11. Die Zucht u. Pflege kleiner Haustiere, wie Hund, Katze, Meerschweinchen, weiße Maus, Eichhörnchen, Kaninchen. Hamster, Ziegenbock, Tauben, Hühner, Papageien rc. Nebst Anleitg. zum Anfertigen v. Tierzwingern u. Käfigen. (69 S.) — 12. Das Ausstopfen u. Skelettisieren v. Säugetieren u. Vögeln. (63 S.) — 13. Das Herbarium, nebst Samen- u. Holz-Sammlg. Anleitung zum Sammeln, Präparieren, Aufbewahren u. Ordnen der Pflanzen, Samen u. Hölzer, m. Angabe der Schutzmittel gegen die Feinde der Herbarien u. Anweisg. zur Herstellg. v. Pflanzen-Abdrücken. (51 S.) — 14. Die nützlichen u. schädlichen Pilze od. Schwämme Deutschlands [Mycetologie]. Beschreibung der bekanntesten Arten, unter besond. Bezeichnung der gift. Pilze, nebst Angabe der Schutzmittel gegen Vergiftg. durch dieselben u. Anweisg. zur Zubereitg. der eßbaren Pilze. (83 S.) — 15. Die einheimischen Giftpflanzen, nebst Angabe der Gegenmittel bei Vergiftgn. durch dieselben. (68 S.) — 16. Der Mineralien- u. Petrefakten-Sammler. Anweisung zur Anlage e. Mineralien-Sammlg, nebst Einteilg. u. Beschreibg. der Mineralien u. Versteinergn. (63 S.) — 17. Anleitung zu mikroskopischen Untersuchungen u. Beobachtungen m. der Lupe v. kleinen Tierchen, wie Milben, Trichinen, Infusorien, Würmern, Insekten rc., Pflänzchen, u. Mineralien. Nebst Anleitg. zur Herstellg. u. Aufbewahrg. der Präparate. (56 S.) — 18. Astronomie od. Himmelskunde. (63 S.) — 19. Physikalische Experimente. Belehrungen üb. Magnetismus, Elektricität, opt. Erscheingn., Wärme, Mechanik. Nebst Darstellg. prakt. u. unterhalt. Versuche m. dem Magnet, dem Elektrophor, der elektr. Flasche, Wunderscheibe, dem Kaleidoskop, der Camera obscura, dem Wetterhäuschen, Zaubertrichter, Taucherglocke rc. u. Anleitg. zur Herstellg. dieser Gegenstände. (66 S.) — 20. Entstehung u. Bau unserer Erde. Grundbegriffe der Geologie u. Geognosie. (66 S.) — 21. Der Münzen-, Siegel- u. Briefmarken-Sammler, nebst Anleitg. zur Herstellg. v. Abgüssen u. Abdrücken. (46 S.) — 22. Der Antiquitäten-Sammler. Übersicht der alten Künste, nebst Anleitg. zum Sammeln v. Altertümern. (77 S.) — 23. Die Gehörne u. Geweihe. Anweisung zum Sammeln, Präparieren u. Aufbewahren derselben u. kurze Naturgeschichte der Gehörne u. Geweihe trag. Tiere. (64 S.) — 24. Gefäßkunde od. Keramik. (75 S.)

() Ortmann, Lehr. J. H., u. 1. Sem.-Lehr. K. Schüßler, naturgeschichtlicher Anschauungs-Unterricht f. die Oberstufe der Volksschule. 2. Abtlg. Tierkunde, nebst Anh.: Die wichtigsten Mineralien. 1. Lfg. gr. 8. (VIII, 227 S.) Dillenburg, Seel. n. 2. 60 (I. u. II, 1.: n. 5. —)

tmann, R., an den Gestaden Afrikas od. treuer Freundschaft Lohn. Eine Erzählg. f. die Jugend. Mit 4 Stahlst. 12. (100 S.) Stuttgart, Schmidt & Spring. cart. — 75

schaften-Verzeichniss, vollständiges, der im Reichsrathe vertretenen Königreiche u. Länder nach den Ergebnissen der Volkszählung vom 31. Decbr. 880. Hrsg. v. der k. k. statist. Central-Commission in Wien. 2. Aufl. . Abdr. gr. 8. (403 S.) Wien, Hölder. n. 6. —

tschafts-Verzeichniß d. Reg.-Bez. Wiesbaden nach der neuen Kreisordnung om 7. Juni 1885. [Gesetzsammlung S. 193.] Im Auftrage der königl. Regierg. bearb. v. Reg.-Secr.-Assist. C. Dillmann. Fol. (37 S.) Wiesbaden, Bechtold & Co. baar n. 1. —

s-Lexikon, vollständiges topographisches deutsch-böhmisches, der Markgrafsch. Mähren u. d. Herzogth. Ober- u. Nieder-Schlesien, m. e. alphabet. deutsch-böhm. u. böhmisch-deutschen Orts-Register, m. Berücksicht. der Schulen, Lehrer-Gehaltsclassen, Pfarrämter, Gendarmerie-Posten, Bauezirke, Sanitätsbezirke, Heeres-Ergänzungsbezirke, Post-, Telegraphen- u. Eisenbahn-Stationen etc., geordnet nach Bezirkshauptmannschaften u. Gerichtsbezirken auf Grund der Volkszählg. vom J. 1880 m. Berücksicht. aller päter erfolgten Aendergn. u. einigen statist. Uebersichts-Tabellen. Zum Gebrauche f. die k. k. Aemter, Verwaltungs-, Sicherheits- u. Militärbehören etc. gr. 8. (XXVI, 229 u. 95 S.) Brünn, Winkler. geb. n. 5. —

r, die Neurosen d. Magens u. ihre Behandlung, s.: Klinik, Wiener.

smann, Rose, geb. Freiin v. Beust, Blüthen der deutschen Heimath. 12 Blatt n Chromolith. m. Poesien v. Frida Schanz. Fol. (12 Bl. Text.) Leipzig, Meissner & Buch. In Mappe. n. 25. —; in Leinw.-Mappe n. 37. 50; einzelne Blätter à n. 3. —

, L., s.: Othmer's Vademecum d. Sortimenters.

en, A. v. d., der erste Preis. Erzählung f. Mädchen. 8. (III, 304 S.) Hamburg 1886, J. F. Richter. geb. n. 4. —

sterlen, Ob.-Studienr. Rekt. Thdr., Komik u. Humor bei Horaz. Ein Beitrag ur röm. Litteraturgeschichte. 1. Hft.: Die Satiren u. Epoden. gr. 8. (135 S.) Stuttgart, Metzler's Verl. n. 3. —

- Studien zu Vergil u. Horaz. gr. 8. (VII, 104 S.) Tübingen, Fues. n. 2. 40

sterley, Herm., Wegweiser durch die Literatur der Urkundensammlungen. . Thl. gr. 8. (VI, 574 S.) Berlin, G. Reimer. n. 12. —

ermann, Prof. Gymn.-Oberlehr. a. D. Dr. Chrn., lateinisches Vokabularium, grammatikalisch geordnet in Verbindg. m. e. Übungsbuche. 1. Abtlg. Für Sexta. 27. Doppel-Aufl. gr. 8. (34 S.) Leipzig, Teubner. cart. — 30

– lateinisch-deutsches u. deutsch-lateinisches Wörterbuch zu Ostermanns lateinischen Übungsbüchern f. Sexta, Quinta u. Quarta, alphabetisch geordnet. 13. verb. Doppel-Aufl. gr. 8. (85 S.) Ebd. cart. — 75

erwald, Prof. Gymn.-Dir. K. W., Erzählungen aus der alten deutschen Welt f. Jung u. Alt. 2 Tl. Siegfried u. Kriemhilde. 6. Aufl. Mit 2 Vollbildern v. Jul. Immig. 8. (V, 199 S.) Halle 1884, Buchh. d. Waisenhauses. 2. 50

heimer, Lucas, Schematismus der Volks- u. Bürgerschule in Deutsch-Tirol u. Vorarlberg. Nebst Status d. k. k. Unterrichtsministeriums, der . k. Landesschulräthe f. Tirol u. f. Vorarlberg, der k. k. Prüfungscommissionen u. der Lehrer- u. Lehrerinnen-Bildungs-Anstalten. Nach amtl. Quellen usammengestellt. 2., verb. Aufl. 16. (VI, 178 S.) Innsbruck, (Wagner). baar n. 1. 60

Oswald, E. [B. Schulze-Smidt], Inge v. Rantum. Eine Sylter Novelle. 2. Aufl. m. (autotyp.) Illustr. v. E. d. S. 8. (IV, 220 S.) Koblenz, Groos. n. 4. 25; geb. n. 5. —

Oswald, Prof. Dr. J. H., die Lehre v. der Heiligung, d. i. Gnade, Rechtfertigung, Gnadenwahl, im Sinne d. kathol. Dogmas dargestellt. 3. verm. u. verb. Aufl. gr. 8. (V, 274 S.) Paderborn, F. Schöningh. n. 3. —

(85/1) **Othmer's** Vademecum d. Sortimenters. Zusammenstellung der wissenswürdigsten Erscheingn. auf dem Gebiete der gesammelten Werke u. schönen Literatur, vorzugsweise der deutschen, von Anbeginn bis zur Gegenwart, nebst genauer Angabe der Preise u. Verleger, sowie kurzen biograph. u. bibliograph. Notizen. Nachtrag zur 3. Aufl., umfassend die J. 1878—1884, bearb. v. Carl Georg u. Leop. Ost. 4. (Schluß-) Lfg. gr. 8. (VI u. S. 289—368.) Hannover, Cruse. Subscr.-Pr. (à) n.n. 1. 50

Für Nicht-Buchhändler u. d. T.: Othmer, G., Vademecum f. Literaturfreunde. Ladenpreis. baar n. 8. —

Otterstedt, Lieut. v., kurze Geschichte d. 7. Thüring. Infanterie-Regiments Nr. 96 u. seiner Stämme. 8. (68 S.) Gera, Nugel. n. — 50

Oettingen, A. v., die thermodynamischen Beziehungen, antithetisch entwickelt, s.: Mémoires de l'académie impériale des sciences de St.-Pétersbourg.

Oettingen, Prof. D. Alex. v., christliche Religionslehre auf reichsgeschichtlicher Grundlage. Ein Handbuch f. den höheren Schulunterricht. 1. Hälfte. Einleitung u. alttestamentl. Reichsgeschichte. gr. 8. (XVI, 148 S.) Erlangen, Deichert. n. 2. —

Oettingen, Prem.-Lieut. Burchard v., üb. die Geschichte u. die verschiedenen Formen der Reitkunst. Mit 2 Taf. in Lichtdr. u. 16 Abbildgn. Lex.-8. (V, 103 S.) Berlin, Mittler & Sohn. n. 3. —

Oettinger, Hauptm. a. D. Paul, unter kurbrandenburgischer Flagge. Deutsche Kolonial-Erfahrgn. vor 200 Jahren. Nach dem Tagebuche d. Chirurgen Joh. Peter Oettinger unter Mitwirkg. d. Vize-Admirals z. D. v. Henk hrsg. 8. (103 S.) Berlin 1886, Eisenschmidt. n. 1. 50

Otto, Dr., künstliche Unfruchtbarkeit, e. volkswirtschaftl. Studie. Zugleich e. Entgegng. auf Dr. Capellmann's Schrift: Facultative Sterilität ohne Verletzg. der Sittengesetze. 2. verm. Aufl. gr. 8. (27 S.) Neuwied, Heuser's Verl. n. 1. —

Otto, Dr. Emil, französisches Conversations-Lesebuch. Eine Auswahl stufenmässig geordneter Lesestücke m. Conversations-Übgn., Anmerkgn. u. e. Wörterbuche. 1. Abtlg. f. die unteren u. mittleren Klassen. 8. durchgeseh. u. verb. Aufl. gr. 8. (XII, 240 u. 86 S.) Heidelberg, J. Groos. n. 2. —

—— kleines deutsch-französisches Gesprächbuch zum Gebrauch f. die Jugend. 60—62. durchgeseh. u. verm. Aufl. 16. (196 S.) Straßburg, Schultz & Co. Verl. cart. n. — 60

—— neues englisch-deutsches Gesprächbuch zum Schul- u. Privatgebrauch. 6. Aufl. 12. (XII, 116 S.) Stuttgart 1886, Metzler's Verl. cart. n. 1. —

—— französisches Lesebuch m. Konversations-Übungen f. Töchterschulen u. andere weibl. Bildungsanstalten. Eine Auswahl stufenmässig geordneter Lesestücke m. Anmerkgn. u. e. Wörterbuche. 1. Kurs. f. die unteren u. mittleren Klassen. 3. durchgeseh. u. verb. Aufl. gr. 8. (XII, 204 u. 86 S.) Heidelberg, J. Groos. n. 2. —

Otto, Frz., unser Kaiser. Ein Lebensbild zum 25jähr. Königs-Jubiläum d. Kaisers Wilhelm. Unter Benutzg. e. Manuskriptes v. W. Wägner bearb. Mit e. Portr. d. Kaisers u. 43 Text-Abbildgn. gr. 8. (142 S.) Leipzig 1886, Spamer. cart. n. 1. 50

—— der große König u. sein Rekrut. Lebensbilder aus der Zeit d. 7jähr. Krieges. Unter teilweiser Benutzg. e. histor. Romans v. A. H. Brandrupp,

f. Volk u. Heer, insbesondere f. die reifere Jugend bearb. 7. verb. u. verm. Aufl. Mit 6 Ton- u. Buntdr.-Bildern, sowie 130 Text-Illustr. gr. 8. (XII, 468 S.) Leipzig 1886, Spamer. n. 5. —; geb. n. 6. —

Otto, Frz., u. Osk. Höcker, vaterländisches Ehrenbuch. III. Das große Jahr 1870. Gedenkbuch aus der Zeit d. Nationalkrieges gegen Frankreich im Jahre der deutschen Einigg. Ehrentage aus Deutschlands neuester Geschichte. 4., vielfach verb. Aufl. Mit 190 Text-Abbildgn., 6 Tonbildern u. 1 bunten Titelbilde. gr. 8. (XX, 474 S.) Leipzig 1886, Spamer. n. 4. 50; geb. n. 6. —

Oxé, Ludw., neun köstliche maurerische Reden. Geh. in der gerechten u. vollk. ·. Loge zu den „Drei Verbündeten im Or. ·. Düsseldorf. 3. (Titel-) Aufl. gr. 8. (III, 64 S.) Frankfurt a/M. (1879) 1886, Gestewitz. n. — 80

Ouida, a rainy June. A novelette. Copyright ed. 12. (86 S.) Leipzig, B. Tauchnitz. n. — 60

Ovid's Werke. Deutsch im Versmaße der Urschrift. 3., 19. u. 21. Lfg. 8. Berlin, Langenscheidt. à n. — 35

Inhalt: 3. Metamorphosen. Übers. u. erläutert v. Reinhart Suchier. 3. Lfg. 5. Aufl. (S. 81—128.) — 19. Klagelieder. [Tristia.] Deutsch v. Alex. Berg. 2. Lfg. 3. Aufl. (S. 33—80.) — 21. Briefe aus Pontus. Übers. u. erläutert v. Alex. Berg. 1. Lfg. 2. Aufl. (32 S.)

—— ausgewählte Gedichte, m. Erläutergn. f. den Schulgebrauch v. Sem.-Oberlehr. Dr. Herm. Günther. gr. 8. (XVI, 128 S.) Leipzig, Teubner. 1. 50

—— heroides. Apparatu critico instruxit et ed. Prof. Dr. Henr. Steph. Sedlmayer. gr. 8. (XVII, 177 S.) Wien 1886, Konegen. n. 5. —

—— metamorphoses. Auswahl f. Schulen. Mit erläut. Anmerkgn. u. e. mythologisch-geograph. Register v. weil. Gymn.-Prof. Dr. Johs. Siebelis. 1. Hft., Buch I—IX u. die Einleitg. enth. 13. Aufl. Besorgt v. Gymn.-Prof. Dr. Frdr. Polle. gr. 8. (XX, 189 S.) Leipzig, Teubner. 1. 50

(85/1) —— die Metamorphosen. Für den Schulgebrauch erklärt v. Hugo Magnus. 2. Bdchn. Buch VI—X. Ausg. A. Kommentar unterm Text. gr. 8. (S. 177—355.) Gotha, F. A. Perthes. (à) 1. 80; Ausg. B. Text u. Kommentar getrennt in 2 Hftn. (S. 111—224 u. 63—124.) (à) 1. 80

—— dasselbe. Wörterbuch dazu, s.: Siebelis, J.

Paalzow, Dr., das Hauptgestüt Beberbeck unter preussischer Verwaltung. Mit e. Anh.: Ueber den gegenwärt. Zustand d. preuss. Gestütswesens. gr. 8. (51 S.) Berlin, Feicht. baar 1. 50

Pabst, H. W. v., Lehrbuch der Landwirthschaft. 7. Aufl., neu bearb. u. hrsg. von Dr. Wilh. v. Hamm. Mit 105 in den Text gedr. Holzschn. 2 Thle. in 1 Bd. Neue (Titel-) Ausg. gr. 8. (XXXV, 611 u. XIII, 571 S. m. rad. Portr.) Berlin (1878), Parey. geb. n. 20. —

Pachmayer, Hauptm. a. D., Zinseszins- u. Rentenrechnungs-Tabellen. Lex.-8. (41 S.) Würzburg, Staudinger. n. — 80

(84/2) **Pädagogium**. Monatsschrift f. Erziehung u. Unterricht. Hrsg. unter Mitwirkg. hervorrag. Pädagogen v. Dr. Frdr. Dittes. 8. Jahrg. Octbr. 1885 — Septbr. 1886. 12 Hfte. gr. 8. (1. Hft. 68 S.) Leipzig, Klinkhardt. Halbjährlich n. 4. 50

Pagenstecher, Dr. H., 29. Jahresbericht der Augen-Heilanstalt f. Arme in Wiesbaden 1884. gr. 8. (28 S.) Wiesbaden, (Bergmann). baar n. 1. —

Palfom, A., Staatshilfe — Selbsthilfe. Schauspiel in 4 Aufzügen. Zur Arbeiterfrage. Dem österreich. Reichsrath gewidmet. 8. (III, 79 S.) Dresden, Pierson. n. 1. 50

Palacký, Prof. Dr. Joh., die Verbreitung der Vögel auf der Erde. Monographie. Lex.-8. (IV, 128 S.) Wien, Wallishausser. n. 3. —

(85/1) **Palaeontographica.** Beiträge zur Naturgeschichte der Vorzeit. Hrsg. von Prof. Karl A. v. Zittel. Unter Mitwirkg. v. W. Benecke, E. Beyrich, Frhrn. v. Fritsch, M. Neumayr u. Ferd. Römer als Vertretern der Deutschen geolog. Gesellschaft. 32. Bd. 6 Lfgn. gr. 4. (1. Lfg. 73 S. m. 7 Taf. u. 7 Bl. Erklärgn.) Stuttgart, Schweizerbart. n. 60. —

Palästina. Das Nothwendigste v. der Geographie d. gelobten Landes im Anschlusse an den bibl. Geschichtsunterricht. Von e. Religionslehrer. 4. Aufl. 8. (26 S.) Passau, Waldbauer. n. — 15

Palatinus, L., s.: Scheidemauer, die, in der Heiliggeistkirche zu Heidelberg.

Palfy, Ottilie, die richtige u. billige Ernährung. Kochbuch u. Haushaltungslehre f. den sparsamen Haushalt. 2., verb. Aufl. 8. (XXIV, 311 S. m. 1 Taf.) Leipzig, F. Duncker. geb. n. 2. —

Pall Mall-Babylonier im deutschen Reich. Oeffentliche Geheimnisse v. ***, 1—4. Aufl. 8. (64 S.) Leipzig, Werther. baar 1. —

Palm, Sem.-Lehr. C., Lehr- u. Lesebuch f. Gesellenvereine u. gewerbliche Fortbildungsschulen. 2. umgearb. Aufl. In 2 Ausgaben. A. Kleine Ausg. gr. 8. (145 S.) Breslau, F. Hirt. n. — 80; Einbd. n.n. — 16

—— dasselbe. Ausgabe B. Große Ausg. Mit 63 Illustr. im Text. gr. 8. (317 S.) Ebd. geb. n. 2. 25

—— die Obstpflanzungen an Wegen u. auf unbenutzten Plätzen als Mittel zur Unterhaltung der Volksschule. Denkschrift, allen Schul-Interessenten gewidmet. gr. 8. (15 S.) Graudenz, Gaebel. n. — 40

Palm, Mag. R., die Milch, ihre Bestandteile u. Präparate, m. besond. Berücksicht. d. Milchpeptons od. Lactoproteins. 8. (III, 34 S.) Leipzig, Voss' Sort. n. 1. —

Palmé-Paysen, H., Monsieur Lafaire, } s.: Dilettanten-Mappe.
—— meine Nachbarin zur Rechten, }

Palmié, Pred. Frdr., schaue an die Güte u. den Ernst deines Gottes. Predigt üb. das Evangelium d. 20. Sonntags nach Trinit. Matthäi 22, 1—14, geh. am 18. Oktbr. 1885 in der Liebfrauenkirche zu Halle a. d. S. gr. 8. (6 S.) Halle, Strien. n. — 10

Pampe, Lehr. H., der Abschluss der Handlungsbücher u. die Lehre vom Conto-Corrent, auf handelsrechtl. Grundlage durch Darstellg. d. Bücher-Abschluss erläutert. [Aus: „Unterrichtsbriefe üb. Handelswissenschaften".] gr. 8. (48 S.) Freiburg i/Br. (Leipzig, Renger.) cart. baar 1. 20

—— Handels- u. Buchführungs-Lehre m. Hinweisungen auf das allgemeine deutsche Handelsgesetzbuch. [2. Tl. der Unterrichtsbriefe üb. Handelswissenschaften.] gr. 8. (VIII, 144 S.) Ebd. cart. baar 5. 60

(85/1) —— Unterrichtsbriefe üb. Handelswissenschaften. 2. Thl. 14—18. (Schluss-) Brief. gr. 8. (VIII u. S. 105—144.) Ebd. baar à n. — 30

Panaetii et Hecatonis librorum fragmenta, collegit, praefationibus illustravit Haroldus N. Fowler. (Diss. inaug.) gr. 8. (63 S.) Bonn, (Cohen & Sohn). baar 1. 50

Paneritius, Paul, Beiträge zur Kenntniss der Flügelentwickelung bei den Insecten. Inaugural-Dissertation. gr. 8. (37 S. m. 2 Steintaf.) Königsberg 1884, (Nürmberger's Sort.). n. 1. —

Paneth, Dr. Jos., die Entwickelung v. quergestreiften Muskelfasern aus Sarkoplasten. [Aus dem physiolog. Institute der Wiener Universität.] [Mit 3 (lith.) Taf.] [Aus: „Sitzungsber. d. k. Akad. d. Wiss."] Lex.-8. (34 S.) Wien, (Gerold's Sohn). n. 1. 50

Panholzer, Katech. Weltpriest. Joh., kritischer Führer durch die Jugendliteratur, unter Mitwirkg. mehrerer Fachmänner. 4. Thl.: Nicht empfehlenswerte od. verderbl. Jugendschriften. gr. 8. (120 S.) Wien 1884, (Edm. Schmid). n. 1. 20

Panitz, Dr. K., Leitfaden f. den Unterricht in der Grammatik der deutschen Sprache. Für vielklass. Bürgerschulen in 5 konzentr. Kreisen bearb. 3. u. 5. Kreis. gr. 8. Leipzig, Klinkhardt. à n. — 20
3. Für das 5. Schulj. 13. Aufl. (39 S.) 1886. — 5. Für das 7. Schulj. 9. Aufl. (32 S.)

Panizza, Osk., düstre Lieder. gr. 16. (124 S.) Leipzig 1886, Unflad. n. 2. —

Pann, H., u. Chr. Lorenz, Aufgaben f. den Rechenunterricht. Hft. 1b., 2., 4 u. 5. 8. Güstrow, (Opitz & Co.). n. 1. 25
1 b. 4. Aufl. (43 S.) n. — 25. — 2. 4. Aufl. (64 S.) n. — 35. — 4. 3. Aufl. (56 S.) n. — 40. — 5. 2. Aufl. (30 S.) n. — 25.

Panofsky, Dr. Hugo, de historiae Herodoteae fontibus. gr. 8. (69 S.) Berlin 1884, Mayer & Müller. baar n. 1. 60

Panorama der Umgegend v. Tübingen v. der Eberhardhöhe aus. Chromolith. qu. Fol. Tübingen, Fues. n. 1. —

(84/2) —— des Wissens u. der Bildung. Eine Sammlg. v. Leitfaden zum Selbstunterricht in den folg. Fächern: Englisch, Französisch, Italienisch, Buchhaltg., Briefsteller, Stenographie, Geschichts-Chronik, Clavierspiel, Zeichnen, Erdkunde, Physik, Dichtkunst. Mit e. vollständ. Atlas üb. sämmtl. Länder der Erde u. Special-Karten d. deutschen Reichs u. Oesterreichs, sowie e. vollständ., nach den neuesten Quellen gearb. biograph. Lexikon. 2. Aufl. 50. (Schluß-)Hft. gr. 8. (3 B.) Reudnitz-Leipzig, Payne. baar (à) — 50

Pansch, Prof. Ad., Grundriss der Anatomie d. Menschen. 2. verb. Aufl. Mit 403 zum Tl. farb. Holzst. im Text u. 56 Holzst. auf 10 Taf. Nach Zeichngn. d. Verf. gestochen v. W. Aarland in Leipzig. gr. 8. (X, 562 S.) Berlin 1886, Oppenheim. n. 18. —; die 10 anatom. Tafeln ap. in Mappe n. 5. —

Pantenius, Thdr. Herm., das rothe Gold. Ein Roman. Wohlf. (Titel-) Ausg. 8. (346 S.) Hamburg (1881), Gebr. Behre. 3. —

—— im Gottesländchen. Erzählungen aus dem kurländ. Leben. [Im Banne der Vergangenheit. Um e. Ei. Unser Graf. Der Korsar.] Wohlf. (Titel-) Ausg. 2 Thle. in 1 Bd. gr. 8. (V, 267 u. 276 S.) Ebd. 1881. 3. —

Paoli, Staatsarchivar Prof. Cesare, Grundriss der lateinischen Palaeographie u. der Urkundenlehre. Aus dem Ital. übers. v. Prof. Dr. Karl Lohmeyer. gr. 8. (VIII, 79 S.) Innsbruck, Wagner. n. 2. —

(85/1) **Pape,** Archit. Fachlehr. Jean, Barock- u. Rococo-Ornamente. 60 (chromolith.) Bl. m. üb. 200 Detailzeichngn. meist in natürl. Grösse zum Gebrauch f. Architekten, Kunsttischler, Holzbildhauer, Modelleure etc., ganz besonders auch f. techn. u. kunstgewerbl. Lehranstalten entworfen u. gezeichnet. 5. u. 6. Lfg. gr. Fol. (à 10 Bl.) Dresden, Gilbers' Verl. baar à n. 10. —

Pape, Jos., das Lied v. der Welt Zeiten. 12. (291 S.) Büren, Hagen. n. 1. 50

—— die deutsche Singmesse. 8. (30 S.) Ebd. n. — 60

Pape, Ludw., üb. den gegenwärtigen Stand der Antisepsisfrage in der Augenheilkunde. Inaugural-Dissertation. gr. 8. (31 S.) Breslau, (Köhler). baar n. 1. —

Pape, Paul, Sammlung v. Rechen-Aufgaben f. Bürgerschulen. Auf Grund der Lehrpläne vom 1. Apr. 1884 bearb. Ausg. f. Knaben-Bürgerschulen. 1. u. 2. Hft. 4., umgearb. Aufl. 8. (71 u. 80 S.) Wien, Graeser. cart. baar à n. — 48

Papouschek, Joh., die geographischen Lehrmittel u. ihre Anwendung beim Unterrichte. Nebst e. populären Erläuterg. der Kartenprojectionen, der Darstellungsmanieren d. Terrains, der Gerippzeichng. etc. etc. u. e. Anleitg. zur Anfertigg. geograph. Lehrmittel. gr. 8. (93 S. m. 1 Taf.) Wien, Pichler's Wwe. & Sohn. n. 1. 50

(84/2) **Pappermann,** Turnlehr. Ernst, Schulturnbuch. Die Entwicklg. der hauptsächlichsten Turnübgn., bearb. u. zusammengestellt. 2. Aufl. 7. Lfg. 8. (S. 257—304.) Kempten, Dannheimer. Subscr.-Pr. baar (à) — 30

Paradies der christlichen Seele. Vollständiges Gebetbuch f. kathol. Christen. Bestehend aus Gebeten u. Betrachtgn. d. h. Anselmus, Ambrosius, Augustin ꝛc. Min.-Ausg. 12. Aufl. 24. (576 S. m. Farbentitel u. 1 Stahlst.) Aachen 1886, Cremer. 1. 20

Paradoxe der conventionellen Lügen v. * * *. 1—5. Tausend. gr. 8. (IV, 108 S.) Berlin, Steinitz & Fischer. n. 2. —

Pardo, Mich., George Washington. Ein Lebensbild nach Washington Irving u. George Bancroft, f. die reifere Jugend. gr. 8. (312 S.) Gotha 1886, F. A. Perthes. geb. n. 7. —

Paret, Kanzleir. Karl Ludw., offener Brief an alle Bibel- u. Geschichtskundigen üb. die Unrichtigkeit der in die willkürliche Bauschsumme v. 4000 Jahren künstlich u. gewaltsam eingezwängten vorchristlichen Chronologie, deren Revision u. Berichtigung auf 5581 Jahre als Summe der urkundlich genau, bestimmt, vollständig u. ungefälscht gegebenen u. nachgewiesenen Zahlen u. den Werth dieser Berichtigung f. die Bibel u. Geschichte. gr. 8. (16 S.) Stuttgart (Metzler's Sort.). baar n.n. — 30

Parey, Karl, die rechtliche Natur d. Gesinde-Miethsvertrages in den königl. preußischen Staaten, als e. Art der gemeinrechtl. Locatio-conductio operarum. gr. 8. (29 S.) Berlin, Kortkampf. n. — 60

Parfait, Paul, der Mord im Nebenzimmer. 8. (108 S.) Berlin, Goldschmidt. n. — 50

Parfenow, Ilja, chemisch-pharmacognostische Untersuchung der braunen amerikanischen Chinarinden aus der Sammlung d. pharmaceut. Institutes der Universität Dorpat. Inaugural-Dissertation. gr. 8. (100 S.) Dorpat, (Schnakenburg). baar 1. 20

Paris, Gen.-Maj. a. D. F. A., Reglements-Studien. Ein Beitrag zur Frage e. Zukunfts-Reglements f. die deutsche Infanterie. gr. 8. (126 S.) Berlin, Baensch. n. 2. —

Parlamentsreden, englische, zur französischen Revolution. Zum Gebrauch in der Prima höherer Unterrichtsanstalten hrsg. v. Oberlehr. Dr. Frdr. Perle. gr. 8. (VI, 100 S.) Halle, Niemeyer. n. 1. —; geb. n. 1. 20

Parsifal. Leipziger Musik-, Theater- u. Kunst-Zeitg. Anregungen f. das Kunstleben der Gegenwart. Hrsg. unter Mitwirkg. bewährter Fachschriftsteller v. Edwin Schloemp. 2. Jahrg. 1885. 24 Nrn. (B.) gr. 4. Leipzig, Schloemp. Vierteljährlich n. 1. 25

Partsch, Assist. Dr. Carl, das Carcinom u. seine operative Behandlung. Nach den in der königl. chirurg. Klinik zu Breslau gesammelten Erfahrgn. [1875—1882.] Habilitationsschrift. gr. 8. (87 S.) Breslau 1884, (Köhler). baar n. 1. —

Passau u. Umgebung. Praktisches Handbüchlein f. Reisende. Zugleich Fremdenführer u. Wegweiser durch die Stadt. 2. verm. Aufl. gr. 16. (75 S. m. 1 Plan, 1 Karte u. 2 Panoramen.) Passau, Deiters. n. 1. —; geb. m. 12 Ansichten in Photogr.-Imitation n. 2. —

Passet, chem. Assist.-Arzt Dr. Jos., Untersuchungen üb. die Aetiologie der eiterigen Phlegmone d. Menschen. Mit 1 (chromolith.) Taf. gr. 8. (VII, 94 S.) Berlin, Fischer's medicin. Buchh. n. 4. —

(83/2) **Pastors** Kinder auf dem Lande. 2. Tl. A. u. d. T.: Aus dem Paradiese der Kindheit v. Onkel Hans. 8. (VIII, 260 S. m. eingedr. Holzschn. u. 1 Holzschntaf.) Quedlinburg 1886, Vieweg. geb. (à) 3. —

(84/2) **Pastoralbibliothek.** Sammlung v. Kasualreden, begründet v. weil. Ob.-Pfr. Dr. F. Dickmann, fortgesetzt u. hrsg. v. Pfr. Dr. E. Lehmann. 7. Bd. 1. Hälfte. gr. 8. (176 S.) Gotha, Schloeßmann. n. 2. 40 (I—VII, 1.: n. 31. 20)

(84/2) **Pastoral-Blatt,** hrsg. v. mehreren kathol. Geistlichen Nordamerika's. Red.: Rev. W. Faerber. 19. Jahrg. 1885. 12 Nrn. (1½ Bd.) gr. 4. St. Louis, Mo. (Freiburg i/Br., Herder.) n. 8. 50

Paetel's Miniatur-Ausgaben-Collection. 1—3. 5—8. Bd. 12. Berlin 1886, Paetel. geb. m. Goldschn. à n. 3. —
Inhalt: 1. Immensee. Von Thdr. Storm. 27. Aufl. (72 S.) — 2. Was sich der Wald erzählt. Ein Märchenstrauß v. Gust. zu Putlitz. 45. Aufl. (100 S.) — 3. Die Irrlichter. Von Marie Petersen. 41. Aufl. (164 S.) — 5. Höher als die Kirche. Eine Erzählg. aus alter Zeit von Wilhelmine v. Hillern, geb. Birch. 3. Aufl. (85 S.) — 6. Die braune Erica. Novelle v. Wilh. Jensen. 4. Aufl. (112 S.) — 7. Walpurgis. Von Gust. zu Putlitz. 6. Aufl. (199 S.) — 8. Ein Fest auf Haberslevhuus. Novelle v. Thdr. Storm. (110 S.)

Paternitäts-Kalender m. angehängter Berechnung d. Kapital-Werths unverzinslicher Zieler, nebst e. Zins-Tafel. Zum Gebrauch f. Richter u. Rechts-Anwälte. 2. verb. Aufl. 8. (32 S.) Neresheim 1876. (Stuttgart, Metzler's Sort.) baar n.n. 1. 50

($^{84}/_{2}$) **Patrum**, sanctorum, opuscula selecta ad usum praesertim studiosorum theologiae. Ed. et commentariis auxit Prof. D. H. Hurter, S. J. Vol. 47 et 48. 16. Innsbruck, Wagner. 2. 70
Inhalt: 47. Sancti Bernardi abbatis Clarae-Vallensis de consideratione libri V ad Eugenium III. et tractatus de moribus et officio episcoporum. Ad Henricium Senonensem archiepiscopum. (277 S.) 1. 20. — 48. Sulpicii Severi opuscula de S. Martino episcopo Turonensi et S. Eusebii Hieronymi Stridonensis presbyteri vitae S. Pauli, S. Hilarionis et Malchi monachorum. (317 S) 1.50.

Patzack's, Dr., homöopathischer Hausarzt. Kurze prakt. Anleitg. zur Beseitigg. der gewöhnlichsten Krankheiten, insbesondere auch der Cholera u. Diphtheritis, nebst Angabe der charakterist. Wirkgn. der vorzüglichsten homöopath. Heilmittel. Neu bearb. v. Stabsarzt a. D. Dr. P. Veith. 5. verm. u. verb. Aufl. 8. (131 S.) Breslau, Korn. geb. n. 2. —

Paucker, Past. E. P. H., Ehstlands Kirchen u. Prediger seit 1848. Im Anschluß an „Ehstlands Geistlichkeit v. H. R. Paucker" zusammengestellt. gr. 8. (VI, 120 S.) Reval, Kluge. n. 2. 40

Pauer, L., Wanderungen durch Bosnien u. die Herzegowina, s.: Volks- u. Jugend-Bibliothek.

Paul, C. A., Flötenknopf's Liebes-Lust u. Leid, s.: Album f. Liebhaber-Bühnen.
—— Grenadier Pfiffig, s.: Kühlings, A., Theater-Specialität.
—— e. ander Städtchen, e. ander Mädchen, s.: Bloch's, E., Dilettanten-Bühne.
—— Suse, die Dorfhexe, s.: Album f. Liebhaber-Bühnen.
—— ihr Tänzer, s.: Bloch's, E., Dilettanten-Bühne.
—— im Wein ist Wahrheit! s.: Bloch's, E., Theater-Gartenlaube.

Paul, G., die deutschen Prozeßordnungen u. die in Preußen geltenden Gesetze f. Angelegenheiten der nicht streitigen Gerichtsbarkeit. Systematisch dargestellt zur Vorbereitg. u. zum prakt. Gebrauch f. Beamte. gr. 8. (III, 240 S.) Berlin 1883, R. Kühn in Comm. n. 3.60

Pauli, Dr. Carl, altitalische Forschungen. 1. Bd. Die Inschriften nordetruskischen Alphabets. Mit 7 lith. Taf. gr. 8. (VIII, 131 S.) Leipzig, Barth. n. 9. —

Pauli, Karl, „Gemma". Schauspiel in 3 Acten. 8. (95 S.) Guben, Koenig. baar 1. —

Paulisch, Lehr. F., Hand-Fibel. 1. Tl. Übungsbuch zum grundleg. Lese-, Schreib-, Recht- u. Schönschreibe-Unterricht in der Unterklasse der Volksschulen. Zugleich als Einführg. in die poet. u. pros. Lesestücke der Hand-Fibel v. Otto Schulz. 31., verb. u. nach der neuen Rechtschreibg. umgearb. Aufl. 8. (48 S. m. Holzschn.) Berlin, Oehmigke's Verl. n.n. —25; Einbd. n.n. — 10

Paullóva, A., Reinhold Lenz, s.: Dilettanten-Mappe.

Paulsen, J., Falkenstein & Söhne, s.: Universal-Bibliothek Nr. 2066.

Paulus, Gymn.-Prof. Ch., Tafeln zur Berechnung der Mondphasen. Zum Gebrauch beim Unterricht in der mathemat. Geographie entworfen u. m. erklär. Texte hrsg. gr. 8. (VI, 72 S.) Tübingen, Fues. n. 1. 80

Paulus, J., der Jüngling zu Nain, s.: Jugend- u. Volksbibliothek, deutsche.

Pauly, E., s.: Geschichte d. 2. Ostpreußischen Grenadier-Regiments Nr. 3.

Pausanias, Beschreibung v. Griechenland. Uebers. v. Joh. Heinr. Chr. Schubert. 1—11. Lfg. 2. Aufl. 8. (532 S.) Berlin, Langenscheidt. à n. — 35

Pavel, Wilh., die Tuberkulose d. Harn- u. männlichen Genital-Apparates. Inaugural-Dissertation. gr. 8. (47 S. m. 1 autogr. Taf.) Breslau 1884, (Köhler). baar n. 1. —

Pawel, Jaro, kurzer Abriß der Entwickelungsgeschichte d. deutschen Schulturnens. gr. 8. (III, 93 S.) Hof, Lion. n. 1. 50

—— Anleitung zur Ertheilung d. Turnunterrichts an den österreichischen Realschulen u. an den m. ihnen verwandten Lehranstalten. Auf Grund d. Lehrplans bearb. 1. Thl. 1. Classe. gr. 8. (VI, 262 S. m. eingedr. Fig. u. 1 Tab.) Wien 1886, Hölder. n. 2. 80

(83/2) —— Grundriss e. Theorie d. Turnens. 2. Bd. gr. 8. Wien, Pichler's Wwe. & Sohn. (à) n. 4. —
Inhalt: Die Freiübungen. 2. Thl. Die Ordnungsübungen. (VI, 295 S.)

—— Deutschlands Turner. Eine Auswahl biographisch-literar. Gedenkblätter zur 25jähr. Jubelfeier der deutschen Turnerschaft. 8. (94 S.) Dresden, Lehmann'sche Buchdr. baar n. 1. —

(85/1) **Pechmann,** weil. Staatsmin. Frhr. v., der Wirkungskreis der bayer. Distrikts-Verwaltungsbehörden, zunächst der Bezirksämter. 4. Aufl. v. Bez.-Amtm. Wilh. Stadelmann. Nachtrag-Bd., enth. die sämmtl. seit dem J. 1880 erschienenen einschläg. Bestimmgn. nebst den Entscheidgn. d. Verwaltungsgerichtshofes &c., nach den Seitenzahlen d. Hauptwerkes geordnet, dann e. ausführl. Gesammtregister f. das Hauptwerk u. den Nachtragbd. 3. u. 4. (Schluß-)Lfg. gr. 8. (XXXII u. S. 193—336.) Bamberg, Buchner. à n. 2. —; auf Schreibvelinpap. à n. 3. —

Pechuel-Loesche, E., die Bewirthschaftung tropischer Gebiete. Vortrag, geh. am 22. Septbr. 1885 in der 58. Versammlg. deutscher Naturforscher u. Ärzte zu Strassburg. gr. 8. (31 S.) Strassburg, Trübner. n. 1. —

—— Herr Stanley u. das Kongo-Unternehmen. Eine Entgegng. gr. 8. (74 S.) Leipzig, Reil's Nachf. n. 1. 60

Peek, E. A., codice di commercio generale, s.: Raccolta di leggi ed ordinanze della monarchia austriaca.

Pederzani-Weber, die soziale Frage u. die Frauen. Eine Studie. 8. (55 S.) Leipzig, M. Schäfer. — 75

Pehmler, J. Ed., die preussische Beamten- u. Militär-Herrschaft u. der polnische Aufstand im Grossherzogth. Posen im J. 1848. Eine histor. Skizze. gr. 8. (97 S.) Lemberg 1886, Gubrynowicz & Schmidt. n. 2. —

Pèlerin, le petit, de Notre-Dame des Ermites, contenant une instruction sur le pèlerinage et un recueil de prières à l'usage des serviteurs de Marie. Revu et corrigé par le Chanoine Schneuwly. Orné de gravures. 16. (190 S. m. 1 Chromolith.) Einsiedeln, Benziger. geb. m. Goldschn. n. 1. —

Pelet-Narbonne, Oberstlieut. G. v., der Kavalleriedienst u. die Wehrkräfte d. Deutschen Reiches. Ein Lehrbuch f. jüngere Offiziere, sowie zur Benutzg. beim theoret. Unterricht, nebst e. Anh.: Der Melde- u. Rekognoszirungsdienst d. Kavallerie-Offiziers, Formales üb. Dispositionen, Relationen, Croquis. 2. Aufl., zugleich 7. Aufl. d. „Hülfsbuch beim theoret. Unterricht von v. Mirus". Mit Abbildgn. im Text. gr. 8. (XX, 451 u. Anh. 48 S.) Berlin, Mittler & Sohn. n. 7. —

—— der Melde- u. Aufklärungsdienst d. Kavallerie-Offiziers. Formales üb. Dispositionen, Relationen, Croquis. Zugleich Anh. zu „Der Kavalleriedienst". 2. Aufl. gr. 8. (IV, 48 S.) Ebd. n. 1. —

Pellico, S., le mie prigioni e poesie scelte, s.: Biblioteca d'autori italiani.
Pelz, Prof. Carl, Bemerkung zur Axenbestimmung der Kegelflächen 2. Grades. Mit 1 (lith.) Taf.] [Aus: „Sitzungsber. d. k. Akad. d. Wiss."] Lex.-8. (6 S.) Wien, (Gerold's Sohn). n. — 60
Pelzeln, M. v., Prinzessin Irrlicht, s.: Bachem's Roman-Sammlung.
Penck, Dr. Albr., zur Vergletscherung der deutschen Alpen. [Aus; „Leopoldina".] gr. 4. (15 S.) Halle. Leipzig, Engelmann in Comm. n. — 80
(33/2) **Pentateuchus** samaritanus. Ad fidem librorum manuscriptorum apud Nablusianos repertorum ed. et varias lectiones adscripsit H. Petermann. Fasc. IV. Numeri, ex recensione Caroli Vollers. gr. 8. (IV u. S. 349—465.) Berlin, Moeser. baar n. 15. — (I—IV.: n. 57. —)
Perk, M.-A., le Luxembourg pittoresque. Esquisse. Traduit du hollandais par ancien capitaine L.-J. Zelle. Avec 2 cartes. 8. (XV, 253 S. m. 1 Lichtdr.) Luxemburg, Schamburger. geb. n. 2. 40
—— une visite à Mondorf-les-Bains. 8. (32 S.) Ebd. — 30
Perle, F., s.: Parlamentsreden, englische, zur französischen Revolution.
Perls, Arnold, Herr Stöcker u. sein Prozess. Zeitbetrachtungen. 2. Aufl. 8. (40 S.) Leipzig, Unflad. n. — 60
(35/1) **Peschel's**, Osc., physische Erdkunde. Nach den hinterlassenen Manuskripten selbständig bearb. u. hrsg. v. Gust. Leipoldt. Mit zahlreichen Holzschn. u. lith. Karten. 2. verb. Aufl. 14. u. 15. (Schluss-)Lfg. gr. 8. (2. Bd. VIII u. S. 641—830.) Leipzig, Duncker & Humblot. à n. 2. —
Pestalozzi, C., Stephan Serres u. Johanna Terrasson, s.: Beyer, G.
Pestalozzi, J., Herr Hofprediger Stöcker u. die christlich-soziale Arbeiterpartei. Ein Beitrag zur Wegleitg. d. öffentl. Urtheils. gr. 8. (V, 35 S.) Halle, Strien. n. — 80
Pestalozzi's, J. H., ausgewählte Werke. Mit Pestalozzi's Biographie hrsg. v. Frdr. Mann. 2. Bd. 3. Aufl. gr. 8. (382 u. 124 S.) Langensalza, Beyer & Söhne. n. 3. —; geb. n. 4. —
Pestalozzi, L., die christliche Lehre in Beispielen zum Gebrauche f. Kirche, Schule u. Haus. 2. Aufl. 8. (VIII, 359 S.) Zürich, Höhr. n. 3. 15
Pestel, Bernh., der menschliche Fuß u. seine naturgemäße Bekleidung. Zur Belehrg. f. Jedermann, insbesondere f. Schuhmacher u. Leistenschneider. Bearb. v. Max Richter. Mit 90 Taf. in Lichtdr. gr. 8. (XII, 79 S.) Glauchau, Kunst-Verlagsanstalt E. Diener. n. 7. 50
Peter, Jul., Frankenstein, Camenz u. Wartha in Schlesien, nebst Reichenstein, Silberberg, Warthapaß, Königshainer Spitzberg u. deren Umgebungen. Handbuch f. Reisende u. Einheimische. 8. (VII, 393 S.) Glatz, Hirschberg. geb. n. 3. 50
(85/1) **Petermann's**, Dr. A., Mitteilungen aus Just. Perthes' geographischer Anstalt. Hrsg. v Prof. Dr. A. Supan. Ergänzungsheft Nr. 78 u. 79. gr. 4. Gotha, J. Perthes. n. 7. 60
Inhalt: 78. Ein Beitrag zur Geographie u. Lehre vom Erdmagnetismus Asiens u. Europas. Resultate aus astronomisch-geograph., erdmagnet. u. hypsometr. Beobachtgn., angestellt an mehr als 1000 Orten in den J. 1867 bis 1883, nebst e. Instruktion zur Anstellg. solcher Beobachtgn. auf Reisen. Von pens. Dir. Dr. H. Fritsche. Mit 5 Karten (III, 73 S.) n 5. —. — 79. Die Strömungen d. europäischen Nordmeeres. Von Prof. Dr. H. Mohn. Mit 10 Durchschnitten u. 13 Karten auf 4 Taf. (III, 20 S.) n. 2. 60.
Petermann, K., Aufgaben zum Tafelrechnen, } s.: Berthelt, A.
—— biblische Geschichten, } s.: Berthelt, A.
—— größeres Handbuch f. Schüler, } s.: Berthelt, A.
—— Lebensbilder, } s.: Berthelt, A.
—— 1. Lesebuch, } s.: Berthelt, A.
—— s.: Muttersprache, die.

Petermann, K., Rechenschule, s.: Berthelt, A.
Peters, J., Leitfaden f. den Unterricht in der Mineralogie, Botanik, Anthropologie u. Zoologie, s.: Lübstorf, W.
Peters, Oberlehr. Dr. J. B., französische Schulgrammatik in tabellarischer Darstellung. gr. 8. (VIII, 84 S.) Leipzig 1886, A. Neumann. n. 1. 50
Petersen, Hans, Afrika's Westküste. 56 Photogr. gr. 4. Hamburg, O. Meissner's Verl. In Kasten. baar n. 90. —; einzelne Blätter à n. 3. —
Petersen, Doc. Dr. Jul., Lehrbuch der Stereometrie. Ins Deutsche übers. unter Mitwirkg. d. Verf. von Gymn.-Oberlehr. Dr. R. v. Fischer-Benzon. gr. 8. (94 S. m. eingedr. Fig.) Kopenhagen, Höst & Sohn. n. 1. 60
—— die ebene Trigonometrie u. die sphärischen Grundformeln. Ins Deutsche übers. unter Mitwirkg. d. Verf. von Gymn.-Oberlehr. Dr. R. v. Fischer-Benzon. gr. 8. (67 S. m. eingedr. Fig.) Ebd. n. 1. 25
Petersen, M., die Irrlichter, s.: Paetel's Miniatur-Ausgaben-Collection.
(8½) **Petřina**, Prof. Heinr., Polychromie-Ornamentik d. classischen Alterthums. Ein Vorlagenwerk f. den Zeichenunterricht, zugleich e. Mustersammlg. f. die kunstgewerbl. Industrie. 1. Thl. 3. Lfg. Fol. (10 Chromolith.) Troppau, Buchholz & Diebel. (à) n. 8. —
Petritsch, F., Wolfgang u. Nannerl, s.: Jugendbibliothek.
Petschenig, Prof. Dr. Mich., Studien zu dem Epiker Corippus. [Aus: „Sitzungsber. d. k. Akad. d. Wiss."] Lex.-8. (40 S.) Wien, Gerold's Sohn in Comm. n. — 60
Petzold, Dr. W., Leitfaden f. den Unterricht in der astronomischen Geographie. gr. 8. (62 autogr. S. m. Fig.) Braunschweig, Bruhn's Verl. n. — 80
Petzoldt, Jos., die deutsche Burschenschaft trotz aller Angriffe. 2., verm. Aufl. gr. 8. (94 S.) Jena, Doebereiner. n. 1. 20
Peyer, G., u. C. Pestalozzi, Stephan Serres u. Johanna Terrasson, s.: Reben am Weinstock.
Pfaff, A. H., s.: Psalter u. Harfe.
Pfaff, Rechtsanw. Frdr., neues allgemeines Sach-Register zu der Sammlung großh. hessischer Verordnungen vom 13. Aug. 1806 bis zum 1. Juli 1819 u. dem großh. hessischen Regierungsblatt vom 1. Juli 1819 bis Ende d. J. 1884. Nebst 2, die milden Stiftgn. u. die Erfindungs-Patente betr. Special-Registern. gr. 4. (IV, 116 S.) Mainz, Diemer. n. 6. —
Pfaff, Reg.-R. Herm., die Börsensteuer. Gesetz, betr. die Erhebung v. Reichsstempelabgaben in der Fassung d. Gesetzes vom 29. Mai 1885. Mit Einleitg., Erläutergn. u. Sachregister. 16. (VI, 86 S.) Nördlingen, Beck. cart. n. 1. —
—— dasselbe. Anhang, enth. die Ausführungsvorschriften u. Instruktionen d. Bundesrats zu dem Gesetze, betr. die Erhebg. v. Reichsstempelabgaben, nebst Sachregister, ferner die bayer. u. württemberg. Vollzugsbestimmgn. 16. (III, 73 S.) Ebd. cart. n. — 50
Pfaff, K., Heidelberg, s.: Europe, illustrated.
—— dasselbe, s.: l'Europe illustrée.
—— dasselbe, s.: (85/1) Wanderbilder, europäische.
Pfalz, Prof. Dr. Frz., tabellarischer Grundriß der Weltgeschichte f. Unter- u. Mittelklassen höherer Bildungsanstalten. 3. u. 4. Hft. gr. 8. Leipzig, Klinkhardt. n. 1. 10
Inhalt: 3. Neuere Geschichte. Mit 2 Karten. 4. verb. Aufl. (80 S.) n. — 90. — 4. Neueste Geschichte. 3. verb. Aufl. (24 S.) n. — 20.
—— die Weltgeschichte in zusammenhängender Darstellung f. Schule u. Haus. 1. Tl. Alte Geschichte. Zunächst Kommentar zu Hft. I. v. d. Verf. „Tabellarischem Grundriß der Weltgeschichte f. die Unter- u. Mittelklassen höherer Bildungsanstalten". gr. 8. (IV, 293 S.) Ebd. n. 3. —
Pfannenschmidt, Frau, s.: Burow, J.

Pfau, Karl Fr., das Buch berühmter Buchhändler. Eine Sammlg. v. Lebensbildern berühmter Männer. Mit 6 Portraits. 8. (VII, 152 S.) Leipzig, Pfau. n. 3. —; geb. n. 3. 75

Pfeifer, Lyc.-Prof. Dr. Fr. Xav., der goldene Schnitt u. dessen Erscheinungsformen in Mathematik, Natur u. Kunst. Mit vielen 100 Nachweisgn. u. 13 Lichtdr.-Taf. gr. 8. (IV, 232 S.) Augsburg, Literar. Institut v. Dr. M. Huttler. n. 8. —

Pfister, das Regiment zu Fuß Alt-Württemberg im kaiserlichen Dienst auf Sicilien in den J. 1719—1720, s.: Beiheft zum Militär-Wochenblatt.

Pfizmaier, Dr. Aug., Darlegungen grönländischer Verbalformen. [Aus: „Sitzungsber. d. k. Akad. d. Wiss."] Lex.-8. (82 S.) Wien, Gerold's Sohn in Comm. n. 1. 20

—— Erklärung d. Tagebuches Idzmi-Siki-Bu. [Aus: „Denkschr. d. k. Akad. d. Wiss."] Imp.-4. (98 S.) Ebd. n. 4. 80

—— vier Himmel d. Jamáto-Liedes. Erklärungen buddhist. Dichtungen. gr. 8. (82 S.) Ebd. n. 1. 20

—— die Nachrichten d. Bergbewohners. Ein Theil innerer japan. Geschichte vom J. 1471 n. Chr. [Aus: „Sitzungsber. d. k. Akad. d. Wiss."] Lex.-8. (82 S.) Ebd. n. 1. 20

—— die Oertlichkeiten v. Ómi u. Mino. [Aus: „Sitzungsber. d. k. Akad. d. Wiss."] Lex.-8. (82 S.) Ebd. n. 1. 20

Pfleiderer, Eug., Handbuch der bayerischen u. württembergischen Actiengesellschaften. 3. Jahrg. 1885. gr. 8. (VII, 151 S.) München, Franz' Verl. cart. baar n. 3. 60

Pfleiderer, Prof. vorm. Inst.-Dir. Dr. J. G., evangelische Glaubens- u. Sittenlehre f. höhere Schulen, sowie zum Selbstunterricht. 3. Ausg. 8. (XX, 278 S.) Bonn, Schergens. geb. n. 1. 60

Pflugk-Harttung, J. v., s.: Acta pontificum romanorum inedita.

—— Theodor v. Sickel u. die Monumenta Germaniae diplomata. gr. 8. (66 S.) Stuttgart, Kohlhammer. n. 1. 20

Phelps, Elisabeth Stuart, im Jenseits. Aus dem Amerikanischen. 2., sehr verb. Aufl. [6—10. Tausend.] 8. (174 S.) Leipzig, Lehmann. n. 3. —; geb. n. 4. —; m. Goldschn. n. 4. 20

Philipps, Past. emer. W., τοῦτό ἐστι τὸ σῶμά μου. Vier Abhandlgn. üb. das Wort d. Herrn: „Das ist mein Leib". Ein Beitrag zur Sakraments- u. Abendmahlslehre. gr. 8. (VIII, 479 S.) Gütersloh, Bertelsmann. n. 8. —

Philippson, R., Dichtung u. Wahrheit, } s.: Album f. Liebhaber-Bühnen.
—— eine Liebeserklärung, }

Phillips, Dr. A., Statistik der Wahlen in Berlin, m. 1 (chromolith.) Karte der Reichstagswahlen v. 1884 nach Stadtbezirken. gr. 4. (8 S.) Berlin, H. S. Hermann. 2. —

(85/1) **Philothea**. Blätter f. religiöse Belehrg. u. Erbaug. durch Predigten, geschichtl. Beispiele, Parabeln ꝛc. Nebst dem Ergänzungsblatte „Theopista". Unter Mitwirkg. verschiedener kathol. Geistlichen hrsg. v. Pfr. Dr. Frz. Alfr. Muth. 50. Jahrg. 1886. 12 Hfte. (ca. 5 B.) gr. 8. Leipzig, Expeb. 5. 50

(82/2) **Piano** modello di costruzioni rurali nell' Istria. Fabbricato attinente ad una piccola possessione nella costa della provincia. Tavola II. Testo di E. Kramer. Pubblicato dall' i. r. Ministero d'agricoltura. gr. Fol. Nebst italien. u. sloven. Text. gr. 8. (6 u. 5 S.) Wien, Frick. (à) n. — 60

Pič, Jos. Lad., zur rumänisch-ungarischen Streitfrage. Skizzen zur ältesten Geschichte der Rumänen, Ungarn u. Slaven. Mit 1 Abbildg. u. 1 Karte. gr. 8. (IV, 436 S.) Leipzig 1886, Duncker & Humblot. n. 10. —

Pichler, Luise, Diademe u. Myrten. Ein Kranz histor. Erzählgn. Mit 6 Bildern in Farbendr. v. R. E. Kepler u. 5 in den Text gedr. Holzschn. gr. 8. (288 S.) Stuttgart, Kröner. geb. 5. 50

—— lustiger Klingklang. Glöcklein läutet hell u. fein, ladet die Kinder ins Zauberland ein. Heitere Geschichten u. Märchen f. die Jugend. Mit 6 Bildern in feinstem Farbendr. nach Aquarellen v. Prof. C. Offterdinger. 2. Aufl. Fol. (III, 32 S.) Stuttgart, Nitzschke. geb. n. 4. —

—— Märchengarten, m. Blüten aus Berg u. Wald, wo helle der Vogelsang schallt. Lustige Märchen u. Geschichten f. die Jugend. Mit 12 Bildern in feinstem Farbendr. nach Aquarellen v. Prof. C. Offterdinger. 2. Aufl. Fol. (III, 64 S.) Ebd. geb. n. 6. —

—— Silberflocken aus der Märchenfee-Rocken. Lustige Geschichten u. Märchen f. die Jugend. Mit 6 Bildern in feinstem Farbendr. nach Aquarellen v. Prof. C. Offterdinger. 2. Aufl. Fol. (III, 32 S.) Ebd. geb. n. 4. —

Pichler, Thdr. v., „Alles rührt sich!" Ein beweg. Bilderbuch m. 6 (chromolith.) Blättern f. die liebe Jugend. Mit Versen v. Ph. Brunner. qu. Fol. (7 Bl. Text.) Wien, Perles. geb. n. 5. —

Pick, Gymn.-Dir. i. P. Dr. Herm., neue Beiträge zur Statistik der öffentlichen Mittelschulen der im österreichischen Reichsrathe vertretenen Königreiche u. Länder am Schlusse d. Schuljahres 1883/84. [Zugleich Schlussheft der „Beiträge".] gr. 8. (41 S.) Salzburg, Kerber. n. 1. —

Pickel, A., Theorie u. Praxis d. Volksschulunterrichts nach Herbartischen Grundsätzen, s.: Rein, W.

Pictet, Prof. Raoul, neue Kälteerzeugungsmaschinen auf Grundlage der Anwendung physikalisch-chemischer Erscheinungen. Mit Angaben üb. neue Einrichtgn. der Kälteerzeugungsmaschinen. Mit Genehmigg. d. Verf. übers. v. Konr. Schollmayer. Mit 1 lith. Taf. gr. 8. (IV, 43 S.) Leipzig, Quandt & Händel. n. 1. 50

Pider, weil. Relig.-Prof. Joh., kurze Kirchengeschichte f. die Jugend, hrsg. in 6. nach der seit 1879 vorgeschriebenen Orthogr. corrigierter Aufl. v. Relig.-Lehr. Karl Moser. gr. 8. (VII, 207 S.) Innsbruck, F. Rauch. n. 1. 60

Piderit, Dr. Thdr., Mimik u. Physiognomik. 2. neu bearb. Aufl. Mit 95 photolith. Abbildgn. gr. 8. (XII, 212 S.) Detmold 1886, Meyer. n. 6. —; geb. n. 7. —

Pieper, J., Rechenbuch f. Volksschulen, s.: Genau, A.

Pierson, H., die Prostitutionsfrage vom Standpunkte der medizinischen Wissenschaft, d. Rechtes u. der Moral. Vortrag. [Geh. am 23. Sept. 1885 zu Düsseldorf bei der constituier. Versammlg. d. christl. Vereins zur Hebg. der öffentl. Sittlichkeit f. Westdeutschland.] 8. (31 S.) Mülheim, Buchh. d. Evangel. Vereinshauses. baar n. — 10

Pietsch, Lehr. Thdr., Seele u. Hand. Vortrag, geh. bei Gelegenheit der Konferenz am königl. Seminar zu Mettmann am 5. Aug. 1885. 8. (32 S.) Düsseldorf, F. Bagel. n. — 60

Pilger, der, aus Schaffhausen. Kalender f. 1886. 39. Jahrg. 4. (75 S. m. Holzschn.) Basel, Spittler. baar — 30

Pilgerfahrt, e., nach Jerusalem im Herbste 1877, s. Novellenkranz.

Pilz, Lehr. Dr. Carl, Licht- u. Schattenbilder aus meinem Lehrerleben. Rückblicke auf drei Jahrzehnte im Dienste der Schule. 8. (VIII, 268 S.) Leipzig, C. F. Winter. n. 3. —

—— die kleinen Tierfreunde. 50 Unterhaltgn. üb. die Tierwelt. Ein lust. Büchlein f. fröhl. Kinder im Alter von 7—10 Jahren bearb. 5. neu bearb. Aufl. Mit 100 Text-Abbildgn. u. 1 Titelbilde. gr. 8. (VII, 174 S.) Leipzig 1886, Spamer. n. 2. —; cart. n. 2. 50

Pinner, Adf., Repetitorium der anorganischen Chemie. Mit besond. Rücksicht auf die Studirenden der Medicin u. Pharmacie bearb. Mit 28 Holzst. 6. Aufl. gr. 8. (IX, 422 S.) Berlin, Oppenheim. n. 7. 50; geb n. 8. —

Pinter, Herm., Allerlei f. Kinder. gr. 8. (10 Chromolith. auf Carton m. 1 S. Text.) Chemnitz, Troitzsch. geb. n. 1. —

Pinzger, Canon. Ant., Erläuterungen zum Gesetze vom 19. April 1885 betr. die provisorische Regulirung der Congrua. gr. 8. (22 S.) Linz, (Haslinger). — 30

Piper, Wilh., die Politik Gregors VII. gegenüber der deutschen Metropolitangewalt. Inaugural-Dissertation. gr. 8. (58 S.) Quedlinburg 1884. (Bunzlau, Kreuschmer.) baar n. 1.|50

Piranesi, J.-B., oeuvres choisies. Publié par Prof. Archit. Paul Lange. 1. et 2. livr. Fol. (à 20 Lichtdr.-Taf.) Wien, A. Lehmann. à n. 12. —

—— ausgewählte Werke. Hrsg. v. Archit. Prof. Paul Lange. 1—3. Lfg. Fol. (à 20 Lichtdr.-Taf.) Ebd. baar à n. 12. —

Pistor, Reg.- u. Med.-R. Dr., die Behandlung Verunglückter bis zur Ankunft d. Arztes. Anweisung f. Nichtärzte zur ersten Hilfsleistg. Mit 9 in den Text gedr. Holzschn. 29. Tausend. gr. 8. (15 S.) Berlin, Th. Ch. F. Enslin. n. — 50; in Plakatform, 30. Tausend, n. — 50; 2seitig in Etui, 28. Tausend, n. — 50

Pistorius, F., unter den Australnegern, } s.: Volks-Erzählungen, kleine.
—— das Gasthaus am Redriver, }

—— Hiwa, die Insulanerin, } s.: Bibliothek interessanter Erzählungen.
—— die beiden Kapitäne, }

—— der Negerkönig v. Lunda, s.: Volks-Erzählungen, kleine.

—— Rolf Tyndall, der Sträfling, s.: Bibliothek interessanter Erzählungen.

Pitaval, Brüderlein fein, s.: Nachtbilder.

Pitra, Dr. Frz., Innsbruck u. dessen nächste Umgebung. Mit e. Stadtplane u. e. Umgebungskarte. [4., neu bearb. Aufl. v. Erler's Innsbruck.] 8. (59 S.) Innsbruck, Wagner. n. — 60

Pitsch, Assist. Hans, üb. die Isogyrenfläche der doppeltbrechenden Krystalle. [Mit 1 (lith.) Taf.] [Aus: „Sitzungsber d. k. Akad. d. Wiss."] Lex.-8. (26 S.) Wien, (Gerold's Sohn). n.n. — 90

Plan u. Wegweiser d. Ostseebades Heringsdorf (1 : 6000), nebst e. Specialkarte der Umgebung (1 : 90,000). Chromolith. Imp.-4. Practischer Führer f. Badegäste u. Touristen. Curtaxe, Fahrpläne der Schiffs-, Omnibus-, Post- u. Eisenbahn-Verbindg. m. Swinemünde, Stettin, Berlin u. Kopenhagen. Nebst Dr. Kortüm's Anleitg. zum Gebrauch d. Seebades. 8. (34 S.) Stettin 1884, Dannenberg. n. 1. 25

Planck, K. Chr., halbes u. ganzes Recht. Mit e. Einleitg. v. Adf. Gubitz. gr. 8. (XXX, 194 S.) Tübingen, Laupp. n. 3. —

Planck, Rud., im Kohlenrevier d. Westens. Erzählung aus dem Volksleben. 8. (61 S.) Reutlingen, Enßlin & Laiblin. — 20

Plant's, Fridolin, neuer Führer durch Meran u. dessen Umgebung. Mit e. medizin. Beitrage v. San.-R. Dr. R. Hausmann. Mit 1 Karte v. Meran u. Umgebg. von Dr. E. v. Hartwig u. 1 Plane v. Meran, Ober- u. Untermais v. Fr. Plant. 4. verb. u. verm. Aufl. 8. (XXII, 236 S.) Meran 1886, Plant's Verl. geb. n. 2. 40

Planta, Dr. P. C., der dreißigjährige Kampf um e. rätische Alpenbahn. Historisch dargestellt. [Vorgetragen in der hist.-antiqu. Gesellschaft d. Kantons Graubünden.] gr. 8. (102 S.) Chur, Kellenberger in Comm. n. 1. 80

Planté, Gaston, Untersuchungen üb. Elektricität. Nach den 2. Ausg. d. Orig.-Werkes ins Deutsche übertr. v. Prof. Dr. Ign. G. Wallentin. Mit 89 im Text befindl. Fig. gr. 8. (VI, 270 S.) Wien 1886, Hölder. n. 5. 60

Pantiko, Rechtsanw. Heinr., e. Urteil d. Reichsgerichts. gr. 8. (36 S.) Berlin, C. Feicht (Dräger's Buchdr.). baar 1. —

Plato's Werke. 1. u. 19. Lfg. 8. Berlin, Langenscheidt. à n. — 35
Inhalt: 1. Phädon. Deutsch v. K. Prantl. 1. Lfg. 2. Aufl. (48 S.) — 19. Euthyphron u. Kriton. Deutsch v. Ed. Eyth. 2. Lfg. 3. Aufl. (S. 17—46.)

—— dasselbe, s.: Collection Spemann.

—— Gorgias, s.: Universal-Bibliothek Nr. 2046.

—— Protagoras. Für den Schulgebrauch erklärt v. Prof. Dr. H. Bertram. Ausg. A. Kommentar unterm Text. gr. 8. (III, 93 S.) Gotha, F. A. Perthes. n. 1. —; Ausg. B. Text u. Kommentar getrennt in 2 Hftn. (III, 51 u. 41 S.) n. 1. —

Plaut, Assist. Dr. Hugo, Beitrag zur systematischen Stellung d. Soorpilzes in der Botanik. Mit 2 Holzschn. gr. 8. (16 S.) Leipzig, H. Voigt. n. — 40

Plauti, T. Macci, comoediae, recognovit Frdr. Leo. Vol. I, Amphitruonem, Asinariam, Aulularlam, Bacchides continens. gr. 8. (X, 178 S.) Berlin, Weidmann. 1. 80

—— fabularum deperditarum fragmenta, collegit Dr. Frz. Winter. gr. 8. (99 S.) Bonn, Cohen & Sohn. n. 2. 80

Plays, german classical. Nr. 1. 12. Dresden, Pierson. n. 1. —
Inhalt: Wilhelm Tell by Frdr. Schiller. Translated into english by Edward Stanhope Pearson 2. ed. (IV, 127 S.)

Pleiaer, Tandareis u. Flordibel, s.: Khull, F.

(84/2) **Plenarbeschlüsse u. Entscheidungen** d. k. k. Obersten Gerichts- als Cassationshofes, veröffentlicht v. Dr. R. Nowak, Red. der allgemeinen österreich. Gerichtszeitg. 7. Bd. Entscheidungen Nr. 601—750. Mit doppeltem, die erschienenen 7 Bde. umfass. Register. 8. (XVII, 446 S.) Wien 1886, Manz. n. 4. —; geb. n. 5. — (1—7: n. 26. —)

(84/2) **Pleßner**, Salomon, nachgelassene Schriften. 1. Bd.: Predigten. Hrsg. v. Rabb. Dr. Elias Pleßner. 2. Lfg. gr. 8. (S. 125—295.) Frankfurt a/M., Kauffmann. (à) n. 2. —

Pletsch, Osk., die Kinderstube in 36 Bildern. In Holz geschnitten v. Aug. Gaber. 4. Aufl. gr. 8. (Mit eingedr. u. 2 Bl. Text.) Hamburg, Agentur d. Rauhen Hauses. cart. n. 2. 40

—— wie's im Hause geht nach dem Alphabet. In 25 Bildern entworfen u. auf Holz gezeichnet. In Holzschn. ausgeführt v. Prof. H. Bürkner. 7. Aufl. gr. 4. (24 S.) Leipzig, A. Dürr. cart. n. 3. —

Plew, Oberlehr. Dr. J., kritische Beiträge zu den Scriptores historiae Augustae. gr. 4. (32 S.) Strassburg, Trübner in Comm. n. 1. 50

Plieninger, Dr. Gust., David Livingstone. Ein Lebensbild d. großen Entdeckers u. Missionars, f. die deutsche Lesewelt, besonders die reifere Jugend nach den Quellen dargestellt. Mit Livingstones Portr., 43 in den Text gedr. Illustr., 6 Farbdr.-Bildern u. 1 Karte. gr. 8. (V, 270 S.) Stuttgart, Kröner. geb. 5. 50

Plischke, Dr. Max, das Rechtsverfahren Rudolfs v. Habsburg gegen Ottokar v. Böhmen. gr. 8. (78 S.) Bonn, Cohen & Sohn. n. 1. 20

Plitt, Dr. Jak. Thdr., die Perikopen u. Lektionen f. die evangelisch-protestantische Kirche im Großherzogt. Baden, f. die Gemeinde kurz erläutert. 1. Hft.: Die erste Evangelienreihe. gr. 8. (144 S.) Heidelberg 1886, K. Groos. n. 1. 40

Ploss, Dr. H., Geschichtliches u. Ethnologisches üb. Knabenbeschneidung. [Aus: Archiv f. Geschichte d. Medicin u. med. Geogr."] gr. 8. (32 S.) Leipzig, Hirschfeld. n. 1. —

Ploetz, ehem. Gymn.-Prof. Dr. Karl, Elementarbuch der französischen Sprache nach e. Stufenfolge f. die Einübung der Aussprache u. m. Bezeichnung derselben f. die Vokabeln. 36. Aufl. gr. 8. (VIII, 196 S.) Berlin, Herbig. n. 1. 20

—— Elementar-Grammatik der französischen Sprache. 15. Aufl. gr. 8. (XII, 224 S.) Ebd. n. 1. 25

—— Hülfsbuch f. den Unterricht nach der Elementargrammatik u. der methodischen Stufenfolge der Syntax u. Formenlehre. (Nur f. Lehrer.) 3. verb. Aufl. 8. (VI, 138 S.) Ebd. n. 1. 50

—— Schulgrammatik der französischen Sprache. 29. Aufl. gr. 8. (XVI, 496 S.) Ebd. n. 2. 50

—— Zweck u. Methode der französischen Unterrichtsbücher. 5. Aufl. 8. (IV, 74 S.) Ebd. Nur f. Lehrer gratis.

Plouvien, E., u. J. **Adonis**, zu schön, s.: Universal-Bibliothek, Nr. 2056.

Plutarch's Biographien. Deutsch v. Ed. Eyth. 26. Lfg. 2. Aufl. 8. (3. Bd. S. 49—110.) Berlin, Langenscheidt. (à) n. — 35

($^{34}/_{1}$) **Plutarch**, der neue. Biographien hervorrag. Charaktere der Geschichte, Literatur u. Kunst. Hrsg. von Rud. v. Gottschall. 11. Thl. 8. (VII, 359 S.) Leipzig, Brockhaus. (à) n. 6. —; geb. (à) n. 7. —

Počta, Phpp., üb. fossile Kalkelemente der Alcyoniden u. Holothuriden u. verwandte recente Formen. [Mit 1 (lith.) Taf.] [Aus: „Sitzungsber. d. k. Akad. d. Wiss."] Lex.-8. (6 S.) Wien, (Gerold's Sohn.) n. — 40

Poestion, J. C., lappländische Märchen, Volkssagen, Räthsel u. Sprichwörter. Nach lappländ., norweg. u. schwed. Quellen. Mit Beiträgen v. Fel. Liebrecht. gr. 8. (XII, 274 S.) Wien 1886, Gerold's Sohn. n. 6. —; geb. n. 8. —

Poetae lyrici graeci minores, ed. Joh. Pomtow. 2 voll. 16. (356 u. 396 S. m. 1 Titelbl. in Stahlst.) Leipzig, Hirzel. n. 5. —; geb. m. Goldschn. n. 7. —

Pohl, J., Justus v. Liebig u. die landwirthschaftliche Lehre, s.: Zeit- u. Streit-Fragen, deutsche.

Pohl-Pincus, J., die Krankheiten d. menschlichen Haares u. die Haar-Pflege, s.: Hausbücher, medicinische.

($^{35}/_{1}$) **Pohle**, Prof. Dr. Jos., die Sternwelten u. ihre Bewohner. Eine wissenschaftl. Studie üb. die Bewohnbarkeit u. die Belebtheit der Himmelskörper nach dem neuesten Standpunkte der Wissenschaften. 2. [Schluß-] Thl. [2. u. 3. Vereinsschrift der Görres-Gesellschaft f. 1885.] gr. 8. (214 S.) Köln, Bachem in Comm. n. 3. 60 (cplt.: n. 5. 40)

Pohler, Dr. Johs., Diodoros als Quelle zur Geschichte v. Hellas in der Zeit v. Thebens Aufschwung u. Grösse. [379—362.] gr. 8. (84 S.) Kassel, Kessler. baar n.n. 2. —

Pohlmann, H., Hausschatz humoristischer Vorträge u. humoristischer Deklamationen v. erprobter Wirkung. In verschiedenen Dialekten. 2. Aufl. 8. (160 S.) Oberhausen, Spaarmann. 1. —

Pohlmey, Gymn.-Oberlehr. Dr. Emil, Wortschatz zu d. C. Julius Caesar Bellum Gallicum liber I—III, in Präparationsform zusammengestellt. 8. (VII, 176 S.) Gütersloh, Bertelsmann. n. 1. 60

Poimon, Ehrendech. Pfr. Frz., Christus unser Heil. Ein Gebetbuch f. alle Stände. 2. verm. u. verb. Aufl. 16. (376 S. m. Farbentitel u. 1 Stahlst.) Wien, Grottendiek. n. — 80; geb. in Leinw. n. 1. 40; m. Goldschn. n. 1. 70; in Chagrinldr. m. Goldschn. n. 2. 50

Pokorny, Reg.-R. Dir. Dr. Alois, Naturgeschichte f. Bürgerschulen in 3 Stufen. gr. 8. Prag, Tempsky — Leipzig, Freytag. n. 3. 70; Einbd. à n.n. — 20
1.-7. verb. Aufl. Mit 140 Abbilign. (VIII, 128 S.) n. 1.20. — 2. 5. umgearb.

Aufl. Mit 215 Abbildgn. (VIII, 171 S.) n. 1. 30. — 3. 4. u. 5., umgearb. u. gekürzte Aufl. Mit 171 Abbildgn. (VI, 154 S.) 1884. n. 1.20.

Pokorny, Reg.-R. Dir. Dr. Alois, illustrirte Naturgeschichte der 3 Reiche f. Gymnasien, Realschulen, höhere Bürgerschulen u. verwandte Lehranstalten. 1. u. 3. Tl. gr. 8. Prag, Tempsky — Leipzig, Freytag. n. 3. 80; Einbd. à n.n. — 30

Inhalt: 1. Tierreich. 17. verb. Aufl. Mit 565 Abbildgn. (XII, 307 S.) n. 2.40. — 3. Mineralreich. 12. u. 13. verb. Aufl. Mit 180 Abbildgn. u. 1. Taf. Krystallnetze. (VIII, 153 S.) n. 1.40.

—— dasselbe. Für die unteren Classen der Mittelschulen bearb. 3. Thl. Mineralreich. 12. verb. Aufl. Mit 124 Abbildgn. gr. 8. (VIII, 102 S.) Ebd. n. 1. 20; Einbd. n.n. — 30

Polack, Kreisschulinsp. Fr., Bilder aus der alten u. vaterländischen Geschichte. Ein Leitfaden f. Volks- u. Bürgerschulen. 22. Aufl. Mit 33 in den Text eingedr. Abbildgn. gr. 8. (80 S.) Berlin, Th. Hofmann. cart. n. — 40

—— Bilder aus der Naturbeschreibung u. Naturlehre. Ein Leitfaden f. Volks- u. Bürgerschulen. 23. Aufl. Mit 137 in den Text eingedr. Holzschn. gr. 8. (112 S.) Ebd. cart. n. — 50

—— ein Führer durchs Lesebuch. Erläuterungen poet. u. pros. Lesestücke aus deutschen Volksschul-Lesebüchern. (In ca. 12 Lfgn.) 1. Lfg. gr. 8. (1. Tl. S. 1—48.) Ebd. 1886. n. — 35

—— Geschichts-Leitfaden f. Mittel- u. Bürgerschulen. 10. Aufl. der „Geschichtsbilder aus der allgemeinen u. vaterländ. Geschichte". Mit 48 Porträts u. kulturhistor. Abbildgn. gr. 8. (247 S.) Ebd. 1886. n. 1. 25; Einbd. n.n. — 20

—— illustriertes Realienbuch. Leitfaden f. Geschichte, Geographie, Naturgeschichte u. Naturlehre. Für Volks- u. Bürgerschulen bearb. Mit 182 in den Text gedr. Abbildgn. u. 3 Karten in Farbendr. 22. Aufl. gr. 8. (80, 64 u. 112 S.) Ebd. n. — 75; Einbd. n.n. — 25

—— kleines Realienbuch. Für einfache Schulverhältnisse bearb. Mit 121 Abbildgn. im Text u. 3 Karten in Farbendr. 16. Aufl. gr. 8. (144 S.) Ebd. n. — 50; Einbd. n.n. — 10

—— geographische Skizzen u. Bilder. Ein kurzer Leitfaden in der Heimats- u. Erdkunde f. Volks- u. Bürgerschulen. 19. Aufl. Mit 12 Holzschn. im Text u. 3 Karten in Farbendr. gr. 8. (64 S.) Ebd. cart. n. — 40

Poelchau, Oberlehr. Dr. Arth., die livländische Geschichtsliteratur im J. 1884. 12. (95 S.) Riga, Kymmel's Verl. n. 1. —

Polizei-Verordnung üb. die Bauten in den Städten d. Reg.-Bez. Oppeln. 8. (24 S.) Oppeln, Franck. n. — 50

Polizeiverwaltung, die, Wiens im J. 1884. Zusammengestellt u. hrsg. v. dem Präsidium der k. k. Polizei-Direction. gr. 8. (VI, 137 S.) Wien, Hölder. n. 4. 30

Polko, Elise, vom Herzen zum Herzen. Eine Plauderei. 3. Aufl. 12. (VIII, 92 S.) Leipzig, C. A. Koch. geb. m. Goldschn. 2. 40

Pollacsek, Ingen. M., u. Wilh. v. **Lindheim**, die Organisation d. gesammten Verkehrs f. Wien u. Umgebung. [Mit 1 (chromolith.) Plane.] gr. 8. (71 S.) Wien, Spielhagen & Schurich. n. 1. 50

Polle, Frdr., Führer durch das Weiseritzthal nach Schmiedeberg u. seiner Umgebung. Sekundärbahn Hainsberg—Kipsdorf. Mit 2 Karten. 2. verb. u. verm. Aufl. 8. (96 S.) Dresden, Huhle. n. 1. —

Polterabend-Scherze, lustige u. fidele, od. Hochzeitsgedichte u. Vorträge, nebst Aufführungen f. Ein, Zwei u. mehrere Personen in Hochdeutsch u. Plattdeutsch. Gesammelt v. A. Freudenreich. 8. (IV, 96 S.) Bremen, Haake. n. 1. —

Polybios, Geschichte. Deutsch v. A. Haakh u. K. Kraz. 1. u. 3. Lfg. 2. Aufl. 8. (1. Bdchn. S. 1—32 u. 129—172.) Berlin, Langenscheidt. à n. — 35

Pommer, Dr. Gust., Untersuchungen üb. Osteomalacie u. Rachitis, nebst Beiträgen zur Kenntniss der Knochenresorption u. -Apposition in verschiedenen Altersperioden u. der durchbohrenden Gefässe. Mit 7 (6 lith. u. 1 Lichtdr.-) Taf. Lex.-8. (VIII, 506 S.) Leipzig, C. F. W. Vogel. n. 20. —

Ponson du Terrail, e. unaufgeklärter Kriminal-Fall, s.: Nachtbilder.

Poole, J., Patrician and Parvenu, s.: Theatre, english.

Popelka, Bez.-Secr. Frz. Lad., die Mauthbefreiung. Ein systemat. Handbuch, enth. sämmtl., die Befreig. v. den Mauthgebühren betr. Bestimmgn. u. Vorschriften. Mit Erläutergn. aus der Rechtsprechg. 8. (45 S.) Prag, Mercy. n. — 80

Popoviciu, Dr. A., das Herkulesbad bei Mehadia in Siebenbürgen. 8. (III, 67 S.) Wien, Braumüller. n. 1. 40

Poppendieck, Gymn.-Prof. L., griechische Syntax. Zum Gebrauch f. Schulen. gr. 8. (IV, 130 S.) Wolfenbüttel, Zwißler. n. 1. 50

Portemonnaie-Kalender f. 1886. 128. (33 S.) Berlin, Haack. geb. m. Messingecken u. Goldschn. — 50

—— auf d. J. 1886. 128. (35 S.) Berlin, Trowitzsch & Sohn. — 15; geb. n. — 50 u. — 75

—— 1886. 128. (31 S.) Breslau, Trewendt. baar — 5

—— für 1886. 128. (40 S.) Düsseldorf, F. Bagel. geb. in Ldr. — 40

—— Münchener f. d. J. 1886. 128. (32 S.) München, J. A. Finsterlin. — 10; geb. — 15; — 30 u. n. — 40

—— Fromme's Wiener, 1886. 22. Jahrg. 128. (64 S. m. 1 Photogr.) Wien, Fromme. baar — 40; geb. von — 60 bis 1. 60

—— für d. J. 1886. 128. (32 S.) Würzburg, Etlinger. geb. n. — 24

—— für 1886. 128. (72 S.) Würzburg, Stahel. n. — 20

Portig, G., das Weltgericht in der bildenden Kunst, s.: Zeitfragen d. christl. Volkslebens.

Portmann, Prof. A., das System der theologischen Summe d. hl. Thomas v. Aquin. 4. (79 S.) Luzern, (Gebr. Räber). baar n. 1. 35

Portraits berühmter Pädagogen. [Comenius, Diesterweg, Herbart, Kehr, Fröbel, Pestalozzi, Lüben, Jahn.] Fol. (8 Chemigr.) Wien, Pichler's Wwe. & Sohn. In Mappe. n. 4. 40; einzelne Bilder à n. — 50

($^{85}/_{1}$) **Porträtwerk**, allgemeines historisches. Eine Sammlg. v. 600 Porträts der berühmtesten Personen aller Völker u. Stände seit 1300. Mit biograph. Daten v. Dr. R. T. Nach Auswahl von Dr. Wold v. Seidlitz. Phototypien nach den besten gleichzeit. Originalen. [3. u. 4. Serie: Staatsmänner u. Feldherrn.] 30—39. Lfg. Fol. (à 5 Bl. m. je 5 Bl. Text.) München, Verlagsanstalt f. Kunst u. Wissenschaft. à n. 2. —

Posaunenbuch der Minden-Ravensberger Posaunenchöre. 2. Tl. 2. Aufl. 8. (S. 201—424.) Herford. Gütersloh, Bertelsmann in Comm. geb. baar n. 1. 60

Posewitz, Dr. Thdr., die Zinninseln im indischen Oceane. I. Geologie v. Bangka. Als Anh.: Das Diamantvorkommen in Borneo. Mit 2 lith. Taf. [Aus: „Mittheilgn. aus d. Jahrbuche der k. ungar. geolog. Anstalt".] gr. 8. (40 S.) Budapest, (Kilian). n. 2. —

Posner's illustrirter Führer durch die Ausstellung u. Budapest. 16. (179 S. m. Illustr., 1 Chromolith. u. 1 chromolith. Plan.) Budapest. (Wien, Perles.) geb. n. — 80

Posselt, E., die österreichische Gewerbe-Ordnung, s.: Seltsam, F.

Postel's, Emil, deutscher Lehrer-Kalender f. 1886/87. [1. Jan. 1886 bis Ostern 1887.] Red. v. Jul. Herold. Mit dem Portr. v. Jac. Grimm u. 1 Eisenbahn-Karte v. Mittel-Europa. 2 Tle. 16. (253 u. 76 S.) Breslau, Morgenstern's Verl. geb. u. geh. n. 1. 20

Post-Lexicon, topographisches, d. Erzherzogth. Oesterreich unter der Enns. Bearb. im Post-Cours-Bureau d. k. k. Handelsministeriums. gr. 8. (XII. 451 S.) Wien, Hof- u. Staatsdruckerei. n. 4. 40; cart. n. 5. —

(85/1) **Poten**, Oberstl. z. D. Bernh., u. Maler Chr. **Speier**, unser Volk in Waffen! Das deutsche Heer in Wort u. Bild. 3—9. Hft. Fol. (S. 29—112 m. eingedr. Illustr. u. Taf.) Stuttgart, Spemann. baar. à n. 1. 50

Pöthig, H., Rechenbuch, s.: **Möbius**, H.

Potschka, Oberstlieut. Ludw., Geschichte d. Tiroler Jäger-Regiments Kaiser Franz Joseph, im Auftrage d. k. k. Regimentskommando nach authent. Quellen zusammengestellt. 4 Thle. Lex.-8. (XIII, 359; VI, 213; VI, 245 u. VI, 170 S. m. 25 Plänen.) Innsbruck, Wagner. baar n. 20. —

Pötzl, E., Wien, s.: **Universal-Bibliothek** Nr. 2065.

Poynter, E. F., Madame de Presnel, s.: **Collection of British authors.**

Prantl, Dr. Carl, Geschichte der Logik im Abendlande. 2. Bd. 2. Aufl. gr. 8. (VIII, 403 S.) Leipzig, Hirzel. n. 11. —

Prantl, Prof. Dr. K., Plan d. botanischen Gartens der k. Forstlehranstalt Aschaffenburg. Lith. Fol. Nebst einigen erläut. Bemerkgn. 8. (4 S.) Aschaffenburg, Krebs. n. — 40

Präparationen zu Vergils Aeneis. Von e. Schulmann. Gesang 8—12. 16. (100, 117, 140, 143 u. 156 S.) Düsseldorf, Schwann. à n. — 50

Prasch, Aloys, der Jägerwirth. Musik-Drama in 3 Aufzügen. [Mit freier Benutzg. der gleichnam. Erzählg. von Herm. v. Schmid, Musik v. Hans Steiner. 8. (48 S.) München, Th. Ackermann's Verl. n. — 50

Prat, P. J. M., S. J., Leben u. Wirken d. R. P. Peter de Ribadeneyra aus der Gesellschaft Jesu. [Eine Episode aus der Kirchengeschichte.] Aus dem Franz. übers. v. P. M. **Gruber**, S. J. gr. 8. (XII, 561 S.) Regensburg, Manz. 7. —

Prato, Katharina [Edle v. Scheiger], die süddeutsche Küche auf ihrem gegenwärtigen Standpunkte, m. Berücksicht. d. Thee's u. e. Anh. üb. das moderne Serviren, nach metr. Maß u. Gewicht berechnet u. f. Anfängerinnen sowie f. prakt. Köchinnen zusammengestellt. 18. neu bearb. u. verm. Aufl. gr. 8. (VIII, 694 S.) Graz, Hesse. n. 4. 50; geb. baar n. 6. —

Prätorius, Chrn. Ludw., österreichischer Medicinal-Schematismus f. 1886 Enth. sämmtl. graduirten u. diplomirten Aerzte, Thierärzte u. Apotheker der im Reichsrathe vertretenen Königreiche u. Länder. Nach amtl. Quellen hrsg. Als Anh.: Sanitäts-Gesetze f. Oesterreich-Ungarn. gr. 16. (499 S.) Wien, Bretzner & Co. in Comm. baar n. 3. —

(83/2) **Praxis**, die, d. Mühlenbetriebes. Illustrirte Müllerbibliothek, red. v. K. W. Kunis. 2. Bd. 8. Leipzig, M. Schäfer. n, 6. — (1. u. 2.: n. 10. —)
Inhalt: Die Einrichtungen zur Unfall-Verhütung in Mühlen u. Maschinenfabriken Unter Berücksicht. der einschläg. Gesetze bearb. v. K. W. **Kunis**. Mit 15 Taf. Abbildgn. (269 S.)

Preces ante et post missam dicendae et ritus administrandi infirmorum sacramenta juxta rituale romanum. 16. (48 u. 23 S.) Trier, Paulinus-Druckerei. — 25; geb. n.n. 1. 10

Precht, Dr., die Salz-Industrie v. Stassfurt u. Umgegend. 2. Aufl. gr. 8. (16 S. m. 1 Chromolith.) Stassfurt, Foerster's Sort. n. 1. 20

(84/2) **Prediger u. Katechet**, der. Eine prakt., kathol. **Monatsschrift**, besonders f. Prediger u. Katecheten auf dem Lande u. in kleineren Städten. Unter Mitwirkg. mehrerer kathol. Geistlichen hrsg. v. weil. Stiftsdech. Geistl.-R. Ludwig Mehler u. Benefiz. Joh. Ev. Zollner, fortgesetzt v. Geistl.-R. Canon. Jos. **Ziegler**. 36. Jahrg. 1886. 12 Hfte. Mit e. Zugabe: Gelegenheitspredigten. gr. 8. (1. Hft. 96 S.) Regensburg, Manz. 5. 75

(85/1) **Predigten** auf alle Sonn- u. Festtage d. Kirchenjahres v. e. katholischen Geistlichen. Mit e. Vorrede v. Benef. Joh. Ev. Zoller. 4—6. Bdchn. 8. (207, 207 u. 208 S.) Regensburg, Manz. à 1. 80

Preger, Wilh., die Politik d. Papstes Johann XXII. in Bezug auf Italien u. Deutschland. [Aus: „Abhandlgn. d. k. b. Akad. d. Wiss."] gr. 4. (95 S.) München, Franz' Verl. in Comm. n.n. 2. 80

Preis-Tarif d. k. k. Train-Materials. 8. (35 S.) Wien, Hof- u. Staatsdruckerei. n. — 30

Preiswerk, Pfr. Sam., das tausendjährige Reich nach Offenbarung 20. 8. (24 S.) Basel, Spittler. n.n. — 25

Prellwitz, Dr. Walther, de dialecto thessalica. gr. 8. (63 S.) Göttingen, Vandenhoeck & Ruprecht's Verl. n. 1. 40

Presse, die konservativen Journalisten. gr. 8. (46 S.) Berlin, Puttkammer & Mühlbrecht. n. — 80

Preußße u. **Deutsche**, der redliche. Ein Kalender auf d. J. 1886. Bearb. zum freundl. u. nützl. Gebrauche f. Jedermann v. C. L. Rautenberg. 55. Jahrg. Ausg. Nr. 1. Mit 7 Prämienbildern (in Holzschn.) u. vielen anderen (eingedr.) Holzschn.-Bildern. 8. (124 u. 144 S.) Mohrungen, Rautenberg. baar 1. —; Ausg. Nr. 2. 12. (164 u. 132 S. m. eingedr. Holzschn. u. 8 Holzschntaf.) — 75; Ausg. Nr. 3. (96 u. 34 S. m. eingedr. Holzschn. u. 2 Holzschntaf.) — 40

Preuße, Prem.-Lieut., der Offizier d. Beurlaubtenstandes. Zusammenstellung v. Bestimmgn. zum Gebrauch f. Offiziere der Reserve u. der Landwehr, nebst e. Anleitg. zum Anfertigen v. Dienstbriefen. gr. 8. (24 S.) Bromberg, Johne. n. — 50

Prévôt, C., Feld-Taschenbuch f. Truppen-Offiziere, s.: Stransky, C. v.

Preyer, Prof. W., die Erklärung d. Gedankenlesens, nebst Beschreibg. e. neuen Verfahrens zum Nachweise unwillkürl. Beweggn. Mit 26 Orig.-Holzschn. im Text. gr. 8. (VII, 70 S.) Leipzig 1886, Th. Grieben. n. 2. —

—— aus Natur- u. Menschenleben, s.: (85/1) Verein, allgemeiner, f. deutsche Litteratur.

Preysing-Lichtenegg, Kammerhr. Gutsbes. Max Graf v., zwei landwirthschaftliche Fragen. gr. 8. (25 S.) Landsberg a/L., Verza. n. — 40

Přibram, Dr. Alfred Francis, Oesterreich u. Brandenburg 1688—1700. gr. 8. (VIII, 228 S.) Prag, Tempsky. — Leipzig, Freytag. n. 6. —

Priem, J., Nürnberg, s.: Städtebilder u. Landschaften aus aller Welt.

Prignot, Eugène, moderne Sitzmöbel. 25 (lith.) Taf., ca. 60 Zeichngn. Sitzmöbel, alle Formen u. Stylarten umfassend. 5 Lfgn. Fol. (à 5 Taf.) Berlin, Claesen & Co. à n. 5. — (cplt. in Mappe.: n. 25. —)

Printzen, Wilh., Marivaux. Sein Leben, seine Werke u. seine litterar. Bedeutg. Inaugural-Dissertation. gr. 8. (123 S.) Münster. (Leipzig, Fock.) baar n. 2. —

Prinzhorn, Dr. Wilh., de libris Terentianis, quae ad recensionem Calliopianam redeunt. gr. 8. (38 S.) Göttingen, (Spielmeyer). n. 1. —

Prior, Dr. Eug., Denkschrift betr. die Verwendung der Salicylsäure in der bayerischen Bierbrauerei. gr. 8. (IV, 36 S.) Würzburg 1886, Stuber's Verl. n. — 50

Prior, J., Forschungen üb. Cholerabacterien, s.: Finkler, D.

Privatbauten, praemiirte, auf den neuen Boulevards in Brüssel. Fol. (20 photogr. Taf.) Berlin, Claesen & Co. In Mappe. n. 50. —

Probst, Prof. Dr. Ferd., Lehre vom liturgischen Gebete. 8. (VIII, 184 S.) Breslau, Aderholz. n. 2. —

—— Theorie der Seelsorge. 2. Aufl. 8. (VIII, 172 S.) Ebd. n. 2. —

—— Verwaltung d. hohenpriesterlichen Amtes. 2. Aufl. 8. (VII, 192 S.) Ebd. n. 2. —

Proebst, Bezirksamtsassess. Dr. Max, die Verfassung d. Deutschen Reichs vom 16. Apr. 1871, nebst verfassungsrechtl. Nebengesetzen, Verträgen etc. Mit Anmerkgn. u. Sachregister. 16. (VI, 270 S.) Nördlingen, Beck. cart. n. 1.80

Processionale sive ordo in processionibus cum sanctissimo sacramento servandus. Fol. (14 S. m. eingedr. Holzschn.) Köln, Boisserée. geb. m. Goldschn. baar n.n. 15. —

Prockesch, L., Methodik d. Unterrichts in den weiblichen Handarbeiten, s.: Handbuch der speciellen Methodik.

Procop, Studienlehr. Wilh., syntactische Studien zu Robert Garnier. Inaugural-Dissertation. gr. 8. (V, 150 S.) Eichstätt, (Stillkrauth). n. 2. 40

Professoren- u. Lehrer-Kalender, Fromme's österreichischer, f. d. Studienj. 1885/86. 18. Jahrg. Red. v. Joh. E. Dassenbacher. 16. (249 S.) Wien, Fromme. geb. baar 2. —

Prohaska, Carl, üb. den Basalt v. Kollnitz im Lavantthale u. dessen glasige cordieritführende Einschlüsse. [Mit 3 (eingedr.) Holzschn.] [Aus: „Sitzungsber. d. k. Akad. d. Wiss."] Lex.-8. (13 S.) Wien, (Gerold's Sohn). n. — 40

Prohl, Hedwig, das Glückskind. Eine Erzählg. 2. Aufl. 8. (235 S.) Breslau, Trewendt. geb. n. 3. —

—— Stiefmütterchen. Eine Erzählg. 2. Aufl. 8. (232 S.) Ebd. geb. n. 3. —

—— wo ist der Himmel? Eine Erzählg. f. die Jugend. Mit 4 Farbendr.-Bildern. Nach Aquarellen v. M. Coester. 2. Aufl. gr. 8. (112 S.) Stuttgart, Thienemann. geb. n. 3. —

Prokop, Gothenkrieg, s.: Geschichtschreiber, die, der deutschen Vorzeit.

Proelß, Johs., trotz alledem! Gedichte. 8. (V, 218 S.) Frankfurt a/M. 1886, Sauerländer. geb. n. 3. 50

Propertii carmina, s.: Catullus.

Prophezeiung, aufgefundene, d. Einsiedlers „Bruder v. der blechernen Marter" im Nürnberger Reichswald † 1500 auf die 2. Jahreshälfte 1885 u. später. [2. Aufl.] gr. 8. (4 S.) Nürnberg, Rüll in Comm. n. — 10

—— die neueste, d. Schäfer Thomas auf die J. 1886 u. 1887. 8. (8 S.) Chemnitz, Hager. baar — 10

Prosaiker, römische, in neuen Übersetzungen. Hrsg. von Präl. C. N. v. Osiander u. Ob.-Consist.- u. Studienr. G. Schwab. 4. 56. u. 83. Bdchn. gr. 16. Stuttgart, Metzler's Verl. à — 50; in Halbbdchn. à — 25

Inhalt: 4. Marcus Tullius Cicero's Werke. 2. Bdchn. Tusculanische Unterredgn., übers. v. weil. Prof. Friedr. Heinr. Kern. 2. Bdchn. 6. Aufl. (S. 99—188.) — 56. Titus Livius, römische Geschichte, übers. von weil. Präl. C. F. v. Klaiber. 16. Bdchn. 3. Aufl. (S. 1987—2111.) — 83. Marcus Tullius Cicero's Werke. 33. Bdchn. Reden, übers. von Präl. C. N. v. Osiander. 7. Bdchn. 4. Aufl. (1. Hälfte. S. 703—840.)

Proschko, J., Maria Theresia, s.: Volks- u. Jugendschriften, österreichische.

Proschwitzer, Pfr. Frz., katholisches Gesangbuch zum Gebrauche beim öffentlichen Gottesdienste f. die deutschen Kirchengemeinden Böhmens. 16. (XIV, 290 S. m. 1 Stahlst.) Prag, Cyrillo-Method'sche Buchh. geb. n. — 80

Proschwitzer, J., Sammlung drei- u. vierstimmiger Lieder f. österreichische Bürgerschulen. Auf Grundlage der h. Ministerial-Verordng. v. 8. Juni 1883 zusammengestellt. gr. 8. (III, 74 S.) Prag 1884, Tempsky. n. — 60

(85/1) **Protestgemeinde**, die evangelisch-lutherische, innerhalb der Landeskirche. Nr. 3. gr. 8. Straßburg, Vomhoff in Comm. baar (à) n. — 40

Inhalt: Die Repressiv-Maßregeln d. Liberalismus gegen evangelische Protestgemeinden. (36 S.

Prozeß Graef, verhandelt vom 29. Septbr. bis 7. Octbr. 1885 vor dem Geschwornengericht zu Berlin. Nebst den Portraits der Hauptangeklagten, Prof. Graef u. Bertha Rother. gr. 8. (IV, 74 S.) Berlin. (Leipzig, Milde.) — 50

Prozeß Graef u. die Mängel unseres Gerichtsverfahrens nach den Orig.-Berichten der Berliner Volks-Zeitung, nebst mehreren Leitartikeln derselben als Beilage. 1. u. 2. unveränd. Aufl. gr. 8. (110 S.) Leipzig, F. Duncker. n. — 80

—— Stöcker wider die „Freie Zeitung". Nach stenograph. Aufzeichngn. vervollständigt. 8. (95 S.) Berlin, (Schildberger). baar n. — 30

(77/1) **Prüfungs-Reglement** f. die Kandidaten d. höheren Schulamts pro facultate docendi, üb. die Colloquia pro rectoratu u. die Ableistung d. Probejahrs. Ergänzungs-Heft, die J. 1880—85 umfassend. 8. (IV, 36 S.) Neuwied, Heuser's Verl. n. — 50 (Reglement u. Ergänzungsheft: n. 1. 70)

Prümers, R., s.: Urkundenbuch, pommersches.

Prüssing, Paul, üb. die Einwirkung v. Phenylcyanat auf aromatische Kohlenwasserstoffe. Inaugural-Dissertation. gr. 8. (34 S.) Göttingen 1884, (Vandenhoeck & Ruprecht). baar n. 1. —

Prutz, H., Staatengeschichte d. Abendlandes im Mittelalter, s.: Geschichte, allgemeine, in Einzeldarstellungen.

(85/1) **Prütz**, Gust., illustrirtes Mustertauben-Buch. Enth. das Gesammte der Taubenzucht. Mit ca. 60 Pracht-Farbendr.-Blättern, direct nach der Natur aufgenommen v. Chrn. Förster u. vielen Orig.-Text-Illustr. 17—23. Lfg. gr. 4. (S. 169—224.) Hamburg, J. F. Richter. à n. 1. 20

Prym, Dr. Frdr., neue Theorie der ultraelliptischen Functionen. 2. Ausg. Mit nachträgl. Bemerkgn. u. (3) neuen Taf. gr. 4. (III, 117 S.) Berlin, Mayer & Müller. n. 3. 60

Psalmen, die, Davids. Nach der kirchlich in Zürich eingeführten Uebersetzg. aufs Neue m. Sorgfalt durchgesehen. 16. (152 S.) Zürich, Dépôt der evangel. Gesellschaft. geb. in Leinw. baar n. — 35

—— de, na de plattdütsche Öwersettung vun Dr. Joh. Bugenhagen. gr. 8. (108 S.) Kropp, Buchh. „Eben-Ezer". n. — 60

Psalter u. Harfe. Geistliche Gesänge aus alter u. neuer Zeit f. gemischten Chor u. vierstimm. Männergesang. 1—3. Hft. gr. 8. Langensalza, Beyer & Söhne. à n. — 80

Inhalt: 1. Leicht ausführbare Motetten u. geistliche Lieder f. gemischten Chor. Zusammengestellt u. zum Teil bearb. v. Ernst Rabich. 1. Hft. (V, 66 S.) 1883. — 2. Vier- u. achtstimmige Motetten f. gemischten Chor. Hrsg. v. A. H. Pfaff. (VI, 66 S.) 1883. — 3. Leicht ausführbare Motetten u. geistliche Lieder f. vierstimmigen Männergesang. Zusammengestellt u. zum Teil bearb. v. Ernst Rabich. (VI, 74 S.)

Psalterium, das tironische, der Wolfenbütteler Bibliothek. Hrsg. vom königl. stenograph. Institut zu Dresden. Mit e. Einleitg. u. Übertragg. d. tiron. Textes v. Dr. Osk. Lehmann. gr. 8. (IV, 208 S. u. 120 autogr. Doppelf.) Leipzig, Teubner. n. 10. —

Publication d. königl. preuss. geodätischen Institutes. Astronomisch-geodät. Arbeiten in den J. 1883 u. 1884. Bestimmung der Längendifferenzen Berlin—Swinemünde, Kiel—Swinemünde, Swinemünde—Königsberg, Königsberg—Warschau u. Berlin—Warschau. Bestimmung der Polhöhe d. Zeitballes in Swinemünde. gr. 4. (VI, 202 S.) Berlin, Friedberg & Mode in Comm. baar n.n. 13. 50

—— dasselbe. Das Mittelwasser der Ostsee bei Travemünde. Bearb. v. Prof. Assist. Dr. Wilh. Seibt. Mit 9 Taf. (V, 60 S.) Ebd. baar n.n. 8. —

—— der königl. württembergischen Commission f. europäische Gradmessung. Präcisions-Nivellement. Ausgeführt unter der Leitg. von Prof. Dr. v. Schoder. Ausgeglichen v. demselben. gr. 4. (VI, 68 S.) Stuttgart, (Metzler's Sort.). baar n.n. 2. —

(85/1) **Publicationen d. astrophysikalischen Observatoriums zu Potsdam.** Nr. 16. 4. Bds. 3. Stück. gr. 4. Potsdam. Leipzig, Engelmann in Comm. n. 4. —
Inhalt: Ueber den Einfluss der Temperatur auf die Brechung d. Lichtes in einigen Glassorten, im Kalkspath u. Bergkrystall. Von G. Müller. (68 S.)

(85/1) —— der Gesellschaft f. Rheinische Geschichtskunde. I. 2. Lfg. gr. 4. Bonn, Weber. n. 5. 15 (1. u. 2.: n. 12. 15
Inhalt: Kölner Schreinsurkunden d. 12. Jahrh. Quellen zur Rechts- u. Wirthschaftsgeschichte der Stadt Köln, hrsg. v. Rob. Hoeniger. 1. Bd. 2. Lfg. (S. 117—208.)

(85/1) —— aus den k. preuss. Staatsarchiven. Veranlasst u. unterstützt durch die k. Archiv-Verwaltg. 24—26. Bd. gr. 8. Leipzig, Hirzel. n. 34. —
Inhalt: 24. Preussen u. die katholische Kirche seit 1640. Nach den Acten d. geheimen Staatsarchives v. Max Lehmann. 5. Thl. Von 1775 bis 1786. (X, 707 S.) n. 16. —. — 25. Preussens Könige in ihrer Thätigkeit f. die Landescultur. Von Landesoecon.-R. Dr. Rud. Stadelmann. 3. Thl. Friedrich Wilhelm II. (VIII, 235 S.) n. 6. —. — 26. Briefwechsel der Herzogin Sophie v. Hannover m. ihrem Bruder, dem Kurfürsten Karl Ludwig v. der Pfalz, u. d. letteren m. seiner Schwägerin, der Pfalzgräfin Anna. Hrsg. v. Ed. Bodemann. (XIX, 492 S.) n. 12. —

(85/1) **Puchelt**, Reichsger.-R. Dr. Ernst Sigism., Kommentar zum allgemeinen deutschen Handelsgesetzbuch. Mit besond. Berücksicht. der Rechtsprechg. d. Reichsgerichts u. d. vormal. Reichs-Oberhandelsgerichts. 3., in Folge der neuen Reichs-Justizgesetze vielfach umgearb. Aufl. 13. (Schluß-)Lfg. gr. 8. (2. Bd. III u. S. 591—690.) Leipzig, Roßberg. (à) n. 1. 50 (cplt.: n. 19. 50; geb. n.n. 22. 50

Pulgar, del Marques de Santillana, s.: Bibliothek, spanische.

Pulkowski, Maj., Dienst-Unterricht der Kanoniere der Fuß-Artillerie. Mit Genehmigg. der königl. General-Inspektion der Artillerie hrsg. 2. verb. Aufl. Mit 91 in den Text gedr. Abbildgn. 16. (168 S.) Berlin, Eisenschmidt. n. — 6

—— Leitfaden f. den theoretischen Unterricht der Ersatz-Reservisten der Fuß-Artillerie. Mit 50 in den Text gedr. Holzschn. 2. verb. u. verm. Aufl. 12. (103 S.) Ebd. n. — 25

Puls, Handelsk.-Synd. Otto, die Börsensteuer. Gesetz betr. die Erhebg. der Reichsstempelabgaben in der Fassg. d. Gesetzes vom 29. Mai 1885. Mit den Ausführungs-Instruktionen d. Bundesraths, amtl. Entscheidgn., Kommissions- u. Reichstagsverhandlgn., Beschlüssen der Handelskammern 2c. 1. u. 2. verb. u. verm. Aufl. 8. (III, 186 S.) Frankfurt a/M., Neumann in Comm. n. 1. 50

—— systematische Darstellung d. Börsensteuergesetzes vom 29. Mai 1885 m. seinen wesentlichen, die Effektenbörse betr. Bestimmungen, unter Mitwirkg. v. Sachverständigen der Börse hrsg. 8. (15 S.) Ebd. n. — 50

Punktierbuch, neues untrügliches. 768 unfehlbare Orakelsprüche auf alle die Zukunft betr. Fragen. Nebst e. Anleitg., betr. das Bleigießen in der Sylvesternacht. Nach den Papieren der berühmten Wahrsagerin Mlle Lenormand. 5. Aufl. 12. (64 S.) Oberhausen, Spaarmann. — 25

(84/2) **Pupikofer**, J. A., Geschichte d. Thurgaus. 2., vollständig umgearb. Ausg. 3—5. Lfg. gr. 8. (1. Bd. S. 321—800.) Frauenfeld, Huber. à n. 1. 60

Puppenspiele, deutsche. Hrsg. v. Rich. Kralik u. Jos. Winter. gr. 8. (X, 321 S.) Wien, Konegen. n. 4. —

Puppen-Theater. 1—7. Hft. 12. (38, 46, 36, 32, 33, 40 u. 23 S.) Kattowitz, Siwinna. à — 20

Puritz, L., 16 Leiter- u. Stuhl-Pyramiden f. Turner, s.: Lion, J. C.

Purschke, Carl Arth., Clemmys sarmatica n. sp. aus dem Tegel v. Hernals bei Wien. [Mit 1 (lith.) Taf.] [Aus: „Denkschr. d. k. Akad. d. Wiss".] Imp.-4. (8 S.) Wien, Gerold's Sohn in Comm. n. 1. 20

Putlitz, Gust. zu, mein Heim. Erinnerungen aus Kindheit u. Jugend. 8. (211 S.) Berlin, Paetel. n. 3. —; geb. n.n. 4. 50
—— Walpurgis, } s.: Paetel's Miniatur-Ausgaben-
—— was sich der Wald erzählt, } Collection.
Püttelkow, em. Sem.-Lehr. H., Lesebuch f. die Mittelstufe der katholischen Elementarschulen. 2., durchgeseh. Aufl. gr. 8. (VI, 152 S.) Freiburg i/Br., Herder. n. — 50; Einbd. n.n. — 20
—— dasselbe, f. die Oberstufe. gr. 8. (V u. S. 153—414.) Ebd. n. — 80; Einbd. n.n. — 25
Püttner, Elise, das Märchen vom Thorner Pfefferkuchen. Mit e. Titel-Illustr. 2. Aufl. 8. (59 S.) Danzig, Th. Bertling's Buchh. cart. n. 1. 25
Pütz, Prof. Dr. Herm., Compendium der practischen Thierheilkunde. gr. 8. (XII, 622 S.) Stuttgart, Enke. n. 12. —
Pütz, Prof. Wilh., Leitfaden bei dem Unterrichte in der vergleichenden Erdbeschreibung f. die unteren u. mittleren Klassen höherer Lehranstalten. 20., verb. Aufl., bearb. v Prof. F. Behr. 8. (X, 240 S.) Freiburg i/Br., Herder. n. 1. 20; Einbd. n.n. — 35
Pyat, F., der Lumpensammler v. Paris, s.: Universal-Bibliothek. Nr. 2017.
Pyra, I. J., u. S. G. **Lange**, freundschaftliche Lieder, s.: Litteraturdenkmale, deutsche, d. 18. u. 19. Jahrh.

Quarck, Dr. Max, die Arbeiterschutzgesetzgebung im Deutschen Reiche. Eine sozialpolit. Studie f. die weitesten Kreise. 8. (89 S.) Stuttgart 1886, Dietz. n. 1. —
Quaritsch, Dr., Compendium d. europäischen Völkerrechts. 4., veränd. u. ergänzte Aufl. gr. 8. (IV, 123 S.) Berlin, W. Weber. n. 3. —
Quartalblätter d. historischen Vereins f. das Grossherzogt. Hessen. Red.: Ernst Wörner. Jahrg. 1885. Nr. 1. gr. 8. (42 S.) Darmstadt, Klingelhoeffer in Comm. n. 1. 50
Quartierliste d. deutschen Heeres. Unter Berücksicht. der Allerhöchst genehmigten Dislokationsverändergn. Nachgetragen bis Ende Septbr. 1885. 32. Aufl. gr. 8. (48 S.) Berlin, Liebel. baar — 30
—— der Garnisonen u. Militärbehörden in Lothringen. Nr. 15. Apr. 1885. Mit Angabe der Wohng. sämmtl. in Metz garnison. Offiziere u. Militärbeamten. gr. 8. (12 S.) Metz, Lang. n. — 50
(85/1) **Quellen u. Forschungen** zur Sprach- u. Culturgeschichte der germanischen Völker. Hrsg. v. B. ten Brink, E. Martin, W. Scherer. 55. Hft in 2 Thln., 56. u. 57. Hft. gr. 8. Strassburg, Trübner. n. 11. —
Inhalt: 55. I. Das friesische Bauernhaus in seiner Entwicklung während der letzten vier Jahrhunderte, vorzugsweise in der Küstengegend zwischen der Weser u. dem Dollart. Von Ob.-Baudir. a. D. Otto Lasius. Mit 38 Holzschn. (III, 34 S.) n. 3. —. — II. Die deutschen Haustypen. Nachträgliche Bemerkgn. v. Rud. Henning. (34 S.) n. 1. —. — 56. Die galante Lyrik. Beiträge zu ihrer Geschichte u. Charakteristik von Max Frhrn. v. Waldberg. (XX, 152 S.) n. 4. —. — 57. Die altdeutsche Exodus, m. Einleitg. u. Anmerkgn. hrsg. v. Ernst Kossmann. (VII, 149 S.) n. 3. —
(85/1) **Quenstedt**, Prof. Frdr. Aug., die Ammoniten d. schwäbischen Jura. 6. u. 7. Hft. Mit 1 Atlas v. 12 (lith.) Taf. (in Fol. m. 12 Bl. Erläutergn.). gr. 8. (S. 241—336.) Stuttgart, Schweizerbart. n. 20. — (1—7.: n. 75. —)
(85/1) —— Handbuch der Petrefaktenkunde. 3. umgearb. u. verm. Aufl. Mit zahlreichen in den Text eingedr. Holzschn. u. e. Atlas v. 100 (lith.) Taf. m. Erklärg. Nebst vollständ. Register. 22—25. (Schluss-) Lfg. Lex.-8. (VIII u. S. 1085—1239 m. je 4 Steintaf. u. 4 Bl. Erklärgn.) Tübingen, Laupp. à n. 2. — (cplt.: n. 54. —)

Queva & Co., H., Turbinen-Bau. 5. verm. Ausg. Mit 66 Abbildgn. hoch 4. (27 S.) Erfurt. (Berlin, Gaertner.) n. — 80

Quidde, Dr. Ludw., Studien zur deutschen Verfassungs- u. Wirthschaftsgeschichte. 1. Hft. Studien zur Geschichte d. rhein. Landfriedensbundes v. 1524. gr. 8. (X, 54 S.) Frankfurt a/M., Jügel's Verl. n. 1. 20

Quincke, H., Schema der Krankenuntersuchung f. die Praktikanten der medicinischen Klinik zu Kiel. gr. 8. (16 S.) Leipzig, F. C. W. Vogel. n. n. — 50.

Quintana, vida del Cid y de Cervantes, s.: Bibliothek, spanische.

Quiquerez, Herm., das österreichische Militärtaxgesetz m. Bezug auf die daraus erwachsenden amtlichen Manipulationen der Gemeinden, k. k. Steuerämter, polit. Landes- u. Bezirksbehörden m. Citirung aller Verordnungen u. Erlässe bis inclusive Jänner 1885. I. Bemessung. II. Einhebung. III. Verrechnung. Mit e. alphabetisch geordneten Nachschlage-Verzeichniß. gr. 8. (95 S.) Wien, Reidl. n. 2. —

Rabener, Fr., Knallerbsen, od. Du sollst u. mußt lachen. Enth. 268 Anekdoten v. Künstlern, Gelehrten, Fürst Bismarck, Friedrich dem Großen u. dem Kaiser Wilhelm. Zur Unterhaltg. auf Reisen, bei Tafel u. in Gesellschaften, Nebst 16 kom. Vorträgen. 24. verb. Aufl. 8. (180 S.) Quedlinburg, Ernst. n. 1. —

(84/1) **Rabenhorst**, Dr. L., fungi europaei et extraeuropaei exsiccati. Klotzschii herbarii vivi mycologici continuatio. Ed. nova. Series II. Centuria 13 et 14. [resp. Cent. 33 et 34]. Cura Dr. G. Winter. gr. 4. (Mit je 1 Bl. Text.) Dresden, (Kaufmann's Sort.). cart. baar à n. 24. —

(85/1) —— Kryptogamenflora v. Deutschland, Oesterreich u. der Schweiz. (2. Aufl.) 1. Bd. 2. Abth. 18—21. Lfg. gr. 8. Leipzig, Kummer. à n. 2. 40
Inhalt: Pilze v. Dr. G. Winter. (S. 257—528. m. eingedr. Fig.)

—— dasselbe. (2. Aufl.) 3. Bd. 4. u. 5. Lfg. gr. 8. Ebd. à n. 2. 40
Inhalt: Die Farnpflanzen od. Gefässbündelkryptogamen [Pteridophyta] v. Prof. Dr. Chr. Luerssen. 4. u. 5. Lfg. (S. 193—320 m. eingedr. Fig.)

—— dasselbe. (2. Aufl.) 4. Bd. 1. u. 2. Lfg. gr. 8. Ebd. à n. 2. 40
Inhalt: Die Laubmoose v. K. Gust. Limpricht. 1. u. 2. Lfg. (128 S. m. eingedr. Fig.)

Raber, V., Sterzinger Spiele, s.: Neudrucke, Wiener.

Rabich, E., s.: Psalter u. Harfe.

Rabinowitsch, J., zwei Predigten, s.: Schriften d. Institutum Judaicum in Leipzig.

Rabow, fr. Assist.-Arzt Dr. S., Arzneiverordnungen zum Gebrauche f. Klinicisten u. angehende Aerzte. 10. verm. u. verb. Aufl. 12. (VII, 92 S.) Strassburg 1886, Schmidt. geb. n. 2. 40

(84/1) **Raccolta** di leggi ed ordinanze della monarchia austriaca. Vol. XX et XXIV. 12. Innsbruck, Wagner. n. 13. 20
Inhalt: XX. Regolamento di procedura penale [del 23 maggio 1873, N. 119 b. l. i.] Con note del Dr. Basilio Giannella. 2 parti. (XXV, 861 u. 447 S.) n. 10. 40. — XXIV. Commentario delle leggi del 16 marzo 1884 N, 35 e 36 B. L. I. sulla impugnazione diatti guiridici riguardanti la sostanza di un debitore insolvente e sulla modificazione di alcune disposizioni del regolamento concursuale e della procedura esecutiva del Dr. Emilio Steinbach, Consigliere ministeriale. Versione dal tedesco di Matteo Boscarolli, Sostituto procuratore di Stato. (VIII, 318 S.) n. 2. 80.

—— dasselbe. Supplemente al vol. XXIII. 12. Ebd. n. — 80
Inhalt: Leggi ed ordinanze emanate a completamento del regolamento sull' industria negli anni 1884 e 1885. (S. 319—410.)

—— dasselbe. Vol. XIV. 12. Ebd. n. 5. 60
Inhalt: Codice di commercio generale con note di Edm. Ant. Peck, Consigliere ministeriale. 2. ed. per cura de Dr. Basilio Giannella. (XVI, 754 S.)

Racine, Andromaque, } s.: Théâtre français.
— Athalie, }
— Esther. Im Versmasse d. Originals ins Deutsche übertr. v. Lehr. Dr. Otto Kamp. Mit gegenüberstch. französ. Texte. Neue (Titel-) Ausg. gr. 8. (VIII, 119 S.) Frankfurt a/M. (1879) 1886, Mahlau & Waldschmidt. n. 1. —
— Iphigénie, } s.: Théâtre français.
— Phèdre, }
(85/1) **Racinet**, A., Geschichte d. Costüms in 500 Taf. in Gold-, Silber- u. Farbendr. Mit erläut. Text. Deutsche Ausg., bearb. v. Adf. Rosenberg. 3. Bd. 1. u. 2. Lfg. 4. (20 Taf. m. 18 Bl. Text.) Berlin, Wasmuth. à n. 4. —
(85/1) — das polychrome Ornament. 2. Serie. 120 Taf. in Gold-, Silber- u. Farbendr. Antike u. asiat. Kunst, Mittelalter—Renaissance, XVI. u. XVII. Jahrh. Historisch-prakt. Sammlg. m. erklär. Text. Deutsche Ausg. v. Prof. Archit. Carl Vogel. 2—15. Lfg. Fol. (41 Taf. m. 42 Bl. Text.) Stuttgart, Neff. baar à n. 4. —
Radecki, Ernst v., e. Beitrag zur schärferen Begriffsbestimmung der Manie. Inaugural-Dissertation. gr. 8. (104 S.) Dorpat, (Karow). baar n. 2. —
Radenhausen, C., die echte Bibel u. die falsche. gr. 8. (166 S.) Hamburg, O. Meissner's Verl. 1. 50
— Christenthum ist Heidenthum, nicht Jesu Lehre. 2. (Titel-) Ausg. gr. 8. (III, 395 S.) Ebd. (1881) 1886. 1. 50
— Isis. Der Mensch u. die Welt. 3. (Titel-) Ausg. 4 Bde. gr. 8. (448, 458, 592 u. 517 S.) Ebd. (1871/72) 1886. 6. —
— Osiris. Weltgesetze in der Erdgeschichte. 3 Bde. 2. (Titel-) Ausg. gr. 8. (II, 800; IV, 816 u. III, 794 S.) Ebd. (1875/76) 1886. n. 6. —
— die Sozialdemokratie. Ihre Wahrheiten u. ihre Irrtümer. gr. 8. (240 S.) Hamburg, Hoffmann & Campe Verl. n. 2. 50
Radics, P. v., das Warmbad Gallenegg [Valvasor-Heim] in Krain. 8. (VII, 35 S.) Wien, Braumüller. n. — 80
Radloff, Staatsr. Dr. Wilh., das Schamanenthum u. sein Kultus. Eine Untersuchg. [Aus: „Aus Sibirien".] gr. 8. (67 S.) Leipzig, T. O. Weigel. n. 1. —
Radmacher, W., die Duellanten, s.: Dilettanten-Mappe.
Radzio, Ob.-Telegr.-Assist. a. D., der Militär-Anwärter zur Subaltern-Beamtencarrière. Ein Lehrmittel zwecks sicherer Ablegg. d. betr. Examens. 6. verm. Aufl. 8. (IV, 176 S.) Colberg. (Colbergermünde, Pickel.) baar n. 2. —
Rahmer, Rabb. Dr. M., hebräisches Gebetbüchlein f. die israelitische Jugend, zum ersten Unterricht im Uebersetzen methodisch eingerichtet, m. Vocabularium u. grammat. Vorbemerkgn. 1. Curs. 7., stark verm. u. verb. Aufl. 8. (44 S.) Frankfurt a/M., Kauffmann. cart. n.n. — 65
Râjaçekhara, Pracanda pândava. Ein Drama, zum ersten Male hrsg. v. Carl Cappeller. gr. 8. (IX, 50 S.) Strassburg, Trübner. n. 3. 50
Raiffeisen, F. W., kurze Anleitung zur Gründung v. Darlehnskassen-Vereinen, zugleich Uebersicht üb. deren Einrichtg. u. Organisation. 4., verb. Aufl. gr. 8. (VIII, 70 S.) Neuwied. (Leipzig, Haessel.) n. — 60
Raimund, F., die gefesselte Fantasie, } s.: National-Bibliothek,
— Moisasur's Zauberfluch, } deutsch-österreichische.
Raimund, Golo, Bauernleben. Erzählung. 3. Aufl. 8. (135 S.) Berlin, Janke. n. 1. —
— Schloß Elkrath. Roman. 3. Aufl. 8. (282 S.) Ebd. n. 2. —
— von Hand zu Hand. Roman. 2. Aufl. 8. (311 S.) Ebd. n. 2. —
— mein ist die Rache. Roman. 3. Aufl. 8. (312 S.) Ebd. n. 2. —
Ramann, A. M. B., Mondscheingeschichten, s.: Bloch's, E., Theater-Correspondenz.

Rambeau, Gymn.-Oberlehr. Dr. A., der französische u. englische Unterricht in der deutschen Schule, m. besond. Berücksicht. d. Gymnasiums. Ein Beitrag zur Reform d. Sprachunterrichts. gr. 8. (VII, 51 S.) Hamburg 1886, Nolte. n. 1. —

Ramm, Dr. Eberh., die Hagelversicherungsfrage in Württemberg. Mit 5 Beilagen u. 2 Karten. gr. 8. (VI, 142 S.) Tübingen, Laupp. n. 3. —

Rammler's, Otto Frdr., deutscher-Reichs-Universal-Briefsteller od. Musterbuch zur Abfassg. aller in den allgemeinen u. freundschaftl. Lebensverhältnisse n, sowie im Geschäftsleben vorkomm. Briefe, Dokumente u. Aufsätze. Ein Hand- u. Hilfsbuch f. Personen jedes Standes. 56., umgearb. u. v. neuem stark verm. Aufl. v. Dr. H. Th. Traut. gr. 8. (VIII, 572 S.) Leipzig 1886, O. Wigand. 2. 50; geb. 3. 50

Ramsauer, weil. Past., die Ordnung d. Heils u. der Seligkeit. Ein Leitfaden f. den Confirmanden-Unterricht nach G. G. Fuhrmann frei bearb. 3. Aufl. 8. (24 S.) Oldenburg, Bültmann & Gerriets. cart. n.n. — 50

Rang- u. Anciennetäts-Liste d. Offizier-Corps der Inspection der Jäger u. Schützen [inkl. Reserve- u. Landwehr-Offiziere sowie Portepee-Fähnriche] u. d. reitenden Feldjäger-Corps. 1885. [Fortsetzung der bezügl. Liste vom J. 1883.] Geschlossen am 15. Septbr. 1885. gr. 8. (37 S.) Berlin, Mittler & Sohn. n. 1. —

—— der Reserve-Landwehr-Regimenter [1. u. 2. Berlin] Nr. 35. Abgeschlossen im Juni 1885. 8. (II, 94 S.) Berlin, Eisenschmidt. n.n. 1. —

Rang- u. Quartierliste der kaiserlich deutschen Marine f. d. J. 1886. Abgeschlossen am 1. Novbr. 168 .] Red.: Die kaiserl. Admiralität. gr. 8. (V, 123 S.) Berlin, Mittler &5Sohn. n. 2. 50; Einbd. n.n. — 60

Rangs- u. Eintheilungs-Liste der k. k. Kriegs-Marine. Richtig gestellt bis 15. Mai 1885. 8. (128 S.) Wien. (Pola, Schmidt.) baar n. 1. 35

Rank, J., der Hauskobold, s.: National-Bibliothek, deutsch-österreichische.

Ranke, Präparationen f. die Schullektüre griechischer u. lateinischer Klassiker, s.: Krafft.

(85/1) **Ranke's**, Leop. v., sämmtliche Werke. 3. Gesammtausg. 38. Bd. gr. 8. Leipzig, Duncker & Humblot. (à) n. 5. —

Inhalt: Die römischen Päpste in den letzten vier Jahrhunderten. 2. Bd. 8. Aufl. (VI, 377 S.) Einzelpr. (à) n. 6. —

—— die römischen Päpste in den letzten vier Jahrhunderten. 3 Bde. 8. Aufl. gr. 8. (XIV, 336; VI, 377; VI, 208 u. Reg. ꝛc. 330 S.) Ebd. n. 18. —; in 1 Bd. geb. n. 21. —

Rapp, zur Reform d. neusprachlichen Unterrichts, zunächst an der lateinosen Realschule. [Auszug aus e. Vortrag, geh. auf der diesjähr. Stuttgarter Reallehrerversammlg.] [Aus: „Korrespondenzbl. f. die württ. Gelehrten- u. Realschulen".] gr. 8. (18 S.) Tübingen, Fues. baar n. — 40

Ratgeber f. Eltern, Lehrer u. Bibliothekvorstände bei der Auswahl v. Jugendschriften. Hrsg. v. der Jugendschriften-Kommission d. Lehrervereins zu Frankfurt a/M. 3. Jahrg. 1884/85. 8. (51 S.) Frankfurt a/M., Wilcke. baar n. 1. —

Rath, G. vom, Arizona, s.: Sammlung v. Vorträgen.

Rathgeber, Pfr. Jul., elsässische Reformationsgeschichte. Ein evangel. Hausbuch. gr. 8. (IV, 254 S. m. 2 Holzschn.-Porträts.) Straßburg, Schmidt. n. 4. —; geb. n. 4. 80

Rathmann, W., zur Beurteilung der Probebibel, s.: Zeitfragen d. christl. Volkslebens.

Rathschläge zur Erziehung der Jugend. Eltern u. Kinderfreunden gewidmet von M. v. M. 8. (III, 89 S.) München 1886, Fritsch. n. 1.—; geb. n. 1. 60

Rätselschatz, neuer. Eine Sammlg. v. Rätseln zur Unterhaltg. v. Groß u. Klein. 1. Bdchn. 12. (48 S.) Leipzig, Rasch & Co. — 30

Ratzenhofer, Maj. G., die praktischen Uebungen der Infanterie-Waffe. 4. verm. u. verb. Aufl. 8. (X, 193 S.) Teschen, Prochaska. n. 2. —; geb. n. 2. 60

Rätzsch, weil. Prof. Heinr., Lehrgang der Stenographie [Korrespondenz- u. Debattenschrift] nach F. X. Gabelsberger's System. Mit 56 stenograph. Taf., 63 Übersetzungs- u. 64 Leseaufgaben. Neu bearb. v. Dr. Rich. Rätzsch. 46. Aufl. 8. (VIII, 72 S.) Dresden 1886, G. Dietze. n. 1. 50

Rau, Heribert, das Evangelium der Natur. Ein Buch f. jedes Haus. 6. neu bearb. u. verb. Aufl. Mit vielen in den Text gedr. Abbildgn. u. dem Bildniß d. Verf. (In 12 Lfgn.) 1—3. Lfg. gr. 8. (V u. S. 1—192.) Leipzig, Thomas. à n. — 50

—— s. Freuden u. Leiden e. Commis Voyageur.

—— neue Stunden der Andacht. Zur Beförderg. wahrer Religiosität. Ein Buch zur Erbaug. u. Belehrg. f. denk. Christen. 3 Bde. 6. Aufl. 2. Abdr. 12. (527, 455 u. 512 S.) Leipzig, O. Wigand. n. 6. —; geb. n. 8. —

Rauber, A., Lehrbuch der Anatomie d. Menschen, s.: Hoffmann, C. E. E.

(85/1) **Rauch's** english readings. Hrsg. v. Prof. Oberlehr. Dr. Chr. Rauch. 27—29. Hft. gr. 16. Berlin, Simion. cart. à n. — 50

Inhalt: 27. Milton. By T. B. Macaulay. Bearb. u. m. Anmerkgn. versehen v. Dr. Ernst Schmid. (94 S.) — 28. 29. Tales of a grandfather. By Sir Walter Scott. Ausgewählt u. erklärt v. Dr. G. Wendt. (194 S.)

Rauchfuss, Marine-Schiffbau-Ingen. E., Widerstand u. Maschinenleistung der Dampfschiffe. Abgeleitet v. den Versuchen m. dem „Greyhound". gr. 8. (61 S. m. eingedr. Fig. u. 3 Steintaf.) Kiel 1886, Lipsius & Tischer. geb. n. 4. —

Rauhton, H., üb. das Gemüth. Vortrag. 8. (47 S.) Leipzig 1886, Huth. n. — 80

Rausch, Wilh., theoretisch-praktisches Handbuch f. Stellmacher u. Verfertiger v. Industrie- u. Arbeitswagen, ebenso v. Leichenwagen. 2. verm. u. verb. Aufl. Mit e. Atlas v. 24 (lith.) Foliotaf. gr. 8. (XV, 104 S.) Weimar, B. F. Voigt. 7. 50

Rauschenbusch, E., u. Fr. **Voigts**, Latomiablumen. Dichtergrüße, f. die Schwestern aller Freimaurer gesammelt. Neu hrsg. v. Herm. Walter. 2. verb. u. verm. Aufl. Neue Ausg. 8. (XV, 280 S.) Plauen, Neubert. n. 4. —; geb. n. 5. —

Rauschenplat, Dr. Adf., der cherubinische Wandersmann. gr. 8. (IX, 68 S.) Hamburg, (Döring). n. 2. —

Rauscher, Ferd. Em., der Handfertigkeits-Unterricht, seine Theorie u. Praxis. 1. Thl. gr. 8. (VI, 194 S.) Wien, Pichler's Wwe & Sohn. n. 2. 40

(85/1) **Rawald**, G., aus meiner Festungszeit. 2. u. 3. Hft. 8. (29 u. 31 S.) Halle, Kaemmerer & Co. à n. — 50

—— zwei deutsche Heldenkaiser, Begründer u. Wiederhersteller d. Deutschen Reichs, Friedrich I. Barbarossa u. Wilhelm der I. der Siegreiche. 8. (88 S.) Freiburg a/U., Kellner. cart. n. — 50

Real's, S., Geschichte d. Dom Carlos, s.: Universal-Bibliothek Nr. 2013.

(85/1) **Realencyklopädie**, allgemeine, od. Conversationslexikon f. alle Stände. 4., verb. u. sehr verm. Aufl. 109—116. Hft. gr. 8. (10. Bd. S. 1—768.) Regensburg, Manz. à — 50

(85/1) —— der christlichen Alterthümer. Unter Mitwirkg. mehrerer Fachgenossen bearb. u. hrsg. v. Prof. Dr. F. X. Kraus. Mit zahlreichen, zum grössten Theil Martigny's Dictionnaire des antiquités chrétiennes entnommenen Holzschn. 12—14. Lfg. Lex.-8. (2. Bd. S. 385—672.) Freiburg i/Br., Herder. à n. 1. 80

(85/1) **Real-Encyklopädie** der gesammten Heilkunde. Medicinisch-chirurg. Handwörterbuch f. prakt. Aerzte. Hrsg. v. Prof. Dr. Alb. Eulenburg. Mit zahlreichen (eingedr.) Illustr. in Holzschn. 2. umgearb. u. verm. Aufl. 15—38. Lfg. Lex.-8. (2. Bd. S. 289—715; 3. Bd. 711 S. u. 4. Bd. S. 1—576.) Wien, Urban & Schwarzenberg. à n. 1. 50

(85/1) —— für protestantische Theologie u. Kirche. Unter Mitwirkg. vieler protestant. Theologen u. Gelehrten in 2. durchgängig verb. u. verm. Aufl. begonnen v. weil. Proff. DD. J. J. Herzog u. G. L. Plitt, fortgeführt v. Prof. Dr. Alb. Hauck. 151—160. Hft. Lex.-8. (16. Bd. 864 S.) Leipzig, Hinrichs' Verl. à n. 1. —

Realienbuch f. katholische Volksschulen. In anschaulich-ausführl. Darstellg hrsg. v. mehreren Schulmännern. 4 Tle. gr. 8. Breslau, Goerlich. n. 1. 20 in 1 Bd. geh. n. 1. —; Einbd. n.n. — 20

Inhalt: 1. Geographische Bilder. (88 S.) n. — 30. — 2. Geschichtsbilder (80 S.) n. — 30. — 3. Naturgeschichtliche Bilder. (104 S.) n. — 40. — 4. Naturlehre (30 S.) n. — 20.

Rebbeling, weil. Musikdir. Louis, theoretisch-praktisches Hülfsbuch f. e. methodischen Gesangunterricht in unteren Gymnasial-Klassen u. Bürgerschulen, od. 100 nach den Takt- u. Tonarten geordnete Lieder, verbunden m. ihrer musikal. Grundlage, bearb. u. zusammengestellt. 7. Aufl. 8. (86 S.) Braunschweig, Bruhn's Verl. n. — 60

Rebe, Maria, die Haushaltungskunde u. ihre Stellung zu dem Unterricht in den weiblichen Handarbeiten, nebst e. Anh. speziell f. die Küche der Lehrerin. 2. Aufl. gr. 8. (XXVI, 184 S.) Gotha, F. A. Perthes. n. 3. —

—— am Strengbach. 8. (VII, 205 S.) Karlsruhe 1886, Reiff. n. 2. —; geb. n. 2. 75

Reben am Weinstock. Lebensbilder aus allen Zeiten der christl. Kirche. Hrsg. v. Gust. Beyer, Pfarrer Ernst Miescher, Carl Pestalozzi, Jos. Schnyder. 1. u. 2. Bdchn. 8. Basel, Detloff. à n. — 90

Inhalt: 1. Die St. Gallische Kaufmannsfrau Anna Schlatter. Ein christl. Lebensbild v. Pfr. Ernst Miescher. (VIII, 110 S. m. Lichtdr.-Portr.) — 2. Stephan Serres u. Johanna Terrasson. Zwei Glaubenszeugen aus der Zeit der Hugenottenverfolgg. Von Gust. Beyer u. Carl Pestalozzi. (X, 120 S.)

Reber, Frz. v., Kunstgeschichte d. Mittelalters. gr. 8. (1. Hälfte 352 S. m. 244 Abbildgn.) Leipzig, T. O. Weigel. n. 16. —

Reber, Landger.-R. a. D. Dsk., Taschenbuch d. bayerischen Fischereirechts. 16. (X, 186 S. m. 1 Tab.) München, Stahl. cart. n. 1. 60

Recept-Taschenbuch, klinisches, f. praktische Aerzte. Sammlung der an den Wiener Kliniken gebräuchl. u. bewährtesten Heilformeln. 7., verm. u. verb. Aufl. 16. (XIV, 220 S.) Wien, Urban & Schwarzenberg. geb. n. 2. —

Rechen-Aufgaben f. Volksschulen. Hrsg. v. e. Vereine v. Lehrern. 3 Hfte. 8. Potsdam, Rentel's Verl. n. — 40

1. 15. Aufl. (16 S.) n. — 10. — 2. 10. Aufl. (16 S.) n. — 10. — 3. 8. Aufl. (33 S.) n. — 20.

Rechenbuch, Essener, f. Volksschulen. Hrsg. vom Essen-Werden-Mülheimer Lehrer-Verein. Bearb. nach dem neuesten Maß-, Gewichts- u. Münzsystem u. m. Berücksicht. der vorgeschriebenen Abkürzgn. der Maß- u. Gewichtsbezeichngn, sowie der Stellg. d. Divisors hinter dem Dividend. 6 Hfte. 8. Essen, (Bädeker). geb. baar n.n. 2. 10

1. Für Unterklassen. 17. Aufl. (24 S.) n.n. — 20. — 2. Für Unterklassen. 22. Aufl. (34 S.) n.n. — 25. — 3. Für Mittelklassen 1. Hft. 20. Aufl. (64 S.) n.n. — 35. — 4. Für Mittelklassen 2. Hft. 15. Aufl. (S. 65—104.) n.n. — 30. — 5. Für Oberklassen 1. Hft. 15. Aufl. (60 S.) n.n. — 45. — 6. Für Oberklassen 2. Hft. 12. Aufl. (96 S.) n.n. — 55.

Rechenbuch, Kölner. Hrsg. vom Lehrervereine zu Köln. 1. u. 2. Tl. 8. Köln, Du Mont-Schauberg. n. 1. 15; geb. n. 1. 40
1. 21., verm. u. verb. Aufl. (82 S.) n. — 45; geb. n. — 55. — 2. 23. Aufl. (152 S.) n. — 70; geb. n. — 85.

—— niederrheinisches, f. Volksschulen. Genehmigt v. der königl. Regierg. zu Düsseldorf. Hrsg. v. den vereinigten Lehrer-Witwen-, Waisen- u. Unterstützungskassen zu Barmen, Duisburg-Ruhrort, Elberfeld, Gladbach-Grevenbroich, Mettmann, Moers, Mülheim-Kettwig, Remscheid, Solingen, Düsseldorf u. Duisburg. 1—4. Hft. 8. Ruhrort, Andreae & Co. in Comm. geb. baar n.n. 1. 90
1. (40 S.) n.n. — 30. — 2. (64 S.) n.n. — 40. — 3. 4. (à 96 S.) à n.n — 60

Rechtschreibung u. Sprachlehre in Beispielen, Regeln u. Übungen f. Elementarschulen. Ein Hilfsbüchlein f. die Schüler der Mittel- u. Oberstufe. Hrsg. vom Lehrer-Verein zu Köln. 4., verb. u. verm. Aufl. 8. (II, 83 S.) Köln, Du Mont-Schauberg. geb. n.n. — 50

Rechtsfälle ohne Entscheidungen. Ein jurist. Uebungsbuch zum akadem. Gebrauche wie f. das Selbststudium. gr. 8. (III, 82 S.) München, Th. Ackermann's Verl. n. 1. 40

Rechtsprechung, die, d. k. k. obersten Gerichtshofes aus dem J. 1883 in Civil-, Handels- u. Wechselsachen, einschliesslich der Advocaten- u. Notariatsordnung, gesammelt aus allen deutschen u. nichtdeutschen Fach-Zeitschriften. 2 Bde. 8. (X, 1674 S.) Wien 1886, Perles. n. 18. —; geb. n. 21. —

Recke, Elisa v. der, s.: Brunier, L.

Recknagel, Prof. Rekt. Dr. Geo., ebene Geometrie f. Schulen. 3. verb. u. verm. Aufl. gr. 8. (X, 208 S. m. eingedr. Fig.) München, Th. Ackermann's Verl. n. 2. —

Recueil des dispositions actuellement en vigueur concernant la garantie et le contrôle officiels du titre des ouvrages d'or et d'argent en Suisse. Publication du département fédéral du commerce et de l'agriculture. 8. (III, 150 S.) Bern, Fiala. n. 1. 60

(85/1) —— nouveau, général de traités et autres actes relatifs aux rapports de droit international. Continuation du grand recueil de G. Fr. de Martens par Jules Hopf. 2. série. Tome X. 2. et 3. livr. gr. 8. (S. 197—650.) Göttingen, Dieterich's Verl. n. 17. 40 (1—3.: n. 24. 60)

Redares, M., die Kaninchenzucht od. Anleitg., m. geringen Kosten u. Raumersparnis durch rationelles Verfahren e. rentables Unternehmen zu begründen. Aus dem Franz. Bearb. u. nach neueren Quellen u. Erfahrgn. wesentlich umgestaltet v. Rob. Oettel. 6. Aufl. Mit 1 Taf. Abbildgn. 8. (IV, 109 S.) Weimar, B. F. Voigt. 1. 50

Reddersen, H. D., zur Reform der stadtbremischen Waisenpflege. gr. 8. (39 S.) Bremen, v. Halem. — 75

Redenbacher, s.: Luther, Dr. Martin.

Reding-Biberegg, Dr. Rud. v., üb. die Frage der Cultussteuern u. Vorschläge f. e. diesbezügliches Bundesgesetz, gestützt auf Art. 49, alinea 6 der schweizer. Bundesverfassg. Vom schweizer. Juristenverein gekrönte Preisschrift. gr. 8. (III, 111 S.) Basel, Detloff. n. 2. —

Redtenbacher, Archit. Rud., die Architektur der italiänischen Renaissance. Entwicklungsgeschichte u. Formenlehre derselben. Ein Lehr- u. Handbuch f. Architekten u. Kunstfreunde. gr. 8. (XVI, 568 S. m. eingedr. Fig.) Frankfurt a/M. 1886, Keller. In Leinw. cart. n. 8. 40

Reductions-Tabelle, kurze, der Maßstäbe, welche in der deutschen Reichsarmee gebräuchlich sind. 32. (7 S.) Metz, Scriba. baar n.n. — 20

Rée, Dr. Paul, die Illusion der Willensfreiheit. Ihre Ursachen u. ihre Folgen. gr. 8. (III, 54 S.) Berlin, C. Duncker. n. 1. —

Reetzke, Dr. W., lectures choisies. Poésie et prose. Französisches Lesebuch. Zum Schulgebrauch. Mit e. Wörterbuche. 1. Tl. 10. Ster.-Aufl. gr. 8. (IV, 140 S.) Berlin, Haude & Spener. n. — 80; Einbd. n.n. — 20

Reeves, Mrs. H., s.: Mathers, H.

Reform, die, der russischen Universitäten nach dem Gesetz vom 23. Aug. 1884. gr. 8. (VII, 246 S.) Leipzig 1886, Duncker & Humblot. n. 5. —

Reformations-Blätter. Hrsg. u. Red.: Dr. Otto Hahn. 1. Jahrg. Oktbr. 1885 —Septbr. 1886. 12 Nrn. (B.) gr. 4. Reutlingen, Palm in Comm. baar n. 2. 60

Reform-Kalender, neuer Hamburger, auf d. J. 1886. 26. Jahrg. gr. 8. (66 S. m. Illustr.) Hamburg, J. F. Richter. n. — 20

Regeln e. parlamentarischen Ordnung f. Vereine u. Versammlungen. Bearb. u. hrsg. v. der parlamentar. Gesellschaft. 8. (16 S.) Dresden, Goldstein. — 25

—— **u. Wörterverzeichnis** f. die deutsche Rechtschreibung zum Gebrauch in den württembergischen Schulen. Im Dezbr. 1883 amtlich festgestellt. 2. Aufl. gr. 8. (64 S.) Stuttgart, Metzler's Verl. baar n.n. — 25

Regelung d. Sanitätswesens. XIV. Gesetzartikel v. J. 1876. gr. 8. (55 S.) Budapest 1876, Ráth. n. 1. 20

Regenhardt's, C., Fabrikanten- u. Exportwaren-Lexikon. Adressbuch der Fabrikanten u. Grosshandlungen in Deutschland, Oesterreich-Ungarn u. der Schweiz. Mit steter Rücksicht auf die Erzeugnisse d. Auslandes, soweit solche üb. die eigene Heimat hinaus Eingang gefunden haben. Mit e. Anh.: Die Colonialwaren, ihre jenseit. Ex- u. diesseit. Importeure. 3 Abthlgn. in 1 Bd. gr. 4. (XVI, 422; 306 u. 108 S.) Berlin, Regenhardt. In Halbldr. geb. n. 20. —

—— Geschäftskalender f. den Reichsverkehr. Adressbuch der bewährtesten Bankfirmen u. Spediteure, der Gerichte, Advokaten u. Gerichtsvollzieher, sowie der Konsuln in allen nennenswerten Orten d. Reichs. Mit steter Berücksicht. der Zoll- u. Verkehrsanstalten. 1886. 8. Jahrg. gr. 16. (183 u. 192 S. m. 1 chromolith. Karte.) Ebd. geb. n. 1. 80

—— Geschäftskalender f. den Weltverkehr. Adressbuch der bewährtesten Bankfirmen u. Spediteure, der Gerichte, Advokaten u. Gerichtsvollzieher, sowie der Konsuln in allen nennenswerten Orten der Welt. Mit steter Berücksicht. der Zoll- u. Verkehrs-Anstalten. 1886. 11. Jahrg. gr. 16. (335 u. 192 S. m. 1 chromolith. Karte.) Ebd. geb. n. 2. 60

—— tägliches Notizbuch f. Kontore. 1886. schmal Fol. (224 S. m. 1 chromolith. Eisenbahnkarte.) Ebd. cart. n. 1. 20; m. Adressen (IV, 200 S. u. 174 Halbs.) n. 2. —

—— Pultmappe f. d. J. 1886. Fol. (66 S. u. 48 Sp. m. 1 chromolith. Eisenbahnkarte.) Ebd. geb. n. 2. —

—— Tagebuch f. 1886. 6. Jahrg. gr. 16. (48 u. 188 S.) Ebd. geb. n. 1. —

Reger, Bez.-Amts-Assess. A., das bayerische Gesetz üb. die öffentliche Armen- u. Krankenpflege vom 29. Apr. 1869. Erläutert u. m. den einschläg. Vollzugsvorschriften hrsg. 8. (IV, 107 S.) Ansbach 1886, Brügel & Sohn. cart. 1. 50

(82/1) **Regesta** diplomatica nec non epistolaria Bohemiae et Moraviae. Pars III. Annorum 1311—1333. Opera Jos. Emler. [Sumtibus regiae scientiarum societatis Bohemiae.] 5 voll. gr. 4. (800 S.) Prag 1863—85, (Grégr. & Valečka). à n. 5. —

—— dasselbe. Pars IV. Annorum 1333—1346. Opera Jos. Emler. [Sumtibus regiae scientiarum societatis Bohemiae.] Vol. 1. gr. 4. (160 S.) Ebd. n. 5. —

(85/1) **Regesten u. Urkunden**, Schleswig-Holstein-Lauenburgische. Im Auftrage der Gesellschaft f. Schleswig-Holstein-Lauenburgische Geschichte bearb. u. hrsg. v. Prof. Dr. P. Hasse. 1. Bd. [786—1250]. 4. Lfg. hoch 4. (S. 233—312.) Hamburg, Voss. (à) n. 4. —

—— —— dasselbe. 2. Bd. [1250—1300]. 1. Lfg. hoch 4. (80 S.) Ebd. 1886. n. 4. —

Regnault, P. Emil, S. J., e. christlicher Fürst. Heinrich v. Frankreich, Graf v. Chambord, geboren zu Paris am 29. Septbr. 1820, gestorben zu Frohsdorf in Niederösterreich am 24. Aug. 1883. Mit einigen Zusätzen frei aus dem Franz. übers. 8. (156 S.) Graz, Styria. n. 1. —

Regnet, C. A., München, s.: Städtebilder u. Landschaften aus aller Welt.

(84/2) **Rehbein**, Reichsger.-R. H., die Entscheidungen d. vormaligen preußischen Ober-Tribunals auf dem Gebiete d. Civilrechts. Für das Studium u. die Praxis bearb. u. hrsg. 5. Lfg. gr. 8. (2. Bd. S. 213—532.) Berlin, H. W. Müller. n. 6. — (1—5.: n. 28. —)

(85/1) —— u. Landger.-Dir. O. **Reincke**, allgemeines Landrecht f. die Preußischen Staaten, nebst den ergänz. u. abänd. Bestimmgn. der Reichs- u. Landesgesetzgebg. Mit Erläutergn. 3., verb. Aufl. 2—4. (Schluß-)Bd. 8. (IX, 579; VIII, 676 u. XII, 970 S.) Ebd. à n. 7. 50; Einbd. in Leinw. à n.n. — 75; in Halbfrz. à n.n. 1. 50

Reibmayr, Dr. Alb., die Technik der Massage. Mit 149 Holzschn. 2. ergänzte Aufl. gr. 8. (VII, 159 S.) Wien 1886, Toeplitz & Deuticke. n. 4. —

Reich, A., u. J. Fert, Grundzüge der Heeres-Administration. Systematisch dargestellt. gr. 8. (VIII, 372 S.) Wien, Seidel & Sohn. n. 4. —

Reich, Adph., Berlin wie es lacht — u. lachte. Geschichten aus dem alten u. neuen Berlin. 1—3. Hft. 8. Berlin, Cronbach. à n. — 50

Inhalt: 1. Der „Souveräne Lindenklub" im J. 1848. In der Damen-Conditorei. (37 S.) — 2. Der alte Berliner Eckensteher. Geflügelte Berliner Phantasieen. Eine nächtliche Fastnachtsfahrt. (30 S.) — 3. Was sich der „Fischer'sche Kunst-Keller" erzählte. Bei Mutter Gräbert. (47 S.)

—— der Salon-Humorist. Humoristische Orig.-Vorträge u. Vorlesgn. 3. Aufl. 8. (IV, 132 S.) Ebd. 1886. 1. 25

Reich, Dr. Ed., Vortrag üb. die Reform der Ernährung u. ihren Einfluß auf Körper u. Geist d. Menschen. Nach dem stenograph. Wortlaut referirt v. Eug. Liebich. [Flugblatt Nr. 1 d. Vereins f. naturgemäße Lebensweise. (Vegetarier-Verein) zu Hamburg.] 12. (8 S.) Hamburg, Martens in Comm. — 10

Reich, Em., das gratulierende Kind. Wunsch- u. Gratulations-Büchlein f. Kinder. Neue Aufl. 12. (48 S.) Oberhausen, Spaarmann. — 25

Reich, Rhold., deutsches Sprachbuch. Für einfache Schulverhältnisse, sowie zur Benutzg. bei häusl. Aufgaben bearb. 2. Aufl. 8. (32 S.) Bernburg, Bacmeister. n. — 20

Reiche, weil. Prof. H. v., Anlage u. Betrieb der Dampfkessel. Lehrbuch f. angeh. u. Handbuch f. ausüb. Ingenieure, Rathgeber f. Industrielle u. Anweisg. f. Kesselwärter. [In 2 Bdn.] 1. Bd. Theorie der Dampfkessel-Anlagen u. Construction ihrer Feuergn. 3. Aufl. Nach d. Verf. Tode bearb. v. Ingen. Lehr. J. Reintgen. gr. 8. (XV, 212 S. m. eingedr. Holzschn. u. 1 lith. Taf.) Leipzig 1886, Felix. n. 7. —

Reichelt, Auguste, Blumenstudien. 18 (chromolith.) Bl. 3 Lfgn. Kleine (Cabinet-)Ausg. Lex.-8. (à 6 Chromolith. u. 6 Bl. Vorzeichngn. zum Nachmalen.) Leipzig, (Baldamus). à n. 2. 50; einzelne Blätter baar à n. — 60

Reichelt, Lehr. Karl, Beiträge zur Geschichte d. ältesten Weinbaues in Deutschland u. dessen Nachbarländern bis zum J. 1000 n. Chr. Mit 1 Holzschn. gr. 8. (IV, 91 S.) Reutlingen 1886, Kocher. n. 1. 20

Reichenau, Auguste v., der neue Bursche, } s.: **Bloch's**, E., Theater-Gar-
—— Gastfreundschaft, } tenlaube.
—— Gedichte u. Uebersetzungen. 8. (VIII, 216 S.) Frankfurt a/M., Mahlau & Waldschmidt. n. 4. —; geb. m. Goldschn. n. 5. —
—— Rosenketten, s.: **Bloch's**, E., Theater-Gartenlaube.

(83/2) **Reichenau**, Steph., der Tapezierer als Zimmer-Dekorateur. Vorlagen zu Fensterbehängen, Kamin- u. Spiegel-Draperien, Portieren, Bett-Dekorationen, Toiletten, Fauteuils, Stühlen, Tabourets zc. im modernsten Stile. 9. Reihenfolge. 32 (lith.) Taf. qu. gr. 4. Weimar 1886, B. F. Voigt. (à) 4. 50

(84/1) **Reichenbach** Geh. Hofr. H. G. Ludw., u. Prof. H. Gust. **Reichenbach** fil., Deutschlands Flora m. höchst naturgetreuen, characteristischen Abbildungen in natürl. Größe u. Analysen. Als Beleg. f. die Flora germanica excursoria u. zur Aufnahme u. Verbreitg. der neuesten Entdeckgn. innerhalb Deutschlands u. der angrenz. Länder. Nr. 291 u. 292. gr. 4. (20 Kpfrtaf. m. 8 S. Text in gr. 8.) Leipzig, Abel. à n. 2. 50; color. à n. 4. 50

(84/1) —— —— dasselbe. Wohlf. Ausg., halbcolor. I. Serie. 223. u. 224. Hft. Lex.-8. (20 Kpfrtaf. m. 8 S. Text.) Ebd. à n. 1. 60

(84/1) —— —— icones florae germanicae et helveticae simul terrarum adjacentium ergo mediae Europae. Tom. XXII. Decas 21 et 22. gr. 4. (20 Kpfrtaf. m. 8 S. Text.) Ebd. à n. 2. 50; color. à n. 4. 50

Reichenow, A., s.: **Bericht** üb. die Leistungen der Naturgeschichte der Vögel.
—— die Goldküste u. ihre Bewohner, s.: **Universal-Bibliothek**, geographische.
—— die deutsche Kolonie Kamerun. Landesbeschaffenheit, Pflanzen- u. Tierleben, Jahreszeiten, Eigenschaften u. Sitten der Eingeborenen u. europ. Handel in Kamerun. Nach eigener Anschaug. geschildert. Mit 1 (lith. u. color.) Karte. 2. Aufl. gr. 8. (51 S.) Berlin, Behrend. n. 1. —

Reicherter, E., neues, illustriertes Haus-Tierarzneibuch, s.: **Strebel**, B.

Reichmann, Dr. N., die Speisereste in den Faeces. Ein Beitrag zur Mikroskopie der Darmexcrete. Mit 3 chromolith. Taf. gr. 8. (15 S.) Leipzig, Stauffer. n. 1. —

Reichner, Klara, Aschenbrödel, s.: **Jugendschatz**, deutscher.
—— der Kinder Zeitvertreib. Kleine Erzählgn. u. Gedichte m. 6 Farbendr.-Bildern v. F. Lipps. gr. 4. (6 Bl. Text.) Stuttgart, G. Weise. cart. 1. 50; unzerreißbar, geb. 2. 50

Reichsbote, der, f. d. J. 1886. Mit 1 (chromolith.) Titelbilde u. zahlreichen Illustr. 12. (160 S.) Landsberg a/W., Volger & Klein. n. — 50
—— **deutscher**. Kalender f. Stadt u. Land auf d. J. 1886. Mit e. farb. Bismarckportr., zur Erinnerg. an das 70jähr. Jubiläum d. **Reichskanzlers**, u. e. Wandkalender als Gratisbeigaben. 4. (78 S. m. eingedr. Holzschn.) Bielefeld, Velhagen & Klasing. n. — 40

Reichsbürger-Kalender, deutscher, f. 1886. gr. 16. (258 S. m. 1 lith. Portr. d. Kaisers.) Hildburghausen, Gadow & Sohn. geb. n. — 80

Reichsgesetz, betr. die **Ausdehnung** der Unfall- u. Krankenversicherung vom 28. Mai 1885. Textausg. m. ausführl. Sachregister. 16. (16 S.) Berlin, Vahlen. n. — 20

Reichsgesetze, **deutsche**. 2. Abth. Finanzgesetze. 9. Lfg. 8. Würzburg, Stahel. — 20

Inhalt: Die Erhebung v. Reichsstempelabgaben. Gesetz vom 1. Juli 1871 in seiner Aenderg. vom 29. Mai 1885, nebst Bekanntmachg. d. Reichskanzlers vom 3. Juni 1885. [Ausg. B.] (S. 261—275.)

($^{85}/_{1}$) **Reichsgesetze** f. das Kaiserth. Oesterreich. Taschen-Ausg. Nr. 145—148. 8. Prag, Mercy. n. 4. 40
Inhalt: Oesterreichische Reichs-Gesetze nebst Erlässen u. Verordnungen. Jahrg. 1885. 2—5. Hft. (S. 65—402; 17—64; 17—48. m 1 Taf.)

($^{84}/_{2}$) **Reichsgesetzgebung**, die, auf dem Gebiete der Arbeiter-Versicherung. Erläutert u. m. den f. das Reich u. f. Bayern gült. Vollzugsbestimmgn. hrsg. v. bayer. Verwaltungsbeamten. 2. Bdchn. 8. Ansbach, Brügel & Sohn. cart. n. 2. 70 (1. u. 2.: n. 4. 70)
Inhalt: Das Unfallversicherungs-Gesetz vom 6. Juli 1884, nebst dem Reichsgesetz üb. Ausdehng. der Unfall- u. Krankenversicherg. vom 28. Mai 1885. Erläutert u. m. den hiezu erlassenen Vollzugsvorschriften, sowie dem vom Reichsversicherungsamt festgestellten Normalstatut f. Berufsgenossenschaften hrsg. v. Reg.-Assess. E. Graef. (VII, 259 S.)

($^{83}/_{2}$) **Reichstagsakten**, deutsche. 5. Bd. Auf Veranlassg. Sr. Maj. d. Königs v. Bayern hrsg. durch die histor. Commission bei der königl. Academie der Wissenschaften. hoch 4. Gotha, F. A. Perthes. n. 48.—(1—5. 7. 8.: n. 170.—)
Inhalt: Deutsche Reichstagsakten unter König Ruprecht. 2. Abth. 1401—1405. Hrsg. v. Jul. Weizsäcker. (XI, 853 S.)

Reicke, Rud., aus Kant's Briefwechsel. Vortrag, geh. an Kant's Geburtstag den 22. Apr. 1885 in der Kant-Gesellschaft zu Königsberg. Mit e. Anh., enth. Briefe v. Jac. Sigism. Beck an Kant u. v. Kant an Beck. [Aus: „Frankfurter Zeitg." u. „Altpreuss. Monatsschr."] gr. 8. (73 S.) Königsberg, Beyer. baar n. 2. —

Reidelbach, Reallehr. Dr. Hans, Lehr- u. Lesebuch f. die gewerblichen Fortbildungsschulen Bayerns. Zugleich als Volksbuch hrsg. Mit 37 Illustr. u. 4 Karten. gr. 8. (XXVI, 784 S.) München 1886, Th. Ackermann's Verl. n. 2. —; geb. n.n. 2. 60

Reidt, Gymn.-Prof. Dr. Frdr., Sammlung v. Aufgaben u. Beispielen aus der Trigonometrie u. Stereometrie. 2. Tl. Stereometrie. 3. Aufl. gr. 8. (VIII, 190 S.) Leipzig, Teubner. n. 3. —

—— dasselbe. Resultate der Rechnungs-Aufgaben. 1. Tl.: Trigonometrie. 3. Aufl. gr. 4. (84 S.) Ebd. n. 1. 80

Reif, Lehr. Vikt. M., der Tanz als Mittel der körperlichen Erziehung der Jugend. gr. 8. (13 S.) Breslau, Priebatsch in Comm. n. — 40

Reifenkugel, Univ.-Biblioth. Dr. Karl, die Bukowinaer Landesbibliothek u. die k. k. Universitäts-Bibliothek in Czernowitz. Geschichte u. Statistik. gr. 8. (IV, 65 S.) Czernowitz, (Pardini). baar n.n. 1. 50

Reiff, Amtsdek., die Arbeit u. ihr Segen. Vortrag, geh. im Saalbau der Evang. Gesellschaft in Stuttgart. 2. Aufl. 8. (31 S.) Stuttgart, Buchh. der Evang. Gesellschaft. n. — 20

Reifferscheid, A., quaestiones syntacticae. Schedae Basilicanae. 4. (11 S.) Breslau, (Köhler). baar n. 1. —

Reigers, Frdr., geschichtliche Nachrichten üb. die Kirche Unserer Lieben Frau [jetzt Peterskirche genannt] u. das Minoritenkloster in Bocholt von der Gründung der Kirche bis zur Aufhebung d. Klosters. 1310 bis 1811. Mit Urkunden. gr. 8. (VII, 229 S.) Münster, Regensberg in Comm. n. 2. 50

Reimann, Kreisphys. Dr. Max, die körperliche Erziehung u. die Gesundheitspflege in der Schule. Nebst e. Anh.: üb. das Erkennen ansteck. Krankheiten, zur Verhütg. deren Verbreitg. durch die Schule zum prakt. Gebrauch f. Schulbehörden, Lehrer u. Aerzte. gr. 8. (94 S.) Kiel, Lipsius & Tischer. n. 1. 80

Reimann, Hauptlehr. Wilh., Führer durch Waldenburg, Salzbrunn, Fürstenstein, Charlottenbrunn, Görbersdorf, Schlesierthal, Reimsbachthal u. das ganze Waldenburger Gebirge. Mit Berücksicht. der umlieg. Kreisstädte, sowie der Adersbacher u. Weckelsdorfer Felsen bearb. 3. u. 4. verb. u. verm. Aufl. 16. (120 S.) Schweidnitz, Brieger & Gilbers. n. — 50

Reimar, F. L., doch, s.: Dilettanten-Mappe.
Reimbüchlein, niederdeutsches, s.: Drucke d. Vereins f. niederdeutsche Sprachforschung.
Reim-Chronik d. Ruderclub Villach, vorgetragen beim Häringsschmause im Fasching 1884 u. 1885. 16. (47 S.) Villach. (Klagenfurt, Raunecker.) baar — 75
Reime e. Unbekannten. 3. Aufl. gr. 8. (130 S.) Wien, Perles in Comm. n. 1. 20
Reimspiele od. wie das Kind Verse macht u. selbst darüber lacht. Ein Bilderbuch f. die Kleinen. gr. 8. (48 color. Bilder auf 24 Steintaf. m. eingedr. u. 2 S. Text.) Stuttgart, Thienemann. geb. n. 1. 50
(84/2) **Rein**, Sem.-Dir. Dr. W., Sem.-Lehrer **A. Pickel** u. **E. Scheller**, Theorie u. Praxis d. Volksschulunterrichts nach Herbartischen Grundsätzen. VIII. Das 8. Schuljahr. Ein theoretisch-prakt. Lehrgang f. Lehrer u. Lehrerinnen, sowie zum Gebrauch in Seminaren. gr. 8. (VIII, 219 S.) Dresden, Bleyl & Kaemmerer. n. 3. — (I—VIII: n. 22. 20)
Reinecke, O., allgemeines Landrecht f. die Preußischen Staaten, s.: Rehbein, H.
Reinecke, Sem.-Dir. a. D. Stadtschulinsp. H., der erste Brief Pauli an die Korinther. Für die evangel. Volksschullehrer unter Hinzufügg. e. genauen Übersetzg. aus dem Griechischen nach wissenschaftl. Quellen ausgelegt. gr. 8. (120 S.) Leipzig 1886, Dürr'sche Buchh. n. 1. 80
Reinecke, Lehr. W., Naturgeschichte f. gehobene Volks- u. mittlere Bürgerschulen. In 3 Kursen nach method. Grundsätzen bearb. 1. Kurs. Mit besond. Berücksicht. v. Leutemann's Tierbildern. 2. Aufl. gr. 8. (VII, 41 S. m. eingedr. Holzschn.) Quedlinburg, Vieweg. n. — 35
Reinhard, Aug., Choralbuch f. das christliche Haus. 200 der gebräuchlichsten evangel. Choralgesänge, f. das Harmonium gesetzt u. m. beigefügten Texten hrsg. hoch 4. (IX, 258 S.) Quedlinburg, Vieweg. n. 4. 50; geb. baar n. 6. —
Reinhard, Past. Lic. Rich., liturgische Ordnungen f. die wichtigsten Kirchenzeiten zum Gebrauche v. Landgemeinden. 8. (22 S.) Halle, Kaemmerer & Co. n. — 25
Reinhardstoettner, Carl v., Plautus. Spätere Bearbeitgn. plautin. Lustspiele. Ein Beitrag zur vergleich. Litteraturgeschichte. gr. 8. (XVI, 793 S.) Leipzig 1886, Friedrich. n. 18. —
(85/1) **Reinholdt**, Alex. v., Geschichte der russischen Litteratur von ihren Anfängen bis auf die neueste Zeit. 6. u. 7. Lfg. gr. 8. (S. 321—448.) Leipzig, Friedrich. à n. 1. —
Reinick's, Rob., Märchen-, Lieder- u. Geschichtenbuch. Gesammelte Dichtgn. Reinicks f. die Jugend, zum erstenmal gesammelt u. hrsg. Mit zahlreichen Bildern. 8. unveränd. Aufl. gr. 8. (IV, 280 S.) Bielefeld 1886, Velhagen & Klasing. cart. n. 4. —
Reininger, Domkapitul. Dr. N., die Archidiacone, Offiziale u. Generalvicare d. Bisth. Würzburg. Ein Beitrag zur Diözesangeschichte. [Aus: „Archiv d. histor. Vereins f. Unterfranken u. Aschaffenburg".] gr. 8. (265 S.) Würzburg, Woerl in Comm. n. 1. 50
(85/1) **Reinisch**, Leo, die Quarasprache in Abessinien. II. Textproben. [Aus: „Sitzungsber. d. k. Akad. d. Wiss.".] Lex.-8. (152 S.) Wien, Gerold's Sohn in Comm. n. 2. 40 (I. u. II.: n. 6. —)
Reinitz, Geo., Mittheilungen üb. e. bisher noch wenig bekannten Blasenwurm. Inaugural-Dissertation. gr. 8. (44 S. m. 1 Steintaf.) Dorpat, (Karow). baar n. 1. 50

Reinöhl, Dr. Rainer v., der tschechische Schulverein. Ein Weckruf an meine Stammesgenossen. [Aus: „Deutsche Worte".] gr. 8 (23 S.) Wien, Pichler's Wwe. & Sohn. n. — 30

Reinsdorff, Lieut. G., zur Frage d. Militär-Strafprozesses u. seiner Reform. gr. 8 (III, 43 S.) Berlin, Liebel. n. — 75

Reis, Prof. Gymn.-Lehr. Dr. Paul, Lehrbuch der Physik. (Einschließlich der Physik d. Himmels [Himmelskunde], der Luft [Meteorologie] u. der Erde [physikalische Geographie]. Gemäß der neueren Anschaug. u. m. den neuesten Fortschritten. Für Gymnasien, Realschulen u. andere höhere Lehranstalten bearb. 6. verm. u. theilweise umgearb. Aufl. Mit 410 in den Text gedr. Holzschn. u. 849 Aufgaben nebst Lösgn. gr. 8. (VIII, 827 S.) Leipzig, Quandt & Händel. n. 8. 40

Reisch, Emil, de musicis Graecorum certaminibus capita IV. gr. 8. (124 S.) Wien, Gerold's Sohn. n. 4. —

Reischer, Mark, Rabatt, — Schleuderei od. Rückzahlung. Ein Wort an Verleger u. Sortimenter. 8. (30 S.) Odessa, Verl. d. Russ. Merkur. baar n.n. — 50

Reise, die, S. M. Kanonenboot „Albatros" im Rothen Meere, in den ostindischen u. chinesischen Gewässern in den Jahren 1884—1885. Mit Benützg. der Berichte d. Commandos u. der Schiffs-Officiere bearb. v. der Red. der „Mittheilgn. aus dem Gebiete d. Seewesens". Mit 1 Karte u. 6 lith. Curs-Skizzen. Beilage zum 8. Hft. der „Mittheilgn." gr. 8. (64 S.) Pola. Wien, Gerold's Sohn in Comm. n. 2. 40

—— die, S. M. Corvette „Aurora" nach Brasilien u. den La Plata-Staaten in den J. 1884—1885. Mit Benützg. der Berichte d. Commandos der Corvette bearb. v. der Red. der „Mittheilgn. aus dem Gebiete d. Seewesens". Mit 1 Karte u. 2 lith. Taf. Beilage zu Hft. X 1885 der „Mittheilgn. aus dem Gebiete d. Seewesens". gr. 8. (56 S.) Ebd. n. 2. —

—— die, S. M. Corvette „Frundsberg" im Rothen Meere u. an der Ostküste Afrikas in den J. 1884—1885. Mit Benützg. der Berichte d. Commandos der Corvette bearb. v. der Red. der „Mittheilgn. aus dem Gebiete d. Seewesens". Mit 1 Karte u. 2 lith. Curs-Skizzen. Beilage zum 9. Hft. der „Mittheilgn." gr. 8. (80 S.) Ebd. n. 2. 40

—— die, m. Hindernissen. Abenteuer e. Stubenhockers auf klass. Boden. Mit üb. 100 Illustr. v. Gust. Doré. gr. 8. (152 S.) Leipzig, Unflad. n. 2. —; geb. n. 3. —

—— die, wider Willen. Empfindsam-launige Skizzen e. harmlosen Touristen. Mit üb. 200 Illustr. v. Gust. Doré. 2. umgearb. Aufl. gr. 8. (324 S.) Ebd. n. 4. 50; geb. n. 5. 50

Reisebegleiter f. die Schweiz. Fahrtenplan der Schweizer Eisenbahnen, Posten u. Dampfboote m. den Anschlüssen im Innern u. nach dem Ausland. Verzeichniss der Telegraphen-Bureaux der Schweiz. Nach den offiziellen Bekanntmachgn. zusammengestellt. Mit 2 (lith.) Eisenbahnkärtchen. 30. Jahrg. 1885. 2 Hfte. 16. (1. Hft. 175 S.) Zürich, (Meyer & Zeller). baar à n.n. — 50

Reise-Handbuch f. den wandernden Gesellen. Ein Wegweiser u. Ratgeber f. die Wanderschaft m. 446 Reiserouten, nebst e. Gewerbe-Geographie sowie e. Beschreibg. v. üb. 900 Städten Deutschlands, Österreichs u. der Schweiz, m. Angabe aller in denselben besteh. Gesellen- u. Jünglings-Vereinen, Herbergen „zur Heimat" 2c. u. e. Anh. v. Wanderliedern u. Wandergedichten. 16. (VII, 336 S.) Aachen, Jacobi & Co. n. 1. 25

(85/1) **Reiser,** Dir. Nic., u. Oberlehr. Jos. **Spennrath.** Handbuch der Weberei zum Gebrauche an Webeschulen u. f. Praktiker. Mit vielen in den Text gedr. Holzschn. u. farb. Mustertaf. 1. Bd. Die Rohstoffe u. ihre Verarbeitg zu Geweben. 3—5. Lfg. Lex.-8. (S. 65—160 m 3 Chromolith.) Berlin, Burmester & Stempell. à n. 1. 20

Reiter, Dr. Hanns, die Consolidation der Physiognomik. Als Versuch e. Oekologie der Gewächse. Mit e. Anh.: Das System der Erdkunde. gr. 8. (XII, 258 S.) Graz, Leuschner & Lubensky. n. 6. 40

Reitler, Ant., Conrad Ferdinand Meyer. Eine litterarische Skizze zu d. Dichters 60. Geburtstage. gr. 8. (59 S.) Leipzig, Haessel. n. 1. —

Reitter, Edm., Uebersicht der bekannten Dasytiscus-Arten. [Aus: „Entomolog. Nachrichten".] gr. 8. (7 S.) Berlin, Friedländer & Sohn. n. — 50

Reitzenstein, Hauptm. z. D. Karl Frhr. v., die ältesten bayerischen Regimenter zu Fuß gr. 8. (VII, 91 S.) München. (Berlin, Mittler & Sohn.) n. 2. —

Reitzenstein, Rich. Mich., der Eibsee bei Partenkirchen. [Bayerisches Hochland.] Mit Orientirungs-Karte u. 2 Ansichten. 12. (20 S.) München, Palm. n. — 75

Religionsprozeß, der Basler, vom J. 1884/85. Berichterstattung üb. den wegen Beschimpfg. der römisch-kathol. Religion gegen die „Basler Nachrichten" erhobenen u. vor den Basler Gerichten geführten Prozeß. gr. 8. (IV, 188 S.) Bern, Schmid, Francke & Co. n. 1.60

Reliquien-Büchlein od. kurze Belehrungen üb. den hohen geistigen Werth der hl. Reliquien, Kreuze u. Agnus Dei. 16. (26 S.) Steyl, Missionsdruckerei. n. — 10

Rembe, Anatole, der Strohmann. Pillen. Zwei Lustspiele. gr. 8. (84 S.) Berlin, Zipf. n. 2. —

—— dasselbe, s.: Dilettanten-Mappe.

Rembe, Heinr., die Grafen v. Mansfeld in den Liedern ihrer Zeit. Volkslieder aus dem XVI. u. XVII. Jahrh., gesammelt u. erläutert. Lex.-8. (VIII, 60 S.) Halle, Hendel. n. 1. —

Rembrandt, Stiche u. Radirungen, s.: Schongauer.

Remlein, Thdr., Lustschloß Nymphenburg's Vergangenheit u. Gegenwart. 2. Aufl. 8. (215 S. m. 10 Taf.) München, Kellerer. n. 2. —

Remy, Nahida, sizilianische Novellen. 8. (269 S.) Berlin 1886, Eckstein Nachf. n. 4. —; geb. n. n. 5. —

Renatus, Johs., Lebensskizzen aus ernsten u. heitren Tagen; erzählend gezeichnet. 2 Bde. 1. u. 2. Aufl. 8. (V, 199 u. IV, 213 S.) Dresden, v. Zahn & Jaensch. n. 5. —; in 1 Bd. geb. n. n. 6. —

(85/1) **Renaissance**, deutsche. Eine Sammlg. v. Gegenständen der Architektur, Decoration u. Kunstgewerbe in Orig.-Aufnahmen. Red. v. Archit. Prof. A. Scheffers. 188—191. Lfg. Fol. Leipzig, Seemann. à n. 2. 40

Inhalt: 188. 189: 57. Abth. Frankfurt, Hanau u. Umgegend. Autogr. u. hrsg. v. Archit. J. Mittelsdorf. 1. u. 2. Hft. (20 autogr. Taf. m. 2 Bl. Text.) — 190. 191: 58 Abth.: Saalfeld, Rudolstadt, Coburg. Autogr. u. hrsg. v. Archit. M. Bischof. 2 Hfte. (20 autogr. Taf. m. 2 Bl. Text.)

Renner, Superint. Konsist.-R. Hofpred. Dr., es ist e. köstlich Ding, daß das Herz fest werde. Konfirmationsrede üb. Hebr. 13, 9. Geh. in der Schloßkirche zu Wernigerode am 29. März 1885. [Aus: „Pastoralbibliothek".] gr. 8. (8 S.) Gotha, Schloeßmann. n. — 20

Renner, Herm., Menschenlehre. Bau u. Pflege d. menschl. Körpers u. das Notwendigste aus der Seelenlehre f. Volks- u. Bürgerschulen. 8. (48 S. m. Illustr.) Bernburg, Bacmeister. n. — 30

Renner, Jos., Gaudeamus. Sammlung fröhl. Lieder. 16. (128 S.) Regensburg, Pustet. n. — 20; geb. n. — 35

Renn-Kalender f. Oesterreich-Ungarn. Hrsg. vom General-Secretariate d. Jockey-Club f. Oesterreich. Jahrg. 1884. 8. (XXVIII, 387 S.) Wien, F. Beck. geb. baar n. 6. —

Rentsch, Otto, neue Thüringer Klänge. Ernste u. humorist. Erzählgn. u. Gedichte in Volksmundart. 1. Bdchn. 12. (V, 64 S.) Jena, Mauke. n. — 75

Renz, B., feurige Kohlen. Roman. 8. (336 S.) Leipzig, Keil's Nachf. 4. 50; geb. n. 5. 50

Reparatur-Instruktion f. den Revolver M/83. 12. (III, 16 S.) Berlin, Mittler & Sohn. n. — 20; cart. n. — 27

(83/1) **Repertorium** der Pädagogik. Organ f. Erziehg., Unterricht u. pädagog. Literatur. Im J. 1847 begründet v. F. X. Heindl, fortgesetzt v. Dr. J. B. Heindl. Unter Mitwirkg. v. Lehr. Baisch, Schulr. L. Bauer, Lehr. M. Bona ꝛc. hrsg. u. red. v. Joh. Bapt. Schubert. 40. Jahrg. 1886. 12 Hfte. gr. 8. (1. Hft. 64 S.) Ulm, Ebner. n. 5. 40

—— zur Rechtsprechung der Gerichte bei Anwendung d. Rheinischen Bürgerlichen Gesetzbuchs [Code civil], nebst e. Quellen- u. Sachregister. Hrsg. v. e. Mitgliede e. Rhein-Preuß. Landgerichts. 8. (VI, 444 S.) Trier, Lintz. n. 6. —; geb. n. 6. 50

Residenz-Kalender, Dresdner, auf d. J. 1886. Enth. e. vollständ., bis auf die neueste Zeit ergänzte Genealogie der regier. Häuser Europas, sowie der Regentenhäuser europ. Abkunft, nebst e. Beigabe v. Wappentafeln sächs. Adelsfamilien m. Erläutergn. Neue Folge. 78. Jahrg. 16. (168 S. m. 3 Steintaf.) Dresden, Warnatz & Lehmann. baar n. 1. 25; geb. n. 2. —

Rethwisch, Dr. Ernst, Ostsee-Novellen. [Morgenroth. Das Fischerkind. Cors-wand.] 2. (Titel-) Aufl. 12. (94 S.) Norden (1880), Fischer Nachf. n. 2. —

—— der Stein der Weisen. Roman. 8. (390 S.) Ebd. 1886. n. 5. —

(83/1) **Reuleaux**, Geh. Reg.-R. Prof. F., der Konstrukteur. Ein Handbuch zum Gebrauch beim Maschinen-Entwerfen. Mit zahlreichen in den Text eingedr. Holzst. 4. umgearb. u. erweit. Aufl. 3. Lfg. gr. 8. (S. 641—864.) Braunschweig, Vieweg & Sohn. n. 4. 50 (1—3.: n. 16. 50)

—— eine Reise quer durch Indien im J. 1881. Erinnerungsblätter. 2. Aufl. gr. 8. (XV, 288 S. m. eingedr. Holzschn. u. 2 Taf.) Berlin, Allgemeiner Verein f. deutsche Literatur. n. 5. —; geb. baar n. 6. —

Reumont, Geh. San.-R. Dr. A., die Behandlung der Syphilis in den Bädern v. Aachen u. Burtscheid. [Aus: „Die Thermen v. Aachen u. Burtscheid".] 8. (22 S.) Aachen, (Benrath & Vogelgesang). — 50

—— die Thermen v. Aachen u. Burtscheid. Nach Vorkommen, Wirkg. u. Anwendungsart beschrieben. Nebst e. historisch-topogr. Beschreibg. beider Städte u. deren Umgebg. v. Prof. Frdr. Haagen u. A. Mit 1 Städteplan u. 1 Karte der Umgebg. 5., neu bearb. Aufl. 8. (IV, 306 S.) Ebd. geb. n. 3. 50

Reumont, Alfr. v., Aachener Liederchronik. Mit e. Chronologie der Geschichte Aachens. 2. (Titel-) Ausg. 8. (III, 235 S.) Aachen, Mayer. n. 2. —

Reuper, Realschuldir. Jul., österreichischer Studenten-Führer. Die Organisation der österreich. Mittel-, Fach- u. Hochschulen, sowie die aus dem Besuche derselben entspring. Begünstiggn. u. Berechtiggn. Suppl.-Hft. gr. 8. (VIII, 88 S.) Mähr.-Ostrau, Prokisch. n. — 70

Reuschle, Prof. Dr. C., graphisch-mechanischer Apparat zur Auflösung numerischer Gleichungen m. gemeinverständlichen Erläuterungen. Fol. (1 Steintaf. u. 1 Bl. Gelatinepap.) Mit Text. gr. 4. (10 S.) Stuttgart, Metzler's Verl. In Mappe. n. 2. 80

Reuß, Herm., heiraten u. gut leben m. einer Mark täglich. Nach dem Engl. d. Will. Couchman. 4. umgearb. Aufl. 16. (71 S.) Leipzig, Siegismund & Volkening. — 60; cart. — 80

Reuss, Rud., la justice criminelle et la police des moeurs à Strasbourg au 16e et au 17e siècle. Causeries historiques. 12. (286 S.) Strassburg, Treuttel & Würtz. n. 2. —

Reuter, Fr., Bomben u. Granaten aus gezogenen Kanonen od. Ihr sollt u. müßt lachen! Ein luft. Gesellschafter f. alle Welt zur Unterhaltg. u. Belustigg. in fröhl. Kreisen, bei Tafel u. auf Reisen, enth. Anekdoten, Schwänke, Schnurren, Raritäten aus dem Leben v. Fürsten, Gelehrten, Schauspielern, nebst lust. Vorträgen, Wortspielen, kom. Druckfehlern, Narrheiten, Blödsinn, sowie interessanten Anecdoten u. Kriegs-Abenteuern. 1. u. 2. Bd. 16. Aufl. 8. (160 u. 144 S.) Berlin, Mode's Verl. à n. 1. —

Reuter, Fritz, sämmtliche Werke. 5., 11. u. 13. Bd. 8. Wismar, Hinstorff's Verl. à n. 3. —; geb. à n. 4. —
Inhalt: 5. Olle Kamellen. 2. Thl. Ut mine Festungstid. 14. Aufl. (VII, 350 S.) — 11. Kein Hüsung. 10. Aufl. (222 S.) — 13. Olle Kamellen. 7. Thl. De meckelnbörgschen Montecchi un Capuletti od. de Reis' nah Konstantinopel. 10. Aufl. (VI, 378 S.)

Reuter, Jos., e. Beitrag zur Lehre vom Hermaphroditismus. Mit 1 lith. Taf. [Aus: „Verhandlgn. d. phys.-med. Gesellsch. zu Würzburg".] gr. 8. (48 S.) Würzburg, Stahel. n. 2. 60

Revolver-Kanone, die 3,7 cm, der Schiffs-Artillerie u. ihre Munition. Vorschriften üb. Behandlg. u. Instandhaltg. Neu bearb. 8. (IV, 51 S.) Berlin, Mittler & Sohn. n. — 75

(84/2) **Revue,** internationale, üb. die gesammten Armeen u. Flotten. Hrsg. von Ferd. v. Witzleben-Wendelstein. 4. Jahrg. Octbr. 1885—Septbr. 1886. 12 Hfte. gr. 8. (1. Hft. 112 S.) Hannover, Helwing's Verl. Vierteljährlich baar n. 6. —

—— bibliographique des langues et littératures romanes, publiée par le Dr. Émile Ebering. Vol. III. 1885. 6 fasc. gr. 8. (1. u. 2. Fasc. 80 S.) Leipzig, E. Twietmeyer. n. 12. —

(84/2) —— der Gerichtspraxis im Gebiete d. Bundescivilrechts. 3. Bd. gr. 8. (247 S.) Basel, Detloff. n. 8. —

(84/2) —— der Fortschritte der Naturwissenschaften. Hrsg. unter Mitwirkg. hervorrag. Fachgelehrten v. der Red. der „Gaea" Dr. Herm. J. Klein. [14. Bd.] Neue Folge. 6. Bd. 6 Hfte. 8. (1. Hft. 164 S.) Köln 1886, Mayer. n. 9. —

—— romänische. Hrsg.: Dr. Cornelius Diaconovich. 1. Jahrg. Juli 1885—Juni 1886. 12 Hfte. gr. 8. (1. Hft. 64 S.) Budapest, Selbstverl. d. Herausgebers. Halbjährlich n. 10. —

Rex, Dr. Erwin, Abriß der Geschichte der antiken Litteratur. Mit besond. Berücksicht. der Langenscheidt'schen Bibliothek sämtl. griech. u. röm. Klassiker in neueren deutschen Muster-Uebersetzgn. 1—7. Aufl. 8. (125 S.) Berlin, Langenscheidt. n. — 35; geb. n.n. — 50

Reyher, Hans, e. Beitrag zur Pathologie u. Therapie d. Diabetes mellitus. Inaugural-Dissertation. gr. 8. (157 S.) Dorpat, (Karow). baar n. 2. —

Reymann, † Superint. Past. prim. Frdr., der kleine Katechismus Dr. Mart. Luthers m. den f. die Schule unentbehrlichsten Erläuterungen. 19. Aufl. 8. (108 S.) Breslau, Dülfer. n. — 40; geb. n. — 55

Reymond, M., der kleine Schweninger od. kein Schmerbauch mehr. Ein Reimbrevier f. Dicke u. Solche, die es werden wollen. Illustr. v. Jul. Schlattmann u. Frz. Jüttner. 12. (62 S.) Berlin 1886, M. Schulze. baar n. 1. —

Rhein, der, in 16 Radirungen. 4. Leipzig, Titze. In Leinw.-Mappe. 4. 50

Rhein, Joh., der geübte Bronzeur. Gründliche Anleitg. zum Bronzieren, Vergolden u. Versilbern auf chem.-techn. Wege. Einfache, bill. u. zuverläss. Methode, die schönsten u. dauerhaftesten Bronziergn. in ihren verschiedenen Nüanciergn. herzustellen. Auf Grund eigener Erfahrgn. bearb. 2. unveränd. Aufl. 16. (32 S.) Leipzig, Scholtze. cart. n. 1. 50

—— Metallotechnik. Legierungen, Produktion, Geschichte u. Eigenschaften der Metalle. Geschichtliches der Formerei u. Gießerei, nebst diversen nützl. Anweisgn. Für Alle, welche in Metall arbeiten. Nach den besten Hülfsmitteln u. nach eigener Erfahrg. bearb. 2. unveränd. Aufl. 16. (64 S.) Leipzig, Scholtze. cart. n. 2. —

Rhoden, Emmy v., der Trotzkopf. Eine Pensionsgeschichte f. erwachsene Mädchen. 2. Aufl. 8. (IV, 297 S. m. Holzschn.-Portr. der Verf.) Stuttgart 1886, G. Weise. geb. n. 4. 50

Ribbeck, Otto, Agroikos. Eine etholog. Studie. [Aus: „Abhandlgn. d. k. sächs. Gesellsch. d. Wiss."] Lex.-8. (68 S.) Leipzig, Hirzel. n. 2. —

Ricard, Prof. Lect. Dr. Anselme, französisches Lesebuch m. e. vollständigen Wörterverzeichnisse. 2. umgearb. Aufl. gr. 8. (X, 167 S.) Prag 1884, Neugebauer. n. 1. 35; Einbd. n.n. — 25

Richter, Hauptm., Geschichte d. 5. Westfälischen Infanterie-Regiments Nr. 53 während der ersten 25 Jahre seines Bestehens [4. Juli 1860 bis 4. Juli 1885], nach den Akten u. Kriegstagebüchern d. Regiments zusammengestellt. Mit 1 Portr., 7 Skizzen u. 3 Karten. gr. 8. (VIII, 437 S.) Berlin, Mittler & Sohn. n. 9. —

($^{85}/_{1}$) **Richter**, Geh. Ob.-Reg.-R. Prof. Dr. Aem. Ludw., Lehrbuch d. katholischen u. evangelischen Kirchenrechts. Mit besond. Rücksicht auf deutsche Zustände. 8. Aufl. 8. Lfg. Hrsg. v. Prof. Dr. Wilh. Kahl. gr. 8. (S. 1025—1216.) Leipzig, B. Tauchnitz. (à) 1. 80

Richter, C., Schul-Lesebuch, s.: Wetzel, F.

Richter, Prof. Dr. E., die Alpen, nach H. A. Daniel's Schilderg. neu bearb. Nebst e. (eingedr.) Uebersichtskarte. gr. 8. (VIII, 96 S.) Leipzig, Fues. n. 1. 60

Richter, Sem.-Lehr. E., Bilder aus der vaterländischen Geschichte f. die Mittelstufe mehrklassiger Volksschulen u. f. einfache Schulverhältnisse. 8. (36 S.) Aachen, A. Jacobi & Co. n. — 20

—— Geschichtsbilder f. katholische Elementarschulen. 8. (68 S.) Ebd. n. — 30

Richter, Frz., de thesauris Olympiae effossis. gr. 8. (46 S. m. 1 Grundriß.) Berlin, Weidmann. n. 2. —

($^{83}/_{2}$) **Richter**, Dir. Geo., der geographische Unterricht in der Volksschule, erläutert durch Vortrag u. Lektionen im Anschluß an den Schulatlas d. Dir. Rössel. 3. Hft. Die Erdteile. Globus [Skizze]. gr. 8. (V, 192 S.) Döbeln 1886, Schmidt. n. 2. 50 (cplt.: n. 5. 50)

($^{73}/_{1}$) **Richter**, Gymn.-Dir. Dr. Gust., Annalen der deutschen Geschichte im Mittelalter. Von der Gründg. d. fränk. Reichs bis zum Untergang der Hohenstaufen. Mit durchgäng. krit. Erläuterg. aus den Quellen u. Litteraturangaben. Ein Handbuch f. das wissenschaftl. Studium der deutschen Geschichte im Mittelalter. 2. Abtlg. 1. Hälfte. gr. 8. Halle, Buchh. d. Waisenhauses. n. 4. 50 (I. u. II, 1.: n. 10. 50)

Inhalt: Annalen d. fränkischen Reichs im Zeitalter der Karolinger. 1. Hälfte. Von der Thronbesteigg. Pippins bis zum Tode Karls d. Grossen. Von Gymn.-Dir. Dr. Gust. Richter u. Gymn.-Oberlehr. Dr. Horst Kohl. (VII, 207 S.)

Richter, Gust., Grundriss der allgemeinen Geschichte f. die oberen Klassen v. Gymnasien u. Realgymnasien. 3. Tl. Als neue Bearbeitg. d. Grundrisses v. R. Dietsch. Des Grundrisses 7., der neuen Bearbeitg. 2. Aufl. gr. 8. (X, 147 S.) Leipzig, Teubner. 1. 20

Richter, Schuldir. Herm., Aufgaben aus dem bürgerlichen Geschäftsleben, insbesondere der einfachen Buchführung. Ein Hilfsbuch f. Schüler in Handwerker- u. Fortbildungsschulen. Zugleich als Ergänzg. d. Anhanges der v. demselben Verf. hrsg. „Lesebücher f. Fortbildungsschulen". gr. 8. (48 S.) Döbeln, Schmidt. n. — 25

Richter, w. Prof. Dr. Herm. Eberh., Arzneitaschenbuch zur Pharmacopoea germanica. 5. Aufl. Nach der Pharmacopoea germanica, Ed. II, bearb. u. verm. v. Fr. Bachmann. 8. (VI, 178 S.) Berlin, Springer. geb. n. 4. —

Richter, Dr. Karl, die botanische Systematik u. ihr Verhältniss zur Anatomie u. Physiologie der Pflanzen. Eine theoret. Studie. gr. 8. (IV, 173 S.) Wien, Faesy. n. 4. —

Richter, Ludw., Lebenserinnerungen e. deutschen Malers. Selbstbiographie, nebst Tagebuchniederschriften u. Briefen. Hrsg. v. Heinr. Richter. 1. u. 2. Aufl. gr. 8. (VII, 472 S. m. Lichtdr.-Portr.) Frankfurt a/M., Alt. In Leinw. cart. n. 7. 50; geb. in Leinw. baar n. 8. 60; in Halbkalbldr. n. 10. 50

Richter, Konsist.-R. Mil.-Oberpfr. D. M., die, so im Elend sind, führe in Dein Haus! Vortrag üb. die Arbeiter-Kolonieen u. die Natural-Verpflegungs-Stationen m. besond. Rücksicht auf die Prov. Schlesien, in der General-Versammlg. d. schles. Provinzial-Vereins f. Innere Mission in Liegnitz am 5. Juni 1884 geh. Hrsg. vom Ev. Preßverein in Schlesien. gr. 8. (20 S.) Breslau, Dülfer in Comm. n. — 20

Richter, Otto, üb. antike Steinmetzzeichen. 45. Programm zum Winckelmannsfeste der Archäolog. Gesellschaft zu Berlin. Mit 3 (lith.) Taf. gr. 4. (53 S.) Berlin, G. Reimer. n. 3. —

Richter, P., Versuch e. Dialektbestimmung d. Lai du corn u. d. Fablíau du mantel mautaillié, s.: Ausgaben u. Abhandlungen aus dem Gebiete der romanischen Philologie.

Richter, Dr. W., die Sklaverei im griechischen Altertume. Ein Kulturbild nach den Quellen in gemeinfassl. Darstellg. gr. 8. (168 S.) Breslau 1886, F. Hirt. n. 2. 50

(84/2) **Rickenbach**, Kapitul. Prof. P. Heinr., Monte Cassino von seiner Gründung u. Gestaltung bis zu seiner höchsten Blüthe unter Abt Desiderius. [Fortsetzung u. Schluß.] gr. 4. (32 S.) Einsiedeln, Benziger. (à) n. 2. —

Riecke, Dr. Adf., Cornelia. Eine Erzählg. aus Wimpfens Vorzeit. 8. (VII, 181 S.) Leipzig 1886, Böhme. n. 2. —; geb. n. 2. 80

Ried, P., die Osteringen-Halbenstein, s.: Bachem's Roman-Sammlung.

Riedel, J., die Webe-Arbeit m. Hand-Apparat, s.: Dorn, A.

Riedel, L., derham is derham. Gedichte in vogtländ. Mundart. 4. Aufl. 8. (VII, 96 S.) Plauen 1886, Neupert. n. 1. 20; cart. n. 1. 50; geb. n. 1. 80

—— in der Hutzenstum. Gedichte u. Erzählgn. in vogtländ. Mundart. 3. Aufl. 8. (VIII, 103 S.) Ebd. n. 1. 20; cart. n. 1. 50; geb. n. 1. 80

Riedheim, Hauptm. Frhr. v., Aphorismen üb. Reitunterricht u. Pferdekunde. Mit 81 in den Text gedr. Abbildgn. 3. Aufl. 8. (III, 79 S.) Rudolstadt, Klinghammer. cart. n. 1. 50

(84/2) **Riedl**, weil. Propst Consist.-R. Stadtpfr. em. Rect. Prof. Dr. Joh., ausgewählte leichtfaßliche Predigten in 3 Bdn. Aus dem Nachlasse d. Verf. zusammengestellt u. hrsg. v. Prof. Dr. Leop. Schuster. 3. Bd. A. u. d. T.: Leichtfaßliche Gelegenheits-Predigten bei verschiedenen Cultushandlgn. gr. 8. (XVI, 411 S.) Graz, Moser. n. 4. — (cplt.: n. 11. 60)

—— dasselbe. 2., durchgeseh. Aufl. 1. Bd. Predigten auf alle Sonn- u. Festtage d. Herrn. gr. 8. (XVI, 324 S.) Ebd. 1886. n. 3. 60

Riefenstahl, Th., Bad Driburg, s.: Wanderbilder, europäische.

Riegel, Herm., der allgemeine deutsche Sprachverein, als Ergänzg. seiner Schrift: Ein Hauptstück v. unserer Muttersprache. Mahnruf an alle national gesinnten Deutschen. gr. 8. (56 S.) Heilbronn, Henninger. n. 1. —

Rieger, Pivatdoz. Dr. Conr., e. exacte Methode der Craniographie. Mit 4 Taf. in Lichtdr., 6 Holzschn. u. 7 Curvenblättern in Steindr. gr. 8. (VIII, 46 S.) Jena, Fischer. n. 4. 50

Rieger, Karl, Schillers Verhältnis zur französischen Revolution. Vortrag, geh. im Vereine Mittelschule in Wien, am 28. März 1885. gr. 8. (36 S.) Wien, Konegen. n. 1. —

Riehl, W. H., die Naturgeschichte d. Volkes als Grundlage e. deutschen Social-Politik. 2. Bd. A. u. d. T.: Die bürgerl. Gesellschaft. 8. Aufl. gr. 8. (XIV, 394 S.) Stuttgart, Cotta. 5. —

Riehm, Prof. D. Ed., die messianische Weissagung. Ihre Entstehg., ihr zeitgeschichtl. Charakter u. ihr Verhältnis zu der neutestamentl. Erfüllg. 2. Aufl. gr. 8. (VI, 233 S.) Gotha, F. A. Perthes. n. 4. —

Riehm, Dek. J., Predigten üb. ausgewählte Psalmen f. jeden Sonntag d. Jahres. Aus dem Nachlaß hrsg. v. Pfr. Heinr. Riehm. [„Predigten f. häusl. Erbaug.", 2. Jahrg.] gr. 8. (XI, 416 S.) Basel, Riehm. 3. —

(85/1) **Riemann**, Dr. Hugo, Opern-Handbuch. Ein nothwend. Supplement zu jedem Musiklexikon. Nachschlagebuch zur schnellen Orientierg. üb. die wichtigsten älteren u. neueren Opern, Operetten, Ballette u. Melodramen, unter besond. Berücksicht. verschiedener Bearbeitgn. derselben Stoffe. 7—9. Lfg. gr. 8. (S. 209—304.) Leipzig, C. A. Koch. baar à n. — 50

(85/1) **Rienau**, H., ut dat Volk för dat Volk un ut de Tied för de Tied. Plattdütsches Geriem. 1. Hft. 8. (64 S.) Preetz 1884. (Garding, Lühr & Dircks.) (à) n. — 50

Rieser, M., Feierstunden, s.: Schmidt's, F., Jugendbibliothek.

Rietzer, Rechtsanw. Dr. J., Handelsrechts-Practicum. Zum Selbststudium, sowie zum academ. Gebrauche. 8. (XII, 160 S.) Freiburg i/Br., Mohr. geb. n. 3. 60

Rieth, R., Berichtigungen, s.: Seling, E., Heeres-Organisation.

Rietschel, Superint. Pred.-Sem.-Dir. D. Geo, § 14 der Kirchengemeinde- u. Synodal-Ordnung u. die v. den Provinzialsynoden beantragte Änderung desselben, beleuchtet v. G. R. gr. 8. (55 S.) Wittenberg, Herrosé's Verl. n. — 80

Rietschel, Prof. Herm., Lüftung u. Heizung v. Schulen. Ergebnisse im amtl. Auftrage ausgeführter Untersuchgn., sowie Vorschläge üb. Wahl, Anordng. u. Ausführg. v. Lüftungs- u. Heizungs-Anlagen f. Schulen. gr. 8. (VII, 95 S. m. 50 Tab. u. 56 graph. Steintaf.) Berlin 1886, Springer. n. 9. —

Riha, Ernst, Lehrbuch der französischen Sprache f. Bürgerschulen in 3 Stufen. gr. 8. Prag, Tempsky. n. 2. —; Einbd. à n.n. — 20
1. 5., unveränd. Aufl. (III, 63 S.) n. — 60. — 2. 3., umgearb. Aufl. (IV, 72 S.) n. — 60. — 3. 3., umgearb. Aufl. (VI, 82 S.) n. — 80.

—— französisches Lesebuch f. Bürgerschulen. Mit e. vollständ. Wörterverzeichnis, grammat. Erläutergn. u. Questionnaires. gr. 8. (VI, 76 S.) Ebd. 1884. n. — 80

Rinck, weil. Past. Heinr. Wilh., vom Zustand nach dem Tode. Biblische Untersuchgn., m. Berücksicht. der einschläg. alten u. neuen Litteratur. Neue wohlf. Volks-Ausg. m. dem Bildnis u. e. Lebensskizze d. Verf. 8. (XXVIII, 263 S.) Basel, Riehm. n. 1. 60

Ring, Max, unterm Tannenbaum. Eine Weihnachtsgeschichte. 8. (203 S.) Berlin, A. Reinecke. n. 3. —; geb. n. 3. 80

Ringholz, Capitul. P. Odilo, O. S. B., der heilige Abt Odilo v. Cluny in seinem Leben u. Wirken. [Aus: „Studien u. Mittheilgn. aus dem Benedictiner- u. Cistercienser-Orden".] gr. 8. (VI, 126 u. Anmerkgn. 82 S.) Brünn. (Wien, Frick.) baar n.n. 3. —

Ringseis, Dr. Joh. Nepomuk v., Erinnerungen, gesammelt, ergänzt u. hrsg. v. Emilie Ringseis. 1. Bd. Mit e. (Lichtdr.-) Portr. nach e. Photogr. v. Fr. Hanfstängl. gr. 8. (VII, 568 S.) Amberg 1886, Habbel. n. 5. 40

Rinkart, Mart., Eislebisch-Mansfeldische Jubel-Comödie. [Indulgentiarius confusus.] Eisleben 1618. Mit Einleitg. u. Anmerkgn. hrsg. v. Heinr. Rembe. 8. (30 u. 195 S.) Eisleben, Winkler. n. 2. —

Rinn, Dr. Heinr., zum Gedächtnis Johannes Bugenhagen's. Festschrift der Gelehrtenschule d. Johanneums zur Feier d. 400. Geburtstages Johannes Bugenhagen's am 24. Juni 1885. gr. 8. (VI, 62 S.) Hamburg, (Nolte). n.n. 2. —

Rippel, Greg., die Schönheit der katholischen Kirche, dargestellt in ihren äusseren Gebräuchen in u. ausser dem Gottesdienste f. das Christenvolk. Neu bearb. u. hrsg. v. Domcapitul. Heinr. Himioben. 21. Aufl. gr. 8. (VIII, 479 S.) Mainz, Kirchheim. 2. 60

Rise's, Dr. Chr. Ad., neuer fehlerfreier Rechenknecht nach Mark u. Pfennig, zur Preisberechng. aller im Handel vorkomm. Gegenstände, von 1 Stück bis zu 1000 Stück u. von 1 Pfennig bis 100 Mark aufsteigend. Nebst ausführl. Münz-Umwandlungs- u. Übersichts-Tabellen, Fruchtrechng., Berechng. d. Klafter- u. Stammholzes u. der Zinsen; Belehrung üb. das Metersystem, Anleitg. zum Dezimalrechnen, sowie Vergleichungs- u. Umwandlungstabellen der früheren Maße u. Gewichte in das neue Metermaß. (Ausg. f. Norddeutschland.) Bearb. v. Ob.-Reallehr. Fachmann. 8. (144 S.) Reutlingen 1886, Fleischhauer & Spohn. cart. — 60

Ritter, Geh.-Reg.-R. Prof. Dr. A., Lehrbuch der höheren Mechanik. 2. Aufl. 2. Thl. A. u. d. T.: Lehrbuch der Ingenieur-Mechanik. Mit 592 Holzschn. gr. 8. (XIII, 632 S.) Leipzig, Baumgärtner. n. 14. —

Ritter, Prof. Herm., populäre Elementartheorie der Musik f. gebildete Musikfreunde. 8. (120 S.) Leipzig, M. Hesse. n. 1. —; geb. n. 1. 30

Ritter, Dr. Imman. Heinr., zum Verständniß d. Judenthums. 2 Vorträge üb. seinen Charakter u. seine Priesterlehre. gr. 8. (20 S.) Berlin, Speyer & Peters. n. 1. —

Ritter, Max, 100 Verse à la Klapphorn. 8. (30 S.) Wien, Reidl. n. — 60

Rittershaus, Emil, am Rhein u. beim Wein. Gedichte. 2. Ster.-Aufl. 3. Tausend. 8. (IV, 95 S.) Leipzig, Keil's Nachf. n. 2. —; geb. m. Goldschn. n. 3. —

Ritus administrandi infirmorum sacramenta juxta rituale romanum. 16. (23 S.) Trier, Paulinus-Druckerei. — 15

Ritz, zur Schulhygiene, s.: Rohmeder.

Rivista bibliografica delle lingue e letterature romanze, pubblicata dal Dr. Emilio Ebering. Vol. III. 1885. 6 fascc. gr. 8. (1. u. 2. Fasc. 80 S.) Leipzig, E. Twietmeyer. n. 12. —

Roeber, Frdr., Litteratur u. Kunst im Wupperthale bis zur Mitte d. gegenwärtigen Jahrhunderts. 8. (VIII, 168 S.) Iserlohn 1886, Baedeker's Verl. n. 2. 50; geb. n. 3. 50

Roberts, A. Baron v., Kohinor. Mal' Occhio. Die Trovatella. Die Holzhauer. Novellen. 1. u. 2. Aufl. 8. (288 S.) Dresden, Minden. n. 3. 50; geb. n.n. 4. 50

Roberts, Sophie, praktisches Koch- u. Wirthschaftsbuch f. bürgerliche u. feine Haushaltung. Gründliche Anleitg. zur Bereitg. der verschiedenartigsten Speisen u. Getränke, zum Einmachen 2c., nebst e. Küchenkalender f. das ganze Jahr u. e. Anh.: Hauswirthschaftlicher Thl. 2. Aufl. gr. 8. (XXII, 652 S.) Dresden, Barth & Schirrmeister. geb. n. 6. —

—— Schönheitspflege u. Schönheitsmittel. Rat u. Anleitg. f. Frauen u. Töchter. gr. 16. (48 S.) Eßlingen, Langguth. n. 1. —

($^{85}/_{1}$) **Robertson**, William, the history of Scotland during the reigns of Queen Mary, and of King James VI. Im Auszug erklärt v. Oberlehr. Dr. Emil Grube. 2. Tl. Mit 1 Karte v. H. Kiepert. gr. 8. (164 S.) Berlin, Weidmann. 1. 80 (1. u. 2.: 3. 30)

Robespierre's Biographie, s.: Schumm, A.

Robinson, H. P., der malerische Effect in der Photographie als Anleitung zur Composition u. Behandlung d. Lichtes in Photographien. Frei nach dem Engl. v. C. Schiendl. gr. 8. (VIII, 175 S. m. Illustr.) Halle 1886, Knapp. n. 4. —

($^{83}/_{2}$) **Rocholl**, Oberlandesger.-Senats-Präs. C., Rechtsfälle aus der Praxis d. Reichsgerichts, besprochen. 2. Bd. 1. Hft. [Der ganzen Reihe 4. Hft.] gr. 8. (220 S.) Breslau, Morgenstern's Verl. n. 3. 60 (I. u. II, 1.: n. 10. 60)
Rocholl, D., dunkle Bilder aus dem Wanderleben. Aufzeichnungen e. Handwerkers. (In 4 Lfgn.) 1—3. Lfg. gr. 8. (S. 1—144.) Bremen, Wiegand. à n. — 50
Rocholl, Div.-Pfr. Dr. Heinr., die Sonntagsfrage der Gegenwart im Lichte christlicher Weltanschauung. Ein Vortrag, geh. auf der 21. Jahresversammlg. der südwestdeutschen Conferenz f. innere Mission am 20. Septbr. 1885. gr. 8. (34 S.) Karlsruhe, Evangel. Schriftenverein f. Baden. — 30
—— was predigt die Socialdemokratie der Kirche? Ein Vortrag, geh. auf dem Vereinstag der Freunde der positiven Union zu Berlin am 17. Apr. 1885. gr. 8. (26 S.) Magdeburg. (Bonn, Schergens.) baar n. — 60
Rockel, Karl Johs., de allocutionis usu, qualis sit apud Thucydidem, Xenophontem, oratores atticos, Dionem, Aristidem. Dissertatio inauguralis. gr. 8. (56 S.) Königsberg 1884, (Koch & Reimer). baar n. 1. —
Rodbertus, zwei verschollene staatswirtschaftliche Abhandlungen. Neu hrsg. u. eingeleitet v. Dr. Max Quarck. gr. 8. (41 S.) Wien, Pichler's Wwe. & Sohn in Comm. n. 1. —
Rodenberg, Jul., Bilder aus dem Berliner Leben. 8. (VII, 248 S.) Berlin, Paetel. n. 6. —; geb. n.n. 7. 50
($^{85}/_{1}$) **Roder**, Adf., Unterrichts-Briefe f. das Selbst-Studium der ungarischen Sprache. 3. Aufl. 4—16. Brief. gr. 8. (S. 55—262.) Leipzig, Morgenstern. baar à n. — 50
Roediger, Ernst, Statistik der in der Kieler chirurgischen Klinik vom 1. Juli 1868 bis Ende 1884 an der oberen Extremität ausgeführten grösseren Amtationen. Inaugural-Dissertation. gr. 8. (44 S.) Kiel, Lipsius & Tischer. baar n. 1. 20
Rodt, Archit. Ed. v., Bernische Stadtgeschichte. Mit 9 Abbildgn. gr. 8. (XV, 308 S.) Bern 1886, Huber & Co. n. 5. —
Rogge, Hofpred. Garnis.-Pfr. D. Bernh., zur Erinnerung an die Aufhebg. d. Ediktes v. Nantes am 17. Oktbr. 1685. 12. (34 S.) Barmen, Klein. n. — 50
—— der Prinz-Feldmarschall Friedrich Karl v. Preußen. Mit 1 Stahlst. [Aus: „Soldatenfreund".] gr. 8. (60 S.) Berlin, Mittler & Sohn. n. 1. —
Rohde Charité-Pred., familiale Irrenpflege in Berlin. gr. 8. (16 S.) Berlin, Hirschwald. baar n. — 40
Rohde, Dr. Emil, die Muskulatur der Chaetopoden. Habilitationsschrift. gr. 8. (34 S.) Breslau, (Köhler). baar n. 1. —
Rohden, Paul v., de Palaestina et Arabia provinciis romanis quaestiones selectae. Dissertatio historica. gr. 8. (57 S.) Berlin, (Mayer & Müller). baar n. 1. 20
Rohlff, Ernst, Beitrag zur Frage v. der Erblichkeit der Tuberkulose. Inaugural-Dissertation. gr. 8. (10 S.) Kiel, Lipsius & Tischer. baar n. — 60
Rohlfs, Gerh., zur Klimatologie u. Hygiene Ostafrikas. [Aus: „Deutsches Archiv f. Geschichte der Medicin u. medicin. Geogr."] gr. 8. (15 S.) Leipzig, Hirschfeld. n. — 50
($^{83}/_{2}$) **Rohlfs**, Dr. Heinr., Geschichte der deutschen Medicin. 4. Abth. A. u. d. T.: Die chirurg. Classiker Deutschland's. 2. Hälfte. Mit dem (Lichtdr.-) Bildniss d. Verf. gr. 8. (VIII, 411 S.) Leipzig, Hirschfeld. n. 14. — (1—4.: n. 52. —)
—— gemeinfaßliche Heilkunde u. Gesundheitslehre f. Schiffsoffiziere, sowie Gebildete aller Stände, denen e. Arzt nicht zu Gebote steht. Nebst e. Anleitg. zum Gebrauche der Schiffs- u. Hausapotheken. 4., verb. Aufl. gr. 8. (XII, 275 S.) Halle, Gesenius. n. 5. 40; geb. baar n. 6. —
Röhling, C., Fragemäulchen, s.: Lohmeyer, J.

Röhm, Domcapitul. Lyc.-Prof. J. B., der 1. Brief an die Thessalonicher. Übersetzt u. erläutert. gr. 8. (143 S.) Passau, Bucher. 3. —
Rohmeder, Marzell u. **Ritz**, DD., zur Schulhygiene. gr. 8. (53 S. m. eingedr. Fig. u. 2 autogr. Taf.) München, (Th. Ackermann's Verl.). baar n. — 80
(84/2) **Rohmer's**, Frdr., Wissenschaft u. Leben. 4. Bd. gr. 8. Nördlingen, Beck. n. 7. 50 (1—4.: n. 25. 50)
Inhalt: Lehre v. den politischen Parteien u. ausgewählte kleine politische Schriften Mit Vorwort u. Einleitg. v. H. Schultheß. (XII, 596 S.)
Rohr, Reg.-Assess. v., Unfallversicherung. I. Unfallversicherungsgesetz vom 6. Juli 1884, Bekanntmachg. d. Bundesraths vom 22. Jan. 1885 u. Ausdehnungsgesetz vom 28. Mai 1885. Mit e. systemat. Darstellg., fortlauf. Erläutergn. u. dem gesammten amtl. Ausführungsmaterial. 2. umgearb. u. erweit. Aufl. 8. (XI, 308 S.) Berlin 1886, Siemenroth. geb. n. 3. —
Rohr, Pfr. K., der Ehestand e. Wohlstand od. e. Wehestand. Ein Wort f. Verlobte u. Neuvermählte. 8. (86 S.) Basel, Spittler. n.n. — 50
Röhr, Ob.-Control. a. D. W., Strafgesetzgebung u. Strafverfahren in Bezug auf die Zuwiderhandlungen gegen die Zoll-, Steuer- u. Communicationsabgaben-Gesetze, u. die Proceß-Buchführung bei den Haupt-Zoll- u. Haupt-Steuer-Aemtern. Nach amtl. Quellen u. unter Berücksicht. der neuesten Zoll- u. Steuergesetze, Anweisgn 2c. bearb. 2., wesentlich verb. Aufl. gr. 8. (VIII, 275 S.) Breslau, Kern's Verl. n. 5. —; geb. baar n. 5. 60
Röhrich, W. A., diálogos castellanos, s.: Sauer, C. M.
Rohweder, Gymn.-Lehr. J., Bemerkungen zur schleswig-holsteinischen Ornithologie nach e. Vortrag, geh. in der Generalversammlg. d. naturwissenschaftl. Vereins am 15. Mai 1875 zu Schleswig. gr. 8. (23 S. m. 1 graph. Steintaf.) Kiel 1875. (Berlin, Schleiermacher.) n. 1. —
—— die Vögel Schleswig-Holsteins u. ihre Verbreitung in der Provinz, nebst e. graph. Darstellg. ihrer Zug- u. Brutverhältnisse. gr. 4. (24 S.) Husum 1876. Ebd. baar n. 2. 50
(85/1) **Roi**, Past. Lic. J. de le, der Prophet Elias, in Predigten behandelt. 2. u. 3. Hft. 8. (S. 81—274.) Elberfeld, Buchh. der Evangel. Gesellschaft. baar n. 1. 25 (cplt.: n. 1. 75)
Roitzsch, Max, das Particip bei Chrestien. Inaugural-Dissertation. gr. 8. (X, 104 S.) Leipzig, (Fock). baar n. 1. 60
Roller, Prof. Lehr. Jos., systematische Anleitung f. den Elementar-Unterricht im freien Zeichnen an der Volksschule. Ein vom mähr. Gewerbevereine preisgekröntes Werk. Mit 51 in den Text gedr. Fig. 3. Aufl. gr. 8. (VIII, 87 S.) Brünn, Winiker. n. — 80
Rollett, Alex., Untersuchungen üb. den Bau der quergestreiften Muskelfasern. I. Thl. [Mit 4 (lith.) Taf.] [Aus: „Denkschr. d. k. Akad. d. Wiss."] Imp.-4. (52 S.) Wien, Gerold's Sohn in Comm. n. 4. —
Rollett, H., Jucunda, s.: National-Bibliothek, deutsch-österreichische.
(85/1) **Rollin**, Charles, berühmte Männer d. Altertums. Aus Histoire ancienne u. Histoire romaine. Wortgetreu nach H. R. Mecklenburg's Grundsätzen aus dem Franz. übers. v. Dr. R. T. 2. Hft. 32. (S. 65—96.) Berlin, H. R. Mecklenburg. (à) n. — 25
(84/2) **Roman**, le, des familles. Magasin hebdomadaire, publié sous la direction de Dr. G. van Muyden. 6. année Octbr. 1885—Septbr. 1886. 52 nrs. (à 2—2½ B.) hoch 4. Berlin, Engelmann. Vierteljährlich baar n. 4. —
(84/2) **Romanbibliothek**, deutsche, zu „Ueber Land u. Meer". Red.: Otto Baisch u. Hugo Rosenthal-Bonin. 14. Jahrg. Oktbr. 1885—Septbr. 1886. 52 Nrn. (3 B.) hoch 4. Stuttgart, Deutsche Verlags-Anstalt. Vierteljährlich baar n.n. 2. —; in 26 Hftn. à n.n. — 35
(85/1) —— der Gartenlaube. 48—60. Lfg. 8. Leipzig, Keil's Nachf. à 1. 20
Inhalt: Die zweite Frau. Roman v. E. Marlitt. 7. Aufl. (1. Bd. S. 193—284 u. 2. Bd. S. 1—96.) — Im Hause d. Commerzienrathes. Roman v. E. Marlitt.

(2. Bd. S. 145—312.) — Bineta. Roman v. E. Werner. (2. Bd. S. 177—297.) — Die Reichsgräfin Gisela. Roman v. E. Marlitt. 7. Aufl. (1. Bd. S. 289—343 u. 2. Bd. S. 1—128.) — Das Haideprinzeßchen. Roman v. E. Marlitt. 7. Aufl. (1. Bd. S. 1—192.) — Gesprengte Fesseln. Roman v. E. Werner. 3. Aufl. (1. Bd. S. 193—243 u. 2. Bd. S. 1—128.) — Feuerseelen. Erzählungen v. E. Werber. (S. 193—288.) — Mutter u. Sohn. Roman v. A. Godin. 2. Bd. (S. 49—144.) — Teuerdank's Brautfahrt. Romantisches Zeitbild von Gust. v. Meyern. (S. 289 — 352)

($^{34}/_{2}$) **Romane**, illustrirte, aller Nationen. Unterhaltungsblätter f. Jedermann. Red.: Otto Baisch u. Hugo Rosenthal-Bonin. 6. Jahrg. 1886. 52 Nrn. (2 B. m. eingedr. Holzschn.) hoch 4. Stuttgart, Deutsche Verlags-Anstalt. Vierteljährlich baar 1. 25

Romanes, G. John, die geistige Entwicklung im Tierreich. Nebst e. nachgelassenen Arbeit: Über den Instinkt v. Charles Darwin. Autoris. deutsche Ausg. gr. 8. (VI, 456 S. m. 1 Tab.) Leipzig, E. Günther. n. 10. —

($^{85}/_{1}$) **Romen**, Fabrikdir. C., Bleicherei, Färberei u. Appretur der Baumwollen- u. Leinen-Waaren. Ein Lehr- u. Handbuch, den Anfordergn. der Gegenwart gemäss entworfen u. unter Zugrundelegg. der im pract. Fabriksbetriebe gemachten Erfahrgn. bearb. Mit eingeklebten Farb- u. Appretur-Proben. 27—29. Lfg. gr. 8. (2. Bd. S. 1—48.) Berlin, Burmester & Stempell. à n. 1. —

Römer, Auguste v., das Christkind. Eine kleine Aufführg. f. Kinder zum Christfest. 8. (14 S.) Leipzig, Siegismund & Volkening. n. — 40; Ausg. f. Zuhörer, 12 Stück n. 1. 50

Römer, F., Lethaea erratica, s.: Abhandlungen, paläontologische.

Römer, Sem.-Lehr. F., biblische Geschichten alten u. neuen Testamentes, f. die Unterstufe der Volksschule erzählt u. m. vollständig ausgeführten Mustern, m. Erklärgn. der betr. Bilder, m. Zugaben, Erläutergn. u. m. pract. Anmerkgn. f. den Schulgebrauch versehen. 2. Aufl. gr. 8. (VI, 47 S.) Hofgeismar. (Berlin, Deutsche Evangel. Buch- u. Tractat-Gesellschaft) baar n. — 50

Römer, K., aus dem Tagebuche e. Landwirtschaftslehrers, s.: Landmanns, d., Winterabende.

Römheld, Pfr. Dr. C. J., das heilige Evangelium in Predigten auf alle Sonn- u. Festtage d. Kirchenjahres, dem Volke erzählt u. ausgelegt. 7. Aufl. gr. 8. (VIII, 513 S.) Gotha, Schloeßmann. n. 5. —; geb. n. 6. —

Rommel, Dr. Otto, aus dem politischen Tagebuch e. Süddeutschen 1863—1884. Festgabe zum 100jähr. Jubiläum d. Schwäbischen Merkurs. gr. 8. (VIII, 206 S.) Stuttgart, Kröner. n. 3. —

Römpler, Sem.-Dir. Herm. Fr., Mitteilungen üb. die Lehrer u. Schüler d. königl. Schullehrerseminars zu Plauen i. V. Anhang der zum Jubelfeste d. Seminars im Mai 1885 hrsg. Festschriften. 4. (48 S.) Plauen, Neupert in Comm. baar n. — 75

—— Nachrichtliches üb. das königl. Schullehrerseminar zu Plauen i. V., nebst Mitteilgn. üb. seine Lehrer u. Schüler u. e. Abhandlg. üb. die Katechese im Dienste d. erzieh. Unterrichts, zu seinem Jubelfeste 1885. gr. 8. (130 S. m. 2 Steintaf.) Ebd. baar n. 1. 50

Romundt, Dr. Heinr., die Vollendung d. Sokrates. Immanuel Kants Grundlegung zur Reform der Sittenlehre, dargestellt v. H. R. gr. 8. (VII, 304 S.) Berlin, Nicolai's Verl. n. 5. —

Rönne, L. v., s.: Ergänzungen u. Erläuterungen d. allgemeinen Landrechts f. die Preußischen Staaten durch Gesetzgebung u. Wissenschaft.

Rönneke, Botschaftspred. Karl, Rom's christliche Katakomben nach den Ergebnissen der heutigen Forschung. 8. (78 S.) Leipzig 1886, Böhme. n. 1. —

Rösch, W., der Dichter Horatius u. seine Zeit, s.: Sammlung gemeinverständlicher wissenschaftlicher Vorträge.

Roscher, Wilh., System der Volkswirthschaft. Ein Hand- u. Lesebuch f. Geschäftsmänner u. Studierende. 2. Bd. gr. 8. Stuttgart, Cotta. n. 10. —
Inhalt: Nationalökonomik d. Ackerbaues u. der verwandten Urproduktionen. Ein Hand- u. Lesebuch f. Staats- u. Landwirthe. 11., stark verm. u. verb. Aufl. (X, 728 S.)

Roscoe, H. E., u. C. **Schorlemmer**, Proff., ausführliches Lehrbuch der Chemie. 1. Bd. Nichtmetalle. Mit zahlreichen eingedr. Holzst. gr. 8. (IX, 655 S.) Braunschweig, Vieweg & Sohn. n. 12. —

Rosegger, P. K., das Buch der Novellen. 1. Reihe. Min.-Ausg. 5. Aufl. gr. 16. (491 S.) Wien 1886, Hartleben. geb. m. Goldschn. n. 6. —

—— die Schriften d. Waldschulmeisters. Min.-Ausg. 6. Aufl. gr. 16. (424 S.) Ebd. 1886. geb. m. Goldschn. n. 6. —

—— ein Sterben im Walde, s.: Volksbibliothek d. Lahrer hinkenden Boten.

—— Waldheimat. Erinnerungen aus der Jugendzeit. 2 Bde. Min.-Ausg. 3. verm. Aufl. gr. 16. Wien 1886, Hartleben. geb. m. Goldschn. à n. 6. —
Inhalt: 1. Kindesjahre. (542 S.) — 2. Lehrjahre. (542 S.)

Rosen, W., Buchholz, s.: Liebhaber-Bühne, neue.

Rösen, Pfr. Dr. K., der Altar u. der Chorraum. Nach den liturg. Vorschriften u. den Anforderungen. der Kunst. gr. 8. (IV, 75 S.) Münster, Theissing. n. 1. —

($^{84}/_{1}$) **Rosenberg**, Adf., Geschichte der modernen Kunst. 5. u. 6. Lfg. Lex.-8. (1. Bd. S. 385—483 u. 2. Bd. S. 1—96.) Leipzig, Grunow. baar à n. 2. —

—— Th. Géricault u. Eug. Delacroix, s.: Kunst u. Künstler d. 19. Jahrh.

Rosenbusch, H., mikroskopische Physiographie der Mineralien u. Gesteine. Ein Hülfsbuch bei mikroskop. Gesteinsstudien. 1. Bd. Die petrographisch wichtigen Mineralien. 2. gänzlich umgearb. Aufl. Mit 177 Holzschn., 26 Taf. in Photographiedr. u. der Newton'schen Farbenskala in Farbendr. gr. 8. (XIV, 656 S.) Stuttgart, Schweizerbart. n. 24 —

Rosenfeld, Assist.-Arzt Geo., Beiträge zur Pathologie u. Therapie d. Diabetes mellitus. Inaugural-Dissertation. gr. 8. (50 S.) Breslau, (Köhler). baar n. 1. —

Rosenfeld, Margaretha Johanna, Nürnberger Kochbuch. Praktische Anweisg., alle Arten Speisen u. Getränke auf die schmackhafteste u. wohlfeilste Art zuzubereiten. 7. verm. u. verb. Aufl. Mit Angabe der neuen Maße u. Gewichte. 8. (XVI, 388 S.) Nürnberg 1886, Korn. n. 2. 50

Rosenkranz, der lebendige. 8. (24 S.) Lingen, van Acken. n. — 15

Rosenkranz, G., Klassiker der Baukunst: Italienische Renaissance, s.: Klassiker-Bibliothek der bildenden Künste.

Rosenkranzbüchlein, mein liebes. Allen treuen Dienern Mariä gewidmet. 3. Aufl. Mit 15 Illustr. u. e. Titelbild. gr. 16. (47 S.) Freiburg i/Br., Herder. n. — 20; geb. n. n. — 25

Rosenstein, Prof. Dr. Siegm., die Pathologie u. Therapie der Nervenkrankheiten. Klinisch bearb. 3. verb. Aufl. Mit 13 Holzschn. u. 7 Taf. gr 8. (XII, 688 S.) Berlin 1886, Hirschwald. n. 20. —

Rosenthal, Rabb. Dr. F., vier apokryphische Bücher aus der Zeit u. Schule R. Akiba's: Assumptio Mosis, das 4. Buch Esra, die Apokalypse Baruch, das Buch Tobi. gr. 8. (IX, 150 S.) Leipzig, O. Schulze. n. 3. —

—— die Erlässe Cäsars u. die Senatsconsulte im Josephus Alterth. XIV, 10, nach ihrem histor. Inhalte untersucht. gr. 8. (43 S.) Krotoschin 1879. Ebd. n. — 75

Rosen-Zeitung, deutsche. Illustrierte Monatsschrift f. die Interessen deutscher Rosencultur. Hrsg. v. Ernst Sarfert. Red. v. E. Metz. 1. Jahrg. Juli 1885—Juni 1886. 12 Hfte. (1¼ B. m. Illustr. u. Taf.) hoch 4. Zwickau, Werner in Comm. n. 6. —; einzelne Hfte. n. — 50

Rosenzweig, Rabb. Dr. Adf., das Jahrhundert nach dem babylonischen Exile, m. besond. Rücksicht auf die religiöse Entwicklg d. Judenthums. gr. 8. (XVI, 240 S.) Berlin, Dümmler's Verl. n. 4. —

Rossignoli, Priest. P. C. G., S. J., erbarmet euch der armen Seelen im Fegfeuer! Wunderbare Ereignisse aus dem Jenseits. Frei nach dem Ital. u. Franz. bearb. 6., verb. Aufl. 12. (440 S. m. 1 Stahlst.) Paderborn 1886, Bonifacius-Druckerei. 1. 50

Roskoschny, Dr. Herm., Afghanistan u. seine Nachbarländer. Der Schauplatz d. jüngsten russisch-engl. Konflikts in Zentral-Asien. Nach den neuesten Quellen geschildert. Mit ca. 200 Abbildgn., vielen Karten u. Plänen, u. e. großen, in Farben ausgeführten Karte Afghanistans als Gratis-Beigabe. 21 Lfgn. hoch 4. (336 S.) Leipzig, Greßner & Schramm. à — 60

(85/1) —— Europas Kolonien. Nach den neuesten Quellen geschildert. 22—51. Lfg. hoch 4. (Mit eingedr. Holzschn.) Ebd. baar à — 60 (1—3. Bd. geb. à n. 10. —)

Inhalt: 22—30. II. Bd.: Das Kongogebiet u. seine Nachbarländer. (IV u. S. 97—240.) — 31—45. III. Bd.: Afrikas Ostküste u. das Seen-Gebiet. (IV, 240 S.) — 46—51. IV. Bd.: Süd-Afrika bis zum Sambesi u. Kap Frio. (S. 1—96.)

Rosner, J., Jagd-Signale u. Fanfaren, zusammengestellt u. rhythmisch geordnet. 9. verm. Aufl. 12. (31 S.) Pless 1886, Krummer. cart. baar n. — 80

Rossbach, Aug., u. Rud. **Westphal**, Theorie der musischen Künste der Hellenen. Als 3. Aufl. der Rossbach-Westphalischen Metrik. 1. Bd. gr. 8. Leipzig, Teubner. n. 7. 20

Inhalt: Griechische Rhythmik. Von Prof. a. D. Dr. Rud. Westphal. Als 3. Aufl. der griech. Rhythmik u. der Fragmente u. Lehrsätze der griech. Rhythmiker (XL, 305 S.)

(84/1) **Rossmässler's** Iconographie der europäischen Land- u. Süsswasser-Mollusken. Fortgesetzt v. Dr. W. Kobelt. Neue Folge. 2. Bd. 1. u. 2. Lfg. Schwarze Ausg. Lex.-8. (S. 1—24 m. 10 Steintaf.) Wiesbaden, Kreidel. In Mappe. à n. 4. 60; color. Ausg. à n. 8. —

Roßmäßler, F. A., Lehrbuch der Verarbeitung der Naphtha od. d. Erdöles auf Leucht- u. Schmieröle. Mit 27 Abbildgn. 8. (VI, 106 S.) Wien 1886, Hartleben. n. 2. —

Rossteuscher, A., ornamentale Glasmalereien d. Mittelalters u. der Renaissance, s.: Schäfer, C.

Roth, Dr. A., Frageschatz der Rechtswissenschaft. Examinatorium üb. die gesammte Jurisprudenz m. Bezugnahme auf die gebräuchlichsten Lehrbücher. 2. verm. u. verb. Aufl. 1. Thl. gr. 8. (VIII, 163 S.) Berlin 1886, C. Heymann's Verl. n. 3. —

Roth, F. W. E., die Visionen der hl. Elisabeth u. die Schriften der Aebte Ekbert u. Emecho v. Schönau. Nach den Orig.-Handschriften hrsg. Mit histor. Abriss d. Lebens der hl. Elisabeth, der Aebte Ekbert u. Emecho v. Schönau. Ein Beitrag zur Mystik u. Kirchengeschichte. gr. 8. (CXXVIII, 414 S. m. 1 Steintaf.) Brünn 1884. (Wien, Frick.) baar n.n. 8. —

Roth, Just., die geologische Bildung der norddeutschen Ebene, s.: (85/1) Samlung gemeinverständlicher wissenschaftlicher Vorträge.

(83/2) —— allgemeine u. chemische Geologie. 2. Bd. 2. Abth. Jüngere Eruptivgesteine. gr. 8. (S. 209—387.) Berlin, Hertz. n. 5. — (I—II, 2.: n. 27. —)

Roth, Rich., treu u. rein wie Gold. Eine Erzählg. f. die Jugend u. ihre Freunde. Mit 4 Stahlst. 12. (108 S.) Stuttgart, Schmidt & Spring. cart. — 75

(84/2) **Röth**, Dr. Chrn., Geschichte v. Hessen. 2. umgearb. Aufl. Hrsg. u. bis zum Untergange d. Kurfürstentums fortgesetzt von C. v. Stamford. 6. Lfg. gr. 8. (S. 401—480.) Kassel, Freyschmidt. (à) n. 1. —

Rothaug, J. G., Lehrbuch der Geographie f. Bürgerschulen in 3 Stufen. Mit mehreren in den Text gedr. Holzst. u. Kartenskizzen. gr. 8. Prag, Tempsky. à n. — 88; Einbd. à n. n. — 20
1. 6., rev. Aufl. (IV, 104 S.) — 2. 4., verb. Aufl. (118 S.) — 3. 5, nach den neuen Lehrplänen ergänzte Aufl. (108 S.)
—— dasselbe. Ausg. in 1 Bd. f. alle 3 Classen. Mit vielen in den Text gedr. Abbildgn. gr. 8. (IV, 256 S.) Ebd. n. 1. 80
Rothe, Dr. Edm., Poesie u. Medicin. Vortrag, geh. in der literar. Gesellschaft d. Bremer Künstlervereins. 8. (31 S.) Bremen, Rocco. n. 1. —
Rothe, Dr. Karl, Methodik d. naturgeschichtlichen Unterrichtes, s.: Handbuch der speciellen Methodik.
—— Naturgeschichte f. Mittelschulen, Bürgerschulen, höhere Töchterschulen u. verwandte Lehranstalten in 3 konzentrischen Kreisen. 2. u. 3. Stufe. gr. 8. Wien, Pichler's Wwe. & Sohn. n. 2. 60
2. Mit 291 in den Text gedr. Abbildgn. 10. Aufl. (174 S.) n. 1. 20. — 3. Mit 260 in den Text gedr. Abbildgn. 5. Aufl. (155 S.) n. 1. 40.
Rothe, Dr. Rich., gesammelte Vorträge u. Abhandlungen aus seinen letzten Lebensjahren. Eingeleitet v. Dr. Frdr. Nippold. gr. 8. (XVI, 208 S.) Elberfeld 1886, Friderichs. n. 4. —
Rothenbücher, Dir. Dr. Adf., Hauptregeln der französischen Syntax, nebst Uebungsbeispielen. 8. (V, 70 S.) Cottbus, Differt. n. — 80
—— das Ideal e. höheren Mädchenschule. 2. verb. Aufl. 8. (27 S.) Ebd. n. — 50
—— der Philosoph f. die Welt. 8. (VI, 130 S.) Ebd. n. 1. —
Rothenburg, Adelh. v., geb. v. Zastrow, drei Erzählungen. 8. Herborn 1886, Buchh. d. Nassauischen Colportagevereins. n. 1. 60; in 1 Bd. geb. baar n. 2. 40
Inhalt: 1. Die Hochzeitsreise. (90 S.) n. — 50. — 2. Das Käthchen v. Riedbach. (117 S.) n. — 70. — 3. Eine Geschichte aus der Hinkelsgasse. (68 S.) n. — 40.
—— jenseits der Grenze. 2 Tle. gr. 8. (493 u. 587 S.) Gotha 1886, F. A. Perthes. n. 12. —; geb. n. 14. —
Rothenfels, E. v., Haideblume. Roman. 3. Aufl. 3 Thle. in 1 Bde. 8. (544 S.) Berlin, Janke. n. 4. —
Rothpletz, E., die Gefechtsmethode der drei Waffengattungen u. deren Anwendung. III. die Kavallerie. gr. 16. (IV, 89 S.) Aarau 1886, Sauerländer. geb. n. 1. 80
Rothschild's, L., Taschenbuch f. Kaufleute, insbesondere f. Zöglinge d. Handels. Enth. das Ganze der Handelswissenschaft in gedrängter Darstellg. Hrsg. unter Mitwirkg. v. Telegr.-Sekr. R. Aé, Dir. Dr. A. E. Amthor, Prof. Dr. K. Birnbaum xc. 29. verb. u. verm. Aufl. Mit zahlreichen Uebersichten u. Tabellen. gr. 8. (VIII, 640 u. 384 S.) Leipzig, Gloeckner. n. 6. 75; geb. n. 8. —; in 14 Lfgn. à n. — 50
Rothschütz, Th. v., Allerlei aus dem Leben. I—III. 12. (à 32 S.) Anklam. (Leipzig, Buchh. d. Vereinshauses.) cart. à n. — 20
—— mein Blaubuch. gr. 8. (177 S.) Ebd. 1886. n. 3. —; geb. n. 4. —; m. Goldschn. n. 5. —
—— bei Gott ist kein Ding unmöglich! Erzählung. 12. (33 S.) Ebd. cart. n. — 20
—— Treu. Eine Erzählg. f. d. Jugend u. ihre Freunde. 12. (59 S.) Basel, Spittler. — 30.
Rothwell, Prof. J. S. S., deutsch-englischer Briefsteller. Muster zu Briefen jeder Art. Mit der gegenübergedruckten engl. Übersetzg. Zum Gebrauch beim Unterricht u. f. Personen, welche engl. u. deutsche Aufsätze abzufassen haben. Mit e. vollständ. Handelskorrespondenz u. Formularen zu Geschäftsaufsätzen, Zeitungsanzeigen xc. 3. sehr verb. Aufl. 8. (VIII, 368 S.) Stuttgart, Neff. 2. 25; geb. n. 2. 75

Rothwell, Prof. J. S. S., vereinfachte theoretisch-praktische Schulgrammatik der englischen Sprache. Nach e. neuen System bearb., durch zahlreiche Beispiele erläutert u. m. vielen Aufgaben rc. zur Erleichterg. d. Studiums versehen. Mit beigefügter engl. Aussprache. Für das Privatstudium, besonders aber f. Gymnasien, höhere Mädchenschulen u. andere Lehranstalten. 8. verm. u. verb. Aufl. gr. 8. (XVI, 290 S.) München, Grubert. 2. 50

(84/2) **Rotteck**, Tuiscon, katechetische Unterredungen üb. ausgewählte Psalmen f. die Volksschule. Ein prakt. Handbuch f. Seminaristen u. Volksschullehrer. 2. Hft.. 8. (IV, 63 S.) Hildburghausen, Gadow & Sohn. (à) n. — 60

Röttger, R., das Wetter u. die Erde. Eine Witterungskunde nach neuen Grundsätzen u. Entdeckgn., begründet durch zahlreiche Einzelbeweise u. durch die seit 1878 thatsächlich eingetretenen Katastrophen unseres Erdkörpers. Mit Illustr. gr. 8. (VI, 602 S.) Jena, Costenoble. n. 13. 50

Rottmann, Ant. Ewald, neues Börsensteuer-Gesetz. Gesetz, betr. die Erhebg. v. Reichsstempelabgaben vom 1. Juli 1881 u. 29. Mai 1885. Textausg. nach der Bekanntmachg. d. Reichskanzlers vom 3. Juni 1885 m. Tabellen, nach den durch die Beschlüsse d. Bundesraths festgestellten Mittelwerthen berechnet. 8. (39 S.) Bremen, (Kühle & Schlenker). n. 1. 50; m. Tabellen u. ohne Ausführungsbestimmg. n. 1. —; ohne Tabellen u. Ausführungsbestimmg. n.n. — 50

Röttscher, A., Unionsversuche zwischen Katholiken u. Protestanten Deutschlands, s.: Broschüren, Frankfurter zeitgemäße.

Rousseau, Priest. P. H. M., Erhebungen d. Geistes u. Herzens üb. die Geheimnisse d. h. Rosenkranzes od. Betrachtgn. u. fromme Lesgn. f. den Monat Oktober, die Fastenzeit, den Maimonat u. die hauptsächlichsten Feste d. Jahres. Aus dem Franz. übers. v. Bertha Arndts. 16. (380 S. m. 1 Stahlst.) Paderborn, Schöningh's Sort. n. 1. 40; geb. n. 2. —

Roux, Fechtmstr. Ludw. Caes., die Hiebfechtkunst. Eine Anleitg. zum Lehren u. Erlernen d. Hiebfechtens aus der verhangenen und steilen Auslage m. Berücksicht. d. akad. Comments. Mit 100 nach photograph. Aufnahmen hergestellten Tondr.-Bildern. gr. 8. (XVI, 120 S.) Jena, Pohle. n. 4. 50; geb. baar 6. —

Rowel, M., Briefe aus der Hölle. Frei nach dem Dän. 21—30. Tausend. 8. (353 S.) Leipzig, Lehmann. n. 3.—; geb. n. 4. —; m. Goldschn. n. 4. 20

Rübezahl, seine Begründung in der deutschen Mythe, seine Idee und die ursprünglichen Rübezahlmärchen. Hrsg. vom Oesterreich. Riesengebirgs-Verein. gr. 8. (IV, 170 S.) Hohenelbe 1884. Prag, Dominicus in Comm. n. 3. —

Rücker's, Hauptlehr. Jul., Handbuch f. den Unterricht in der Geschichte, Erdkunde, Menschenkunde, Naturbeschreibung u. Naturlehre. Nebst e. Anh. aus deutscher Sprache, Rechnen u. Raumlehre. Für kathol. mehrklass. Elementarschulen. 3. unter Mitwirkg. mehrerer Schulmänner bearb. Aufl. Mit 123 Abbildgn. 8. (68, 59, 72, 48 u. 33 S.) Aachen, A. Jacobi & Co. n. 1. 20

—— Naturlehre. Hilfsmittel f. den Naturlehr-Unterricht in den deutschen Elementar- u. Fortbildungsschulen. 8. (48 S.) Ebd. n.n. — 25

—— deutsche Sprache, Rechnen u. Raumlehre. Hilfsmittel zum Gebrauch in den deutschen Elementar- u. Fortbildungsschulen. 8. (33 S.) Ebd. n.n. — 25

—— der Unterricht u. die Erziehung nicht vollsinniger Kinder: der Idioten, Tauben u. Blinden. Für Volksschule u. Haus bearb. 2., erweit. Aufl. 8. (85 S.) Trier, Stephanus. n. — 80; cart. n. 1. —

Rückert, Friedr., Gedichte. Neue Auswahl. 22. Aufl. Min.-Ausg. gr. 16. (XI, 575 S. m. Lichtdr.-Portr.) Frankfurt a/M. 1886, Sauerländer. geb. m. Goldschn. n. 7. —

Rückert, Privatdoc. Assist. Dr. J., zur Keimblattbildung bei Selachiern. Ein Beitrag zur Lehre vom Parablast. [Aus: „Sitzungsber. d. Gesellsch. f. Morphol. u. Physiol. in München".] gr. 8. (58 S.) Müchen, Rieger. n. 1. 20

Rückert, Kreisschulinsp. Dr. Otto, der geschäftliche Aufsatz. Für die Fortbildungsschule bearb. 4. unveränd. Aufl. 8. (28 S.) Hildburghausen 1886, Gadow & Sohn. n. — 10

Rüdiger, Adv. Adf., die Rechtslehre vom Lebensversicherungsvertrag, aus den wirtschaftl. Grundlagen d. Geschäftes entwickelt u. unter besond. Berücksicht. der Ergebnisse der Rechtsprechg. bearb. gr. 8. (IX, 348 S.) Berlin, Mittler & Sohn. n. 8. —

Rüdiger, Otto, die letzten Marienbilder. Eine Lübecker Künstlererzählg. 8. (262 S.) Hamburg 1886, Voß. n. 3. 50; geb. n. 4. 50.

($^{85}/_{1}$) **Rudolf,** Kronprinz v. Oesterreich, e. Orientreise vom J. 1881. (Populäre Ausg.) Illustr. m. Holzschn. nach Orig.-Zeichngn. von Frz. v. Pausinger. 12—15. (Schluß-)Lfg. hoch 4. (III u. S. 273—364.) Wien, Hof- u. Staatsdruckerei. baar à — 50 (cplt.: n. 7. 50; geb. n. 10. —)

Rudolf, E., die gesammte Indigo-Küpenblau-Färberei, Reservage- u. Aetz-Druckerei [Blaudruck] auf Baumwolle u. Leinen. Enth. die in neuerer u. neuester Zeit in Aufnahme gekommenen Herstellungsmethoden, Reservagen u. Aetzgn., auch farb., auf indigoblauem Grunde. Nach Mittheilgn. u. Notizen v. Persoz, Mercer, Walter Crum 2c. Aus den Jahrgängen 1875—1885 der Färberei-Muster-Zeitung gesammelt u. zusammengestellt. [Als Mscr. gedr.] 8. (VI, 104 S.) Leipzig, G. Weigel. n. 6. —

Rudolph v. Ems, Barlaam u. Josaphat, s.: Stecher, Ch., deutsche Dichtung.

Rudolph, Oberlehr. Ludw., praktisches Handbuch f. den Unterricht in deutschen Stilübungen. 1. Tl. 8. Aufl. 8. (XIV, 176 S.) Berlin 1886, Nicolai's Verl. n. 1. 50

Rüegg, Prof. H. R., 2. Sprachbüchlein f. schweizerische Elementarschulen. Unveränd. Ster.-Aufl. 8. (132 S. m. eingedr. Holzschn.) Zürich, Orell, Füßli & Co. Verl. cart. n.n. — 50

($^{85}/_{1}$) **Ruf,** der, der Kirche, Trost- u. Mahnworte d. kathol. Episcopats. Neue Folge. 3—7. Hft. gr. 8. (S. 97—336.) Würzburg, Woerl. à n. — 50

Ruff, J., das Stottern, s.: Hausbücher, medicinische.

Ruge's, Arnold, Briefwechsel u. Tagebuchblätter aus den J. 1825—1880. Hrsg. v. Paul Nerrlich. 1. Bd. 1825—1847. Mit 1 Portr. gr. 8. (XXXIX, 442 S.) Berlin 1886, Weidmann. n. 10. —

Ruge, Prof. Dr. S., Geographie insbesondere f. Handels- u. Realschulen. 9. umgearb. u. verb. Aufl. gr. 8. (VIII, 358 S.) Dresden, Schönfeld's Verl. n. 3. 60

($^{77}/_{2}$) **Rühlmann,** Geh. Reg. R. Prof. Dr. Mor., allgemeine Maschinenlehre. Ein Leitfaden f. Vorträge, sowie zum Selbststudium d. heut. Maschinenwesens m. besond. Berücksicht. seiner Entwickelg. Für angeh. Techniker, Cameralisten, Landwirthe u. Gebildete jeden Standes. 2., verb. u. verm. Aufl. 4. Bd. 1. Lfg. gr. 8. (272 S. m. 223 eingedr. Holzschn.) Leipzig, Baumgärtner. n. 7. 60; (I—IV, 1.: n. 52. 60)

($^{83}/_{2}$) —— Vorträge üb. Geschichte der technischen Mechanik u. der theoretischen Maschinenlehre, sowie der damit in Zusammenhang stehenden mathematischen Wissenschaften. Zunächst für techn. Lehranstalten bestimmt. Mit zahlreichen Holzschn. u. Portraits in Stahlst. 1. Thl. A. u. d. T.: Vorträge üb. Geschichte der technischen Mechanik u. der damit in Zusammenhang steh. mathemat. Wissenschaften. Mit 85 in den Text eingedr. Holzschn. u. 5 Portraits in Stahlst. 2. Hälfte. 2. Hft. gr. 8. (XII u. S. 401—553.) Ebd. n. 4. — (1. Thl. cplt. geb.: n. 14. —)

Rühlmann, Gymn.-Prof. Dr. Rich., Handbuch der mechanischen Wärme-
orie. Mit eingedr. Holzst. 2. Bd. 3. Lfg. gr. 8. (XVIII u. S. 609—1001.)
unschweig, Vieweg & Sohn. n. 10. — (cplt.: n. 46. —)
ig, Wilhelmine, praktisches Frankfurter Kochbuch, enth. 1093 außer-
ne Kochrecepte, f. vornehme u. bürgerl. Küchen. Nebst e. wissenschaftl.
leitg. üb. die Ernährg. d. Menschen u. die Zubereitg. der Speisen nach
Grundsätzen v. J. Liebig u. Jac. Moleschott, u. Bemerkgn. üb. die
ntingkur u. üb. Fleisch- u. Malzextrakt, v. Hofr. Dr. Heinr. Walter. 6.
m. u. verb. Aufl. gr. 8. (V, 344 S.) Frankfurt a/M., Jaeger. cart. 2. 50;
geb. 3. —
ohr, K. F. v., Jos. Königs Geist der Kochkunst, s.: Universal-Biblio-
k Nr. 2067—2070.

Rundschau, architektonische. Skizzenblätter aus allen Gebieten
Baukunst, hrsg. v. Architekten Ludw. Eisenlohr u. Carl Weigle. 2.
rg. 1886. 12 Lfgn. Fol. (1. Lfg. 9 autotyp. Taf. m. 1 Bl. Text.) Stutt-
t, Engelhorn. à Lfg. n. 1. 50

—— deutsche. Hrsg. v. Jul. Rodenberg. 12. Jahrg. Octbr. 1885—
ptr. 1886. 12 Hfte. gr. 8. (1. Hft. 160 S.) Berlin, Paetel. Vierteljährlich baar 6. —

—— deutsche, f. Geographie u. Statistik. Unter Mitwirkg. hervor-
. Fachmänner hrsg. v. Prof. Dr. Frdr. Umlauft. 8. Jahrg. Oktbr.
5—Septbr. 1886. 12 Hfte. (3 B. m. eingedr. Holzschn. u. lith. Karten.)
8. Wien, Hartleben. n. 10. —; einzelne Hfte. à n. — 85

—— juristische, f. das katholische Deutschland, hrsg. durch den
hol. Juristenverein zu Mainz. 9. u. 10. Hft. gr. 8. (64 S.) Frankfurt
l., Foesser Nachf. n. 1. 50

—— monatliche. Sammlung v. Entscheidgn. der Gerichte zu Frank-
t a/M., sowie d. Kammergerichts u. d. Reichsgerichts in Frankfurter
htssachen, nebst Verfüggn. der Steuerbehörden, insbesondere üb. Stem-
fragen. Hrsg. v. der jurist. Gesellschaft in Frankfurt a/M. 19. Jahrg.
5. 12 Hfte. (à 1—2 B.) gr. 8. Frankfurt a/M., Neumann in Comm.
baar n. 10. 50

musikalische. Eine illustr. Monatsschrift f. die deutsche Familie.
sg. u. Red.: Ludw. Klug. 1. Jahrg. Octbr 1885—Septbr. 1886.
Nrn. ($2^1/_2$ B.) gr. 4. Leipzig, Böhme in Comm. Vierteljährlich
n.n. 1. —

auf dem Gebiete der Thiermedicin u. vergleichenden Phathologie
ler Berücksicht. d. gesammten Veterinär-Medicinalwesens. Gleichzeitig
gan zur Vertretg. der Interessen d. thierärztl. Standes. Red.: Dr. G.
hneidemühl. 1. Jahrg. 1885/86. 52 Nrn. (B.) gr. 4. Osterwieck,
kfeldt. Halbjährlich baar n. 7. —

illustrierte weihnachtliche, üb. die litterarischen Erscheinungen d.
1885. Zugleich e. Weihnachts-Almanach f. Bücherfreunde. Unter Mit-
kg. v. Dir. Dr. Wilh. Buchner, DD. Rud. Doehn, Johs. Emmer etc. hrsg.
Gust. Moldenhauer. gr. 8. (IV, 188 S.) Weimar, Weissbach. baar
— 75

)schriftheft. 4. (20 S.) Aschaffenburg, Krebs. n. — 35

ge, Prof. Dir. Dr. Max, die Krankheiten der ersten Lebenstage. gr. 8.
II, 207 S.) Stuttgart, Enke. n. 4. —

ge, Dr. W., die Nase in ihren Beziehungen zum übrigen Körper. Mit e.
rwort v. Prof. Dir. Dr. M. J. Rossbach. gr. 8. (IX, 42 S.) Jena, Fischer.
n. 1. 20

erti, Kirchenr. Superint. D. Justus, Licht u. Schatten aus der Geschichte
alten Bundes. I. Samuel, der Prophet. 3. Aufl. 8. (IV, 291 S.) Her-
nnsburg 1886, Missionshausdruckerei. n. 1. 50

Ruperti, Kirchenr. Superint. D. Justus, das heilige Programm aller Mission, s.: Flugschriften f. Innere Mission.

Ruppius, Otto, gesammelte Erzählungen aus dem deutschen u. deutsch-amerikanischen Volksleben. 2. Gesammt-Ausg. in 16 Bdn. 1. Bd. 8. Erfurt 1886, Neugebauer. geb. n. 1. —
Inhalt: Der Pedlar. Der Sep.-Ausg. 6. Aufl. (228 S.)

Rueppreсht, Dr. Chrn., der Mensch u. seine Wohnung in ihrer Wechselbeziehung. Eine kulturgeschichtl. Skizze. 12. (24 S.) München, Th. Ackermann's Verl. in Comm. n. — 50

Ruprecht, w. Lehr. em. Dir. Ernst, die Buchhaltung. Eine Erklärg. ihrer Grundsätze u. Formen. 2. umgearb. u. verm. Aufl. gr. 8. (IV, 54 S.) Bielitz 1884. (Wien, Graeser.) n. 1. —

—— die gewerblichen Geschäfts-Aufsätze, s.: Lehrtexte f. die österreichischen gewerblichen Fortbildungsschulen.

Rusch, G., Methodik d. geographischen Unterrichtes, } s.: Handbuch der
—— Methodik d. Unterrichtes in der Geschichte, } speciellen Methodik.

Ruß, Dr. Karl, Bilder aus der Vogelstube. Schilderungen aus dem Leben fremdländ. u. einheim. Stubenvögel. Mit 4 Holzschn. nach Zeichngn. v. Rob. Kretschmer u. 1 (Holzschn.-)Bilde, gezeichnet v. Karl Gerber. 2. (Titel-) Aufl. 8. (X, 404 S.) Magdeburg (1882), Creutz. n. 4. —

(84/2) —— die fremdländischen Stubenvögel, ihre Naturgeschichte, Pflege u. Zucht. 4. Bd.: Lehrbuch der Stubenvogelpflege, -Abrichtg. u. -Zucht. 6. Lfg. gr. 8. (S. 545—656.) Ebd. (à) n. 3. —

Russes, les, peints par eux-mêmes. Par un Russe. 3. éd. 12. (186 u. 230 S.) Würzburg, Kressner. n. 3. —

Ruth. Erzählung aus Erzbischof Otto's Zeiten v. Caritas. 8. (267 S.) Halle, Fricke's Verl. n. 2. —

(83/2) **Rütter**, Pfr. Arnold, die Pflanzenwelt im Dienste der Kirche f. Geistliche u. Laien. 2. Thl. Die besten Altarblumen im Topf u ihre Specialcultur. Mit 68 Abbildgn. gr. 8. (VIII, 152 S.) Regensburg, Pustet. (à) n. 1. 40

Rydberg, V., Singoalla, s.: Universal-Bibliothek Nr. 2016.

Rytz, L., née Dick, la bonne cuisinière bourgeoise ou instruction pour préparer de la meilleure manière les mets usités soit dans la vie ordinaire, soit pour les occasions de fêtes, accompagnée d'un tableau représentant la manière d'arranger les plats sur la table. 10. éd., revue, corrigée et augmentée. 8. (XX, 401 S.) Bern 1886, Wyss. cart. n. 3. 40

Sá de Miranda, Francisco de, poesias. Edição feita sobre cinco manuscriptos ineditos e todas as edições impressas, acompanhada de um estudo sobre o poeta, variantes, notas, glossario e um retrato por Carolina Michaëlis de Vasconcellos. gr. 8. (16, CXXXVI, 949 S. m. 1 Tab. u. Portr. d. Verf.) Halle, Niemeyer. n. 36. —; Ausg. auf Büttenpap. in Halbfrzbd. baar 45. —

Saalfeld, G. A., die neue deutsche Rechtschreibung, s.: Zeitfragen d. christlichen Volkslebens.

Saar, Ferd. v., Thassilo. Tragödie in 5 Acten. 8. (141 S.) Heidelberg 1886, Weiß' Verl. n. 2. 40

Saatzer, Übungsschullehr. Jos., das erste Schuljahr. Specielle Methodik d. Unterrichtes in der Elementarclasse. 3., verm. Aufl. gr. 8. (VIII, 186 S.) Prag, Tempsky. — Leipzig, Freytag. n. 1. 40; Einbd. n.n. — 30

—— das 5. Schuljahr. Specielle Methodik d. Unterrichtes auf der 5. Stufe der Volksschule. gr. 8. (VII, 426 S.) Ebd. 1886. n. 3. 20; Einbd. n.n. — 40

hau, E., kurzes Verzeichniss der Sachau'schen Sammlung syrischer Handbriften auf der königl. Bibliothek zu Berlin. Nebst Übersicht d. alten Beındes. gr. 8. (XXVIII, 35 S.) Berlin, (Asher & Co.). baar n. 2. —
jer-Masoch, L. v., der kleine Adam; Sascha u. Saschka, s.: Collection emann.
Amor m. dem Korporalstock u. Eine Frau auf Vorposten. 2 Novellen s den ruff. Hofgeschichten. 8. (94 S.) Berlin, Jacobsthal. n. 1. —
ein Damen-Duell. Eine ruff. Hofgeschichte. 8. (76 S.) Ebd. n. 1. —
Frauenrache u. Eine weibliche Schildwache. 2 ruff. Hofgeschichten. 8. S.) Ebd. n. 1. —
Wiener Hofgeschichten. Novellen. 8. (201 S.) Ebd. n. 2. —
eine Kaiserin beim Profoß u. Nero im Reifrock. 2 ruff. Hofgeschichten. (94 S.) Ebd. n. 1. —
die Kunst geliebt zu werden u. Nur die Todten kehren nicht wieder. Erzählgn. aus den ruff. Hofgeschichten. 8. (93 S.) Ebd. n. 1. —
der neue Paris u. Eine Hochzeit im Eispalast. 2 ruff. Hofgeschichten. (110 S.) Ebd. n. 1. —
Venus u. Adonis u. Das Märchen Potemkins. 2 ruff. Hofgeschichten. (79 S.) Ebd. n. 1. —
ıs, Hugo, Untersuchungen üb. den Processus vaginalis peritonei als präponirendes Moment f. die äussere Leistenhernie. Inaugural-Dissertation. 8. (151 S. m. 4 Steintaf.) Dorpat, (Karow). baar n. 3. —
je, 1. Sem.-Lehr. J. J., Mathematik f. deutsche Lehrerbildungs-Anstalten. Lehrer. 1. Tl.: Elementares Rechnen. 2. wesentlich verb. Aufl. gr. 8. 5 S.) Leipzig, Siegismund & Volkening. n. 3. —; geb. n. 3. 60
jenspiegel, neuer. Volks-Kalender f. d. J. 1886. Mit 2 farb. Bildern, len Holzschn., doppeltem Märkteverzeichnis u. reichhalt. Statistik. 8. XX, 64 S.) Neuhaldensleben, Besser. n. — 50
ße, Prof. Dir. d. theol. Sem. D. Eug., die ewige Erlösung. Evangelische rdigten. gr. 8. (III, 148 S.) Gütersloh, Bertelsmann. n. 2. 20
n, Ed. Frhr. v., Katechismus der Heraldik. Grundzüge der Wappende. 4., verb. Aufl. Mit 202 in den Text gedr. Abbildgn. 8. (XVI, 142 S.) pzig, Weber. geb. n. 2. —
:ay, Dr., die Kunst recht lange zu leben. Grundzüge der Hygieine. Mit in den Text gedr. Holzschn. Autoris. Uebersetzg. 12. (VII, 154 S.) Minden, ıns. n. 1. 50
t-Pierre, Paul u. Virginie, s.: Universal-Bibliothek f. die Jugend.
t-Simon, Herzog v., Memoiren, s.: Collection Spemann.
ıg's Börsen-Papiere. 2. [finanzieller]. Tl. 9. Aufl. Saling's Börsen-Jahrh f. 1885/86. Ein Handbuch f. Bankiers u. Kapitalisten. Bearb. v. W. Hertslet. 8. (VI, 1152 S.) Berlin, Haude & Spener. n. 9. —; geb. n. 10. —
ngré, H., die Afrikanerin in Kalau, s.: Bloch's, E., Dilettanten-Bühne.
mann, Oberlehr. Dr. K., deutsches Lesebuch f. höhere Lehranstalten. 1. Tl. Aufl. gr. 8. (XIV, 308 S.) Reval 1886, Kluge. n. 2. 80
usti Crispi, C., bellum Catilinae. Für den Schulgebrauch erklärt v. nn.-Dir. J. H. Schmalz. 2. verb. Aufl. Ausg. A. Kommentar unterm Text. 8. (VI, 93 S.) Gotha, F. A. Perthes. n. 1. —; Ausg. B. Text u. Kommentar getrennt in 2 Hftn. (VI, 35 u. 57 S.) n. 1. —
de Catilinae coniuratione, de bello Jugurthino liber. Schulausg. v. Karl ppes. 8. (105 S.) Paderborn, F. Schöningh. — 45; Einbd. n.n. — 25
dasselbe. Schulausg. m. Anmerkgn. v. Karl Kappes. I. u. II. gr. 8. Ebd. n. 1. 60
ıhalt: I. De Catilinae coniuratione liber. (IV, 63 S.) n. — 60. — II. De bello ıgurthino liber. (120 S.) n. 1. —

Sallwürk, Dr. E. v., Handel u. Wandel der pädagogischen Schule Herbart's. Eine historisch-krit. Studie. gr. 8. (IV, 64 S.) Langensalza, Beyer & Söhne. n. — 80

Salomon, Max, üb. Doppeldenken. [Aus der Provinzial-Irrenheilanstalt zu Leubus.] Inaugural-Dissertation. gr. 8. (42 S.) Breslau, (Köhler). baar n. 1. —

Salonbibliothek, musikalische. Hrsg. v. Otto Keller. 1. Bd. 32. Wien, Huber & Lahme in Comm. n. 1. —
Inhalt: Beethoven. Eine biograph. Skizze. Hrsg. v. Otto Keller. (62 S.)

Salter, William Mackintire, die Religion der Moral. Vorträge, geh. in der Gesellschaft f. moral. Kultur in Chicago. Vom Verf. genehmigte Übersetzg., hrsg. von Geo. v. Giżycki. gr. 8. (VII, 363 S.) Leipzig, Friedrich. n. 3. —

Salzano, Tit.-Erzbisch. T. M., der Rosenkranzmonat. Betrachtungen üb. die Geheimnisse d. heil. Rosenkranzes f. jeden Tag d. Monats October. Nach dem Ital. Bearb. v. Erzbisch. P. Rota. Uebers. v. Capl. Leonard Kropp. 16. (VII, 227 S.) Dülmen, Laumann. n. — 50; geb. n. — 75

Salzbrunn, A., im Erlenthal, s.: Familien-Bibliothek.

Salzbrunn, Bur.-Diätar Alfr., die Anstellung der versorgungsberechtigten Unteroffiziere der deutschen Armee u. Marine im Civildienst. Mit Genehmigg. der vorgesetzten Militair-Behördezusammengestellt auf Grund gesetzl. Vorschriften u. amtl. Bestimmgn. 2., nach den neuesten Bestimmgn. umgearb. Aufl. 8. (VIII, 99 S.) Schweidnitz, Brieger & Gilbers. n. 1. 25

Salzmann, Dir. Chr. Gotth., der Himmel auf Erden. Neue Ausg. Hrsg. v. Lehr. Aug. Roth. gr. 8. (XVI, 217 S.) Minden, Bruns. n. 2. 50

—— Konrad Kiefer. Bearb. u. m. Erläutergn. versehen v. Karl Richter. gr. 8. (XVI, 166 S.) Leipzig, Siegismund & Volkening. n. 1. 50; cart. n. 1. 70

(85/1) **Sammel-Mappe** hervorragender Concurrenz-Entwürfe. 11. u. 12. Hft. Fol. Berlin, Wasmuth. n. 38. — (1—12.: n. 252. 50)
Inhalt: 11. Christus-Kirche f. Barmen. (27 Lichtdr.-Taf. m. 1 Bl. Text.) n. 20. —. — 12. Volks-Schule f. Frankfurt a./M. (24 Lichtdr.-Taf. m. 2 Bl. Text.) n. 18. —

Sammler, der. Organ f. die allgemeinen Angelegenheiten d. Sammelwesens jeder Art u. Richtg. Hrsg.: Dr. Hans Brendicke. 7. Jahrg. 1885. 24 Nrn. (B.) hoch 4. Berlin, Brendicke. Halbjährlich n. 3. 40

Sammler, A., Studierlampe. 8. (IV, 47 S.) Rochlitz 1886, Pretzsch. cart. n. 1. 20

Sammlung bernischer Biographien. Hrsg. v. dem histor. Verein d. Kantons Bern. 1—5. Hft. gr. 8. (400 S.) Bern, Schmid, Francke & Co. à n. 1. 20

—— illustrirter Biographien deutscher Fürsten u. großer deutscher Männer. 1. u. 2. Bd. 12. Berlin, M. Schulze. baar à n. — 50
Inhalt: 1. Fürst Bismarck 1815—1885. Eine Festschrift f. das deutsche Volk v. W. Wohlgemuth. 2. Aufl. (96 S.) — 2. Zwei Feldmarschälle. Eine Erinnerungsschrift an zwei deutsche Helden f. das deutsche Volk v. W. Wohlgemuth. Mit 24 Illustr. v. Jul. Schlattmann. (93 S.)

(84/2) —— der griechischen Dialekt-Inschriften v. F. Bechtel, A. Bezzenberger, F. Blass, H. Collitz, W. Deecke, A. Fick, O. Hinrichs, R. Meister. Hrsg. v. Dr. Herm. Collitz. 2. Bd. 1. Hft. gr. 8. Göttingen, Vandenhoeck & Ruprecht's Verl. n. 3. 60 (I. u. II, 1.: n. 17. 60)
Inhalt: Die epirotischen, akarnanischen, aetolischen, aenianischen u. phthiotischen Inschriften v. Prof. Dr. Aug. Fick. Die lokrischen u. phokischen Inschriften v. Prof. Dr. Fritz Bechtel. (80 S.)

(84/2) —— von Entscheidungen d. obersten Landgerichtes f. Bayern in Gegenständen d. Civilrechtes u. Civilprozesses. Unter Aufsicht u. Leitg. d. königl. Justizministeriums hrsg. 10. Bd. 4. Hft. gr. 8. (S. 415—548.) Erlangen, Palm & Enke. n. 2. 48 (1—4.: n. 10. 16.)

(85/1) —— von Entscheidungen d. königl. Oberlandesgerichtes München in Gegenständen d. Strafrechtes u. Strafprozesses. Unter Aufsicht u. Leitg.

. d. königl. Justizministeriums hrsg. 3. Bd. 3. Hft. gr. 8. (S. 313—462.) Erlangen, Palm & Enke. n. 2. 80 (1—3.: n. 8. 51)

Sammlung v. Formeln aus dem Gebiete der Algebra, Geometrie, Stereometrie, Trigonometrie, Mechanik u. Astronomie, zusammengestellt f. den Schulgebrauch. Mit 11 (eingedr.) Phototypien. 8. (16 S.) Würzburg, Stahel. n. — 50

($^{85}/_{1}$) —— von Gesetzen, Verordnungen, Erlassen u. Verfügungen betr. die Justizverwaltung in Elsaß-Lothringen. Alphabetisches u. chronolog. General-Register zum 1—9. Bd. gr. 8. (298 S.) Straßburg, Schultz & Co. Verl. n. 10. — (1—9 m. Reg.: n.n. 88. —)

($^{84}/_{2}$) —— kurzer Grammatiken germanischer Dialecte. Hrsg. v. Wilh. Braune. Ergänzungsreihe. I. gr. 8. Halle 1886, Niemeyer. n. 2. 60
Inhalt: Nominale Stammbildungslehre der altgermanischen Dialecte v. Frdr. Kluge. (XII, 108 S.)

($^{85}/_{1}$) —— historischer Bildnisse u. Trachten aus dem Stammbuch der Katharina v. Canstein. Unter Mitwirkg. d. Frhr. Dr. C. R. v. Canstein hrsg. v. F. Warnecke. 4—7. Lfg. Fol. (à 12 Lichtdr.-Taf.) Berlin, H. S. Hermann. Subscr.-Pr. à n. 7. 50

($^{84}/_{2}$) —— von Kinderschriften. Hrsg. v. G. Chr. Dieffenbach. 21. Bdchn. 8. Gotha, F. A. Perthes. cart. n. 2. —; geb. n. 3. 20
Inhalt: Märchen u. Erzählungen f. Kinder von 13—14 Jahren v. Zacharias Topelius. Autoris. Übersetzg. v. L. Fehr. (184 S.)

($^{84}/_{1}$) —— moderner Ladenvorbaue u. Hausthüren aus Gräf's Journal f. Bau- u. Möbel-Tischler. 2. Bd. qu. Fol. (30 Steintaf.) Erfurt, Bartholomäus. In Mappe. (à) n. 6. —

($^{84}/_{2}$) —— nationalökonomischer u. statistischer Abhandlungen d. staatswissenschaftlichen Seminars zu Halle a. d. S. Hrsg. v. Prof. Dr. Joh. Conrad. 4. Bd. 1. Hft. gr. 8. Jena, Fischer. n. 3. —
Inhalt: Henry C. Carey als Nationalökonom. Von Dr. J. W. Jenks. (VIII, 167 S.)

($^{84}/_{2}$) —— selten gewordener pädagogischer Schriften früherer Zeiten. Hrsg. v. Sem.-Dir. Aug. Israel u. Sem.-Oberlehr. Dr. Johs. Müller. 12. Hft. gr. 8. Zschopau, Raschke. n. 2. 80
Inhalt: Vor- u. frühreformatorische Schulordnungen u. Schulverträge in deutscher u. niederländischer Sprache. Hrsg. v. Sem.-Oberlehr. Dr. Johs. Müller. 1. Abtlg.: Schulordnungen 2c. aus den J. 1296—1505. (XIV, 141 S.)

—— pädagogischer Vorträge. Hrsg. vom Bremischen Lehrer-Verein. 1. Bd. gr. 8. (112 S.) Bremen 1886, Wiegand. n. 1. 50

—— von deutschen Reichsgesetzen u. württembergischen Landesgesetzen. 1. u. 2. Bdchn. 8. (III, 141 u. III, 160 S.) Stuttgart, Kohlhammer. à n. 1. —; geb. à n. 1. 20

($^{85}/_{1}$) —— Sabouroff, die. Kunstdenkmäler aus Griechenland. Hrsg. v. Adf. Furtwängler. 11. u. 12. Lfg. Fol. (à 10 Taf. in Heliogr., Lith. u. Chromolith. m. 10 Bl. Text.) Berlin, Asher & Co. In Mappe. baar à n.n. 25. —

—— neuer theosophischer Schriften. Nr. 9. 11—20. [14.] gr. 8. Bietigheim, Neu-theosoph. Verlag. n. 6. —; geb. n.n. 8. —
Inhalt: 9. Das Evangelium d. Jakobus enth. die Jugendgeschichte unseres Heilandes Jesu Christi. Mit e. Fülle köstl. Perlen geist. Wahrheiten. Neu empfangen vom Herrn durch Jak. Lorber [† 1864]. 3. Aufl. Mit Inhaltsverzeichniß u. alphabet. Sachregister bereichert. (XIII, 420 S.) n. 3. —; geb. n.n. 4. —. — 11—20. Das große Evangelium Johannes. Eine ausführl. neue Eröffng. [autobiographisch gegeben] der gesamten Lehren u. Thaten Jesu, sowie daraufbezügl. Vorkommnisse während Seiner drei Lehramts-Jahre [wie solches angedeutet ist — Johs. 20, 30 u. 21, 25]. Empfangen vom HErrn durch Jak. Lorber [† 1864]. Mit Abschnitten u. Aufschriften verseh. 2. Aufl. 4. Thl. (XV, 464 S.) n. 3. —; geb. n.n. 4. —

($^{85}/_{1}$) —— gemeinnütziger Vorträge. Hrsg. vom Deutschen Vereine zur

Verbreitg. gemeinnütz. Kenntnisse in Prag. Nr. 103—105. gr. 8. Prag, Deutscher Verein. baar n. 1. —
Inhalt: 103. Ueber epidemische Geisteskrankheiten. Von Dr. Arth. Leppmann (14 S.) n. — 20. — 104. Die Eigenschaften u. Wirkungen d. elektrischen Stromes. Mit 14 Illustr. Von Assist. Dr. Max. Weinberg. (32 S.) n. — 40. — 105. Die deutsche Stenographie. Nach Geschichte u. Bedeutg. kurz zusammengefaßt v. Hans Moser. (14 S.) n. —40.

(85/1) Sammlung gemeinverständlicher wissenschaftlicher Vorträge, hrsg. v. Rud. Virchow u. Frz. v. Holtzendorff. 461—472 Hft. [20. Serie. 5—16. Hft.] gr. 8. Berlin, Habel. Subscr.-Pr. à n. —50; Einzelpr. n. 9. 15
Inhalt: 461. Die Stellung Friedrichs d. Großen zur Humanität im Kriege. Vortrag, geh. im Lette-Verein zu Berlin zum 172. Geburtstage Friedrichs d. Großen. Von Pred. H. Hetzel. (32 S.) n. — 60. — 462. Die Pflege der Irren sonst u. jetzt. Vortrag v. Dr. C. Engelhorn. (32 S.) n. — 60. — 463. Der Dichter Horatius u. seine Zeit. Vortrag v. Prof. W. Rösch. (40 S. n. — 80. — 464. Der Einfluß der Natur auf die Kulturentwicklung der Menschen. Vortrag, geh. am 20. Jan. 1879 v. Oberlehr. Dr. F. Hoffmann. (36 S.) n. — 75. — 465. Ein Bild aus der Zeit der Gegenreformation in Siebenbürgen. Vortrag, geh. am 24. Novbr. 1883 in Hermannstadt v. Frdr. Czekelius. (40 S.) n. — 80. — 466. Schlaf u. Traum. Vortrag, geh. im Apr. 1883 v. Irrenanst.-Dir. Dr. Frensberg. (32 S.) n. — 60. — 467. Giacomo Leopardi. Vortrag, geh. am 3. Mai 1884 im Verein der Lehrer an den höheren Staatsschulen in Hamburg v. Prof. Dr. F. Zschech. (31 S.) n. — 60. — 468. Das Wunderland am Yellowstone. Vortrag von Prof. K. A. v. Zittel. (32 S.) n. — 60. — 469. Aus dem geselligen Leben d. 17. Jahrh. Von Frz. Eyssenhardt. (39 S.) n. — 80. — 470. Das Thermometer. Von E. Gerland. (48 S.) n. 1. —. — 471. Das geistliche Schauspiel in Süditalien. Von Th. Trede. (48 S.) n. 1. —. — 472. Das Blei bei den Völkern d. Alterthums. Von Prof. Dr. K. B. Hofmann. (48 S.) n. 1. —

(85/1) —— klinischer Vorträge, in Verbindg. m. deutschen Klinikern hrsg. v. Rich. Volkmann. Nr. 255—261. Lex.-8. Leipzig, Breitkopf & Härtel. Subscr.-Pr. à — 50; Einzelpr. à — 75
Inhalt: 255. 256. Ueber Ankylostoma duodenale u. Ankylostomiasis. Von Dr. Adph. Lutz. (56 S. m. 1 Holzschntaf.) — 257. Beiträge zur Entstehung der Carcinome aus chronisch entzündlichen Zuständen der Schleimhäute u. Hautdecken. Von Assist.-Arzt Privatdoc. Dr. Karl Schuchardt. (44 S.) — 258. Die Diagnose der Arterienverletzung. Von Prof. Dir. Dr. Ed. v. Wahl. (20 S. m. 10 eingedr. Holzschn.) — 259. Zur Lehre v. der Entzündung v. Alb. Landerer. (31 S.) — 260. Ueber Kehlkopfexstirpation v. Eug. Hahn. (48 S.) — 261. Ueber die Reflexe als diagnostisches Hilfsmittel bei schweren Erkrankungen d. centralen Nervensystems v. A. Vetter. (48 S.)

(84/2) —— kunstgewerblicher u. kunsthistorischer Vorträge. Nr. 11. 8. Leipzig, Schloemp. n. 1. 50
Inhalt: Kunst u. Kunstindustrie in Indien v. Dr. A. Kisa. (46 S.)

(85/1) —— von Vorträgen. Hrsg. v. W. Frommel u. Frdr. Pfaff. 14. Bd. 6—10. Hft. 8. Heidelberg, C. Winter. n. 4. 20
Inhalt: 6. Der evangelische Kirchenbau. Vortrag, geh. im Evangel. Vereinshause zu Karlsruhe v. Baur. Prof. R. Baumeister. Mit 10 Abbildgn. (45 S.) n. — 80. — 7. 8. Arizona. Studien u. Wahrnehmgn. Nach Vorträgen, geh. in Freundeskreisen v. Geh. Bergr. Prof. G. vom Rath. (112 S.) n. 1. 80. — 9. Die Zigeuner. Vortrag, geh. im Winter 1884/85 in der naturforsch. u. in der Oberlausitzer Gesellschaft der Wissenschaften von Amtsger.-R. Rob. Frhr. v. Kittlitz. (44 S.) n. — 80. — 10. Justus Möser, der deutsche Patriot, als Apologet d. Christentums. Von Archidiak. Frz. Blanckmeister. (42 S.) n. — 80.

Samson-Himmelstjerna, Jac. v., üb. leukämisches Blut, nebst Beobachtungen betr. die Entstehung d. Fibrinfermentes. Inaugural-Dissertation. gr. 8. (44 S.) Dorpat, (Karow). baar n. 1. —

Sand, G., Molière, s.: Théâtre français.

(81/2) **Sandberger**, Fridolin, Untersuchungen üb. Erzgänge. 2. Hft. Mit 4 lith. Taf. gr. 8. (III u. S. 159—431.) Wiesbaden, Kreidel. n. 10. —
(1. u. 2.: n. 13. 60)

Sandeau, J., le gendre de M. Poirier, s.: Augier, É.
—— Mademoiselle de la Seiglière, s.: Théâtre français.
Sanden, Oberstlieut. a. D. A. v., 1870. Von Ems bis Wilhelmshöhe. Ein Stimmungsbild in epischer Form unter Zugrundelegg. authent. Quellen. gr. 8. (22 S.) Görlitz, (Vierling). baar n. — 40
Sander, Reg.- u. Schulr. F., die Hugenotten u. das Edikt v. Nantes. Mit urkundl. Beigaben. Zum Gedächtnis an das Potsdamer Edikt d. Großen Kurfürsten vom 29. Oktbr. / 8. Novbr. 1685. gr. 8. (V, 333 S.) Breslau, Korn n. 5. —
Sander, dirigir. Arzt Dr. W., u. Assist.-Arzt Dr. A. Richter, die Beziehungen zwischen Geistesstörung u. Verbrechen. Nach Beobachtgn. in der Irrenanstalt Dalldorf. gr. 8. (III, 404 S.) Berlin 1886, Fischer's medicin. Buchh. n. 7. —
St. Benno-Kalender od. kathol. Kirchen- u. Volks-Kalender, zunächst f. Sachsen auf d. J. 1886. 36. Jahrg. 8. (224 S.) Dresden. (Leipzig, Jackowitz.) baar n.n. — 75
St. Bonifacius-Kalender, Berliner, f. d. J. 1886. Hrsg. v. Miss.-Vic. Geistl.-R. E. Müller. 8. (135 S.) Berlin, Germania in Comm. n. — 50
St. Franziscus-Kalender f. Mitglieder d. 3. Ordens, sowie aller anderer frommen Bruderschaften u. Vereine zur religiösen Erbauung u. Belehrung f. d. J. 1886. Von Weltpriest. Dir. M. Müller. 8. (50 S.) Limburg. Hachenburg, Dietrich in Comm. baar n. — 20
St. Hedwigs-Kalender f. 1886. 13. Jahrg. d. Volksfreund-Kalenders. Nebst e. Wandkalender als Gratisprämie. 8. (192 S. m. Illustr.) Breslau, Goerlich. — 50
St. Josefs-Kalender. Katholischer illustrirter Haus- u. Schreibkalender f. 1886, m. astronom. Angaben versehen v. Prof. Conserv. P. St. Stengel, O. S. B. 4. (59 S. m. Illustr. u. 1 Wandkalender.) Augsburg, Schmid's Verl. — 30
—— für 1886. 13. Jahrg. d. Volksfreund-Kalenders. Nebst e. Wandkalender als Gratisprämie. 8. (192 S. m. Illustr.) Breslau, Goerlich. — 50
—— Aachener, f. christliche Familien. 2. Jahrg. 1886. gr. 8. (112 S. m. Illustr. u. 1 Wandkalender.) Aachen, Schweitzer. n. — 40; geb. n. — 60
St. Kassian-Kalender, illustrierter, f. d. J. 1886. 2. Jahrg. [Des Brixner Schreibkalender 65. Jahrg.] 4. (72 S.) Brixen, Weger. n.n. — 50
St. Petrus war niemals Bischof v. Rom. 16. (38 S.) Heidelberg, Weiß' Verl. n. — 20
St. Ursen-Kalender. Hrsg. vom Verein zur Verbreitg. guter Bücher. 33. Jahrg. 1886. 4. (56 S. m. Illustr.) Solothurn, Schwendimann. n. — 35
Sann, H. v. der, die Schlacht bei St. Gotthard, s.: Jugendbibliothek.
Santamar, Guido, der Hausberg u. die Hausberg-Sage. 16. (15 S.) Hirschberg, Heilig. baar — 30
Santi, Prof. Franc., praelectiones juris canonici, quas juxta ordinem decretalium Gregorii IX tradebat in scholis pont. seminarii romani F. S. Liber I et II. gr. 8. Regensburg 1886, Pustet. n. 7. —
I. (IV, 438 S.) n. 4. —. — II. (296 S.) n. 3. —
Sarrazin, Dr. Jos. Vict., Victor Hugos Lyrik u. ihr Entwickelungsgang. Ein krit. Versuch. 4. (40 S.) Baden-Baden, Sommermeyer. n. 1. 40
Sartorius Frhr. v. Waltershausen, A., die Zukunft d. Deutschthums in den Vereinigten Staaten v. Amerika, s.: Zeit- u. Streitfragen, deutsche.
Sartorius, E., s.: Schneider, H. E.

Sartorius, J. B., Führer durch Hersbruck u. Umgegend, s.: Elbinger, Th.

Satz', J. B., Rechenbuch in Heften. 1., 3—5. Hft. 8. Altona, Schlüter in Comm. cart. n. 1. 80
1. 4. unveränd. Aufl. (65 S.) n. — 40. — 3. 3. unveränd. Aufl. (61 S.) n. — 40. — 4. 3. Aufl. (64 S.) n. — 40. — 5. 2. erweit. Aufl. (94 S.) n. — 60.

—— 1. u. 2. Übungsbuch fürs schriftliche Rechnen. Mit besond. Berücksicht. e. naturgemäßen Verbindg. d. mündl. u. schriftl. Rechnens bearb. 8. Ebd. n. 1. 60
1. 118. Aufl. (142 S.) n. — 60. — 2. 67. Aufl. (VIII, 230 u. Anh. 14 S.) n. 1. —

—— dasselbe. Resultate z. 2. Übungsbuch. 8. (30 S.) Ebd. n. — 20

Sasse, Kapl. L., die Lehre vom ersten u. größten Gebote d. Christentums, nach seiner dreifachen Beziehung. Ein Beitrag zur Darstellg. der christl. Sittenlehre. 8. (VIII, 426 S.) Paderborn, Bonifacius-Druckerei. 2. —

Sattig, Fritz, Darstellung u. Kritik d. protagoreischen Sensualismus u. seiner Um- u. Fortbildung durch die sokratische Begriffsphilosophie. I. Darstellung d. protagoreischen Sensualismus, insbesondere an der Hand d. platon. Theaetet. Inaugural-Dissertation. gr. 8. (49 S.) Halle. (Breslau, Köhler.) baar n. 1. —
Die folgenden Abschnitte erscheinen in der „Zeitschrift f. Philosophie u. philosoph. Kritik".

Sattler, A., Leitfaden der Physik u. Chemie. Für die oberen Klassen v. Bürger- u. höheren Mädchenschulen in 2 Kursen bearb. 4. verb. Aufl. Mit 180 eingedr. Holzst. gr. 8. (IV, 100 S.) Braunschweig, Vieweg & Sohn. n. — 80

Sattler, Musikdir. Heinr., zwei- u. dreistimmige Gesänge religiösen u. weltlichen Inhalts f. kleinere Kirchenchöre, Seminare, höhere Töchterschulen, Lehrerinnen-Seminare u. Singkränzchen. Mit Begleitg. d. Pianoforte, Harmoniums od. der Orgel. 1. u. 2. Hft. gr. 8. Quedlinburg, Vieweg. n. 1. 50
Inhalt: 1. Religiöse Gesänge. Op. 44. (48 S.) n. — 90. — 2. Weltliche Lieder. Op. 44. (20 S.) n. — 60.

Sauer, Aug., Frauenbilder aus der Blütezeit der deutschen Litteratur. Mit 15 Orig.-Portraits (in Lichtdr.). 4. (XI, 106 S.) Leipzig, Titze. geb. m. Goldschn. baar n. 10. —

Sauer, Dir. Prof. Carl Marquard, spanische Konversations-Grammatik. Durchgesehen v. Lehr. Wilh. Ad. Röhrich. 4. gänzlich rev. u. verb. Aufl. gr. 8. (XI, 410 S.) Heidelberg, J. Groos. n. 4. —; geb. n. 4. 60

—— italienische Schul- u. Konversations-Grammatik. Gänzlich durchgesehen v. Prof. G. Cattaneo. 8. verb. Aufl. gr. 8. (XIX, 406 S.) Ebd. n. 3. —; geb. n. 3. 60

—— u. Lehr. Wilh. Ad. Röhrich, diálogos castellanos. Spanische Gespräche. Ein Hilfsbuch zur Übg. in der span. Umgangssprache. 2. Aufl. gr. 8. (VIII, 174 S.) Ebd. geb. n. 1. 80

Sauer, F. A., der Bombardier im Feuer, s.: Album f. Liebhaber-Bühnen.

Sauer, Fritz, catalogus plantarum in Canariensibus insulis sponte et subsponte crescentium. Dissertatio inauguralis. gr. 8. (78 S.) Halis Sax. 1880. (Berlin, Schleiermacher.) baar n. 2. —

Sauer, Oberpfr. Lic. H., selig sind, die Gottes Wort hören u. bewahren. Predigten f. die 2. Hälfte d. Kirchenjahres. gr. 8. (VIII, 328 S.) Cottbus, Differt. n. 3. —; geb. n. 4. —

Sauer, Gen.-Maj. K. v., taktische Untersuchungen üb. neue Formen der Befestigungskunst. [Aus: „Jahrbb. f. d. deutsche Armee u. Marine".] 2. Aufl. gr. 8. (VII, 40 S.) Berlin 1886, Wilhelmi. n. 1. —

Sauerbrei, Turnlehr. Guido, Turnbuch f. Schulen. Kurzgefaßte Anleitg. f. den Turnunterricht. Mit 42 in den Text gedr. Holzschn. 8. (144 S.) Berlin 1886, Th. Hofmann. n. 1. 20; geb. baar n. 1. 40

(85/1) **Saure**, Dr. Heinr., französisches Lesebuch f. Realgymnasien, Oberrealschulen u. verwandte Anstalten. 2. u. 3. Tl. gr. 8. (VII, 478 u. 108 S.) Berlin, Herbig. n. 3. 20 (cplt.: n. 4. 70)

—— dasselbe, f. höhere Mädchenschulen, nebst Stoffen zur Übg. im mündl. Ausdruck. 1. Tl. 2. Doppel-Aufl. gr. 8. (VII, 125 u. Lesestoffe IV, 145 S.) Kassel, Kay. n. 2. —; geb. n. 2. 40

Sauren, Rect. J., Gewitterbüchlein. Enth. Belehrgn., Schutzmittel u. Gebete. 16. (88 S.) Salzburg, Pustet. cart. — 40

Saxonis, Grammatici, gesta Danorum, hrsg. v. Alfr. Holder. gr. 8. (LXXXVIII, 724 S.) Strassburg 1886, Trübner. n. 12. —

Saxo-Saxonen, die, v. Samar Gregorow. 16. Aufl. 8. (63 S.) Berlin, Eckstein Nachf. n. — 50

Scapulier, das fünffache, in der hl. römisch-katholischen Kirche, e. reiche Quelle vieler Gnaden u. Abläße. Kurzgefaßter Unterricht f. die Mitglieder der vier Scapulier-Bruderschaften u. die Inhaber d. v. Papst Pius IX. im J. 1847 gutgeheißenen u. m. Abläßen versehenen rothen od. Passionsscapuliers. Von e. Pfarrer der Erzdiöcese Köln. 7. Aufl. 16. (24 S.) Dülmen, Laumann. n. — 10

Schaab, Lehr. Organ. Rob., Lehr. Organ. W. **Bartmuß** u. Lehr. Karl **Seitz**, Sangesblüten f. deutsche Mädchen. 250 ausgewählte ein- u. mehrstimm. Lieder f. Schule u. Haus. In 3 Hftn. geordnet u. hrsg. 3. Hft.: 70 zwei-, drei- u. vierstimm. Lieder f. Oberklassen in Mädchenschulen u. höheren Töchterinstituten. 2. verb. Aufl. 8. (110 S.) Leipzig, Klinkhardt. n. — 50

Schaaffhausen, Herm., anthropologische Studien. gr. 8. (IX, 677 S.) Bonn, Marcus. n. 12. —

Schaar, Geo., F., das Liegel'sche Sparfeuerungs-System. Deutsches Reichs-Patent. 4. (12 S. m. 14 Fig.) Halle, Knapp. n. 1. —

Schaarschmidt, Schuldir. G., biblische Geschichten im Zusammenhange m. dem Bibellesen zu Lebens- u. Geschichtsbildern zusammengestellt. Nebst Anh. 3. Aufl. 8. (134 u. 36 S.) Braunschweig, Bruhn's Verl. geb. n. 1. —

Schack v. Igar [Elfriede Jaksch], Licht, mehr Licht! Ein livländ. Roman in 3 Bdn. 8. (298, 285 u. 347 S.) Breslau, Schottländer. n. 12. —; geb. n. 15. —

(85/1) **Schack**, Graf Adf. Frdr. v., gesammelte Werke. [In 6 Bdn.] 2. verb. u. verm. Aufl. 5. u. 6. Bd. 8. (540 u. 557 S.) Stuttgart, Cotta. à n. 2. 50; geb. à n. 3. 35

—— Memnon. Eine Mythe. 8. (IV, 163 S.) Ebd. n. 3. —; geb. n. 4. —

Schack, Graf A. F. v., ein literarisches Portrait desselben, s.: Zabel, E.

Schaedler, Dr. Carl, kurzer Abriss der Chemie der Kohlenwasserstoffe. Zugleich e. Repetitorium f. studir. u. prakt. Chemiker, Techniker, Apotheker etc. gr. 8. (202 S.) Leipzig, Baumgärtner. n. 5. —

(85/1) —— die Technologie der Fette u. Oele der Fossilien [Mineralöle], sowie der Harzöle u. Schmiermittel. Mit zahlreichen Textillustr. u. mehreren Taf. 3. Lfg. gr. 8. (S. 321—480.) Ebd. (à) n. 4. —

Schaefer, vorm. Geh. Reg.-R. Prof. Dir. Dr. Arnold, Abriss der Quellenkunde der griechischen u. römischen Geschichte. 2. Abtlg. Römische Geschichte bis auf Justinian. 2. Aufl., besorgt v. Heinr. Nissen. gr. 8. (X, 208 S.) Leipzig, Teubner. n. 3. 20

—— Demosthenes u. seine Zeit. 2. rev. Ausg. 1. Bd. gr. 8. (XVI, 528 S. m. 1 Holzschntaf.) Ebd. n. 10. —

Schaefer, vorm. Geh. Reg.-R. Prof. Dir. Dr. Arnold, Geschichtstabellen zum Auswendiglernen. Mit Geschlechtstafeln. 16. Aufl. Hrsg. v. Dr. Jul. Asbach. gr. 8. (VI, 68 S.) Leipzig, Arnold. n. — 50

—— Tabelle zur preussischen Geschichte. Mit e. Geschlechtstaf. 3. Aufl., hrsg. v. Dr. Jul. Asbach. gr. 8. (16 S.) Ebd. baar n. — 20

Schäfer, Prof. C., u. Reg.-Baumstr. A. **Rossteuscher**, ornamentale Glasmalereien d. Mittelalters u. der Renaissance, nach Orig.-Aufnahmen in Farbendr. hrsg. (In 3 Lfgn.) 1. Lfg. gr. Fol. (15 Taf.) Berlin, Wasmuth. In Mappe. baar n. 50. —

Schäfer, Rekt. C. Otto, kleineres Lehrbuch f. den evangelischen Religionsunterricht. Biblische Geschichte, Bilder aus der Kirchengeschichte u. Bibelkunde, m. Rücksicht auf bibl. Geographie u. christl. Kirchenjahr. Auszug aus dessen Lehrbuch f. den evangel. Religionsunterricht in 3 Tln. (Ausg. B. m. Anh.) 2., verb. Aufl. Mit e. Karte v. Palästina. gr. 8. (VIII, 256 S.) Frankfurt a/M. 1884, Diesterweg. n. 1. —; Einbd. n.n. — 25

Schaefer, Lehr. Dr. Curt, Elementarbuch f. den französischen Unterricht. gr. 8. (93 u. Begleitwort: Die vermittelnde Methode, 24 S.) Berlin, Winckelmann & Söhne. n. 1. —

Schäfer, Ernst, Nepos-Vokabular. 1. u. 2. Tl. gr. 8. (VI, 38 u. IV, 43 S.) Leipzig, Teubner. cart. à n. — 40

Schäfer, Archidiak. Rekt. Gust., Katechismuslehre. Lehrbuch der christl. Religion nach Ordng. d. kleinen Luther. Katechismus f. Religionslehrer, Seminaristen u. Präparanden. gr. 8. (VI, 330 S.) Langensalza, Beyer & Söhne. n. 3. 60

Schäfer, Gymn.-Lehr. J., Boileau, l'art poétique, metrisch übers., erklärt u. m. Parallelstellen aus Horaz. 4. (24 S.) Attendorn 1881. (Leipzig, Fock.) baar n. 1. —

Schaefer's, Joh. Wilh., Geschichte der deutschen Literatur d. XVIII. Jahrh. in übersichtlichen Umrissen u. biographischen Schilderungen. 2., verm. u. vollständig umgearb. Aufl., hrsg. v. Dr. Frz. Muncker. Neue Ausg. in 10 Hftn. 8. Leipzig, T. O. Weigel. à n. — 50 (cplt.: n. 5. —; geb. n. 6. —)

Inhalt: 1. Innere Geschichte der Literatur. Hagedorn u. Haller. (69 S.) — 2. Die vorzüglichsten Dichter der Leipziger Schule. (S. 70—142.) — 3. Friedrich Gottlieb Klopstock. (S. 143—203.) — 4. Die vorzüglichsten Dichter der Vereine zu Halle, Halberstadt u. Berlin. (S. 204—254.) — 5. Gotthold Ephraim Lessing. (S. 255—331.) — 6. Christoph Martin Wieland. (S. 332—387.) — 7. Innere Geschichte der Literatur bis zu Schillers Tode. Göttinger Dichterbund. (S. 388—508.) — 8. Johann Gottfried Herder. (S. 509—597.) — 9. Johann Wolfgang Goethe. (S. 598—674.) — 10. Johann Christoph Friedrich Schiller. (S. 675—770.)

Schäfer, Th., neues Wanderbuch durch Sachsen. 2. Thl.: Dresdens Umgebg. in 101 Ausflügen. 2. verm. u. verb. Aufl. Mit 2 Kartenbeilagen. 8. (X, 218 S.) Dresden, Meinhold & Söhne. 1. 50

Schaefer, Thdr., was ist Freimaurerei? Eine Darlegg. d. Inhalts der Freimaurerei u. deren Bedeutg. f. die Gegenwart f. Nicht-Maurer. gr. 8. (X, 76 S.) Berlin, Mittler & Sohn. n. 1. 50

Schäffer, Lehr. C., Leitfaden f. den Unterricht in der Orthographie, nebst e. Verzeichnisse: die Schreibg. u. Bedeutg. der gebräuchlichsten Fremdwörter. 13. verb. Aufl. gr. 8. (IV, 192 S.) Leipzig, Klinkhardt. n. 1. —

Schaeffer, Dr. Max, chirurgische Erfahrungen in der Rhinologie u. Laryngologie aus den J. 1875—1885. Mit 7 Abbildgn. gr. 8. (VIII, 99 S.) Wiesbaden, Bergmann. n. 3. 60

Schäffle, Min. a. D. Dr. Alb. E. Fr., gesammelte Aufsätze. (In 2 Bdn.) 1. Bd. gr. 8. (VII, 298 S.) Tübingen, Laupp. n. 6. —

Schaffroth, Pfr. J. G., der Reformator Niklaus Manuel v. Bern. Freier Vortrag, geb. in der Nikolaikirche zu Strassburg u. im Aeussern Stand zu Bern. 8. (51 S.) Basel, Schwabe. n. — 80

Schaible, em. Prof. Dr. Karl Heinr., Geschichte der Deutschen in England von den ersten germanischen Ansiedelungen in Britannien bis zum Ende d. 18. Jahrh. gr. 8. (XVIII, 483 S.) Strassburg, Trübner. n. 9. —

—— deutsche Stich- u. Hieb-Worte. Eine Abhandlg. üb. deutsche Schelt-, Spott- u. Schimpfwörter, altdeutsche Verfluchgn. u. Flüche. 2. unveränd. (Titel-) Ausg. gr. 8. (IX, 91 S.) Ebd. (1879). n. 2. —

($^{83}/_{2}$)**Schalk**. Blätter f. deutschen Humor. 8. Jahrg. Oktbr. 1885—Septbr. 1886. 52 Nrn. (à 1—2 B. m. Illustr.) gr. 4. Berlin, Thiel. Vierteljährlich baar n. 2. 80

Schalk, G., Heldenfahrten, s.: Schmidt's, F., Jugendbibliothek.

Schalk-Kalender f. 1886. 6. Jahrg. 8. (110 S. m. Illustr.) Berlin, Thiel. n. 1. —

Schallenfeld, weil. Töchtersch.-Vorst. Agnes, praktische Anweisung zur Erteilung d. Handarbeitsunterrichts nach der Schallenfeldschen Methode. 2—4. Stufe. 6., verb. Aufl. Rev. v. Inspizientin Albertine Hall. gr. 8. Frankfurt a/M., Diesterweg. n. 2. 40

Inhalt: 2. Das Häkeln. Mit 3 lith. Taf. (30 S.) n. — 80. — 3. 4. Das Nähen. [Einschließlich das Zeichnen, Sticken, Zuschneiden, Stopfen u. Ausbessern der Wäsche.] Mit 6 lith. Taf. (70 S.) n. 1. 60.

Schallenfeld, weil. Sem.-Leiterin Rosalie, u. weil. Töchtersch.-Vorst. Agnes Schallenfeld, der Handarbeits-Unterricht in Schulen. Wert, Inhalt, Lehrgang u. Methodik desselben. Mit e. Vorwort v. Geh. Reg.-R. a. D. Karl Bormann. 7., verm. u. verb. Aufl. Rev. v. Inspicientin Albertine Hall. gr. 8. (80 S.) Frankfurt a/M., Diesterweg. n. 1. —

Schandorph, S., ohne innern Halt. [Uden Midtpunkt.] Erzählung. Aus dem Dän. v. J. D. Ziegeler. 3. (Titel-) Aufl. 8. (392 S.) Norden (1881), Fischer Nachf. n. 5. —

Schanz, Carl, Elsasser Bauern-Krieg. Dramatische Skizzen in 5 Akten. 8. (IV, 84 S.) Zabern, Mallinckrodt. n. 1. —

Schanz, F., unser Hausglück, s.: Lohmeyer, J.

Schanz, Prof. Dr. Paul, Commentar üb. das Evangelium d. heil. Johannes. gr. 8. (IV, 599 S.) Tübingen, Fues. n. 8. —

Schanz, Pauline, Gedichte. 8. (V, 197 S.) Leipzig, Friedrich. n. 3. —

Schaper, Ludw., Geschichte der socialen Frage. gr. 8. (63 S.) Braunschweig, Sommermeyer. n. — 80

—— Militaria. Ein Buch vom deutschen Heere f. Alt u. Jung. [1. Das Heer im Frieden. — 2. Das Heer im Kriege.] 8. (VIII, 216 S. m. 6 Kartenskizzen.) Ebd. n. 3. 50; geb. n. 4. 50

Schaper, W., Beschreibung der erdmagnetischen Station zu Lübeck, s.: Mittheilungen der geographischen Gesellschaft zu Lübeck.

Schaeppi, Sophie, der Tante Sophie Bilderbuch, m. Versen v. L. Z., gezeichnet v. S. Sch. gr. 4. (22 Bl.) Winterthur, Kieschke. cart. n. 3. 60

Scharenberg, Hofr., Mecklenburg-Strelitzische Gesetze, Verordnungen u. Verfügungen in Kirchen- u. Schulsachen. Fortsetzung d. 1. Tls. der Gesetzsammlg. f. die Mecklenburg-Strelitzischen Lande [m. Ausnahme d. Fürstent. Ratzeburg]. gr. 8. (VI, 273 S.) Neustrelitz, (Barnewitz). baar n.n. 5. —

Scharlach, Schuldir. a. D. J. C. F., Aufgaben zu Übungen im schriftlichen Rechnen f. Bürger- u. Volksschulen. 1. Hft. 10. Aufl. 8. (56 S.) Halle, Schrödel & Simon. n. — 30

—— u. L. Haupt, Fibel f. den vereinigten Anschauungs-, Zeichen-, Schreib- u. Leseunterricht. 29. Aufl. gr. 8. (IV, 96 S. m. Illustr.) Ebd. n. — 30; Einbd. n.n. — 10

—— —— Lesebuch f. Bürger- u. Volksschulen. Unterstufe. 11. Aufl. gr. 8. (XII, 260 S.) Ebd. n. — 80; Einbd. n.n. — 20

Scharlach, Schuldir. a. D. J. C. F., u. L. **Haupt**, Lesebuch f. Bürger- u. Volksschulen. Oberstufe. 7. Aufl. gr. 8. (VIII, 350 S.) Halle 1886, Schrödel & Simon. n. 1. 10; Einbd. n.n. — 20

—— —— Volksschullesebuch m. besond. Rücksicht auf die Prov. Sachsen. 17. Aufl. gr. 8. (XII, 428 S.) Ebd. n. — 90; Einbd. n.n. — 25

—— —— dasselbe. Ausg. in 2 Abtlgn. 2. Abtlg. [Oberstufe.] 5. Aufl. gr. 8. (VIII, 344 S.) Ebd. n. 1. —; Einbd. n.n. — 25

Scharling, H., s.: Nicolay.

Scharrer, Johs., zum Andenken an ihn, s.: Hagen, R.

Schätzler, G., in Feindesland, s.: Dilettanten-Mappe.

Schatzmayer, Dr. E., der klimatische Curort Görz u. seine Umgebung. Mit 1 Karte. 8. (VII, 103 S.) Wien 1886, Braumüller. n. 1. 60

Schaubach, Gymn.-Prof. A., Wörterbuch zu Siebelis' Tirocinium poeticum. 7. verb. Aufl. gr. 8. (IV, 47 S.) Leipzig, Teubner. — 45

Schaubek's Briefmarken-Album. Illustrirt m. 29 Portraits, 75 Länderwappen u. ca. 1600 Marken-Abbildgn. Kleine illustr. Ausg. [Auszug aus der grossen Quart-Ausg.] 6. verm. u. bis auf die neueste Zeit vervollständ. Aufl. qu. Fol. (96 S.) Leipzig, Gebr. Senf. cart. 3. —; geb. 3. 50 u. 4. —

Schaumberg, G., e. gründliche Kur, s.: Album f. Liebhaber-Bühnen.

Schaumberger, Heinr., gesammelte Werke. 1. u. 8. Bd. 8. Wolfenbüttel, Zwißler. à n. 2. —

Inhalt: 1. Im Hirtenhaus. Eine oberfränk. Dorfgeschichte. 5. Aufl. (VIII, 259 S.) 1884. — 8. Vater u. Sohn. Eine oberfränk. Dorfgeschichte. 3. Aufl. (214 S.)

Schedlich, H., die Kerochromatographie. Aquarellmalerei, Colorir- u. Aquarellirverfahren, an ihrer Unterart der Photokerochromatographie gezeigt. 8. (30 S.) Leipzig, Garte. n. — 60

Scheibert, Maj. z. D. J., Unteroffizier-Brevier. Ein Festgeschenk. 2. Aufl. 12. (IV, 108 S.) Berlin, Luckhardt. geb. n. 1. 20

Scheichl, Prof. Frz., e. Beitrag zur Geschichte d. gemeinen Arbeitslohnes vom J. 1500 bis auf die Gegenwart. Eine culturgeschichtliche Studie im Anschluss an die Zimmerleut- u. Maurerlöhngn. in Oberösterreich. Lex.-8. (49 S.) Wien, Pichler's Wwe. & Sohn. n. 1. —

Scheidel, Gust., Franz Karl Leopold Freiherr v. Seckendorff in seinen literarischen Beziehungen, hauptsächlich zum Weimarschen Dichterkreise, nach e. ungedruckten Korrespondenz. Vortrag, geh. in der am 8. Septbr. 1885 zu Ansbach stattgefundenen Delegirtenversammlg. der histor. u. Altertumsvereine Deutschlands. gr. 8. (39 S.) Nürnberg, (Heerdegen-Barbeck). n. 1. 50

Scheidemauer, die, in der Heiliggeistkirche zu Heidelberg. Eine histor. Erinnerg. zum Universitäts-Jubiläum 1886. gr. 8. (20 S.) Heidelberg, Koester. — 30

Schell, Prof. Dr. Herm., das Wirken d. dreieinigen Gottes. gr. 8. (XV, 624 S.) Mainz, Kirchheim. n. 8. —

($^{83}/_{2}$) **Schellen,** Dir. a. D. Dr. H., der elektromagnetische Telegraph in den Hauptstadien seiner Entwickelung u. in seiner gegenwärtigen Ausbildung u. Anwendung, nebst e. Anh. über den Betrieb der elektr. Uhren. Ein Handbuch der theoret. u. prakt. Telegraphie f. Telegraphenbeamte, Physiker, Mechaniker u. das gebildete Publicum. Bearb. v. Telegr.-Offizial Jos. Kareis. 6. gänzlich umgearb., bedeutend erweit. u. den neuesten Zuständen d. Telegraphenwesens angepasste Aufl. Mit zahlreichen in den Text eingedr. Holzst. 5. Lfg. gr. 8. (S. 641—800.) Braunschweig, Vieweg & Sohn. n. 4. 20 (1—5.: n. 17. 70)

Scheller, E., Theorie u. Praxis d. Volksschulunterrichts nach Herbartischen Grundsätzen, s.: Rein, W.

Schelling, J., kurzes Lehrbuch der Welt- u. Schweizergeschichte im Zusammenhang. Zum Zwecke der Vereinfachg. d. Geschichtsunterrichtes u. zur Erzielg. e. bessern Verständnisses der vaterländ. Geschichte f. schweiz. Sekundar-, Real- u. Bezirksschulen. 3., verb., m. Marginalien versehene u. m. histor. Karten ausgestattete Aufl. gr. 8. (XV, 327 S.) St. Gallen, Huber & Co. n. 2. 60

Schematismus d. k. k. Heeres, der k. k. Kriegsmarine u. beider Landwehren. Richtiggestellt bis 30. Apr. 1885. 16. (82 S.) Teschen, Prochaska. n. — 40

(84/2) **Schenck**, Anwalt F., Jahresbericht f. 1884 üb. die auf Selbsthilfe gegründeten deutschen Erwerbs- u. Wirthschaftsgenossenschaften. Fol. (XIV, 110 S.) Leipzig, Klinckhardt. n. 8. —

Schenck, Dr. H., die Biologie der Wassergewächse. Mit 2 (lith.) Taf. gr. 8. (IV, 162 S.) Bonn 1886, Cohen & Sohn. n. 5. —

Schenk, E., Flora v. Deutschland, s.: Schlechtendal, D. F. L. v.

Schenk, Fürsprecher Rud., offizieller Festführer zum eidgenössischen Schützenfest 1885 in Bern. Mit 13 Illustr. u. 2 Plänen. 8. (49 S.) Bern, Nydegger & Baumgart. n. — 50

Schenkendorf's, Max v., Biographie, s.: Heinrich, E.

Schenkl, Karl, Chrestomathie aus Xenophon, aus der Anabasis, der Kyrupädie, den Erinnergn. an Sokrates zusammengestellt u. m. erklär. Anmerkgn. u. e. Wörterbuche versehen. 8. verm. u. verb. Aufl. Mit 1 Karte u. 16 Illustr. im Text. gr. 8. (XX, 340 S.) Wien, Gerold's Sohn. n. 3. 60; geb. n. 4. —

—— vocabolario greco-italiano per uso sei ginnasj, dal vocabolario greco-tedesco del C. S. tradotto do Francesco Ambrosoli. Ed. IX. gr. 8. (V, 972 S.) Ebd. 1886. n. 10. —

(84/2) **Schenkling**, Karl, die deutsche Käferwelt. Allgemeine Naturgeschichte der Käfer Deutschlands, sowie e. prakt. Wegweiser, die deutschen Käfer leicht u. sicher bestimmen zu lernen. 2—7. Lfg. gr. 8. (S. 49—304 m. 13 Chromolith.) Leipzig, Leiner. à n. 1. 25

Schenzl, Dir. Dr. Guido, O. S. B., üb. die Niederschlags-Verhältnisse in den Ländern der ungarischen Krone. Mit 1 (chromolith.) Regenkarte. (Ungarisch u. deutsch.) gr. 4. (35 S.) Budapest, (Kilian). n.n. 3. —

Scherenberg, Ernst, Germania. Dramatische Dichtg. 12. (96 S.) Elberfeld, Bädeker. geb. m. Goldschn. n. 3. —

(84/2) **Scherer**, P. A., Bibliothek f. Prediger, fortgeführt v. Conventualen d. Stiftes Fiecht. Neue Folge. 4. Bd. [Des ganzen Werkes 12. Bd.] 1. Lfg. gr. 8. Innsbruck, Wagner. (à) 1. 20

Inhalt: Exempel-Lexikon f. Prediger u. Katecheten. 4. Bd. 1. Lfg. Der neuen Folge 22. Lfg. (S. 961—1122.)

Scherer, Chrn., de Olympionicarum statuis. Dissertatio philologica. gr. 8. (58 S. m. 1 eingedr. Grundriß.) Göttingen, (Vandenhoeck & Ruprecht). baar n. 1. 60

Scherer, Gymn.-Dir. Dr. F. J., u. Gymn.-Prof. Dr. H. A. **Schnorbusch**, Übungsbuch nebst Grammatik f. den griechischen Unterricht der Tertia. 3. verb. Aufl. gr. 8. (V, 361 S.) Paderborn, F. Schöningh. n. 2. 40

Scherer, Geo., deutscher Dichterwald. Lyrische Anthologie. Mit vielen Porträts u. Illustr. v. F. Defregger, K. Häberlin, Th. Hosemann 2c. 11., verm. Aufl. 12. (VIII, 572 S.) Stuttgart, Deutsche Verlags-Anstalt. geb. m. Goldschn. 7. —

Scherer, Rechtsanw. Dr. W., das rheinische Recht u. die Reichsgesetzgebung. gr. 8. (XV, 287 S.) Mannheim, Bensheimer's Verl. n. 5. —

Scherer, Prof. Wilh., Geschichte d. Elsaßes, s.: Lorenz, O.

(85/1) —— Geschichte der deutschen Litteratur. 3. Aufl. 6—9. (Schluß-) Hft. gr. 8. (XII u. 465—815.) Berlin, Weidmann. à n. 1. — (cplt geb. in Leinw.: n. 10. —; in Halbfrz. n. 11. —)

Scherfig, Bez.-Schulbir. Dr. Emil, der Begriff der Bildung nach seinen psychischen Momenten u. pädagogischen Konsequenzen. Ein Vortrag, geh. in der „Pädagog. Gesellschaft" zu Leipzig. 8. (IV, 58 S.) Leipzig, Matthes. n. 1. —
(85/1) Scherr, Dr. Johs., Bildersaal der Weltliteratur. 3., neu bearb. u. stark verm. Aufl. 19—30. (Schluß-) Lfg. Lex.-8. (2. Bd. S. 337—597 u. 3. Bd. 406 S.) Stuttgart, Kröner. baar à — 60 (cplt.: n. 18. —; geb. n. 24. —)
—— die Nihilisten. 3. durchgeseh. Aufl. 8. (223 S.) Leipzig, O. Wigand. n. 4. —
Scherz u. Ernst. Allerlei Witze, Schwänke u. Merkwürdigkeiten in zwanglosen Liefergn. 1. Hft. 12. (160 S.) Paderborn, Bonifacius-Druckerei. — 45
Scherzer, Dr. Karl v., das wirthschaftliche Leben der Völker. Ein Handbuch üb. Production u. Consum. Lex.-8. (XI, 756 S.) Leipzig, A. Dürr. n. 18. 50; geb. n. 20. 50
Schettler, Sem.-Oberlehr. O., Turnspiele f. Mädchen u. Knaben. [3. Tl. der Mädchen- u. Knabenturnschule] 5. verm. Aufl. gr. 8. (VIII, 83 S.) Plauen i/V., Hohmann. n. 1. —
Scheu, G., Rechenaufgaben, } s.: Schönmann, H.
—— Rechenbuch, }
Scheurl, Dr. A. v., der christliche Staat. Ein Vortrag im evangel. Arbeiterverein zu Nürnberg geh. gr. 8. (23 S.) Nürnberg, Löhe. n. — 30
Scheyring, Priest. P. Seb., der heilige Wundersmann Antonius v. Padua u. seine Verehrung durch die 9 Dienstage. Getreu u. nach authent. Quellen bearb. 3., verm. u. verb. Aufl. 16. (IV, 296 S. m. 1 Farbendr.) Innsbruck, F. Rauch. — 60
Schiavi, Prof. Abate Lorenzo, manuale didattico-storico della letteratura italiana con annessi svariati saggi di scelti autori ad esercizio di lettura e memoria per la scolaresca. Testo compilato ad uso delle classi ginnasiali superiori e d'altre scuole. Ed. II. riveduta dall' autore ed arricchita di classici brani. Vol. III. contenente la parte 3. gr. 8. (S. 413—636.) Triest, Dase. n. 2. 80
Schicksale e. geraubten Knaben u. der dornige Lebenspfad e. braven Familie. 2 Erzählgn. f. die Jugend u. ihre Freunde. 3. Aufl., umgearb. u. bevorwortet v. Hofpred. D. Emil Frommel. 8. (III, 104 S.) Barmen, Wiemann. cart. n. — 75
Schiebe u. Odermann, Auswahl deutscher Handelsbriefe f. Handlungslehrlinge, m. e. französ., engl. u. italien. Übersetzg. der in den Briefen vorkomm. Fachausdrücke, schwierigeren Wendgn. u. Sätze. Zum 7. Male hrsg. v. vorm. Dir. Prof. Dr. Carl Gust. Odermann. 8. verb. Aufl. gr. 8. (VIII, 209 S.) Leipzig, Gebhardt. n. 1. 80; geb. n. n. 2. 10
Schiesl, Jos., Dramen in Prosa: Sedan, Trauerspiel. Irredenta, Schauspiel. Die Landesvertheidiger, Trauerspiel. Der Illuminat, Lustspiel. Heidelbeerwein, humorist. Epos. gr. 8. (V, 193 S.) Regensburg, Coppenrath in Comm. n. 3. —
Schiessinstruktion f. Kadetten. gr. 16. (IV, 67 S.) Bern 1884. (Aarau, Sauerländer.) cart. baar n. — 80
Schießtafeln, f. stahlbronzene Kanonen d. Belagerungs-Artillerie-Parkes, dann f. Minimalscharten-Kanonen M. 1880. 8. (148 S.) Wien, Hof- u. Staatsdruckerei. cart. n. 1. 20
—— für 15 cm, 24 cm u. 28 cm Küstenkanonen, dann f. 28 cm Minimalschartenkanonen. 8. (III, 46 S.) Ebd. cart. n. — 80
Schiff, Lehr. Jos., Sigel u. Vereinfachungen der stenographischen Correspondenzschrift. Mit e. Biographie Gabelsbergers. 3. Ausg. 12. (32 S.) Wien, (Edm. Schmid). n. — 30
Schilgen, Amtsrichter Frdr. v., das kirchliche Vermögensrecht u. die Vermögensverwaltung in den katholischen Kirchengemeinden der gesamten preu-

ßischen Monarchie. Ein Handbuch f. Geistliche, Kirchenvorstände, Gemeindevertretungen, Juristen u. Verwaltungsbeamte. gr. 8. (VI, 219 S.) Paderborn, Bonifacius-Druckerei. 2. 10

Schiller, Gen.-Arzt Carl, Stimmen üb. die Bauten u. Kunstwerke Rotenburg's ob der Tauber, gesammelt. 8. (64 S.) Würzburg, Stuber's Verl. in Comm. n. 1. —

Schillers, F. v., Werke, s.: National-Litteratur, deutsche.

(85/1) —— dasselbe. Illustrirt v. ersten deutschen Künstlern. 3. Aufl. 35—50. Lfg. Lex.-8. (3. Bd. VIII u. S. 33—450 m. eingedr. Holzschn.) Stuttgart, Deutsche Verlags-Anstalt baar à n. — 50

—— die Braut v. Messina, } s.: Schulausgaben classischer Werke.
—— Gedichte, }

—— die Jungfrau v. Orleans, s.: Haus-Bibliothek f. Stolze'sche Stenographen.

—— Lied v. der Glocke. Deutsch u. englisch. 8. (29 S.) Philadelphia, Schäfer & Koradi. n. — 40

—— Wilhelm Tell, s.: Plays, german classical.

—— dasselbe, s.: Schulausgaben deutscher Klassiker.

—— der Verbrecher aus verlorner Ehre. Hrsg. in Stolze'scher Stenographie v. W. Dieckmann. gr. 8. (34 autogr. S.) Elberfeld, Fassbender. n. — 90

Schiller, J., üb. Shakespeares Entwicklungsgang, s.: Zeitfragen d. christlichen Volkslebens.

Schiller, Prof. Vicedir. Karl, Umrisse e. Handels-Geographie f. die Gremial-Handels-Fachschule d. Wiener Handelsstandes, sowie f. Industrie u. kaufmänn. Fortbildungsschulen. Mit Tabellen üb. die bedeutendsten Fund- u. Fabriksorte der wichtigsten Handelsartikel der Erde. 4. verb. Aufl. gr. 8. (284 S.) Wien, Gerold's Sohn. geb. n. 3. 60

(84/1) **Schiller,** Prof. Rud., Aufgaben-Sammlung f. Handels-Lehranstalten. 3. Thl. gr. 8. Wien 1884, Pichler's Wwe. & Sohn. n. 3. —; Resultate (30 S.) n. — 50 (cplt.: n. 5. 70)

Inhalt: Aufgaben f. kaufmännisches Rechnen. (III, 236 S.)

Schiller-Gallerie nach Orig.-Cartons von W. v. Kaulbach, C. Jäger, A. Müller, Th. Pixis, R. Beyschlag, W. Lindenschmit. Mit erläut. Text v. E. Förster. Neue Ausg. 4. (21 Photogr. m. 42 S. Text.) München, Verlags-Anstalt f. Kunst u. Wissenschaft. geb. m. Goldschn. n. 20. —

Schilling, Lehr. J., praktische Anleitung zum mündlichen u. schriftlichen Verkehr im Spanischen. gr. 8. (VII, 128 S.) Leipzig, Gloeckner. geb. n. 3. —

Schillingsbücher. Nr. 4. 19. 20. 73. 74. 84. 85. 112. 113. Neue Aufl. 8. Hamburg, Agentur d. Rauhen Hauses. à n. — 10

Inhalt: 4. Der Weihnachtsstern. Von Erich Norden. (16 S.) — 19. Drei u. noch Einer. (16 S.) — 20. Ein armer Sünder. (24 S.) — 73. Regina od. e. Schäflein Seiner Weide. (24 S.) — 74. Am Rande d. Abgrundes. (24 S.) — 84. Vergiß deinen Stand nicht. Von J. Boy. (24 S.) — 85. Verborgene Wege. Von C. Kreuzer. (24 S.) — 112. Soll ich meines Bruders Hüter sein? Von Erich Norden. (24 S.) — 113. Seegeschichten. (16 S.)

Schimmer, G., österreichische Vaterlandskunde, s.: Gindely, A.

Schimpf, Carl, Hänschen in den Kinderschuhen. Ein Bilderbuch f. brave Kinder. 4. (6 Chromolith. m. eingedr. Text.) Wien, Edm. Schmid. geb. n. 2. 40

—— neues Märchenbuch f. die Kinderwelt. 4. (6 Chromolith. m. eingedr. Text.) Ebd. geb. n. 2. 40

—— zum Scherz u. für's Herz. Ein Bilderbuch f. brave Kinder. 4. (6 Chromolith. m. eingedr. Text.) Ebd. geb. n. 2. 40

Schindler, Lehr. Frz., Physik u. Chemie f. Bürgerschulen. In 3 concentr. Lehrstufen. 1. u. 2. Stufe. Mit je 94 Abbildgn. gr. 8. (VII, 96 u. IV, 128 S.) Prag, Tempsky. à n. — 80; Einbd. à n. n. — 20

Schindler, H., s.: Muttersprache, die.
— deutsche Sprachschule, s.: Baron, M.
Schindler, Forstr. Karl, die Forste der in Verwaltung d. k. k. Ackerbau-Ministeriums stehenden Staats- u. Fondsgüter. Im Auftrage Sr. Exc. d. Hrn. k. k. Ackerbau-Ministers. Jul. Grafen v. Falkenhayn dargestellt. Hrsg. vom k. k. Ackerbau-Ministerium. 1. Thl. Mit e. Atlas, enth. 41 Karten (Fol. in Mappe). Lex.-8. (VI, 487 S.) Wien, Hof- u. Staatsdruckerei. n. 60. —
Schippel, M., staatliche Lohnregulirung u. die sozialreformatorischen Bestrebungen der Gegenwart, s.: Zeitfragen, soziale.
Schirmer, weil. Dir. J. W., Aquarelle u. Kohle-Zeichnungen. Unveränderliche Phototypien. gr. Fol. (5 Bl. m. 1 Bl. Text.) München, Verlagsanstalt f. Kunst u. Wissenschaft. baar n. 20. —
Schläfke, W., General-Register, s.: Graefe's, A. v., Archiv f Ophthalmologie.
Schlagintweit, R. v., die Eisenbahn zwischen den Städten New-York u. Mexiko, s.: Universal-Bibliothek, geographische.
Schläfinger, der gemittliche. Kalender f. 1886. gr. 8. (79 S. m. Illustr. u. 1 Chromolith.) Breslau, Max & Co. — 50
Schlatter, Doz. Lic. A., der Glaube im Neuen Testament. Eine Untersuchg. zur neutestamentl. Theologie. Eine v. der Haager Gesellschaft zur Vertheidigg. der christl. Religion gekrönte Preisschrift. gr. 8. (V, 591 S.) Leiden, Brill. n.n. 9. —
(85/1) Schlechtendal, D. F. L. v., L. E. Langethal, Proff. DD., u. akadem. Zeichenlehr. Dr. Ernst Schenk, Flora v. Deutschland. 5. Aufl. Rev., verb. u. nach den neuesten wissenschaftl. Erfahrgn. bereichert v. Prof. Dr. Ernst Hallier. Colorit u. Neuzeichngn. v. G. Pabst u. Walth. Müller. 154—167. Lfg. 8. (21. Bd. S. 193—304; 22. Bd. 284 S. u. 23. Bd. S. 1—80 m. 183 Chromolith.) Gera, Köhler. baar à n. 1. —
Schlechter, Priest. P. Max, Beiträge zur alten Geschichte d. Obergailthales in Kärnten. gr. 8. (70 S.) Wien, Wallishausser. n. 1. 60
Schleich, Prof. Dr. G., der Augengrund d. Kaninchen u. d. Frosches, beschrieben u. gezeichnet. Mit 3 lith. Taf. [Aus: „Nagel's Mitteilgn. aus der ophthalmiatr. Klinik in Tübingen".] gr. 8. (71 S.) Tübingen, Laupp. n. 2. —
(85/1) Schleiden, M. J., das Meer. 3. Aufl., unter Mitwirkg. hervorrag. Fachgelehrten bearb. u. hrsg. v. Dr. Ernst Voges. Mit dem Portr. Schleidens in Lichtdr., farb. Taf. u. Vollbildern, üb 300 Holzschn. u. 1 Karte. 3. Lfg. Lex.-8. (S. 97—144.) Leipzig, Frohberg. (à) n. 1. —
Schleifer, A., die Schlacht bei Hohenlinden am 3. Dezbr. 1800 u. die vorausgegangenen Heeresbewegungen. Nach den besten Quellen bearb. Mit e. Legende u. color. Karte. gr. 8. (VII, 48 S.) Erding, Hauser. n. 3. —; Broschüre ap. n. 1. 50; Karte u. Legende. ap. n. 1. 50
Schleifiek, Sem.-Musiklehr. A., Liederbuch f. ein- u. mehrklassige Volksschulen u. die unteren Klassen höherer Lehranstalten. 2. Hft.: Oberstufe. 2., verb. Aufl. 8. (58 S.) Uetersen, Koopmann. n. — 30
Schlemüller, Hauptm. Wilh., Grundzüge e. Theorie der kosmischen Atmosphären m. Berücksicht. der irdischen Atmosphäre. Bearb. auf Grund der dynam. Gastheorie. gr. 8. (50 S.) Prag, Dominicus. n. 1. 20
Schlenther, Paul, Frau Gottsched u. die bürgerliche Komödie. Ein Kulturbild aus der Zopfzeit. gr. 8. (VIII, 267 S.) Berlin 1886, Hertz. n. 5. —; geb. n. 6. 20
Schlichting, weil. Oberlehr. M., chemische Versuche einfachster Art, e. erster Kursus in der Chemie f. höhere Schulen u. zum Selbstunterricht, ausführbar ohne besondere Vorkenntnisse u. m. möglichst wenigen Hülfsmitteln. 6. Aufl. m. e. organ. Tl., nach den neueren chem. Ansichten bearb. v. Dir.

Wilke. Mit 17 Abbildgn. in Holzschn. gr. 8. (VIII, 313 S.) Kiel, Ho=
nn. n. 2. 60
ekum, O., Kommentar zur 2. Aufl. der Pharmacopoea Germanica. Mit
rundelegg. d. amtl. deutschen Textes, sowie e. Anleitg. zur Maassanalyse.
n prakt. Gebrauche bearb. 2. verb. Aufl. Mit zahlreichen Holzschn. gr. 8.
540 S.) Leipzig 1886, E. Günther. n. 10. —
emann, Dr. Heinr., Tiryns. Der prähistor. Palast der Könige v. Tiryns.
ebnisse der neuesten Ausgrabgn. Mit Vorrede v. Geh. Oberbaur. Prof. F.
ler u. Beiträgen v. Dr. W. Dörpfeld. Mit 188 Abbildgn., 24 Taf. in
omolith., 1 Karte u. 4 Plänen. Lex.-8. (LXVIII, 487 S.) Leipzig 1886,
ckhaus. n. 32. —; geb. n. 35. —
Schlosser's, Fr. Chr., Weltgeschichte f. das deutsche Volk. 4. Ausg. Mit
reichen Abbildgn. u. Karten. Von neuem durchgesehen u. ergänzt v. DD.
. Jäger u. Frz. Wolff. 20. Aufl. 22—40. Lfg. gr. 8. (6. Bd. 628,
Bd. 528, 8. Bd. 528, 9. Bd. 556 S. u. 10. Bd. S. 1—272 m. 59 Taf.
chromolith. Karten.) Berlin, Seehagen. à n. 1. —
sser, Münzwardein z. D. E., u. Bergdir. A. Ernst, Verfahren u. Vorrichtung
Gewinnung d. Flugstaubes in den Rauchkanälen u. Condensationsräumen
üttenwerken, Fabriken, Dampfkessel- u. sonstigen Feuerungs-Anlagen.
. (8 S. m. 1 Steintaf.) Hannover. (Freiberg, Craz & Gerlach.) baar n. 1. 25
ser= u. Schmiede=Kalender, deutscher. Ein praktisches Hilfs= u. Nach=
gebuch f. Schlosser, Schmiede, Werkführer, Monteure u. Metallarbei=
ller Art. Hrsg. v. Civ.=Ingen. Patent=Anw. Ulr. R. Maerz. 5. Jahrg.
. Mit 1 Eisenbahnkarte u. 111 Textfig. gr. 16. (IV, 132 u. 56 S.)
zig, Baumgärtner. geb. n. 3. —; in Portefeuillebd. n. 5. —
sing, F. H., Handbuch der allgemeinen Warenkunde, s.: Handbiblio=
der gesamten Handelswissenschaften.
er's, Karl, Lebensbild, s.: Lehrs, M.
ckebier, Dr. O., Abriss der deutschen Verslehre u. der Lehre v. den
tungsarten. Zum Gebrauch beim Unterricht. 2., verb. Aufl. gr. 8. (28 S.)
n 1886, Weidmann. cart. n. — 40
ller, Joh. Andr., die Ephesier. Drama in 3 Akten. Als Festgabe d. k.
elmsgymnasiums in München zu Schmellers Säkularfeier aus dem literar.
lasse desselben veröffentlicht v. Johs. Nicklas. gr. 8. (XIII, 58 S.)
chen, Rieger in Comm. n. 1. 20
ller, Joh. Andr., Denkrede auf ihn, s.: Hofmann. K.
eben u. Wirken, s.: Nicklas, J.
lzer, das Schulberechtigungswesen, s.: Schriften d. Liberalen
lvereins Rheinlands u. Westfalens.
tterlingsjagd, die. Ein unterhalt. Bilderbuch m. 5 ziehbaren (chromo=
) Bildern f. artige Knaben. 4. (5 Bl. Text.) Fürth, Schaller & Kirn.
baar 1. 30
), das Schwein, s.: Junghanns.
Schmid, Chrph. v., gesammelte Schriften. Vollständige Ausg. 15—28.
luß=)Bd. 8. (Mit je 1 Titelbild.) Regensburg, Manz. à 1. —; geb.
à 1. 20
halt: 15. Josaphat. Drei Parabeln Barlaams. Titus u. seine Familie. (208 S.)
16. Kurze Erzählungen in 4 Abteilungen. (248 S.) — 17. Blüten, dem blüh.
r gewidmet. Die kleine Lautenspielerin. (216 S.) — 18. Die Erdbeeren. Der
e Kaminfeger. Der Blumenkranz. Der Eierdieb. Emma od. die kindliche Liebe.
S.) — 19. Adelheid v. Thalheim. Mathilde u. Wilhelmine. Der Brautring.
S.) — 20. Pauline. Paul Arnold. Die Himbeeren. (234 S.) — 21. Die
menfreunde. Die Ährenleserin. Gottlieb Reinhold. Der alte Weidenbaum. 4 Er=
gn. (224 S.) — 22. Waldomir. Der Wunderarzt. Florentin Walther. Der
ckfehler. Das beschädigte Gemälde. 5 Erzählgn. (244 S.) — 23. Der Jahrmarkt.
lichkeit geht üb. Geld u. Gut. Die heil. Idda. Gräfin v. Toggenburg. 3 Schau=

spiele. (222 S.) — 24. Lehrreiche Erzählungen. (254 S.) — 25. Deutsche Frauen der christlichen Vorzeit. (224 S.) — 26. Blumen der Wüste. Erzählungen aus dem Leben der ersten christl. Einsiedler. — Geistliche Vergißmeinnicht. Eine Auswahl der schönsten u. geistreichsten Sinnreime v. Angelus Silesius. (247 S.) — 27. 28. Die Apostel Deutschlands. Eine Geschichte der Einführg. u. Verbreitg. der Religion Jesu Christi in Deutschland, aus glaubwürd. Lebensbeschreibgn. der Heiligen zusammengestellt. 3 Tle. in 1 Bd. (437 S.)

(85/1) **Schmid**, Chrph. v., sämtliche Schriften. 2. u. 3. Hft. gr. 8. (60 u. 59 S. m. je 1 Chromolith. auf dem Umschlag.) Leipzig, Exped. der Chr. v. Schmid'schen Schriften. baar à — 40

(85/1) —— ausgewählte Schriften f. die Jugend. Hrsg. v. Jos. Kraft. Illustriert v. Ernst Peßler. 9—17. (Schluß-)Lfg. 8. (à 4 B.) Wien, Graeser. baar à — 50

(85/1) —— dasselbe. 5—8. (Schluß-)Bdchn. 8. Ebd. geb. à n. — 80

Inhalt: 5. Der Kanarienvogel. Das hölzerne Kreuz. Der Weihnachtsabend. (160 S.) — 6. Das beste Erbtheil. Das Lämmchen. (120 S.) — 7. Das Marienbild. Emma od. die kindliche Liebe. Die Hopfenblüten. (152 S.) — 8. Waldomir. Im Anh.: Christof v. Schmid. Ein Lebensbild v. J. Kraft. (118 S.)

—— Blumen der Wüste. Erzählungen aus dem Leben der ersten christl. Einsiedler. Mit Titelbild (in Stahlst.). 8. (120 S.) Regensburg 1886, Manz. n. — 50

—— das Blumenkörbchen. Die zwei Brüder. 2 Erzählgn. Orig.-Ausg. v. letzter Hand. Mit Illustr. (eingedr. u. 1 Chromolith.). 12. (252 S.) München, L. Finsterlin's Verl. n. 1. —; geb. n. 1. 50

—— dasselbe. Mit (4 chromolith. u. eingedr. Holzschn.-)Bildern. Neue Ster.-Ausg. 8. (192 S.) Reutlingen, Enßlin & Laiblin. geb. 1. 50; cart. ohne Chromolith. n. — 50

—— Blüten, dem blüh. Alter gewidmet. Lieder u. Erzählgn. in Versen. — Die kleine Lautenspielerin. Ein Schauspiel m. Gesang. Orig.-Ausg. v. letzter Hand. Mit Illustr. (eingedr. u. 1 Chromolith.) 12. (216 S.) München, L. Finsterlin's Verl. n. 1. —; geb. n. 1. 50

—— die zwei Brüder. Eine Erzählg. f. jung u. alt. 8. (48 S.) Reutlingen, Enßlin & Laiblin. — 15

—— ehrlich währt am längsten od. die Hopfenblüthen. Eine Erzählg. f. alt u. jung. 8. (64 S.) Ebd. — 20

(85/1) —— ausgewählte Erzählungen. Neu hrsg. v. Jos. Ambros. Mit zahlreichen Illustr. 11—31. (Schluß-)Hft. 12. (à 5 B.) Wien, Pichler's Wwe. & Sohn. à — 40 (cplt. geb. in 4 Bdn.: à n. 4. —)

—— dasselbe. 1—36. Bdchn. 12. (Mit 1—2 Bildern.) Ebd. cart. 16. 70

Inhalt: 1. Heinrich v. Eichenfels. (51 S.) — 40. — 2. Die Ostereier. (54 S.) — 40. — 3. Der Kanarienvogel. Das Johanneskäferchen. (48 S.) — 40. — 4. Das Täubchen. Das Vergißmeinnicht. (46 S.) — 40. — 5. Die Kirschen. Der Wasserkrug. (51 S.) — 40. — 6. Die Feuersbrunst. Das Rothkehlchen. (50 S.) — 40. — 7. Der Diamantring. Das Marienbild. (52 S.) — 40. — 8. Kupfermünzen u. Goldstücke. Das alte Raubschloß. (48 S.) — 40. — 9. Das hölzerne Kreuz. Das Margaretablümchen. (48 S.) — 40. — 10. Das stumme Kind. Die Melone. (51 S.) — 40. — 11. Die Wasserflut am Rhein. Der Kuchen. (56 S.) — 40. — 12. Die Kapelle bei Wolfsbühl. Das Vogelnestchen. (44 S.) — 40. — 13—16. Kleine Erzählungen. 4 Abthlgn. (44, 48, 56 u. 56 S.) à — 40. — 17. Die Nachtigall. (52 S.) — 40. — 18. Der Rosenstock. (44 S.) — 40. — 19. Das beste Erbtheil. (52 S.) — 40. — 20. Der Edelstein. (56 S.) — 40. — 21. Die rothen u. die weißen Rosen. Die Fliege. (48 S.) — 40. — 22. Anselmo. Titus u. seine Familie. (56 S.) — 40. — 23. Der Alte v. den Bergen. (48 S.) — 40. — 24. Die Blumenfreunde. Das glückliche Wiederfinden. (56 S.) — 40. — 25. Waldomir. (62 S.) — 40. — 26. Die zwei Brüder. (62 S.) — 40. — 27. Der Weihnachtsabend. (80 S.) — 50. — 28. Die Hopfenblüten. (82 S.) — 50. — 29. Das Lämmchen. (64 S.) — 40. — 30. Ludwig, der kleine Auswanderer. (82 S.) — 50. — 31. Gottfried, der junge Einsiedler. (80 S.) — 50. — 32. Die ungleichen Schwestern. (68 S.) — 50. — 33.

Das Blumenkörbchen. (130 S.) — 80. — 34. Pauline, die Stifterin e. Bewahranstalt. (120 S.) — 70. — 35. Rosa v. Tannenburg. (163 S.) — 90. — 36. Der gute Fridolin u. der böse Dietrich. (192 S.) 1. —

Schmid, Chrph. v., ausgewählte Erzählungen, s.: Universal-Bibliothek f. die Jugend.

—— drei Erzählungen: Die Ostereier, Heinrich v. Eichenfels, der Weihnachtsabend, m. 2 Farbendr.-Bildern u. (eingedr.) Illustr. u. dem Bildnis d. Verf. gr. 8. (140 S.) Leipzig, Exped. der Chr. v. Schmid'schen Schriften. cart. n. 1. 60

—— 5 Erzählungen f. Kinder u. Kinderfreunde. [Gottfried, der junge Einsiedler. Das Vogelnestchen. Das stumme Kind. Die Waldkapelle. Die Wasserflut am Rheine.] Orig.-Ausg. v. letzter Hand. Mit Illustr. (eingedr. u. 1 Chromolith.). 12. (228 S.) München, L. Finsterlin's Verl. n. 1. —; geb. n. 1. 50

—— kurze Erzählungen in 4 Abteilungen. Orig.-Ausg. v. letzter Hand. Mit Illustr. (eingedr. u. 1 Chromolith.). 12. (248 S.) Ebd. n. 1. —; geb. n. 1. 50

—— 150 kurze Erzählungen f. die Jugend. Neue Ausg. m. e. Vorwort v. Dr. Frdr. Braun. 8. (144 S.) Stuttgart 1886, Gundert. cart. — 75

—— 9 Erzählungen f. Kinder u. Kinderfreunde. [Der Kanarienvogel. Das Johanniskäferchen. Das Täubchen. Das Vergißmeinnicht. Die Kapelle bei Wolfsbühl. Die Krebse. Der Kuchen. Der Diamantring. Das Marienbild.] Orig.-Ausg. v. letzter Hand. Mit Illustr. (eingedr. u. 1 Chromolith.). 12. (232 S.) München, L. Finsterlin's Verl. n. 1. —; geb. n. 1. 50

—— schönste Erzählungen f. die Jugend. 1—6. Bdchn. 12. (à 80 S. m. je 1 Chromolith.) Mülheim, Bagel. cart. à n. — 50

Inhalt: 1. Die Ostereier. Das Rotkehlchen. — 2. Heinrich v. Eichenfels. Die Kirschen. — 3. Das Täubchen. Der Kanarienvogel. — 4. Das Lämmchen. Das Vergißmeinnicht. Das Johanniskäferchen. — 5. Der Weihnachtsabend. — 6. Die Feuersbrunst. Der Wasserkrug.

—— 6 Erzählungen f. Kinder u. Kinderfreunde. [Der Rosenstock. Die Kirschen. Die Melone. Die Nachtigall. Der Wasserkrug. Die roten u. die weißen Rosen.] Orig.-Ausg. v. letzter Hand. Mit Illustr. (eingedr. u. 1 Chromolith.). 12. (232 S.) München, L. Finsterlin's Verl. n. 1. —; geb. n. 1. 50

—— 6 Erzählungen f. Kinder u. Kinderfreunde. [Die Hopfenblüten. Das Rotkehlchen. Kupfermünzen u. Goldstücke. Das alte Raubschloß. Die Margaretablümchen. Die Feuersbrunst.] Orig.-Ausg. v. letzter Hand. Mit Illustr. (eingedr. u. 1 Chromolith.). 12. (236 S.) Ebd. n. 1. —; geb. n. 1. 50

—— dasselbe. Mit (4 chromolith. u. eingedr. Holzschn.-)Bildern. Neue Ster.-Ausg. 8. (192 S.) Reutlingen, Enßlin & Laiblin. geb. 1. 50; cart. ohne Chromolith. n. — 50

—— Eustachius. Eine Geschichte der christl. Vorzeit, neuerzählt. Orig.-Ausg. v. letzter Hand. Mit Illustr. (eingedr. u. 1 Chromolith.). 12. (202 S.) München, L. Finsterlin's Verl. n. 1. —; geb. n. 1. 50

—— Ferdinand, die Geschichte e. jungen Grafen aus Spanien. Angelica. 2 Erzählgn. Orig.-Ausg. v. letzter Hand. Mit Illustr. (eingedr. u. 1 Chromolith.). 12. (227 S.) Ebd. n. 1. —; geb. n. 1. 50

—— die Feuersbrunst. Eine Erzählg. f. alt u. jung. 8. (32 S.) Reutlingen, Enßlin & Laiblin. — 12

—— der gute Fridolin u. der böse Dietrich. Eine lehrreiche Geschichte f. Eltern u. Kinder. Orig.-Ausg. v. letzter Hand. Mit Illustr. (eingedr. u. 1 Chromolith.). 12. (272 S.) München, L. Finsterlin's Verl. n. 1. —; geb. n. 1. 50

be. Neue Ausg. 8. (172 S.) Stuttgart 1886, Gundert. cart. — 75

—— dassel

Schmid, Chrph. v., Genoveva. Eine der schönsten u. rührendsten Geschichten d. Altertums. Anselmo. Orig.-Ausg. v. letzter Hand. Mit Illustr. (eingedr. u. 1 Chromolith.). 12. (210 S.) München, L. Finsterlin's Verl. n. 1. —; geb. n. 1. 50

—— Gottfried, der junge Einsiedler. Eine Erzählg. f. alt u. jung. 8. (62 S.) Reutlingen, Enßlin & Laiblin. — 20

—— dasselbe. Das Vogelnestchen. Das stumme Kind. Die Wasserflut am Rheine. Vier Erzählgn. f. die Jugend. Mit (4 chromolith. u. eingedr. Holzschn.-)Bildern. Neue Ster.-Ausg. 8. (176 S.) Ebd. geb. 1. 50; cart. ohne Chromolith. n. — 50

—— Heinrich v. Eichenfels. Der Weihnachtsabend. Die Ostereier. 3 Erzählgn. Orig.-Ausg. v. letzter Hand. Mit Illustr. (eingedr. u. 1 Chromolith.). 12. (240 S.) München, L. Finsterlin's Verl. n. 1. —; geb. n. 1. 50

—— wie Heinrich v. Eichenfels zur Erkenntnis Gottes kam. Eine Erzählg. f. alt u. jung. 8. (48 S.) Reutlingen, Enßlin & Laiblin. — 15

—— dasselbe. Der Weihnachtsabend. Die Ostereier. Drei Erzählgn. f. die Jugend. Mit (4 chromolith. u. eingedr. Holzschn.-)Bildern. Neue Ster.-Ausg. 8. (191 S.) Ebd. geb. 1. 50; cart. ohne Chromolith. n. — 50

—— die Hopfenblüten. Eine Erzählg. f. Kinder u. Kinderfreunde. Neue Ausg. m. e. Vorwort v. Dr. Frdr. Braun. 8. (47 S.) Stuttgart 1886, Gundert. n. — 20

—— Josaphat, Königssohn v. Indien. Drei Parabeln Barlaams. Titus u. seine Familie. Orig.-Ausg. v. letzter Hand. Mit Illustr. (eingedr. u. 1 Chromolith.). 12. (207 S.) München, L. Finsterlin's Verl. n. 1. —; geb. n. 1. 50

—— Jugendschriften, s.: Volks- u. Jugendschriften, ausgewählte.

—— das stumme Kind. Eine Erzählg. f. alt u. jung. 8. (32 S.) Reutlingen, Enßlin & Laiblin. — 12

(85/1) —— ausgewählte Kinderschriften. Neue Ausg., m. Vorwort v. Dr. Frdr. Braun. 5—8. Bd. 8. (Mit je 1 Titelbild.) Stuttgart 1886, Gundert. geb. à n. 1. —

Inhalt: 5. Der gute Fridolin u. der böse Dietrich. Eine lehrreiche Geschichte f. Eltern u. Kinder. (172 S.) — 6. 150 kurze Erzählungen f. die Jugend. (144 S.) — 7. Das hölzerne Kreuz. Der Wunderarzt. Ludwig, der kleine Auswanderer. Blüten, dem blüh. Alter gewidmet. (160 S.) — 8. Das alte Raubschloß. Waldomir, e. böhm. Sage. Die Wasserflut am Rhein. Die Feuersbrunst. Die Hopfenblüten. 5 Erzählungen. (163 S.)

—— Klara od. die Gefahren der Unschuld. Das beste Erbteil. Die Edelsteine. 3 Erzählgn. Orig.-Ausg. v. letzter Hand. Mit Illustr. (eingedr. u. 1 Chromolith.). 12. (210 S.) München, L. Finsterlin's Verl. n. 1. —; geb. n. 1. 50

—— das hölzerne Kreuz. Eine Erzählg. f. alt u. jung. 8. (33 S.) Reutlingen, Enßlin & Laiblin. — 12

—— dasselbe. Der Wunderarzt. Ein Märchen zum Ostergeschenk. Neue Ausg. m. e. Vorwort v. Dr. Frdr. Braun. 8. (56 S.) Stuttgart 1886, Gundert. n. — 20

—— Kupfermünzen u. Goldstücke. Eine Erzählg. 8. (16 S.) Reutlingen, Enßlin & Laiblin. — 10

—— das Lämmchen. Eine Erzählg. f. alt u. jung. 8. (60 S.) Ebd. — 20

—— Ludwig, der kleine Auswanderer. Eine Erzählg. f. alt u. jung. 8. (69 S.) Ebd. — 25

—— dasselbe. Blüten, dem blüh. Alter gewidmet. Neue Ausg. m. e. Vorwort v. Dr. Frdr. Braun. 8. (104 S.) Stuttgart 1886, Gundert. cart. n. — 50

Schmid, Chrph. v., Ludwig, der kleine Auswanderer. Das Lämmchen. Das hölzerne Kreuz. 3 Erzählgn. Orig.-Ausg. v. letzter Hand. Mit Illustr. (eingedr. u. 1 Chromolith.). 12. (232 S.) München, L. Finsterlin's Verl. n. 1. —; geb. n. 1. 50

—— dasselbe. Mit (4 chromolith. u. eingedr. Holzschn.-)Bildern. Neue Ster.-Ausg. 8. (192 S.) Reutlingen, Enßlin & Laiblin. geb. 1.50; cart. ohne Chromolith. n. — 50

—— die Ostereier. Eine Erzählg. f. alt u. jung. 8. (46 S.) Ebd. — 15

—— dasselbe, s.: Volksbibliothek d. Lahrer Hinkenden Boten.

—— das alte Raubschloß. Eine Erzählg. 8. (16 S.) Reutlingen, Enßlin & Laiblin. — 10

—— dasselbe. Waldomir. Eine böhm. Sage. Neue Ausg. m. e. Vorwort v. Dr. Frdr. Braun. 8. (64 S.) Stuttgart 1886, Gundert. n. — 20

—— Rosa v. Tannenburg. Eine Geschichte d. Altertums, f. Eltern u. Kinder erzählt. Orig.-Ausg. v. letzter Hand. Mit Illustr. (eingedr. u. 1 Chromolith.). 12. (203 S.) München, L. Finsterlin's Verl. n. 1. —; geb. n. 1. 50

—— dasselbe. Neue Ster.-Ausg. Mit (4 chromolith. u. eingedr. Holzschn.-) Bildern. 8. (172 S.) Reutlingen, Enßlin & Laiblin. geb. 1. 50; cart. ohne Chromolith. n. — 50

—— dasselbe, s.: Universal-Bibliothek Nr. 2028.

—— das Rotkehlchen. Eine Erzählg. 8. (16 S.) Reutlingen, Enßlin & Laiblin. — 10

—— kleine Schauspiele f. Familienkreise. [Die Erdbeeren. Der kleine Kaminfeger. Der Blumenkranz. Der Eierdieb. Emma od. die kindl. Liebe.] Orig.-Ausg. v. letzter Hand. Mit Illustr. (eingedr. u. 1 Chromolith.). 12. (221 S.) München, L. Finsterlin's Verl. n. 1. —; geb. n. 1. 50

—— Timotheus u. Philemon. Das Karthäuserkloster. 2 Erzählgn. Orig.-Ausg. v. letzter Hand. Mit Illustr. (eingedr. u. 1 Chromolith.). 12. (223 S.) Ebd. n. 1. —; geb. n. 1. 50

—— das Vogelnestchen. Eine Erzählg. 8. (16 S.) Reutlingen, Enßlin & Laiblin. — 10

—— die Wasserflut am Rheine. Eine Erzählg. f. alt u. jung. 8. (32 S.) Ebd. — 12

—— dasselbe. Die Feuersbrunst. Aus den Briefen d. Hrn. Alois May an seine Mutter. Neue Ausg. m. e. Vorwort v. Dr. Frdr. Braun. 8. (52 S.) Stuttgart 1886, Gundert. n. — 20

—— der Weihnachtsabend. Eine Erzählg. f. alt u. jung. 8. (63 S.) Reutlingen, Enßlin & Laiblin. — 20

Schmid, Dr. Geo., das höhere Mädchenschulwesen Rußlands. [Aus: „Encyklopädie d. ges. Erziehungs- u. Unterrichtswesens 2. Aufl."] gr.8. (72 S.) Leipzig, Fues. n. 1. 60

Schmidt's alphabetisches Kursbuch der Eisenbahnen, Posten u. Dampfschiffe f. die Schweiz, nebst Hauptrouten in die benachbarten Länder. Nr. 1. Sommer 1885. 12. (225 S. m. 1 Karte.) Zürich, Schmidt. — 50

Schmidt-Weißenfels, Engel u. Teufel. Lustspiel in 4 Akten. gr. 8. (IV, 87 S.) Oldenburg, Schulze. n. 1. 60

Schmidt, A., Unterrichts-Briefe f. das Selbst-Studium der italienischen Sprache, s.: Buonaventura, G.

Schmidt, A., Zeichen-Schule, s.: Brenner, G.

(82/1) Schmidt, Archidiac. Adf., Atlas der Diatomaceen-Kunde. In Verbindg. m. Gründler, Grunow, Janisch u. Witt hrsg. 21. u. 22. Hft. Fol. (8 Lichtdr.-Taf. m. 8 Bl. Erklärgn.) Aschersleben, Siever in Comm. baar à n. 6. —

—— dasselbe. 2. rev. Aufl. 1—6. Hft. Fol. (à 4 Lichtdr.-Taf. m. 4 Bl. Erklärgn.) Ebd. baar à n. 6. —

Schmidt, weil. Buchhalter Aug., „thue Recht u. scheue Niemand!" Der Höllenbrand od. die Qual d. Gottlosen. 7. Aufl. 8. (32 S.) Berlin, Deutsche Evangel. Buch- u. Traktat-Gesellschaft. n. — 15

Schmidt, Böttchermstr. Aug., der Groß-Böttcher. Ein Hand- u. Lehrbuch f. Faßbinder. Mit 78 Abbildgn. 2. Ausg. gr. 8. (XII, 255 S.) Elberfeld 1886, Loewenstein's Verl. 2. 40

Schmidt, C., die Thermalwasser Kamtschatka's, s.: Mémoires de l'académie impériale des sciences de St.-Pétersbourg.

Schmidt, Prof. C., Wegweiser f. das Verständniss der Anatomie beim Zeichnen nach der Natur u. Antike. 2. Aufl. gr. 8. (IV, 47 S. m. eingedr. Fig.) Tübingen, Laupp. n. 1. 60

Schmidt, Lehr. C. A., der rationelle Hufbeschlag, in Wort u. Bild dargestellt. Nebst Abdruck d. Gesetzes vom 18. Juni 1884 betr. den Betrieb d. Hufbeschlage-Gewerbes, der Prüfungs-Ordng. f. Hufschmiede, u. d. Statuts der Hufbeschlags-Lehranstalt d. landwirtschaftl. Central-Vereins f. Schlesien zu Breslau. Mit 74 Holzschn. 8. (VIII, 158 S.) Breslau, Korn. cart. n. 2. —

Schmidt, C. M., 130 Alphabete, Verzierungen, Einfassungen, Initialen in Contouren, f. technische Arbeiten etc. zusammengestellt. qu. 4. (82 Steintaf.) Berlin. (Eberswalde, Rust's Nachf.) n. 3. —

Schmidt, Archit. Lehr. C. W. O., die zeichnerische Ausführung der Bauchzeichnungen m. bezug auf die farbige Darstellung u. die Schraffierung. Als Lehrbuch f. die Studierenden d. Baufaches u. die Schüler der Baugewerks- u. Handwerkerschulen, sowie zum prakt. Gebrauch f. Bau-, Maurer- u. Zimmermeister bearb. Mit 59 Fig. auf 11, teils in Farben dargestellten Zeichentaf. Lex.-8. (24 S.) Leipzig 1886, Gebhardt. n. 2. 80

(33/2) **Schmidt**, Prof. Dir. Dr. Erich, Lessing. Geschichte seines Lebens u. seiner Schriften. 2. Bd. 1. Abth. gr. 8. (VI, 346 S.) Berlin 1886, Weidmann. n. 5. — (I. u. II, 1. n. 12. —)

Schmidt, Prof. Dr. Ernst, Anleitung zur qualitativen Analyse. Zum Gebrauche im pharmaceutisch-chem. Laboratorium zu Marburg bearb. 2., verm. u. verb. Aufl. gr. 8. (IV, 70 S.) Halle, Tausch & Grosse. cart. n. 2. —

Schmidt, F., Revision der ostbaltischen silurischen Trilobiten, s.: Mémoires de l'académie impériale des sciences de St.-Pétersbourg.

Schmidt-Warneck, Prof. Dr. F., die Nothwendigkeit e. social-potitischen Propädeutik. 2. erweit. Aufl. m. dem Ergänzungskapitel: Volkheit u. Volkhaftigkeit. gr. 8. (227 S.) Berlin, Puttkammer & Mühlbrecht. n. 6. —

Schmidt, Ferd., Buch deutscher Märchen. Für Schule u. Haus gesammelt. 4. unveränd. Aufl. Mit 4 farb. Bildern v. Offterdinger. gr. 8. (V, 230 S.) Berlin, Haack. geb. n. 3. —

—— Homers Iliade u. Odyssee. Illustriert von W. v. Kaulbach u. Flaxman. 8. Aufl. 2 Bde. 8. (VIII, 194 u. 208 S.) Leipzig, Oehmigke's Verl. In 1 Bd. geb. n. 4. —; einzeln cart. à n. 1. 50

(34/2) —— deutsche Jugendbibliothek, begründet v. F. S., fortgeführt durch Jul. Lohmeyer u. Ferd. Schmidt. 5., 15., 30., 32., 35., 42., 72. u. 73. Bd. 12. Kreuznach, Voigtländer's Verl. geb. à n. 1. —

Inhalt: 5. Die Nibelungen. Eine Heldendichtg. Für Jung u. Alt erzählt v. Ferd. Schmidt. 8. Aufl. Mit 4 Illustr. (208 S.) — 15. Gudrun. Eine Erzählg. aus der deutschen Heldenzeit. Für Jung u. Alt v. Ferd. Schmidt. 6. Aufl. Mit 4 Illustr. (110 S.) — 30. Walther u. Hildegunde. Der Rosengarten. 2 Heldensagen. Für Jung u. Alt erzählt v. Ferd. Schmidt. 6. Aufl. Mit 2 Illustr. (92 S.) — 32. Die Frithjof-Sage. Erzählt v. Ferd. Schmidt. 6. Aufl. Mit 4 Illustr. (89 S.) — 35. 42. Deutsche Kriege 1864. 1866. 1870—71. Von Ferd. Schmidt. 2 Bde. 3., resp. 4., gänzlich umgearb. Aufl. Mit je 1 Illustr. (à 139 S.) — 72. Heldenfahrten. Erzählungen aus Deutschlands Vorzeit. Von Gust. Schalk. Mit 1 Titelbild. (168 S.) — 73. Feierstunden. Erzählungen f. junge Mädchen. Von M. Rieser. Mit 1 Titelbild. (162 S.)

nidt's, Ferd., Jugendschriften. Ausg. in Serien. 2. Serie. 6 Bdchn. 8. lit je 2 Illustr.) Düsseldorf, F. Bagel. cart. (à) 5. —; einzelne Bdchn. à 1. —

Inhalt: 1. Bilder aus den Freiheitskriegen. [1813—1815.] (124 S.) — 2. Künstler u. Handwerker. Eine Erzählg. aus der Zeit von 1815 bis 1830. (124 S.) — 3. Frei vom Dänenjoche. Erzählung aus den J. 1863 u. 1864. (121 S.) — 4. Drei eiserne Männer. (124 S.) — 5. Königgrätz. (119 S.) — 6. Ans Vaterland, ans teure, schließ' dich an. Eine Erzählg. aus den J. 1866 bis 1871. (110 S.)

· für jüngere Knaben u. Mädchen. Erzählungen u. Märchen. Mit 6 elenten Farbendr.-Bildern. 8. Aufl. 8. (283 S.) Leipzig, Oehmigke. geb. n. 3. —

midt, H., Baukunst d. Mittelalters, s.: Klassiker-Bibliothek der bilnden Künste.

midt-Pecht, H., Entwürfe f. Diplome, Adressen, Pakate etc. in verhiedenen Stilarten. Mit Beiträgen erster deutscher Künstler. Zusammenstellt v. H. S.-P, (In 4 Lfgn.) 1. Lfg. Fol. (5 Taf.) Wien, Heim. 4. 50

midt, Heinr., 7 vaginale Totalexstirpationen d. Uterus. Inaugural-Disser-tion. gr. 8. (30 S.) Jena, (Pohle). baar — 75

midt, Dr. Herm., das Pronomen bei Molière im Vergleich zu dem heugen u. dem altfranzösischen Sprachgebrauch. gr. 8. (58 S.) Kiel, Lipus & Tischer. n. 1. 60

midt, Jul., Weihnachtsfreuden in der Kinderstube. Ein hübsches (Zieh-) ilderbuch f. artige Kinder. 4. (6 Chromolith. m. 6 S. Text.) Fürth, challer & Kirn. geb. n. 3. —

midt, Oberlandesger.-R. Dr. Karl, der § 830 der deutschen Strafprozeßordung. Erläutert u. beurtheilt. gr. 8. (III, 72 S.) Mannheim, Bensheimer's erl. n. 1. —

midt, Ludw., Offenbach am Main sonst u. jetzt. Mit e. Ansicht in Farbendr.: ffenbach im J. 1783. gr. 8. (26 S.) Offenbach, Heß. baar n. — 50

midt, Dr. Ludw. Heinr., Repetitorium der National-Oekonomie, nebst rzgefaßter Darstellg. ihres Entwicklungsganges, f. Studirende u. Prüngs-Candidaten. 2., neu bearb. u. den neuesten Forschgn. gemäß verm. ufl. 8. (IV, 153 S.) Leipzig 1886, Roßberg. cart. n. 1. 50

midt, Marie, die Perle vom Königstein. Poetische Erzählg. gr. 8. (31 S.) Wiesbaden, (Moritz & Münzel). baar n.n. 1. —

midt, Amtsphys. Dr. Meinhard, ärztlicher Ratgeber f. Schiffsführer. Mit enehmigg. d. hamburg. Medizinal-Kollegiums bearb. u. hrsg. Mit 9 Abildgn. 8. (III, 120 S.) Hamburg, Voss. cart. n. 3. —

) Schmidt, Archit. Lehr. Otto, praktische Baukonstruktionslehre. 1. Bd.)ie Eindeckung der Dächer u. die Konstruktion der Dachrinnen m. Berücksicht. aller neueren Erfahrgn. u. Erfindgn. Lehrbuch f. höhere u. niedere autechn. Anstalten u. zum prakt. Gebrauche f. Baumeister, Architekten, Maurer- u. Zimmermeister bearb. Mit eingedr. Illustr. u. 37 autogr. Taf. t Fol. m. ca. 450 Fig. 4. (Schluß-)Lfg. gr. 4. (VI u. S. 73—122.) Jena, Costenoble. n. 4 — (cplt.: n. 13. —)

midt, Maj. Paul v., Dienst-Unterricht f. die zur Uebung eingezogenen rsatz-Reservisten der Infanterie. Auszug aus v. Dossow's Dienst-Unterricht. 5. nach der „neuen Schießinstruktion" umgearb. Ausg. [16. u. 17.)ruckaufl.] Mit 34 Abbildgn. im Text. 8. (72 S.) Berlin, Liebel. baar n.n. — 25

midt, Rich., Erzählungen, s.: Universal-Bibliothek Nr. 2061 u. 2062.
— neueste Kinder-Bühne. Nr. 1—8. 4. (à 16 S. Text m. 1 chromolith. Fig.-Taf.) Leipzig, Kracht in Comm. baar à — 50

Inhalt: 1. Aschenbrödel. Märchen in 5 Akten. — 2. Dornröschen. Märchen in 3 Akten. — 3. Der Freischütz. Romantisches Schauspiel in 4 Akten. — 4. Der gestiefelte

Kater. Märchen in 3 Akten. — 5. Die Nibelungen. Trauerspiel in 4 Aufzügen. — 6. Rotkäppchen. Märchen in 3 Akten. — 7. Rübezahl. Märchen in 4 Akten. — 8. Schneewittchen u. die sieben Zwerge. Märchen in 5 Akten.

Schmidt's, W., Aufgaben zum schriftlichen Rechnen f. die Volksschule. Neu bearb. v. Rekt. Lokalschulinsp. H. Eifert. 1—3. Hft. 8. Berlin, Th. Hofmann. n. — 65; Einbd. à n.n. — 5
1. 38. Aufl. (32 S.) n. — 15. — 2. 38. Aufl. (32 S.) n. — 20. — 3. 16. Aufl. (52 S.) n. — 30.

Schmidt, Dr. W., das neue Lehrerpensionsgesetz für Preußen, m. e. Anh.: Zusammenstellung der in den verschiedenen preuß. Provinzen in Bezug auf das Pensionswesen der Volksschullehrer gelt. Normen u. Grundsätze. Ergänzt u. erläutert auf Grund der amtl. Motive u. der Berichte u. Verhandlgn. d. Landtags. 1. u. 2. Aufl. gr. 8. (30 S.) Berlin, Burmester & Stempell. n. — 25

(84/1) **Schmiedeknecht**, Dr. H. L. Otto, apidae europaeae [die Bienen Europa's] per genera, species et varietates dispositae atque descriptae. Accedunt tabulae lapidi incisae. Fasc. 11 et 12. gr. 8. (11. Fasc. S. 899—976 m. 2 Steintaf. u. 1 Bl. Erklärgn.) Gumperda. (Berlin, Friedländer & Sohn.) baar n. 7. — (1—12.: n. 42. —)

(84/2) **Schmiedekunst**, die, nach Originalen d. XV. bis XVIII. Jahrh. 2. u. 3. Lfg. Fol. (20 Steintaf.) Berlin, Wasmuth. à n. 4. —

Schmitt, Subregens Dr. Jak., Erklärung d. mittleren Deharbeschen Katechismus zunächst f. die mittlere u. höhere Klasse der Elementarschulen. 1. u. 2. Bd. 6. Aufl. 8. Freiburg i/Br., Herder. n. 9. 60
Inhalt: 1. Von dem Glauben. (XVI, 612 S.) n. 4. 60. — 2. Von den Geboten. (IX, 686 S.) n. 5. —

Schmitz, J., Lebensfrühling, } s.: Glasmacher, J.
—— Rechenbuch, }

Schmitz, ehem. Bürgermstr. J., die sämtlichen Ausführungs-Verordnungen zum Krankenversicherungsgesetz. Nebst e. vergleich. Übersicht u. e. Nachweisg. üb. die in den Krankenversicherungs-Angelegenheiten zuständ. Behörden. gr. 8. (VIII, 239 S.) Neuwied 1886, Heuser's Verl. n. 3. —

(85/1) —— die Bürgermeisterei- u. Amts-Verwaltung. Ein Handbuch f. Stadt- u. Gemeindeverwaltungs-, sowie Gemeinde-Aufsichts-Beamte. 9. Lfg. gr. 8. (S. 513—576.) Ebd. (à) 1. —

—— das Reichsgesetz betr. die Ausdehnung der Unfall- u. Krankenversicherung vom 28. Mai 1885. Textausg. m. ausführl. Erläutergn., den einschläg. Bestimmgn. d. Gesetzes vom 6. Juli 1884 u. den Ausführungsbestimmgn. 8. (86 S.) Ebd. cart. n. — 80

Schmitz, Luise, die Hütte am Teich. Eine Erzählg. f. die reifere Jugend. 12. (142 S.) Basel, Spittler. n.n. — 70

Schmitz, Dr. M., Fürst Karl Anton v. Hohenzollern. Ein Erinnerungsblatt u. Mahnruf. gr. 8. (47 S.) Düsseldorf, Schwann. — 75

(84/2) **Schmitz-Aurbach**, Lehrerin Therese v., Leitfaden der französischen Sprache f. höhere Mädchenschulen. Nach der analyt. Methode bearb. 3. Schuljahr. gr. 8. (72 S.) Karlsruhe, Bielefeld's Verl. cart. n. — 70 (1—3.: n. 1. 45)

Schmölder, Amtsrichter, die Strafen d. deutschen Strafgesetzbuchs u. deren Vollzug. Eine krit. Studie. gr. 8. (63 S.) Berlin, Vahlen. n. 1. 20

Schmölders, Refer. Paul, das Eigentum an den in e. Gebäude verwandten Baumaterialien. Inaugural-Dissertation. gr. 8. (50 S.) Breslau, (Köhler). baar n. 1. —

Schnabl, Konsul Leop., Buenos-Ayres. Land u. Leute am silbernen Strome. Mit besond. Rücksicht auf europ. Einwanderg., Handel u. Verkehr. gr. 8. (III, 261 S.) Stuttgart 1886, Levy & Müller. n. 5. —; geb. n. 6. 20

Schnauß, Lehr. Dr. Jul., Katechismus der Photographie od. Anleitg. zur Erzeugg. photograph. Bilder. Nebst e. alphabet. Verzeichniß der deutschen, latein., französ. u. engl. Benenngn. photograph. Chemikalien u. Naturproducte. 3., verm. u. verb. Aufl. Mit e. Nachtrag: Das Gelatine-Emulsions-Verfahren. Mit 28 in den Text gedr. Abbildgn. 8. (VIII, 212 S.) Leipzig, Weber. geb. n. 2. —

Schneege, Gerhard, de relatione historica, quae intercedat inter Thucydidem et Herodotum. Dissertatio inauguralis historica. gr. 8. (60 S.) Breslau 1884, (Koebler). baar n. 1. —

Schneideck, Gust. Heinr., der Strike. Eine Geschichte aus dem socialen Leben der Gegenwart. 12. (74 S.) Berlin 1886, Eckstein Nachf. n. 1. 50

Schneidemühl, Kreisthierarzt Repetitor Dr. Geo., Repetitorium der Muskellehre bei den Haussäugethieren, gleichzeitig e. Leitfaden f. die Präparirübgn., f. Studirende u. Thierärzte bearb. 8. (IV, 67 S.) Hannover 1884, Schmorl & v. Seefeld. n. 1. —

Schneider, Prof. Dr. A., der Schutz d. musikalischen Kunstwerks in der Schweiz. gr. 8. (19 S.) Zürich, Gebr. Hug. n. — 40

Schneider, Exp.-Hilfsarbeiter Carl Camillo, der internationale Eisenbahn-Güterverkehr u. Verschiffung nach überseeischen Plätzen. [Ueberseeische Tarife.] Ein Handbuch f. Spediteure, Fabrikanten u. sonst. Geschäftsleute, sowie f. Eisenbahnbeamte, enth.: Verhaltungs-Maassregeln f. den Güterversandt nach dem Auslande, sowie eisenbahn- u. zollreglementar. Bestimmgn. im Verkehr m. den verschiedenen Ländern. Telegramm-Tarife. Speditionsfirmen. Nach amtl. Quellen bearb. gr. 8. (III, 144 S.) Chemnitz, Troitzsch. n. 2. 50

(85/1) **Schneider**, Dr. Ceslaus M., das Wissen Gottes nach der Lehre d. heil. Thomas v. Aquin. 3. Abtlg. gr. 8. Regensburg, Manz. n. 8. — (1—3.: n. 23. —)

Inhalt: Das Wissen Gottes u. die besonderen Seinskreise im Geschöpflichen. (VIII, 621 S.)

Schneider, Eug., Prinz Purzel. Illustr. Märchenbuch f. kleine Kinder. gr. 4. (13 Chromolith. m. eingedr. Text.) Stettin, Gentzensohn. cart. 2. 50

Schneider, H. E. [E. Sartorius], Flickschneidereien. Ernstes u. Heiteres in Prosa u. Versen. 8. (215 S.) Leipzig, Hucke. n. 2. —; geb. n. 3. —

—— das Lied vom Prinzen Friedrich Karl. Mit dem (Holzschn.-) Portr. d. Prinzen Friedrich Karl. 8. (48 S.) Ebd. n. 1. —

—— von St. Louis nach Bremen. Poetische Reise-Tagebuchblätter. gr. 8. (42 S.) Ebd. n. 1. 20

(84/2) **Schneider**, Prof. Dr. J., die alten Heer- u. Handelswege der Germanen, Römer u. Franken im deutschen Reiche. Nach örtl. Untersuchgn. dargestellt. 4. Hft. Mit 1 Karte. gr. 8. (26 S.) Leipzig, T. O. Weigel. (à) n. 1. —

Schneider, Priest. P. Jos., S. J., Anleitung f. die Meßdiener, wie sie dem Priester beim Gottesdienste dienen u. antworten sollen. [Aus: „Der Gottesdienst".] 4., verm. u. verb. Aufl. Mit 7 Bildern. 16. (30 S.) Amberg, Habbel. n. — 10

—— manuale sacerdotum, diversis eorum usibus tum in privata devotione, tum in functionibus liturgicis et sacramentorum administratione accommodavit J. S. Ed. X. Cura et studio Augustini Lehmkuhl, S. J. 2 Thle. in 1 Bde. 16. (XVIII, 248 u. 662 S.) Köln, Bachem. 5. 50

Schneider, Dr. Justus, Führer durch die Rhön. Nebst e. Anh. f. die Kurgäste in den Rhönbädern Bocklet, Brückenau, Bad Kissingen, Neuhaus, 1 Reise- u. Routenkarte u. 2 Spezialwegekarten. 3. verm. u. verb. Aufl. 12. (X, 198 S.) Würzburg 1886, Stahel. cart. n. 2. 60

Schneider, Amtsrichter R., die Subhastations-Ordnung vom 13. Juli 1883. gr. 8. (III, 143 S.) Hannover, Helwing's Verl. n. 2. —

Schneider, Präbendat Dr. Phpp., die bischöflichen Domkapitel, ihre Entwicklung u. rechtliche Stellung im Organismus der Kirche. 8. (XXXII, 503 S.) Mainz, Kirchheim. n. 6. —
Schneider, R., Bericht üb. e. Reise in Dalmatien, s.: Hirschfeld, O.
Schneider, Dr. Wilh., der neuere Geisterglaube. Thatsachen, Täuschgn. u. Theorien. 2., verb. u. bedeutend verm. Aufl. gr. 8. (XII, 554 S.) Paderborn, F. Schöningh. n. 6. —
—— die Naturvölker. Missverständnisse, Missdeutgn. u. Misshandlgn. (In 2 Tln.) 1. Tl. gr. 8. (XI, 310 S.) Ebd. n. 4. —
($^{85}/_{1}$) **Schnell**, Archivar Eug., Sanct Nicolaus, der heil. Bischof u. Kinderfreund, sein Fest u. seine Gaben. Eine kirchen- u. kulturgeschichtl. Abhandlg. u. Beitrag zur Klärg. der christl. u. heidn. Mythologie, zugleich als Lesebuch f. die reifere Jugend u. als Festgeschenk zu Sanct Nicolaus u. Weihnachten. 4. Hft. Oesterreich-Ungarn. 2. Abth.: Salzburg, Tirol u. Vorarlberg. Fortsetzung u. Schluß. gr. 8. (143 S.) Brünn. (Ravensburg, Dorn.) baar n.n. 1. 50 (1—4: n.n. 4. 75)
Schneyer, Sem.-Lehr. Ferd., Kinderlust, e. Lesebuch f. Kinder von 7 bis 8 Jahren. 4. verb. Aufl. gr. 8. (112 S.) Coburg, Sendelbach. geb. n. — 80
Schnitter, Wilh., dramatische Festgabe. 3 Lustspiele. 8. (90 S.) Berlin, Scheller in Comm. baar n. 1. —
Schnorbusch, H. A., Übungsbuch nebst Grammatik f. den griechischen Unterricht der Tertia, s.: Scherer, F. J.
Schober, ehem. Dir. Joh., deutsche Satzlehre f. Lehrer u. Schüler. [Der Sprachlehre 3. Thl.] 2. Aufl. 8. (96 S.) Wien, Graeser. n. — 84
—— u. Sem.-Musiklehr. Wladimir **Labler**, Liederhain f. österreichische Volksschulen. Im Anschlusse an das „Lesebuch f. österreich. Volksschulen" [Ausg. in 5 Thln.] v. Dr. Geo. Ullrich, W. Ernst u. Frz. Branky bearb. u. hrsg. 3. Hft. 2. umgearb. Aufl. 8. (32 S.) Prag 1886, Tempsky. n. — 24
Schoch, Ob.-Ger.-Sekr. Dr. A., Artikel 59 der schweiz. Bundesverfassung vom 29. Mai 1874, betr. den Schutz d. Schuldners beim Richter seines Wohnorts. Dargestellt. gr. 8. (XI, 198 S.) Zürich 1882, Schulthess in Comm. baar n. 3. —
Schoch, C., das Ehe-Pantöffelchen, s.: Bloch's, E., Dilettanten-Bühne.
Schock, H., mein Zoar, s.: Immergrün.
Scholastika. Dramatischer Scherz in 2 Aufzügen, den Alten u. Jungen d. plauenschen Seminars zur Erinnerg. an dessen 75jähr. Jubiläum 1885 gewidmet v. E. O. Dem. gr. 8. (38 S.) Plauen, (Neupert). baar n. — 30
Schöler, Charlotte v., der Rathsherr v. Trier. Ein Blatt aus e. alten Familien-Chronik. 8. (IV, 250 S.) Berlin, Luckhardt. n. 5. —
Scholl, Carl, nach Kamerun! Aus den hinterlassenen Papieren meines in Kamerun gestorbenen Sohnes. Der deutschen Jugend gewidmet. gr. 8. (VII, 104 S. m. Portr. in Lichtdr.) Leipzig 1886, Cavael. geb. n. 2. —
—— meine Sterne. Stunden der Weihe. Eine Sammlg. auserlesner Gedichte u. Denksprüche. Mit 1 Titelbilde (in Lichtdr.). gr. 8. (XI, 373 S.) Ebd. geb. m. Goldschn. n. 6. —
Scholtz, Wilh., zur Lehre v. der Paralysis spinalis spastica. Aus der Krankenabtheilg. d. städt. Armenhauses [Hr. Prof. Dr. Berger]. Inaugural-Dissertation. gr. 8. (43 S.) Breslau, (Köhler). baar n. 1. —
Scholz, Prof. Dr. Ant., das Buch Judith — e. Prophetie. Ein Vortrag in der histor.-philolog. Gesellschaft zu Würzburg, geh. am 11. Novbr. 1884. gr. 8. (48 S.) Würzburg, Woerl. n. 1. —
Scholz, Dir. Dr. Frdr., die Handschrift u. ihre characteristischen Merkmale. Vortrag, geh. in der litterar. Gesellschaft d. Bremer Künstlervereins. Mit vielen chemigr. Taf. 8. (30 S.) Bremen, Rocco. n. 1. 60
Schömann, G. F., der attische Process, s.: Meier, M. H. E.

Schönbold, Priest. F., die wichtigsten Anstandsregeln f. die Zöglinge höherer Lehranstalten, zunächst f. die Candidaten d. geistl. Standes, aus bewährten Quellen zusammengetragen u. geordnet. 5., verb. u. verm. Aufl. 16. (128 S.) Regensburg, Pustet. cart. n. — 60

Schönborn, A. S., lateinisches Lesebuch, lateinisches Vokabularium dazu, s.: Kühner, R.

Schönborn, Th., das höhere Unterrichtswesen in der Gegenwart, s.: Zeit- u. Streitfragen, deutsche.

Schoendoerffer, Otto, de genuina Catonis de agricultura libri forma. Part. I. De syntaxi Catonis. Dissertatio inauguralis. gr. 8. (89 S.) Königsberg, (Koch & Reimer). baar n. 1. —

Schönermark, G., die Stadt Halle u. der Saalkreis, s.: Darstellung, beschreibende, der älteren Bau- u. Kunstdenkmäler der Provinz Sachsen u. angrenzender Gebiete.

Schönfeld, Wilh., üb. erysipelatöse Pneumonie. Inaugural-Dissertation. gr. 8. (40 S.) Darmstadt, (Waitz). baar n. 1. —

(85/1) **Schongauer, Dürer, Rembrandt**, Stiche u. Radirungen. In heliograph. Nachbildg. nach Originalen d. königl. Kupferstichkabinets zu Berlin. Mit begleit. Text von J. Janitsch u. A. Lichtwark. 1. Thl. 2—5. Lfg. gr. Fol. (à 5 Taf. m. 5 Bl. Text.) Berlin, Grote. In Mappe. à n. 10. — (1. Thl. cplt. in Mappe: n. 50. —)

Schoenhardt, Staatsanw. Dr. Carl, Alex. Ueber die Bestrafg. d. Glücksspiels im älteren röm. Recht. Eine strafrechtsgeschichtl. Studie. gr. 8. (VIII, 103 S.) Stuttgart, Enke. n. 3. 60

Schönherr, Geo., Jorge de Montemayor, sein Leben u. sein Schäferroman, die „siete Libros de la Diana", nebst e. Übersicht der Ausgaben dieser Dichtg. u. bibliograph. Anmerkgn. hrsg. gr. 8. (88 S.) Halle 1886, Niemeyer. n. 2. 40

Schöning, Prem.-Lieut. v., Geschichte d. 2. Brandenburgischen Ulanen-Regiments Nr. 11 von seiner Stiftung bis zum 1. Jan. 1885. Auf Befehl d. königl. Regiments zusammengestellt. Mit 1 Portr., 1 Uniformbilde u. 3 Karten. gr. 8. (VI, 196 S.) Berlin, Mittler & Sohn. n. 5. —

Schoenlank, Bruno, Hartley u. Priestley, die Begründer d. Associationismus in England. Inaugural-Dissertation. gr. 8. (56 S.) Halle 1882. (Leipzig, Fock.) baar n. 1. 60

Schönmann, A., die Aufsatz- u. Sprachübungen der Volksschule, s.: Krauß, A.

Schönmann, Oberlehr. H., u. Mittelschullehr. G. **Scheu**, Rechenbuch f. deutsche Volks-, Mittel-, Töchter- u. Fortbildungsschulen. 2—6. Hft. 8. Eßlingen, Weismann. n. 1. 45
2. 9. Aufl. (34 S.) 1886. n. — 20. — 3. 17. Aufl. (46 S.) 1886. n. — 25. — 4. 28. Aufl. (46 S.) 1886. n. — 25. — 5. 24. Aufl. (62 S.) n. — 30. — 6. 32. Aufl. (82 S.) n. — 45.

—— —— dasselbe, m. den Antworten. Lehrer-Ausg. 4. u. 5. Hft. 8. (72 u. 98 S.) Ebd. 1886. cart. à n. 1. 20

—— —— Rechenaufgaben f. ein- u. zweiklassige Volksschulen, m. gleichmäß. Berücksicht. d. Kopf- u. Tafelrechnens. 2 Hfte. 8. Ebd. n. — 61
1. 10. unveränd. Aufl. (47 S.) n. — 25. — 2. 17. unveränd. Aufl. (82 S.) n. — 36.

Schönthan, Frz. v., u. Paul v. **Schönthan**, der Raub der Sabinerinnen. Schwank in 4 Akten. 8. (110 S. m. Portr. in Holzschn.) Berlin, Lassar. n. 4. —

Schönthan, Paul v., der Maskenball u. andere heitere Geschichten. 8. (111 S.) Berlin, Steinitz & Fischer. n. 1. —

Schönwandt, D., die moderne Illustration. Kurze Uebersicht aller jetzt praktisch angewandten Verfahren zur Herstellg. v. Abbildgn. 8. (28 S. m. 1 Taf.) Leipzig-Reudnitz, Rühle. — 60

Schopenhauer, Arth., Aphorismen zur Lebensweisheit. [Aus: „Parerga u. Paralipomena". 2 Bdchn. 8. (XIII, 137 u. XIII, 144 S.) Leipzig 1886, Brockhaus. à n. 2. —; geb. à n. 3. —

—— über den Tod u. sein Verhältniß zur Unzerstörbarkeit unsers Wesens an sich. Leben der Gattung. Erblichkeit der Eigenschaften. [Aus: „Die Welt als Wille u. Vorstellung".] 8. (XV, 119 S.) Ebd. 1886. n. 2. —; geb. n. 3. —

Schöpff, Past. W., Grundsätze u. Beispiele. Zur Revision der Lutherbibel. gr. 8. (21 S.) Dresden, Tamme. n. — 40

Schorer's Familienblatt. Eine illustr. Zeitschr. Salon-Ausg. Red.: Dr. Frz. Hirsch. 1. Jahrg. Juli 1885—Juni 1886. 12 Hfte. gr. 8. (1. Hft. 152 S.) Berlin, Schorer. à — 75

Schorlemmer, Carl, ausführliches Lehrbuch der Chemie, s.: Roscoe, H. E.

—— Lehrbuch der Kohlenstoffverbindungen od. der organischen Chemie. Zugleich als 2. Bd. v. Roscoe-Schorlemmer's kurzem Lehrbuch der Chemie. 3. verb. Aufl. Mit eingedr. Holzst. 1. Hälfte. 8. (471 S.) Braunschweig, Vieweg & Sohn. n. 7. —

Schott, Clara, der Verfall d. Staates durch den Staat. Beitrag zur socialen Frage. 8. (23 S.) Leipzig, Pfau. n. — 50

Schott, Th., die Bartholomäusnacht, s.: Für die Feste u. Freunde d. Gustav-Adolf-Vereins.

Schott, Th., unsere Zeit, im Lichte d. Gemüthslebens betrachtet, s.: Zeitfragen d. christlichen Volkslebens.

Schottin, Dr. Ed., die diphtheritische Allgemein-Erkrankung u. deren Behandlung. gr. 8. (III, 84 S.) Berlin, Hirschwald. n. 2. —

Schottky, Ernst, Clytia. Eine Begegnung. 8. (136 S. m. 1 Lichtdr.) Wiesbaden, Feller & Gecks. n. 2. 50; geb. n. 3. 50

Schottky, Dr. Rich., Beiträge zur Kenntniss der Diluvial-Ablagerungen d. Hirschberger Thales. Mit 1 (autogr.) Karte. gr. 8. (71 S.) Breslau, Koebner. n. 2. 40

Schöttle, Pfr. Joh. Evang., Geschichte v. Stadt u. Stift Buchau samt dem stiftischen Dorfe Kappel. gr. 8. (XIII, 476 S. m. 3 Lichtdr.) Waldsee 1884, Liebel. geb. baar 5. 20

Schoultz v. Ascheraden, gen. de Terra, Max Frhr., Bothwell. Trauerspiel in 5 Acten. 8. (104 S.) Wiesbaden, Rodrian in Comm. n. 1. 50

Schrader, Bruno, Toggenburg u. Roswitha. [der sieg d. idealen.] musikdrama in 1 aufzuge. 16. (44 S.) Jena. (Leipzig, Schloemp.) baar n. 1. —

Schrader, Eb., die Keilinschriften am Eingange der Quellgrotte d. Sebeneh-Su. Mit 1 (Lichtdr.-) Taf. [Aus: „Abhandlgn. d. k. preuss. Akad. d. Wiss. zu Berlin".] gr. 4. (31 S.) Berlin, Dümmler's Verl. in Comm. n. 3. —

Schrader, K., s.: Beiträge, kritische, zur herrschenden Wirthschaftspolitik.

Schraml's Adreß-Buch der Industriellen, Kaufleute, Gewerbetreibenden, Aerzte, Advokaten, Notare, Großgrund-Besitzer, Banken u. Credit-Institute, Versicherungs-Gesellschaften, Verkehrs-Anstalten, nach Branchen geordnet. 1. u. 2. Tl. Lex.-8. Linz, (Winter). baar n. 5. —
Inhalt: 1. Oesterreich ob der Enns. (179 S.) 3. —. — 2. Salzburg. (55 S.) n. 2. —

Schramm, C., zur Hagelversicherungsfrage in der Schweiz. gr. 8. (26 S.) Zürich 1886, Verlags-Magazin. n. — 40

(85/1) **Schrammen,** Johs., Zollernfrauen. Charakterbilder aus der Sage u. der Geschichte d. preuß. Herrscherhauses. Mit vielen Illustr. 9—13. (Schluß-) Lfg. Lex.-8. (VI u. S. 513—814.) Wolfenbüttel, Zwißler. baar à — 75 (cplt.: n. 10. —; geb. n. 12. —; feine Ausg. geb. baar n. 20. —)

Schrattenholz, J., das National-Denkmal am Niederwald, s.: (85/1) Wanderbilder, europäische.

:) Schreiber's Leinwand-Bilderbücher m. Lack-Anstrich. Nr. 1. 5. 7. 9. 24.
. Eßlingen, Schreiber. geb. n. 9. 50
Inhalt: 1. Allerlei Spielzeug f. kleine Kinder. (Neue Aufl.) (8 Chromolith. m. eingebr. u. 1 S. Text.) n. 2. —. — 5. ABC-Buch. (Neue Aufl.) (9 Chromolith) n. 1. 50. — 7. Unsere Lieblingstiere. (Neue Aufl.) (8 Chromolith m. eingebr. u. 2 S. Text.) n. 2. 50. — 9. Der unzerreißbare Struwelpeter. (8 Chromolith. m. eingebr. u. 1 S. Text.) n. 1. 50. — 24. Bilder aus dem Tierleben. (7 Chromolith.) n. 2. —

reiber, K., üb. Schadenersatz nach österreichischem Recht, s.: Schuster, M.

reiber, Th., s.: Bilderatlas, kulturhistorischer.

reib-Kalender auf d. J. 1886. gr. 16. (168 S.) Berlin, Trowitzsch & ohn. geb. u. durchsch. n. 1. 75

· für d. J. 1886. gr. 16. (272 S.) Düsseldorf, F. Bagel. geb. n. 1. 20

· für d. J. 1886. 8. (272 S.) Gotha, Engelhard-Reyher'sche Hofbuchdr. b. baar n.n. 1. —

auf d. J. 1886. Zum Gebrauch f. alle Stände. 8. (VII, 131 S.) Hildrghausen, Gadow & Sohn. n. — 50; geb. u. m. Schreibpap. durchsch. n.n. — 90

für Damen 1886. Mit dem Gruppenbilde der Familie Sr. Königl. ıh. d. Prinzen Wilhelm v. Preußen. 25. Jahrg. 32. (289 S.) Berlin, Decker. geb. m. Goldschn. n. 2. 50

gemeinnützlicher, auf d. J. 1886. Für Kanzleien, Gerichtsstellen, ntämter, Gerichtsvollzieher, Comptoirs, f. die Haus- u. Landwirthaft, sowohl f. Katholiken als Protestanten eingerichtet. 84. Jahrg. 4. 13 S.) Würzburg, Stahel. cart. n. 1. —; m. Schreibpap. durchsch. n. 1. 60

Ingolstädter, f. d. J. 1886. 4. (36 S.) Ingolstadt, Ganghofer. n. — 20

Münchener, u. Geschäfts-Taschenbuch f. d. J. 1886. 12. (VIII, 245 S.) ınchen, Franz' Verl. cart. n. 1. 20; geb. in Leinw. n. 2. 5; in Ldr. n.n. 3. —

:ibleſefibel. Hrsg. vom hannov. Lehrerverein. 8. Aufl. 8. (48 S. m. ustr.) Hannover, Hahn. geb. n.n. — 30

einer, Sem.-Insp. Joh. Ev., Festschrift zum 50jährigen Jubiläum d. igl. Schullehrer-Seminars Eichstätt. gr. 8. (III, 96 S. m. eingedr. ustr. u. 1 Tab.) Donauwörth, (Auer). n. 2. —

:iner, Präpar.-Hauptlehr a. D. J. N., orthographisches Lehr- u. Übungs-) zum Gebrauch an Volks- u. Mittelschulen. 8. (139 S.) Passau, Wald- .er. cart. n. — 60

:pper, Aug., deutsche Uebungen in konzentrischen Kreisen im Anschluß das Deutsche Lesebuch m. Bildern v. Gabriel u. Supprian. Ausg. in ftn. 8. Bielefeld, Velhagen & Klasing, cart. n. — 70
1. Für die Mittelstufe der Volksschule. (47 S.) n. — 30. — 2. Für die Oberstufe der Volksschule. (89 S.) n. — 40.

:y, Ferd., Lehrbuch der Debattenschrift nach Gabelsbergers System zum rauche in Unterrichtskursen u. zum Selbstunterricht. Als 2. Tl. zu em „Kurzen Lehrgang der Stenographie". 2. umgearb. Aufl. gr. 8. (74 S., on 14 autogr.) Barmen, Klein. n. 1. 60

kurzer Lehrgang der Stenographie nach Gabelsbergers System zum ıl-, Privat- u. Selbstunterricht. 1. Tl. Korrespondenzschrift. 6. Aufl. }. (IV, 44 S., wovon 16 autogr.) Ebd. n. 1. 20

yer, Bez.-Schulinsp. Wilh., Landeskunde d. Königr. Sachsen. Ausg. A. method. Handbuch f. die Lehrer. gr. 8. (II, 196 S.) Meißen 1886, limpert. n. 2. —

asselbe. Ausg. B. Ein Repetitionsheft f. Schüler der oberen Volks- :klassen, Fortbildungsschulen u. höheren Lehranstalten. gr. 8. (32 S.) . 1886. n.n. — 25

Schreyer, Bez.-Schulinsp. Wilh., Landeskunde d. Königr. Sachsen. Ausg. C. Ein Repetitionsheft f. Schüler in mittleren Klassen der Volksschule. gr. 8. (28 S.) Meißen, Schlimpert. n. — 20

—— dasselbe, s.: Hummel, A., kleine Erdkunde.

Schrift, die heilige, d. Alten u. Neuen Testaments. Uebers. v. Dr. W. M. L. de Wette. 4. bericht. Aufl. Neue (Titel-) Ausg. (In 5 Lfgn.) 1. Lfg. gr. 8. (1. Thl. S. 1—320.) Freiburg i/Br. (1858), Mohr. Subscr.-Pr. n. 1. —

(84/1) **Schriften** d. Vereins f. die Geschichte Berlins. 22. u. 23. Hft. gr. 8. Berlin, Mittler & Sohn in Comm. n. 8. —
Inhalt: 22. Die Straßen-Namen Berlins. Von Herm. Vogt. (X, 109 S.) n. 2. —. — 23. Stammbäume der Mitglieder der französischen Colonie in Berlin. Hrsg. v. Dr. R. Béringuier. (IV, 64 S.) n. 6. —

(85/1) —— des Vereins f. Geschichte d. Bodensee's u. seiner Umgebung 14. Hft. Mit 15 Holzschn. u. 1 Tab. Lex.-8. (III, 152; 9 u. 112 S.) Lindau, Stettner in Comm. n. 5. —

(85/1) —— die heiligen, d. alten u. neuen Testamentes, nach der Vulgata m. steter Vergleichg. d. Grundtextes übers. u. erläutert v. Geistlichen Räthen Proff. DD. Val. Loch u. Wilh. Reischl. Mit mehr als 900 (eingedr. Holzschn.-) Illustr. 63—84. (Schluß-) Lfg. Lex.-8. (4. Bd. XV u. S. 281—559 u. 5. Bd. XXVII, 554 S.) Regensburg, Manz. à n. — 50

(85/1) —— des Institutum judaicum in Leipzig. Nr. 7—9. gr. 8. Leipzig, Dörffling & Franke. à n. — 40
Inhalt: 7. Die Bibel u. der Wein. Ein Thirza-Vortrag v. Frz. Delitzsch (18 S.) — 8. Der Messias als Versöhner. Eine bibl. Untersuchg. v. Frz. Delitzsch. (32 S.) — 9. Zwei Predigten, in dem Gotteshause Bethlehem in Kischinew geh. v. Jos. Rabinowitsch. (32 S.)

—— dasselbe. Nr. 1. gr. 8. Ebd. n. — 40
Inhalt: Herschel-Augusti. Eine abenteuerl., wunderl. u. doch durchaus wahre Geschichte. 2. Aufl., neu bearb. v. Wilh. Faber. (47 S.)

(84/2) —— der naturforschenden Gesellschaft in Danzig. Neue Folge. 6. Bd. 2. Hft. Mit Unterstützg. d. westpr. Provinzial-Landtags hrsg. gr. 8. (XLIII, 319 S. m. 6 Steintaf.) Danzig. Leipzig, Engelmann in Comm. (à) n. 8. —

(85/1) —— des naturwissenschaftlichen Vereins f. Schleswig-Holstein. 6. Bd. 1. Hft. Mit 1 Karte u. 1 Abbildg. im Texte. gr. 8. (91 S.) Kiel, Homann in Comm. n. 2. —

(84/2) —— des Vereines zur Verbreitung naturwissenschaftlicher Kenntnisse in Wien. 25. Bd. Vereinsjahr 1884/85. A. u. d. T.: Populäre Vorträge aus allen Fächern der Naturwissenschaft. 25. Cyclus. 8. (LXXI, 744 S. m. eingedr. Abbildgn. u. Taf.) Wien, Braumüller in Comm. n.n. 8. —

(85/1) —— des Vereins f. Reformationsgeschichte. 8. u. 9. Hft. gr. 8. Halle, Niemeyer in Comm. à n. 1. 20
Inhalt: Johann Wiclif u. seine Zeit. Zum 500jähr. Wiclifjubiläum. [31. Dezbr. 1884.] Von Rud. Buddensieg. (VI, 214 S.)

(85/1) —— des liberalen Schulvereins Rheinlands u. Westfalens. Nr. 11 u. 12. gr. 8. Bonn, Strauß. n. 2. 20
Inhalt: 11. Die Mittelschule u. das praktische Leben. Referate v. Rekt. Bartholomäus-Hamm u. Abg. L. F. Seyffart-Krefeld, nebst Verhandlg. (73 S.) n. 1. 20. — 12. Das Schulberechtigungswesen. Referate d. Gymn.-Dir. Schmelzer-Hamm u. Realschuldir. Dr. W. Krumme-Braunschweig, nebst Verhandlg. auf der Generalversammlg. zu Bochum am 11. Oktbr. 1885. (46 S.) n. 1. —

(85/1) **Schriftsteller-Album**, das deutsche, hrsg. unter Mitwirkg. Ernst v. Wildenbruchs v. Adf. Hinrichsen. 2—5. (Schluß-) Lfg. gr. 4. (S. 25—140 m. 12 Lichtdr.-Taf.) Berlin, Friedrich Nachf. n. 14. — (cplt.: n. 17. —; geb. n. 22. —)

Schriftsteller-Zeitung, deutsche. Hrsg.: Jos. Kürschner. 1. Jahrg. 1885. 24 Nrn. (1½ B.) hoch 4. Stuttgart, J. Kürschner. Halbjährlich baar n.n. 5. 40

Schröckenstein, Ob.-Bergverw. Frz., **Ausflüge auf das Feld der Geologie. Geologisch-chem. Studie der Silicat-Gesteine. 2., unveränd. Aufl. gr. 8. (V, 116 S.) Wien 1886. (Prag, Dominicus.)** n. 4. —

Schröder, Dr., Führer durch die Stadt Minden u. deren nächste Umgebung m. historischen Anmerkungen. Mit e. (lith.) Plane der Stadt. 8. (38 S.) Minden, Bruns. baar n.n. — 50

(84/1) **Schroeder,** Lehr. Dr. Geo. v., u. Prof. Dr. Jul. v. **Schroeder,** Wandtafeln f. den Unterricht in der allgemeinen Chemie u. chemischen Technologie. Mit erläut. Text. 2. Lfg. Imp.-Fol. (5 Taf. à 2 Bl. m. Text 18 S. in gr. 8.) Kassel, Fischer. (à) n. 6. —; einzelne Taf. à n. 2. —; f. Aufziehen auf Leinw. m. Stäben à Taf. n.n. 2. —

Schroeder, Kammerger.-R. H., der kirchliche Nothstand Berlins. Vortrag, im Berliner Unionsverein geh. am 20. März 1885. gr. 8. (28 S.) Berlin, Haack. n. — 50

Schröder, Past. H., der Weg zum Himmel. Anleitung, wie man in den Himmel kommen kann. 2. Aufl. 16. (16 S.) Berlin, Deutsche Evangel. Buch- u. Tractat-Gesellschaft. n. — 10

Schroller, Dr. Frz., Schlesien. Eine Schilderg. d. Schlesierlandes. 1. Bd. Mit 44 Stahlst. u. 51 Holzschn. v. Thdr. Blätterbauer. Lex.-8. (VIII, 384 S.) Glogau, Flemming. geb. n. 18. —

(85/1) **Schroot,** A., d. Menschen Leben u. Gesundheit. Ein Haus- u. Familienbuch. 2—10. (Schluß-)Lfg. gr. 8. (VIII u. S. 65—472.) Leipzig, C. A. Koch. à n. — 50 (cplt. geb.: n. 6. —)

Schröter's Küchen-Kalender. 6. Jahrg. 1886. 4. (52 S.) Zürich, Schröter. n. — 80

Schroetter, Maj. Frhr. v., Geschichte d. 7. Rheinischen Infanterie-Regiments Nr. 69 1860—1885. Mit 1 Marschkarte u. 8 Skizzen im Text. gr. 8. (VII, 135 S.) Berlin, Mittler & Sohn. n. 3. 50

Schubart, Chrn. Frdr. Dan., in seinem Leben u. seinen Werken, s.: Hauff, G.

Schubart, Stiftspred. F. W., „bringt in her zu Mir!" Festpredigt, geh. am 20. Septbr. 1885 zur Jahresfeier der Thüringer Konferenz f. innere Mission in der Augustinerkirche zu Gotha. [Aus: „Pastoralbibliothek".] 1. u. 2. Aufl. gr. 8. (20 S.) Gotha, Schloeßmann. n. — 30

Schube, Thdr., Beiträge zur Kenntnis der Anatomie blattarmer Pflanzen, m. besond. Berücksicht. der Genisteen. Inaugural-Dissertation. gr. 8. (30 S. m. 2 color. Steintaf.) Breslau, (Köhler). baar n. 1. —

Schubert, Betriebsinsp. E., Katechismus f. den Bahnwärter-Dienst. 2. Aufl. 8. (VII, 48 S.) Wiesbaden, Bergmann. cart. n. 1. —

—— Katechismus f. den Weichensteller-Dienst. Mit 1 lith. Taf. u. 2 Holzschn. 8. (V, 65 S.) Ebd. 1886. cart. n. 1. —

Schubert, Oberlehr. Dr. Herm., System der Arithmetik u. Algebra als Leitfaden f. den Unterricht in höheren Schulen. 8. (VIII, 222 S.) Potsdam, Stein. n. 1. 80

Schubert, Rath Prof. i. P. Karl, deutsche Lesestücke in unterrichtlicher Behandlung u. Verwertung. Zunächst als Commentar zu den im k. k. Schulbücherverlage in Wien erschienenen Lesebüchern f. österreich. Volksschulen. 1. u. 2. Bd. gr. 8. Wien, Pichler's Wwe. & Sohn. n. 8. —

Inhalt: 1. Die Lesestücke der Schreiblese- u. der Normalwörter-Fibel, d. 1. Thls. d. fünftheil. u. jene 62 Lesestücke aus dem 1. Thle. d. dreitheil. Lesebuches, welche auch in der letztgenannten Fibel u. im 1. Thle. d. fünftheil. Lesebuches vorkommen. (V, 219 S.) n. 2. 80. — 2. Die Lesestücke im 2. Thle. d. acht- u. d. fünftheil., nebst den correspondier. Nummern aus dem 1. u. 2. Thle. d. dreitheil. Lesebuches u. den nur im 1. Thle. d. letzteren vorkomm. Stücken. (415 S.) 1886. n. 5. 20.

—— Niederösterreich. Kleine Heimatskunde. Übersichtlich zusammengestellt. 8. Aufl. 8. (35 S.) Ebd. n. — 20

Schuberth, Rect. Wilh., Leitfaden f. den Unterricht in der Heimatskunde v. Berlin u. der Mark Brandenburg. 9. verb. Aufl. 8. (40 S. m. 1 lith. u. color. Karte.) Berlin, Le Coutre. baar n. — 30; Karte ap. n. — 10

Schubin, Ossip, „Gloria victis!" Roman. 3 Bde. 8. (160, 208 u. 164 S.) Berlin, Paetel. n. 10. —; in 1 Bd. geb. n. 12. —

—— „Unter uns". Roman in 3 Büchern. 2. Aufl. in 1 Bd. 8. (328 S.) Ebd. n. 6. —; geb. n. 7. 50

Schuch, H., vaterländische Erzählungen. 1. Tl. gr. 8. Danzig 1886, Th. Bertling. n. 1. 60

Inhalt: Wjetoslawa. Eine Erzählg. aus altpommerell. Vergangenheit. (124 S.)

Schuchardt, Hugo, üb. die Lautgesetze. Gegen die Junggrammatiker. gr. 8. (VI, 39 S.) Berlin, Oppenheim. n. — 80

Schuchardt, K., Beiträge zur Entstehung der Carcinome aus chronisch entzündlichen Zuständen der Schleimhäute u. Hautdecken, s.: Sammlung klinischer Vorträge.

Schüchner, Geo., üb. die Einwirkung v. Chromoxychlorid auf Cymol u. Orthonitrotoluol. Inaugural-Dissertation. gr. 8. (30 S.) Breslau, (Köhler). baar n. 1. —

Schücking, Levin, Lebenserinnerungen. 2 Bde. 8. (252 u. 357 S.) Breslau 1886, Schottländer. n. 8. —; geb. n. 10. —

—— Recht u. Liebe. Roman. 8. (256 S.) Ebd. 1886. n. 4. —; geb. n. 5. —

—— Sklaven d. Herzens. Novelle. 2. Aufl. 8. (116 S.) Berlin, Goldschmidt. n. — 50

Schulausgaben deutscher Klassiker. Mit vielen Fragen u. Aufgaben behufs Anleitg. zum Selbstdenken u. Selbstfinden, sowie zur Anregg. tieferen Eindringens in das Verständnis d. Inhaltes versehen v. Sem.-Lehr. Heinr. Leineweber. I. u. II. 8. Trier, Stephanus. n. 1. —; cart. n. 1. 30

Inhalt: I. Goethe's Hermann u. Dorothea. (85 S.) n. — 45; cart. n. — 60. — II. Wilhelm Tell. Schauspiel in 5 Aufzügen von Frdr. v. Schiller. (122 S. m. e. Karte.) n. — 55; cart. n. — 70.

(85/1) —— classischer Werke. Unter Mitwirkg. mehrerer Fachmänner hrsg. v. Prof. J. Neubauer. 17., 18. u. 20. Hft. gr. 8. Wien, Graeser. n. 2. 16

Inhalt: 17. Die Hermannsschlacht. Ein Drama in 5 Aufzügen von Heinr. v. Kleist. Mit Einleitg. u. Anmerkgn. v. Prof. Dr. Adf. Lichtenheld. (XIII, 95 S.) n. — 64. — 18. Schiller's Gedichte. Ausgewählt, eingeleitet u. erläutert v. Gymn.-Prof. Dr. Ambros Mayr. (X, 134 S.) n. — 80. — 20. Die Braut v. Messina od. die feindlichen Brüder. Ein Trauerspiel m. Chören v. Frdr. Schiller. Mit Einleitg. u. Anmerkgn. v. Gymn.-Prof. J. Trötscher. (XVI, 96 S.) n. — 72.

—— dasselbe. 5. Hft. gr. 8. Ebd. n. — 60

Inhalt: Minna v. Barnhelm od. das Soldatenglück. Ein Lustspiel v. Ghold. Ephr. Lessing. Mit Einleitg. u. Anmerkgn. v. Prof. J. Neubauer. 2., rev. Aufl. (XII, 88 S.)

(85/1) **Schulbibliothek**, französische u. englische. Hrsg. v. Otto E. A. Dickmann. 19—22. Bd. gr. 8. Leipzig, Renger. n. 4. 60; Einbde. à n. n. — 25

Inhalt: 19. Histoire d'Attila v. Amédée Thierry. Mit 1 Karte. Für den Schulgebrauch erklärt v. F. J. Wershoven. (VIII, 99 S.) n. 1. 5. — 20. Histoire de Jeanne Darc v. M. de Barante. [Aus: Histoire des ducs de Bourgogne de la maison de Valois.] Mit 2 Plänen u. 2 Karten. Für den Schulgebrauch erklärt v. K. Mühlefeld. (XII, 115 S.) n. 1. 15. — 21. Warren Hastings. An essay by Thomas Babington Macaulay. Mit 1 Karte. Für den Schulgebrauch erklärt v. Adf. Kressner. (VIII, 115 S.) n. 1. 15. — 22. The foundation of english liberty. From the accession of John to the death of Richard III. a. D. 1199—1485. Von Dav. Hume. Mit 2 Karten. Für den Schulgebrauch erklärt v. K. Bohne. (XII, 104 S.) n. 1. 25.

Schulenburg, Maj. Graf v. der, Geschichte d. Magdeburgischen Dragoner-Regiments Nr. 6, auf Veranlassg. d. Regiments geschrieben, unter Mitwirkg. v. Rittmstr. Briesen. Mit e. Portr., 1 Skizze u. 3 Karten. gr. 8. (VIII, 225 S.) Berlin, Mittler & Sohn. n. 6. 50

Schuler, J., Jakob Stainer, s.: National-Bibliothek, deutsch-österreichische.

Schülerfreund, deutscher. Notizkalender f. Gymnasiasten u. Realschüler f. 1886. Hrsg. v. Oberlehr. Dr. F. Koch. 10. Jahrg. Mit dem (Stahlst.-) Portr. u. der Biographie Arendt's. [Ausg. m. Wochentagen.] 16. (VIII, 305 S.) Leipzig, Siegismund & Volkening. geb. n. 1. —; Ausg. ohne Wochentage, geb. n. 1. —

Schülerheft zur Landeskunde d. Herzogt. S.-Gotha. Bearb. u. hrsg. v. den Lehrern E. Bechstein, W. Henze, E. Langbein, H. Pabst, F. Paetz, E. Poppe. gr. 8. (32 S.) Gotha, Thienemann. n. — 20

Schüler-Jahrbuch, deutsches, 1886. Hrsg. v. Dr. Max Vogler. 10. Jahrg. Mit 1 Titelbilde. 16. (176 S.) Leipzig, Spamer. cart. n. — 60

Schulgesangbuch, Berliner. Ausg. A. nach dem Berliner Gesangbuch f. evangel. Gemeinden. 11. erweit. u. verb. Aufl. 12. (95 S.) Berlin 1886, H. R. Mecklenburg. n. — 20

Schul- u. Lehrer-Kalender f. d. J. 1886. gr. 16. (110 S.) Stuttgart, Aue's Verl. geb. baar n. 1. —

Schuller, C., les oiseaux. Études. gr. Fol. (15 Chromolith.) Berlin, Claesen & Co. In Mappe. n. 45. —

Schüller, Prof. Dr. Max, die chirurgische Anatomie in ihrer Beziehung zur chirurgischen Diagnostik, Pathologie u. Therapie. Ein Handbuch f. Studirende u. Aerzte. 1. Hft. Die obere Extremität. Mit zahlreichen Holzschn. gr. 8. (X, 367 S.) Berlin, G. Reimer. n. 7. —

Schul-Liederbuch, Geraer. Zusammengestellt u. bearb. v. den Gesanglehrern der Bürgerschulen zu Gera. 1—3. Hft. Gera, (Burow). n. 1. 10
Inhalt: 1. Unterstufe enth.: Lieder, Choräle u. method. Übgn. f. die ersten 2 Schuljahre. (24 S.) n. — 20. — 2. Mittelstufe, f. das 3. u. 4. Schuljahr. (48 S.) n. — 30. — 3. Oberstufe A. f. das 5. u. 6. Schulj. (146 S.) n. — 60.

—— Schwarzburg-Rudolstädter. Hrsg. v. dem Landes-Lehrerverein. 5. verm. u. verb. Aufl. (III, 156 S.) Rudolstadt, Hofbuchdruckerei. n. — 50; geb. n. 90

Schul-Notiz-Kalender, allgemeiner, f. d. J. 1886 u. das 1. Quartal 1887, hrsg. v. Gymn.-Lehr. G. Noack. 4. Jahrg. gr. 16. (49 S.) Leipzig, Urban. geb. n. — 60

(84/2) **Schulthess**, H., europäischer Geschichtskalender. 25. Jahrg. 1884. gr. 8. (XXXIV, 528 S.) Nördlingen, Beck. n. 10. —

Schultz, Rechtsanw. Ferd., der Viehhandel im Gebiete d. preußischen Landrechts, nebst e. Anh., enth. die Bestimmgn. d. gemeinen deutschen Rechts. Auf Veranlassg. d. Vorstandes d. Westfäl. Bauernvereins f. die Landwirthe bearb. gr. 12. (40 S.) Paderborn, F. Schöningh. n. — 50

Schultze, Paul, de Lysiae oratione XXX. Dissertatio inauguralis philologica. gr. 8. (42 S.) Berlin 1883, (Mayer & Müller). n. 1. —

Schultze, Th., das Dhammapada. Eine Verssammlg., welche zu den kanon. Büchern der Buddhisten gehört. Aus der engl. Uebersetzg. v. Prof. F. Max Müller, Sacred books of the East, vol. X, metrisch ins Deutsche übertragen. Mit Erläutergn. gr. 8. (XIX, 123 S.) Leipzig, O. Schulze. n. 2. 50

Schultze, Prof. Vict., das evangelische Kirchengebäude. Ein Ratgeber f. Geistliche u. Freunde kirchl. Kunst, hrsg. in Verbindg. m. Baur. Dr. Mothes u. Archit. Prüfer. gr. 8. (IV, 139 S. m. eingedr. Illustr.) Leipzig 1886, Böhme. n. 3. — geb. n. 4. —

Schulwesen, das bayerische, u. der bayerische Landtag. gr. 8. (32 S.) Würzburg 1886, Stuber's Verl. n. — 50

Schulz, Reg.- u. Schulr. Dr. Bernh., die Schulordnung f. die Provinzen Ost- u. Westpreußen vom 11. Dezbr. 1845, nebst Erläutergn. zu derselben u.

den wichtigsten Verfüggn. der königl. Regiergn. in Königsberg, Gumbinnen, Danzig u. Marienwerder. Für Seminarzöglinge u. Lehrer hrsg. gr. 8. (VII, 226 S.) Danzig, Kafemann. n. 2. 40

Schulz, C., der religiöse Lernstoff f. Volksschulen, s.: Müller, H.

Schulz, Ernst, die Kunst d. Bauchredens. Mit e. gründl. Anweisg., dieselbe zu erlernen, u. geeigneten Uebungs-Dialogen versehen. 2. verm. u. verb. Aufl. 8. (VIII, 154 S.) Erfurt, Bartholomäus. n. 2. —

Schulz, J., Anleitung zur Untersuchung der f. die Zucker-Industrie in Betracht kommenden Rohmaterialien, Producte, Nebenproducte u. Hülfssubstanzen, s.: Frühling, R.

Schulz, Otto, s.: Hand-Fibel.

—— Berlinisches Lesebuch f. Schulen. Mittel- u. Oberstufe, bearb. v. H. Bohm u. H. Lübcky. 8. Berlin, Nicolai's Verl. n. 2. 50; geb. n.n. 3. — Mittelstufe. 34. Aufl. (X, 384 S.) n. 1. —.; geb. n. n. 1. 25. — Oberstufe. 14. u. 15. Aufl. (X, 526 S.) n. 1. 50; geb. n. n. 1. 75.

—— biblisches Lesebuch. Umgearb. u. zu e. Hülfsbuch f. den Religionsunterricht in den unteren u. mittleren Klassen höherer Lehranstalten erweitert v. Dr. G. A. Klie. 20. Ster.-Aufl. gr. 8. (XVI, 304 S.) Berlin, Dehmigke's Verl. n. 1. 40.; Einbd. n. n. — 25

Schulz, Paul, üb. Encephalopathia u. Arthralgia saturnina. Inaugural-Dissertation. gr. 8. (30 S.) Breslau, (Köhler). baar n. 1. —

Schulze, P., hat Jesus Geschwister gehabt od. nicht? Eine unbefangene Erörterg. aus den zugängl. Urkunden. gr. 8. (14 S.) Dresden, Dieckmann. n. — 40

Schulze-Smidt, Bernhardine [E. Oswald], russische Sagen. In freier Nachdichtg. Zeichnungen v. J. v. Kortzfleisch. Lex.-8. (VI, 63 S.) Gotha, F. A. Perthes. cart. n. 5. —

Schulze, Fechtlehr. Frdr., die Fechtkunst m. dem Hau-Rapier unter besond. Berücksicht. d. Linksfechtens, m. Uebungsbeispielen u. 5 Taf. in Lichtdr. gr. 8. (IV, 62 S.) Heidelberg, Bangel & Schmitt. • n.n. 3. —

Schulze, weil. Past. Geo., ewerharzische Zitter. Oberharzische Gedichte. Nach dem Tode d. Verf. hrsg. v. seinem Sohne Bergfakt. W. Schulze. 2. verm. Ausg. 8. (VI, 139 S.) Clausthal, Grosse. n. 1. 40

(85/1) Schulze, Zeichenlehr. Heinr., farbige Elementar-Ornamente v. aufsteigender Schwierigkeit. Für die Unterstufe höherer Schulen u. die Oberstufe mehrklass. Volksschulen, insbesondere auch f. höhere Töchterschulen, Fortbildungs- u. techn. Schulen m. ausdrückl. Betong. der Farbe entworfen. 9. u. 10. (Schluss-) Lfg. gr. 4. (13 farb. u. 8 schwarze Taf. nebst 1 Farbenkreise.) Leipzig, T. O. Weigel. à n. 3. —

(84/2) Schulzeitung, rheinisch-westfälische. Hrsg. v. J. Müllermeister. 9. Jahrg. Oktbr. 1885—Septbr. 1886. 24 Nrn. (2 B.) hoch 4. Aachen, Barth. Vierteljährlich n. 1. —

Schumacher, G., Lehrbeispiele zur Behandlung d. Kirchenliedes in der Volksschule. 1. u. 2. Aufl. gr. 8. (XII, 244 S.) Barmen, Wiemann. n. 3. —

Schumacher, K., s.: Wiederholungsbuch f. den geographischen rc. Unterricht.

Schumann, Ing.-Maj. a.D., die Bedeutung drehbarer Geschützpanzer: „Panzerlaffeten" f. e. durchgreifende Reform der permanenten Befestigung. 2. umgearb. Aufl. Mit e. Atlas v. 23 (chromolith.) Bl. Zeichnungen (in qu. gr. Fol., geb.). gr. 8. (66 S.) Potsdam, Militaria. geb. n.n. 30. —

Schumann, Reg.- u. Schulr. Dr. J. Chr. Glob., Dr. Karl Kehr. Ein Meister der deutschen Volksschule u. Lehrerbildg., nach Erinnergn. u. Briefen an Freunde den deutschen Lehrern gezeichnet. Mit dem Portr. v. Dr. Kehr in Stahlst. gr. 8. (VII, 251 S.) Neuwied 1886, Heuser's Verl. n. 3. —

ımann, Reg.- u. Schulr. Dr. J. Chr. Glob., u. Sem.-Lehr. Wilh. Heinze, ;itfaden der preußischen Geschichte. 2. Aufl. gr. 8. (II, 192 S.) Han- ıver 1886, Meyer. cart. n. 1. 20

umann, P., Barock u. Rococo, s.: Beiträge zur Kunstgeschichte.

Verzeichniss zum Museum der italienischen Malerei in Orig.-Photo- ıphien, s.: Gutbier, A.

ımann, Rob., Jugendbriefe. Nach den Originalen mitgetheilt v. Clara chumann. gr. 8. (IV, 315 S.) Leipzig, Breitkopf & Härtel. n. 6. —; geb. n. 7. —

ımann, Rob., das Zimmer der Gegenwart. Eine Sammlg. neuer, meist ıfach ausgefürhter, Möbel stilvoller Zimmereinrichtgn. (In 5 Lfgn.) 1. Lfg. Taf. in Lichtdr. Fol. Leipzig, Hessling. In Mappe. n. 8. 50

ımm, Ant., Maximilian Robespierre. Ein geschichtl. Bildniß aus der volutionszeit. gr. 8. (XIII, 318 S.) Freiburg i/Br., Herder. n. 2. —; Einbd. n.n. — 40

pp, Ottokar, unter den Menschenfressern v. Borneo. Eine Erzählg. f. deutsche Jugend u. das deutsche Volk. Mit 4 (Stahlst.-)Abbildgn. 12. 9 S.) Wiesbaden 1886, Riedner. cart. — 75

das Nationaldenkmal auf dem Niederwald. Eine Erzählg. f. die deutsche ȝend u. das Volk. Mit 4 (Stahlst.-)Abbildgn. 12. (120 S.) Ebd. 6. cart. — 75

r, Prof. em. Dr. Phil. Joh. Ferd., enumeratio plantarum Transsilvaniae, ibens: Stirpes phanerogamas sponte crescentes atque frequentius cultas, ɔtogamas vasculares, Characeas, etiam muscos hepaticasque. Nova ed. ıl.). gr. 8. (XVIII, 984 S.) Wien (1866), Graeser. n. 18 —

rer, Prof. D. Emil, Geschichte d. jüdischen Volkes im Zeitalter Jesu isti. 2. neu bearb. Aufl. d. Lehrbuchs der neutestamentl. Zeitgeschichte. 'hl. Die inneren Zustände Palästina's u. d. jüd. Volkes im Zeitalter Jesu sti. gr. 8. (X, 884 S.) Leipzig 1886, Hinrichs' Verl. n. 20. —; geb. n. 22. 50

Der 1. Thl. erscheint Ende 1886.

ig, Sem.-Oberlehr. Ewald, Pflanzenbilder. Ein Hülfsbüchlein zum Ge- ıch beim Unterrichte in der Pflanzenkunde. 8. (IV, 91 S.) Halle, Hendel. n. — 50

ig, Rekt. G., Grundriß der Geschichte. gr. 8. (XIV, 304 S.) Breslau ;, F. Hirt. n. 2. 20; geb. n. 2. 50

Schürmann, Töchterschullehr. F., Hauptlehr. O. Schürmann, Turnlehr. Th. de, Übungsstoff f. den Turnunterricht, bestehend in Aufmärschen, ppen v. Gerätübgn., Liederreigen u. Turnspielen. 2. Tl. Mit 96 Fig. bbildgn. 8. (86 S.) Essen, Bädeker. geb. (à) n. 1. —

ler, Dr., e. abgekürzte Therapie. Biochemische Behandlg. der Krank- n. 12., theilweise umgearb. Aufl. Mit e. Anh., Krankengeschichten gr. 8. (64 S.) Oldenburg 1886, Schulze. n. 2. —

ler, K., naturgeschichtlicher Anschauungs-Unterricht f. die Oberstufe der ßschule, s.: Ortmann, J. H.

Tafel f. die 3,7 cm Revolver-Kanone der Schiffs-Artillerie. 8. (8 S.) n, Mittler & Sohn. n.n. — 50

:er, Dr., Diagnostik der Rückenmarks-Krankheiten, nebst e. kurzen : Allgemeine Therapie derselben. Leitfaden f. den prakt. Arzt. 3. verm. Mit 12 Holzschn. gr. 8. (VI, 194 S.) Berlin 1886, Th. Ch. F. Enslin. n. 5. —

r, Kirchschullehr. A., Aufgaben zum schriftlichen Rechnen f. Fortbil- ßschulen. 3. Aufl. Mit Vorwort u. method. Erläutergn. 8. (40 S.) en, Schlimpert. n. — 20

Schuster, Gfr., die patentirten [trockenen] Erdclosets. 2. verm. Ausg. m. Abbildgn. gr. 8 .(32 S.) Zürich 1886, Schmidt. n. — 60

Schuster, Dr. J., abrégé de l'histoire sainte à l'usage des classes inférieures des établissements d'instruction publique. Orné de 46 gravures imprimées dans le texte. 7. éd. 12. (90 S.) Freiburg i/Br., Herder. n. — 40; Einbd. n.n. — 8

—— die biblische Geschichte d. Alten u. Neuen Testaments. Für kathol. Volksschulen. Mit 114 Abbildgn., 2 Kärtchen u. e. Ansicht d. Heiligen Landes. (Neue Aufl. 1885.) 8. (XII, 234 S.) Ebd. n. — 45

—— dasselbe. Anhang dazu: das kathol. Kirchenjahr. 8. (48 S.) Ebd. n. — 15

—— dasselbe. Ausg. f. das Kaiserth. Österreich. Neue, im Text unveränd. Ausg. m. 114 Abbildgn. u. 1 Karte. 8. (XII, 228 S.) Ebd. n. — 45

—— dasselbe. Anhang dazu: Die Evangelien der Sonn- u. Festtage d. Kirchenjahres. 8. (16 S.) Ebd. n. — 10

—— dasselbe. Neue, im Text unveränd. Ausg. f. das Kaiserth. Österreich m. 52 Abbildgn. gr. 8. (XII, 203 S.) Ebd. n. — 45

—— dasselbe. Anhang dazu: Die Evangelien der Sonn- u. Festtage d. Kirchenjahres. gr. 8. (16 S.) Ebd. n. — 10

—— dasselbe. Neu bearb. v. G. Mey. Mit vielen Illustr., 2 Kärtchen u. 1 Ansicht d. hl. Landes. 8. (X, 232 S.) Ebd. n. — 45

—— dasselbe. Anhang dazu: Die sonn- u. festtägl. Evangelien d. Kirchenjahres. 8. (24 S.) Ebd. — 5

—— kurze biblische Geschichte. Neue, im Text unveränd. Aufl. m. 42 Bildern. Zum Gebrauche f. die unteren Klassen der Volksschulen. 12. (96 S.) Ebd. n. — 20; Einbd. n.n. — 5

—— Handbuch zur biblischen Geschichte. Für den Unterricht in Kirche u. Schule, sowie zur Selbstbelehrg. Mit Karten, Plänen u. vielen Holzschn. Neu bearb. v. Sem.-Prof. Dr. J. B. Holzammer. 4., verm. u. verb. Aufl. (In 12—14 Lfgn.) 1—5. Lfg. gr. 8. (1. Bd. LII u. S. 1—588.) Ebd. à n. 1. —

(85/1) **Schuster**, Superint. L., das Leben unseres Herrn u. Heilandes Jesu Christi, f. das deutsche Volk erzählt frei nach dem Engl. Mit etwa 200 der engl. Ausg. entnommenen Illustr. 10—42. (Schluß-)Lfg. gr. 4. (S. 145 —528.) Hannover, Norddeutsche Verlags-Anstalt. à — 50

Schuster, Gymn.-Lehr. a. D. M. J., Truthuhn, Perlhuhn, Fasan u. Pfau als Nutz- u. Ziervögel. 8. (VII, 115 S.) Ilmenau, Schröter. n. 1. 50

Schuster, Max, u. Karl **Schreiber**, DD., üb. Schadenersatz nach österreichischem Recht. [Aus: „Stubenrauch's Commentar zum österr. allgem. bürgerl. Gesetzbuche, 4. neu bearb. Aufl."] gr. 8. (VI, 72 S.) Wien, Manz. n. 1. 80

Schütte, R., s.: Klassiker-Bibliothek der bildenden Künste.

Schütze, Schulr. Sem.-Dir. Dr. Fr. W., Leitfaden f. den Unterricht in der Erziehungs- u. Unterrichtslehre. Ein Auszug aus der evangel. Schulkunde. 3., verb. u. verm. Aufl. gr. 8. (X, 438 S.) Leipzig, Teubner. n. 4.—

Schütze, Past. R., Rundschau auf dem Arbeitsfelde d. Gustav-Adolf-Vereins, s.: Für die Feste u. Freunde d. Gustav-Adolf-Vereins.

—— Samenkörner f. den Gottesacker. Gesammelt v. R. S. 16. (IV, 119 S.) Eisleben, Christl. Verein im nördl. Deutschland. geb. baar — 53

Schutzengel, der heilige, od. Anleitung zur christl. Andacht. Ein vollständ. Gebetbuch f. kathol. Christen. Mit den in der Erzdiöcese Köln gebräuchl. Andachten u. Gesängen. Von e. Priester aus dem Orden d. hl. Benedict. Ausg. Nr. 1. 24. (510 S. m. Farbentitel u. 1 Chromolith.) Einsiedeln 1886, Benziger. — 90

(85/1) **Schutzengelbrief.** Nr. 98—101. 16. Donauwörth, Auer. n. — 10
Inhalt: 98. Zur Verehrung d. heil. Joseph. (15 S.) n. — 3. — 99. Morgen- u. Abendgebete in Reimen. (8 S.) n. — 2. — 100. Gute-Tod-Andacht, d. i. e. Andacht zur Vorbereitg. auf e. guten Tod u. zur Erflehg. e. glückſel. Sterbſtunde f. ſich u. andere, ans Licht der Oeffentlichkeit gezogen v. Pfr. Aloys Hacker. (15 S.) n. — 3. — 101. Die gottgeweihte Seele in ihrem Verkehr m. Jeſus im allerheiligſten Sakramente d. Altars. (8 S.) n. — 2.

Schützen-Kalender, deutſcher, f. d. J. 1886. 8. (206 S. m. Illuſtr.) Berlin, Werthmann. baar — 50

Schwab, G., der gehörnte Siegfried, ſ.: Volksbibliothek d. Lahrer Hinkenden Boten.

Schwab II., G., praktiſche Winke üb. Ausrüſtung, Verpflegung u. das Wandern im Hochgebirge, ſ.: Langheinz, E.

Schwalb, D. M., zur Beleuchtung d. Stöcker-Mythus. Ein freies Wort. 1. u. 2. Aufl. gr. 8. (47 S.) Berlin, Walther & Apolant. n. 1. —

—— Chriſtus u. die Evangelien. 10 Vorträge. 2. (Titel-)Ausg. 8. (III, 259 S.) Bremen (1872), Haake. n. 3. —

—— Predigten. 2. (Titel-)Ausg. 8. (III, 147 S.) Ebd. (1869). n. 2. —; geb. n. 3. —

Schwane, Prof. Dr. Joſ., ſpecielle Moraltheologie. 3. [letzter] Thl., od. die Lehre v. der Gerechtigkeit u. den mit ihr verwandten Tugenden u. Pflichten d. geſellſchaftl. Lebens. 2., verm. u. verb. Aufl. gr. 8. (IV, 294 S.) Freiburg i/Br., Herder. n. 4. — (cplt. in 1 Bd.: n. 9. —)

Schwappach, Prof. Dr. Adam, Handbuch der Forst- u. Jagdgeschichte Deutschlands. (In 3 Lfgn.) 1. Lfg. Von den ältesten Zeiten bis zum Schluss d. Mittelalters [1500]. gr. 8. (256 S.) Berlin, Springer. n. 6. —

Schwärmereien e. Junggeſellen. Von Carl Einſam. 8. (IV, 90 S.) Berlin 1886, Stuhr. n. 2. 50; geb. n. 3. 50

Schwartz, Amtsrichter Dr. E., das Grundbuchrecht der Prov. Schleswig-Holſtein in ſeiner gegenwärtigen Geltung. 8. (XVI, 470 S.) Kiel, Lipſius & Tiſcher. geb. n. 10. —

Schwartze, Dir. Prof. Dr. Herm., Lehrbuch der chirurgischen Krankheiten d. Ohres. Mit 129 Holzschn. gr. 8. (XL, 418 S.) Stuttgart, Enke. n. 11. —

—— die chirurgischen Krankheiten d. Ohres, s.: Chirurgie, deutsche.

Schwartze, Ingen. Th., Katechismus der stationären Dampfkessel u. Dampfmaschinen. Ein Lehr- u. Nachschlagebüchlein f. Praktiker, Techniker u. Industrielle. 2., verm. u. verb. Aufl. Mit 218 in den Text gedr. u. 8 Taf. Abbildgn. 8. (VIII, 312 S.) Leipzig, Weber. geb. n. 3. —

Schwarz u. Weiß od. die Preußen in Kamerun. Militäriſche Burleske m. Geſang u. Tanz in 3 Bildern v. E. S. 8. (36 S.) Berlin, Liebel. n. 1. —

Schwarz, Prof. Alois, die Kälteerzeugungs-Maſchinen. [Aus: „Der Bierbrauer".] gr. 8. (23 S. m. Illuſtr.) Halle. (Mähr.-Oſtrau, Prokiſch.) n. 1. —

—— die Verwendung künſtlicher Kälte im Brauereibetriebe. Vortrag. [Geh. in der Generalverſammlg. d. öſterreich. Brauerbundes zu Wien am 1. Septbr. 1885.] [Aus: „Verhandlgn. der Generalverſammlg."] gr. 8. (13 S.) Ebd. n. — 60

Schwarz, Gfr., iſt die römiſche Kirche e. Kirche od. e. Staat? Eine neue Frage. Beantwortet v. G. S. gr. 8. (32 S.) Leipzig, O. Wigand. n. — 50

Schwarz, Subprior P. Heinr., e. Blumenſtrauß. Kurze Erzählgn. f. Kinder u. Kinderfreunde. Mit 1 Stahlſt. u. vielen Abbildgn. 8. (228 S.) Regensburg, Manz. 1. 50

Schwarzbach, Joſ., um Englands Krone od. Kampf u. Liebe. Drama in 5 Akten. 12. (106 S.) Linz. (Salzburg, Dieter.) baar n. 1. 60

—— das Paktum d. Todes. Drama in 3 Akten. 12. (113 S.) Ebd. baar n. 1. 60

Schwarzbach, Jos., der Waffenschmied v. Salzburg. Tragödie aus Salzburgs Vergangenheit in 5 Akten. 12. (144 S.) Linz. (Salzburg, ... baar ...

Schwarze, wirkl. Geh. R. Gen.-Staatsanw. a. D. Dr. F. O. v., das Reichs... gesetz vom 7. Mai 1874, s.: Gesetzgebung, die, d. Deutschen Reichs.
— zur Revision der Strafproceßordnung m. besond. Berücksicht. d. ... Bundesrathe dem Reichstage vorgelegten Entwurfs. [Aus: „Gerichtssaal".] gr. 8. (71 S.) Stuttgart, Enke. ...

Schwarzkopf, Gust., die Bilanz der Ehe. Novellistische Studien. 2. Bd. 8. Dresden 1886, Minden. à n. 3. 50; geb. à ...
Inhalt: 1. Briefe. 2. ... (240 S.) — 2 ... (VII, 213 S.)

Schwedler, J., kleine preußische Geschichte in Verbindung m. der deut... Für die Hand der Kinder in preuß. Volksschulen. Ein Hülfsbüchlein ... Erleichterg. u. Förderg. d. vaterländ. Geschichtsunterrichts. Mit ... Text gedr. Plänen der Schlachten bei Leipzig, Königgrätz, Weißen... 33. Aufl. 8. (64 S.) Berlin 1883, Stubenrauch. n. –

Schweiger-Lerchenfeld, Amand v., Afrika. Der dunkle Erdtheil im ... unserer Zeit. Mit 300 Illustr. 17—23. Lfg. gr. 8. (S. 513—9... chromolith. Karten.) Wien, Hartleben. baar à n. –
— die Araber der Gegenwart u. die Bewegung im Islam, s.: Universal-Bibliothek, geographische.
— im Kreislauf der Zeit. Beiträge zur Aesthetik der Jahreszeiten. ... Titelbild u. 60 Text-Illustr. 8. (IX, 226 S.) Wien, Hartleben. ... Goldschn. n ...
— im Reiche d. Fo, s.: Universal-Bibliothek, geographische.

Schweigger, Prof. Dir. Dr. C., Handbuch der Augenheilkunde. 5. verb. ... Mit 37 Holzschn. gr. 8. (VIII, 532 S.) Berlin, Hirschwald. n. ...
— über den Zusammenhang der Augenheilkunde m. anderen Gebiet... Medicin. Rede, geh. zur Feier d. Stiftungstages der militairärztl. Bild... anstalten am 2. Aug. 1885. gr. 8. (31 S.) Ebd. n. –

Schweinfurth, Prof. G., alte Baureste u. hieroglyphische Inschriften ... Uadi Gasus. Mit Bemerkgn. v. Prof. Dir. Dr. A. Erman. Mit 2 (lith. ... [Aus: „Abhandlgn. d. k. preuss. Akad. d. Wiss. zu Berlin".] gr. 4. ... m. eingedr. Fig.) Berlin, (Dümmler's Verl.). cart. n. ...

Schweinichen, d. schlesischen Ritters Hans v., eigene Lebensbeschreib... Neu hrsg. von Ernst v. Wolzogen. 8. (XII, 244 S.) Leipzig, ... n. ...

($^{85}/_{1}$) **Schweiz,** die, im Kriegsfalle. 2. Thl. Mit e. Anh.: Bemerkunge... die „Antwort auf die Schweiz im Kriegsfalle". 8. (VII, 108 u. Anh. ... Zürich, Orell, Füßli & Co. Verl. n. 2. — (1. u. 2.: n. ...

Schweizer, gew. Pfr. Joh. Jak., biblische Gebetslieder f. die häusliche ... dacht. Mit e. Vorwort v. Dec. G.-R. Zimmermann. 8. (VI, 223 S.) ... 1886, Detloff. n. ...

Schweizerehre od. der meineidige Verrath der Schweizer an der deut... Nation, in Vergangenheit u. Gegenwart. Ein Aufruf an die Wür... den Stolz d. deutschen Volkes, seiner Fürsten u. Regiergn. Patriot... Antwort e. deutschen Staatsbürgers auf Schmähgn., welche täglich ... Schweiz ungestraft gegen unsern Kaiser, unsere Könige u. Fürsten, ... Reichskanzler u. das deutsche Reich gedruckt werden. Mit e. neuen ... Landeshymne als Schweizertrinkgeld-Zugabe f. das Bastardengesind... Sprößlinge der 950,000 feilen Söldner, welche die Schweiz von 14... 1750 den Franzosen gegen des deutsche Reich geliefert, — u. f. den ... wuchs der 600 Schweizer, welche die Meuchlerknechte der Bartholom... nacht bildeten. 8. (91 S.) Leipzig, Uhlig. n. ...

Schwengberg, Max., das Spies'sche Faustbuch u. seine Quelle. 8. (68 S.) Berlin, Parrisius. n. 1. —

Schwenk, Lehr. A., Leitfaden f. den Unterricht in der Orthographie u. Interpunktion. Zum Gebrauch in Stadt- u. Landschulen, in Präparanden-Anstalten, Fortbildungsschulen u. zum Selbstunterricht. 4., vielfach umgearb. Aufl. gr. 8. (VIII, 187 S.) Neu-Ruppin, Petrenz. n. 1. 50

Schwicker, Prof. Dr. J. H., die ungarische Landes-Ausstellung. Übersichtlich geschildert. gr. 8. (63 S.) Budapest, Kilian. n. 1. 20

Schwickert, Ob.-Förster J., Cubiktafeln zur Berechnung d. cubischen Inhaltes v. Rundholz, Schnittmateriale, besäumten u. bezimmerten Bauholz u. anderen vierkantigen Körpern im metrischen Maasse. 2. Aufl. gr. 16. (178 S.) Leipzig, G. Weigel. cart. n. 1. 50

Schwickert, Prof. Dr. Joh. Jos., zum Frieden zwischen Philosophie u. positiver Religion. Eine Recognoscirg. auf dem Felde der Speculation in 3 Streifzügen: a) Von jeder Philosophie innerhalb der Schranken der Menschen-Natur. b) Kritik e. neuesten Philosophems. c) Ideen zu e. Systematik d. menschl. Geistes. gr. 8. (45 S.) Bonn, Rhein. Buch- u. Kunst-Antiquariat. n. — 80

Schwier, Civ.-Ingen. Photogr. K., Handbuch der Emailphotographie. Eine Anleitg. zur Erzeugg. v. eingebrannten Photogrammen auf Email, Glas od. Porzellan. 3. Aufl. v. A. Martin's Handbuch der Emailphotographie, in vollständ. Neubearbeitg. hrsg. Mit 7 Abbildgn. gr. 8. (VIII, 66 S.) Weimar, B. F. Voigt. 1. 20

Schwind's, Mor. v., Wandgemälde im Schloss Hohenschwangau. 26 Kompositionen, nach den Aquarell-Entwürfen in Kpfr. gestochen v. Jul. Naue u. Herm. Walde. Mit erläut. Text. qu. Fol. (8 S.) Leipzig, A. Dürr. cart. n. 30. —

Schwindel, der romantische, in der deutschen Mythologie u. auf der Opernbühne. Von Sz. I—III. gr. 8. Elberfeld, Bädeker. n. 3. 20

Inhalt: I. Das humorist. altisländ. Gedicht v. Harbard u. Charon, Fährmann weiland in der griech. Unterwelt. (39 S.) n. 1. 20. — II. Wer ist Loki? (27 S.) n. — 80. — III. Odin, Baldur u. Hödr. (46 S.) n. 1. 20.

Scipio, Rud., zu Wasser u. zu Lande. Erlebnisse e. Bremer Schiffsjungen auf dem Ozean, in den Pampas u. den Kordilleren. Der Jugend erzählt. Mit 4 Farbendr.-Bildern nach Aquarellen v. Gust. Bartsch. 2. Aufl. gr. 8. (178 S.) Stuttgart, Thienemann. geb. n. 3. —

Scott, James George [Shway Yoe], Frankreich u. Tonkin. Eine Beschreibg. d. Feldzuges v. 1884 u. der Besetzg. Hinterindiens, nebst Schildergn. v. Land u. Leuten. Deutsch v. W. Rudow. Mit 1 (chromolith.) Karte. gr. 8. (V, 150 S.) Ilfeld a/H. 1886, Fulda. n. 3. 60

—— Land u. Leute auf Hainan. Eine Schilderg. der Insel u. ihrer Erzeugnisse. Deutsch v. W. Rudow. gr. 8. (24 S.) Ebd. 1886. n.n. — 50

Scott, Walter, Ivanhoe. Historischer Roman. Neue Uebersetzg. v. Rob. Koenig. Mit 8 Tonbildern v. P. Grot Johann. 3. Aufl. 8. (IV, 339 S.) Bielefeld 1886, Velhagen & Klasing. geb. n. 4. —

—— tales of a grandfather [history of Scotland]. Ausgewählt u. erklärt v. Dir. Dr. Emil Pfundheller. 3. Aufl. Mit 1 Karte v. Schottland v. H. Kiepert. gr. 8. (VIII, 251 S.) Berlin, Weidmann 2. 40

—— dasselbe, s.: Rauch's english readings.

Scribe, la passion secrète,
—— le verre d'eau,
—— et Delavigne, le diplomate,
—— et Legouvé, bataille des dames,
—— —— les contes de la Reine de Navarre,
—— —— les doigts de fée,
} s.: Théâtre français.

Schwarzbach, Jos., der Waffenschmied v. Salzburg. Tragödie aus Salzburgs Vergangenheit in 5 Akten. 12. (104 S.) Linz. (Salzburg, Dieter.) baar n. 1. 60

Schwarze, wirkl. Geh. R. Gen.-Staatsanw. a. D. Dr. F. O. v., das Reichs-Preßgesetz vom 7. Mai 1874, s.: Gesetzgebung, die, d. Deutschen Reichs.

—— zur Revision der Strafproceßordnung m. besond. Berücksicht. d. v. dem Bundesrathe dem Reichstage vorgelegten Entwurfs. [Aus: „Gerichtssaal".] gr. 8. (71 S.) Stuttgart, Enke. n. 1. 60

Schwarzkopf, Gust., die Bilanz der Ehe. Novellistische Studien. 1. u. 2. Bd. 8. Dresden 1886, Minden. à n. 3. 50; geb. à n. 4. 50

Inhalt: 1. Passiva. 2. durchgeseh. Aufl. (300 S.) — 2 Dubiosa. (VII, 213 S.)

Schwedler, J., kleine preußische Geschichte in Verbindung m. der deutschen. Für die Hand der Kinder in preuß. Volksschulen. Ein Hülfsbüchlein zur Erleichterg. u. Förderg. d. vaterländ. Geschichtsunterrichts. Mit in den Text gedr. Plänen der Schlachten bei Leipzig, Königgrätz, Weißenburg 2c. 33. Aufl. 8. (84 S.) Berlin 1883, Stubenrauch. n. — 40

Schweiger-Lerchenfeld, Amand v., Afrika. Der dunkle Erdtheil im Lichte unserer Zeit. Mit 300 Illustr. 17—29. Lfg. gr. 8. (S. 513—928. m. 4 chromolith. Karten.) Wien, Hartleben. baar à n. — 60

—— die Araber der Gegenwart u. die Bewegung im Islam, s.: Universal-Bibliothek, geographische.

—— im Kreislauf der Zeit. Beiträge zur Aesthetik der Jahreszeiten. Mit e. Titelbild u. 60 Text-Illustr. 8. (IX, 226 S.) Wien, Hartleben. geb. m. Goldschn. n. 6. —

—— im Reiche d. Fo, s.: Universal-Bibliothek, geographische.

Schweigger, Prof. Dir. Dr. C., Handbuch der Augenheilkunde. 5. verb. Aufl. Mit 37 Holzschn. gr. 8. (VIII, 532 S.) Berlin, Hirschwald. n. 12. —

—— über den Zusammenhang der Augenheilkunde m. anderen Gebieten der Medicin. Rede, geh. zur Feier d. Stiftungstages der militairärztl. Bildungsanstalten am 2. Aug. 1885. gr. 8. (31 S.) Ebd. n. — 80

Schweinfurth, Prof. G., alte Baureste u. hieroglyphische Inschriften im Uadi Gasûs. Mit Bemerkgn. v. Prof. Dir. Dr. A. Erman. Mit 2 (lith.) Taf. [Aus: „Abhandlgn. d. k. preuss. Akad. d. Wiss. zu Berlin".] gr. 4. (23 S. m. eingedr. Fig.) Berlin, (Dümmler's Verl.). cart. n. 2. 80

Schweinichen, d. schlesischen Ritters Hans v., eigene Lebensbeschreibung. Neu hrsg. von Ernst v. Wolzogen. 8. (XII, 244 S.) Leipzig, Unflad. n. 2. 40

(85/1) **Schweiz**, die, im Kriegsfalle. 2. Thl. Mit e. Anh.: Bemerkungen üb. die „Antwort auf die Schweiz im Kriegsfalle". 8. (VII, 108 u. Anh. 22 S.) Zürich, Orell, Füßli & Co. Verl. n. 2. — (1. u. 2.: n. 3. 50)

Schweizer, gew. Pfr. Joh. Jak., biblische Gebetslieder f. die häusliche Andacht. Mit e. Vorwort v. Dek. G. R. Zimmermann. 8. (VI, 223 S.) Basel 1886, Detloff. n. 2. —

Schweizerehre od. der meineidige Verrath der Schweizer an der deutschen Nation, in Vergangenheit u. Gegenwart. Ein Aufruf an die Würde u. den Stolz d. deutschen Volkes, seiner Fürsten u. Regiergn. Patriotische Antwort e. deutschen Staatsbürgers auf Schmähgn., welche täglich in der Schweiz ungestraft gegen unsern Kaiser, unsere Könige u. Fürsten, den Reichskanzler u. das deutsche Reich gedruckt werden. Mit e. neuen schweiz. Landeshymne als Schweizertrinkgeld-Zugabe f. das Bastardengesindel der Sprößlinge der 950,000 feilen Söldner, welche die Schweiz von 1480 bis 1750 den Franzosen gegen des deutsche Reich geliefert, — u. f. den Nachwuchs der 600 Schweizer, welche die Meuchlerknechte der Bartholomäusnacht bildeten. 8. (91 S.) Leipzig, Uhlig. n. 1. 50

Swengberg, Max., das Spies'sche Faustbuch u. seine Quelle. 8. (68 S.) Berlin, Parrisius. n. 1. —

Schwenk, Lehr. A., Leitfaden f. den Unterricht in der Orthographie u. Interpunktion. Zum Gebrauch in Stadt- u. Landschulen, in Präparanden-Anstalten, Fortbildungsschulen u. zum Selbstunterricht. 4., vielfach umgearb. Aufl. gr. 8. (VIII, 187 S.) Neu-Ruppin, Petrenz. n. 1. 50

Schwicker, Prof. Dr. J. H., die ungarische Landes-Ausstellung. Übersichtlich geschildert. gr. 8. (63 S.) Budapest, Kilian. n. 1. 20

Schwickert, Ob.-Förster J., Cubiktafeln zur Berechnung d. cubischen Inhaltes v. Rundholz, Schnittmateriale, besäumten u. bezimmerten Bauholz u. anderen vierkantigen Körpern im metrischen Maasse. 2. Aufl. gr. 16. (178 S.) Leipzig, G. Weigel. cart. n. 1. 50

Schwickert, Prof. Dr. Joh. Jos., zum Frieden zwischen Philosophie u. positiver Religion. Eine Recognoscirg. auf dem Felde der Speculation in 3 Streifzügen: a) Von jeder Philosophie innerhalb der Schranken der Menschen-Natur. b) Kritik e. neuesten Philosophems. c) Ideen zu e. Systematik d. menschl. Geistes. gr. 8. (45 S.) Bonn, Rhein. Buch- u. Kunst-Antiquariat. n. — 80

Schwier, Civ.-Ingen. Photogr. K., Handbuch der Emailphotographie. Eine Anleitg. zur Erzeugg. v. eingebrannten Photogrammen auf Email, Glas od. Porzellan. 3. Aufl. v. A. Martin's Handbuch der Emailphotographie, in vollständ. Neubearbeitg. hrsg. Mit 7 Abbildgn. gr. 8. (VIII, 66 S.) Weimar, B. F. Voigt. 1. 20

Schwind's, Mor. v., Wandgemälde im Schloss Hohenschwangau. 26 Kompositionen, nach den Aquarell-Entwürfen in Kpfr. gestochen v. Jul. Naue u. Herm. Walde. Mit erläut. Text. qu. Fol. (8 S.) Leipzig, A. Dürr. cart. n. 30. —

Schwindel, der romantische, in der deutschen Mythologie u. auf der Opernbühne. Von Sz. I—III. gr. 8. Elberfeld, Bädeker. n. 3. 20
Inhalt: I. Das humorist. altisländ. Gedicht v. Harbard u. Charon, Fährmann weiland in der griech. Unterwelt. (39 S.) n. 1. 20. — II. Wer ist Loki? (27 S.) n. — 80. — III. Odin, Baldur u. Hödr. (46 S.) n. 1. 20.

Scipio, Rud., zu Wasser u. zu Lande. Erlebnisse e. Bremer Schiffsjungen auf dem Ozean, in den Pampas u. den Kordilleren. Der Jugend erzählt. Mit 4 Farbendr.-Bildern nach Aquarellen v. Gust. Bartsch. 2. Aufl. gr. 8. (178 S.) Stuttgart, Thienemann. geb. n. 3. —

Scott, James George [Shway Yoe], Frankreich u. Tonkin. Eine Beschreibg. d. Feldzuges v. 1884 u. der Besetzg. Hinterindiens, nebst Schilderga. v. Land u. Leuten. Deutsch v. W. Rudow. Mit 1 (chromolith.) Karte. gr. 8. (V, 150 S.) Ilfeld a/H. 1886, Fulda. n. 3. 60

—— Land u. Leute auf Hainan. Eine Schilderg. der Insel u. ihrer Erzeugnisse. Deutsch v. W. Rudow. gr. 8. (24 S.) Ebd. 1886. n.n. — 50

Scott, Walter, Ivanhoe. Historischer Roman. Neue Uebersetzg. v. Rob. Koenig. Mit 8 Tonbildern v. P. GrotJohann. 3. Aufl. 8. (IV, 389 S.) Bielefeld 1886, Velhagen & Klasing. geb. n. 4. —

—— tales of a grandfather [history of Scotland]. Ausgewählt u. erklärt v. Dir. Dr. Emil Pfundheller. 3. Aufl. Mit 1 Karte v. Schottland v. H. Kiepert. gr. 8. (VIII, 251 S.) Berlin, Weidmann 2. 40

—— dasselbe, s.: Rauch's english readings.

Scribe, la passion secrète, } s.: Théâtre français.
—— le verre d'eau, }
—— et **Delavigne**, le diplomate, }
—— et **Legouvé**, bataille des dames, }
—— —— les contes de la Reine de Navarre, }
—— —— les doigts de fée, }

Scriptores rerum polonicarum. Tom. VIII. [Editionum collegii historici acad. litt. Crac. N. 27.] gr. 8. Krakau, (Friedlein). n. 10. —
Inhalt: Epistolae ex archivo domus Radzivilianae depromptae. (XXIV, 295 S. m. 4 fcsm. Porträts.)

Scudder, H. E., Bayard Taylor, s.: Hansen-Taylor, M.

Scupoli, L., der geistliche Kampf, s.: Bücher f. das gottselige Leben.

Sebald, H., Lesebuch f. höhere Töchterschulen, s.: Kletke, H.

Sebald, Max F., der Noth Ende! Ein Aufruf an das deutsche Volk. gr. 8. (31 S.) Neuhaldensleben, Besser. baar — 30

Sebering, Mil.-Superint. Prof. Dr. Joh., evangelisch-christliche Religionslehre. Zum Gebrauche f. die Zöglinge der k. k. Militär-Unter-Realschulen. 8. (VI, 135 S.) Wien 1886, Seidel & Sohn. geb. baar n. 1. 60

Seché, Priest. Carl, Pilgerreise von Venedig nach Jerusalem u. Rom im J. 1883. 2. Aufl. gr. 8. (271 S.) Aachen, A. Jacobi & Co. n. 2. —

16 **Kreuzer-Schreib-Kalender**, Fromme's neuester, f. d. J. 1886. gr. 8. (48 S.) Wien, Fromme. baar — 32

Seckendorff-Gutend, Henriette, Freiin v. Blätter der Erinnerung v. W. K. 2. durchgeseh. Aufl. 8. (VIII, 100 S.) Bonn, Schergens. n. — 80

Seeberg, P., aus alten Zeiten. Lebensbilder aus Kurland. 8. (231 S.) Stuttgart, J. F. Steinkopf. n. 2. 50; geb. n. 3. 50

Seeberg, Past. Doc. M. Rhold., was haben wir an unserer Bibel? Bibelfest-predigt üb. 2 Tim. 3, 14—16, geh. in der Universitäts-Kirche zu Dorpat am Sonntag Cantate. gr. 8. (24 S.) Dorpat, Karow. baar n. — 60

Seebohm, Frederic, die englische Dorfgemeinde in ihren Beziehungen zur Gutsherrlichkeit, zu der ursprünglichen Stammesverfassung, zur Flureinteilung u. Feldgemeinschaft. Ein Beitrag zur Geschichte der Volkswirtschaft. Nach der 3. Aufl. aus dem Engl. übertr. von Dr. Thdr. v. Bunsen. Mit 14 Taf. gr. 8. (XII, 320 S.) Heidelberg, C. Winter. n. 10. —

Seele, Lehr. F., Rechenaufgaben f. mehrklassige Volksschulen. Ausg. B. Methodisch zusammengestellt. 6 Hfte. 8. Berlin, Klemann. n. 2. 15
1. 2. (à 32 S.) à n. — 25. — 3. (36 S.) n. — 30. — 4. (48 S.) n. — 35. — 5. (56 S.) n. — 40. — 6. (92 S.) n. — 60.

Seemann, Oberlehr. Dr. Otto, Mythologie der Griechen u. Römer. Unter steter Hinweisg. auf die künstler. Darstellg. der Gottheiten als Leitfaden f. den Schul- u. Selbstunterricht. 3. Aufl., unter Mitwirkg. v. Dr. R. Engelmann neu bearb. Mit 83 Holzschn.-Illustr. 8. (VIII, 280 S.) Leipzig, Seemann. n. 2. 70; geb. in Calico n. 3. 50; Liebhaberausg. geb. n. 4. 50

Segebarth, Joh., ut de Demokratentid. Erzählung in niederdeutscher Mundart. 8. (XI, 209 S.) Pasewalk. (Berlin, Mrose.) n. 2. —

Seghers, Louis, antike Alphabete, Initialen, Fragmente etc., ausgezogen aus Missalen, Bibeln, Manuscripten etc. vom 12. bis zum 19. Jahrh., gesammelt, gezeichnet u. gravirt. 2. Aufl. qu. 4. (24 z. Thl. farb. Taf. m. 1 Bl. Text.) Köln, Mayer. n. 4. 50

Ségur, Gräfin, geb. Rostopchine, die Herberge zum Schutzengel. Aus dem Franz. übers. von Elise v. Pongrácz. Mit 67 Illustr. 8. (VI, 316 S.) Freiburg i/Br., Herder. 1. 80; geb. 2. 50

Segur, M. de, „kommet Alle zu mir!" Ermahnung zum öfteren Besuche d. allerheiligsten Altarsakramentes. Autoris. Uebersetzg. 16. (48 S.) Bensheim 1879. (Mainz, Frey.) n. — 15

Sehling, Doc. Dr. Emil, die Schenkung auf den Todesfall nach dem sächsischen Gesetzbuche. Eine civilrechtl. Abhandlg. gr. 8. (67 S.) Leipzig 1886, Veit & Co. n. 1. 60

—— die Wirkungen der Geschlechtsgemeinschaft auf die Ehe. Eine kirchenrechtl. Abhandlg. gr. 8. (VIII, 104 S.) Ebd. n. 3. —

proben, entworfen nach dem Metersystem, zur Bestimmung der Sehbärfe hrsg. vom St. Petersburger Augenhospital. Lex.-8. (5 Taf. in gr. Fol. 2 S. ruff. u. deutschem Text.) St. Petersburg, (Ricker). n. 5. 60

Seibert, Sem.-Prof. A. E., Lehrbuch der Geographie f. österreichische hrerbildungsanstalten. 2. Thl.: Für den 3. Jahrg. Mit 1 Kartenskizze 50 Holzst. gr. 8. (VIII, 132 S.) Prag, Tempsky. n. 1. 10; Einbd. n. n. — 30

Schul-Geographie. [In 3 Thln.] Bearb. nach dem Lehrplane f. die erreich. Bürgerschulen. 2. u. 3. Thl. gr. 8. Wien, Hölder. n. 1. 74
2. 5., rev. Aufl. Mit 25 Kartenskizzen. (IV, 112 S.) n. — 84. — 3. 4, rev. Aufl. Mit 15 Kartenskizzen. (IV, 115 S.) n. — 90.

t, W., das Mittelwasser der Ostsee bei Travemünde, s.: Publication königl. preuss. geodätischen Institutes.

Seibt, Prof. Wilh., Studien zur Kunst- u. Culturgeschichte. IV. gr. 8. nkfurt a/M., Keller. n. 1. 20 (1—4.: n. 4. 20)
ihalt: Helldunkel. 2. Adam Elsheimer's Leben u. Wirken. Mit Elsheimer's ldnis, radiert v. J. Eissenhardt. (VIII, 98 S.)

l's kleines Armee-Schema. Dislocation u. Eintheilg. d. k. k. Heeres, der Kriegsmarine, der k. k. Landwehr u. der königl. ungar. Landwehr. 18. Novbr. 1885. gr. 16. (VI, 117 S.) Wien, Seidel & Sohn. n. 1. —

l, Lehr. Frdr., Album-Sprüche. Eine Blumenlese der schönsten Geistesten aus deutschen, französ. u. engl. Dichtern u. Prosaikern, von den ssikern bis zur Gegenwart. 5. verb. Aufl. 8. (VII, 283 S.) Weimar 6, B. F. Voigt. geb. 3. 75

L. Gulliver's Reise nach Brobbingnag, s.: Volks- u. Jugendbliothek.

deutsche Schulreden, unter Mitwirkg. hervorrag. Schulmänner hrsg. S. gr. 8. (IX, 306 S.) Wien 1886, Pichler's Wwe. & Sohn. n. 3. —

l, Archit. Ob.-Ingen. G. F., das königl. Lustschloss Schleissheim, m. Untützg. Sr. Maj. d. Königs Ludwig II. hrsg. 12 Taf. in Kpfrst. v. Ed. Oberer. gr. Fol. Nebst e. histor. Texte v. Dr. J. Mayerhofer. hoch 4. (XV, S. m. 3 Lichtdr.-Taf.) Leipzig, Seemann. In Mappe. Ausg. I. auf chines. Pap. n. n. 65. —; Ausg. II. auf weissem Pap. n. n. 45. —

l, Heinr., Geschichten u. Skizzen aus der Heimath. 2. veränd. u. sehr Aufl. gr. 16. (343 S.) Leipzig, Liebeskind. n. 3. —
Vorstadtgeschichten. 3. veränd. Aufl. gr. 16. (360 S.) Ebd. n. 3. —; Einbd. in Leinw. n. n. — 75

Wintermärchen. Mit 4 Aquarellen u. 65 Holzschn. v. W. Friedrich, öhling, C. Gehrts rc. 8. (X, 327 S.) Glogau, Flemming. geb. n. 5. —

, Vereinsgeistl. Past. L., die Frauenfrage u. die innere Mission m. besond. sicht auf die Frauen u. Töchter d. Arbeiterstandes. Vortrag, geh. auf Konferenz f. innere Mission zu Nürnberg am 15. Septbr. 1885. 1. u. ufl. gr. 8. (20 S.) Nürnberg, Raw. n. — 15

ie evangelischen Männer- u. Jünglingsvereine Sachsens. Ihre Gete u. ihr gegenwärt. Stand 1885. gr. 8. (IV, 70 S.) Dresden. (Leipzig, h. d. Vereinshauses.) n. — 60

. O., Lieder f. die Volksschule, in 3 Stufen geordnet u. hrsg. 2. Hft.: eder f. die Mittelstufe. 2. verm. Aufl. gr. 8. (23 S.) Berlin, Stuben- n. — 30

, Reallehr. Rob., Friedrich der Grosse, „der Heros der deutschen Volksng" u. die Volksschule. gr. 8. (VI, 110 S.) Wien, Pichler's Wwe. & n. 1. 50

stiker, O., Bilder aus der deutsch-pennsylvanischen Geschichte, s.: Gejtsblätter.

Seidl-Willens, Heinr., 100 neue Strophen à la Klapphorn. 8. (30 S.) Wien, Reidl. n. — 60

Seidler, Privatdoc. Dr. Gust., Leitfaden der Staatsverrechnung. 1. Thl. Grundsätze der allgemeinen Verrechnungslehre. gr. 8. (VII, 99 S.) Wien 1886, Hölder. n. 2. 40

Seißer, Min.-R. A., die Gesetze üb. die direkten Steuern im Königr. Bayern, m. Einleitg., Anmerkgn., Vollzugsvorschriften u. Sachregister hrsg. 2. Bd., enth. das Gewerbsteuergesetz. 2. neubearb. Aufl. 8. (XVII, 384 S.) Nördlingen, Beck. cart. n. 4. 40

(84/2) **Seitz**, Karl, Chor-Album. Sammlung ausgewählter Gesänge f. vierstimmigen Männerchor. Mit Orig.-Beiträgen verschiedener Komponisten. Zum Gebrauche f. Lehrer-Seminarien, Präparandenschulen, Gymnasien u. Realschulen rc. Hrsg. u. m. genauer Vortragsbezeichng. versehen. 7—15. (Schluß-)Hft. gr. 8. Quedlinburg, Vieweg. à n. — 40
Inhalt: 7. Heimats- u. Abschiedslieder. (20 S.) — 8. Wander- u. Turnlieder. (20 S.) — 9. Gesänge zu Schul- u. vaterländ. Festen. (20 S.) — 10. Vaterlandslieder. (20 S.) — 11. Gesellschafts- u. Trinklieder. (20 S.) — 12. Deutsche Volkslieder. (20 S.) — 13. Ausländische Volkslieder. (16 S.) — 14. Chöre aus Opern u. größeren Gesangswerken. (24 S.) — 15. Gesänge verschiedenen Inhalts. (32 S.)

—— vom Fels zum Meer. Taschen-Liederbuch f. die deutsche Jugend. Enth.: 300 ausgewählte zweistimm. Lieder. Nebst e. Anleitg. zu Schülerturnfahrten u. Turnspielen. Zum Gebrauche bei gesell. Zusammenkünften, Ausflügen, auf dem Turnplatze u. an vaterländ. Festen rc., sowie f. Schule u. Haus hrsg. 2. Aufl. gr. 16. (IV, 337 S.) Ebd. geb. n. 1. 50

—— Sangesblüten f. deutsche Mädchen, s.: Schaab, R.

Selenka, Prof. Dr. E., zoologisches Taschenbuch f. Studirende. 3. Aufl. 8. (140 S.) Erlangen, Besold. geb. n. 3. —

Selig, Lehr. M., Französisch leicht gemacht. Bewährte Methode zum Unterricht, namentlich auch zum Selbstunterricht in der heut. französ. Umgangssprache. Durchgehends m. höchst genauer Angabe der Aussprache d. Französischen durch deutsche Buchstaben. 2 Thle. 6. Ster.-Aufl., rev. v. Armand Maillard. [Zugleich 6. Aufl. v. Selig, deutsch-französ. Conversations-Schule.] 8. (XI, 204 u. 281 S.) Leipzig, G. Weigel. à n. 1. 50 (cplt. in 1 Bd. geb. n. 3. 50; m. Vorschule n. 4. —)

—— die Sprache der Engländer. Neue leicht fassl. u. übersichtl. Methode, diese Sprache schnell u. richtig sprechen zu lernen, m. genauer Angabe der Aussprache u. besond. Berücksicht. der heut. Umgangssprache. Zum Selbst-Unterricht. 12. verb. Aufl. 1. Thl. 8. (VIII, 247 S.) Berlin 1886, Adf. Cohn. 1. 50

Seliger, Max., de versibus creticis sive paeonicis poetarum graecorum. Dissertatio inauguralis philologica. gr. 8. (52 S.) Königsberg, (Gräfe & Unzer). baar n.n. 1. —

Seling, Ed., Heeres-Organisation. Berichtigungen zur 7. Aufl. v. Hauptm. Lehr. Rud. Rieth. gr. 8. (40 S.) Wien, Seidel & Sohn. n. — 40

Selle, C. A. T., die Lehrartikel der Augsburgischen Confession. Vorgetragen im Schullehrerseminar zu Addison. gr. 8. (110 S.) St. Louis, Mo., 1884. (Dresden, H. J. Naumann.) baar n. 1. 50

Sellin, A. W., Rathschläge f. Auswanderer nach Südbrasilien, s.: Koseritz, C. v.

Sellmer, Carl, König Wilhelm u. sein Heer. Errinnerungsblätter an das 25jähr. Jubiläum der ruhmreichen preuß. Armee-Reorganisation im J. 1860. 20 Blatt (in Lichtdr.). 5 Lfgn. Fol. (à 5 Bl.) Mit Text. (3 Bl.) Kassel, Fischer. à n. 4. — (cplt.: n. 20. —; in Mappe n.n. 23. —)

(85/1) **Seltsam**, Dr. Ferd., u. Edm. **Posselt**, Magistr.-Concipisten, die österreichische Gewerbe-Ordnung. Mit Rücksicht auf das prakt. Bedürfnis erläutert u- m. Formularien versehen. 2. ergänzte u. verb. Aufl. 3—7. Lfg. gr. 8. (S. 129—448.) Wien, Manz. à n. — 60

mler, Heinr., die tropische Agrikultur. Ein Handbuch f. Pflanzer u. Kaufleute. 1. Bd. Lex.-8. (1. Hälfte 420 S.) Wismar 1886, Hinstorff's Verl. n. 15. —

mmig, fr. Gymn.-Prof. Dr. Herm., e. Genzianenstrauß. Novellen u. Reisebilder aus den Schweizer Alpen. Zur Feier der 100jähr. Mode der Schweizerreisen mitgetheilt. 8. (XI, 307 S.) Leipzig, Peterson. n. 5. —; geb. n.n. 6. —

— die Jungfrau v. Orleans u. ihre Zeitgenossen. Mit Berücksicht. ihrer Bedeutg. f. die Gegenwart. gr. 8. (VI, 258 S.) Leipzig, Unflad. n. 6. —

— Schlesiens Reformirung u. Katholisirung u. seine Rettung durch Friedrich den Großen. Nebst e. Anh.: Die Zukunft der kathol. Völker. 8. (XVI, 162 S.) Leipzig 1886, Peterson. n. 2. 25

mmola, Prof. Dr. Mariano, die alte u. die neue Medizin. Uebers. v. Prof. Dr. Vinc. Meyer, nach der vom Verf. vollständig umgearb. u. bedeutend verm. . Aufl. gr. 8. (188 S.) Napoli. (Berlin, Rothacker.) n. 3. 20

2) Semper, Prof. Dr. C., Reisen im Archipel der Philippinen. 2. Thl. Wissenschaftliche Resultate. 4. Bd. 3. Abth. gr. 4. Wiesbaden, Kreidel. n. 40. —

Inhalt: Die Seewalzen — Holothurioidea —. Eine systemat. Monographie m. Bestimmungs- u. Verbreitungs-Tabellen v. Assist. Dr. Kurt Lampert. Mit 1 (lith.) Taf. Abbildgn. (V, 310 S.)

2) Sendtpiehl, Rekt. R., kurzer Leitfaden beim Geschichtsunterrichte in 2 Bdchn. 2. neubearb. Aufl., verm. durch Abbildgn., Karten, Pläne u. Tabellen. Ausg. A. f. Schüler u. Schülerinnen in Bürgerschulen u. mehrklass. gehobenen Volksschulen. 2. Bdchn.: Für die Oberstufe d. Geschichtsunterrichts in Bürgerschulen. gr. 8. (216 S.) Leipzig 1884, Peter. n. 1. 20; geb. n. 1. 50 (cplt.: n. 2. 10; geb. n. 2. 60)

2) —— dasselbe. Ausg. B. f. Mittelschulen, höhere Töchterschulen u. die nter- u. Mittelklassen höherer Lehranstalten. 2. Bdchn.: Für die Oberstufe . Geschichtsunterrichts. gr. 8. (282 S.) Ebd. n. 1. 80; geb. n. 2. 10 (cplt.: n. 3. —; geb. n. 3. 60)

ndschreiben, offenes, v. weil. Prof. Vincenz Kletzinsky an Wohlgeboren oh. Heinr. Steudel, Bürgermeister-Stellvertreter etc. 8. (15 S.) Wien, monesta. n. — 20

ngelmann, Past. Dir. Dr. H., Idiotophilus. 3 Bde. 8. Norden, Soltau. n. 10. —

Inhalt: 1. Systematisches Lehrbuch der Idioten-Heilpflege. (XII, 280 S.) n. 5. —. — 2. Aphorismen. (XI, 186 S.) n. 2. 50. — 3. Bilder aus dem Leben der Idioten-Anstalten. (X, 172 S.) n. 2. 50.

p, Dr. Bernh., incerti auctoris liber de origine gentis romanae [fragmentum] fidem codicis Bruxellensis, qui extat unicus, denuo rec. B. S. gr. 8. (XV, S.) Eichstätt, (Stillkrauth). n. 1. 60

· der Rücklass der unglücklichen Schottenkönigin Maria Stuart. [Mit Abbildgn.] gr. 8. (116 S.) München, Lindauer. n. 5. —

phina. Eine Erzählg. zwischen Wellen u. Wogen v. ***. Mit e. Vorwort v. Alfr. Friedmann. 1. u. 2. Aufl. 12. (V, 92 S.) Minden 1886, uns. n. 1. —

ng, Musikdir. Sem.-Oberlehr. F. W., kurze theoretisch-praktische Anleitung rationeller Erteilung d. Gesangunterrichts an Elementar- u. Mittelschulen. 2. verb. Aufl. gr. 8. (X, 62 S.) Leipzig 1886, Merseburger. 1. 20

Gesänge f. die Chorklassen [Oberklassen] höherer Töchterschulen, sowie Pensionate u. Lehrerinnen-Seminare. Der Stimmenentwicklg. angepaßt gesetzt. Bd. IIa u. IIb. 8. Lahr, Schauenburg. à n. 1. —

Inhalt: a. 158 Gesänge. Op. 121. (202 S.) — b. 150 Gesänge. Op. 122. (209 S.)

Sering, Musikdir. Sem.-Oberlehr. F. W., Gesänge f. Progymnasien, Prorealgymnasien, Realschulen u. höhere Bürgerschulen. Unter sorgfältigster Berücksicht. der Stimmen jeder Entwicklungsstufe angemessen gesetzt u. bearb. Op. 115. [In 4 Hftn.] Hft. 1, 2, 3a u. 3b. 8. Lahr, Schauenburg. n. 2. 60

1. (50 S.) n. — 40. — 2. (72 S.) n. — 60. — 3a u. b. (148 u. 163 S.) à n. — 80.

—— vollständiger theoretisch-praktischer Lehrgang d. Schulunterrichts im Singen nach Noten. Für die Hand der Schüler in Gymnasien, Realschulen, höheren Töchterschulen, Mittelschulen u. mehrklass. Volksschulen. Op. 106. 2., verb. Aufl. 8. (IV, 70 S.) Leipzig 1886, Merseburger. n. — 60

—— Lieder fürs Turnen u. f. Turnfahrten. Zum Gebrauche an Gymnasien, Realschulen, höhern Töchterschulen u. gehobenen Elementarschulen gewählt u. leicht singbar zweistimmig gesetzt. 8. (104 S.) Leipzig, M. Hesse. n. — 50

Sermond, Sem.-Lehr. H., Sammlung beliebter deutscher Volkslieder f. Schule, Haus u. Leben. Nebst e. Anh., enth. das Wichtigste aus der allgemeinen Musiklehre f. Elementarschulen u. e. Anzahl Treffübgn. im Gesange. Nach pädagog. Grundsätzen zusammengestellt. 1. Hft. Zunächst f. Unter- u. Mittelklassen der Elementarschulen. 5. Aufl. 8. (IV, 48 S.) Düsseldorf, Schwann. n. — 35

Servus, Dr. H., die Geschichte d. Fernrohrs bis auf die neueste Zeit. Mit 8 in den Text gedr. Abbildgn. gr. 8. (VII, 135 S.) Berlin 1886, Springer. n. 2. 60

Settegast, Geh. Reg.-R. Prof. Dr. H., der Idealismus u. die deutsche Landwirthschaft. 8. (VI, 131 S.) Breslau 1886, Korn. n. 2. —; geb. n. 3. —

Seubert, O., s.: Bautischler, der praktische.

(85/1) **Seuffert's**, Dr. J. A., Blätter f. Rechtsanwendung zunächst in Bayern. Red.: K. v. Hettich. 5. Ergänzungsbd. 13 Nrn. (B.) gr. 8. Erlangen, Palm & Enke. n. 3. —

Seuffert, Prof. Dr. Loth., Civilprozeßordnung f. das Deutsche Reich, nebst dem Einführungsgesetze vom 30. Jan. 1877. Erläutert. 3., umgearb. Aufl. gr. 8. (XXIV, 963 S.) Nördlingen, Beck. n. 19. 50; geb. n. 22. —

Sewell's, Elis., ausgewählte Schriften. Eingeleitet von Dr. G. H. v. Schubert. Von der Verf. autoris. deutsche Uebertragg. 4. Bd. 8. Stuttgart, J. F. Steinkopf. 2. 40; geb. n. 3. 40

Inhalt: Das Pfarrhaus zu Laneton. Eine Erzählg. f. jüngere Töchter. 2. Aufl. (341 S.)

Sewin, Gymn.-Prof. D. Herm., Gold u. Blut od. wie kann die gegenwärtige Notlage d. deutschen Nährstandes, insbesondere d. Landwirts, d. Handwerkers, d. Fabrikarbeiters, auf gesetzl. Wege wieder abgeschafft werden? Rede, am 23. Aug. 1885 in der Tonhalle zu Villingen geh. gr. 8. (40 S.) Freiburg i/Br., Herder. n. — 60

(84/2) **Seydel**, Max, bayerisches Staatsrecht. 2. Bd. gr. 8. (V, 581 S.) München, Literarisch-artist. Anstalt. n. 10. 80 (1. u. 2.: n. 22. 80)

Seydler, Oberlehr. Th., Material f. den Unterricht in der Harmonielehre, zunächst f. Seminarien bearb. 1—3. Hft. gr. 8. Leipzig, Breitkopf & Härtel. cart. n. 2. 10

1. (31 S.) n. — 50. — 2. (49 S.) n. — 80. — 3. (51 S.) n. — 80.

Seyfarth, Arth., der Hund, seine Erziehg., Pflege, Dressur u. rationelle Behandlg. in Krankheitsfällen, m. besond. Berücksicht. der zu Jagdzwecken verwandten Racen. Auf Grund 20jähr. Erfahrg. 10. Aufl. 8. (VI, 64 S.) Köstritz. (Gera, Burow.) n. — 50; geb. n. — 90

Seyffardt, L. F., die Mittelschule u. das praktische Leben, s.: Schriften d. liberalen Schulvereins Rheinlands u. Westfalens.

ehffertk, Bez.-Hauptlehr. J. A., Materialien f. den Unterricht in Fortbildungsschulen. 1. Abtlg.: Die Grundzüge d. Wechselwesens. 2. verb. Aufl. 8. (VI, 48 S. m. 3 Formularen.) Nürnberg, Büching. n. — 75

— Sprachübungen f. die Volksschule. [Grammatik, Orthographie u. Stil.] Im Anschluß an den oberfränk. Kreislehrplan f. die Hand der Schüler bearb. A. Ausg. f. geteilte Schulen. 2. u. 4. Hft. 8. Hof 1884, Lion. à n. — 20

2. [2. Schulj.] 17. Aufl. (32 S.) — 4. [4. Schulj.] 13. Aufl. (64 S.)

— dasselbe. B. Ausg. f. ungeteilte Schulen. 1—3. Hft. 8. Ebd. n. — 70

1. [2. u. 3. Schulj.] 31. Aufl. n. — 20. — 2. Mittelklasse [4. u. 5. Schulj.] 28. Aufl. (80 S.) n. — 25. — 3. Oberklasse [6. u. 7. Schulj.]. 18. Aufl. (96 S.) n. — 25.

ehler, Biblioth. Sect. Gust. A., Abriß der Sphragistik. Ein Versuch. gr. 8. Wien 1884. (Berlin, Mitscher & Röstell.) baar n. 3. —

ehppel, C. M., Schmidt u. Smith in Lüderitzland. Hottentottisches Blaubuch m. 118 Kritzeleien. gr. 8. (80 S.) Düsseldorf, F. Bagel. cart. n. 3.50

½) **Shakespeare**, William, works. Ed. with critical notes, and introductory notices by W. Wagner and L. Proescholdt. Part 18 and 19. 8. (6. Bd. S. 97—288. Hamburg, Graedener & Richter. à — 50

½) —— dasselbe. Separate editions. Nr. 22. 8. Ebd. 1884. (à) n. — 50; cart. (à) n. — 60

Inhalt: King Henry VI. Ed. by Dr. L. Proescholdt. Part 3. (115 S.)

— dasselbe, s.: Asher's collection of english authors.

⅟₁) —— sämtliche Werke, übers. von A. W. v. Schlegel u. Ludw. Tieck, in englisch-deutscher Parallel-Ausg. Bevorwortet u. eingeleitet v. Prof. Dr. Karl Sachs. Nr. 17—24. 12. Leipzig, M. Schäfer. à — 60

Inhalt: 17. König Richard III. (XII, 99 Doppels.) — 18. Cymbelin. (XX, 198 Doppels.) — 19. Coriolanus. (XII, 100 Doppels.) — 20. Antonius u. Cleopatra. (XVI, 196 Doppels.) — 21. Timon v. Athen. (XX, 136 Doppels.) — 22. Troilus u. Cressida. (XX, 188 Doppels.) — 23. Der Sturm. (XXX, 124 Doppels.) — 24. Der Kaufmann v. Venedig. (XXX, 142 Doppels.)

₁) —— dasselbe. Illustrirt v. John Gilbert. 5. Aufl. 35—50. Lfg. Lex.-8. (3. Bd. III u. S. 97—495 u. 4. Bd. S. 1—144 m. eingedr. Holzschn.) Stuttgart, Deutsche Verlags-Anstalt. baar à n. — 50

— Julius Caesar. Mit Anmerkgn. v. Dr. E. Fritsche. 8. (XII, 108 S.) Hamburg, O. Meissner's Verl. 1. 20

— dasselbe. Erklärt v. Dr. E. W. Sievers. 3., sorgfältig durchgeseh. Aufl. 8. (VIII, 131 S.) Salzwedel, Klingenstein. n. 1. —

— dasselbe, s.: Volksbibliothek d. Lahrer Hinkenden Boten.

— Imogen. [Cymbelin.] Romantisches Schauspiel in 5 Akten, m. freier Benutzg. der Hertzberg'schen Uebersetzg. f. die deutsche Bühne bearb. v. Heinr. Bulthaupt. Ouverture, Entr'actes u. die zur Handlg. gehör. Musik v. Alb. Dietrich. gr. 8. (XVII, 92 S.) Oldenburg, Schulze. n. 1. 60; geb. m. Goldschn. n. 2. 60

er, W., Aufzeichnung e. Verlorenen. 8. (126 S.) Leipzig, Lehmann. n. 2. —

her's, F., Chronik, s.: Mittheilungen zur vaterländischen Geschichte.

kenberger, Gymn.-Prof. Adf., die Determinanten in genetischer Behandlung. Eine Einführg. in die Lehre v. den Determinanten. gr. 8. (IV, 80 S.) München, (Th. Ackermann's Verl.). baar n. 1. 20

— Leitfaden der Arithmetik, nebst Uebungsbeispielen. 3. umgearb. Aufl. gr. 8. (VI, 188 S. m. 1 Holzschntaf.) Ebd. n. 1. 60

(79/2) **Siebdrat**, Pol.-Dir. Thdr., General-Repertorium der königl. sächsischen Landesgesetze u. der Reichsgesetze. Nachtrag. Abgeschlossen Ende Juli 1885. gr. 4. (III, 30 S.) Dresden, Meinhold & Söhne. n. 1. 20 (Hauptwerk u. Nachtrag: n. 8. 20)

Siebelis, weil. Gymn.-Prof. Dr. Johs., Tirocinium poeticum, Wörterbuch dazu, s.: Schaubach, A.

—— Wörterbuch zu Ovids Metamorphosen. 4. Aufl. Besorgt v. Gymn.-Prof. Dr. Frdr. Polle. gr. 8. (IV, 396 S.) Leipzig, Teubner. 2. 70

Siebenstern, A., s.: Indianer- u. Seegeschichten.

Sieber, Prof. Ferd., Katechismus der Gesangskunst. Mit vielen in den Text gedr. Notenbeispielen. 4., verb. Aufl. 8. (XVI, 198 S.) Leipzig, Weber. geb. n. 2. 40

Siebert, Realschul-Oberlehr. G., kurzer Abriss der Geschichte der Chemie. gr. 8. (V, 128 S.) Wien 1886, Pichler's Wwe. & Sohn. n. 1. 50

(85/1) **Siebmacher's**, J., grosses u. allgemeines Wappenbuch, in e. neuen vollständig geordneten u. reich verm. Aufl. m. herald. u. historisch-genealog. Erläutergn. neu hrsg. 243—250. Lfg. gr. 4. (204 S. m. 131 Steintaf.) Nürnberg, Bauer & Raspe. Subscr.-Pr. baar à n. 6. —; Einzelpr. baar à n. 7. 50

Siede, Jul., syntaktische Eigentümlichkeiten der Umgangssprache weniger gebildeter Pariser, beobachtet in den Scènes populaires v. Henri Monnier. Inaugural-Dissertation. gr. 8. (67 S.) Berlin, Mayer & Müller. baar n. 1. 60

Siedel, Pfr. Dr. Ernst, Predigt am Kirchweihfeste, Montag, den 26. Octbr. 1885 in der Kirche zu Tharand geh. gr. 8. (13 S.) Dresden, J. Naumann in Comm. n. — 20

(82/2) **Siegel**, die westfälischen, d. Mittelalters. Mit Unterstützg. der Landstände der Provinz hrsg. vom Verein f. Geschichte u. Altertumskunde Westfalens. 2. Hft. 1. Abtlg. Fol. Münster, Regensberg in Comm. n.n. 15. — (I. u. II. 1.: n.n. 55. —)

Inhalt: Die Siegel der Bischöfe, bearb. v. Dr. G. Tumbült. (VII, 32 u. 14 S. m. 24 Lichtdr.-Taf.)

(85/1) **Siegfried**. Zeitschrift f. volksthüml. Dichtg. u. Wissenschaft. Red. v. Paul Lindenberg. Unter Mitwirkg. hervorrag. Schriftsteller. 2. Jahrg. 1886. 12 Hfte. gr. 8. (1. Hft. 68 S.) Beerfelden, Meinhard. Vierteljährlich n. 1. —; einzelne Hfte. à n. — 35

Siegl, Prof. Jul. Ritter v., Schattenconstructionen an Umdrehungskörpern m. Rücksicht auf die praktischen Bedürfnisse im Architektur- u. im kunstgewerblichen Fachzeichnen. Mit 1 Fig.-Taf. gr. 8. (29 S.) Wien 1886, Hölder. n. 1. —

Siegle, Ger.-Not. D., die Geschäfte der nichtstreitigen Gerichtsbarkeit in Württemberg m. Ausnahme d. Inventur- u. Teilungswesens u. der Führung der Handels- u. Standesregister. Für den Unterrichtskursus der Notariatskandidaten bearb. 2. Aufl. gr. 8. (VIII, 332 S.) Stuttgart 1886, Kohlhammer. n. 3. 60; geb. n. 4. 30

Siegler, Aug., Lehrstoff-Verteilung zum Gebrauche f. die einklassige, sowie die Oberstufe der zwei- u. dreiklassigen Schule. [Im Anschluß an die bibl. Geschichten v. Römheld u. Giebe u. das Lesebuch v. Gabriel u. Supprian Ausg. A. u. C.] gr. 8. (74 S.) Bielefeld, Velhagen & Klasing. n. — 75

Siegmeth, Bahninsp. Karl, kurzgefasster Führer f. Kaschau, das Abauj-Torna-Gömörer Höhlengebiet u. die ungarischen Ostkarpathen. Im Auftrage d. ung. Karpathenvereines verf. Mit 1 Orientirungskarte, dem Plane der Aggteleker Höhle u. 16 Illustr. 12. (VIII, 161 S.) Kaschau, Maurer. geb. n. 4. —

Siemiradzki, Jos., e. Beitrag zur Kenntniss der typischen Andesitgesteine. Inaugural-Dissertation. gr. 8. (33 S. m. 1 chromolith. Karte.) Dorpat, (Karow). baar n. 1. 50

Sieveking, Amalie Wilhelmine, Vermächtniß f. meine jungen Freundinnen. 4. unveränd. Abdr. aus den Unterhaltgn. üb. die heil. Schrift. 16. (90 S.) Dresden, Dieckmann. geb. m. Goldschn. n. 1. 50

Sieveking, Elis., Blumen am Pilgerwege. 8 (chromolith.) Blätter. gr. 8. Hamburg, Agentur d. Rauhen Hauses. In Leinw.-Mappe. n. 8. —; einzelne Blätter baar à 1. 20

Silberer, Vict., Handbuch der Athletik u. d. Trainings f. alle Sportzweige. Mit 8 Illustr. 8. (VIII, 275 S.) Wien, Verl. der Allg. Sport-Zeitg. geb. n. 5. 40

—— Herbst-Kalender 1885. Ein statist. Handbuch der Renn-Ergebnisse d. J. 1885 bis zum Schlusse der Wiener Herbst-Rennen. 16. (73 S.) Ebd. baar 2. —

Silbernagl, Prof. Dr. Isidor, Johannes Trithemius. Eine Monographie. 2., m. e. Anh. verm. Aufl. gr. 8. (VIII, 263 S.) Regensburg, Manz. n. 4. —

Silberstein, Aug., das Engerl im See, s.: National-Bibliothek, deutsch-österreichische.

—— Frau Sorge. Eine Märchen-Dichtg. 12. (68 S.) Leipzig 1886, Friedrich. geb. m. Goldschn. n. 2. 50

Silesius, Angelus, geistliche Vergißmeinnicht. Eine Auswahl der schönsten u. geistreichsten Sinnreime. Hrsg. von Chrph. v. Schmid. Mit Titelbild. 8. (120 S.) Regensburg 1886, Manz. n. — 50

Siloti, C. T., s.: Klassiker-Bibliothek der bildenden Künste.

Sima, J., Wanderungen durch Krain, s.: Volks- u. Jugend-Bibliothek.

Simar, Prof. Dr. Hub. Theophil, die Lehre vom Wesen d. Gewissens in der Scholastik d. 13. Jahrh. Ein Beitrag zur Geschichte der Ethik. 1. Thl.: Die Franciscanerschule. gr. 4. (32 S.) Freiburg i/Br., Herder. n. 1. 50

Simmerlein, Dr. R., das Kürzungswesen in der stenographischen Praxis nach dem Stolzeschen System. 3. Aufl. 8. (XXII, 84 S.) Berlin, Mittler & Sohn. cart. n. 2. 40

Simon, Gymn.-Prof. Ant., das Hautskelet der arthro-gastrischen Arachniden. Mit 2 (lith.) Taf. gr. 8. (14 S. m. 2 Bl. Erklärgn.) Salzburg 1878, (Dieter). Baar n.n. 2. —

Simon, Gymn.-Prof. Dr. H. D., Aufgaben zum Uebersetzen in das Lateinische f. Sexta, Quinta u. Quarta. 9. Aufl. gr. 8. (110 S.) Berlin 1886, Dümmler's Verl. n. 1. —

Simon, Wilh., altdeutsche Volkslieder, nach Melodien aus Prof. F. M. Böhme's „Altdeutsches Liederbuch" f. vierstimm. Männerchor gesetzt. qu. 8. (12 S.) Neuwied, Heuser's Verl. n. — 35

Simons, Past. Lic., die Aufhebung d. Edikts v. Nantes. Predigt, geh. in der ev.-reformirten Kirche zu Leipzig. 8. (13 S.) Leipzig, Dürr'sche Buchh. n. — 40

Simpson, Rud., die entbitterte Lupine u. ihre Bedeutung f. die Zukunft f. alle Lupine bauenden Gegenden. gr. 8. (16 S.) Graudenz, Röthe. n. — 40

Simrock, Karl, die geschichtlichen deutschen Sagen aus dem Munde d. Volks u. deutscher Dichter. 2. verm. Aufl. 8. (XIX, 515 S.) Basel 1886, Schwabe. n. 6. —

Simroth, Oberlehr. Dr. Heinr., Schmetterlings-Etiketten f. die deutsche Fauna, nebst Besprechg. der Tiere, Züchtg., Fangarten etc. Fol. ($16^1/_2$ Bog., nebst Text, 15 S. in 4.) Leipzig 1884, H. Schultze. n.n. 1. 50

Singer, Max, dictionnaire des roses ou guide général du rosiériste. 2 tomes. 8. (VI, 439 u. 363 S. m. Holzschntafeln.) Berlin, Parey. n. 10. —

Sippel, Dr. Heinr., Beiträge zur medizinischen Statistik der Stadt Bamberg f. die J. 1883 u. 1884 m. besond. Berücksicht. d. Jahrfünfts 1880—1884. Inaugural-Dissertation. gr. 8. (V, 96 S. m. Tab. u. 6 Taf.) Bamberg, (Hübscher). baar n. 2. —

(85/1) **Sirius.** Zeitschrift f. populäre Astronomie. Zentralorgan f. alle Freunde u. Förderer der Himmelskunde. Hrsg. unter Mitwirkg. hervorrag. Fachmänner u. astronom. Schriftsteller v. Dr. Herm. J. Klein. 19. Bd. od. neue Folge 14. Bd. Jahrg. 1886. 12 Hfte. (à 1—1½ B. m. Taf.) gr. 8. Leipzig, Scholtze. baar n. 10. —

Sittard, Jos., das 1. Stuttgarter Musikfest am 17., 18. u. 19. Juni 1885. Eine krit. Rückschau. gr. 8. (32 S.) Stuttgart, Metzler's Verl. n. — 50

(83/2) **Sittl,** Dr. Karl, Geschichte der griechischen Literatur bis auf Alexander den Grossen. 2. Tl. gr. 8. (X, 494 S.) München 1886, Th. Ackermann's Verl. n. 6. 50 (1. u. 2.: n. 11. 30)

Sitzung, die feierliche, der kaiserl. Akademie der Wissenschaften am 21. Mai 1885. 8. (115 S.) Wien, Gerold's Sohn in Comm. n. 1. 40

(85/1) **Sitzungsberichte** der mathematisch-physikalischen Classe der k. b. Akademie der Wissenschaften zu München. 1885. 2. u. 3. Hft. gr. 8. (S. 109—370 m. 1 Taf.) München, Franz' Verl. in Comm. à n. 1. 20

(85/1) —— der philosophisch-philologischen u. historischen Classe der k. b. Akademie der Wissenschaften zu München. 1885. 2. u. 3. Hft. gr. 8. (S. 147—393.) Ebd. à n. 1. 20

(85/1) —— der kaiserlichen Akademie der Wissenschaften. Mathematisch-naturwissenschaftl. Classe. 1. Abth. Abhandlungen aus dem Gebiete der Mineralogie, Botanik, Zoologie, Geologie u. Paläontologie. 91. Bd. 5 Hfte. Lex.-8. (VI, 447 S. m. 9 Holzschn. u. 11 Taf.) Wien, Gerold's Sohn in Comm. n. 9. 80

—— dasselbe. 2. Abth. Abhandlungen aus dem Gebiete der Mathematik, Physik, Chemie, Mechanik, Meteorologie u. Astronomie. 91. Bd. Lex.-8. (VIII, 1201 S. m. 12 Holzschn., 19 Taf. u. 1 Karte.) Ebd. n. 23. 50

—— dasselbe. 92. Bd. 1. Hft. Lex.-8. (331 S. m. 14 Holzschn. u. 2 Taf.) Ebd. n. 5. 50

—— dasselbe. 3. Abth. Abhandlungen aus dem Gebiete der Physiologie, Anatomie u. thoret. Medicin. 90. Bd. 3—5. Hft. Lex.-8. (VI u. S. 191—350 m. 2 eingedr. Holzschn. u. 8 Taf.) Ebd. n. 5. — (90. Bd. cplt.: n. 9. 50)

—— dasselbe. 91. Bd. Lex.-8. (VI, 349 S. m. 2 Holzschn. u. 17 Taf.) Ebd. n. 12. 50

(82/2) —— dasselbe. Register zu den Bdn. 86—90. XI. Lex.-8. (81 S.) Ebd. n. 1. 20

(85/1) —— dasselbe. Philosophisch-histor. Classe. 108. Bd. 3. Hft. Lex.-8. (IV u. S. 859—1104 m. 1 Taf.) Ebd. n. 4. — (108. Bd. cplt.: n. 16. 80)

—— dasselbe. 109. Bd. Lex.-8. (III, 860 S.) Ebd. n. 11. 70

—— dasselbe. 110. Bd. 1. Hft. Lex.-8. (216 S.) Ebd. n. 3. —

—— der Gesellschaft f. Morphologie u. Physiologie in München. I. 1885 1. u. 2. Hft. gr. 8. (133 S.) München, Rieger. n. 4. 20

(84/2) —— der naturforschenden Gesellschaft zu Leipzig. 11. Jahrg. 1884. gr. 8. (III, 58 S.) Leipzig, Engelmann. n. 1. 60

Sjuts, Erzählungen aus der vaterländischen Geschichte, s.: Herkenrath.

Sket, Prof. Dr. Jak., slovenisches Sprach- u. Uebungsbuch. Nebst Chrestomathie u. slovenisch-deutschem u. deutsch-sloven. Wörterverzeichnis. Für den ersten Unterricht bearb. 3. Aufl. gr. 8. (IV, 303 S.) Klagenfurt (Heyn). n. 3. —

Skřivan, Dir. Ant., Münzen u. Curszettel, ferner Masse u. Gewichte der wichtigsten Länder u. Plätze, nebst einigen Schlüsseln f. Waarenberechngn. 8., zeitgemäss umgearb. Aufl. 12. (XII, 136 S.) Prag, Rziwnatz in Comm. n. 1. 80

Skutsch, Assist.-Arzt Felix, die Lacerationen d. Cervix uteri, ihre Bedeutung u. operative Behandlung. Inaugural-Dissertation. gr. 8. (46 S.) Jena 1884. (Breslau, Köhler.) baar n. 1. —

Sladeczek, Prof. P. Henr., cantica sacra, quae in usum studiosae juventutis selegit H. S. Ed. II. gr. 8. (31 S.) Wien, Hölder. n. — 60

Slameczka, Gymn.-Prof. Frz., Untersuchungen üb. die Rede d. Demosthenes v. der Gesandtschaft. gr. 8. (48 S.) Wien, Hölder. n. 1. 60

Smiles, Sam., selbst ist der Mann. Charakterskizzen u. Lebensbilder. Vom Verf. autoris. Uebersetzg. 4. Aufl. 8. (VI, 478 S.) Colberg 1886, Post. n. 6. —; geb. n. 7. 50

Smyth, Instructor Dr. Herbert Weir, der Diphthong $\varepsilon\iota$ im Griechischen; unter Berücksicht. seiner Entsprechgn. in verwandten Sprachen. gr. 8. (82 S.) Göttingen, Vandenhoeck & Ruprecht's Verl. n. 1. 80

Sneewittchen. Ein Märchenbuch f. artige Kinder. gr. 4. (9 aneinanderhäng. Chromolith. in 8. u. 4. zum Auseinanderklappen m. 3 S. Text.) Fürth, Schaller & Kirn. geb. baar 2. —

Social-Reform, friedliche. Ein Vorschlag zur Lösg. der socialen Frage. Von Ernst Vorwärts. gr. 8. (III, 72 S.) Altona, Harz. n. 1. 50

Society in London, s.: Collection of British authors.

Soffner, Erzpriest. Pfr. Dr. Joh., der Minorit Fr. Michael Hillebrant aus Schweidnitz. Ein Beitrag zur schles. Reformationsgeschichte d. 16. Jahrh. gr. 8. (VII, 90 S.) Breslau, Aderholz in Comm. n. 1. 50

Sohnrey, H., deutscher Sagenschatz, s.: Kassebeer, F.

Soldatenbuch f. deutsche Knaben. qu. gr. 4. (8 Chromolith. m. Text auf der Rückseite.) Wesel, Düms. n. — 50

Soldatenbüchlein. Ueber die Pflichten u. Tugenden d. Soldaten. Mit kriegsgeschichtl. Beispielen u. der Lebensgeschichte Sr. Maj. d. Kaisers u. Königs Wilhelm I. 8. Aufl. 16. (71 S.) Potsdam, Döring. baar n. — 25

Soldatenfreund, der. Kalender f. kathol. Soldaten 1886. von Pfr. P. Herm. Koneberg, O. S. B. 1. u. 2. Aufl. (96 S. m. Illustr.) Donauwörth, Auer. n. — 20

—— deutscher. Kalender f. d. J. 1886. 16. (64 S. m. Holzschn.) Stuttgart, Buchhandlung der Evang. Gesellschaft. n. — 20

Soldaten-Kalender, bayerischer, f. d. J. 1886. gr. 16. (47 S.) Sulzbach, v. Seidel. — 15

—— österreichischer, f. 1886. 11. Jahrg. 16. (97 S.) Wien, Perles. n. 1. —

Solereder, Ludw., Fibel f. den Sprech- Schreib- Leseunterricht, nebst e. Anh. f. den Aufbau d. ersten Zehners. 1. Abtlg. Sep.-Ausg. f. die Münchener Schulen. 8. (64 S. m. Illustr.) München, Exped. d. kgl. Zentral-Schulbücher-Verlags. n.n. — 25; Einbd. n.n. — 8

Solothurn u. seine Umgebung. Hrsg. vom Gewerbeverein der Stadt Solothurn. Unter Mitwirkg. Mehrerer red. v. Alfr. Hartmann. Mit 25 Illustr., wovon 17 v. H. Jenny gezeichnet. 8. (57 S.) Solothurn, Jent. n. — 60

Sölter, H. A. F., Volksschulliederbuch f. die deutsche Jugend. Unter Mitwirkg. mehrer Schulmänner zusammengestellt u. hrsg. 1. Hft: Zweistimmige Lieder. 15 Aufl. [14. Ster.-Druck.] 8. (59 S.) Braunschweig, Bruhn's Verl. n. — 40

Sombart-Ermsleben, die landwirthschaftliche Enquête im Königr. Preussen. Probe-Erhebg. f. e. Gutsbezirk. — Aufnahme üb. die allgemeine Lage der ländlichen Grundbesitzer. Von Reg.-R. F. Frank. [Aus: „Landw. Jahrbb."] gr. 8. (78 S.) Berlin, Parey. n. 2. —

Sommer, G., s.: Darstellung, beschreibende, der älteren Bau- u. Kunstdenkmäler in der Prov. Sachsen.

Sommer, Dir. Dr. O., Leitfaden der Weltgeschichte. In 2 Kursen bearb. Mit

4 xylogr. Karten. 10. verb. Aufl. 8. (84 S.) Braunschweig, Bruhn's Verl. n. — 60

Sommer, Sem.-Dir. Dr. Wilh., deutsches Lesebuch f. höhere Lehranstalten, nebst e. Abriß der Poetik u. Litteraturgeschichte. 4. Aufl. gr. 8. (XVIII, 704 S.) Köln, Du Mont-Schauberg. n. 5. 50

Sommerfahrplan, Leipziger, 1885 üb. den Leipziger Eisenbahn-Verkehr, nebst den besten Verbindgn. nach Hauptstädten, Bädern etc. 12. (II, 21 S.) Leipzig, F. Duncker. n. — 25

Sommert, H., Methodik d. deutschen Sprachunterrichts, s.: Handbuch der speciellen Methodik.

Sommerwerck, gen. Jacobi, Bischof D. Wilh., der heilige Bernward v. Hildesheim als Bischof, Fürst u. Künstler. Mit 1 Lichtdr. der Bernwardsthüren. gr. 8. (50 S.) Hildesheim, Borgmeyer in Comm. n. 1. —

(85/1) **Sonderabdrücke** der Deutschen Medizinal-Zeitung. 14. 48—57. Hft. gr. 8. Berlin, Grosser. n. 4. 40

Inhalt: 14. Die puerperale Eklampsie nach den neueren Publikationen. Von Doz. Dr. Alfr. Gönner. (12 S.) 1884. — 30. — 48. Die Morphiumsucht u. die Physiologie der Heilungsvorgänge. Auf Grund neuester Beobachtgn. dargestellt v. Dr. Wallé. (33 S.) n. — 60. — 49. Die Sublimat-Antisepsis in der Geburtshilfe. Von Dr. K. Jaffé. (11 S.) — 30. — 50. Ueber die Riviera u. das Klima v. Nervi. Vortrag, geh. in der 7. öffentl. Versammlg. der balneolog. Sektion der Gesellschaft f. Heilkunde zu Berlin am 16. März 1885 v. Dr. H. J. Thomas-Badenweiler. (24 S.) n. — 40. — 51. Ueber künstliche Beleuchtung. Vortrag, geh. in der deutschen Gesellschaft f. öffentl. Gesundheitspflege zu Berlin am 23. Febr. 1885 v. Gen.-Arzt Mehlhausen. (23 S.) n. — 60 — 52. Ueber tötliche Hirnverletzungen in forensischer Hinsicht. Von Dr. Max Breitung. (20 S.) n. — 40. — 53. Die Kachexia strumipriva. Von Dr. D. G. Zesas. (14 S.) — 30. — 54. Das sogenannte Ekzem d. Naseneinganges. Von Assist.-Arzt Dr. W. Lublinski. (5 S.) n. — 20. — 55. Zur Behandlung d. Diabetes. Von Dr. Vocke. (11 S.) n. — 20. — 56. Die Behandlung der eitrigen Mittelohraffektion. Von Dr. Alfr. Krakauer. (15 S.) — 30. — 57. Chemische Untersuchung der Luft f. hygienische Zwecke. Von Dr. Breslauer. (41 S.) n. — 80.

Söndermann, Ad., Robert der Teufel od. das Gespenst e. Millionenstadt. Roman. 1. Lfg. gr. 8. (24 S. m. 1 color. Taf.) Dresden, A. Wolf. — 10

Sonndorfer, Reg.-R. Dir. Dr. Rud., u. Prof. Herm. **Anton,** Lehrbuch der Geometrie f. die oberen Classen der Mittelschulen. 1. Thl.: Die Geometrie der Ebene. 3. Abthl.: Analytische Geometrie der Ebene. 3. verb. Aufl. Mit 54 Holzschn. gr. 8. (VII, 136 S.) Wien, Braumüller. n. 2. —

Sonnenberg, Ferd., Lehrer-Adreßbuch f. die Prov. Hannover. Zusammenstellung der Lehrer an Volks- u. Mittelschulen m. Einschluß der seminaristisch gebildeten Lehrer an den höheren Schulen, nebst Übersicht üb. sämtl. Elementarschulen in der Prov. Hannover. Nach amtl. Quellen hrsg. gr. 8. (152 S.) Hannover, Meyer. cart. baar n.n. 3. 60

Sonnenblume, geistliche. Ein Gebetbuch, enth. kurze, tägl. Besuchgn. d. allerheiligsten Altars-Sakramentes, sammt Morgen-, Abend-, Meß-, Beicht- u. Kommunion-Gebeten, Litaneien, Kreuzweg- u. vielen andern Andachtsübgn. f. Personen d. geistl. u. weltl. Standes. 2. Aufl. 12. (478 S.) Kempten 1884, Kösel. 1. 80

Sonnenburg, Dir. Dr. R., englisches Übungsbuch. Methodische Anleitg. zum Übersetzen aus dem Deutschen in das Englische. 1. Abtlg.: Zur Einübg. der Aussprache u. der Formenlehre. Mit vollständ. Wörterverzeichnisse. 2. umgearb. Aufl. gr. 8. (VI, 126 S.) Berlin, Springer. n. 1. 20

Sonnenschein, Sigm., das Localbahnwesen in Oesterreich. gr. 8. (V, 151 S.) Wien, 1886, Hartleben. n. 3. —

(84/2) **Sonnleitner,** Bez.-Sekr. Frz., neuestes alphabetisch verfasstes Nachschlagebuch f. die P. T. Herren Verwaltungs- u. Gemeindebeamten, sowie löbl. Advokaturskanzleien, Notariats- u. Aichämter in Böhmen. Nach besten

Quellen u. eigenen Aufzeichngn. verf. 7—13. Lfg. gr. 8. (S. 241—520.) Beneschau. (Prag, Kytka.) à n.n. 1. —

Sonntag, Waldemar, Kurz u. Erbaulich. Religiöse Betrachtgn. f. Protestanten. 8. (VIII, 222 S.) Bremen 1886, Roussell. geb. n. 3. —

(84/1) —— Laienpredigten. Lose Blätter der Lebensweisheit. 2. Sammlg. 8. (X, 306 S.) Halle, Hendel. (à) n. 3. —; geb. (à) n. 4. —
(84/1) s.: Laienpredigten.

Sonntagskalender 1886. 4. (XII, 59 S. m. Illustr.) Freiburg i/Br., Herder. n. — 30

Sophokles. Für den Schulgebrauch erklärt v. Gust. Wolff. 4. Tl. König Oidipus. 3. Aufl. Bearb. v. Ludw. Bellermann. gr. 8. (IX, 175 S.) Leipzig, Teubner. 1. 20

—— Werke, verdeutscht in der Versweise der Urschrift u. erklärt v. Adf. Schöll. 13., 17—20. Lfg. 8. Berlin, Langenscheidt. à n. — 35
Inhalt: 13. Ajas. 3. Lfg. 4. Aufl. (S. 97—144.) — 17—20. Philoktet. 2—5. Lfg. 2., durchgeseh. Aufl. (S. 49—265.)

—— dasselbe. Zum Schulgebrauche m. erklär. Anmerkgn. versehen v. N. Wecklein. 1. Bdchn. Antigone. 2. Aufl. gr. 8. (100 S.) München, Lindauer. n. 1. 20

—— König Ödipus. Tragödie. Übers. v. Emil Müller. 8. (V, 74 S.) Halle, Niemeyer. n. 1. 20

—— tragoediae ex recensione Guil. Dindorfii. Ed. VI., quam curavit brevique adnotatione instruxit S. Mekler. 8. (CVI, 365 S.) Leipzig, Teubner. 1. 50

—— dasselbe. Einzelausg. 7 Nrn. 8. Ebd. à — 30
Inhalt: 1. Aiax. (IV, 50 S.) — 2. Electra. (IV u. S. 51—101.) — 3. Oedipus rex. (IV u. S. 103—156.) — 4. Oedipus Coloneus. (V u. S. 157—218.) — 5 Antigone. (IV u. S. 219—266.) — 6. Trachiniae. (IV u. S. 267—313.) — 7 Philoctetes. (IV u. S. 315—365.)

(85/1) —— Tragoedien. Erklärt v. Gymn.-Dir. C. Schmelzer. 3. u. 4. Bd gr. 8. Berlin, Habel. à n. 1. 80; Schulbd. à n.n. — 30; Leinw.-Bd. à n.n. 1. —
Inhalt: 3. Antigone. (130 S.) — 4 Electra. (149 S.)

(85/1) **Sorgenbrecher**, der, od. Zwergfellerschütterungen als Mittel zur Erheiterung in trüben Stunden. Hrsg. v. L. Jocus. 5—8. Hft. 8. (32, 40, 32 u. 40 S.) Ilmenau, Schröter. à n. — 25; in Bdn. à 4 Hfte. zu n. 1. —

Sorhagen, Ludw., die Kleinschmetterlinge der Mark Brandenburg u. einiger angrenzender Landschaften. Mit besond. Berücksicht. der Berliner Arten. gr. 8. (X, 367 S.) Berlin 1886, Friedländer & Sohn. n. 6. —

Sosnowski, M. E., s.: Katalog der Raczyńskischen Bibliothek in Posen.

Soetbeer, Ad., Materialien zur Erläuterung u. Beurtheilung der wirthschaftlichen Edelmetallverhältnisse u. der Währungsfrage. Gesammelt v. A. S. Hrsg. vom Vorstande d. Vereins zur Wahrg. der wirthschaftl. Interessen v. Handel u. Gewerbe. gr. 4. (107 S.) Berlin, Puttkammer & Mühlbrecht. n. 2. —

Souvenir. O frage nicht! Illustriert v. Georgy, E. Klimsch, Erdm. Wagner etc. 7. Aufl. 12. (VII, 104 S.) Leipzig, Amelang geb. m. Goldschn. n.n. 3. —

Sozialisten, die, s.: Engelhorn's allgemeine Roman-Bibliothek.

Sozialisten-Prozeß, der, in Chemnitz am 28., 29., 30. Septbr. u. 7. Oktbr. 1885. 8. (16 S.) Chemnitz, Hager. baar — 10

Spamer, Alb., Untersuchungen üb. Holzreife. Inaugural-Dissertation. gr. 8. (15 S. m. 1 Steintaf.) Giessen 1882. (Leipzig, Fock.) baar n. — 50

Späth, Hofr. Prof. Dr. Jos., Lehrbuch der Geburtshilfe f. Hebammen. 4. Aufl. Mit 33 Holzschn. gr. 8. (XI, 346 S.) Wien 1886, Braumüller. n. 8. —

Spaziergänge, kosmopolitische, d. Corpsburschen Kurt v. Terzenheim. I. 8. (V, 378 S.) Stuttgart 1886, Bonz' Erben. n. 5. —

Specht, Constanze v., Erzählungen e. Großmutter f. kleine Knaben u. Mädchen. Mit 3 Buntbildern v. Mathilde Cöster, ausgeführt v. J. G. Bach in Leipzig, u. Holzschn. nach E. Pezenburg u. A. 8. (IV, 128 S.) Königsberg 1886, Strübig. cart. n. 2. —

(85/1) **Special-Orts-Repertorien** der im österreichischen Reichsrathe vertretenen Königreiche u. Länder. Hrsg. v. der k. k. statist. Central-Commission. 7. 10. u. 11. Bd. gr. 8. Wien, Hölder. n. 13. 20 (I—XI.: n. 72. 70)

7. Küstenland. (IV, 195 S.) n. 5. 80. — 10. Mähren. (220 S.) n. 5. 60. — 11. Schlesien. (69 S.) n. 1. 80.

Speier, Chr., unser Volk in Waffen, s.: Boten, B.

Spendung, die, d. heil. Sakramentes der Firmung u. die Feier d. 10jährigen Bestandes der Gemeinde zu Freiburg i. B. Ein altkathol. Lebenszeichen. gr. 8. (62 S.) Freiburg i/Br., Troemer. baar n. — 80

Spengler, Stadtpfr. Heinr., Abendsegen. Kurze Abendandachten f. jeden Tag d. Jahres. gr. 8. (V, 330 S.) Bielefeld, Velhagen & Klasing. n. 2. 60; geb. n. 4. —; in Halbfrz. m. Goldschn. n. 5. —

—— Morgensegen. Kurze Morgenandachten f. jeden Tag d. Jahres. gr. 8. (IV, 331 S.) Ebd. n. 2. 60; geb. n. 4. —; in Halbfrz. m. Goldschn. n. 5. —

—— aus der Verbrecherwelt. 2. verm. u. verb. Aufl. 8. (VII, 230 S.) Leipzig 1886, Lehmann. n. 3. —; geb. n. 4. —

Spennrath, J., Handbuch der Weberei, s.: Reiser, N.

Sperber, Reg.- u. Schulr. Ed., die biblische Geschichte m. erklärenden Anmerkungen u. heilsgeschichtlichen Erläuterungen als Grundlage f. die unterrichtliche Behandlung. Für den Seminar- u. Schulgebrauch bearb. 1. Tl. Das Alte Testament. 8. Aufl. 8. (XVI, 397 S.) Eisleben 1884, Kuhnt. n. 3. —

—— die biblischen Geschichten, f. die Mittelstufe mehrklassiger Volksschulen zu Lebensbildern u. Geschichtsbildern zusammengestellt. 2. verb. Aufl. 8. (XVI, 184 S.) Gütersloh 1886, Bertelsmann. n. — 60

—— Religionsbüchlein f. die Unterstufe der evangelischen Volksschule, im Anschluß an die v. H. Wendel hrsg. bibl. Geschichten bearb. Nebst e. Vorwort vom Schulr. Sem.- u. Waisenh.-Dir. H. Wendel. Mit 33 Holzschn. 6. Aufl. 8. (94 S.) Breslau, Dülfer. n. — 50; geb. n.n. — 65

Speßhardt, Dr. H. v., der Versicherungsbetrug im Reichsstrafgesetzbuch, unter Berücksicht. der wichtigsten ausländ. Gesetzgebgn. dargestellt. gr. 8. (V, 110 S.) Marburg, Elwert's Verl. n. 1. 80

Spiegelbilder aus dem Leben u. der Geschichte der Völker. Erzählungen f. die Jugend. 1—6. Bdchn. 12. Leipzig, Oehmigke. cart. à — 75

Inhalt: 1. Gott verläßt keinen Deutschen. Geschichte e. jungen Seefahrers. Der Jugend erzählt v. Hauptlehr. Frz. Kühn. Mit 1 Titelbild. 2. Aufl. (95 S.) — 2. Auf der Steppe. Erlebnisse in e. deutschen Ansiedelg. Rußlands. Der deutschen Jugend erzählt v. Hauptlehr. Frz. Kühn. Mit 1 Titelbild. 2. Aufl. (94 S.) — 3. Die Brüder. Erzählung aus der Zeit der Befreiungskriege. Der deutschen Jugend gewidmet v. Hauptlehr. Frz. Kühn. Mit Titelbild. 2. Aufl. (104 S.) — 4. Peter Szapar od. die Türken in Ungarn u. vor Wien. Erzählung f. die Jugend v. Hauptlehr. Frz. Kühn. Mit 1 Titelbild. 2. Aufl. (104 S.) — 5. Zwei Lebenswege. Erzählung aus dem Leben in den Vereinigten Staaten v. Nordamerika. Von Hauptlehr. Frz. Kühn. Mit 1 Titelbild. 2. Aufl. (105 S.) — 6. Treue Freundschaft od. Schloß u. Mühle. Erzählung aus der Franzosenzeit. Der deutschen Jugend gewidmet v. Hauptlehr. Frz. Kühn. Mit 1 Titelbild. 2. Aufl. (102 S.)

Spiegel-Kalender, eleganter, 1885. 16. (16 S. m. Spiegel.) Wien, Perles. geb. n. 1. 80

Spieker, Geh. Reg.- u. Prov.-Schulr. G., die allgemeinen Bestimmungen vom 15. Octbr. 1872, nebst Prüfungs-Ordnungen m. den später erlassenen erläut. u. ergänz. Verfüggn. 8. sorgfältig rev. u. vervollständ. Aufl. 8. (160 S.) Hannover, Meyer. cart. n. 1. 60

Spieker, Prof. Dr. Th., Lehrbuch der ebenen u. sphärischen Trigonometrie m. Übungs-Aufgaben f. höhere Lehranstalten. Mit in den Text gedr. Holzschn. 8. (IV, 135 S.) Potsdam, Stein. n. 1. 40

Spiel u. Scherz. Bilderbuch m. 5 bewegl. (chromolith.) Taf. gr. 4. (5 Bl. Text.) Fürth, Schaller & Kirn. geb. baar 1. 75; m. Goldpressg. u. Titelbild 2. 25

Spielbuch, das, f. Kinder. Fol. (3 Chromolith. in gr. Fol. m. untergedr. Texte.) Wesel, Düms. cart. — 60

Spiele, dramatische, f. heitere Stunden. 2. verb. Aufl. 12. (IV, 195 S.) Bonn, Hauptmann. geb. n. 1. —

Spielereien f. Kinder. 40 in feinstem Farbendr. ausgeführte Bildchen, nebst vielen Verschen v. Karl Thienemann. 5. neugezeichnete Aufl. 4. (8 Chromolith. m. 2 S. Text.) Eßlingen, Schreiber. geb. n. 1. —

Spielhagen, Frdr., an der Heilquelle. Novelle. 2—4. Aufl. 8. (432 S. Leipzig, Staackmann. n. 6. —; geb. baar n. 7. —

— Quisisana. Novelle. 4. Aufl. Taschen-Ausg. 8. (256 S.) Ebd. 1886. n. 2. —; geb. n. 3. —

Spieß, Adf., die Lehre der Turnkunst. 4. Thl. gr. 8. Basel, Schwabe. n. 4. —
Inhalt: Das Turnen in den Gemeinübungen, in e. Lehre v. den Ordnungsverhältnissen bei den Gliedergn. e. Mehrzahl f. beide Geschlechter dargestellt. 2. Aufl. (227 S m. eingedr. Fig.)

— Reigen u. Liederreigen f. das Schulturnen aus dem Nachlasse v. A. S. Mit e. Einleitg., erklär. Anmerkgn. u. e. Anzahl v. Liedern hrsg. v. Dr. K. Wassmannsdorff. 2. verb. u. m. e. Anh. „Gang- u. Hüpfarten f. das Mädchenturnen" verm. Aufl. gr. 8. (XIV, 195 S.) Frankfurt a/M., Sauerländer. n. 2. 40

Spieß, Aug., u. Frdr. Spieß, deutsches Lesebuch f. mittlere Gymnasialklassen. 5. Aufl. Hrsg. v. Gymn.-Dir. Prof. Aug. Spieß. gr. 8. (XXXI, 506 S.) Wiesbaden, Limbarth. n. 4. —

Spieß, Schulr. Dr. Mor., u. Realgymn.-Rekt. Prof. Berlet, Weltgeschichte in Biographien. In 3 koncentrisch sich erweiternden Kursen. 1. Kurs., f. den Unterricht in Unterklassen berechnet. 13. verb. Aufl. Mit 1 Übersichtskarte zur alten Geschichte, sowie 1 Karte v. Altgriechenland u. v. Altitalien. gr. 8. (XII, 265 S.) Hildburghausen, Kesselring. n. 2. 50

Spindler, Prem.-Lieut. J., Dienstunterricht der königl. bayerischen Infanterie. Leitfaden bei Ertheilg. d. Unterrichts u. Handbuch f. den Infanteristen u. Jäger. 4. Aufl. Mit dem Lichtdr.-Bilde Sr. Maj. König Ludwig II. v. Bayern. 8. (95 S.) Bamberg 1886, Schmidt in Comm. baar n.n. — 50

Spinnstube, die, e. Volksbuch f. d. J. 1886. Begründet von W. O. v. Horn [Wilh. Oertel]. Im Vereine m. namhaften Volksschriftstellern fortgeführt v. H. Oertel. 41. Jahrg. Mit e. Stahlst. u. vielen (eingedr.) Holzschn. 8 (XXXII, 195 S.) Wiesbaden, Riedner. n. 1. 30; geb. baar n. 1. 60

Spitaler, Assist. Rud., die Wärmevertheilung auf der Erdoberfläche. [Aus: „Denkschr. d. k. Akad. d. Wiss."] Imp.-4. (20 S. mi 1 Tab.) Wien, Gerold's Sohn in Comm. n. 1. 40

Spitta, Frdr., der 2. Brief d. Petrus u. der Brief d. Judas. Eine geschichtl. Untersuchg. gr. 8. (VII, 544 S.) Halle, Buchh. d. Waisenhauses. n. 9. —

Spitta, Prof. Dr. Heinr., Einleitung in die Psychologie als Wissenschaft. gr. 8. (IX, 154 S.) Freiburg i/Br. 1886, Mohr. n. 3. 60

(82/2) Spitzer, D., Wiener Spaziergänge. 6. Sammlg. 1. u. 2. Aufl. 8. (VIII, 343 S.) Leipzig 1886, Klinkhardt. (à) n. 4. 50

Spitzer, Doc. Dr. Hugo, Beiträge zur Descendenztheorie u. zur Methodologie der Naturwissenschaft. gr. 8. (XV, 538 S.) Leipzig 1886, Brockhaus. n. 12. —

Spöhrer, C., die deutsche Handelskorrespondenz, s.: Handbibliothek der gesamten Handelswissenschaften.

Spörlin, Margaretha, elsäßische Lebensbilder. 2. Bdchn. Autoris. Ausg. 4. Aufl. 8. (182 S.) Basel, Schneider. n. 1. 50

(83/1) **Sprach- u. Literaturdenkmale**, englische, d. 16., 17. u 18. Jahrh., hrsg. v. Prof. Karl Vollmöller. 2. Bd. 8. Heilbronn, Henninger. n. 4.—
Inhalt: Marlowe's Werke. Historisch-krit. Ausg. v. Prof. Herm. Breymann u. Privatdoz. Albr. Wagner. I. Tamburlaine, hrsg. v. Albr. Wagner. (XL, 211 S.)

Sprachlehre, deutsche, m. mündlichen u. schriftlichen Uebungen v. J. S. 4. verb. u. verm. Aufl. 8. (88 S.) Lippstadt, Harlinghausen. n. — 35

— ausführliche deutsche. Zugleich 4. Stufe der Uebungsschule in der deutschen Sprache. Hrsg. vom Lehrerverein zu Hannover. gr. 8. (VIII, 280 S.) Hannover, Hahn. n. 1. 10; geb. n. 1. 35

— kleine deutsche. Hrsg. v. e. Vereine v. Lehrern. 19. verb. u. verm. Aufl. 8. (34 S.) Potsdam, Rentel's Verl. n. — 15; m. Anh.: Uebungsbeispiele zur Orthographie (16 S.) n. — 20; Anh. ap. n. — 10

(82/2) **Sprachproben**, altenglische, nebst e. Wörterbuche, hrsg. v. Ed. Mätzner. 2. Bd.: Wörterbuch. 9. Lfg. Lex.-8. (2. Abth. S. 355—558.) Berlin, Weidmann. n. 4. 80 (I—II, 9.: n. 60. —)

Sprengel, C., Erzählungen, s.: Jugendschatz, deutscher.

Sprenger, Heinr., das gesetzliche Veräußerungsverbot [l. 3 § 2 § 3. C. com. de legg. 6. 43.] zur Sicherung u. Ergänzung d. dem Vermächtnißnehmer angefallenen Rechtes. Inaugural-Abhandlg. gr. 8. (47 S.) Zürich 1884, (Rudolphi & Klemm). baar n. — 80

(83/2) **Sprichwörter**, deutsche, als Materialien zu Aufsatz- u. Diktando-Uebungen n. Hausaufgaben f. die Oberklassen der deutschen Volksschulen. Bearb. v. e. unterfränk. Lehrer. 7. Hftchn. gr. 8. (V, 96 S.) Würzburg, Staudinger. n. — 80 (1—7.: n. 5. 40)

Springer, Hauptm. Ant., Handbuch f. Officiere d. Generalstabes [m. besond. Rücksicht auf deren Dienst im Felde]. Nach Dienstvorschriften, Reglements etc. unter Mitwirkg. einiger Kameraden bearb. u. hrsg. 4. Aufl. 1884 m. Correcturen 1885. 8. (VII, 448 S.) Wien, Seidel & Sohn in Comm. geb. baar n. 6. 40

Springer, Rob., Essays zur Kritik u. Philosophie u. zur Goethe-Litteratur. gr. 8. (XVI, 404 S.) Minden, Bruns. n. 6. —

Spruch- u. Lieder-Kanon f. den evangelischen Religionsunterricht an höheren Schulen. Aufgestellt v. dem Verbande niederrhein. Religionslehrer zu Düsseldorf. gr. 8. (III, 56 S.) Duisburg, Ewich. cart. n. — 40

Sprung, Dr. A., Lehrbuch der Meteorologie. Im Auftrage der Direktion der Deutschen Seewarte bearb. Mit 88 Illustr. im Text u. 17 Taf. gr. 8. (XII, 407 S.) Hamburg, Hoffmann & Campe Verl. n. 10. —

Spurgeon, C. H., überall, u. doch vergessen. Predigt üb. Hiob 12, 9. 10. Aus dem Engl. übers. gr. 8. (16 S.) Hamburg, Kloß. — 30

Spyri, Johanna, Sina. Eine Erzählg. f. junge Mädchen. 2. Aufl. 8. (231 S.) Stuttgart, Krabbe. n. 2. 40; geb. n. 3. —

Staack, S., der Gehilfe d. Teufels,
— eine alltägliche Geschichte,
— ein probates Hausmittel,
— der Herzenswechsel,
— in der Löwengrube,
} s.: Album f. Liebhaber-Bühnen.

Staat u. Gesellschaft der Zukunft. Eine Studie v. R. E. 8. (38 S.) Altona, Harz. n. — 75

Staats- u. Communal-Adreß-Handbuch f. den Reg.-Bez. Wiesbaden f. 1885/86. Bearb. auf Grund d. gesammelten officiellen Materials u. hrsg.

v. Reg.-Sekretairen G. Russart u. O. Knop. gr. 8. (IX, 311 S.) Wiesbaden, (Bechtold & Co.). n. 5. —

(85/1) **Staatsarchiv**, das. Sammlung der officiellen Actenstücke zur Geschichte der Gegenwart. Begründet v. Aegidi u. Klauhold. In fortlauf. Heften hrsg. v. Dr. Hans Delbrück. 45. Bd. 6 Hfte. gr. 8. (1. u. 2. Hft. 128 S.) Leipzig, Duncker & Humblot. à Hft. n. 1. 40

Staatsbürger-Handbuch, enth. die wichtigsten Rechte u. Pflichten der Bürger, wie sie bei den Ruggerichten verkündigt werden. Für junge Bürger zur Erinnerg. an den abgelegten Huldigungs-Eid. 8. Aufl. 8. (IV, 260 S.) Heidenheim 1886, Rees. n. — 60

Staatshandbuch f. das Großherzogth. Sachsen-Weimar-Eisenach 1885. gr. 8. (XII, 417 S.) Weimar, Böhlau. baar n.n. 6. —

(77/2) **Staatsschriften**, preussische, aus der Regierungszeit König Friedrichs II. Im Auftrage der königl. Akademie der Wissenschaften zu Berlin hrsg. v. J. G. Droysen u. M. Duncker. 2. Bd. 1746—1756. Bearb. v. Dr. Rhold. Koser. gr. 8. (XV, 509 S.) Berlin, A. Duncker. n. 14. — (1. u. 2.: n. 31. —)

Stabbert, Fr., der Weg zum Frieden. Schauspiel in 4 Akten. 8. (III, 96 S.) Wiesbaden, Bischkopff in Comm. n. 1. 50

Stache, G., Geologie Siebenbürgens, s.: Hauer, F. Ritter v.

Stackelberg, Natalie Freiin v., aus Carmen Sylva's Leben. 3. durchgeseh. Aufl. Mit 4 (Lichtdr.-)Bildern u. 1 Facsim. gr. 8. (234 S.) Heidelberg 1886, C. Winter. n. 7. —; geb. in Leinw. m. Goldschn. n. 9. —; auf holl. Büttenpap. in Kalblrdrbd. m. Goldschn. baar n.n. 25. —

Stadelmann, H. Aug., in Freud' u. Leid. Gedichte. 8. (IX, 191 S.) Hannover, Schmorl & v. Seefeld. baar n. 1. 50

Stadelmann, R., Preussens Könige in ihrer Thätigkeit f. die Landescultur, s.: Publicationen aus den k. preussischen Staatsarchiven.

Stadion, Graf Emerich v., in Duft u. Schnee. Gedichte. 8. (VIII, 57 S.) Minden 1886, Bruns. geb. n. 2. 40

(84/2) **Staedler**, Oberlehr. Dr. Karl, französische Grammatik f. höhere Mädchenschulen. 2. Kurs., in 3 Jahrespensen. gr. 8. (XVI, 80 S.) Kassel 1886, Kay. n. 1. — (1. u. 2.: n. 3. —)

Städtebilder u. Landschaften aus aller Welt. Nr. 1—12, 21 u. 23. 8. Zürich, Schmidt. à n. — 50

Inhalt: 1. 2. München. Von Carl Alb. Regnet. Mit 52 Illustr., 1 Kärtchen u. Stadtplan. (67 S.) — 3. 4. Nürnberg. Von J. Priem. Mit 34 Illustr. v. Wilh. Ritter u. 1 Stadtplan. (64 S.) — 5. 6. Dresden u. die sächsisch-böhmische Schweiz. Von Heinr. Gebauer. Mit 50 Illustr. u. Stadtplan. (90 S.) — 7. 8. Stuttgart u. Cannstatt. Von Prof. Dr. Jul. Hartmann. Mit 36 Illustr. u. 1 Plan. (60 S.) — 9. Frankfurt am Main. Mit 33 Illustr. u. 1 Stadtplan. (55 S.) — 10—12. Rheinfahrt von Mainz bis Köln. Von Dr. Jak. Nover. Mit 55 Illustr. (111 S.) — 21. Hannover. Von Th. L. F. Unger. Mit 26 Illustr. u. 1 Plan. (42 S.) — 23. Würzburg. Von A. M. Mit 29 Illustr. u. 1 Stadtplan. (48 S.)

(85/1) **Städte-Wappen** v. Österreich-Ungarn. Eine Sammlg. v. ca. 500 Wappen der bedeutenderen Städte u. Ortschaften der Monarchie, nebst den Landeswappen u. Landesfarben. Mit Text v. Sectionsr. Dr. Karl Lind. 2. Lfg. gr. 4. (8 Chromolith. m. 1 Bl. Text.) Wien, Schroll & Co. (à) n. 10. —; Luxus-Ausg. (à) n. 20. —

Stadtmissionar, der. Ein Sonntagsfreund zur Erbaug. u. Belehrg. zur Seligkeit f. Jedermann, besonders f. diejenigen, welche am Sonntag keiner Verkündigg. d. Wortes Gottes beiwohnen können, dürfen od. wollen. Beilage zum „Gemeinschaftsblatt". 1. Jahrg. 1885/86. 52 Nrn. (½ B.) gr. 4. Emden, Gerhard. Vierteljährlich n. — 25

Stähelin, Alfr., Sommer u. Winter in Südamerika. Reiseskizzen. gr. 8. (VIII, 235 S.) Basel, Schwabe. n. 3. 20

Stahl, Fr. Th., Blätter zur Verbreitung der Chevé'schen Elementar-Gesanglehre [Methode Galin-Paris-Chevé]. 1—3. Hft. gr. 8. Arnsberg, Stahl. n. 1. 75
1. 3. Aufl. (104 S.) n. 1. 20. — 2. (V, 33 S.) 1884. n. — 30. — 3. (24 S.) 1884. n. — 25.

Stählin, Ob.-Konsist.-R. D. A. v., unsere Losung am Missionsfest. Predigt üb. Röm. 12, 12, geh. am Missionsfeste zu Nürnberg in der Kirche zu St. Lorenzen den 16. Juni 1885. 2. u. 3. Aufl. gr. 8. (15 S.) Nürnberg, Raw. n. — 20

Stahlschmidt, Friedensrichter Ernst Frdr., lernt Englisch! Deutsch-amerikan. Dolmetscher f. Auswanderer. Nach den besten u. praktischsten Mustern bearb. 12. (133 S.) Bremen, Rocco. n. — 50

Stahr, Adf., Tiberius. Leben, Regierg., Charakter. 2. völlig umgearb. Aufl. Neue (Titel-)Ausg. m. 1 Titelbilde. gr. 8. (XII, 378 S.) Berlin (1873), Brachvogel & Boas. n. 4. 50; geb. n. 5. 50

Stamm's, F. L., Ulfilas, s.: Bibliothek der ältesten deutschen Litteratur-Denkmäler.

Stammbuch ostfriesischer Rindviehschläge. Hrsg. vom Vorstand d. Vereins ostfries. Stammvieh-Züchter. 1. Bd. gr. 8. (XV, 183 S.) Emden, Haynel. n. 3. —

(84/2) **Stammer**, Dr. K., Jahresbericht üb. die Untersuchungen u. Fortschritte auf dem Gesammtgebiete der Zuckerfabrikation. 24. Jahrg. 1884. Mit 58 eingedr. Holzst. gr. 8. (IX, 592 S.) Braunschweig, Vieweg & Sohn. n. 17. —

Stammer, Dr. Karl, die Reinigung der städtischen Abwässer u. die Reinhaltung der öffentlichen Wasserläufe, e. Lebensfrage f. große u. kleine Städte u. deren Lösung. [Aus: „Ztschr. f. Culturtechnik".] gr. 8. (24 S.) Breslau, Nessel & Schweitzer. n. 1. —

Stammler, Prof. Dr. Rud., die Behandlung d. römischen Rechtes in dem juristischen Studium nach Einführung d. deutschen Reichs-Civilgesetzbuches. Akademische Antrittsrede. 8. (32 S.) Freiburg i/Br., Mohr. n. — 80

Stammler, Dr. W., die Morfiumsucht u. der Morfiummarasmus. 8. (27 S.) München, (J. A. Finsterlin). n. — 60

Staemmler, Steuer-R., Gesetz betr. die Besteuerung d. Branntweins vom 8. Juli 1868, unter Berücksicht. der Motive u. Verhandlgn. d. Reichstags aus gesammelten amtl. Materialien u. Ausführungsvorschriften d. Bundesraths, sowie Entscheidgn. d. früheren preuß. Ober-Tribunals u. d. Reichs-Gerichts erläutert u. m. Genehmigg. d. Hrn. Finanz-Ministers hrsg. 3., vielfach verm. u. verb. Aufl. 8. (X, 370 S.) Berlin, Springer. cart. n. 5. —

Stand, der ärztliche, u. das Publikum. Eine Darlegg. der beiderseit. u. gegenseit. Pflichten. 6. unveränd. Aufl. 8. (23 S.) München, J. A. Finsterlin. n. — 30

Stange, Paul, Orometrie d. Thüringerwaldes. Inaugural-Dissertation. 4. (44 S.) Halle. (Leipzig, Fock.) baar n. 1. 50

(85/1) **Stanley**, Henry M., der Kongo u. die Gründung d. Kongostaates. Arbeit u. Forschg. Aus dem Engl. von H. v. Wobeser. Autoris. deutsche Ausg. Mit üb. 100 Abbildgn., 2 grossen u. mehreren kleinern Karten. 2. (Schluss-) Bd. gr. 8. (XII, 516 S.) Leipzig, Brockhaus. (à) n. 15. —; in 15 Lfgn. à n. 1. —

—— Reise durch den dunklen Weltteil. Nach Stanley's Berichten f. weitere Kreise bearb. v. Gymn.-Dir. Dr. Berthold Volz. 3. Aufl. Mit 54 Abbildgn. u. 1 Karte. gr. 8. (XVI, 369 S.) Ebd. n. 5. —; geb. n. 6. 50

—— wie ich Livingstone fand. Reisen, Abenteuer u. Entdeckgn. in Central-Afrika. Autoris. deutsche Ausg. 2. m. e. Lebensabriss Livingstone's verm.

Aufl. Mit 54 Abbildgn. in Holzschn. u. 1. Karte. 2 Bde. gr. 8. (XI, 342 u. VIII, 370 S.) Leipzig, Brockhaus. n. 20. —; in 1 Bd. geb. n. 22. 50

Stapf, Dr. Otto, Beiträge zur Flora v. Lycien, Carien u. Mesopotamien. Plantae collectae a Dr. Fel. Luschan ann. 1881, 1882, 1883. 1. Thl. [Aus: „Denkschr. d. k. Akad. d. Wiss."] Imp.-4. (48 S.) Wien, Gerold's Sohn in Comm. n. 2. 50

—— die botanischen Ergebnisse der Polak'schen Expedition nach Persien im J. 1882. Plantae collectae a Dr. J. E. Polak et Th. Pichler. 1. Thl. [Aus: „Denkschr. d. k. Akad. d. Wiss."] Imp.-4. (71 S.) Ebd. n. 3. 70

Starck, Henri, Volapük. Aperçu de la langue commerciale universelle de J. M. Schleyer. 8. (IV, 48 S.) Ueberlingen, Schoy. n. — 80

Stark, Consist.-R. Pred. Joh. Frdr., Predigten üb. die Sonn-, Fest- u. Feiertags-Evangelien, d. i.: Glaubens-, Lebens- u. Trostlehren f. Gott liebende Seelen. Neu rev., m. dem Lebenslauf d. sel. Verf. u. e. Familienchronik, sowie m. e. Anzahl geistl. Lieder verm. Aufl. Neue Ster.-Ausg. (In 15 Hftn.) 1—4. Hft. gr. 8. (240 S.) Reutlingen, Enßlin & Laiblin. à — 40

Starke's, C. M., Fach-Adreßbücher. Nr. 24c, 24g u. 75. gr. 8. Leipzig, C. M. Starke. baar n. 26. —

Inhalt: 24c. Fette, Harze, Oele, Schmiere rc. (209 S.) cart. n. 7. 50. — 24g. Feuerwerkskörper rc. (42 S.) n. 3. —. — 75. Papier-Industrie. (468 S.) geb. n. 15. 50.

($^{85}/_1$) **Statistik, Breslauer.** Im Auftrage d. Magistrats der königl. Haupt- u. Residenzstadt Breslau hrsg. vom statist. Amt der Stadt Breslau. 9. Serie. 1. u. 2. Hft. gr. 8. (XII, 156 u. 128 S.) Breslau, Morgenstern's Verl. n. 7. 50 (9. Serie cplt.: n. 12. 50)

($^{85}/_1$) —— **des Deutschen Reichs.** Hrsg. vom kaiserl. statist. Amt. Neue Folge. 5. Bd., 6. Bd. 2. Abth., 13. u. 14 Bd., 16. Bd. 1. Abth. u. 17. Bd. 1. Abth. Imp.-4. Berlin, Puttkammer & Mühlbrecht. n. 44. —

Inhalt: 5. Landwirthschaftliche Betriebsstatistik nach der allgemeinen Berufszählung vom 5. Juni 1882. (VI, 49 u. 323 S. m. 6 chromolith. Karten.) n. 10. — 6. II. Gewerbestatistik d. Reichs im Ganzen u. der Großstädte nach der allgemeinen Berufszählung vom 5. Juni 1882. 2. Thl. Gewerbestatistik der Großstädte. (IV, 407 S.) n. 6. —. 13. Kriminalstatistik f. d. J. 1883. Bearb. im Reichs-Justizamt u. im kaiserl. statist. Amt. (46 u. 331 S.) n. 10. —. — 14. Waarenverkehr d. deutschen Zollgebiets m. dem Auslande im J. 1884. 1. Thl. Der auswärtige Waarenverkehr. d. deutschen Zollgebiets, geordnet nach den einzelnen Waarengattgn., so wie der Veredlungsverkehr. (19, 54, 210, 62, 64, 58 u. 104 S.) n. 12. —. — 16, I. Bestand der deutschen Fluß-, Kanal-, Haff- u. Küstenschiffe am 31. Dezbr. 1882, m. Nachweis der registrirten Seeschiffe bis zu 50 Kubikmeter Bruttoraumgehalt. (94 S.) n. 2. —. — 17, I. Statistik der Seeschiffahrt f. d. J. 1884 bezw. den 1. Jan. 1885. 1. Abth. Schiffsunfälle an der deutschen Küste im J. 1884, Nachweis der im J. 1884 als verunglückt angezeigten deutschen Seeschiffe, Bestand der deutschen Kauffahrteischiffe am 1. Jan. 1885 u. Bestandsverändergn. vom 1. Jan. 1884 bis 1. Jan. 1885. (160 S.) n. 4. —

($^{84}/_2$) —— **der im Betriebe befindlichen Eisenbahnen Deutschlands,** nach den Angaben der Eisenbahn-Verwaltgn. bearb. im Reichs-Eisenbahn-Amt. 4. Bd. Betriebsj. 1883/1884. Fol. (IV, 535 S. m. 1 chromolith. Karte u. 2 graph. Steintaf.) Berlin, Mittler & Sohn in Comm. n.n. 16. —

—— **der europäischen Eisenbahnen** f. d. J. 1882, nebst deren Hauptergebnissen im J. 1883. Hrsg. v. der fachmänn. Commission f. die internationale Eisenbahnstatistik. (Deutsch u. französisch.) Lex.-8. (XIII, 631 S.) Wien, Hölder. n. 12. —

($^{85}/_1$) —— **der Güterbewegung** auf deutschen Eisenbahnen, nach Verkehrsbezirken geordnet. Hrsg. im königl. preuß. Ministerium der öffentl. Arbeiten. 3. Jahrg. 1. u. 2. Quartal 1885. Fol. (à 363 S.) Berlin, C. Heymann's Verl. baar à n.n. 12. —; geb. à n.n. 13. 50

($^{85}/_1$) —— **österreichische.** Hrsg. v. der k. k. statist. Central-Commission. 6. Bd. 1. Hft., 8. Bd. 3. Hft., 9. Bd. 1—3. Hft. u. 10. Bd. 3. u. 4. Hft. Imp.-4. Wien, (Gerold's Sohn). n. 23. 20

Inhalt: VI, 1. Die Ergebnisse der Civilrechtspflege in den im Reichsrathe vertretenen Königreichen u. Ländern im J. 1882. 1. Hft. der „Statistik der Rechtspflege" f. d. J. 1882. Bearb. im k. k. Justiz-Ministerium unter Mitwirkg. der k. k. statist. Central-Commission. (XI, 103 S.) n. 3. 60. — VIII, 3. Statistik d. Sanitätswesens der im Reichsrathe vertretenen Königreiche u. Länder f. d. J. 1882. (XLI, 230 S.) n. 9. 40. — IX, 1. Statistik der Unterrichts-Anstalten in den im Reichsrathe vertretenen Königreichen u. Ländern f. d. J. 1882/83. (XIII, 83 S.) n. 3. —. — 2. Statistik der Banken in den im Reichsrathe vertretenen Königreichen u. Ländern f. d. J. 1882 u. 1883. (XIII, 25 S.) n. 1. 40. — 3. Statistik der Sparcassen in den im Reichsrathe vertretenen Königreichen u. Ländern f. d. J. 1883. (XX, 31 S.) n. 2. —. — X, 3. Waaren-Ausfuhr aus dem allgemeinen österreichisch-ungarischen Zollgebiete im J. 1884. 3. Hft. der Statistik d. auswärt. Handels der österreichisch-ungar. Monarchie im J. 1884 [45. Jahrg. der Handels-Ausweise]. (56 S.) n. 1. 80. — 4. Waaren-Durchfuhr durch das allgemeine österreichisch-ungarische Zollgebiet im J. 1884. 4. Hft. der Statistik d. auswärt. Handels der österreichisch-ungar. Monarchie im J. 1884 [45. Jahrg. der Handels-Ausweise]. (65 S.) n. 2. —

(85/1) **Statistik,** preussische. [Amtliches Quellenwerk.] Hrsg. in zwanglosen Heften vom königl. statist. Bureau in Berlin. 80. 82. u. 85. Hft. Imp.-4. Berlin, Verlag d. k. statist. Bureaus. n. 15. 60

Inhalt: 80. Die Sterbefälle im preussischen Staate nach Todesursuchen u. Altersklassen der Gestorbenen, sowie die Selbstmorde u. Verunglückungen während d. J. 1882. (XXVI, 185 S.) n. 5. 60. — 82. Ergebnisse der meteorologischen Beobachtungen im J. 1884. Veröffentlicht vom königl. meteorolog. Institute. Mit 1 Karte. (XVI, 170 S.) n. 5. 20. — 85. Die Ergebnisse der Ermittelung d. Ernteertrages im preussischen Staate f. d. J. 1884, nebst e. Anh., enth. die Nachweisg. üb. die Bodenbenutzg. der Gemarkgn. der Städte, Landgemeinden, Guts- u. Forstbezirke im J. 1883, u. e. besond. Beilage, enth. die Ergebnisse der v. den landwirthschaftl. Vereinen im Juli 1885 kreisweise bewirkten Schätzg. der Ernte-Aussichten der wichtigsten feldmässig angebauten Früchte in Preussen, in Prozenten e. Mittelernte ausgedrückt. (XL, 140 S.) n. 4. 80.

(85/1) —— schweizerische. Hrsg. v. dem statist. Bureau d. eidgenöss. Departements d. Innern. 61. u. 62. Hft. gr. 4. Bern, Zürich, Orell, Füssli & Co. Verl. n. 5. —

Inhalt: 61. Pädagogische Prüfung bei der Rekrutirung f. d. J. 1885. (Deutsch u. französisch.) (VIII, 16 S. m. 1 chromolith. Karte.) n. 2. —. — 62. Resultate der ärztlichen Recrutenuntersuchung im Herbste 1884. (XVIII, 31 S.) n. 3. — (Französ. Ausg.) zu gleichem Preise.

Statistisches üb. das Volksschulwesen im Herzogl. Sachsen-Meiningischen Kreise Saalfeld auf d. Schulj. 1884/85. 4. (17 S.) Saalfeld, (Niese). baar n.n. — 50

Statius, Lied v. Theben, deutsch v. A. Imhof. Mitgelegentl. sachl. u. krit. Erläutergn. 1. Thl. 1. bis 6. Buch. gr. 8. (VI, 152 S.) Ilmenau, Schröter. n. 2. 50

Statut f. die Knappschafts-Berufsgenossenschaft. 12. (80 S.) Essen, Bädeker. geb. n. — 50

(85/1) **Statz,** V., gothische Einzelheiten. 3. Lfg. gr. 4. (12 lith. u. chromolith. Taf.) Berlin, Claesen & Co. (à) n. 7. 50

—— Glasfenster im gothischen Style. Entwürfe f. Kunstglaser u. Architecten. 15 (lith.) Taf. 2. Aufl. Fol. (1 Bl. Text.) Ebd. cart. n. 12. —

Staub, Alfr., zur Diagnostik der Aortenaneurysmen. Inaugural-Dissertation. gr. 8. (42 S.) Breslau, (Köhler). baar n. 1. —

Staudacher, F., u. H. **Wilhelm,** 750 Pflanzenbezeichnungen zur Benützung bei der Anlage v. Herbarien. I. Blütenpflanzen [Phanerogamae]. Mit besond. Berücksicht. der verbreitetsten Pflanzen alphabetisch geordnet, unter Angabe der Familien, Ordngn. u. Classen, d. Gebrauchswerthes, d. Standortes etc. zusammengestellt. 2. Aufl. gr. 8. (47 Bl. m. je 16 Etiketten.) Teschen. (Wien, Frick.) n. 1. 60

Staudinger, F., die evangelische Freiheit wider den Materialismus d. Bekenntnißglaubens, s.: Zeit- u. Streitfragen, deutsche.

Staudinger, Oberlandesger.-R. Dr. Jul., die Anstalten u. Einrichtungen f. künstliche Fischzucht im Königr. Bayern. Eine statistisch beschreib. Studie. Aus Anlaß d. I. Deutschen Fischereitags in München m. geneigter Förderg. Seitens kgl. Stellen u. Behörden u. freundl. Mitwirkg. der bayer. Kreis-fischerei-Vereine veröffentlicht vom bayer. Landes-Fischerei-Verein in München. Lex.-8. (18 S. m. 1 Karte.) München, Kaiser in Comm. n.n. 1. —

—— das Polizeistrafgesetzbuch f. das Königr. Bayern nach den Landesgesetzen vom 26. Dezbr. 1871, 28. Febr. 1880 u. 20. März 1882, dann m. den sonst. Abändergn. durch die neuere Gesetzgebg. Mit Einleitg., kurzen Anmerkgn. u. Sachregister. 2. rev. Aufl. 16. (VI, 142 S.) Nördlingen, Beck. cart. n. 1. —

(84/2) **Stecher**, Chrn., S. J., deutsche Dichtung f. die christliche Familie u. Schule. 42—44. Hft. 8. Graz, Styria. à — 60

Inhalt: 22. Die Kindheit Jesu. Ein Legenden-Epos von Konrad v. Fussensbrunnen. Umgedichtet v. Chrn. Stecher, S. J., (XIII, 116 S.) 1884. — 43. 44. Barlaam u. Josaphat. Ein Legenden-Epos von Rudolph v. Ems u. Legenden der Heiligen: Christoph, Georg, Ida v. Toggenburg, Nothburga, Fridolin v. Chrn. Stecher, S. J. (VII, 276 S.)

Steckel, E., der Schreibunterricht in der Volksschule. Theorie u. Praxis. Mit üb. 80 in den Text gedr. erläut. Handzeichngn. gr. 8. (III, 48 S.) Eisleben 1886, Mähnert. n. — 80

Steen, A., der Glockenspieler v. Gent. Frei nach dem Engl. Bevorwortet v. Past. L. Tiesmeyer. Mit 20 Illustr. 8. (VIII, 268 S.) Bremen, Heinsius. n. 3. —; geb. n. 3. 75

—— der Leuchtturm auf dem Felsen. Frei nach dem Engl. 12. (63 S.) Hamburg, Oncken's Nachf. baar — 30

—— Ida May od. durch Nacht zum Licht. Eine auf Thatsachen beruh. Erzählg. Frei nach dem Engl. Mit Vorwort v. Gymn.-Dir. Lic. Dr. Karl Leimbach. 3. Aufl. 8. (VII, 328 S.) Bremen, Heinsius. n. 3. —; geb. n. 3. 75

Steenaerts, Pfr. Joh. Jos. Xav., Gesellen-Gebetbuch. 32. (VIII, 184 S. m. 1 Holzschn.) Paderborn, Bonifacius-Druckerei. geb. n. — 50; m. Goldschn. n. — 75

—— Melodien zu dem kathol. Gebet- u. Gesangbuche f. den gemeinsamen Gottesdienst u. die Privatandacht. Unter Mitwirkg. d. Domchor-Dirig. Frdr. Könen hrsg. 2. Aufl. 8. (IV, 90 S.) Düsseldorf, Schwann. n. — 60

Stefan, Aug., die Fabrikation der Kautschuk- u. Leimmasse-Typen, Stempel, u. Druckplatten, sowie die Verarbeitung d. Korkes u. der Korkabfälle. Darstellung der Fabrikation v. Kautschuk- u. Leimmasse-Typen u. Stempeln, der Celluloid-Stampiglien, der hierzu gehör. Apparate, Vorrichtgn. der erforderl. Stempelfarben, der Buch- u. Steindruckwalzen, Fladerdruckplatten, elast. Formen f. Stein- u. Gypsguß; ferner der Gewinng., Eigenschaften u. Verarbeitg. d. Korkes zu Pfropfen, der hierbei resultir. Abfälle zu künstl. Pfropfen, Korksteinen, Pappen, Isolirungsmassen u. Teppichen. Mit 65 Abbildgn. 8. (VIII, 309 S.) Wien 1886, Hartleben. n. 4. —

Steffann, Emil, aus e. Pfarrerleben. Erzählung. 8. (58 S.) Barmen, Klein. n. 1. —

(84/2) **Steffenhagen**, Ob.-Biblioth. Dr. Emil, die Entwickelung der Landrechtsglosse d. Sachsenspiegels. V. Die Bocksdorf'schen Additionen. [Aus: „Sitzungsber. d. k. Akad. d. Wiss." Lex.-8. (85 S.) Wien, Gerold's Sohn in Comm. n.n. 1. 30 (I—V.: n.n. 4. 10)

—— über Normalhöhen f. Büchergeschosse. Eine bibliothektechn. Erörterg Mit e. Anh., enth. den Aufstellungsplan der Kieler Universitäts-Bibliothek gr. 8. (119 S) Kiel, Lipsius & Tischer. n. 4. —

Steffenhagen, Beigeordneter H., hannoversche Städte-Ordnung vom 24. Juni 1858 m. den aus dem Zuständigkeitsgesetz, dem Landesverwaltungsgesetze

u. der hannoverschen Kreisordnung sich ergebenden Aenderungen u. Zusätzen. 1. u. 2. Aufl. 16. (IV, 78 S.) Demmin, Frantz. baar n. — 80; cart. n. 1. —

Stegemann, weil. Prof. Dr. M., Grundriss der Differential- u. Integral-Rechnung. II. Thl.: Integral-Rechng. Mit besond. Rücksicht auf das wissenschaftl. Bedürfniss techn. Hochschulen. 4. vollständig umgearb. u. wesentlich verm. Aufl. m. 86 Fig. im Texte, hrsg. v. *** gr. 8. (XII, 446 S.) Hannover 1886, Helwing's Verl. n. 7. —

Stegemann, Oberlandesger.-R. Vict., die Gesetze der evangelisch-lutherischen Kirche der Prov. Hannover aus der Zeit vom 9. Octbr. 1864 bis 24. Juni 1885. Text-Ausg. m. chronolog. u. Sach-Register. gr. 8. (88 S.) Hannover, Meyer. n. 1. 60

Steglich, Landwirthsch.-Lehr. Dr. Bruno, schematische Darstellung d. Zahnwechsels beim Pferde zur Altersbestimmung aus dem Gebiß. Für Landwirthe, Offiziere, Sportsmen u. Pferdebesitzer entworfen. 8. (2 S. m. 1 Chromolith. in Fol.) Leipzig, H. Voigt. n. — 60

Stegmann, A., die Grundlehren der ebenen Geometrie. 3., verb. u. verm. Aufl., hrsg. v. Studienlehr. J. Lengauer. gr. 8. (VI, 217 S. m. eingedr. Fig.) Kempten 1886, Kösel. n. 2. 25

—— dasselbe. Aufgaben dazu, s.: Lengauer, J.

Stegmann, Progymn.-Lehr. Dr. Carl, lateinische Schulgrammatik. gr. 8. (V, 226 S.) Leipzig, Teubner. n. 2. —

Stehlik's Handels-Adressbuch der Kaufleute u. Fabrikanten v. Oesterreich-Ungarn. 7. Jahrg. Ausg. 1885/86. gr. 8. (543 u. 110 S.) Wien, Hartleben. cart. n. 12. —

Steigemann, Herm., de Polybii olympiadum ratione et oeconomia. Dissertatio inauguralis historica. gr. 8. (54 S.) Svidniciae. (Breslau, Köhler.) baar n. 1. —

Steigenberger, Dompred. Max, die Kreuzfahrt d. Lebens. 15 Kanzelvorträge. (Volks-Ausg.) 8. (VII, 159 S.) Augsburg 1886, Literar. Institut v. Dr. M. Huttler. n.n. 1. —; illustr. Ausg. m. 14 Autotypien n.n. 2. —

Steiger-Leutewitz, Oek.-R. Adph., üb. Schafzucht, insbesondere Merino-Wollschaf-Zucht. Vortrag, geh. in der Oekonom. Gesellschaft im Königr. Sachsen, Dresden, am 13. Febr. 1885. gr. 8. (25 S. m. 7 Taf.) Dresden, Schönfeld. n. 1. —

Steiger, Aug., Gedichte. 8. (V, 102 S.) Zürich, Schmidt. n. 1. 60

Steiger, Edgar, e. deutsches Pamphlet wider die Schweiz. Ein Wort zu Schutz u. Trutz. gr. 8. (23 S.) Leipzig, F. Duncker. n. — 50

Steigl, F., Schule d. Freihandzeichnens, s.: Fellner, A.

—— Wandtafeln f. den Zeichen-Unterricht. 1. u. 2. Serie. Chromolith. Imp.-Fol. (Mit je 4 S. Text in 4.) Wien, Freytag & Berndt. n. 30. —
1. (12 Taf. à 2 Bl.) n. 10. —. — 2. (15 Taf. à 2 Bl.) n. 20. —

Stein, A. [Margarethe Wulff], Anne Marie. Ein Kleinkinder-Buch. Mit 6 kolor. Bildern. (Große Ausg.) 8. (165 S.) Berlin, Winckelmann & Söhne. geb. n. 3. —

(85/1) **Stein**, Armin [H. Nietschmann], deutsche Geschichts- u. Lebensbilder. 12. Bd. 1. Tl. 8. Halle 1886, Buchh. d. Waisenhauses. 3. 30; Einbd. n.n. — 60
Inhalt: Der große Kurfürst. Ein Heldenleben. 1. Tl. Mit e. Titelbild. (VIII, 325 S.)

—— dasselbe. 3. Bd. 8. Ebd. 3. 60; Einbd. n.n. — 75
Inhalt: August Hermann Francke. Zeit- u. Lebensbild aus der Periode d. deutschen Pietismus. 2. Aufl. Mit 1 Bildnis in Stahlst., 9 Vollbildern u. 2 Textbildern in Holzst. (XIII, 357 S.)

—— aus tiefer Noth, s.: Hausfreund, Hamburger.

Stein, E., e. Frühschoppen, s.: Album f. Liebhaber-Bühnen.

(85/1) **Stein**, Frdr., Geschichte Frankens. 9—11. Lfg. gr. 8. (2. Bd. S. 1—192.) Schweinfurt, Stoer. à n. 1. 20

Stein, Dr. Lor. v., Lehrbuch der Finanzwissenschaft. 2. Thl. Die Finanzverwaltg. Europas. Mit specieller Vergleichg. Englands, Frankreichs, Deutschlands, Oesterreichs, Italiens, Rußlands u. anderer Länder. 1. Abth. Der Staatshaushalt, die Staatsausgaben, die wirthschaftl. Staatseinnahmen u. der allgemeine Theil der Steuerlehre. 5., neubearb. Aufl. gr. 8. (XIII, 561 S.) Leipzig, Brockhaus. n. 10. —; geb. n. 11. 50

Stein, Dr. Ludw., die Psychologie der Stoa. 1. Bd. Metaphysisch-anthropolog. Tl. [Aus: „Berliner Studien f. class. Philol. u. Archäol."] gr. 8. (VIII, 216 S.) Berlin 1886, Calvary & Co. n. 7. —

Stein, M., Buch f. Mädchen. Erzählungen f. junge Mädchen von 10—12 Jahren. Mit 4 Bildern in Farbendr. 3. Aufl. gr. 8. (190 S.) Stuttgart, Schmidt & Spring. geb. 3. 75

(84/2) **Stein,** Hofr. Dr. Sigm. Thdr., das Licht im Dienste wissenschaftlicher Forschung. Handbuch der Anwendg. d. Lichtes, der Photographie u. der opt. Projektionskunst in der Natur- u. Heilkunde, in den graph. Künsten u. dem Baufache, im Kriegswesen u. bei der Gerichtspflege. Mit üb. 800 Textabbildgn. u. 12 Taf. 2. gänzlich umgearb. u. verm. Aufl. 3. Hft. gr. 8. Halle, Knapp. n. 4. 50 (1—3.: n. 13. 50)

Inhalt: Das Licht u. die Lichtbildkunst in ihrer Anwendung auf anatomische, physiologische, anthropologische u. ärztliche Untersuchungen. Mit 172 Textabbildgn. u. 2 photogr. Taf. (1. Bd. XVIII u. S. 323—472.)

Steinau, H., d. Lebens Wellenschlag. Novellen. 2. (Titel-) Aufl. 8. (439 S.) Halle (1885) 1886, Tausch & Grosse. n. 4. —; geb. in Leinw. n. 5. —; in Halbkalbldr. baar 6. —

—— die Wiedenburgs. Roman in 3 Abthlgn. 8. (517 S.) Ebd. 1886. n. 4. 50; geb. in Leinw. n. 5. 50; in Halbkalbldr. baar n. 6. 50

Steinbach, E., commentario delle leggi sulla impugnazione di atti giuridici riguardanti la sostanza di un debitore insolvente etc., s.: Raccolta di leggi ed ordinanze della monarchia austriaca.

Steinbach, Jos., das National-Denkmal auf dem Niederwalde. Ein Führer. 8. (30 S. m. 1 Holzschn.) Neuwied, Heuser's Verl. — 30

Steinbildhauer, Steinmetz u. Steinbruchbesitzer, der deutsche. Fach- u. Offerten-Zeitung f. den gesammten Gross- u. Kleinbetrieb der Granit-, Syenit-, Marmor- u. Sandstein-Industrie Deutschlands u. Oesterreichs m. Berücksicht. der darauf bezügl. Alabaster-, Gyps-, Terracotta-, Porzellan-, Thon-, Cementguss-, Zink- u. Eisenwaaren-Fabrikation. Hrsg. unter Mitwirkg. hervorrag. Fachmänner aus den verschiedensten Theilen Deutschlands. Red.: Rob. Fiedler. 1. Jahrg. 1885/86. 24 Nrn. (B.) gr. 4. Grünberg i/Schl., Fiedler. Vierteljährlich baar n. 1. 50

Steinbrecht, Reg.-Baumstr. C., die Baukunst d. Deutschen Ritterordens in Preussen. I. A. u. d. T.: Thorn im Mittelalter. Ein Beitrag zur Baukunst d. Deutschen Ritterordens. Mit 14 (lith.) Taf. u. 39 in den Text gedr. Abbildgn. Fol. (VIII, 45 S.) Berlin, Springer. cart. n. 24. —

Steinbrecht, Gust., das Gymnasium d. Pferdes. Bearb., vervollständigt u. hrsg. v. Stallmstr. Prem.-Lieut. d. Ldw.-Kav. Paul Plinzner. gr. 8. (VII, 269 S.) Potsdam 1886, Döring. n. 5. —

(81/2) **Steinbrück,** O., deutsche Aufsätze, in unterrichtl. Weise f. die Mittelstufe der Volks- u. Mittelschule bearb. Neue Folge. gr. 8. (VI, 102 S.) Langensalza, Beyer & Söhne. (à) 1. 20

(83/2) **Steindachner,** Dr. Frz., u. Dr. **L. Döderlein,** Beiträge zur Kenntniss der Fische Japan's. [III.] [Mit 7 (lith.) Taf.] [Aus: Denkschr. d. k. Akad. d. Wiss."] Imp.-4. (44 S.) Wien 1884, Gerold's Sohn in Comm. n. 5. 40 (I—III.: n. 15. 50)

Steindorff, Geo., Prolegomena zu e. koptischen Nominalclasse. Inaugural-Dissertation. gr. 4. (16 autogr. S.) Berlin 1884. (Leipzig, Hinrichs' Verl.) baar n. 2. —

Steindorff, Herm., üb. die kirchliche Kunst auf der internationalen Ausstellung v. Arbeiten aus edlen Metallen u. Legirungen in Nürnberg 1885. Im Auftrage vom Ausschuß d. Vereins f. christl. Kunst in der evangel. Kirche Bayerns ausgearb. 8. (16 S.) Nürnberg, (H. Schrag). n. — 40

Steiner, Privatdoc. Dr. J., Untersuchungen üb. die Physiologie d. Froschhirns. Mit 32 eingedr. Holzst. gr. 8. (VI, 143 S.) Braunschweig, Vieweg & Sohn. n. 5. —

Steiner, Ob.-Lieut. Lehr. Joach., Lieder f. die militärische Jugend. 1. Hft. 7 vierstimm. Männerchöre. 2., unveränd. Aufl. gr. 8. (20 S.) Mähr.-Weißkirchen. (Wien, Seidel & Sohn.) baar n. 1. 80

—— Studien-Blätter. Eine systemat. Folge vorgedruckter Annahmen zur graph. Durchführg. grösserer Constructions-Aufgaben aus der darstell. Geometrie. Für das Selbststudium u. den Schulunterricht zusammengestellt u. m. erläut. Text versehen. Durchdringungen. 1. Hft. 4. (18 S. m. 20 Taf.) Wien, Hölder. In Mappe. n. 1. 12

—— dasselbe. Schattenlehre. 1. Hft. 4. (19 S. m. 20 Taf.) Ebd. n. 1. 12

Steiner, P., Elementargrammatik nebst Übungsstücken zur Gemein- od. Weltsprache. [Pasilingua.] Deutsche Ausg. 8. (80 S.) Neuwied, Heuser's Verl. 1. 50; cart. n. 1. 75

Steinhausen, Heinr., der Korrektor. Szenen aus dem Schattenspiele d. Lebens. 1—4. Aufl. 8. (VIII, 209 S.) Leipzig, Lehmann. n. 3. —; geb. n. 4. —; m. Goldschn. n. 4. 20

Steinhausen, W., die Geschichte v. der Geburt unseres Herrn, f. die deutsche Christenheit in Bildern dargestellt v. W. St., in Worten v. H. Steinhausen. 2. Aufl. gr. 4. (40 S. m. eingedr. Holzschn.) Frankfurt a/M., Schriften-Niederlage d. Evangel. Vereins. cart. n. 6. —; geb. n. 8. —

Steinhauser, Reg.-R. Ant., Lehrbuch der Geographie f. Mittelschulen. 2. Thl. 2. Aufl., bearb. v. Karl Rieger. Mit 63 Abbildgn. gr. 8. (VIII, 260 S.) Prag 1886, Tempsky. 2. 50; Einbd. n.n. — 30

—— österreichische Vaterlandskunde, s.: Gindely, A.

—— Dr. Herm. Wagner's Tafeln der Dimensionen d. Erdsphäroids, auf Minuten-Decaden erweitert. Lex.-8. (35 S.) Wien, Hölzel. n. 2. —

Steinhäuser, C., der geographische Unterricht, sich erbauend auf den bei Ausflügen in die Heimatgegend gewonnenen Anschauungen. Ein Hilfsbuch, Schülern gehobener Volks-, Bürger- u. Mittelschulen zur Wiederholg. u. Weiterarbeit gewidmet. gr. 8. (VIII, 94 S.) Langensalza, Beyer & Söhne. cart. n. 1. —

Steininger, Oberpfr. Herm., Leitfaden f. den Katechismusunterricht nach D. Mart. Luthers kleinem Katechismus. Zum Gebrauch beim Schul- u. Konfirmandenunterricht f. Lehrer u. Geistliche bearb. gr. 8. (IV, 164 S.) Dresden 1886, Huhle. n. 1. 50

Steinitz, Siegfr., de affirmandi particulis latinis. I. Profecto. Dissertatio inauguralis philologica. gr. 8. (56 S.) Breslau, (Köhler). baar n. 1. —

Steinitzer, Dr. Max, üb. die psychologischen Wirkungen der musikalischen Formen. 8. (IX, 130 S.) München, Literar.-artist. Anstalt. n. 2. 40

($^{85}/_{1}$) **Steinkohlenbergbau,** der, d. Preussischen Staates in der Umgebung v. Saarbrücken. Im Auftrage d. Hrn. Ministers der öffentl. Arbeiten dargestellt v. Bergräthen A. Hasslacher, B. Jordan u. Ob.-Bergr. R. Nasse.

III. [Aus: „Ztschr. f. d. Berg-, Hütten- u. Salinenwesen im Preuss. Staate".] gr. 4. Berlin, Ernst & Korn. n. 24. — (I—IV.: n. 42. —)
Inhalt: Der technische Betrieb der kgl. Steinkohlengruben bei Saarbrücken v. Ob.-Bergr. R. Nasse. Mit 24 (lith.) Taf. (in Fol.). (V, 148 S.)

Steinmeyer, F. L., die Rede d. Herrn auf dem Berge. Ein Beitrag zur Lösg. ihrer Probleme. gr. 8. (IV, 156 S.) Berlin, Wiegandt & Grieben. n. 2. 25

Steinthal, Prof. Dr. H., allgemeine Ethik. gr. 8. (XX, 458 S.) Berlin, G. Reimer. n. 9. —

Stejskal, K., deutsches Lesebuch f. österreichische Gymnasien, s.: Kummer, K. F.

Steitz, Senior D. Geo. Ed., Geschichte der v. Antwerpen nach Frankfurt am Main verpflanzten niederländischen Gemeinde Augsburgischer Confession, begonnen v. G. E. St., fortgesetzt u. hrsg. zur Feier d. 300jähr. Bestehens der Gemeinde v. Pfr. Dr. Herm. Dechent. 4. (72 S.) Frankfurt a/M., Neumann in Comm. n. 2. —

Stellwag v. Carion, Hofr. Prof. Dr. Karl, neue Abhandlungen aus dem Gebiete der praktischen Augenheilkunde. Ergänzungen zum Lehrbuche. Unter Mitwirkg. der Hrn. Assistenten DD. Emil Bock u. Lud. Herz. Mit 56 Illustr. gr. 8. (VIII, 297 S.) Wien 1886, Braumüller. n. 9. —

Stempelsteuer-Gesetze, die, f. das Deutsche Reich. Gesetz, betr. die Erhebg. v. Reichsstempelabgaben, nach der Bekanntmachg. vom 3. Juni 1885 u. das Gesetz, betr. die Wechselstempelsteuer; nebst den ergänz. Bestimmgn. Mit ausführl. Sachregistern. 3. Aufl. 8. (103 S.) Leipzig 1886, Roßberg. n 1. —

Stengel, E., private u. amtliche Beziehungen der Brüder Grimm zu Hessen. Eine Sammlg. v. Briefen u. Actenstücken, als Festschrift zum 100. Geburtstag Wilhelm Grimms den 24. Febr. 1886 zusammengestellt u. erläutert. 1. Bd.: Briefe der Brüder Grimm an hess. Freunde. 8. (VIII, 420 S.) Marburg 1886, Elwert's Verl. n. 5. 40; geb. n. 6. 40

(84/2) **Stenglein**, Reichsanw. M., die Strafprozeß-Ordnung f. das Deutsche Reich vom 1. Febr. 1877, nebst dem Gerichtsverfassungs-Gesetz vom 27. Jan. 1877 u. den Einführungsgesetzen zu beiden Gesetzen. Nach den Bedürfnissen der Praxis u. unter besond. Berücksicht. der reichsgerichtl. Rechtsprechg. erläutert. 2. Hälfte. gr. 8. (V—XI u. S. 305—717.) Nördlingen, Beck. (à) n. 5. — (cplt. geb.: n.n. 12. —)

Stenzler, Adf. Frdr., Elementarbuch der Sanskrit-Sprache. Grammatik, Text, Wörterbuch. 5. verb. Aufl. gr. 8. (IV, 127 S.) Breslau, Köhler. n. 4. —

Stenzler, Prof. Dr. Rud., Kaiser Wilhelms Leben u. Thaten. Mit 5 Illustr. in Holzschn. 8. (VIII, 147 S.) Berlin 1886, Fr. Schulze's Verl. n. 1. —; cart. n. 1. 20; geb. n. n. 1. 50

Stern, Adf., Dürer in Venedig. Novelle. 8. (101 S.) Leipzig 1886, Elischer. n. 2. —; geb. m. Goldschn. n. 3. —

(85/1) —— Geschichte der neuern Litteratur. Von der Frührenaissance bis auf die Gegenwart. 29. u. 30. (Schluß-)Lfg. 8. (7. Bd. VIII u. S. 401—599.) Leipzig, Bibliograph. Institut. à n. — 50 (cplt. geb.: n. 20. —)

—— drei venezianische Novellen. [Dürer in Venedig. Die Schuldgenossen. Der neue Merlin.] 8. (235 S.) Leipzig 1886, Elischer. n. 4. —; geb. n. 5. 50

Stern, Ghold., Untersuchungen an e. elektro-dynamischen Maschine. Inaugural-Dissertation. gr.-8. (49 S. m. 2 Steintaf.) Hildesheim, Lax. n. 1. 50

Stern, Herm., Kabel-Schlüssel f. den Verkehr zwischen .... gr. 8. (III, 160 S.) Heilbronn, (Becker). für 2 Explre. baar n. 50. —

Sternbach, S. Leo, meletemata graeca. Pars I. gr. 8. (226 S.) Wien 1886. Gerold's Sohn. n. 6. —

(85/1) **Sternberg**, Hugo, die Liebenden v. Schwanenstadt od. gesprengte Ketten. Erzählung. 41—72. Hft. gr. 8. (2. Bd. S. 337—844 u. 3. Bd. S. 1—260. m. je 1 Chromolith.) Neusalza, Oeser. baar à — 10

(85/1) Sterne, Carus, Herbst- u. Winterblumen. Eine Schilderg. der heim. Blumenwelt. Mit 71 Abbildgn. in Farbendr., nach der Natur gemalt v. Jenny Schermaul, u. m. vielen Holzst. 14. u. 15. (Schluß-)Lfg. 8. (XVII u. S. 417—490.) Prag, Tempsky. — Leipzig, Freytag. à n. 1. — (cplt.: n. 15 —; geb. n. 18. —)

(85/1) —— Werden u. Vergehen. Eine Entwickelungsgeschichte d. Naturganzen in gemeinverständl. Fassg. 3., verb. Aufl. Mit 450 Holzschn. im Text u. 25 Vollbildern in Farbendr. u. Holzschn. 11—15. (Schluß-)Lfg. gr. 8. (XVI u. S. 529—783.) Berlin, Bornträger. à n. 1. — (cplt.: n. 15. —; geb. n. 17. —)

Stern-Ephemeriden f. d. J. 1887. [Aus: „Berliner astronom. Jahrb."] gr. 8. (173 S.) Berlin, Dümmler's Verl. baar n.n. 6. —

Steub, Dr. Ludw., zur Namens- u. Landeskunde der deutschen Alpen. 8. (IV, 175 S.) Nördlingen, Beck. n. 2. 80

Steudel, Ob.-Trib.-Procur. a. D. Dr. Adph., kritischer Bericht üb. die Lehre der christlich-protestantischen Kirche, Aufruf zu Rechtfertigung od. gründlicher Reform dieser Kirchen-Lehre, u. Austrit aus dieser Kirche. Ein Nachtrag zur „Kritik der Religion". gr. 8. (28 S.) Stuttgart, (Bonz & Co.). n. — 90

—— über Materie u. Geist [zur Verständigung], nebst e. Anh. üb. den Darwinismus. gr. 8. (58 S.) Ebd. n. 1. 20

Steuer, Sem.-Lehr. W., Methodik d. Rechenunterrichts. 2. verb. Aufl. gr. 8. (XVI, 404 S. m. 1 Steintaf.) Breslau 1886, Woywod. n. 4. 50; geb. n. 5. 25

—— eine Sammlung angewandter Aufgaben f. das Kopfrechnen, nebst ausführl. Lehrgang f. Kopf- u. schriftl. Rechnen. 2 Hfte. Im Einklang m. der Methodik d. Rechenunterrichts u. dem Rechenbuch f. Stadt- u. Landschulen bearb. gr. 8. Ebd. n. 2. 50
1. (62 S.) n. 1. —. — 2. (88 S.) n. 1. 50.

Stevenson, Civ.-Ingen. Thom., F. R. S. E., M. J. C. E., die Illumination der Leuchtthürme. Eine Beschreibg. d. Holophotal-Systems, der azymuthalverdicht. u. anderer neuer Formen v. Leuchtthurm-Apparaten. Nach der 2. Aufl. d. engl. Originals bearb. u. durch e. Anh. üb. die Berechng. v. Leuchtthurmhöhen u. Leuchtthurm-Apparaten ergänzt v. Wasserbau-Dir. Chr. Nehls. Mit 16 lith. Taf. Neue wohlf. (Titel-)Ausg. gr. 8. (XV, 248 S.) Leipzig (1878), Baumgärtner. n. 6. —

Steyr, Hans, e. Praktikus. Lustspiel in 1 Aufzuge. 8. (62 S.) Leipzig, Mutze. n. — 50

Stiehler, B., Schule der Geometrie, s.: Jahn, W.

Stiehler, H., der Dichter Johann Fischart u. insbesondere sein „Glückhaft Schiff". das Hohelied v. Manneskraft u. Mannestreu. Mit Einleitg. u. Bemerkgn. Eine Jubelgabe zum 6. deutschen Turnfest. 2. Aufl. 8. (77 S.) Dresden, Lehmann'sche Buchdr. baar — 60

Stieler, Karl, drei Buschen. Weil's mi' freut! Habt's a Schneid!? Um Sunnawend'. Gedichte in oberbair. Mundart. Mit Illustr. v. Hugo Engl. gr. 8. (XX, 386 S.) Stuttgart 1886, Bonz & Co. geb. mit Goldschn. n. 12. —

—— habt's a Schneid!? Neue Gedichte in oberbair. Mundart. 5. durchgeseh. Aufl. 8. (VIII, 117 S.) Ebd. cart. n. 3. —; geb. n. 4. —

—— Kulturbilder aus Baiern. Mit e. Vorwort v. Prof. Dr. Karl Thdr. Heigel. 8. (IX, 272 S.) Ebd. n. 4. 80; geb. n. 6. —

—— Natur- u. Lebensbilder aus den Alpen. Mit e. Vorwort v. M. Haushofer. gr. 8. (IX, 397 S.) Ebd. 1886. n. 5. 40; geb. n. 6. 80

—— um Sunnawend'. Neue Gedichte in oberbair. Mundart. 4. unveränd. Aufl. gr. 8. (XII, 148 S.) Ebd. cart. n. 3. —; geb. n. 4. —

Stieler, Karl, e. Winter-Idyll. 1. u. 2. Aufl. 8. (47 S. m. Lichtdr.-Portr. d. Verf.) Stutgart, Bonz & Co. geb. m. Goldschn. n. 4. —

Stier, Hub., aus meinem Skizzenbuch. Architektonische Reisestudien aus Frankreich. (In 10 Lfgn.) 1. Lfg. Fol. (6 Lichtdr.-Taf.) Stuttgart, Wittwer's Verl. n. 5. —

Stilgebauer, Ed., das Jahr. Ein lyr. Gedicht in 5 Teilen m. e. Prologe u. Epiloge. gr. 8. (24 S.) Frankfurt a/M., Mahlau & Waldschmidt. n. 1. —

Stimmen, polnische. I. Ausrotten? Aus Anlass der in der „Gegenwart" 1885 Nr. 1, 2 u. 6 veröffentlichten Aufsätze von E. v. Hartmann. gr. 8. (35 S.) Zürich 1886, Verlags-Magazin. n. — 50

(85/1) Stinde, Jul., der Familie Buchholz 2. Thl. Aus dem Leben der Hauptstadt. 1—20. Aufl. gr. 8. (V, 165 S.) Berlin, Freund & Jeckel. (à) n. 3. —; geb. (à) n. 4. 50

Stix, Lehr. Alex., Theorie u. Praxis d. Freihandzeichnens, analytisch-synthet. Methode. Für Schul- u. Selbstunterricht bearb. 1. Tl. das Zeichnen geradlin., ebener Gebilde. Mit 24 Taf. in 4. u. eingedr. Holzschn. 4. vollständig umgearb. Aufl. der „Vorschule d. Zeichnens". gr. 8. (VIII, 96 S.) Leipzig, Urban. n. 1. 50; die 24 Taf. n. — 80

(84/1) Stobbe, Otto, Handbuch d. deutschen Privatrechts. 5. (Schluß-) Bd. Erbrecht. 1. u. 2. Aufl. gr. 8. (X, 430 S.) Berlin, Hertz. n. 8. — (cplt.: n. 50. 60)

—— dasselbe. 3. Bd. 2. Aufl. gr. 8. (XII, 448 S.) Ebd. n. 8. —

Stöber, Dr. Fritz, zur Kritik der Vita S. Johannis Reomaënsis. Eine kirchengeschichtl. Studie. [Aus: „Sitzungsber. d. k. Akad. d. Wiss."] Lex.-8. (82 S.) Wien, Gerold's Sohn in Comm. n.n. 1. 30

Stöber, W., Altes u Neues aus den Altmühlbergen, s.: Jugend- u. Volksbibliothek, deutsche.

Stocker, Pfr. a. D. C. W. F. L., die theologische Fakultät an der großherzogl. badischen Universität Heidelberg von 1386—1886. Eine Jubiläumsgabe zum 5. Centenarium. gr. 8. (III, 44 S.) Heilbronn 1886. (Heidelberg, Koester.) baar n. 1. —

Stöcker, der falsche u. der wahre. Von e. Mitgliede d. deutschen Reichstags. 1. u. 2. Aufl. 8. (31 S.) Leipzig, Böhme. n. — 40

Stöcker, Hof- u. Dompr. Adf., Eins ist noth. Ein Jahrgang Volkspredigten üb. freie Texte. 3. Aufl. gr. 8. (VIII, 418 S.) Berlin, Buchh. der Berliner Stadtmission. 3. —; geb. n. 4. —; m. Goldschn. n. 4. 50

Stöckl, Dr. Alb., üb. Wesen u. Zweck der ästhetischen Kunst. Zu Dr. Jungmanns „Aesthetik". 8. (48 S.) Mainz, Kirchheim. — 75

Stöckl, Frz., das Schulturnen. In knappen Zügen dargestellt. [Aus: „Pädagog. Zeitschr."] gr. 8. (62 S.) Graz, Leuschner & Lubensky. n. — 80

Stockmayer, Pfr. Adf., üb. die Bereitung d. Christen auf das Kommen d. HErrn. 3. Aufl. 8. (20 S.) Gernsbach, Christl. Kolportage-Verein. baar — 6

Stockmayer, Prof. Herm., u. Oberreallehr. Max Fetscher, Aufgaben f. den Rechenunterricht in den mittleren Klassen der Gymnasien, der Realschulen u. verwandter Lehranstalten. 2—4. Bdchn. 4., verb. u. verm. Aufl. 8. Heilbronn, Scheurlen's Verl. cart. n. 2. 45

2. (IV, 76 S.) n. — 75. — 3. (IV, 96 S.) n. — 90. — 4. (VIII, 53 S. m. 1 Steintaf.) n. — 80.

Stockmayer, Otto, aus Ansprachen. III. Martha u. Maria. 8. (12 S.) Gernsbach, Christl. Kolportage-Verein. baar — 5

Stoffel, Sem.-Lehr. J., der deutsche Sprach-Unterricht in der Volks- u. Mittelschule. Ein Buch f. Lehrer u. Seminaristen. gr. 8. (VIII, 318 S.) M.-Gladbach 1886, Schellmann. n. 3. 60

Stoffel, Sem.-Lehr. J., u. Lehr. A. **Mewis**, drei Schülerhefte zum Gebrauch beim deutschen Sprach-Unterricht in Volksschulen. Orthographie u. Grammatik. 8. (57, 56 u. 48 S.) M.-Gladbach, Schellmann. à n. — 25

Stöhr, Dr. Adf., Replik gegen Witte. Eine Vertheidigg. meiner Schrift: Analyse der reinen Naturwissenschaft Kant's gegen Prof. J. Witte. gr. 8. (IV, 23 S.) Wien, Toeplitz & Deuticke. n. — 80

Stöhr, Karl, üb. die Hydroparacumarsäure. Inaugural-Dissertation. gr. 8. (38 S.) Giessen 1884. (Kiel, Lipsius & Tischer.) n. 1. —

Stöhr, Landrathsamts-Assess. Dr. Kurt, Erläuterungen u. Anlagen zur Altenburger Dorfordnung vom 13. Juni 1876. 4. (IV, 211 S.) Altenburg, Bonde's Verl. geb. n. 4. —

Stökl, Helene, Er, Sie u. Es. Heitere u. ernste Silhouetten d. häusl. Lebens. 2. Aufl. 12. (132 S.) Leipzig, C. A. Koch. geb. m. Goldschn. 2. 40

—— unsere Kleinen. Plaudereien f. die Großen. 16. (156 S.) Ebd. geb. m. Goldschn. 3. —

—— verschlungene Lebenspfade. 4 Erzählgn. f. junge Mädchen. 2. Ausg. 8. (168 S.) Berlin, Mitscher. geb. m. Goldschn. n. 3. —

Stoll, Grundbuchskommissär Lehr. Fr., Lösung praktischer Rechnungsfälle f. das Notariats- u. Verwaltungsfach. 2 Abtlgn. gr. 8. (XXV, 190 S.) Stuttgart, Hoffmann'sche Buchdr. à n. 2. 50

Stoll, Prof. H. W., die Götter u. Heroen d. klassischen Altertums. Populäre Mythologie der Griechen u. Römer. 2 Bde. Mit 42 Abbildgn. 7. Aufl. 8. (XII, 308 u. IV, 262 S.) Leipzig, Teubner. 4. 50; in 1 Bd. geb. 6. —

Stolle's, R., neuester Führer v. Harzburg u. Umgegend m. Promenaden-Plan [bis zum Brocken-Ilsenburg-Romkerhall-Oker-Goslar etc.]. Nebst Geschichte u. allem Wissenswerthen v. Harzburg. Touren-Netz, sowie Hôtel- u. Wohnungs-Anzeiger v. Harzburg u. Annoncen-Anh. Zusammengestellt unter güt. Mitwirkg. v. Arch.-R. Dr. Jacobs, Harweck-Waldstedt u. H. Körber. Mit 1 Ansicht der Harzburg vom J. 1574. gr. 16. (51 u. VII, 112 S.) Harzburg, Stolle. baar 1. 25

Stollwerck, Frz., Geschichte der Pfarre Hohenbudberg. Aus dem Nachlasse d. Verstorbenen hrsg. v. Kapl. Heinr. **Pannes**. gr. 8. (IV, 108 S.) Uerdingen. (Köln, Boisserée.) n. 1. 60

Stolz, Alban, das Bilderbuch Gottes. Kalender f. Zeit u. Ewigkeit. 7. Jahrg. 1859. 6. Aufl. m. Noten. 8. (144 S. m. Holzschn.) Freiburg i/Br., Herder. n. — 60

—— der heilige Kreuzweg. 3. Aufl., m. Bildern. 16. (71 S.) Ebd. n. — 15; geb. in Leinw. n. — 60; in Ldr. m. Goldschn. n. — 90

—— Legende od. der christliche Sternenhimmel. 8. Aufl. Mit vielen Bildrn. (In 10 Hftn.) 1—3. Hft. gr. 4. (S. 1—280 m. Titelbild in Farbendr.) Ebd. 1886. à — 80

—— der Mensch u. sein Engel. Ein Gebetbuch f. kathol. Christen. 6. Aufl. Mit 1 Titelbild (in Stahlst.). gr. 8. (III, 192 S.) Ebd. n. 1. 40

—— das Menschengewächs od. wie der Mensch sich u. Andere erziehen soll. Kalender f. Zeit u. Ewigkeit 1844. 16. Aufl. 8. (VIII, 150 S. m. eingedr. Holzschn.) Ebd. n. — 60

—— Nachtgebet meines Lebens. Nach dem Tode d. Verf. hrsg. u. durch Erinnergn. an Alban Stolz ergänzt v. Subregens Dr. Jak. **Schmitt**. gr. 8. (XI, 276 S.) Ebd. n. 2. 40

—— l'uomo e il suo angelo. Libro di preghiera pei cristiani cattolici. Tradotto dalla VI. ed. tedesca. 24. (382 S. m. 1 Chromolith.) Einsiedeln, Benziger. — 80

—— das Vaterunser. 2. Thl. [Gib uns heute unser tägl. Brod u. sonst nichts.] Kalender f. Zeit u. Ewigkeit. 4. Jahrg. 1846. 14. Aufl. gr. 8. (138 S. m. eingedr. Holzschn.) Freiburg i/Br., Herder. n. — 60

Stolz, Prof. Dr. Otto, Vorlesungen üb. allgemeine Arithmetik. Nach den neueren Ansichten bearb. 1. Thl.: Allgemeines u. Arithmetik der reellen Zahlen. gr. 8. (VI, 344 S.) Leipzig, Teubner. n. 8. —

(84/1) **Stolze**, Dr. Frz., die Stellung u. Beleuchtung in der Photographie. 2. Hft. [Mit 6 Photogr. in Lichtdr. auf 3 Fol.-Taf.] Fol. (S. 13—22.) Halle, Knapp. (à) n. 5. —

Stolze, Wilh., theoretisch-praktisches Lehrbuch der deutschen Stenographie f. höhere Schulen u. zum Selbstunterricht. 1. u. 3. Tl. gr. 8. Berlin, 1886, Mittler & Sohn. n. 3. —

Inhalt: 1. Anleitung zur deutschen Stenographie, auf Veranlassg. d. stenograph. Vereins zu Berlin, bearb. 46. Aufl., hrsg. v. Dr. F. Stolze. (VI, 48 S., wovon 17 autogr.) n. 1. —. — 3. Ausführlicher Lehrgang der deutschen Stenographie. Für den Selbstunterricht bearb. 9. Aufl., hrsg. v. der stenograph. Prüfungs-Commission zu Berlin. Mit 2 Blättern in Steindr. (XIV, 89 S.) n. 2. —

—— System der deutschen Stenographie. Hrsg. v. den Verbänden der W. Stolze'schen Schule. 1. Stufe: Schul- u. Korrespondenzschrift. gr. 8. (IV, 32 S. m. 20 autogr. Taf.) Leipzig 1886, Klinkhardt. n. 1. —

(85/1) **Stöpel**, Frz., soziale Reform. Beiträge zur friedl. Umgestaltg. der Gesellschaft. VII—IX. gr. 8. Leipzig, O. Wigand. à n. 1. —

Inhalt: VII. Die sozialen Aufgaben d. Staats u. der Gemeinden. (V, 68 S.) — VIII. Theorie u. Praxis der Besteuerung. Mit besond. Rücksicht auf Preußen u. Deutschland. (V, 65 S.) — IX. Die Wirtschafts- u. Sozialpolitik d. Fürsten Bismarck (V, 65 S.)

Storm, Thdr., e. Fest auf Haderslevhuus, s.: Paetel's Miniatur-Ausgaben-Collection.

—— Gedichte. 7., verm. Aufl. 12. (262 S.) Berlin, Paetel. geb. m. Goldschn. n. 6. —

—— Immensee, s.: Paetel's Miniatur-Ausgaben-Collection.

—— John Riew'. Novelle. Min.-Ausg. 12. (92 S.) Berlin 1886, Paetel. geb. m. Goldschn. n. 3. —

—— dasselbe. Ein Fest auf Haderslevhuus. Zwei Novellen. 8. (221 S.) Ebd. n. 5. —; geb. n.n. 6. 50

Stosz, Wilh., Le Sage als Vorkämpfer der Atomistik. Inaugural-Dissertation. gr. 8. (60 S.) Halle 1884. (Leipzig, Fock.) baar n. 1. 50

Stoy's, Dr. K. V., Leben, Lehre u. Wirken, s.: Fröhlich, G.

Strack, Prof. D. Herm. L., hebräische Grammatik m. Übungsstücken, Litteratur u. Vokabular. 2. wesentlich verm. u. verb. Aufl. [Porta linguarum orientalium, inchoavit J. H. Petermann, continuavit Herm. L. Strack, pars I.] 8. (XVI, 151 u. 69 S.) Karlsruhe, Reuther. n. 3. —

Strafgesetzbuch, das, f. das Deutsche Reich in der nach dem Gesetz vom 26. Febr. 1876 abgeänderten Fassung, nebst Einführungsgesetz vom 31. Mai 1870, u. das Wuchergesetz vom 24. Mai 1880. Mit sachgemäßen Erklärgn. 13—15. Aufl. gr. 8. (110 S.) Berlin, Burmester & Stempell. n. —50

—— dasselbe, nebst dem Wuchergesetz vom 24. Mai 1880. Text-Ausg. 2. Aufl. 16. (154 S.) Dresden, Barth & Schirrmeister. cart. n. — 60

Strand, Gabr., Hadrian. Eine Tragödie in 5 Aufzügen. 8. (123 S.) Lübeck, (Dittmer.) baar n. 3. —

—— Atalanta van der Hege, s.: Collection Spemann.

Stranitzky, J. A., Ollapatrida d. durchgetriebenen Fuchsmundi, s.: Neudrucke, Wiener.

Stransky, Oberst Carl v., u. weil. Oberst Carl **Prévôt**, Feld-Taschenbuch f. Truppen-Offiziere. 7. Aufl. gr. 16. (VI, 180 S.) Teschen 1886, Prochaska. geb. n.n. 3. 60

Stranz, M. v., Fest u. Treu. Gedenkblätter. 8. (XVI, 191 S. m. photolith. Titelbl.) Berlin, A. Duncker. geb. m. Goldschn. n. 3. —

(85/1) **Straßburger**, B., Geschichte der Erziehung u. d. Unterrichts bei den Israeliten. Von der vortalmud. Zeit bis auf die Gegenwart. Mit e. Anh.: Bibliographie der jüd. Pädagogie. 7—10. (Schluß-) Lfg. 8. (XV u. S. 209—310.) Stuttgart, Levy & Müller. à n. — 50

Straßer, G., die Poesie d. Sonntags, s.: Volksschriften, Berner.

Strasser, Prof. Prosect. Dr. H., üb. den Flug der Vögel. Ein Beitrag zur Erkenntniss der mechan. u. biolog. Probleme der activen Locomotion. [Aus: „Jen. Ztschr. f. Naturwiss."] gr. 8. (263 S. m. eingedr. Fig.) Jena, Fischer. n. 7. —

Strassmaier, J. N., alphabetisches Verzeichniss der assyrischen u. akkadischen Wörter im 2. Bde. der „Cuneiform inscriptions of Western Asia", s.: Bibliothek, assyriologische.

Straub, Lehr. St., die vereinigte Grammatik u. Orthographie in der Elementarklasse II [Vorschule e. höheren Lehranstalt]. Für die Hand der Schüler bearb. gr. 8. (IV, 95 S.) Schw.-Gmünd, (Schmoldt). baar n. n. — 70

Strauch, R., Grundriß der allgemeinen Ackerbaulehre, s.: Taschenbibliothek, deutsche landwirtschaftliche.

Sträuli, Dr. Hans, das Retentionsrecht nach dem Bundesgesetz üb. das Obligationenrecht. gr. 8. (137 S.) Winterthur, Bleuler-Hausheer & Co. n. 2. —

Sträußchen, e., Vergißmeinnicht od. Erinnerungen an die große St. Adalbero-Feier in Lambach. Aus dem Tagebuche e. Theilnehmers. 12. (92 S.) Lambach. Linz, Haslinger in Comm. n. — 60

Strebel, Herm., Alt-Mexiko. Archäologische Beiträge zur Kulturgeschichte seiner Bewohner. Mit 17 Lichtdr.- u. 2 chromolith. Taf. gr. 4. (142 S.) Hamburg, Voss. In Mappe. n. 50 —

Strebel, Joh. Valentin, e. musikalisches Pfarrhaus — gezeichnet v. seinem alten Haupte J. V. St. 8. (VII, 192 S.) Basel 1886, Detloff. n. 2. 80

Strebel, Prof. V., u. Oberamtstierarzt Lehr. E. **Reicherter**, neues, illustriertes Haus-Tierarzneibuch. Eine ausführliche Beschreibg. der Zucht u. Haltg. sämtl. Haustiere, der inneren u. äußeren Krankheiten u. deren Behandlg., der Tierseuchen, der Hauptmängel einschließlich der bezügl. Gesetze, sowie der Geburtshilfe u. d. Hufbeschlags. Ein Handbuch f. Landwirte, Tierärzte u. Hufschmiede, sowie e. Lehrbuch zum Gebrauch an landwirtschaftl. Schulen, nach dem neuesten Stand der Wissenschaft populär bearb. Mit vielen Holzschn. (In 12 Hftn.) 1—8. Hft. gr. 8. (IV u. S. 1—512.) Reutlingen, Enßlin & Laiblin. à — 40

Strecker, Carl, de Lycophrone, Euphronio, Eratosthene comicorum interpretibus. Dissertatio inauguralis philologica. gr. 8. (86 S.) Gryphiswaldiae 1884. (Leipzig, Fock.) baar n. 1. 50

Streckfuß, Adf., 500 Jahre Berliner Geschichte. Vom Fischerdorf zur Weltstadt. Geschichte u. Sage. 4. Aufl. (In 33—35 Lfgn.) 1—3. Lfg. hoch 4. (S. 1—120.) Berlin, Goldschmidt. à n. — 60

—— die wilde Toni. Novelle. (2. Aufl.) 8. (240 S.) Ebd. n. 1. —

Streich, Oberlehr. Tr. Fr., illustrierte Geographie v. Württemberg. Mit 4 beigegebenen Kärtchen in Farbendr. u. 43 Abbildgn., f. die Hand der Schüler. 25. Aufl. 8. (40 S.) Eßlingen, Weismann in Comm. n. n. — 40; Text ap. n. n. — 30

—— kurzgefaßte Geographie v. Württemberg. Mit 4 beigegebenen Kärtchen in Farbendr. u. 4 Abbildgn., f. die Hand der Schüler. 24. Aufl. 8. (22 S.) Ebd. n. n. — 30; Text ap. n. n. — 17

—— illustrierte Geographie u. Geschichte v. Württemberg. Mit 4 beigegebenen Kärtchen in Farbendr. u. 59 Abbildgn., f. die Hand der Schüler. Der Geographie 25. Aufl. 8. (61 S.) Ebd. n. n. — 40; Text ap. n. n — 30

—— kurzgefaßte Geographie u. Geschichte v. Württemberg. Mit 4 beigegebenen Kärtchen in Farbendr. u. 6 Abbildgn., f. die Hand der Schüler. Der

ographie 24. Aufl. 8. (36 S.) Eßlingen, Weismann in Comm. n.n. — 40; Text ap. n.n. — 20; Kärtchen ap. n.n. — 25
ssler, Prof. Doc. Jos., die geometrische Formenlehre [1. Abth.] in bindung m. dem perspectivischen Zeichnen. Für die 1. Realclasse u. f. 1. Unterrichtsstufe im Zeichnen [1. u. 2. Classe]. Mit 115 Fig. u. 3 Taf. ev. Aufl. gr. 8. (VII, 54 S.) Triest, Schimpff. geb. n. 1. 60
ton. Hesba, Stephan Fern. Eine Erzählg. Frei nach dem Engl. Au- f. Ausg. m. 5 (eingedr. Holzschn.-) Bildern. 3. Aufl. 12. (210 S.) el, Spittler. n. 1. —
Jessikas Mutter. Für jung u. alt erzählt. 2. Aufl. Mit 5 (eingedr. schn.-) Bildern. 12. (62 S.) Ebd. — 30
ie Schatzmeister d. Herrn. Aus dem Engl. übers. v. Auguste Daniel. oris. Ausg. 8. (X, 210 S.) Gotha, F. A. Perthes. geb. n. 4. —
n Sturm d. Lebens. Eine Erzählg. f. Jung u. Alt. Übers. v. Anna ler. 4. Aufl. 12. (139 S.) Basel, Spittler. n.n. — 70
erloren in London u. in Jerusalem. Eine Erzählg. Frei nach dem Engl. : K.-G. Autoris. Ausg. 4. Aufl. 12. (142 S.) Ebd. n.n. — 70
er, Prof. Dr. S., allgemeine Pathologie der Infectionskrankheiten. gr. 8. 173 S.) Wien 1886, Hölder. n. 4. —
Musterstreifen, der, in der Schule, od. Anleitg. zur Anfertigg. v. 100 en Strickdessins [Piqué- u. Löchle-System]. Von e. bad. Lehrfrau. eu durchgeseh. u. m. Mustern zu Spitzen verm. Aufl. gr. 8. (IV, 60 S.) burg i/Br., Herder. n. — 40
odt, Amts-Adv. Ludw. Heinr. Carl, Widdekind u. Edelinthe, od. Schwarz- an der Schwarza u. die Sorbenburg in Saalfeld. Trauerspiel in 7 ügen. (In 13 Lfgn.) 1. Lfg. 8. (48 S.) Kahla 1886, Beck. n. — 50
t, Bez.-Richter Jul., die Geburt d. Landes ob der Ens. Eine rechts- . Untersuchg. üb. die Devolution d. Landes ob der Ens an Österreich. (125 S.) Linz 1886, Ebenhöch. n. 3. —
Carl Wolfg., Bausteine zum Tempel Humanitas. Freimaurerische n u. Aufsätze. gr. 8. (24 S.) Kattowitz, Siwinna. — 60
robl, Jos., Hilfsbuch f. den Unterricht in der deutschen Grammatik mnasien. 2. Bdchn. f. die 6. Gymnasialklasse. gr. 8. (36 S.) Wien, er. n. — 48 (1. u. 2.: n. 1. 8)
, J. F., üb. die Notwendigkeit e. Reform der hergebrachten Schul- ltung. gr. 8. (27 S.) Bremen, Wiegand. n. — 40
n gehört die Schule? Ein Beitrag zur Verständigg. üb. die Schul- ungsfrage zwischen Familie, Kirche, Gemeinde u. Staat f. alle, bei der Jugenderziehg. interessirt sind. gr. 8. (16 S.) Ebd. n. — 30
, Prof. Dr. Emil, Succession in den Besitz nach römischem u. heutigem Civilistische Untersuchung. gr. 8. (VII, 236 S.) Graz, Leuschner & sky. n. 6. —
ehr. G. K., Physik f. die unteren Klassen der Schulen f. Bauhand- , Maschinenbauer etc. 2. verm. u. verb. Aufl. Mit 25 in den Text olzschn. gr. 8. (VIII, 60 S.) Holzminden 1886, Müller. n. 1. —
ll, Prof. Ludw., die Einleitung in die Philosophie vom Standpunkt chichte der Philosophie. gr. 8. (VIII, 484 S.) Leipzig 1886, Böhme. n. 6. 75
Dir. Otto, tabulae quantitatum Besselianarum pro annis 1885 ad 1889 itae. [Contin. tabularum annis 1861, 1867, 1871 et 1879 editarum.] III, 40 S.) Petropoli. (Leipzig, Voss' Sort.) n. 2. —
wski, Dr. Jos., Iconographie der Taufe Christi. Ein Beitrag zur Ent- gsgeschichte der christl. Kunst. Mit 169 Skizzen auf 22 (autogr.) ch 4. (VII, 76 S.) München, Literar.-artist. Anstalt. n. 12. —

Stubba, weil. Oberlehr. A., Aufgaben zum Zifferrechnen f. Schüler in Stadt- u. Landschulen. 3. Hft. 52. Afl., v. den Lehrern Gutsche u. Teige ergänzte u. nach den maßgeb. Verfüggn. bericht. Aufl. 8. (16 S.) Bunzlau, C. Appun's Verl. — 13

(85/1) **Stubenrauch**, Dr. Mor. v., Commentar zum österreichischen allgemeinen bürgerlichen Gesetzbuche. 4., nach dem neuesten Stand der Gesetzgebg., der Rechtsprechg. u. der Literatur bearb. Aufl. 11. u. 12. (Schluß-) Lfg. gr. 8. (2. Bd. X u. S. 577—932.) Wien, Manz. à n. 2. — (cplt.: n. 24. —; geb. n. 28. —)

Studenten-Kalender, Fromme's österreichischer, f. Mittelschulen, Fach- u. Bürgerschulen f. d. Studienj. 1885/86 Red. v. Gymn.-Dir. Joh. Dassenbacher. 6. Jahrg. Mit dem (Holzschn.-)Portr. d. Landesschulinsp. Dr. Math. Ritter v. Wretschko. 16. (230 S.) Wien, Fromme. cart. baar 1. —; geb. 1. 60

Studer, Th., s.: Bericht üb. die wissenschaftlichen Leistungen in der Naturgeschichte der niederen Thiere.

(84/2) **Studien**, englische. Organ f. engl. philologie unter mitberücksicht. d. engl. unterrichtes auf höheren schulen. Hrsg. v. prof. dr. Eug. Kölbing. 9. bd. gr. 8. (1. Hft. 200 S.) Heilbronn, Henninger. n. 15. —

—— im Leipziger Karzer. Orig.-Skizze v. R. — Jetzt u. vor 200 Jahren. Eine bierolog. Studie v. R. 8. (32 S.) Heiligenstadt, Brunn's Wwe. n. — 30

(85/1) —— Berliner, f. classische Philologie u. Archäologie. 3. Bd. 1. u. 2. Hft. gr. 8. Berlin 1886, Calvary & Co. Subscr.-Pr. baar n. 6. 80; Einzelpr. n. 8. 60

1. (IV, 216 S.) Subscr.-Pr. n. 5. 60; Einzelpr. n. 7. —. — 2. (48 S.) Subscr.-Pr. n. 1. 20; Einzelpr. n. 1. 60.

(85/1) —— Leipziger, zur classischen Philologie, hrsg. v. G. Curtius, L. Lange, O. Ribbeck, H. Lipsius. 8. Bd. 1. Hft. gr. 8. (170 S.) Leipzig, Hirzel. n. 4. —

(85/1) —— philosophische. Hrsg. v. Wilh. Wundt. 3. Bd. 1. Hft. gr. 8. (194 S. m. 4 Holzschn. u. 2 Taf.) Leipzig, Engelmann. n. 5. —

(84/1) —— romanische. Hrsg. v. Ed. Boehmer. 21. Hft. [6. Bd. 3. Hft.] gr. 8. Bonn, Weber. n. 4. — (1—21: n. 105. 50)

Inhalt: Rätisches. Verzeichniss rätoroman. Litteratur. Ein engadin. Schauspiel v. 1564 nach Gengenbach. Ein Ineditum von W. v. Humboldt u. Mtth. Conradi. (S. 219—338.)

(84/2) —— Strassburger. Zeitschrift f. Geschichte, Sprache u. Litteratur d. Elsasses, hrsg. v. Ernst Martin u. Wilh. Wiegand. 3. Bd. 1. Hft. gr. 8. (146 S.) Strassburg, Trübner. n. 3. —

(84/2) —— u. **Kritiken**, theologische. Eine Zeitschrift f. das gesamte Gebiet der Theologie, begründet v. DD. C. Ullmann u. F. W. C. Umbreit u. in Verbindg. m. DD. G. Baur, W. Beyschlag u. J. Wagenmann hrsg. v. DD. J. Köstlin u. E. Riehm. 59. Jahrg. 1886. 4 Hfte. gr. 8. (1. Hft. 192 S.) Gotha, F. A. Perthes. n. 15. —

Studien-Blätter nach J. M. W. Turner's Aquarellen in der „National-Gallery" u. dem „Kensington-Museum" zu London. qu. gr. 16. (16 Chromolith.) Leipzig, (Baldamus). n. 4. 50

(85/1) **Studnička**, Prof. Dr. F. J., Bericht üb. die mathematischen u. naturwissenschaftlichen Publikationen der kön. böhm. Gesellschaft der Wissenschaften während ihres 100jähr. Bestandes. [Ein Beitrag zur Geschichte der Mathematik u. der Naturwissenschaften.] 2. Hft., Abhandlgn. der 2. u. 3. Periode betr. Mit Illustr. gr. 8. (IV u. S. 125—351.) Prag, (Calve). baar n. 3. — (cplt.: n. 4. 80)

Stufengang f. den Zeichen-Unterricht in der Volksschule. 1. u. 2. Hft. [I. u. II. Klasse.] Ausg. f. den Lehrer m. allgemeinen u. besonderen Weisgn. 4.

(à 20 S. m. Fig.) München, Exped. d. kgl. Zentral-Schulbücher-Verlags. à n.n. — 60

Stühlen's Ingenieur-Kalender f. Maschinen- u. Hüttentechniker. 1886. Eine gedrängte Sammlg. der wichtigsten Tabellen, Formeln u. Resultate aus dem Gebiete der gesammten Technik, nebst Notizbuch. Unter Mitwirkg. v. Civ.-Ingenieuren R. M. Daelen u. Ludw. Grabau hrsg. v. Civ.-Ingen. Frdr. Bode. 2 Thle. (2. Thl.: Bode's Westentaschenbuch als Ergänzg.) 21. Jahrg. gr. 16. u. 32. (VIII, 255 u. XII, 336 S. m. 3 chromolith. Eisenbahnkarten.) Essen, Bädeker. geb. n. 3. 50; in Brieftaschenform n. 4. 50; Bode's Westentaschenbuch ap. geb. baar n. 2. —

Stunden, fröhliche, im Bildersaal. 25 illustr. Geschichten f. unsere Kinder. gr. 4. (48 S.) Basel, Spittler. cart. baar n. 2. 40

Stur, D., die obertriadische Flora der Lunzer-Schichten u. d. bituminösen Schiefers v. Raibl. [Aus: „Sitzungsber. d. k. Akad. d. Wiss."] Lex.-8. (11 S.) Wien, (Gerold's Sohn). n.n. — 25

Sturm, Jul., bunte Blätter. Vier Bücher neuer Gedichte. 8. (VIII, 181 S. m. Stahlst.-Portr.) Wittenberg, Herrosé's Verl. geb. m. Goldschn. n. 5. —

Stutzer, Emil, Hilfsbuch f. geschichtliche Wiederholungen an höheren Lehranstalten. Mit Zahlenkanon f. mittlere Klassen. gr. 8. (VIII, 88 S.) Berlin, Weidmann. cart. n. 1. 40

Stutzer, G., Blumenau in Süd-Brasilien als Ziel der deutschen Auswanderung. 8. (15 S.) Goslar 1886, Koch. — 15

Sucher, Jos., Geschichts-Karte der österreichisch-ungarischen Monarchie, chronologisch-synchronistisch dargestellt. Photolith. u. color. Imp.-Fol. Wien, Hölder. n. 1. 80

Sühring, H., Aufgaben f. den Rechen-Unterricht in den ersten Schuljahren m. besond. Berücksicht. d. Kopfrechnens. 3 Hfte. 8. Potsdam, Rentel's Verl. n. — 60; geb. n. — 90

1. 15. verb. Aufl. (33 S.) n. — 15; geb. n. — 25. — 2. (33 S.) n. — 15; geb. n. — 25. — 3. (56 S.) n. — 30; geb. n. — 40.

Sulpicii Severi opuscula de S. Martino episcopo Turonensi, s.: Patrum, sanctorum, opuscula selecta.

Sulze, Dr. E., Feinde kirchlicher Gemeindebildung. [Aus: „Protestant. Kirchenzeitg."] 8. (34 S.) Berlin. (Dresden, Höckner.) n. — 40

Summa, Dek. Dr. G. E., Predigt üb. Offenbarung St. Joh. 22, 20 beim feierlichen Schlußgottesdienst der vereinigten Generalsynode der evangelisch-lutherischen Kirche Bayerns am Donnerstag, den 1. Oktbr. 1885 geh. in der St. Gumbertus-Kirche zu Ansbach. 8. (15 S.) Ansbach, Junge. n. — 20

Sumpf, Dr. K., Anfangsgründe der Physik. In 2 getrennten Lehrstufen. Unter Anlehng. an d. Verf. Schulphysik bearb. 2. Aufl. Mit 185 in den Text gedr. Abbildgn. u. e. farb. Sonnenspektrum. gr. 8. (IV, 111 S.) Hildesheim, Lax. n. 1. 20

Sundermann, F., Klaus Störtebeker in Sang u. Sage, s.: Frahm, L.

Süs, Gust., Tierbüchlein. Bilderbuch f. artige Kinder. Nach Orig.-Zeichngn. v. G. S. Verse v. W. Emil Stephan. gr. 4. (16 Chromolith. m. eingedr. Text.) Dresden, Meinhold & Söhne. geb. 3. —

Susemihl, Baumstr. A. J., das Eisenbahn-Bauwesen, f. Bahnmeister u. Bauaufseher als Anleitg. f. den prakt. Dienst u. zur Vorbereitg. f. das Bahnmeister-Examen gemeinfaßlich dargestellt. 4., wesentlich verm. Aufl. Mit Holzschn. u. 12 lith. Taf. Nach d. Verf. Tod hrsg. v. Prof. G. Barkhausen. 8. (VIII, 295 S.) Wiesbaden 1886, Bergmann. n. 4. 20

Susemihl, Frz., analecta Alexandrina chronologica. 4. (18 S.) Gryphiswaldiae. (Berlin, Calvary & Co.) baar n. 1. 60

Suter, J. J., Festrede an der Schlachtfeier in Sempach, s.: Erni, J.

Sutermeister, Prof. Otto, für d'Chinderstube. Poesie u. Prosa in den Mundarten der Schweiz. Gesammelt u. hrsg. 8. (187 S.) Zürich, Orell, Füßli & Co. Verl. n. 2. —; geb. n. 4.50
—— Dichtungen in Basler Mundart. Gesammelt. 8. (64, 64, 64 u. 128 S.) Ebd. geb. baar 5. —
—— Dichtungen in Graubündner Mundart. Gesammelt. 8. (64 u. 135 S.) Ebd. geb. baar 4. —
—— Dichtungen in Luzerner Mundart. Gesammelt. 8. (64 u. 112 S.) Ebd. geb. baar 4. —
—— Dichtungen in Thurgauer Mundart. Gesammelt. 8. (63 u. 64 S.) Ebd. geb. baar 3. 50
—— Dichtungen in Züricher Mundart. Gesammelt. 8. (64, 64, 64, 64, 64 u. 53 S.) Ebd. geb. baar 6. —
—— Gedenkblätter. Neue Lieder u. Sprüche. 8. (190 S.) Zürich 1886, Schröter. n. 2. 50; geb. n. 3. 75
(85/1) —— Schwizer-Dütsch. Sammlung deutsch-schweizer. Mundart-Literatur. 31—33. Hft. 8. Zürich, Orell, Füßli & Co. Verl. à n. — 50
Inhalt: 31. 32. Aus dem Kanton Luzern. 2. u. 3. Hft. (112 S.) — 33. Aus dem Kanton Thurgau. 2. Hft. (64 S.)

Suttner, A. G. v., Daredjan. Mingrelisches Sittenbild. 8. (263 S.) München, Heinrichs. n. 3. 60; geb. baar n. 4. 60
Suttner, Bertha v., Daniela Dormes. Roman. 8. (315 S.) München 1886, Heinrichs. n. 3. —; geb. baar n. 4. —
—— ein schlechter Mensch. Roman. 8. (247 S.) Ebd. n. 3. 60; geb. baar n. 4. 60
Svoboda, Dr. Adb., kritische Geschichte der Ideale. Mit besond. Berücksicht. der bild. Kunst. 1. Bd. gr. 8. (IV, 680 S.) Leipzig, Th. Grieben. n. 12. 60
Sweet, Henry, Elementarbuch d. gesprochenen Englisch. Grammatik, Texte u. Glossar. 8. (LXIV, 63 S.) Oxford. Leipzig, T. O. Weigel. geb. n. 2. 40
Swoboda's Naturlehre f. Bürgerschulen. In 3 concentr. Lehrstufen. Den neuen Lehrplänen entsprechend bearb. v. Bez.-Schulinsp. Laurenz Mayer. 1. Stufe f. die 1. Classe. 6. Aufl. Mit 54 in den Text gedr. Holzschn. gr. 8. (VI, 98 S.) Wien, Hölder. n. — 64
Swoboda, H., in den schwarzen Bergen, } s.: National-Bibliothek, deutsch-österreichische.
—— ein Vandale, }
Sydow, P., Anleitung zum Sammeln der Kryptogamen. 8. (IV, 144 S.) Stuttgart, J. Hoffmann. n. 2. 50; geb. n. 3. —
Sylva, Carmen, Astra. Roman v. Dito u. Idem. 8. (385 S.) Bonn 1886, Strauß. geb. n. 7. —
—— meine Ruh. 2. Aufl. 4 Bdchn. 8. Berlin, A. Duncker. n. 10. —; geb. n. 14. —
Inhalt: 1. Balladen u. Romanzen. (VI, 132 S.) n. 3. —; geb. n. 4. —. — 2. Höhen u. Tiefen. (X, 149 S.) n. 3. —; geb. n. 4. —. — 3. Mutter u. Kind. (VI, 57 S.) n. 2. —; geb. n. 3. —. — 4. Weltweisheit. (VIII, 70 S.) n. 2. —; geb. n. 3. —

—— Stürme. 2. Aufl. 8. (V, 195 S.) Bonn 1886, Strauß. geb. n. 6. —
Synodal-Bericht, 8., d. Illinois-Distrikts der deutschen evang.-luth. Synode v. Missouri, Ohio u. anderen Staaten, versammelt zu Quincy, Ills. A. D. 1885. gr. 8. (93 S.) St. Louis, Mo. (Dresden, H. J. Naumann.) baar n. 1. —
—— 5., d. Jowa-Districts der deutschen evang.-luth. Synode v. Missouri, Ohio u. a. Staaten 1885. gr. 8. (68 S.) Ebd. n. — 75
—— 3., d. Minnesota- u. Dakota-Districts, der deutschen evang.-luth. Synode v. Missouri, Ohio u. anderen Staaten, versammelt zu Lewiston, Minn., vom 17. bis 23. Juni 1885. gr. 8. (103 S.) Ebd. baar n. 1. —

ynodal-Bericht, 3., d. Wisconsin-Districts der deutschen evang.-luth. Synode v. Missouri, Ohio u. anderen Staaten, versammelt zu Milwaukee, Wis., vom 3. bis 9. Juni 1885. gr. 8. (79 S.) St. Louis, Mo. (Dresden, H. J. Naumann.) baar n. — 75

czepanski, F. v., Rossica u. Baltica. Verzeichniss der in u. üb. Russland u. die balt. Provinzen im J. 1884 erschienenen Schriften in deutscher, französ. u. engl. Sprache. I. Jahrg. 12. (62 S.) Reval, Lindfors' Erben. baar n. — 40

emere, Dr. Alb., der See- u. klimatische Winter-Kurort Abbazia, seine Heilmittel u. deren physiolog. u. therapeut. Bedeutg. gr. 8. (VIII, 116 S.) Stuttgart, Enke. n. 2. —

abelle zur Ermittelung der Abzüge in Procenten bei Rübenlieferungen. Ein Hülfsbuch f. Zuckerfabriken. 2. verm. Aufl. gr. 4. (57 S.) Strehlen, Geneinhardt. n. 6. —

bellen zum Unterricht in Volksschulen. gr. 8. (19 S. m. 4 Karten.) Bielefeld, Velhagen & Klasing. n.n. — 25

- der Wittwen- u. Waisengeld-Beiträge, der Pensionen, sowie der gesetzl. Wittwen- u. Waisengelder der preußischen Staatsbeamten bez der Hinterliebenen derselben. [Aus: „Schütze, der preuß. Steuerbeamte, 7. Aufl."] gr.-8. (35 S.) Leipzig, Bredow. n. — 80

itus, P. Cornelius, Werke. Deutsch m. Erläutergn., Rechtfertiggn. u. eschichtl. Supplementen v. Präl. D. Carl Ludw. Roth. 15. 16. 20. 23—25. fg. 8. Berlin, Langenscheidt. à n. — 35

Inhalt: 15. 16. Annalen. 11. u. 12. Lfg. 3. Aufl. (5. Bd. S. 49—114 u. 6. Bd. S. 1—48.) — 20. Historien. 1. Lfg. 4. Aufl. (7. Bd. S. 1—48.) — 23—25. Historien. 4—6. Lfg. 3. Aufl. (7. Bd. S. 145—292.)

)—— annales. Für den Schulgebrauch erklärt v. Dr. W. Pfitzner. 3. Bdchn. uch XI—XIII. Ausg. A. Kommentar unterm Text. gr. 8. (S. 295—427.) otha, F. A. Perthes. 1. 20; Ausg. B. Text u. Kommentar getrennt in 2 Hftn. (S. 165—232 u. 66 S.) 1. 20 (1—3: 3. 90)

- Germania. Erklärt v. Dir. Dr. Karl Tücking. 6. verb. Aufl. gr. 8. (73 S.) aderborn, F. Schöningh. n. — 60

- de origine, situ, moribus ac populis Germanorum liber. In usum scholarum ed. Joa. Müller. 8. (VII, 27 S.) Leipzig, Freytag. n. — 30

el, Eugenie, Daheim. Erzählung. 8 (156 S.) Langenberg, Joost. n. 1. 50

l-Lieder f. Lehrer-Versammlungen. 8. (16 S.) Wiesbaden, Bechtold & Co. n. — 25

eln, nautische, der k. k. Kriegsmarine. Auf Anordng. d. k. k. Reichs-kriegs-Ministeriums [Marine-Section] zusammengestellt u. hrsg. vom hydroaph. Amte der k. k. Kriegsmarine. Ster.-Ausg. 2. verb. Aufl. gr. 8. (XVI, 8 S.) Pola. Triest, Schimpff in Comm. geb. baar n.n. 4. —

eblatt der 58. Versammlung deutscher Naturforscher u. Aerzte in Strassrg 18—23. Septbr. 1885. Red.: Prof. J. Stilling. gr. 4. (Nr. 1.: 3 B.) rassburg, (Trübner). baar n.n. 8. —

ebuch f. Comptoire, Fabriken, Bureaux, Kanzleien u. Guts-Administrationen f. d. J. 1886. schmal Fol. (281 S.) Prag, Mercy. geb. n. 2. 40

kleines. Gedenkblätter f. alle Tage d. Jahres, m. Sinnsprüchen, bioaph. Daten u. 4 (chromolith.) Illustr. v. Jul. Hoeppner. Mit Anh.: amenregister u. Tabelle zur Ermittelg. der Wochentage f. jedes Datum 19. Jahrh. 3. Aufl. 16. (407 S.) Leipzig, Zehl. geb. m. Goldschn. n. 5. —

sgrüße. Worte zur tägl. Erhebg. u. Förderg. 8. (60 S.) Berlin, Bouillon. baar n. 1. —

eiten v. der unbefleckten Empfängnis der seligsten Jungfrau u. Mutter ttes Maria. Mit 2 Musikbeilagen. 16. (22 S.) Donauwörth, Auer. n. — 10

Taine, H., die Entstehung d. modernen Frankreich. Autoris. deutsche

Bearbeitg. v. L. Katscher. 2. Bd.: Das revolutionäre Frankreich. 3. Abth. gr. 8. (XXVII, 571 S.) Leipzig, Abel. n. 12. — (I—II, 3.: n. 36. —)

Tanchuma ben Rabbi Abba, Rabbi, Midrasch Tanchuma, e. agadischer Commentar zum Pentateuch. Zum ersten male nach Handschriften aus den Bibliotheken zu Oxford, Rom, Parma u. München hrsg. Kritisch bearb., commentirt u. m. e. ausführl. Einleitg. versehen v. Salomon Buber. 3 Bde. gr. 8. (212, 356 u. 339 S.) Wilna. (Berlin, Adf. Cohn.) baar n. 9. —

Tangermann, Dr. W. [Vict. Granella], das liberale Princip in seiner ethischen Bedeutung f. Staat u. Kirche, Wissenschaft u. Leben. 3., m. e. Vorwort verm. Aufl. gr. 8. (XVI, 248 S.) Köln 1886, Mayer. n. 4. —

Tangl, Prof. Dr. Ed., Studien üb. das Endosperm einiger Gramineen. [Mit 4 (lith.) Taf.] [Aus: „Sitzungsber. d. k. Akad. d. Wiss."] Lex.-8. (38 S.) Wien, (Gerold's Sohn). n. 1. 50

Tanhäuser, der neue. 13. Tausend: Editio ne varietur; nebst e. Tanhäuser-Bibliographie, sowie dem Texte d. Volksliedes v. dem Tanhäuser. hoch 4. (171 u. 21 S.) Berlin, F. & P. Lehmann. n. 6. —

—— in Rom. 6. Tausend. Mit e. Titelbordüre aus dem Vitruv-Drucke Philipps de Giunta Florenz M. D. X. J. J. J. 12. (142 S.) Ebd. 1886. n. 3. —

Tannenbaum, Maria, Handarbeitsbüchlein f. Kinder, enth. Vorlagen f. Strick-, Häkel-, Stick-, Näharbeiten ꝛc. 8. (62 S. m. Illustr.) Düsseldorf, Schwann. n. — 60

Tappehorn, Ehrendombr. Landdech. Pfr. Ant., ausserbiblische Nachrichten, od. die Apokryphen üb. die Geburt, Kindheit u. das Lebensende Jesu u. Mariä. Beleuchtet. gr. 8. (89 S.) Paderborn, F. Schöningh. n. 1. —

Tappeiner, Prof. Dr. H., Anleitung zu chemisch-diagnostischen Untersuchungen am Krankenbette. 8. (62 S.) München, Rieger. cart. n. — 80

Tappen, Hauptm. Ad., Geschichte d. Hannoverschen Pionier-Bataillons Nr. 10 von seiner Formation bis zum J. 1885, nach offiziellen Quellen zusammengestellt u. bearb. Mit mehreren Plänen u. Brücken-Zeichngn. gr. 8. (VIII, 286 u. 58 S.) Minden, Bruns. baar n. 7. 50; geb. n. 10. 50

Tarifverträge, die, d. Deutschen Reiches m. dem Auslande im Auszug, nebst e. Einleitg. u. e. Zusammenstellg. der durch diese Tarifverträge bewirkten Abändergn. der Zollsätze d. allgemeinen deutschen Zolltarifs v. 22. Mai 1885. Ein Suppl. zum allgemeinen deutschen Zolltarif vom 22. Mai 1885. 16. (33 S.) Nördlingen, Beck. n. — 40

Tarnowsky, Prof. Dr. B., die krankhaften Erscheinungen d. Geschlechtssinnes. Eine forensisch-psychiatr. Studie. gr. 8. (III, 152 S.) Berlin 1886, Hirschwald. n. 3. —

Taschen-Adressbuch u. **Fremdenführer** v. Frankfurt a. M. (Sachsenhausen, Bornheim u. Bockenheim]. 7. Aufl. Mit e. (lith.) Doppelplan. gr. 16. (84 S.) Frankfurt a/M., (Erras). — 50

Taschen-Bibliothek, deutsche bautechnische. 3., 4., 49. u. 50. Hft. 8. Leipzig, Scholtze. n. 8. —

Inhalt: 3. 4. Das freistehende Familien-Wohnhaus. Die Vorführg. kleiner u. grösserer Wohnhäuser, die nur v. e. Familie bewohnt werden. Mit Darlegg. d. Raumbedürfnisses, der Raumverteilg. u. Raumbenutzg. Bearb. v. Dir. Archit. Hittenkofer. 2. verm. Aufl. (VII, 103 S. m. 110 eingedr. Holzst.) n. 4. —. — 49. Die Ventilation der bewohnten Räume. Nach den neuesten Erfindgn. u. Erfahrgn. bearb. v. Garnis.-Bauinsp. Ahrendts. 2. verm. u. verb. Aufl. Mit 59 in den Text gedr. Abbildgn. (90 S.) n. 2. —. — 50. Die Zentral-Heizungen der Wohnhäuser, öffentlichen Gebäude etc. Nach den neuesten Erfindgn. u. Erfahrgn. bearb. v. Garnis-Bauinsp. Ahrendts. 2. verb. u. verm. Aufl. Mit 92 in den Text gedr. Abbildgn. (102 S.) n. 2. —

—— deutsche forstwirtschaftliche. 1. Bd. 8. Ebd. n. 2. 80; geb. n. 3. —

Inhalt: Wald-Hege u. -Pflege. Ein Repetitorium f. das Jäger- u. Försterexamen.

Ein Hilfsbuch f. Privatwald-Besitzer, Guts-Verwalter, Gemeinde-Beamte ꝛc. v. Förster Frdr. Mücke. (VIII, 251 S.)

Taschen-Bibliothek, deutsche landwirtschaftliche. 16. Hft. 8. Leipzig, 1886, Scholtze. geb. baar n. 1. 80
Inhalt: Grundriß der allgemeinen Ackerbaulehre. Ein Leitfaden f. den Unterricht an landwirtschaftl. Lehranstalten u. zum Selbstunterricht v. Dir. R. Strauch. 3. verb. u. verm. Aufl. Mit 30 in den Text gedr. Holzst. (XII, 121 S.)

Taschenbuch, ärztliches. Hrsg. v. Reg.- u. Kreismed.-R. Dr. Greg. Schmitt. 1886. 34. Jahrg. [N. F. 26. Jahrg.] gr. 16. (VI, 183 u. 346 S.) Würzburg, Stahel. geb. in Leinw. n. 2. 40; durchsch. n. 2. 80; in Ldr. n. 3. 20

—— für den katholischen Clerus. 1886. 8. Jahrg. gr. 16. (192 S.) Würzburg, Ellinger. geb. n. 1. 20

(85/1) —— genealogisches, der adeligen Häuser. 1886. 11. Jahrg. [Mit (Stahlst.-) Portr. u. 2 (lith.) Wappen. 16. (XXVI, 597 S.) Brünn, Irrgang. geb. n. 8. —

—— landwirthschaftliches, f. die Großherzogthümer Mecklenburg auf d. J. 1886. 24. Jahrg. 8. (XIX, 183 u. 130 S. m. 1 Eisenbahnkarte.) Wismar, Hinstorff's Verl. geb. in Leinw. n. 2. 50; in Ldr. n. 3. —; u. durchsch. n. 4. —

—— milchwirtschaftliches, f. 1886. Hrsg. v. Benno Martiny. 10. Jahrg. gr. 16. (322 S.) Bremen, Heinsius. geb. n. 2. 50

—— für Deutschlands Schüler von Oktbr. 1885 bis Oktbr. 1886. Hrsg. v. Oberlehr. Dr. F. Koch. 16. (VII, 128 u. 39 S.) Leipzig, Siegismund & Volkening. cart. n. — 60

—— dasselbe. Ausg. auf d. J. 1886. 16. (VI, 128 u. 44 S.) Ebd. cart. n. — 60

—— für die Schüler in Österreich-Ungarn. Ausg. vom 1. Oktbr. 1885 bis dahin 1886. Hrsg. v. Oberlehr. Dr. F. Koch. 16. (IV, 172 S. m. 1 Holzschn.-Portr.) Ebd. cart. n. — 60

—— für Schülerinnen von Michaelis 1885 bis dahin 1886. Hrsg. v. Oberlehr. Dr. F. Koch. 16. (IV, 176 S. m. 1 Holzschn.-Bildniß.) Ebd. cart. n. — 60

—— für Vereins-Vorstände u. Vorstands-Mitglieder f. d. J. 1886. gr. 16. (221 S.) Berlin-Rixdorf, Bickhardt. geb. n. 1. 25

—— veterinärärztliches. Hrsg. v. Kreis-Thierarzt Th. Adam. 1886. 25. Jahrg. gr. 16. (IV, 199 u. 219 S.) Würzburg, Stahel. geb. in Leinw. n. 2. 40; durchsch. n. 2. 80; in Ldr. n. 3. 20

Taschen-Fahrplan, Elsässer. Gültig vom 1. Oktbr. 1885 ab. 32. (80 S. Strassburg, Schultz & Co. Verl. n. — 20

Taschen-Fremdwörterbuch, neuestes u. vollständigstes, in welchem mehr als 22,000 fremde Wörter enthalten sind, die in der Umgangssprache, in Büchern, Zeitgn., amtl. u. gerichtl. Geschäftsstile ꝛc. vorkommen u. hier m. Rechtschreibg., Aussprache, Abstammg. u. Geschlecht verdeutscht erklärt werden. Ein unentbehrl. Handbüchlein f. jedes Alter u. alle Stände ꝛc. 186. Tausend. Neu bearb., vielfach berichtigte u. verm. rechtmäß. Orig.-Ausg. 12. (VI, 542 Sp.) Brünn, F. Karafiat's Verl. — 90

Taschen-Kalender f. d. J. 1886. 11. Jahrg. 64. (79 S.) Leipzig, Stauffer. geb. baar — 25

—— Arnsberger. f. d. J. 1886. 16. (64 S. m. Illustr.) Werl, Stein. — 15

—— für Beamte auf d. J. 1886. gr. 16. (IV, 184 u. 264 S.) Berlin, C. Heymann's Verl. geb. n. 2. 50

—— für das deutsche Blecharbeiter-Gewerbe 1886. 7. Jahrg. Bearb. v. Lehr. Rich. Just. gr. 16. (VIII, 122 u. 160 S. m. Illustr., 8 Taf. u. 1 Eisenbahnkarte.) Aue. (Schneeberg, Goedsche.) geb. baar n.n. 1. 80

—— für Eisenbahn-Expeditions-Beamte im Deutschen Reich auf d. J. 1886. Von Eisenb.-Betriebssecr. Carl Foerster. 3. Jahrg. Mit 1 Uebersichtskarte der Eisenbahnen v. Mittel-Europa. gr. 16. (112 u. 269 S.) Berlin, Siemenroth. geb. n. 1. 60

Taschen-Kalender f. den österreichischen Forstwirth f. d. J. 1886. 5. Jahrg. [Mit 1 Eisenbahnkarte.] Hrsg. v. Prof. Gust. Hempel. gr. 16. (VIII, 278 S.) Wien, Perles. geb. in Leinw. n. 3. —; in Ldr. n. 4. 40

—— für die deutschen Haus- u. Landwirthe f. d. J. 1886. Begründet u. hrsg. v. Dr. Will. Löbe. 28. Jahrg. gr. 16. (272 u. 158 S.) Leipzig, Reichenbach. geb. in Leinw. n. 2. —; in Ldr. n. 2. 50

—— dasselbe f. die österreichisch-ungarischen Haus- u. Landwirthe. gr. 16. (272 u. 108 S.) Ebd. geb. iu Leinw. n. 2. —; in Ldr. n. 2. 50

—— dasselbe f. die preußischen Haus- u. Landwirthe. gr. 16. (272 u. 158 S.) Ebd. geb. in Leinw. n. 2. —; in Ldr. n. 2. 50

—— dasselbe f. die sächsischen Haus- u. Landwirthe. gr. 16. (272 u. 158 S.) Ebd. geb. in Leinw. n. 2. —; in Ldr. n. 2. 50

—— für das Heer, m. Genehmigg. d. königl. Kriegsministeriums hrsg. von Maj. W. Frhrn. v. Fircks. 9. Jahrg. 1886. [Dienstjahr vom 1. Oktbr. 1885 —30. Septbr. 1886]. 16. (462 S.) Berlin, Bath. geb. n. 4. —

—— für die studierende Jugend auf d. J. 1886. Red. v. Notker Reimar. 8. Jahrg. 16. (144 S.) Donauwörth, Auer. cart. n.n. — 40

—— für den Landwirth f. d. J. 1886. Hrsg. u. red. v. Hugo H. Hitschmann. 8. Jahrg. [Mit 1 Eisenbahnkarte.] Zugleich: Oesterreichischer landwirthschaftl. Kalender, begründet u. 1861—1882 hrsg. von A. E. Ritter v. Komers, fortgesetzt u. 1883—1885 hrsg. von Jos. Ritter v. Bertel. 26. Jahrg. 2 Thle. (2. Thl.: Vademecum, kleine Ausg.) gr. 16. (1. Thl. 332 S.) Wien, Perles. geb. in Leinw. n. 7. 20; in Ldr. geb. n. 9. —; m. 2. Thl., grosse Ausg. geb. in Leinw. n. 8. 40; in Ldr. geb. n. 10. 80; 1. Thl. ap. geb. in Leinw. n. 2. 40; in Ldr. n. 3. 20; 2. Thl., kleine Ausg. ap. geb. in Leinw. n. 5. 60; in Ldr. n. 6. 60; 2. Thl., grosse Ausg. geb. n. 7. —; in Ldr. n. 8. 40

—— landwirthschaftlicher, f. Sachsen, Altenburg u. Thüringen auf d. J. 1886. Nach langjähr. prakt. Erfahrgn. zusammengestellt u. hrsg. v. Gutsbes. Fr. Otto Heinichen. 4. Jahrg. 12. (320 S.) Rochlitz, Pretzsch. geb. in Leinw. n. 1. 50; in Ldr. n. 2. —

—— für Lehrer. 1886. 12. Jahrg. Bearb. v. J. Böhm. 16. (170 S.) München, Exped. d. k. Zentral-Schulbücher-Verlages. geb. n.n. — 90

—— Münchener, f. d. J. 1886. 49. Jahrg. 32. (80 S.) München, Franz' Verl. cart. n. — 20; geb. in Leinw. n.n. — 90; in Ldr. als Brieftasche m. Spiegel n. 1. 40

—— neuer Münchener, f. d. J. 1886. 22. Jahrg. 64. (64 S.) München, J. A. Finsterlin. — 10; geb. von n. — 20 bis 1. 20

—— praktischer, auf d. J. 1886. Hrsg. v. Jos. Hubertus. Mit Illustr. 16. (58 S.) Aachen, Schweitzer. — 20; cart. — 30

—— rheinisch-westfälischer, auf d. J. 1886. 16. (56 S.) Düsseldorf, F. Bagel. — 10

—— für die Schiedsmänner u. deren Stellvertreter in Preußen auf d. J. 1886. Mit verschiedenen der Kenntniß u. Ausübg. d. Schiedsmannsamts förderl. Beilagen. 4. Jahrg. gr. 16. (VI, 198 u. 100 S.) Berlin, C. Heymann's Verl. geb. n. 2. 25

—— für deutsche Spediteure auf d. J. 1886. Von Eisenb.-Betriebssecr. Carl Foerster. 1. Jahrg. Mit 1 Uebersichtskarte der Eisenbahnen v. Mittel-Europa. gr. 16. (112 u. 269 S.) Berlin, Siemenroth. geb. n. 1. 60

—— Sulzbacher auf d. J. 1886. 25. Jahrg. 32. (64 S. m. Illustr.) Sulzbach, v. Seidel. n. — 20

—— für Weinbau u. Kellerwirthschaft f. d. J. 1886. 2. Jahrg. [Mit 1 Eisenbahnkarte.] Hrsg. u. red. v. Prof. Dr. Jos. Bersch unter Mitwirkg. v. Rob.

chröer. gr.16. (IV, 242 u. 188 S.) Wien, Perles. geb. in Leinw. n. 3. —; in Ldr. n. 4. —
ichen-Kalender, Fromme's Wiener, f. d. J. 1886. 22. Jahrg. 16. 12 S.) Wien, Fromme. baar — 40
- für Zuckerfabrikanten. 9. Jahrg. 1885/86. Hrsg. v. Dr. Karl Stammer. gr.16. (190 u. 146 S.) Berlin, Parey. geb. n. 4. —
chen-Notiz-Kalender f. d. J. 1886. Mit humorist. Erzählgn., e. Zinsberechnungs-, sowie e. Besoldungs- u. Liedlohns-Tabelle. 64. (80 S.) Würzburg, Etlinger. — 15; geb. n. — 40

auf d. J. 1886. Ein Tage- u. Notizbuch f. Advokaten, Beamte u. Reisende, wie f. den Geschäfts-, Privat- u. Gewerbemann. gr.16. (IV, 183 u. 48 S.) Würzburg, Stahel. geb. n. 1. —; durchsch. n. 1. 40
für das Herzogt. Anhalt. 1886. Mit e. (chromolith.) Specialkarte v. Anhalt. gr. 16. (180 S.) Dessau, Baumann. geb. n. 1. —
bert, Emil, Laterna magica. Märchen u. Geschichten. 8. (293 S.) Berlin 86, Th. Hofmann. n. 2. 40; geb. baar n. 3. 50
stummen-Courier. Hrsg. u. Red.: J. Haas. 1. Jahrg. 1885. 12 Nrn. ½ B.) 4. Wien, Administration. Halbjährlich n. 2. —
ausführer. Mit 1 Routenkarte, 2 Plänen u. 1 Taf. Ansichten. Hrsg. vom nusklub in Frankfurt a/M. 8. (78 S.) Frankfurt a/M., Ravenstein. cart. baar n. 2. —
fig's illustrirter Wiener Hausfrauen-Kalender pro 1886. Hrsg. v. der d. der Wiener Hausfrauen-Zeitg. 7. Jahrg. 8. (XXXII, 116 u. 52 S.) en, Perles. cart. n. 1. 20; geb. n. 2. —

e, Rhold., maurerische Bücherkunde. Ein Wegweiser durch die gemte Literatur der Freimaurerei m. literarisch-krit. Notizen. Verzeichniss Bibliothek der Loge Carl zu den 3 Ulmen in Ulm. gr. 8. (1. Thl. 80 S.) zig, Findel. Subscr.-Preis baar 7. 50; Ladenpr. n. 12. —
opfen auf dem Pilgerweg. Bibelsprüche auf alle Tage im Jahre m. sen aus Alb. Knapps Liedern. 7. Aufl. 16. (VII, 366 S.) Ludwigsburg, bert. geb. m. Goldschn. n. 2. —
r's, Bayard, Lebensbild, s.: Hansen-Taylor, M., u. H. E. Scudder.
r, George, Elfriede. Eine Erzählg. 1. u. 2. Aufl. 8. (371 S.) Leipzig, el. n. 6. —; geb. n.n. 8. 50
r, T., an unequal match, s.: Theatre, english.

ner, F., zur Veranschaulichung der Lautbildung. Lex.-8. (32 S., nebst h. Wandtaf. in gr. Fol. m. Leinw.-Einfassg. u. Ringen.) Leipzig,). baar n. 1. 60; Text ap. n. 1. —
enburg, Otto v., Hilfsbüchlein f. das erweiterte Studium der italieni- n Sprache, verglichen m. dem Deutschen u. die bezügliche Korrespon-, enth. einige Hundert charakterist. italien. Sätze, Redewendgn., Sprich-er u. Worte, besonders üb. Handels-, Post-, telegraph. u. Eisenbahn-ältnisse, aber auch aus dem maritimen u. militair. Leben etc., nebst en Handelsbriefen im Anhang. 8. (IV, 68 S.) Berlin, (Polytechn. h.). baar 1. —

's, Esaias, Werke. Übers. u. hrsg. von Gfr. v. Leinburg. 4 Bde. fl. (Feine Ausg.) gr. 8. (VI, 280; IX, 266; IX, 258 u. VII, 215 S. Holzschntaf. u. 1 Portr. in Stahlst.) Leipzig, Dürselen. geb. n. 30. —
— Werke. Auswahl in 7 Bdn., übers. u. hrsg. von Gfr. v. Lein- . 21—23. Lfg. 8. (Biographie 116 S. m. Stahlst.-Portr.) Ebd. baar à n. — 50

etische Werke. Deutsch v. P. J. Willatzen. 1. Bd. u. 2. Bd. in 2 n. 8. Halle, Gesenius. n. 7. 20; in 2 Bde. geb. à n. 5. —
alt: I. Lyrische Gedichte. (XV, 436 S.) n. 3. 60. — II, 1. Kleinere epische Ge-

dichte. (185 S.) n. 1. 80. — 2. Frithjofs-Sage. Übersetzung v. G. Mohnike, neu bearb. v. P. J. Willatzen. (176 S.) n. 1. 80.

Tegnér's, Esaias, Frithjofs-Sage. Uebers. von Gfr. v. Leinburg. Mit 1 Titelbild in Holzschn.: Frithjofs Bautastein von Leo v. Leinburg. 14., durchgehends umgearb. Aufl. (Feine Ausg.) gr. 8. (280 S.) Leipzig, Dürselen. geb. n. 10. —

—— kleinere epische Gedichte. Uebers. von Gfr. v. Leinburg. 2., neu durchgeseh. u. m. den Dedicationen an G. v. Leopold u. M. Norberg verm. Aufl. Mit e. Titelbild (in Holzschn.) von Leo v. Leinburg. (Feine Ausg.) gr. 8. (VII, 260 S.) Ebd. geb. n. 10. —

—— lyrische Gedichte. Uebers. von Gfr. v. Leinburg. 2 Thle. Mit dem Bildniß d. Dichters in Stahlst. 2. Aufl. (Feine Ausg.) gr. 8. (VII, 258 u. V, 215 S.) Ebd. In 1 Bd. geb. n. 15. —

Tegtmeyer, Emilie, die Tochter d. Bürgermeisters. Eine Erzählg. aus der bremischen Vergangenheit. 8. (164 S.) Bremen, Schünemann. n. 2. 50

Teller, Ed., kleines Lehrer-Album. Pädagogische Sentenzen u. Aphorismen in poet. Gewande. Aus Mußestunden. 16. (80 S.) Bernburg, Bacmeister in Comm. n. — 80

Telmann, Konr., Menschenschicksale. Novellen. [8. Folge.] 2 Bde. 8. (304 u. 263 S.) Minden, Bruns. n. 6. —

—— vom Wegrand. Novellistische Skizzen. 8. (III, 243 S.) Leipzig 1886, Mutze. n. 3. —; geb. n. 4. —

Temme, J. D. H., die Tochter d. Pfarrers. Erzählung. (2. Aufl.) 8. (123 S.) Berlin, Goldschmidt. n. — 50

Tenner, Armin, Amerika. Der heut. Standpunkt der Kultur in den Vereinigten Staaten. Monographieen aus der Feder hervorrag. deutsch-amerikan. Schriftsteller, gesammelt u. hrsg. v. A. T. Dazu als Anh.: Tenner's deutsch-amerikan. Vademecum. Kurzgefasste Erläutergn. amerikan. Eigenthümlichkeiten in Sprache u. Leben. 2. (Titel-)Aufl. gr. 8. (XII, 484 u. Anh. 166 S. m. 1 Taf.) Berlin (1884) 1886, Stuhr. n. 5. —

Tennyson's, Alfr., Enoch Arden. Aus dem Engl. übers. v. Rob. Waldmüller [Ed. Duboc]. 26. Aufl. Autoris. Ausg. Illustrirt v. Conr. Ermisch, Holzschn. v. Th. Burckhardt. 16. (56 S.) Hamburg, Grüning. geb. baar 1. 50; m. Goldschn. 2. —

Teplow, Ing.-Obrist M. N., die Schwingungsknoten-Theorie der chemischen Verbindungen. [Aus dem Russ. übers. v. L. Jawein.] Lex.-8. (72 S. m. eingedr. Fig. u. 1 Taf.) St. Petersburg. (Leipzig, Voss' Sort.) n. 2. —

Terentius, Publius, Lustspiele. Deutsch v. Prof. Dr. Johs. Herbst. 5. Lfg. 2. Aufl. 8. (3. Bdchn. S. 1—48.) Berlin, Langenscheidt. (à) n. — 35

Terlinden, Johannes. Skizze e. Seminarlehrer-Lebens, veröffentlicht zu seinem 50jähr. Amtsjubiläum. [Aus: „Rhein. Schulmann".] gr. 8. (16 S.) Neuwied, Heuser's Verl. n. — 30

Termin-Kalender f. d. J. 1886. gr. 16. (216 S.) Düsseldorf, F. Bagel. geb. in Leinw. n. 1. 50; m. Pap. durchsch. n. 2. 50; in Ldr. als Brieftasche n. 2. 80

—— auf d. J. 1886. Für Beamte u. Geschäfts-Leute. 32. Jahrg. gr. 4. (56 S.) Sulzbach, v. Seidel. n. 60 —

—— für die Justizbeamten in Preußen, Mecklenburg, den Thüringischen Staaten, Braunschweig, Waldeck, Lippe u. den Hansastädten auf d. J. 1886. Nach amtl. Quellen. Mit verschiedenen den prakt. Dienst erleicht. Beilagen. 48. Jahrg. 16. (IV, 183 u. 279 S.) Berlin, C. Heymann's Verl. geb. n. 3. —; durchsch. baar n. 3. 50.

—— für Justiz- u. Verwaltungs-Beamte in Elsaß-Lothringen auf d. J. 1886. Nach amtl. Quellen. 16. (IV, 204 u. 72 S.) Straßburg, Schultz & Co. Verl. geb. n. 2. 50

Termin-Kalender, preußischer, f. d. J. 1886. Red. im Büreau d. Justizministeriums. 34. Jahrg. Mit e. (lith. u. color.) Karte d. Oberlandesger.-Bez. Cöln. Zum Gebrauch f. Justizbeamte. gr. 16. (IV, 152 u. 342 S.) Berlin, v. Decker. geb. baar n. 3. —; durchsch. n. 3. 50

—— für die deutschen Rechtsanwälte, Notare u. Gerichtsvollzieher auf d. J. 1886. Hrsg. unter Mitwirkg. d. Vereins deutscher Anwälte. 27. Jahrg. 16. (IV, 176 u. 245 S.) Berlin, C. Heymann's Verl. geb. n. 3. 60; durchsch. baar n. 4. —

Termin- u. Geschäfts-Notizbuch, hannoversches, auf d. J. 1886. Unter Mitwirkg. v. Gerichtsbeamten hrsg. v. Louis Pockwitz. 8. (XVI, 208 u. 170 S.) Stade, Pockwitz. n. 2. —; geb. n. 2. 25; durchsch. n.n. 2. 75

Termin- u. Notiz-Kalender, preußischer, auf d. J. 1886. Zum Gebrauch der Beamten der allgemeinen Verwaltg. u. der Verwaltg. d. Innern. Unter Benutzg. officieller Quellen v. Beamten d. Ministeriums d. Innern bearb. 17. Jahrg. 16. (VIII, 186 u. 174 S.) Berlin, F. Schulze's Verl. geb. n. 2. 50; durchsch. n. 3. —

Terrasse, die Brühl'sche. Humoreske v. H. J. L(ichtenberger). 8. (42 S.) Dresden 1884, Pierson in Comm. n. 1. —

Tesch, Johs., Katechismus f. Bremser- u. Schaffner-Aspiranten. Für die Prüfgn. zum Bremser u. Schaffner nach den vom Bundesrath f. das Deutsche Reich erlassenen Bestimmgn. üb. die Befähigg. v. Bahnpolizeibeamten u. Locomotivführern bearb. 8. (VIII, 102 S.) Berlin, Siemenroth. geb. n. 1. 50

—— Katechismus f. die Prüfung zum Lademeister der Staats-Eisenbahnen. 8. (VII, 147 S.) Ebd. 1886. geb. n. 2. —

(85/1) —— Katechismus f. die Prüfungen zum Subaltern-Beamten I. u. II. Klasse d. inneren Dienstes u. zum technischen Eisenbahn-Sekretär der Staats-Eisenbahnen. Unter Berücksicht. der neuesten bezügl. Bestimmgn. bearb. 6—9. (Schluß-)Lfg. gr. 8. (XII u. S. 433—567.) Ebd. à n. 1. — (cplt. geb.: baar n. 10. 25)

—— Katechismus f. die Prüfungen zum Telegraphisten, Stations-Assistenten, Stations-Vorsteher u. Güter-Expedienten der Staats-Eisenbahnen. Unter Berücksicht. der neuesten bezügl. Bestimmgn. bearb. gr. 8. (VIII, 383 S.) Ebd. n. 6. —; geb. baar n. 7. —

Testament, das Neue, unsers Herrn u. Heilandes Jesu Christi. Nach der in Zürich kirchlich eingeführten Uebersetzg. aufs Neue m. Sorgfalt durchgesehen. 16. (624 S.) Zürich 1881, Dépôt der evangel. Gesellschaft. geb. in Leinw. baar n. — 65; in Ldr. m. Goldschn. n. 2. —; Ausg. m. Psalmen (624 u. 152 S.) geb. in Leinw. baar n. 1. —; in Ldr. m. Goldschn. n. 2. 40

—— dasselbe, verdeutscht v. Dr. Mart. Luther. Nebst den Psalmen Davids. Galvanotyp-Ausg. 7. Aufl. gr. 8. (856 u. 208 S.) Barmen, Wiemann. baar 3. 50; geb. u. 5. —; m. Goldschn. n. 6. —

—— das Neue, ins Hebräische übers. v. Frz. Delitzsch. Hrsg. v. der Brit. u. Ausländ. Bibelgesellschaft. gr. 8. (III, 483 S.) Leipzig, (J. Naumann). geb. baar n. 2. —; Ausg. in 12., 6. Aufl. (III, 471 S.) baar n. — 70

Testamentum, novum, graece et latine. Graecum textum addito lectionum variarum delectu rec., latinum Hieronymi notata Clementina lectione ex auctoritate codicum restituit Constant. de Tischendorf. Ed. II. cum tabula duplici terrae sanctae. 2 voll. (LXXII, XXXVII, 1860 S.) Leipzig, Mendelssohn. n. 4. —; geb. in Leinw. n. 6. —; in Ldr. m. Goldschn. n.n. 7. —

Teufel, der. Humoristische Zeitschrift. Red.: Joh. Mayer. 1. Jahrg. Juli 1885—Juni 1886. 52 Nrn. (2 B. m. Illustr.) Fol. München, Verl. der Deutschen Vereinszeitg. Vierteljährlich baar n. 2. —; Volksausg. à Nr. — 10

Textil-Kalender, österreichisch-ungarischer. Taschenbuch f. Spinnerei, Weberei, Wirkerei, Färberei, Bleicherei, Appretur, Druckerei etc. Hrsg v der Red. v. Pappenheim's „Textil-Industrie". 1. Jahrg. 1886. gr. 16. (V, 179 u. 130 S.) Wien, Perles. geb. n. 3. —

Thackeray, W. M., die vier George, s.: Universal-Bibliothek Nr. 2030.

— lectures on the english humourists of the 18th century, m. bibliograph Material, litterar. Einleitg. u. sachl. Anmerkgn. f. Studirende hrsg. v. Ernst Regel. X. 1. u. 6. Hft. gr. 8. Halle, Niemeyer. à n. 1. 20

Inhalt: 1. Swift. (IV, 79 S.) — 2. Sterne u. Goldsmith. (100 S.)

Thalheim, Louise, Büchlein Bimbam. Illustr. v. L. Th. 4. (20 color. Steintaf. m. eingedr. Text.) Berlin, Plahn. geb. 2. 50

Tharau, Hans, die Studiengenossen. 2. Aufl. 8. (VIII, 244 S.) Norden, Soltau. n. 3. —

Thayer, William M., Abraham Lincolns Leben. Autoris. Übers. aus dem Engl. v. Auguste Daniel. gr. 8. (V, 315 S.) Gotha 1886, F. A. Perthes. geb. n. 7. —

(85/1) **Theater**, kleines. [Familien- u. Vereinstheater.] Nr. 135—139. 141. 12. Paderborn, Kleine. 3. 40

Inhalt: 135. Eine Geduldprobe od. der verwechselte Officierbursche. Posse in 1 Aufzuge v. W. Kayser. (46 S.) — 60. — 136. Die beiden Tauben. Lustspiel in 1 Act v. Jules Moinaux. Nach dem Franz. bearb. v. J. Boventer. (24 S.) — 50. — 137. Leonore od. der bekehrte Geizhals am heil. Weihnachtsfeste. Posse in 3 Aufzügen v. W. Kayser. (36 S.) — 60. — 138. Wahl macht Qual. Lustspiel in 2 Akten [ohne Frauenrollen] v. Jos. Becks. (23 S.) — 60. — 139. De clavibus aedium. Comoedia comica in 2 actis, antea germanica ab Hirthe, nunc in linguam latinam translata a Cooper. Carl Essler. (20 S.) — 50. — 141. Der neue Gutsherr. Lustspiel in 1 Act. Nach dem Franz. frei bearb. v. F. A. Biermann. (31 S.) — 60.

Theater- u. Concert-Blatt, Züricher. 5. Jahrg. 1885. 365 Nrn. (1/2 B.) hoch 4. ZürichSchmidt. Vierteljährlich n. 2. —

Theater-Lexikon, deutsches. Eine Encyklopädie alles Wissenswerthen der Schauspielkunst u. Bühnentechnik. Hrsg. v. Adf. Oppenheim u. Ernst Gettke unter Mitwirkg. hervorrag. Gelehrter u. Fachmänner. (In ca. 30 Hftn.) 1. Hft. gr. 8. (32 S.) Leipzig 1886, Reißner. — 60

(83/2) **Theater-Mappe**. Nr. 66—69. gr. 8. Berlin, Kühling & Güttner. à 2. —

Inhalt: 66. Eine große Gesellschaft. Schwank in 1 Akt v. Felix Geber. (12 S.) — 67. Der Dragoner. Lustspiel in 1 Aufzuge v. C. Karlweis. (20 S.) — 68. Am Hochzeitsmorgen. Lustspiel in 1 Aufzuge v. Carl Laufs. (21 S.) — 69. Vergißmeinnicht. Lustspiel in 1 Akt v. Edm. Braune. (26 S.)

(84/2) **Theater-Repertoir**, Wiener. 380. u. 381 Lfg. gr. 8. Wien 1884, Wallishausser. n. 2. 80

Inhalt: 380. Fräulein Shylock. Lustspiel in 2 Acten v. Carl Albert. (31 S.) n. 1. 60. — 381. Vollblut. Schwank in 2 Acten nach dem Franz. v. Aug. Fresenius. (22 S.) n. 1. 20.

(84/1) **Theatre**, english. With vocabulary and annotations. Nr. 13—15. 16. Berlin, Friedberg & Mode. à n. — 50; cart. à — 60

Inhalt: 13. She stoops to conquer, or, the mistakes of a night. A comedy in 5 acts by Oliver Goldsmith. Erläutert u. m. e. Wörterverzeichnis versehen v. Dr. A. Matthias. (109 u. 8 S.) — 14. The Lady of Lyons or love and pride. A play in 5 acts by E. L. Bulwer. Mit Anmerkgn. u. Wörterbuch. Hrsg. v. Prof. Dr. C. Th. Lion. (87 u. 16 S.) — 15. Married in haste. An original comedy in 4 acts, by Henry J. Byron. Mit Anmerkgn. u. Wörterverzeichnis hrsg. v. Prof. Dr. C. Th. Lion. Copyright ed. for the Continent. (97 u. 24 S.)

— dasselbe. Nr. 2, 4 and 6. 2. ed. 16. Ebd. à n. — 50; cart. à — 60

Inhalt: 2. Patrician and Parvenu or confussion worse confounded. A comedy in 5 acts. By John Poole. (108 S.) — 4. An unequal match. A comedy in 3 acts. By Tom Taylor. (131 S.) — 6. Retired from business. A comedy in 3 acts by Douglas Jerrold. (111 S.)

ltre français. Avec notes et vocabulaires. Nr. 1—6. 9. 11. 12. 14. . 18—20. 25. 27. 39. 52. 53. 58. 67. 71. 74. 77. 81. 16. Berlin, Friedberg Mode. à — 30; cart. à — 40

nhalt: 1. Le verre d'eau ou les effets et les causes. Comédie en 5 actes et en rose par Scribe. 16 éd. (103 u. 7 S.) — 2. Le Tartuffe. Comédie en 5 actes ar Molière. 7. éd. (128 S.) — 3. L'avare. Comédie en 5 actes par J. B. Poaelin de Molière. 12. éd. (99 S.) — 4. Athalie. Tragédie en 5 actes par J. acine. 9. éd. (83 S.) — 5. Les contes de la Reine de Navarre ou la revanche e Pavie. Comédie en 5 actes par Scribe et Legouvé. 8. éd. (144 S.) — 6. 'abbé de l'Épée. Comédie historique en 5 actes par M. J. N. Bouilly. 4. éd. 38 S.) — 9. Phèdre. Tragédie en 5 actes et en vers. Par J. Racine. 5. éd. 76 S.) — 11. Bataille des dames ou un duel en amour. Comédie en 3 actes ır Scribe et Legouvé. 6. éd. (99 S.) — 12. Iphigénie. Tragédie en 5 actes en vers par J. Racine. 5. éd. (80 S.) — 14. Mademoiselle de la Seiglière. omédie en 4 actes par Jules Sandeau. 7. éd. (125 S.) — 16. Horace. Tragédie en 5 actes et en vers par Corneille. 5. éd. (89 S.) — 18. Le Diplomate. omédie-vaudeville en 2 actes par Scribe et Delavigne. 4. éd. (65 S.) — 19. s doigts de fée. Comédie en 5 actes par Scribe et Legouvé. 7. éd. (136 S.) · 20. Les enfants d'Édouard. Tragédie en 3 actes et en vers par Casimir elavigne. 4. éd. (133 S.) — 25. Le Cid. Tragédie en 5 actes et en vers par Corneille. 9. éd. (99 S.) — 27. La joie fait peur. Comédie en 1 acte et prose. Par Mme. Émile de Girardin. 4. éd. (58 S.) — 39. Le bourgeois ntilhomme. Comédie-Ballet en 5 actes par Molière. 7. éd. (116 S.) — 52. mani ou l'honneur castillan. Drame en 5 actes et en vers par Victor Hugo. éd. (143 S.) — 53. La passion secrète. Comédie en 3 actes par Scribe. éd. (95 S.) — 58. Le gendre de M. Poirier. Comédie en 4 actes par E. Augier J. Sandeau. 4. éd. (95 S.) — 67. Polyeucte. Tragédie en 5 actes et en rs par P. Corneille. 3. éd. (94 S.) — 71. Andromaque. Tragédie en actes et en vers par Racine. 3. éd. (77 S.) — 74. L'école des femmes. Co-die en vers et en 5 actes par Molière. 2. éd. (105 S.) — 77. Mademoiselle Belle-Isle. Drama en 5 actes par Alexandre Dumas. 2. éd. (101 S.) — 81. lière. Drame en 5 actes par Georges Sand. 2. éd. (139 S.)

us, Dr. Geo., die Meiler- u. Retorten-Verkohlung. Die lieg. u. steh. iler. Die gemauerten Holzverkohlungs-Oefen u. die Retorten-Verg. Ueber Kiefer-, Kien- u. Buchenholztheer-Erzeugg., sowie Birkenr-Gewinng. Die technisch-chem. Verarbeitg. der Nebenproducte Holzverkohlg., wie Holzessig, Holzgeist u. Holztheer. Die Roth-Fabrikation, das schwarze u. graue Rothsalz. Die Holzgeist-Er-g. u. die Verarbeitg. d. Holztheeres auf leichte u. schwere Holzröle, sowie die Erzeugg. d. Holztheer-Paraffins u. Verwerthg. d. theerpeches. Nebst e. Anh.: Ueber die Rußfabrikation aus harzigen ern, Harzen, harzigen Abfällen u. Holztheerölen. Ein Handf. Herrschaftsbesitzer, Forstbeamte, Fabrikanten, Chemiker, niker u. Praktikanten nach den neuesten Erfahrgn. praktisch u. wissentlich bearb. Mit 80 Abbildgn. 8. (XIX, 302 S.) Wien, Hartleben. n. 4. 50

ald, Amtsger.-R. Max, die Gesetze üb. das Grundbuchwesen im Bezirk ormaligen Appellationsgerichts zu Kassel m. Ausschluß d. Amtshtsbezirks v. Vöhl m. Anmerkgn. zum prakt. Gebrauch. 8. (VII, 172 S.) el, Wigand. geb. n. 4. —

itos, Bion u. Moschos. Deutsch im Versmaße der Urschrift v. Ed. ike u. Frdr. Notter. 5. Lfg. 2. Aufl. 8. (S. 177—224.) Berlin, enscheidt. (à) n. — 35

anos, Dionys., philologische Aufzeichnungen. (Griechisch.) 8. (V, S.) Triest, Schimpff. baar n. 5. —

r, Diak. K., vom Vergeben. Predigt, geh. am 22. Sonntag nach Trinis. [Aus: „Theurer's Predigtbuch".] 8. (16 S.) Basel, Spittler. — 8

iet, André, Raymonde. Roman. 8. (191 S.) Berlin, Goldschmidt. n. 1. —

Thieme-Preußer, neues vollständiges kritisches Wörterbuch der englischen u. deutschen Sprache. Neue reich verm. Ster.-Aufl., bearb. v. Dr. Jg. Eman. Wessely. 2 Thle. in 1 Bd. Der Gesammt-Aufl. 149. Tausend, der neuen Bearbeitg. 3. Tausend. Lex.-8. (X, 806 u. 612 S.) Hamburg, Haendcke & Lehmkuhl. n. 11. —; geb. n. 12. 50

Thieme-Wessely, Hand-Wörterbuch der englischen u. deutschen Sprache. Neue Ster.-Aufl. v. Thieme, Hand- u. Schulwörterbuch, vollständig umgearb. v. Dr. Jg. Em. Wessely. 2 Thle. in 1 Bd. 1. Abdr. Lex.-8. (VIII, 480 u. 404 S.) Hamburg (1883), Haendcke & Lehmkuhl. n. 6. —; geb. n. 7. 20

Thieme, E., die aufführende Kinderwelt. Heitere Singspiele f. Kinder. 1. Hft. Winterfreuden. 8. (16 S.) Meißen, Schlimpert. n. — 50

Thienhaus, Past., Evangelisation der römisch-katholischen Kirche Deutschlands. Vortrag, geh. auf der Rhein. Diaspora-Prediger-Conferenz zu Bernkastel a. d. Mosel am 9. Juli 1884. gr. 8. (41 S.) Halle 1886, Niemeyer. n. — 80

Thierry, A., histoire d'Attila, s.: Schulbibliothek, französische u. englische.

Thierschutz-Kalender, Wiener, f. d. J. 1886. Hrsg. vom Wiener Thierschutz-Vereine. 16. (78 S.) Wien, (Hölder). baar n. — 50

Thode, Henry, Franz v. Assisi u. die Anfänge der Kunst der Renaissance in Italien. Mit Illustr. gr. 8. (XII, 578 S.) Berlin, Grote. n. 16. —

Thoma, Sem.-Prof. A., deutsche Sprachlehre f. Seminarien u. Mittelschulen gr. 8. (IV, 94 S.) Karlsruhe 1886, Braun. cart. baar n. 1. 40

(84/2) **Thomas a Kempis**, die Nachfolge Christi, übers. v. D. Alb. Werfer, m. Orig.-Zeichngn. v. Karl Gehrts. 2. Bd. hoch 4. (S. 105—240.) Ulm, Ebner. (à) 2. 50

Thomas, Geo. Mart., Handelsvertrag zwischen der Republik Venedig u. dem Königreich Granada vom J. 1400. Eingeleitet u. hrsg. [Aus: „Abhandlgn. d. k. b. Akad. d. Wiss."] gr. 4. (32 S.) München, Franz' Verl in Comm. n.n. — 90

Thomas-Badenweiler, H. J., üb. die Riviera u. das Klima v. Nervi, s.: Sonderabdrücke der Deutschen Medizinal-Zeitung.

Thomas, L., biblische Geschichten, ⎫
—— Lebensbilder, ⎬ s.: Berthelt, A.
—— Lesebuch, ⎭
—— s.: Muttersprache, die.
—— Rechenschule, s.: Berthelt, A.

Thomas, R., die Sprachübungen in der österreichischen Bürgerschule, s.: Bruhns, A.

Thomassen, Dr. J. H., Bibel u. Natur. Allgemein verständl. Studien üb. die Lehren der Bibel vom Standpunkte der heut. Naturwissenschaft u. Geschichte. 5. vollständig umgearb. u. sehr verm. Aufl. gr. 8. (VIII, 267 S.) Köln, Mayer. geb. n. 5. —

—— Geschichte u. System der Natur. Allgemein verständl. Darstellg. der natürl. Entstehg. u. d. Kreislaufs der Welt, sowie der Entwickelungsgeschichte ihrer Bewohner. 5. völlig umgearb. u. sehr verm. Aufl. Mit zahlreichen Illustr. gr. 8. (XVI, 448 S.) Ebd. geb. n. 7. 50

(85/1) **Thomé's**, Prof. Dr., Flora v. Deutschland, Österreich u. der Schweiz in Wort u. Bild f. Schule u. Haus. Mit Orig.-Zeichngn. v. Walter Müller. [3 Bde. m. gegen 600 Taf. in Farbendr.] 2—6. Lfg. gr. 8. (2. Bd. S. 33—144 m. 96 Chromolith.) Gera, Köhler's Verl. à n. 1. —

Thomen, Gust., Beitrag zur Lehre der Leukaemie. Inaugural-Dissertation. gr. 8. (50 S.) Lahr. (Göttingen, Vandenhoeck & Ruprecht.) baar n. 1. 40

(83/2) **Thomsen**, Prof. Dir. Dr. Jul., thermochemische Untersuchungen. 4. Bd. Organische Verbindgn. Mit 1 (lith.) Taf. gr. 8. (XVI, 429 S.) Leipzig 1886, Barth. n. 12. — (cplt.: n. 51. —)

Thomsen, R., taler de Dansk? [Sprechen Sie Dänisch?] Dänischer Sprachführer, enth. kurzgefaßte Grammatik, Gespräche, Wörtersammlg. u. Lesestücke. 2. verb. Aufl. 8. (IX, 109 S.) Leipzig, C. A. Koch. 1. 50

Thormälen, Johs., üb. secundären Lungenkrebs. Inaugural-Dissertation. gr. 8. (43 S.) Göttingen, (Vandenhoeck & Ruprecht). baar n. 1. 20

Thukydides. Für den Schulgebrauch erklärt v. Prof. Dr. Gfr. Boehme. 1. Bd. 2. Hft. u. 2. Bd. 1. Hft. 4. verb. u. verm. Aufl., besorgt v. Rekt. Dr. Simon Widmann. gr. 8. Leipzig, Teubner. à 1. 50
I. 2. Buch. III. u. IV. (VIII, 204 S.) — II. 1. Buch. V. u. VI. (V, 174 S.)

—— erklärt v. J. Classen. 8. Bd. 8. Buch. 2. Aufl. gr. 8. (XXVIII, 200 S.) Berlin, Weidmann. 2. 25

—— Mit erklär. Anmerkgn. hrsg. v. K. W. Krüger. 1. Bds. 2. Hft. [III—IV. Buch]. 3. Aufl., besorgt v. W. Pökel. gr. 8. (III, 219 S.) Leipzig, K. W. Krüger. n. 3. —

Thumann, P., s.: Chamisso, A. v., Frauen-Liebe u. Leben.

Thümen, Fel. v., die Bekämpfung der Pilzkrankheiten unserer Culturgewächse. Versuch e. Pflanzentherapie zum prakt. Gebrauche f. Land- u. Forstwirthe, Gärtner, Obst- u. Weinzüchter. gr. 8. (X, 160 S.) Wien 1886, Faesy. n. 3. 60

Thumser, Vict., de civium Atheniensium muneribus eorumque immunitate. gr. 8. (151 S.) Wien, Gerold's Sohn. 4. —

Thüngen, C. C. Frhr. v., die Jahreszeiten d. Waidmanns. Belletristische Schilderga. aus dem Jägerleben in Prosa u. Poesie zur Charakteristik d. deutschen Waidwerks. Neue (Titel-)Ausg. gr. 8. (XIV, 220 S.) Berlin (1881), Parey. n. 3. —

Thurneysen, Rud., der Saturnier u. sein Verhältniss zum späteren römischen Volksverse, untersucht. gr. 8. (III, 63 S.) Halle, Niemeyer. n. 1. 60

Tibulli carmina, s.: Catullus.

—— Deutsch in der Versweise der Urschrift v. Dr. Wilh. Binder. 1. Lfg. 2. Aufl. 8. (48 S.) Berlin, Langenscheidt. n. — 35

(79/2) **Tibus**, Domcapitul. Geistl.-R. Adph., Gründungsgeschichte der Stifter, Pfarrkirchen, Klöster u. Kapellen im Bereiche d. alten Bisth. Münster m. Ausschluß d. ehemaligen friesischen Theils. 1. Thl. Die vom h. Liudger gegründeten Kirchen. 7. Hft. Zusätze, Verbessergn., Erläutergn., Register u. (chromolith. u. color.) Karte d. alten Bisth. Münster. gr. 8. (S. 1221—1320 u. 80 S. Register.) Münster, Regensberg. n. 2. — (1. Thl. cplt.: n. 15. —)

Tichelmann, Ludw., de versibus ionicis a minore apud poetas graecos obviis. Dissertatio inauguralis. gr. 8. (64 S.) Königsberg 1884, (Gräfe & Unzer). baar n. 1. —

Tieck's, L., Werke, s.: National-Litteratur, deutsche.

—— des Lebens Ueberfluss, s.: Haus-Bibliothek f. Stolze'sche Stenographen.

—— Rotkäppchen, s.: Universal-Bibliothek Nr. 2044.

—— Wunderlichkeiten, s.: Universal-Bibliothek Nr. 2064.

Tiemann, Telegr.-Sekr. C., der Blitzableiter. Kurze Beschreibg. seiner Einrichtg., Nützlichkeit u. Nothwendigkeit f. Wohn- u. Wirthschaftsgebäude 2c. Mit 3 Holzschn. 4. verm. u. verb. Aufl. gr. 8. (40 S.) Freiburg i/Br. 1886, Wagner in Comm. n. — 45

Tier-Bilderbuch. 2 Sorten. gr. 8. (6 Chromolith. m. 4 S. Text.) Wesel, Düms. à — 30

Tiermaler, der kleine. Kolorier-Bilderbuch. 2 Sorten. gr. 8. (à 8 Steintaf., wovon 4 color., m. 1 S. Text.) Wesel, Düms. cart. à — 30

Tierschutz-Kalender, deutscher, f. d. J. 1886. 4. Jahrg. 16. (32 S. m. Illustr.) Donauwörth, Auer. n. — 10

—— deutscher, f. d. J. 1886. 4. Jahrg. 16. (32 S. m. Illustr.) Würzburg, Etlinger. n. — 10

Tiesenhausen, Hildebert Baron, Beitrag zum Nachweise d. Chloralhydrats im Thierkörper. Inaugural-Dissertation. gr. 8. (30 S.) Dorpat, (Karow). baar n. 1. —

Tiesmeyer, L., u. P. **Zauleck,** Pastoren, die Weihnachtsfeier der Kinder. 6 Weihnachtsandachten m. vollständ. Begleitg. sämtl. vorkomm. Weihnachtslieder. 2. Aufl. 2 Tle. gr. 8. (47 u. 31 S.) Bielefeld 1886, Velhagen & Klasing. n. 1. 20

Tietz, Archit. Hugo, Vorlagen zum Tuschen v. Façaden m. umgebender Landschaft. Fol. (5 Taf. in Lichtdr. u. Chromolith.) Karlsruhe, Bielefeld's Verl. In Mappe. n. 6. —

Tietz, O., Gesangbuch f. evangelische Gymnasien, s.: Henke, O.

Tiling, Past. Oberlehr. Wilh., Antikritik od. Zurechtweisung? Anfrage an den Herausgeber u. Redacteur der Mittheilungen u. Nachrichten. gr. 8. (13 S.) Riga, Stieda. n. — 60

—— das Leben der Christen e. Gottesdienst. Essay zu Nutz u. Frommen der christl. Gesellschaft verf. gr. 8. (XX, 170 S.) Ebd. n. 3. 60

—— das Wort Gottes, betrachtet u. beschrieben zu Nutz u. Frommen unserer christl. Gesellschaft. Essay. gr. 8. (IX, 35 S.) Ebd. n. 1. —

—— dasselbe. 2. erweit. Aufl. gr. 8. (XI, 40 S.) Ebd. n. 1. 20

Timotheus. Ein Geschenk f. die confirmirte Jugend. Bearb. nach Hiller, u. hrsg. v. der evang.-luth. Synode v. Missouri, Ohio u. andern Staaten. 14. Aufl. 12. (174 S.) St. Louis, Mo. (Dresden, H. J. Naumann.) geb. baar n. — 75

Tischer, G. A., der veltliner Mord, s.: Glaube, der evangelische, nach dem Zeugnis der Geschichte.

Tischhauser, Chr., 3 Tabellen zur Kirchengeschichte. qu. gr. Fol. Basel, Detloff. In Mappe. n. 1. 20

Tischner, Aug., the fixed idea of astronomical theory. gr. 8. (83 S. m. 3 Holzschn.-Porträts.) Leipzig, Fock. baar n. 1. 20

Tobler, S., s.: Nationalbibliothek, schweizerische.

Todtenhaupt, Dr. G., Jesus Christus, der Welterlöser. Ein Heilandsbild, nach den 3 ersten Evangelien dargestellt. 2. (Titel-)Ausg. 8. (VI, 192 S.) Leipzig (1885) 1886, Reißner. n. 2. —

Tödter, Progymn.-Lehr. H., Anfangsgründe der Arithmetik u. Algebra. Für den Schul- u. Selbstunterricht in entwickelnder Lehrform bearb. 1. Tl. Ausg. A. (Mit den Anleitgn.) 3., erweit. Aufl. gr. 8. (V, 129 S.) Bielefeld, Velhagen & Klasing. n. 1. 20

—— dasselbe. Ausg. B. (Nur die Aufgaben enth.) 3., erweit. Aufl. gr. 8. (III, 70 S.) Ebd. n. — 60

Toggenburg, Carlmann v., Friedens-Blätter u. Blumen. Gesammelt f. das kath. Schweizervolk zum Andenken an die Ernenng. d. hochwürdigsten Hrn. Dompropstes Dr. Frdr. Fiala zum Bischof v. Basel durch Se. Heil. Papst Leo XIII. den 19. Jan. 1885. 8. (99 S. m. 4 Bildern.) Solothurn, Schwendimann. n. 1. 60; Pracht-Ausg. n. 3. 20

(82/2) **Toifel,** Wilh. J., Keramik. Eine Sammlg. Orig.-Entwürfe zur Ausführg. in Glas, Fayence, Porzellan, Majolika, Terracotta, Thon, Steinzeug, Marmor, Metall etc., zum prakt. Gebrauch f. Fabrikanten, Modelleure, Decorateure etc., hrsg. unter Mitwirkg. vorzügl. Fachmänner. 8. u. 9. Lfg. Fol. (à 5 Lichtdr.-Taf.) Dresden, Gilbers. baar à n. 6. —

Tolhausen, Dr. Alex., technical dictionary in the english, german and french, languages, containing about 76,000 technical terms and locutions employed in arts, trades and industry in general. Revised by Consul general Louis Tolhausen. 2. part. English-german-french. 3. ed., with a new grand supplement. 8. (XIV, 837 u. Suppl. 117 S.) Leipzig, B. Tauchnitz. n. 9. —; Suppl. sp. n. 1. —

Tolkmitt, Wasser-Bauinsp. G., das Entwerfen u. die Berechnung der Brückengewölbe. [Aus: „Zeitschr. f. Bauwesen".] Lex.-8. (26 S. m. Fig.) Berlin, Ernst & Korn. n. 1. 20

Tölner's, J., Handlungsbuch von 1345—1350, s.: Geschichtsquellen der Stadt Rostock.

Tolstoi, Graf Leo, die Kosaken. Kaukasische Novelle. Aus dem Russ. v. G. Keuchel. 8. (252 S.) Berlin, Deubner. n. 3. —

—— Krieg u. Frieden. Historischer Roman. Mit Genehmigg. d. Autors hrsg. deutsche Uebersetzg. v. Dr. Ernst Strenge. 4 Bde. 8. (1. u. 2. Bd. 392 u. 310 S.) Ebd. n. 15. —

Tömösváry, Dr. Edm., die Kolumbaczer Mücke. Im Auftrage d. königl. ung. Ministeriums f. Ackerbau, Industrie u. Handel verf. Uebers. v. Phylloxera-Districtsinsp. Joh. Weny. [Mit e. den Text erläut. Taf.] gr. 8. (24 S.) Ung.-Weisskirchen, Hepke. n. — 40

Topelius, Zach., Märchen u. Erzählungen f. Kinder, s.: Sammlung v. Kinderschriften.

—— schwedisches Märchenbuch. Deutsch von Alma v. Podewils. 8. (V, 210 S.) Wiesbaden, Bergmann. n. 2. 70; geb. n. 3. 60

—— aus hohem Norden. Aus dem Schwed. v. O. Gleiss. 2. Bd. Jugendträume. Erzählung. 8. (164 S.) Gütersloh, Bertelsmann. n. 1. 60

Der 1. Bd. erscheint später.

Toepfer, C., Hermann u. Dorothea, s.: Universal-Bibliothek Nr. 2027.

Töpffer, R., Genfer Novellen, s.: Collection Spemann.

—— zwei Genfer Novellen, s.: Haus-Bibliothek f. Stolze'sche Stenographen.

Töpke, Schulinsp. H., Rechenbuch f. Bürgerschulen. 1., 3. u. 4. Hft. 8. Braunschweig 1884, Bruhn's Verl. n. — 80

1. 2. Aufl. (32 S.) n. — 20. — 3. 4. 4. Aufl. (36 u. 44 S.) à n. — 30.

Toporski, Assist.-Arzt A., Beitrag zur Casuistik der Beckengeschwülste in geburtshilflicher Beziehung. Inaugural-Dissertation. gr. 8. (42 S.) Breslau 1884. (Köhler.) baar n. 1. —

Torkos, Paul v., Einiges üb. Ungarns volkswirthschaftliche Zustände. gr. 8. (38 S.) Wien, Wallishausser. n. — 70

Tornwaldt, Dr. G. L., üb. die Bedeutung der Bursa pharyngea f. die Erkennung u. Behandlung gewisser Nasenrachenraum-Krankheiten. gr. 8. (119 S.) Wiesbaden, Bergmann. n. 3. 60

Totzke, Aug., Deutschlands Kolonien und seine Kolonialpolitik. Mit 11 Karten-Skizzen. 12. (VIII, 488 S.) Minden, Bruns. n. 4. —

Toula, Frz., geologische Unternehmungen in der „Grauwacken-Zone" der nordöstlichen Alpen. Mit besond. Berücksicht. d. Semmeringgebietes. [Mit 1 Karte. 1 Taf. u. 43 Holzschn.] [Aus: „Denkschr. d. k. Akad. d. Wiss."] Imp. 4. (64 S.) Wien, Gerold's Sohn in Comm. n. 5. —

Touren-Verzeichniss u. Touristenführer f. die Ost-Karawanken u. Sannthaler Alpen m. besond. Berücksicht. d. Sectionsgebietes, Eisenkappel u. Umgebung. Hrsg. v. der Section Eisenkappel d. österr. Touristenclub. 2. Aufl. 8. (64 S.) Eisenkappel. (Klagenfurt, v. Kleinmayr.) baar n.n. — 52.

Tourist, der. Internationaler Eisenbahnführer f. Schweizer Reisende. Officielle Fahrtenpläne der schweizer. Eisenbahnen, Dampfboote u. Posten.

Directe Routen v. Frankreich, England, Holland etc. nach der Schweiz, Italien u. dem Littoral. Mit e. internationalen Routen-Karte u. e. Spezial-Karte der schweizer. Verkehrsanstalten. Sommerdienst 1885. 8. (XVI, 266 S.) Bern, Wyss. n. 1. —

(85/1) **Touristen-Führer.** Hrsg. vom österreich. Touristen-Club. 18. Hft. 8. Wien, (Bretzner & Co.). geb. baar 1. 80
Inhalt: Mariazell, seine Umgebung u. Zugangsrouten. Von C. Fruhwirth. Mit 6 Illustr. (60 S.)

—— dasselbe. 19. Hft. 8. Innsbruck, (Wagner). n. — 60
Inhalt: Innsbruck, seine Umgebung u. angrenzenden Berge v. e. Mitgliede. Mit 1 Lichtdr.-Bilde. (32 S. m. 1 Plan.)

Toussaint, Charles, u. G. **Langenscheidt,** Proff., brieflicher Sprach- u. Sprech-Unterricht f. das Selbststudium Erwachsener. Französisch. 32. Aufl. 36 Briefe m. 8 Beilagen u. Sachregister. gr. 8. (736, 244 u. 76 S. m. Holzschn.-Portr. der Verf.) Berlin, Langenscheidt. In Leinw.-Decke u. Futteral. baar 27. —

Toussaint, Fr. W., die Wiese, deren Technik, Pflege u. ökonomische Bedeutung. Mit 12 Holzschn. im Text u. 24 lith. Abbildgn. der vorzüglichsten Wiesengräser (auf 9 Taf.) gr. 8. (XI, 276 S.) Breslau, Korn. n. 4. 50

Toussaint, ehemal. Miss. J. P., rette deine Seele! 50 Missionspredigten. 2., verb. Aufl. gr. 8. (478 S.) Dülmen, Laumann. n. 3. —

Transfeldt, Maj., Dienst-Unterricht f. den Infanteristen d. deutschen Heeres. Nach den neuesten Bestimmgn. bearb. 13. Aufl. Mit 42 in den Text gedr. Holzschn., 1 Ordens- und 1 Croquir-Taf. gr. 8. (VI, 142 S.) Berlin 1886, Mittler & Sohn. n. n. — 50

—— Kommando-Buch f. jüngere Offiziere u. f. Unteroffiziere der deutschen Infanterie v. e. alten Compagnie-Chef. 2. verm. u. verb. Aufl. 12. (VIII, 117 S.) Ebd. n. — 60

—— kleines Kommando-Buch f. angehende Unteroffiziere u. f. Rekruten-Gefreite der deutschen Infanterie. 12. (IV, 54 S.) Ebd. n. — 35

Trapp, Ed., u. Herm. **Pinzke,** Lehrer, das Bewegungsspiel. Seine geschichtl. Entwickelg., sein Wert u. seine method. Behandlg., nebst e. Sammlg. v. üb. 200 ausgewählten Spielen u. 25 Abzählreimen. Auf Grund u. im Sinne d. Ministerial-Reskripts vom 27. Oktbr. 1882 bearb. 2., verm. u. verb. Aufl. 12. (XI, 176 S.) Langensalza, Beyer & Söhne. geb. n. 1. 60

Tratado de terapeutica homoeopática, escrito bajo el punto de vista actual de la medicina y utilizando los últimos adelantos de la literatura homoeopática, con un resumen de anatomia y fisiologia, humanas reglas para la inspeccion clinica, diagnostico, tratamiento y dietética, y con 200 grabados anatómicos y patológicos intercalados en el testo, para uso de los médicos y personas instruidas. Traducido al español, corregido y aumentado de la 3.ª y última edicion alemana, por el Dr. Paz Alvarez. gr. 8. (XVI, 1283 S.) Leipzig, Dr. W. Schwabe. n. 20. —; geb. n. 22. 50.

Trauerspiel, das, im Kochbuch od. Poesie u. Prosa. Duo-Posse. 8. (14 S.) Wien, Neidl. n. — 40

Traugott, Emma, durch Nacht zum Licht. Eine Erzählg. f. jung u. alt. 12. (56 S.) Basel, Spittler. — 30

Traum u. Leben. Liederklänge aus Schleswig-Holstein v. Adelaide Marie. 8. (VIII, 203 S.) Garding, 1886, Lühr & Dircks. n. 2. 40; geb. m. Goldschn. n. 4. —

Traumbuch, das wahre egyptische. Nach alten egypt., schwed. u. arab. Handschriften bearb., sowie nach den Aufzeichngn. d. Mönches Ambrosius. 8. (36 S. m. 1 Chromolith.) Landsberg a/W., Volger & Klein. — 25

Traut, Lehr. Ant., Zeichenunterricht in der Elementarschule. 1. u. 2. Hft. qu. 4. (à 12 Steintaf.) Crefeld, Brocker. à n. — 35
1. 13. Aufl. — 2. 9. verb. Aufl.

Traut, Georges, cours complet de langue allemande en deux parties. 1. partie. 3. éd., corrigée et augmentée. 8. (VII, 438 u. 3 lith. S.) Frankfurt a/M., Jügel. geb. 4. 20; Clef. (144 S.) geb. 1. 80

—— Lexikon üb. die Formen der griechischen Verba. Nebst 2 Beilagen: I. Verzeichniss der Declinations- u. Conjugations-Endgn. II. Grammatische Schlüssel. 2. (Titel-) Ausg. gr. 8. (VIII, 718 u. 44 Sp. u. S.) Giessen (1867), Roth. n. 2. —

Trautmann, Ob.-Stabsarzt Doc. Dr. F., anatomische, pathologische u. klinische Studien üb. Hyperplasie der Rachentonsille, sowie chirurgische Behandlung der Hyperplasie zur Verhütung v. Erkrankungen d. Gehörorgans. Mit 7 lith. Taf. u. 12 stereoskop. Photogr. nach Sectionspräparaten. Fol. (V, 150 S.) Berlin 1886, Hirschwald. cart. n. 40. —

Trautmann, Frz., Hell u. Dunkel. Poësieen aus allen Stimmgn. Mit dem (Lichtdr.-)Bildnisse d. Verf. 8. (VII, 358 S.) Augsburg, Literar. Institut v. Dr. M. Huttler. n. 5. —

Trautwein, Th., Führer durch München u. seine Umgebung. Mit den vollständ. Katalogen der beiden Pinakotheken, der Glyptothek u. der Schack'schen Galerie. 13. vollständig umgearb. Aufl. d. v. Morin begründeten Handbuchs. Nebst e. grossen Plan v. München u. Umgebg., Orientirungsplan, Tableau der inneren Eintheilg. der 3 kgl. Theater, 9 Grundrissen, e. Kärtchen d. Starnberger Sees u. Plan v. Nymphenburg. 12. (XXVIII, 231 S.) München, Kaiser. n. 2. —; geb. n. 2. 60

—— das Kaisergebirge in Tirol. Für Einheimische u. Fremde geschildert. Mit 1 Karte d. Kaisergebirges (in Kpfrst.). Erweiterter Wiederabdr. aus der Zeitschrift d. Deutschen u. Oesterreich. Alpenvereins. 8. (64 S.) Kufstein. (München, Lindauer.) baar n.n. 1. 30

—— Südbaiern, Tirol u. Salzburg, Oesterreich, Steiermark, Kärnten, Krain, Küstenland u. die angrenzenden Theile v. Ober-Italien. Wegweiser f. Reisende. 7. umgearb. u. erweit. Aufl. Mit Ergänzgn. bis 1884. Mit 1 Uebersichtskarte u. 11 Specialkarten. 8. (XXVI, 419 S.) Augsburg, Lampart's alpiner Verl. geb. n. 5. —

Trede, Th., das geistliche Schauspiel in Süditalien, s.: Sammlung gemeinverständlicher wissenschaftlicher Vorträge.

Tréfort, Praes. Aug. v., Denkrede auf Graf Melchior Lónyay. Autoris. deutsche Ausg. gr. 8. (26 S.) Budapest 1886, Kilián. n. — 60

—— Gedenkrede auf Franz Guizot, auswärt. Mitglied der Ungar. Akademie. Gelesen in der Sitzg. vom 26. Oktbr. 1885. Aus dem Ung. übers. gr. 8. (20 S.) Ebd. n. — 40

Treitel, Dr. Th., Tafeln zur numerischen Bestimmung d. Lichtsinnes. gr. 8. (12 Taf. auf Carton m. eingeklebten farb. Quadraten u. 4 S. Text.) Königsberg, (Hartung). In Carton. baar n. 8. —

Trempenau, Wilh., die neuen Börsensteuer- u. Wechselstempel-Gesetze u. Tarife d. Deutschen Reiches. Enth.: Die Besteuerung der Werthpapiere, der Kauf- u. Anschaffungs-Geschäfte v. Werthpapieren u. Waaren, u. der Wechsel nach den Gesetzen vom 10. Juni 1869, 1. Juli 1881 u. 29. Mai 1885. Nebst den Ausführungsbestimmgn. dazu vom 25. Septbr. 1885, sowie verschiedenen Beschlüssen u. Bekanntmachgn. d. Bundesraths u. Reichskanzlers in Bezug auf diese Gesetze; den Tarifen u. nach denselben aufgestellten Besteuerungs-Tabellen, Anmeldungs-Formularen, Formularen zu Schlussnoten u. Tagebüchern f. Waaren- u. Wechsel-Sensale u. e. Uebersicht der neuesten Wechselstempel-Tarife v. Deutschland, Belgien, England, Frankreich, Italien, Niederlande, Oesterreich u. Russland. Nützliches Handbuch f. Banken, Bankiers, Bankbeamte etc. 8. (VI, 131 S.) Leipzig, G. Weigel. cart. 1. 20

Trempenau, Wilh., unentbehrlicher Briefsteller f. den deutschen Handwerkerstand u. andere Gewerbtreibende. 8. (116 S.) Berlin, S. Mode's Verl. 1. 50

—— unentbehrlicher Briefsteller f. Stellensuchende, Handwerker u. Privatbedienstete. gr. 8. (87 S.) Gera, Literar. Institut v. R. Hahn. n. 1. —

—— praktische Buchführung f. Detail-Geschäfte. Höchst einfach, wenig zeitraubend u. doch den gesetzl. Vorschriften völlig entsprechend, namentlich auch bezüglich der Inventur u. Bilanz. Auf Grundlage mehrjähr. prakt. Thätigkeit, speziell f. den Detailhandel entworfen, in vielen Geschäften erprobt u. eingeführt u. nach der Praxis leichtfaßlich dargestellt. 8. (VIII, 152 S.) Leipzig, G. Weigel. n. 1. 50

—— wie bewirbt man sich korrekt u. Erfolg versprechend um offene Stellen? Nützliches Handbuch f. Stellungsuchende jedes Berufes, enth.: Praktische Anleitg. zur korrekten inneren u. äußeren Anfertigg. v. Bewerbungsschreiben um offene Stellen aller Art, u. gesetzl. Vorschriften üb. Rechtsverhältnisse zwischen Lehrherren u. Lehrlingen, zwischen Prinzipalen u. Handlungsgehülfen u. zwischen Arbeitgebern und Gesellen od. Gehülfen. Bewerbungsschreiben um: Lehrlingsstellen f. Detaillisten, Comptoiristen, Landwirte ꝛc., nebst Titulaturtabellen. 8. (VI, 90 S.) Ebd. — 75

—— wie werden im Deutschen Reiche Handel u. Gewerbe, Industrie, Künste u. Erfindungen geschützt u. wie erlangt man e. Patent? Unentbehrliches Hülfsbuch f. Kaufleute, Industrielle u. Gewerbtreibende jeder Art. Enthält: Das Markenschutzgesetz, das Gesetz, betr. das Urheberrecht an Mustern u. Modellen u. das Patentgesetz, m. korrekten Erläutergn. sowie zahlreichen Schemas zu Anmeldgn. v. Marken, Mustern u. Patenten etc., sowie zu gesetzlich vorgeschriebenen Anträgen verschiedenster Art behufs Eintragg. in das Handelsregister. Für den prakt. Gebrauch zusammengestellt. 12. (V, 73 S.) Ebd. cart. — 75

—— der Zoll-Tarif d. Deutschen Reiches in seiner jetzigen u. früheren Gestalt, nebst den betr. Zollgesetzen. Unentbehrliches Nachschlagebuch in Zollangelegenheiten jeder Art f. Kaufleute, insbesondere auch Tabak-Importeure u. Händler, Industrielle, Gewerbetreibende, Tabakbauer, Land- u. Volkswirthe. Enthält: Das Zollgesetz u. den Zolltarif d. Deutschen Reiches vom 15. Juli 1879, sowie das Gesetz, betr. die Besteuerg. d. Tabaks vom 16. Juli 1879, m. sämmtl. Abändergn. durch die Gesetze vom 6. Juni 1880, 19. Juni 1881, 21. Juni 1881, 23. Juni 1882, 5. Apr. 1885 u. 22. Mai 1885. Nebst e. ausführl. Nachschlageregister. Für den prakt. Gebrauch zusammengestellt. 12. (104 S.) Ebd. cart. 1. —

Treuge, Realgymn.-Lehr. Jul., Liederbuch f. den Schulgesang. Zum Gebrauche f. die unteren Klassen höherer Lehranstalten, sowie f. die oberen Klassen der Volksschulen hrsg. 8. (104 S.) Münster, Niemann. n. 1. —

Trenkner, W., der Kurort Grund am Harze. 3., verb. u. verm. Aufl. v. Dr. Freymuth. 8. (VIII, 133 S.) Clausthal, Grosse. n. 1. 40

Trewendt's Haus-Kalender f. 1886. 39. Jahrg. Mit 1 (chromolith.) Titelbild u. zahlreichen in den Text gedr. Holzschn. 8. (104 S.) Breslau, Trewendt. n. — 40; cart. n. — 50

—— Jugendbibliothek. 15. 21. 22. u. 26. Bdchn. 8. Ebd. cart. à — 75
Inhalt: 15. Fiorita, das Räubermädchen. Erzählung f. die Jugend u. ihre Freunde v. Rich. Baron. 3. Aufl. Mit 4 Stahlst. (107 S.) — 21. Das Testament. Eine Erzählg. f. die reifere Jugend v. Rich. Baron. 2. Aufl. (130 S.) — 22. Zwei feindliche Brüder. Eine Erzählg. f. die reifere Jugend. Von Rich. Baron. 2. Aufl. (118 S.) — 26. Die Überschwemmung. Eine Erinnerg. an das J. 1851. Erzählung f. die Jugend u. ihre Freunde v. Rich. Baron. 2. Aufl. (125 S.)

—— dasselbe. (Neue Folge.) 1. Bdchn. 8. Ebd. cart. (à) — 75
Inhalt: Der Henkeldukaten. Frisches Wagen. Der Schiffbruch. Drei Erzählgn. f. die Jugend v. Frz. Hoffmann. 3. Aufl. Mit 1 Stahlst. (128 S.)

'wendt's Volks-Kalender f. 1886. Mit Beiträgen v. Osk. Justinus, Paul
andeck, Th. Nöthig 2c. 42. Jahrg. Mit vielen Vollbildern u. zahlreichen
i den Text gedr. Illustr. v. Konr. Grob, Aug. Heyn, R. Knötel 2c. 8.
(XXII, 255 S.) Breslau, Trewendt. cart. n. 1. 25; geb. n. 1. 50
ebel, R., üb. Oelbehälter in Wurzeln v. Compositen. Mit 7 (lith.) Taf.
Aus: „Nova Acta d. ksl. Leop.-Carol. deutschen Akad. d. Naturforscher".]
:. 4. (44 S.) Halle. Leipzig, Engelmann in Comm. n. 6. 50
nius, A., vom grünen Strand der Spree. Berliner Skizzenbuch. gr. 8.
'II, 140 S.) Minden, Bruns. n. 2. —
g, C., Festgabe zum 25jährigen Regierungs-Jubiläum Sr. Maj. Willm I., Kaiser v. Deutschland u. König v. Preußen am 2. Jan. 1886. gr. 8.
2 S.) Essen, Silbermann. — 30
allerlei Kunststückchen, Vexierspiele, Scherze, Foppereien, Reck-Rätsel
zur Erheiterung u. Unterhaltung in Familien- u. Gesellschaftskreisen.
(120 S.) Mülheim, Bagel. 1. —
General-Feldmarschall Graf Helmut Moltke. Festschrift zum 26. Oktbr.
85. Lebensbild. 8. (33 S. m. Portr.) Essen, Silbermann. — 30
—— der Soldatenfreund. Ernste u. heitere Geschichten, Charakterzüge
aus den vaterländ. Kriegen. 3. Bdchn. 8. (96 S.) Ebd. n. 1. — (1—2.:
n. 2. 20)
Unterhaltungs-Spiele f. alle Gesellschaftskreise im Freien u. im Zim-
r, Maskeraden, Kartoffelkomödien 2c. 8. (132 S. m. Illustr.) Mülheim,
gel. 1. —
Zollernsagen, auch sagenhafte Züge u. Charakterzüge aus dem Leben der
henzollern. Der Jugend erzählt. 2 Bde. Mit je 3 Abbildgn. nach Zeich-
i. v. G. Marx. 8. (IV, 203 u. V, 200 S.) Düsseldorf, F. Bagel. cart.
à 1. 20
nn, J., Kinderhumor, f.: Lohmeyer, J.
:, Steuerr., Zolltarif u. Waaren-Verzeichniß zu demselben, verbunden m.
i statist. Waaren-Verzeichniß; nebst dem Gesetz, betr. die Statistik d.
aren-Verkehrs u. Ausführungs-Bestimmgn. zum Zolltarifgesetz. gr. 8.
X, 521 S.) Harburg, Elkan. 3. 60; geb. 4. 50
nau, Lehr. Adf., die Geographie in der Volksschule. Ein methodolog.
sbuch f. den erdkundl. Unterricht. gr. 8. (158 S.) Berlin 1886, Th.
mann. n. 1. 60
ier religiöse Lern- u. Merkstoff f. evangelische Schulen, s.: Mischke, C.
vorte, evangelische, f. Kranke u. Leidende v. e. Mitgenossen an der
bsal. 8. (VI, 226 S.) Gotha 1886, F. A. Perthes. n. 2. 40; geb.
n. 3. 40
itzsch's landwirthschaftlicher Notiz-Kalender auf d. J. 1886. 23. Jahrg.
6. (302 S.) Berlin, Trowitzsch & Sohn. geb. in Leinw. n. 1. 50; in Ldr.
n. 2. —
Volks-Kalender 1886 m. (4) Stahlst. u. zahlreichen (eingedr.) Holzschn.
Jahrg. 8. (257 S. m. lith. Titel.) Ebd. n. 1. —
rner, B. de, les beaux-arts en Suisse année 1884. [Publication de la
té cantonale des beaux-arts de Berne.] 8. (71 S.) Bern, Schmid,
cke & Co. in Comm. baar n. 1. —
ie bildenden Künste in der Schweiz im J. 1884. Uebersichtliche Dar-
:., veröffentlicht durch den Berner Kantonal-Kunstverein. 8. (64 S.)
baar n. 1. —
'schermak, Hofr. Prof. Dr. Gust., die mikroskopische Beschaffenheit
Meteoriten, erläutert durch photograph. Abbildgn. Die Aufnahmen v.
imm in Offenburg. 3. [Schluss-]Lfg. gr. 4. (9. Taf. u. 9. Bl. Erklärgn.,
Text III u. S. 13—24.) Stuttgart, Schweizerbart. In Mappe. n. n. 18. —
(cplt.: n. n. 50. —)

Tschiedel, A., Methodik d. Unterrichts in der Geometrie u. im geometrischen Zeichnen, s.: Bauer, E.

Tschirch, A., Grundlagen der Pharmacognosie, s.: Flückiger, F. A.

Tschirch, Dir. Rud., der Volks-Sänger. 1. Hft. Des Volkssängers Notenbuch. Eine einfache u. geordnete Darstellg. u. Erklärg. aller Zeichen der Notenschrift. Hrsg. u. allen Volkssängern dringend empfohlen vom Märk. Central-Sänger-Bunde. 12. unveränd. Aufl. 12. (40 S.) Regensburg, Coppenrath. n. — 40

Tschudi, Iwan v., der Tourist in der Schweiz u. dem angrenzenden Süd-Deutschland, Ober-Italien u. Savoyen. Reisetaschenbuch. 27., neu bearb. Aufl. Mit vielen Karten, Gebirgsprofilen u. Stadtplänen. 12. (LXXXVIII, 660 S.) St. Gallen, Scheitlin & Zollikofer. geb. n. 10. 80

Tübingen u. seine Umgebung, geschildert f. Fremde u. Einheimische. 2. vollständig umgearb. Aufl. Mit zahlreichen Illustr., 1 Plane der Stadt u. Karten der Umgegend. 1. Hft. Tübingen. 8. (IV, 108 S.) Tübingen 1884, Fues. cart. n. 2. —

Tugend- u. Gebets-Schule d. hl. Franz v. Sales, allen Verehrern dieses großen u. liebenswürd. Vorbildes u. Lehrers der Frömmigkeit gewidmet. 12. (VIII, 720 S. m. 1 Stahlst.) Regensburg 1886, Pustet. 1. 80; Einbd. in Leinw. n.n. — 60; in Ldr. n.n. 1. 40; in Chagrin n.n. 2. —

Tumbült, G., die Siegel der Bischöfe, s.: Siegel, die westfälischen, d. Mittelalters.

($^{84}/_{1}$) **Tumlirz**, Gymn.-Prof. Dr. Karl, deutsche Grammatik f. Gymnasien. 2. Thl. [Abth. f. die 5. u. 6. Classe.] gr. 8. (VI, 73 S.) Prag, Dominicus. n. — 80 (1. u. 2.: n. 2. 48)

—— dasselbe. Mit e. Anh.: Hauptpunkte der Stilistik. 1. Thl. 2., den neuen Instructionen gemäß umgearb. Aufl. gr. 8. (VIII, 137 S.) Ebd. n. 1. 50

Tumlirz, Dr. O., üb. das Verhalten d. Bergkrystalls im magnetischen Felde. [Mit 2 Holzschn.] [Aus: „Sitzungsber. d. k. Akad. d. Wiss."] Lex.-8. (10 S.) Wien, (Gerold's Sohn). n.n. — 25

Tunner, S., die Reinheit der Claviertechnik. 8. (126 S.) Graz, Leuschner & Lubensky. n. 3. —

Turgenjew, Iwan Sserg., vermischte Aufsätze. Aus dem Russ. übertr. v. E. S. Mit e. Einleitg. v. Eug. Zabel. gr. 8. (VIII, 183 S.) Berlin, Deubner. n. 3. —

—— Visionen; der Faktor, s.: Universal-Bibliothek Nr. 2045.

Turinski, Hans, Taxe f. nicht officinelle Arzneistoffe. Nach den neuesten Preislisten zusammengestellt. Hrsg. v. Dr. Hans Heger. 16. (20 S.) Wien 1886, Perles. n. — 40

Türk, Chrn., die geologischen Verhältnisse d. Herzogth. Coburg u. seiner angrenzenden Ländergebiete als Begleitwort zu der geognostischen Karte. gr. 8. (IV, 48 S.) Coburg, Albrecht. n. — 60

Türk, Mor., de Propertii carminum quae pertinent ad antiquitatem romanam auctoribus. Dissertatio inauguralis. gr. 8. (64 S.) Halis Sax. (Berlin, Mayer & Müller.) baar n. 1. 20

Turner's, J. M. W., Aquarelle, s.: Studien-Blätter.

Turner, Wilh., Beiträge zur vergleichenden Anatomie der Bixaceen, Samydaceen, Turneraceen, Cistaceen, Hypericaceen u. Passifloreen. Inaugural-Dissertation. gr. 8. (74 S.) Göttingen, (Vandenhoeck & Ruprecht). baar n. 1. 80

Turn- u. Volkslieder f. deutsche Schulen. Unter Benutzg. d. „Turnliederbuches f. die deutsche Jugend" v. Ludw. Erk hrsg. vom Berliner Turnlehrer-Verein, der Turnvereinigg. Berliner Lehrer u. dem Turnlehrer-Verein der Mark Brandenburg. 12. (IV. 124 S.) Berlin, Th. Ch. F. Enslin. n. — 60

nerliederbuch, allgemeines deutsches. Unter musikal. Redaktion v. Frdr.
rk. 8. gänzlich umgearb. u. bedeutend verm. Aufl. 8. (VI, 351 S. m.
arben-titel.) Lahr, Schauenburg. n. 1. —; cart. n. 1. 20; geb. n. 2. —
)l, M., der Abt. Ein Sang aus Preußens Ritterzeit. 8. (135 S.) Leipzig,
ißner. n. 2. —; geb. n. 3. —
tka, Winrich v., zur Beurtheilung militärischer Prinzipien. Eine krit.
idie. [Aus: „Jahrbb. f. d. deutsche Armee u. Marine".] gr. 8. (IV, 48 S.)
rlin 1886, Wilhelmi. n. 1. —

Ueber Land u. Meer. Allgemeine illustr. Zeitg. Red.: Otto Baisch u.
go Rosenthal-Bonin. 28. Jahrg. Oktbr. 1885—Septbr. 1886. 52 Nrn.
B. m. eingedr. Holzschn.) Fol. Stuttgart, Deutsche Verlags-Anstalt.
Vierteljährlich baar 3. —; in 26 Hftn. à — 50
—— dasselbe. Monatsausg. in Oktav. 2. Jahrg. 1885/86. 12 Hfte.
;.-8. (1. Hft. 244 S.) Ebd. baar à Hft. n. 1. —
rschaer, A. G. M., der Verkehr d. Lehrers m. den vorgesetzten Behör-
. Handbuch zur Abfassg. v. Eingaben aller Art an Schulbehörden u.
m. der Schule in Verbindg. steh. Privaten. Mit vielen Formularen u.
zeh. Erläutergn. 3. umgearb. Aufl. 8. (VII, 101 S.) Neuwied, Heuser's
rl. cart. n. 1. —
Uebersicht der gewerblichen Marken, welche bei den Handels- u. Ge-
bekammern der im Reichsrathe vertretenen Königreiche u. Länder u. in
Ländern der ungarischen Krone registrirt, umgeschrieben u. gelöscht
rden. Hrsg. vom k. k. Handelsministerium. Jahrg. 1885. 6—16. Hft.
.-8. (à 1—$1^1/_2$ B. m. eingedr. Fig.) Wien, Hof- u. Staatsdruckerei.
à n. — 50
—— monatliche, der auf Grund d. Gesetzes vom 21. Oct. 1878 im Deut-
n Reiche erlassenen Verfügungen gegen die Socialdemokratie. Al-
betisch-tabellarisch zusammengestellt nach den amtl. Publicationen.
rg. 1885. 2 Nrn. ($^1/_2$ B.) gr. 4. Lobenstein, Teich. baar n. 1. —
hronologische, der Weltgeschichte. 3. Aufl. gr. 16. (32 S.) Miltenberg,
big. — 12
Uebersichten, tabellarische, d. Hamburgischen Handels im J. 1884,
immengestellt v. dem handelsstatist. Bureau. Imp.-4. (VI, 258 S.) Ham-
g, (Nolte). n. 2. 40
—— tabellarische, d. Lübeckischen Handels im J. 1884. Zusammenge-
. im Bureau der Handelskammer. Imp.-4. (X, 134 S.) Lübeck, Grautoff.
baar n.n. 2. 50
gen, fromme, m. Ablässen begnadigte, zum Troste der armen Seelen
egfeuer f. die Mitglieder der Armenseelen-Bruderschaft. 16. (84 S.)
auwörth, Auer in Comm. n. — 40
ır deutschen Orthographie. Auf Grund der amtl. Regeln hrsg. v.
ereine v. Lehrern. 4. Aufl. 8. (16 S.) Potsdam, Rentel's Verl.
n. — 10
sschule in der deutschen Sprache. 1. u. 2. Stufe. Hrsg. vom Lehrer-
n zu Hannover. 8. Hannover, Hahn. geb. n.n. — 50
. 9. Aufl. (24 S.) n. — 20. — 2. 8. Aufl. (56 S.) n.n. — 30.
sstoff f. die Vorturner-Ausbildungsstunde der Berliner Turnerschaft
poration]. Im Auftrage d. Vorstandes hrsg. v. der Vorturnerschaft.
rchgeseh. u. verm. Aufl. 12. (189 S.) Berlin, R. Schmidt in Comm.
baar n.n. — 75

.ehr, Chr., durch welche Mittel steuert der Lehrer ausserhalb der Schul-
en sittlichen Gefahren der heranwachsenden Jugend? [Aus: „Deutsche
ır f. erzieh. Unterr."] 1. u. 2. Aufl. gr. 8. (32 S.) Langensalza, Beyer
hne. n. — 40

Uferschutz u. Schutz gegen Ueberschwemmungen. Gesetz vom 28. Mai 1852. 2. Aufl. 8. (8 S.) Würzburg, Stahel. — 20

Uffelmann, J., Jahresbericht üb. die Fortschritte u. Leistungen auf dem Gebiete der Hygiene im J. 1884, s.: Vierteljahrsschrift, deutsche, f. öffentliche Gesundheitspflege.

Uhland, Ludw., Ernst, Herzog v. Schwaben. Ein Trauerspiel in 5 Aufzügen. Schulausg. m. Anmerkgn. v. Dr. Heinr. Weismann. 7. Aufl. 12. (XLII, 97 S.) Stuttgart, Cotta. cart. n. 1. —

($^{85}/_{1}$) **Uhland**, Civ.-Ingen. W. H., Handbuch f. den practischen Maschinen-Constructeur. Eine Sammlg. der wichtigsten Formeln, Tabellen, Constructionsregeln u. Betriebsergebnisse f. den Maschinenbau u. die m. demselben verwandten Branchen. Unter Mitwirkg. erfahrener Ingenieure u. Fabrikdirectoren hrsg. [4 Bde. m. üb. 4000 Textfig. u. ca. 100 Taf. in Photolith.] Suppl.-Bd. 8—11. Lfg. Des ganzen Werkes 45—48. Lfg. gr. 4. (à 4 B.) Leipzig, Baumgärtner. à n. 3. —

Uhlhorn, Abt D. Gerh., das vatikanische Concil. [1. Die ökumen. Concilien bis zur Reformation. 2. Vom tridentin. bis zum vatikan. Concil. 3. Der Verlauf d. vatikan. Concils. 4. Die Unfehlbarkeit d. Papstes.] 4 Vorträge. Neue Einzel-Ausg. 8. (S. 235—350.) Stuttgart 1886, Gundert. n. 1. —

—— zur socialen Frage. [1. Socialismus u. Christentum. 2. Von der christl. Barmherzigkeitsübg.] 2 Vorträge. Neue Einzel-Ausg. 8. (S. 353—410.) Ebd. 1886. n. — 60

—— der Kampf d. Christentums m. dem Heidentum. Bilder aus der Vergangenheit als Spiegelbilder f. die Gegenwart. 4. verb. Aufl. 8. (438 S.) Ebd. 1886. n. 3. —; geb. baar n. 4. —

—— Referat üb. die Sonntagsruhe. Auf der Konferenz f. Innere Mission in Celle am 27. Oktbr. 1885 erstattet. 8. (15 S.) Hannover, Feesche. — 30

—— aus der Reformationsgeschichte. 5 Vorträge. Neue Einzel-Ausg. 8. (S. 39—231.) Stuttgart 1886, Gundert. n. 1. 40

—— Thomas a Kempis u. das Buch v. der Nachfolge Christi. Vortrag. Neue Einzel-Ausg. 8. (36 S.) Ebd. 1886. n. — 40

Uhrig, s.: Humoresken, akademische.

Ulff, Herm. Wilh. Ein Lebensbild aus der schwed. Kirche. 8. (22 S.) Augsburg, Preyß. n. — 25

Ulfilas, s.: Bibliothek der ältesten deutschen Litteratur-Denkmäler.

Ulrich, Archit. Ingen. Chrn., Elevator der Hauptstadt Budapest System „Ulrich". Fol. (IV, 60 S. m. Lichtdr.-Taf.) Wien, Frick. In Mappe. baar n. 60. —

Ulrich, Jak., altitalienisches Lesebuch XIII. Jahrh. gr. 8. (VIII, 160 S.) Halle 1886, Niemeyer. n. 2. 80

Ulrich, Secrétaire général et Délégué R., le congrès international de droit commercial à Anvers 1885. Résumé des travaux et résolutions de la 2. section — droit maritime. gr. 4. (III, 55 S.) Berlin, Mittler & Sohn. n. 2. 50

Ulrich, Rekt. Dr. Wilh., 50 genealogische Tabellen f. den Geschichtsunterricht in den oberen Klassen höherer Lehranstalten, sowie zum Selbststudium, nach den besten Quellen bearb. gr. 8. (IV, 48 S.) Hannover, Meyer. n. 1. —

Ulrici, Realgymn.-Lehr. Dr. Alb., das Maingebiet in seiner natürlichen Beschaffenheit u. deren Rückwirkung auf die Geschichte, namentlich die Besiedelung u. Kultur d. Mainlandes. [3. Jahresbericht d. Vereins f. Erdkunde zu Cassel.] gr. 8. (VI, 137 S.) Cassel, Keßler. n. 1. 80

Umlauft, Prof. Dr. Frdr., die Alpen. Handbuch der gesammten Alpenkunde. Mit 30 Vollbildern, 75 Textbildern u. 25 Karten [wovon 20 im Texte]. (In 15 Lfgn.) 1—3. Lfg. gr. 8. (S. 1—96.) Wien, Hartleben. à — 60

(84/2) **Umlauft,** Prof. Dr. Frdr., Lehrbuch der Geographie f. die unteren u. mittleren Classen österreichischer Gymnasien u. Realschulen. 2. Curs. Länderkunde. Im Anh.: Mathematische Geographie. [Für die 2. u. 3. Classe.] Mit 12 in den Text gedr. Fig. gr. 8. (IV, 220 S.) Wien 1886, Hölder. n. 1. 92 (1. u. 2.: n. 2. 56)

(85/1) —— geographisches Namenbuch v. Österreich-Ungarn. Eine Erklärg. v. Länder-, Völker-, Gau-, Berg-, Fluss- u. Ortsnamen. 5. u. 6. (Schluss-) Lfg. gr. 8. (S. 193—240.) Ebd. n. 1. 60 (cplt.: n. 4. —)

(85/1) **Umschau,** naturwissenschaftlich-technische. Illustrirte populäre Halbmonatsschrift üb. die Fortschritte auf den Gebieten der angewandten Naturwissenschaft u. techn. Praxis. Hrsg. v. Ingen. Th. Schwartze. Für Gebildete aller Stände. 2. Jahrg. 1886. 24 Hfte. (2 B.) gr. 8. Jena, Mauke. Vierteljährlich baar n. 3. —

Underhill, Dr E. B., die Bahnbrecher christlicher Kultur in Kamerun. [Alfred Saker.] Frei nach dem Engl. v. J. G. Lehmann. 8. (XII, 168 S. m. Illustr. u. 1 Karte.) Hamburg, Oncken's Nachf. baar 1. 25; geb. 2. —

Unfallversicherungsgesetz vom 6. Juli 1884 u. Gesetz üb. die Ausdehnung der Unfall- u. Krankenversicherung vom 28. Mai 1885, nebst den Bekanntmachgn. betr. die Anmeldg. der unfallversicherungspflicht. Betriebe. 2. Aufl. 8. (88 S.) Berlin, C. Heymann's Verl. cart. n. 1. 20

—— dasselbe. Mit Verweisstellen u. ausführl. Sach- u. Materien-Register. 8. (IV, 95 S.) Berlin, Kortkampf. n.n. — 75

—— dasselbe. Arbeiter-Ausg. 16. (VIII, 87 S.) Berlin 1886, Siemenroth. cart. — 30

—— dasselbe. 2. verm. Aufl. 16. (VIII, 87 u. Anh. 16 S.) Ebd. 1886. cart. n. — 35

Ungarn u. Siebenbürgen in zahlreichen, nach der Natur aufgenommenen, künstlerisch ausgeführten Orig.-Stahlstichen. Malerische Ansichten romant. Gegenden, Städte, Kirchen u. Burgen, sowie Paläste alter u. neuer Zeit. (In ca. 12 Hftn.) 1. Hft. qu. Fol. (5 Bl.) Wien, Szelinski. n. 3. —

Unger, Landstallmstr. v., die Pferdezucht in den Herzogtümern Bremen-Verden u. dem Lande Hadeln. Aus der Festschrift zur 50jähr. Jubelfeier d. Provinzial-Landwirtschaftsvereins in Bremervörde [Reg.-Bez. Stade]. gr. 8. (33 S.) Celle, Literar. Anstalt. n. — 80

Unger, Geo. Frdr., die troische Aera d. Suidas. (Aus: „Abhandlgn. d. k. b. Akad. d. Wiss.") gr. 4. (93 S.) München, Franz' Verl. in Comm. n.n. 2. 70

Unger, J., Sammlung v. civilrechtlichen Entscheidungen d. k. k. obersten Gerichtshofes, s.: Glaser, J.

Unger, Th. L. F., Hannover, s.: Städtebilder u. Landschaften aus aller Welt.

(84/1) **Uniformen,** die, der deutschen Armee. 2. Abth.: Darstellungen der Abzeichen der militair Grade, sowie der sonst. Auszeichngn. an den Uniformen der deutschen Armee. Nebst Erläutergn. zu den Darstellgn. 8. (23 Chromolith. m. 12 S. Text.) Leipzig, Ruhl. (à) n. 1. 50; geb. baar (à) n. 2. —

(85/1) **Universal-Bibliothek.** Nr. 2001—2070. gr. 16. Leipzig, Ph. Reclam jun. baar à n. — 20

Inhalt: 2001. Epiktet's Handbüchlein der Moral. Nebst anderen Bruchstücken der Philosophie Epiktet's aus dem Griech. übers. v. H. Stich. (80 S.) geb. n. — 60. — 2002. Dosia. Eine Erzählg. v. Henry Gréville. Deutsch v. H. Meerholz. (162 S.) — 2003. Eine anonyme Korrespondenz. Lustspiel in 1 Aufzug von Rich. Frhr. v. Fuchs-Nordhoff. 2. Aufl. (43 S.) — 2004. Berlin. Von Paul Lindenberg. 4. Bdchn. Stimmungsbilder (112 S.) — 2005—2010. Gespräche m. Goethe in den letzten Jahren seines Lebens. Von Joh. Pet. Eckermann. Mit Einleitgn. u. Anmerkgn. hrsg v. Gust. Moldenhauer. 3 Bde. (282, 251 u. 292 S.) In

1 Bd. geb. n. 1. 75. — 2011. Ausgewählte Novellen v. Enrico Castelnuovo. Frei nach dem Ital. v. Dr. Siegfr. Lederer. (89 S.) — 2012. Die Unglücklichen. Lustspiel in 1 Aufzug nach Aug. v. Kotzebue frei bearb. v. Carl Frdr. Wittmann. Bühneneinrichtung. (39 S.) — 2013. St. Real's Geschichte d. Dom Carlos. Die Stoffquelle zu Schiller's, „Don Carlos". Ins Deutsche übertr. v. Heinr. Hersch. (86 S.) — 2014. Sicilianische Bauernehre. [Cavalleria rusticana.] Volksscenen aus Sicilien v. Giovanni Verga. Autoris. Übersetzg. u. deutsche Bühnenbearbeitg. v. A. Kellner. (31 S.) — 2015. Irdisches Vergnügen in Gott. Von Pfalzgraf Ratshr. B. H. Brockes. In Auswahl hrsg. v. Heinr. Stiehler. (90 S.) — 2016. Singoalla. Eine Phantasie v. Vict. Rydberg. Aus dem Schwed. übertr. v. M. L. Sunder. Autoris. Übersetzg. (146 S.) — 2017. Der Lumpensammler v. Paris. Gemälde aus dem Volksleben in 5 Aufzügen, nebst 1 Vorspiel. [11 Bilder.] Frei nach dem Franz. d. Felix Pyat f. die deutsche Bühne bearb. v. Demetrius Schrutz. (70 S.) — 2018. Auf dem Edelhofe. Eine Novelle v. Adf. Dygasiński. Autoris. Übersetzg. v. Dr. Ruhe u. A. Grabowski. (74 S.) — 2019. Chrn. Weise's Schulkomödie v. Tobias u. der Schwalbe. Aufgeführt im J. 1682. Hrsg. u. eingeleitet v. Otto Lachmann. (110 S.) — 2020. Aus England: Bilder u. Skizzen v. Leop. Katscher. (109 S.) — 2021—2026. Die drei Musketiere. Von Alex. Dumas. Deutsch v. H. Meerholz. 2 Thle. (441 u. 423 S.) — 2027. Hermann u. Dorothea. Idyllisches Familiengemälde in 4 Aufzügen. Nach Goethe's Gedicht v. Carl Toepfer. (76 S.) — 2028. Rosa v. Tannenburg. Erzählung von Chrph. v. Schmid. Mit 1 Titel- u. 1 Textbild. (146 S.) — 2029. Die Ballschuhe. Lustspiel in 1 Aufzug. Nach Octave Gastineau bearb. v. Carl Frdr. Wittmann. Bühneneinrichtung. (26 S.) — 2030. Die vier George v. W. M. Thackeray. Ins Deutsche übertr. v. J. Ausgspurg. (153 S.) — 2031—2035. Titus Livius', römische Geschichte. Uebers. v. Prof. Konr. Heusinger. Neu hrsg. v. Dr. Otto Güthling. 1. Bd.: Buch I—VIII. (744 S.) geb. n. 1. 50. — 2036. Die Schuld e. Frau. Sittenbild in 3 Aufzügen v. Emile de Girardin. Für die deutsche Bühne bearb. v. Julian Olden. (39 S.) — 2037. 2038. Der Mann m. dem abgebrochenen Ohre. Nach Edm. About. Deutsch v. H. Meerholz. (208 S.) — 2039. Bertha Malm. Schauspiel in 4 Aufzügen v. Osk. Wijkander. Deutsch bearb. v. Wilh. Lange. Einzige vom Verf. autoris. deutsche Bühnenbearbeitg. (88 S.) — 2040. Die schöne Müllerin. Lustspiel in 1 Aufzug nach Melesville u. Duveyrier frei bearb. v. Carl Frdr. Wittmann. (50 S.) — 2041—2043. Die Narrenbeschwörung v. Thom. Murner. Erneut u. Erläutert v. Karl Pannier. (286 S.) geb. n. 1. —. — 2044. Rotkäppchen. Dramatisches Kindermärchen in 1 Aufzug v. Ludw. Tieck. Zum Zwecke e. Weihnachtsdarstellg. f. die Bühne bearb. u. eingerichtet v. Feod. Wehl. (37 S.) — 2045. Visionen. Der Faktor. 2 Novellen v. Iwan Turgenjeff. Deutsch v. Adf. Gerstmann. (74 S.) — 2046. Platon's Gorgias. Uebers. v. Frdr. Schleiermacher. Neu hrsg. v. Dr. Otto Güthling. (158 S.) — 2047—2049. Der Schatz Donina's. Von Salvatore Farina. Autoris. Übersetzg. aus dem Ital. v. Moritz Smets. (344 S.) — 2050. 25 Dienstjahre. Lustspiel in 1 Aufzug v. Ernst Wichert. (26 S.) — 2051—2054. Montesquieu's persische Briefe. Mit Einleitg. u. Kommentar deutsch v. Ed. Bertz. (408 S.) geb. n. 1. 20. — 2055. Mimili. Eine Erzählg. v. H. Clauren. Mit e. krit. Einleitg. v. Ad. Stern. (80 S.) — 2056. Zu schön! Lustspiel in 1 Aufzug nach Trop beau pour rien faire d. Ed. Plouvien u. J. Adonis. Für die deutsche Bühne frei bearb. von Wilh. v. Hoxar. (44 S.) — 2057—2059. Großmutter. Bilder aus dem böhm. Landleben v. Božena Němcova. Aus dem Böhm. übers. v. Ant. Smital. (304 S.) — 2060. Gute Zeugnisse. Lustspiel in 3 Aufzügen v. C. Mallachow. u. O. Elsner. [Nach der Einrichtg. d. Hamburger Stadt-Theaters.] (70 S.) — 2061. 2062. Erzählungen v. Rud. Schmidt. Aus dem Dän. übers. u. eingeleitet v. J. C. Poestion. (189 S.) — 2063. Erträumt. Schwank in 1 Aufzug v. Julian Olden. Bühneneinrichtung. (34 S.) — 2064. Wunderlichkeiten. Novelle v. Ludw. Tieck. (108 S.) — 2065. Wien. Hrsg. v. Ed. Pötzl. 1. Bdchn. Skizzen v. Ed. Pötzl. (119 S.) — 2066. Falkenström u. Söhne. Schauspiel in 4 Aufzügen v. John Paulsen. Nach dem norweg. Orig.-Mskr. übers. v. Emil Jonas. (68 S.) — 2067—2070. Jos. Königs Geist der Kochkunst, überarb. von K. F. v. Rumohr. Nebst Grimod de la Reynières Küchen-Kalender u. Grundzügen d. gastronom. Anstandes m. Vorwort u. Anmerkgn. neu hrsg. v. Rob. Habs. (408 S.) geb. n. 1. 20.

Universalbibliothek. Nr. 951—955 u. 1981—1990. gr. 16. Leipzig, Ph. Reclam jun. baar à n. — 20

Inhalt: 951—955. Deutsche Lyrik seit Goethe's Tode. Ausgewählt v. Max Bern. 5. Aufl. (XVI, 640 S.) geb. n. 1. 50; m. Goldschn. n. 2. —. — 1981—1990. Lexikon der deutschen Dichter u. Prosaisten d. 19. Jahrh. Bearb. v. Frz. Brümmer. 2. Ausg. m. den Ergänzgn. bis zum 1. Aug. 1885. 2 Bde. (512 u. 547 S.) In 1 Bd. geb. n. 2. 50.

(85/1) **Universal-Bibliothek**, geographische. Nr. 3—16. gr. 16. Weimar, Geograph. Institut. à n. — 20

Inhalt: 3. Im Reiche d. Fo. Eine Charakteristik d. chines. Volkes. Von Amand Frhr. v. Schweiger-Lerchenfeld. (44 S.) — 4. Die Eisenbahn zwischen den Städten New-York u. Mexiko, nebst e. allgemeinen Schilderg. Mexikos. Von Rob. v. Schlagintweit. (38 S.) — 5. Die Goldküste u. ihre Bewohner. Von Dr. Ant. Reichenow. (40 S.) — 6. 7. Die Araber der Gegenwart u. die Bewegung im Islam Von Amand Frhr. v. Schweiger-Lerchenfeld. (62 S.) — 8. Stanleys Forschungsreise quer durch Afrika in den J. 1874—1877. Von H. Daum. (38 S.) — 9. 10. Die Ozean-Dampfschiffahrt u. die Postdampferlinien nach überseeischen Ländern. Von Geh. expedir. Sekr. Ad. Zetzsch. Mit 1 Karte der deutschen u. ausländ. subventionierten Dampferlinien. (55 S.) — 11—13. Deutschland u. England in Süd-Afrika. Mit 1 Karte v. Lüderitzland. (88 S.) — 14—16. Sansibar u. das deutsche Ost-Afrika. Von G. Westphal. (94 S.)

(84/2) —— für die Jugend. Nr. 180—190. 12. Stuttgart, Kröner. baar à n. — 20

Inhalt: 180. 181. Ausgewählte Erzählungen von Chrph. v. Schmid. Mit e. Abrisse seines Lebens v. Dr. Gust. Plieninger. I. Die Ostereier. Der Weihnachtsabend. Mit 4 Abbildgn. v. Fritz Bergen. (126 S.) geb. n. — 80. — 182. 183. Dasselbe. II. Rosa v. Tannenburg. Mit 4 Abbildgn. v. C. Kolb. (134 S.) geb. n. — 80. — 184. Dasselbe. III. Heinrich v. Eichenfels. Das Täubchen. Mit 2 Abbildgn. v. C. Kolb. (72 S.) geb. n. — 60. — 185. 186. Dasselbe. IV. Das Blumenkörbchen. Der Kanarienvogel. Das Johanniskäferchen. Mit 4 Abbildgn. v. C. Kolb. (142 S.) geb. n. — 80. — 187—189. Gumal u. Lina. Eine Geschichte f. Kinder v. Kasp. Frdr. Lossius. Neu bearb. v. Agnes Willms. Mit 6 Abbildgn. v. Fritz Bergen. (176 S.) geb. n. 1. —. — 190. Paul u. Virginie od. die Einsiedler auf Isle de France. Eine Erzählg. aus den Kolonien d. Ind. Oceans. Nach Saint-Pierre frei f. die Jugend bearb. v. A. H. Fogowitz. Mit 2 Abbildgn. (68 S.) geb. n. — 60.

(84/2) —— juristische. Nr. 5 u. 6. 12. Berlin, Schildberger. baar à — 20; in 1 Bd. cart. — 50

Inhalt: Gesinde-Ordnung f. sämmtliche Provinzen der Preußischen Monarchie vom 8. Novbr. 1810, 19. Aug. 1844 u. 11. Apr. 1845. Mit Anmerkgn. u. ausführl. Sachregister. (II, 60 S.)

Universal-Kalender, illustrirter, auf d. J. 1886. Jahrbuch d. Unterhaltenden u. Nützlichen f. Stadt u. Land. 4. (128, 56, 54, 80, 66 u. 20 S.) Winterberg, Steinbrener. cart. baar n.n. 2. 40

Universal-Militär-Taschen-Kalender „Austria“ f. das österreichisch-ungarische Heer 1886. [Militärisches Jahrbuch.] 2. Jahrg. Hrsg. v. Offizieren u. Militär-Beamten. Red. v. Maj. O. J. Schmid. 16. (IV, 336 S.) Wien, (Seidel & Sohn). geb. baar n. 3. 40

Universitäts-Kalender, deutscher 28. Ausg. Winter-Semester 1885/86. Hrsg. v. Dr. F. Ascherson. 2 Thle. 16. (70 u. IV, 265 S.) Berlin, Simion. In 1 Bd. geb. n. 2. 25; 2. Thl. geb. ap. n. 1. 50

(84/2) **Universum**, das neue. Die interessantesten Erfindgn. u. Entdeckgn. auf allen Gebieten. Ein Jahrbuch f. Haus u. Familie, besonders f. die reifere Jugend. (6. Bd.) Mit e. Anh. zur Selbstbeschäftigung „Häusliche Werkstatt“. gr. 8. (396 S. m. eingedr. Holzschn. u. Taf.) Stuttgart, Spemann. geb. (à) n. 6. 75; auch in 10 Hftn. à n. — 50

Unna, P. G., Leprastudien, s.: Baelz, E.

Unrein, Otto, de Aviani aetate. Dissertatio inauguralis. gr. 8. (64 S.) Jena, (Neuenhahn). baar n. 2. —

(84/2) **Unter dem Kreuze.** Kirchliches Volksblatt aus Niedersachsen. Hrsg. v. Past. a. D. L. Grote. Red. i. V.: Dr. Edgar Bauer. 10. Jahrg. 1885. 52 Nrn. (B.) hoch 4. Hannover, (Schulbuchh.). n.n. 5. —

(84/2) **Unterhaltungs-Bibliothek.** 4. Jahrg. 4—9. Bdchn. 12. Münster, Aschendorff. n. 6. 40

Inhalt: 4. Die beiden Amerikanerinnen. Aus dem Franz. frei übers. — Lady Maria Grey. — Der Republik muß gehorsamt werden. (238 S.) 1884. n. 1. —. — 5.

Donna Gracia, aus dem Franz. frei übers. (272 S.) 1884. n. 1. —. — 6. Eine Erzählung am Toilette-Spiegel. Eine angenehme Ueberraschung. Das Fräulein v. Malepeire. Die Stiefmutter. (378 S.) n. 1. 20. — 7—9. David Copperfield. Aus dem Engl. v. Charles Dickens frei übers. 1—3. Thl. (996 S.) n. 3. 20.

($^{85}/_{1}$) **Unterhaltungs-Bibliothek,** Gabelsberger stenographische. 5. Bdchn. 12. Barmen, Klein. n. 1. 60
Inhalt: Lichtenstein. Romantische Sage v. Wilh. Hauff. 2. Abtlg. In stenograph. Schrift übertr. v. Ferd. Schrey. (S. 183—260.)

($^{85}/_{1}$) **Unterhaltungsblatt,** rheinisches, f. Familie u. Haus. Jahrg. 1886. 52 Nrn. (B.) gr. 4. Wiesbaden, Bechtold & Co. Vierteljährlich — 55

($^{84}/_{2}$) **Unterhaltungsblätter** f. Faulmann's Stenographie, hrsg. u. red. v. Emil Kramsall. Red.: Carl Ritter. 2. Jahrg. 1885/86. 12 Nrn. ($^{3}/_{4}$ B.) gr. 8. Wien, Bermann & Altmann in Comm. n. 2. —
($^{84}/_{2}$) s.: Unterhaltungsblatt, Wiener phonographisches.

($^{84}/_{2}$) **Unterricht,** technischer, f. die k. k. Pionnier-Truppe. 19. Thl. Truppen-Übergänge üb. Gewässer. [Mit 3 Beilagen.] 8. (XX, 271 S.) Wien, Hof- u. Staatsdruckerei. n. 2. —

($^{81}/_{1}$) **Untersuchungen** aus dem botanischen Institut zu Tübingen, hrsg. v. Prof. Dr. W. Pfeffer. 1. Bd. 4. Hft. gr. 8. (III u. S. 483—717 m. 27 Holzschn.) Leipzig, Engelmann. n. 6. — (1. Bd. cplt.: n. 18. —)

($^{85}/_{1}$) —— zur deutschen Staats- u. Rechtsgeschichte, hrsg. v. Prof. Dr. Otto Gierke. XIX. gr. 8. Breslau, Koebner. n. 3. —
Inhalt: Die Lehre vom Schadenersatze nach dem Sachsenspiegel u. den verwandten Rechtsquellen. Ein Beitrag zur Geschichte der Schadensersatzverbindlichkeit in Deutschland v. Kammerger.-Refer. Dr. Otto Hammer. (XIII, 108 S.)

Unterweger, Joh., Beiträge zur Erklärung der kosmisch-terrestrischen Erscheinungen. [Mit 2 Taf. u. 3 Holzschn.] [Aus: „Denkschr. d. k. Akad. d. Wiss."] Imp.-4. (40 S.) Wien, Gerold's Sohn in Comm. n. 3. 40

Unzulänglichkeit, die, d. theologischen Studiums der Gegenwart. Ein Wort an Dozenten, Pfarrer u. Studenten. gr. 8. (IX, 109 S.) Leipzig 1886, Lehmann. n. 1. 20

Urban, Rett. M., Phrenologie od. Erziehung. Eine pädagog. Studie. gr. 8. (36 S.) Berlin, Parrisius. n. — 60

Urkunden zur Geschichte der Stadt Speyer. Dem histor. Verein der Pfalz zu Speyer gewidmet v. Heinr. Hilgard-Villard. Gesammelt u. hrsg. v. Alfr. Hilgard. hoch 4. (XII, 565 S. m. 1 photolith. Fcsm.) Strassburg, Trübner. n. 25. —

($^{83}/_{2}$) **Urkundenbuch** der Stadt Duderstadt bis zum J. 1500. Hrsg. v. Gymn.-Lehr. Dr. Jul. Jaeger. Nebst 8 Taf. 2. Abth. gr. 8. (XII u. S. 161—516.) Hildesheim 1886, Lax. n. 11. — (cplt.: n. 15. —)

($^{80}/_{1}$) —— Fürstenbergisches. Sammlung der Quellen zur Geschichte d. Hauses Fürstenberg u. seiner Lande in Schwaben. Hrsg. v. dem fürstl. Archive in Donaueschingen. 5. Bd. Quellen zur Geschichte der Fürstenberg. Lande in Schwaben vom J. 700—1359. Imp.-4. (IV, 563 S. m. 12 Taf. Siegel-Abbildgn.) Tübingen, Laupp in Comm. n. 12. — (1—5.: n. 58. —)

($^{81}/_{1}$) —— pommersches. II. Bd. 2. Abth. 1278—1286. Bearb. u. hrsg. v. Archivar Dr. Rodgero Prümers. gr. 4. (XX u. S. 389—619.) Stettin, v. der Nahmer. n. 6. — (I. u. II.: n. 27. —)

($^{85}/_{1}$) —— neues preussisches. Westpreussischer Thl. Hrsg. v. dem Westpreuss. Geschichtsverein. 2. Abth. Urkunden der Bisthümer, Kirchen u. Klöster. 1. Bd. Urkundenbuch d. Bisth. Culm. Bearb. v. Dr. C. P. Woelky. 3. Hft. Urkunden Nr. 642—964. gr. 4. (S. 529—808.) Danzig, Th. Bertling in Comm. baar (à) n. 10. —

($^{80}/_{1}$) —— westfälisches. Fortsetzung v. Erhards Regesta historiae Westfaliae. Hrsg. v. dem Vereine f. Geschichte u. Alterthumskunde Westfalens.

uppl., bearb. v. Wilh. Diekamp. 1. Lfg. [bis 1019.] Mit 4 (Lichtdr.-)
'af. Urkunden-Abbildgn. gr. 4. (120 S.) Münster, Regensberg in Comm. n.n. 6. —
ichs, L. v., archaeologische Analekten. 18. Programm d. v. Wagner'schen
Kunstinstituts. gr. 8. (23 S.) Würzburg, Stahel in Comm. n. — 80
äter-Hausrath in Spruch u. Lehre. Von dem Hrsg. der „Deutschen
nschriften an Haus u. Geräth". 12. (VII, 231 S.) Berlin, Hertz. n. 3. —; geb. n. 4. —

ing, J. L., Erziehung u. Jugendunterricht bei den Griechen u. Römern,
.: Calvary's philologische u. archaeologische Bibliothek.
l, Hauptcassenbeamter Chrn., Hülfsbuch f. den Cassendienst, enth. Tafeln
r Werthbemessung beschädigter österreich. Staats- u. Banknoten,
orschriften üb. die Behandlg. beschädigter ausländ. Noten, zur Zollzahlg.
gelassene Gold- u. Silbermünzen, besondere Bestimmgn. f. den Verkehr
Valuten [Usancen der Wiener Börse], nebst Normalgewichtstafeln u.
ancotabellen. Nach amtl. Quellen bearb. qu. 4. (50 S.) Wien, (Edm.
chmid). geb. n. 2. 40

agd, Lehr. Dr. W. van, der perfecte Holländer. Eine Anleitg., in 14 Tagen
olländisch richtig lesen, schreiben u. sprechen zu lernen. Mit beigefügter
usſprache. 16. (109 S.) Berlin, Berliner Verlagsanstalt. — 60
lemecum f. den deutschen Burschenschafter, zusammengestellt v.
Litten. Mit Nachträgen bis Sommersemester 1885. Hrsg. v. Carl Hahn
Sohn in Jena. gr. 16. (8 Chromolith.) Jena. (Leipzig, Rossberg.) baar n.n. 1. —
– für den deutschen Corpsstudenten. 4. Aufl. Mit Nachträgen bis
ingsten 1885. 16. (18 color. Steintaf.) Ebd. baar n.n. 1. —
für Elektrotechniker. Praktisches Hilfs- u. Notizbuch f. Elektro-
chniker, Ingenieure, Werkmeister, Mechaniker etc. Hrsg. unter Mit-
rkg bewährter Fachkräfte v. Ingen. E. Rohrbeck. 3. Jahrg. d. Kalenders
Elektrotechnik. 1886. Mit vielen Holzschn. gr. 16. (XXIV, 160 S.)
rlin, Polytechn. Buchh. geb. n. 2. 50
ntin, Dr. Karl, Studien üb. die schwedischen Volksmelodien. gr. 8.
II, 73 S.) Leipzig, Breitkopf & Härtel. n. 1. 60
ntin, V., Cornelius, Overbeck, Schnorr, Veit, Führich, s.: Kunst u.
instler d. 19. Jahrh.
béry, Prof. Herm., die Scheïbaniade. Ein özbegisches Heldengedicht in
Gesängen v. Prinz Mohammed Salih aus Charezm. Text, Übersetzg. u.
ten v. H. V. Lex.-8. (XXI, 468 S.) Budapest, Kilián in Comm. n. 30 —
das Türkenvolk, in seinen ethnologischen u. ethnographischen Be-
ungen geschildert. Mit 2 Taf. u. mehreren Holzschn. gr. 8. (XII, 638 S.)
pzig, Brockhaus. n. 18. —
der Zukunfts-Kampf um Indien. Aus dem Engl. v. Bruno Walden.
. 1 Karte in Farbendr., das Fortschreiten Russlands gegen Indien dar-
lend. Autoris. Uebersetzg. gr. 8. (III, 158 S.) Wien 1886, Gerold's
n. cart. n. 4. —
enesch, Kreis-Schulinsp. Heinr., Grundzüge e. praktischen Gesundheits-
ge in der Volksschule. Mit 5 Zeichngn. 3., verm. Aufl. gr. 8. (80 S.)
rtmund, W. Crüwell. n. 1. —
ek's, A., Biographie, s.: Glaser, K.
ek, J., die doppelte Buchführung im Landwirthschaftsbetriebe. Ein
infaches Rechnungsprincip der Wirthschaftsbuchführg., monographisch
gestellt in den Durchschnittsziffern zehnjähr. Betriebsperiode auf e.
dostböhm. Grossgute. gr. 8. (VI, 99 S.) Prag, Calve. n. 2. 40

Varronis, M. Terenti, de lingua latina libri, emendavit, apparatu critico instruxit, praefatus est Leonardus Spengel. Leonardo patre mortuo ed. et recognovit filius Andr. Spengel. gr. 8. (XC, 286 S.) Berlin 1885, Weidmann. n. 8. —

Vaterlandsliebe u. Treue in Kampf u. Tod, od. Richard, der edle Gebirgsjäger am Königssee. Eine histor. Erzählg. f. die reifere Jugend u. das Volk. 4., verb. Aufl. Mit 1 Stahlst. 8. (165 S.) Straubing 1885, Volks- u. Jugendschriften-Verl. cart. 1. 20

Vaterlands-Kalender, illustrirter deutscher f. d. J. 1886. Ein histor. Jahrbuch f. das deutsche Volk. Zur Belehrg. u. Unterhaltg. f. Stadt u. Land hrsg. v. e. Vaterlandsfreunde. 24. Jahrg. 4. (46 S. m. eingedr. Holzschn.) Würzburg, Etlinger. n. — 30

Vatter, Taubst.-Erziehgs.-Anst.-Vorst. Oberlehr. J., zehn Sprechtafeln. Stoff zur Pflege e. technisch guten u. logisch richt. Sprechens bei Taubstummen. In Buchdr. Imp.-Fol. Mit Text. gr. 8. (8 S.) Frankfurt a/M., Bechhold. n. 4. —

(84/1) **Vautrey,** päpstl. Hausprül. Ehrenkanon. Dech. Mgr., histoire des évêques de Bâle. Ouvrage publié sous les auspices de S. G. Mgr. Lachat, évêque de Bâle. Avec chromos, nombreuses illustrations, portraits, vues, armoiries, sceaux etc. Tom. II. Lex.-8. (S. 245—516.) Einsiedeln, Benziger. (à) n. 8. —

Veesenmeyer, E., u. Lic. W. **Nebeling,** Pfarrer, zwei Gastpredigten, geh. in der Hauptkirche zu Wiesbaden am 1. u. 2. Advent 1885. gr. 8. (19 S.) Wiesbaden, Rodrian. n. — 50

Vegeti Renati, Flavi, epitoma rei militaris. Rec. Carol. Lang. Ed. II. 8. (LI, 256 S.) Leipzig, Teubner. 3. 90

Vejdovský, Prof. Dr. Frz., System u. Morphologie der Oligochaeten. Bearb. im Auftrage d. Comités f. naturhistor. Landesdurchforschg. Böhmens. Mit 16 (lith.) Taf. u. 5 (eingedr.) Holzschn. Veröffentlicht durch Subvention der kais. Akademie der Wissenschaften in Wien u. der königl. böhm. Gesellschaft der Wissenschaften in Prag. Fol. (172 S. m. 16 Bl. Erklärgn.) Prag 1884, Rziwnatz in Comm. cart. n. 80. —

Velde, C. F. van der, das Liebhaber-Theater, s.: Volksbibliothek d. Lahrer Hinkenden Boten.

Velenovský, Doc. Dr. Jos., die Gymnospermen der böhmischen Kreideformation. Mit 13 (lith.) Taf. Veröffentlicht m. Subvention d. Comité f. die naturwissenschaftl. Durchforschg. Böhmens. Imp.-4. (V, 34 S. m. 12 Bl. Erklärgn.) Prag, Rziwnatz in Comm. cart. n. 32. —

Velten, Erna, für's Dämmerstündchen. Erzählungen f. die weibl. Jugend von 11 bis 16 Jahren. 1. u. 2. Aufl. 8. (IV, 216 S.) Leipzig, Peterson. cart. n. 2. 50

Venn's, Jos., deutsche Aufsätze, verbunden m. e. Anleitg. zum Anfertigen v. Aufsätzen, 325 Dispositionen, sowie üb. 500 Themata zur Auswahl, vorzugsweise f. die oberen Klassen der Gymnasien u. höheren Lehranstalten. 30. Aufl. gr. 8. (IV, 452 S.) Frankfurt a/M., Gestewitz. baar n. 4. —; geb. n. 4. 50

Verbandsblätter. Mittheilungen vom Verbande Deutscher Handlungsgehülfen. Hrsg. u. Red.: Geo. Hiller. 1. Jahrg. 1885/86. 26 Nrn. (½ B.) gr. 4. Leipzig, Gloeckner in Comm. Halbjährlich 1. 20

Verbands-Kalender, mittelrheinischer, f. Landwirthe u. landwirthschaftliche Genossenschaften auf d. J. 1886. Hrsg. im Auftrage d. Ausschusses d. landwirthschaftl. Versicherungs-Verbandes „Mittelrhein". gr. 4. (178 S. m. Illustr.) Frankfurt a/M., Neumann. baar n. n. — 60

(84/2) **Verdet,** É., Vorlesungen üb. die Wellentheorie d. Lichtes. Deutsche Bearbeitg. v. Dr. Karl Exner. Mit in den Text eingedr. Holzst. 2. Bd.

2. Abth. gr. 8. (S. 193—336.) Braunschweig, Vieweg & Sohn. n. 3. 50 (I—II, 2.: n. 20. 70)

(95/1) **Veredarius**, O., das Buch v. der Weltpost. Entwickelung u. Wirken der Post u. Telegraphie im Weltverkehr. 5—10. (Schluß-) Hft. gr. 4. (S. 157—400 m. eingedr. Illustr., 10 Taf. u. 2 Karten.) Berlin, Meidinger. à n. 2. — (cplt. geb.: n. 30. —)

(94/2) **Verein**, nordwestdeutscher, f. Gefängnißwesen. 15. Vereinsheft. Red. im Auftrage d. Vorstandes v. Landger.-Dir. Dr. H. Föhring. gr. 8. (187 S. m. 4 Grundrissen.) Hamburg, Hoffmann & Campe Sort. in Comm. baar n. 2. —

Vereinskalender, illustrirter landwirthschaftlicher, f. das Königr. Sachsen u. die Thüringischen Staaten. 1886. 10. Jahrg. Hrsg. von Oek.-R. Gen.-Sekr. K. v. Langsdorff. Mit e. Titelbild (in Lichtdr.), 2 Steindr.-Taf. u. 31 Holzschn. 4. (89 S.) Dresden, Schönfeld in Comm. baar n.n. — 50

Vereins-Zeitung, deutsche. Anerkanntes Central-Organ f. sämmtl. Vereine jeden Charakters. Offizielles Organ der hervorragendsten Vereine Deutschlands. Red.: Joh. Mayer. 1. Jahrg. 1885/86. 52 Nrn. Mit Beiblatt: Die Neuzeit. Illustr. Blatt f. Ernst u. Scherz. (1 1/2 B.) gr. 4. München, Verl. der Deutschen Vereinszeitg. Vierteljährlich baar n. 1. 50

Verga, G., sicilianische Bauernehre, s.: Universal-Bibliothek Nr. 2014.

Vergilius Maro, P., Gedichte, Wörterbuch dazu, s.: Koch, G. A.

Vergißmeinnicht, christliches. Ein frommer Gedanke auf jeden Tag d. Jahres, aus Gotteswort u. Dichterwort zusammengestellt v. e. evangel. Geistlichen. 6. Aufl. 32. (IV, 375 S.) Bielefeld, Helmich. geb. n. 1. 20; m. Goldschn. n. 1. 50

—— klassisches. Lichtstrahlen u. Leitsterne vornehmlich aus dem Schatze der deutschen Litteratur. Für alle Tage d. Jahres. 2. Aufl. 32. (377 S.) Ebd. geb. n. 1. 20; m. Goldschn. n. 1. 50

Verhandlungen d. III. österreichischen Agrartages 1885. gr. 8. (IV, 248 S.) Wien, Frick. n. 4. —

(83/2) —— der 9. Synode der Altkatholiken d. Deutschen Reiches, geh. zu Bonn am 27. Mai 1885. Amtliche Ausg. gr. 8. (107 S.) Bonn, Neusser in Comm. baar n. 2. —

(84/2) —— des botanischen Vereins der Prov. Brandenburg. 26. Jahrg. 1884. Mit Beiträgen von P. Ascherson, E. Bünger, Councler etc. Mit 2 Taf. u. 1 Holzschn. Red. u. hrsg. v. Dr. I. Urban, Dr. E. Koehne, F. Dietrich. Lex.-8. (XXXIV, 210 S.) Berlin, Gaertner's Verl. n. 6. —

—— über Cholera im Aerztlichen Verein zu München. 1884/85. [Aus: „Aerztl. Intelligenzbl."] gr. 8. (III, 91 S.) München, J. A. Finsterlin. n. 2. 40

(85/1) —— der Direktoren-Versammlungen in den Provinzen d. Königr. Preussen seit dem J. 1879. 18—22. Bd. gr. 8. Berlin, Weidmann. n. 28. — (1—22.: n. 106. —)

Inhalt: 18. 7. Direktoren-Versammlung in der Prov. Posen. (VII, 224 S.) n. 4. —. — 19. 2. Direktoren-Versammlung in der Rheinprovinz. (XI, 299 S.) n. 5. —. — 20. 4. Direktoren-Versammlung in der Prov. Hannover. (VIII, 383 S.) n. 7. —. — 21. 9. Direktoren-Versammlung in der Prov. Pommern. (XII, 464 S.) n. 8. —. — 22. 7. Direktoren-Versammlung in der Prov. Schlesien. (V, 242 S.) n. 4. —

—— des Harzer Forst-Vereins. Hrsg. v. dem Vereine. Jahrg. 1883. gr. 8. (IV, 90 u. Anh. 38 S. m. 1 Tab.) Wernigerode, (Jüttner). baar n. 3. —

(83/2) —— des Hils-Solling-Forst-Vereins. Hrsg. v. dem Vereine. Jahrg. 1884. 24. Hauptversammlg. in Einbeck. gr. 8. (III, 78 S.) Berlin, Springer. n. 1. 20

(84/2) —— des 5. deutschen Geographentages zu Hamburg am 9., 10. u. 11. Apr. 1885. Im Auftrage d. Zentralausschusses d. deutschen

Geographentages hrsg. v. Dr. H. Michow. Mit 2 Karten. gr. 8. (IV, 238 S.) Berlin, D. Reimer. n. 4. —

(84/2) **Verhandlungen** d. historischen Vereins v. Oberpfalz u. Regensburg. 39. Bd. der gesammten Verhandlgn. u. 31. Bd. der neuen Folge. gr. 8. (IV, 260 u. Rechenschaftsbericht 16 S.) Stadtamhof. (Regensburg, Manz.) baar n. 6. 70

—— des I. österr. Jagd-Congresses in Wien vom 19. bis 22. Mai 1885. gr. 8. (269 S.) Wien, (Frick). n. 3. 60

(84/2) —— des 17. deutschen Juristentages. Hrsg. v. dem Schriftführer-Amt der ständ. Deputation. 2. Bd. gr. 8. (LI, 332 S.) Berlin, Guttentag in Comm. baar n. 6. 50 (cplt.: n. 13. —)

—— der 12. Landeskirchenversammlung 1885. Hrsg. vom Landesconsistorium der evangel. Kirche A. B. in Siebenbürgen. Lex.-8. (V, 223 S.) Hermannstadt, Michaelis in Comm. n. 2. —

(84/2) —— des Congresses f. innere Medicin. 4. Congress, geh. zu Wiesbaden, vom 8—11. Apr. 1885. Im Auftrage d. Congresses hrsg. v. Geh. Med.-R. Prof. Dr. E. Leyden u. Dr. Emil Pfeiffer. Mit 13 Abbildgn. u. 4 Taf. gr. 8. (XX, 470 S.) Wiesbaden, Bergmann. n. 10. —

—— der naturforschenden Gesellschaft zu Basel. 7. Thl. 3. [Schluss-] Hft. Mit 6 Taf. gr. 8. (IV u. S. 513—914.) Basel, Georg. n. 8. —

—— des naturhistorischen Vereins der preussischen Rheinlande u. Westphalens, s.: Autoren- u. Sachregister.

(84/2) —— des naturhistorisch-medicinischen Vereins zu Heidelberg. Neue Folge. 3. Bd. 4. Hft. gr. 8. (S. 277—440.) Heidelberg, C. Winter. n. 5. — (1—4.: n. 14. 40)

(79/2) —— des Vereins f. naturwissenschaftliche Unterhaltung zu Hamburg. 1878—1882. Im Auftrage d. Vorstandes veröffentlicht v. J. D. E. Schmeltz u. Dr. Geo. Pfeffer. 5. Bd. m. 4 Taf., 1 Karte u. 1 Tab. gr. 8. (IV, 182 S.) Hamburg 1883, Friederichsen & Co. n. 6. — (1—5.: n. 36.—)

—— der sächsischen Ortskrankenkassen-Conferenz zu Dresden am 23. Aug. 1885. [Aus: „Die Arbeiter-Versorgung".] Lex.-8. (25 S.) Neuwied, Heuser's Verl. — 75

—— der 37. Versammlung deutscher Philologen u. Schulmänner in Dessau vom 1. bis 4. Oktbr. 1884. gr. 4. (XIV, 298 S.) Leipzig, Teubner. n. 12. —

—— des XV. deutschen Protestantentages zu Hamburg am 27. bis 29. Mai 1885. Hrsg. im Auftrage d. ständ. Bureau d. Protestantenvereins vom Schriftführer. gr. 8. (III, 135 S.) Berlin, Haack. n. 2. —

(84/2) —— des Reichstags. 6. Legislaturperiode. 2. Session. 1885/86. hoch 4. Berlin, (Puttkammer & Mühlbrecht). pro 100 Bog. baar 10. —

—— der 26. Jahresversammlung d. Oestlichen Districts der deutschen ev.-luth. Synode v. Missouri, Ohio u. anderen Staaten, versammelt in Boston, Mass., A. D. 1885. gr. 8. (45 S.) St. Louis, Mo. (Dresden, H. J. Naumann.) baar n. — 50

—— der 3. Jahresversammlung d. südlichen Districts der deutschen ev.-luth. Synode v. Missouri, Ohio u. anderen Staaten, versammelt zu New Orleans, La., vom 4. bis 10. Febr. 1885. gr. 8. (64 S.) Ebd. baar n. — 75

(84/2) —— der k. k. zoologisch-botanischen Gesellschaft in Wien. Hrsg. v. der Gesellschaft. Jahrg. 1884. 34. Bd. 2. Halbjahr. gr. 8. (XLVIII, S. 19—32 u. 159—566 m. 3 eingedr. Holzschn. u. 9 Steintaf.) Wien, Hölder. — Leipzig, Brockhaus' Sort. in Comm. n. 12. — (cplt.: n. 20. —)

—— dasselbe. Jahrg. 1885. 35. Bd. 1. Halbjahr. gr. 8. (18 u. 376 S. m. 1 Holzschn., 7 Kpfr.- u. 8 Steintaf.) Ebd. n. 10 —

(84/2) —— u. **Mittheilungen** d. Vereins f. öffentliche Gesundheitspflege in Magdeburg. 13. Hft.: Verhandlungen d. Vereins im J. 1884. Red.:

Oberstabsarzt a. D. Dr. Rosenthal. gr. 8. (IX, 86 S.) Magdeburg, Faber. n. 2. 50

Verkehrs- u. Reise-Zeitung, allgemeine. [Fortsetzung der „Schweizer. Eisenbahnzeitg."] Organ f. die Interessen d. Fremdenverkehrs in der Schweiz, Süd-Deutschland, Oesterreich, Ober-Italien u. Süd-Frankreich. Red.: Hans Frei. 4. Jahrg. 1885. 52 Nrn. (B.) Fol. Zürich, Schmidt. Vierteljährlich n. 2. 20

(51/2) **Verne's**, Jul., Schriften. Autoris. Ausg. 41—46. Bd. 8. Wien, Hartleben. à n. 2. 70; geb. à n. 3. 50

Inhalt: 41. Die Schule der Robinsons. (VI, 248 S.) — 42. Der grüne Strahl. (VI, 256 S.) — 43. 44. Keraban der Starrkopf. 2 Thle. (236 u. 240 S.) — 45. Der Südstern od. das Land der Diamanten. (319 S.) — 46. Der Archipel in Flammen. (264 S.)

—— die Kinder d. Kapitän Grant. Eine Reise um die Welt. Ins Deutsche übers. u. bearb. v. Br. Hoffmann. Mit 1 Farbendr.-Illustr. nach Orig.-Aquarelle v. Marie Koch. 8. (217 S.) Berlin, Drewitz. geb. baar 3. —

(55/1) **Veröffentlichungen** der Gesellschaft f. Heilkunde in Berlin. XI. gr. 8. Berlin, Grosser. baar n. 2. —

Inhalt: 7. öffentliche Versammlung der balneologischen Sektion am 14. u. 15. März 1885. Im Auftrage der Sektion hrsg. v. Dr. Brock. (IV, 129 S.)

Verordnung d. k. k. Handelsministers vom 1. Juli 1880, betr. die Regelung d. Transportes explodirbarer Artikel auf Eisenbahnen. Nebst dem Handelsministerial-Erlasse vom 1. Juli 1880, Z. 17454, betr. die Durchführg. obiger Verordng. Giltig vom 1. Aug. 1880 angefangen. II. amtl. Ausg. vom J. 1885. Unter Einbeziehg. der Abändergn. u. Ergänzgn. 8. (III, 31 S.) Wien, Hof- u. Staatsdruckerei. n. — 20

—— betr. die Landgemeinde-Verfassungen im Gebiete der Herzogthümer Schleswig u. Holstein. Vom 22. Septbr. 1867. [Im Herzogth. Lauenburg m. geringen Modificationen eingeführt durch Gesetz vom 2. Novbr. 1874.] gr. 8. (16 S.) Schleswig, Bergas. n. — 30

—— allerhöchste, üb. die Ergänzung d. Seeoffizierkorps, nebst Ausführungs-Bestimmgn. d. Chefs der kaiserl. Admiralität. 8. (36 S.) Berlin, v. Decker. — 50

—— dasselbe. gr. 8. (38 S.) Berlin, Mittler & Sohn. — 50

Verstaatlichung, die, d. Grundkredits. Ideen zu e. nationalen Verwaltungsrecht d. Grundbesitzes. Von H. F. gr. 8. (III, 49 S.) Jena, Fischer. n. 1. —

Verstraeten, Fr., et Em. **Doms**, Professeurs, cours complet de langue flamande à l'usage des établissements d'instruction moyenne. 1. partie. Cours elémentaire. 6. éd. 8. (IV, 180 S.) Köln, Du Mont-Schauberg. n. 1. 60

—— volledige leergang van duitsche taal, ten gebruike der gestichten van middelbaar onderwijs. Naar den leergang van den Hoogleeraar G. Möhl. 1. deel. Voor eerstbeginnenden. 8. (IV, 175 S.) Ebd. n. 1. 35

(84/2) **Versuchs-Stationen**, die landwirthschaftlichen. Organ f. naturwissenschaftliche Forschgn. auf dem Gebiete der Landwirthschaft. Unter Mitwirkg. sämmtl. deutschen Versuchs-Stationen hrsg. v. Prof. Dr. Frdr. Nobbe. 32. Bd. 6 Hfte. gr. 8. (1. Hft. 80 S.) Berlin, Parey. n. 12. —

(84/2) **Verwaltungs-Blatt**, preußisches. Wochenschrift f. Verwaltg. u. Verwaltungsrechtspflege in Preußen. Hrsg.: Dr. Binseel. 7. Jahrg. Oktbr. 1885—Septbr. 1886. 52 Nrn. (B.) gr. 4. Berlin, Drewitz. Vierteljährlich n. 4. —

Verzeichniss sämmtlicher Apotheken, chemischen Fabriken u. Laboratorien, Droguerien, Kolonialwaarenhandlungen etc. der Schweiz. 16. (32 S.) Schaffhausen, Stötzner. n. 1. 50; m. Schreibpap. durchsch. n. 2. —

—— officielles, der verliehenen Auszeichnungen bei der internationalen Ausstellung v. Arbeiten aus edlen Metallen u. Legirungen in Nürnberg 1885.

hoch 4. (8 S.) Nürnberg, Verlagsanstalt d. bayr. Gewerbemuseums (C. Schrag). baar n.n. — 40

Verzeichniß der Bibelstellen d. Bibel-Lese-Vereins f. das Kirchenjahr 1885—86. 28. Jahrg. Ausg. f. das Königr. Sachsen. 8. (4 S.) Fürstenwalde. (Leipzig, Buchh. d. Vereinshauses.) — 3

—— der Sammlungen d. Börsenvereins der deutschen Buchhändler. 1. Katalog der Bibliothek. gr. 8. (XXXVI, 708 S.) Leipzig, (Exped. d. Börsenblattes). baar n. 10. —

—— der Bücher, Landkarten 2c., welche vom Jan. bis zum Juni 1885 neu erschienen od. neu aufgelegt worden sind, mit Angabe der Seitenzahl, der Verleger, der Preise, literar. Nachweisgn. u. e. wissenschaftl. Uebersicht. 174. Fortsetzg. 8. (CXIII, 517 S.) Leipzig, Hinrichs' Verl. baar n. 4. —; Schreibpap. n.n. 5. —

—— der kaiserl. deutschen Consulate. Mai 1885. Auswärtiges Amt d. Deutschen Reiches. gr. 4. (57 S.) Berlin, Mittler & Sohn. n. 1. 25

—— der in Kraft stehenden u. der in Bearbeitung befindlichen Dienstbücher u. Vorschriften, als Anhang I zur Geschäftsordnung f. das k. k. Heer. hoch 4. (50 S.) Wien, Hof- u. Staatsdruckerei. n. — 48

—— der autorisirten Führer in den deutschen u. östereichischen Alpen. Hrsg. v. der Sektion Berlin d. D. u. Ö. Alpen-Vereins. 8. (VI, 18 S.) Berlin, Mitscher. baar — 50

—— der Berliner Gemeinde-Lehrer u. Lehrerinnen, geordnet nach Dienstalter, Gehalt, Lebensalter, lauf. Nummer der Schulen u. alphabet. Namensfolge [nebst e. Anh.] f. d. J. 1885/86. 42. Jahrg. Hrsg. v. Rekt. Heinr. Gaulke. gr. 8. (90 S.) Berlin, (H. R. Mecklenburg). baar n. 1. 50

—— alphabetisches, der Gewerbezweige, welche zu den bis zum 1. Oktbr. 1885 gebildeten Berufsgenossenschaften gehören. Nachweisung der Namen, Sitze u. Bezirke der Berufsgenossenschaften, der Sektionen u. der Schiedsgerichte; ferner der Namen u. Wohnorte der Vorsitzenden der Genossenschafts- u. Sektions-Vorstände, sowie der Schiedsgerichte. I. Berufsgenossenschaften. II. Reichs- u. Staatsbetriebe. gr. 4. (82 S.) Berlin, Asher & Co. cart. baar n. 1. —

—— von Jugend- u. Volksschriften, nebst Beurteilg. derselben. Unter besond. Berücksicht. der Bedürfnisse kathol. Schulen u. Familien hrsg. vom Verein kathol. Lehrer Breslaus. 1. Hft. 8. (XVI, 96 S.) Breslau 1886, Aderholz. n. 1. 20

—— der Mitglieder, Haupt- u. Zweigvereine der königl. Landwirtschafts-Gesellschaft, Zentral-Verein f. die Prov. Hannover, im J. 1885, nebst geschichtl. Rückblicken. Auf Grundlage v. Berichten der Hauptvereins-Vorstände hrsg. v. dem Zentral-Ausschuß der königl. Landwirtschafts-Gesellschaft durch dessen Gener.-Sekr. Chrn. Jessen. Mit e. (chromolith.) Uebersichtskarte der landwirtschaftl. Vereine der Prov. Hannover. [Ausg. im Oktbr. 1885.] gr. 8. (VII, 231 S.) Hannover, (Meyer). n. 8. —

—— der Leuchtfeuer u. Nebelsignalstationen aller Meere. Hrsg. v. dem hydrograph. Amt der Admiralität. 1. Hft. hoch 4. Berlin, Mittler & Sohn in Comm. n. 1. 50; geb. n.n. 2. —

Inhalt: Die Ostsee, die Belte, der Sund, das Kattegat u. das Skagerrak. [Betrifft Karten Titel I u. II.] Abgeschlossen am 31. Mai 1885. (VIII, 80 S.)

—— der den Militäranwärtern im preußischen Staatsdienste vorbehaltenen Stellen. gr. 4. (24 S.) Wiesbaden, Bechtold & Co. baar — 50

—— der erblichen u. lebenslänglichen Mitglieder d. Herrenhauses. [X. Session.] 22. Septbr. 1885. gr. 8. (59 S.) Wien, Hof- u. Staatsdruckerei. n. — 80

Verzeichniß der Mitglieder d. Reichstages nach den Fraktionen. 6. Legislatur-Periode. II. Session 1885/86. gr. 8. (40 S.) Berlin, C. Heymann's Verl. baar n. 1. —

—— der Rübenzuckerfabriken, Raffinerien u. Candis-Fabriken im Deutschen Reiche, sowie in Oesterreich-Ungarn, Holland, Belgien, Dänemark, Schweden, England, Italien u. Spanien. Nebst e. Adressbuch der Bezugsquellen v. Bedarfs-Artikeln f. Zuckerfabriken u. Empfehlungsanzeiger e. Anzahl Firmen, welche m. der Zuckerfabrikation in Verbindg. stehen. Mit e. (lith. u. color.) Karte der Zuckerfabriken u. Raffinerien d. Deutschen Reiches. Neu bearb. u. zusammengestellt v. J. Neumann. 2. Jahrg. Campagne 1885/86. gr. 8. (194 S.) Magdeburg, Rathke. n. 8. —; ohne Karte n. 4. —

—— der Rübenzuckerfabriken u. Raffinerien in Russland. Nebst e. Adressbuch der Bezugsquellen v. Bedarfsartikeln f. Zuckerfabriken u. Empfehlungs-Anzeiger e. Anzahl Firmen, welche m. der Zuckerfabrikation in Verbindg. stehen. Mit e. Karte der Zuckerfabriken u. Raffinerien in Russland. Auf Crund authent. u. statist. Materials neu bearb. u. zusammengestellt. 2. Jahrg. 1885/86. gr. 8. (48 u. 113 S.) Ebd. n. 6. —

(84/1) —— der in Wien wohnhaften Sanitätspersonen. Im Auftrage d. k. k. Ministeriums d. Innern vom 26. Septbr. 1873, Z. 10765, u. der k. k. n.-ö. Statthalterei vom 3. Oktbr. 1873, Z. 28828 [kundgemacht im Landesgesetz- u. Verordnungsblatte d. Erzherzogth. Oesterreich unter der Enns, XXXVI. Stück, Nr. 55] verf. u. hrsg. v. dem Magistrate der k. k. Reichshaupt- u. Residenzstadt Wien. 8. (73 S.) Wien, Braumüller. baar n. — 80

Veterinär-Kalender f. d. J. 1886. Bearb. v. Proff. C. Müller u. W. Dieckerhoff. 2 Thle. gr. 16. (VIII, 323 u. IV, 104 S.) Berlin, Hirschwald. geb. u. geh. n. 4. —

—— pro 1886. Taschenbuch f. Thierärzte m. Tagesnotizbuch. Verf. u. hrsg. v. Bez.-Thierarzt Alois Koch. Mit dem Portr. d. Hrn. Prof. Dr. Freytag in Halle, 2 Farbendr.-Taf. u. 1 Eisenbahnkarte. 9. Jahrg. Ausg. f. Deutschland. 16. (188 u. 130 S.) Wien, Perles. geb. in Leinw. n. 3. —; in Ldr. n. 4. —

Vetter, der, aus Bremen. Haus- u. Familien-Kalender f. Stadt u. Land. 1886. 8. (XLVIII, 160 S.) Bremen. Rocco. n. — 50

—— der, vom Rhein. Ein neuer Kalender aus Lahr auf d. J. 1886. (Süddeutsche Ausg.) 4. (80 S. m. Illustr.) Lahr, Schömperlen. n. — 30

Vetter's, A., allgemeiner Wohnungs-Anzeiger, nebst Handels- u. Gewerbe-Adreßbuch f. die Landeshauptstadt Troppau. 1885/1886. 1. Jahrg. gr. 8. (X, 152 S.) Troppau, Zenker in Comm. baar n. n. 2. —

Vetter, A., üb. die Reflexe als diagnostisches Hilfsmittel bei schweren Erkrankungen d. centralen Nervensystems, s.: Sammlung klinischer Vorträge.

Vetter, Ferd., das Sankt-Georgen-Kloster in Stein am Rhein. Historisch-artist. Schilderg. Führer u. Gedenkblatt f. dessen Besucher. Mit 3 Ansichten. gr. 8. (56 S.) Basel 1884, Schwabe. n. 1. 60

(85/1) Vianney, Pfr. Joh. Baptist Maria, Predigten auf die Sonn- u. Festtage. Aus dem Franz. übers. v. Benef. J. Firnstein. 3. u. 4. (Schluß-)Bd. gr. 8. Regensburg, Manz. à 3. 60

Inhalt: 3. Vom 12. Sonntag bis zum 23. Sonntage nach Pfingsten (394 S.) — 4. Festpredigten. (372 S.)

Widély, Ludw., illustrirtes Hand- u. Hilfsbuch d. Colonial- u. Specereiwaaren-Handels. Erste erschöpf. u. populäre Darstellg. der wichtigsten Zweige d. Handels u. Verkehrs in Colonial- u. Specereiwaaren, Südfrüchten, Droguen, Farbwaaren, Chemikalien, Erzeugnissen der Genußmittel-Industrie ꝛc. Mit zahlreichen Illustr. gr. 8. (797 S.) Wien, Bondy. geb. n. 15. —

Vidmar, Const. Joan., O. S. B., introductio in corpus juris utriusque tum canonici cum civilis romani. gr. 8. (X, 137 S.) Wien 1886, Manz. n. 2. —

Vielhaber, Leop., Aufgaben zum Übersetzen ins Lateinische zur Einübung der Syntax. 2. Hft. Verbale Rection. Für die 4. Classe der Gymnasien. 4., gekürzte u. verb. Aufl., besorgt v. Karl Schmidt. gr. 8. (VI, 93 S.) Wien 1886, Hölder. n. 1. 32

(84/2) **Vierteljahrsschrift** der Astronomischen Gesellschaft. Hrsg. v. den Schriftführern E. Schoenfeld u. H. Seeliger. 19. Jahrg. 1884. 4. Hft. gr. 8. (IV u. S. 237—300.) Leipzig, Engelmann. (à) n. 2. —

—— dasselbe. 20. Jahrg. 1885. 1—3. Hft. gr. 8. (213 S.) Ebd. n. 6. —

(84/2) —— für Geschichte u. Heimatskunde der Grafsch. Glatz. Red. v. Sem.-Dir. Dr. Volkmer u. Gymn.-Religionslehr. Konviktsregens Dr. Hohaus. 5. Jahrg. [1885/86] 4 Hfte. gr. 8. (1. Hft. 96 S.) Habelschwerdt, Franke. n. 3. —

(85/1) —— deutsche, f. öffentliche Gesundheitspflege. Hrsg. v. Prof. Dr. Finkelnburg, Dr. Göttisheim, Prof. Dr. Aug. Hirsch etc. Red. v. DD. Geo. Varrentrapp u. Alex. Spiess. 17. Bd. 3. u. 4. Hft. gr. 8. (XII u. S. 373—737.) Braunschweig, Vieweg & Sohn. n. 8. 60 (17. Bd. cplt.: n. 17. —)

—— dasselbe. 17. Bd. Suppl. gr. 8. Ebd. n. 5. —

Inhalt: Jahresbericht üb. die Fortschritte u. Leistungen auf dem Gebiete der Hygiene im J. 1884. Von Prof. Dr. J. Uffelmann. (VIII, 260 S.)

(84/2) —— der naturforschenden Gesellschaft in Zürich. Red. v. Prof. Dr. Rud. Wolf. 30. Jahrg. 1885. 4 Hfte. gr. 8. (1. Hft. 128 S.) Zürich, Höhr in Comm. n. 3. 60

(84/2) —— österreichische, f. wissenschaftliche Veterinärkunde. Hrsg. v. den Mitgliedern d. Wiener k. k. Thierarznei-Institutes. Red.: Proff. DD. Müller u. Forster. [Jahrg. 1885.] 63. u. 64. Bd. à 2 Hfte. gr. 8. (63. Bd. 1. Hft. 174 S.) Wien, Braumüller. n. 12. —

24 Stunden-Uhr, die. Ein Wort an das Publikum v. e. Freunde d. Fortschrittes. gr. 8. (8 S.) Dresden, Warnatz & Lehmann. n. — 30

Vietor, Wilh., die Aussprache der in dem Wörterverzeichnis für die deutsche Rechtschreibung zum Gebrauch in den preussischen Schulen enthaltenen Wörter. Mit e. Einleitg.: Phonetisches. — Orthoepisches. 8. (IV, 64 S.) Heilbronn, Henninger. n. 1. —

Vigouroux, Priest. F., die Bibel u. die neueren Entdeckungen in Palästina, in Ägypten u. in Assyrien. Mit 124 Plänen, Karten u. Illustr. nach den Monumenten v. Archit. Abbé Douillard. Autoris. Übersetzg. nach der 4. verb. u. verm. Aufl. v. Pfr. Joh. Ibach. (In 4 Bdn.) 1. u. 2. Bd. 8. Mainz, Kirchheim. n. 12. —

1. (XV, 431 S.) n. 5. 40. — 2. (544 S.) n. 6. 60.

(84/1) **Villicus**, Prof. Frz., arithmetische Aufgaben m. theoretischen Erläuterungen f. Unter-Gymnasien. Nach dem neuen Lehrplane der Gymnasien verf. 2. Thl. f. die III. u. IV. Gymnasialclasse. Mit 1000 methodisch geordneten Aufgaben. gr. 8. (VIII, 200 S.) Wien, Pichler's Wwe & Sohn. (à) n. 2. —

—— arithmetische Aufgaben m. theoretischen Erläuterungen f. die unteren Classen der Realschulen. Auf Grundlage d. f. die österr. Realschulen vorgeschriebenen Normallehrplanes methodisch geordnete Aufgabensammlg. aus der Arithmetik. 1. u. 2. Thl. gr. 8. Ebd. 1884. n. 2. 90

1. Für die I. Realclasse. (VI, 110 S.) n. 1. 20. — 2. Für die II. Realclasse. (VIII, 176 S.) n. 1. 70.

Villicus, Prof. Frz., Lehrbuch der räumlichen Geometrie [Stereometrie]. Für die IV. Classe der Realschulen. 3. Thl. der Geometrie m. 93 Holzschn., nebst zahlreichen Constructions- u. Rechnungsaufgaben. gr. 8. (III, 100 S.) Wien 1884, Pichler's Wwe. & Sohn. n. 1. 40

—— Lehr- u. Übungsbuch der Arithmetik f. Unter-Realschulen. 3. Thl. f. die III. Classe. 5. Aufl. gr. 8. (IV, 153 S.) Wien, Seidel & Sohn. geb. n. 1. 50

—— Muster- u. Übungshefte f. die gewerbliche Buchhaltung. 3. Aufl. I—III. Hft. Fol. (16, 20 u. 22 S.) Wien, Pichler's Wwe. & Sohn. à n. — 24

—— die Wechselkunde in kaufmännischer Hinsicht auf Grundlage d. österr. Wechselgesetzes. Nebst Erläuterg. d. Verfahrens in Wechselgeschäften an prakt. Beispielen. Für Handelsschulen. 2. verm. Aufl. Mit Wechselformularien. gr. 8. (IV, 60 S.) Ebd. n. — 80

Villinger, H., der lange Hilarius, s.: Volksbibliothek d. Lahrer Hinkenden Boten.

Vilmar, A. F. C., Handbüchlein f. Freunde d. deutschen Volksliedes. 3. verm. Aufl. gr 8. (XIX, 260 S.) Marburg 1886, Elwert's Verl. n. 2. 40

Vincent, J., die Heimkehr der Prinzessin, s.: Engelhorn's allgemeine Romanbibliothek.

Vitzthum v. Eckstädt Leg.-Secr. Karl Frdr. Graf, Berlin u. Wien in den J. 1845—1852. Politische Privatbriefe. Mit e. Vorworte v. Dr. Karl Müller. gr. 8. (XXXIII, 338 S.) Stuttgart 1886, Cotta. n. 5. —; geb. n. 6. —

Vivat Academia! Liederbuch f. student. Kreise. Hrsg. vom Verbande wissenschaftl. Vereine an der Universität Halle-Wittenberg. 1. Tl.: Texte. 2. Aufl. 12. (XV, 174 S.) Halle, Niemeyer. geb. baar — 75

Voeke, zur Behandlung d. Diabetes, s.: Sonderabdrücke der Deutschen Medizinal-Zeitung.

Vogel, Gymn.-Oberlehr. Ferd., Nepos plenior. Lateinisches Lesebuch f. die Quarta der Gymnasien u. Realschulen. 3. umgearb. Aufl., besorgt v. Gymn.-Lehr. Karl Jahr. Mit e. Karte v. H. Kiepert. gr. 8. (XVIII, 114 S.) Berlin, Weidmann. n. 1. 60

Vogel, Prof. Dr. H. W., die Photographie farbiger Gegenstände in den richtigen Tonverhältnissen. Handbuch der farbenempfindl. [isochromat. od. orthochromat.) Verfahren. Mit 1 Farbendr.-Beilage, 2 danach angefertigten Lichtdrucken u. 15 in den Text gedr. Holzst. gr. 8. (VIII, 157 S.) Berlin, Oppenheim. n. 4. —

Vogel, Lehr. Heinr., Materialien f. Zoologie in Oberklassen. Mit Berücksicht. der Leutemann-Lehmann'schen zoolog. Tafeln bearb. Materialien f. Naturgeschichte in Oberklassen. 2. Tl. gr. 8. (VIII, 430 S.) Plauen, Neupert. n. 3. 75; geb. n. 4. 25

—— kleine Naturlehre f. einfache Schulverhältnisse. Mit 90 Abbildgn. im Text. 2., verb. Aufl. gr. 8. (56 S.) Leipzig 1884, Peter. n. — 35

Vogel, J., Anleitung zur qualitativen u. quantitativen Analyse d. Harns, s.: Neubauer, C.

Vogel, Dr. Jul., Scenen Euripideischer Tragödien in griechischen Vasengemälden. Archäologische Beiträge zur Geschichte d. griech. Dramas. gr. 8. (VI, 156 S.) Leipzig, 1886, Veit & Co. n. 4. —

Vogel, Dir. Dr. Otto, Oberl. Dr. Karl **Müllenhoff**, Lehr. Dr. Felix **Kienitz-Gerloff**, Leitfaden f. den Unterricht in der Zoologie. Nach method. Grundsätzen bearb. 1. Hft. 8. Berlin, Winckelmann & Söhne. cart. baar n. 1. 20

Inhalt: Kurs. 1. u. 2. 6. Aufl. (IV, 174 S.)

Vogel, W., Handbuch d. öffentlichen Rechts d. Königr. Bayern, s.: Handbuch d. öffentlichen Rechts der Gegenwart.

Vogelius, Lauritz Spandet, üb. den Alkohol, speciell sein Einfluss auf die Respiration. den Harn und die Körpertemperatur. Eine physiolog. Untersuchg. Inaugural-Dissertation. gr. 8. (112 S. m. 1 Steintaf.) Kiel (Lipsius & Tischer.) baar n. 2. 40

Vogel-Liebhaber, der. Anleitung zur Pflege u. Zucht der beliebtesten in- und ausländ. Sing- und Ziervögel. Hrsg. v. erfahrenen Vogelwirten. 2. Aufl. 8. (156 S.) Köln, Püttmann. 1. 50

Vogl, A. E., Lehrbuch der Arzneimittellehre, s.: Bernatzik, W.

Vogl's, Dr. Joh. Nep., Volks-Kalender f. d. J. 1886. Red. v. Dr. Aug. Silberstein. Mit Beiträgen v. Carl Frey, M. A. Grandjean [Nachlaß], Heinr. Littrow etc. u. e. Composition v. Ant. Wöll. 42. Jahrg. 8. (LV. 177 S.) Wien, Fromme. baar 1. 20; geb. n. 2. —

Vogl, Lehr. Jos., der kleine Zeichner im 1. u. 2. [bezw. 3.] Schuljahre. 374 Übgn., darunter 200 Nachbildgn. leichter, dem Sachunterrichte entnommener Gegenstände. gr. 8. (11 Steintaf.) Krems. (Wien, Sallmeyer.) baar n.n. — 40

Vogler, Prof. Dr. Ch. Aug., Lehrbuch der praktischen Geometrie. 1. Tl. Vorstudien u. Feldmessen. Mit 248 Holzst. u. 10 Taf. gr. 8. (XVII, 688 S.) Braunschweig, Vieweg & Sohn. n. 16. —

(83/1) **Vogt**, Dir. Carl, u. Assist. Emil **Yung**, Lehrbuch der praktischen vergleichenden Anatomie. Mit zahlreichen Abbildgn. 3. u. 4. Lfg. gr. 8. (S. 129—256.) Braunschweig, Vieweg & Sohn. à n. 2. —

Vogt, Edm., s.: Zur Erinnerung an ihn.

Vogt, H., die Straßen-Namen Berlins, s.: Schriften d. Vereins f. die Geschichte Berlins.

(83/1) **Vogt**, Oberstlieut. a. D. Herrm., Das Buch vom deutschen Heere, dem deutschen Volke gewidmet. Mit etwa 150 Illustr. v. R. Knötel. 2. u. 3. (Schluß-) Abtlg. gr. 8. (VI u. S. 193—569.) Bielefeld, Velhagen & Klasing. à n. 3. — (cplt. geb.: n. 10. —)

Vogt, K., das Turnen in der Volks- u. Bürgerschule, s.: Buley, W.

Voigt, E., kleines Volk. Bilder u. Geschichten zur Lust u. Lehre f. die Kleinen. Zeichnungen v. E. B. Erzählungen v. M. Th. May. Verse v. W. Emil Stephan. gr. 4. (20 Chromolith. m. eingedr. u. 40 S. Text.) Dresden, Meinhold & Söhne. geb. n. 5. —

Voigt, Gust., Zins-Tabellen f. Institute, Banken, Sparkassen, Kapitalisten u. Gewerbtreibende zur Berechnung der Zinsen von 1 bis 900 000 Mark, Gulden, Franc, Rubel, Dollar, Pfd. Sterling etc, bearb. auf 20 Tabellen in 20 Zinsfüssen 1/8, 1, 1¼, 1½, 1¾, 2, 2¼, 2½, 3, 3⅓, 3½, 3¾, 4, 4¼, 4½, 4¾, 5, 5½, 6, 6½ Procent f. Jahr, Monate u. Tage, nebst e. gründl. Anweisg. im Zinsen-Kurzrechnen. qu. gr. 4. (IV, 20 S.) Wiesbaden, Bechtold & Co. n. 1. 50

Voigt, Dr. Jul., vom Besitz d. Sequester nach dem römischen Recht zur Zeit der klassischen Jurisprudenz. gr. 8. (68 S.) Freiburg i/Br., Mohr. n. 1. 60

Voigtländer's Pfalzführer. Wegweiser f. die Besucher der bayer. Pfalz u. der Städte Mannheim, Heidelberg, Karlsruhe, Weissenburg, Worms, Mainz, Saarbrücken, Kreuznach u. Bingen. 5. umgearb. Aufl. Mit 4 Übersichtskarten. 8. (VIII, 226 S.) Kreuznach, Voigtländer's Verl. geb. n. 2. —

Voigts, F., Latomiablumen, s.: Rauschenbusch, E.

Volbehr, Dr. Thdr., Antoine Watteau. Ein Beitrag zur Kunstgeschichte d. 18. Jahrh. gr. 8. (58 S.) Hamburg, Haendcke & Lehmkuhl. n. 2. —

Volck, Prof. Dr. W., zur Lehre v. der heil. Schrift. Beleuchtung der offenen Erklärg. der Glieder der Ösel'schen Synode zu ihrem Synodal-Proteste vom J. 1884 betr. die Lehre v. der h. Schrift. gr. 8. (21 S.) Dorpat, Karow. n. — 80

Völderndorff, Min.-R. Dr. Otto Frhr. v., Kommentar zum allgemeinen Deutschen Handelsgesetzbuche, s.: Anschütz, A.

(85/1) —— die Konkursordnung f. das Deutsche Reich, nebst dem Einführungsgesetz u. dem Reichsgesetz vom 21. Juli 1879, betr. die Anfechtung v. Rechtshandlungen e. Schuldners außerhalb d. Konkursverfahrens. Erläutert. [Aus: „Gesetzgebg. d. Deutschen Reichs m. Erläutergn."] 3. Bd. 2. (Schluß-) Hft. 2., verm. u. vielfach umgearb. Aufl. Lex.-8. (VI u. S. 123—222 u. Reg. 70 S.) Erlangen, Palm & Enke. n. 2. — (cplt. m. Reg.: n. 28. 40)

—— das Reichsgesetz betr. die Kommanditgesellschaften auf Aktien u. die Aktiengesellschaften, s.: Gesetzgebung, die, d. Deutschen Reichs m. Erläuterungen.

Volger, Adf., die Wogenbraut. Episches Gedicht in 4 Gesängen. 16. (82 S.) Altenburg, Bonde. geb. m. Goldschn. n. 1. 75

Volger, E., die Hausfee, s.: Volks-Schaubühne.

Volger, F., im lustigen Alt-England, s.: Liebhaber-Bühne, neue.

Volk u. Heer — unsre Wehr! Entwurf e. Wehrorganisation auf der Basis einjähr. Präsenz-Dienstzeit. Ein Mahnruf an die deutsche Volksvertretg. zur Septennatsberathg. Von e. preuß. Offizier. gr. 8. (71 S.) Zürich 1886, Verlags-Magazin. n. — 80

Volkelt, Prof. Johs., Erfahrung u. Denken. Kritische Grundlegg. der Erkenntnistheorie. gr. 8. (XVI, 556 S.) Hamburg 1886, Voss. n. 13. —

Völker, die, der Erde. Ein ethnograph. Bilderbuch. 14 fein kolor. Bildertaf. m. 89 Abbildgn. der wichligsten Menschenrassen. hoch 4. (14 S. Text.) Eßlingen, Schreiber. geb. n. 3. —

(85/1) **Volkers,** Emil, Abbildungen vorzüglicher Pferde-Rassen. 34 Blatt, in Farbdr. ausgeführt. Mit beschreib. Text v. Gestütsdir. G. Schwarznecker u. Prof. W. Zipperlen. 4. Aufl. 4—17. (Schluß-) Lfg. qu. gr. 4. (III u. S. 17—56 m. eingedr. Illustr. u. 28 Taf.) Stuttgart, Schickhardt & Ebner. à n. 1. — (cplt.: n. 17. —; Einbd. n.n. 3. —)

Volkmann, H., der zinsfreie u. der zinspflichtige Real-Credit f. Stadt u. Land od. sichere Hülfe der Landwirthschaft u. dem Hausbesitz. gr. 8. (32 S.) Inowrazlaw, Olawski. n. — 50

Volkmann, Gymn.-Dir. Dr. Rich., die Rhetorik der Griechen u. Römer, in systemat. Übersicht dargestellt. 2. vielfach verm. u. verb. Aufl. gr. 8. (XVI, 595 S.) Leipzig, Teubner. n. 12. —

Volkmer, Oberstlieut. Ottomar, die Technik der Reproduction v. Militär-Karten u. Plänen nebst ihrer Vervielfältigung, m. besond. Berücksicht. jener Verfahren, welche im k. k. militär-geograph. Institute zu Wien ausgeübt werden. Mit 57 Abbildgn. im Texte u. 1 Taf. 8. (XXIX, 303 S.) Wien, Hartleben. n. 4. 50

(84/2) **Volksbibliothek,** christliche. 41. u. 42. Bd. 12. Berlin, Hauptverein f. christl. Erbauungsschriften. cart. baar n.n. 1. 80

Inhalt: 41. Der Sonne entgegen. Eine Erzählg. v. M. Meisner. (96 S.) n.n. — 60. — 42. Grüß Gott alle lieben Leser. Aufzeichnungen aus dem Leben von O. v. G. (224 S.) n.n. 1. 20.

(85/1) —— des Lahrer Hinkenden Boten. Nr. 201—300. 8. (Mit eingedr. Holzschn. u. chromolith. Umschlag.) Lahr, Schauenburg. baar à n. — 5

Inhalt: 201. 202. Ein Karnevalscherz. Humoreske v. S. Behrend. (18 S.) — 203. 204. Der Kanonier in der Tonne. Humoreske aus e. Barackenlazarett v. S. Behrend. (20 S.) — 205—207. Weinsegen. Von Vict. Blüthgen. (25 S.) — 208—212. Shakespeare's Julius Cäsar. In deutsche Sprache übertr. von Dr. Alfr. v. d. Velde. (89 S.) — 213—216. Der Rundreise-Hut. Kannst du schweigen, Margarete? Zwei Erzählgn. v. Alb. Bürklin. (28 S.) — 220—223. Eine Strichbewilligung. Eine neue Entdeckg. auf dem Gebiete der Photographie. Der Mausdoktor. Ein belohnter Krawattenmacher. Von E. Gerös. (30 S.) — 224—226. Scharfe

Ladung. Es ischt halt eimal eso. Von C. Geres. (16 S.) — 227. Deutscher Mut : welsche Tücke. Ein Heldenstücklein aus dem großen Kriege. Kon O. Höcker. (16 S. — 228—233. Der Walfischfahrer. Orig.-Humoreske v. Alb. Jaenich. (52 S.) — 234—239. Meister Martin, der Küfner, u. seine Gesellen. Erzählung v. E. T. A. Hoffmann. (68 S.) — 240—245. Prinz Friedrich v. Homburg. Ein Schauspi von Heinr. v. Kleist. (82 S.) — 246—251. Pachter Feldkümmel v. Tippelskirche. Ein Fastnachtsspiel in 5 Aufzügen von Aug. v. Kotzebue. (74 S.) — 252—25 Toni. Ein Drama in 3 Aufzügen v. Thdr. Körner. (42 S.) — 257—261. Di Stricknadeln. Ein Schauspiel in 4 Aufzügen von Aug. v. Kotzebue. (61 S.) — 253—269. Der goldne Topf. Ein Märchen aus der neuen Zeit v. E. T. A. Hoffmann. (96 S.) — 270—276. Nula, der unglückliche Zuluhäuptling. Der deutschen Jugend u. dem Volke erzählt v. F. M. Fog. (80 S.) — 277—286. Das Liebhaber-Theater. Humoreske aus dem ersten Zehntel d. 19. Jahrh. v. C. F. van der Velde. (134 S.) — 287. 288. Ein Sterben im Walde. Eine Erinnerg. aus Kindestagen v. P. K. Rosegger. (16 S.) — 289—293. Die Ostereier. Eine Erzählg. zum Oster-geschenke f. Kinder. Von Chrph. v. Schmid. (47 S.) — 294—298. Der gehörnte Siegfried. Von G. Schwab. (39 S.) — 299. 300. Der lange Hilarius. Von H. Villinger. (16 S.)

(81/2) **Volks- u. Jugendbibliothek** Red.: A. Chr. Jessen. Nr. 51—65. 12. (Mit Holzschn.) Wien 1882—85, Pichler's Wwe. & Sohn. cart. à — 70

Inhalt: 51. Unglück versöhnt. Eine Erzählg. f. die reifere Jugend u. das Volk. Von Frz. Frisch. (50 S.) — 52. Wanderungen durch Krain. Von Bez.-Schulinsp. Joh. Sima. (106 S.) — 53. Franz Grillparzer. Biographisches Charakterbild f. die reifere Jugend. Von Sem.-Dir. Rud. Hanke. (96 S.) — 54. Erdbeben u. Vulcane. Von Prof. Dr. Eug. Netoliczka. (61 S.) — 55. Die Höhlen d. Radhost. Eine mähr. Sage. Von E. Biller. (65 S.) — 56. Verschiedene Lebenswege. Eine Erzählg. v. Frz. Frisch. (73 S.) — 57. Wallenstein. Für das Volk u. die reifere Jugend v. Guido Jöndl. (71 S.) — 58. Wanderungen durch Bosnien u. die Herzegowina. Von Ludw. Pauer. (74 S.) — 59. Die Türken vor Wien 1683. Von Emil Brandeis. (67 S.) — 60. Lemuel Gulliver's Reise nach Brobdingnag, dem Land der Riesen. Reise-Märchen, f. die Jugend bearb. v. Frdr. Seidel. (66 S.) — 61. Die Geschichte e. Braven. Erzählt v. Frz. Frisch. (72 S.) — 62. Sagen aus dem Böhmerlande. Von Dir. Rob. Manzer. (74 S.) — 63. Friedrich Hebbel. Biographisches Charakterbild f. die reifere Jugend v. Rud. Hanke. (78 S.) — 64. Flut u. Ebbe od. die drei Brüder. Eine Erzählg. f. die reifere Jugend v. M. Glock. (52 S.) — 65. Vergelt's Gott tausendmal! Selig sind die Barmherzigen. 2 Erzählgn. f. Mädchen von 12—15 Jahren. Von Ferd. Maria Wendt. (68 S.)

Volks-Bildungs-Kalender, illustrierter österreichischer, f. d. J. 1886. Mit Orig.-Beiträgen v. G. Belleville, A. Bittinger, A. Eberharz 2c. 2. Jahrg. 8. (154 S.) Wien, Szelinski. n. — 50

Volksbote. Ein gemeinnütz. Volks-Kalender auf d. J. 1886. Mit e. Notiz-kalender. 49. reich illustr. Jahrg. 8. (256 S.) Oldenburg, Schulze. n. — 50

—— der, aus Baden. Kalender f. Stadt u. Land. 34. Jahrg. 1886. 4. (56 S. m. Bildern.) Karlsruhe, Reiff. n. — 20

—— Schaumburger. Ein Kalender auf d. J. 1886 f. den Bürger u. Landmann. Mit unterhalt. u. nützl. Erzählgn., nebst e. Verzeichniß der Jahrmärkte u. Messen. 37. Jahrg. 8. (80 S.) Rinteln, Bösendahl. — 30

Volksboten, d., Schweizer-Kalender auf d. J. 1886. 44. Jahrg. 4. (80 S. m. Illustr.) Basel, Schneider. n. — 30

(83/2) **Volksbuch**, niedersächsisches. Unter Mitwirkg. v. L. W. Bode, A. Bruns, H. Cuno 2c. hrsg. v. K. Dorenwell. 2. Bd. Mit 3 Holzschn. 8. (192 S.) Hannover 1886, Meyer. (à) n. 1. 60; geb. (à) n. 2. —

Volksbücher, Reutlinger. Nr. 378—385. 8. (à 64 S.) Reutlingen, Bardtenschlager. à — 25

Inhalt: 378. Unter mexikanischen Banditen. Erzählg. v. R. Waldheim. — 379. Die Braut d. Prairie-Räubers. Eine Indianer-Geschichte v. Wilh. Emil. — 380. Diggborn, der Trapper u. Karawanenführer. Eine Geschichte aus der Prairie v. Wilh. Emil. — 381. Verrat u. Rache. Erzählung aus dem Gebiete der Mississippi-Indianer v. Wilh. Emil. — 382 Tom Floyd, der Halbindianer. Eine Geschichte aus Florida v. Wilh. Emil. — 383. Ein Jahr an der Indianergrenze. Erzählung aus dem Leben der Haciendero's v. W. Helm. — 384. Die Indianer von Neufundland. Eine Erzählg., frei nach Murray bearb. v. Wilh. Emil. — 385. Otaitsa, die Tochter d. Häuptlings. Eine Erzählg. aus dem Westen v. R. Waldheim.

Volksbücher, siebenbürgisch-deutsche. 1—3. Bd. 8. Wien, Graeser. n. 12. 80; cart. n. 14. —

Inhalt: 1. Siebenbürgische Sagen, gesammelt u. hrsg. v. Stadtpfr. Dr. Frdr. Müller. 2. veränd. Aufl. (XXXVII, 404 S.) n. 5. 60; cart. n. 6. —; geb. n. 6. 80. — 2. Deutsche Volksmärchen aus dem Sachsenlande in Siebenbürgen. Gesammelt v. Jos. Haltrich. Mit zahlreichen Illustr. nach Orig.-Zeichngn. v. Ernst Petzler. 4. Aufl. (VIII, 332 S.) n. 4. —; cart. n. 4. 40; geb. n. 5. 20. — 3. Bilder aus dem sächsischen Bauernleben in Siebenbürgen. Ein Beitrag zur deutschen Culturgeschichte v. Pfr. Fr. Fr. Fronius. 3. Aufl. (XVI, 252 S.) n. 3. 20; cart. n. 3. 60.

(83/1) **Volks-Erzählungen, kleine.** Nr. 1699. 1700. 1709. 1722—1741. 8. Mülheim, Bagel. à n. — 25

Inhalt: 1699. Zaubervogel od. das weiße Mädchen der Mönnitarrisindianer. Episoden aus e. Sommeraufenthalt unter den Indianern d. Rocky-Mountain-Territoriums. Von A. H. Fogowitz. (64 S.) — 1700. Der Deserteur auf Java. Eine Erzählg. v. H. Kümmel. (61 S.) — 1709. Im Grabgewölbe od. unter chinesischen Freibeutern. Eine Erzählg. v. H. Hoffmann. 2. Aufl. (64 S.) — 1722. Ulrich Hauser, der Gemsenjäger, od. bis zum Gletscher-Eis. Erzählung m. Zugrundelegg. e. älteren Sujets v. A. H. Fogowitz. (63 S.) — 1723. Das Truglicht od. an Norwegens Küste. Erzählung v. A. H. Fogowitz. (63 S.) — 1724. Die Rache d. Indianers. Erzählung v. Frdr. Müller. 3. Aufl. (64 S.) — 1725. Pontiac, der Ottawahäuptling. Eine geschichtl. Erzählg. v. Berth. Hansen. 2. Aufl. (63 S.) — 1726. Ein Jahr in Atschin. Erzählung v. Rob. Keil. (62 S.) — 1727. Unter den Australnegern. Erzählung v. Frz. Pistorius. (61 S.) — 1728. Der sausende Speer. Eine Indianergeschichte v. W. Frey. 2. Aufl. (63 S.) — 1729. Der Sträfling v. Botany-Bai. Eine Erzählung v. Max Kümmel. 2. Aufl. (63 S.) — 1730. Unter den Maron-Negern. Eine Erzählg. aus dem Waldleben Brasiliens v. W. Frey. 3. Aufl. (64 S.) — 1731. Die Ansiedlung am Rio Pardo. Erzählung v. R. Waldheim. 2. Aufl. (61 S.) — 1732. Auf den Wogen der Südsee. Eine Erzählg. v. W. Frey. 2. Aufl. (62 S.) — 1733. Abenteuer auf Palawan. Von P. Marquardt. 2. Aufl. (64 S.) — 1734. Ben Hortons merkwürdige Schicksale od. 2 Jahre auf einsamen Inselriffen. Eine Robinsonade v. A. H. Fogowitz. (64 S.) — 1735. Zwei Welten od. die ersten Ansiedler am Mohawksee. Geschichtliche Erzählg. v. A. H. Fogowitz. (64 S.) — 1736. Ukukani od. die geraubte Boerntochter. Eine Erzählg. aus der Zeit der Kaffernkriege v. Rob. Keil. (61 S.) — 1737. Taubenfeder, die Tochter d. Sioux-Häuptlings. Eine Erzählg. v. W. Frey. 2. Aufl. (64 S.) — 1738. In der Gefangenschaft der Shawnee-Indianer. Nach e. wirkl. Begebenheit. Unter Piraten u. auf e. wüsten Insel. Abenteuer u. Erlebnisse e. amerikan. Seemanns. Von Dr. Karl Müller. (64 S.) — 1739. Im Herzen Südamerikas od. die Flucht aus dem Kerker zu Assuncion. Eine Erzählg. v. H. Kümmel. (64 S.) — 1740. Der Negerkönig v. Lunda. Eine Erzählg. v. Frz. Pistorius. (64 S.) — 1741. Das Gasthaus am Redriver. Erzählung v. Frz. Pistorius. (64 S.)

(84/2) **Volks- u. Jugend-Erzählungen.** Nr. 90. 351. 358—367. 12. (à 64 S.) Oberhausen, Spaarmann. à — 25

Inhalt: 90. Till Eulenspiegel. Nach der Ueberlieferg. erzählt v. Ernst Linden. 2. Aufl. — 351. Die Goldquelle in der Sierra Nevada. Eine Erzählg. v. Mart. Heinrich. — 358. Des Komanchen-Häuptlings Dank u. Hilfe. Erzählung aus dem Grenzleben der amerikan. Wildnis v. Gust. Höcker. — 359. Mareipotama, die Tochter der Pampas. Erzählung aus dem Indianerleben v. E. Ilm. — 360. Der Medizinmann der Komanchen. Erzählung v. E. Ilm. — 361. Die Würger Indiens od. die Geheimnisse der Mahrattenburg. Eine Erzählg. aus dem Lande der Hindu's v. Gust. Höcker. — 362. Der weiße Blitz od. auf der Kriegsfährte der Komanchen. Eine Erzählg. aus dem mexikan. u. indian. Grenzleben v. Gust. Höcker. — 363. Ein Kriegsabenteuer in Persien. Eine Erzählg. aus dem letzten russisch-pers. Kriege v. Gust. Höcker. — 364. Die Trapper am Canadian. Eine Erzählg. aus dem Prairieleben. Von Gust. Höcker. — 365. Der Gefangene der Chiquitos. Erzählung aus dem Indianerleben v. E. Ilm. — 366. Der Squatter v. Red Maple. Eine Erzählg. aus dem Westen v. R. Waldheim. — 367. Adlerflügel, der Häuptling der Abenakis, od. die Tochter d. Schwarzen Schakal. Eine Erzählg. aus dem Leben der nord. Indianer v. A. H. Fogowitz.

Volksfest-Liederbuch, deutsches. 105. Aufl. 32. (64 S.) Potsdam, Rentel's Verl. n. — 10

Volksfreund, der. Kalender f. 1886. 13. Jahrg. Nebst e. Wandkalender als Gratisprämie. 8. (192 S. m. Illustr.) Breslau, Goerlich. — 50

Volks-Kalender auf d. J. 1886. Mit 20 Abbildgn. 23. Jahrg. 8. (47 S. m. Illustr.) Sulzbach, v. Seidel. — 15

— althannoverscher, f. d. J. 1885. Hrsg. v. Ludw. Grote. 12. Jahrg. 1886. 4. (72 S. m. eingedr. Holzschn.) Leipzig, (Wollenweber). n. — 50

— althessischer, auf d. J. 1886. 11. Jahrg. 4. (55 S. m. Holzschn. u. 1 Wandkalender. Melsungen. (Hannover u. Celle, Schulbuchh.) n.n. — 35

— Amberger, f. d. J. 1886. 4. (31 S. m. eingedr. Illustr.) Amberg, Habbel. n. — 20

— braunschweigischer, 1886. 16. Jahrg. Hrsg.: G. Eißfeld. 4. (98 S. m. Holzschn. u. 1 Wandkalender.) Braunschweig, Wollermann. n. — 50; geb. u. durchsch. n.n. — 75

— christlicher, aus Minden-Ravensberg auf d. J. 1886. 28. Jahrg. Mit vielen Bildern. 8. (216 S.) Gütersloh, Bertelsmann. baar n.n. — 60

— deutscher. Insbesondere zum Gebrauch f. Israeliten auf d. J. 1886. Mit literar. Beiträgen. Hrsg. v. H. Liebermann. 33. Jahrg. 8. (175 S.) Brieg. (Breslau, Baumann.) baar n.n. 1. 25

— evangelischer, aus Bayern f. d. J. 1886. 4. (59 S. m. Illustr.) Rothenburg o/T., Peter. n. — 20

— Frankfurter, 1886. 4. (58 S. m. Illustr. u. 1 Wandkalender.) Frankfurt a/M., Foesser Nachf. n. — 50

— gemeinnütziger, f. d. J. 1886. 46. Jahrg. 8. (76 u. 89 S. m. eingedr. Illustr., 1 Chromolith. u. 1 Wandkalender.) Neuhaldensleben, Eyraud. — 60

— hannoverscher, 1886. 17. Jahrg. Hrsg.: Past. Freytag. 4. (80 S. m. eingedr. Holzschn. u. 1 Wandkalender.) Hannover, Feesche. baar n. — 50

— neuer hannoverscher, 1886. 16. Jahrg. 4. (77 S. m. eingedr. Illustr., 1 Chromolith. u. 1 Wandkalender.) Hannover, Klindworth. n. — 50

— des „Israelit" f. d. J. 5646 n. E. d. W. [Vom 10. Sept. 1885 bis 29. Sept. 1886.] 16. (93 S.) Mainz. Frankfurt a/M., Kauffmann in Comm. n. — 35

— illustrirter katholischer, f. d. J. 1886. Zur Förderg. d. kathol. Sinnes. Von Consist.-R. Landesschulr. Stadtdech. Dr. H. A. Jarisch. 35. Jahrg. 8. (XVI, 176 S.) Wien, Perles. n. 1. 8; geb. n. 2. —

— großer, d. Lahrer hinkenden Boten f. d. J. 1886. 4. (104 S. m. eingedr. Holzschn. u. 1 Lichtdr.) Lahr, Schauenburg. cart. n. 1. —

— Neutitscheiner, 1886. Mit e. Anh.: Vollständiges Personal-Handbuch d. Neutitscheiner Kreises. 4. (145 S. m. Illustr. u. 1 Chromolith.) Neutitschein, Hosch. cart. n. 1. —

— niederrheinischer, auf d. J. 1886. 51. Jahrg. Illustrirt nach Orig.-Zeichngn. Düsseldorfer Künstler. 8. (XLII, 176 S. m. 1 Wandkalender.) Düsseldorf, F. Bagel. n. 1. —

— niedersächsischer, f. 1886. 12. Jahrg. Lex.-8. (75 S. m. eingedr. Illustr., 1 Chromolith. u. 1 Wandkalender.) Bremen, Roussell. baar n. — 50

— illustrirter österreichischer, 1886. 42. Jahrg. Red. v. Frdr. Petz. Mit literar. Beiträgen v. Ludw. Anzengruber, Ada Christen, Frdr. Bodenstedt u. A. Bilder v. Gust. Zafaurek. Musik v. Jos. Mathans. 8. (XXXII. 206 S.) Wien, Perles. n. 1. 20; cart. n. 1. 30; geb. n. 2. —

— für die Provinzen Ostpreußen, Westpreußen, Pommern, Posen u. Schlesien f. d. J. 1886. 18. Jahrg. Mit vielen Holzschn. 8. (168 S.) Thorn, E. Lambeck. — 75

Volks-Kalender, ost- u. westpreußischer, auf d. J. 1886. Zur Unterhaltg. u. Belehrg. f. alle Stände. 8. (XXVIII, 104 S.) Königsberg, Hartung. — 75

—— rheinischer, auf d. J. 1886. 4. (69 S. m. Illustr.) Wiesbaden, Bechtold & Co. — 25

—— sächsischer, 1886. 4. (80 S. m. Illustr. u. 1 Farbendr.) Dresden. Leipzig, Buchh. d. Vereinshauses in Comm. n. — 40

—— für Schleswig-Holstein auf d. J. 1886. 8. (XL, 144 S. m. Illustr.) Breklum, Christl. Buchh. n. — 40

(83/2) **Volks-Schaubühne.** Nr. 65—67. gr. 8. Berlin, Kühling & Güttner. à 2. 50

Inhalt: 65. Durchlaucht haben geruht! Lustspiel in 4 Akten v. Fritz Brentano. (68 S.) 1883. — 66. Die Hausfee. Lustspiel in 4 Akten v. Ed. Bolger. (72 S.) — 67. Sein einziges Gedicht. Orig.-Lustspiel in 3 Akten v. Rud. Kneisel. (60 S.) (83/2) s.: Kühling's, A., Volks-Schaubühne.

(85/1) **Volksschriften**, Berner. Nr. 18. 8. Bern, Huber & Co. in Comm. n. — 60

Inhalt: Die Poesie des Sonntags. Von Pfr. Gfr. Straßer. 2. Aufl. (III, 91 S.)

Volks- u. Jugendschriften, ausgewählte. Hrsg. m. Einleitgn. u. kurzen Erläutergn. v. Realgymn.-Lehr. Dr. O. Hellinghaus. 1—5. Bdchn. gr. 16. Münster, Aschendorff. à n. — 20; cart. à n. — 30

Inhalt: 1. Chrph. v. Schmid, die Ostereier. Heinr. v. Eichenfels. Das Johanniskäferchen. [Vorher: Das Leben Christophs v. Schmid.] (VIII, 110 S.) — 2. Chrph. v. Schmid, der Weihnachtsabend. Das Vogelnestchen. [Vorher: Christoph v. Schmid als Jugendschriftsteller.] (VIII, 88 S.) — 3. Chrph. v. Schmid, Genoveva. (VI, 120 S.) — 4. 5. Chrph. v. Schmid, Rosa v. Tannenburg. Das Täubchen. (IV, 187 S.)

—— österreichische, zur Hebung der Vaterlandsliebe. Nr. 1. 8. Wien, Manz. cart. n. — 80

Inhalt: Maria Theresia v. Dr. Isidor Proschko. 3. Aufl. (223 S. m. 1 Bild.)

Volksschulgesetzgebung, die württembergische, im 50. Jahre ihres Bestands. Eine Vergleichg. ihrer Bestimmgn. m. den Bedürfnissen der Zeit. Vom Ausschusse d. württemberg. Volksschullehrervereins. gr. 8. (162 S.) Stuttgart 1886, Aue's Verl. n. 2. —

Volkwein, Vict., üb. Cataracta diabetica. Inaugural-Dissertation. gr. 8. (24 S.) Sigmaringen, (Tappen). baar n. 1. —

Vollendung, die, d. göttlichen Geheimnisses, dargelegt in e. kurzgefaßten Auslegung der Offenbarung Johannis. Aus dem Nachlaß e. verstorbenen Geistlichen. 8. (143 S.) Basel, Spittler in Comm. baar n. 1. 20

Vollmar, A., Großmutter. Eine Erzählg. f. Alt u. Jung. 1. u. 2. Aufl. 8. (IV, 123 S. m. 1 Holzschn.) Berlin, Wiegandt & Grieben. n. 1. —

Voltaire, histoire de Charles XII, roi de Suède. Avec des notes grammaticales et historiques et un vocabulaire par Dr. Ed. Hoche. A l'usage des écoles. 24. Aufl. 12. (240 S.) Berlin 1886, Friedberg & Mode. n. 1. —

Voltaire's Leben u. Werke, s.: Mahrenholtz, R.

Voelter, Privatdoz. Lic. Dr. Dan., die Entstehung der Apokalypse. 2., völlig neu gearb. Aufl. gr. 8. (VII, 192 S.) Freiburg i/Br., Mohr. n. 4. —

Volz, Gymn.-Dir. Berthold, geographische Charakterbilder. Mit mehr als 300 Illustr. (In ca. 45 Lfgn.) 1. u. 2. Lfg. gr. 8. (Afrika S. 1—96.) Leipzig 1886, Fues. à n. — 50

—— dasselbe. 4. Tl.: Afrika. Aus den Orig.-Berichten der Reisenden gesammelt. 80 Illustr. u. 1 Karte. gr. 8. (VIII, 424 S.) Ebd. 1886. geb. n. 5. —

(84/2) **Vom Fels zum Meer.** Spemann's illustr. Zeitschrift f. das deutsche Haus. Red.: Jos. Kürschner. 5. Jahrg. Oktbr. 1885—Septbr. 1886. 12 Hfte. (7½ B. m. Holzschn.) Lex.-8. Stuttgart, Spemann. à Hft. n. 1. —

—— literarischen Blocksberg. Zahme Xenien aus der Gegenwart. Gesammelt u. hrsg. v. Mephisto dem Jüngeren u. A. 2. Aufl. 8. (IV, 84 S.) Leipzig, Lindig. n. 1. 50

(84/2) **Von Nah u. Fern.** Illustrirte Wochenschrift f. die deutsche Familie. Red.: Dr. Edm. Beckenstedt. 2. Jahrg. Octbr. 1885—Septbr. 1886. 52 Nrn. (2 B.) gr. 4. Leipzig, Denicke. Vierteljährlich n. 1. 50; in 26 Hftn. à n. — 25; in Nrn. à n. — 10

Vor, auf u. nach der Reise. Passagier-Rechte u. Eisenbahn-Vorschriften. Auszüge aus den f. den Personen- u. Gepäck-Verkehr besteh. Bestimmgn. 12. (32 S.) Elberfeld, Lucas. n. — 50

Vorschrift üb. Ergänzung, Ausbildung u. Beförderung d. Botteliersonals der kaiserl. Marine. [Auszug aus den Organisator. Bestimmgn. f. d. kaiserl. Marine.] gr. 8. (4 S.) Berlin, Mittler & Sohn. baar — 15

—— dasselbe d. Büchsenmacherpersonals der kaiserl. Marine. gr. 8. (6 S.) Ebd. baar n. — 20

—— dasselbe d. Lazarethgehülfen-Personals der kaiserl. Marine. gr. 8. (9 S.) Ebd. baar n. — 33

—— dasselbe d. Maschinen- u. Heizerpersonals der kaiserl. Marine. gr. 8. (29 S.) Ebd. baar n. — 65

—— dasselbe d. aktiven u. d. Reserve-Materialienverwalter-Personals der kaiserl. Marine. gr. 8. (7 S.) Ebd. baar — 30

—— dasselbe d. Schiffsbäckerpersonals der kaiserl. Marine. gr. 8. (2 S.) Ebd. baar n. — 8

—— dasselbe d. Schreiberpersonals der kaiserl. Marine. gr. 8. (4 S.) Ebd. baar — 15

—— dasselbe d. Steuermannspersonals der kaiserl. Marine. gr. 8. (3 S.) Ebd. baar — 15

—— dasselbe d. Zahlmeisterpersonals der kaiserl. Marine. gr. 8. (12 S.) Ebd. baar n. — 40

—— für die Instandhaltung der Waffen bei den Truppen. 8. (VI, 104 S. m. 1 Tab. u. 4 Taf.) Ebd. 1885. cart. n. 1. 35

Vorschriften, üb. die Ausführung d. Unfallversicherungsgesetzes vom 6. Juli 1884 u. d. Gesetzes üb. die Ausdehnung der Unfall- u. Krankenversicherung vom 28. Mai 1885 im Ressort der kaiserl. Marine. 8. (18 S.) Berlin, Mittler & Sohn. n. n. — 50

—— in Beziehung auf die Feuerungsanlagen, Kamine, Schornsteine u. Schornsteinfeger, nebst dem neuen Schornsteinfeger-Tarif. 8. (16 S.) Wiesbaden, Limbarth. n. — 25

Vorträge, komische. Auserwählte Sammlg. der besten u. berühmtesten Vorträge, Scenen u. Couplets in Poesie u. Prosa. gr. 8. (96 S.) Bremen, Haake. n. 1. —

(84/2) —— öffentliche, geh. in der Schweiz. 8. Bd. 9—12. Hft. gr. 8. Basel, Schwabe. à n. — 80

Inhalt: 9. Die Quellen. Vortrag, geh. auf dem Rathhaus in Zürich den 20. Novbr. 1884 v. Prof. Dr. Alb. Heim. (31 S.) — 10. Der Wald in der Culturgeschichte. Vortrag, geh. im Rathhaussaale zu Zürich am 5. Febr. 1885 v. Prof. Dr. A. Bühler. (29 S.) — 11. Rousseau u. Pestalozzi. Vortrag v. O. Hunziker. (36 S.) — 12. Heinrich Zschokke. Vortrag v. Prof. Dr. Steph. Born. (38 S.)

(85/1) —— philosophische, hrsg. v. der philosoph. Gesellschaft zu Berlin. Neue Folge. 9. u. 10. Hft. gr. 8. Halle, Pfeffer. Einzelpr. à n. 1. 20

Inhalt: 9. I. H. v. Kirchmann als Philosoph. Vorträge v. Prof. Dr. Lasson u. Stadtger.-R. a. D. Meineke. (S. 141—185.) — 11. Der Satz vom Widerspruch. Von Prof. Dr. Adf. Lasson, nebst der dabei stattgehabten Diskussion. (S. 197—253.)

—— 2, üb. die kirchliche Tonkunst nach dem Geiste d. Cäcilien-Vereins. gr. 8. (24 S.) Köln, Theissing. n. — 20

Voß, Rich., die neue Circe. Eine italien. Dorfgeschichte. 8. (262 S.) Dresden 1886, Minden. n. 3. 50; geb. n.n. 4. 50
(34/2) **Voss**, Prof. Wilh., Versuch e. Geschichte der Botanik in Krain [1754 bis 1883]. 2. Hälfte. gr. 8. (41 S.) Laibach, v. Kleinmayr & Bamberg in Comm. baar n.n. 1. 20 (cplt.: n.n. 3. —)
Vrba, Karl Frz., meletemata Porphyrionea. gr. 8. (70 S.) Wien, Gerold's Sohn in Comm. n. 2. —
Vulpius, Walter, üb. den psychischen Mechanismus der Sinnestäuschungen. Inaugural-Dissertation. gr. 8. (32 S.) Jena, (Pohle). baar — 75

Waagen, Clara, e. seltener Mann. J. Garfield's Leben. 8. (39 S.) Berlin, Buchh. der Goßner'schen Mission. — 30
Waal, Ant. de, Valeria od. der Triumphzug aus den Katakomben. Historische Erzählg. Handausg. 8. (X, 339 S. m. Illustr.) Regensburg 1886, Pustet. 3. —; geb. n. 4. 60
Waaser, Dr. Max, die Colonia partiaria d. römischen Rechts. Eine v. der Juristenfakultät der Universität Berlin gekrönte Preisschrift. gr. 8. (VI, 100 S.) Berlin, Puttkammer & Mühlbrecht. n. 3. —
Wach, A., Handbuch d. deutschen Civilprozessrechts, s.: Handbuch, systematisches, der deutschen Rechtswissenschaft.
Wachenhusen, Hans, unter dem weißen Adler. Roman. 2. Aufl. 8. (336 S.) Berlin, Janke. n. 2. —
—— die tolle Betty. Roman. 3 Bde. 8. (247, 252 u. 272 S.) Ebd. n. 12. —
Wachsmuth, F., Ratgeber f. Stellesuchende aller Berufsklassen. gr. 8. (32 S.) Leipzig, Gloeckner. n. 1. —
Wächter, Adv. Dr. Herm., das Vorzugsrecht d. Vermiethers nach römischem u. modernem Recht. gr. 8. (40 S.) Zürich, Meyer & Zeller. n. — 80
Wächter, Dr. Osk., Bengel u. Oetinger. Leben u. Aussprüche zweier altwürttemberg. Theologen. gr. 8. (XII, 236 S.) Gütersloh 1886, Bertelsmann. n. 4. —
—— Johann Jakob Moser. Dargestellt v. O. W. gr. 8. (IX, 277 S. m. 1 Lichtdr.-Bild.) Stuttgart, Cotta. n. 4. —
Waddy, Samuel D., the English echo. A practical guide to the conversation and customs of every day-life in Great-Britain. Praktische Anleitung zum Englisch-Sprechen. Mit e. vollständ. Wörterbuche. 14. Aufl. 8. (VI, 121 u. 84 S.) Leipzig 1886, Violet. 1. 50
—— dasselbe. (Ausg. f. Schweden.) 8. (IV, 121 u. Wörterbuch 71 S.) Ebd. geb. n. 2. —
(83/2) **Waffenschmied**, der. Erste illustr. Zeitschr. f. die gesammte Waffenfabrikation u. alle damit verwandten Geschäftszweige, insbesondere f. die Fabrikanten u. Händler v. Waffen, Munitionen, Jagd- etc. Requisiten, Büchsenmacher, Militärs, Forstbeamte, Jagd- u. Waffenfreunde. Hrsg. u. red. v. Frdr. Brandeis. 5. Jahrg. Oktbr. 1885—Septbr. 1886. 24 Nrn. (B.) gr. 4. München, Killinger in Comm. Vierteljährlich n. 1. —
Wagener, Bernh., Strandgut. [Peter Jürgens. Drei Briefe. Heimliches Gewerbe. Zwischen zwei Herzen.] 4 Novellen. 8. (325 S.) Berlin 1886, Wilhelmi. n. 4. —
Wagenfeld's, Frdr., Bremer Volkssagen. Hrsg. v. Karl Eichwald. 3. (Titel-) Ausg. 8. (VI, 387 S.) Bremen (1878) 1886, Haake. n. 4. —; geb. n. 5. —
Wagner, Prof. Aug., Lehrbuch der unorganischen Chemie f. Mittelschulen sowie zum Selbststudium. gr. 8. (IV, 319 S. m. 1 Chromolith.) München 1886, Th. Ackermann's Verl. n. 3. 60
Wagner, Conserv. Dr. E., Hügelgräber u. Urnen-Friedhöfe in Baden m. besond. Berücksicht. ihrer Thongefässe. Zur Begrüssg. d. XVI. Congresses der

Deutschen Anthropolog. Gesellschaft in Karlsruhe. gr. 4. (III, 55 S. m. 6 Lichtdr. u. 1 Chromolith.) Karlsruhe, Braun. n. 5. —

Wagner, Katechet Ferd., Erzählungen aus der Kirchengeschichte. Für den Religionsunterricht in den Bürgerschulen bearb. 5. verb. Aufl. gr. 8. (VI, 68 S.) Prag 1886, Tempsky. n. — 60; Einbd. n.n. — 20

Wagner, Dir. Gust., Handbuch der gewerblichen Geschäftskunde. Enth.: Die einfache u. doppelte Buchhaltg. f. Gewerbetreibende, sowie Kalkulationen u. Anschläge verschiedener Gewerbe, nebst e. Anh. Zum Gebrauche in Gewerbe- u. Fortbildungsschulen, sowie zur Belehrg. f. jeden Gewerbetreibenden. In kurzer u. leichtfaßl. Weise bearb. gr. 8. (VIII, 120 S.) Leipzig, Gloeckner. n. 1. 20

—— das deutsche Wechselrecht, s.: Handbibliothek der gesamten Handelswissenschaften.

Wagner, H. F., zur Geschichte d. deutschen Wanderns. [Aus: „Jahrbb. der deutschen Turnkunst".] gr. 8. (14 S.) Leipzig. (Salzburg, Dieter.) baar n. — 40

—— zur Jubelfeier e. geistlichen Schulmannes (P. Heinr. Schwarz). [Aus: „Zeitschr. d. Salzb. Lehrervereins".] gr. 8. (4 S.) Ebd. baar n. — 20

Wagner, Statthalterei-Bauadjunkt J. F., Orientirungs-Plan d. Wiener k. k. allgemeinen Krankenhauses (lith. u. color. qu. Fol.), nebst Daten üb. dasselbe, üb. das Gebärhaus u. die pathologisch-anatom. Anstalt in Wien. Mit Grundrissen der pathologisch-anatom. Anstalt. gr. 16. (24 S.) Wien 1886, Šafář. geb. n. 1. 50

Wagner, Karl Frdr., die brandenburgisch-preußische Geschichte, f. die Jugend d. preuß. Vaterlandes erzählt. 18. Aufl. 8. (84 S.) Schwiebus, Wagner. n. — 30

Wagner, Prof. Nicolas, die Wirbellosen d. Weissen Meeres. Zoologische Forschgn. an der Küste d. Solowetzkischen Meerbusens in den Sommermonaten der J. 1877, 1878, 1879 u. 1882. 1. Bd. Mit 21 zum Thl. farb. Taf. u. mehreren Holzschn. Fol. (III, 171 S.) Leipzig, Engelmann. cart. n. 100. —

Wagner, Richard. Entwürfe. Gedanken. Fragmente. Aus nachgelassenen Papieren zusammengestellt. gr. 8. (V, 170 S.) Leipzig, Breitkopf & Härtel. n. 6. —; geb. n. 7. 50

Wagner, Traugott, das deutsche Centrum. Eine patriot. Mahng. an das deutsche Volk. gr. 8. (8 S.) Magdeburg 1886, (Heinrichshofen's Verl.). — 30

Wagner, Wilh., die Brautfahrt. Stenographisches Lustspiel in 2 Akten. Ohne Berücksicht. d. Systems. gr. 16. (25 S.) Elberfeld, Faßbender. n. — 40

Wägner, Kirchenr. Dr. Wilh., Hellas. Das Land u. Volk der alten Griechen. Für Freunde d. klass. Altertums, besonders f. die deutsche Jugend bearb. Neu bearb. unter Mitwirkg. v. Gymn.-Lehr. Dr. H. Dittmar. 6. Aufl. 2 Bde. Mit üb. 340 Text-Abbildgn., 6 Tonbildern, e. Frontispiz u. e. Karte v. Hellas. gr. 8. (XIV, 398 u. VIII, 375 S.) Leipzig 1886, Spamer. n. 9. —; geb. n. 12. —

—— u. J. **Wägner**, Feldherr u. Volksheld. Prinz Eugen, der edle Ritter, u. sein allzeit bereiter Wachtmeister. Historische Erzählg. f. Jugend u. Volk vornehmlich aus der Zeit der französ. u. der Türkenkriege, sowie d. span. Erbfolgekrieges. Mit 110 Text-Abbildgn. u. 1 Titelbilde. gr. 8. (X, 506 S.) Ebd. 1886. n. 6. —; geb. n. 7. 50

Wahl, E. v., die Diagnose der Arterienverletzung, s.: Sammlung klinischer Vorträge.

Wahlburg, Vict., die Schleif-, Polir- u. Putzmittel f. Metalle aller Art, Glas, Holz, Edelsteine, Horn, Schildpatt, Perlmutter, Steine rc., ihr Vorkommen, ihre Eigenschaften, Herstellg. u. Verwendg., nebst Darstellg. der gebräuchl. Schleifvorrichtgn. Ein Handbuch f. techn. u. gewerbl. Schulen, Eisenwerke, Maschinenfabriken, Glas-, Metall- u. Holzindustrielle, Gewerbetreibende u. Kaufleute. Mit 66 Abbildgn. 8. (X, 343 S.) Wien 1886, Hartleben. n. 4. 50

(85/1) **Wahle**, Feldw. Registr. Egon, militär-geographisch-statistisches Lexikon d. Deutschen Reichs. Unter genauester Berücksicht. der f. den Verkehr erforderl. Behörden, insbesondere der Post-, Telegraphen- u. Eisenbahn-Stationen. 17. Lfg. gr. 4. (1. Bd. S. 961—1005 u. Suppl. 57 S.) Berlin, Eisenschmidt. Subscr.-Pr. à n. 1. 50

—— dasselbe. 2. Bd. 1—3. Lfg. gr. 4. (S. 1—192.) Ebd. Subscr.-Pr. à n. 1. 50

Waehner, C., Beitrag zur pathologischen Anatomie der Basedow'schen Krankheit. Mit Abbildgn. (1 Steintaf.). gr. 8. (26 S.) Neuwied 1886, Heuser's Verl. n. 1. 20

Wahnschaffe, F., die Quartärbildungen der Umgegend v. Magdeburg, s.: Abhandlungen zur geologischen Specialkarte v. Preussen u. den Thüringischen Staaten.

Wahrmund, Prof. Dr. Ad., die christliche Schule u. das Judenthum. gr. 8. (IV, 84 S.) Wien, Kubasta & Voigt. n. 1. —

Waisenrat u. **Vormund** in der Stadt u. auf dem Lande. Ihre Thätigkeit, gemeinverständlich dargestellt v. e. preuß. Vormundschaftsrichter. Nebst e. Anh., enth. Muster zur Inventur u. Rechnungslegg. 8. (36 S.) Hannover, Norddeutsche Verlagsanstalt. n. — 60

Waitz, Geo., Friedrich Christoph Dahlmann. Gedächtnisrede, geh. in der Aula der Universität Kiel am 13. Mai 1885. gr. 8. (23 S.) Kiel, Universitäts-Buchh. n. 1. —

—— Jahrbücher d. Deutschen Reichs unter König Heinrich I. 3. Aufl. Auf Veranlassg. Sr. Maj. d. Königs v. Bayern hrsg. durch die histor. Commission bei der königl. Akademie der Wissenschaften. gr. 8. (XVI, 294 S.) Leipzig, Duncker & Humblot. n. 7. 20

Walberer, Gymn.-Prof. Dr. Joh. Chr., Anfangsgründe der Mechanik fester Körper m. vielen Uebungsaufgaben zum Schulgebrauche an Gymnasien u. verwandten Lehranstalten. 5., durchgeseh. Aufl. gr. 8. (VI, 166 S. m. eingedr. Fig.) München, Th. Ackermann's Verl. n. 2. 40

Walcker, Doc. Dr. Karl, die Strikes u. die inneren Interessengegensätze der Handarbeiterclasse. [Aus: „Vierteljahrsschr. f. Volkswirthschaft etc."] gr. 8. (VIII, 19 S.) Leipzig 1886, Rossberg. n. — 80

Wald-Zedtwitz, E. v., der Letzte Derer v. Dresebow. Familien-Roman. 8. (V, 192 S.) Potsdam 1886, Döring. n. 3. 50

Waldberg, M. Frhr. v., die galante Lyrik, s.: Quellen u. Forschungen zur Sprach- u. Culturgeschichte der germanischen Völker.

Waldburg, H., der Kubikpreisrechner od. Tafeln zur Berechnung des Preises v. runden u. beschlagenen Hölzern, sowie d. Kubikinhaltes runder Hölzer f. Forstbeamte, Holzhändler, Sägemüller rc. 3. Aufl. 8. (260 S.) Berlin, Mode's Verl. cart. 2. 25

Walde, Th., Übungsstoff f. den Turnunterricht, s.: Schürmann, F.

Waldheim, R., die Ansiedlung am Rio Pardo, s.: Volks-Erzählungen, kleine.

—— unter mexikanischen Banditen, } s.: Volksbücher, Reutlinger.
—— Otaiksa, die Tochter d. Häuptlings, }

—— der Squatter v. Red Maple, s.: Volks- u. Jugend-Erzählungen.

Waldmann, H., Michael Servet, Trauerspiel in 5 Acten. 8. (185 S.) Bremen, Haake. n. 1. —

Waldmann's, Ludolf, Lieder. gr. 16. (VIII, 60 S.) Breslau, Waldmann. geb. 1. —

Waldmüller, Rob. [Ed, Duboc], um e. Perle. Roman. 2 Bde. 8. (218 u. 257 S.) Leipzig, Grunow. n. 7. —; geb. in Leinw. n.n. 9.50; in Halbfrz. n. n. 12. —

Waldner, Heinr., üb. europäische Rosentypen. Hrsg. vom botan. Verein f. Elsass-Lothringen. Mit 1 (Lichtdr.-) Taf. gr. 4. (56 S.) Worms. (Zabern, Mallinckrodt.) n. 3. 20

Waldow, Alex., Hilfsbuch f. Maschinenmeister an Buchdruck-Cylinderschnellpressen. Bearb. unter Benutzg. seiner älteren Werke u. Beifügg. aller neueren Verfahrungsweisen. 2. Tl. Leitfaden f. das Formatmachen. Schliessen, Einheben, Zurichten, Drucken etc. v. Formen aller Art. gr. 8. (VII, 65 S.) Leipzig 1886, Waldow. n. 2. —; geb. n. 3. —

Der 1. Tl. erscheint später.

Waldstätten, Feldmarsch.-Lieut. Joh. Frhr. v., die Taktik. 8. Aufl. 2. Thl. Mit Holzschn. gr. 8. (1. Hft. 221 S.) Wien 1886, Seidel & Sohn. n. 4. —

Wallé, die Morphiumsucht u. die Physiologie der Heilungsvorgänge, s.: Sonderabdrücke der Deutschen Medizinal-Zeitung.

Wallentin, Prof. Dr. Ign. G., Lehrbuch der Physik f. die oberen Classen der Mittelschulen u. verwandter Lehranstalten. 4. verb. Aufl. Mit 243 in den Text gedr. Holzschn. u. 1 Spectraltaf. in Farbendr. Ausg. f. Gymnasien. gr. 8. (XV, 358 S.) Wien, Pichler's Wwe. & Sohn. n. 3. 60

—— dasselbe. Ausg. f. Realschulen. gr. 8. (XV, 330 S.) Ebd. n. 3. 30

Waller, Wilh., excursus criticus in P. Papinii Statii Silvas. Dissertatio inauguralis philologica. gr. 8. (58 S.) Breslau, (Köhler). baar n. 1. —

Walling, Günther, Guitarrenklänge. Volks- u. volksthüml. Lieder Spaniens. Uebersetzungen, nebst Anhang eigener Gedichte. 12. (XIV, 241 S. u. 8 S. Musikbeilage.) Leipzig 1886, Friedrich. geb. m. Goldschn. n. 5. —

—— vom Land d. Weins u. der Gesänge. Wanderungen durch Spanien an der Hand der Dichtkunst. Fremdes u. Eigenes. 8. (XV, 576 S.) Dresden 1886, Pierson. n. 5. —; Einbd. in Leinw. m. Goldschn. n. n. 1. —; in Ldr. m. Goldschn. n. n. 2. —

Wallner, Edm., deutsche Festspiel-Halle. Sammlung v. Prologen, Festspielen u. Festzügen. Zur Aufführg. in Künstler-, Juristen-, Feuerwehr-, Turner-, Krieger-, Karnevals- u. anderen Vereinen, sowie bei festl. Gelegenheiten in Privatkreisen. 1. Lfg. gr. 8. Erfurt, Bartholomäus. — 75

Inhalt: Aschenbrödel. Festspiel v. Gust. Leutritz. 2. Aufl. (15 S.)

—— Hochzeits-Kladderadatsche u. Ehestands-Zeitungen. Muster zur Anfertigung derselben. 3. Aufl. gr. 4. (32 S. m. 1 Steintaf.) Ebd. 1. 50

(84/2) —— allgemeine Schaubühne. Nr. 79—83. gr. 8. Ebd. à — 75

Inhalt: 79. Das Feuer der Vesta. Lustspiel in 1 Act v. Aug. Kellner. (20 S.) — 80. Die Piket-Partie. Lustspiel in 1 Aufzug. Nach Fournier u. Mayer frei bearb. v. Carl Frdr. Wittmann. (45 S.) — 81. Keine Hochzeitsreise. Lustspiel in 1 Akt v. A. Kistner. (39 S.) — 82. Das erste Glas dem Kaiser! Genrebild in 1 Aufzuge v. Carl Walter. (19 S.) — 83. Jung-Deutschland in Afrika. Dramatischer Scherz m. Gesang in 2 Aufzügen v. S. Wenzl. (30 S.)

—— deutsches Taschenliederbuch. 121. verm. Aufl. 16. (XVI, 412 S.) Augsburg, Lampart & Co. cart. n. 1. —; geb. m. Goldschn. n. 2. —

—— Thespiskarren. 10. Lfg. gr. 8. Erfurt, Bartholomäus. — 75

Inhalt: Der blutige Pantoffel an der Kirchhofsmauer od. das vergiftete Dreierbrödchen. Große historisch-romant. Tragödie in 5 Auswickelgn. von M. L. v. Chemnitz. 2. Aufl. (16 S.)

—— Universum d. Witzes u. der ungeheuren Heiterkeit. Ein Taschen-Rezeptbuch d. Humors f. fröhl. Leute und solche, die es werden wollen. 2., 5., 6., 31. u. 32. Bd. 8. Ebd. à 1. 50

Inhalt: 2. Komische Vorträge in Poesie u. Prosa, nebst e. Anleitg. zum Deklamieren. 4. Aufl. (XII, 234 S.) — 5. Polterabendscherze. Eine reiche Auswahl v. scherzhaften

Aufzügen, dramat. Szenen f. e. u. mehr Personen für Polterabend u. Hochzeit. Mit Beiträgen v. Julien Raymund de Bau, P. A. Lerke, Dr. Fel. Meyer u. A. 4. verm. Aufl. (VIII, 234 S.) — 6. Der Festredner bei Polterabend u. Hochzeit. Eine reichhalt. Sammlg. v. Tischreden, Toasten u. Tafelliedern f. Hochzeit, Polterabend u. Jubelhochzeit. 2. verm. Aufl. (VIII, 144 S.) — 31. Der Koupletsänger. Sammlung laun. Kouplets u. Soloscherze. Gesammelt u. hrsg. v. Carl Lindau. 2. Aufl. (VII, 146 S.) — 32. Das Portefeuille d. Komikers. Humoristische Szenen, Soloscherze u. Dialoge. Hrsg. v. Carl Lindau. 2. Bd. 2. Aufl. (VI, 180 S.)

Walloth, Wilh., Gedichte. 8. (140 S.) Leipzig, Friedrich. n. 2. —; geb. n. 3. —

Walsemann, A., die Pädagogik d. J. J. Rousseau u. J. B. Basedow, vom Herbart-Zillerschen Standpunkte verglichen u. beurteilt. gr. 8. (104 S.) Hannover, Meyer. n. 1. 60

Waltemath, Dr. Wilh., die fränkischen Elemente in der französischen Sprache. gr. 8. (106 S.) Paderborn, F. Schöningh. n. 1. 20

Waltenhofen, Reg.-R. Prof Dr. A. v., die internationalen absoluten Maasse, insbesondere die electrischen Maasse, f. Studirende der Electrotechnik in Theorie u. Anwendg. dargestellt u. durch Beispiele erläutert. gr. 8. (XI, 48 S.) Braunschweig, Vieweg & Sohn. n. 2. —

Walter, A., die Kunst im katholischen Gotteshause, s.: Broschüren, Frankfurter zeitgemäße.

Walter, Dr. Alfr., Beiträge zur Morphologie der Schmetterlinge. 1. Thl. Zur Morphologie der Schmetterlingsmundtheile. Abhandlung. gr. 8. (57 S. m. 2 Taf.) Dorpat, (Karow). baar n. 2. 50

Walter, B., s.: Abrie, W.

Walter, C., das erste Glas dem Kaiser, s.: Wallner's allgemeine Schaubühne.

Walter, Past. Emil, die Sprache der revidirten Lutherbibel. Auf der Grundlage seiner Schrift „Die sprachl. Behandlg. d. Textes in der Probebibel" nach ihrem Verhältniß zur Luther'schen u. Luther-Canstein'schen Bibelsprache beschrieben u. kritisch untersucht. gr. 8. (58 S.) Bernburg, Schmelzer. n. 1. 20

(85/1) **Walter**, Rechtsanw. Not. a. D. Heinr., der preußische Gerichtsvollzieher. Systematisch geordnete Zusammenstellg. aller das Gerichtsvollzieheramt in Preußen betr. reichs- u. landesrechtl. Gesetzesvorschriften u. ministeriellen Ausführungsbestimmgn. Mit Erläutergn. 3—6. (Schluß-)Lfg. gr. 8. (XXIV u. S. 129—424.) Berlin, Siemenroth. n. 4. 50 (cplt.: n. 7. 50; geb. baar n. 8. 50)

Walther, Pfr., Carl Ferd. Wilh., amerikanisch-lutherische Evangelien-Postille. Predigten üb. die evangel. Pericopen d. Kirchenjahrs. 9. Aufl. gr. 4. (VI, 404 S. m. Portr. in Stahlst.) St. Louis, Mo. (Dresden, H. J. Naumann.) baar n. 6. —

—— americanisch-lutherische Pastoraltheologie. 3. Aufl. gr. 8. (IV, 441 S.) Ebd. baar n. 7. —

—— Tanz u. Theaterbesuch. Je zwei freie Vorträge hierüber, in 4 dazu veranstalteten Erbauungsstunden geh. u. auf Grund stenograph. Aufzeichngn. veröffentlicht. gr. 8. (100 S.) Ebd. baar n. 1. 10

(84/2) **Walther**, Archit. Prof. Conradin, die Kunstschlosserei d. XVI., XVII. u. XVIII. Jahrh. Eine Sammlg. vorzügl. schmiedeeiserner Gegenstände aller Art, nach den Originalen auf Stein gezeichnet. 5. u. 6. Lfg. Fol. (à 5 Taf.) Stuttgart, Wittwer's Verl. à n. 3. —

Walther, Fechtmstr. F. A., Critic üb. den studentischen Zweikampf. gr. 8. (7 S.) Berlin, W. Stute. n.n. — 25

Walther, J. v., Sammlung v. civilrechtlichen Entscheidungen d. k. k. obersten Gerichtshofes, s.: Glaser, J.

Walther, L., Erinnerungen aus Wilhelm Appuhns Leben. Aus seinen Aufzeichngn. zusammengestellt. Mit (Lichtdr.-)Portr. gr. 8. (V, 342 S.) Gotha, F. A. Perthes. n. 5. —

(85/1) **Wanderbilder**, europäische. Nr. 89—98. 8. Zürich, Orell, Füssli & Co. Verl. à n. — 50

Inhalt: 89—91. Locarno u. seine Thäler. Von J. Hardmeyer. Mit 58 Illustr. v. J. Weber, nebst 2 Karten. (104 S.) — 92. 93. Bad Driburg. Aus dem Tagebuche e. Hypochonders v. San.-R. Dr. Thdr. Riefenstahl. Mit 10 Illustr. v. Prof. Osw. Achenbach u. Fel. Schmidt u. 1 Karte. (102 S.) — 94. 95. Wallis u. Chamonix. 2. Hft. Brig u. der Simplon. Von F. O. Wolf. Mit 16 Illustr. v. J. Weber, nebst 1 Karte. (S. 61—120.) — 96—98. Glarnerland u. Walensee. Von Pfr. Ernst Buss. Mit 57 Illustr. v. J. Weber u. 2 Karten. (119 S.)

Wanderbuch, neuestes, f. das Riesengebirge. Handbuch f. Sommergäste u. Touristen im Riesen-, Iser- u. Waldenburger Gebirge. Mit Abbildgn. u. grosser Karte. 7. Aufl., bedeutend verm. u. vom Riesengebirgs-Verein berichtigt. 8. (VI, 138 S.) Warmbrunn. (Hirschberg, Sommer.) baar n. 1. —

Wanderer, der kleine. Volks-Kalender f. d. J. 1886. 16. Jahrg. Mit 6 Bildern v. Th. Blätterbauer, Hugo Kauffmann, J. Scholtz u. A. 12. (219 S.) Glogau, Flemming. n. — 50

(83/1) **Wanderley**, Archit. Prof. Germano, die ländlichen Wirthschaftsgebäude m. Einschluß der Heger-, Unter- u. Oberförsterwohnungen, der Pächter- u. Gutsherrenhäuser in ihrer Construktion, ihrer Anlage u. Einrichtg. Unter Mitwirkg. v. Baumstr. K. Jähn. Mit ca. 1500 (eingedr.) Holzschn. 28. u. 29. Hft. gr. 8. (4. Bd. S. 497—624.) Leipzig, Morgenstern. à n. 1. 60

Wanderungen auf religiösem Gebiet v. e. Ungenannten. gr. 8. (99 S.) Gießen. (St. Petersburg, Ricker.) n. 1. 60

Wandtafel der periodischen Gesetzmässigkeit der Elemente nach Mendelejeff. Lith. Imp.-Fol. Wien, (Helf's Sort.) baar n. 2. —

Wandtafeln, anatomisch-chirurgische. 8 Blatt in natürl. Grösse, auf Pappe in Oel gemalt. Fol. u. gr. Fol. Kiel, Lipsius u. Tischer. In Carton. baar n. 40. —

—— der Atomgewichte der chemischen Elemente H=1. 2 Blatt. Lith. gr. Fol. Wien, (Helf's Sort.). baar n. 3. —

Waneck, Lehr. Adf., üb. die Schäden d. heutigen Gewerbebetriebes u. die Mittel zu deren Heilung. gr. 8. (22 S.) Wien, Pichler's Wwe. & Sohn. n. — 50

Wangemann, Schulr. Ludw., biblische Biographieen u. Monographieen, geordnet u. bearb. auf Grund d. Bibellesens u. m. Berücksicht. der Vorbereitg. f. das Verständnis d. D. M. Lutherschen Katechismus. Eine Handreichg. f. Lehrer, besonders beim Gebrauch. d. II. Teils der bibl. Geschichten desselben Verf. 1. Tl.: Aus dem alten Testamente. gr. 8. (XX. 191 S.) Leipzig 1886, Reichardt. n. 2. 40

—— biblische Geschichten. 1. Tl. Für die Elementarstufen m. 30 bildl. Darstellgn. 19. Aufl. gr. 8. (VIII, 103 S.) Ebd. n. — 60; geb. baar — 90

—— Grundlagen zu dem vereinigten sprachlichen u. sachlichen Anschauungsunterricht. Für die Hand der Kinder. 2. Hft. 2. Aufl. 8. (46 S.) Leipzig, Brandstetter. cart. n. — 40

—— Handreichung beim Unterrichte der Kleinen in der Gotteserkenntnis. Anweisung zum Gebrauche der „biblischen Geschichten f. die Elementarstufen m. bildl. Darstellgn.“, nebst e. Plan f. den Religions-Unterricht in mehrklass. Schulen. 11. Aufl. gr. 8. (XVI, 336 S.) Leipzig, Reichardt. 3. —; geb. baar n. 3. 50

—— deutsches Lese- u. Sprachbuch f. Volks- u. Bürgerschulen. 3. u. 4. Tl. gr. 8. Leipzig, Brandstetter. n. 2. 35

3. 13. Aufl. (VIII, 264 S.) n. 1 —. — 4. Für die Oberstufen. 8. verb. Aufl. (XVI, 359 S.) n. 1. 35.

Wangemann, Schulr. Ludw., Unterrichts-Ergebnisse bei der Einführung in das Verständnis d. D. M. Lutherschen Katechismus. Für die Hand der Schüler u. Schülerinnen zur Wiederholg. u. Befestigg. 2., sorgfältig durchgeseh. Aufl. gr. 8. (80 S.) Leipzig, Reichardt. n. n. — 50

Wangenheim, ehem. Prof. Wilh. Frhr. v., landwirtschaftliches Fragebuch. Ein Leitfaden f. den landwirtschaftl. Unterricht in Lehrerseminarien, ländl. Fortbildungsschulen rc. 2., vollständig umgearb. u. verm. Aufl. Mit 45 in den Text gedr. Holzschn. gr. 8. (VIII, 214 S.) Stuttgart, Ulmer. n. 2. 40

Wania, Gymn.-Prof. Frz., das Praesens historicum in Caesars Bellum gallicum. gr. 8. (114 S.) Wien, Pichler's Wwe. & Sohn. n. 1. 50

Wanner, Archivar Dr. Mart., Geschichte d. Baues der Gotthardbahn. Nach den Quellen dargestellt. Mit e. Längenprofil der Gotthardbahn in 3 Thln. gr. 8. (VIII, 648 S.) Luzern. (Zürich, Rudolphi & Klemm.) n. 10. —

Wappentafeln. Enthaltend die Wappen aller souverainen Länder der Erde, sowie diejenigen der preuss. Provinzen, der österreichisch-ungar. Kronländer u. der schweizer Cantone. 12 Taf. m. 130 Abbildgn. in Farbendr. 2. Aufl. gr. 8. Leipzig, Ruhl. n. 2. 50

Warminski, Sem.-Dir. Dr., Stoffverteilungsplan f. den katholischen Religionsunterricht in der ein- u. dreiklassigen Uebungsschule d. königl. Schullehrer-Seminars zu Paradies. 8. (25 S.) Schwiebus, Wagner in Comm. n. — 40

Warneck, G., welche Pflichten legen uns unsere Kolonien auf? s.: Zeitfragen d. christlichen Volkslebens.

Warnecke, F., Augsburger Hochzeitsbuch, enth. die in den J. 1484 bis 1591 stattgefundenen Heirathen. Nach 2 Handschriften hrsg. Mit Zeichngn. v. Prof. Ad. M. Hildebrandt (3 chromolith. Taf.). Lex.-8. (91 S.) Berlin 1886, (R. Kühn). n. 2. 50

Warner, E., s.: Briefe moderner Dunkelmänner.

Warnow, Frz., Jus. 8. (298 S.) Dresden 1886, Minden. n. 3. 50; geb. n. 4. 50

Warren, Leo, im Hörselberg. Roman. 2 Bde. 8. (226 u. 198 S.) Stuttgart 1886, Deutsche Verlags-Anstalt. n. 8. —

Warte, deutsche. Kalender f. alle Deutschen im In- u. Auslande auf d. J. 1886, hrsg. v. Dr. Ottomar Schuchardt. gr. 8. (88 S.) Großenhain, Hentze in Comm. n. — 50

—— katholische. Illustrirte Monatsschrift zur Unterhaltg. u. Belehrg. 1. Jahrg. April 1885 bis März 1886. 12 Hfte. gr. 8. (1. Hft. 48 S. m. eingedr. Holzschn.) Salzburg, Pustet. baar à Hft. — 25

Wartenstein, Gust., Briefsteller f. Liebende beiderlei Geschlechts. Enth. mehr als 100 Musterbriefe im blühendsten Styl u. elegantesten Wendgn., nebst vielen Polterabendscherzen u. Hochzeitsgedichten, wie auch e. Blumen-, Farben- u. Zeichensprache. 14. Aufl. 8. (VIII, 144 S.) Quedlinburg, Ernst. 1. 50

Warth, Archit. Prof. Dr. Otto, das Kollegien-Gebäude der Kaiser Wilhelms-Universität zu Strassburg, entworfen u. ausgeführt v. O. W. 18 Taf. in Lichtdr. Fol. Karlsruhe, (A. Bielefeld's Sort.). In Mappe. n. 24. —

Was die Erde beut u. das Kind erfreut. Ein lehrreiches Bilderbuch f. die lieben Kleinen. Mit 6 Farbdr.-Bildern u. Text in Versen. gr. 4. (6 S. Text.) Stuttgart, Loewe. cart. n. — 60; als Lackbilderbuch 1. 50.

—— nun? Zur Eröffng. d. österreich. Reichsrathes. 8. (42 S.) Leipzig, O. Wigand. n. — 50

—— mir mein alter Onkel erzählt hat. Von J. H. 8. (16 S.) Basel, Missionsbuchh. n. — 10

Wäsche, große. Ein unterhalt. Bilderbuch m. ziehbaren Bildern f. artige Mädchen. 4. (5 Chromolith m. 5 Bl. Text.) Fürth, Schaller & Kirn. geb. baar 1. 30

Waesemann, H. F., das neue Rathhaus zu Berlin, erbaut v. H. F. W. Text v. L. A. Meyer. gr. Fol. (29 Kpfrtaf. m. 18 S. Text.) Berlin 1886, Ernst & Korn. In Mappe. n. 60 —

Was Ihr wollt-Bibliothek. Nr. 1—8. 12. Leipzig, Werther. à n. — 25
Inhalt: 1. 2. See- u. Strandgeschichten v. F. Meister. (118 S.) — 3. Militär-Humoresken. Von A. Osk. Klaußmann. (64 S.) — 4. Das ewige Gesetz. Novelle v. E. Marriot. (71 S.) — 5. Aus der Mappe e. amerikanischen Offiziers. Von Max Lortzing. (63 S.) — 6. Die Miether d. Herrn Thaddeus od. die braunschweigische Frage. Eine mecklenburg. Geschichte von Ernst v. Wolzogen. (68 S.) — 7. Bunte Bilder aus dem socialen Leben. Aus den socialen Plaudereien d. „Was Ihr wollt!" zusammengestellt v. Frdr. Nonnemann. (64 S.) — 8. Naturwissenschaftliche Plaudereien. (61 S.

Wasner, Jul., oberschlesisches Firmenbuch. 8. (146 S.) Oppeln, Franck. n. 3. —

Wassermann, L., der Zünftler im Waffenrock. Eine kulturhistor. Skizze. 8. (32 S.) Amberg, Habbel. — 30

Wasserschleben, Geh.-R. Prof. Dr. Herrm., die irische Kanonensammlung. 2. Aufl. gr. 8. (LXXVI, 243 S.) Leipzig, B. Tauchnitz. n. 10. —

Wasserversorgung, die, v. Zürich u. Ausgemeinden. Entgegnung der erweiterten Wasser-Kommission auf die Angriffe v. Hrn. Prof. Klebs zu Handen d. Tit. Stadtraths v. Zürich. gr. 8. (86 S.) Zürich, (Schweizer. Antiquariat). baar 1. 50

(84/2) **Watteau**, Antoine, Gemälde u. Zeichnungen nach dem v. Boucher u. unter dessen Leitg. gestochenen Werke. In Lichtdr. hergestellt v. Alb. Frisch nach dem im k. Kupferstichkabinet zu Berlin befindl. Originale. 2—4. Lfg. Fol. (à 10 Bl.) Berlin, Mitscher & Röstell. à n. 10. —

Watzger, Turnlehr. M., v. den Turnspielen. Lex.-8. (38 S.) Wien, Pichler's Wwe. & Sohn in Comm. n. — 80

Watzl, Rud., Josuahs Ring. Eine Erzählg. 8. (V, 60 S.) Wien, Kubasta & Voigt. n. 1. 20

Weber's Adressbuch f. das gesammte deutsche Baugewerbe u. verwandte Geschäftszweige. Nach amtl. Quellen bearb. v. Theophil Weber. 1885. 3. Jahrg. 25 Lfgn. gr. 8. (1—4. Lfg. 196 S.) Frankfurt a/M., (Detloff). baar n. 20. —; einzelne Lfgn. à n. 1. 20

Weber, Elise Agnes Laura, das wahre deutsche Bürger-Kochbuch f. den täglichen Tisch, der Jetztzeit angepaßt. Nebst Küchenzettel u. Eßregeln. 24. verb. Aufl. 44. Tausend. Mit 25 Illustr. 8. (XVI, 256 S.) Leipzig, Matthes. cart. 1. 50

Weber, F. W., Dreizehnlinden. 25. u. 28. Aufl. 1. u. 2. Abdr. Jubel-Ausg. 8. (381 S. m. Stahlst.-Portr.) Paderborn, F. Schöningh. n. 6. 20; Einbd. m. Goldschn. n.n. 1. 80

—— dasselbe. 26. Aufl. 12. (III, 382 S.) Ebd. n. 5. —; geb. m. Goldschn. n. 6. 80

—— dasselbe. Illustrationen dazu. 9 Lichtdr. nach Zeichngn. von Prof. v. Wörndle, nebst Portr. d. Dichters. gr. 8. Ebd. In Leinw.-Mappe. n. 5. 50

—— Marienblumen. Mit 6 (chromolith.) Madonnenbildern nach Prof. Ittenbach, gemalt v. seiner Tochter Wilhelmine Ittenbach. Imp.-4. (27 Bl. Text m. chromolith. Titelbl.) Köln, A. Ahn. geb. m. Goldschn. 36. —

Weber, Geo., Heidelberger Erinnerungen. Am Vorabend der 5. Säkularfeier der Universität. gr. 8. (VIII, 311 S. m. Stahlst.-Portr. d. Verf.) Stuttgart 1886, Cotta. n. 4. —

(85/1) —— allgemeine Weltgeschichte. 2. Aufl., unter Mitwirkg. v. Fachgelehrten rev. u. überarb. 59—66. Lfg. gr. 8. (9. Bd. X u. S. 129—926 u. 10. Bd. S. 1—176.) Leipzig, Engelmann. à 1. —

Weber, H., Griechische Elementar-Grammatik. gr. 8. (X, 202 S.) Gotha, F. A. Perthes. n. 2. 40

—— Elemente der lateinischen Darstellung. gr. 8. (VIII, 46 S.) Ebd. n. — 80

Weber, Past. H. J., im Lande der Mitternachtssonne od. Nordpolfahrten. Der deutsch-amerikan. Jugend gewidmet. Mit Illustr. 8. (VIII, 180 S.) Philadelphia 1884, (Schäfer & Koradi). geb. baar n. 2. 50

Weber, Prof. Heinr., P. Marquard v. Rotenhan S. J. Das Lebensbild e. eifrigen Priesters aus dem XVIII. Jahrh. Mit dem Portr. Rotenhan's. 8. (XII, 128 S.) Regensburg, Manz. 1. 50

—— die Verehrung der heiligen 14 Nothhelfer, ihre Entstehung u. Verbreitung. gr. 8. (IV, 132 S. m. Illustr. im Text, 1 Lichtdr. u. 3 photolith. Kunstbeilagen.) Kempten 1886, Kösel. 2. —

Weber, Chefarzt Dr. Herm., Vorträge üb. die hygienische u. klimatische Behandlung der chronischen Lungenphthise. Deutsche Ausg. v. Assist. Dr. Hugo Dippe. 8. (VIII, 109 S.) Leipzig, F. C. W. Vogel. n. 2. —

Weber, Hugo, die Heimat, s.: Jütting, W.

—— Lehr- u. Lesebuch f. ländl. Fortbildungsschulen. Zugleich als Volksbuch hrsg. 3. Aufl. gr. 8. (304 S.) Leipzig, Klinkhardt. n. 1. —; geb n.n. 1. 35

—— Lehr- u. Lesebuch f. ländliche Fortbildungsschulen, Ackerbauschulen u. verwandte Anstalten. Für österreich. Verhältnisse bearb. u. zugleich als Volksbuch hrsg. v. Frz. Frisch. gr. 8. (VII, 332 S.) Wien, Manz. n. 1. 20

—— die Welt im Spiegel der Nationallitteratur. 5. Lesebuch zur Pflege nationaler Bildg. A. bez. B. Ausg. f. 5—8class. Schulen. 7. u. 8. Schulj. 3., m. e. litteraturkundl. Anh. vers. Aufl. gr. 8. (424 S.) Leipzig 1886, Klinkhardt. n. 1. 25; geb. n.n. 1. 60

Weber-Rumpe, Hugo, französische Genusregeln, zur Erlerng. in wenigen Stunden mnemonisch bearb. 8. (40 S.) Breslau. (Leipzig, Gracklauer.) n. 1. 50

—— mnemonisches Zahl-Wörterbuch. Mit Berücksicht. der neuen deutschen Rechtschreibg. 12. (236 S.) Ebd. baar n. 4. 50; geb. n. 5. —

Weber, J., das Alter d. Menschen u. die Wissenschaft, s.: Broschüren, Frankfurter zeitgemäße.

(85/1) **Weber,** Bez.-Amtm. Karl, neue Gesetz- u. Verordnungen-Sammlung f. das Königr. Bayern m. Einschluß der Reichsgesetzgebg. Enth. die auf dem Gebiete der Verfassg. u. Verwaltg. gelt. od. die Interessen d. Staatsbürgers betr. Gesetze, Verordngn. u. sonst. Bestimmgn., zusammengestellt u. m. Anmerkgn. versehen. Mit systemat., alphabet. u. chronolog. Register. 41—50. Lfg. gr. 8. (5. Bd. IX, 782 S.) Nördlingen, Beck. à n. 1. 25

Weber, M., üb. die socialen Pflichten der Familie. Gesammelte populäre Aufsätze aus den J. 1875—1885. 2. verm. Aufl. 8. (166 S.) Berlin 1886, Th. Hofmann. n. 1. 20; geb. baar n.n. 2. 20

Weber's, M. M. v., Schule d. Eisenbahnwesens. 4., verm. Aufl. Unter Mitwirkg. hervorrag. Fachgenossen bearb. v. Rich. Koch. Mit 170 in den Text gedr. Abbildgn. 8. (XVI, 772 S.) Leipzig, Weber. geb. n. 10. —

Weber, Mart., die Kunst d. Bildformers u. Gipsgießers, od. gründl. Unterricht, wie Büsten, Statuen, Vasen, Urnen, Ampeln, Konsolen od. Kragsteine, Rosetten, Laub- u. Simswerk, Reliefbilder u. andere dergleichen plast. Gegenstände auf dem Wege d. Abformens u. Abgießens nachzubilden, wie sie zu schleifen, zu polieren, zu firnissen, zu bronzieren u. zu restaurieren sind. Für Künstler u. Techniker, vornehmlich Architekten, Stukkateure,

Bildhauer u. Gipsgießer vom Fach. 5. verm. u. verb. Aufl. 8. (VIII, 124 S.) Weimar 1886, B. F. Voigt. n. 1. —

Weber, Rich., zur Pathologie u. Therapie der Lebercirrhose. Inaugural-Dissertation. gr. 8. (48 S.) Breslau 1884, (Köhler). baar n. 1. —

Weber, Thdr., Emil Du Bois-Reymond. Eine Kritik seiner Weltansicht. gr. 8. (XII, 266 S.) Gotha, F. A. Perthes. n. 5. —

Wechsung, Zollinsp. Fr., der deutsche Zolltarif vom 15. Juli 1879, nebst den vom Bundesrath festgestellten Tarasätzen. [Aus: „Cl. Merck's Warenlexikon".] Auf Grund amtl. Quellen m. Erläutergn. versehen. 4. Ausg. [Stand vom 1. Juli 1885.] gr. 8. (50 S.) Leipzig, Gloeckner. cart. n. 1. —

Weckesser, Dr. Alb., der empirische Pessimismus in seinem metaphysischen Zusammenhang im System von Eduard v. Hartmann. gr. 8. (74 S.) Bonn. (Leipzig, Fock.) n. 2. —

Wedde, Johs., Grüsse d. Werdenden. Gedichte e. demokratischen Redakteurs im neuen deutschen Reiche. 2., m. Erläutergn. verseh. Ausg. 12. (XV, 344 u. 144 S.) Stuttgart 1886, Dietz. n. 3. —

Wedekind, Otto, die Réfugié's. Blätter zur Erinnerg. an den 200jähr. Jahrestag der Aufhebg. d. Edicts v. Nantes. gr. 8. (VII, 93 S.) Hamburg 1886, J. F. Richter. n. 2. —

Wedell, Hauptm. à l. s. M. v., Instruktion f. den übungspflichtigen Ersatz-Reservisten der Infanterie. 5., unter Berücksicht. der neuen Schieß-Instruktion durchgeseh. Aufl. Mit vielen in den Text gedr. Abbildgn. gr. 16. (96 S.) Berlin, Eisenschmidt. n. — 15

—— Leitfaden f. den Unterricht in der Kapitulanten-Schule. Auf dienstl Veranlassg. bearb. Mit in den Text gedr. Skizzen, Signatur- u. Kroquirtafeln. 6. gänzlich veränd. u. verb. Aufl. 8. (IV, 156 S. m. 1 Tab.) Ebd. cart. n. n. 1. 25

—— Offizier-Taschenbuch f. Manöver, Generalstabsreisen, Kriegsspiel, taktische Arbeiten. Mit Tabellen, Signaturentafeln, 1 Zirkel m. Maaßstäben u. Kalendarium. 4. verm. u. umgearb. Jahrg. 16. (XXXI, 127 S.) Ebd. 1886. geb. n. 2. 50; ohne Zirkel n. 2. —

—— Vorbereitung f. das Examen zur Kriegs-Akademie. Ein Rathgeber zum Selbststudium. 4. Aufl. Mit 6 Planskizzen u. 3 Anlagen. gr. 8. (VIII, 135 S.) Ebd. n. 6. —

—— dasselbe, Schlüssel zu den mathemat. u. französ. Aufgaben, hrsg. v. Feuerw.-Lieut. a. D. Havemann u. Bibliothk. Dr. G. van Muyden. 2. verm. Aufl. gr. 8. (56 S. m. eingedr. Fig.) Ebd. n. 2. —

($^{83}/_{1}$) **Wedewer**, Gymn.- u. Relig.-Lehr. Herm., Lehrbuch f. den katholischen Religionsunterricht in den oberen Klassen höherer Lehranstalten. 3. Abtlg. Grundriß der Glaubenslehre. 8. (XVI, 192 u. Anh. 45 S.) Freiburg i. Br., Herder. n. 2. — (1—3: n. 5. —)

—— dasselbe. 1. Abtlg. Grundriß der Kirchengeschichte. 3. Aufl. Mit 8 Abbildgn. 8. (XV, 148 S.) Ebd. n. 1. 50

Wedl, Hofr. em. Prof. Dr. Carl, u. Assist. Dr. Emil **Bock**, pathologische Anatomie d. Auges. Systematisch bearb. Mit e. Atlas v. 33 (Lichtdr.-) Taf. (gr. 4., cart.) gr. 8. (V, 462 S.) Wien, Gerold's Sohn in Comm. n. 50. —

Wefing, Lehr. Carl, bremische Heimathskunde. Für Schule u. Haus. 1. u. 2. Hft. 2. (Titel-) Ausg. 8. Bremen (1874. 78) 1886, Haake. à n. 1 —

Inhalt: 1. Die Stadt Bremen. (120 S.) — 2. Das Bremer Gebiet. — Vegesack u. Bremerhaven. Das Land an der Unterweser. (152 S.)

—— u. Lehr. L. Kl. de **Boer**, deutsches Lesebuch f. die Unterstufen höherer Lehranstalten, in Verbindg. m. e. Sprachschule. 1. u. 2 Tl. gr. 8. Bremen, Rühle & Schenker. geb. n. n. 4. 40

1. II. Schulj. (VIII, 210 S.) 1884. n. n. 2. —. — 2. III. Schulj. (VIII, 264 u. Anh. 30 S.) n. n. 2. 40.

Wesing, E., u. L. Kl. de **Boer**, Lehrer. Sprachschule f. den deutschen Unterricht auf den Unterstufen höherer Lehranstalten. 1. u. 2. Hft. gr. 8. Bremen, Rühle & Schlenker. geb. à n. n. — 60
1. II. Schulj. (87 S.) 1884. — 2. III. Schulj. (120 S.)

Weinfach-Notizkalender f. 1886. 5. Jahrg. gr. 16. (187 S.) Mainz, Diemer. geb. n. 2. 25

Wegele, F. X. v., Geschichte der deutschen Historiographie seit dem Auftreten d. Humanismus, s.: Geschichte der Wissenschaften.

Wegener, Dr. Ph., Untersuchungen üb. die Grundfragen d. Sprachlebens. gr. 8. (VIII, 208 S.) Halle, Niemeyer. n. 5. —

Wegweiser, biblischer, f. d. J. 1886. 36. Jahrg. Bearb. v. P. K. A. Richter. 8. (40 S.) Dresden. (Leipzig, Buchh. d. Vereinshauses.) baar n. — 12

—— durch die deutsche Jugendlitteratur. Für Erzieher, Jugendfreunde u. Vorsteher v. Jugendbibliotheken. Im Auftrage d. Pädagog. Vereins zu Dresden hrsg. v. der Kommission zur Beurteilg. v. Jugendschriften. 1. u. 2. Hft. 2. Aufl. 8. (90 u. 115 S.) Leipzig 1886, Klinkhardt. à n. — 80

(84/1) —— litterarischer, fürs evangelische Pfarrhaus. Hrsg. v. Dek. W. Stöckicht. 3. Jahrg. 1885. 4 Nrn. gr. 8. (109 S.) Wiesbaden, Niedner. baar n. 2. —

—— neuester, durch Nürnberg. Mit e. Plane der Stadt. 14. vollständig umgearb. u. verb. Aufl. 8. (III, 72 S.) Nürnberg, J. L. Schrag. n. 1. —

—— in den Sudeten m. besond. Berücksicht. d. Tess-, Merta- u. oberen Marchthales. Hrsg. v. der Section „Brünn" d. mähr.-schles. Sudeten-Gebirgs-Vereines. 12. (VI, 22 S. m. 1 chromolith. Karte.) Brünn, Knauthe. n. — 60

(60/2) **Wehl**, Feodor, gesammelte dramatische Werke. 6. Bd. 8. (249 S.) Leipzig, Ph. Reclam jun. (à) 1. 50

—— fünfzehn Jahre Stuttgarter Hoftheater-Leitung. Ein Abschnitt aus meinem Leben. Mit dem Portr. d. Verf. u. e. Abbildg. d. Stuttgarter Hoftheaters. gr. 8. (VII, 554 S.) Hamburg 1886, J. F. Richter. n. 6. —

Wehrgesetze u. Instruction zur Ausführung derselben. gr. 8. (XLVIII, (584 S.) Wien 1886, Hof- u. Staatsdruckerei. n. 2. 40

Wehr-Kalender, sächsischer, der Militär-, Krieger- u. Veteranen-Vereine verabschiedeter u. activer Soldaten u. Soldatenfreunde auf d. Jahr 1886. 4. (82 S. m. Illustr., 1 Lichtdr. u. 1 Wandkalender.) Pirna, Scholtz. — 45

Weicker, Geo., die Natur heilt od. die Wasser- u. Diätkur in ihrer Beziehung zur Heilkraft d. menschlichen Körpers. Ein Beitrag zur Frage: Was giebt Lebenskraft? Zugleich Wegweiser in der arzneilosen Heilkunde u. volksverständl. Gesundheitspflege. Mit Heilerfolgen aus der Praxis versehen. 2. verm. u. verb. Aufl. gr. 8. (78 S.) Leipzig, Th. Grieben in Comm. baar n. — 50

Weidlich, Prof. Dr., üb. die Behandlung lyrischer Metra der Alten im Obergymnasium. [Aus: „Korrespondenzbl. f. die württ. Gelehrten- u. Realschulen".] gr. 8. (8 S.) Tübingen, Fues. baar n. — 40

(84/2) **Weidmann**, der. Blätter f. Jäger u. Jagdfreunde. Erste illustr. deutsche Jagdzeitg. Officielles Organ d. „Allgemeinen deutschen Jagdschutz-Vereins" etc. Von Freunden d. edlen Weidwerks hrsg. unter Mitwirkg. hervorrag. Fachmänner u. Jagdschriftsteller. 17. Bd. Octbr. 1885—Septbr. 1886. 52 Nrn. (à 2—3 B. m. eingedr. Holzschn.) Fol. Leipzig, Wolff. Halbjährlich baar 6. —

(85/1) **Weierstrass**, K., Formeln u. Lehrsätze zum Gebrauche der elliptischen Functionen. Nach Vorlesgn. u. Aufzeichngn. bearb. u. hrsg. v. H. A. Schwarz. 2. Hft. gr. 4. (S. 81—96.) Göttingen. (Berlin, Friedländer & Sohn.) baar n. n. 1. 20 (1. u. 2.: n. n. 7. 20)

Weigelsperg, Sect.-R. Béla Frhr. v., Durchführungs-Verordnungen zum VI. Hauptstück der Gewerbeordnung u. andere auf das Gewerbewesen bezugnehmende neue Gesetze, Verordnungen u. sonstige Vorschriften. [II. Suppl.-Hft. zum Compendium.] Im Auftrage d. Handelsministeriums hrsg. gr. 8. (40 S.) Wien, Manz. n. — 60

Weigelt, Consist.-R. Carl, aus dem Leben der Kirche in der Geschichte ihrer Lieder. Ein Beitrag zur schles. Kirchen-Geschichte. gr. 8. (VII, 160 S.) Breslau, Korn. n. 3. —

Weigert, M., die Krisis d. Zwischenhandels, s.: Zeitfragen, volkswirthschaftliche.

Weihnachts- u. Festbilder, 24, m. Liederversen u. Sprüchen. Für Vereine u. Sonntagsschulen. (Neue verm. Ausg.) gr. 8. Hamburg, Agentur d. Rauhen Hauses. 1. 20.

Weihnachts-Bilderbuch. hoch 4. (8 Chromolith. m. Text.) Wesel, Düms. cart. n. — 50

Weihnachts-Catalog 1885. Eine Auswahl deutscher Werke, welche sich besonders zu Geschenken eignen. Lex.-8. (80 S. m. eingedr. Holzschn.) Leipzig, Hinrichs' Verl. baar n. — 50

—— illustrirter, 1885. Auswahl vorzügl. Bücher, Atlanten, Musikalien, welche in den neuesten Auflagen solid u. elegant gebunden in allen Buch- u. Musikalienhandlgn. vorräthig od. durch solche ohne Aufenthalt zu beziehen sind. 9. Jahrg. Lex.-8. (214 S. m. eingedr. Holzschn.) Leipzig, Volckmar. baar — 75

Weihnachts-Wünsche. Eine Sammlg. v. Festgedichten f. Schule u. Haus zum Declamiren u. zu schriftl. Gratulationen, hrsg. v. e. prakt. Schulmanne. 2. Aufl. 12. (32 S.) Potsdam, Rentel's Verl. n. — 30

Weil, Prof. Dr. Adf., zur Pathologie u. Therapie d. Typhus abdominalis m. besond. Berücksicht. der Recidive, sowie der „renalen" u. abortiven Formen. Mit 4 Taf. gr. 8. (VII, 122 S.) Leipzig, F. C. W. Vogel. n. 4. —

Weiland, Fechtlehr. B., praktisches Handbuch der Fechtkunst f. Truppen-Schulen, Militär-Bildungs-Anstalten, Turn-Schulen u. Fecht-Vereine, sowie Freunde u. Liebhaber der Fechtkunst. gr. 8. (XV, 211 S.) Wiesbaden, Bechtold & Co. n. 3. 50

Weilinger, Pfr. Superint.-Adj. A., warme Worte üb. u. f. die Bienenzucht. Vier Vereinsvorträge. 8. (VIII, 53 S.) Leipzig, Thomas. n. — 50

Weiner, Frz., quibus rebus Lutherus commotus sit, ut ecclesiae christianae reformator existeret. Oratio. gr. 8. (41 S.) Jena, (Neuenhahn). baar n. 1. 20

(84/2) **Weinkauff**, Frz., Almania. Ὠιδεῖον. Versus cantabiles et memoriales. Dreisprachiges Studentenliederbuch. Auswahl der beliebtesten Studenten- u. Volkslieder f. Kommers u. Hospiz, Turnplatz u. Wanderfahrt, Kränzchen u. einsame Rekreation. 2. (Schluß-) Hft. 8. (IV, 196 S.) Heilbronn, Henninger. n. 1. 80 (cplt.: n. 2. 80; in 1 Bd. geb. n. 3. 50)

Weinnoldt, Dr. Ernst, üb. Funktionen, welche gewissen Differenzengleichungen n. Ordnung Genüge leisten. gr. 4. (41 S.) Kiel, Lipsius & Tischer. n. 2. 40

Weinstock, Sem.-Lehr. A., der grammatische Unterricht in der Volksschule. Ein Lehr- u. Übungsbüchlein. 8. (59 S.) Düsseldorf 1886, Schwann. n. — 70

Weinwurm, Prof. Rud., Elementar-Gesangbuch f. öffentliche Schulen. 5. unveränd. Aufl. gr. 8. (64 S.) Wien 1884, Pichler's Wwe. & Sohn. n. — 50

—— kleines Gesangbuch f. Bürgerschulen, verwandte Anstalten u. die unteren Classen der Mittelschulen. 1., 2. u. 4. Hft. 8. Wien, Hölder. n. — 68
1. 3., unveränd. Aufl. (IV, 36 S.) n. — 20. — 2. 3., unveränd. Aufl. (56 S.) 1886. n. — 24. — 4. 2., unveränd. Aufl. (46 S.) n. — 24.

(84/2) **Weisbach**, weil. Ob.-Bergr. Prof. Dr. Jul., Lehrbuch der Ingenieur- u. Maschinen-Mechanik. Mit den nöth. Hülfslehren aus der Analysis f. den Unterricht an techn. Lehranstalten, sowie zum Gebrauche f. Techniker bearb.

2. Thl.: Die Statik der Bauwerke u. Mechanik der Umtriebsmaschinen. 5. umgearb. u. vervollständ. Aufl., bearb. v. Prof. Gust. Herrmann. Mit zahlreichen in den Text eingedr. Holzst. 2. Abth.: Die Mechanik der Umtriebsmaschinen. 9. u. 10. Lfg. gr. 8. (S. 769—960.) Braunschweig, Vieweg & Sohn. n. 4. 40 (1—10.: n. 22. —

Weise's, Ch., Schulkomödie v. Tobias u. der Schwalbe, s.: Universal-Bibliothek Nr. 2019.

Weise's, Gust., Kinder-Bibliothek. 15 Nrn. 8. (à 12 S. m. 6 Chromolith.) Stuttgart, G. Weise. à n. — 10

—— Leinwandbilderbücher. Nr. 218—221. 4. Ebd. geb. n. 6. —

Inhalt: 218. Guten Tag. Ein Bilderbuch f. jeden der's mag. 8 Bilder in Farbendr. m. (eingedr.) Versen. — 219. Allerlei Getier, groß u. klein, plump u. fein, auf zwei Beinen u. auf vier. 8 Bilder in Farbendr. m. (eingedr.) Versen. — 220. Bilderfreude. 6 Bilder in Farbendr. m. (eingedr.) Versen. — 221. Lust u. Scherz. 6 Bilder in Farbendr. m. (eingedr.) Versen.

Weise's, Karl, deutscher Volks-Kalender auf d. J. 1886. Neu hrsg. v. Karl Weise u. Heinr. Sohnrey. 10. Jahrg. 12. (129 S. m. eingedr. Holzschn. u. 1 Holzschn.-Bild.) Wolfenbüttel, Zwißler. n. — 50

Weismann, Prof. Dr. Aug., die Continuität d. Keimplasma's als Grundlage e. Theorie der Vererbung. gr. 8. (VI, 122 S.) Jena, Fischer. n. 2. 50

Weiss, Prof. Dr. Adf., üb. gegliederte Milchsaftgefässe im Fruchtkörper v. Lactarius deliciosus. [Mit 4 (chromolith.) Taf.] [Arbeiten d. k. k. pflanzenphysiolog. Institutes der deutschen Universität in Prag. XV.] [Aus: „Sitzungsber. d. k. Akad. d. Wiss."] Lex.-8. (37 S.) Wien, (Gerold's Sohn). n. 2. 50

Weiss,! Prof. Dr. E., Notiz üb. zwei der Binomialreihe verwandte Reihengruppen. [Aus: „Sitzungsber. d. k. Akad. d. Wiss."] Lex.-8. (10 S.) Wien, (Gerold's Sohn). n. — 20

Weiss, Lehr. G. A., neueste u. ausführlichste Methode zur Erlernung der Schönschrift. 2 Hfte. Zum Selbstunterricht f. Unterrichts-Anstalten jeden Grades, f. Techniker, Geometer u. ähnl. Berufsklassen hrsg. qu. 4. Köln, Mayer. n. 6. —

Inhalt: I. Theoretische Abtheilung. (II, 72 S.) — II. Uebungsheft. (90 S.)

Weiss, Prof. Dr. Hugo, Moses u. sein Volk. Eine historisch-exeget. Studie. gr. 8. (IV, 162 S.) Freiburg i/Br., Herder. n. 2. 40

Weiß, Inst.-Dir. Karl, Realien-Handbuch f. Frauen- u. Töchter-Fortbildungsschulen. 2. Aufl. gr. 8. (VI, 249 S.) Langensalza, Beyer & Söhne. n. 2. —

Weiss, Bergr. Otto, Soolbad Nauheim. Führer f. Kurgäste. Mit e. medicin. Abhandlg. v. Dr. Groedel. 3. verm. u. verb. Aufl. 8. (V, 97 S.) Friedberg, Bindernagel. n. 1. 50

Weiß, Lehr. Wilh., Aufgaben f. deutsche Sprache, Rechtschreiben, Beschreibungen u. Briefe f. das 2., 3. u. 4. Schuljahr. 23. Aufl. 8. (127 S.) Kempten, Dannheimer. geb. n.n. — 50; in besserem Schulbd. n.n. — 60

Weißenborn, Gymn.-Oberlehr. Dr. Edm., Aufgabensammlung zum Uebersetzen ins Griechische im Anschluß an die Lektüre der Obertertia behufs Einübung der unregelmäßigen Verba u. Wiederholung der gesamten Formenlehre. gr. 8. (VIII, 108 S.) Leipzig, Teubner. 1. 20

Weissenfels, O., Horaz. Seine Bedeutg. f. das Unterrichtsziel d. Gymnasiums u. die Principien seiner Schulerklärg. gr. 8. (XVI, 247 S.) Berlin, Weidmann. n. 3. —

—— loci disputationis Horatianae ad discipulorum usus collecti brevibusque commentariis illustrati. gr. 8. (XVI, 184 S.) Ebd. n. 2. 40

Weißenthurn, M. v., Lebensbilder, s.: National-Bibliothek, deutsch-österreichische.

Weisser, weil. Prof. Insp. Ludw., Bilder-Atlas zur Weltgeschichte nach Kunstwerken alter u. neuer Zeit. 146 Taf. m. üb. 5000 Darstellgn. Mit erläut.

Text v. Dr. Heinr. Merz. 4. Aufl. 25 Lfgn. gr. Fol. (150 Bl. Text.) Stuttgart, Neff. baar à 1. —
Weißhun, Oberst, Dienst-Unterricht d. Infanterie-Gemeinen. Ein Leitfaden f. den Offizier u. Unteroffizier zum Ertheilen d. Unterrichts, sowie e. Hülfsbuch f. den Gemeinen zur Belehrg. üb. seine Dienstobliegenheiten. 102. Ausg. 8. (116 S. m. eingedr. Holzschn.) Potsdam 1886, Döring. baar n. — 40
Weißweiler, Taubst.-Anst.-Dir. N., biblische Geschichten d. alten u. neuen Testamentes f. Kinder. 2. verb. Aufl. 8. (X, 89 S.) Köln, Du Mont-Schauberg. cart. n. — 70
Weisungen zur Führung d. Schulamtes an den Gymnasien in Österreich als Anh. zu den „Instructionen f. den Unterricht". Einzige, vom k. k. Ministerium f. Cultus u. Unterricht autoris. Ausgabe. gr. 8. (95 S.) Wien, (Manz). n. — 80
—— dasselbe. gr. 8. (107 S.) Wien, Pichler's Wwe. & Sohn. n. 1. —
Weitbrecht, Stadtpfr. G., der sichtbare u. der unsichtbare Himmel. Vortrag. 8. (22 S.) Stuttgart, J. F. Steinkopf. n. — 20
Weitbrecht, Karl, was ist's m. der Sozialdemokratie? 6., durchgeseh. Aufl. 8. (94 S.) Stuttgart, Levy & Müller. n. 1. —
Weitbrecht, Rich., das Blutgericht in Calabrien, s.: Glaube, der evangelische, nach dem Zeugnis der Geschichte.
—— der Kopf d. Apostels, s.: Familien-Bibliothek für's deutsche Volk.
—— unterm Krummstab: Die Vertreibung der Salzburger Protestanten 1732, s.: Bruderliebe, evangelische.
—— Simplizius Simplizissimus, der Jäger v. Soest. Ein Soldatenleben aus dem 30jähr. Kriege. Dem Roman d. Hans Jak. Chrf. v. Grimmelshausen f. die Jugend u. Familie nacherzählt. Mit 51 Abbildgn. gr. 8. (IV, 313 S.) Kreuznach, Voigtländer's Verl. geb. n. 4. —
(85/1) **Weitzel,** Ingen. Dir. Carl Geo., Unterrichtshefte f. den gesammten Maschinenbau u. die ihm verwandten Zweige d. technischen Wissens. Unter Mitwirkg. e. Anzahl Professoren u. Lehrer deutscher techn. Lehranstalten hrsg. Mit zahlreichen Abbildgn. u. Constructions-Zeichngn. 3. Aufl. 43—58. Lfg. Lex.-8. (à 1 1/2—2 B.) Leipzig, M. Schäfer. à n. — 50
—— wie wird man Maschinentechniker? Winke u. Ratschläge bei Wahl d. maschinentechn. Berufes, nebst e. Anh.: Wie wird man Elektrotechniker? 5. Aufl. gr. 8. (40 S.) Ebd. n. 1. —
Weitzmann's, C., sämmtliche Gedichte in schwäbischer Mundart. Vollständigste Ausg. 8. Aufl. 16. (IV, 200 S.) Cannstatt 1886, Bosheuyer. cart. n. 1. —
Weizsäcker, J., s.: Reichstagsakten, deutsche.
Welcker, Oberlehr. J., Übungsbuch zum mündlichen u. schriftlichen Rechnen. Vollständige Umarbeitg. d. Übungsbuches v. Konrekt. K. Fridhöffer. 1. Hft. 2. Abtlg. 4. Aufl. 8. (IV, 76 S.) Wiesbaden, Limbarth. n. — 40
(84/2) **Wellhausen,** J., Skizzen u. Vorarbeiten. 2. Hft. Die Composition d. Hexateuchs. gr. 8. (208 S.) Berlin, G. Reimer. n. 6. — (1. u. 2.: n. 15. —)
Wellington, Dr. Charles, üb. die Einwirkung d. Formaldehyds auf verschiedene organische Amine, sowie die Darstellung einiger sauren aromatischen Sulfate. gr. 8. (36 S.) Göttingen, Deuerlich. baar n. — 60
Wellisch, Sam., wie man Privatsecretär wird. Lustspiel in 2 Acten. Nach e. Novelle f. die Bühne bearb. gr. 8. (32 S.) Ung.-Weisskirchen, Hepke. n. — 40
(84/2) **Welt,** alte u. neue. Illustrirtes kathol. Familienblatt zur Unterhaltg. u. Belehrg. 20. Jahrg. 1886. 24 Hfte. (4 B. m. eingedr. Holzschn.) hoch 4. Einsiedeln, Benziger. baar à Hft. — 25
—— Fromme's elegante. 26. Jahrg. 1886. Mit (photogr.) Titelbild: Ihre k. Hoh. Prinzessin Hilda, Erbgroßherzogin v. Baden. 16. (266 S.) Wien, Fromme. geb. baar 2. 40 u. 4. —

Welt, die feine. Elegantes Tage- u. Notizbuch pro 1886. 10. Jahrg. Mit Photogr. v. I. kais. Hoh. Erzherzogin Valerie. 16. (249 S.) Wien, Perles. geb. m. Goldschn. n. 2. 50

(84/2) — illustrirte. Deutsches Familienbuch. Red.: Otto Baisch u. Hugo Rosenthal-Bonin. 34. Jahrg. 1886. 52 Nrn. (3 B. m. eingedr. Holzschn.) Fol. Stuttgart, Deutsche Verlags-Anstalt. Vierteljährlich baar 1. 95

— kleine. 3 Sorten. 8. (8 Chromolith. m. Text.) Wesel, Düms. à — 10

— die, im Kleinen f. die kleine Welt. Ein Bilderbuch zu Lust u. Lehr' f. Mutter u. Kind. In Friesen nach Orig.-Aquarellen v. Wold. Friedrich, Carl u. Johs. Gehrts, Adf. v. Grundherr, Jul. Kleinmichel, Carl Röhling, Frz. Simm, Herm. Vogel u. m. begleit. Strophen v. Jul. Lohmeyer, Frida Schanz u. Johs. Trojan. gr. 4. (16 Chromolith. m. 14 Bl. Text.) Stuttgart, G. Weise. geb. n. 6. —

(84/2) — die neue. Illustrirtes Unterhaltungsblatt f. das Volk. Red.: Bruno Geiser. 11. Jahrg. 1886. 26 Hfte. (3 B. m. eingedr. Holzschn.) gr. 4. Hamburg, Dietz. baar à Hft. — 25

Welte's Kirchenlexikon, s.: Wetzer.

(85/1) Weltgeschichte, allgemeine. Von Thdr. Flathe, Gust. Hertzberg, Ferd. Justi, J. v. Pflugk-Harttung, Mart. Philippson. Mit kulturhistor. Abbildgn., Porträts, Beilagen u. Karten. 20—36. Lfg. gr. 8. Berlin, Grote. Subscr.-Pr. à 1. — (1. u. 2. Bd.: englisch cart. à 12. 50; geb. in Halbfrz. à n. 14. —

Inhalt: 20—22. 1. Bd. Das Altertum. 1. Tl. Geschichte der orientalischen Völker im Altertum. Von Ferd. Justi. (VI u. S. 481—547.) — 21. 22. Dasselbe. 2. Tl. Geschichte der Griechen im Altertum. Von G. F. Hertzberg. (S. 433—476.) — 23—36. Dasselbe. 3. Tl. Geschichte der Römer im Altertum. Von G. F. Hertzberg. (S. 1—671.)

Weltpost, deutsche, früher: Amerikanische Nachrichten. Organ f. Colonisation, Export, Spedition u. Seeschifffahrt. Red.: Gg. G. Brückner. 3. Jahrg. 1885. 52 Nrn. (1½ B.) Fol. Berlin, Expedition. Vierteljährlich baar 1. —

(85/1) Welter, Gymn.-Prof. Dr. Tommaso B., compendio della storia universale per gl' istituti superiori d' istruzione. Versione italiana dall' originale tedesco dell' Avvocato Francesco Rappagliosi. Parte II. Storia del medio-evo. gr. 8. (VII, 278 S.) Innsbruck, Wagner. (à) n. 2. —

Wendel, Schulr. Sem.- u. Waisenh.-Dir. Heinr., biblische Geschichten d. alten u. neuen Testaments, f. Schulen m. den Worten der Schrift erzählt u. m. Bibelsprüchen u. Liederversen erläutert. 120—126. [Ster.-]Aufl. 8. (206 S.) Breslau, Dülfer. n. — 60; geb. n. — 75

— Dr. Martin Luthers kleiner Katechismus, unter Zugrundelegg. d. alten Breslau-Ölser, ursprünglich Lüneburg-Celleschen Katechismus in Frag u. Antwort erklärt u. durch Bibelsprüche u. bibl. Geschichten, sowie durch Kirchenlieder erläutert. 51. Aufl. 8. (VIII, 149 S.) Ebd. n. — 50; geb. n.n. — 65; m. 80 Kirchenliedern u. 18 Psalmen (77 S.) geb. n.n. — 80

Wendt, F. M., vergelt's Gott tausendmal! Selig sind die Barmherzigen, s.: Volks- u. Jugend-Bibliothek.

Wendt, Prof. Dr. H. H., die Lehre Jesu. 1. Thl.: Die evangel. Quellenberichte üb. die Lehre Jesu. gr. 8. (IX, 354 S.) Göttingen 1886, Vandenhoeck & Ruprecht's Verl. n. 7. —

(85/1) Wengen, Fr. v. der, Geschichte der Kriegsereignisse zwischen Preußen u. Hannover 1866. Mit Benutzg. archival. Quellen. 3. Lfg. gr. 8. (S. 321—480.) Gotha, F. A. Perthes. (à) n. 2. 40

Wenger, Pfr. R., zehn Predigten, geh. vor der Hausgemeinde in Heinrichsbad. 8. (128 S.) St. Gallen, Buchh. der Evangel. Gesellschaft in Comm. baar n. 1. —

Weninger, Miss. P. Frz. Xaver, Missions-Predigten, auf allen Kanzeln während d. Kirchenjahres zu verwenden. gr. 8. (XVIII, 612 S.) Mainz, Kirchheim. 6. —

(85/1) **Wennekamp,** Sem.-Lehr. H., der Schulgesang. Übungs- u. Liederbuch f. Volksschulen. Ausg. in Natorp'scher Ziffernnotation. 2. Hft. f. die Oberstufe. 8. (72 S.) Büren, Hagen. n. — 45 (cplt.: n. — 85)

Wentzel, Rett. C. A., Repetitorium der speciellen Methodik in den Fächern: Religion, Deutsch u. Rechnen. 1. Tl. 8. (VIII, 131 S.) Langensalza, Schulbuchh. n. 1. —

—— Repetitorium der Psychologie. Als Anh.: Des Volksschullehrers Aufgabe hinsichtlich der körperl. Erziehg. der Jugend. 8. (VIII, 76 S.) Ebd. cart. — 90

(84/2) —— Themen aus den verschiedenen Gebieten der Pädagogik, nebst Dispositionen u. Winken zu ihrer weiteren Ausführg. f. Lehrer. Neue Folge. 8. (VIII, 78 S.) Minden 1886, Marowsky. n. 1. — (1. u. 2.: n. 1. 80)

Wentzel, J., e. Beitrag zur Mechanik der Explosionen, s.: Mach, E.

Wenzl, S., Jung-Deutschland in Afrika, s.: Wallner's allgemeine Schaubühne.

Werber, E., Feuerseelen, s.: Romanbibliothek der Gartenlaube.

Werder, Anna v., Professor Irrgang. Eine Erzählg. 8. (336 S.) Leipzig 1886, Hinrichs' Verl. 3. —; geb. n. 3. 80

Werder, Karl, Vorlesungen üb. Shakespeare's Macbeth, geh. an der Universität zu Berlin [zuerst im Winter 1860 als Skizze, dann ausgeführt u. mehrmals wiederholt]. 8. (292 S.) Berlin, Hertz. n. 5. —; geb. n. 6. 20

Wereschagin, W. W., Skizzen u. Erinnerungen. Aus dem Russ. übers. v. E. Kretschmann. Mit Illustr. gr. 8. (III, 227 S.) Leipzig, Teubner in Comm. n. 4. 60

(82/2) —— u. Frau **Wereschagin,** Reiseskizzen aus Indien. 2. Bdchen: Kaschmir. Ladak. Mit Illustr. 8. (120 S.) Ebd. (à) n. 2. 50

Werfer, Dr. Alb., Erzählungen. Mit Stahlst. u. vielen Illustr. gr. 8. (243 S.) Regensburg, Manz. 1. 50

(85/1) **Werkstatt,** die. Meister Konrads Wochenzeitung. Hrsg.: Frz. Woas. 2. Jahrg. 1885/86. 52 Nrn. (B.) gr. 4. Leipzig, Heitmann. Vierteljährlich baar n. — 60; große Ausg. in Umschlägen n. 1. 20

Wermert, Dr. Geo., neuere socialpolitische Anschauungen im Katholicismus innerhalb Deutschlands. gr. 8. (VII, 114 S.) Jena, Fischer. n. 2. —

Wermuth, Chrn., die römischen u. deutschen Kaiser von 44 vor Chr. bis 1711 nach Chr. in Abbildungen m. Wahlsprüchen nach Ch. W. Mit Vorwort u. deutscher Übersetzg. v. Ludw. Bürchner. gr. 8. (32 S. m. 12 Lichtdr.-Taf. in qu. gr. 4.) Nürnberg 1886, Bauer & Raspe. baar n. 18. —

Werner, E., die Blume d. Glückes. Erzählung. 8. (299 S.) Leipzig, Keil's Nachf. 4. 50; geb. n. 5. 50

—— gesprengte Fesseln, s.: Romanbibliothek der Gartenlaube.

—— Glück auf! Roman. 2 Bde. 4. Aufl. 8. (286 u. 274 S.) Leipzig, Keil's Nachf. 7. 50

Werner, G., Kacholi, der tapfere Dakota-Häuptling, s.: Bibliothek interessanter Erzählungen.

Werner, Dr. H., Jean Dominique Larrey. Ein Lebensbild aus der Geschichte der Chirurgie. Nach seinen Memoiren entworfen. gr. 8. (87 S.) Stuttgart, Enke. n. 2. 40

Werner, Prof. Dr. Hugo, der rationelle Getreidebau. 8. (V, 188 S.) Bonn, Strauß. geb. n. 2. 80

—— Handbuch d. Getreidebaues, s.: Körnicke, F.

(34/2) **Werner,** K., praktische Anleitung zur unterrichtlichen Behandlung poetischer u. prosaischer Lesestücke. Meist in vollständig ausgeführten Lektionen bearb. Mittelstufe. 2. Bdchn. gr. 8. (II, 122 S.) Berlin 1886, W. Schultze. (à) n. 1. 20

(85/1) **Werner,** Dr. Karl, die italienische Philosophie d. 19. Jahrh. 3. Bd. gr. 8. Wien, Faesy. n. 8. 40 (1—3.: n. 26. 40)
Inhalt: Die kritische Zersetzung u. speculative Umbildung d. Ontologismus. (XIV, 424 S.)

Werner, O., Rechenbuch, s.: Möbius, H.

Werner, Contreadmiral a. D. Rhold., Erinnerungen u. Bilder aus dem Seeleben. 4. Aufl. 8. (III, 412 S.) Berlin, Allgemeiner Verein f. deutsche Literatur. geb. baar n. 6. —

—— dasselbe. Mit 12 Illustr. v. M. Schroeder-Greifswald. 5. Aufl. gr. 8. (III, 412 S.) Ebd. 1886. n. 9. —; geb. n. 10. —

—— drei Monate an der Sklavenküste. Erzählung f. die reifere Jugend. Illustriert v. Marinemaler F. Lindner. 8. (239 S.) Stuttgart, Richter & Kappler. n. 4. —; geb. n. 5. —

Werner, Pfr. Th., die heilige Engelwacht, die der HErr um seine Kinder auf Erden lagert. Predigt, am Michaelisfeste 1885 üb. Hebr. 1, 14 in der Kirche zu Johanngeorgenstadt geh. gr. 8. (11 S.) Johanngeorgenstadt. (Leipzig, Buchh. d. Vereinshauses.) n. — 20

Wernicke, Prof. Oberlehr. Dr. C., Leitfaden f. die biographische Vorstufe d. Geschichtsunterrichts. 9. Aufl. Besorgt v. Dr. Konr. Wernicke. gr. 8. (VIII, 116 S.) Altenburg, Pierer. n. 1. —

Wershoven, Dr. F. J., Hilfsbuch f. den englischen Unterricht an höheren Lehranstalten. [Materialien zu Sprechübgn. u. schriftl. Arbeiten. Lesebuch. Musteraufsätze. Geographie u. Geschichte Englands. Englische Volksgebräuche u. Staatseinrichtgn. Geschichte der engl. Sprache u. Litteratur. Reden.]. gr. 8. (VIII, 260 S. m. 2 Plänen.) Köthen 1886, Schulze. n. 2. 25

—— Repetitorium der englischen Sprache f. höhere Mädchenschulen u. Lehrerinnenseminare. [Grammatik. Geographie u. Geschichte Englands. Englische Volksgebräuche u. Staatseinrichtgn. Geschichte der engl. Sprache u. Litteratur. Verslehre. Synonyma.] gr. 8. (III, 124 S. m. 1 Plan.) Ebd. 1886. cart. n. 1. 60

—— zusammenhängende Stücke zum Übersetzen ins Englische. 8. (VII, 156 S.) Trier, Lintz. cart. n. 1. 20

—— technical vocabulary english and german. Technisches Vokabular f. techn. Lehranstalten u. zum Selbststudium f. Studierende, Lehrer, Techniker, Industrielle. Mit e. Vorwort von Geh. Reg.- u. Baur. A. v. Kaven. 2. beträchtlich verm. Aufl. gr. 16. (X, 280 S.) Leipzig, Brockhaus. n. 3. —; cart. n. 3. 20

Wertheimer, Wilh., das Lagerhaus u. die Vortheile der Lagerhausbenützung. gr. 8. (64 S.) Wien 1886, Spielhagen & Schurich. n. 1. —

Werunsky, Prof. Dr. Emil, excerpta ex registris Clementis VI. et Innocentii VI. summorum pontificum historiam s. r. imperii sub regimine Karoli IV. illustrantia. — Auszüge aus den Registern der Päpste Clemens VI. u. Innocenz VI. zur Geschichte d. Kaisserreichs unter Karl IV. gr. 8. (VI, 170 S.) Innsbruck, Wagner. n. 4. —

Wesendonck-Saarbrücken, Dr. H., die Schule Herbart-Ziller u. ihre Jünger vor dem Forum der Kritik. Beiträge zur Geschichte, Entwickelg. u. Kampfweise der neuesten Richtg. in der Pädagogik u. zum Streite zwischen Dittes u. den Zillerianern. gr. 8. (178 S.) Wien, Pichler's Wwe. & Sohn. n. 2. 50

Wesener, Doc. Assist.-Arzt Dr. F., kritische u. experimentelle Beiträge zur Lehre v. der Fütterungstuberculose. gr. 8. (7, 98 S.) Freiburg i/Br., Mohr. n. 2. —

Wesselhöft, Johs., der Garten d. Bürgers u. Landmannes, insonderheit d. Geistlichen u. Lehrers auf dem Lande. Praktische Anleitg., wie man sich seine nächste Umgebg. durch Gemüse-, Obst- u. Blumenzucht angenehm machen u. den grösstmöglichsten Nutzen daraus erzielen kann. 2., verm. u. verb. Aufl. Mit 119 in den Text gedr. Abbildgn. gr. 8. (XIV, 354 S.) Langensalza 1886, Beyer & Söhne. n. 4. —; geb. n. 5. —

Wessely, J. E., a new pocket dictionary of the english and italian languages. 2 parts in 1 vol. 10. ster. ed. 12. (X, 226 u. 217 S.) Leipzig, B. Tauchnitz. 1. 50; geb. 2. 25

—— Nacht u. Morgen. Nach Lytton Bulwers gleichnam. Roman f. die reifere Jugend bearb. Mit 4 Farbendr.-Bildern. gr. 8. (224 S.) Leipzig, Zieger. geb. n. 3. —

—— s.: Andresen-Wessely's Handbuch f. Kupferstichsammler.

Wessinger, A., Kaspar Aindorffer, Abt in Tegernsee 1426—1461. Ein Lebens- u. Zeitbild, nach den Quellen dargestellt. [Aus: „Oberbayer. Archiv d. histor. Vereins f. Oberbayern".] Lex.-8. (67 S.) München, (Kaiser). baar n.n. 1. 25

Westberg, Heinr., der kleine Rechner od. Leitfaden zum theoretisch-prakt. Rechnen, nebst zahlreichen Übungsaufgaben. 1. Lehrstufe, enth. die Grundrechngn. in unbenannten u. benannten ganzen u. gebrochenen Zahlen, u. die Regel de tri. 7., neu bearb. u. verm. Aufl. gr. 8. (III, 63 u. Auflösgn. 16 S.) Reval, Kluge. cart. n. 1. —

—— kurze deutsche Sprachlehre. Ein Leitfaden zum Gebrauche in Kreisschulen u. den untern Klassen höherer Lehranstalten. Nach den Ansichten der neuern Grammatiker bearb. u. m. vielen Beispielen u. Übungsaufgaben versehen. 5. verb. Aufl. gr. 8. (162 S.) Ebd. cart. n. 1. 60

Westergaard, Prof. Harald, vom Ärgernis zum Glauben. Ein Laien-Zeugnis. Aus dem Dän. v. P. O. Gleiss. Autoris. deutsche Ausg. gr. 8. (40 S.) Leipzig, Lehmann. n. — 80

Westerlund, Dr. Carl Agardh, Fauna der in der paläarctischen Region [Europa, Kaukasien, Sibirien, Turan, Persien, Kurdistan, Armenien, Mesopotamien, Kleinasien, Syrien, Arabien, Egypten, Tripolis, Tunesien, Algerien u. Marocco] lebenden Binnenconchylien. IV u. V. gr. 8. Karlskrona u. Lund. (Berlin, Friedländer & Sohn.) baar n. 13. —

Inhalt: IV. Gen. Balea Prid. u. Clausilia Dr. (241 S.) 1884. — V. Fam. Succinidae, Auriculidae, Limnaeidae, Cyclostomidae et Hydrocenidae. (149 S.)

(84½) **Westermann's** illustrierte deutsche Monatshefte f. das gesamte geistige Leben der Gegenwart. Red.: Dr. Adf. Glaser. 30. Jahrg. Octbr. 1885—Septbr. 1886. 12 Hfte. (à 8—9 B.) [59 u. 60. Bd. od. 5. Folge. 9. u. 10. Bd.] Lex.-8. Braunschweig, Westermann. Vierteljährlich baar n. 4. —

Western, Aug., kurze Darstellung der englischen Aussprache f. Schulen u. zum Selbstunterricht. 8. (43 S.) Heilbronn, Henninger. n. — 80

—— englische Lautlehre f. Studierende u. Lehrer. Vom Verf. selbst besorgte deutsche Ausg. gr. 8. (VIII, 98 S.) Ebd. n. 2. —

Westphal, G., Sansibar u. das deutsche Ost-Afrika, s.: Universal-Bibliothek, geographische.

Westphal, R., Theorie der musischen Künste der Hellenen, s.: Rossbach, A.

Wetherell, Elis., die weite, weite Welt. Aus dem Engl. Billige Ausg. ohne Bilder. 12. verb. Aufl. 8. (VI, 299 S.) Dresden, Kaufmann's Verl. n. 2. 50; illustr. Ausg. geb. n. 4. —

Wetli, Strassen- u. Wasserbau-Insp. K., die Bewegung d. Wasserstandes d. Zürichsee's während 70 Jahren u. Mittel zur Senkung seiner Hochwasser. Bericht an die Tit. Direktion der öffentl. Arbeiten d. Kantons Zürich. Mit 11 Tab. u. 16 Taf. 4. (79 S.) Zürich, Hofer & Burger. cart. n. 7. —

Wetter, Exped.-Beamter J., das Examen zum Stationsvorsteher u. Güterexpedienten im preussischen Staats-Eisenbahndienste. Ein Leitfaden f. die Vorbereitg. auf dasselbe, sowie e. Hülfsmittel f. alle im Eisenbahn-Stations- u. Expeditionsdienst Tätigen. Nach Maßgabe d. v. Sr. Exc. dem Herrn Minister der öffentl. Arbeiten erlassenen Reglements f. die Ausbildg. u. Prüfg. der Stations- u. Expeditionsbeamten bearb. 8. (316 S.) Elberfeld, Bädeker in Comm. n. 3. —

Wetterleuchten, das, der socialen Revolution u. was geschehen muß, um e. Arbeiter-Krieg abzuwenden. Ein Mahnruf an die gebildeten u. besitz. Klassen, besonders an die Hirten der kirchl. Gemeinden. 8. (30 S.) Breslau, Christl. Buchh. n. — 15

Wettig, Lehr. Herm., kleine Heimatskunde d. Herzogt. Gotha. Zugleich Anhang zu jedem Lehrbuche der Geographie. Mit e. Kritik v. Kreis-Schulinsp. Fr. Polack. 8. (VI, 50 S. m. 1 Stadtplan.) Gotha, Gläser. cart. n. — 35

Wettstein, Alex., Geologie v. Zürich u. Umgebung. Mit 1 geolog. Karte u. 1 Taf. gr. 4. (84 S.) Zürich, Wurster & Co. baar n. 4. —

Wettstein, Dr. Rich. v., Untersuchungen üb. e. neuen pflanzlichen Parasiten d. menschlichen Körpers. [Mit 1 (lith.) Taf.] [Aus: „Sitzungsber. d. k. Akad. d. Wiss."] Lex.-8. (26 S.) Wien, (Gerold's Sohn). n.n. — 90

Wetz, W., die Anfänge der ernsten bürgerlichen Dichtung d. 18. Jahrh. Das rühr. Drama u. bürgerl. Trauerspiel bis zu Diderot, der Familienroman d. Marivaux u. Richardson u. die dramat. Theorie Diderots. 1. Bd. Allgemeiner Theil. Das rühr. Drama der Franzosen. 1. Abth. gr. 8. (V, 206 S.) Worms, Reiss. n. 4. —

Wetzel, Sem.-Lehr. a. D. Ed., u. Lehr. Fr. **Wetzel,** Grundriß der deutschen Grammatik. Nach method. Grundsätzen bearb. f. mehrklass. Schulen. Nebst e. Plane, enth. die Verteilg. d. Lehrstoffes f. Schulen v. verschiedener Klassenzahl. 53. Aufl. gr. 8. (XI, 101 S.) Berlin 1884, Stubenrauch. n. — 70; geb. n. 1. —

Wetzel, weil. Prov.-Schulr. F., Reg.- u. Schulr. H. **Menges,** Ob.-Schulr. J. **Menzel,** Sem.-Dir. C. **Richter,** Schul-Lesebuch. Ausg. A. Für die Oberklassen mehrklass. Schulen. 46. Aufl. gr. 8. (XVI, 536 S.) Berlin, Stubenrauch. n. 1. 25

—— Ob.-Schulr. J. **Menzel,** Sem.-Dir. C. **Richter,** Schul-Lesebuch. Vorstufe. Für die Mittelklassen mehrklass. Schulen. 67. Aufl. gr. 8. (VIII, 247 S.) Ebd. n. — 60

—— —— —— dasselbe. Ausg. B. 46. Aufl. gr. 8. (XIV, 436 S.) Ebd. n. 1. 5

—— —— —— dasselbe, f. die Prov. Pommern. 79. Aufl. gr. 8. (XVI, 504 S.) Ebd. n. 1. 15

Wetzel, Fr. Xav., die Trunksucht e. Ruin d. Volkswohles. 8. (20 S.) Solothurn, Schwendimann. — 16

(85/1) **Wetzer** u. **Welte's** Kirchenlexikon od. Encyklopädie der kathol. Theologie u. ihrer Hülfswissenschaften. 2. Aufl., in neuer Bearbeitg., unter Mitwirkg. vieler kathol. Gelehrten begonnen v. Jos. Cardinal Hergenröther, fortgesetzt v. Prof. Dr. Frz. Kaulen. 36—39. Hft. Lex.-8. (4. Bd. Sp. 385—1152.) Freiburg i/Br., Herder. à n. 1. —

Wevelmeyer, E., Gesangbuch f. evangelische Gymnasien, s.: Henke, O.

Weyer, Dr. Joh., der erste Bekämpfer d. Hexenwahns, s.: Binz, C.

Weygoldt, Kreis-Schulr. Dr. G. P., die platonische Philosophie, nach ihrem Wesen u. ihren Schicksalen f. Höhergebildete aller Stände dargestellt 8. (V, 256 S.) Leipzig, O. Schulze. n. 3. —

(84/2) **Weyr,** Emil, üb. Raumcurven 5. Ordnung vom Geschlechte Eins. 2. Mittheilg. [Aus: „Sitzungsber. d. k. Akad. d. Wiss."] Lex.-8. (26 S.) Wien, (Gerold's Sohn). n.n. — 50 (1. u. 2.: n.n. — 90)

Wheeler, Dr. Benj. J., der griechische Nominalaccent. Mit Wörterverzeichniss. gr. 8. (VIII, 146 S.) Strassburg, Trübner. n. 3. 50

Whitney, W. D., die Wurzeln, Verbalformen u. primären Stämme der Sanskrit-Sprache, s.: Bibliothek indogermanischer Grammatiken.

Wicherkiewicz, Dr. B., 7. Jahres-Bericht üb. die Wirksamkeit der Augen-Heil-Anstalt f. Arme in Posen, St. Martin-Str. No. 6 f. d. J. 1884, nebst klin. Casuistik u. e. kurzen Abhandlg. üb. Cocain. gr. 8. (III, 48 S.) Posen. (Wiesbaden, Bergmann.) baar n.n. 1. 50

Wichern, Caroline, alte u. neue Weihnachtslieder f. Schule u. Haus. Gesammelt u. zum Theil neu bearb. 4. Aufl. 8. (48 S.) Hamburg 1886, Agentur d. Rauhen Hauses. n. — 40; wohlf. Ausg. 5 Explre. baar n. 1. —

Wichert, Ernst, 25 Dienstjahre, s.: Universal-Bibliothek Nr. 2050.
—— der Sohn seines Vaters. Novelle. 8. (213 S.) Berlin, Goldschmidt. n. 3. —; geb. n. 4. 50

Wichlein's Telegraph-Code for the international-trade. Cipherwords selected according to the rules of the international telegraph-conference at London. 2. corrected ed. gr. 4. (III, 136 S.) Bremen, Diercksen & Wichlein. geb. baar n. 20. —

Wichmann, A., Fibel, nach prakt. Grundsätzen bearb. 3. Aufl. gr. 8. (IV, 132 S.) Berlin, Stubenrauch. n. — 40

(85/1) —— u. G. **Zipler**, deutsche Aufsätze. Methodisch bearb. u. zusammengestellt. 2. Tl. gr. 8. (VII, 126 S.) Ebd. n. 1. 20 (1. u. 2.: n. 1. 80)

Wick, Amtm. A., Entscheidungen deutscher Civil- u. Strafgerichte in Fischerei-Sachen. gr. 8. (VIII, 37 S.) Ulm, Ebner. n. 1. —

Wiclif, **Johann**, u. seine Zeit, s.: Buddensieg, R.

Widemann, Paul Heinr., Erkennen u. Sein. Lösung d. Problems d. Idealen u. Realen, zugleich e. Erörterg. d. richt. Ausgangspunktes u. der Principien der Philosophie. gr. 8. (XII, 238 S.) Karlsruhe, Reuther. n. 5. —

Widmann, J. V., Spaziergänge in den Alpen. Wanderstudien u. Plaudereien. 8. (VII, 270 S.) Frauenfeld, Huber. n. 3. 20

Widra, J. F., e. verlorenes Leben. Novelle. 12. (52 S.) Wien, Vetter. n. 1. —

Wie kann die schweizerische Landwirthschaft im Allgemeinen intensiver betrieben werden, um namentlich der wachsenden Konkurrenz d. Auslandes Stand zu halten? Welches sind, unter besond. Berücksicht. der kleinbäuerlichen Verhältnisse, die hiefür geeignetsten Kulturen, Betriebsweisen u. Hülfsmittel? Preisfrage d. Schweiz. landwirthschaftl. Vereins pro 1883. gr. 8. Aarau, Christen. baar n. 1. 80

Inhalt: Einleitung. (VI S.) I. Die schweizerische Landwirthschaft. Wie sie ist u. wie sie sein sollte. Von H. Ergenzinger. (S. 1—80.) — II. Die schweizerische Landwirthschaft in ihrem intensiver'n Betriebe. II. preisgekrönte Arbeit v. Lehr. Alfr. Bucher. (S. 81—120.) — Die schweizerische Landwirthschaft in ihrem intensiver'n Betriebe. III. preisgekrönte Arbeit v. Gen.-Sekr. F. Anderegg. (S. 121—168.)

(84/1) **Wiechmann**, C. M., Meklenburgs altniedersächsische Literatur. Ein bibliograph. Repertorium der seit der Erfindg. der Buchdruckerkunst bis zum 30jähr. Kriege in Meklenburg gedruckten niedersächs. od. plattdeutschen Bücher, Verordngn. u. Flugschriften. 2. u. 3. Thl. gr. 8. Schwerin, (Stiller). n. 8. — (cplt.: n. 12. —)

2. Zweite Hälfte d. 16. Jahrh. (VII, 152 S.) 1870. n. 2. —. — 3. 1600—1625. Mit Nachträgen u. Registern zu allen 3 Thln. Nach C. M. Wiechmanns Tode bearb. u. hrsg. v. Cust. Dr. Adph. Hofmeister. (XIII, 214 u. Reg. 28 S.) n. 6. —

Wied, Carl, ὁμιλεῖτε Ἑλληνικά; [Sprechen Sie Neugriechisch?] Neugriechischer Sprachführer, enth. e. kurze Grammatik, Gespräche u. Lesestücke f. Reisende u. Studirende. 2. verb. Aufl. 8. (VII, 109 S.) Leipzig 1886, C. A. Koch. 2. 50

Wiedemann, Frz., hundert Geschichten f. e. Mutter u. ihre Kinder. Mit 8 Farbendr.-Bildern nach Orig.-Zeichngn. v. Wilh. Claudius u. C. W. Müller. 8. Aufl. gr. 8. (IV, 174 S.) Dresden, Meinhold & Söhne. geb. 3. —

($^{85}/_{1}$) **Wiedemann**, Gust., die Lehre v. der Elektricität. Zugleich als 3. völlig umgearb. Aufl. der Lehre vom Galvanismus u. Elektromagnetismus. 4. Bd. Mit zahlreichen in den Text eingedr. Holzst. 2. Abth. gr. 8. (VIII u. S. 601—1491.) Braunschweig, Vieweg & Sohn. n. 24. —; geb. n. 25. — (cplt.: n. 108. —; in 5 Bde. geb. n. 113. —)

Wiederholungsbuch f. den geographischen, geschichtlichen, naturkundlichen u. deutschen Unterricht in Volks- u. Mittelschulen. Hrsg. v. Rektoren K. Schumacher, L. Wrede, Lehrern A. Grohmann, K. Neumann. 67. Ster.-Aufl. 8. (163 S.) Berlin, Oehmigke's Verl. geb. n.n. — 60

Wiedersheim, E., die Fischzucht, s.: Landmanns, d., Winterabende.

Wiegand's, Dir. Dr., Lehrbuch der Planimetrie. 3. Curs., zugleich als Vorbereitg. auf die neuere Geometrie. Für den Schulgebrauch bearb. v. F. Meyer. 3., vollständig umgeänd. Aufl. Mit Holzschn. gr. 8. (VII, 95 S.) Halle, Schmidt. n. 1. 50

Wieger, Prof. Dr. Frdr., Geschichte der Medicin u. ihrer Lehranstalten in Strassburg vom J. 1497 bis zum J. 1872. Der 58. Versammlg. deutscher Naturforscher u. Aerzte in Strassburg 18—22. Septbr. 1885 gewidmet. hoch 4. (XIX, 173 S.) Strassburg, Trübner. n. 6. —

Wiel, Dr. Jos., diätetisches Koch-Buch f. Gesunde u. Kranke, m. besond. Rücksicht auf den Tisch f. Magenkranke. 6., verm. u. verb. Aufl. Mit 5 Holzschn. gr. 8. (XXII, 280 S.) Freiburg i/Br. 1886, Wagner. n. 4. 80; geb. n. 5. 50

Wiener, Vortrag üb. die Revision der Luther'schen Bibel-Uebersetzung, s.: Bericht üb. die XV. allgemeine Pastoral-Konferenz evangel.-luther. Geistlicher Bayerns.

Wiener, Privatdoc. Dr. Herm., rein geometrische Theorie der Darstellung binärer Formen durch Punktgruppen auf der Geraden. gr. 8. (IV, 83 S.) Darmstadt, Brill. n. 2. 50

Wiener, Wilh., das Gebet. Historisch, dogmatisch, ethisch, liturgisch u. pastoral-theologisch betrachtet. 8. (XII, 188 S.) Gotha, F. A. Perthes. n. 3. —

Wiermann, Dr. H., Prinz Albrecht v. Preußen, Regent v. Braunschweig. Biographische Skizze. Mit (Holzschn.-)Portr. gr. 8. (20 S.) Berlin, Luckhardt. n. — 50

—— Geschichte d. Kulturkampfes. Ursprung, Verlauf u. heutiger Stand. gr. 8. (IV, 329 S.) Leipzig, Renger. n. 5. —

—— Kaiser Wilhelm u. seine Paladine. Ein Lebensbild f. das deutsche Volk. Mit 4 Porträts: Kaiser, Kronprinz, Bismarck u. Moltke. Volks-Ausg. zum 25jähr. Königs-Jubiläum unsers Kaisers. 1—10. Tausend. 8. (IV, 156 S.) Ebd. 1886. n. — 80

Wiese, B., u. W. Lichtblau, Sem.-Lehrer, Sammlung geometrischer Konstruktions-Aufgaben zum Gebrauch an Seminarien, sowie zum Selbstunterricht. Mit 145 in den Text gedr. Holzschn. gr. 8. (VIII, 220 S.) Hannover, Meyer. n. 2. 80; cart. n. 3. —

Wiese, H., s.: Adreßbuch, kaufmännisches, f. die Rheinprovinz.

Wiese, Lehr. J. D., biblische Geschichte. Für die Hand der Schüler in Mittel- u. Oberklassen bearb. 2. unveränd. Aufl. 8. (VIII, 224 S.) Oldenburg, (Schmidt's Sort.). n. — 60

($^{35}/_{1}$) **Wieseler**, Frdr., üb. einige beachtenswerthe geschnittene Steine d. 4. Jahrh. n. Chr. II. Abth. 2. Hft. [Aus: „Abhandlgn. d. k. Gesellsch. d. Wiss. zu Göttingen".] gr. 4. Göttingen, Dieterich's Verl. n. 2. 40 (I—II, 2.: n. 7. 40)

Inhalt: Zwei Cameen u. zwei Intaglien m. der Darstellung römischer Herrscher. 2. Hft. Die Intaglien. (58 S.)

Wiesner, Jul., üb. das Gummiferment. Ein neues diastat. Enzym, welches die Gummi- u. Schleimmetamorphose in der Pflanze bedingt. [Aus:

„Sitzungsber. d. k. Akad. d. Wiss."] Lex.-8. (28 S.) Wien, (Gerold's Sohn). n.n. — 50

Wießner, Ed., Herbarts Pädagogik. Dargestellt in ihrer Entwicklg. u. Anwendg. gr. 8. (IV, 195 S.) Bernburg, Bacmeister. n. 2. 40

—— Johann Heinrich Pestalozzi. Ein pädagog. Volksbuch. gr. 8. (IV, 130 S.) Ebd. n. 1. —

(85/1) **Wiethase**, Baumstr. Heinr., der Dom zu Cöln. Hrsg. m. historisch-beschreib. Text. Nach den photograph. Aufnahmen v. Anselm Schmitz in Köln, k. Hofphotogr., in unveränderl. Lichtdr. hergestellt v. Römmler & Jonas in Dresden. 4. Lfg. gr. Fol. (5 Taf.) Frankfurt a/M., Keller. (à) n. 5. —

Wijlander, O., Bertha Malm, s.: Universal-Bibliothek Nr. 2039.

Wilamowitz-Moellendorff, Ulr. v., lectiones epigraphicae. 4. (17 S.) Göttingen, (Dieterich's Verl.). baar n. — 80

Wilbrandt, A., der Wille zum Leben; untrennbar, s.: Engelhorn's allgemeine Roman-Bibliothek.

Wilckens, Prof. Dr. Mart., die Alpenwirthschaft der Schweiz, d. Algäus u. der westösterreichischen Alpenländer. Mit 65 in den Text gedr. Holzschn. Neue (Titel-)Ausg. gr. 8. (VIII, 387 S.) Berlin (1874), Parey. n. 6. —

—— Form u. Leben der landwirthschaftlichen Hausthiere. Mit 172 Textabbildgn. u. 42 Taf. Neue (Titel-)Ausg. gr. 8. (XXVIII, 952 S.) Ebd. (1878). n. 12. —

—— die Rinderrassen Mittel-Europas. Grundzüge e. Naturgeschichte d. Hausrindes. Mit 12 Textabbildgn. u. 70 Taf. in Farbenholzschn. Neue (Titel-) Ausg. gr. 8. (X, 200 S.) Ebd. (1876). n. 10. —

Wild, Schulr. Bez.-Schulinsp. Dr. Frdr., biblische Geschichte d. Alten u. Neuen Testaments. Für die Hand der Schüler bearb. 2. Hft. Mittelstufe. 3. Aufl. 8. (80 S.) Dresden 1884, Huhle. n. — 25

Wild, Rob., d. Einjährigen Freud u. Leid. Humoristische Erzählg. aus dem Soldatenleben. 8. (152 S.) Berlin, Luckhardt. n. 2. —

Wildenbruch, Ernst v., die Herrin ihrer Hand. Schauspiel in 5 Akten. 8. (III, 123 S.) Berlin, Freund & Jeckel. n. 2. —

—— der Meister v. Tanagra. Eine Künstlergeschichte aus Alt-Hellas. 6. Aufl. 8. (112 S.) Ebd. 1886. n. 2. —

—— der Menonit. Trauerspiel in 4 Akten. 3. Aufl. 8. (III, 111 S.) Ebd. 1886. n. 2. —

—— Novellen. [Francesca v. Rimini. Vor den Schranken. Brunhilde.] 4. Aufl. 8. (288 S.) Ebd. n. 4. —; geb. n. 5. —

—— neue Novellen. [Das Riechbüchschen. Die Danaide. Die heilige Frau. 3. Aufl. 8. (176 S.) Ebd. n. 3. —; geb. n. 4. —

Wildenradt, Joh. v., Schön-Düweke. Eine Geschichte aus dem XVI. Jahrh. 8. (232 S.) Leipzig 1886, Elischer. n. 4. —; geb. n. 5. 50

Wildermann, Gymn.-Oberlehr. Dr. Max, die Grundlehren der Elektricität u. ihre wichtigsten Anwendungen. Für Gebildete aller Stände dargestellt. Mit e. Titelbilde u. 263 in den Text gedr. Abbildgn. gr. 8. (XX, 502 S.) Freiburg i/Br., Herder. n. 7. —

Wildermuth, select specimens of german literature, s.: Gruner.

Wildermuth, Otto, die alte Freundin. Erzählungen. Mit 6 Bildern in Farbendr. v. Thdr. Schüz. gr. 8. (IV, 352 S.) Stuttgart, Kröner. geb. 4. 5[illegible]

Wilhelm, deutscher Kaiser u. König v. Preußen. Ein Lebensbild. Der deutschen Jugend gewidmet von J. v W. Mit dem Portr. d. Kaisers. 16. Aufl. 8. (32 S.) Potsdam, Rentel's Verl. n. — 1[illegible]

Wilhelm's, F., Taschen-Fahrplan f. Nord- u. Mitteldeutschland. Mit 1 Karte. Winter 1885/86. 64. (214 S.) Bremen, Valett & Co. n. — [illegible]

Wilhelm, H., Pflanzenbezeichnungen f. Herbarien, s.: Staudacher, F.
Wilhelm, M., der Frühschoppen, s.: Bloch's, E., Dilettanten-Bühne.
($^{85}/_{1}$) **Wilhelmi's** Nachschlagebuch. Kurzgefaßtes Wörterbuch d. Wissenswertesten aus allen Gebieten zum Handgebrauch f. Jedermann. 2—14. Hft. gr. 8. (S. 65—896.) Leipzig, Wilhelmi & Kroll. baar à — 30
Wilhelmi, Konsist.-R. Dek. Ferd., Kirchenrecht im Amtsbezirke d. Konsistoriums zu Wiesbaden. 1. Bd. gr. 8. (XI, 244 S.) Wiesbaden, Feller & Gecks. n. 6. —
Wilhelmi, G. H., der Geschäfts-Sekretär. Ein Handbuch f. Gewerbtreibende aller Stände, enth. e. leicht faßl. Anweisg. zum Selbststudium der einfachen u. doppelten Buchführg. f. Handel u. Gewerbe, nebst e. ausführl. Darstellg. d. Wechselrechts u. e. ausführl. Geschäfts-Briefsteller m. zahlreichen Formularen zu allen im Geschäfts-Verkehr vorkomm. schriftl. Aufsätzen. gr. 8. (VIII, 452 S.) Berlin 1886, Liebau. geb. 4. 50
Wilhelmi, J., ich habe dich je u. je geliebt, s.: Familien-Bibliothek für's deutsche Volk.
Wilhelmi, Pfr. K., der Katechismus f. die ev.-prot. Kirche im Großherzogt. Baden, f. den Konfirmanden-Unterricht u. f. die Christenlehre schriftgemäß ausgelegt. 8. (VI, 146 S.) Karlsruhe, Reiff. n. 1. 50
Wilk, M., Liederstrauß, s.: Buchholzer, A.
Wilke, Wilh., metrische Untersuchungen zu Ben Jonson. Inaugural-Dissertation. gr. 8. (70 S.) Halle 1884, (Niemeyer). baar n. 1. 50
Will, Dr. Frdr., das zoologische Institut in Erlangen 1743—1885. Ein Stück aus der Geschichte der Universität. Bei Gelegenheit der Einweihg. d. neuen zoolog. Instituts zusammengestellt, unter der Mitwirkg. v. Assistenten Priv.-Doc. Dr. C. Fisch u. R. Kraushaar. gr. 4. (48 S.) Wiesbaden, Kreidel. n. 4. —
Willheim, Bertha, harte Prüfungen. Eine Lebensgeschichte. 8. (232 S.) Brünn, G. & R. Karafiat in Comm. n. 2. 50
Willigerod, Lilly, aus meinem Tagebuche. Erzählung f. die reifere Jugend. Mit 5 Illustr. 8. (168 S.) Gotha, F. A. Perthes. cart. n. 3. —
Willisen, Gen.-Lieut. z. D. v., üb. cavalleristisches Reiten. 3. Aufl. gr. 8. (VIII, 111 S.) Dessau 1886, Baumann. geb. n. 2. 50
Willkomm, Prof. Dr. Mor., Bilder-Atlas d. Pflanzenreichs, nach dem natürl. System bearb. 68 fein kolor. (lith.) Taf. m. üb. 600 Abbildgn. Fol. (VIII, 88 S.) Eßlingen, Schreiber. geb. n. 16. —
—— die pyrenäische Halbinsel, s.: Wissen, das, der Gegenwart.
($^{84}/_{2}$) —— illustrationes florae Hispaniae insularumque Balearium. Figures de plantes nouvelles ou rares décrites dans le Prodomus Florae Hispanicae ou récemment découvertes en Espagne et aux Iles Baléares, accompagnées d'observations critiques et historiques. 10. livr. Fol. (1. Bd. VII u. S. 137—157 m. 9 color. Steintaf.) Stuttgart, Schweizerbart. (à) n. 12. —
Willm, J., premières lectures françaises pour les écoles primaires, avec un vocabulaire français-allemand. 58—61. éd. 8. (VI, 204 S.) Strassburg, Schultz & Co. Verl. geb. n. — 80; sans vocabulaire, 42. éd. (VIII, 148 S.) geb. n. — 65
Willomitzer, Prof. Dr. F., deutsche Grammatik f. österreichische Mittelschulen. Nebst e. Anh., enth. die Grundzüge der deutschen Prosodik u. Metrik u. e. Einführg. in ein tieferes Verständnis der Lautlehre u. Formenbildg. 4. verb. Aufl. gr. 8. (XII, 256 S.) Wien, Manz. n. 2. 40; geb. n. 2. 80
Wilmanns, W., Beiträge zur Geschichte der älteren deutschen Litteratur 1. Hft. Der sogenannte Heinrich v. Melk. gr. 8. (62 S.) Bonn, Weber. n. 1. 50

Wilmers, Priest. W., S. J., Lehrbuch der Religion. Ein Handbuch zu Deharbe's katholischem Katechismus u. e. Lesebuch zum Selbstunterrichte. 1. u. 2. Bd. 4. verb., theilweise neu bearb., verm. Aufl. gr. 8. Münster, Aschendorff. n. 11. 40
Inhalt: 1. Lehre vom Glauben überhaupt u. vom Glauben an Gott den Dreieinigen u. Erschaffer [1. Glaubensartikel] insbesondere. (XII, 500 S.) n. 4. 80. — 2. Von Jesus Christus, dem verheißenen Erlöser, vom h. Geiste, v. der Kirche, v. der Vollendg. [2—12. Glaubensartikel.] (XVI, 684 S.) n. 6. 60.

(85/1) **Wilmowski,** Geh. Justizr. Rechtsanw. G. v., u. Rechtsanw. M. **Levy,** Civilprozeßordnung u. Gerichtsverfassungsgesetz f. das Deutsche Reich, nebst den Einführungsgesetzen. Mit Kommentar in Anmerkgn. hrsg. 4. verb. Aufl. 2—6. (Schluß-) Lfg. gr. 8. (XIV u. S. 81—1328.) Berlin, Vahlen. n. 23. 50 (cplt.: n. 25. —; in 1 Bd. geb. n. 28. —; in 2 Bde. geb. n. 30. —)

Wilser, Dr. Ludw., die Herkunft der Deutschen. Neue Forschgn. üb. Urgeschichte, Abstammg. u. Verwandtschaftsverhältnisse unseres Volkes. gr. 8. (92 S.) Karlsruhe, Braun in Comm. n. 1. 80

Winckel, Reg.-Sekr. E., Geschäfts-Anweisung f. Rendanten u. Gegenbuchführer v. kommunalen Spar-, Leih- u. Vorschuß-Kassen u. Anleitung zur Abhaltung regelmäßiger u. außerordentlicher Revisionen dieser Kassen, nebst 12 Zinsberechnungs-Tabellen. gr. 8. (125 S.) Hannover, Klindworth. geb. baar n. 7. —

Winckel, F., üb. die Bedeutung praecipitirter Geburten f. die Aetiologie d. Puerperalfiebers. Festschrift zur Feier seines 50jähr. Doctorjubiläums Hrn. Prof. Dr. Frz. Seitz dargebracht v. der medicin. Facultät der Universität München am 1. Aug. 1884. hoch 4. (104 S.) München 1884, (Rieger). n. 6. —

Winckler, A., üb. die linearen Differentialgleichungen 2. Ordnung, zwischen deren particulären Integralen e. Relation besteht. [Aus: „Sitzungsber. d. k. Akad. d. Wiss."] Lex.-8. (26 S.) Wien, (Gerold's Sohn). n.n. — 50

Winckler, Arth., Leopold v. Ranke. Lichtstrahlen aus seinen Werken. Gesammelt u. m. e. Lebensabriß hrsg. 8. (XXXII, 175 S.) Berlin, R. L. Prager. n. 3. —; geb. baar n. 4. —; auf Büttenpap. baar n. 10. —

Winckler, Otto, die Schule u. das Schulmaterial. Ein Wort an die Schulbehörden, sowie an die deutschen Schulmänner, Buch-, Lehrmittel- u. Schulwaaren-Händler. 12. (31 S.) Dresden-Blasewitz, Loewenstein. baar — 30

Windisch-Grätz, der k. k. österreichische Feldmarschall Fürst. Eine Lebens-Skizze. Aus den Papieren e. Zeitgenossen der Sturm-Jahre 1848 u. 1849. gr. 8. (V, 268 S.) Berlin 1886, Wilhelmi. n. 5. —

Windstoffer, Hauptm. Ed., Sprachen-Nothhelfer f. den deutschen Soldaten. qu. 8. (32 S.) München 1885, (Franz' Verl.). baar n.n. — 50

Wingelmüller, Karl, der Käfer- u. Schmetterlingssammler. Anleitung zur Herstellg. u. Handhabg. der beim Fange, der Zucht u. dem Präparieren v. Käfern, Schmetterlingen u. Raupen als geeignet bewährten Geräte, sowie zur Anlage u. Erhaltg. v. Insektensammlgn. Mit 32 Abbildgn. 8. (112 S.) Magdeburg, Creutz. 1. 50; geb. n. 2. 25

Wingerath, Dir. Dr. Hub. H., choix de lectures françaises à l'usage des écoles secondaires. 1. partie: Classes inférieures. Accompagnée d'un vocabulaire. 4. éd. revue et corrigée. gr. 8. (XIII, 249 S.) Köln 1886, Du Mont-Schauberg. n. 2. —

Winiwarter, A. v., die allgemeine chirurgische Pathologie u. Therapie, s.: Billroth, Th.

Winke für's Leben, an unsere heranwachsenden Söhne u. Töchter. Herzensworte e. Vaters an seine Kinder. 8. (39 S.) Zürich, Schröter. n. — 40

Winkler, Prof. Dr. E., Vorträge üb. Brückenbau, geh. an den techn. Hochschulen in Prag, Wien u. Berlin. Theorie der Brücken. 1. Hft. Aeussere Kräfte der Balkenträger. 3. Aufl. Mit 256 Holzschn. u. 6 lith. Taf. gr. 8. (VII, 356 S.) Wien 1886, Gerold's Sohn. n. 16. —

Winkler, Heinr., das Uralaltaische u. seine Gruppen. 1. u. 2. Lfg. gr. 8. (VIII, 184 S.) Berlin, Dümmler's Verl. n. 3. 60

Winkler, Johs., der Radfahr-Sport in Bild u. Wort, in allen Farben, hell u. dünkler, geschildert. gr. 8. (56 S.) Wien, Johs. Winkler's Selbstverl. 2. —

Winkler, Cooper. Johs., O. Präm., e. Besuch in Kairo, Jerusalem u. Konstantinopel. gr. 8. (116 S.) Linz 1886, Ebenhöch. n. 1. 20

Winter, C., auf daß dir's wohlgehe! Eine Erzählg. aus dem Leben f. das Leben. 8. (208 S.) Stuttgart, J. F. Steinkopf. n. 2. 20; geb. n. 3. —

Winter, Frz., die jüngeren attischen Vasen u. ihr Verhältnis zur grossen Kunst. 4. (VI, 72 S. m. eingedr. Fig.) Berlin, Spemann. n. 4. —

Winter, G., Pilze, s.: Rabenhorst's, L., Kryptogamenflora v. Deutschland, Oesterreich u. der Schweiz.

Winter, Archivar Dr. Geo., Hans Joachim v. Zieten. Eine Biographie. Auf Veranlassg. u. m. Unterstützg. d. Grafen v. Zieten-Schwerin. 2 Bde. Mit 1 Radirg. v. Hans Meyer u. 10 fcsm. Briefen Friedrichs d. Großen u. Zietens. gr. 8. (XXVII, 461 u. IX, 528 S.) Leipzig 1886, Duncker & Humblot. n. 15. —; geb. n. 18. —

Winter, Jos., Gedichte. 8. (VI, 158 S.) Stuttgart, Bonz & Co. geb. n. 4. —

Winterfeld, A. v., Humoresken. 1. Bd. 12. (132 S.) Jena, Costenoble. n. 1. 80

—— der Kamrad v. der Garde. Komischer Soldaten-Roman. 3 Bde. 8. (310, 276 u. 303 S.) Ebd. 1886. n. 13. 50

Winther, Herm., de fastis Verrii Flacci ab Ovidio adhibitis. Dissertatio inauguralis philologica. gr. 8. (57 S.) Berlin, Gaertner. n. 1. 20

Wipfli, Pfarrhelfer Jos., der Gang ins Kloster. Gedicht. 16. (31 S.) Solothurn, Schwendimann. — 40

Wipplinger, Adb., unsere Meeresfahrt durch das Leben. Ein Lebensbild in 3 Gesängen. 12. (VII, 104 S.) Berlin, Neuenhahn. geb. m. Goldschn. n. 3. —

(84/2) **Wirker-Zeitung**. Fachblatt f. die Interessen der Wirkerei u. der zur Vollendg. v. Maschen-Waaren nöthigen weiteren Gewerbe. Organ d. Vereins ehemal. Wirkschüler. Unter Mitwirkg. namhafter Fachcapacitäten hrsg. v. Gust. Evers. 6. Jahrg. Octbr. 1885—Septbr. 1886. 24 Nrn. (à ½—1½ B.) gr. 4. Apolda, Birkner. Vierteljährlich baar n. 1. —

Wirth, Lehr. G., Lehr- u. Übungsstoff f. den Unterricht in der Muttersprache, s.: Grillenberger.

—— deutsches Lesebuch f. höhere Töchterschulen. 3. u. 4. Tl. Mittelstufe: 1. u. 2. Kurs. 7. Aufl. gr. 8. Leipzig, Teubner. n. 3. 40
3. (X, 292 S.) n. 1. 60. — 4. (VIII, 340 S.) n. 1. 80.

—— dasselbe, Gedichte daraus, s.: Gedichte.

Wirth, J., beschreibende Landwirtschaft. Kurze Zusammenstellg. d. Wichtigsten aus allen Zweigen der Landwirtschaft, bearb. f. Landwirte u. landw. Fortbildungsschulen. 2. verm. Aufl. 8. (VIII, 142 S.) Ansbach 1886, Brügel & Sohn. cart. n. 1. —

Wirth, Mor., die mediumistische Frage, ihre Lage u. Lösung. Ein Aufruf. gr. 8. (VIII, 18 S.) Leipzig, Mutze. n. — 30

Wirthschafts- u. Hauskalender, kleiner, auf d. J. 1886. 4. (84 S. m. Illustr.) Winterberg, Steinbrener. baar n. — 40

(84/1) **Wirthschafts- u. Verwaltungsstudien**, bayerische. Hrsg. v. Prof. Dr. Geo. Schanz. 2. Bd. 1. Hft. gr. 8. Erlangen, Deichert. n. 2. —
Inhalt: Oekonomische Geschichte Bayerns unter Montgelas. 1799—1817. Von Dr. Ludw. Hoffmann. 1. Thl. Einleitung. (146 S.)

Wislicenus, H., Wasser ist das beste Heilmittel! 2., verm. Aufl. 8. (32 S.) Magdeburg, Heinrichshofen's Verl. — 60

Wisniewski, Sem.-Lehr. C., der Lehrer im amtlichen Verkehr m. den Schulbehörden. Eine Anleitg. zur Abfassg. amtl. Schriftstücke. Enth. alle Arten v. Geschäftsaufsätzen, als Bittschriften, Vorstellgn., Berichte, Protokolle, Meldgn. ꝛc., durch Regeln u. Beispiele dargestellt. 4., verb. u. stark verm. Aufl. 8. (XVI, 160 S.) Braunsberg. (Leipzig, Siegismund & Volkening.) cart. n. 1. 20

(85/1) **Wissen**, unser, v. der Erde. Allgemeine Erdkunde u. Länderkunde, hrsg. unter fachmänn. Mitwirkg. v. Alfr. Kirchhoff. Mit vielen Abbildgn. u. Karten in Holzst. u. Farbendr. 45—52. Lfg. Lex.-8. Prag, Tempsky. — Leipzig, Freytag. à n. — 90

Inhalt: 45—50. 1. Bd.: Allgemeine Erdkunde v. DD. J. Hann, F. v. Hochstetter u. A. Pokorny. (XXI u. S. 849—985.) (1. Bd. cplt.: n. 45. —; Einbd n.n. 7. —.) — 51. 52. 2. Bd. Länderkunde v. Europa, bearb. v. Proff. DD. A. Kirchhoff, A. Penck, J. Egli, A. Helm, Dir. Dr. R. Billwiller, Proff. DD. A. Supan, J. Rein, DD. E. Petri, P. Lehmann u. Prof. Dr. Th. Fischer. [In 2 Tln.] (1. Tl. S. 1—64.)

(85/1) —— das, der Gegenwart. Deutsche Universal-Bibliothek f. Gebildete. 42—48. Bd. 8. Prag, Tempsky. — Leipzig, Freytag, geb. à n. 1. —

Inhalt: 42. Karl der Große v. Dr. Herm. Brosien. Mit 23 in den Text gedr. Abbildgn. (VIII, 184 S.) — 43. Der Weltteil Europa in Einzeldarstellungen. III. Die pyrenäische Halbinsel v. Dr. Mor. Willkomm. 3. Abtlg. Ost- u. Südspanien. Die Balearen u. Pithyusen. Mit 45 in den Text gedr. Abbildgn. (259 S.) — 44. 45. Die äußeren mechanischen Werkzeuge der Tiere v. Vitus Graber. 2 Bde. [1. Wirbeltiere. Mit 144 eingedr. Abbildgn. — 2. Wirbellose Tiere. Mit 171 eingedr. Abbildgn.] (à VIII, 224 S.) — 46. Geschichte der Vereinigten Staaten v. Nordamerika v. Ernst Otto Hopp. 3. Abtlg.: Vom Ausbruch d. Bürgerkrieges bis auf die Gegenwart. Mit 40 in den Text gedr. Abbildgn. u. Karten. (VIII, 268 S.) 1886. — 47. Die Kulturgeschichte in einzelnen Hauptstücken v. Jul. Lippert. 2. Abtlg. Die Gesellschaft: Familie, Eigentum, Regierg. u. Gericht. Mit 5 in den Text gedr. Abbildgn. (VI, 206 S.) 1886. — 48. Dasselbe. 3. Abtlg. Geistige Kultur: Sprache, Kult u. Mythologie. Mit 21 in den Text gedr. Abbildgn. (VI, 228 S.) 1886.

Wit, Paul de, internationales Adressbuch der gesammten Musikinstrumenten-Branche. (Deutsch, französisch u. englisch.) gr. 8. (479 S. m. Holzschn. u. Porträts.) Leipzig, de Wit. geb. n. 20. —

(85/1) **Witowsky**, Rath em. Kreisarzt Dr. Alois, systematisch-chronologische Sammlung der österreichischen Sanitäts-Gesetze u. Verordnungen, m. besond. Rücksicht auf das Königr. Böhmen u. m. Benützg. der in der böhm. Statthalterei-Registratur vorfindl. Orig.-Erlässe zusammengestellt. Zum Gebrauche f. Aerzte, Thierärzte, Apotheker, polit. Beamte, Gemeindevorsteher. 4—10. (Schluß-)Hft. gr. 8. (S. 235—1467.) Prag, Dominicus. n. 15. 70 (cplt.: n. 19. 18)

Witt, Lehr. J., geometrisches Darstellen v. Körpern. Leitfaden f. den Unterricht an Handwerker-, Fortbildungs- u. Baugewerkschulen. Mit 6 lith. Taf. qu. 4. (22 S.) Berlin, Winckelmann & Söhne. cart. n. — 80

Witt, fr. Rittergutsbes. N. M., die englischen Fleischschafrassen u. ihre Verwendung in Deutschland. Mit 10 Holzschn. u. 4 lith. Taf. gr. 8. (V, 232 S.) Leipzig 1886, H. Voigt. n. 5. —

Witte, Gymn.-Lehr. Dr. Heinr., zur Geschichte der Entstehung der Burgunderkriege. Herzog Sigmunds v. Oestreich Beziehgn. zu den Eidgenossen u. zu Karl dem Kühnen v. Burgund, 1469—1474. 4. (53 S.) Hagenau, Ruckstuhl in Comm. n. 1. 50

Witte, Prof. Dr. J. H., Kantischer Kriticismus gegenüber unkritischem Dilettantismus. gr. 8. (V, 66 S.) Bonn, Cohen & Sohn. n. 1. 20

Witte, Wolf, deutsch-französischer Dolmetscher. Leichtfaßliche Anleitg. zur schnellen u. sicheren Erlerng. der französ. Sprache. 7. Aufl. 8. (80 S.) Metz, Lang. — 75

Wittek, Prof. Hans, Lehr- u. Übungsbuch f. den geometrischen Unterricht in den unteren Gymnasialclassen. 1. u. 2. Abth. 3. umgearb. Aufl. gr. 8. (Mit eingedr. Fig.) Wien, Pichler's Wwe. & Sohn. n. 1. 80
Inhalt: 1. Unterrichtsstoff f. die 1. u. 2. Gymnasialclasse. (VI, 105 S.) n. 1. 10. — 2. Unterrichtsstoff f. die 3. Gymnasialclasse. (78 S.) n. — 70.

Wittenow, Ed. v., Harun al Raschid. Lustspiel in 1 Aufzuge. 8. (50 S.) Pilsen 1884, (Steinhauser). n. 1. —

Wittlinger, Helene, dynastische Gelüste. Schwank in 1 Aufzug. gr. 8. (25 S.) Frankfurt a/M., Mahlau & Waldschmidt. n. 1. —

Wittmann, C. F., die Piket-Partie, s.: Wallner's allgemeine Schaubühne.

Wittmann, Dir. E., Mittel u. Wege zur Hebung der bäuerlichen Verhältnisse in Thüringen. gr. 8. (73 S.) Hildburghausen 1886, Gadow & Sohn. cart. n. 1. —

Wittram, M. Thdr., zur Berechnung der speciellen Störungen der kleinen Planeten. Inaugural-Abhandlg. gr. 8. (55 S.) St. Petersburg. (Dorpat, Karow.) baar n. 1. 50

Witwenstübchen, zwei, od. der Adel der Arbeit. Eine lehrreiche Erzählg. 8. (16 S.) Reutlingen, Enßlin & Laiblin. — 10

Wobbe, Ingen. Gas-Dir. J. G., die Verwendung d. Gases zum Kochen, Heizen, u. in der Industrie, m. 56 Abbildgn. bewährter Apparate, nebst Anleitg. zu deren Benutzg. u. Angabe d. Gasverbrauches. gr. 8. (VIII, 48 S.) München. (Troppau, Zenker.) baar n. n. 3. —

Wochenblatt, illustrirtes, f. Stolze'sche Stenographie. Organ d. Vereins f. Stenographie [Neustolze] Hamburg. Red.: Ph. Ch. Martens. Jahrg. 1885. 52 Nrn. (½ B.) gr. 8. Hamburg, Martens. Vierteljährlich baar n. 1. 50

Wodiczka, Ingen. Frz., die Sicherheits-Wetterführung od. das System der Doppel-Wetterlosung f. Bergbaue m. entzündlichen Grubengasen zur Verhütg. der Schlagwetter-Explosionen, erfunden v. F. W. Mit 5 lith. Taf. u. 5 Holzschn. gr. 8. (VIII, 89 S.) Leipzig, Felix. n. 4. —

Woedtke, Geh. Reg.-R. E. v., Krankenversicherungsgesetz. Vom 15. Juni 1883. Text-Ausg. m. Anmerkgn. 3. Aufl. 16. (VIII, 224 S.) Berlin, Guttentag. cart. n. 1. 20

—— Unfallversicherungsgesetz. Vom 6. Juli 1884. Mit Einleitg., Erläutergn. u. dem Gesetz üb. die Ausdehng. der Unfall- u. Krankenversicherg. Vom 28. Mai 1885. 2. verm. Aufl. gr. 8. (XXXII, 405 S.) Berlin, G. Reimer. n. 9. —; geb. n. 10. —

Wöhler, Past. Dr., mecklenburgisches Choralbuch od. die Melodien zum mecklenburg. Kirchen-Gesangbuch, in vierstimm. Satze f. Orgel, Clavier u. Chorgesang, unter Mitwirkg. d. Sem.-Musiklehr. Pitschner bearb. 2. Aufl. gr. 4. (IV, 180 S.) Wismar, Hinstorff's Verl. geb. n. 7. 50

(³³/₁) **Wohlers**, Geh.-Ob.-Reg.-R., Entscheidungen d. Bundesamts f. das Heimathwesen. 17. Hft., enth. die seit dem 1. Oktbr. 1884 bis 1. Septbr. 1885 ergangenen wichtigeren Entscheidgn. [Mit e. die 17 Hfte. umfass. alphabet. Sachregister.] 8. (VIII, 187 S.) Berlin, Vahlen. cart. baar n. 2. — (1—17.: n. 33. 60)

Wohlgemuth, W., s.: Sammlung illustrirter Biographien deutscher Fürsten u. großer deutscher Männer.

Wohlrab, Mart., Melusine. Trauerspiel in 5 Aufzügen. 8. (156 S.) Leipzig, Breitkopf & Härtel. n. 3. —; geb. n. 4. —

Wohltmann, F., die Grundsteuer u. das Programm der directen Besteuerung. gr. 8. (IV, 50 S.) Leipzig, H. Voigt. n. 1. —

Wohnungs-Anzeiger u. **Adreß-Kalender** f. Frankfurt a/O. auf d. J. 1885. Zusammengestellt auf Grund amtl. Materials. gr. 8. (VI, 427 u. IV, 55 S.) Frankfurt a/O., (Harnecker & Co). geb. baar n. 8. —

Wolf's medicinisches Vademecum. Alphabetisch-systemat. Zusammenstellg. der litterar. Erscheingn. auf dem Gebiete der Heilwissenschaft u. Thierheilkunde. 2. Bd. Jahrg. 1882—1885. Mit Register der Systeme u. Schlagwörter. gr. 8. (68 S.) Leipzig, G. Wolf. baar n. — 75

—— theologisches Vademecum d. i.: Eine alphabetisch u. systematisch geordnete Handbibliothek v. älteren u. neueren Litteratur-Erscheingn. auf dem Gebiete der Theologie. Nach „Hagenbach's Encyklopädie" bearb. 12. Tausend. 8. (130 S.) Ebd. baar — 75

Wolf, F. A., Wallis u. Chamounix, s.: Wanderbilder, europäische.

Wolf, Insp. Dr. G., das Tridentinische Concil u. der Talmud. gr. 8. (14 S.) Wien, Hölder in Comm. baar n. — 50

—— die Geschichte Israels f. die israelitische Jugend. Von der babylon. Gefangenschaft bis zur Zerstörg. d. 2. Tempels, nebst Anh.: Kurzer Abriß der Geschichte der Juden seit der Zerstörg. d. 2. Tempels bis auf die neueste Zeit. 4. Hft. 8. unveränd. Aufl. gr. 8. (III, 105 S.) Ebd. n. — 84; Anhang ap., 7. unveränd. Aufl. (54 S.) n. — 40

Wolf, L., s.: Haus-Kapelle zur Feyer d. Kirchenjahres.

Wolff, A., Leprastudien, s.: Baelz, E.

Wolff, Arth., die braunschweigische Frage. Ein Mahnwort. 1—3. Aufl. gr. 8. (62 S.) Leipzig, Renger. n. 1. —

Wolff, Emil, unsers Heilands Erdenwallen in Rhapsodien u. Liedern. Eine Festgabe an die deutsche Familie. 8. (V, 303 S.) Apolda, Mitteldeutsche Verlagsanstalt. geb. n. 6. —

Wolff, stud. phil. Eug., die neue Burschenschaft. Mit e. Vorwort v. Dr. Conr. Küster u. e. Anh., enth. e. Adresse alter Burschenschaften an Dr. Küster. 3. Aufl. gr. 8. (37 S.) Berlin, S. Schwartz. n. — 50

Wolff, J., deutsches Lesebuch f. die Elementar-, Bürger- u. Haupt-Volksschulen der ev. Landeskirche A. B. in Siebenbürgen. 1. Tl. 2. Schuljahr. gr. 8. (VI, 128 S.) Hermannstadt, (Michaelis). geb. n. 1. —

Wolff, Jak., morphologische Beschreibung e. Idioten- u. e. Mikrocephalen-Gehirns. [Aus: „Abhandlgn. d Senckenberg. naturforsch. Gesellsch."] gr. 4. (II, 16 S. m. 3 Steintaf.) Frankfurt a/M., Diesterweg in Comm. n. 3. —

Wolff, Wilh., Gedichte. 16. (VII, 146 S.) Kassel, (Baier & Co.). n. 1. — geb. n. 1. 80

Wolffarth, H., die bayerische kathol. Presse — die braunschweigische Angelegenheit — Preußen. gr. 8. (21 S.) Freising, Kreichauf. n. — 75

Wolfgarten, Pfr. G., dreifacher Jahrgang ganz kurzer Homilien auf alle gebotenen, sowie die sonstigen wichtigsten Festtage d. Kirchenjahres. 8. (VIII, 217 S.) Freiburg i/Br., Herder. 1. 50

Wolfram, Ernst H., geistliches Liederbuch f. Kirchengesangvereine, Schulchöre u. Familien. Enth. 100 Melodien m. 123 Texten, 18 liturg. Chöre u. 3 Festandachten. Ausgewählt u. bearb. gr. 8. (XVI, 135 S.) Wiesbaden, Limbarth. n. 1. 20

Wolfstieg, Dr. A., Verfassungsgeschichte v. Goslar bis zur Abfassung der Statuten u. d. Bergrechtes. gr. 8. (IV, 96 S.) Berlin, Hertz. n. 2. 40

Wolkan, R., Nordböhmen u. die Reformation, s.: Für die Feste u. Freunde d. Gustav-Adolf-Vereins.

Woelky, C. P., s.: Urkundenbuch, neues preussisches.

Wollengarnfärberei, die praktische. Handbuch u. Anleitg. zur Wollengarnfärberei unter Berücksicht. der neuesten Verfahren u. der Verwendg. v. Anilinfarbstoffen m. e. dazu gehör. grossen Musterkarte v. 160 Farben [auch der neuesten Modefarben] in eleganter Ausstattg. (in schmal-Fol.). gr. 8. (16 S.) Dresden, Bloem. baar n. 10. —

Wollenzien, Ger.-Kassenrend. J., das Gerichtskassenwesen in Preußen. Systematische Zusammenstellg. aller das Kassenwesen bei den preuß. Justizbehörden betr. gesetzl. u. administrativen Vorschriften. Mit Erläutergn. (In 6 Lfgn.) 1—5. Lfg. gr. 8. (S. 1—400.) Berlin, Siemenroth. baar à n. 1. 50

—— Gesetz betr. die Pensionirung der Lehrer u. Lehrerinnen an den öffentlichen Volksschulen. Vom 6. Juli 1885. Mit Erläutergn. u. e. Pensions-Tabelle. 12. (55 S.) Ebd. 1886. n. — 75

Wollny, Prof. Dr. Ewald, Saat u. Pflege der landwirthschaftlichen Kulturpflanzen. Handbuch f. die Praxis. Mit 88 in den Text gedr. Holzschn. gr. 8. (XVI, 833 S.) Berlin, Parey. geb. n. 20. —

Wolter, L., 80 Bibelabschnitte, s.: Nesemann, L.

Wolzogen, E. v., die Miether d. Herrn Thaddäus, s.: Was Ihr wollt-Bibliothek.

Wood, Mrs. H., s.: Ludlow, J.

Wopfner, Jos., Perlen aus den deutschen Alpen. 1. Serie. qu. Fol. (12 Chromolith.) Leipzig, (Baldamus). Ausg. A. baar à Blatt n. 1. 80; Ausg. B. qu. gr. Fol. à Blatt n. 1. 60; Ausg. C. à Blatt n. 2. 10

Inhalt: München, Oberammergau, Partenkirchen, Hohenschwangau, Tegernsee, Kochelsee, Walchensee, Eibsee, Tölz-Krankenheil, Kreuth, Reichenhall, Gastein.

Wörishöffer, S., kreuz u. quer durch Indien. Irrfahrten zweier junger deutscher Leichtmatrosen in der ind. Wunderwelt. 2. Aufl. Mit 17 Abbildgn. gr. 8. (VI, 629 S.) Bielefeld 1886, Velhagen & Klasing. geb. n. 9. —

—— durch Urwald u. Wüstensand. Mit 16 Tonbildern. gr. 8. (VI, 618 S.) Ebd. 1886. geb. n. 9. —

Woerl's hand-books manual. Guide to Donaueschingen and its environs. With a plan of the town, a map of Württemberg and a railway-map. 2. ed. gr. 16. (16 S.) Würzburg, Woerl. n. — 50

—— manuels des voyageurs. Guide pour Aix-la-Chapelle. Avec le plan de la ville et des cartes. 2. éd. gr. 16. (16 S.) Ebd. n. — 50

—— Reisehandbücher. Führer durch Agram u. Umgebung. Mit Plan der Stadt u. Eisenbahnkarte. 2. Aufl. gr. 16. (16 S.) Ebd. n. — 50

—— dasselbe. Führer durch Annaberg u. Umgebung. Mit Plan der Stadt, Karte v. Sachsen u. Eisenbahnkarte. 2. Aufl. gr. 16. (16 S.) Ebd. n. — 50

—— dasselbe. Führer durch Barmen u. Umgebung. Mit Plan der Stadt, Umgebungskarte u. Eisenbahnkarte. gr. 16. (17 S.) Ebd. n. — 50

—— dasselbe. Führer durch Basel. Mit Plan der Stadt, Illustr., Karte der Schweiz, Rheinkarte u. Eisenbahnkarte. gr. 16. (16 S.) Ebd. n. — 50

—— dasselbe. Führer durch Breslau u. Umgebung. Mit Plan der Stadt, Karte v. Schlesien u. Eisenbahnkarte. gr. 16. (15 S.) Ebd. n. — 50

—— dasselbe. Führer durch Brünn u. Umgebung. Mit Stadtplan, Karte v. Mähren u. Eisenbahnkarte. 2. Aufl. gr. 16. (18 S.) Ebd. n. — 50

—— dasselbe. Führer durch Colmar u. Umgebung. Mit Plan der Stadt, Umgebungskarte u. Eisenbahnkarte. 2. Aufl. gr. 16. (16 S.) Ebd. n. — 50

—— dasselbe. Führer durch Donaueschingen u. Umgebung. Mit Plan der Stadt, Karte v. Württemberg u. Baden u. Eisenbahnkarte. 2. Aufl. gr. 16. (14 S.) Ebd. n. — 50

—— dasselbe. Führer durch Duisburg u. Umgebung. Mit Plan der Stadt, Karte der Rheinlande u. Eisenbahnkarte. 2. Aufl. gr. 16. (16 S.) Ebd. n. — 50

—— dasselbe. Führer durch Düsseldorf u. Umgebung. Mit Plan der Stadt, Eisenbahnkarte u. Umgebungskarte. 4. Aufl. gr. 16. (16 S.) Ebd. n. — 50

—— dasselbe. Führer durch Eger u. Umgebung. Mit Plan der Stadt, Karte v. Böhmen u. Eisenbahnkarte 2. Aufl. gr. 16. (16 S.) Ebd. n. — 50

—— dasselbe. Führer durch Erfurt u. Umgebung. Mit Plan der Stadt, Karte v. Thüringen u. Eisenbahnkarte. 2. Aufl. gr. 16. (16 S.) Ebd. n. — 50

Woerl's Reisehandbücher. Führer durch die Universitätsstadt Erlangen u. Umgebung. Mit Plan der Stadt, Karte v. Bayern u. Eisenbahnkarte. 2. Aufl. gr. 16. (15 S.) Würzburg, Woerl. n. — 50

—— dasselbe. Führer durch Frankfurt a. M. u. Umgebung. Mit Plan der Stadt, Umgebungskarte, Eisenbahnkarte u. 3 Illustr. 6. Aufl. gr. 16. (18 S.) Ebd. n. — 50

—— dasselbe. Führer durch Gotha. Mit Plan der Stadt, Karte v. Thüringen u. Eisenbahnkarte. gr. 16. (16 S.) Ebd. n. — 50

—— dasselbe. Führer durch Hagenau im Elsass u. Umgebung. Mit Stadtplan, Karte v. Elsass-Lothringen u. Eisenbahnkarte. 2. Aufl. gr. 16. (14 S.) Ebd. n. — 50

—— dasselbe. Führer durch Heidelberg u. Umgebung. Mit Illustr., Plänen der Stadt, der Schlossruine, d. Schwetzinger Gartens, Karte v. Baden u. Routenkarte. 5. Aufl. gr. 16. (24 S.) Ebd. n. — 50

—— dasselbe. Führer durch Heilbronn u. Umgebung. Mit Plan der Stadt, Karte v. Württemberg u. Baden u. Eisenbahnkarte. 2. Aufl. gr. 16. (16 S.) Ebd. n. — 50

—— dasselbe. Führer durch Hermannstadt u. Umgebung. Mit Plan der Stadt u. Eisenbahnkarte. 2. Aufl. gr. 16. (16 S.) Ebd. n. — 50

—— dasselbe. Führer durch Hildesheim u. Umgebung. Mit Plan der Stadt, Karte v. Hannover u. Eisenbahnkarte. 2. Aufl. gr. 16. (16 S.) Ebd. n. — 50

—— dasselbe. Führer durch Ischl u. Umgebung. Mit Ortsplan, Illustr., Karte d. Salzkammergutes u. Eisenbahnkarte. gr. 16. (16 S.) Ebd. n. — 50

—— dasselbe. Führer durch Karlsruhe. Nebst Plan der Stadt, Illustr., Karte v. Baden u. Württemberg u. Eisenbahnkarte. 3. Aufl. gr. 16. (16 S. Ebd. n. — 50

—— dasselbe. Führer durch Kempten u. Umgebung. Mit Plan der Stadt, Karte v. Bayern u. Eisenbahnkarte. 2. Aufl. gr. 16. (16 S.) Ebd. n. — 50

—— dasselbe. Führer durch die Stadt Köln. Mit Plan der Stadt, Ansicht u. Grundriss d. Domes, Karte der Rheinlande u. v. Westfalen u. Eisenbahnkarte. 5. Aufl. gr. 16. (28 S.) Ebd. n. — 50

—— dasselbe. Führer durch Krakau u. Umgebung. Mit Plan der Stadt u. Eisenbahnkarte. 2. Aufl. gr. 16. (16 S.) Ebd. n. — 50

—— dasselbe. Führer durch Lüneburg u. Umgebung. Mit Stadtplan, Karte v. Hannover u. Eisenbahnkarte. 2. Aufl. gr. 16. (16 S.) Ebd. n. — 50

—— dasselbe. Führer durch Mainz u. Umgebung. Mit Plan der Stadt, Grundriss d. Domes, Ansicht d. Niederwalddenkmals, Rhein-Karte Worms-Bingen u. Eisenbahnkarte. 4. Aufl. gr. 16. (16 S.) Ebd. n. — 50

—— dasselbe. Führer durch Mülheim a. d. Ruhr u. Umgebung. Mit Plan der Stadt, Umgebungskarte u. Eisenbahnkarte. gr. 16. (16 S.) Ebd. n. — 50

—— dasselbe. Führer durch München u. Umgebg. Mit Plan der Stadt, Karte v. Bayern, Eisenbahnkarte u. Illustr. 5. Aufl. gr. 16. (48 S.) Ebd. n. — 50

—— dasselbe. Führer durch München-Gladbach u. Umgebung. Mit Plan der Stadt, Karte der Rheinlande u. Eisenbahnkarte. 2. Aufl. gr. 16. (16 S.) Ebd. n. — 50

—— dasselbe. Führer durch die Provinzialhauptstadt Münster in Westfalen. Mit Plan der Stadt, Karte der Rheinlande u. v. Westfalen u. Eisenbahnkarte. 3. Aufl. gr. 16. (16 S.) Ebd. n. — 50

—— dasselbe. Führer durch Nürnberg. Mit Illustr., Plan der Stadt, Karte v. Bayern u. Eisenbahnkarte. 3. Aufl. gr. 16. (19 S.) Ebd. n. — 50

—— dasselbe. Führer durch Offenburg u. das Kinzigthal, nebst dessen Seitenthälern [Schwarzwaldbahn]. Mit Schwarzwaldkarte, Karte v. Württemberg u. Baden, sowie Eisenbahnkarte. gr. 16. (16 S.) Ebd. n. — 50

Woerl's Reisehandbücher. Führer durch Olmütz u. Umgebung. Mit Plan der Stadt, Karte v. Mähren u. Eisenbahnkarte. 2. Aufl. gr. 16. (16 S.) Würzburg, Woerl. n. — 50

—— dasselbe. Führer durch Plauen u. Umgebung. Mit Plan der Stadt, Karte v. Sachsen u. Eisenbahnkarte. 2. Aufl. gr. 16. (16 S.) Ebd. n. — 50

—— dasselbe. Führer durch Prag u. Umgebung. Mit Plan der Stadt, 3 Ansichten, Karte v. Böhmen u. Eisenbahnkarte. 3. Aufl. gr. 16. (17 S.) Ebd. n. — 50

—— dasselbe. Führer durch Regensburg u. Umgebung. Mit Plan der Stadt, Ansicht der Walhalla, Karte v. Bayern u. Eisenbahnkarte. 3. Aufl. gr. 16. (16 S.) Ebd. n. — 50

—— dasselbe. Führer durch Reutlingen u. Umgebung. Mit Stadtplan, Karte v. Württemberg u. Eisenbahnkarte. 2. Aufl. gr. 16. (16 S.) Ebd. n. — 50

—— dasselbe. Führer durch Schwetzingen u. Umgebung. Mit Plan d. Schlossgartens, 2 Illustr., Karte v. Baden u. Eisenbahnkarte. 2. Aufl. gr. 16. (15 S.) Ebd. n. — 50

—— dasselbe. Führer durch Speyer u. Umgebung. Mit Plan der Stadt, Umgebungskarte u. Eisenbahnkarte. 2. Aufl. gr. 16. (16 S.) Ebd. n. — 50

—— dasselbe. Führer durch Steyr u. Umgebung. Mit Plan der Stadt, Karte d. Salzkammergutes u. Eisenbahnkarte. 2. Aufl. gr. 16. (16 S.) Ebd. n. — 50

—— dasselbe. Führer durch Stralsund u. Umgebung. Mit Stadtplan, Illustration, Karte v. Pommern u. Eisenbahnkarte. gr. 16. (23 S.) Ebd. n. — 50

—— dasselbe. Führer durch Stuttgart. Mit Plan der Stadt, Illustr., Karte v. Württemberg u. Eisenbahnkarte. 2. Aufl. gr. 16. (36 S.) Ebd. n. — 50

—— dasselbe. Führer durch Todtnau u. Umgebung. Mit Illustr., Plan der Stadt, Karte v. Württemberg u. Baden, Eisenbahnkarte u. Umgebungskarte. 2. Aufl. gr. 16. (16 S.) Ebd. n. — 50

—— dasselbe. Führer durch Tübingen u. Umgebung. Mit Stadtplan, Karte v. Württemberg u. Eisenbahnkarte. 2. Aufl. gr. 16. (16 S.) Ebd. n. — 50

—— dasselbe. Führer durch Ulm u. Umgebung. Mit Plan der Stadt, Karte v. Württemberg u. Eisenbahnkarte. gr. 16. (16 S.) Ebd. n. — 50

—— dasselbe. Führer durch Weimar u. Umgebung. Mit Plan der Stadt, Karte v. Thüringen u. Eisenbahnkarte. gr. 16. (16 S.) Ebd. n. — 50

—— dasselbe. Führer durch Wien. Mit vielen Illustr., e. Grundriss d. Stefansdomes, Plan der Stadt, Karte v. Oesterreich u. Eisenbahnkarte. 4. Aufl. gr. 16. (52 S.) Ebd. n. — 50

—— dasselbe. Führer durch die Regierungshauptstadt Wiesbaden. Mit Stadtplan, Ansicht d. Niederwalddenkmals, Karte der hess. Länder u. Rheinkarte. 3. Aufl. gr. 16. (16 S.) Ebd. n. — 50

—— dasselbe. Führer durch Witten a. d. Ruhr. Mit Plan der Stadt, Karte der Rheinlande, v. Westfalen u. Eisenbahnkarte. 2. Aufl. gr. 16. (16 S.) Ebd. n. — 50

—— dasselbe. Führer durch Worms u. Umgebung. Mit Plan der Stadt, Umgebungskarte u. Eisenbahnkarte. 2. Aufl. gr. 16. (16 S.) Ebd. n. — 50

—— dasselbe. Führer durch Zittau u. Umgebung. Mit Illustr., Plan der Stadt, Gebirgskarte, Karte v. Sachsen u. Eisenbahnkarte. 2. Aufl. gr. 16. (16 S.) Ebd. n. — 50

—— dasselbe. Führer durch Zwickau u. Umgebung. Mit Plan der Stadt, Karte v. Sachsen u. Eisenbahnkarte. 2. Aufl. gr. 16. (16 S.) Ebd. n. — 50

Woerner, Roman, Novalis' Hymnen an die Nacht u. geistliche Lieder. Inaugural-Dissertation. gr. 8. (58 S.) München, (Buchholz & Werner). baar n. 1. —

Wörnhart, Lect. Priest. P. Leonard Maria, 57 Predigten über den 3. Orden d. heil. Vaters Franziskus bei Tertiaren-Versammlungen. gr. 8. (IV, 322 S.) Salzburg, Pustet. 2. 40

Wort, e. ernstes, üb. den deutschen Schulverein v. e. katholischen Priester. 8. (16 S.) Wien, Pichler's Wwe. & Sohn. n. — 20

—— ein, zum Frieden. Beitrag zum Verständniß d. neuesten theolog. Streites, gerichtet an die Laien v. J. L. gr. 8. (15 S.) Reval, Kluge & Ströhm in Comm. baar n. — 60

Worte, die 7, Christi am Kreuze. 7 Fastenpredigten, geh. v. e. apostol. Missionär. gr. 8. (70 S.) Salzburg, Mittermüller. n. — 60

Wörterbuch, bremisch-niedersächsisches, worin nicht nur die in und um Bremen, sondern auch fast in ganz Niedersachsen gebräuchl. eigenthüml. Mundart nebst den schon veralteten Wörtern u. Redensarten, in brem. Gesetzen, Urkunden u. Diplomen gesammelt, zugleich auch nach e. behutsamen Sprachforschg., u. aus Vergleichg. alter u. neuer Dialekte, erklärt sind. Hrsg. v. der brem. deutschen Gesellschaft. 2. (Titel-) Ausg. gr. 8. (424 S.) Bremen (1881) 1886, Haake. n. 6. —

—— politisches, f. die Deutschen in Oesterreich. Hrsg. v. mehreren Mitgliedern d. Deutschen Vereins in Wien. gr. 8. (V, 160 S.) Wien, Pichler's Wwe. & Sohn. n. 1. 60

Wortitsch, Prof. Fachlehr. Theobald, das evangelische Kirchengebäude in Bistritz. Eine kunstgeschichtl. Studie. Mit Orig.-Zeichngn. v. dem Verf. (6 z. Thl. color. Steintaf.) gr. 4. (38 S.) Bistritz, Haupt. baar 3. —

Wossidlo, Rich., Volksthümliches aus Meklenburg. 1. Hft. Beiträge zum Thier- u. Pflanzenbuch, Thiergespräche, Räthsel, Legenden u. Redensarten, aus dem Volksmunde gesammelt. 8. (32 S.) Rostock, Werther. n. — 50

Wothe, Anny, das Gift unserer Zeit. [Lohnverhältnisse der Arbeiterinnen. Verbesserung der Sittenzustände. Lösung der Frauenfrage.] 8. (40 S.) Cannstatt, Stehn. baar n. —70

—— der Hausschatz. Ein Freund u. Ratgeber f. die Frauenwelt, unter Mitwirkg. hervorrag. Männer u. Frauen. Mit dem Portr. der Verf. 8. (VI, 425 S.) Oranienburg 1886, Freyhoff. n. 5. —; geb. m. Goldschn. n. 6.—

—— ein Rosenstrauß. Allen deutschen Frauen u. Mädchen dargeboten. 2. Aufl. 8. (VIII, 160 S. m. eingedr. Holzschn. u. Portr. in Holzschn.) Stuttgart 1886, Glaser & Co. geb. m. Goldschn. n. 4. 50

Wrede, L., s.: Wiederholungsbuch f. den geographischen rc. Unterricht.

Wredow's Gartenfreund. Eine Anleitg. zur Erziehg. u. Behandlg. der Gewächse im Blumen-, Gemüse- u. Obstgarten, in Wohnzimmern, Gewächshäusern u. Mistbeeten, sowie der Bäume u. Ziersträucher im freien Lande. 17. Aufl., nach den neuesten Erfahrgn. bearb. v. Gartenbaudir. Heinr. Gaerdt. gr. 8. (IV, 996 S.) Berlin 1886, Gaertner. n. 9. —; geb. n. 10. —

—— dasselbe. Illustr. Ausg. Ein Rathgeber f. die Anlage u. Pflege d. Küchen-, Obst- u. Blumengartens in Verbindg. m. dem Zimmer- u. Fenstergarten. Neu bearb. u. verm. m. e. Übersicht der Geschichte d. Gartenbaus, sowie e. Gartenkalender, die Arbeiten f. jeden Monat d. Jahres enth., v. Dir. em. Lehr. O. Hüttig. 2., verb. u. verm. Aufl. m. 1 (chromolith.) Titelbild u. 252 in den Text gedr. Abbildgn. gr. 8. (XV, 544 S.) Berlin 1886, Cronbach. n. 6. —; geb. baar n. 7.—

Wrobel, Gymn.-Lehr. Dr. E., Leitfaden der Stereometrie, nebst 134 Übungsaufgaben. Zum Gebrauche an höheren Lehranstalten bearb. gr. 8. (V, 102 S. m. Fig.) Rostock 1886, Werther. n. 1. 35

Wulf, Paul, Beiträge zur Kenntniss der fractionirten Destillation. Inaugural-Dissertation. gr. 8. (51 S.) Berlin, (Mayer & Müller). baar n. 1. 20

Wüllner, Prof. Dr. Adph., Lehrbuch der Experimentalphysik. 3. Bd. Die Lehre v. der Wärme. 4. vielfach umgearb. u. verb. Aufl. gr. 8. (VII, 825 S.) Leipzig, Teubner. n. 12. —

Wüllner, Frz., Chorübungen der Münchener Musikschule. 3. Stufe. Partitur. 2. Aufl. hoch 4. (VIII, 169 S.) München, Th. Ackermann's Verl. n. 4. 80

(85/1) **Wunder**, die, der Welt. I. Europa. Eine maler. Wanderg. durch die Länder u. Städte Europas, m. besond. Rücksicht auf ihre geschichtl. Entwicklg., ihre kulturhistor. Bedeutg. u. die hauptsächlichsten Merkwürdigkeiten v. Land u. Leuten. Von Adf. Brennecke. Mit 182 Holzschn. nach Zeichngn. hervorrag. Künstler. 2—15. Lfg. gr. 4. (VIII u. S. 25—360.) Straßburg, Schultz & Co. Verl. à 1. — (1. Bd. cplt.: 15. —; geb. n. 18. —

Wunderlich, Lehr. Ad., Chorgesangübungen f. Gymnasien u. Realschulen. 1. Tl. gr. 8. (47 S.) Nürnberg 1886, Korn. geb. n. n. — 75

Wunderlich, Lehr. G., der deutsche Aufsatz u. seine Behandlung in der Volksschule behufs Erreichung der ihm in den Allgemeinen Bestimmungen vom 15. Oktbr. 1872 vorgesteckten Ziele. 8. (III, 84 S.) Langensalza, Schulbuchh. — 75

—— der Landschullehrer als Landwirt. Eine auf Wissenschaft u. Praxis basierte Darlegg., wie Landschullehrer die Dienstländerei der Schulstellen am zweckmäßigsten u. vorteilhaftesten bewirtschaften. 4., umgearb. Aufl. gr. 8. (VII, 369 S.) Langensalza, Beyer & Söhne. n. 3. 60; geb. n. 4. 60

—— deutsche Musterstücke, erläutert u. erklärt. Zum Gebrauche in Volksschulen. 3. Bd. 3. Aufl. gr. 8. (VIII, 373 S.) Langensalza, Schulbuchh. 2. 60

Wunderlich, M., Formensammlung f. das Freihandzeichnen an Volks- u. Bürgerschulen, s.: Bayr, E.

Wunderling, Pred. Th., Sonnenblicke der Ewigkeit f. die Pilgertage auf Erden. Betrachtungen auf alle Tage d. Jahres. gr. 8. (IV, 490 S.) Basel 1886, Schneider. n. 3. 60; geb. n. 4. 60

Wunderthaten, die, unserer lieben Frau v. Lourdes, ihr Erscheinen der Bernadotte Soubirous, sowie Beschreibg. der Errichtg. e. Statue unserer lieben Frau v. Lourdes in Breitensee. 12. (38 S.) Regensburg, Verlagsbureau. n. — 20

Wundt, Wilh., Essays. gr. 8. (V, 386 S.) Leipzig, Engelmann. n. 7. —; geb. n. 9. —

Wünsche, Lic. Dr. Aug., der babylonische Talmud in seinen haggadischen Bestandteilen. Wortgetreu übersetzt u. durch Noten erläutert. 1. Halbbd. gr. 8. (XVI, 552 S.) Leipzig 1886, O. Schulze. n. 11. —

Wunschmann, G., der Kommandant v. Spandau, s.: Geschichts- u. Unterhaltungs-Bibliothek, vaterländische.

Würdig, L., Erzählungen, s.: Jugendbibliothek, neue.

(85/1) **Württemberg**, das Königr. Eine Beschreibg. v. Land, Volk u. Staat. Hrsg. v. dem königl. statistisch-topograph. Bureau. 12. Lfg. gr. 8. (3. Bd. S. 321—512 m. Illustr.) Stuttgart, Kohlhammer. (à) n. 2. —

(85/1) **Wurzbach**, Dr. Const. v., biographisches Lexikon d. Kaiserth. Oesterreich, enth. die Lebensskizzen der denkwürd. Personen, welche seit 1750 in den österr. Kronländern geboren wurden od. darin gelebt u. gewirkt haben. Mit Unterstützg. d. Autors durch die kaiserl. Akad. der Wiss. 52. Thl. gr. 8. Wien, Hof- u. Staatsdruckerei. n. 6. — (1—52: n. 305. 50)

Inhalt: Vrčević — Wallner. Mit 8 genealog. Taf. (314 S.)

Wüstenfeld, F., die Scherife v. Mekka im XI. [XVII.] Jahrh. Fortsetzung der Geschichte der Stadt Mekka m. 1 Stammtaf. der Scherife. [Aus: „Abhandlgn. der k. Gesellsch. d. Wiss. zu Göttingen.] gr. 4. (94 S.) Göttingen, Dieterich's Verl. n. 4. —

Wutke, Rob., quaestiones Caesarianae. Ed. II. gr. 8. (16 S.) Neisse, Graveur's Verl. n. 1. —

Wuttke, weil. Prof. D. Adf., Handbuch der christlichen Sittenlehre. 3. verb. u. verm. Aufl. Durchgesehen u. durch Anmerkgn. ergänzt v. Prof. D. Ludw. Schulze. Neue wohlf. Ausg. Mit der ethischen Literatur d. letzten Jahrzehnts u. m. Berichtiggn. 2 Bde. gr. 8. (XXXVII, 516 u. XIV, 622 S.) Leipzig 1886, Hinrich's Verl. n. 10. —; in 1 Bd. geb. n.n. 12. —

Wychgram, Oberlehr. Dr. J., Lehrbuch der Geschichte. Für die mittleren u. oberen Klassen höherer Mädchenschulen, sowie f. Lehrerinnen-Seminare. 1. Tl. Alte Geschichte. gr. 8. (104 S.) Berlin 1886, Th. Hofmann. n. — 80

—— das weibliche Unterrichtswesen in Frankreich. gr. 8. (X, 278 S.) Leipzig 1886, Reichardt. n. 4. 40

Wydler, H., Aufgaben f. den Unterricht im Rechnen. 1. u. 2. Schuljahr. Unter Mitwirkg. mehrerer Lehrer bearb. 8. (16 u. 31 S.) Aarau, Sauerländer. à n.n. — 15

Wyss, Schulinsp. Fr., Schul-Erziehungslehre. 12. (V, 135 S.) Bern 1886, Schmid, Francke & Co. n. 1. —

(84/2) **Wyß,** gew. Oberrichter Prof. Frdr. v., Leben der beiden Zürcherischen Bürgermeister David v. Wyß, Vater u. Sohn, aus deren schriftl. Nachlaß als Beitrag zur neuern Geschichte der Schweiz geschildert. 2. (Schluß-) Bd. gr. 8. (VIII, 630 S. m. 1 lith. Portr.) Zürich 1886, Höhr. (à) n. 6. —

Xenophon's Werke. 17., 20. u. 21. Lfg. 8. Berlin, Langenscheidt. à n. — 35
Inhalt: 17. Cyropädie. Übers. u. durch Anmerkgn. erläutert v. Chrn. Heinr. Dörner. 1. Lfg. 3. Aufl. (48 S.) — 20 u. 21. Dasselbe. 4. u. 5. Lfg. 2. Aufl. (3. Bd. S. 49—123.)

(82/2) —— Hellenika. Für den Schulgebrauch erklärt v. Gymn.-Dir. Prof. Dr. Rich. Grosser. 2 Bdchn. Buch III u. IV. Ausg. A. Kommentar unterm Text. gr. 8. (VIII u. S. 87—186.) Gotha, F. A. Perthes. 1. 20; Ausg. B. Text u. Kommentar getrennt in 2 Hftn. (VIII, 60 u. 40 S.) 1. 20 (1. u. 2.: n. 2. 20)

(85/1) —— dasselbe d. i. griechische Geschichte. 2. Buch. Wortgetreu nach H. R. Mecklenburg's Grundsätzen aus dem Griech. übers. v. Oberlehr. G. R. 2. (Schluß-) Hft. (S. 41—77.) Berlin, H. R. Mecklenburg. (à) n. — 25

Yonge, Ch. M., the two sides of the shield, s.: Collection of British authors.

Yung, E., Lehrbuch der praktischen vergleichenden Anatomie, s.: Vogt, C.

Zabel, Eug., Graf Adolf Friedrich v. Schack. Ein literar. Portrait. 8. (82 S.) Wien, Gerold's Sohn. n. 1. —

Zabel & Co., Verzeichniss der Rübenzucker-Fabriken, Raffinerien, Candis-Fabriken etc. d. Zollvereins, Oesterreichs u. Hollands m. Angabe der Fabrikations-Methoden, nebst nach Artikeln geordnetem Adress-Verzeichniss u. Geschäfts-Anzeiger e. Anzahl Firmen, welche m. der Zucker-Fabrikation in Verbindg. stehen. 16. Jahrg. Campagne 1885/86. gr. 8. (168 S.) Quedlinburg, Huch in Comm. baar n. 4. —

Zachariä v. Lingenthal, E., üb. den Verfasser u. die Quellen d. [pseudo-Photianischen] Nomokanon, s.: Mémoires de l'académie impériale des sciences de St. Pétersbourg.

Zacharias, Dr. Otto, üb. gelöste u. ungelöste Probleme der Naturforschung. Gemeinverständliche wissenschaftl. Abhandlgn. gr. 8. (165 S.) Leipzig, Denicke. n. 4. —

Zaffauk Edler v. Orion, Maj. Lehr. Jos., die Erdrinde u. ihre Formen. Ein geograph. Nachschlagebuch in lexikal. Anordng., nebst e. Thesaurus in 37 Sprachen. gr. 8. (VI, 130 S.) Wien, Hartleben. geb. n. 3. 25

Zahn, A., s.: Aus dem Leben e. reformierten Pastors.

Zahn, Dr. A. v., anatomisches Taschenbüchlein zur Nachhülfe beim Studium nach Natur u. Antike. Mit 29 nach der Natur gezeichneten Holzschn. 5. Aufl. gr. 8. (40 S.) Leipzig, Arnold. n. 1. 20

Zahn, Adf., die ultramontane Presse in Schwaben. 8. (32 S.) Leipzig, Böhme. n. — 50

Zahn, Joh., Psalter u. Harfe f. das deutsche Haus. Ein evangel. Liederschatz v. 532 Kirchenliedern m. 560 Melodien in vierstimm. Tonsatz, f. Gesang, Harmonium od. Klavier. gr. 8. (VI, 388 S.) Gütersloh 1886, Bertelsmann. n. 4. 50; geb. n. 5. —

Zander, Rekt. H., Hilfsbüchlein f. den evangelischen Religions-Unterricht. gr. 8. (32 S.) Crossen a/O., Appun. n. — 25

(84/2) **Zander**, Wilh., farbige Skizzen zur Decoration innerer Räume. 2. Hft. Fol. (6 Chromolith.) Berlin, Claesen & Co. In Mappe. Subscr.-Pr. (à) n. 10. —

Zangemeister, C., glandes plumbeae, s.: Ephemeris epigraphica.

Zangemeister, Ob.-Biblioth. Karl, System d. Real-Katalogs der Universitäts-Bibliothek Heidelberg. gr. 8. (IX, 54 S.) Heidelberg, C. Winter in Comm. baar n.n. 2. —

Zaengerle, Realgymn.-Prof. Dr. Max, Lehrbuch der Chemie, nach den neuesten Ansichten der Wissenschaft f. den Unterricht an techn. Lehranstalten bearb. 2 Bde. 3. verm. Aufl. gr. 8. Braunschweig, Vieweg & Sohn. n. 9. —
Inhalt: 1. Unorganische Chemie. Mit 152 eingedr. Holzst. u. 1 Taf. in Farbendr. (XIII, 569 S.) n. 6. —. — 2. Organische Chemie. Mit 31 Holzst. (XII, 259 S.)

Zastrow, K., der Mann m. der eisernen Maske, s.: Bibliothek interessanter Erzählungen.

Zauleck, P., Leitfaden f. den Katechumenen- u. Konfirmanden-Unterricht, s.: Fräbrich, D.

Zauritz, Realgymn.-Oberlehr. A., Übersetzungsaufgaben aus dem Deutschen ins Französische in grammatischer Stufenfolge, nebst Synonymen u. e. stilist. Anleitg. f. die oberen Klassen höherer Lehranstalten. 8. (VIII, 187 S.) Berlin, Haude & Spener. n. 1. 60

Zedlitz, J. Ch. Frhr. v., Todtenkränze, s.: National-Bibliothek, deutsch-österreichische.

Zehden, Prof. Dr. Carl, Handels-Geographie auf Grundlage der neuesten Forschungen u. Ergebnisse der Statistik. 5., umgearb. Aufl. Mit 1 (chromolith.) Weltverkehrskarte. gr. 8. (X, 525 S.) Wien 1886, Hölder. n. 6. —

Zehden, Capit. F., rationelle Verwerthung nicht steuerbarer Winkelunterschiede bei Kursbestimmungen zur See. [Aus: „Sitzungsber. d. k. Akad. d. Wiss."] Lex.-8. (10 S.) Wien, (Gerold's Sohn). n. — 20

(84/2) **Zehetmayr**, Gymn.-Prof. Sebastian, die analog vergleichende Etymologie, in Beispielen erläutert. Wort-Register. gr. 8. (15 S.) Freising. (Leipzig, Brockhaus' Sort.) n. 1. — (Hauptwerk m. Reg.: n. 2. —)

Zeichenheft. Nr. 1 u. 2. [I. u. II. Klasse.] 4. (à 20 S.) München, Expeb. d. kgl. Zentral-Schulbücher-Verlags. à n.n. — 10

Zeichnen-Vorlagen, neue, f. Fachschulen d. Schneidergewerbes, veranstaltet u. hrsg. v. den Directoren der Deutschen Bekleidungsakademie in Dresden Klemm & Weiß, gezeichnet v. Aug. Strobel. 5 Hfte. od. 60 Blätter. Fol. (2 S. Text.) Dresden, Expeb. der Europ. Modenzeitung. n. 6. —; einzelne Hfte. à n. 1. 50

Zeidler, Dr. Ernst, Morgen- u. Abendstern. Lieder, aus deutschen Dichtern gesammelt, nach den Tages-, Jahres- u. Festzeiten geordnet, m. e. Vorwort versehen u. hrsg. gr. 8. (XX, 343 S.) Gotha, F. A. Perthes. n. 6. —

Zeissl, M. v., üb. Lues hereditaria tarda, s.: Klinik, Wiener.

(85/1) **Zeitfragen,** soziale. Sammlung gemeinverständl. Abhandlgn. Hrsg. v. Ernst Henriet Lehnsmann. 9. u. 10. Hft. gr. 8. Minden, Bruns. n. 2. 10

Inhalt: 6. Die Börsensteuer. Eine gemeinfaßl. Darstellg. v. Dr. M. Heckscher. (18 S.) n. — 60. — 10. Staatliche Lohnregulirung u. die sozialreformatorischen Bestrebungen der Gegenwart. Von Max Schippel. (VI, 70 S.) n. 1. 50.

(85/1) —— des christlichen Volkslebens. Begründet v. Ob.-Kirchenr. Dr. Mühlhäußer u. Prof. Dr. Geffcken. Fortgeführt von E. Frhr. v. Ungern-Sternberg u. Pfr. G. Schlosser. 68—72. Hft. [10. Bd. 4—8. Hft.] gr. 8. Heilbronn, Henninger. n. 5. 20

Inhalt: 68. Die Armenpflege, deren Geschichte u. Reformbedürfnis. Von Pfr. Dekan Heinr. Guth. (68 S.) n. 1. 20. — 69. Das Weltgericht in der bildenden Kunst. Von Gust. Portig. (75 S.) n. 1. 40. — 70. Die neue deutsche Rechtschreibung. Von Dr. G. A. Saalfeld. (56 S.) n. 1. —. — 71. Ueber Shakespeares Entwicklungsgang. Mit Berücksicht. alter u. neuer, in- u. ausländ. Shakespeare-Litteratur. Von Jul. Schiller. (38 S.) n. — 80. — 72. Das Wunder. Von Pfr. Dr. G. Kühn. (37 S.) n. — 80.

—— dasselbe. 73—76. Hft. [11. Bd. 1—4. Hft.] gr. 8. Ebd. n. 4. —; pro 11. Bd. (Hft. 73—80) n. 5. —

Inhalt: 73. Unsere Zeit, im Lichte d. Gemüthslebens betrachtet. Von Pfr. Dr. Thdr. Schott. (34 S.) n. — 80. — 74. Zur Beurteilung der Probebibel. Von Oberpfr. Dr. W. Rathmann. (59 S.) n. 1. 20. — 75. 76. Welche Pflichten legen uns unsere Kolonien auf? Eine Appell an das christl. deutsche Gewissen v. D. Gust. Warneck. (123 S.) n. 2. —

(85/1) —— volkswirthschaftliche. Vorträge u. Abhandlgn., hrsg. v. der volkswirthschaftl. Gesellschaft in Berlin u. der ständ. Deputation d. Kongresses deutscher Volkswirthe. 53. u. 54. Hft. [7. Jahrg. 5. u. 6. Hft.] gr. 8. Berlin, Simion. à n. 1. —

Inhalt: 53. Die Krisis d. Zwischenhandels. Vortrag, geh. in der volkswirth. schaftl. Gesellschaft zu Berlin v. Dr. Max Weigert. (26 S.) — 54. Der Normal-Arbeitstag. Von Reichstagsmitgl. Karl Baumbach. (43 S.)

(85/1) **Zeit- u. Streit-Fragen,** deutsche. Flugschriften zur Kenntniß der Gegenwart. In Verbindg. m. Prof. Dr. Kluckhohn, Red. A. Lammers, Proff. DD. J. B. Meyer u. Paul Schmidt hrsg. von Frz. v. Holtzendorff. 212—220. Hft. [14. Jahrg. 4—12. Hft.] gr. 8. Berlin, Habel. Subscr.-Pr. (à) n. — 75; Einzelpr. n. 9. —

Inhalt: 212. Die Zukunft des Deutschthums in den Vereinigten Staaten v. Amerika. Vortrag, geh. in der Section Göttingen d. deutschen Colonial-Vereins am 1. Decbr. 1884. Von A. Sartorius Frhr. v. Waltershausen. (40 S.) n. 1. —. — 213. 214. Die evangelische Freiheit wider den Materialismus d. Bekenntnißglaubens. Von Gymn.-Lehr. Frz. Staudinger. (88 S.) n. 2. —. — 215. Klaus Groth u. die plattdeutsche Dichtung. Von Karl Eggers. (36 S.) n. 1. —. — 216. Das höhere Unterrichtswesen in der Gegenwart. Von Realgymn.-Oberlehr. Dr. Thdr. Schönborn. (40 S.) n. 1. —. — 217. Das Referendum in der Schweiz. Von Joh. Adph. Herzog. (36 S.) n. 1. —. — 218. Das deutsche Kleingewerbe in seinem Existenzkampfe gegen die Großindustrie. Von Prof. Dr. Max Haushofer. (52 S.) n. 1. 20. — 219. Justus v. Liebig u. die landwirthschaftliche Lehre. Von Prof. Joh. Pohl. (36 S.) n. 1. —. — 220. Das rückfällige Verbrecherthum. Von Rechtsanw. Dr. Ludw. Fuld. (32 S.) n. — 80.

—— —— schweizerische militärische. Hrsg. v. Alfr. Brennwald. 1—3. Hft. gr. 8. Thalweil, Brennwald. n. 2. —

Inhalt: 1. Der Landsturm. Eine Studie üb. die Organisation, Verwendg. u. Taktik d. Landsturmes in der Schweiz vom Verf. der „Antwort auf die Schweiz im Kriegsfalle". In 3 Abschnitten. 1. Thl. (40 S.) n. — 75. — 2. Dasselbe. 2. Thl. (20 S.) n. — 50. — 3. Schluß-Antwort auf Die Schweiz im Kriegsfalle. 2. Thl. (44 S.) n. — 75.

(84/2) **Zeitschrift** f. Bürsten-, Pinsel- u. Kammfabrikation u. der einschlagenden Geschäftszweige. Zentral-Organ d. Verbandes deutscher Arbeitgeber der Bürsten- u. Pinsel-Industrie. Hrsg. unter Mitwirkg. d.

Verbandsvorstandes u. anderer tücht. Fachmänner v. Paul Ludwig. 5. Jahrg. Oktbr. 1885—Septbr. 1886. 24 Nrn. (B.) gr. 4. Leipzig, Ludwig. Vierteljährlich n. 1. 50

(84/2) **Zeitschrift** f. physiologische Chemie, unter Mitwirkg. v. Proff. E. Baumann, Gähtgens, O. Hammerstein etc. hrsg. v. Prof. F. Hoppe-Seyler. 10. Bd. 6 Hfte. gr. 8. (1. Hft. 96 S.) Strassburg 1886, Trübner. n. 12. —

(85/1) —— deutsche, f. Chirurgie, hrsg. v. Prof. Bardeleben, Dr. v. Beck, Prof. v. Bergmann etc., red. v. Proff. DD. A. Lücke u. E. Rose. 23. Bd. 6 Hfte. gr. 8. (1. u. 2. Hft. 208 S. m. 14 Abbildgn.) Leipzig, F. C. W. Vogel. n. 16. —

(85/1) —— für deutschen Civilprozess. Unter Mitwirkg. deutscher Rechtslehrer u. Praktiker hrsg. v. Landger.-R. H. Busch u. Reg.-R. F. Vierhaus. 9. Bd. gr. 8. (1. Hft. 168 S.) Berlin, C. Heymann's Verl. n. 12. —

(85/1) —— für französisches Civilrecht. Sammlung v. civilrechtl. Entscheidgn. der deutschen, sowie der französ., belg. u. italien. Gerichte m. krit. u. erläut. Bemerkgn. Abhandlungen u. Litteraturberichte. Nach dem Tode d. Reichsger.-R. Dr. Sigism. Puchelt hrsg. v. Oberlandesger.-R. Max Heinsheimer. 16. Bd. Beilageheft. gr. 8. (IV, 179 S.) Mannheim 1886, Bensheimer's Verl. n. 3. —

(84/2) —— für Entomologie. Hrsg. vom Verein f. schles. Insektenkunde zu Breslau. Neue Folge. 10. Hft. gr. 8. (XXII, 44 u. 68 S.) Breslau, Maruschke & Berendt in Comm. n. 3. — (1—10.: n. 33. 50)

(85/1) —— Berliner entomologische [1875—1880: Deutsche entomolog. Zeitschrift]. Hrsg. v. dem entomolog. Verein in Berlin. Red.: Assist. H. J. Kolbe. 29. Bd. [1885]. 1. Hft. gr. 8. (XIV, 182 S. m. Textfig. u. 7. Taf.) Berlin, Friedländer & Sohn in Comm. baar n. 15. —

(81/2) —— des Ferdinandeums f. Tirol u. Vorarlberg. Hrsg. v. dem Verwaltungs-Ausschusse desselben. 3. Folge. 29. Hft. gr. 8. (III, 304 u. 63 S.) Innsbruck, (Wagner). n. 6. —

—— für Fleischbeschau u. Fleischproduction, sowie f. verwandte Wissensgebiete. Hrsg. v. Kreisthierarzt Dr. Schmidt-Mülheim. 1. Jahrg. Octbr. 1885—Septbr. 1886. 12 Nrn. (à 1—2 B.) gr. 8. Iserlohn, Expedition. Halbjährlich n. 4. —

(85/1) —— für Geburtshülfe u. Gynäkologie, unter Mitwirkg. der Gesellschaft f. Geburtshülfe u. Gynäkologie hrsg. v. Heinr. Fasbender, Louis Mayer u. Carl Schröder. 11. Bd. 2. Hft. Mit 1 lith. Taf. u. 30 Holzschn. gr. 8. (IV u. S. 249—453.) Stuttgart, Enke. n. 7. 60 (11. Bd. cplt.: n. 16. 60)

(85/1) —— des Harz-Vereins f. Geschichte u. Altertumskunde. Hrsg. im Namen d. Vereins v. Dr. Ed. Jacobs. 18. Jahrg. 1885. gr. 8. (1. Hälfte 352 S. m. 7 Abbildgn.) Wernigerode. Quedlinburg, Huch in Comm. baar n. n. 6. —

(83/2) —— des Vereins f. Hennebergische Geschichte u. Landeskunde zu Schmalkalden. III. Suppl.-Hft. gr. 8. Schmalkalden, Wilisch in Comm. n. n. 5. —

Inhalt: Historia Schmalcaldica od. historische Beschreibung der Herrschaft Schmalkalden v. Joh. Conr. Geisthirt. 3. Hft. (VII, 139 S.)

(83/2) —— des Vereins f. hessische Geschichte u. Landeskunde. Neue Folge. 11. Bd. [Der ganzen Folge 21. Bd.] gr. 8. Kassel, Freyschmidt in Comm. n. 5. —

Inhalt: Landgraf Hermann II. der Gelehrte v. Hessen u. Erzbischof Adolf I. v. Mainz. 1373—1390. Von Walter Friedensburg. (311 S.)

(83/2) —— für die Geschichte d. Oberrheins. Hrsg. v. dem grossherzogl. General-Landesarchive zu Karlsruhe. 38. u. 39. Bd. gr. 8. (39. Bd. 1. Hft. 96 S. u. Literatur S. I—XXIX.) Karlsruhe 1881 u. 85, Braun. à n. 5. —

($^{84}/_2$) **Zeitschrift** d. Vereins f. thüringische Geschichte u. Altertumskunde. Neue Folge. 4. Bd. Der ganzen Folge 12. Bd. 3. u. 4. Hft. gr. 8. (IV u. S. 303—608.) Jena, Fischer. n. 6. —

($^{84}/_2$) —— für vaterländische Geschichte u. Alterthumskunde. Hrsg. v. dem Verein f. Geschichte u. Alterthumskunde Westfalens, durch dessen Dirr. Domkapitul. A. Tibus u. Dr. E. Mertens. 43. Bd. Mit 2 lith. Taf. Nebst Beilage: Verzeichnis der in Wigands Archiv u. in der westf. Zeitschrift bis 1885 veröffentlichten Aufsätze u. Mittheilgn. Von Wilh. Diekamp. gr. 8. (222, 168 u. Beilage 59 S. m. 1 Steintaf.) Münster, Regensberg. n. 4. 50

($^{84}/_2$) —— westdeutsche, f. Geschichte u. Kunst. Ergänzungsheft II. Hrsg. v. Dr. K. Lamprecht. gr. 8. Trier, Lintz. (à) n. 3. —
Inhalt: Rheinisches Archiv. Wegweiser durch die f. die Geschichte d. Mittel- u. Niederrheins wichtigen Handschriften. 1. Tl.: Der Niederrhein, bearb. v. Archiv-Assist. Dr. Th. Ilgen. (VII, 208 S.)

($^{84}/_2$) —— des Aachener Geschichtsvereins. 7. Bd. 4 Hfte. gr. 8. (1. u. 2. Hft. 158 S. m. 1 Taf.) Aachen, Benrath & Vogelgesang in Comm. n. 6. —

($^{84}/_2$) —— des westpreussischen Geschichtsvereins. 14. Hft. gr. 8. (VIII, 120 S.) Danzig, Bertling in Comm. baar n.n. 2. — (1—14.: n.n. 24. —)

($^{85}/_1$) —— des Bergischen Geschichtsvereins. Hrsg. v. Prof. Dr. Wilh. Crecelius u. Geh. Archivr. Dr. Wold. Harleß. 21. Bd. [der neuen Folge 11. Bd.]. Mit 2 Abbildgn. Jahrg. 1885. gr. 8. (III, 256 S.) Bonn, Marcus in Comm. n. 5. —

($^{84}/_2$) —— für das gesammte Handelsrecht, hrsg. v. Geh. Just.-R. Prof. Dr. L. Goldschmidt, Reichsger.-R. Dr. Fr. v. Hahn, Kammerger.-R. H. Keyßner, Prof. Dr. P. Laband u. Rechtsanw. E. Sachs. 31. Bd. Neue Folge. 16. Bd. gr. 8. (XX, 605 S.) Stuttgart, Enke. n. 12. —

($^{84}/_2$) —— historische. Hrsg. von Heinr. v. Sybel. Jahrg. 1886. 6 Hfte. [Neue Folge 19. u. 20. Bd. Der ganzen Reihe 55. u. 56. Bd.] gr. 8. (55. Bd. 1. Hft. 192 S.) München, Oldenbourg. n. 22. 50

—— der historischen Gesellschaft f. die Prov. Posen. Red. v. Staatsarchivar Dr. R. Endrulat. 1. Jahrg. 4 Hfte. gr. 8. (1. Hft. 184 S.) Posen, Jolowicz. n. 8. —

($^{84}/_2$) —— für Kirchengeschichte. In Verbindg. m. DD. W. Gass, H. Reuter u. A. Ritschl hrsg. v. Prof. D. Thdr. Brieger. 8. Bd. 4 Hfte. gr. 8. (1. u. 2. Hft. 343 S.) Gotha 1885, F. A. Perthes. à Hft. n. 4. —

($^{85}/_1$) —— für Krystallographie u. Mineralogie. Unter Mitwirkg. zahlreicher Fachgenossen d. In- u. Auslandes hrsg. v. P. Groth. 10. Bd. 4—6. Hft. gr. 8. (XI u. S. 321—663 m. 34 Holzschn. u. 7 Steintaf.) Leipzig, Engelmann. n. 17. — (10. Bd. cplt.: n. 33. —)

—— dasselbe. 11. Bd. 1. u. 2. Hft. gr. 8. (S. 1—202 m. 48 Holzschn., 2 Steintaf. u. 1 Chromolith.) Ebd. n. 11. —

($^{84}/_2$) —— für bildende Kunst. Hrsg. von Prof. Dr. Carl v. Lützow. 21. Jahrg. 1885/86. 12 Hfte. (3 B. m. Text-Illustr. u. Kunstbeilagen.) Nebst Kunstgewerbeblatt. Hrsg. v. Arth. Pabst. 2. Jahrg. 1885/86. 12 Hfte. (2½ B. m. Text-Illustr. u. Kunstbeilagen.) Mit dem Beiblatt: Kunstchronik. 45 Nrn. (B.) hoch 4. Leipzig, Seemann. Halbjährlich n. 14. —

($^{85}/_1$) —— für das gesammte Local- u. Strassen-Bahnwesen. Unter Mitwirkg. in- u. ausländ. Fachgenossen hrsg. v. Baur. W. Hostmann, Ober-Ingen. Jos. Fischer-Dick, Masch.-Mstr. Fr. Giesecke. 4. Jahrg. 1885. 2. Hft. hoch 4. (S. 71—132 m. 40 Textfig. u. 2 Steintaf.) Wiesbaden, Bergmann. (à) n. 4. —

—— für Lokomotivführer. Mit e. Zeitg. als Organ d. Vereins u. der Hülfskasse deutscher Lokomotivführer. Hrsg. v. C. D. Maaß. 7. Bd.

1885/86. 12 Hfte. (2 B.) gr. 8. Hannover, (Schmorl & v. Seefeld). baar n.n. 5. —

(85/1) **Zeitschrift** f. klinische Medicin. Hrsg. v. Proff. DD. E. Leyden, C. Gerhardt, H. v. Bamberger u. H. Nothnagel. 10. Bd. 6 Hfte. gr. 8. (1. u. 2. Hft. 200 S. m. 3 Steintaf.) Berlin, Hirschwald. n. 16. —

—— Jenaische, f. Naturwissenschaft, hrsg. v. der medicinisch-naturwissenschaftl. Gesellschaft zu Jena. 19. Bd. Neue Folge, 12. Bd. 1—3. Hft. gr. 8. (S. 1—734 m. 31 Holzschn. u. 19 Steintaf.) Jena, Fischer. à n. 6. —

—— dasselbe. 19. Bd. Neue Folge, 12. Bd. Suppl. 1. u. 2. Hft. gr. 8. Ebd. n. 2. 80

Inhalt: 1. Sitzungsberichte der Jenaischen Gesellschaft f. Medicin u. Naturwissenschaft f. d. J. 1885. 1. Hft. (III, 78 S.) n. 1. 20. — 2. (S. 79—168 m. 1 Steintaf.) n. 1. 60.

(84/1) —— für Numismatik. Red. von Dr. Alfr. v. Sallet. 13. Bd. 4 Hfte. gr. 8. (1. Hft. 124 S. m. 21 Holzschn. u. 3 Lichtdr.-Taf.) Berlin, Weidmann. baar n. 14. —; einzelne Hfte. à n. 4. —

(85/1) —— numismatische, hrsg. v. der Numismat. Gesellschaft in Wien durch deren Red.-Comité. 17. Jahrg. 1. u. 2. Halbjahr 1885. Mit 8 Taf. u. 31 Holzschn. gr. 8. (X, 527 S.) Wien, Manz in Comm. n. 12. —

(84/2) —— für Ohrenheilkunde, unter Mitwirkg. v. Proff. DD. C. Agnew, E. Berthold, Dr. G. Brunner etc. in deutscher u. engl. Sprache hrsg. v. Proff. DD. H. Knapp u. S. Moos. 15. Bd. 4 Hfte. gr. 8. (1. Hft. 86 S. m. 3 eingedr. Holzschn. u. 4 Curventaf.) Wiesbaden, Bergmann. n. 16. —

(85/1) —— für deutsche Philologie, hrsg. v. Prov.-Schulr. Dr. Ernst Höpfner u. Prof. Dr. Jul. Zacher. 18. Bd. 4 Hfte. gr. 8. (1. Hft. 128 S.) Halle 1886, Buchh. d. Waisenhauses. n. 12. —

(84/2) —— für romanische Philologie. Hrsg. v. Prof. Dr. Gust. Gröber. 1885. 9. Bd. gr. 8. (1. Hft. 160 S.) Halle, Niemeyer. n. 20. —

(84/1) —— für exakte Philosophie im Sinne d. neuern philosophischen Realismus. In Verbindung m. mehreren Gelehrten hrsg. v. Thdr. Allihn u. Otto Flügel. 14. Bd. 4 Hfte. gr. 8. (1. Hft. 128 S.) Langensalza, Beyer & Söhne. à Hft. n. 2. —

(84/1) —— für Philosophie u. philosophische Kritik im Vereine m. mehreren Gelehrten gegründet v. DD. J. H. Fichte u. H. Ulrici, red. v. Prof. Dr. Aug. Krohn u. Privatdoz. Dr. Rich. Falckenberg. Neue Folge. 86. Bd. 1. Hft. gr. 8. (141 S.) Halle, Pfeffer. n. 3. —

(84/1) —— dasselbe. Neue Folge. Sonderheft d. 87. Bds. gr. 8. (III u. S. 161—348.) Ebd. n. 3. —

(84/2) —— für das Privat- u. öffentliche Recht der Gegenwart. Unter ständ. Mitwirkg. der Mitglieder der Wiener jurist. Facultät hrsg. v. Prof. Dr. C. S. Grünhut. 13. Bd. 4 Hfte. gr. 8. (1 Hft. 285 S.) Wien, Hölder. n. 20. —

(84/2) —— allgemeine, f. Psychiatrie u. psychisch-gerichtliche Medicin, hrsg. v. Deutschlands Irrenärzten, unter der Mit-Red. von v. Krafft-Ebing, Nasse, Schüle durch H. Laehr. 42. Bd. 6 Hfte. gr. 8. (1. Hft. 186 S. m. 1 Steintaf.) Berlin, G. Reimer. n. 14. —

—— der Savigny-Stiftung f. Rechtsgeschichte. Hrsg. von P. v. Roth, E. J. Bekker, H. Böhlau, A. Pernice, R. Schröder. 6. Bd., 19. Bd. der Zeitschrift f. Rechtsgeschichte. 1. u. 2. Hft. gr. 8. Weimar, Böhlau. n. 13. 60

Inhalt: 1. Romanische Abth. (III, 300 S.) n. 7. 60. — 2. Germanistische Abth. (III, 235 S.) n. 6. —

(84/2) **Zeitschrift** f. Schul-Geographie. Unter Mitwirkg. v. Proff. Dr. Benont, Th. Berger, Gymn.-Dir. E. Böttcher ꝛc. hrsg. v. Prof. A. E. Seibert. 7. Jahrg. Octbr. 1885—Septbr. 1886. 12 Hfte. (2 B.) gr. 8. Wien, Hölder. baar n. 6. —

(82/2) —— für vergleichende Sprachforschung auf dem Gebiete der indogermanischen Sprachen. Begründet v. A. Kuhn. Hrsg. v. E. Kuhn u. J. Schmidt. 28. Bd. Neue Folge. 8. Bd. 6 Hfte. gr. 8. (1. u. 2. Hft. 216 S.) Berlin, Dümmler's Verl. baar n. 16. —

(85/1) —— internationale, f. allgemeine Sprachwissenschaft, unter Mitwirkg. v. L. Adam, G. I. Ascoli, F. A. Coelho etc. hrsg. v. Doc. F. Techmer. 2. Bd. Lex.-8. (1. Hälfte XXXII, 192 S. m. 2 Fig. u. 1 Stahlst.) Leipzig, Barth. n. 12. —

(83/2) —— für die gesammte Staatswissenschaft. In Verbindg. m. Proff. G. Hanssen, v. Helferich, Roscher, Dr. F. v. Hack hrsg. v. Prof. Dr. Fricker, Dr. Schäffle u. Prof. Dr. A. Wagner. 42. Jahrg. 1886. 4 Hfte. gr. 8. (1. Hft. 225 S.) Tübingen, Laupp. n. 16. —

(84/2) —— des königl. preussischen statistischen Bureaus. Hrsg. v. dessen Dir. E. Blenck. 25. Jahrg. 1885. 4 Hfte. Imp.-4. (1—3. Hft. 260 S. m. 6 Taf.) Berlin, Verl. d. k. statist. Bureaus. n. 10. —

(85/1) —— des k. sächsischen statistischen Bureaus. Red. v. dessen Dir. Geh. Reg.-R. Dr. Vict. Böhmert. Suppl.-Hft. zum 30. Jahrg. 1884. gr. 4. Dresden, v. Zahn & Jaensch in Comm. n.n. 3. —

Inhalt: Die Ergebnisse der sächsischen Viehzählung vom 10. Jan. 1883. Von Dr. Vict. Böhmert. (268 S.)

(84/2) —— für Faulmannsche Stenographie [früher: Stenographische Reform-Zeitung]. Central-Organ der Stenographenvereine f. Faulmanns System. Hrsg. u. Red.: Carl Faulmann. 6. Jahrg. Oktbr. 1885—Septbr. 1886. 12 Nrn. (½ B.) gr. 8. Wien, Bermann & Altmann in Comm. baar n. 3. —

(84/2) s.: Reform-Zeitung, stenographische.

(85/1) —— für die gesamte Strafrechtswissenschaft. Hrsg. von Proff. DD. Frz. v. Liszt u. Karl v. Lilienthal. 6. Bd. 6 Hfte. gr. 8. (1. u. 2. Hft. 290 S.) Berlin, Guttentag. n. 15. —

(85/1) —— für katholische Theologie. Generalregister zum 1—9. Bd. 1877—1885. gr. 8. (40 S.) Innsbruck, F. Rauch. n. — 50

(85/1) —— für praktische Theologie. Unter Mitwirkg. v. Geh. Kirchenr. Dr. Hesse, Prof. Dr. Holtzmann, Pred. Dr. Kirmss etc., hrsg. v. Prof. Dr. Bassermann u. Consist.-R. Pfr. Dr. Ehlers. 8. Jahrg. 1886. 4 Hfte. gr. 8. (1. Hft. 96 S.) Frankfurt a/M., Diesterweg. n. 6. —

(85/1) —— der Zimmerkunst. Organ d. Verbandes deutscher Zimmerleute. Red.: Wilh. Schönstein. 3. Jahrg. Juli 1885—Juni 1886. 12 Nrn. (B.) gr. 4. Berlin. Leipzig, Scholtze in Comm. Vierteljährlich baar n. — 75

(85/1) —— für wissenschaftliche Zoologie, begründet von Carl Thdr. v. Siebold u. Alb. v. Kölliker hrsg. von Proff. Alb. v. Kölliker u. Ernst Ehlers. 42. Bd. 4 Hfte. gr. 8. (XXXIV, 744 S. m. Holzschn., 23 Steintaf. u. 1 Lichtdr.-Portr.) Leipzig, Engelmann. n. 49. —

(84/2) **Zeitung**, deutsche illustrirte. Red.: Emil Dominik. 2. Jahrg. Aug. 1885 bis dahin 1886. 52 Nrn. (3 B. m. Illustr.) Berlin, Berliner Verlagscomtoir. Vierteljährlich baar 2. 50; Künstlerausg. m. chromolith. Kunstbeilage n. 5. —

(84/2) —— neue illustrirte. Illustrirtes Familienblatt. Hrsg.: Karl Emil Franzos. 14. Jahrg. Oktbr. 1885—Septbr. 1886. 52 Nrn. (4 B. m. eingedr. Holzschn.) Fol. Wien. (Leipzig, Expeb.) Vierteljährlich baar 4. —; in 26 Hftn. à — 50

Zell, B. W., Kloster Friedlands letzte Aebtissin. Roman aus dem 16. Jahrh. 8. (250 S.) Breslau 1886, Schottländer. n. 4. —; geb. n. 5. —

Zeller, Dr. Ed., Grundriss der Geschichte der griechischen Philosophie. 2., neu durchgeseh. Aufl. gr. 8. (X, 317 S.) Leipzig 1886, Fues. n. 4. 80

Zeller, Amtm. Dr. W., das Reichsgesetz üb. die Ausdehnung der Unfall- u. Krankenversicherung. Vom 28. Mai 1885. Mit e. Einleitg., sowie e. Darstellg. der Prinzipien d. Gesetzes auf Grund der Motive, Kommissionsberichte u. Reichstagsverhandlgn., m. Noten u. alphabet. Sachregister. 16. (III, 44 S.) Nördlingen, Beck. cart. n. — 60

Zenker, W., der Culturkampf. Der Zweck u. das Wesen d. Spiritismus im Lichte der Vernunft. Authentisch dargestellt. gr. 8. (28 S.) Neuhaldensleben, Eyraud in Comm. n. — 40

Zenotty, Domprobst Frz. de Paula, die Zeitgenossen: Der hl. Ordensstifter Ignatius v. Loyola u. der Professor Martin Luther. Ihr Leben u. Wirken, im Lichte der Wahrheit dargestellt. 8. (IV, 271 S. m. 1 Stahlst.) Wien, Mayer & Co. n. 2. 40

($8^1/_2$) **Zepharovich**, V. Ritter v., die Krystallformen einiger Kampferderivate. III. [Mit 2 (lith.) Taf. u. 7. (eingedr.) Holzschn.] [Aus: „Sitzungsber. d. k. Akad. d. Wiss."] Lex.-8. (22 S.) Wien, (Gerold's Sohn). n. — 80 (I—III.: n.n. 2. 30)

Zeppelin, Kammerhr. Eberh. Graf, Geschichte der Dampfschifffahrt auf dem Bodensee 1824—1884. [Aus: „Schriften d. Vereins f. Geschichte d. Bodensee's u. sr. Umgebg."] Lex.-8. (43 S.) Lindau, Stettner in Comm. n. 1. —

Zesas, D. G., die Kachexia strumipriva, s.: Sonderabdrücke der Deutschen Medicinal-Zeitung.

Zessin, das Ostsee-Bad Stolpmünde, kurze naturhistor. u. geschichtl. Beschreibg., zugleich e. kleiner Ratgeber f. Badegäste. 16. (46 S.) Stolp, (Schrader). n. — 50

Zettel, Dr. Karl, Heidenröslein. Lieder v. Liebeslust u. Frühlingsfreud'. Gesammelt v. K. Z. Illustr. v. R. E. Kepler u. A. 8. (VIII, 88 S. m. 14 Holzschntaf.) Stuttgart 1886, Greiner & Pfeiffer. geb. m. Goldschn. n. 3. —

Zetzsch, A., die Ozean-Dampfschiffahrt u. die Postdampferlinie nach überseeischen Ländern, s.: Universal-Bibliothek, geographische.

($8^4/_2$) **Zetzsche**, Telegr.-Ingen. Prof. Dr. K. E., Handbuch der elektrischen Telegraphie. Unter Mitwirkg. v. mehreren Fachmännern hrsg. 3. Bd.: Die elektr. Telegraphie im engeren Sinne. 1. Hälfte. 4. Lfg. gr. 8. Berlin, Springer. n. 3. 80 (I—III, I. 4. u. IV.: n. 74. 60)

Inhalt: Die Telegraphenapparate. Bearb. v. Dr. E. Zetzsche. Mit zahlreichen in den Text gedr. Holzschn. (S. 481—608.)

Zeugen u. Zeugnisse f. die ewige Wahrheit u. herrliche Kraft d. Wortes Gottes. Eine Sammlg. v. grösseren u. kleineren Erzählgn. aus alter u. neuer Zeit. Mit e. Vorwort v. O. W. 8. (VII, 288 S.) Zwickau. Dresden, H. J. Naumann in Comm. baar n. 1. 20

Zieglauer, Prof. Dr. Ferd. v., die politische Reformbewegung in Siebenbürgen zur Zeit Josef's II. u. Leopold's II. Neue (Titel-) Ausg. gr. 8. (XVIII, 599 S.) Wien (1881), Graeser. n. 12. —

Ziegler, Ernst, mein Debut, m. e. photolith. Vorrede-Brief v. Emile Zola. 8. (VII, 221 S.) Dresden 1886, Minden. n. 3. —; geb. n. 4. —

Ziegler, Prof. Dr. Ernst, Lehrbuch der allgemeinen u. speciellen pathologischen Anatomie f. Aerzte u. Studirende. [2 Bde.] 4. neu bearb. Aufl. Mit Holzschn. u. farb. Abbildgn. gr. 8. Jena, Fischer. n. 24. —

Inhalt: 1. Allgemeine patholog. Anatomie u. Pathogenese. (X, 383 S.) n. 8. —. — 2. Specielle patholog. Anatomie. (1. Hälfte 496 S. m. 172 Holzschn. u. farb. Abbildgn.) n. 16. —

Ziegler, Hans, alte Geschütz-Inschriften. Mit e. Anh.: Das Kgl. Zeughaus zu Berlin. 12. (III, 83 S.) Berlin 1886, v. Decker. cart. n. 2. —

Ziehnert, Widar, Sachsens Volkssagen. Balladen, Romanzen u. Legenden. 5. Aufl. Nebst e. Anh., enth. 146 Sagen in Prosa. 10 Hfte. 8. (XVI, 537 S.) Annaberg, Rudolph & Dieterici. à n. — 30

Ziel, Ernst, litterarische Reliefs. Dichterportraits. 1. Reihe. 8. (X, 232 S.) Leipzig, Wartig's Verl. n. 3. 60

Ziele, die, d. Antisemitismus. Ein Resumé in Gestalt d. stenograph. Berichtes üb. den II. antijüd. Congress zu Chemnitz. [Aus: „Schmeitzner's internationale Monatsschrift".] gr. 8. (68 S.) Chemnitz 1883. Leipzig, Th. Fritsch. 1. —

Zielinski, Dr. Th., die Märchenkomödie in Athen. [Aus: „Jahresbericht der deutschen Schulen zu St. Annen f. 1885".] Lex.-8. (72 S.) St. Petersburg, (Kranz). n.n. 2. 50

($^{72}/_{2}$) **Ziemssen,** Geh.-R. Prof. Dir. Dr. Hugo v., die Elektricität in der Medicin. Studien. 4., ganz umgearb. Aufl. 2. Hälfte. Diagnostisch-therapeut. Thl. gr. 8. (VII, 190 S.) Berlin, Hirschwald. n. 4. 50 (cplt.: n. 11. 50)

Ziemssen, Dr. Oswald, offene Erwiderung auf Hrn. Dr. Mordhorst's Wiesbaden gegen chron. Rheumatismus, Gicht etc." gr. 8. (15 S.) Leipzig, F. C. W. Vogel. n. — 60

Ziesemer, Sem.-Lehr. Johs., kleine mathematische Geographie, f. das Bedürfnis der Schule bearb. gr. 8. (61 S. m. Illustr.) Breslau 1886, F. Hirt. n. — 80

Zieten's, Hans Joach. v., Biographie, s.: Winter, G.

Ziethe, ehem. Lehr. Past. W., Chronik der Stadt Beeskow bis zur Herrschaft der Hohenzollern. Nach den Acten d. Beeskower Communalarchivs entworfen. 1855. Hrsg. m. Genehmigg. d. Magistrats u. der Herren Stadtverordneten zu Beeskow v. Kanzleir. Stadtverordn. E. O. Chr. Faulstich. Lex.-8. (VI, 190 S. m. 7 Taf.) Beeskow 1884. (Fürstenwalde, Geelhaar.) baar n. 4. 40

Ziffer, Alb., Beitrag zur Pathologie u. pathologischen Anatomie der Dementia paralytica. [Aus der Kranken-Abteilg. d. Breslauer städt. Armenhauses.] Inaugural-Dissertation. gr. 8. (44 S.) Breslau 1884, (Köhler). baar n. 1. —

Ziffer-Choralbüchlein, 125 Melodieen d. neuen Meininger Gesangbuchs enth., wie sie in der Stadtkirche zu Salzungen gesungen werden. 8. (28 S.) Salzungen. (Hildburghausen, Gadow & Sohn.) n. — 20

Zilles, R., Studien üb. Erkrankungen der Placenta u. der Nabelschnur, bedingt durch Syphilis, s.: Mitteilungen aus der geburtshilflich-gynäkologischen Klinik zu Tübingen.

Zilligstein, Emil v., aus der Heemte. Heiteres u. Ernstes, Gereimtes u. Ungereimtes in Oberlausitzer Mundart. 8. (VI, 170 S.) Görlitz, Tzschaschel. n. 1. —

Zimmer, Miss., der schwarze u. der braune David. 12. (15 S.) Barmen, Wiemann in Comm. baar — 15

—— der weiße u. der braune Johannes. 16. (16 S.) Ebd. baar — 8

—— durch Knechtschaft zur Freiheit. 12. (16 S.) Ebd. baar — 15

—— Nego, der Negerknabe. 16. (16 S.) Ebd. baar — 8

—— ein Mörder u. ein Kopfabschneider, ihre Bekehrg. u. Taufe. 12. (15 S.) Ebd. baar — 15

Zimmer, Musikdir. Sem.-Lehr. Fr., u. Prof. Pfr. Lic. Dr. F. Zimmer, evangelisches Schul- u. Kirchenchoralbuch, enth. die gebräuchlichsten Choräle der evangel. Kirche, ein-, zwei- od. dreistimmig f. gleiche Stimmen od. f. Sopran, Alt u. Bariton gesetzt. 1. Hft. Ausg. A [f. die Provinzen Ost- u. Westpreußen], die Melodien in der v. der Kommission zur Herstellg. e. einheitl. Choralbuches f. die genannten Provinzen vorgeschlag. Fassg. darbietend. 8. (72 S.) Quedlinburg, Vieweg. n. — 50

Zimmer, Musikdir. Sem.-Lehr. Fr., u. Prof. Pfr. Lic. Dr. F. Zimmer, evangelisches Schul- u. Kirchenchoralbuch, enth. die gebräuchlichsten Choräle der evangel. Kirche, ein-, zwei- od. dreistimmig f. gleiche Stimmen u. f. Sopran, Alt u. Bariton gesetzt. 1. Hft. Ausg. B [f. die Prov. Sachsen], die Melodien in der Fassg. d. officiellen „Choralmelodienbuchs f. die Prov. Sachsen" darbietend. 8. (72 S.) Quedlinburg, Vieweg. n. — 50

Zimmer, Prof. Pfr. Lic. Dr. Frdr., der Verfall d. Kantoren- u. Organistenamtes in der evangelischen Landeskirche Preußens. Seine Ursachen u. Vorschläge zur Besserg. gr. 8. (VIII, 88 S.) Quedlinburg, Vieweg. n. 1. —

Zimmermann, Dr. Alfr., Blüthe u. Verfall d. Leinengewerbes in Schlesien. Gewerbe- u. Handelspolitik dreier Jahrhunderte. gr. 8. (XVII, 474 S.) Breslau, Korn. n. 8. —

(85/1) Zimmermann, Dr. O. E. R., Atlas der Pflanzenkrankheiten, welche durch Pilze hervorgerufen werden. Mikrophotographische Lichtdr.-Abbildgn. der phytopathogenen Pilze, nebst erläut. Texte. Für Land- u. Forstwirte, Gärtner, Gartenfreunde u. Botaniker hrsg. 3. u. 4. Hft. Fol. (à 2 Taf.) Mit Text. gr. 8. (S. 23—40.) Halle 1886, Knapp. à n. 3. —

Zimmermann, Archivar Dr. Paul, der jüngste Kampf um die Burg Dankwarderode zu Braunschweig. 8. (IV, 65 S.) Wolfenbüttel, Zwißler. n. 1. —

Zimmermann, Rob., Kant u. Comte in ihrem Verhältniss zur Metaphysik. [Aus: „Sitzungsber. d. k. Akad. d. Wiss."] Lex.-8. (40 S.) Wien, Gerold's Sohn in Comm. n. — 60

(85/1) Zimmermann, Dr. W. F. A., malerische Länder- u. Völkerkunde. 9. Aufl. Mit mehr als 100 Abbildgn., Karten etc. Suppl. 57—77. Lfg. gr. 8. (Der Mensch XIV u. S. 537—896 u. Wunder der Urwelt S. 1—488.) Berlin, Hempel. à n. — 50

—— dasselbe. 10. Aufl. Durchgesehen u. bis auf die neueste Zeit vervollständigt v. Dr. S. Kalischer. (In 22 Lfgn.) 1—5. Lfg. gr. 8. (S. 1—216.) Ebd. à n. — 50

(85/1) —— der Mensch, die Räthsel u. Wunder seiner Natur, Ursprung u. Urgeschichte seines Geschlechts, sowie dessen Entwickelg. vom Naturzustande zur Civilisation. Nach den neuesten Forschgn. der Naturwissenschaft u. Geschichte populär dargestellt. 5. Aufl., bearb. v. Dr. H. Zwick. 53—72. Lfg. gr. 8. (2. Tl. 2. Bd. VIII u. S. 161—911 m. eingedr. Holzschn.) Ebd. à n. — 50

(85/1) —— Wunder der Urwelt. 30. Aufl. Nach dem neuesten Standpunkt der Wissenschaft bearb v. Dr. S. Kalischer. Suppl. 8—27. Lfg. gr. 8. (Der Erdball etc. 1. Bd. 2. Thl. VIII u. S. 101—358 u. 2. Bd. S. 1—520 m. eingedr. Holzschn.) Ebd. à n. — 50

Zimmern, H., babylonische Busspsalmen, s.: Bibliothek, assyriologische.

Zinck, Pfr. Thdr., Vorträge üb. das heil. Abendmahl, f. Wochengottesdienste u. zur häusl. Erbaug. dargeboten. 8. (VII, 101 S.) Nördlingen, Beck. n. 1. 20

Zingeler, K. Th., im Saracenenthurm, s.: Familien-Bibliothek.

Zingerle, Prof. Dr. Ant., Studien zu Hilarius' v. Poitiers Psalmencommentar. [Aus: „Sitzungsber. d. k. Akad. d. Wiss."] Lex.-8. (106 S.) Wien, Gerold's Sohn in Comm. n. 1. 60

Zinn, Geh. San.-R. Dr. A., Reichsgesetz, betr. den Verkehr m. Nahrungsmitteln, Genußmitteln u. Gebrauchsgegenständen. Vom 14. Mai 1879. Mit Einleitg., Erläutergn. u. Register. 2., durch die reichsgerichtl. Entscheidgn., amtl. Erlasse etc. verm. Aufl., bearb. v. Landrichter R. Haas. 16. (X, 275 S.) Nördlingen, Beck. cart. n. 2. —

Zinoffsky, O., üb. die Grösse d. Haemoglobinmoleculs. Inaugural-Dissertation. gr. 8. (28 S.) Dorpat, (Karow). baar n. 1. —

Zipf, C. F., der Säbel d. Herrn Majors, } s.: Dilettanten-Mappe.
—— er hat Schulden, }

Zipler, G., deutsche Aufsätze, s.: Wichmann, A.

([85/1]) Zippel, Lehr. Herm., ausländische Handels- u. Nährpflanzen, zur Belehrg. f. das Haus u. zum Selbstunterrichte hrsg. Mit üb. 300 Abbildgn. auf 60 Taf. in Farbendr. 4—8. (Schluß-) Lfg. gr. 8. (1. Tl. S. 97—244 m. 34 Taf.) Braunschweig, Vieweg & Sohn. à n. 1. —

Žiška, Lehr. Wenzel, methodischer Leitfaden der Mineralogie u. Geologie. Für die Unterclassen der Mittelschulen entworfen. gr. 8. (IV, 75 S.) Wien 1884, Pichler's Wwe. & Sohn. n. — 80

Zitelmann, E, das Recht v. Gortyn, s.: Bücheler, F.

Zittel, Dek. C., wie können die Freisinnigen dem kirchlichen Leben wiedergewonnen werden? Vortrag, geh. am XV. allgemeinen deutschen Protestantentage zu Hamburg. gr. 8. (33 S.) Berlin, Haack. n. — 50

([84/2]) Zittel, Prof. Karl A., Handbuch der Paläontologie. Unter Mitwirkg. v. Dr. A. Schenk u. S. H. Scudder hrsg. 1. Bd. 8. Lfg. gr. 8. (2. Abth. S. 523—722 m. 178 eingedr. Abbildgn.) München, Oldenbourg. n. 8. — (I, 1—8 u. II, 1—3.: n. 73. —)

—— das Wunderland am Yellowstone, s.: Sammlung gemeinverständlicher wissenschaftlicher Vorträge.

Zöhrer, Ferd., der österreichische Robinson. Erzählung aus dem Leben d. Johann Georg Peyer aus Urfahr-Linz. Auf Grund vorhandener Memoiren vollständig neu f. die Jugend bearb. gr. 8. (VI, 261 S. m. 12 Holzschntaf.) Teschen, Prochaska. geb. n. 5. —

([85/1]) Zöller, Hugo, die deutschen Besitzungen an der westafricanischen Küste. II—IV. gr. 8. Stuttgart, Spemann. à n. 5. —
Inhalt: II. Forschungsreisen in der deutschen Colonie Kamerun. 1. Tl. Das Kamerun-Gebirge, nebst den Nachbar-Ländern Dahome, engl. Goldküsten-Colonie, Niger-Mündgn., Fernando Po 2c. Leben u. Sitten der Eingeborenen, Klima u. culturelle Bedeutg. d. Landes, dessen Handel u. die deutschen Factoreien, auf Grund eigner Anschaug. u. Studien geschildert. (XII, 291 S. m. Abbildgn u. 2 Karten.) — III. Dasselbe 2. Tl. Das Flußgebiet v. Kamerun. Seine Bewohner u. seine Hinterländer. (VIII, 250 S. m. 16 Illustr. u. 3 Karten.) — IV. Dasselbe. 3. Tl. Das südl. Kamerun-Gebiet, die span. Besitzgn., das französ. Colonialreich u. der Congo. (VIII, 234 S. m. 18 Illustr. u. 4 Karten.)

Zollern, Hans v., die Rebellen. Historischer Roman. 2 Bde. 1. u. 2. Aufl. 8. (290 u. 260 S.) Dresden 1886, Minden. n. 6. —; in 1 Bd. geb. n.n. 7. 20

Zöllner, Max, zur Kenntniss u. Berechnung der Schwangerschaftsdauer. Inaugural-Dissertation. gr. 8. (40 S.) Jena, (Neuenhahn). baar n. 1. 35

Zolltarif, der, f. das deutsche Reich nach den Gesetzen vom 15. Juli 1879, 6. Juni 1880, 19. Juni 1881, 21. Juni 1881, 23. Juni 1882 u. 22. Mai 1885, nebst den einschläg. Gesetzen. Mit alphabet. Sachregister. 16. (95 S.) Nördlingen, Beck. cart. n. — 80

—— allgemeiner, d. Russischen Kaiserreichs. Mit allen bis 1. Juli 1885 in Kraft getretenen Verändergn., nebst Tabelle f. die Tara-Berechng., alphabet. Verzeichniss d. Tarifs u. sämmtl., jetzt gült. Tarifanwendgn., Verzeichniss ausländ. Heilmittel, welche zur Einfuhr gestattet od. verboten sind etc. Hrsg. v. Sections-Chef M. Miklaschewsky. Mit Bewilligg. d. Zoll-Departements. 8. (III, 250 S.) St. Petersburg, (Schmitzdorff). baar n. n. 4. —

Zolltarif-Gesetz vom 15. Juli 1879 [nach der Redaktion vom 24. Mai 1885], nebst den vom Bundesrath festgestellten Tarasätzen. gr. 8. (71 S.) Berlin, (v. Decker). baar n. — 60

—— u. Zolltarif d. deutschen Reiches. [Kundgemacht m. Bekanntmachg. d. Reichskanzlers vom 24. Mai 1885 auf Grund d. §. 5 d. Gesetzes vom 22. Mai 1885, R. G. Bl. Nr. 15.) Mit den in Folge der Zollverträge Deutschlands m. Spanien vom 12. Juli 1883 [giltig bis 30. Juni 1887],

m. Italien vom 4. Mai 1883 [giltig bis 1. Febr. 1892], m. Griechenland vom 9. Juni 1884 [giltig bis 2. Febr. 1895] u. m. der Schweiz vom 23. Mai 1881 [giltig bis 30. Juni 1886] f. die Einfuhr aus Conventionalstaaten [worunter Oesterreich-Ungarn] gelt. Zollermäßiggn. gr. 8. (40 S.) Wien, Hof- u. Staatsdruckerei. n. — 80

Zopf, Privatdoc. Dr. W., zur Morphologie u. Biologie der niederen Pilzthiere [Monadinen], zugleich e. Beitrag zur Phytopathologie. Mit 5 lith. Taf. in Farbendr. gr. 4. (V, 45 S.) Leipzig, Veit & Co. n. 9. —

Zöppritz, Karl, Gedächtnißrede auf ihn, s.: Hirschfeld, G.

Zschech, F., Giacomo Leopardi, s.: Sammlung gemeinverständlicher wissenschaftlicher Vorträge.

Zschokke, Prof. E., Anleitung zur Kenntniss u. Gesundheitspflege d. Pferdes. Mit 1 lith. Taf. u. 100 in den Text gedr. Abbildgn. 12. (242 S.) Zürich, Orell, Füssli & Co. Verl. cart. n. 3. —

Zschokke, Heinr., das Abenteuer der Neujahrsnacht, s.: Haus-Bibliothek f. Stolze'sche Stenographen.

—— ein Buckliger od. die Kavallerie ist nicht meine Sache. Eine Erzählg. 12. (29 S.) Chemnitz, Hager. baar — 15

—— Florette od. die erste Liebe. Erzählung. 12. (30 S.) Ebd. baar — 15

—— eine Heirath auf Credit od. das blaue Wunder. Humoristische Novelle. 12. (32 S.) Ebd. baar — 15

—— Mariette od. der zerbrochene Krug. Humoristische Novelle. 12. (30 S.) Ebd. baar — 15

—— der Millionär u. die schöne Karoline. Eine launige Erzählg. 12. (48 S.) Ebd. baar — 15

Zsigmondy, Dr. Emil, die Gefahren der Alpen. Praktische Winke f. Bergsteiger. Mit Illustr. in Holzschn. gr. 8. (X, 214 S.) Leipzig, Frohberg. n. 4. —; geb. n. 5. 20

Zu den Nordseebädern an der ostfriesischen Küste. Saison 1885. Fahrpläne der Dampf- u. Postfährschiffe nach Norderney, Borkum, Juist, Spiekeroog u. Langeoog, nebst Eisenbahn-Anschlüssen, sowie e. (lith. u. color.) Karte der Reisewege zu den Nordseebädern. 16. (45 S.) Norden, Soltau. n. — 40

—— spät erkannt. Ein Zeitbild 1871—1873. Vom Verf. der Erinnergn. e. deutschen Offiziers. 8. (416 S.) Wiesbaden 1886, Bergmann. n. 6. —; geb. n. 7. —

—— Weihnachten u. Neujahr. Eine Sammlg. ausgewählter Festgedichtchen m. Originalbeiträgen v. Ottilie Wildermuth. 11. verm. u. verb. Aufl. 16. (62 S.) Leipzig, Siegismund & Volkening. — 60

Zuck, Otto, Andachten f. Schule u. Haus. Nach dem christl. Kirchenjahre geordnet u. allen evangel. Schulen u. Familien gewidmet. 2. (Titel-)Aufl. gr. 8. (XV, 447 S.) Bernburg (1881), Bacmeister. n. 2. 40; geb. baar 3. 20

—— Katechesen üb. die 5 Hauptstücke d. kleinen Katechismus Dr. Martin Luther's. 2. verb. u. verm. Aufl. gr. 8. (VIII, 205 S.) Ebd. n. 2. 40

—— der kleine Katechismus Dr. Martin Luthers. Für die Hand der Schüler bearb. 2. verb. u. verm. Aufl. 8. (80 S.) Ebd. n. — 30; cart. n. — 40

Zuckerkandl, Prof. E., Beitrag zur Lehre v. dem Baue d. hyalinen Knorpels. [Mit 2 (lith.) Taf.] [Aus: „Sitzungsber. d. k. Akad. d. Wiss."] Lex.-8. (7 S.) Wien, (Gerold's Sohn). n. — 60

Zug, der, der Freischärler unter Kinkel, Schurz u. Annecke, behufs Plünderung d. Zeughauses in Siegburg im Mai 1849. gr. 8. (20 S.) Bonn 1886, Hanstein. baar — 30

Zukal, Hugo, üb. einige neue Pilze, Myxomyceten u. Bakterien. [Aus: „Verhandlgn. d. k. k. zoolog.-botan. Gesellsch. in Wien".] Mit 1 (lith.) Taf. gr. 8. (12 S.) Wien. Leipzig, Brockhaus' Sort. in Comm. n. 1. —

Zum Andenken an Franz Ph. Fr. v. Kübel. [Aus: „Württ. Arch. f. Recht" ꝛc.] gr. 8. (15 S.) Tübingen, Fues. baar n. —
— deutschen Lesebuch f. die Volksschulen d. Reg.-Bez. Wiesbaden. Lesestücke, sach- u. sprachlich erläutert v. e. nassauischen Lehrer. 1. u. 2. gr. 8. (VII, 54 u. 60 S.) Montabaur 1881 u. 82. (Frankfurt, Jaeger's Sort.) à n. 1.
Zündel, Pfr. Frdr., aus der Apostelzeit. gr. 8. (IV, 534 S.) Zürich, Höhr. n. 5. —; geb. n.
Zur Erinnerung an Edmund Vogt. gr. 8. (60 S. m. Lichtdr.-Bildn.) Essen, Bädeker. n. 1.
— Erinnerung an den Brand d. Collegium Wilhelmitanum u. d. protestantischen Gymnasiums am 29. Juni 1860. Mit e. Rede v. Prof. Bet. 8. (12 S.) Straßburg, Heitz. n. —
— Frage der Regulierung der Lehrergehalte. Eine zeitgemässe Erörterung v. A. Freimund. gr. 8. (16 S.) Wien, Sallmayer in Comm. baar n. n. —
— Frage der Verstaatlichung d. Versicherungswesens. gr. 8. (96 S.) Ebd. n. 1.
Zürichersee, der. 8. (20 S. m. Holzschn. u. 1 lith. Karte.) Zürich, Schr. n. —
(82/2) Zuerl, Staatsanw. J., Repertorium zu den Erkenntnissen d. Reichsgerichts in Strafsachen aus der Zeit vom 1. Jan. 1882 bis 31. Decbr. 1884, zugleich als Register zu Bd. 4 bis 6 der „Rechtsprechung" u. zu Bd. 6 bis 11 der „Entscheidungen d. Reichsgerichts". 2. Folge. gr. 8. (VI, 425 S.) München, Oldenbourg. n. 6. 50; geb. n. 7. — (1. u. 2.: n. 11. —; geb. n. 12
Zürn, Hofr. Prof. Dr. F. A., die Gründe, warum die Luft zum Gedeihen, Züchten u. Halten erkaltet u. wie diesem Uebelstande vorzubeugen ist. (46 S.) Leipzig, H. Voigt. n.
Zusammenstellung der f. den Bezirk d. königl. Oberbergamts zu Dortmund bis zum 1. Juli 1885 erlassenen allgemeinen Bergpolizei-Verordnungen. Amtliche Ausg. 5. Aufl. 8. (102 S.) Dortmund, Köppen. n. —
(84/2) — übersichtliche, der wichtigsten Angaben der deutschen Eisenbahn-Statistik, nebst erläut. Bemerkgn. u. graph. Darstellgn. (1 chromolith. Karte u. 2 Steintaf.), bearb. im Reichs-Eisenbahn-Amt. 3. Bd. Betriebsjahre 1882/83 u. 1883/84. Fol. (111 S.) Berlin, Mittler & Sohn in Comm. cart. (à) n.
— amtliche, der f. den Reg.-Bez. Posen bestehenden Landes-Polizei-Verordnungen v. allgemeiner Bedeutung in Verbindung m. den bezüglichen gesetzlichen Vorschriften. 3. Aufl. 8. (VI, 362 S.) Posen, Merzb. n.
— der bis zum 1. Apr. 1885 v. der königl. Landdrostei zu Hildesheim erlassenen Polizei-Verordnungen. 4. (IV, 73 S.) Hildesheim, Lax. n.
Zusatzbestimmungen vom 10. Juni 1885 zu den Geschäftsanweisungen f. die Katasterverwaltung im Geltungsbereiche d. rheinischen Rechts. gr. 8. (83 S.) Berlin, (v. Decker). n.
Zuschneid, Gesanglehr. Karl, Hilfsbuch f. den Chorgesang-Unterricht an höheren Schulen. gr. 8. (60 S.) Göttingen, Vandenhoeck & Ruprecht's Verl. cart. n.
Zustand u. Fortschritte der deutschen Lebensversicherungs-Anstalten im J. 1884, s.: Jahrbücher f. Nationalökonomie u. Statistik, XI. Suppl.
Zutavern, Karl, üb. die altfranzösische epische Sprache. I. gr. 8. (IV, S.) Heidelberg, (Weiss' Sort.). baar n.
Zuwachs der grossherzogl. Bibliothek zu Weimar in den J. 1883 u.

Zwanzig-Pfennig-Kalender 1886 f. die Provinzen Ost- u. West-Preußen, Brandenburg, Pommern u. Posen. 8. (XXX, 68 S. m. eingedr. Illustr. u. 1. Taf.) Cöslin, Hendeß. n. — 20

(8½) Zwei-Akter. Nr. 2. gr. 8. Berlin, Kühling & Güttner. (à) n. 2. —
Inhalt: Dilettantenkomödie. Schwank v. Felix Geber. (26 S.)

Zwerghexe, die. Bilderbuch m. 4 bewegl. (chromolith.) Taf. gr. 4. (4. Bl. Text.) Fürth, Schaller & Kirn. geb. baar 1. 75; m. Goldpressg. u. Titelbild 2. 25

Zwingli's Leben. Hrsg. v. dem Deutschen Verlagshaus der Reformirten Kirche in den Ver. Staaten. 12. (147 S. m. lith. Portr.) Cleveland, O. 1883. (Philadelphia, Schäfer & Koradi.) geb. baar n. 1. 50

Zychlinski, Past. Paul v., Suspiria. Eine Sammlg. v. Gebetsliederversen zum Gebrauch auf Kanzel u. Altar, am Taufstein u. am Grabe, in der Schule u. im Haus. gr. 8. (X, 152 S.) Gütersloh, Bertelsmann. n. 2. 40

Landkarten und Atlanten 2c.

Achepohl, Markscheider a. D. Ludw., geognostische Karte d. niederrheinisch-westfälischen Steinkohlenbeckens, bearb. nach Grubenbildern u. örtl. Ermittelgn. 1:52,000. 6 Blatt. Chromolith. Imp.-Fol. Oberhausen, Spaarmann. n. 30. —

Algermissen, Joh. Ludw., topographische Spezial-Karte der Umgegend v. Köln. 1:25,000. Ausg. m. Niveaulinien. 2 Blatt. Chromolith. Imp.-Fol. Köln, Warnitz & Co. 7. 50; auf Leinw. n. 9. 50

—— topographische Special-Karte d. Schwarzwaldes, f. Touristen bearb. 1:200,000. 4. Aufl. Chromolith. gr.-Fol. Metz, Lang. n. 2. 50; auf Leinw. in Etui n. 4. —

—— Uebersichtskarte v. Elsass-Lothringen. Verkleinerte Ausg. der Spezialkarte. 1:400,000. 5. Aufl. Chromolith. gr.-Fol. Ebd. 1884. n. 1. —; auf Leinw. in Etui n. 2. 60

—— Uebersichtskarte v. Südwest-Deutschland. 1:400,000. Aufl. 1886. 2 Blatt. Chromolith. qu. gr. Fol. Ebd. n. 3. —; auf Leinw. in Etui n. 5. 50; m. Stäben n.n. 6. 50

—— Wandkarte d. Deutschen Reiches f. den Schulgebrauch. 1:750,000. 9 Blatt. 5. Aufl. Chromolith. Imp.-Fol. Ebd. n. 10. —; auf Leinw. in Mappe n. 17. —; m. Stäben n. 20. —

—— dasselbe. Ausg. m. Höhenschichten-Kolorit. Chromolith. Imp.-Fol. Ebd. n. 12. —; auf Leinw. m. Stäben n. 22. —

—— Wandkarte v. Europa f. den Schulgebrauch. 1:2,850,000. 9 Blatt. 5. Aufl. Chromolith. Imp.-Fol. Ebd. n. 10. —; auf Leinw. in Mappe n. 17. —; m. Stäben n. 20. —

Amonesta's neuester Plan v. Wien sammt Vororten. Mit Einzeichng. aller Verkehrsanstalten, der Tramway-Linien, Hausnummern etc. Chromolith. Mit Strassenverzeichniss um den Plan herum. qu. gr. Fol. Wien, Amonesta. n. — 60

Arnold, O.E., neuester Plan v. Zwickau. 1:8000. Lith. Imp.-Fol. Mit Strassenverzeichniss. Fol. (1 Bl.) Zwickau, Gebr. Thost. n. 2. 50

Atlas der Personalkredit-Bezirke der Haupt- u. Zweiganstalten der Oesterreichisch-Ungarischen Bank. Hrsg. v. der Geschäftsleitg. der Oesterreichisch-ungar. Bank. gr. Fol. (40 lith. u. color. Karten m. 12 S. Text.) Wien, Hölder in Comm. cart. baar n.n. 60. —

(½) —— topographischer, der Schweiz, im Massstab der Orig.-Aufnahmen nach dem Bundesgesetze vom 18. Decbr. 1868 vom eidgenöss. Stabsbüreau qu. gr. Fol. (12 chromolith. Karten.) Bern, Schmid, Francke & Co. i. Comm. baar (à) n. 12. S

Badermann, Geo., Specialkarte v. Wangenburg-Niedeck, Eisenb.-Stat. Rt- mansweiler bzw. Urmatt, zum Gebrauch d. Touristen. 1:40,000. Lichtdr. qu. Fol. Strassburg, Trübner in Comm. n. 1. –

Bamberg's, Karl, Schulwandkarte der Britischen Inseln. 1:800,000. 9 Blatt Chromolith. gr. Fol. Berlin, Chun. baar n. 9. —; auf Leinw. in Mappe n. 15. —; m. Stäben n. 16. –

—— Schulwandkarte v. Deutschland, f. den 1. Curs. bearb. 1:1,050,00 12 Blatt. 13. Aufl. Politische Ausg. Chromolith. qu. gr. Fol. Ebd. bar n. 10. —; auf Leinw. in Mappe n. 15. —; m. Stäben n. 16. –

—— dasselbe, f. Mittel- u. Oberklassen. 1:700,000. 20 Blatt. 9. Aufl. Phy- sikal. Ausg. Chromolith. qu. gr. Fol. Ebd. baar n. 16. —; auf Leinw. i Mappe n. 22. —; m. Stäben n. 24. —; die polit. Ausg. zu gleichen Preise

—— Schulwandkarte v. Europa. 1:3,300,000. 16 Blatt. 9. Aufl. Physika- sche Ausg. Chromolith. qu. gr. Fol. Ebd. baar n. 15. —; auf Leinw. i Mappe n. 20. —; m. Stäben n. 22. –

—— Schulwandkarte der östlichen Halbkugel. 12 Blatt. Politische Aus 2. Aufl. Chromolith. gr. Fol. Ebd. baar 12. —; auf Leinw. in Map n. 16. 50; m. Stäben n. 18. –

—— dasselbe der westlichen Halbkugel. 12 Blatt. Politische Ausg. 2. Au Chromolith. gr. Fol. Ebd. baar 12. —; auf Leinw. in Mappe n. 16. 5 m. Stäben n. 18. –

—— Schulwandkarte v. Nord-Amerika. 1:5,300,000. 16 Blatt. 6. Aufl. Ph sikalische Ausg. Chromolith. qu. gr. Fol. Ebd. baar 12. —; auf Leinw. i Mappe n. 16. 50; m. Stäben n. 18. –

—— Schulwandkarte v. Russland. 1:2,500,000. 12 Blatt. Chromolith. q gr. Fol. Ebd. baar n. 10. —; auf Leinw. in Mappe n. 16. —; m. Stäb n. 17. –

—— Wandkarte v. Asien. 1:6,700,000. 16 Blatt. 6. Aufl. Chromolith. q gr. Fol. Ebd. baar n. 15. —; auf Leinw. in Mappe n. 20. —; m. Stäb n. 22. –

—— Wandkarte v. Deutschland f. den 1. Cursus. 1:1,050,000. 12 Bl 14. Aufl. Physikalische Ausg. Chromolith. qu. gr. Fol. Ebd. baar 12. – auf Leinw. in Mappe n. 16. 50; m. Stäben n. 18

—— Wandkarte v. Süd-Amerika. 1:5,300,000. 12 Blatt. 8. Aufl. Phys Ausg. Chromolith. qu. gr. Fol. Ebd. baar 12. —; auf Leinw. in Ma n. 16. 50; m. Stäben n. 18 –

Baur, C. F., neue Karte v. Europa, dem Mittelländischen Meer, Nord-Af Egypten, Syrien, Klein-Asien, Kaukasien u. dem schwarzen Me 1:3,000,000. 6 Blatt. Chromolith. u. color. gr. Fol. Stuttgart, Maier. n. 8. – Aufzug auf Leinw. n. n. 4 –

—— u. E. **Serth**, neueste Karte vom Deutschen Reich, der Oesterreich Ungarischen Monarchie, der Schweiz, den Niederlanden, Belgien, Rum Nebst Theilen der angrenzenden Länder. Mit besond. Rücksicht auf Ha u. Verkehrs-Interessen, sowie zum Hand- u. Comptoir-Gebra 1:1,250,000. 6 Blatt. Chromolith. gr. Fol. Ebd. n

Bauser, Lehr. G. Wilh., Hand-Atlas d. Königr. Württemberg in 63 Blä enth. die einzelnen Oberämter je auf 1 Blatt, nebst e. Uebersichtskarte Kreise u. Oberämter m. Eisenbahnnetz, Höhenzahlen 2c. 1:150, 2. Aufl. 3. u. 4. (Schluß-) Hft. qu. gr. 4. (31 lith. u. color. Karten. Ortsregister 16 S.) Stuttgart, Schweizerbart. à n.

Bayer, Ob.-Ingen. Mich., Karte d. Herzogth. Kärnten. 3. ergänzte u. be

Aufl. Lith. qu. gr. Fol. Klagenfurt, v. Kleinmayr. In Carton. n. 3. 20; auf Leinw. n. 4. 80; m. Stäben n. 5. 80; color. n. 4. —; auf Leinw. n. 5. 60; m. Stäben n. 6. 60

Berghaus-Gönczy, Wandkarte v. Ungarn. 1:625,000. 9 Blatt. 9. Aufl. Chromolith. qu. gr. Fol. Gotha, J. Perthes. n. 7. 40; auf Leinw. in Mappe n. 11. 40

Bezirks-Plan v. Wien. 1:4320. Hrsg. unter Leitg. d. Wiener Stadtbauamtes. Bezirk I—X. 7 Blatt. Chromolith. Fol. Wien, Lechner's Sort. n. 10. 60

Inhalt: I. Innere Stadt. n. 1. 20. — II. Leopoldstadt. n. 1. 80. — III. Landstrasse. n. 1. 80. — IV—VI. Wieden, Margarethen, Mariahilf. n. 1. 80. — VII. VIII. Neubau, Josefstadt. n. 1. 20. — IX. Alsergrund. n. 1. 20. — X. Favoriten. n. 1. 60.

Brackebusch, Dr. D. Luis, mapa del Interior de la Republica Argentina. Construido sobre los datos oficiales y sus propias observaciones hechas en los años 1875—1883. 1:1,000,000. 6 Blatt. Chromolith. gr. Fol. Córdoba. (Hamburg, Friederichsen & Co.) baar n. 30. —

Brandes, H., neueste Geschäfts- u. Reisekarte v. Europa. Ausg. 1885. Chromolith. Imp.-Fol. Wien, Perles. n. 2. 40

Broichmann, Rect. J., Wand-Karte v. Palästina. 4 Blatt. 2. Aufl. Chromolith. gr. Fol. Köln, Du Mont-Schauberg. n. 7. 50; auf Leinw. m. Stäben n. 13. 50

Bromme, Tr., u. C. F. **Baur**, neueste Karte der Erde in Mercators Projection. Mit Rücksicht auf das Bedürfniss d. Handelsstandes, sowie f. den Unterricht an Lehranstalten. 6. umgearb. Aufl. 4 Blatt in Farbendr. u. Kolorit. qu. gr. Fol. Stuttgart, Maier. In Mappe. n. 6. —; f. Aufziehen auf Leinw. n.n. 3. —

Dahlen, Gen.-Secr. Heinr. Wilh., Karte u. Statistik d. Weinbaues im Rheingau u. sämmtlicher sonstigen Weinbau treibenden Orte im Gebiete d. vormaligen Herzogth. Nassau, sowie der großherzogl. hessischen Gemeinden Kastel u. Kostheim. In den entscheid. Theilen auf Grund officieller Erhebgn. bearb. u. hrsg. 1:50,000. 2 Bl. Chromolith. qu. gr. Fol. Mit Text. gr. 8. (55 S. m. 5 Tab., wovon 1 in Farbendr.) Mainz, v. Zabern. In Mappe. n. 10. —

Debes', E., physikalischer Atlas in 16 (chromolith.) Karten. Eine Ergänzg. zu jedem Schulatlas, insbesondere zu Debes' Schulatlas f. die Mittelstufen. Ausgeführt in der Geograph. Anstalt v. H. Wagner & E. Debes in Leipzig. 4. Leipzig, Wagner & Debes. baar n 1. 75

—— physikalische Erdkarte nach Mercator's Projection. 8 Blatt. Chromolith. Imp.-Fol. Ebd. baar n. 12. —; auf Leinw. m. Stäben n. 21. —

Deichmann, L., Karte vom Harzgebirge. 1:200,000. 3. Aufl. Photogr. Lichtdr. nach e. Relief. qu. Fol. Kassel, Kleimenhagen. n. 1. —

—— Spezial-Karte u. Ansicht der Niagara-Fälle u. Umgebung, nach den neuesten topograph. Aufnahmen bearb. 1:300,000. Lichtdr. nach e. Relief u. Orig.-Zeichng. Fol. Kassel, Deichmann. n. 1. —

Distanzenkarte d. Rheingaugebietes u. seiner Umgebung. 1:150,000. Lith. qu. 4. Wiesbaden, Moritz & Münzel. n. — 30

1) Droysen's, Prof. G., allgemeiner historischer Handatlas in 96 Karten m. erläuterndem Text. Ausg. v. der Geograph. Anstalt v. Velhagen & Klasing in Leipzig unter Leitg. v. Dr. Rich. Andree. 3—10. (Schluss-)Lfg. Fol. à 8 chromolith. Karten m. 31 Bl. Text.) Bielefeld, Velhagen & Klasing. à n. 2. — (cplt. geb.: n. 25. —)

Eck, Heinr., geognostische Karte der weiteren Umgebung der Schwarzwaldbahn [Gegenden v. Haslach, Wolfach, Schiltach, Schramberg, Königsfeld, St. Georgen, Triberg, Hornberg, Elzach.] 1:50,000. Chromolith. Imp.-Fo Lahr, Schauenburg. In Leinendecke. n. 2. —

benicht, Herm., Spezial-Karte v. Afrika. 1:4,000,000. [10 Blatt.] Bearb. v. H. H., Bruno Domann u. Dr. Rich. Lüddecke. (In 5 Lfgn.) 1—3. Lfg. à 2 chromolith. Karten. gr. Fol. Mit Text. (4 S. in Fol. u. 22 S. in 4.) Gotha, J. Perthes. à n. 3. —
lenbeck, L., Uebersichtskarte der Nordsee-Küste von der Elbe bis zur Ems. 1:400,000. 3. Aufl. Autogr. u. color. qu. Fol. Bremen, v. Halem n.—80
nd- u. Reisekarten üb. alle Theile Deutschlands u. Oesterreichs, sowie lle Länder Europas u. der Erde. Nr. 36. Frankreich. 1 : 1,200,000. 18. ufl. Chromolith. gr. Fol. Weimar, Geograph. Institut. n. 1. 20
ndtke, F., General-Karte v. Afrika. Nach den neuesten Materialien ent- orfen u. gezeichnet. Neue Aufl. Rev. u. ergänzt v. G. Herkt. 1 : 14,500,000. hromolith. Imp.-Fol. Glogau, Flemming. n. 1. —
- Schul-Wandkarte der Rheinprovinz. 1 : 240,000. 6 Blatt. 5. Aufl. hromolith. qu. gr. Fol. Ebd. n. 2. 50; auf Leinw. in Mappe n. 5. 50; m. rohen Stäben n. 6. 50; m. polirten Stäben n. 7. 50
- Schul-Wandkarte der Prov. Schlesien. 1 : 330,000. 6 Blatt. 7. Aufl. hromolith. qu. gr. Fol. Ebd. n. 2. 50; auf Leinw. in Mappe n. 5. 50; m. rohen Stäben n. 6. 50; m. polirten Stäben n. 7. 50
Schul-Wandkarte der preussischen Prov. Schlesien. 1:330,000. 6 Blatt. Aufl. Chromolith. Imp.-Fol. Ebd. n. 2. 50; auf Leinw. in Mappe n. 5. 50; m. Stäben n. 6. 50; m. polirten Stäben n. 7. 50
u. Sem.-Lehr. L. Diesner, Schul-Wandkarte der preuss. Provinz Hessen- ssau u. der Fürstentümer Waldeck u. Pyrmont. 1 : 200,000. 6 Blatt. Aufl. m. der neuen Kreiseinteilg. Chromolith. gr. Fol. Ebd. n. 4. 50; f Leinw. in Mappe n. 7. 50; mit rohen Holzrollen n. 9. 50; m. polirten Holzrollen n. 10. 50
u. A. Ehrlenholz, Schul-Wandkarte der preuss. Prov. Hannover, d. ossherzogth. Oldenburg u. d. Herzogth. Braunschweig. Mit der neuen eiseintheilg. 1 : 240,000. 9 Blatt. 2. Aufl. Chromolith. qu. gr. Fol. Ebd. n. 6. —; auf Leinw. in Mappe n. 10. 50; m. rohen Stäben n. 12. —; m. polirten Stäben n. 13. 50
emstein, Bruno, Atlas v. Japan. 7 Blatt. 1:1,000,000 u. 1 Übersichts- te 1:7,500,000. 1. Abth. Bl. 1—4. Süd- u. Central-Japan. Chromolith. Text. gr. Fol. (4 S.) Gotha, J. Perthes. n. 12. —
e, Commiss.-R. Adf., grosse Contor- u. Bureau-Karte v. Europa zur Ueber- it der Staaten u. d. Weltverkehrs. Mit Berücksicht. der Haupt- u. en-Bahnen, der regelmäss. Dampfschiffahrts-Linien u. der internatio- n Land- u. Untersee-Telegraphen, sowie Bezeichng. der Orte deut- er u. österreichisch-ungar. Consulats-Sitze etc. 1:3,000,000. 16 Blatt. omolith. qu. Fol. Neustadt-Leipzig, Henze. baar n. 6. —; einzelne ter à n. — 40; f. Aufziehen auf Leinw. m. Stäben n.n. 10. —; zu- mengeklebt in Mappe n. 9. —; auf Leinw. m. Ringen in Mappe n. 15. —; Stäben n. 15. —; m. mechan. Rollvorrichtg. n. 18. —; Ortsweiser dazu. gr. 8. (67 S.) n. 1. —
l, Assist. G., Plan v. Leipzig. 1:7000. Ausg. 1886. Ergänzt v. Techniker Br. nge. Kpfrst., auf Stein übertr. Imp.-Fol. Leipzig, Hinrichs' Verl. n. —80
ner, A., Karte d. Kreises Neisse. 1:150,000. Chromolith. qu. Fol. se, Graveur's Verl. n.n. — 75
Wandkarte der Grafsch. Glatz, enth. die Kreise Neurode, Glatz, Habel- erdt. Für den Schul- u. Privatgebrauch entworfen u. lith. 1:50,000. tt. Chromolith. Imp.-Fol. Habelschwerdt, Franke. n. 6. —; auf Leinw. m. Stäben n. 12. —
r, Carl, Uebersichtskarte der gerichtlichen Organisation v. Oesterreich, ien u. der Herzegowina. Nach amtl. Materiale zusammengestellt.

Eckhardt's, weil. Geh.-R. Dr. C. L. P., neue Sternkarte. Neu bearb. v. Dr. Wilh. Soldan. 6. vollständig umgearb. u. verb. Aufl. Mit 3 grossen Karten, in den Text gedr. Holzschn. u. Titelbild. gr. 8. (16 S.) Giessen, Roth. cart. n. 4. –

Eisenbahnkarte, kleine officielle, der Schweiz. Hrsg. vom schweizer. Post- u. Eisenbahndepartement. 1:500,000. Ausg. 1885. Chromolith. qu. gr. Fol. Bern, (Schmid, Francke & Co.). baar n. 1. 4

Feldweg, G. H., Spezialkarte v. Hirsau u. Umgebung. 1 : 25,000. Chromolith. Fol. Stuttgart 1884, (Ullrich). Auf Leinw. baar n. n. 1. 20
in Leinw.-Decke n. n. 1. 6

Freytag, Gust., Eisenbahn- u. Übersichtskarte der österreichisch-ungarischen Monarchie. 1 : 3,000,000. Chromolith. qu. Fol. Wien, Freytag & Berndt. n. — 0

— Höhenschichtenkarte v. Nieder-Oesterreich. 1 : 520,000. Chromolith. qu. gr. Fol. Wien, Amonesta. n. — 9

— Karte der Balkan-Halbinsel u. der angrenzenden Gebiete. Nach den neuesten Quellen bearb. 1 : 1,600,000. 1—4. Aufl. Chromolith. Imp.-Fol. Mit 7 Ansichten in Holzschn. Wien, Hartleben. n. 1. –

— Karte der Carolinen-, Marschall- u. Pelew-Inseln, m. Datailplänen d. Inseln Yap, Ponapis, Kusaie etc. 1 : 5,200,000. Chromolith. qu. gr. Fol. Wien, Freytag & Berendt. n. 1. –

— die österreichischen Reichsrathswahlen im J. 1885, graphisch dargestellt. Mit Angabe der sämmtl. Namen der gewählten Abgeordneten. Chromolith. qu. gr. Fol. Wien, Perles. n. 1. –

— Special-Uebersichtskarte v. Nieder-Oesterreich. 1 : 520,000. Chromolith. qu. gr. Fol. Wien, Amonesta. n. — 6

Friedemann, Hugo, Schulkarte vom Königr. Sachsen. 33. rev. Ausg. Chromolith. qu. gr. 4. Dresden, Huhle. n. — :

General-Karte v. Bosnien u. der Herzegowina. 1 : 150,000. Aus den Catastral-Aufnahmen u. den Terrainskizzen der Geometer reducirt u. gezeichnet v. den Unterdirektoren der Vermessungs-Abtheilungen. 2. (Schluss-) Lfg. Blatt 1. 5. 7. 11. 12. 14. 15. Photolith. Fol. Wien, (Lechner's Sort.). à Blatt n. 2. –

Inhalt: 1. Bihac, Bos; Kostajnica u. Sanski-Most. — 5. Kulen-Vakuf Petr... u. Kljuc. — 7. Doboj, Zepce u. Dl. Tuzla. — 11. Zenica Kladanj u. Sar... — 12. Vlasenica Srebrenica Visegrad u. Rogatica. — 14. Konjica, Foca u. Neve... — 15. Gorazda u. Cajnica.

— des Königr. Griechenland. Nach Berichtigungs-Daten d. k. gr. Oberstlieut. J. Kokides u. rev. v. Prof. Dr. H. Kiepert, bearb. u. hrsg. v. k. k. militär.-geograph. Institute in Wien. 1 : 300,000. 11 Blatt u. 2 Klappen. Photolith. u. color. Imp.-Fol. Ebd. n. 16. 80; à Bl. n. 1. ...
à Klappe n. — ...

General-Strassen- u. Ortskarte d. österreichisch-ungarischen Reichs nebst ganz Süd-West-Deutschland, e. grossen Theile v. Nord-Italien, d. Schweiz, der Türkei und der übrigen angrenzenden Länder. 4 Blatt. Ausg. m. braunem Terrain. Chromolith. u. color. qu. gr. Fol. Wien, Artaria & Co. 9. —; ohne Terrain 6. –

Gerster, J. S., Karte d. Kantons Schaffhausen. 1 : 80,000. Chromolith. gr. Fol. Schaffhausen, (Schoch). Auf Leinw. baar n. ...

Haardt, V. v., geographischer Atlas f. Bürgerschulen. In 3 Thln. 31 (Chromolith.) Karten. qu. gr. 4. Wien, Hölzel. In Lex-8. geb. n. n. ...
cplt. Ausgabe in 30 Karten n. n. ...

1. (10 Karten.) n. n. — 80. — 2. (11 Karten.) n. n. — 90. — 3. (10 K...

Habenicht, Herm., Spezial-Karte v. Afrika. 1:4,000,000. [10 Blatt.] Bearb. v. H. H., Bruno Domann u. Dr. Rich. Lüddecke. (In 5 Lfgn.) 1—3. Lfg. à 2 chromolith. Karten. gr. Fol. Mit Text. (4 S. in Fol. u. 22 S. in 4.) Gotha, J. Perthes. à n. 3. —

Halenbeck, L., Uebersichtskarte der Nordsee-Küste von der Elbe bis zur Ems. 1:400,000. 3. Aufl. Autogr. u. color. qu. Fol. Bremen, v. Halem n. — 80

Hand- u. Reisekarten üb. alle Theile Deutschlands u. Oesterreichs, sowie alle Länder Europas u. der Erde. Nr. 36. Frankreich. 1 : 1,200,000. 18. Aufl. Chromolith. gr. Fol. Weimar, Geograph. Institut. n. 1. 20

Handtke, F., General-Karte v. Afrika. Nach den neuesten Materialien entworfen u. gezeichnet. Neue Aufl. Rev. u. ergänzt v. G. Herkt. 1 : 14,500,000. Chromolith. Imp.-Fol. Glogau, Flemming. n. 1. —

—— Schul-Wandkarte der Rheinprovinz. 1 : 240,000. 6 Blatt. 5. Aufl. Chromolith. qu. gr. Fol. Ebd. n. 2. 50; auf Leinw. in Mappe n. 5. 50; m. rohen Stäben n. 6. 50; m. polirten Stäben n. 7. 50

—— Schul-Wandkarte der Prov. Schlesien. 1 : 330,000. 6 Blatt. 7. Aufl. Chromolith. qu. gr. Fol. Ebd. n. 2. 50; auf Leinw. in Mappe n. 5. 50; m. rohen Stäben n. 6. 50; m. polirten Stäben n. 7. 50

—— Schul-Wandkarte der preussischen Prov. Schlesien. 1:330,000. 6 Blatt. 7. Aufl. Chromolith. Imp.-Fol. Ebd. n. 2. 50; auf Leinw. in Mappe n. 5. 50; m. Stäben n. 6. 50; m. polirten Stäben n. 7. 50

—— u. Sem.-Lehr. L. **Diesner**, Schul-Wandkarte der preuss. Provinz Hessen-Nassau u. der Fürstentümer Waldeck u. Pyrmont. 1 : 200,000. 6 Blatt. 2. Aufl. m. der neuen Kreiseinteilg. Chromolith. gr. Fol. Ebd. n. 4. 50; auf Leinw. in Mappe n. 7. 50; mit rohen Holzrollen n. 9. 50; m. polirten Holzrollen n. 10. 50

—— u. A. **Ehrlenholz**, Schul-Wandkarte der preuss. Prov. Hannover, d. Grossherzogth. Oldenburg u. d. Herzogth. Braunschweig. Mit der neuen Kreiseintheilg. 1 : 240,000. 9 Blatt. 2. Aufl. Chromolith. qu. gr. Fol. Ebd. n. 6. —; auf Leinw. in Mappe n. 10. 50; m. rohen Stäben n. 12. —; m. polirten Stäben n. 13. 50

Hassenstein, Bruno, Atlas v. Japan. 7 Blatt. 1:1,000,000 u. 1 Übersichtskarte 1:7,500,000. 1. Abth. Bl. 1—4. Süd- u. Central-Japan. Chromolith. Mit Text. gr. Fol. (4 S.) Gotha, J. Perthes. n. 12. —

Henze, Commiss.-R. Adf., grosse Contor- u. Bureau-Karte v. Europa zur Uebersicht der Staaten u. d. Weltverkehrs. Mit Berücksicht. der Haupt- u. Neben-Bahnen, der regelmäss. Dampfschiffahrts-Linien u. der internationalen Land- u. Untersee-Telegraphen, sowie Bezeichng. der Oote deutscher u. österreichisch-ungar. Consulats-Sitze etc. 1:3,000,000. 16 Blatt. Chromolith. qu. Fol. Neustadt-Leipzig, Henze. baar n. 6. —; einzelne Blätter à n. — 40; f. Aufziehen auf Leinw. m. Stäben n.n. 10. —; zusammengeklebt in Mappe n. 9. —; auf Leinw. m. Ringen in Mappe n. 15. —; m. Stäben n. 15. —; m. mechan. Rollvorrichtg. n. 18. —; Ortsweiser dazu. gr. 8. (67 S.) n. 1. —

Hetzel, Assist. G., Plan v. Leipzig. 1:7000. Ausg. 1886. Ergänzt v. Techniker Br. Stange. Kpfrst., auf Stein übertr. Imp.-Fol. Leipzig, Hinrichs' Verl. n. — 80

Hischer, A., Karte d. Kreises Neisse. 1:150,000. Chromolith. qu. Fol. Neisse, Graveur's Verl. n.n. — 75

—— Wandkarte der Grafsch. Glatz, enth. die Kreise Neurode, Glatz, Habelschwerdt. Für den Schul- u. Privatgebrauch entworfen u. lith. 1:50,000. 6 Blatt. Chromolith. Imp.-Fol. Habelschwerdt, Franke. n. 6. —; auf Leinw. m. Stäben n. 12. —

Hübner, Carl, Uebersichtskarte der gerichtlichen Organisation v. Oesterreich, Bosnien u. der Herzegowina. Nach amtl. Materiale zusammengestellt.

Hünsinger, Steuerr., u. Geom. W. raons, Kot er gs arte . Fürstentu Schaumburg-Lippe. 1:80,000. Autogr. gr. Fol. Bückeburg, Frommhold n. 1. —; color. n. 2. –

(84/2) **Karte** d. Deutschen Reiches. Abth.: Königreich Bayern. 1:100,000 Hrsg. vom topograph. Bureau d. k. bayer. Generalstabes. Nr. 511 u. 513 Kpfrst. u. color. qu. Fol. München, (Literar.-artist. Anstalt). baar à n.n. 1.50
Inhalt: 511. Hassfurt. — 513. Kulmbach.

(85/1) —— dasselbe. Abth.: Königr. Preussen. 1:100,000. Hrsg. v. der kartograph. Abtheilg. der königl. preuss. Landesaufnahme. Nr. 501. 521. 536 541. 542. 600. Kpfrst. u. kolor. qu. Fol. Berlin, (Schropp). baar à n.n. 1.50
Inhalt: 501. Beuthen. — 721. Myslowitz. — 536. Hultschin. — 541. Birkenfeld — 542. Kusel. — 600. Bourdonnaye.

—— von Freudenstadt in das württemb. Murgthal, gezeichnet v. Lehr. Waeldt 1:50,000. Chromolith. Fol. Tübingen, Fues. n. 1.2

—— von Heilbronn u. Umgebung. 1:200,000. Lith. gr. Fol. Ebd. n. 1.2

—— der Umgebung v. Karlsruhe. Bearb. v. Dr. M. Doll. Rev. 1885 durch F. Güther. 1:50,000. Chromolith. gr. Fol. Karlsruhe, Bielefeld's Ver baar n.n. 3. —; auf Leinw. gedr. in Carton n.n. 4. –

—— von Reutlingen u. Umgebung. 1:200,000. Lith. gr. Fol. Tübingen 1884, Fues. n. —

—— von Stuttgart u. Umgebung. 1:200,000. Lith. gr. Fol. Ebd. n. 1.2

Keller's, Heinr., 2. Reisekarte der Schweiz. 1:440,000 Rev. Ausg. Kpfrst. u. color. Imp.-Fol. Zürich, Keller. Auf Leinw. in Carton. n. 4.5

(85/1) **Kettler**, J. I., u. Herm. **Müller**, Karte v. Afrika. 1:8,000,000. 4 Bl. in Kpfrst. m. Farbendr. u. Kolorit. 3. Lfg. qu. gr. Fol. (1 Bl.) Weimar, Geograph. Institut. Subscr.-Pr. (à) n. 2. -

Kiepert, Heinr., General-Karte der südost-europäischen Halbinsel. [Untere Donau- u. Balkan-Länder, Königr. Hellas]. 1:1,500,000. 3 Blatt. 2. bericht. Ausg. Lith. u. color. gr. Fol. Berlin, D. Reimer. n. 3.60; zusammengeklebt in Karton n. 4. 50; auf Leinw. in Mappe n. 7. –

—— Karte der Rhein-Prov., Westfalen u. Hessen. 1:750,000. Chromolith. gr. Fol. Ebd. n. — 6

—— Provinzial-Schul-Wandkarten. Nr. 3. Prov. Brandenburg. 1:200,000 9 Bl. 2. bericht. Aufl. Chromolith. qu. gr. Fol. Ebd. n. 9. –

—— physikalische Wandkarten. Nr. 5. Africa. 1:8,000,000. Neubearbeitung Rich. Kiepert. 3. bericht. Aufl. 6 Blatt. Chromolith. qu. gr. Fol. Ebd. n. 8. -

Kluge, Dir. Dr. E., Plan v. Altona. Gezeichnet v. Lieut. a. D. A. Hass. 1:8000. Ausg. m. Pferdebahnen. Chromolith. gr. Fol. Altona 188 Schlüter. In Leinw.-Decke. 1. 50; auf Pappe gezogen n. 2. -

—— dasselbe. Ausg. m. Stadt-Eintheilung. Chromolith. gr. Fol. Mit Text (3 S.) Ebd. 1884. In Leinw.-Decke. n. 2. —; auf Pappe gezogen n. 2.

König, Th., Reise-Karte v. Europa m. Angabe aller Eisenbahnen, Dampfschiffslinien u. Haupt-Poststrassen. 2 Blatt. 26. Aufl. Lith. u. color. qu. gr. Fol. Berlin, Mitscher & Röstell. In Carton. n. 3. —; auf Leinw. in Carton n. 5. -

Kozenn's, B., geographischer Schul-Atlas f. Gymnasien, Real- u. Handelsschulen. 29. Aufl. Vollständig neu bearb. von Vinz. v. Haardt, rev. v. Pr. Frdr. Umlauft. Ausg. in 40 (chromolith.) Karten. qu. gr. 4. Mit Text Lex.-8. (10 S.) Wien, Hölzel. In Lex.-8. geb. n. 3

—— dasselbe. 30. Aufl. Ausg. in 56 Karten. qu. gr. 4. Mit Text. Lex.-8. (20 S.) Ebd. In Lex.-8. geb. n. 7.

Kretschmann, Stadtbauassess. Wilh., neuester Plan der kgl. bayer. Kr. Haupt- u. Universitätsstadt Würzburg, nach den Katasterplänen photographisch verkleinert u. auf Grund amtl. Materialien ergänzt. 1:5000 lith. Fol. Würzburg, Stuber's Verl. n.n. 2. —; in Buntdr. n.n. 3

Lange, Dr. Henry, Eisenbahn-, Post- u. Dampfschiffs-Karte v. Europa. 1: 4,000,000. 2 Blatt. 20. bericht. Aufl. Lith. u. color. Imp.-Fol. Berlin, Barthol & Co. In Carton. n. 4. 50; auf Leinw. n. 6. —

Langsdorff, Baur. Dr. Wilh., geologische Karte d. Westharzes. 1: 25,000. 2 Blatt. Chromolith. Imp.-Fol. Clausthal, Uppenborn. In Carton. n. 10. —

Leeder, Lehr. E., Wandkarte der Alpen. Für den Schulgebrauch entworfen, gezeichnet u. hrsg. 1: 750,000. 6 Blatt. Chromolith. gr. Fol. Essen 1883, Baedeker. n. 10. —; auf Leinw. in Mappe n. 17. —; m. Stäben n. 20. —

—— Wandkarte v. Europa. Für den Schulgebrauch. 1: 3,700,000. 9 Blatt. 7. Aufl. Chromolith. gr. Fol. Ebd. n. 5. —; auf Leinw. in Mappe n. 12. —; m. Stäben n. 14. —

Lessmann, Geom., Touristen-Karte durch den Teutoburger-Wald u. das Weser-Gebirge. 1: 240,000. Autogr. qu. gr. Fol. Bielefeld, Helmich. n. — 60.

Liebenow, Geh. Rechn.-R. W., General-Karte v. der königl. preuss. Prov. Schlesien u. den angrenzenden Ländertheilen, nebst Specialkarte vom Riesen-Gebirge u. vom oberschles. Bergwerks- u. Hütten-Revier. 1: 400,000. 2 Blatt. 8. Aufl. Chromolith. Imp.-Fol. Breslau, Trewendt. n. 5. 40; auf Leinw. in Leinw.-Decke n. 7. 60.

—— Karte der Europäischen Türkei u. der Balkan-Staaten. 1: 1,250,000. Lith. u. color. Imp.-Fol. Berlin, Berliner Lithograph. Institut. n. 1. 20

—— neue Special-Karte der Grafsch. Glatz, nebst angrenz. Theilen v. Böhmen u. Mähren. 1: 150,000. 2. Aufl. Chromolith. Imp.-Fol. Breslau, Trewendt. n. 2. —; auf Leinw. in Leinw.-Decke n. 3. —

—— Specialkarte v. Nordwest-Deutschland, enth. Prov. Hannover, Grossherzogth. Oldenburg, Herzogth. Braunschweig, Fürstenthümer Lippe u. freien Hansestädte Bremen, Hamburg u. Lübeck, nebst angrenz. Landestheilen, als besond. Abdr. aus der Karte v. Mittel-Europa. 1: 300,000. 4 Blatt. Lith. m. Terrain. Imp.-Fol. Hannover, Oppermann. n. 9. —; ohne Terrain n. 7 —; color. n. 8. —; m. Terrain color. n. 10. —; zusammengeklebt in Carton. n. 11. —; à Bl. n. 3. —; auf Leinw. in Carton n. 15. —; auf Leinw. lackirt u. m. Stäben n. 18. —

—— Special-Karte vom Riesengebirge. 1: 150,000. 9. verb. Aufl. Chromolith. qu. Fol. Breslau, Trewendt. n. 1. 50

—— Verkehrskarte v. Oesterreich-Ungarn u. den angrenzenden Ländern, v. Russland u. der Europäischen Türkei. Nach amtl. Quellen bearb. 1: 1,250,000. 6 Blatt. Lith. u. color. qu. gr. Fol. Berlin, Berliner Lithogr. Institut. n. 5. —; auf Leinw. m. Stäben od. in Mappe baar 12. —; u. lackirt 15. —

Linder, Topogr. R., Karte vom Bad Charlottenbrunn in Schlesien u. Umgegend. 1: 50,000. 3. verb. u. vervollständ. Aufl. Chromolith. Fol. Schweidnitz, Brieger & Gilbers. n. — 50

Littrow, Atlas d. gestirnten Himmels f. Freunde der Astronomie. 4. vielfach umgearb. u. verm. Aufl., hrsg. v. Dir. Prof. Edm. Weiß. qu. gr. 4. (19 lith. Karten.) Mit Text. gr. 8. (IV, 91 S.) Berlin 1886, Hempel. n. 4. —

'85/1) **Messtischblätter** d. Preussischen Staates 1: 25,000. Königl. preuss. Landesaufnahme 1884. Hrsg. 1885. Nr. 309—312. 368. 370. 371. 435—437. 509. 510. 674—676. 679. 759. 765. 854. 858. 859. 951. 952. 1047. 1048. 1050. 1051. 2774. 2833. 2835. 2836. 2901. 2944. 2959. 3006. 3022. 3024. 3068. 3069. 3130. 3138. 3141. 3194—3196. 3249. 3583. 3584. 3587. 3596. 3597. 3599. 3600. 3607. 3610. 3617. 3622. 3625. 3626. 3629. 3634. 3643. 3647. 3659. 3663. 3667. 3670. 3671. Lith. u. color. gr. Fol. Berlin, Schropp in Comm. baar à n.n. 1. —

Inhalt: 309. Ibenhorst. — 310. Prerow. — 311. Zingst. — 312. Pramort. — 368.

— 437. Velgast. — 509. Marlow. — 510. Drechow. — 674. Nossendorf. — 67[illegible] Demmin. — 676. Bentzien. — 679. Rubkow. — 759. Neu-Kalen. — 765. Ankla[illegible] — 854. Ivenack. — 858. Spantekow. — 859. Ducherow. — 951. Stavenhagen — 952. Rosenow. — 1047. Möllenhagen. — 1048. Penzlin. — 1050. Pragsdorf — 1051. Golm. — 2774. Boleslawice. — 2833. Reichthal. — 2835. Pitschen. — 28[illegible] Uschütz. — 2901. Gollor-Mühle. — 2944. Wigandsthal. — 2959. Schwirtz. — 3006. Tafelfichte. — 3022. Kupp. — 3024. Sausenberg. — 3068. Strickerhäuser — 3069. Schneegruben-Baude. — 3130. Tschöpsdorf. — 3138. Arnsdorf. — 31[illegible] Dambrau. — 3194. Bösdorf. — 3195. Tillowitz. — 3196. Psychod. — 3219. Neisse [Ost]. — 3583. Saareinsberg. — 3584. Niederbronn. — 3587. Mothern. — 35[illegible] Buchsweiler. — 3597. Pfaffenhofen. — 3599. Sufflenheim. — 3600. Selz. — 360[illegible] Zabern. — 3610. Bischweiler. — 3617. Truchtersheim. — 3622. Molsheim. — 3625. Pleine. — 3626. Schirmeck. — 3629. Plobsheim. — 3634. Weiler. — 364[illegible] Eckkirch. — 3647. Diebolsheim. — 3659. Rothenbach. — 3663. Neubreisach — 3667. Wildenstein. — 3670. Niederenzen. — 3671. Heiteren

Michel's, Chr., Karte v. Tyrol. 1: 600,000. 6. rev. Aufl. Kpfrdr. u. color. Imp.-Fol. München, J. A. Finsterlin. Auf Leinw. in Carton. n. 6. -

Müller, Gust., Karte der Ostseebäder Heringsdorf, Ahlbeck, Swinemünde, Misdroy u. Umgegenden (1: 75000), m. 3 Specialplänen [Heringsdorf, Swinemünde, Misdroy, 1: 12,500] u. 1 Uebersichtskarte. Chromolith. gr. Fol. Nebst kurzem Führer. 8. (5 S.) Swinemünde. Stettin, Dannenberg in Comm. n. 1. [illegible]

Oberländer, Forstkomm., Specialkarte vom Oberlande d. Fürstenth. Reuss j. L. Nach officiellen Unterlagen entworfen u. gezeichnet. 1: 60,000. Chromolith. Imp.-Fol. Lobenstein, Teich. baar n. 2. -

Ortsentfernungs-Karte d. Reg.-Bez. Cassel in 14 Sectionen. Bearb. im techn. Bureau d. Landesdirectors 1884. 1:75,000. Sect. 1—9., 13. u. 14. Chromolith. Imp.-Fol. Cassel, (Freyschmidt). à n.n. 1. 5[illegible]

Pechhold, Oberlieut.-Rechnungsführer Gust., Militär-Instradirungs-Karte von Oesterreich-Ungarn. 1:900,000. 4 Blatt. Chromolith. Imp.-Fol. Mit Verzeichniss der sämmtl. Eisenbahn-Stationen. Lex.-8. (24 S.) Wien, Lechner's Sort. in Comm. n. 12. [illegible]

Plan et vue de Berne. Lith. qu. gr. 4. Bern, (Jenni). n. 1. -

— neuester, v. Dessau u. Umgegend. 1:14,400. Chromolith. gr. 4. Dessau, Reissner. n. — [illegible]

— der Baugründe d. Donauregulirungs-Fondes II. Bezirk Wien 1885. Hrsg. v. der k. k. Donauregulirungs-Commission. 1:7500. 2 Blatt. Photolith. u. chromolith. qu. gr. Fol. Wien, (Artaria & Co.). baar n.n. 4. -

($^{85}/_{1}$) — amtlicher, v. Hamburg. 1:1000. Hrsg. v. der Baudeputation. Sect. Harvestehuder Kirche, Hohe Rade, Schlump, Harvestehude. Kpfrst. Imp.-Fol. Hamburg, (O. Meissner's Sort.). baar à n. 9 -

— von Kaiserslautern. Chromolith. Nebst Umgebungskarte. Lith. qu. gr. [illegible] Kaiserslautern, A. Gotthold's Verl. baar n. — [illegible]

— der Stadt Meißen u. deren nächster Umgebung. Lith. qu. gr. 4. [illegible] e. Lehrgange f. den Unterricht in der Heimatskunde (auf der Rückseite). Meißen, Baumert. n. — [illegible]

— von Metz. 1:8333⅓. Chromolith. qu. Fol. Metz, Lang. n. [illegible]

Plechawski, Eisenbahn-Official Emil, Eisenbahn- u. Weltzeitkarte Mitteleuropas. Aequatorialmassstab 1:2,782,688. 4 Blatt. Chromolith. Imp.-Fol. Wien 1886, Hölzel. n. 6. —; auf Leinw. in Mappe n. 8. —; m. St[illegible] n. 10. -

Podlech, Geom., Plan v. Bielefeld. 1:10,000. Chromolith. qu. gr. 4. Bielefeld, Helmich. n. — [illegible]

Rachel, L., Karte v. Württemberg, Baden u. Hohenzollern, nach den neuesten Materialien bearb. 1:450,000. 11. Aufl. Lith. u. color. gr. Fol. S[illegible]

Randegger, J., topographische Karte d. Bez. Zürich, nach den eidgen. Aufnahmen u. neuesten Ergänzgn. bearb. 1:40,000. Chromolith. gr. Fol. Zürich, Wurster & Co. in Comm. Auf Leinw. baar n. 4. —

Ravenstein, Ludw., Specialkarte vom Reg.-Bez. Wiesbaden. 1:170,000. 2. Aufl. m. der neuen Kreiseintheilg. Chromolith. gr. Fol. Frankfurt a/M., Ravenstein. baar n. 5. —; auf Leinw. in Etui n. 6. —; m. Stäben n. 8. —

Reisekarte, forstliche, v. Preussen. Oestliche Hälfte, enth. die Provinzen Ost- u. Westpreussen, Pommern, Posen u. Schlesien, sowie Brandenburg u. Sachsen. Gezeichnet von Forstassess. Frhr. v. Rechenberg. 1:1,000,000. 2 Blatt. Lith. qu. gr. Fol. Leipzig, Rust. n. 1. 60

—— der österreichisch-ungarischen Monarchie. 1:2,250,000. 15. Aufl. Ausg. 1885. Chromolith. qu. gr. Fol. Wien, Perles. n. 1. 20

Reiß, R., Wandkarte der Rhein-Provinz, nach Anleitg. prakt. Volks-Schulmänner gezeichnet u. lith. 1:200,000. 6 Blatt. 3. Aufl. Chromolith. Imp.-Fol. Düsseldorf, Schwann. n. 6. —; auf Leinw. m. Stäben n. 12. —

Richthofen, Ferd. Frhr. v., Atlas v. China. Orographische u. geolog. Karten zu d. Verf. Werk: China, Ergebnisse eigener Reisen u. darauf gegründeter Studien. 1. Abth. Das nördl. China. 2. Hälfte. Taf. 13—26. Chromolith. qu. gr. Fol. Berlin, D. Reimer. n. 28. — (1. Abth. cplt.: n. 52. —; geb. n. 60. —)

Scheda, Oberst Jos. Ritter v., Karte d. österreichisch-ungarischen Reiches. 1:1,000,000. 4 Blatt. Ausg. 1885. Kpfrst. u. color. Imp.-Fol. Wien, Artaria & Co. 12. —

Schulz, R. A., Generalkarte v. Kärnten, Krain, Görz m. Gradiska, Istrien u. dem Gebiete der r. u. Stadt Triest. 1:505,000. Ausg. 1885. Kpfrst. m. polit. Colorit. gr. Fol. Wien, Artaria & Co. In Carton. 3. —; einfach color. 2. —

—— General- Post- u. Strassenkarte d. Kronlandes Galizien u. Lodomerien m. Auschwitz, Zator u. Krakau, sowie d. Kronlandes Bukowina. 1:864,000. Ausg. 1885. Kpfrst. m. polit. Colorit. gr. Fol. Ebd. In Carton. 3. —; einfach color. 2. —

Schurig, Dr. K., Stadtplan v. Lobenstein. 1: 2500. Autogr. qu. Fol. Lobenstein, Teich. baar n. — 30

Schwartz, A., Wand-Karte d. Reg.-Bez. Magdeburg u. d. Herzogth. Anhalt. 1 :100, 000. 12 Blatt. Lith. u. color. Imp.-Fol. Magdeburg, Creutz. n. 12. —; f. Aufziehen auf Leinw. m. Stäben n.n. 10. —

Seekarten der kaiserl. deutschen Admiralität, hrsg. vom hydrograph. Amte. Nr. 88. 89. 91. Kpfrst. Imp.-Fol. Berlin, D. Reimer in Comm. n.n. 5. 25

Inhalt: 88. Nordsee. Helgoland. 1: 15,000. n. 1. 50. — 89. Stiller Ocean. Die west-patagonischen Gewässer zwischen Golf v. Trinidad u. Golf v. Peñas. 1,300,000. 2 Blatt. n. 3. —. — 91. Stiller Ocean. Bismarck-Archipel. N. W. Küste v. Neu-Irland. Hafen v. Nusa. 1: 15,000. n.n. — 75.

Silberhuber, Ant., Distanz- u. Wegmarkirungs-Karte der Rax-Alpe. Hrsg. vom österr. Touristen-Club. Photolith. qu. Fol. Wien, (Bretzner & Co.). baar n. — 80

—— u. Frz. **Wagner**, Distanz- u. Wegmarkirungs-Karte d. Schneeberges. Hrsg. vom österreich. Touristen-Club. Photolith. qu. Fol. Ebd. baar n. — 80

Specialkarte d. Fichtelgebirgs, ausgeführt vom topograph. Bureau d. k. b. Generalstabes nach Angabe der Section Fichtelgebirg d. deutschen u. österreich. Alpenvereins zu Wunsiedel. 1 : 50, 000. Lith. Imp.-Fol. Wunsiedel. (Nehring). baar n.n. 1. 50

—— geologische, d. Königr. Sachsen. 1:25,000. Hrsg. vom k. Finanz-Ministerium. Bearb. unter der Leitg. v. Herm. Credner. Sect. 30. 41. 124. 135. 144 u. 154/56 (in 1 Bl.). Chromolith. qu. gr. Fol. Mit Erläutergn. gr. 8. Leipzig, Engelmann in Comm. baar à Bl. n.n. 3. —

Inhalt: 30. Oschatz-Mügeln. v. Th. Siegert. (72 S. m. 1 Taf.) — 41. Pegau

Von K. Dalmer. (68 S.) — 135. Auerbach-Lengenfeld v. K. Dalmer. (25 S.) — 144. Falkenstein. Von M. Schröder. (59 S.) — 154/56 (in 1 Bl.). Elster nebst Schönberg. Von R. Beck. (36 S.)

Specialkarte v. Oesterreich-Ungarn. Hrsg. vom k. k. militär-geographischen Institute. 1:75 000. Zone 9. Col. 19. 20. Zone 11. Col. 18. Zone 13. Col. 1? Zone 14. Col. 20. Zone 15. Col. 23. Zone 16. Col. 22. 24. Zone 17. Col. 22. 23. Zone 25. Col. 18. Zone 35. Col. 15. 16. Lith. Fol. Wien, Lechner's Sort. in Comm. baar à n. 1. —

Inhalt: IX. 19. Sillein u. Waag-Bistritz. — 20. Rosenberg u. Rutka — XI. 18. Nyitra-Zsámbokrét u. Pistyán-Teplitz. — XIII. 19. Léva und Salló. — XIV. 20. Nógrád u. Waitzen. — XV. 23. Besenyö u. Tisza-Füred. — XVI. 22. Jász-Ládány — 24. Püspök-Ladány. — XVII. 22. Szolnok. — 23. Kisujszállás u. Mezötúr. — XXV. 18. Brod. — XXXV. 15. Sv. Petar, I. Pelagosa u. Scg. Cajola. — 16. Porto Rossa.

—— des Kreises Pleschen, nach den neuesten Quellen berichtigt. 1:150,000. Lith. u. color. qu. Fol. Ostrowo, Priebatsch. n. — 75; auf Leinw. in Leinw-Decke n. 1. 2?

—— des serbisch-bulgarischen Kriegs-Schauplatzes. 1:240,000. 2 Bl. Südlicher [Sofia] u. nördlicher Kriegsschauplatz [Vidin]. Photolith. u. color. gr. Fol. Berlin, D. Reimer. à n. — ?

Specialkarten der Kreise Aschersleben — Calbe a/S. — Gardelegen — Halberstadt m. Grafsch. Wernigerode — Jerichow I — Jerichow II — Magdeburg u. Wolmirstedt — Neuhaldensleben — Oschersleben — Osterburg — Salzwedel — Stendal — Wanzleben. 1:100,000. 13 Blatt. Lith. u. color. gr. Fol. Magdeburg, Creutz. à n. 1. ?

Stadtplan v. Bad Kreuznach. 1:10,000. Chromolith. qu. gr. 4. Berlin, Marer-Greiner. n. — ?

—— von Tübingen. 1:5000. 2. Aufl. Chromolith. Imp.-4. Tübingen 188? Fues. n. 1. —

Stapff, weil. Abth.-Vorst. Dr. F. M., geologische Uebersichtskarte der Gotthardbahnstrecke Kil. 38—149 [Erstfeld-Castione]. 10 Blätter. 1:25,000. Profil-Skizzen. Im Auftrage der Direction der Gotthardbahn. Chromolith. qu. gr. Fol. Berlin, (Gropius). baar n.n. 30 —

Steinhauser, Reg.-R. A., Generalkarte v. Bulgarien, Rumelien u. Macedonien 1:864,000. Ausg. 1885. Mit Terrain. Chromolith. Imp.-Fol. Wien, Artaria & Co. 2. 60; ohne Terrain 1. ?

—— Generalkarte d. Königr. Serbien m. den angrenzenden Gebieten v. Bulgarien, Bosnien, sowie m. Theilen der anstoss türk. Vilajets. 1:864,000 Ausg. ohne Terrain m. Grenzcolorit. Lith. gr. Fol. Ebd. 1. 80; m. Terrain 2. ?

—— Uebersichtskarte der Balkanhalbinsel. Europ. Türkei, Griechenland, Rumänien, Serbien, Bulgarien u. Rumelien. Mit der polit. Eintheilg. 1:3,000,000 Ausg. 1885. Chromolith. Fol. Ebd. — ?

—— Uebersichts-Karte v. Oesterreich-Ungarn. 1:2,000,000. Ausg. 1886 m. Terrain. Chromolith. Imp.-Fol. Ebd. 3. —; ohne Terrain 2. —

Sternkarte, drehbare. Der Sternenhimmel zu jeder Stunde d. Jahres. Ausg. f. Deutschland. 1. u. 2. Aufl. Chromolith. 4. (Mit Text auf der Rückseite u. Drehvorrichtg.) Leipzig, Leipziger Lehrmittel-Anstalt v. Dr. Osk. Schneider. n. 1. ?

Streich, Oberlehr. Tr. Fr., Fluss- u. Gebirgskarte v. Deutschland. Für die Hand der Schüler. 1:3,720,000. 6. Aufl. Chromolith. qu. Fol. Esslingen, Weismann. n. —

—— Handkarte v. Württemberg, Baden u. Hohenzollern. Für den S?

Surrer, Marc., Specialkarte v. Oberbayern, nach amtl. Material entworfen. 1:75,000. [6 Bl.] Bl. 2 u. 6. Photolith. u. color. gr. Fol. München, J. A. Finsterlin. à n. 1. —; m. color. Grenzen à n. 1. 20

Tietze, Dr. Emil, geologische Übersichtskarte v. Lykien. 1:300,000. Chromolith. qu. Fol. Wien, Hölder. In Carton. n. 2. —

Touristen-Karte d. unteren badischen u. württembergischen Schwarzwaldes. 1:100,000. Chromolith. gr. Fol. Karlsruhe, Braun. n. 1. 50

Trampler's, R., Mittelschul-Atlas. 2. verb. u. verm. Aufl. Grosse Ausg. in 60 Haupt- u. 77 Nebenkarten. Chromolith. qu. gr. 4. (1 Bl. Text.) Wien, Hof- u. Staatsdruckerei. In Lex.-8. geb. n. 6. —

—— dasselbe. 2. verb. u. verm. Aufl. Kleine Ausg. in 40 Haupt- u. 53 Nebenkarten. Chromolith. qu. gr. 4. (1 Bl. Text.) Ebd. In Lex.-8. geb. n. 4. 40

Tschudi's Turisten-Atlas der Schweizer-Eisenbahnen. Topographischer Reisebegleiter. Neue Ausg. 1885. 16. (79 chromolith. Kärtchen m. 6 S. Text.) St. Gallen, Scheitlin & Zollikofer. n. 2. 40

Türk, Lehr. Chrn., geognostische Uebersichtskarte d. Herzogt. Coburg u. der anstossenden Länderteile. [Nach Credner.] 4 Blatt. Chromolith. qu. Fol. Coburg, Albrecht. n. 4. —; auf Leinw. m. Stäben n. 6. —

Uebersichtskarte, politisch-ethnographische, v. Bulgarien, Ost-Rumelien u. den benachbarten Balkanländern. 1:3,000,000. Chromolith. Fol. Weimar, Geograph. Institut. — 50

($^{85}/_{1}$) —— neue, v. Central-Europa resp. der österreichisch-ungarischen Monarchie. 1:750,000. Hrsg. vom k. k. militär-geograph. Institute in Wien. 9. Lfg. Imp.-Fol. (4 chromolith. Karten.) Wien, Lechner's Sort. in Comm. Subscr.-Pr. à Bl. n.n. 1. 80; Ladenpr. à n.n. 2. —; Grenzcolorit f. 2 Bl. à n.n. — 10

Inhalt: Westl. A, 3. Genf, Lyon, Belfort, Macon. — 4. Turin, Marseille, Avignon, Antibes. — 5. Toulon. — E. 4. Hermannstadt, Kronstadt, Bukarest, Craiova, Vidin, Rusčuk.

—— dasselbe. 2 Berichtigungsblätter. Lith. Fol. Ebd. à n.n. — 20

($^{83}/_{2}$) —— der Oder von der österreichischen Grenze bei Annaberg bis unterhalb Stettin. Im Auftrage d. Hrn. Ministers der öffentl. Arbeiten bis Schwedt gezeichnet u. hrsg. v. der königl. Oderstrombau-Verwaltg. zu Breslau. 1:100,000. Sect. 12. Chromolith. qu. schmal Fol. Breslau, Trewendt. (à) n. 1. — (cplt. 12 Sectionen in Carton: n. 8. —)

Inhalt: Stettin.

—— der Territorial-, dann der Heeres- u. Kriegs-Marine-Bezirks-Eintheilung der österreichisch-ungarischen Monarchie. Hrsg. vom k. k. militär-geographischen Institute. 1:1,200,000. 4 Blatt. Chromolith. qu. gr. Fol. Wien, (Lechner's Sort.). n. 7. 20

—— der Verwaltungs-Bezirke der königl. preuss. Eisenbahn-Direktionen u. der denselben unterstellten königl. Eisenbahn-Betriebsämter in 9 Blättern. 1:600,000. Bearb. im topograph. Bureau d. Ministeriums der öffentl. Arbeiten. 3. Aufl. Chromolith. qu. gr. Fol. Berlin, Schropp in Comm. n.n. 6. —

Umgebungskarte v. Klagenfurt. Hrsg. vom k. k. militär. geograph. Institute in Wien. 1:75,000. Lith. qu. gr. Fol. Wien, (Lechner's Sort.). n. 1. 60

Volks-Atlas üb. alle Theile der Erde f. Schule u. Haus. 36 Karten in Farbendr. 29. verb. Aufl. v. Amthor & Issleibs Volks-Atlas. Im Verein m. prakt. Schulmännern rev. u. neu bearb. v. Fr. Riecke. Ausg. f. Oesterreich-Ungarn. gr. 4. Berlin, Th. Hofmann's Sep.-Cto. n. 1. —

Volks-Schul-Atlas, kleiner, f. einfache Schulverhältnisse. 8 Karten in Farbendr. u. 1 Heimatkarte. 2. Aufl. gr. 4. Berlin, Th. Hofmann Sep.-Cto. n. — 30

Valseck, chem. Eisenb.-Beamter Geo., neueste Eisenbahn-Karte v. Deutschland u. den angrenzenden Ländern, m. numerirter Band-Vorrichtg. zur

beamte u. Gewerbtreibende. 25. Jahrg. Ausg. 1885. 4 Blatt. Lith. u. color. Imp.-Fol. Nebst Verzeichniss der Stationen u. Betriebs-Reglement f. die Eisenbahnen Deutschlands. 8. (30, 121 u. 75 S. m. 2 Frachtbriefformularen.) Köln, Du Mont-Schauberg in Comm. baar n. 7. —

Welzbacher, C., Karte d. nördlichen u. südlichen Theiles d. hess. Odenwaldes u. der Bergstrasse zwischen Odenwald-Bahn u. Main-Neckar-Bahn. 1:80,000. 2 Blatt. Chromolith. gr. Fol. Darmstadt. (Heidelberg, C. Winter.) à n. — 60

—— Spezialkarte d. Spessart. 1:100,000. 6. Aufl. Chromolith. gr. Fol. Frankfurt a/M., Jaeger. n. 1. 50

Werner, O., S. J., katholischer Missions-Atlas. 19 Karten in Farbendr. m. begleit. Text. 2., verb. Aufl. gr. 4. (36 S. m. 3 Tab.) Freiburg i/Br., Herder. n. 4. —; geb. 5. —

Winkler, Transport-Dir. E., Ladeprofil-Karte v. Mittel-Europa. Ausg. 1885. 4 Blatt. Chromolith. Nebst 1 Tab. gr. Fol. Dresden, Urban. baar 2. 50

Ziegler, J. M., II. Wandkarte der Schweiz. 1:200,000. 8 Blatt. Neue rev. Ausg. 1885. Chromolith. gr. Fol. Zürich, Wurster & Co. n. 10. —; orohydrograph. Ausg. n. 8. —

Lightning Source UK Ltd.
Milton Keynes UK
UKHW020734251118
332796UK00002B/324/P

9 780260 924650